Dr. C. F. Koch's
Formularbuch und Notariatsrecht

für den

Geltungsbereich des Allgemeinen Landrechts.

Zum Gebrauche für

Richter, Notare, Rechtsanwälte und Referendare.

Neu bearbeitet

von

Hermann Jastrow,

Richter am Königlichen Amtsgericht I zu Berlin.

Neunte Auflage.

Berlin und Leipzig.

Verlag von J. Guttentag

(D. Collin).

1888.

Vorwort zur neunten Ausgabe.

Kurze Zeit nach dem Erscheinen der achten Ausgabe ist Christian Friedrich Koch aus dem Leben geschieden. Während hervorragenden Männern der Wissenschaft und Praxis die Aufgabe zufiel, die epochemachenden Produkte seines Geistes zu erhalten und fortzubilden, ist dem vorliegenden, bescheideneren Werke eine neue Bearbeitung bisher nicht zu Theil geworden. Ein Zweifel bestand gleichwohl nicht darüber, daß auch dieses Buch eine Fülle der Aufbewahrung werthen Stoffes enthielt,*) in erster Reihe für die juristische Praxis, in Bezug auf das Notariatsgesetz aber auch für die wissenschaftliche Durchdringung dieses Theiles des Rechtsgebiets. Der Aufforderung der Verlagsbuchhandlung zur Herstellung einer neuen Ausgabe bin ich deshalb um so bereitwilliger gefolgt, als ich in eigener praktischer Thätigkeit die mir von vielen Berufsgenossen bestätigte Ueberzeugung gewonnen hatte, daß ein Ersatz für das Koch'sche „Formularbuch" in der bisherigen Literatur nicht geschaffen ist.

Die neue Bearbeitung hat nun freilich vielfach den Charakter einer Umarbeitung annehmen müssen, denn in den siebzehn Jahren, welche seit der letzten Ausgabe verflossen sind, liegt die ganze Gesetzgebung des Deutschen Reiches, liegen die großen kodifizirenden Gesetze Preußens auf dem Gebiete des Grundbuchrechts, des Vor-

*) In dem inzwischen in mehreren Auflagen erschienenen Formularbuch von Dr. Benno Hilse sind Formulare und große Theile von solchen in ziemlich wörtlicher Uebereinstimmung mit den früheren Auflagen des Koch'schen Buches enthalten; so z. B. die Fideikommißstiftung durch Vertrag, die separatio feudi ab allodio, die Errichtung einer allgemeinen Erwerbsgesellschaft, die Grenzscheidung und Grenzerneuerung, die Uebergabe und Rückgewähr bei der Pacht u. a. In Ermangelung einer entsprechenden Angabe im Hilse'schen Buche soll hier lediglich konstatirt werden, daß an allen diesen Formularen die Originalität dem Koch'schen Buche gebührt.

mundschafts- und des Hinterlegungswesens, sowie die Ausführungsgesetze zu den Reichsjustizgesetzen. Gleichwohl ist die Anlage des Buches im Großen unverändert geblieben. Die Bearbeitung des Notariatsgesetzes vom 11. Juli 1845 ist erweitert zu einer vollständigen — wenn auch in den übrigen Theilen kurz gehaltenen — Darstellung des Notariatsrechts überhaupt (vgl. Einleitung S. 1). Im eigentlichen „Formularbuch" habe ich geglaubt, den Zusammenhang mit dem Koch'schen Lehrbuch des preußischen Privatrechts, insoweit derselbe in der Gleichmäßigkeit der Anordnung beider Bücher seinen Ausdruck gefunden hat, aufgeben zu sollen. Bei dem heutigen Stande der Wissenschaft ist ein Vortheil von dieser Anordnung nicht mehr zu erwarten; schon zu Zeiten Koch's hat sie nach meiner Auffassung zu einer nicht glücklichen Trennung des in der praktischen Handhabung Zusammengehörigen geführt. So war z. B. die Hypothekenbestellung, die Beurkundung der Beschlüsse der Aktiengesellschaften und die Prokura in das Sachenrecht und demgegenüber der antichretische Pfandvertrag, das Statut der Aktiengesellschaft und die Vollmacht in das Obligationenrecht verwiesen. Die praktischen Schwierigkeiten würden sich gegenwärtig noch viel empfindlicher geltend machen, da die neueren großen Gesetzgebungswerke vielfach entscheidende Gesichtspunkte auch für die Art der Anordnung des Stoffes mit Nothwendigkeit ergeben. Es findet sich deshalb das Sachen- und Obligationenrecht in einer vollständig geänderten Disposition vor, bei welcher versucht worden ist, die beiden Gesichtspunkte einer logisch folgerichtigen und zugleich praktisch zweckmäßigen Darstellung zu verbinden. Im Familien- und Erbrecht dagegen ist an der Art der Anordnung nur wenig geändert. Wo ein Zweifel über die Klassifizirung eines Formulars bestehen konnte, ist die Ueberschrift desselben an verschiedenen Stellen unter entsprechender Hinweisung aufgenommen worden.

Neu hinzugefügt sind die „Urkunden zu prozessualen Zwecken" und der Anhang enthaltend Stempel- und Kostengesetze mit kurzen Anmerkungen für den praktischen Gebrauch. In einer vollständigen Neubearbeitung erscheinen ferner von größeren Partien: die grundbuchrechtlichen Urkunden, das Hinterlegungswesen, das Aktienrecht und das Vormundschaftsrecht. Aber auch im Uebrigen ist die Umarbeitung in fast allen Theilen des Buches eine so erhebliche geworden, daß ich auf die Einzelheiten derselben an dieser Stelle nicht eingehen kann. Das Veraltete und für den Gebrauch der Gerichte, Notare und Rechtsanwälte Unpraktische ist ausgeschieden;

dem heutigen Stande der Gesetzgebung, Wissenschaft und Rechtsprechung ist überall Rechnung zu tragen versucht worden. Daß ganz besondere Rücksicht auf die höchstrichterliche Rechtsprechung des Kammergerichts in Sachen der nicht streitigen Gerichtsbarkeit genommen worden ist, wird bei der hohen Wichtigkeit dieser neueren Institution kaum einer Erwähnung bedürfen. Im Uebrigen nehme ich wegen der Ziele des Buches auf die Einleitung (S. 1 f.) Bezug.

Sollten Berufsgenossen, die das Buch benutzen, mir über Mängel desselben freundliche Mittheilungen zu machen geneigt sein, so würde mich dieses zu größtem Danke verpflichten.

Trotz aller Aenderungen im Einzelnen bin ich bemüht gewesen, den Geist Koch's aus diesem Buche nicht verschwinden zu lassen. Ich sehe diesen Geist vornehmlich darin, daß das Werk auch in seinen Formularen ein Hilfsmittel wissenschaftlicher Art sein soll für den denkenden Arbeiter, nicht ein Mittel für gedankenloses Abschreiben. Daß besonders nach dieser Richtung hin das Buch in seiner vorliegenden Gestalt dem Namen des großen Juristen, unter dessen Flagge es segelt, nicht zur Unehre gereichen möge, ist der Wunsch, mit dem ich es entlasse.

Berlin den 14. October 1887.

Hermann Jastrow.

Inhalt.

Zweiter Abschnitt: Formularbuch.

Erste Abtheilung.

Beispiele für die allgemeinen Förmlichkeiten.

Seite.

VIII. Grenzregulirung.

C. Mobiliar-Sachenrecht.

I. Veräußerungsgeschäfte.

II. Verpfändungen.

III. Anderweite Geschäfte.

D. Obligationenrecht.

I. Allgemeine Rechtsgeschäfte.

Seite.

VII. Interzessionen.

VIII. Gesellschaftsverträge.

IX. Verwahrungsvertrag.

X. Hinterlegungswesen.

XI. Staatsschuldbuch.

Seite.

E. Handelsrecht.

I. Einzelne Handelsgeschäfte.

II. Die öffentlichen Register des Handels- und Urheberrechtes.

III. Die Handelsgesellschaften mit geschlossener Mitgliederzahl.

IV. Die Aktiengesellschaft.

Erklärung der Abkürzungen.

Die Bearbeitungen des preußischen Privatrechts von Koch, Dernburg, Foerster-Eccius und Fischer, die Kommentare zur Civilprozeßordnung von Struckmann-Koch, v. Wilmowski-Levy, Seuffert und A. Foerster, die Kommentare zum Strafgesetzbuch von Olshausen, Oppenhoff und v. Schwarze, sowie die in der Literaturübersicht S. 12 ff. aufgeführten Werke sind regelmäßig nur mit dem Namen der Verfasser citirt.

Sämmtliche Citate sind nach den neuesten Auflagen erfolgt; das Foerster-Eccius'sche Werk ist in den beiden ersten Bänden nach der fünften, in den beiden folgenden Bänden nach der vierten Auflage citirt.

a. a. O. = am angeführten Orte.

Achilles = Die preußischen Gesetze über Grundeigenthum u. Hypothekenrecht v. Alexander Achilles. 3. Aufl. 1881.

A. E. = Allerhöchster Erlaß.

a. E. = am Ende.

A. G. = Ausführungsgesetz.

A. H. = Abgeordnetenhaus.

Allg. Verf. = Allgemeine Verfügung des Justizministers.

A. M. oder a. M. = anderer Meinung.

App. Ger. = Appellationsgericht.

Arch. = Archiv.

B. oder Beschl. = Beschluß.

Bairische Not. O. = Bayrisches Gesetz, das Notariat betreffend, v. 10. November 1861 (Gesetzblatt für das Königreich Bayern 1861/62 S. 130).

Basch = Die Allgemeine Gerichtsordnung für die Preußischen Staaten von Julius Basch. 2. Aufl. 1884.

Behrend's Zeitschrift s. S. 11 Anm. 40.

Bek. = Bekanntmachung.

Ber. = Bericht.

B. G. Bl. = Bundesgesetzblatt.

C. C. M. = Corpus Constitutionum Marchicarum, herausgegeben von Chr. Otto Mylius (bis 1736).

Centralbl. = Centralblatt für das Deutsche Reich.

Cirk. Verf. = Cirkularverfügung.

Dekl. = Deklaration.

Dernburg-Schultzenstein = Das Vormundschaftsrecht der preußischen Monarchie von Dr. Heinrich Dernburg; dritte Aufl., bearbeitet von Max Schultzenstein 1886.

Deutsche Not. Ztg. = Deutsche Notariatszeitung (s. S. 15).

d. T. = dieses Titels.

E. oder Entsch. bezeichnet die von den Gerichtsmitgliedern herausgegebenen Entscheidungen desjenigen Gerichtshofes, dessen Entscheidung citirt wird; beim Reichsgericht sind die Entscheidungen in Civilsachen gemeint, wenn nicht durch den Zusatz: „in Strafs." auf die Entscheidungen in Strafsachen verwiesen ist.

E. E. G. = Gesetz über den Eigenthumserwerb und die dingliche Belastung der Grundstücke, Bergwerke und selbstständigen Gerechtigkeiten. Vom 5. Mai 1872.

E. G. = Einführungsgesetz.

Erg. oder Ergänzungen = von Roenne, Ergänzungen (s. S. 13).

Erk. = Erkenntniß.

Erl. = Erlaß.

F. M. oder Fin. Min. = Finanzminister.

F. M. R. = Finanz-Ministerial-Reskript.
G. oder Ges. = Gesetz.
G. B. O. = Grundbuchordnung vom 5. Mai 1872.
Geb. Ges. = Gebührengesetz.
Geb. O. = Gebühren-Ordnung.
Ger. Vollz. = Gerichtsvollzieher.
Gesch. Anw. = Geschäftsanweisung.
Gesch. O. = Geschäfts-Ordnung.
Gew. O. = Gewerbe-Ordnung
G. K. G. = Gerichtskostengesetz.
Gl. M. = Gleicher Meinung.
Goltdammer Arch. = Archiv für Strafrecht (früher: für preußisches Strafrecht). Begründet durch Dr. Goltdammer (seit 1853).
Graeff = Graeff's Sammlung sämmtlicher in den von Kamptz'schen Jahrbüchern enthaltenen Verordnungen 1830—1840.
Gruchot oder Rassow-Küntzel oder R. u. K. = Beiträge zur Erläuterung des deutschen Rechts (früher des preußischen Rechts), herausgegeben von Dr. J. A. Gruchot, später von Rassow und Küntzel (seit 1857).
Guttentag'sche Gesetzgebung = Die Gesetzgebung des Deutschen Reiches. Herausgegeben von Gaupp, Hellweg, Koch, Neubauer, Solms, Sydow, Turnau, Vierhaus. Berlin und Leipzig 1883—1886. Verlag von J. Guttentag (D. Collin).
Hahn = Die gesammten Materialien zu den Reichsjustizgesetzen. Herausgegeben von C. Hahn; zweiter Theil: Materialien zu der Civilprozeßordnung, 2. Aufl. bearbeitet v. E. Stegemann 1881.
Hann. Not. O. = Hannoversche Notariatsordnung v. 18. Sept. 1853.
H. u. G. oder Hoyer-Gaupp = Die preußische Stempelgesetzgebung von Hoyer; Neu bearbeitet von Gaupp; 4. Aufl. 1887.
H. G. B. = Allgemeines Deutsches Handelsgesetzbuch.
H. O. = Hinterlegungs-Ordnung vom 14. März 1879.
Jaeckel = Die Zwangsvollstreckungsordnung in Immobilien von Dr. Paul Jaeckel; 2. Aufl. 1885.
Jahrb. = von Kamptz, Jahrbücher für die preußische Gesetzgebung, Rechtswissenschaft und Rechtsverwaltung (1814—1845).
J. u. K. oder Johow-Küntzel = Jahrbuch für Entscheidungen des Kammergerichts in Sachen der nicht streitigen Gerichtsbarkeit und in Strafsachen, herausgegeben von Johow und Küntzel. (Bd. VI von Johow allein.) (seit 1881.)
J. M. oder Just. Min. = Justizminister.
J. M. Bl. = Justiz-Ministerialblatt.
J. M. R. = Justiz-Ministerial-Reskript.
Instr. = Instruktion.
Johow = Jahrbuch für endgültige Entscheidungen der preuß. Appellationsgerichte. Herausgegeben von Johow. 1872—79.
Jur. Wochenschr. = Juristische Wochenschrift für die Preußischen Staaten, herausgegeben von Hinschius, später von Temme, Arndts u. Striethorst 1835—48.
Kayser = Gesetz betreffend die Kommanditgesellschaften auf Aktien und die Aktiengesellschaften vom 18. Juli 1884. Von Dr. Paul Kayser. 1884.
K. G. = Kammergericht.
K. O. = Kabinets-Order.
Koch, R. d. F. = Das Recht der Forderungen nach Gemeinem und Preußischem Recht von Dr. C. F. Koch. 2. Ausg. 1859.
Konk. O. = Konkurs-Ordnung vom 10. Februar 1877.
Krech-Fischer = Das preußische Gesetz betreffend die Zwangsvollstreckung in das unbewegliche Vermögen vom 13. Juli 1883. Von Dr. J. Krech und Dr. O. Fischer; 2. Ausg., 1886.
K. u. S. = Kühne und Sydow s. S. 13.
Kunze siehe S. 328 zu X.
Kurlbaum = Die preußische Subhastationsordnung von K. Kurlbaum 1879.

Maercker = Die Nachlaßbehandlung, das Erbrecht und die Vormundschaftsordnung v. Maercker; 11. Aufl. 1886.

Mathis = Allgemeine juristische Monatsschrift für die preußischen Staaten, herausgegeben v. Mathis (Bd. I. v. Hoff u. Mathis) 1805–1811.

Min. Bl. d. i. V. = Ministerialblatt der inneren Verwaltung.

Min. Instr. = Ministerial-Instruktion.

Min. Reskr. = Ministerial-Reskript.

Müller = Die preußische Justizverwaltung von Hermann Müller; 3. Aufl. 1887.

N. C. C. oder N. C. C. M. = Novum Corpus Constitutionum Prussico-Brandenburgensium praecipue Marchicarum. 1751—1806.

N. E. S. = Neue Ediktensammlung: dasselbe Werk wie vorstehend.

Not. G. oder Not. Ges. = Gesetz über das Verfahren bei Aufnahme von Notariats-Instrumenten vom 11. Juli 1845 (erläutert S. 45 ff. des Werkes).

Not. O. = Notariats-Ordnung.

Ob. Tr. oder O. Tr. = Ober-Tribunal.

O. L. G. = Oberlandesgericht.

Oppenhoff mit darauf folgender, den Band bezeichnender, Ordnungszahl = Die Rechtsprechung des Königlichen Obertribunals in Strafsachen, herausgegeben von F. C. Oppenhoff. 1861 bis 1879.

Oppenhoff ohne solche Ordnungszahl bezeichnet den Kommentar des Verfassers zum Strafgesetzbuch.

Pl. Beschl. = Plenar-Beschluß.

Präj. = Präjudiz.

Präj. Sammlg. = Präjudizien des Königlichen Obertribunals, herausgegeben von den Redaktionen der Entscheidungen. 1856.

Preuß. Anw. Ztg. = Preußische Anwalts-Zeitung (siehe S. 15).

R. oder Reskr. = Reskript.

R. A. = Rechtsanwalt.

Rabe = Sammlung preußischer Gesetze und Verordnungen von v. Rabe. 1820—1825.

R. A. O. = Rechtsanwalts-Ordnung v. 1. Juli 1878.

Rechtsfälle = Rechtsfälle aus der Praxis des Kgl. Geheimen Obertribunals. 1847—1849

Rechtsprechung in Strafsachen = Die Rechtsprechung des deutschen Reichsgerichts in Strafsachen, herausgegeben von den Mitgliedern der Reichsanwaltschaft (seit 1879).

Reichsstempelgesetz = Gesetz betreffend die Erhebung von Reichsstempelabgaben vom 1. Juli 1881 in der Fassung vom 3. Juni 1885.

Rehbein = Allgemeine Deutsche Wechselordnung von H. Rehbein. 3. Aufl. 1886.

Rehbein und Reincke = Allgemeines Landrecht von H. Rehbein und O. Reincke.

R. G. = Reichsgericht.

R. G. Bl. = Reichsgesetzblatt.

R. G. U. = Reichsgerichts-Urtheil.

Rhein. Not. O. = Verordnung und Taxordnung für die Notarien in den Rheinprovinzen vom 25. April 1822.

Ring = Das Reichsgesetz betreffend die Kommanditgesellschaften auf Aktien und die Aktiengesellschaften v. 18. Juli 1884. Von Victor Ring. 1885.

R. u. K. oder Rassow-Küntzel s. Gruchot.

R. N. Ord. oder R. Not. O. = Reichs-Notariats-Ordnung (s. S. 3 Anm. 1).

Roenne, Staatsrecht = Das Staatsrecht der preußischen Monarchie von Dr. L. von Roenne. 4. Aufl. 1884.

R. O. H. G. = Reichs-Oberhandelsgericht.

Sächsische Not. O. = Notariats-Ordnung für das Königreich Sachsen vom 3. Juni 1859 (Gesetz- und Verordnungsblatt für das Königreich Sachsen 1859 S. 203).

Stegemann = Die Rechtsprechung des deutschen Oberhandelsgerichts zu Leipzig. Herausgegeben von Stegemann. 1871–1873.

Striethorst oder Strieth. = Archiv für Rechtsfälle aus der Praxis d. Rechtsanwälte des Kgl. Obertribunals; herausgegeben von Theodor Strietshorst. 1851—1880.

v. Trützschler, Anweisung, siehe das vollständige Citat S. 74 Zeile 10.

Turnau = Die Grundbuch-Ordnung v. 5. Mai 1872 von W. Turnau; 3. Aufl. 1883.

U. oder Urth. = Urtheil.

V. = Verordnung.

verb. = verbunden.

Verf. = Verfügung.

Vierhaus = Allgemeine Gerichtsordnung für die preußischen Staaten von F. Vierhaus. 1883.

V. O. = Vormundschafts-Ordnung vom 5. Juli 1875.

W. O. = Allgemeine Deutsche Wechselordnung.

Zw. Ges. = Gesetz betreffend die Zwangsvollstreckung in das unbewegliche Vermögen. Vom 13. Juli 1883.

Berichtigungen und Zusätze.

Seite 8/9. treten den Akten zu Nr. 2 bis 4 noch einige andere hinzu; das Nähere ergiebt die Aufzählung S. 42/43 zu Nr. 18—20a.

" 13. vor II ist einzufügen: „Eine fortlaufende kurze Darstellung über den Zustand des Notariats in den größeren deutschen Staaten und in Oesterreich erscheint gegenwärtig in der Deutschen Not. Ztg. 1887 Nr. 3 ff.“

" 17. Anm. 11 Z. 3/4 ist statt „den Namen“ zu lesen: „dem Namen“.

" 17. Anm 11 Z. 7 ist statt „nicht preußische“ zu lesen: „nichtpreußische“.

" 20. Z. 7 der Anmerkungen ist statt „Partei“ zu lesen „Parteien“.

" 25. Z. 5 ist hinzuzufügen: „Vgl. auch zu § 3 des Not. Geb. Ges. Anm. 2. (unten S. 627).“

" 31. Anm. 7 Z. 8 ist statt „Nr. 4 u. 12“ zu lesen: „Nr. 5 u. 14.“

" 32. Anm. 11 ist statt „die Anm.“ zu lesen: „die Anm. 1.“

" 35. Anm. 39 ist hinzuzufügen: „siehe auch die Vorbemerkung zu Muster 190 (S. 491).“

" 37. Anm. 55 ist hinzuzufügen: „II. 5. § 43; vgl. übrigens unten S. 541“.

" 64. Anm. 4 a. E. ist hinzuzufügen: „vgl. übrigens unten S. 145 Anm. 5.“

" 66. Anm. 12 Z. 6 ist statt: „Rechte“ zu lesen: „Ehrenrechte“.

" 69. Anm. 2 a. E. ist hinzuzufügen: „vgl. noch zu Muster 136 Anm. 29 (S. 371).“

" 86. Anm. 2 a. E. ist statt: „159“ zu lesen: „158“.

" 91. Anm. 3 a. E. ist hinzuzufügen: „Vgl. indessen Anm. 11 zum Stempeltarif (unten S. 607).“

" 96. Anm. 3 zu b) a. E. ist hinzuzufügen: „Vgl. indessen Stempelgesetz v. 7. März 1822 § 14 u. zu § 30. Anm. 46 (unten S. 598 u. 601).“

" 101. Anm. 2 a. E. ist hinzuzufügen: „Vgl. noch zu Muster 167 Anm. 4 (S. 451)“.

" 102. Zeile 4 ist hinzuzufügen: „Vgl. auch noch Allg. Verf. v. 5. März 1874 (J. M. Bl. S. 63).“

" 104. Zu § 22 Anm. 5 ist hinzuzufügen: „Wegen bloßer Verlautbarung eines Ehegelöbnisses s. zu Muster 155 Anm. 2 (S. 424).“

Seite 137. Anm. 7 Zeile 4 ist statt: „Hahn VI" zu lesen: „Hahn II."
„ 139. Z. 1 ist statt: „21" zu lesen: „20".
„ 185. Am Schlusse der Vorbemerkung ist hinzuzufügen: „sowie Allerh. Order v. 30. April 1887 mit Ausf. Bestimmung v. 17. August 1887 (J. M. Bl. S. 211)."
„ 187. Anm. 5 Z. 2 ist statt: „935" zu lesen: „974".
„ 187. Anm. 6 Z. 2 ist statt: „929" zu lesen: „971".
„ 198. Zu Muster 27 ist im Citat aus Foerster-Eccius statt: „160" zu lesen: „110".
„ 200. Zu Muster 28 ist im Citat aus Foerster-Eccius statt: „113" zu lesen: „114".
„ 206. Zu Muster 31 ist im Citat aus Dernburg statt: „681" zu lesen: „707".
„ 214. Anm. 2 a. E. ist statt: „§ 6f." zu lesen: „§ 6f."
„ 237. ist vor „Hypotheken und Grundschulden" statt „III." zu lesen: „IV".
„ 241. Anm. 1 Z. 3 ist statt: „zur G" zu lesen: „G zur".
„ 249. Anm. 1 a. E. ist hinzuzufügen: „und andererseits Urth. d. R. G. v. 22. Januar 1887 (Entsch. Bd. 17 S. 228)."
„ 254. Anm. 4 a. E. ist statt: „Bemerkungen" zu lesen: „Vorbemerkung".
„ 282. Letzte Zeile ist statt: „8172" zu lesen: „1872".
„ 312. Zu VI. ist hinter: „A. L. R. I. 13. §§ 5 ff." hinzuzufügen: „A. G. O. II. 3 § 15."
„ 320. Zu Muster 103 ist hinter „I. 14. §§ 200—398" hinzuzufügen: „A. G. O. II. 3. §§ 16a u. 16b."
„ 336. Zu Nr. 14 Z. 5/6 ist statt: „der in Abth. III. Nr. 7 eingetragenen .... Hypothek" zu lesen: „der Hebung auf die in Abth. III. Nr. 7 eingetragene .... Hypothek."
„ 337. ist in Spalte 2 auf der rechten Seite Z. 13 statt: „sämmtliche 40 St." zu lesen: „sämmtliche 60 St."
„ 348. Anm. 1 Z. 12 ist hinzuzufügen. „Anscheinend für die Meinung des R. O. H. G. ist Urth. d. R. G. v. 20. April 1887 (Entsch. Bd. 17 S. 96)."
„ 371. Anm. 29 Z. 2 ist statt: „Art. 180 f." zu lesen: „Art. 180 f."
„ 608. Anm. 17 Z. 7 ist statt: „U. v. 12./11. 84 (E. XII 268)" zu lesen: „U. v. 16./10. 84 (E. XII 265)."
„ 610. Anm. 40 ist hinzuzufügen: „Beim Verkauf einer Apotheke unterliegt die Festsetzung einer Gegenleistung für den Verzicht auf die Konzession nicht dem Kauf-, sondern nur dem allgemeinen Vertragsstempel. R. G. U. v. 23./11. 86 (J. M. Bl. 87 S. 282); s. a. U. v. 8./5. 85 (E. XIII 265).

Einleitung.

Das vorliegende Buch zerfällt in zwei Theile. Der erste Abschnitt behandelt das altpreußische Notariatsrecht; der zweite Abschnitt ist ein Formularbuch für Rechtsgeschäfte und Akte nicht streitiger Gerichtsbarkeit.

Die Darstellung des Notariatsrechtes ist theils in einer kurzen systematischen Skizze theils in Kommentarform erfolgt. Systematisch sind dargestellt — außer der Geschichte und Literatur — die Verfassung des Notariats, sowie die Rechtsstellung und die sachliche Zuständigkeit der Notare. In Kommentarform dagegen sind demnächst diejenigen Gesetze erläutert, welche den sogenannten Notariatsprozeß, d. h. das Verfahren und die zu beobachtenden Förmlichkeiten bei der Aufnahme von Notariatsinstrumenten, betreffen. Es sind dies das Notariatsgesetz vom 11. Juli 1845 nebst der zugehörigen Novelle vom 8. März 1880 und die Vorschriften der C. P. O. über die vollstreckbaren Notariatsurkunden. In den Anmerkungen zu dem ersterwähnten Gesetze sind auch diejenigen Bestimmungen aus dem siebenten Titel Th. III. der A. G. O. aufgenommen, welchen eine erheblichere praktische Bedeutung für den Notariatsprozeß beizumessen ist.

Der zweite und Haupttheil, das Formularbuch, beschränkt sich indessen nicht auf das Notariat. Von Altersher sind die Formularbücher allerdings vorzugsweise zur Beförderung der Ausübung des Notariats bestimmt. Seit Errichtung der Reichs-Notariatsordnung von 1512 erscheinen dergleichen Werke von Zeit zu Zeit über das deutsche Notariat.[1]) Indessen liegt die Abfassung von Urkunden in Rechtssachen einem weiteren Kreise von Juristen als den Notaren ob. Wenngleich die Notare die vornehmlichsten Träger dieser Aufgabe sind, so nehmen an letzterer doch vermöge des konkurrirenden gerichtlichen Notariats die Gerichte Theil und zudem überall da, wo nicht die öffentliche Beurkundung des Geschäfts in Frage steht, auch die Rechtsanwälte als die allgemeinen juristischen Berather des Publikums. Den Bedürfnissen dieser drei Kategorien

---

[1]) Vorher benutzte man die reichhaltige italienische Notariatsliteratur.

ist zu genügen versucht. Zuvörderst sind formelle Formulare für die allgemeinen Förmlichkeiten der öffentlichen Urkunden beider Art, sowohl der notariellen als der gerichtlichen gegeben. Sodann folgen Beispiele über die einzelnen Rechtshandlungen. Dabei sind in gewissen Grenzen von den gerichtlichen Handlungen auch solche berücksichtigt, welche ohne der freiwilligen Gerichtsbarkeit im engeren Sinne anzugehören, doch in das weitere Gebiet der sogenanten jurisdictio non contentiosa fallen, wie Erbbescheinigungen, Vormundsverpflichtungen u. dgl. Bei den einzelnen Beispielen ist die für das Rechtsgeschäft vorgeschriebene besondere Form angegeben; geeignetenfalls sind geschichtliche und juristisch-praktische Bemerkungen beigegeben. Im Uebrigen und namentlich hinsichtlich der materiellen Erfordernisse des Rechtsgeschäfts oder der Rechtshandlung ist auf die betreffenden Paragraphen der Lehr- und Handbücher des preußischen Privatrechts von Koch, Dernburg, Förster-Eccius und Fischer verwiesen. Die Anordnung der Beispiele hat sich an die herkömmliche Gruppirung im Rechtssystem insoweit angeschlossen, als nicht praktische Zwecke eine Abweichung geboten erscheinen ließen. Die „Urkunden zu prozessualen Zwecken" sind wesentlich mit aus letzterem Grunde außerhalb ihrer Stellung im Rechtssystem zu einer besonderen Gruppe vereinigt.

Die Sammlung soll im Uebrigen in jeder Materie die Lehren und Grundsätze durch Ein Beispiel in der praktischen Anwendung zur Erscheinung bringen. Dies genügt, um für jeden anderen Fall die Urkunde so nachzubilden, daß die Verabredungen der Parteien, mögen sie so verschieden von dem Beispiele sein wie sie wollen, so dargestellt werden, daß die Absicht der Parteien daraus vollständig erkannt werden kann.

In einem Anhange sind die Stempel- und Kostengesetze, insoweit sie bei der Urkundenabfassung in Betracht kommen, beigefügt.

Von allgemeinen Regeln über die Kunst, Urkunden über Rechtsgeschäfte sicher und zweckmäßig zu verfassen, (Kautelar-Jurisprudenz,[2]) ist abgesehen worden. Daß eine allgemein wissenschaftliche und eine rechtswissenschaftliche Bildung nothwendige Vorbedingungen sind, versteht sich von selbst. Die juristische Erfahrung und Uebung sowie die Kenntniß derjenigen Lebens- und Verkehrsverhältnisse, über welche instrumentirt werden soll, sind fernere Erfordernisse, welche sich in allgemeine Regeln nicht bringen lassen. Die wichtigsten Hülfsmittel sind das Studium der Geschichte des Notariats, die Vergleichung der partikularrechtlichen Bestimmungen und die Literatur des Notariats.

---

[2]) Vgl. hierüber Merkel S. 150.

Erster Abschnitt.

Notariatsrecht.

§ I.

Abriß der Geschichte der Notariats-Gesetzgebung.

Das Notariat ist ein rein positives Staatsinstitut; denn es giebt keinen Grund, warum bei gleicher persönlicher Ehrenhaftigkeit die Urkunde des Einen mehr Glauben finden müßte als die eines jeden Anderen. Soll eine solche Ausnahme unter gewissen Voraussetzungen und Bedingungen eintreten, so kann sie nur durch die Staatsgewalt eingeführt werden, sei dies durch ein besonderes Gesetz oder durch gewohnheitsmäßige Aufnahme des fertigen Instituts vom Auslande. Auf dem zweiten Wege ist das italienische Notariat nach Deutschland gekommen und es war im alten deutschen Reiche ein bekanntes sogenanntes Reservatrecht des Kaisers, persönlich oder durch seine Beamten, insbesondere die Hof-Pfalzgrafen durch ganz Deutschland Notare zu ernennen, neben welchem kaiserlichen Rechte dies auch einzelne Landesherren, meistens vermöge der ihnen verliehenen großen Comitive, für ihr Territorium thaten. Bis zur Mitte des funfzehnten Jahrhunderts finden sich weder in allgemeinen Reichsgesetzen noch in Territorialverordnungen Vorschriften über das Notariat. Maximilian's I Notariatsordnung, zu Stande gekommen auf dem Reichstage zu Cöln v. J. 1512 und datirt von Cöln den 8. Oktober 1512,[1] regelte zu allererst das deutsche Notariatswesen und gab allgemeine Vorschriften über das Verfahren, bei Aufnahme von Notariatsurkunden. Dieses Gesetz hatte jedoch nicht den gehofften Erfolg. Die Ursache des Verfalls des Notariatswesens lag hauptsächlich in der Unwissenheit und Ungeschicklichkeit der Notare, mit welchen die Hof-Pfalzgrafen aus Eigennutz die deutschen Lande überschwemmten. Dies war die Hauptveranlassung zur Thätigkeit der Landesherren für die Verbesserung des Notariats in ihren Territorien durch partikulare Verordnungen über die

[1] „Ordnung von Kaiserlicher Majestät zu Unterrichtung der offen Notarien, wie die ihr Aemter üben sollen", in Kürze die Reichsnotariatsordnung genannt. Sie ist in vielen Einzelausgaben erschienen, auch in die meisten Sammlungen der Reichsgesetze aufgenommen. Siehe das Nähere bei Oesterley I. S. 505. Die R. Not. O. ist auch abgedruckt bei Hagen S. 103.

Ernennung von Notarien und deren Qualifikation, sowie über das Verfahren.

In den preußischen Landestheilen finden sich schon früh Verordnungen der Landesherren, welche die bessere Gestaltung des Notariats bezweckten. Herzog Johann zu Jülich, Cleve und Berg verordnete schon 1528, daß die Notare, welche in seinen Landen ihr Amt ausüben wollten, in einer bestimmten (zu bestimmenden) Zeit vor seinen dazu verordneten Kommissarien, mit ihrer Kreation, Instrumenten und Protokollen zu erscheinen, dem Examen sich zu unterwerfen, und ohne gedachter Kommissarien Zulassung und Approbation ihr Notariatsoffizium keines Weges zu gebrauchen, bei einer ernsten Pön auferlegt, zu befolgen hätten. Gleichwohl schlichen sich viele ungeschickte Notare ein und es wurde deshalb die Verordnung im Jahre 1582 wiederholt, auch den Unterthanen, welche sich nicht approbirter Notare bedienen würden, Strafe angedroht und die Nichtigkeit aller solcher Notariatsdokumente ausgesprochen[2]). — Eine ähnliche Bestimmung enthält die Münstersche Landesordnung von 1571, welche zugleich die Immatrikulation und die Einsendung des Signets vorschreibt[3]). — Die Hinterpommersche Hofgerichts-Ordnung von 1683, Tit. 15, fordert, daß Jeder, welcher das Notariat ausüben wolle, sich bei dem Hofgerichte melde, examinirt und, wenn er zugelassen sei, in ein besonderes Album geschrieben werde; droht nichtapprobirten Notaren im Wiederholungsfalle der Ausübung der Praxis Landesverweisung und macht den im Lande wohnenden Hofpfalzgrafen zur Pflicht, „keine untüchtige und unerfahrene Leute zu Notarien zu kreiren, und denselben einzubinden, daß sie sich der Konstitution Kaiser Maximilian's von 1512 in allem gemäß bezeigen und um mehrerer Information sich dieselbe anschaffen und stets vor Augen haben." — Die erneuerte Brandenburg'sche Kammergerichts-Ordnung von 1700, Kap. 39,[4]) verordnete Aehnliches und besonders, daß nur solche Personen als Notare zur Praxis gelassen werden sollen, welche die Rechte studirt hätten und deshalb ein gutes Zeugniß der Universität beibrächten.[5]) — Das

[2]) Herzogs Wilhelm von Jülich, Cleve u. Berg, Rechtsordnung v. 1582, S. 166.

[3]) Gemeine Münstersche Landes-Ordnungen von 1571, S. 85.

[4]) C. C. M. Tom. II., S. 256. Vergl. Neumärkische Kammergerichtsordnung von 1646, Kap. 17 u. 39 (C. C. M. Tom. II., 1. S. 130 und 138).

[5]) Ein R. v. 10. Oktober 1752 (N. C. C. M. Tom. I., S. 386), sagt wieder, daß das Studiren auf einer Universität nicht nöthig sei, wenn man nur sonst die nöthigen Rechtskenntnisse habe. — Ueber ähnliche Verordnungen in anderen Territorien, betreffend das Erforderniß des Universitätsstudiums und des bestandenen Examens, sowie der Approbation, s. Oesterley, I. S. 536. Vergl. auch die „Prozeß-Ordnung für die französischen Gerichte in Brandenburg", v. 1699, Tit. 33 (C. C. M. Tom. II., S. 331), und die V. v. 12. September 1708 (ebend. S. 353); und die Magdeburg'sche Prozeßordnung v. 1686, cap. 17, § 1 u. Erklärung derselben v. 16. Mai 1696, ad cap. 17.

verbesserte Landrecht für das Königreich Preußen (die heutige Provinz Preußen), von 1721, weiset Th. I. Buch 1, Tit. 3, § 3 diejenigen, welche Notarien zu wählen haben, an, dahin zu sehen, daß Gelehrte und der Rechten Verständige, auch sonst erfahrene und verschwiegene Subjekte dazu genommen werden. Betreffs der Bedienung der Parteien wird den Notarien zur Pflicht gemacht, das, was denselben zu fertigen von nöthen, nicht malitiose eigenen Nutzens und Vortheils halber zu verschleppen, sondern jedesmal die Sachen, Akten und andere Geschäfte zum ehesten und treulichsten zu fördern und zu verfertigen, sich auch gegen männiglichen, so bei ihnen zu schaffen, freundlich und tugendlich zu erzeigen und zu beweisen, noch jemand über die im Landrechte verordnete, oder von der Obrigkeit ausdrücklich benannte Gebühr zu übersetzen. — Umfassendere Vorschriften gab die „neu verfaßte Kammergerichts-Ordnung vom 1. Mai 1709."[6]) Diese bestimmte Tit. 17, § 3: „Diejenige, welche in Zukunft das Notariatamt verlangen, sollen sich deshalb zuvor bei Unserm Kammergericht schriftlich melden, ihr ehrliches Herkommen und bisheriges gutes Verhalten bescheinigen, auch den Ort, wo sie sich beständig niederzulassen gesonnen, anzeigen, da ihnen dann ein Schein von unserem Präsidenten und Räthen, ob sie zu solchem Amte tüchtig, ertheilet werden soll, alsdann Wir wegen deren Reception ferner allergnädigst verordnen wollen." Eine für alle Landestheile geltende Verordnung über diesen Gegenstand gab es noch nicht, auch war das Verfahren bei Aufnahme von Urkunden durch eine landesherrliche Vorschrift noch nicht geregelt. Der erste Versuch einer allgemeinen Landesverordnung über die Notarien findet sich in dem Projekt des Codicis Fridericiani Marchici, vom Jahre 1748, Th. I, Tit. 18, welcher jedoch sehr dürftig ist. § 1 wiederholt im Wesentlichen die Vorschrift der Kammergerichts-Ordnung von 1709 über die Qualifikation und Ernennung der Notarien, unter der alten Klage, daß nach der Erfahrung „zum öftern die Verträge, Kontrakte, Handlungen, Zeugnisse, Rotuli, Instrumenta, testamentarische Dispositiones etc. mangelhaft, dunkel, unförmlich und unvollkommen aufgesetzt und verfertigt worden, solches aber hauptsächlich von ungelahrten und unerfahrenen Notarii herrühret, weshalb künftig keine Notarii angenommen werden sollen, welche nicht ihr ehrliches Herkommen und bisheriges gutes Verhalten bescheinigt, und die jura studirt haben, auch in pleno sowohl daraus, als aus der Notariatordnung examiniret, und von Uns hiernächst bestätigt worden." Unter der Notariatsordnung kann eine andere als die Maximilian'sche von 1512 nicht gemeint sein, weil eine andere nicht

---

[6]) C. C. M. Tom. II., Abth. 1, Nr. 119, S. 400.

vorhanden war. Als Sollennitäten wurden aber besonders vorgeschrieben, daß die Notarien auf allen Instrumenten, welche sie verfertigten, zur Sicherheit der Parteien, daß der Notar zu diesem Amte autorisirt worden, den Ort ihrer Wohnung, und daß er immatrikulirt sei, eigenhändig verzeichnen sollen (§ 2); ferner, daß sie ein Protokoll, darin alle und jede Handlungen, so vor ihnen ergangen, und worüber sie requirirt worden, selbst eigenhändig halten (also keine Substitution zulässig), und von denen offenen (d. h. ausgefertigten förmlichen und ausgehändigten) Instrumenten so aus dem Protokoll gegeben werden, von Wort zu Wort gleichlautende Copeyen registriret (das Konzept oder Abschrift des ohne Konzept sogleich in der Reinschrift gefertigten förmlichen Instrumentes) behalten und verwahren (§ 6). Auch ist ihnen zur Pflicht gemacht, einem Jeden, der sie requiriret, „wider uns und männiglich" zu dienen (§ 3), und sich des Advocirens und Prokurirens bei Strafe der Kassation zu enthalten (§ 4): ferner alle Urkunden aufrichtig, redlich und ohne Betrug zu schreiben und nachzulesen, auch sich aller zweifelhaften Worte überall zu enthalten (§ 5); alle Klauseln und Renunciationen in deutscher Sprache zu setzen, und den Kontrahenten insgesammt die ihnen zustehenden Rechtswohlthaten deutlich zu erklären (§ 7). Im Uebrigen blieb die Notariatsordnung von 1512, aus welcher die Notare examinirt werden sollten (§ 1), Norm für das Verfahren und für die zu beobachtenden Förmlichkeiten. Dieses Projekt wurde jedoch nur in den Marken, in Pommern und in Ostpreußen als Gesetz eingeführt. — Etwa zwanzig Jahre später erschien die erste allgemeine und ausschließende Verordnung über das Verfahren bei Aufnahme von Notariatsinstrumenten, in der „Instruktion für die Notarien in den königlich preußischen sämmtlichen Provinzen", vom 11. Juli 1771[7]), in welcher § 1 die frühere Vorschrift, daß die Notare von dem Könige, nach vorher bestandener Prüfung, bestätigt werden müßten[8]), wiederholt wurde, mit dem Beifügen, daß die von Pfalzgrafen kreirten Notare fortan überall nicht zugelassen werden sollten. Diese Instruktion ist die Grundlage des siebenten Titels, Th. III der neuen Prozeßordnung, welche unter dem Titel eines Corpus juris Fridericiani, durch das Patent v. 26. April 1781, als ein allgemeines Landesgesetz, unter Aufhebung der älteren dem zuwiderlaufenden Gesetze, bestätigt und eingeführt wurde. Dieser Titel 7 enthält das ganze Institut umfassende und ziemlich erschöpfende Verordnungen und zugleich eine

7) N. C. C. Tom. V., Abth. 1, S. 271. Auch abgedruckt bei Hagen S. 118.

8) Zur Kreirung von Notarien war der Kurfürst von Brandenburg schon lange durch die ihm vom Kaiser Sigismund ertheilte große Comitive befugt; in der Provinz Preußen verstand sich solches vermöge der königlichen Souveränetät von selbst.

Vorschrift über das Verfahren bei Aufnahme von Notariatsurkunden; er ist demnächst, mit einigen Vervollständigungen, in die zweite Ausgabe dieser Prozeßordnung, nämlich in die allgemeine Gerichtsordnung, Th. III, Tit. 7, übergegangen. Die Vorschriften dieses Titels, zu welchen noch das Gesetz v. 9. Juli 1841, über die Aufnahme von Notariatsurkunden in fremen Sprachen gekommen war, haben bis zum Jahre 1845 die Grundlage des Notariatswesens in den altpreußischen Provinzen gebildet. Seitdem ist das Verfahren bei Aufnahme von Notariatsinstrumenten neu geregelt durch das Gesetz v. 11. Juli 1845, neben welchem indessen derjenige Theil des Tit. 7 Th. III A. G. O., welcher die nicht abgeänderten Bestimmungen über Anstellung, Rechte und Pflichten der Notare betrifft, in Kraft geblieben ist.

Das Gesetz v. 11. Juli 1845 ist viel angefochten worden;[9]) es bildet aber, wenngleich in einzelnen Bestimmungen durch spätere Gesetze abgeändert, noch bis heute die Grundlage des Notariatsprozesses in Preußen.[10]) Von den späteren Aenderungen ist hervorzuheben das Gesetz, enthaltend Bestimmungen über das Notariat vom 8. März 1880 (G. S. S. 177). Die wesentlichen Reformziele dieses Gesetzes gehen indessen die gemeinrechtlichen Gebietstheile an; für die landrechtlichen Gebietstheile betrifft die Reform nur das Verfahren bei der Beglaubigung von Unterschriften, die Dienstaufsicht und einige Bestimmungen über das Gebührenwesen.

Inzwischen hat das Notariat auch den Gegenstand einzelner Bestimmungen der Reichsgesetzgebung gebildet. Dieselben lassen in ihrer Gesammtheit bereits jetzt einen bedeutenden Einfluß der Reichsgesetzgebung auf das Notariat konstatiren und es möchte deshalb eine Uebersicht dieser Vorschriften nicht ohne Interesse sein.[11]) Abgesehen von dem hier außer Betracht bleibenden Notariat der deutschen Konsuln[12]) sind folgende reichsrechtliche Normen zu erwähnen:

---

[9]) So von den Notaren zu Glogau in einem von ihnen ausgearbeiteten durch Rundschreiben vom September 1851 an ihre Kollegen versandten Entwurfe eines anderen Notariatsgesetzes. Die betreffenden Schriften sind, soweit bekannt, für weitere Kreise nicht publizirt. — Vgl. ferner die Citate zu § 7 des Not. G. Anm. 1, sowie Hagen S. 86 ff. und die Literatur über Reform des Notariats unten in § II. S. 14.

[10]) Ueber den Geltungsbereich dieses Gesetzes s. Anm. 2 zur Einleitung des Gesetzes.

[11]) Vgl. auch M. Levy in der „Deutschen Not.-Ztg." 1887, Nr. 2, S. 25.

[12]) Ges. v. 8. November 1867 (B. G. Bl. S. 137) §§ 16. 17. — Allgemeine Dienstinstruktion f. d. Konsuln des Deutschen Reiches v. 6. Juni 1871 zu den erwähnten Paragraphen. (Guttentag'sche Gesetzgbg. I S. 88.)

I. Betreffend die Dienst- und Rechtsstellung der Notare.

1. Das Notariat ist ein öffentliches Amt im Sinne der §§ 31—35 St. G. B., so daß der strafrechtlich eintretende Verlust von öffentlichen Aemtern und die Unfähigkeit zu deren Bekleidung sich auch auf das Notariat bezieht.

2. Die Notare sind Beamte im Sinne des St. G. B. und unterliegen den Strafvorschriften über Verbrechen und Vergehen im Amte.[13])

3. Auf die Notariatspraxis findet die Gewerbeordnung keine Anwendung.[14])

4. Die Notare haben die Verpflichtung, die Besteuerung der bei ihnen vorkommenden Wechsel, Anweisungen und dem Reichsstempelgesetz v. $\frac{1 \text{ Juli } 1881}{3 \text{ Juni } 1885}$ unterliegenden Urkunden zu prüfen und Zuwiderhandlungen zur Anzeige zu bringen.[15])

5. Notare, welche unbefugt anvertraute Privatgeheimnisse offenbaren, unterliegen der Strafe des § 300 St. G. B.[16])

6. Bei der Zwangsvollstreckung gegen Notare müssen denselben die zur Verwaltung des Dienstes erforderlichen Gegenstände, sowie anständige Kleidung gelassen werden.[17])

7. Bei der Pensionirung eines Mitgliedes des Reichsgerichts wird in die Dienstzeit die Zeit mit eingerechnet, während welcher das Mitglied in einem Einzelstaate als Notar fungirt hat. Die gleiche Anrechnung kann bei anderen Reichsbeamten mit Genehmigung des Bundesrathes erfolgen.[18])

II. Betreffend die Akte, welche notarieller (oder gerichtlicher) Aufnahm'e oder Beglaubigung bedürfen.

Als solche Akte hat die Reichsgesetzgebung bezeichnet:

1. Den Wechselprotest.[19])

2. Die Feststellung des Gesellschaftsvertrages für die Kommanditgesellschaft auf Aktien und die Aktiengesellschaft.[20])

3. Die Beschlüsse der Generalversammlung einer Aktiengesellschaft.[21])

---

[13]) St. G. B. § 359.

[14]) Gew. O. § 6 (Fassung v. 1. Juli 1883 R. G. Bl. S. 159.)

[15]) Wechselstempelgesetz v. 10. Juni 1869 (B. G. Bl. S. 193) § 21; Reichsstempelgesetz (Fassung v. 3. Juni 1885 R. G. Bl. S. 179) § 39.

[16]) Vgl. hierüber die Anm. zu Not. Ges. § 19.

[17]) C. P. O. § 715 Nr. 6.

[18]) G. V. G. § 130; Reichsbeamtengesetz v. 31. März 1873 (R. G. Bl. S. 61) § 52.

[19]) W. O. Art. 87 u. 98 Nr. 10.

[20]) H. G. B. Art. 175. 209. Fassung des Ges. v. 18. Juli 1884 (R. G. Bl. S. 123).

[21]) ebenda Art. 238a.

4. Bei der Kommanditgesellschaft auf Aktien die Abfassung derjenigen Bestimmungen, welche die Fortsetzung der Gesellschaft oder eine Abänderung des Inhalts des Gesellschaftsvertrages zum Gegenstande haben.[22])

5. Die Anerkennung eines unehelichen Kindes Zwecks Eintragung in das Geburtsregister, sofern sie nicht vor dem Standesbeamten erklärt wird.[23])

6. Die Anmeldungen behufs Sicherung des Urheberrechtes zu der beim Stadtrath zu Leipzig geführten Eintragsrolle, sofern die Anmeldung nicht beim Stadtrath zu Protokoll erklärt wird.[24])

7. Die Berufung auf richterliches Gehör nach Maßgabe des Reichsgesetzes, betreffend die Verhinderung der unbefugten Ausübung von Kirchenämtern v. 4. Mai 1874.[25])

8. Die Vollziehung einer Wechselerklärung mit Kreuzen oder anderen Zeichen statt des Namens.[26])

9. Auf Verlangen des Gegners: die Vollmacht im Civilprozesse, sofern sie nicht an sich eine öffentliche Urkunde darstellt.[27])

Für die Fälle zu 6 bis 9 ist die bloße Beglaubigung, für die übrigen Fälle die notarielle (oder gerichtliche) Aufnahme (Abfassung, Feststellung) vorgeschrieben.

III. Betreffend die Form der Notariatsakte.

1. Für folgende Akte bedarf es keiner Zeugenzuziehung:
   a) für den Wechselprotest,[28])
   b) für die Beurkundung des Beschlusses der Generalversammlung einer Aktiengesellschaft.[29])

2. Für die Beglaubigung der Prozeßvollmacht bedarf es weder der Zuziehung von Zeugen, noch der Aufnahme eines Protokolls.[30])

3. Wechselproteste müssen gemäß den Vorschriften der Art. 88. 90. 91. der W. O. und des § 21 Abs. 2 des Wechselstempelgesetzes aufgenommen werden.

---

[22]) ebenda Art. 180f.

[23]) Personenstandsgesetz v. 6. Februar 1875 (R. G. Bl. S. 23) § 25.

[24]) Ges. v. 11. Juni 1870 (B. G. Bl. S. 339) § 41 mit Instr. v. 7. Dez. 1870 (Centralbl. 1876 S. 120; Guttentag'sche Gesetzgebg. II. S. 116) § 3. — Ges. v. 9. Januar 1876 (R. G. B. S. 4) § 16 mit Bestimmungen v. 29. Febr. 1876 (Centralbl. S. 119 Guttentag'sche Gesetzgebg. III S. 735) § 3.

[25]) R. G. Bl. S. 43 § 3 Abs. 5.

[26]) W. O. Art. 94 mit Art. 96 Nr. 10.

[27]) C. P. O. § 76.

[28]) W. O. Art. 87.

[29]) H. G. B. Art. 238a.

[30]) C. P. O. § 76.

4. In allen notariell aufgenommenen Urkunden, welche auf einen Geldbetrag lauten, muß letzterer, wenn für denselben ein bestimmtes Verhältniß zur Reichswährung gesetzlich feststeht, in Reichswährung ausgedrückt werden.[31])

IV. Betreffend die Wirkung der Notariatsakte.

1. In allen zu II. und III. erwähnten Fällen ist implicite der Rechtssatz normirt, daß die vorgeschriebene notarielle Form dem Akte auch stets die Wirkung verschafft, daß er als in formell ausreichender Art zu Stande gekommen gilt und daß namentlich das Landesrecht eine schwerere Form nicht fordern kann.[32])

2. Die notarielle Beglaubigung des Handzeichens unter einer Privaturkunde verschafft der Urkunde im Civilprozeß dieselbe Beweiskraft, als wenn die Urkunde vom Aussteller unterschrieben wäre.[33])

3. Aus notariell aufgenommenen Urkunden, in denen sich der Schuldner der sofortigen Zwangsvollstreckung unterworfen hat, findet nach näherer Maßgabe der §§ 702⁵. 703—705 C. P. O. die gerichtliche Zwangsvollstreckung mit den aus §§ 703. 705 sich ergebenden Befugnissen des Notars statt.

V. Betreffend den Gebrauch der Notariatsurkunden im internationalen Verkehr

ist gegenüber Oesterreich-Ungarn, Bosnien und der Herzegowina durch Staatsvertrag folgendes vereinbart:[34])

1. Wechselproteste, welche von deutschen Notaren ausgestellt und mit deren Amtssiegel versehen sind, bedürfen keiner weiteren Beglaubigung.

2. Andere von Notaren ausgefertigten Urkunden bedürfen der Beglaubigung durch Unterschrift und Amtssiegel eines Gerichts desjenigen Staates, in welchem der Notar seinen Wohnsitz hat.

VI. Vorschriften, welche indirekte Wirkung auf das Notariat äußern,

enthält die Reichsgesetzgebung vielfach. Wie nämlich die Reichsgesetzgebung häufig mit Begriffen operirt, welche ihre Ausdeutung im Landesrecht finden, so geschieht dies auch betreffs solcher Begriffe, unter welche nach allen oder einzelnen Landesrechten der Notar, die Notariatsurkunde und dgl. fallen. Letztere werden auf diese Art,

---

31) Münzges. v. 9. Juli 1873 (R. G. Bl. S. 233) Art. 14 § 4.

32) Vgl. über die Tragweite dieses Satzes Not. Ges. § 11 Anm. 2.

33) C. P. O. § 381. Vgl. über die Tragweite dieser Bestimmung Not. Ges. § 21 Anm. 2.

34) Staatsvertrag v. 25. Februar 1880 und v. 13. Juni 1881 (R. G. Bl. 1881 S. 4 und 253).

wenngleich ohne eine direkte Anordnung der Reichsgewalt einer reichsrechtlichen Norm unterstellt. Eine erschöpfende Aufzählung der hierher gehörigen Fälle zu geben ist kaum möglich und würde auch nicht von erheblichem Nutzen sein. Die wesentlichsten Fälle sind: der häufig vorkommende Begriff der „öffentlichen Urkunde“,[35]) des „öffentlichen Beamten“,[36]) der „beglaubigten Form.“[37]) Als hierher gehörige Einzelheiten seien erwähnt:

1. Der § 34 Nr. 5 St. G. B., wonach die Aberkennung der bürgerlichen Ehrenrechte die Unfähigkeit bewirkt, Zeuge bei Aufnahme von Urkunden zu sein. Hierdurch wird ein Erforderniß für den Notariatszeugen, wo solcher existirt, aufgestellt.

2. Der § 348 Nr. 5 C. P. O., wonach Personen, welchen kraft ihres Amtes, Standes oder Gewerbes geheim zu haltende Thatsachen anvertraut sind, betreffs solcher Thatsachen in bürgerlichen Rechtsstreitigkeiten ihr Zeugniß zu verweigern berechtigt sind.[38])

3. Der § 1 des Gesetzes v. 1. Mai 1878,[39]) wonach Urkunden, welche von einer mit öffentlichem Glauben versehenen Person im Reiche ausgestellt oder beglaubigt sind, zum Gebrauche innerhalb des Reiches einer Legalisation nicht bedürfen.

Das Notariat als Ganzes ist indessen vom Reiche bis jetzt nicht geregelt. Zahlreiche und gewichtige Stimmen für Erlaß einer einheitlichen das Deutsche Reich umfassenden Notariatsordnung sind inzwischen laut geworden.[40]) Die Kompetenz des Reiches hierzu gründet sich

---

[35]) z. B. C. P. O. §§ 380. 383. 384. 664. 665. Personenstandsgesetz vom 6. Februar 1875 § 26 u. A.

[36]) z. B. C. P. O. § 397 (Editionsverfahren gegen öffentliche Beamte). S. auch G. V. G. § 169 (Mittheilung von Akten Seitens öffentlicher Behörden); vgl. hierüber Not. Ges. §§ 19. 20. Anm. 3 u. 4.

[37]) z. B. H. G. B. Art. 19. Personenstandsgesetz v. 6. Februar 1875 § 45.

[38]) Vgl. über die Anwendung dieses Satzes auf Notare: Not Ges. § 19. Anm. 2.

[39]) R. G. Bl. S. 89. Die Vorschrift ist v. K. G. (Beschl. v. 19. Mai 1884; J. u. K V. S. 99) dahin ausgelegt, daß auch die Kompetenz der Urkundsperson zur Aufnahme des Aktes keines weiteren Beweises bedarf. Die Entscheidung ist nicht unbedenklich, da bei Akten preußischer Notare eine Prüfung der Kompetenz des Notars allerdings stattfindet und eine Besserstellung der außerpreußischen Notare doch nicht beabsichtigt sein kann.

Vgl. auch noch Beschl. d. K. G. v. 7. September 1885 (J. u. K. VI. 85).

[40]) Vgl. insbesondere die Verhandlungen des neunten Juristentages vom Jahre 1871 Bd. III S. 109 ff. und des ersten deutschen Notarentages vom 7. October 1871 (s. „Deutsche Not. Ztg.“ 1871 S. 306 und 1886 S. 57). — Bohlmann „Ueber die Grenzen und Ziele der neuen Reichsnotariatsordnung“ in Behrend's „Zeitschrift für Gesetzgebung und Rechtspflege in Preußen“ Bd. V. S. 89 ff. und M. Levy „Ueber einheitliche Regelung des Notariats im Deutschen Reich“ in der „Deutsch. Not. Ztg.“ 1887 Nr. 2 S. 21 und Nr. 3 S. 48. (Die beiden letzteren Arbeiten sind zwei in der juristischen Gesellschaft zu Berlin gehaltene Vorträge). Die Kommission des preußischen Herrenhauses hat bei Berathung des

zunächst auf die Unterstellung des „gerichtlichen Verfahrens" unter die Gegenstände der Reichsgesetzgebung, (Art. 4 No. 13 der Reichsverfassung). Es gehört hierzu auch die freiwillige Gerichtsbarkeit und damit auch die Frage, ob und inwieweit dieselbe von Gerichten oder Notaren zu handhaben ist. Insoweit es sich übrigens um Feststellung der Rechtsgeschäfte handelt, welche notarieller Beurkundung bedürfen, folgt die Zuständigkeit der Reichsgesetzgebung aus ihrer Befugniß „das gesammte bürgerliche Recht" zu regeln. In der That war auch bereits zur Zeit des Norddeutschen Bundes ein entsprechender Entwurf amtlich ausgearbeitet; doch ist man dabei auf so viele Schwierigkeiten gestoßen, daß von der reichsgesetzlichen Regelung der Materie einstweilen abgesehen worden ist.[41]) Der Entwurf ist nicht veröffentlicht worden. In jüngster Zeit hat die Bewegung für einheitliche Regelung des Notariats in umfassender Weise neu begonnen in der „Deutschen Notariats-Zeitung".[42]) Hoffentlich mit glücklicherem Erfolge!

---

§ II.

Literatur.

I. Gesammtdarstellungen und Geschichte.

An der Spitze der Notariatsliteratur steht noch immer das hervorragende Werk von:

Ferdinand Oesterley, Das deutsche Notariat: Erster Theil, Geschichte des Notariats; Hannover 1842 (584 S.); Zweiter Theil: Darstellung des geltenden Rechts; Hannover 1845 (749 S.).

Entwurfs zum jetzigen Gesetze v. 8. März 1880 gemeint „der Ansicht, daß man eine demnächstige einheitliche Regelung des Notariatswesens wenn möglich für das ganze Deutsche Reich auf dem Wege der Reichsgesetzgebung .... für das zu erstrebende Ziel halte, wenigstens einen Ausdruck verleihen zu müssen" und hat in einer demnächst auch vom Plenum angenommenen Resolution die Kgl. Staatsregierung ersucht, falls das baldige Zustandekommen einer Notariatsordnung für das Deutsche Reich nicht zu erwarten, darauf Bedacht zu nehmen, daß die gegenwärtigen verschiedenen Notariatsordnungen (nämlich in Preußen) durch eine einheitliche revidirte Notariatsordnung ersetzt werden." (Ber. d. Just.-Kom. des Herrenh. v. 29. Januar 1880 Drucks. d. Herrenh. 1879/80 Nr. 78 S. 204; Verhdlgen d. Herrenh. 1879/80, 13. Sitzung v. 3. Februar 1880 S. 196).

[41]) Vgl. die Mittheilung des Justizministers Dr. Friedberg im preußischen Abgeordnetenhause bei Berathung des jetzigen Gesetzes vom 8. März 1880. Verhdlgen. d. A.-H. 14. Legisl. I. Sess. 1879/80; 62. Sitzung vom 14. Februar 1880 S. 1743.

[42]) Nr. 21/22 pro 1886 S. 333 „Aufruf an sämmtliche Herren Notare und Notariatskandidaten des Deutschen Reiches."

Nächstdem ist zu erwähnen:

Merkel, Das Notariat und die willkürliche Gerichtsbarkeit; Leipzig 1860 (221 S.). (Ein Abdruck des Artikels „willkürliche Gerichtsbarkeit" aus dem Weiske'schen Rechtslexikon mit einigen Vermehrungen).

Historische Erörterungen finden sich hier S. 5—20, sowie in den alsbald zu erwähnenden Werken von Euler (S. 1 ff.) und Hagen (S. 1 ff.).

II. Bearbeitungen des preußischen Notariats.

Euler, Handbuch des Notariats in Preußen nebst der freiwilligen Gerichtsbarkeit der Gerichte; Erstes Buch: Allgemeiner Theil; Düsseldorf 1858 (419 S.). Unvollendet geblieben.

Häusler, Das preußische Notariat; Breslau 1845 (232 S.).

Delius, Das Amt des Notars nach preuß. Rechte; Lissa 1864 (127 S.).

von **Rönne**, Ergänzungen und Erläuterungen der preußischen Rechtsbücher; 5. Ausg., dritter Band; Berlin 1865 (R. v. Deckers Verlag) insbesondere zu A. G. O. III. 7 (S. 773 ff.). Die späteren Auflagen des Werkes beschränken sich auf das A. L. R. Hier finden sich nur einzelne Bestimmungen des Ges. v. 11. Juli 1845 an den geeigneten Anknüpfungsstellen des A. L. R. erörtert, so insbes. die §§ 13 und 24 ff. zu den §§ 171—184 I. 5 A. L R.

Kühne und **Sydow**, Die Preußischen Gesetze betreffend das Notariat in den Landestheilen des gemeinen Rechts und des Landrechts; Berlin und Leipzig 1880; Verlag von J. Guttentag (D. Collin), (Taschenformat; 160 S.) Enthält auch die hannöversche Not.-Ordng.

Siméon, Die Notariats-Ordnung und die Gebühren der Notare für die preußische Monarchie mit Ausschluß der O. L. G.-Bezirke Celle und Köln. Berlin 1880. Verlag von Carl Heymann. (61 S.)

Struckmann u. **Koch**, Die preußischen Ausführungsgesetze zu den Reichsjustizgesetzen; 2. Ausg. Berlin und Leipzig 1881; Verlag von J. Guttentag (D. Collin). Nr. XXXII. Ges., enthaltend Bestimmungen über das Notariat v. 8. März 1880; Nachtrag S. 10 bis 17.

(Ungenannt). Ges., enthaltend Bestimmungen über das Notariat v. 8. März 1880. Berlin 1880. R. v. Deckers Verlag. Marquardt und Schenck. (67 S.)

„Zu dem Gesetze über das Verfahren bei Aufnahme von Notariatsinstrumenten v. 11. Juli 1845" im preuß. Just. Min. Bl. (Nichtamtlicher Theil) 1847 S. 294 ff. u. 302 ff.

Rudorff, Die Gesetze betreffend das Notariat in der Rheinprovinz. Düsseldorf 1881 (L. Schwann'sche Verlagsbuchhandlung; (klein 8°. 337 S.)

III. Außerpreußisches Notariat.

Geßner, Das bayrische Notariat in Behrends „Zeitschrift für die deutsche Gesetzgebung und für einheitliches deutsches Recht." Bd. VI. (1872). S. 605—623.

H. Stahl, Das bayrische Notariat. Nördlingen 1880.

C. Reutti, Die freiwillige Gerichtsbarkeit und das Notariat im Großherzogthum Baden. Tauberbischofsheim 1879.

Graf Karl Chorinsky, Das Notariat und die Verlassenschaftsabhandlung in Oesterreich. Wien 1877.

Eine Uebersicht der deutschen Notariatsordnungen, nach dem Rechtszustande von 1862 findet sich bei Hagen (S. 17); für die größeren Einzelstaaten (nach dem Rechtszustande von 1881) im Holtzendorff'schen Rechtslexikon unter „Notariat." Der „Terminkalender für Rechtsanwälte und Notare" (Berlin, Karl Heymann) bringt alljährlich eine Uebersicht aller im Reiche geltenden Notariatsordnungen.

Ueber Notariat in außerdeutschen Ländern s. Euler S. 73 ff.

IV. Reform des Notariats.

Gutachten der Königlichen Immediat-Justizkommission über das Notariat vom Jahre 1816, abgedruckt bei Euler S. 91—124; eine Arbeit, die trotz der siebzig Jahre, die seit ihrer Fertigstellung vergangen sind, nur in wenigen Beziehungen veraltet ist.

Die Abhandlungen im „Centralblatt für preußische Juristen" (Berlin). Jahrg. 1840. S. 448. Jahrg. 1842. S. 281. 334. 379. 443. 462. 684.

A. v. Hagen, Die Reform des Notariats in den altpreußischen Provinzen. Stendal 1863 (Franzen u. Große) und die Besprechung dieses Buches von Franz Hinschius in der Preuß.-Anw.-Ztg. 1866 (S. 801).

Denkschrift des Deutschen Notariatvereins v. 9. April 1876 über die Neugestaltung des Notariats im Deutschen Reiche. Beil. zu Nr. 14 der Not.-Ztg. von 1876.

„Zur Frage der Reform des Aufsichts- und Disciplinarwesens in Ansehung der Notare" in der Deutschen Not.-Ztg. 1886 Nr. 15/16. S. 237.

Gutachten der unterfränkischen Notariats-Kammer, die gesetzliche Aufhebung einzelner partikularer Rechtsnormen in Bayern betreffend, ebenda Nr. 19/20. S. 314 ff.

Verhandlung des preuß. Abgeordnetenhauses von 1852 S. 983, betr. eine Petition von Notaren um Beseitigung der Notariats-Zeugen.

Verhandlungen über eine Petition, betreffend denselben Gegenstand und die Ausdehnung der sachlichen Zuständigkeit der Notare vom Jahre 1863: Kommissionsbericht v. 24. Februar 1863 (Drucksachen Nr. 56) Plenarverhandlung v. 9. März 1863 Stenogr. Ber. Bd. I. S. 514 ff.

Vgl. ferner die oben S. 11 Anm. 40 citirten Schriften.

V. Einzelabhandlungen über das Notariat

finden sich in den verschiedensten juristischen Zeitschriften. Dieselben sind ebenso wie die einschlägige Rechtsprechung an zutreffender Stelle citirt.

VI. Zeitschriften für das Notariat erscheinen:

in Köln: Zeitschrift für das Notariat. Herausgegeben vom Verein f. d. Notariat in Rheinpreußen. Im 31. Jahrgang.

in Nördlingen: Deutsche Notariats-Zeitung und Zeitschrift für Hypothekensachen, Organ des Notariats-Vereins für Deutschland und Oesterreich, herausgegeben (früher von Graf), jetzt von Weber und Henle. Im 16. Jahrgang.

Die von 1861 bis 1866 in Berlin erschienene Preußische Anwalts-Zeitung hat sich gleichfalls mit dem Notariat beschäftigt.

Die vorstehenden Literatur-Angaben erheben keinerlei Anspruch auf Vollständigkeit. Weitere Literaturnachweise finden sich: betreffs der älteren Literatur bei Lipenius, Bibliotheca juridica, auxit. G. A. Jenichen Lipsiae 1736 unter dem Worte: „Notariat"; sonst bei Euler S. 23, Hagen S. IX. ff., sowie bei v. Roenne, Ergänzungen a. a. O. Bd. III. S. 767.

---

§ III.

Verfassung des Notariats. — Dienstrecht der Notare.

I. Befähigung und Ernennung. — Verbindung mit der Rechtsanwaltschaft.

Die Befähigung zum Notariat wird durch Ablegung der allgemeinen für den höheren Justizdienst bestehenden Staatsprüfungen erworben.[1]) Demgemäß sind regelmäßig die Anstellungserfordernisse für das Richteramt und das Notariat dieselben. Aber völlig

[1]) Ges. v. 6. Mai 1869 (G. S. S. 656) § 1.

— wie vielfach angenommen wird[2]) — decken sich diese Erfordernisse nicht. Die reichsrechtlichen Normen, daß zum Richteramte auch diejenigen, welche die Fähigkeit in einem anderen Bundesstaate erworben haben, sowie ferner alle ordentlichen öffentlichen Rechtslehrer an einer deutschen Universität befähigt sind, (G. V. G. §§ 4. 5) finden in Preußen auf das Notariat keine Anwendung.[3])

Die Ernennung der Notare erfolgt durch den Justizminister im Namen des Königs[4]) und zwar für den Bezirk eines Ober-Landesgerichts.[5]) Den Ort des dienstlichen Wohnsitzes bestimmt der Justizminister, welcher auch die Zahl der für jeden Ort zu ernennenden Notare nach dem Bedürfnisse zu ermessen hat.[6]) Die Verbindung des Notariats mit der Rechtsanwaltschaft anlangend, so war bis zum 1. October 1879 die Ernennung der Notare aus der Zahl der Rechtsanwälte vorgeschrieben. Das Notariat sollte denjenigen Rechtsanwälten, welche sich hierzu durch Erfahrung, Geschäftskenntniß und mehrjährig erprobte Rechtschaffenheit und Zuverlässigkeit geeignet zeigten, neben der Rechtsanwaltschaft verliehen werden; an die Rechtsanwälte bei den Appellationsgerichten und beim Obertribunal jedoch „in der Regel“ nicht. Nur an Orten von 50 000 und mehr Einwohnern war es gestattet, besondere Notare, die nicht Rechtsanwälte waren, anzustellen.[7]) Diese Vorschriften sind — bis auf den Wegfall der Rechtsanwälte beim Obertribunal — formell nicht beseitigt. Nach der veränderten Ver-

---

[2]) Rönne, Staatsrecht IV. S 50 zu III; Jahrb. der preuß. Gerichtsverfassung 1885, S. 63.

[3]) Der erste Differenzpunkt ist von besonderer praktischer Erheblichkeit in Folge der Verbindung des Notariats mit der Rechtsanwaltschaft. Einen Juristen, der die Befähigung zum Richteramte außerhalb Preußens erworben hat, kann in Preußen die Justizverwaltung zur Rechtsanwaltschaft zulassen (R. A. O. § 2), ohne ihn zum Notar ernennen zu dürfen. — Die Voraussetzungen der Zulassung zur ersten Prüfung richten sich dagegen ausschließlich nach § 2 des G. V. G. neben welchem, da es nur eine einheitliche erste Prüfung giebt, die Bestimmungen in § 1 Abs. 2 u. 3 dess. Ges. v. 6. Mai 1869 unanwendbar geworden sind. Anscheinend a. M. Levy in d. Deutschen Not.-Ztg. 1887, S. 34.

[4]) V. v. 2. Januar 1849 (G. S. S. 1) § 36.

[5]) A. G. O. III. 7 § 7. Vgl. auch die Allg. Verf. v. 3. Juli 1879 (J. M. Bl. S. 153). Für die preußischen Notare im Bezirke des O. L. G. zu Jena ergiebt sich Kraft der Begrenzung der preußischen Staatsgewalt von selbst, daß sich ihr Amtsbezirk nur auf die preußischen Gebietstheile des Oberlandesgerichts erstreckt. Ebenso sind die an preußische Oberlandesgerichte angeschlossenen außerpreußischen Gebietstheile vom Amtsbezirke des Notars ausgeschlossen. Kühne-Sydow zu § 1. Not. Ges.).

[6]) A. G. O. III. 7 § 5.

[7]) A. G. O. III. 7 §§ 3. 9. 17 Nr. IV. V. v. 2. Januar 1849 (G. S. S. 1) § 30. Betreffs der Rechtsanwälte bei den Appellationsgerichten hat die Praxis sich über obige Gesetzesvorschrift hinweggesetzt. Denselben ist früher im Gegentheil das Notariat in der Regel, wenn nicht gar ausnahmslos, verliehen worden.

fassung der Rechtsanwaltschaft werden sie, wie aus einzelnen Fällen bekannt geworden und bei Müller[8]) als bestehende Staatspraxis bezeugt wird, in der Art angewendet, daß die Verleihung des Notariats „auf die Dauer der Zulassung zur Rechtsanwaltschaft bei dem Gerichte des betreffenden Ortes" erfolgt.[9])

II. Amtszeichen und Amtsausübung.

Die ernannten Notare erhalten eine Bestallung und führen den Titel „Notar". Wird ihnen eine Rangerhöhung zu Theil, so geschieht dies durch Verleihung des Titels „Justizrath".[10]) Sie führen ein Dienstsiegel mit dem heraldischen Adler nach näherer Vorschrift der Allg. Verf. v. 10. September 1879[11]) und sind verpflichtet, einen Abdruck desselben, sowie ihre bei Notariatsakten anzuwendende Namensunterschrift[12]) dem Präsidenten des Landgerichts, in dessen Bezirk sie ihren Wohnsitz haben, einzureichen.[13])

Die Notare sind Staatsbeamte[14]) und werden als solche nach ihrer Ernennung vereidet, falls sie nicht zur Zeit der Ernennung

---

8) I. S. 76 zu 2a.

9) Ob im Allgemeinen die Verwaltung befugt ist, die Aemter, bei denen ein Anderes nicht bestimmt ist, unter Resolutivbedingungen zu vergeben, kann bezweifelt werden. Betreffs des Notariats ist indessen in den in Anm. 7 citirten Vorschriften eine gesetzliche Grundlage für diese Art der Amtsverleihung zu finden. Denn die hiernach noch in Kraft bestehenden Gesetze über die Verbindung des Notariats mit der Rechtsanwaltschaft lassen zu ihrer Durchführung dieses Verfahren als erforderlich erscheinen; anderen Falls könnten sie durch den Notar illusorisch gemacht werden, wenn er sich in der Liste der Rechtsanwälte löschen läßt. (R. A. O. § 24).

10) A. G. O. III. 7 § 3. Allerh. K. O. v. 1. November 1835 (G. S. S. 230). — Wegen des Ranges der Notare vgl. Reskr. v. 27. März 1818 (Jahrb. Bd. 11, S. 235; Müller I. S. 242 zu c), dessen Art der Anwendung auf die veränderten Verhältnisse indessen zweifelhaft erscheint.

11) J. M. Bl. S. 324. Die Notare, welche den Titel Justizrath führen, dürfen denselben in ihr Dienstsiegel aufnehmen, müssen ihn jedoch zur Vermeidung des Mißverständnisses, als ob damit ein zweites Amt angedeutet würde, den Namen voransetzen. J. M. Rskr. vom 9. März 1880 — I. 1045 — bei Müller II. S. 868. — Die zu Nr. 3 der Allg. Verf. v. 11. September 1879 vorgeschriebene Siegelform haben auch diejenigen Notare anzuwenden, an deren Oberlandesgerichte nicht preußische Gebietstheile angeschlossen sind: (Kühne-Sydow zu § 16, Anm. 2).

12) Siehe darüber Not. Ges. § 15.

13) Allg. Verf. v. 11. Dezember 1879 (J. M. Bl. S. 471); vergl. auch Anmerkg. 39).

14) Anh. § 462 zu A. G. O. III. 7 § 3. — Urth. d. R. G. vom 1. Febr. 1886 bei Rassow-Küntzel **XXX.** S. 697. Vgl. indessen über den sonstigen Inhalt dieses Urtheils die folgende Anm. 24.

anderweit als Staatsbeamte fungiren.[15]) Ihre Befugniß zur Amtsausübung beginnt an sich mit der Ernennung, doch ist es für wünschenswerth erklärt, die Beeidigung vor dem Beginn der Amtsthätigkeit zu bewirken.[16])

Der Notar ist, wie jeder Beamte, verpflichtet, sein Amt persönlich auszuüben.[17]) Ueber seine Vertretung in Verhinderungsfällen fehlt es an besonderen Vorschriften.[18]) Soviel bekannt, wird eine solche Vertretung nicht angeordnet und es mag bei der Konkurrenz anderer Notare und dem konkurrirenden Notariat der Gerichte selten eine Nöthigung hierzu vorliegen. Grundsätzlich aber kann die Befugniß und in nöthigen Fällen die Verpflichtung der Justizverwaltung, für die Vertretung eines behinderten Notars in gleicher Weise wie für die Vertretung eines anderen Beamten[19]) Sorge zu tragen, nicht beanstandet werden, wobei es freilich an einer gesetzlichen Vorschrift über die Entschädigung des Vertreters und den Gebührenbezug während der Vertretung fehlt. Als Fall der Nothwendigkeit einer Vertretung trotz des konkurrirenden gerichtlichen Notariats ist der zu erachten, daß die Ertheilung von Ausfertigungen vorhandener Notariatsakte nöthig wird. Es steht nichts entgegen, hier einen Vertreter blos für den einzelnen Akt zu bestellen. Zur Anordnung der Vertretung wird in Ermangelung einer delegirenden Vorschrift nur die für die Ernennung zuständige Stelle, d. i. der Justizminister für befugt zu halten sein. Für befähigt zur Uebernahme der Vertretung sind diejenigen Beamten zu erachten, welche die Befähigung zum Notariat haben, danach insbesondere auch Gerichts-Assessoren, nicht aber Referendare.[20]) Ferner ist der Notar selbst insoweit seine eigene Vertretung anzuordnen befugt, als dies allgemein jedem Beamten zusteht, nämlich wenn er durch Krankheit oder

---

[15]) Daß sie, wie stets der Fall sein muß, den Diensteid früher als Referendare geleistet haben, erübrigt die nochmalige Vereidung nicht, falls sie inzwischen — insbesondere in Folge Zulassung zur Rechtsanwaltschaft — aus dem Staatsdienste geschieden waren. (S. die folgende Anm.).

[16]) J. M. R. vom 10. Juli 1885 — I. 2888 — bei Müller I. S. 77; vgl. K. O. v. 11. August 1832 (G. S. S. 204) und Erk. d. Ob. Tr. vom 20. Januar. 1868. (Striethorst Bd. 71 S. 31).

[17]) A. L. R. I. 13 § 41.

[18]) Nur für den Fall der Suspension eines Notars trifft § 39 des Not.-Ges. die nöthige Vorkehrung.

[19]) Es fehlt allerdings auch in dieser Beziehung an einer positiven gesetzlichen Vorschrift. Indessen folgt aus der allgemeinen Stellung der Staatsgewalt, daß sie für die ordnungsmäßige Fortführung der staatlich eingerichteten Aemter insoweit Vorsorge treffen muß, als der staatlich angeordnete Zweck der Aemter nicht verfehlt werden darf. Dies ist auch implicite anerkannt im § 45. I. 13 A.L.R.

[20]) Ges. v. 6. Mai 1869 (G. S. S. 656) § 8 Abs. 2; A. G. z. G. V. G. §§ 1. 2.

anderen Zufall an der Amtsverwaltung zeitweise gehindert ist, es sich ferner um unaufschiebliche Fälle handelt und endlich eine diesfällige Veranstaltung von der vorgesetzten Behörde noch nicht getroffen ist. In einem solchen Falle darf jeder Beamte einen anderen substituiren, welcher „zu Geschäften von gleicher Art öffentlich bestellt und verpflichtet" ist,[21]) der Notar also einen anderen Notar desselben Oberlandesgerichts-Bezirks.

Für die hauptsächlichste Thätigkeit des Notars, die Aufnahme von Urkunden, ist zwar diese Art der Vertretung meist bedeutungslos, denn es hängt von den Parteien ab, ob sie sich der Person des substituirten Notars bedienen wollen, und wenn sie es thun, so liegt hierin eine Rogation dieses Notars, welcher ohnehin den Akt in eigenem Namen aufzunehmen hat. Dagegen bleibt die Vertretung namentlich für die Ertheilung von Ausfertigungen erheblich, und es ist, trotz des Mangels einer speziellen Vorschrift für geltendes Recht zu erachten, daß ein Notar, welcher an der Ertheilung der Ausfertigung eines Notariatsaktes verhindert ist, z. B. wegen Krankheit nicht schreiben kann, im Falle der Unaufschieblichkeit und des Mangels einer Anordnung der vorgesetzten Behörde, einen anderen Notar desselben Bezirks zur Ertheilung der Ausfertigung an seiner Statt substituiren kann.[22]) Bei Uebertragung von Protestaufnahmen muß dem Notar die gleiche Befugniß zuerkannt werden; ihre Versagung müßte hier zu offensichtlicher Benachtheiligung der Parteien führen.

III. Stellung im Beamtenorganismus.

Die Notare sind, wie bereits erwähnt, Staatsbeamte und zwar, da sie nicht im Dienste eines dem Staate untergeordneten Instituts stehen, unmittelbare Staatsbeamte,[23]) deshalb finden auf sie die Rechtsregeln Anwendung, welche sonst für unmittelbare Staatsbeamte Geltung haben und sie sind, wo von solchen allgemein die Rede ist, regelmäßig überall mitbegriffen.[24]) Ein Einkommen aus

---

[21]) A. L. R. I. 13 § 45.

[22]) Vgl. auch die Erörterungen zu Not. Ges. § 16 Anm. 2.

[23]) A. L. R. II. 10 § 69.

[24]) Ihrer besonderen Erwähnung im St. G. B. §§ 31 u. 359 hätte es für Preußen nicht bedurft und sie war in den entsprechenden §§ 12. 331 des preuß. St. G. B. v. 14. April 1851 auch thatsächlich nicht enthalten. — Wegen Nothwendigkeit der Genehmigung zur Annahme von Gemeindeämtern 2c. s. Erk. d. Ob. Tr. v. 10. Februar 1865 (J. M. Bl. S. 72; Oppenhoff V. S. 484). — Aus der Eigenschaft der Notare als Staatsbeamte folgt indessen nicht – wie vom vierten Civilsenat des Reichsgerichts angenommen ist, Urth. v. 1. Februar 1886 bei Rassow-Küntzel XXX. S. 697 — daß sie nicht den ihre Thätigkeit Begehrenden nach den Grundsätzen des Mandats oder der Verträge über Handlungen verantwortlich werden können. Denn der Inhalt eines Staatsamtes kann gerade

der Staatskasse beziehen sie nicht, sondern erhalten für ihre Thätigkeit von den dieselbe nachsuchenden Parteien Gebühren.[25]) Auf die Ausübung ihrer Praxis findet die Gewerbeordnung keine Anwendung.[26]) Ein Ausfluß des Umstandes, daß sie kein Einkommen aus der Staatskasse beziehen, ist es, daß die den besoldeten Staatsbeamten zustehende Ermäßigung der Kommunalabgaben ihnen nicht zu Statten kommt,[27]) daß sie keine Pensionsberechtigung haben,[28]) keine Wittwen- und Waisengeldbeiträge entrichten und demgemäß auch für ihre Hinterbliebenen keinen Anspruch auf Wittwen- und Waisengeld erwerben.[29]) Die Eigenthümlichkeit der Stellung der Notare hat indessen in mehrfacher Hinsicht dazu geführt, ihnen eine freiere Position als den übrigen Beamten einzuräumen. Die wichtigsten Rechte derselben in dieser Beziehung sind:

1. Sie unterliegen der unfreiwilligen Versetzung auf eine andere

---

dahin gehen, zu den Parteien in ein Vertragsverhältniß zu treten und zum Theil ist dies beim Notariat der Fall. Insoweit der Notar lediglich beurkundende Thätigkeit entwickelt, haftet er allerdings regelmäßig nur nach den Grundsätzen des Beamtenrechts, insbesondere also, wenn er durch Vernachlässigung der Formvorschriften Schaden angerichtet hat, wenngleich selbst hier ausnahmsweise ein Mandatsverhältniß denkbar ist, wie z. B. beim Wechselproteste. Hat der Notar indessen die Partei in Bezug auf die Fassung einer Urkunde schlecht berathen, so haftet er ihnen lediglich nach den Grundsätzen vom Rath und der Empfehlung (§§ 219. 220 I. 13 A. L. R.) und kann sich nicht auf die Subsidiarität der Syndikatsklage (§ 91 II. 10 A. L. R.) berufen. Mit dieser Auffassung steht die Rechtsprechung des Ob.-Tr. (Erk. v. 3. November 1856, Striethorst, Bd. 23, S. 35; v. 12. Juli 1869 ebenda Bd. 75 S. 291; v. 3. Mai 1872 ebenda Bd. 84 S. 336) theils in Uebereinstimmung, theils wenigstens nicht in Widerspruch. Vgl. auch Dernburg II. S. 865. Die entgegengesetzte Annahme im obigen Reichsgerichts-Urtheile hängt mit der Auffassung zusammen, welche derselbe Senat betreffs der Gerichtsvollzieher im Urth. v. 17. November 1883, Entsch. Bd. X. S. 233 zur Geltung gebracht hat, die aber inzwischen von den vereinigten Civilsenaten aufgegeben ist. Beschl. v. 10. Juni 1886, Entsch. Bd. XVI. S. 397. Für die Auffassung des vierten Senats: Eccius bei Förster-Eccius II. S. 495 Anm. 3 im Gegensatz jedoch zur Ansicht Försters in der dritten Aufl. II. S. 472 Anm. 3. — Vgl. über das Rechtsverhältniß zwischen Notar und Requirenten die eingehenden Erörterungen bei Oesterley II. S. 215 ff.; siehe auch zu Not. Ges. §§ 19. 20, Anm. 1.

25) A. G. O. III. 7 § 416.

26) Gew. O. § 6. Fassung v. 1. Juli 1883 R. G. Bl. S. 159.

27) Ges. v. 11. Juli 1822 (G. S. S. 184) § 8. Erk. d. Ob. Tr. v. 24. Juni 1873, Entsch. 70 S. 171. — Betreffs der Bestallungsurkunde für den Notar ist indessen deren Stempelpflichtigkeit angenommen worden, obwohl die betreffende Tarifposition Bestallungen unbesoldeter Beamten für stempelfrei erklärt. Schreiben des Fin.-Min. v. 24. April 1822, bei Hoyer-Gaupp S. 491.

28) Pensionsgesetz v. 27. März 1872 (G. S. S. 268) § 1. Wegen der privaten Pensionsvereine der Rechtsanwälte und Notare s. Allg. Verf. vom 18. Juni 1860. (J. M. Bl. S. 262).

29) Ges. v. 20. Mai 1882 (G. S. S. 298) §§ 1. 7.

Stelle im dienstlichen Interesse überhaupt nicht und zwar nicht einmal in dem Maße wie die Richter.[30])

2. Sie bedürfen eines Urlaubes zu Entfernungen bis einschließlich einer Woche überhaupt nicht und darüber hinaus bis einschließlich vier Wochen alsdann nicht, wenn sie in ihrem Amtsbezirk, d. h. dem Oberlandesgerichts-Bezirk bleiben.[31])

3. Sie dürfen Aemter bei Aktien-, Kommandit- und Bergwerks-Gesellschaften, sowie die Betheiligung bei Gründung solcher Gesellschaften übernehmen, ohne den für Beamte bestehenden beschränkenden Vorschriften unterworfen zu sein.[32]) Noch weniger kann ihnen die Uebernahme anderweiter bezahlter Thätigkeit, sollte sie auch unter die Notariatsgeschäfte als solche nicht fallen, verwehrt werden.[33]) Nur in Ansehung der Uebernahme staatlicher Nebenämter stehen sie den übrigen Beamten gleich.[34])

Innerhalb der Beamtenhierarchie zählen die Notare zu den nicht richterlichen Beamten. Sie haben danach insbesondere den Anordnungen der vorgesetzten Behörden in Ansehung der Amtsobliegenheiten regelmäßig in gleichem Maße Folge zu leisten wie die nicht richterlichen Beamten überhaupt und haben nicht eine der richterlichen Gewalt analoge Unabhängigkeit (vgl. auch unten zu IV. A). Wiederum aber hat die Eigenart ihrer Stellung dazu geführt, die Handhabung der dienstlichen Rechte über sie vielfach abweichend zu regeln. Dies gilt namentlich von der Aufsichts- und Disciplinargewalt.[35])

IV. Dienstaufsicht und Disciplinargewalt.

Dieselben wurden früher in ausgedehntem Maße durch selbstgewählte korporative Organe gehandhabt. Schon die A. G. O. hatte dementsprechende Kollegien der Notare in Aussicht genommen.[36])

---

[30]) Ges. v. 21. Juli 1852 (G. S. S. 465) § 66 mit § 87 ebenda u. § 51 des richterlichen Disciplinargesetzes v. 7. Mai 1851 (G. S. S. 83).

[31]) Allg. Verf. v. 28. Mai 1885 (J. M. Bl. S. 175) § 15. Im Falle der Abwesenheit von mehr als einer Woche haben sie jedoch von der Abwesenheit und der Rückkehr Anzeige zu erstatten.

[32]) Ges. v. 10. Juni 1874 (G. S. S. 244) § 4. — Vgl. auch Allg. Verf. v. 15. April 1860 (J. M. Bl. S. 146).

[33]) Selbstredend kann indessen die Uebernahme einer Thätigkeit, welche die Würde der amtlichen Stellung verletzt, disciplinarisch verfolgt werden.

[34]) A. G. O. III. 7 § 10. K. O. v. 13. Juli 1839 (G. S. S. 235); vgl. auch K. O. v. 20. November 1840 (Min. Bl. d. i. V. 1841 S. 2).

[35]) Wegen der speziellen dienstlichen Verpflichtung der Notare in Ansehung des Stempelwesens siehe die §§ 22. 30. 34 des Stempelgesetzes v. 7. März 1822 (Anhang I.), sowie auch oben § 1 S. 8 Nr. 4 mit Anmerkung wegen des Wechselstempels. Wegen sonstiger besonderer dienstlichen Verpflichtungen s. insbesondere Not. Ges. §§ 19. 20. 36—39. 44 und die Anm. dazu.

[36]) A. G. O. III. 7 §§ 90 ff. insbesondere §§ 104. 106.

Der durch das Gesetz vom 30. April 1847 eingerichtete Ehrenrath für Rechtsanwälte und Notare war nicht nur regelmäßig das Disciplinargericht erster Instanz, sondern in gewissem Sinne auch eine Aufsichtsbehörde, wenngleich die eigentliche Dienstaufsicht dem Appellationsgericht zustand.[37]) Die Institution des Ehrenraths hatte mit der anderweiten Organisation der Rechtsanwaltschaft ihren Boden verloren. Bei der Neuregelung des Aufsichts- und Disciplinarwesens hat man die betreffenden Verhältnisse der Notare meist denen der Richter analog geordnet. Zum Theil mag bestimmend gewesen sein, daß die hierin liegenden Garantien einen Ersatz für die verloren gegangene korporative Jurisdiktion bilden sollen, zum Theil die Erwägung, daß die Disciplinargewalt schon früher in zweiter und ausnahmsweise auch in erster Instanz durch richterliche Behörden gehandhabt worden war,[38]) zum Theil wohl auch der Umstand, daß innerhalb der Justiz die Notare nach ihrer Thätigkeit den Richtern näher als allen anderen Beamtenkategorien stehen. Betreffs der Disciplinargewalt haben die betreffenden Gesetzesnovellen übrigens einen sehr komplizirten Rechtszustand geschaffen, indem die zur Anwendung zu bringenden Vorschriften aus einer großen Anzahl von Gesetzen zusammengesucht werden müssen. Im Einzelnen ist zu bemerken:

A. Die Dienstaufsicht

über Notare steht denselben Behörden zu und wird mit denselben Mitteln und Formen gehandhabt wie gegenüber den Richtern. Die Aufsichtsbehörden sind danach der Land- und Oberlandesgerichts-Präsident, ein jeder hinsichtlich aller Notare seines Bezirks und der Justizminister hinsichtlich sämmtlicher Notare.[39]) Im Aufsichtsrechte liegt kein Recht zu Strafandrohungen oder Festsetzungen, auch nicht Behufs Erzwingung von Handlungen. Vielmehr steht gegenüber ordnungswidrigem Verfahren des Notars der Aufsichtsbehörde nur das Recht einer Rüge, sowie der Ermahnung zu rechtzeitiger und sachgemäßer Erledigung des Amtsgeschäftes zu und es hat der Notar auch dieser Maßregel gegenüber das Recht, auf Einleitung der Disciplinaruntersuchung anzutragen, wenn er der Ansicht ist, daß

---

[37]) Ges. v. 30. April 1847 (G. S. S. 196) § 2. — A. G. O. III. 7 § 8; V. v. 2. Januar 1849 § 25 zu 6).

[38]) Ges. v. 21. Juli 1852 (G. S. S. 465) §§ 70, 74—76.

[39]) Ges. v. 8. März 1880 § 7. Für die örtliche Zuständigkeit des Landgerichts-Präsidenten ist lediglich der dienstliche Wohnsitz des Notars maßgebend. Demgemäß übt der Präsident des Landgerichts I. zu Berlin die Dienstaufsicht über alle in Berlin wohnhaften Notare aus, sollten dieselben auch sonst als Rechtsanwälte beim Amts- oder Landgericht II oder beim Kammericht zugelassen sein. Reskr. v. 20. Februar 1882. — I. 119 — (Müller I. S. 47 zu 14 c.)

die vorgeworfene Ordnungswidrigkeit oder Säumniß ihm nicht zur Last fällt. Es wird alsdann im Disciplinarverfahren über die Aufrechterhaltung oder Aufhebung der Maßregel erkannt. Geeignetenfalls kann auch auf Disciplinarstrafe erkannt werden. Neben diesem Antrage steht, falls die Maßregel nicht vom Justizminister verhängt war, dem Notar wahlweise ein Beschwerderecht bei der höheren Aufsichtsbehörde zu. Der Gebrauch des einen Rechtsmittels schließt den des anderen aus.[40])

Der materielle Inhalt der Dienstaufsicht ist übrigens gegenüber den Notaren und Richtern nicht identisch. Wie bereits erwähnt, ist der Notar regelmäßig den Anweisungen der vorgesetzten Dienstbehörde über die Art der Amtsausübung auch da Folge zu leisten verbunden, wo der Richter solches unter Berufung auf die Unabhängigkeit der richterlichen Gewalt weigern könnte. Er ist hierzu um so mehr verpflichtet, als diese Behörden zugleich seine materiellen Beschwerdeinstanzen bilden, deren es sonst keine giebt. Andererseits aber legt ihm sein Treuverhältniß zum Publikum Pflichten auf, welche er — anders als der Richter — selbständig auch gegenüber der Aufsichtsbehörde zu wahren hat. Die ihm bei der Amtsführung bekannt gewordenen Privatangelegenheiten darf er auch der Aufsichtsbehörde nicht mittheilen. Er muß ein diesbezügliches Verlangen bei eigener Verantwortung ablehnen, und es nöthigenfalls auf die Entscheidung der Disciplinargerichte ankommen lassen.[41])

B. Die Disciplinargewalt

anlangend, so sind die zur Anwendung zu bringenden Normen zu finden:

a) in der V. über die Bildung eines Ehrenrathes u. s. w. vom 30. April 1847 (G. S. S. 196) § 12;[42])

b) im Gesetze über die Dienstvergehen der Richter u. s. w., v. 7. Mai 1851 (G. S. S. 218). Abschnitt 2 u. 3, §§ 17 bis 50;

c) im Gesetze betreffend die Dienstvergehen der nicht richterlichen Beamten u. s. w. v. 21. Juli 1852 (G. S. S. 465) §§ 2 bis 7. 55. 66. 68;[43])

---

[40]) Ges. v. 8. März 1880 § 7 mit Ges. v. 9. April 1879 § 23. Stempelstrafen nehmen eine Sonderstellung ein. Ueber die Befugniß der vorgesetzten Behörde zu deren Festsetzung siehe § 30 Abs. 4 und § 31 des Stempelgesetzes v. 7. März 1822 (Anh. I) A. G. z. G. V. G. § 106; Ges. v. 9. April 1879 § 28.

[41]) Vgl. hierüber und über die Verpflichtung der Notare zur Vorlegung ihrer Verhandlungen und zur Auskunftsertheilung an die vorgesetzte Behörde Not. Ges. § 19 mit den Anm. und § 44 mit Anm. 4.

[42]) Ein Weiteres als der § 12 gilt aus dieser Verordnung nicht mehr.

[43]) Die §§ 48—50 dieses Gesetzes, welche in dem oben citirten § 66 gleichfalls für anwendbar erklärt sind, betreffen die vorläufige Dienstenthebung und

d) im Gesetze betreffend die Abänderung von Bestimmungen der Disciplinargesetze v. 9. April 1879 (G. S. S. 345) §§ 21. 22 mit §§ 1 bis 12;

e) im Gesetze enthaltend Bestimmungen über das Notariat (G. S. S. 177) § 7 Abs. 2 mit § 23 Abs. 2—4 des zu d) citirten Gesetzes.[44])

Das Disciplinarstrafrecht gestaltet sich danach wie folgt:

1. Der Begriff des Dienstvergehens bestimmt sich nach § 2 des nicht richterlichen Disciplinargesetzes und ist übrigens identisch mit dem entsprechenden Begriffe nach § 1 des richterlichen Disciplinargesetzes.[45])

2. Die auszusprechenden Disciplinarstrafen bestimmen sich nach § 12 der V. v. 30. April 1847; sie bestehen in: Ermahnung oder Warnung, Verweis, Geldbußen bis zu 1500 Mark und Dienstentlassung. Die wesentlichste Abweichung gegenüber allen anderen Beamtenkategorien besteht im Fortfall der Versetzung als Strafe und der dafür eingetretenen erheblichen Erhöhung des Maximums der Geldstrafe.

3. Die Disciplinargerichte sind die für die Richter bestehenden, nämlich: in erster Instanz der Disciplinarsenat des Oberlandesgerichtes, in dessen Bezirk der Notar seinen Wohnsitz hat, in zweiter Instanz der große Disciplinarsenat beim Kammergericht.

4. Die Normen über das Verhältniß des Disciplinarstrafrechts und des Disciplinarverfahrens zum allgemeinen Strafrecht und Strafverfahren sowie zum Entschädigungsanspruche des Verletzten, endlich über den Verlust des Amtes in Folge strafgerichtlicher Verurtheilung, bestimmen sich nach §§ 3—7 des nicht richterlichen Disciplinargesetzes, welche wiederum inhaltlich mit den entsprechenden §§ 2 bis 6 des richterlichen Disciplinargesetzes übereinstimmen.

5. Im Uebrigen richtet sich das Disciplinarverfahren einschließlich desjenigen über die Amtssuspension nach §§ 17 bis 47[46]) des richterlichen Disciplinargesetzes mit den aus §§ 3 bis 12 des Ges. v. 9. April 1879 sich ergebenden Aenderungen betreffs der Zusammensetzung des Gerichts. Danach findet insbesondere gegen Notare keinerlei Disciplinarstrafe — auch nicht die gegen Richter

---

haben die Anwendbarkeit durch § 21 des Ges. v. 9. April 1879 verloren. Der ferner noch anwendbare § 77 des nicht richterlichen Disciplinargesetzes betrifft die Amtserledigung wegen Unfähigkeit und ist im Texte zu V erörtert.

[44]) Inwiefern der § 43 des Not. Ges. noch eine anwendbare Rechtsnorm enthält, darüber s. zu § 43 cit. Anm. 1.

[45]) Vgl. über diesen Begriff auch Not. Ges. § 43 Anm. 2.

[46]) Die §§ 48. 50, welche zwar formell durch den § 21 des Ges. v. 9. April 1879 mit eingeführt sind, sind unanwendbar, weil sie sich lediglich auf die Gehaltszahlung während der Amtssuspension beziehen.

zugelassene „Mahnung"[47]) — ohne förmliches Disciplinarverfahren statt. Ferner bleiben die besonderen Vorschriften über das Verfahren und die Strafen im Falle unerlaubter Entfernung vom Amte[48]) außer Anwendung; es findet hier lediglich das allgemeine Disciplinarverfahren statt.

6. Ist ein Notar zugleich Rechtsanwalt, so geht grundsätzlich betreffs jeder einzelnen Funktion das Disciplinarverfahren vor den zuständigen Organen seinen eigenen Weg.[49]) Betreffs des rechtsanwaltlichen Verfahrens gilt dieser Satz ausnahmslos. Betreffs des Verfahrens gegen den Notar als solchen gilt indessen die Ausnahme, daß, wenn gegen einen solchen rechtskräftig auf Ausschließung von der Rechtsanwaltschaft erkannt ist, sein Amt als Notar von selbst erlischt.[50]) Es wird dies nach dem Wortlaut des Gesetzes selbst in dem Falle gelten müssen, wenn etwa vorher von dem über die Notare zuständigen Disciplinargerichte wegen derselben Thatsachen auf Freisprechung oder auf eine mildere Strafe rechtskräftig erkannt sein sollte.

V. Versetzung und Ausscheiden aus dem Amte.

Die Versetzung und das Ausscheiden des Notars erfolgt regelmäßig nach denselben Grundsätzen wie bei anderen Staatsbeamten. Die Versetzung ist nur mit Zustimmung des Notars zulässig und

---

[47]) Richterliches Disciplinargesetz § 13.

[48]) Richterliches Disciplinargesetz §§ 7 bis 12; nicht richterliches Disciplinargesetz §§ 8 bis 13. Bedenklich ist die unterbliebene Einführung der §§ 12 bez. 13 uber die Bewirkung von Zustellungen an den flüchtigen Beamten. Man wird danach die umständlicheren Vorschriften des § 40 St.P.O. anzuwenden haben.

[49]) Negative Kompetenzkonflikte sind bei diesem Verfahren nicht ausgeschlossen. Es giebt Thätigkeiten, bei denen es sehr zweifelhaft sein kann, ob sie dem Funktionär in seiner Eigenschaft als Notar oder als Rechtsanwalt anvertraut worden sind, z. B. Vermögensverwaltungen, Rathsertheilungen gewisser Art und Aehnl. Macht sich der Notar-Anwalt bei Ausführung eines solchen Geschäftes eines Verhaltens schuldig, welches ihn überhaupt der nöthigen Achtung unwürdig macht (nicht richterliches Disciplinargesetz § 2 Nr. 2; R. A. O. § 28), so sind allerdings konkurrirend die beiderseitigen Disciplinarbehörden zuständig; denn die Existenz des Dienstvergehens ist bei solchen Fällen überhaupt nicht davon abhängig, daß die Handlung im Dienste begangen ist. (Vgl. Urtheil des Ehrengerichtshofes der Rechtsanwälte v. 6. Oktober 1886; J. M. Bl. 1887 S. 59). Handelt es sich aber nur um den Vorwurf, Amtsgeschäfte nicht mit der nöthigen pflichtmäßigen Gewissenhaftigkeit ausgeführt zu haben, ohne den vorhin erwähnten, die Ehre tangirenden Charakter (nicht richterliches Disciplinargesetz § 2 Nr. 1; R. A. O. § 28), so setzt die Zuständigkeit der gerichtlichen Disciplinarbehörde voraus, daß es sich um Notariatsgeschäfte und die der rechtsanwaltlichen Disciplinarbehörde, daß es sich um Rechtsanwaltsgeschäfte handelt. Eine Lösung für den Fall beiderseitiger Unzuständigkeitserklärungen ist gesetzlich nicht vorgesehen.

[50]) Ges. v. 9. April 1879 § 22.

wird regelmäßig nur auf seinen Antrag erfolgen. Das Verfahren bei solchen Gesuchen regelt die Allg. Verf. v. 1. Januar 1880.[51]) Das Ausscheiden kann ein freiwilliges oder unfreiwilliges sein. Im ersteren Falle kann das Ausscheiden behufs Eintritts in ein anderes Staatsamt oder behufs Quittirung des Staatsdienstes geschehen. Will der Notar ein anderes Staatsamt erwerben, so richtet sich dessen Erlangung nach den für dieses Amt bestehenden Grundsätzen. Wird der Notar zum Amtsrichter oder Landrichter ernannt, so bestimmt sich für die Regel das „richterliche Dienstalter" lediglich durch Berechnung derjenigen Zeiträume, in welchen er früher Gerichtsassessor oder Richter war. Mit Königlicher Genehmigung kann aber bei Aufnahme in den Richterdienst auch die Anrechnung des Notariats auf das richterliche Dienstalter bestimmt werden. Wird der Notar zu einem höheren Richteramte berufen, so bestimmt sich hier sein Dienstalter lediglich nach der Ernennung zu diesem Amte.[52]) Tritt der Notar in ein besoldetes Staatsamt und wird er demnächst in den Ruhestand versetzt, so ist es gleichfalls die Regel, daß bei Berechnung der Dienstzeit zwecks Bemessung der Pension die Zeit des Notariats nicht in Anrechnung gebracht wird. Mit Königlicher Genehmigung kann indessen auch hier dem Notar bei der Neuanstellung die Anrechnung zugesichert werden.[53]) Die gleichen Grundsätze gelten für den Reichsdienst mit der Aenderung, daß die Genehmigung der Anrechnung dem Bundesrath zusteht und nicht nothwendig schon bei der Anstellung erfolgen muß. Dem Notar, welcher, — gleichviel ob direkt oder nach amtlichen Zwischenstufen — Mitglied des Reichsgerichts geworden ist und als solches pensionirt wird, ist die Zeit des Notariats bei dem Pensionsanspruch unbedingt anzurechnen.[54])

Will der Notar unter Quittirung des Staatsdienstes aus seinem Amte scheiden, so kann dies ebenfalls nicht ausschließlich durch einen eigenen Willensakt geschehen; der Notar muß vielmehr seine Entlassung beim Justizminister nachsuchen und darf die Amtsausübung bis zur ergehenden Entschließung des Justizministers nicht einstellen.[55]) Nur wenn die Ernennung des Notars derart beschränkt war, daß ihm das Notariat lediglich auf die Dauer der Zulassung als Rechtsanwalt bei einem bestimmten Gerichte verliehen war,[56]) erlischt das Notariat von selbst beim Aufgeben oder der Zurücknahme der Zu-

---

[51]) J. M. Bl. S. 3.

[52]) V. v. 16. April 1879 (G. S. S. 318) §§ 1—5 u. 7.

[53]) Pensionsgesetz v. 27. März 1872 (G. S. S. 268) § 19.

[54]) Reichsbeamtengesetz v. 31. März 1873 (R. G. Bl. S. 61) § 52; G. V. G. § 130.

[55]) A. L. R. II. 10 §§ 94. 97 mit V. v. 2. Januar 1849 § 36.

[56]) S. o. S. 17

lassung als Rechtsanwalt.[57]) Unfreiwillig kann der Notar, abgesehen vom Disciplinarverfahren, aus seinem Amte entfernt werden, wenn er durch Taubheit, Blindheit oder ein sonstiges körperliches Gebrechen oder wegen Schwäche seiner körperlichen oder geistigen Kräfte zur Erfüllung seiner Amtspflichten dauernd unfähig ist. Es stimmt dies mit dem betreffenden Rechtszustande für die anderen Beamten überein.[58]) Das Verfahren ist im § 77 des nicht richterlichen Disciplinargesetzes geregelt, folgt aber mit einigen Abweichungen den für Richter bestehenden Normen. Es beginnt mit einer Aufforderung an den Notar zur Niederlegung seines Amtes. Zuständig zum Erlaß dieser Aufforderung ist nicht, wie bei anderen Beamten, der Dienstvorgesetzte, sondern der Oberstaatsanwalt beim Oberlandesgericht.[59]) Entspricht der Notar der Aufforderung, so wird in diesem Falle, abweichend vom sonstigen Recht, durch die der Behörde eingereichte Erklärung des Notars das Amt erledigt, ohne daß es einer Entlassung durch den Justizminister bedarf.[60]) Folgt dagegen der Notar der Aufforderung binnen sechs Wochen nicht, so beschließt der Disciplinarsenat des Oberlandesgerichts nach geführter Sachuntersuchung und in einem näher geregelten Verfahren darüber, ob der behauptete Unfähigkeitsfall vorliegt.[61]) Gegen den Beschluß, er mag bejahend oder verneinend ausfallen, ist ein Rechtsmittel nicht gegeben. Lautet der Beschluß bejahend, so erledigt er gleichwohl die Stelle nicht von selbst. Vielmehr erfolgt diese Erledigung erst durch eine Erklärung des Justizministers.[62]) Nach dem Wortlaut des Gesetzes „kann“ der Justizminister die Erledigungserklärung erlassen, ohne zu ihr verpflichtet zu sein. Es ist indessen kaum denkbar, daß angesichts des die Unfähigkeit fest-

[57]) Analogon A. L. R. II. 10 § 102. Auf solche Fälle scheint sich bei der Bekanntmachung im J. M. Bl. die Ausdrucksweise zu beziehen, es habe der Inhaber „das Amt als Notar niedergelegt“ (z. B. J. M. Bl. pro 1885 Nr. 6 S. 36 zu D a. E.), während es sonst entsprechend der ausschließlichen Terminologie bei anderen Beamten heißt, es sei „die nachgesuchte Entlassung aus dem Amte als Notar ertheilt“ (z. B. ebenda Nr. 4 S. 29 zu A a. E.).

[58]) Vgl. für den Notar: nicht richterliches Disciplinargesetz § 77; und sonst: ebenda § 88 und richterliches Disciplinargesetz § 56.

[59]) § 77 cit. mit § 3 des Ges. v. 9. April 1879. Siehe für die übrigen Beamten § 89 des nichtrichterlichen und § 58 des richterlichen Disciplinargesetzes.

[60]) § 77 cit. Für die übrigen Beamten ist der Entlassungsakt auch in diesem Falle unerläßlich. Siehe: richterliches Disciplinargesetz § 60; nichtrichterliches Disciplinargesetz §§ 89. 92.

[61]) § 77 cit. mit §§ 3. 4 des Ges. v. 9. April 1879. Das Verfahren bestimmen die §§ 61. 62 des richterlichen Disciplinargesetzes.

[62]) § 77 cit. Es sind also die in der Zwischenzeit vorgenommenen Notariatsakte gültig. Entscheidend wird der Tag der Zustellung der Erledigungserklärung an den Notar sein.

stellenden Beschlusses ein weiteres Fungiren des Notars gestattet werden könnte.

Ist der Notar nicht verfügungsfähig, so wird im Verfahren mit seinem gesetzlichen Vertreter verhandelt und es hat nöthigenfalls der Oberstaatsanwalt die Bestellung eines Pflegers beim zuständigen Vormundschaftsgericht zu beantragen.[63])

Der unfreiwilligen Versetzung in den Ruhestand auf Grund erfolgter Vollendung des 65. Lebensjahres[64]) unterliegen die Notare nicht, weil der betreffende Quiescirungsgrund sich nur auf pensionsberechtigte Beamte bezieht.

Wegen Behandlung der Dienstpapiere des Notars im Falle der Amtserledigung siehe Not. Ges. §§ 37 bis 39 und die Bemerkungen dazu.

§ IV.

Sachliche Zuständigkeit der Notare.

I. Zuständigkeit im Allgemeinen.

Das Amt der Notare besteht nach § 17 zu IV. Th. III. Tit. 7 A. G. O. darin, daß sie „Kontrakte und andere Instrumente errichten und unter den Parteien vollziehen, welche den Glauben und die Kraft öffentlicher Urkunden haben sollen". Der § 45 ebenda bezeichnet sie als Beamte, „vor welchen gewisse Handlungen dergestalt vorgenommen werden können, daß denselben durch ihre Zuziehung öffentliche Glaubwürdigkeit erworben und beigelegt wird" und der darauf folgende § 46 verweist darüber, welche Handlungen die Notare demgemäß vornehmen können, auf die Bestimmungen in Th. II. Tit. 1 der A. G. O. Aus den Bestimmungen der §§ 1. 2 und 12 dieses Titels und der §§ 51. 52 Th. II. Tit. 17 A. L. R. ergiebt sich, daß unter diesen Handlungen alle diejenigen freiwilligen Handlungen begriffen sind, bei denen nicht die Vollziehung vor Gericht vorgeschrieben ist. Danach läßt sich die Zuständigkeit der Notare im Gebiete des A. L. R. dahin umgrenzen: die Notare sind zuständig, alle freiwilligen Parteihandlungen vor sich vollziehen zu lassen und öffentliche Urkunden darüber zu errichten, insoweit nicht die gericht-

[63]) § 77 cit. mit V. O. §§ 27. 90.

[64]) Pensionsgesetz v. 27. März 1872 § 30. Fassung des Ges. v. 31. März 1882 (G. S. S. 133.)

liche Vollziehung solcher Handlungen vorgeschrieben ist.[1]) Im Einzelnen ergiebt sich danach:

1. Den Gegenstand der Mitwirkung der Notare bilden „Handlungen"; das ist ein weiterer Begriff als der der Willenserklärungen; er begreift im rechtlichen Sinne alles menschliche Thun, durch welches Rechte erworben, an Andere übertragen oder aufgehoben werden können.[2]) Danach fallen hierher auch Zahlungen, Verloosungen, Vernichtung einzuziehender Papiere, Vorgänge in Versammlungen u. dgl.

2. Es müssen reine Parteihandlungen sein, d. h. solche, welche nach ihrem Begriffe lediglich eine Thätigkeit der Parteien, keine staatliche Mitwirkung voraussetzen. Deshalb gehört begrifflich nicht vor den Notar die Abnahme von Eiden oder eidesstattlichen Versicherungen. Denn dieselben erfordern — nach Beseitigung der Privateide — die Mitwirkung eines Abgeordneten der Staatsgewalt zu ihrer Abnahme, nicht bloß zur Beurkundung der erfolgten Handlung.

---

[1]) Die Reichs-Not.-Ordng. rechnet zum Notariat, daß „dadurch die Handlung und Willen der Menschen, damit sie nicht in Vergessenheit gesetzt, durch Mittel der Schrift in ewigen Gedächtniß behalten, und durch glaubwürdige, offene Urkunde befestiget werden."

Die Hannöversche Not. O. v. 18. September 1853 bestimmt in § 9:

„Der Geschäftskreis der Notare umfaßt die Handlungen der nicht streitigen Rechtspflege; sie üben dieselbe in gleichem Umfange und mit gleicher Wirkung wie die Gerichte.

Diese Regel erleidet jedoch Ausnahmen:

1) rücksichtlich des Vormundschafts-, Kuratel- und Depositenwesens, sowie der Hypothekenbuchführung;

2) rücksichtlich derjenigen Akte der freiwilligen Gerichtsbarkeit, welche an die Mitwirkung des persönlich oder dinglich zuständigen Richters gewiesen sind;

3) rücksichtlich der Abnahme von Eiden, vorbehaltlich jedoch der in den §§ 1 a. E., 2, 2 des Gesetzes vom 28. Dezember 1821, das Verbot der Privateide betreffend, gestatteten Ausnahmen. . . . .

Wegen der Zuständigkeit in den Landestheilen, in welchen durch das Gesetz v. 8. März 1880 das Notariat eingeführt worden ist s. § 2 dieses Gesetzes. Die rheinische Not. O. v. 25. April 1822 bestimmt in Art. 1:

„Die Notarien sind öffentliche Beamte, welche den Beruf haben, schriftliche Verhandlungen jeder Art auf Verlangen der Betheiligten aufzunehmen, ihnen die Eigenschaft öffentlicher Urkunden zu ertheilen, das Datum derselben zu sichern, solche bei sich aufzubewahren und Ausfertigungen davon zu ertheilen."

Das französische Vorbild, Gesetz vom 25 ventose XI bestimmt in Art. 1 noch schärfer:

„Les notaires sont les (!) fonctionaires publics établis pour recevoir tous les actes et contrats."

[2]) A. L. R. I. 3. § 30. — Siehe auch Kühne-Sydow S. 4 Anm. 1. — Unerlaubte Handlungen sind natürlich ausgenommen.

3. Die Mitwirkung des Notars besteht in der Leistung sachverständiger Hilfe zu ordnungsmäßigem Zustandekommen der Handlung, im Wahrnehmen der zu Stande kommenden Handlung und in der Beurkundung des Wahrgenommenen. Deshalb scheiden von seiner Thätigkeit diejenigen Akte aus, bei welcher die Staatsgewalt mehr als dies zu leisten, nämlich eine Sachprüfung vorzunehmen oder eine Entscheidung zu geben hat. Die gesammte staatliche Thätigkeit in Vormundschafts- und Grundbuchsachen fällt danach von selbst fort. Aber auch diejenige Begründung von Rechtsverhältnissen, welche eine vorgängige Untersuchung (causae cognitio) erfordert, insbesondere die Bestätigung von Verträgen, die Feststellung von Taxen, die Eheschließung steht begrifflich dem Notariat nicht zu. In diesen Fällen ist der Notar aber nicht behindert, die zur behördlichen Entschließung nöthigen Parteiakte aufzunehmen und zu beurkunden, sofern sie sonst in den Kreis seiner Zuständigkeit fallen. Insbesondere darf er Verträge, welche der gerichtlichen Bestätigung bedürfen, unter den Kontrahenten aufnehmen, sofern nicht im Gesetze außer der Bestätigung auch noch die gerichtliche Aufnahme erfordert ist.

4. Andere Wahrnehmungen, als die über vor ihm vollzogenen Parteihandlungen, hat der Notar nicht zu beurkunden. Insbesondere fällt die Ausstellung von Zeugnissen, namentlich der in anderen Not. Ordnungen dem Notar übertragenen Lebenszeugnisse[3]), im Geltungsbereiche des A. L. R., nicht unter das Notariat.[4])

5. Nur freiwillige Handlungen hat der Notar aufzunehmen. Ein Zwangsrecht gegen irgend jemand steht ihm nicht zu.

Die vorstehend begrifflich entwickelte Kompetenz der Notare ist in einzelnen Beziehungen über diesen Begriff ausgedehnt. Die betreffenden Fälle sind weiter unten unter III. dargestellt und sind als Ausnahmen von der Regel anzusehen.

Aus der positiven Vorschrift des § 50 Th. II. Tit. 17 A. L. R. folgt, daß der Notar keine Gerichtsbarkeit hat, obwohl der Inhalt seiner Thätigkeit von den sonst mit Gerichtsbarkeit betrauten Behörden mit unter dem Namen der „freiwilligen Gerichtsbarkeit" gehandhabt wird.[5]). Die Hauptwirkung dieser Vorschrift besteht darin, daß, wie bereits oben (S. 21) erwähnt, der Notar bei seiner Amts-

---

[3]) S. z. B. Hann. Not. O. §§ 14. 47[2]. 48. Sächsische Not. O. § 58.

[4]) Beschl. d. K. G. v. 29. September 1884 (J. u. K. V. S. 94). Indirekt kann der Notar ein solches Zeugniß allerdings ausstellen, indem er irgend eine Verhandlung mit der betreffenden Person und sei es auch nur über Leistung oder Anerkennung einer Unterschrift aufnimmt. Die Verhandlung beweist dann natürlich auch, daß die betreffende Person an dem beurkundeten Tage gelebt hat.

[5]) A. L. R. II. 17 § 5; A. G. O. II. 1. § 1.

führung sich nicht auf die nach Art. 86 der Verfassung gewährleistete Unabhängigkeit der richterlichen Gewalt berufen kann.

Seine Thätigkeit kann jeder Notar in seinem ganzen Amtsbezirk üben. Die Parteien haben die Wahl, an welchen Notar sie sich wenden wollen.[6])

II. Ausschließliche Zuständigkeit der Gerichte.

Wie bereits erwähnt, sind von der Zuständigkeit der Notare diejenigen Akte ausgenommen, deren gerichtliche Vollziehung gesetzlich angeordnet ist, sei es, daß hierfür ein bestimmter Richter, wie der dingliche oder persönliche Richter vorgeschrieben ist, sei es, daß die Errichtung vor jedem beliebigen Gerichte gestattet ist. Eine durchgreifende Regel für die Kategorisirung dieser Geschäfte giebt es nicht und die Gesetzgebung hat in dieser Beziehung im Laufe der Zeit gewechselt.[7])

Ausgenommen von der Kompetenz der Notare im Rechtsgebiete des Allg. Landrechts sind nach dem gegenwärtigen Stande der Gesetzgebung folgende zur ausschließlichen Zuständigkeit der Gerichte gehörigen Handlungen:[8])

A. Rechtsgeschäfte allgemeiner Art.

1. Der Austritt aus der Kirche oder aus einer sonstigen mit Korporationsrechten versehenen Religionsgemeinschaft.[9])

---

[6]) A. G. O. III. 7. § 7 Satz 2 mit § 1 d. Ges. v. 11. Juli 1845.

[7]) Besonders sind zu erwähnen die Gesetze: vom 23. April 1821 (G. S. S. 43. Beseitigung der Verlautbarung für Immobilien) v. 11. Juli 1845 über die Form einiger Rechtsgeschäfte (G. S. S. 495), v. 1. Dezember 1869 (G. S. S. 1169; Intercessionen der Frauen betreffend), sowie die drei Grundbuchgesetze v. 5. Mai 1872 und die Novelle zum H. G. B. v. 18. Juli 1884. Die Tendenz der Gesetzgebung ist dabei im Allgemeinen erleichternd zu Gunsten der notariellen Kompetenz. In der Auflassung und der gerichtlichen Errichtung der Aktiengesellschaft (s. im Texte bei No. 4 u. 12) ist indessen die gerichtliche Form für Geschäfte eingeführt worden, bei denen sie früher unbekannt war. — Wegen des besonderen Wechsels der Gesetzgebung in Bezug auf die Parzellirungen siehe die Vorbemerkung vor Muster 20.

Gegen die Kompetenzbeschränkung ist von Seiten einer Anzahl Notarien im Jahre 1863 bei dem Abgeordnetenhause petitionirt und beantragt worden, dahin zu wirken, daß den Notaren in Beziehung auf Verträge unter Lebenden eine konkurrente Kompetenz mit den Gerichten ohne Ausnahmen beigelegt werde. Vgl. hierüber die oben (S. 15) citirten gesetzgeberischen Verhandlungen.

[8]) Nicht hierher gehören die „gerichtlichen Bekanntmachungen" (z. B. A. L. R. I. 11. § 435, I. 17. § 153). Dieselben erfolgen jetzt durch Zustellung einer Privaturkunde mittels eines Gerichtsvollziehers. A. G. z. C. P. O. § 1 Abs. 3.

[9]) Ges. v. 11. Mai 1873 (G. S. S. 207) §§ 1. 8; Ges. v. 28. Juli 1876 (G. S. S. 353) § 2.

2. Verträge der Blinden und Taubstummen.[10])
3. Verträge über die Verjährung.[11])
4. Die Aufhebung gerichtlich geschlossener Verträge, sofern für den Abschluß die gerichtliche Form gesetzlich vorgeschrieben war.[12])

B. Aus dem Sachenrecht.

5. Die Auflassung der Grundstücke und der ihnen gleichstehenden selbstständigen Gerechtigkeiten.[13])
6. Die Errichtung von Familienstiftungen und beständigen Fideikommissen.[14])
7. Die Errichtung von Familienschlüssen in solchen Sachen.[15])
8. Die Aufnahme eines Darlehens auf die Revenuen eines Fideikommisses.[16])
9. Die Erneuerung alter und die Bestimmung neuer Grenzen.[17])
10. Die Wiederinkurssetzung von Inhaberpapieren durch eine Privatperson.[18])

C. Aus dem Obligationen- und Handelsrecht.

11. Die Errichtung einer allgemeinen Erwerbsgesellschaft unter anderen Personen als Eheleuten.[19])
12. Schuldscheine über Verzinsung von Zinsrückständen.[20])
13. Schenkungsverträge nach den näheren Bestimmungen der §§ 1063 ff. I. 11 A. L. R.[21])

In den Fällen der Nr. 11 bis 13 ist jedoch die gerichtliche Form nicht nöthig, wenn die abzuschließenden Geschäfte Handelsge-

---

[10]) A. L. R. I. 5. § 171; A. G. O. II. 1. § 9 Nr. 1. Allerdings nur die „schriftlichen" Verträge d. h. bei Nichtbeobachtung der gerichtlichen Form gelten die Verträge nur wie mündliche. Der Notar darf sie aber gar nicht aufnehmen. Denn es ist nicht seines Amtes, Notariatsakte vorzunehmen, die keinen öffentlichen Glauben haben. — Für die einseitigen Erklärungen der Blinden und Taubstummen muß die gerichtliche Form gleichfalls für nöthig erachtet werden. A. G. O. II. 3. §§ 7. 8. mit § 25 ebenda. — Vgl. übrigens Not. Ges. § 11. Anm. 2.

[11]) A. L. R. I. 9. § 566, siehe wegen des Begriffes die Anm. zu Muster 86.

[12]) A. L. R. I. 5. § 389; vgl. die Vorbemerkung zu Muster 81.

[13]) E. E. G. §§ 1. 2. 68. 69.

[14]) A. L. R. II. 4. §§ 29 ff. 62 ff. A. G. O. II. 1. § 6. Nr. 2; Ges. v. 5. März 1855 (G. S. S. 175).

[15]) Ges. v. 15. Februar 1840 (G. S. S. 20)·§§ 2. 20.

[16]) A. L. R. II. 4. § 101.

[17]) A. L. R. I. 17. § 388; vgl. die Vorbemerkung zu Muster 57. 58.

[18]) Ges. v. 4. Mai 1843 (G. S. S. 179) §§ 3. 4.

[19]) A. L. R. I. 17. § 178.

[20]) A. L. R. I. 11. § 820; Bundesges. v. 14. November 1867 (B. G. Bl. S. 159) § 4.

[21]) A. G. O. II. 1. § 9 Nr. 4.

schäfte sind, was auch bei der Schenkung nicht absolut ausgeschlossen ist.[22])

14. Die Errichtung der Aktiengesellschaft im Falle der sogen. Successivgründung.[23])

D. Aus dem Familienrecht.

15. Vollmachten zur Vertretung des Bräutigams beim Verlöbnißvertrage.[24])

16. Verträge über Einführung, Ausschließung oder Wiederaufhebung der Güter- oder Erwerbsgemeinschaft unter Eheleuten.[25])

17. Der Ehevertrag bei einer Ehe zur linken Hand und die Umwandlung einer solchen Ehe in eine vollgiltige, falls man das Institut der Ehe zur linken Hand noch für fortbestehend hält.[26])

18. Eheverträge nach geschlossener Ehe, durch welche Vermögen der Frau zum Vorbehaltenen erklärt wird.[27])

19. Verträge zwischen Eheleuten in stehender Ehe, wodurch die Frau zu etwas, wozu sie nach den Gesetzen nicht verpflichtet ist, dem Manne, oder zu dessen Vortheile einem Dritten, verbindlich gemacht werden soll, z. B. Bürgschaften, Expromissionen, Abtretung der Vorrechte des Eingebrachten, wofern diese Verträge nicht etwa Handelsgeschäfte sind.[28])

---

[22]) H. G. B. Art. 317 Wegen der Schenkungen s. Erk. d. R O. H. G. vom 21. Januar 1876 und 15. März 1875 (Entsch. Bd. 19 S. 353 u. Bd. 21 S. 185).

[23]) H. G. B. Art. 210a (Neue Fassung). Vgl. Muster 136 zu g. (S. 381).

[24]) A. L. R. II. 1. § 87. Vgl zu Muster 155 (S. 425).

[25]) A. L. R. II. 1. §§ 356 ff. 422 ff. Ges. v. 20. März 1837 (G. S. S. 63). Vgl. Muster 158 (S. 430).

[26]) A L. R. II. 1. §§ 859. 914. Die Fortdauer des Instituts ist streitig. Vgl. Dernburg III. § 3 S. 10 mit Anm. 16 und die dort Citirten.

[27]) A. L. R. II. 1. § 209. Vergl. auch Beschl. d. K. G. vom 1. Juni 1885 (J. u. K. V. S. 137).

[28]) A. L. R. II. 1. §§ 198—201. 272. A. G. O. II. 1. § 9 Nr. 8. Vgl. auch Muster 159 (S. 431). Die citirten Bestimmungen sind bei der Aufhebung der Beschränkungen der Frauen bei Intercessionen aufrecht erhalten. Ges. v. 1. Dezember 1869 (G. S. S. 1169). — Meist wird indessen die Ansicht vertreten, daß die erwähnten gesetzlichen Vorschriften zwar für alle anderen Rechtsgeschäfte zwischen Eheleuten bestehen geblieben, für Intercessionen aber beseitigt seien. Dernburg III. § 7 S. 18. Förster-Eccius IV. § 206 S. 39; Erk. d. Ob. Tr. v. 7. Septbr. 1871 und 24. Sept. 1876 (Entsch. Bd. 66 S. 92; Bd. 78 S. 181); siehe dagegen: das App.Ger. zu Naumburg bei Johow I. S. 125 und von Kraewel in Behrend's Ztschrft. IV. S. 113 und bei Gruchot Bd. 21 S. 762. — Nicht erforderlich ist die gerichtliche Form für Vollmachten der Ehefrau auf ihren Mann (Präj. vom 27. Juli 1838, Präj. Samml. I. S. 139; und vom 14. Januar 1850. Entsch. Bd. 19 S. 236), desgleichen für Cession einer Forderung an einen Dritten, auch wenn die Absicht auf Liberirung des Mannes von einer Schuld geht (Erk. v. 28. April 1868, Striethorst Bd. 70 S. 315), wohl aber für Cessionen von der Ehefrau an ihren Mann (Beschl. des App. Ger. zu Naumburg vom 20. Juni 1873, Johow IV. S 177) und für die Quittung und Entpfändungserklärung der Ehefrau betreffs der auf dem Grundstücke des Mannes haftenden Illaten. Beschl. d. K. G. v. 9. Juni 1881 (J. u. K. II. S. 154); so auch schon das frühere K. G.

20. Bestellung eines Erbschatzes in Grundstücken oder Kapitalien.[29])

21. Verträge, wodurch bei Ehescheidungen der unschuldige Ehegatte sich der nach dem Gesetze ihm zukommenden Abfindung begiebt.[30])

22. Die Protestation eines Ehemannes wegen Unehelichkeitserklärung eines Kindes.[31])

23. Die Entlassung eines minderjährigen Sohnes aus der väterlichen Gewalt.[32])

24. Die Errichtung einer Einkindschaft.[33])

E. Aus dem Erbrecht.

25. Testamente und Kodizille, insoweit nicht die privilegirten Formen der §§ 161. 169—173. 198—207. I. 12. A. L. R. Platz greifen.[34])

26. Vollmachten zur Zurücknahme eines gerichtlich niedergelegten Testaments oder Kodizills.[35])

27. Der Widerruf eines Testaments, ausgenommen wenn für den Widerruf der Fall einer privilegirten Disposition vorliegt oder derselbe sich nur auf Vermächtnisse bezieht.[36])

28. Erbverträge, mit Ausnahme derjenigen Erbverträge unter Verlobten, welche gleichzeitig mit einem Ehevertrage errichtet werden.[37])

29. Verträge zwischen Eltern und Kindern über Ausschließung der letzteren von der elterlichen Erbschaft oder über ihre Verkürzung im Pflichttheil.[38])

---

in d. Verf. v. 28. Februar 1878 (ebenda I. S. 90) gegen die Ansicht des App. Gerichts zu Ratibor bei Johow VII. S. 281.

Eine Verf. d. App. Ger. zu Ratibor und des Justizministeriums (Gruchot XV. S. 588) wollen auch die bloße Offerte des Ehemannes an seine Frau von der notariellen Aufnahme ausschließen. Dem wird indessen nicht beizutreten sein, da die gerichtliche Form nur in Rücksicht auf die Erklärung der Frau vorgeschrieben ist. Siehe auch dagegen Wannowski a. a. O.

[29]) A. L. R. II. 1. § 282; A. G. O. II. 1. § 9 Nr. 9.

[30]) A. L. R. II. 1. § 824; vgl. auch die Vorbem. zu Muster 157 (S. 427).

[31]) A. L. R. II. 2. § 7; vgl. indessen zu Muster 161 die Vorbem. u. Anm. 1 a. E. (S. 442).

[32]) A. L. R. II. 2. § 216. A. G. O. II. 1. § 6 Nr. 4; vgl. die Vorbem. zu Muster 166 (S. 449).

[33]) A. L. R. II. 2 § 721; A. G. O. II. 1. § 9 Nr. 10; vgl. Muster 165 (S. 446).

[34]) A. L. R. I. 12. § 66. A. G. O. II. 1. § 9 Nr. 5. Wegen der militärischen Testamente s. Reichsmilitärgesetz v. 2. Mai 1874 § 44. Wegen der außergerichtlichen Kodizille s. d. Nähere in der Vorbem. zu Muster 181 (S. 481).

[35]) A. L. R. I. 12. § 571; Ges. v. 11. Juli 1845 (G. S. S. 495) § 2b.

[36]) A. L. R. I. 12 §§ 587—595; vgl. die Vorbem. zu Muster 186 (S. 486).

[37]) A. L. R. I. 12. § 621. II. 1. § 440; A. G. O. II. 1 § 9 Nr. 6 und § 10 Nr. 5. Vgl. d. Nähere in d. Vorbem. zu Muster 157 (S. 426); s. auch Muster 187. 188 (S. 487 ff.). — Wegen der Form der Erbentsagungsverträge s. die Vorbem. zu Muster 190 (S. 491) und die folgende Anm. 39.

[38]) A. L. R. II. 2. § 484; vgl. die Vorbem. zu Muster 191 (S. 494).

30. Verträge über Entsagung einer künftigen Erbschaft nach einem Dritten, in den Fällen der §§ 653. 654 I. 12 A. L. R.[39])

31. Der Widerruf eines ohne Vorbehalt geschehenen Erbschaftsantrittes.[40])

Endlich sei noch

F. als besondere Prozedur

erwähnt:

32. Das Verfahren behufs Renovation öffentlicher Urkunden.[41])

III. Besondere notarielle Zuständigkeiten.

Die Zuständigkeit der Notare ist durch besondere gesetzliche Vorschriften für einzelne Fälle über den obigen Begriff hinaus erweitert.

Hierher gehören:

A. Fälle, in denen der Notar zur Ertheilung von Zeugnissen[42]) und zur Herstellung von Urkunden befugt ist:

1. Die Beglaubigung (Vidimirung) der Abschriften von Privat- wie öffentlichen Urkunden.[43])

2. Die Renovation bei bloßen Privaturkunden.[44])

3. Die Herstellung von Zweigurkunden bei Theilabtretungen, einschließlich der zugehörigen Zeugnisse auf den Haupturkunden, insbesondere auch bei Hypotheken und Grundschulden.[45])

---

[39]) Ueber Entsagungsverträge außerhalb dieser Fälle vgl. Erk. d. Ob. Tr. v. 25. Februar 1861 (Strieth. Bd. 40 S. 302), v. 2. November 1866 (Entsch. Bd. 57 S. 45) und v. 16. Mai 1870 (Entsch. Bd. 63 S. 131), sowie Beschl. d. K. G. v. 5. November 1883 (J. u. K. IV. S. 138).

[40]) A. L. R. I. 9. § 416. Die ausdrückliche Erbschaftsantretung, sowie die Erbschaftsentsagung und die Entsagung auf die Rechtswohlthat des Inventars bedürfen keiner gerichtlichen Vollziehung, sondern nur der Einreichung bei Gericht; §§ 392. 398. 414. 415 ebenda.

[41]) A. G. O. II. 3. § 29, III. 7 § 81; siehe das Nähere bei Muster 16.

[42]) Die Unterschriftsbeglaubigung zählt ein Beschl. d. K. G. v. 29. September 1884 (J. u. K. V. S. 94) mit Unrecht hierher. Dieselbe ist ein gewöhnlicher Notariatsakt über eine vor dem Notar abgegebene Willenserklärung, bei welchem nur die Form des Aktes vereinfacht ist. Vgl. zu § 9 des Ges. v. 8. März 1880 Anm. 2.

[43]) A. G. O. III. 7. § 79—81; K. O. v. 6. November 1834 (G. S. S. 180) Not. Ges. v. 11. Juli 1845 § 23. Siehe die Vorbemerkung zu Muster 5.

[44]) A. G. O. III. 7. § 81; siehe das Nähere in der Vorbem. zu Muster 16.

[45]) A. L. R. I. 11. § 399; V. v. 8. Februar 1811 (G. S. S. 150) zu Nr. 5. G. B. O. § 83.

B. Fälle, in denen der Notar weitere obrigkeitliche Verrichtungen als die bloße Beurkundung zu leisten hat:

4. Die Abnahme der eidesstattlichen Versicherung zum Behufe der Erbeslegitimation.[46])

5. Die Abhörung von Zeugen, falls dieselbe zum Behufe eines im Auslande schwebenden Prozesses verlangt wird, und zwar die eidliche Abhörung, wenn solche nach dem Rechte des Prozeßgerichts für wirksam zu erachten ist.[47]) Ein Zwangsrecht gegen die Zeugen steht dem Notar nicht zu.

C. Fälle in denen der Notar selbstthätig zu handeln und seine eigenen Handlungen, nicht bloß die der Parteien zu beurkunden hat.[48])

6. Die Aufnahme von Wechselprotesten.[49])

7. Die Bekanntmachungen und Anweisungen bei der Ver-

---

[46]) Ges. v. 12. März 1869 (G. S. S. 482) §§ 3. 10.

[47]) A. G. O. III. 7. § 83 zu d. und § 87. Ein Bedürfniß zu solcher Thätigkeit wird namentlich nach Erlaß der Allg. Verf. v. 24. Oktober 1884 (J. M. Bl. S. 245) kaum hervortreten. Außer Kraft gesetzt ist die Vorschrift aber nicht. Dagegen sind die übrigen Fälle notarieller Zeugenverhöre (§ 83 a—c) für beseitigt zu erachten. Ein Auftrag des Gerichts an den Notar (§ 83a) kann nicht mehr ergehen. Denn in allen Fällen würde ein solches Angehen, da das Gericht selbst die Handlung auch vornehmen könnte, ein Ersuchen um Rechtshilfe darstellen, welches überall nur von Gericht zu Gericht ergehen darf. (G. V. G. § 158; A. G. z. G. V. G. § 87). Die Zeugenvernehmungen zwecks Herstellung von Bescheinigungen im ordentlichen Prozeßverfahren (§ 83 b u. c), sind prozessuale Akte und die betreffenden Vorschriften der Landesgesetze nach § 14 d. E. G. z. C. P. O. und § 4 des A. G. z. C. P. O. beseitigt. Vgl. auch Vierhaus zu A. G. O. III. 7. §§ 82—87. Für ausgedehntere Fortgeltung: Basch zu § 83.

[48]) Grundsätzlich darf kein Notar seine eigenen Handlungen beurkunden (s. oben S. 29. 30 zu 2 u. 3). Die Fälle des Textes haben den Charakter von Ausnahmen. Insbesondere charakteristisch zeigt sich dies beim Falle zu Nr. 13 des Textes. Kein Notar darf sonst, wenn er selbst eine Versammlung leitet, das Notariatsprotokoll darüber abfassen. Vgl. auch die folgende Anmerkung.

[49]) Nach der allgemeinen Regel (s. Anm. 48) wäre zur Herstellung einer Protesturkunde erforderlich, daß vor dem Notar an dem Orte, wo die Präsentation des Wechsels vor sich zu gehen hat, der protestirende Wechselinhaber erschiene, dort die ihm obliegende Wechselhandlung vollzöge, d. h. den Wechsel dem Protestaten vorzeigte und sein Begehren stellte, und daß nun der Notar über den Vorgang, seiner Wahrnehmung gemäß, eine öffentliche Urkunde errichtete. Dies schreibt z. B. die Altenburg'sche Wechselordnung von 1750 auch wirklich vor. Durch Gewohnheit wurde es jedoch wohl überall eingeführt, daß der Notar selbst den Auftrag des Wechselinhabers zur Verrichtung der betreffenden Handlung übernehmen und sowohl über diesen Auftrag, wie auch über dessen Vollziehung eine öffentlich glaubwürdige Urkunde ohne Mitwirkung der Betheiligten aufnehmen durfte. Die A. G. O. scheint von dieser Auffassung gleichfalls ausgegangen, denn in § 78. III. 7. daselbst ist die Aufnehmung der Wechselproteste als „eine vierte Art von Geschäften" bezeichnet, demnach als etwas anderes als die Beurkundung

pfändung von Waarenlagern in den Fällen der §§ 354—360 I. 20 A.L.R.[50])

8. Die freiwillige Versteigerung von Grundstücken oder beweglichen Sachen,[51]) jedoch nicht mit der Wirkung eines gerichtlichen Verkaufes.

9. Die Verwarnung eines noch nicht entmündigten Verschwenders vor der Errichtung eines Testaments.[52])

10. Die Vornahme von Siegelungen und Entsiegelungen im Auftrage des Gerichts oder des Konkursverwalters.[53])

11. Die Vornahme von Nachlaßsiegelungen, falls der Erblasser den Notar darum ersucht hatte oder — auf Antrag eines Interessenten — falls kein Richter sich am Orte oder in der Nähe befindet.[54])

12. Die Vornahme von Inventuren im Auftrage des Gerichts.[55])

13. Die Zusammenberufung einer freien Wassergenossenschaft, insoweit dieselbe im Auftrage eines Genossen oder eines Dritten erfolgen darf und die Leitung der betreffenden Versammlung.[56])

D. Thätigkeiten des Notars ohne öffentlichen Glauben.

Zu den Obliegenheiten des Notars sind auch Fälle gewiesen, die nicht dem Notariat im engeren Sinne zufallen, sondern in

---

von Parteihandlungen. Die Auffassung ist durch die Art. 87. 88. 98 Nr. 10 der W.O. für gesetzlich sanktionirt zu erachten, indem dieselben die Beurkundung einer Mitwirkung des Wechselinhabers im Proteste nicht verlangen und somit solche Mitwirkung für entbehrlich erklären. Das gleiche Verfahren wird man auch beim Protest wegen Verzuges in der Vertragserfüllung (H. G. B. Art. 358) für statthaft erachten dürfen. In den seerechtlichen Fällen der Art. 648. 690. 699 H.G.B. kann es aber nicht für zulässig erachtet werden, daß der Notar selbst die Niederlegung bewirkt und sein eigenes Verfahren beurkundet.

[50]) § 361 ebenda. Nach dem Gesetze „muß die Bekanntmachung und Anweisung durch ... einen Justizkommissarium geschehen" dieser hat sie also selbst zu erlassen. Unter dem „Justizkommissarius" ist nicht ein Rechtsanwalt, sondern ein Notar zu verstehen (Reskr. v. 2. März 1835 Jahrb. 45 S. 179).

[51]) Wegen freiwilliger Auktionen s. Gutachten d. Ob. Tr. v. 5. September 1849 u. Allg. Verf. v. 8. October 1849 (J. M. Bl. S. 420); wegen freiwilliger Subhastationen Reskr. v. 10. August 1829; (Jahrb. Bd. 35 S. 133.) Wegen gerichtlich aufgetragener Auktionen s. A. G. O. III. 7. § 89; wegen freiwilliger Subhastationen von Mündelgrundstücken V. O. § 44. Die allgemeine Befugniß der Notare, auch außerhalb der letzterwähnten Fälle freiwillige Auktionen und Subhastationen vorzunehmen, ist durch die §§ 9 u. 14 des notariellen Gebührengesetzes v. 11. Mai 1851 für gesetzlich sanktionirt zu erachten und darf deshalb auch in der Art erfolgen, wie der Auktionator beziehentlich der Richter sie vornimmt, nämlich daß der Notar selbst ausbietet.

[52]) A. L. R. I. 12. §§ 33 („verwarnen ... lassen"; der Notar verwarnt also.)

[53]) A. G. z. G. V. G. § 108. A. G. O. III. 7. § 88.

[54]) A. G. O. II. 5. § 20.

[55]) A. G. O. III. 7. § 88.

[56]) Wassergenossenschaftsgesetz v. 1. April 1879 (G. S. S. 297) §§ 22. 24.

denen der Notar lediglich als Konsulent der Partei und ohne Beanspruchung öffentlichen Glaubens für seine Akte zu fungiren hat.

Hierher gehören:

14. Die Entwerfung von Verträgen oder anderen Urkunden, es sei behufs gerichtlicher Vollziehung derselben oder ohne solchen Zweck, und im ersteren Falle der Betrieb der gerichtlichen Vollziehung im Auftrage der Parteien.[57])

15. Die Stellung der Anträge in Grundbuchsachen aus den vom Notar aufgenommenen oder beglaubigten Urkunden.[58])

16. Diejenigen Geschäfte überhaupt, welche, wie die Ministerial-Instruktion zum Notariats-Gebührengesetz sich ausdrückt, „zwar eigentlich zu dem Amte eines Notars in keiner direkten Beziehung stehen, welche aber den Notaren wegen ihrer größeren Geschäftskunde und Erfahrung oder in Folge des Vertrauens, welches sie sich in ihrer öffentlichen Stellung erworben haben, übertragen zu werden pflegen."[59]) Diese Geschäfte lassen sich nicht aufzählen. Als Beispiele sind zu erwähnen, die Leitung von Erbtheilungen und sonstigen Auseinandersetzungen, Vermögensverwaltungen, Erhebung und Ablieferung von Geldern, Generalmandate und dgl.

IV. Nothwendigkeit notarieller Mitwirkung.

Für die Thätigkeit des Notars ist es unerheblich, ob sie deshalb begehrt wird, weil die notarielle Errichtung vorgeschrieben ist oder weil die Parteien sich freiwillig zu solcher entschließen. In-

---

57) A. G. O. III. 7. § 47; Reskr. v. 27. Januar 1816 Jahrb. VII. S. 20.

58) G. B. O. § 36. Ueber den Kreis der Personen, welche der Notar hierbei vertritt vgl. Beschl. d. K. G. v. 28. April 1884 u. 15. Juni 1885 (J. u. K. IV. 122; V. 97; VI. 146). Ablehnende Bescheide auf solche Anträge müssen an den Notar ergehen. Siehe d. citirten Beschluß v. 28. April 1884.

59) Gebührengesetz v. 11. Mai 1851 §§ 10. 15. — Min.-Instr. (J. M. Bl. 1852 S. 152) zu § 15.

Die A. G. O. III. 7. § 89 bestimmt, daß die Notare „von den Gerichten auch noch zur Besorgung anderer Aufträge z. B. zu Insinuationen, Eidesabnahmen, Dirigirung von Exekutionen, Auktionen u. s. f. gebraucht werden" können. Die speziell erwähnten Fälle sind — mit Ausnahme der Auktionen, zu denen die Notare ohnehin zuständig sind — auch für das Gebiet der nicht streitigen Gerichtsbarkeit antiquirt; und zwar die Insinuationen nach § 1 des A. G. z. C. P. O; die Eidesabnahmen und Exekutionen nach der oben in Anm. 47 betreffs der Zeugenvernehmung gemachten Ausführung. So auch Vierhaus und Basch zu § 89 a. a. O. — Welche Aufträge die Gerichte den Notaren sonst noch ertheilen könnten, ist nicht ersichtlich.

Gar nicht zu den Notariatsgeschäften ist der § 94 I. 12. A. L. R. zu rechnen, wonach der Notar beim dorfgerichtlichen Testament den Gerichtsschreiber ersetzen kann. Die Vorschrift bestimmt nur den Kreis der Personen, aus denen der Vertreter des Dorfgerichtsschreibers genommen werden kann. Wird ein Notar dazu genommen, so wird der Akt dadurch selbstverständlich kein Notariatsakt.

soweit berührt also die Frage, in welchen Fällen die Parteien sich des Notars zu bedienen gezwungen sind, nicht eigentlich die Zuständigkeitsfrage. Für das Wesen des Notariats und seine Bedeutung im staatlichen Organismus ist diese Frage aber von erheblicher Bedeutung. Deshalb mögen die betreffenden Fälle an dieser Stelle verzeichnet werden. Hierbei sind zwei Regeln vorauszuschicken:

a) Bei der Errichtung der Notariatsurkunden haben die Amtsgerichte eine konkurrente Befugniß mit den Notaren, so daß die Interessenten zwischen Beiden wählen können.[60]) Es beruht dies auf einem alten gemeinrechtlichen Herkommen, welches in den deutschen Ländern, mit Ausnahme derjenigen, wo man nach Auflösung des deutschen Reiches eine durchgreifende Trennung der beiden Gerichtsbarkeiten angeordnet hat, noch heute fortbesteht. Die Regel erleidet nur eine einzige, unten zu Nr. 35 zu erwähnende Ausnahme. Zum Theil ist die Zuständigkeit innerhalb des Gerichts dem Gerichtsschreiber zugewiesen, was bei den einzelnen Rechtsgeschäften erwähnt werden wird.

b) Die Befugniß der Amtsgerichte und der Notare ist für die Regel eine ausschließliche, so daß ohne Mitwirkung eines dieser Beiden der Akt nicht wirksam hergestellt werden kann. Von dieser Regel bilden eine allgemeine Ausnahme die Handlungen derjenigen Militärpersonen, welche nach der Mobilmachung ihre Standquartiere verlassen haben. Zu deren Aufnahme oder Beglaubigung ist auch der Auditeur des Truppentheils zuständig.[61]) Fernere Ausnahmen giebt es für einzelne Fälle: zum Theil sind wahlweise auch andere Beamte für zuständig, zum Theil ist neben der notariellen Form eine gewisse solenne Privatform, insbesondere die holographische Urkunde für zulässig erklärt. Das Nähere ist bei den einzelnen Rechtsgeschäften in den Anmerkungen mitgetheilt.[62])

c) In der nachfolgenden Zusammenstellung sind diejenigen Rechtsgeschäfte mit einem * bezeichnet, in welchen die bloße Beglaubigung der Unterschrift genügt. In den übrigen Fällen ist die notarielle Aufnahme erforderlich.

---

[60]) A. G. O. II. 1. § 2 u. § 10. A. L. R. II. 17. § 48; A. G. z. G. V. G. § 26 Nr. 2.

[61]) Ges. v. 8. Juni 1860 (G. S. S. 240) §§ 1. 2. Reichsmilitärgesetz v. 2. Mai 1874 § 39 Abs. 3 — A. G. z. G. V. G. § 111. Die gleiche Befugniß besteht für Truppentheile, die sich im Auslande befinden.

[62]) Auch wo durch spezielle Vorschrift die Dorfgerichte zur Aufnahme ermächtigt sind, ist dies im Folgenden erwähnt. Wegen der Befugniß der Dorfgerichte auch außerhalb dieser Spezialfälle zu allgemeiner Aufnahme von Akten vgl. A. L. R. II. 7. §§ 82—84 und Instruktion v. 11. Mai 1854 (J. M. Bl. S. 206) §§ 7—10. 22 ff.

Rechtshandlungen, welche der Errichtung von Notariatsakten bedürfen, sind:

A. Rechtsgeschäfte allgemeiner Art.

1. Die Beglaubigung der Abschriften von Urkunden (Vidimation), sofern die Abschrift gleiche Kraft mit dem Original haben soll, sowie die Herstellung der Zweiginstrumente bei Theilabtretungen.[63])

2. Die Renovation von Privaturkunden.[64])

3. Die Verträge derjenigen, welche des Schreibens unkundig oder daran verhindert, oder der Sprache, in welcher die Urkunde abgefaßt werden soll, nicht mächtig sind, sofern für den Vertrag die Schriftform erforderlich ist.[65])

*4. Spezialvollmachten — ausgenommen von Kollegien und Instituten mit öffentlichem Glauben — sofern auf Grund derselben

---

[63]) S. die Citate in Anm. 43 u. 45. Die Vidimation von Urkunden wird im Verkehr vielfach in weiterem Umfange vorgenommen. Meist hält sich jeder Beamte, der ein öffentliches Siegel führt, dazu für befugt. Derartige Beglaubigungen erfüllen den Zweck, daß man ihnen im Verkehr meist traut. Die im Text gedachte rechtliche Wirkung aber, namentlich auch für den Prozeß (§ 400 C. P. O.), erzeugt nur die notarielle Beglaubigung. Hat eine Behörde Parteiverhandlungen aufgenommen, zu deren Ausfertigung mit den Wirkungen einer öffentlichen Urkunde sie zuständig ist, so muß sie indessen auch zu dem im Wesentlichen gleichen Geschäfte, der Ertheilung einer beglaubigten Abschrift von der Urschrift, unbedenklich für befugt erachtet werden. Die Praxis geht auch noch weiter und nimmt die gleiche Befugniß betreffs aller derjenigen Schriften an, deren Anfertigung, Innehaltung oder Beaufsichtigung in den Geschäftskreis der betreffenden Behörde fällt, sowie betreffs solcher Schriften über deren Vorhandensein und Inhalt die Behörde ein vollbeweisendes Zeugniß im Sinne des § 383 C. P. O. auszustellen befugt sein würde. So z. B. von Ministerialreskripten, welche an die Behörde ergangen sind (Beschl. d. K. G. v. 24. Mai 1880 u. v. 15. Dezember 1884 J. u. K. I. 101. V. S. 119) und von Statuten der der Behörde unterstellten Stiftungen (Beschl. d. K. G. v. 22. Januar 1883 ebenda III. 101). Doch muß die Behörde solche Beglaubigung selbst unter eigener Unterschrift, nicht durch einen Subalternbeamten vollziehen (s. d. citirten Beschl. v. 24. Mai 1880). — Ueber die Beglaubigungen im Prozesse durch Rechtsanwälte, Gerichtsschreiber und Gerichtsvollzieher vgl. insbes. C. P. O. §§ 156. 173. 179. 271. Im Uebrigen s. Not. Ges. § 23 Anm. 4.

[64]) A. G. O. III. 7. § 81 mit II. 3. § 29. Vgl. indessen zu Muster 16 Anm. 1. Sind alle Interessenten über die Art der Wiederherstellung einverstanden, so können sie freilich eine Privaturkunde mit voller Wirkung auch selbst wiederherstellen.

[65]) A. L. R. I. 5. §§ 172. 179. A. G. O. II. 1. § 10 Nr. 1. — Verträge gemeiner Landleute können auch vor Dorfgerichten mit Zuziehung des Gerichtsschreibers erklärt werden. — (A. L. R. I. 5. § 173). Wegen Betheiligung der Analphabeten bei der Domänenveräußerung durch die Regierungen s. V. v. 27. Juni 1811 (G. S. S. 208) § 9 und das Präj. 3. v. J. 1832 (Präj. Sammlung I. S. 319).

etwas gerichtlich verhandelt werden soll,[66]) sowie gewisse andere Vollmachten, wegen deren näherer Bezeichnung auf die Vorbem. vor Muster 99 (S. 312) verwiesen wird.

*5. Die Prozeßvollmacht, sofern sie eine Privaturkunde ist und der Gegner die Beglaubigung verlangt.[67])

Als bestrittener Fall ist noch hinzuzufügen:

6. Das Anerkenntniß von ungültigen Schulden eines Hauskindes nach aufgehobener väterlicher Gewalt.[68])

B. Aus dem Sachenrecht.

7. Die Verpachtung von Landgütern, sofern der jährliche Pachtzins 600 Mk. oder mehr beträgt.[69])

*8. Die zu einer Eintragung oder Löschung im Grundbuch oder in der Landgüterrolle erforderlichen Anträge und Urkunden.[70])

*9. Die Disposition über Ausschließung des Anerbenrechts, Bestimmung des Anerben und Aenderung der gesetzlichen Theilungsgrundsätze betreffs einer in die Landgüterrolle eingetragenen Besitzung.[71])

10. Die Vollziehung der Auseinandersetzungsrezesse in Generalkommissionssachen, sofern sie nicht vor dem Kommissar der Generalkommission oder einem von letzterer beauftragten Staats- oder Gemeindebeamten erfolgt.[72])

11. Die Errichtung des Statuts für eine freie Wassergenossenschaft und für eine Gewerkschaft, die Wahl von Repräsentanten oder Grubenvorstehern seitens einer Gewerkschaft, die Verträge und sonstigen Willenserklärungen, durch welche die Rechtsverhältnisse der Mitbetheiligten eines Bergwerks abweichend von den gesetzlichen Vorschriften geregelt werden, und der Beschluß einer vor dem 1. Oktober 1865 bestan-

---

[66]) A. L. R. I. 13. § 115. Ges. v. 11. Juli 1845 (G. S. S. 495) § 2b.

[67]) C. P. O. § 76 Abs. 2.

[68]) A. L. R. II. 2. § 137; vgl. das Nähere zu Muster 69 (S. 283).

[69]) A. L. R. I. 21. § 403. A. G. O. II. 1. § 10 Nr. 3. Nach letzterer Vorschrift soll im Widerspruch mit der ersteren die Notariatsform nur nöthig sein, wenn der Zins die Summe von 200 Thlrn. „übersteigt". Allein die Vorschrift des A. L. R. ist als sedes materiae entscheidend. — Wegen der Verpachtungen vor öffentlichen Behörden s. Anh. § 57 zu § 403 cit. — Im Uebrigen s. d. Bemerkungen zu Muster 35 u. 37 (S. 214. 234).

[70]) G. B. O. § 33. Landgüterordnungen. (s. dieselben zu Muster 56, S. 266) § 6. Vgl. im Uebrigen die Vorbem. S. 237). Ueber die Befugnisse der landschaftlichen Syndici bei Bepfandbriefungen enthalten die landschaftlichen Statuten häufig besondere Bestimmungen; vgl. G. B. O. § 47.

[71]) Siehe die in Anm. 70 citirten Landgüterordnungen: § 21 bez. § 14 u. § 15. Neben der notariellen Form ist die Testamentsform und die holographische Urkunde zugelassen.

[72]) V. v. 30. Juni 1834 (G. S. S. 96) § 41; Ablösungsgesetz v. 2. März 1850 (G. S. S. 77) § 108.

denen Gewerkschaft, durch welchen die letztere sich den auf sie sonst nicht anwendbaren Bestimmungen des allgemeinen Berggesetzes unterwirft.[73])

*12. Der Akt über Konsolidation mehrerer Bergwerke.[74])

C. Aus dem Obligationen- und Handelsrecht.

*13. Die mit Kreuzen oder anderen Zeichen statt des Namens vollzogenen Wechselerklärungen.[75])

14. Der Wechselprotest.[76])

*15. Die zur Eintragung in das Handels-, Zeichen- und Genossenschaftsregister bestimmten Anmeldungen einschließlich der vorgeschriebenen Einreichung der Zeichnung einer Firma oder Unterschrift und des bei Aktien- und Kommandit-Aktiengesellschaften vorgeschriebenen Aktionärverzeichnisses.[77])

16. Die Bestellung eines Pfandrechts an Seeschiffen ohne Naturalübergabe.[78])

17. Die Bekanntmachung und Anweisung bei der Verpfändung von Waarenlagern in den Fällen der §§ 354—360. I. 20. A. L. R.[79])

18. Die Feststellung des Gesellschaftsvertrages für eine Kommanditgesellschaft auf Aktien oder eine Aktiengesellschaft.[80])

19. Bei der Aktiengesellschaft: die Uebernahme des Aktienrestes durch die Gründer, sofern sie zum Zwecke einer Simultangründung nach der Feststellung des Statuts erfolgt, sowie die Beurkundung der Beschlüsse der Generalversammlungen.[81])

20. Bei der Kommanditgesellschaft auf Aktien: die Abfassung der Bestimmungen über Fortsetzung der Gesellschaft, Abänderung des Inhalts des Gesellschaftsvertrages, Erhöhung, Herabsetzung oder theilweiser Zurückzahlung des Kommanditistenkapitals und wegen Umwandlung der Gesellschaft in eine Aktiengesellschaft; und zwar überall sowohl die Willenserklärung der persönlich haftenden Gesellschafter als der Generalversammlungsbeschluß der Kommanditisten.[82])

---

[73]) Ges. v. 1. April 1879 (G. S. S. 297) §§ 11. 19. Allgem. Berggef. v. 24. Juni 1865 §§ 94. 118. 133. 235b, letzterer in der Fassung des Ges. v. 9. April 1873

[74]) Allg. Berggesetz § 42.

[75]) W. O. Art. 94 u. 98 Nr. 10. Hier ist allein die Unterschriftsbeglaubigung, nicht die notarielle Aufnahme statthaft, denn die Urschrift des Wechsels muß der Wechselberechtigte behalten.

[76]) W. O. Art. 88 und 98 Nr. 10, s. Muster 143—145 (S. 407 ff.) Doch sind auch die Gerichtsvollzieher zuständig. A. G. z. G. V. G. § 74 Nr. 1. Bei gerichtlicher Aufnahme ist der Gerichtsschreiber zuständig. § 70 ebenda.

[77]) Vgl. das Nähere zu Muster 125—127 (S. 350 ff.), Muster 131—133 (S. 357 ff.), Muster 136—138 (S. 364 ff.); wegen des Aktionärverzeichnisses s. zu Muster 136 Anm. 47 (S. 380); wegen der abweichenden Form beim Musterregister s. Muster 128 (S. 354).

[78]) A. L. R. I. 20. § 301; vgl. auch Preuß. E. G. z. H. G. B. Art. 59. — Siehe Muster 147 (S. 413).

[79]) A. L. R. I. 20. § 361; vgl. indessen die Vorbem. zu Muster 121 (S. 345).

[80]) H. G. B. Art. 175. 209. Fassung des Gesetzes v. 18. Juli 1884; siehe Muster 136 zu a und 138 (S. 366. 388).

[81]) Ebenda Art. 209 d Abs. 2 und Art. 238 a; vgl. zu Muster 137 (S. 387).

[82]) Ebenda Art. 180 f. 180 h. Abs. 4. 203 Abs. 1, 206 a Abs. 2.

*20a. Bei beiden Gesellschaften: die Uebertragung von Aktien, welche auf einen Betrag von weniger als 1000 Mark lauten, an einen Anderen, sofern im Gesellschaftsvertrage diese Uebertragung an die Einwilligung der Gesellschaft gebunden ist.[82a])

*21. Die Anmeldungen behufs Eintragung in die nach den Urhebergesetzen beim Stadtrath zu Leipzig zu führenden Eintragsrollen, sofern die Anmeldung nicht zu Protokoll beim Stadtrath angebracht wird.[83])

*22. Gewisse Anträge zum Staatsschuldbuch, wegen deren auf die Vorbemerkung vor Muster 113 (S. 338) verwiesen wird.

D. Aus dem Familienrecht.

23. Ehegelöbnisse.[84])

24. Eheberedungen unter Verlobten über das Vermögen der künftigen Eheleute.[85])

25. Erbverträge unter Verlobten, insoweit die gerichtliche Form nicht erforderlich ist.[86])

26. Die Anerkennung eines unehelichen Kindes zum Zwecke der Eintragung in das Standesregister, sofern sie nicht vor dem Standesbeamten erklärt wird.[87])

*27. Die Anordnungen wegen Bevormundung der Kinder, nach Maßgabe der Vorm. Ordnung.[88])

E. Aus dem Erbrecht.

28. Legate über nicht mehr als ein Zwanzigstel des Nachlasses, sofern nicht im Testamente privatschriftliche Kodizille vorbehalten sind oder ein Fall des legatum heredi praesenti injunctum vorliegt.[89])

28a. Der Widerruf gerichtlich errichteter Vermächtnisse.[89a])

29. Letztwillige elterliche Verordnungen, welche die Grundsätze

---

[82a]) Ebenda Art. 182 Abs. 2 und Art. 220.

[83]) Vgl. zu Muster 129 (S. 355).

[84]) A. L. R. II. 1. § 82. A. G. O. II. 1. § 10 Nr. 4. — Gemeine Landleute können sie auch vor Schulzen und Schöffen vollziehen. A. L. R. II. 1. § 83. Vgl. im Uebrigen zu Muster 155 (S 424).

[85]) A. L. R. II. 1. §§ 208. 209. 215. A. G. O. II. 1. § 10 Nr. 5. Die Verträge über Einführung oder Ausschließung der Gemeinschaft der Güter oder des Erwerbes bedürfen indessen gerichtlicher Form. S. o. S. 33 Nr. 16.

[86]) Siehe oben S. 34 Nr. 28 mit Anm. 37. A. L. R. II. 1. § 140. Vgl. Muster 157 (S. 426).

[87]) Personenstandsgesetz v. 6. Februar 1875 § 25. Siehe Muster 163 (S. 444).

[88]) Daneben ist die Testamentsform und die holographische Urkunde gestattet. Vgl. das Nähere zu Muster 167. 168. (S. 450. 456).

[89]) A. L. R. I. 12. §§ 161. 162 u. 172 ff. mit Anh. §§ 34. 35. Die holographische Form ist daneben gestattet. — Nicht hierher gehört das testamentum pestis tempore conditum. Wenn bei demselben gemäß § 200 I. 12. A. L. R. ein Notar mitwirkt, so wird dadurch seine Urkunde kein Notariatsakt. Im Uebrigen s. die Vorbem. zu Muster 181 (S. 481). Vergl. auch zu § 7 Not. Ges. Anm. 3 (S. 64).

[89a]) A. L. R. I. 12. §§ 593—595. Daneben ist die holographische Urkunde und in beschränkter Art auch die einfache Privatschrift gestattet; s. das Nähere zu Muster 186 (S. 486).

oder die Art der Theilung unter den Kindern bestimmen (divisio parentum inter liberos.)[90])

30. Die Verwarnung eines noch nicht entmündigten Verschwenders vor der Testamentserrichtung.[91])

*31. Die Antretung einer Erbschaft ohne Vorbehalt und die Erbschaftsentsagung.[92])

32. Die eidesstattliche Versicherung zum Behufe der Erbeslegitimation.[93])

Die Anordnungen wegen des Anerbenrechts sind bereits oben unter Nr. 9, die hierher gehörigen Erbverträge oben unter Nr. 25, erwähnt.

F. Anderweite Akte.

*33. Die Berufung auf richterliches Gehör nach Maßgabe des Reichsgesetzes, betreffend die Verhinderung der unbefugten Ausübung von Kirchenämtern v. 4. Mai 1874.[94])

34. Die Versprechung der Leistung von Geld oder vertretbaren Sachen mit Unterwerfung unter sofortige Zwangsvollstreckung.[95])

35. Die Zusammenberufung einer freien Wassergenossenschaft und die Leitung der betreffenden Verhandlung in den Fällen, in welchen eine solche Berufung durch einen einzelnen Genossen oder einen Dritten erfolgen darf.[96])

36. Die Vernichtung der ausgeloosten oder sonst zu amortisirenden Landeskulturrentenbriefe.[97])

37. Alle Fälle, in denen die Gesetze die Herstellung einer öffentlichen Urkunde über eine Parteihandlung fordern,[98]) oder in denen die Parteien die Absicht verfolgen, zum Behufe des späteren

---

[90]) A. L. R. II. 2. §§ 380a und 380b. Die holographische Form ist daneben gestattet. Vgl. auch zu § 22 Not. Ges. Anm. 4 (S. 103).

[91]) A. L. R. I. 12 § 33. Das Wort „Notariatsinstrument" schließt die Vornahme des Aktes durch den Richter nicht aus; denn auch das Gericht übt in diesem Sinne „Notariat". Vgl. im Uebrigen Muster 174 (S. 463).

[92]) A. L. R. I. 9. §§ 398. 399. 414. 415 f. Muster 193 (S. 500).

[93]) S. Anm. 46 und Muster 198 (S. 510).

[94]) R. G. Bl. S. 43, § 3 Abs. 5.

[95]) C. P. O. § 702 Nr. 5 Vgl. Muster 212 (S. 531).

[96]) S. Anm. 56. Es ist dies der einzige Fall im Geltungsbereiche des A. L. R., in welchem ein Notar für eine Handlung dergestalt ausschließlich zuständig ist, daß eine Konkurrenz des Gerichts nicht besteht.

[97]) Ges. v. 13. Mai 1879 (G. S. S. 367) § 45. Die gerichtliche Zuständigkeit ist, obgleich das Gesetz nur von einem Notar spricht, hier im Gegensatz zu Anm. 96 nicht für ausgeschlossen zu erachten, da eine neue Zuständigkeit im Gesetze überhaupt nicht begründet ist. Instruktionell allerdings schreibt das Gesetz vor, einen Notar und nicht den Richter zuzuziehen.

[98]) Beispiele: H. G. B. Art. 358. 572. 589. 597. 648. 690. 699. — Personenstandsgesetz v. 6. Februar 1875 § 26. — C. P. O. §§ 664. 665 u. A. — Ges. v. 24. April 1854 (G. S. S. 193) § 13 Nr. 2. — Hierher gehört auch der Antrag auf Uebersendung von Geld, Werthpapieren und Kostbarkeiten aus der

Beweises über den Akt eine öffentliche Urkunde zu errichten, sofern nicht ausnahmsweise in einem Specialgesetze die Zuständigkeit zur Aufnahme einer solchen Urkunde für gewisse Fälle anderen Behörden konkurrirend oder ausschließlich beigelegt ist.[99]) Erfordert das Gesetz die Errichtung der öffentlichen Urkunde nur über die Unterschrift, so genügt die notarielle Beglaubigung.

---

§ V.

Die Gesetze über das Notariatsverfahren.

A.

Gesetz über das Verfahren bei Aufnahme von Notariats-Instrumenten, vom 11. Juli 1845.

(G. S. 1845 Nr. 23 S. 487–494.)

Wir Friedrich Wilhelm, von Gottes Gnaden König von Preußen rc. haben die Vorschriften über das bei Aufnahme von Notariats-Instrumenten zu beobachtende Verfahren einer Revision unterwerfen lassen, und verordnen auf den Antrag Unseres Staatsministeriums und nach vernommenem Gutachten Unseres Staatsraths für diejenigen Theile Unserer Monarchie, in welchen die Allgemeine Gerichtsordnung Gesetzeskraft hat,[1]) was folgt:[2])

[1]) Das Gesetz ist später auch in die gemeinrechtlichen Gebiete mit Ausnahme des Bezirks des O. L. G. zu Celle eingeführt (Ges. vom 8. März 1880 § 2). In letzterem gilt die Hannöversche Not. Ordng. vom 18. Septbr. 1853 (Preuß. G. S. 1880 S. 188; siehe auch Ges. v. 8. März 1880 § 6), im Bezirk des O. L. G. zu Köln die Verordnung und Taxordnung für die Notarien in den Rheinprovinzen v. 25. April 1822 (G. S. S. 109.)

Die Kommentirung des Gesetzes vom 11. Juli 1845 ist hier wesentlich mit Rücksicht auf die landrechtlichen Gebietstheile erfolgt.

[2]) Ueber Veranlassung und Zweck des Not. Ges. wird im J. M. Bl. 1847 S. 294) mitgetheilt:

> „Die Veranlassung der Not. Ordng. liegt zunächst in dem gleichzeitig erlassenen Gesetze über die Form einiger Rechtsgeschäfte. Die Kompetenz der Notare sollte erweitert werden, und eben darum stellte es sich als Bedürfniß heraus, einerseits den früheren Unterschied in der Beweiskraft der gerichtlichen und notariellen Urkunde (§§ 126. 131. Tit. 10 Th. I. A. G. O.) aufzuheben und anderseits die Vollziehung der Notariatsgeschäfte mit stärkeren Garantieen zu umgeben.

Hinterlegungskasse oder der vorläufigen Verwahrung durch die Post, sofern der Betrag beziehentlich der Werth des zu Uebersendenden 3000 Mark übersteigt oder der Empfangsort im Auslande liegt (H. O. §§ 25. 26. 39. 43. 85). Hier bedarf die Unterschrift gerichtlicher oder notarieller Beglaubigung (H. O. § 25 mit den in Anm. 99 citirten Gesetzesstellen).

[99]) A. L. R. II. 17. §§ 48. 51; A. G. O. II. 1. § 10 Nr. 6; III. 7. § 45.

Ein zweiter Zweck des neuen Gesetzes war, die Wiederherstellung verloren gegangener Notariats-Instrumente möglich zu machen. Zu diesem Behufe sollte, nach Anleitung der früheren Reichs-Not.-Ordng. v. J. 1512 § 5 und der V. f. d. Notarien in den Niederrheinischen Provinzen v. 25. April 1822, eine Einrichtung dahin getroffen werden, daß die Protokolle der Notare eben so wie früher die förmlichen Instrumente abgefaßt und vollzogen, die Urschriften derselben bei den Notaren und nach deren Abgange bei den Gerichten aufbewahrt, und den Parteien blos Ausfertigungen ertheilt würden.

Eine Folge davon war, daß abweichend von der früheren Verfassung (§ 130 Tit. 10 Th. I. § 49 Tit. 7 Th. III. A. G. O.) den Grund-Protokollen der öffentliche Glaube beigelegt werden mußte.

Außerdem waren mehrere Lücken der A. G. O. auszufüllen, namentlich feste Normen über die wesentlichen Erfordernisse einer Notariats-Urkunde aufzustellen.

Endlich erschien die Wiederholung einiger schon bestehenden Vorschriften des Zusammenhanges wegen zweckmäßig.

In den einzelnen Bestimmungen ist das Gesetz größtentheils der Rheinischen Not. Ordng. nachgebildet."

Das Gesetz ist, gleich seinem Muster, genauer als die Gerichtsordnung in der Bestimmung der wesentlichen Förmlichkeiten und in der Angabe der Erfordernisse einer vollständigen Notariatsurkunde.

§ 1.

Die Notare dürfen innerhalb der Grenzen ihres Amtsbezirks[1]) Niemandem ihren Dienst verweigern,[2]) vorbehaltlich der nachfolgenden Beschränkungen.[3])

[1]) Wegen des Amtsbezirks s. o. S. 16.

[2]) Der Grundsatz, daß jeder Notar verpflichtet sei, seine Dienste Niemandem ohne besonderen, gesetzlich anerkannten Grund zu versagen, ist von dem Institute untrennbar und so alt wie das Institut selbst. Auf die Erfüllung dieser Pflicht war schon im zwölften Jahrhundert der Notariatseid mit gerichtet, und die italienischen Statute stimmten damit überein. Oesterley, Th. I., S. 231, Anmerk. 13 und Th. II. S. 216. Derselbe Grundsatz ist in der Maximilianschen Notariatsordnung von 1512 im § 15 aufgenommen, wo es heißt: „Es ist auch ain Notarius, oder Tabellio (d. i. eine italienische Bezeichnung des Notars), nach dem er am Diener ist gemeinen nutzes, seines Ampts halb schuldig, von den händeln, darüber er gebetten wirt .... Instrument zu machen." Aber zur Ausübung seines Offiziums war der Notar nie ohne besonderen Auftrag befugt, weshalb in alten Urkunden der Rogation (Requisition) des Notars, entweder im Eingange oder bei der Unterschrift, ganz regelmäßig Erwähnung geschieht. Oesterley, Th. I. S. 228, 443, 461. Der Notar muß der an ihn ergangenen Requisition auch ohne Rücksicht darauf, wer der Requirent ist, und gegen wen seine Dienste verlangt werden, Folge leisten. Oesterley, Th. II. S. 216; vgl. auch die Citate in Anm. 3. Diese Grundsätze sind in alle Partikular-Verordnungen, bald mehr bald weniger ausdrücklich, übergegangen und finden sich auch in den preußischen. Am bestimmtesten finden sie sich in dem Codex Fridericianus Marchicus, Th. I. Tit. 18, § 3, wo es heißt: „Die von Uns confirmirte Notarii sollen schuldig sein bei ihren Pflichten, die sie zum Amte geschworen, einem jeden, der sie requirirt, wider Uns und männiglich zu dienen". Vergl. Instruktion v. 11. Juli 1771, § 6 (N. C. C. Tom. V. Abth. 1, S. 271.) Weniger bestimmt und ausdrücklich ist die A. G. O. III. 7, § 25, wo den No-

tarien zur Pflicht gemacht ist, „jedermänniglich, welcher sich an sie wendet, mit ihrem Amte auf eine gesetzliche Art zu Statten zu kommen, und ihre Assistenz aus bloßer Bequemlichkeit, Menschenfurcht, oder anderen Nebenrücksichten, niemandem zu versagen.“ Daß dies gegen Jedermann, er sei wer er wolle, geschehen müsse, wird nicht ausdrücklich gesagt, liegt jedoch in dem Verbote, den Dienst irgend einem Requirenten aus Menschenfurcht oder anderen Nebenrücksichten zu verweigern. Der gleiche Grundsatz ist, wenngleich ohne Spezialisirung, so doch völlig präcis auch im vorliegenden § 1 zum Ausdruck gelangt. Denn wenn der Notar Niemandem seinen Dienst verweigern darf, so sind damit alle Weigerungsmotive getroffen, und, insoweit sie nicht im Nachstehenden zugelassen sind, ausgeschlossen.

[3]) Die Pflicht der prompten Bereitwilligkeit hat ihre Ausnahmen. Nach dem klaren Wortlaut des § 1 ist nicht zu bezweifeln, daß die §§ 2 bis 6 alle diese Ausnahmen erschöpfen sollen. In den Fällen der §§ 2 bis 6 ist der Notar nicht nur berechtigt, sondern auch verpflichtet, seinen Dienst nach Maßgabe dieser Paragraphen zu weigern. Liegt aber keiner dieser Ausnahmefälle vor, dann ist er zur Weigerung auch nicht befugt. Fälle, in denen der Notar nach seinem Ermessen seinen Dienst administriren oder auch weigern könnte, sind im Gesetze nicht anerkannt. Aeltere Vorschriften, namentlich der A. G. O. über ein derartiges Weigerungsrecht des Notars sind damit formell beseitigt. Gleichwohl ist eine solche Weigerungsbefugniß des Notars in den Fällen anzuerkennen, wo sich dieselbe, abgesehen von Spezialvorschriften für das Notariat, rein aus der Natur aller Amtsthätigkeit überhaupt begründen läßt und selbstverständlich auch da, wo neuere Spezialvorschriften oder anderweite Vorschriften des Ges. v. 11. Juli 1845 ihr zur Seite stehen. Hierhin gehören:

a) Krankheit, eine bevorstehende dringliche Reise, oder wenn der Notar durch eine ähnliche „justa causa impeditus“ ist. Vergl. Statuta urb. Romae. Lib. 1 cap. 34; Not. Ordn. v. 1512, § 8; ebenso wenn seine Thätigkeit ohne Noth außerhalb der gewöhnlichen Geschäftszeit, namentlich des Nachts begehrt wird.

b) Wenn der Notar, um der Requisition zu entsprechen, sich einer Gefahr für sein Leben oder seine Gesundheit aussetzen müßte, z. B. wenn er bei heftigem Sturme oder bei großem Eisgange, ohne ein hinlänglich sicheres Fahrzeug, über einen breiten Strom setzen müßte, oder an dem Bette eines an einer ansteckenden Krankheit Leidenden thätig sein sollte. Vgl. A. L. R. I. 12 § 204. Doch wird wohl kein pflichtgetreuer Notar hierbei gar zu ängstlich sein.

c) Wenn die Thätigkeit des Notars an einem Sonn- oder Festtage in Anspruch genommen wird in Angelegenheiten, welche nach seiner Ueberzeugung Aufschub gestatten. A. G. O. II. 2, § 11, verb. mit III. 7 § 48. Letzterer Paragraph gilt fort; vgl. Not. Ges. § 45.

d) Wenn der Notar mit Geschäften dergestalt überhäuft ist, daß er der neuen Requisition nach dem Verlangen des Requirenten nicht entsprechen kann. Vgl. dazu Rolandini Summa, T. III, fol. 100a, 105b. Ausdrücklich verordnet A. G. O. III. 7 § 26 lit. c. Daß der Notar in einem solchen Falle „sich durch den Eigennutz nicht verleiten lassen (muß), mehr Geschäfte, als er bestreiten kann, zu übernehmen.“ Seine betreffende Weigerungsbefugniß dauert auch jetzt fort; denn sorgfältige und ordnungsmäßige Ausübung des Dienstes ist es, welche der Requirent verlangt; der Notar würde, wenn er überlastet ist, überhaupt das nicht leisten können, was der Requirent begehrt. Doch versteht sich, daß er sofort den Antrag abweisen muß und nicht etwa die Ausführung des angenommenen Auftrages hinterdrein verzögern und die Verzögerung mit Ueberhäufung von Geschäften entschuldigen darf.

e) Wenn er den zur Deckung der baaren Auslagen, namentlich der Reisekosten und Diäten, sowie des Stempels erforderten Vorschuß nicht erhält. (Not.

Geb. Ges. §§ 16. 17.) Dagegen darf er wegen wahrscheinlichen Wegfalles seiner eigentlichen Gebühren armen Requirenten sein Amt nicht verweigern. Schon früh mußte nach der den Pfalzgrafen ertheilten Comitive der Notariatseid mit enthalten: „causasque hospitalium et miserabilium personarum pro viribus promovebunt." Oesterley Th. I. S. 446, Anm. 7 u. Th. II. S. 293. Auch jetzt hat der Notar Vorausbezahlung seiner Gebühren (im Gegensatze zu den Auslagen) nicht zu fordern, wenngleich ihm eine Verpflichtung, Armen unentgeltlich zu dienen, nicht obliegt. Der § 25 Abs. 2 A. G. O., welcher eine solche Verpflichtung allerdings ausspricht, beruht für die Notare, wie § 108 und 112 lit. a ergiebt, auf der geplanten aber nicht ausgeführten Organisation, derzufolge ein Direktor des Notarenkollegiums den armen Parteien die Notare der Reihenfolge nach zuweisen sollte. Ohne diese Einrichtung kann das Armenrecht nicht als existent erachtet werden. Gl. M. ohne Begründung Vierhaus zu § 25 cit. Unentschieden: Basch ebenda.

§ 2.

Sie dürfen keine Verhandlung aufnehmen, deren Inhalt gegen ein Strafgesetz verstößt. [1] [2]

[1]) Dieses Prinzip würde auch ohne eine ausdrückliche Bestimmung des Gesetzes gelten, weil die Errichtung von Urkunden, deren Inhalt gegen ein Strafgesetz verstößt, dem Staatszwecke widerspricht und ein Mißbrauch des die Rechtssicherheit bezweckenden Instituts der Notarien ist. Die Trennung der Verhandlungen, deren Inhalt gegen ein Strafgesetz verstößt, von jenen, deren Inhalt nicht gerade strafbar, doch aber verboten ist (§ 3), tritt in der deutschen, namentlich preußischen Gesetzgebung, zuerst auf in der Rheinpreußischen Notariatsordnung vom 25. April 1822, §§ 15. 16 (G. S. S. 109), welche beiden Paragraphen hier in den §§ 2 u. 3 im Wesentlichen wiederholt sind. Bis dahin waren strafbare verbotene und unerlaubte Handlungen zusammen geworfen. Die Reichs-Notariatsordnung v. 1512 enthält das Prinzip im § 15, wo es heißt: „Es ist auch ain Notarius . . . schuldig, von den händeln, darüber er gebetten wird, so fern die sunst aufrichtig, zimlich und nit verbotten weren . . . Instrument zu machen." Die A. G. O. III. 7 sagt darüber im § 26 lit. a sehr allgemein: Die Notarien müssen die Parteien abweisen, wenn sie die Mitwirkung des Notars zu einer widerrechtlichen, betrüglichen, und auf die Verkürzung eines von ihnen oder auch eines Dritten, abzielenden Handlung begehren sollten. Jetzt ist gemäß § 2 ausschließlich das Moment der Strafbarkeit des Inhaltes der Verhandlung für die Frage entscheidend, ob der Notar seinen Dienst zu versagen hat. Unmoralische Geschäfte verpflichten und berechtigen ihn nur, die nach § 3 und geeignetenfalls auch nach § 4 vorgeschriebene Belehrung zu erlassen. Siehe zu § 3 Anm. 2.)

[2]) Wegen Bestrafung der Notare, welche wissentlich simulirte Kauf-, Tausch- und Pachtverträge unterstützen, s. das Patent v. 20. Februar 1802 (N. C. C. Tom. XI. p. 767. Nr. 14 de 1802.) Die Vorschrift ist indessen betreffs der Kriminalbestrafung durch die Vorschriften des St. G. B. über den Betrug und Betreffs der Disciplinarbestrafung durch die neue Disciplinargesetzgebung für beseitigt zu erachten. — Vgl. auch Erk. d. Ob.-Trib. (I. Straffenat) vom 31. Januar 1886 (Oppenhoff, Rechtspr. IX. S. 85.)

§ 3. [1]

Ist der Inhalt der aufzunehmenden Verhandlungen von der Art, daß das Geschäft, ohne gerade strafbar zu sein, dennoch verboten[2]) oder ungültig[3]) ist,[4]) so ist es die Pflicht des Notars, die Betheiligten hierüber zu belehren, und wenn sie dennoch bei ihrem Vorsatze bestehen, in der alsdann unweigerlich aufzunehmenden Verhandlung von der ihnen gegebenen Belehrung und ihrer hierauf gemachten Erklärung ausdrückliche Meldung zu thun.

[1]) Der § 3 erweitert die bisherigen Bestimmungen. Nach diesen sollte bei unerlaubten (verbotenen) oder ungültigen Rechtshandlungen die Mitwirkung zur Errichtung einer authentischen Urkunde unbedingt abgelehnt werden, um zu verhüten, „daß vor ihnen keine gesetzwidrige oder ungültige Aktus vorgenommen, und das Vertrauen des Publici auf die Legalität und Sicherheit gerichtlicher (notarieller) Handlungen nicht gemißbraucht werde." A. G. O. II. 2. § 28 verb. mit III. 7. § 48. Eine Ausnahme war gemacht, wenn die Parteien, welche die an sich erlaubte Handlung vornehmen wollten, die dazu in den Gesetzen vorgeschriebenen Fähigkeiten und Erfordernisse nicht besaßen. Dann sollte, wenn die Parteien darauf ausdrücklich bestanden, dem Geschäfte Fortgang gegeben werden dürfen, doch sollte der obwaltende Anstand, so wie die von den Parteien gegebene Erklärung in dem Instrumente deutlich und bestimmt vermerkt werden. II. 2 § 27 verb. mit III. 7, § 48 a. a. O. Diese Bestimmung, welche nur die wegen Mängel an der persönlichen Handlungsfähigkeit einer Partei ungültigen Geschäfte betrifft, dehnt der § 3 auf alle verbotenen aber nicht gerade strafbaren und auf alle ungültigen Verhandlungen aus. Wenn der Notar eine solche Verhandlung aufnimmt, und es unterläßt, die Parteien zu belehren und von dieser Belehrung so wie von der hierauf gemachten Erklärung der Parteien in der Verhandlung ausdrückliche Meldung zu thun; so setzt er sich der Gefahr aus, disciplinirt und mit Entschädigungsansprüchen verfolgt zu werden.

[2]) „verboten."

Zu den verbotenen Handlungen gehören auch die nur moralisch unerlaubten. Auch dieserhalb hat der Notar die Belehrungspflicht nach § 3 und außerdem die durch sein Amt gebotene Anstandspflicht, das Zustandekommen unmoralischer Geschäfte nicht zu unterstützen, vielmehr deren Vermeidung sich angelegen sein zu lassen. Weiter aber geht sein Recht auch hier nicht. Dem Verlangen der Parteien auf Aufnahme eines solchen Geschäftes muß er schließlich stattgeben. Doch bedingt die Ehre seines Amtes, über das, was er zur Vermeidung des Geschäftes gethan hat, in der Urkunde Auskunft zu geben. Wenn ein Notar häufig unmoralische Geschäfte aufnimmt und sein Widerstreben dagegen nicht erhellt, so kann er selber für schuldig erachtet werden, dem unmoralischen Treiben Vorschub geleistet zu haben und demgemäß disciplinarisch bestraft werden. Erk. d. Ob.-Trib. v. 15. Juni 1877. (J. M. Bl. 1877 S. 188; Oppenhoff XVIII S. 431). Ein Weiteres als vorstehend bemerkt, ist in dieser Entscheidung nicht ausgesprochen. Wenn beim Abdruck im J. M. Bl. als Excerpt der Entscheidung der Satz vorangestellt ist:

> „Ein Notar, welcher Verhandlungen aufnimmt, die seitens der betheiligten Gläubiger eine unmoralische Ausbeutung der Noth und Unwissenheit der Schuldner enthalten, verletzt die Pflichten der Ehre und des Anstandes, wenn der Inhalt der Verhandlungen auch nicht gegen ein ausdrückliches Verbotsgesetz verstößt"

so deckt sich dieser Satz zwar mit dem Inhalte der daselbst gleichfalls publizirten Entscheidung des Ehrenraths, nicht aber mit der Entscheidung des Ober-Tribunals. Es ist in letzterer vermieden, einen solchen mit §§ 1. 2 des Not. Ges. in Widerspruch stehenden Rechtssatz aufzustellen. Vielmehr bewegt sich die Entscheidung ausschließlich auf den vorstehend entwickelten Grundlagen. Vgl. auch die Ausführung in den Gründen d. Erk. d. Ob.-Trib. vom 31. Januar 1868. (Oppenhoff IX. S. 88.)

Eine — freilich zum Theil veraltete — Uebersicht der unter den § 3 fallenden Geschäfte s. bei Häusler S. 3 ff.

³) „ungültig."

Die Vorschrift bezieht sich nur auf materiell ungültige Verhandlungen, nicht aber auf solche, die der Notar nicht aufnehmen darf, weil nicht er, sondern eine andere Behörde für die Aufnahme zuständig ist. Die entgegengesetzte, in den früheren Auflagen vertretene, Ansicht kann nicht aufrecht erhalten werden. Denn hier ist nicht „der Inhalt der aufzunehmenden Verhandlungen", sondern die Form derselben von der im § 3 unterstellten Art. Auch würde eine solche Urkunde, weil nicht innerhalb der Kompetenz des Notars gelegen, keinen öffentlichen Glauben haben. (§ 40) Erk. d. Ob.-Tr. v. 2. Mai 1862 (Oppenhoff II. S. 380); Kühne-Sydow zu § 3 Anm. 1. Liegt den Parteien daran, ihr Geschäft vorläufig unter Mitwirkung eines bestimmten Notars zu verhandeln und zu schließen, so ist ihnen unbenommen, den Notar zur Entwerfung einer Privaturkunde zwecks demnächstiger gerichtlicher Vollziehung zu requiriren (s. o. S. 38 Nr. 14).

⁴) Ob das obwaltende Verbot bez. die Ungültigkeit sich auf das ganze Geschäft oder nur auf einen Theil oder auch nur auf eine bloße Nebenabrede bezieht ist gleichgiltig. Erk. d. Ob.-Trib. vom 27. Mai 1867. (Oppenhoff VIII. S. 341.)

§ 4.

Der Notar ist zur Belehrung der Interessenten und zur ausdrücklichen Erwähnung dieser Belehrung verpflichtet, wenn er wahrnimmt, daß auch nur ein Interessent entweder zu dem beabsichtigten Geschäft gänzlich unfähig oder nicht im Stande ist, die rechtlichen Folgen des Geschäfts zu übersehen. [1] [2]

¹) Der vorhergehende § 3 hat den Fall zum Gegenstande, wenn sich die beabsichtigte Rechtshandlung von Anfang als „verboten", oder als nicht „aufrichtig" (übereilt, nicht ernstlich gemeint, simulirt, hinterlistig, betrüglich), oder als nicht „ziemlich" (contra bonos mores) darstellt. Der gegenwärtige § 4 bezieht sich darauf, wenn der Notar während der Verhandlungen selbst gewahr wird, daß ein Interessent an und für sich oder doch in Beziehung auf das vorliegende Geschäft ganz handlungsunfähig, oder daß er rechtsunkundig oder geschäftsunerfahren ist und wegen dieser seiner Unwissenheit die rechtlichen Folgen des Geschäfts nicht kennt. Wie der Notar alsdann bei Erfüllung der ihm hier im § 4 auferlegten Pflicht zu verfahren habe, ist im § 31, Tit. 2, Th. II. der A. G. O., verb. mit § 48, Tit. 7. Th. III. ausführlich vorgeschrieben. Es macht auch hier keinen Unterschied, ob der wahrgenommene Mangel das Hauptgeschäft, oder nur ein Nebengeschäft betrifft (s. zu § 3 Anm. 4).

²) Die Gültigkeit der Verhandlung wird durch den Mangel der Belehrung allerdings nicht beeintächtigt (§§ 41. 42). Inwieweit sich aber der Notar durch die Unterlassung derselben oder auch blos durch die mangelnde Protokollirung disciplinarisch verantwortlich machen kann, darüber s. das zu § 3 in Anm. 2 citirte Erkenntniß. — Auch civilrechtlich haftet der Notar dem etwa durch die Unterlassung Uebervortheilten.

§ 5.

Kein Notar darf eine Verhandlung aufnehmen, bei welcher er selbst, [1] [2] oder seine Frau, [3] oder einer von seinen oder seiner

Frau Verwandten oder Verschwägerten[4]) in auf- oder absteigender Linie, oder in der Seitenlinie bis zum Grade des Oheims oder Neffen einschließlich betheiligt sind, oder worin eine Verfügung zu Gunsten einer der genannten Personen getroffen wird.[5]) [6]) [7])

[1]) Daß der Notar als solcher in eigenen Sachen zu beurkunden unfähig sei, ist nicht zu allen Zeiten unstreitig gewesen. Unter den italienischen Rechtsgelehrten, welche sich in ihren Schriften mit dem Notariate beschäftigten, gab es mehrere, welche der Meinung waren, daß ein Notar in seinen eigenen Angelegenheiten allerdings Notariatsurkunden aufnehmen könne. Man berief sich dafür auf L. 3 und 4 D. de adoption. (I. 7.) u. L. 20, § 4 D. de manumissis vind. (XL. 2). Oesterley II. S. 248 ff. und die dort Angeführten. Die entgegengesetzte Ansicht gewann jedoch schon früh die Oberhand und diese gründet sich darauf, daß der Notar durch seine Urkunde ein schriftliches Zeugniß giebt, mithin wesentlich ein Zeuge ist, daß aber, nach L. 10 D. de testibus (XXII. 5) u. L. 19 C. eodem (IV. 20), Niemand in seiner eigenen Sache etwas bezeugen könne. Diese Ansicht ist auch gemeinrechtlich und in mehreren Partikular-Verordnungen der neueren Zeit als Grundsatz ausdrücklich anerkannt. Das ist auch in der A. G. O. III. 7. § 26 a. E. geschehen, wo es heißt: „Uebrigens versteht es sich von selbst, daß in Fällen, wo Justizbediente überhaupt, wegen naher Verwandtschaft, oder bei der Sache habenden Interesse, sich ihres Amts zu enthalten schuldig sind, auch ein Justizkommissarius sich keiner Notariatsverrichtungen anmaßen dürfe." Das wiederholt hier betreffs der eigenen Angelegenheiten der § 5.

[2]) „Selbst betheiligt" ist der Notar auch dann, wenn er gesetzlicher Vertreter z. B. Vormund des Betheiligten ist, und im Falle die gesetzliche Vertretung, z. B. bei Stadtgemeinden, milden Stiftungen und dergl. einem Kollegium gebührt, wenn er Mitglied eines solchen Kollegiums ist. Beschl. d. App. Ger. zu Breslau vom 7. October 1862 (Preuß. Anw.-Ztg. 1865 S. 75; vgl. auch ebenda 1864 S. 408) und des K. G. v. 14. Februar 1881 (J. u. K. II. S. 68). Vgl. auch Bernau „Zur Lehre von der Anwendung der §§ 5 bis 9 und 10 Nr. 5 der Not. Ordng." (Gruchot XI. S. 764).

[3]) „Seine Frau" ist die Person, mit welcher er verheirathet ist, nicht aber diejenige, mit welcher er einmal verheirathet war. Auf die geschiedene Frau, sowie auf deren und der verstorbenen Frau Angehörige bezieht sich deshalb der Paragraph nicht. Die entgegengesetzte Annahme im Beschl. d. App. Gerichts zu Hamm v. 9. Juli 1862 (Gruchot VII. S. 80) erscheint nicht begründet. Die Schwägerschaft im gesetzlichen Sinne findet mit Auflösung der Ehe ihr Ende, wie sich daraus ergiebt, daß die Gesetze in den Fällen, wo sie die Fortdauer der Folgen des Schwägerschaftsverhältnisses darüber hinaus intendiren, solches ausdrücklich anordnen. Vgl. A. L. R. II. 1. § 6 Personenstandsgesetz v. 6. Februar 1875 § 33 Nr. 3; C. P. O. § 41 Nr. 2 u. 3 und dagegen die abweichenden Fassungen v. Konk. O. § 24 Nr. 2 u. Reichsanfechtungsgesetz v. 21. Juli 1879 § 3 Nr. 2; siehe auch Entsch. d. O. Tr. Bd. 53 S. 347; Striethorst Arch. Bd. 55 S. 18 und Förster-Eccius IV. § 201 S. 5 Anm. 22. Anscheinend a. M. Dernburg III. § 1 S. 3. — Bemerkenswerth ist allerdings, daß das Vorbild des § 5, der Art. 19 der Rhein. Not. O. ausdrücklich von den „Frauen" des Notars spricht und damit freilich den entgegengesetzten Grundsatz sanktionirt. — Der Brautstand ist als ein hinderndes Verhältniß nicht aufgenommen und schließt mithin die Mitwirkung des Notars bei der Errichtung einer Urkunde für seine Verlobte oder deren Verwandte oder Verschwägerte nicht aus.

[4]) „Verwandte oder Verschwägerte". Ob und in wiefern der Notar auch in Angelegenheiten seiner Verwandten sich der Ausübung seines Amtes zu enthalten habe, ist nach gemeinem Recht zweifelhaft. Was Vater und Sohn

betrifft, so hat man die allgemeine Vorschrift der L. 9 D. de testibus (XXII. 5): „Testis idoneus pater filio, aut filius patri non est," und der L. 6 C. eodem (IV. 20): „Parentes et liberi invicem adversus se nec volentes ad testimonium admittendi sunt," auch auf notarielle Beurkundung für anwendbar gehalten und was vom Vater und Sohne gilt, hat man auch auf entferntere Ascendenten und Descendenten bezogen. Doch fehlt es keineswegs hierüber an widersprechenden Stimmen Vgl. Oesterley II. S. 257 ff. In Beziehung auf die gerade Linie kann die Frage heutzutage für ausgemacht angesehen werden. Dagegen ist in betreff der Seitenlinie und der Schwägerschaft, so wie in Ansehung der Frau des Notars, Alles unbestimmt und streitig, und nur einige Partikular-Verordnungen haben die Grenzen der notariellen Thätigkeit in dieser Richtung näher bestimmt. Vgl. Oesterley II. S. 262, 263 und A. G. O. III. 7. § 26 lit. d a. E. mit III. 3. § 13. Der § 5 regelt die Frage durch feste Präcisirung der in Betracht kommenden Grade von Neuem. Die Ausschließung des Notars geht danach nicht soweit, wie nach der A. G. O. die des Richters, welche sich in der Seitenlinie bis zum vierten und zum Theil sogar sechsten Grade erstreckte (A. G. O III. 3. § 13). Dagegen geht die Ausschließung insofern weiter, als sie sich auch auf die Verschwägerten der Ehefrau, welche also nicht Verschwägerte des Notars sind, erstreckt. Wenn z. B. der Notar und X. zwei Schwestern geheirathet haben, so ist X. mit dem Notar nicht verschwägert. Gleichwohl ist der Notar von der Aufnahme des Aktes mit X. ausgeschlossen, obwohl ihn als Richter eine solche Ausschließung nicht träfe. — Die neueren Prozeßgesetze erstrecken betreffs des Richters die ausschließenden Grade nicht ganz so weit (C. P. O. § 41 Nr. 3; St. P. O. § 22 Nr. 3). Die an letzteren Stellen ausdrücklich hervorgehobene Adoption besteht auch betreffs des Notars als Hinderniß, denn sie begründet Verwandtschaft (A. L. R. II. 2. § 681).

[5]) Nach gemeinem Recht unterschied man zwei Arten von eigenen Angelegenheiten des Notars oder seiner Angehörigen. Die eine Gruppe betraf eigene Rechtsgeschäfte, welche von einer dieser Personen selbst geschlossen werden, die andere Rechtsgeschäfte unter Dritten, wobei eine jener Personen irgend ein eigenes Interesse hat und sollte es nur in einer Verantwortlichkeit wegen eigener Handlungen oder Unterlassungen bestehen, welche der Notar oder einer der benannten Angehörigen desselben bei Besorgung des beurkundeten Geschäfts, in einem bestimmten, sich auf das Geschäft beziehenden Verhältnisse, vorgenommen hat. v. Cramer, Wetzlar'sche Nebenstunden, Th. 99, S. 100; v. Berg, juristische Beobachtungen und Rechtsfälle, Th. III. S. 89; Gesterding, Ausbeute von Nachforschungen, Th. I. S. 254. Auf der Grundlage dieser Unterscheidung bewegt sich auch der § 5, wenngleich er die zweitgenannte Gruppe von Geschäften erheblich verkleinert. „Eine Verhandlung, bei welcher er selbst 2c. betheiligt ist," ist ein Rechtsgeschäft, welches er als Partei oder als Stellvertreter einer Partei (Erk. v. 14. Oktober 1872; Oppenhoff XIII. S. 525) abschließt. Unter einer Verhandlung, worin eine Verfügung zu seinen Gunsten getroffen wird, ist dagegen eine fremde Rechtshandlung, ein Rechtsgeschäft zwischen Dritten zu verstehen. Der § 5 nimmt von diesen fremden Verhandlungen jedoch nur diejenigen, worin „eine Verfügung" zu Gunsten einer der genannten Personen getroffen wird, von der Mitwirkung des Notars aus, nicht auch jene Verhandlungen, bei welchen eine dieser Personen ein Interesse wegen ihrer Verantwortlichkeit bei der Sache oder dem Rechtsgeschäfte hat; diese Kategorie von Verhandlungen wird jedoch zum Theil durch den § 6 getroffen.

Ein entfernteres Interesse, welches Jemand bei dem Zustandekommen eines Notariatsgeschäfts haben kann, und welches häufig nicht ersichtlich ist, soll die Sicherheit der Notariatsverhandlungen nicht gefährden. Der Umstand z. B.: daß der eine Instrumentszeuge der Mäkler und Rathgeber der einen Partei gewesen, die Aufnahme des Vertrages veranlaßt und Zahlung dafür von ihr erhalten habe, wird mit Recht für unerheblich erklärt. Erk. d. O. Tr. vom 3. Mai 1869 (Strieth. Bd. 74, S. 311.) Früher war in einem Erkenntniß des ersten Senats v. 6. März 1868 (Oppenhoff IX. S. 185) davon ausgegangen, daß jedes mittelbare oder unmittelbare Interesse des Notars an einem Geschäfte ihn von der Verhandlung ausschließe. Der Ansicht liegt nach obiger Darlegung eine mißverständliche Auslegung des Wortes „betheiligt" im § 5 zu Grunde. Zustimmend: Kühne-Sydow zu § 5 Anm. 3.

[6]) Unter den Voraussetzungen der §§ 5 u. 6 ist dem Notar nur die Aufnahme der Verhandlung untersagt. Nicht aber ist er bei legal aufgenommener Verhandlung an der Ausfertigung derselben behindert, wenn nachträglich einer der Ausschließungsgründe eintritt. In der Praxis des rheinischen Rechts wird allerdings das Gegentheil angenommen (Rudorff, S. 24 Anm. 2).

Die bloße Unterschriftsbeglaubigung fällt hier sowie im Falle des § 6 nur insoweit unter das Verbot, als der Notar Unterschriften der im § 5 bezeichneten Personen, sowie Unterschriften seines Generalmandanten (§ 6) nicht beglaubigen darf. Dagegen kann aus dem Inhalt der zu beglaubigenden Urkunde ein Verbot für die Thätigkeit des Notars nicht hergeleitet werden, denn dieser Inhalt bildet gar keinen Gegenstand der Thätigkeit des Notars. Die entgegengesetzte Annahme in der Verf. des früheren K. G. v. 27. April 1876 (Johow VI. S. 105) erscheint nicht begründet. Die Ausführung, daß dem Notar, wenngleich er nach § 21 von dem Inhalte der Urkunde nicht Kenntniß nehmen solle, doch obliege, „sich durch Nachfrage bei den Interessenten ... zu vergewissern, ob nicht ein Fall vorliege, in welchem seine Thätigkeit als Urkundsperson ausgeschlossen sei", widerspricht dem § 21 des Not. G., welcher Fragen über den Inhalt der Urkunde gerade verbieten will. Auch ist nicht ersichtlich, was der Notar thun soll, wenn die Partei über den Inhalt gar keine Mittheilung machen will, ebenso wenig, wenn die Urkunde ein Blanko-Indossament einer Grundschuld darstellt. Ganz abgesehen von dem Fall, daß die Parteien ihre Unterschrift in blanco beglaubigen lassen (s. zu § 21 Anm. 3) und die Urkunde erst hinterher aufsetzen.

[7]) Folgen der Uebertretung. Ob ein gegen die Vorschriften der §§ 5 und 6 aufgenommener Akt nichtig und dem Instrument demgemäß die Kraft einer Notariatsurkunde abzuerkennen sei, darüber ist die Rechtsübung sehr verschieden. In einer Verfügung des App. Gerichts zu Hamm v. 1. März 1867 (Gruchot XI. S. 764) ist die Frage verneint, weil das Gesetz im § 41 alle Vorschriften aufzähle, deren Beobachtung die urkundliche Gültigkeit des Instruments bedingt, und hierzu nicht die §§ 5 u. 6, sondern statt deren lediglich die im § 10 Nr. 5 geforderte Versicherung des Notars rechne. Dementgegen ist aber dasselbe Gericht in einem Beschlusse v. 9. Juli 1862 (Gruchot VII S. 80, siehe oben Anm. 3) von der Nichtigkeit eines gegen den § 5 aufgenommenen Aktes als einer selbstverständlichen Prämisse ausgegangen; dasselbe hat das K. G. im Beschlusse v. 14. Febr. 1881 (J. u. K. II. S. 68; siehe oben Anm. 2) gethan. Endlich hat das App. Ger. zu Breslau in einer Verfügung v. 7. October 1862 (Preuß. Anw. Ztg. 1865 S. 15) die Frage ausdrücklich bejaht, indem es an den beschwerdeführenden Notar reskribirt hat: „Wenn Sie ... die formelle Gültigkeit der Verträge durch den Hinweis auf den § 41 der Not. Ordng. zu rechtfertigen suchen, so übersehen Sie, daß dort nur von den wesentlichen Förmlichkeiten der Notariatsurkunde die Rede ist, unter die Förmlichkeiten aber die Frage der Qualifikation des Notars zur Aufnahme eines Notariatsaktes in keiner Weise subsummirt werden kann."

Die letztere Argumentation wäre gegenüber dem bloßen Wortlaut des Gesetzes allerdings nicht ganz von der Hand zu weisen. Gemeinrechtlich wird in solchen Fällen die Nichtigkeit des Aktes gleichfalls angenommen (Oesterley II

S. 273); dasselbe verordnen viele Partikularrechte (Hann. Not. O. § 27; Bairische Not. O. Art. 148 mit Art. 47; Rhein. Not. O. Art. 58 mit Art. 19). Allein wenn schon das Fehlen der in der vorbildlichen Rhein. Not. O. enthaltenen Vorschrift eher ein Gegenargument ist, so läßt die Entstehungsgeschichte des Gesetzes keinen Zweifel darüber, daß die Nichtigkeit des Aktes keine Folge der Verletzung hat sein sollen. Der im Staatsrath vorgelegte Gesetzentwurf bestimmte nämlich in § 9:

> „Kein Notar darf Verhandlungen aufnehmen, bei welchen er selbst oder seine Frau betheiligt ist oder worin eine Verfügung zu Gunsten einer der genannten Personen getroffen wird. Die Verhandlungen, welche dieser Bestimmung zuwider aufgenommen werden, haben nicht die Eigenschaft und Wirkung einer Notariatsurkunde".

Der § 10 enthielt eine dem jetzigen § 6 analoge Vorschrift, jedoch ohne den Zusatz über die Folgen der Zuwiderhandlung. Die Justizabtheilung des Staatsraths befürwortete einen gleichen Zusatz auch zu § 10. Demnächst heißt es in in ihrem Gutachten:

> „Dann aber drängte sich hier eine Betrachtung auf, die von großer Erheblichkeit für das ganze Gesetz ist. Die Einwendungen nämlich, die aus der Verwandtschaft oder Schwägerschaft des Notars . . . gegen eine Notariatsurkunde zu entnehmen sein möchten, sind der ausgefertigten Verhandlung nicht anzusehen und wenn die Urkunde in entfernte Gegenden versandt wird, von einem Dritten oft gar nicht zu entdecken."

Die Justizabtheilung gelangte aber aus diesen Erwägungen nicht zur Streichung des Absatzes, sondern unterbreitete dem Plenum nur die Frage, ob nicht zu statuiren sei, daß derjenige, welcher in dem beregten Verhältnisse zum Notare stehe, die Urkunde als gültig gelten lassen müsse, sowie ob zu dem § 10 (jetzigen § 6) die Ungültigkeitsfolge überhaupt auszusprechen sei. Im Plenum des Staatsraths wurde indessen beantragt:

> „den Notar unter dem Präjudiz der Ungültigkeit der Notariatsurkunde zu verpflichten, jederzeit in der von ihm aufzunehmenden Verhandlung . . . zu bescheinigen, daß zwischen ihm und den bei dem Gegenstande betheiligten Personen keines der in den §§ 9 u. 10 bezeichneten Verhältnisse obgewaltet habe."

Eine solche Vorschrift war im § 16 des Entwurfs (jetzigen § 10) nicht enthalten. Zur Motivirung wurde bemerkt, daß auf diese Weise die Beobachtung der § 9 u. 10 (jetzt §§ 5 u. 6) gesichert und jeder Dritte in den Stand gesetzt werde, aus dem Inhalt der Urkunde selbst deren Legalität in diesem Punkte zu beurtheilen. Das Plenum nahm den Vorschlag noch unter Erweiterung desselben auf den zweiten Notar und die Zeugen an und kam es demgemäß zu keiner Beschlußnahme über die von der Justizabtheilung aufgestellten Fragen, insbesondere auch wegen des § 10 (jetzt § 6). Zu § 39 (jetzigen § 41) wurde demnächst bemerkt, daß man bei der Ueberarbeitung die erwähnte Versicherung unter die wesentlichen Förmlichkeiten zu setzen haben werde. Die Fassungskommission, an welche die Sache darauf ging, fügte nun die jetzt in § 10 Nr. 5 befindliche Versicherung in das Gesetz ein, revidirte auch den § 39 (jetzt § 41) betreffs Aufzählung der wesentlichen Förmlichkeiten und brachte den oben hervorgehobenen zweiten Satz des § 9 über die Folgen der Zuwiderhandlung in Wegfall. Diese Redaktion wurde im Plenum genehmigt und erhielt die königliche Sanktion.

Auf diese Entstehungsgeschichte gestützt hat denn auch das O. Tr. — aus dessen Entscheidungsgründen die vorgedachten Materialien entnommen sind — im Erk. v. 21. Dezember 1855 (Entsch. Bd. 32 S. 247, das Datum ergiebt sich aus der Berichtigung S. 490) entschieden, daß die Zuziehung eines nach § 7 unfähigen Zeugen, — in casu eines bestraften Diebes, — die Gültigkeit der Notariatsurkunde nicht beeinträchtige, sofern nur die im § 10 Nr. 5 vorgeschriebene Versicherung ordnungmäßig vorhanden sei. Mag es nun auch richtig sein, daß die beiden Fälle der Zuziehung eines unfähigen Zeugen und der Unfähigkeit des Notars selbst sich logisch nicht vollkommen decken, so kann es doch nach der dargelegten Entstehungsgeschichte keinem Zweifel unterworfen sein, daß im Gesetze die beiden Fälle gleich behandelt sind, daß insbesondere bei der Lehre von der Unfähigkeit des Notars der Gesichtspunkt entscheidend war, daß man der Urkunde diese Unfähigkeit müsse ansehen können und daß demgemäß die Versicherung im § 10 Nr. 5 in das Gesetz eingefügt ist nicht zur Erschwerung der Gültigkeit der Urkunde, sondern zu deren Erleichterung. Das Vorhandensein der Versicherung allein bedingt sonach die Gültigkeit des Aktes; die Beachtung der §§ 5 u. 6 zur Gültigkeitsbedingung zu setzen ist direkt abgelehnt worden. In den Gründen des O. Tr. Erk. v. 14. Januar 1867 (Entsch. Bd. 59 S. 454; Strieth. Bd. 65 S. 251 im vorletzten Abs. der Gründe) sind denn auch die §§ 5 u. 6 des Gesetzes direkt mit als solche bezeichnet, deren Verletzung die Gültigkeit der Notariatsurkunde nicht beeinträchtigt.

An diesem Ergebniß ist auch betreffs des neueren Verfahrens bei der Beglaubigung von Unterschriften (s. o. Anm. 6 und zu § 6 Anm. 9) nichts geändert, wiewohl jetzt in Ermangelung eines Protokolls die Versicherung des § 10 Nr. 5 wegfällt. Durch letztere Neuerung hat nicht ein Ungültigkeitsgrund geschaffen werden können, wenn er sonst im Gesetze nicht vorhanden war. Das Beglaubigungsattest hat vielmehr jetzt dieselbe Kraft, wie nach früherem Recht ein mit allen Förmlichkeiten versehenes Protokoll.

§ 6.[1]

In prozessualischen Angelegenheiten,[2] in welchen der Notar einem der Betheiligten[3] als Justizkommissarius[4] bedient ist, oder bedient gewesen ist,[5] sowie in den Angelegenheiten einer Partei, deren Generalmandatar der Notar ist,[6] darf derselbe keine Handlungen der freiwilligen Gerichtsbarkeit[7] [8] aufnehmen.[9] [10]

[1]) Der § 6 behandelt die Ausschließung des Notars für zwei Fälle, den Fall, daß er in einer prozessualischen Angelegenheit thätig war und denjenigen, daß er Generalmandatar einer Partei ist. Beide Fälle stehen unter dem Grundsatze über die Unzulässigkeit notarieller Thätigkeit in eigenen Sachen (§ 5). Der erste Fall bezieht sich auf das Verhältniß des Notariats zur Advokatur und Prokuratur. Dieses Verhältniß ist nur in solchen Ländern, wo die Advokatur, die Prokuratur und das Notariat in einer Person vereinigt sein dürfen, Gegenstand der privatrechtlichen Gesetzgebung. Dadurch soll für jeden einzelnen Fall das erreicht werden, was andere Gesetzgebungen damit bezwecken, daß sie jede dieser Funktionen besonderen Beamten aufgetragen haben. (Vergl. Erk. des Obertribunals vom 12. September 1864, J. M. Bl. S. 388, Oppenhoff V. S. 104 Entsch. 53 S. 372). Deshalb findet sich in der rheinischen Not. O. keine dem § 6 ähnliche Bestimmung; eine den Parteien nachtheilige Kollission der verschiedenen Pflichten, welche aus den vereinigten Aemtern hervorgehen, kann nicht eintreten, wenn die Vereinigung unmöglich ist. Das Gemeine deutsche Recht kennt eine absolute Trennung dieser verschiedenen Aemter nicht und dient deswegen dem preußischen wie den Partikularrechten überhaupt als Quelle in dieser Materie. Zwei Fragen sind es, welche hierbei die Gesetzgebung, und, wo diese lückenhaft ist, die Rechtsfindung beschäftigten, nämlich: Kann ein Notar in Sachen, wo er als solcher mitwirkte, später als Advokat oder Prokurator thätig sein? und

umgekehrt: Kann ein Advokat oder Prokurator in Sachen, wo er als solcher einer Partei bedient ist oder bedient gewesen ist, später als Notar amtlich handeln? Die erste Frage hat gegenwärtig ihren Abschluß durch die Rechtsanwaltsordnung v. 1. Juli 1878 erhalten. Sie ist früher Gegenstand der alten Reichs- und auch der preußischen Gesetzgebung gewesen. Das Edikt Karl's V, datirt von Augsburg den 3. August 1548, verordnet, daß die Notare forthin sich ihres Amts halten, und in denen Sachen, darin sie als Notarien gebraucht, sich Solicitirens und Prokurirens und dergleichen gänzlich und allerdings entschlagen sollen, bei Vermeidung einer Strafe von vier Mark löthigen Goldes für jeden Uebertretungsfall. (Ludolph, Corpus juris cameralis, S. 139.) Diese Vorschrift bezieht sich freilich auf die Notare, welche bei dem Reichskammergericht als Gerichtssekretäre im heutigen Sinne angestellt waren. Vergl. Reichs-Kammergerichts-Ordn. von 1555, P. I, Tit. 39, § 2. Doch wurde diese Vorschrift analog auf das Notariat überhaupt bezogen. Gans, das Amt der Fürsprecher, S. 110. Die preußische Instruktion vom 11. Juli 1771, § 5 schrieb daher, in Uebereinstimmung mit dieser Anwendung des Reichsgesetzes, vor, daß ein Notar, welcher zugleich Advokat sei, in einer Sache, worin er ein Instrument aufgenommen hatte, nachher einer der Parteien advocando nicht bedient sein dürfe. Die gleiche Vorschrift fand sich auch in der Hinterpommerschen Hofgerichts-Ordnung von 1683, Tit. 15, § 4. Das Corpus juris Fridericianum und die A. G. O. haben indessen dieses Verbot nicht aufgenommen und das vorliegende Gesetz ist auf dasselbe nicht zurückgegangen. Sonach war auch schon nach preußischem Recht ein Notar nicht verhindert, in einem Prozesse sowohl zur Vertheidigung als zur Anfechtung einer von ihm verfaßten Urkunde als Rechtsanwalt aufzutreten. Dieser Zustand gilt jetzt kraft Reichsrechts: die Rechtsanwaltsordnung (§ 31) untersagt dem Anwalt die Annahme eines Mandats wohl in Bezug auf eine frühere richterliche, nicht aber in Bezug auf eine von ihm geübte Notariatsthätigkeit. In dem Falle, wo der Anwalt berufen ist, seine eigene Notariatsurkunde anzufechten, fällt es freilich in die Augen, daß, namentlich wenn es sich um die formelle Gültigkeit derselben handelt, sein eigenes Interesse, welches er als Notar wegen der ihn treffenden Verantwortlichkeit an der Aufrechterhaltung der Urkunde hat, mit seinen Pflichten, die ihm als Rechtsanwalt obliegen, häufig in Kollision treten wird; deshalb verletzt er die ihm obliegende Gewissenhaftigkeit in der Ausübung seines Berufes (Rechtsanwalts-Ordng. § 28), wenn er in einem Falle solcher Kollision das Mandat zur Prozeßführung nicht ablehnt. Nothwendig und immer liegt indessen ein Kollisionsfall nicht vor. So z. B. nicht, wenn die Ungültigkeit der Urkunde und die Regreßpflicht des Notars klar und von letzterem auch gar nicht bestritten sind und die Anfechtung gerade zu dem Zwecke erfolgt, um vorerst den Schaden von einem Dritten beizutreiben, bevor man sich an den Notar regressirt.

Die zweite Frage (über die Statthaftigkeit der Notariatsthätigkeit bei früherer advokatorischer Thätigkeit) regelt der vorliegende § 6, welcher durch die Rechtsanwalts-Ordnung völlig unberührt geblieben ist. Diese Frage ist eigentlich diejenige, welche nach dem Grundsatze über die Unstatthaftigkeit der notariellen Thätigkeit in eigenen Sachen zu entscheiden ist. Denn es leuchtet ein, daß ein Advokat oder Prokurator aus der ihm anvertrauten Führung eines Prozesses in Anspruch genommen werden könnte; er würde mithin in eigener Sache thätig sein, wenn er über Verhältnisse des Rechtsstreites oder des Streitgegenstandes Notariatsurkunden aufnähme. Gemeinrechtlich gilt dies als unstreitig, wiewohl weder die Notariatsordnung von 1512, noch ein anderes Reichsgesetz darüber eine direkte Bestimmung enthält. Partikularrechtlich wird der Grundsatz öfter anerkannt, namentlich auch in preußischen Verordnungen. Das Projekt des Codicis Frid. March. Th. I., Tit. 18, § 4 sagt nur allgemein: „Sie (die Notare) müssen aber sich des Advocirens und Prokurirens bei Strafe der Kassation enthalten." Bestimmter ist die Instruktion vom 11. Juli 1771, § 5: „Ist der Notarius zugleich Advokat, so kann er so wenig zum Behuf eines Prozesses, worin er advocando dient, eine Notariatshandlung verrichten, noch u. s. w." Die A. G. O. Th. III. Tit. 7. § 26, lit. d geht bei dieser Frage von einem anderen Prinzip als dem der Unzulässigkeit der Amtshandlung in eigener Sache, nämlich von dem der Prävarikation aus, setzt jedoch diese Unzulässigkeit im ersten Absatze voraus; der zweite Absatz bezieht sich auf eine andere Angelegenheit, als in welcher der Notar advocando gedient hat. Der vorliegende § 6 hat trotz seiner an sich wortdeutlichen Bestimmung doch hinsichtlich seines Sinnes in der Praxis vielfältige Zweifel und Bedenken hervorgerufen, wie die folgenden Anmerkungen zeigen.

²) „Prozessualische Angelegenheiten." Im J. M. Bl. von 1847 (S. 295) wird die gleichmäßige Anwendbarkeit der Vorschrift auch auf den Fall befürwortet, daß der Rechtsanwalt nur berathend (als Konsulent) thätig gewesen. Ebenso hat das Ob.-Trib. ausgesprochen: ein Rechtsanwalt, welcher in einer prozessualischen Angelegenheit einer der Parteien als Konsulent bedient gewesen ist, darf nicht demnächst in derselben Angelegenheit einen Wechselprotest aufnehmen, sollte auch die frühere Thätigkeit nur in Rathschlägen und Anbahnung eines Vergleichs vor Erhebung der Klage bestanden haben. Erk. vom 29. April 1867 (J. M. Bl. S. 163, Oppenhoff VIII. S. 270). Beide Begründungen stützen sich auf die ausdrückliche Hervorhebung der Konsulenteneigenschaft im § 26 zu d III. 7 A. G. O., dessen Erweiterung der vorliegende § 6 intendire. Demgegenüber war in den früheren Auflagen dieses Buches die Meinung vertreten, der § 6 beziehe sich bloß auf den eigentlichen prozeßführenden Stellvertreter und es war demgemäß die Anwendbarkeit auf den bloßen Konsulenten sowie auf den bloßen Korrespondentmandatar verneint. Der (ungenannte) Verfasser der Abhdlg. in der Preuß. Anw.-Ztg. 1865 S. 611 war dem beigetreten. Es wird indessen der Auffassung des O. Tr. der Vorzug zu geben sein. Denn gleichviel ob man von dem Grundsatze der Prävarikation oder von dem der Verantwortlichkeit für die prozessuale Thätigkeit ausgeht, so können beide Momente doch auch bei bloß konsulirender Thätigkeit vorhanden sein. Man wird die konsulirende Thätigkeit des Rechtsanwalts, welche ihn von Notariatsakten ausschließt, in Anlehnung an den § 1 der Geb.-O. f. Rechtsanwälte definiren können als „die berathende Berufsthätigkeit des Rechtsanwalts, welche den Beginn oder die Fortsetzung eines prozessualen Verfahrens betrifft." Bei Anwendung der letzteren Vorschrift ist es gleichfalls unerheblich, ob es demnächst zu einem wirklichen Prozesse gekommen ist. (Vgl. Begründung des Entw. der Geb. O. für Rechtsanwälte S. 24.)

³) „einem der Betheiligten". Unter den letzteren sind hier nicht die Betheiligten des Notariatsaktes zu begreifen, sondern die der prozessualischen Angelegenheit und zwar sind es diejenigen Personen, welche an dem Prozesse Theil genommen haben, seien es die Haupt- oder Nebenparteien. Erk. vom 12. September 1864 (J. M. Bl. S. 387. Oppenhoff V. S. 102, Entsch. Bd. 53 S. 372). Erk. v. 18. Juli 1866 (J. M. Bl. S. 247; Oppenhoff VII. S. 436); A. M. Richter (Preuß. Anw.-Ztg. 1866 S. 778) und Franz Hinschius (ebenda 1865 S. 11), welche unter „Betheiligten" die an dem aufzunehmenden Notariatsakt Betheiligten ansehen wollen.

⁴) „Justizkommissarius" — d. i. der frühere Ausdruck für „Rechtsanwalt" (A. G. O. III. 7 § 3).

⁵) „Bedient gewesen ist". Man kann sich darunter die vollständige Ausführung des Mandats durch endgültige Beendigung des Prozesses denken, man kann damit auch die Beendigung des Mandats durch Widerruf oder Aufkündigung während des Prozesses meinen. Die zweite Auffassung war in den früheren Auf-

lagen dieses Buches vertreten; die erstere ist indessen vom O. Tr. zur Geltung gebracht. Erk. v. 18. Juli 1866 (J. M. Bl. S. 248; Oppenhoff VII. S. 438) und v. 8. März 1867; (Oppenhoff VIII. S. 162). Sie muß auch für die richtige erachtet werden. Wortlaut und Zweck der Vorschrift stehen ihr in gleicher Weise zur Seite. Der Wortlaut giebt keinen Anhalt für die einschränkende Auslegung und der Zweck (Wahrung völliger Unparteilichkeit des Notars und gleichmäßige Berücksichtigung der Interessen aller Kontrahenten) würde verloren gehen, wenn als Notar jemand fungiren dürfte, welcher eben erst sich mit dem Vortheil der einen Partei in gewissem Sinne identifizirt hatte. Daß es Fälle geben kann, in denen wegen völligen Vergessens des schon längst beendeten Prozesses die Vorschrift nutzlos erscheint, ist richtig; es genügt aber für die ratio der Vorschrift, daß es auch Fälle giebt, in denen sie nützlich ist. Wenn übrigens in den früheren Auflagen hierher der Fall gerechnet ist, daß alsdann ein Notar, der in einem Vindikationsprozesse um ein Grundstück dem unterlegenen Beklagten bedient war, später nach 30 oder 40 Jahren dem Kläger, wenn er das Grundstück verkauft, den Kaufkontrakt nicht aufnehmen dürfe, so ist auch diese Auffassung nicht aufrecht zu erhalten. Ein solcher Kaufkontrakt hat mit der früheren prozessualischen Angelegenheit nichts zu thun. Siehe Anm. 7 a. E.

[6]) „Generalmandatar". Nach den Grundsätzen des Gemeinen Rechts wird angenommen, daß Jemand, der zugleich Notar ist und die Besorgung fremder Geschäfte übernommen hat, wie z. B. ein Vormund, Kurator, Güterverwalter, Mandatarius u. dergl., in Angelegenheiten dieser Geschäftsführung eine Notariatsurkunde nicht aufnehmen könne, indem er, wenn er dies thue, offenbar in eigener Sache handele. L. 25 D. de testibus (XXII. 5; Oesterley II. S. 253.) Der Grundsatz wird, wie in manchen anderen Partikularrechten, auch in der preußischen Instruction vom 11. Juli 1771 anerkannt, wo es im § 4 heißt: „Die Notare dürfen bei den Handlungen, worüber sie ein Instrument aufnehmen sollen, nie die vices mandatarii einer Partei zugleich übernehmen." Das Corpus juris Frid. und die A. G. O. übergehen den Fall. Dennoch war aus allgemeinen Gründen unzweifelhaft, daß ein Spezial-Bevollmächtigter, welcher zugleich Notar ist, nicht eine Notariatsurkunde über das von ihm selbst, vermöge seines Auftrags, abgeschlossene Rechtsgeschäft aufnehmen könne. Nur die weitere Folgerichtigkeit des Prinzips wurde angezweifelt, daß nämlich auch ein General-Mandatarius einer der Parteien, wenn er zugleich Notar ist, einen Notariatsakt nicht aufnehmen darf. Dieser Zweifel war sehr folgerichtig durch ein Reskript des Justizministers vom 11. Januar 1837 (Jahrb. Bd. XLIX. S. 222) gehoben worden und ein späteres Reskript v. 20. Oktober 1837 (Jahrb. Bd. L. S. 542) holte ergänzend nach, daß das Gesagte (das Verbot) auch von einseitigen Akten gelte. Indessen betrafen diese Vorschriften nur den Fall, daß der Notar selbst das zu beurkundende Rechtsgeschäft als Parteivertreter abschließen wollte. Für derartige Fälle folgt — gleichviel ob der Notar General- oder Spezialbevollmächtigter ist — nach jetzigem Recht die Unzulässigkeit notarieller Thätigkeit schon aus § 5 (s. zu § 5 Anm. 5). Was der vorliegende § 6 in Ansehung des Generalmandatars statuirt, ist ein anderer Satz, nämlich der, daß der Notar die Urkunde auch dann nicht aufnehmen darf, wenn nicht er, sondern jemand Anders, z. B. der Principal selbst oder ein Substitut des Notars als Kontrahent auftritt, sofern nur das Rechtsgeschäft in den Kreis seines Generalmandates fällt. (Verf. d. App. Ger. zu Hamm v. 21. November 1860; Gruchot XIV. S. 893.) Diese Vorschrift gilt nicht in gleichem Maße für den Spezialbevollmächtigten. — Generalmandatar in diesem Sinne ist der Notar, wenn er nicht blos für ein einzelnes Geschäft, sondern für einen ganzen Kreis von Handlungen bestellt ist. Ob es sich um Aufnahme zweiseitiger oder einseitiger Erklärungen handelt, ist gleichgültig.

Die Glogauer Notare haben bei der oben (S. 7. Anm. 9) erwähnten Entwerfung eines neuen Notariatsgesetzes keinen Grund zu der im § 6 verordneten Ausschließung der Thätigkeit des Notars als vorhanden erkannt Es sei nicht anzunehmen, daß ein Notar sich durch diese Verhältnisse von seiner Pflicht werde abwendig machen lassen. Wenn Jemand schwach genug sein sollte, wegen solcher Rücksichten seiner Pflicht ungetreu zu werden, dann sollte er nicht länger als Notar geduldet werden, indem es dann noch tausend weit triftigere Beweggründe gäbe, ihn von seiner Pflicht abzuziehen. So lange Jemand als Notar fungire, müsse ihm ein vorzügliches Vertrauen geschenkt werden. Der Fälle würden nur wenige sein, wo ein Notar aus solchen Rücksichten seine Amtspflichten verletzen sollte. Die Ausnahmen könnten aber nicht maßgebend für das Gesetz sein. Motive zu § 16 des Entwurfs, S. 6. — Diese Betrachtungen und Erwägungen berühren den allerdings vorhandenen guten und erheblichen Grund der Ausschließung gar nicht. Der Grund ist nicht etwa böser Wille, Untreue, gegen deren Annahme gekämpft wird, sondern unwillkürliche menschliche Schwachheit, nämlich Mangel an Unbefangenheit, wenn eigenes Interesse und Amtspflichten in Kollision kommen. Keiner ist in eigenen Sachen unbefangen.

[7]) „Handlungen der freiwilligen Gerichtsbarkeit." Die Instruction vom 11. Juli 1771, § 5 spricht von Notariatshandlung zum Behuf eines Prozesses. Damit können nur Urkunden über solche Handlungen gemeint sein, welche in dem Prozesse vorkommen, und Urkunden, welche im Prozesse gebraucht werden sollen. Der vorliegende § 6 geht weiter und die Rechtsprechung des O. Tr. hat ihn überdies in sehr extensivem Sinne interpretirt, meist im Widerspruch mit den Auffassungen der erstinstanzlichen Ehrenräthe. Hervorzuheben sind folgende Entscheidungen (vgl. übrigens auch oben Anm. 2. 3. u. 5.):

a) Das Verbot greift auch dann Platz, wenn nicht die Prozeßparteien unter einander, sondern eine von ihnen mit einem Dritten über den Gegenstand des Rechtsstreits kontrahirt, z. B. wenn der Kläger die im Streit befangene Forderung an einen Dritten cedirt: „das Gesetz verbietet nicht etwa blos die Aufnahme eines solchen Aktes unter oder zwischen den Betheiligten, sondern es verbietet ganz klar die Aufnahme jeder solchen Handlung der freiwilligen Gerichtsbarkeit dem Notar, der in seiner Eigenschaft als Anwalt einem der beim Prozesse Betheiligten, also der Prozeßparteien, gedient hat." Erk. vom 12. September 1864 (J. M. Bl. S. 387; Oppenhoff V. S. 102; Entsch. 53 S. 372).

b) Der § 6 ist auch anwendbar, wenn der Akt nur ein einseitiges Rechtsgeschäft betrifft, z. B. die Quittung des Beklagten, auf deren Ertheilung der Rechtsanwalt geklagt hatte. Erk. v. 18. Juli 1866 (J. M. Bl. S. 246; Oppenhoff VII. S. 435).

c) Ob der Rechtsanwalt im Prozesse derselben Partei bedient war, die ihn jetzt als Notar requirirt hat, oder der Gegenpartei ist gleichgültig. Erk. vom 12. September 1864 (J. M. Bl. S. 387; Oppenhoff V S. 102; Entsch. 53 S. 372); vgl. auch Erk. v. 18. Juli 1866 (J. M. Bl. S. 246; Oppenhoff VII S. 435).

d) Es ist überhaupt zur Anwendung des § 6 nicht erforderlich, daß die Erklärung von einer der Prozeßparteien abgegeben wird. Auch wenn in der prozessualischen Angelegenheit lediglich mit einem Dritten instrumentirt wird, darf der Notar die Urkunde nicht aufnehmen. Der zu Grunde liegende Sachverhalt ist unten zu f) bemerkt.

e) Die Vollstreckung des Urtheils bildet gleichfalls eine prozessualische Angelegenheit. Der Rechtsanwalt, welcher ein Urtheil auf Beschaffung der Exnexuation eines Grundstücks erwirkt hat, darf, wenn der Verurtheilte derselbe ist, der zugleich die Exnexuationserklärung abzugeben hat, bei der letzteren nicht als Notar mitwirken. Erk. v. 18. Oktober 1872 (Oppenhoff XIII S. 535). Ob dasselbe auch angenommen wäre, wenn die Abgabe der Exnexuationserklärung einem Dritten oblag, ist aus diesem Urtheile nicht ersichtlich. Die Oppenhoff'sche Ueberschreibung des Urtheils deckt sich mit dem Inhalt nicht vollständig.

f) Auch über den Gegenstand, welcher eine bloße Einrede im Processe gebildet hat, darf der Rechtsanwalt nicht notariell instrumentiren. Erk. v. 4. September 1865 (J. M. Bl. 1865 S. 195; Oppenhoff VI. S. 275). Der Fall war folgender: Ein Notar hatte als Rechtsanwalt auf Grund einer Prozeßvollmacht des Verkäufers eines Grundstücks rückständige Kaufgelder gegen den Käufer eingeklagt. Der Käufer erhob den Einwand, daß auf dem Grundstücke noch eine von ihm nicht übernommene Hypothekenschuld an eine Wittwe D. hafte. Von dieser nahm der klägerische Mandatar als Notar eine notarielle Quittung über die Post auf. Die Klage betraf demnach die Kaufgelderschuld, die Quittung betraf den dieser Forderung entgegengestellten Einwand. Der Richter erster Instanz sprach den der Verletzung des § 6 angeschuldigten Notar frei, indem er dafür hielt, daß der Angeschuldigte die Quittung habe aufnehmen können, ohne dadurch gegen den § 6 zu verstoßen, weil dieselbe nicht den Gegenstand des Prozesses betreffe, den der Angeschuldigte für den damaligen Kläger geführt habe, auch weder von seinem Mandanten, noch von der Gegenpartei ausgestellt sei. — Das O. Tr. war jedoch anderer Meinung und sprach den Angeklagten schuldig. Der Gegenstand der Quittung sei zwar ein von dem des Klageanspruchs verschiedener, allein durch den Einwand mit in den Proceß hineingezogen. Wäre von dem derzeitigen Beklagten der Rekonventionsantrag auf Löschungsbewirkung erhoben worden, so könnte die Anwendbarkeit des § 6 keinerlei Bedenken haben. Um aber die Angelegenheit, betreffend die Befreiung des Grundstücks von der Hypothek, zu einer unter den Parteien prozessualischen zu machen, als worauf es doch nur ankomme, müsse es sich gleich bleiben, ob darauf ein Rekonventionsantrag, oder ein Einwand gegründet worden sei.

g) Der § 6 ist überhaupt nicht auf diejenigen Fälle beschränkt, in welchen sich der Gegenstand der Notariatsurkunde mit dem des Prozesses deckt, mit ihm identisch ist; Erk. v. 30. October 1865 (Oppenhoff VI. S. 435); das nähere Sachverhältniß ist nicht veröffentlicht.

h) Dagegen findet der § 6 keine Anwendung, wenn nach rechtskräftig entschiedener Sache die streitenden Theile nicht über die früheren Streitpunkte, sondern über das dem Streite zu Grunde liegende Verhältniß in der Absicht der Vermeidung künftiger Streitigkeiten ein novirendes Abkommen treffen. Ein Auszügler hatte in einer Reihe von Prozessen einzelne Auszugsleistungen eingeklagt. Die Parteien hatten im Prozesse nicht über die Gültigkeit des Auszugsvertrages, sondern nur über den Umfang der gegenseitigen Rechte und Verbindlichkeiten gestritten. Der Streit war rechtskräftig entschieden und die Parteien schlossen nunmehr ein Abkommen vor einem der früheren Prozeßbevollmächtigten als Notar, welches, die ergangene Entscheidung unberührt lassend, lediglich für die Zukunft den Auszug in eine Naturalrente umwandelte. Dies ist für statthaft erklärt. Erk. v. 30. März 1868 (Oppenhoff IX S. 241).

Ein festes Prinzip über das Verhältniß, in welchem die „prozessualischen Angelegenheiten" zu der Handlung der freiwilligen Gerichtsbarkeit stehen muß, um die Ausschließung des Notars zu begründen, läßt sich aus diesen Entscheidungen nicht abstrahiren, ist aber auch in einer civilistischen Formel zu geben nicht möglich. Das Prinzip ist vielmehr ein publizistisches und geht dahin: der Notar, welcher in einer prozessualischen Angelegenheit als Rechtsanwalt thätig war, soll sich der Notariatsthätigkeit in allen den Sachen enthalten, die eine solche Beziehung zu der prozessualen Angelegenheit haben, daß durch dieselbe seine Unparteilichkeit als Notar getrübt werden könnte. Ueber die Frage, wann dieser Fall vorliegt, werden die Ansichten häufig auseinandergehen und es ist dies ein erneuter Grund dafür, daß der § 6 zur Begründung der Nichtigkeit der wider das Verbot aufgenommenen Notariatsakte seiner Natur nach nicht geeignet ist (Vgl. oben zu § 5 Anm. 7.)

Nicht betroffen werden nach Obigem von dem Verbote Urkunden über Handlungen oder Rechtsverhältnisse, die zwar den Gegenstand des Prozesses betreffen, aber zu dem Prozesse selbst gar keine Beziehung haben, z. B. Vermiethung oder Verpachtung des streitigen Grundstücks, oder Veräußerung desselben nach völlig (auch betreffs der Zwangsvollstreckung) erledigter Sache durch die Partei, welche das Grundstück in Verfolg des Urtheils erhalten hat; denn daß der mit dem Prozesse befaßte Rechtsanwalt überhaupt einen Notariatsakt, der irgend eine Beziehung zum Streitgegenstande hat, nicht aufnehmen dürfe, sagt das Gesetz nicht und ist auch weder in einem älteren Gesetze zu finden, noch aus dem Grunde des Verbotes herzuleiten. Dagegen wird man die im J. M. Bl. (1847 S. 295) aufgeworfene Frage, ob der Rechtsanwalt, welcher Prozeßbevollmächtigter erster Instanz war, die Prozeßvollmacht für den Rechtsanwalt der höheren Instanz notariell aufnehmen dürfe, mit dem Verfasser des Aufsatzes im J. M. Bl. zu verneinen haben (vgl. auch Franz Hinschius in der Preuß. Anw. Ztg. 1865 S. 612).

Eine einschränkendere Auslegung des § 6 vertreten gegenüber der Rechtsprechung des O. Tr die Aufsätze in der Preuß. Anw. Ztg. von Franz Hinschius 1865 S. 8 ff. u. 1866 S. 265 ff.; von Richter 1866 S. 778 ff.; und von einem ungenannten Notar 1865 S. 593 ff u. 609 ff.

[8]) Nicht berührt von dem § 6 ist die Frage, wie sich der Notar zu verhalten hat, wenn er in der Sache, in welcher er instrumentiren soll, dem Gegenkontrahenten des Requirenten als Notar bedient war, oder wenn die Bedienung zwar als Rechtsanwalt stattgefunden hat, ohne daß es sich indessen um eine prozessualische Angelegenheit gehandelt hat. So z. B. wenn jemand, der einen Societätsvertrag schließen will, von dem Notar Rath darüber eingeholt hat, welche Fassung des Vertrages seinen Interessen am dienlichsten sein würde und wenn hinterher beide Theile sich an den Notar wegen notarieller Aufnahme des Societätsvertrages wenden. Gemeinrechtlich wird nur in dem Falle, wenn etwa in einer späteren Urkunde von dem Notar das gerade Gegentheil von dem, was er schon in der früheren Urkunde festgestellt hat, beurkundet werden soll, über die Widersprüche der Parteien richterliche Entscheidung vorgeschrieben. Not. Ord. v. 1512, § 22. Die A. G. O. schreibt III. 7. § 26, lit. d. Abs. 2 im Allgemeinen vor, daß der Notar dem Requirenten es ohne Rückhalt eröffnen müsse, wenn er dem Gegner desselben schon vorher in der Angelegenheit beiräthig gewesen ist, und daß er, wenn dieser dennoch bei seinem Gesuche stehen bleibe, die Handlung unbedenklich vollziehen könne, nur daß er als Notar die Rechte beider Theile mit gleicher Sorgfalt wahrzunehmen habe, und bei Strafe der Kassation sich nicht dazu gebrauchen lassen dürfe, den einen Theil zu Gunsten des andern zu übervortheilen. Diese Vorschriften haben allerdings für den Fall, daß es sich um Berathung in einer prozessualen Angelegenheit handelt, ihre Anwendbarkeit durch den § 6 verloren (s. die Entscheidungen oben in Anm. 7 zu c). Für die Berathung außerhalb prozessualer Angelegenheiten aber ist an denselben nichts geändert (§ 45). Vorausgesetzt ist, daß der Requirent von dem fraglichen Verhältnisse nichts wußte. Verlangen aber beide Theile mit gutem Vorbedachte von einem und eben demselben Notar die Vollziehung eines Aktes in einer solchen Angelegenheit gemeinschaftlich, so ist bei der Sache gar kein Bedenken. A. G. O. a. a. O., Abs. 3.

[9]) Wegen bloßer Unterschriftsbeglaubigungen s. zu § 5 Anm. 6; wegen der Folge der Uebertretung des Verbots zu § 5 Anm. 7.

§ 7.[1])

Zu jeder Verhandlung hat der Notar entweder einen zweiten Notar[2]) oder zwei Zeugen[3]) zuzuziehen, in deren Gegenwart[4]) die Vorlesung der Verhandlung und die Beifügung der Unterschrift oder des Handzeichens derjenigen Interessenten, welche nicht schreiben können, erfolgen muß.

Die Zeugen[5]) müssen dem Notar von Person bekannte[6]) Inländer,[7]) männlichen Geschlechts, volljährig und des Lesens und Schreibens kundig[8]) sein.

Unfähig, als Zeugen zu dienen, sind:

1) Taube, Stumme und gerichtlich für Verschwender erklärte Personen;[9])
2) diejenigen, welche wegen irgend eines Verbrechens Zuchthausstrafe erlitten haben oder wegen Diebstahls, Unterschlagung, Betrugs, Untreue, Fälschung oder Eidesbruchs zu irgend einer Strafe verurtheilt worden sind;[10])
3) diejenigen, welche für unfähig erklärt worden, einen nothwendigen Eid zu leisten;[11])
4) diejenigen, denen in der Gemeinde, in welcher sie ihren Wohnsitz haben, das Gemeinde- oder Stimmrecht in Gemäßheit der Städte- oder Landgemeinde-Ordnungen wegen Unwürdigkeit versagt oder entzogen ist;[12])
5) diejenigen, welche eines öffentlichen Amtes entsetzt worden sind.[13])

[1]) In Italien war es gebräuchlich, bei wichtigeren Geschäften oder bei gewissen Arten der Beglaubigung mehrere Notare zuzuziehen. Auch in Deutschland war dies vor der R. Not. Ordn. v. 1512 gebräuchlich, aber in keinem Falle nothwendig. Oesterley I. S. 229. 230. 331 ff.; II. S. 314. Gemeinrechtlich, wie partikularrechtlich, ist immer nur ein Notar nothwendig. Hiervon verschieden ist die Frage: ob statt der Zeugen ein zweiter Notar genüge. Gemeinrechtlich ist dies wenigstens zweifelhaft. Ramdohr, juristische Erfahrungen, Bd. III. S. 439. Die Bejahung beruht auf der unerwiesenen Behauptung, daß der Notar allein so viel Glauben habe wie zwei Zeugen. Schlüssiger würde die Entscheidung sein, wenn man dem requirirten Notar freiwillige Gerichtsbarkeit zuschriebe und der zweite Notar als eine solche Person charakterisirt würde, welche die Funktionen des Gerichtsschreibers zu versehen hätte. Partikularrechte stellen es jedoch in die Willkür der Parteien, ob sie sich zweier Notare, oder eines Notars und Zeugen bedienen wollen. Das thut auch das preußische Notariatsrecht und der § 7 wiederholt nur die bisher in Geltung gewesenen Bestimmungen. Corpus juris Frid. Th. III. Tit. 7. § 81; A. G. O. Th. III. Tit. 7. § 63; Instr. v. 11. Juli 1771, § 14.

Die Notariatszeugen anlangend, so ist die Vorschrift des Röm. Rechts, daß bei der Aufnahme der Notariatsurkunden Zeugen zuzuziehen seien, auch in Deutschland zur Anwendung gekommen, aber über die Zahl der Zeugen läßt sich kein allgemeines Prinzip finden. Auch die R. Not. Ordn. v. 1512 bestimmt darüber nichts. Man nahm gemeinrechtlich die römische Rechtsregel an, daß zwei Zeugen genügen, wo über deren Zahl gesetzlich nichts bestimmt ist. L. 12 D. de testibus (XXII. 5); L. 9. § 1. C. eodem (IV. 21). Vgl. cap. 4. 5. 10. 13 X de testibus (II. 20). Daraus entwickelt sich der Grundsatz, daß auch bei jedem Notariatsakte wenigstens zwei Zeugen erforderlich sind. Derselbe ist in alle Partikularrechte übergegangen. Das Corpus juris Frid. a. a. O. drückt sich genau eben so aus: es müssen allemal und ohne Unterschied der Fälle ein zweiter Notarius, oder statt dessen wenigstens zwei Zeugen gegenwärtig sein. Die A. G. O. a. a. O. § 63 und der § 7 des vorliegenden Gesetzes lassen das Wort „wenigstens" aus, daraus ist jedoch nicht zu folgern, daß jetzt eine größere Anzahl unzulässig sei; wollen die Parteien mehr als zwei Zeugen zugezogen wissen, so sind sie daran nach heutigem Rechte ebenso unbehindert wie sie es früher waren. Die neuere Gesetzgebung hat die Zuziehung von Zeugen bei einzelnen Akten beseitigt (s. den Schluß der Anm.). Einige Partikularrechte wie die Hannoversche Not. Ordg. (§ 26) erweitern den Kreis dieser Handlungen erheblich. Andere neuere Not. Ordgen., wie die Bairische Not. Ordg. (Art. 53 bis 60), das für die bairische Pfalz ergangene Gesetz v. 28. Februar 1880 und die sächsische Notariatsnovelle v. 19. April 1886 (§ 1) haben das Princip als Regel überhaupt bereits aufgegeben und fordern die Zuziehung von Zeugen nur noch für bestimmte Ausnahmefälle, hauptsächlich für die Verhandlung mit Blinden, Stummen, Tauben und ähnliche Fälle, sowie für letztwillige Verordnungen. Auch in Preußen ist von den Notaren verschiedentlich für die Beseitigung der Notariatszeugen petitionirt worden, bisher ohne Erfolg. Vergl. die Verholgen. des Abgeordnetenhauses v. 1852 S. 983, woselbst eine bezügliche Petition der Regierung zur Berücksichtigung überwiesen worden ist und den Kommissionsbericht v. 24. Februar 1863 (Drucks. des Abg. H. 1863 Nr. 56 S. 11 ff.) — auch abgedruckt mit Bemerkungen des Mitpetenten Rechtsanwalts Pauli in der Preuß. Anw. Ztg. 1866 S. 105 ff. u. 113 ff.), — woselbst über eine gleiche Petition unter demnächstiger Billigung des Plenums der Uebergang zur Tagesordnung beschlossen worden ist. Eine eingehende Erörterung der legislatorischen Frage bietet Gruchot „Ueber die Nothwendigkeit der Zuziehung eines zweiten Notars oder zweier Instrumentszeugen bei der Aufnahme von Notariatsurkunden." in seinen „Beiträgen" XII. S. 848.

Die Fälle, in welchen für Preußen die neuere Gesetzgebung die Zuziehung von Zeugen oder eines zweiten Notars beseitigt hat, sind die folgenden:

a) die Beglaubigung der Unterschriften;

b) die Aufnahme von Protesten; vgl. § 5 des Ges. v. 8. März 1880 und die Anmerkungen dazu;

c) die Beurkundung der Beschlüsse der Generalversammlung einer Actiengesellschaft (Art. 238a H. G. B.).

Wegen der Entbehrlichkeit von Zeugen bei Vidimationen siehe zu § 23 Anm. 4.

[2]) „zweiter Notar." Der zweite Notar hat an sich nur die Funktion der Zeugen und haftet demgemäß auch für Nichts Weiteres. Den Parteien ist indessen unbenommen, die Thätigkeit des zweiten Notars auch zu dem Zwecke zu rogiren, um bei der Sache den Rath zweier Rechtsverständiger statt eines zu haben. In einem solchen Falle haftet alsdann auch der zweite Notar für die sachgemäße Aufnahme des ganzen Geschäfts. Es steht ihm aber alsdann auch die Gebühr für Entwerfung des Aktes, nicht bloß für die Beistandschaft als zweiter Notar zu (Geb. O. §§ 11. 12). Die sächsische Not. O. macht den zweiten Notar stets mit für die Beobachtung der gesetzlichen Vorschriften verantwortlich (§ 17). — Die Gebühren des zweiten Notars hat die Partei nur dann zu erstatten, wenn dessen Zuziehung verlangt worden ist oder sonst z. B. wegen betreffender statutarischer Anordnungen erforderlich war (Geb. Ges. f. Notare § 16).

³) „zwei Zeugen". Damit sind Vorschriften, welche dem Notar unter Umständen mit einem Zeugen zu instrumentiren gestatten, wie z. B. der Anh. § 34 zu A. L. R. I. 12 § 164 für den Fall des Legats bis zu $1/_{20}$ des Nachlasses, für beseitigt zu erachten. Der Notar darf ein solches Legat jetzt nicht anders als mit zwei Zeugen beurkunden.

⁴) „in deren Gegenwart". Die Gegenwart des zweiten Notars oder der beiden Zeugen ist nur in dem Augenblicke erforderlich, wo die Verhandlung vorgelesen und von den Parteien unterzeichnet wird. Das war schon vorher preußisches Recht. Corp. jur. Frid. a. a. O. § 81; A. G. O. a. a. O. § 63. Nach Gemeinem Rechte und auch nach manchen Partikularrechten, z. B. der sächsischen Not. Ordn. (§ 16) wird verlangt, daß der zweite Notar oder die beiden Zeugen bei der ganzen Handlung von Anfang an zugegen seien, weil nur dasjenige notariell festgestellt werden könne, was Notar und Zeugen unmittelbar wahrgenommen haben. R. Not. Ordn. v. 1512 § 6. Die rhein. Not. O. (Art. 21) stellt das gleiche Verlangen. Für das vorliegende Gesetz kann indessen die Geltung des entgegengesetzten Prinzips keinem Bedenken unterliegen.

Die §§ 7. 13. u. 14 Nr. 2 des Gesetzes lassen dies schon an sich klar erkennen. Könnte hiernach und gegenüber dem Zusammenhang mit dem früheren preußischen Recht noch ein Zweifel über die Frage obwalten, so müßte er durch die Entstehungsgeschichte des Gesetzes gehoben werden. Die Frage ist in den Vorberathungen und im Staatsrath speziell erörtert und dahin entschieden worden, daß die Gegenwart nur für das Vorlesen und Unterschreiben erforderlich sein soll. (Vgl. J. M. Bl. 1847 S. 296.) Der gleichen Ansicht sind außer dem Verfasser des citirten Aufsatzes im J. M. Bl. auch das O. Tr. im Gutachten v. 19. November 1846 (J. M. Bl. 1847 S. 46: „es ist nichts dagegen zu erinnern, wenn der Notar das Geschäft selbst vorweg nimmt und dann erst die Zeugen herbeiruft"), sowie Gruchot in seinen „Beiträgen" XII. S. 849 f. A. M. Kühne-Sydow (zu § 7 Anm. 1), welche, falls es sich nicht blos um Beurkundung von Willenserklärungen, sondern um Wahrnehmung thatsächlicher Vorgänge handelt, die Gegenwart für den ganzen Akt verlangen. Die Distinktion beruht indessen auf zwei anfechtbaren Prämissen: daß nämlich das Attest, die Verhandlung habe so stattgefunden, wie sie niedergeschrieben ist (§ 14 Nr. 1) von den Zeugen mit ertheilt werden müsse und daß ein solches Attest, wenn es sich um bloße Willenserklärungen handelt, von demjenigen ertheilt werden könne, der nur das Vorlesen und Genehmigen gehört habe. Die erstere Prämisse beruht selbst schon auf einem unrichtigen Schlusse. Richtiger Weise ist gerade entgegengesetzt aus dem vorliegenden § 7 dahin zu schließen, daß das bezügliche Attest nur vom Notar zu ertheilen ist (vgl. zu § 14 Anm. 3). Die Unrichtigkeit der zweiten Prämisse erhellt aus der Fassung des § 14, dessen Nr. 1 und Nr. 2 zwei verschiedene Atteste enthalten. Die Consequenz der Kühne-Sydow'schen Auffassung müßte sein, daß bei bloßen Willenserklärungen auch der Notar selbst nur zur Vorlesung und Genehmigung anwesend zu sein brauchte, um nach § 14 attestiren zu können.

Richtig ist, daß die erwähnte Unterscheidung in der Hannöverschen Not. O. (§ 25) allerdings gemacht ist. Dies beweist indessen für das preußische Recht um so weniger etwas, als die Form des Attestes nach der hannöverschen Not. O. (§ 36) eine andere ist.

⁵) Eigenschaften der Zeugen. Man unterscheidet gewöhnlich Beweiszeugen und Instruments-(Solennitäts-)Zeugen. Die Notariatszeugen, sind jedoch eine besondere, also eine dritte Kategorie von Zeugen, denn sie sind weder Instruments- (Solennitäts-)Zeugen nur, noch sind sie bloße Beweiszeugen. Deshalb kann nicht Jeder, welcher als bloßer Instrumentszeuge noch tüchtig sei würde, als Notariatszeuge gebraucht werden, z. B.

ein naher Verwandter der unmittelbar Betheiligten, oder ein solcher, welcher an dem Geschäfte, bei welchem er Solennität halber zugezogen wird, ein gewisses Interesse hat, oder welchem ein gewisses positives Erforderniß mangelt, noch ist jede als Beweiszeuge zulässige Person als Notariatszeuge zulässig, wie z. B. Frauenspersonen und Verschwender. Die Notariatszeugen sind beides; sie sind Instruments- und zugleich Beweiszeugen.

Daß die Notariatszeugen die in den Gesetzen vorgeschriebenen Requisite gültiger Instrumentszeugen haben sollen, fordert der § 63. Tit. 7. Th. III der A. G. O. ausdrücklich, was auch das A. L. R. I. 12. § 117 bei Testamentszeugen thut. Aber worin die Requisite gültiger Instrumentszeugen bestehen, ist nirgend gesagt. Das alte deutsche Recht fordert Schöffenbarkeit und das Römische Recht verlangt, daß sie fide digni seien. Der § 63 der A. G. O. fordert außer den in den Gesetzen vorgeschriebenen Requisiten gültiger Instrumentszeugen, 1. daß sie lesen und schreiben können, 2. vornehmlich aber dem Notario als Leute von unbescholtenem Rufe bekannt und 3. in königlichen Landen angesessen seien, oder daselbst ein Amt bekleiden, oder Handlung, oder sonst ein ehrliches Gewerbe treiben. Diese besonders, außer jenen bereits in den Gesetzen vorgeschriebenen Requisiten, geforderten Eigenschaften gehören aber, mit Ausnahme der Schreibens- und Lesenskunde, die nach älterm Rechte zur Qualifikation eines Solennitätszeugen nicht erforderlich war, schon zu jenen Requisiten, dagegen wird das Geschlecht und das erforderliche Alter ganz übergangen. Ein Reskr. v. 23. März 1832 (Ergänz. zu § 49. Tit. 7. Th. III. der A. G. O., Nr. 5) hält es für zweckmäßig, bloß ältere als 18jährige Personen als Notariatszeugen zuzuziehen. Das 18jährige Alter paßt jedoch nicht zu dem Erfordernisse der bürgerlichen Selbstständigkeit, welche die A. G. O. unter Nr. 3 offenbar vorschreibt. Diese ungenügende Bestimmung will der § 7 des vorliegenden Gesetzes, Abs. 2, ersetzen. Die Volljährigkeit ist das von je erforderlich gewesene Alter eines gültigen Instruments- (Solennitäts-) Zeugen; die Kunde des Schreibens und Lesens aber ist ein eigenthümliches Erforderniß eines Notariatszeugen der Neuzeit; in früherer Zeit konnten die meisten gültigen Notariatszeugen nicht schreiben. Auch das A. L. R. erwähnt dieser Kunde bei Testamentszeugen nicht ausdrücklich, setzt sie jedoch I. 12. §§ 115. 116 voraus.

Daß die Notariatszeugen nicht nur Instruments-, sondern auch Beweiszeugen sein müssen, hat nicht allein in der Natur der Sache seinen Grund, sondern ist auch, solange die Eigenschaft eines „Beweiszeugen" an bestimmte Qualifikationen gebunden war, in Gesetzen theils vorausgesetzt, theils ausdrücklich ausgesprochen worden. Die Reichs-Not.-Ordn. v. 1512 setzt es voraus in der Vorschrift § 20, daß, wenn das Protokoll zufällig verloren gegangen sei, der Notar die bei dessen Aufnahme zugezogenen Zeugen vernehmen lassen und darnach ein neues Protokoll aufnehmen solle. Die preußische Instruktion v. 11. Juli 1771 (N. C. C. Tom V. Abth. 1, Kol. 271) fordert § 8 Nr. 2, daß die Notariatszeugen in Absicht der vorzunehmenden Handlung bei einem darüber abzulegenden Zeugnisse unverwerfliche Zeugen sein würden. Diese Vorschrift ist zwar nicht in die A. G. O. § 63 a. a. O. übergegangen, aber doch vorausgesetzt, indem schon das A. L. R. I. 12. §§ 118 ff. bei Testamentszeugen das gleiche Erforderniß vorgeschrieben und näher dahin bestimmt hatte, daß den Zeugen keiner derjenigen Mängel entgegen stehen dürfe, wegen welcher Jemand zur Ablegung eines *jeden* Zeugnisses überhaupt unfähig ist (§ 118), wogegen *andere* Erfordernisse, welche die Gesetze bei einem zulässigen oder gültigen Beweiszeugen vorschreiben, nicht nothwendig seien (§ 121).

Für das heutige Recht ist die Vergleichung des Notariatszeugen mit dem Beweiszeugen von keinem praktischen Interesse mehr, da an sich Niemand unfähig ist, als Beweiszeuge vernommen zu werden. Eine Reihe von Analogien finden sich indessen noch jetzt zwischen den Notariatszeugen und denjenigen

Personen, die als Beweiszeugen für die Regel unbeeidet zu vernehmen sind. (C. P. O. § 358).

Die Zuziehung unfähiger Zeugen hat an sich nicht die Ungültigkeit des Aktes zur Folge, sofern nur die im § 10 Nr. 5 vorgeschriebene Versicherung formell ordnungsmäßig vorhanden ist (siehe zu § 5 Anm. 7).

[6]) „von Person bekannt". Sind sie ihm nicht bekannt, so werden sie dadurch ausgeschlossen, denn der Notar kann sonst die im § 10 Nr. 5 geforderte Versicherung nicht geben. Der § 63 III. 7. der A. G. O. stimmt hiermit überein.

[7]) „Inländer" d. h. jetzt: Angehörige eines zum Reiche gehörigen Bundesstaates (Reichsverfassung v. 16. April 1871, Art. 3).

[8]) „des Lesens und Schreibens kundig." Hieraus ergiebt sich die Unfähigkeit der Blinden, da dieselben mindestens stets des Lesens unkundig sind. Ihrer besonderen Erwähnung in den nachfolgenden Nummern bedurfte es demnach nicht. Auch nach gemeinem Rechte ist deren Unfähigkeit unzweifelhaft. (Marezoll in der Zeitschr. f. Civilrecht u. Prozeß, Bd. IV. S. 58; Glück, Erläut. der Pand. Th. XXXIV. S. 295 ff.)

[9]) Zu Nr. 1. „Verschwender". Ueber den Beginn des Zeitpunktes der Unfähigkeit vgl. C. P. O. § 623. Der Grund, warum ein Verschwender nicht Solennitätszeuge sein konnte, war seine Unselbstständigkeit. Niemand, cui commercium erat interdictum, konnte der Mancipation, einer allgemeinen Rechtsgeschäftsform, welche vielen besonderen Geschäften zu Grunde lag, als Zeuge beiwohnen. Glück, Erläut., Th. XXXIV. S. 318.

[10]) Zu Nr. 2. Den hier benannten Personen tritt noch eine fernere Kategorie hinzu durch die Bestimmung des § 34 St. G. B.:

„die Aberkennung der bürgerlichen Ehrenrechte bewirkt ferner die Unfähigkeit, während der im Urtheile bestimmten Zeit:

— — — — — — — —

5) Zeuge bei Aufnahmen von Urkunden zu sein."

Während aber der hier normirte Unfähigkeitsgrund nur auf die Dauer des Verlustes der bürgerlichen Ehrenrechte gilt, sind die im § 7 Nr. 2 bezeichneten Personen lebenslänglich unfähige Notariatszeugen.

[11]) Zu Nr. 3. Die Vorschrift ist antiquirt. Die Unfähigkeit einen nothwendigen Eid (wesentlich identisch mit dem jetzigen „richterlichen" Eide; C. P. O. §§ 437. 438) zu leisten, wurde nach früherem Recht theils neben gewissen Kriminalstrafen (A. L. R. II. 20. §§ 1331. 1337. 1355. 1423; A. G. O. III. 1. § 27) theils im Civilprozeß als Folge frevelhaften Leugnens (A. G. O. I. 23. § 52 Nr. 5) erkannt. Beides ist jetzt beseitigt, insoweit nicht Urtheile aus früherer Zeit ihre Wirkung noch forterstrecken.

[12]) Zu Nr. 4. Der hauptsächlichste hierher gehörige Fall ist der der Entziehung der Bürgerrechts-Ausübung wegen verweigerter Führung von Gemeindeämtern (Städte-Ordnung v. 30. Mai 1853 bez. für Westfalen v. 19. März 1856 § 74; Kreis-Ordng. v. 19. März 1881 § 25; Landgemeinde-Ordg. f. Westfalen v. 19. März 1856 § 78; vgl. auch Zuständigkeitsgesetz v. 1. Aug. 1883 §§ 10. 11). Der Verlust des Bürgerrechtes wegen Aberkennung der bürgerlichen Rechte (Städte-Ordng. § 7 Abs. 1 u. 2; Landgemeinde-Ordng. f. Westfalen § 22 Abs. 1 u. 2) ist bedeutungslos, da diese Aberkennung von selbst schon die Unfähigkeit als Notariatszeuge bewirkt (s. oben Anm. 10). Das bloße Ruhen des Bürgerrechts in Folge strafrechtlicher Untersuchung (vgl. Abs. 3 der eben citirten Paragraphen) bewirkt die Unfähigkeit nicht. Zweifelhaft ist der Fall des Konkurses (vgl. die citirten Paragraphen); es läßt sich indessen der dadurch eintretende Verlust des Bürgerrechts nicht als „wegen Unwürdigkeit" eingetreten bezeichnen,

da der Konkurs auch unverschuldet erfolgt sein kann. Sicherer ist es, den Gemeinschuldner während der Dauer des Konkursverfahrens als Instrumentszeugen nicht zuzuziehen. Nach Beendigung des Verfahrens unterliegt die Zuziehung keinem Bedenken. A. G. z. Konk. O. § 52.

Die Entziehung der Rechte auf Theilnahme an der Kreisvertretung und Verwaltung (Kreis-Ordng. v. 19. März 1881 bez. f. Westfalen v. 31. Juli 1886 § 8) begründet nach dem Wortlaut des § 7 No. 4 die Unfähigkeit als Instrumentszeuge nicht.

[13]) Zu Nr. 5. Der Fall berührt nicht die Zulässigkeit oder Gültigkeit eines Instrumentszeugen, sondern ist ein positives Requisit für einen gültigen Notariatszeugen. Vgl. Anm. 5. Nicht gleichbedeutend ist die hier gemeinte Entsetzung (Kassation) mit der im Disciplinarwege verhängten Dienstentlassung. Diese Disciplinarstrafe läßt die bürgerliche Ehre ganz unberührt. Man wird vielmehr unter dem hier erörterten Falle denjenigen Amtsverlust zu verstehen haben, welcher wegen eines Verbrechens oder Vergehens im Amte (St. G. B. §§ 331—359) und zugleich als öffentliche Strafe eintritt (St. G. B. §§ 31. 33. 35. 358). Es genügt nicht, wenn die im gerichtlichen Strafverfahren verhängte Strafe den Amtsverlust nur nach dem Disciplinarrechte zur Folge hat (Disciplinargesetze v. 7. Mai 1851 § 6 u. v. 21. Juli 1852 § 7). Ebenso wenig genügt es, wenn die gerichtliche Verurtheilung zwar als öffentliche Strafe den Amtsverlust zur Folge hat, die Verurtheilung aber wegen eines anderen Deliktes als eines Amtsdeliktes erfolgt ist (vgl. z. B. außer St. G. B. §§ 31. 33. 35. auch noch § 95 ebenda). Das Moment, daß der Verurtheilte ein Beamter ist, kann hier keinen Unterschied machen. Würde der Verurtheilte, falls er kein Beamter ist, durch die Verurtheilung nicht zum Notariatszeugen unfähig werden, so kann eine solche Unfähigkeit als Folge seiner früheren Beamteneigenschaft nicht eintreten.

§ 8.

Die Bestimmungen des §. 5 finden auch auf den zweiten Notar und die Zeugen Anwendung.

Auch darf der Notar mit den Instrumentszeugen oder mit dem zugezogenen zweiten Notar in dem im §. 5 angegebenen Grade nicht verwandt oder verschwägert sein.[1])

[1]) Diesen Satz hat schon das A. L. R. I. 12. § 120 in Beziehung auf Testamentszeugen, ausgesprochen; er war jedoch in Betreff des zweiten Notars, welcher statt der Notariatszeugen bei der Aufnahme einer Notariatshandlung zugezogen, angezweifelt worden, weil weder nach der A. G. O., noch nach gemeinen Rechten das Verwandtschaftsverhältniß der Instrumentszeugen unter sich ihrer Glaubwürdigkeit nachtheilig sein könne. Das ist richtig (Can. 3. § 21. C. IV. qu. 2 u. 3; — L. 17 D. de testibus, XXII. 5), beweiset aber für die gegentheilige Meinung nichts. Denn der instrumentirende Notar ist nicht blos Zeuge, vielmehr nimmt er den Stand des Richters bei Handlungen der willkürlichen Gerichtsbarkeit ein; er steht also zu dem als Zeugen fungirenden zweiten Notar nicht in dem Verhältnisse eines Nebenzeugen, sondern er hat diesen zweiten Notar zu seinem Zeugen, zum Zeugen seiner eigenen Handlung. Gleichwohl hat die Berufung auf das Gemeine Recht Grund. Denn das Gemeine Recht kennt die Verwandtschaft zwischen dem Notar und Zeugen wirklich nicht als ein solches Verhältniß, welches von der Theilnahme ausschließt. de Cramer, Observat. Tom. V., obs. 1360, p. 310: „Quod vero filius vel scriba Notarii, qui in actu testandi adhibitus, testis esse nequeat, nusquam interdictum legimus."

— Geiger und Glück, merkwürdige Rechtsfälle, Th. I. S. 59. Doch wird hiermit für das preußische Recht nichts bewiesen. Zutreffend sagt das Reskr. des Just.-Min. v. 24. März 1804, daß man sich auf die in die vorliegende Frage einschlagenden Vorschriften des Römischen Rechts bei Instrumentsvollziehungen nicht berufen könne, da das A. L. R. diese Grundsätze keineswegs angenommen habe, vielmehr Th. I. Tit. 12. § 120 vorschreibe, daß der Richter denjenigen, der in den eigenen Privatangelegenheiten desselben, wegen naher Verwandtschaft, oder persönlicher Verbindung, ein Zeugniß für ihn abzulegen unfähig sein würde, bei einem von ihm aufgenommenen Testamente als Zeugen nicht zuziehen dürfe. (Mathis, Bd. I. Abschn. 2, S. 128; Rabe, Sammlg., Bd. VIII. S. 23.) Der § 8 setzt dies nun allgemein außer Zweifel, was hinsichtlich des zweiten Notars schon durch den aus diesem Reskr. entnommenen § 467 des Anhangs zur A. G. O. geschehen war.

§ 9.

Die Dienstboten und Gehülfen der Betheiligten [1]) und Notare, namentlich die Privatschreiber der Notare, [2]) dürfen bei den Verhandlungen nicht als Zeugen zugezogen werden. [3])

[1]) „Betheiligte", das sind diejenigen, welche das Rechtsgeschäft vor dem Notar errichten. Schon auf Grund des § 63, III. 7 der A. G. O. und § 467 des Anh. z. A. G. O. hatte das Obertribunal am 23. Januar 1846, in Sachen Schoff wider v. Galen angenommen, daß bei Prüfung der Qualifikation gültiger Instrumentszeugen nicht bloß deren persönliches Verhältniß zum instrumentirenden Notar, sondern auch ihr Verhältniß zu den Parteien selbst in Betracht komme. Nr. 502/1216. III. 45.

[2]) Dies bezieht sich selbstverständlich nur auf die Schreiber des instrumentirenden Notars, nicht auf die Schreiber anderer Notare (vgl. J. M. Bl. 1847, S. 296). — Ueber das Verbot war man früher anderer Meinung. Daß gemeinrechtlich das Verhältniß des Privatschreibers des Notars kein Grund zur Ausschließung desselben als Zeugen bei der Verhandlung war, bezeugt v. Cramer in der oben zu § 8 Anm. 1, angeführten Stelle. Für das preußische Recht war ein Reskr. des J. M. vom 21. Oktober 1822 maßgebend, wonach die Schreiber der Notarien, sofern sie nicht zu häuslichen Diensten wirklich in den Dienst genommen worden waren, als Instrumentszeugen zugezogen werden durften (Jahrb. Bd. XX. S. 275), mit Ausnahme des Falles, wenn ihr Principal selbst Contrahent war. Reskr. v. 19. Mai 1826 (Ergänz. zu § 49, Tit. 7, Th. III der A. G. O., Nr. 4, lit. b). Die rheinische Not.-Ordn. v. 25. April 1822 hatte im Art. 23 schon den Satz, daß die Gehülfen der Notarien bei den Verhandlungen nicht als Zeugen dienen können; dieser ist in das vorliegende Gesetz § 9 aufgenommen, wodurch eine Neuerung in das altpreußische Recht eingeführt worden ist.

[3]) Ueber die Folgen der Uebertretung dieses Verbots vgl. zu § 5 Anm. 7 und zu § 7 Anm. 5 a. E.

§ 10. [1])

Die von den Notaren aufzunehmenden Protokolle [2]) müssen nothwendig enthalten: [3])

1) den Namen und Wohnort des Notars oder der Notare; [4])
2) den Namen, Stand und Wohnort der zugezogenen Instrumentszeugen und derjenigen Zeugen, [5]) durch deren Angabe

sich der Notar von der Identität ihm nicht bekannter Personen versichert hat;

3) die Namen, den Stand und Wohnort der Interessenten;

4) den Ort,[6]) das Jahr, den Monat und Tag,[7]) an welchem die Verhandlung aufgenommen ist;

5) die Versicherung, daß dem Notar, sowie dem zugezogenen zweiten Notar oder den Instrumentszeugen, keines der Verhältnisse entgegensteht, welche von der Theilnahme an der Verhandlung nach §§. 5 bis 9 ausschließen.[8]) [9])

[1]) Der § 10 gehört zu den wesentlichen Förmlichkeiten (§§ 41. 42).

[2]) Keiner Aufnahme eines Protokolls bedarf es bei der Beglaubigung von Unterschriften (Ges. v. 8. März 1880 § 5) und bei Vidimationen (§ 23 des vorliegenden Gesetzes Anm. 4).

Einer besonderen gesetzlichen Regelung bedürftig ist das Protokolliren über eine Verhandlung mit einer nicht streng abgegrenzten Personenzahl, insbesondere über Generalversammlungen von Aktiengesellschaften und sonstigen Personenvereinen, da hierauf die allgemeinen Vorschriften, namentlich wegen Aufführung der „Interessenten" und wegen der Unterschrift der letzteren, sowie wegen Identitätsprüfung theils gar nicht, theils nur modifizirt anwendbar sind. Von neueren Gesetzen hat die Sächsische Notariatsnovelle v. 9. April 1872 (§§ 2. 3) eine solche den Eigenthümlichkeiten dieser Verhandlung Rechnung tragende Regelung getroffen. Für Preußen enthalten die allgemeinen Verfügungen v. 13. Dezember 1858 (J. M. Bl. S. 386) und v. 11. August 1866 (J. M. Bl. S. 218), einige aber keineswegs erschöpfende Anleitungen. Man wird davon ausgehen dürfen, daß in erster Reihe das Gesellschaftsstatut darüber entscheidet, wer als anwesend namhaft zu machen; ob die erschienenen Aktionäre und Vertreter, unter Beifügung ihrer Stimmenzahl, im Protokolle aufzuführen oder dem Protokolle ein vollzogenes und von wem vollzogenes Verzeichniß derselben beizufügen; wie die Legitimation zu führen und die Identität der Personen festzustellen; von wem das Protokoll zu vollziehen sei u. dergl.: denn die notarielle Beurkundung kann einem höheren Zwecke nicht dienen, als dem, durch eine öffentliche Urkunde den Nachweis statutenmäßigen Zustandekommens des Beschlusses zu führen. Bestimmt sonach z. B. ein Statut, daß die Vollziehung der Protokolle nur durch den Vorstand stattfindet, so wird der Notar das Protokoll nur den Vorstandsmitgliedern vorzulesen brauchen und durch sie unterschreiben lassen, obwohl noch andere Betheiligte als Antragsteller, Redner oder dgl. im Protokolle aufgeführt sind. Beschlüsse des R. G. v. 23. April u. 19. November 1883 (J. u. R. IV. S. 29). Soweit statutarische Vorschriften nicht vorhanden sind, muß der Notar, so umständlich dies auch sein mag, lediglich nach den gesetzlichen Vorschriften verfahren.

[3]) Die Förmlichkeiten zu Nr. 1 bis 4 bilden in der Regel den Eingang des Protokolls, worauf der Inhalt des Rechtsgeschäfts, auf welches die Urkunde sich bezieht, folgt. Diese den Eingang darstellenden Förmlichkeiten sind, in Vergleichung mit den in früheren Zeiten üblichen, sehr vermindert. Zur Zeit der Glossatoren und später bis zum 14. Jahrhundert beginnen die Urkunden gewöhnlich mit Anrufung des göttlichen Namens (Anrufungsformel); hierauf folgt gewöhnlich die Angabe der Zeit, die jedoch auch am Schlusse der Urkunde erscheint; dann folgt in der Regel die gemeinrechtlich bis auf den heutigen Tag übliche Proklamationsformel, z. B. „Kund und zu wissen sei hiermit, daß" u. s. w., die man auch in allen preußischen, noch nach den Vorschriften der A. G. O. ausgefertigten Urkunden lesen kann (in mittelalterlichen lateinischen Urkunden: omnibus praesens publicum instrumentum intuentibus notum facimus", —

„noverint universi et singuli hoc praesens publicum instrumentum visuri et audituri“ — „per hoc praesens publicum cunctis pateat instrumentum quod anno“ etc. und mehrere dergleichen Formeln, worüber Oesterley, I. S. 459 nachzusehen). Manche Urkunden verbinden damit auch eine Begrüßungsformel, z. B. „omnibus . . . salutem in deo sempiternam“. Demnächst geschieht gewöhnlich der vorausgegangenen Rogation (Requisition) des Notars, die für so wesentlich galt, daß ein nicht ausdrücklich rogirter Notar nicht amtsthätig sein konnte, Erwähnung, wofür seit dem Anfange des 15ten Jahrhunderts eine Formel vorkommt. Oesterley I. S. 462. Sonst geschah der Rogation entweder in der Urkunde selbst, z. B. mit den Worten: „a partibus hinc inde diligenter rogatus“ oder bei der Unterschrift, etwa mit den Worten: „requisitus signavi“, — „meoque signo consueto signavi rogatus“ Erwähnung. A. a. O. S. 443 228. Nach manchen Statuten wurde dadurch, daß eine Urkunde in das Protokollbuch des Notars gehörig eingetragen worden war, eine Rechtsvermuthung dafür gegründet, daß die wesentlich erforderliche Rogation (Requisition), welche den Anfang des ganzen Geschäfts bildete, auf gehörige Weise erfolgt sei. (A. a. O. S. 230.) Nach Anderen mußte jedoch der Beobachtung dieser Formalität ausdrückliche Erwähnung geschehen. Zu den Partikularrechten dieser Kategorie gehört auch das preußische. Corpus juris Frid. Th. III. Tit. 7. § 56 schreibt vor: „Dieses Protokoll muß enthalten: a) die an den Justiz-Kommissarius ergangene Requisition, wann und von welcher Partei solche geschehen sei.“ Die A. G. O. hat jedoch diese Formalität nicht wieder aufgenommen und dabei hat es auch der vorliegende § 10 bewenden lassen. Es versteht sich von selbst, daß ein Notarius keine Verhandlung aufnehmen wird, ohne darum von den Parteien ersucht worden zu sein. Dieses Erforderniß muß daher vermuthet werden, wie es nach der anderen Kategorie der Partikularrechte geschieht. Es ist dabei nur der Umstand zu erwägen, daß dadurch nicht festgestellt wird: wann und von wem requirirt worden ist. Darauf ist jedoch kein Gewicht zu legen; deshalb ist die Weglassung dieser Formalität gerechtfertigt.

[4]) „Namen der Notare und Instrumentszeugen.“ Diese Angabe ist nothwendig, um durch die Urkunde selbst festzustellen, ob sie die Kraft einer Notariatsurkunde, vermöge der dem Notar beigelegten Amtsautorität habe. Diese wird durch einen ihm zugewiesenen bestimmten Wirkungskreis geographisch begrenzt. Es ist ein alter Grundsatz, daß ein „notarius specialiter constitutus“ nur als für den ihm angewiesenen Sprengel ernannt angesehen werden darf. Durantis, Specul. juris, L. II, partic. 2, § 7, nr. 23. Dieser Grundsatz ist in der A. G. O III. 7. § 7 ausdrücklich anerkannt. Daher wird in Preußen mit der Ernennung eines Notars zugleich öffentlich der Amtsbezirk desselben bekannt gemacht. Das ist lange hergebrachter, in manchen Partikularverordnungen besonders vorgeschriebener Gebrauch, um es den Betheiligten zu erleichtern, daß sie sich nur immatrikulirter und kompetenter Notare bedienten. Die Kompetenz richtet sich lediglich darnach, daß der Notar die Grenzen seines ihm angewiesenen Sprengels nicht überschreitet, der Wohnsitz der Parteien ist gleichgültig. In Partikularverordnungen findet sich auch die Vorschrift, daß dem Notar zur Ausübung seiner Praxis der Ort seines Wohnsitzes angewiesen ist. Das ist in Preußen nicht der Fall, hier kann der Notar an jedem Orte des ihm angewiesenen Oberlandesgerichts-Bezirks, außerhalb seines Wohnorts, wenn er dazu requirirt worden ist, sein Amt verrichten, doch ist es nützlich, in dem Protokolle der geschehenen Requisition ausdrückliche Erwähnung zu thun, wenn dies auch auf die Gültigkeit der Urkunde einflußlos ist.

[5]) „Rekognitionszeugen.“ Ein Notariatsinstrument kann nach allen Richtungen volle Kraft als ein solches streng genommen nur dann haben, wenn Notar und Zeugen Alles, was in demselben in die Erscheinung tritt, aus eigener

unmittelbarer Ueberzeugung, sei diese in einer schon vorhandenen persönlichen Wissenschaft oder in der gegenwärtigen Sinneswahrnehmung begründet, bezeugen (beurkunden). Hierzu gehört wesentlich die Identität der handelnd auftretenden Personen. Deshalb fordern schon früh einzelne Statuten, z. B. die Statuten von Bologna, was schon Durantis rühmt, daß in jeder Notariatsurkunde die Bekanntschaft der Instrumentszeugen mit den Parteien ausdrücklich erwähnt, also die Identität derselben mit beurkundet werden müsse. Damit würden nun aber an dem Orte des Notars fremde Parteien ausgeschlossen sein, ihr Rechtsgeschäft notariell beurkunden zu lassen. Diesem Mißstande kann dadurch begegnet werden, daß man von den unbekannten Personen das Rechtsgeschäft, welches sie als unter sich abgeschlossen verlautbaren, beurkundet und es dahin gestellt sein läßt, ob sie die Personen, für welche sie sich ausgeben, sind. Das hat die Folge, daß, wenn nachher die eine oder andere der genannten Personen als Kontrahent in Anspruch genommen wird und bestreitet, daß er derjenige gewesen sei, welcher in der Notariatsurkunde als erschienen und handelnd aufgeführt ist, der Kläger dieses im Wege des ordentlichen Prozesses beweisen muß, woraus dann folgt, daß dem Notariatsinstrumente als einem solchen auf eingelegten Widerspruch vorläufig keine weitere rechtliche Folge gegeben werden kann. Ein solches Notariatsinstrument ist mithin nicht vollgültig. Nun ist es aber in diesem Falle wichtig, auf die Mittel für eine solche später nothwendig werdende Beweisführung bedacht zu sein und diese wo möglich zu sichern. Zu diesem Zwecke ist es in neuerer Zeit durch die Praxis eingeführt und durch partikulare Gesetzesvorschrift bestätigt (Corp. jur. Frid. III. 7. § 49; A.G.O. II. 2. § 23 und III. 7. § 48), daß der Notar sich von der Identität der Partein, insofern dies möglich, Ueberzeugung verschaffen und wie, nämlich durch welche Mittel, dieses geschehen, in der Urkunde vermerken solle. Als Mittel dient, in Ermangelung eigener persönlicher Bekanntschaft mit der Partei, Rekognition durch Zeugen; wenn diese nicht zu haben sind, können andere Mittel zur Anwendung kommen. Die A.G.O. schreibt a. a. O. vor: „Wenn fremde — von Person nicht hinlänglich bekannte Parteien sich zur Vollziehung eines Aktus melden, so muß der Richter darauf bestehen, daß ihm andere bekannte und unverdächtige Leute gestellt werden, welche die Identität der sich angebenden Parteien aus eigener Kenntniß bezeugen; oder er muß sich auf andere glaubwürdige Art von dieser Identität versichern." Diese Vorschrift gilt auch für Notare (III. 7. § 48). Von selbst versteht sich, daß bei zweiseitigen Rechtsgeschäften die gegenseitige Anerkennung der Parteien selbst gar kein solches Versicherungsmittel sein kann. R. v. 13. April 1829 (Rcenne, Ergänz. z. A.G.O. II. 2. § 23. Nr. 2). Dagegen können, im Mangel glaubwürdiger Personen, auch Urkunden als subsidiäre Mittel dienen, wenn sie, wie Pässe u. dergl., eine Personenbeschreibung enthalten, oder wenn sie noch durch andere Umstände unterstützt werden. R. v. 21. Sept. 1829 (Erg. a. a. O. Nr. 3). Ueberhaupt ist hierbei die Sicherung der möglichsten Beweismittel für den künftigen eventuellen Fall in die Vorsicht und Klugheit des Notars gestellt; in allen Fällen aber muß er vermerken, durch welche Mittel er sich von der Identität der Personen versichert habe. A. G. O. II. 2. § 43. verb. mit III. 7. § 48. Dieses schreibt, wenigstens in Betreff der Rekognitionszeugen, auch der § 10, Nr. 2, bei Strafe der Nichtigkeit vor. Können die Parteien gar keine Ueberzeugungsmittel herbeischaffen, so muß der Notar zwar den Aktus aufnehmen, wenn die Parteien darauf bestehen; er muß aber den obwaltenden Mangel, sowie die von den Parteien auf die ihnen deshalb gemachte Vorhaltung abgegebene Erklärung in dem Protokolle deutlich und bestimmt vermerken. A G. O. II. 2. § 27. verb. mit III. 7. § 48. Aus dem Gesagten erhellet, daß die Identität der Parteien durch die Notariatsurkunde nicht in allen Fällen vollständig und klar bewiesen werden kann. Man muß unterscheiden.

a) Vollständig und klar bewiesen wird die Identität durch das Notariatsinstrument, wenn in demselben die Bekanntschaft des Notars und der Notariatszeugen bestimmt beurkundet wird. In Frage kommt hier: ob es genüge, wenn nur dem Notar allein, oder nur den Notariatszeugen allein, die Partei als diejenige Person, für welche sie sich ausgiebt, bekannt ist oder bekannt wird. Darüber ist gemeinrechtlich und auch partikularrechtlich Meinungsverschiedenheit. Nach preußischem Rechte genügt die Bekanntschaft des Notars allein. Instr. vom 11. Juli 1771, § 6; Corp. jur. Frid. III. 7. § 49; A. G. O. II. 2. § 23 verb. mit III. 7. § 48; rheinische Not. Ord. v. 25. April 1822: „beiden Notaren, wenn deren zwei zugezogen werden, oder dem Einen dazu berufenen Notar." Kennen nur die Notariatszeugen allein, so fungiren sie zugleich als Rekognitionszeugen, und es liegt der Fall b) vor.

b) Wird die Identität durch Rekognitionszeugen oder durch andere Beweismittel festgestellt, so ist zwar nicht bezweifelt worden, daß für jeden außerprozessualen Gebrauch dadurch die Identität für festgestellt zu erachten sei und daß insbesondere die Eintragung in die öffentlichen Bücher auf Grund einer solchen Feststellung nicht beanstandet werden dürfe. Für die Beweislast im Prozesse ist dagegen zum Theil und auch in den früheren Auflagen dieses Buches die Auffassung vertreten worden, daß dieselbe durch eine solche Feststellung keine Aenderung erleide, daß vielmehr im Bestreitungsfalle die Beweislast denjenigen treffe, der die Identität behaupte. Diese, schon nach früherem Recht zweifelhafte, Ansicht kann nach dem jetzigen Prozeßrecht jedenfalls nicht aufrecht erhalten werden. Denn eine Unterscheidung zwischen vorläufiger und definitiver Beweiskraft ist der C. P. O. fremd. Wollte man nun der Notariatsurkunde im gegebenen Falle die Beweiskraft für die Identität absprechen, so würde sie auch für die Erwirkung vollstreckbarer Ausfertigungen (C. P. O. §§ 664. 665) und ähnliche Fälle nicht geeignet sein, was offenbar ihren Werth häufig bis zur Unbrauchbarkeit herabdrücken müßte. Es ist vielmehr anzunehmen, daß auch in diesem Falle die Identität mit einen Theil des „durch die Urkundsperson beurkundeten Vorganges" bilde, der sonach durch die Urkunde mit bewiesen wird (C. P. O. § 383); denn nicht nur das beurkundet der Notar, daß die Zeugen ihm gesagt haben, der Erschienene sei X., sondern zugleich, daß er sich durch diese Angabe „der Identität versichert" habe, d. h. daß er die Ueberzeugung von der Richtigkeit gewonnen habe. Vgl. auch Dernburg I. § 102 S. 219 und die Gründe zum Beschlusse des K. G. v. 31. Dezember 1883 (J. u. K. IV. S. 128). Die weitergehende Annahme dieses Beschlusses, daß die Notariatsurkunde auch die Richtigkeit der Personalien der Erschienenen beweise, z. B. daß eine Comparentin Wittwe sei, ist allerdings nicht unbedenklich. Vgl. auch Beschl. v. 3. August 1885 (J. u. K. VI S. 112).

Der hier erörterte Fall steht sonach dem Falle zu a) gleich. Der Gegenbeweis gegen die Identität ist in beiden Fällen nachgelassen (C. P. O. § 380 Abs. 2). — Uebrigens ist aus der Wortfassung des § 10 Nr. 2 nicht zu schließen, daß die Rekognition nothwendig durch mehrere Zeugen erfolgen müsse; denn darüber, wie die Rekognition zu erfolgen habe, ist sedes materiae überhaupt nicht der vorliegende Paragraph, sondern vielmehr der § 23. II. 2. A. G. O. mit § 48. III. 7. ebenda, wonach jede glaubwürdige Art zugelassen ist. Die Rechtsnorm des § 10 Nr. 2 geht lediglich dahin, daß, wenn der Notar die Identität durch mehrere Zeugen festgestellt hat — ein Fall, den man sich nach § 23. II. 2. als die Regel gedacht hat — er die Namen aller Rekognitionszeugen in das Protokoll aufnehmen müsse. Soweit thunlich, wird indessen für die Regel die Rekognition durch zwei Zeugen vorzuziehen sein.

c) Sind keine Zeugen zugezogen, oder sind die zugezogenen nach der Beurkundung des Notars nicht „unverdächtige Leute", oder hat der Notar durch andere und zwar unzureichende Mittel eine nothdürftige Versicherung verschaffen müssen, oder hat ihm gar nichts über die Identität der Partei vorgelegt werden können, so kann dem Notariatsinstrumente keine rechtliche Folge gegeben werden.

Dasselbe hat über das darin beurkundete Rechtsgeschäft zwar volle Kraft, aber ob es unter denjenigen Personen zu Stande gekommen sei, deren Namen ꝛc. die Parteien von sich angegeben haben, das ist ungewiß. Deshalb kann eine solche Urkunde insbesondere auch zur Grundlage von Operationen in den öffentlichen Büchern nicht gemacht werden.

Welcher der Fälle zu a), b) oder c) vorliegt, muß der Notar stets ersichtlich machen. Selbstverständlich darf er jemand nicht als „persönlich bekannt" aufführen, blos weil er dessen Identität für erwiesen erachtet. Discipl. Erk. d. Ob. Tr. v. 22. November 1872 (Oppenhoff XIII. S. 623). Aber auch Ausdrücke, welche es zweifelhaft erscheinen lassen, ob der Fall zu a) oder zu b) vorliegt, wie „glaubhaft bekannt geworden" oder „von unzweifelhafter Identität" sind unstatthaft und beweisen die Identität nicht. Verf. d. App. Gerichts zu Cöslin ohne Datum (Johow I. S. 122), sowie eines ungenannten „Obergerichts" (Gruchot XVIII. S. 432) und Beschl. d. K. G. v. 22. Mai 1882 (J. u. K. III. S. 93). A. M. Paris bei Johow I. S. 122 und Beschluß des App. Gerichts zu Breslau ohne Datum, ebenda IV. S. 61, welche unzutreffender Weise dem Notar unterstellen, er habe mit solchem Ausdruck dasselbe sagen wollen, wie mit „persönlich bekannt"; erfahrungsgemäß wollen die Notare in solchen Fällen den letzteren Ausdruck gerade geflissentlich vermeiden. Vgl. die Bemerkung von Johow zu dem letzterwähnten Beschlusse.

Noch mehr muß der Notar die Fälle zu b) u. c) scharf sondern. Seine Beurkundung muß zu völliger Zweifellosigkeit ersichtlich machen, ob der Identitätsbeweis, gleichviel durch welche Mittel er geführt worden ist, seine Ueberzeugung von der Identität begründet oder Zweifel an derselben gelassen hat.

[6]) „Ort". Darunter ist die politische Gemeinde verstanden. Ein Mehreres, wie Angabe des Hauses und der Wohnung ist gewöhnlich nicht erforderlich. Handelt es sich indessen um eine bestimmte Oertlichkeit in oder bei einem Orte, ist es insbesondere wie z. B. bei Wechselprotesten für die Handlung wesentlich, daß sie in einer bestimmten Lokalität vorgenommen wird, so müssen die bezüglichen Angaben gemacht werden. Auch sonst ist es üblich und sachgemäß, wenn der Notar außerhalb seines Amtslokals instrumentirt, die fremde Behausung anzugeben. Der Notar sichert sich durch diese Angabe auch den Bezug der Gebühr für den Weg (Geb. Ges. § 13 zu B).

[7]) „Tag". Andere Partikularverordnungen fordern auch die Angabe der Stunde. Das thut auch noch das Corp. jur. Frid. Th. III. Tit. 7. § 56, lit. b, wie sein Vorgänger, die Instr. v. 11. Juli 1771, § 8. Die A. G. O. hat dieses Erforderniß fallen lassen, mit Recht, weil das Bedürfniß nicht mehr vorhanden ist, nachdem die alte Beschränkung hinsichtlich der Zeit aufgehört hat. Im Mittelalter, namentlich schon von Karl d. Gr. war es verboten, zur Nachtzeit bürgerliche Geschäfte vorzunehmen. Cap. V anni 803 cap. 2. Da ein Notariatsinstrument in sich alle wesentlichen Erfordernisse zu seiner Gültigkeit nachweisen muß und eine Vermuthung für die Legalität der Amtshandlung nirgend anerkannt, obgleich von Einigen geltend gemacht wird, so war die Vorschrift, auch die Stunde anzugeben, eine konsequente Folge jener Beschränkung; die Leg. Longobard. Lotharii I, cap. 79 erklärten alle Urkunden für ungültig, die in der Zeitangabe mangelhaft waren. Jene Vorschriften bildeten auch in späteren Zeiten die Regel, namentlich findet sich in deutschen Urkunden gewöhnlich die Angabe der Stunde noch vor Erscheinung der R. Not. Ord. v. 1512, welche, in Uebereinstimmung mit den bis dahin in Uebung gewesenen Gewohnheiten, im § 3 ausdrücklich „die Jahrzahl unsers hails, Römisch zinszahl, indictio genannt, ... nam des Obersten Fürsten, darnach Monat, tag, stunt", zur vollständigen

Zeitangabe rechnet. Die Zeit- und Ortsangabe ist von jeher für ein wesentliches Erforderniß angesehen worden, wovon die Nothwendigkeit im Allgemeinen darin ihren Grund hat, daß dadurch die Identität der beurkundeten Thatsachen, und der Beweis ihrer Verschiedenheit von andern, vielleicht auch unter denselben Parteien zu Stande gekommenen Rechtsgeschäften gesichert werde. Oesterley II. S. 433; v. Globig, Theorie der Wahrscheinlichkeit, Th. II. S. 221. Wenn nun auch die nähere Zeitangabe durch Bezeichnung der Stunde heutzutage im Allgemeinen kein Bedürfniß mehr ist, obgleich freilich, wie man für die fortdauernde Nothwendigkeit hervorgehoben hat, durch den Mangel der Stundenangabe der Beweis eines alibi erschwert wird (v. Trützschler, Anweisung zur vorsichtigen und förmlichen Abfassung rechtl. Aufsätze über Handlungen der willkührlichen Gerichtsbarkeit, Th. I. S. 156); so versteht sich doch, daß in Fällen, wo es von Interesse ist, die Tageszeit der beurkundeten Handlung näher festzustellen, die Angabe der Stunde nothwendig ist, wenn die Notariatsurkunde ihren Zweck erfüllen soll. Für ungültig wird zwar auch in solchen Fällen die Urkunde wegen des Mangels dieser näheren Zeitangabe nicht gehalten werden können, aber sie wird im Falle eines Streites über den Zeitpunkt nichts beweisen. Bei Wechselprotesten muß die Stunde wenigstens insoweit angegeben werden, daß man ersieht, ob der Akt zwischen 9 und 6 Uhr aufgenommen ist (Preuß. E. G. zur W. O. § 4).

Die Stelle für Ort und Datum in der Urkunde ist willkürlich. In älterer Zeit finden sich deren Angaben meistens am Ende vor den Unterschriften, seltener im Anfange. Oesterley I. S. 295. Das war vor Erscheinung des vorliegenden Gesetzes auch in der preußischen Notariatspraxis üblich. Seit diesem Gesetze hat sich das Verhältniß umgekehrt, in Folge der vorgeschriebenen neuen Ausfertigungsweise des eigentlichen Instrumentes; denn das Protokoll (die Schede, Minute), welche der Ausfertigung des öffentlichen Instrumentes zum Grunde lag, fing auch vorher mit Ort und Datum an.

In der Regel steht vor Ort und Datum „actum" oder „datum", in ältern Urkunden auch mitunter „datum et actum". Das „datum" bezog sich in deutschen Urkunden auf eine hinzugetretene obrigkeitliche Verfügung; in italienischen Urkunden bezog sich das „datum" auf die Ausfertigung der Urkunde und auf die Aushändigung der Ausfertigung; das „actum" allenthalben auf die Zeit der Aufnahme der Verhandlung. Es kommt auch „factum" und „actum" in der nämlichen Urkunde vor; jenes bedeutet die Zeit, dieses den Ort. Oesterley I. S. 295. 457. 458. In Italien findet sich das „actum" bloß am Ende und bedeutet dann, daß das Geschäft vollendet sei. Ebd. II. S. 381, Anm. 24. — Wenn die Orts- und Zeitangabe sich am Anfange der Urkunde befindet, so wird am Ende darauf Bezug genommen, mit den Worten: „actum anno, indictione, mense . . . quibus supra", oder „actum uti supra (a. u. s.)", wodurch theils die Beendigung des Akts angedeutet, theils die Beobachtung der Einheit des Orts und der Zeit in der Errichtung desselben (unitas actus) bezeugt wird. Ebd. I. S. 457; II. S. 381. 391. Im preußischen Rechte ist die unitas actus kein wesentliches Erforderniß, auch hat das „actum" und „datum" in anderer Beziehung keine Bedeutung mehr. Doch bedient man sich am Anfange des Protokolls des „actum" oder dafür „verhandelt", „geschehen", „aufgenommen", und am Schlusse bald vor bald nach der Unterschrift der Parteien des „a. u. s." oder dafür „geschehen (verhandelt) wie oben" (g. (v.) w. o.), noch ziemlich allgemein, die Ausdrücke sind aber überflüssig, und deshalb auch deren Gebrauch oder eines gleichbedeutenden Ausdrucks nirgend vorgeschrieben.

[8]) „Versicherung u. s. w." Diese Vorschrift bezweckt den mitwirkenden Personen die hindernden Verhältnisse besonders in Erinnerung zu bringen und sie zum Nachdenken darüber zu veranlassen: ob sie die geforderte Versicherung mit gutem Gewissen geben können, sowie ferner: den Interessenten die möglichste

Gewißheit für die Beobachtung der bezüglichen Vorschriften Seitens der bei Aufnahme der Verhandlung mitwirkenden Personen zu verschaffen und jeden Dritten in den Stand zu setzen, aus der Urkunde selbst sich zu überzeugen, daß eine Prüfung der Einwandsfreiheit der instrumentirenden Personen stattgefunden hat. (s. o. zu § 5 Anm. 7). Die Vorschrift hat in mehreren Beziehungen Zweifel und Meinungsverschiedenheiten in der Praxis erzeugt, nämlich: über die Stelle, an welcher die Versicherung in dem Instrumente vorkommen müsse, und darüber, wer von den bei Errichtung des Aktes mitwirkenden Personen die Versicherung abzugeben habe, sowie auch über die Form der Versicherung.

a) „Stellung der Versicherung". Das Gesetz ist darüber deutlich. Der § 10 sagt bestimmt: „Die von den Notaren aufzunehmenden Protokolle müssen nothwendig enthalten." — 5) die Versicherung ꝛc. Manche Notare hatten jedoch in der ersten Zeit nach der Einführung der neuen Notariatsordnung die Versicherung nicht in das von den Parteien unterschriebene Protokoll, sondern in das nur von dem Notar und den Zeugen unterschriebene Schlußattest (§ 14) gesetzt. Die also gefaßten Instrumente waren von einzelnen Gerichten für nichtig erachtet worden und die darüber erhobenen Beschwerden hatten den Justizminister veranlaßt, die Frage den Obergerichten zur Begutachtung vorzulegen. Die Mehrzahl erachtete ein solches Notariats-Instrument für unkräftig. Der Justizminister war in seiner eigenen Ansicht der Meinung der Minderheit, welche sich für die Aufrechthaltung der Notariatsakte ausgesprochen hatte, zugeneigt und begehrte auch noch die Meinung des Obertribunals zu vernehmen. Dessen Gutachten, vom 19. November 1846, fiel dahin aus, daß die vorgeschriebene Versicherung nothwendig in den von den Notaren aufzunehmenden Protokollen enthalten sein müsse, die Einrückung derselben in das, die Protokolle schließende, Attest also nicht die im § 41. 42 ausgedrückten Nachtheile abwenden könne. Dieses Gutachten ist durch die Allgemeine Verf. vom 2. Februar 1847 den Notaren und Gerichtsbehörden zur Kenntnißnahme mitgetheilt worden. (J. M. Bl. S. 43) — Vgl. auch J. M. Bl. 1847 S. 296, sowie ein Erk. des dritten Senats des Ob. Tr. v. 5. September 1848 (Rechtsfälle IV. S. 315). Dasselbe gilt danach betreffs der Erfordernisse zu Nr. 1—4 des Textes, die sonach sämmtlich im Protokolle d. h. in dem der Vorlesung und Unterzeichnung durch die Parteien unterliegenden Theil des Aktes enthalten sein müssen (J. M. Bl. 1847. S. 297). Betreffs der Stelle des Protokolls, wo die Versicherung niedergeschrieben werden müsse, sagt das Ob. Tr. a. a. O. S 46: „Das freilich ist nicht vorgeschrieben, daß das Protokoll mit allen, im § 10 des Gesetzes vorgeschriebenen Angaben beginnen müsse; doch wird auch nicht darüber gestritten: ob gleich am Anfang des Protokolls und vor aller sachlichen Erklärung der Parteien schon die Personalien der Instrumentszeugen niedergeschrieben werden sollen, und es ist nichts dagegen zu erinnern, wenn der Notar selbst das Geschäft vorweg nimmt und dann erst die Zeugen herbeiruft. Er soll aber alsdann auch, der Bestimmung unter Nr. 2 des § 10 gemäß, Namen, Stand und Wohnort dieser Zeugen und die damit untrennbar zusammenhängende Versicherung gemäß Nr. 5 daselbst ins Protokoll aufnehmen und (nach § 13) hierauf erst das Protokoll in Gegenwart der Zeugen den Interessenten vorlesen und von diesen unterzeichnen lassen." Als die sachgemäßere Stellung muß übrigens regelmäßig die am Schlusse des Protokolls angesehen werden. Denn die Zeugen erfahren den Inhalt des Aktes möglicher Weise erst durch die Vorlesung (s. o. zu § 7 Anm. 4) und können erst nach dieser Kenntnißnahme die Versicherung abgeben, daß nicht in der Verhandlung eine Verfügung zu Gunsten einer der in den §§ 5. 8 genannten Personen getroffen ist. Vgl. Zenthöfer in der Preuß. Anw. Ztg. 1863 S. 177 ff A. M. Schultz ebenda S. 213.

b) „Person des Versichernden". Diese ist in dem Gesetze nicht bezeichnet, man hat sich daher in dieser Beziehung an die menschliche Vernunft und an den Rechtsbegriff des Zeugen zu halten; denn die zur Errichtung einer öffentlichen Urkunde neben den Parteien zusammenwirkenden Personen (die Urkunds-Personen) sind wesentlich Zeugen, und der Notar ist zugleich der als solcher eidlich verpflichtete Aktschreiber, außerdem ist er auch noch ein Mitzeuge. Zeuge im juristischen Sinne ist eine Person, welche als Beweismittel dadurch dient, daß sie ihre durch unmittelbare Sinneswahrnehmung gewonnene Wissenschaft über Thatumstände aussagt. Testis est qui rei gerendae interfuit et fidem ejus testificari potest. Dirksen, Manuale latinitatis fontium juris civilis rom. pag. 955. Vergl. Decr. Grat. c. 15, Causa III, qu. 9. Die Definition trifft auch bei den Notariatszeugen zu, denn der sachliche Inhalt ihrer Aussage ist die Thatsache, daß in ihrer Gegenwart die niedergeschriebene Schrift den Betheiligten vorgelesen und darauf von denselben unterschrieben worden sei. Damit ihre Aussage glaubwürdig sei, werden von den Zeugen diejenigen persönlichen Eigenschaften verlangt, welche das damalige Prozeßrecht von einem tüchtigen (klassischen) Beweiszeugen fordert, und sie dürfen hier unter sich und zu den Betheiligten nicht in einem derjenigen Verhältnisse stehen, welche das frühere Prozeßrecht als sie verdächtigend bezeichnete. Diese Glaubwürdigkeit muß sogleich bei der Vernehmung festgestellt werden, soweit es auf der Stelle möglich ist, und als Mittel dazu hat das Gesetz vorläufig das eigene Zeugniß über die Personalien und Verhältnisse des Zeugen vorgeschrieben. Dieses Zeugniß über die eigenen Angelegenheiten mußte der Vernehmende dem Zeugen durch bestimmte Fragen abverlangen (A. G. O. I. 10. § 190). So muß auch der Notar, als Schriftführer mit seinen Nebenzeugen verfahren, er muß also jedem derselben die §§ 5—9 der Notariatsordnung vorhalten und auf jeden Paragraphen eine bestimmte Antwort fordern; ob der Zeuge in dem darin bezeichneten Verhältnisse stehe oder nicht stehe. Eine jede Zeugenaussage muß ferner, wenn sie beweiskräftig sein soll, als wahr ausdrücklich und förmlich bekräftigt werden. Die Gesetze schreiben, je nach dem Gegenstande der Aussage, zwei Formen der Bekräftigung vor: die einfache Versicherung und die feierliche Eidesleistung. Beide Formen haben für den ihnen angewiesenen Bereich gleiche Kraft und gleiche Folgen. Wie demgemäß die Beantwortung der Zeugenfragen im Prozesse nur von dem Zeugen erfolgt, den sie angeht, so kann auch die hier vorgeschriebene Versicherung nur von jedem Zeugen für sich und vom Notar für seine eigene Person abgegeben werden. Gleichwohl ist früher von einzelnen Gerichten die Versicherung vom Notar „für sich und die Zeugen" verlangt worden (vgl. J. M. Bl. 1847 S. 297) und man ist zum Theil sogar soweit gegangen, diese Versicherung vom Notar auch betreffs der Zeugen de veritate, nicht blos in der Form „soviel ihm bekannt" zu fordern. Nachdem die diesseitige Auffassung die Billigung des Obertribunals (Erk. v. 14. Januar 1867; Entsch. Bd. 59 S. 454, Striethorst Bd. 65 S. 250) gefunden hat, ist ein Zurückkommen auf die entgegengesetzte Ansicht nicht wieder bekannt geworden und darf dieselbe als definitiv beseitigt gelten. Vgl. auch das in Anm. a) angezogene Gutachten des O. Tr. (S. 45 Abs. 2), sowie Zenthöfer in der Preuß. Anw. Ztg. 1864 S. 337 ff. u. 345 ff.

c) Form der Versicherung. Der Anschluß an die Worte des Gesetzes ist zwar immer als die beste Form zu empfehlen, indessen ist der Gebrauch des Wortes „versichern" kein obligatorischer, vielmehr ist das Gegentheil schon daraus zu entnehmen, daß abwechselnd die Worte „Versicherung" und „Bemerkung" (§ 31) für die Angabe, daß keine hindernden Verhältnisse der Theilnehmenden obwalten, gebraucht werden (J. M. Bl. 1847 S. 298; Erk. d. O. Tr. v. 3. Februar 1854. Strieth. Bd. 12 S. 97). Das aber ist erforderlich, daß das Protokoll zum Ausdruck bringt, wer die Erklärung abgegeben hat. Ausdrücke, wie der:

„wie hiermit versichert wird" sind nicht für genügend zu erachten (Zenthöfer in der Preuß. Anw. Ztg. 1864 S. 347).

[9]) Ueber die Frage, welche Folge es habe, wenn, der im § 10 Nr. 5 vorgeschriebenen Versicherung ungeachtet, dennoch eines der Verhältnisse, welche von der Theilnahme an der Verhandlung nach §§ 5—9 ausschließen, vorhanden ist, oder bei der Aufnahme der Verhandlung vorhanden war; vgl. zu § 5 Anm. 7 und § 7 Anm. 5 a. E.

§ 11.[1])

Hat ein Tauber oder ein Stummer[2]) eine Erklärung abzugeben, so muß die Beobachtung der in den §§. 4 und 5 Titel 3 Theil II der Allgemeinen Gerichtsordnung vorgeschriebenen Formen[3]) aus dem Protokolle hervorgehen.

[1]) Die Formalität des § 11 ist eine wesentliche, deren Vernachlässigung Nichtigkeit der Notariatsurkunde als solcher zur Folge hat. §§ 41. 42.

[2]) Die Verhandlung mit Taubstummen und mit Blinden ist nicht vorgesehen, weil deren Akte nach preußischem Recht gerichtlicher Errichtung bedürfen (A. L. R. I. 5. § 171, A. G. O. II. 1. § 9. Nr. 1). Allein diese Rechtsnorm des preußischen Rechts ist durch die Reichsgesetzgebung mehrfach durchbrochen. Wo nämlich die Reichsgesetze für einen Akt die „gerichtliche oder notarielle" Form vorschreiben, da erscheint das Landesrecht nicht zur Aufstellung des Satzes befugt, daß, insofern Notare vorhanden sind, die notarielle Form nicht ausreichen solle. Für die oben, S. 8 zu II, bezeichneten Akte sind deshalb die Notare auch dann für zuständig zu erachten, wenn mit einem Taubstummen oder Blinden zu verhandeln ist. Betreffs einzelner dieser Akte ist dieser Zustand auch schon durch die Natur der Sache geboten. Es müßte doch z. B. eine unerträgliche Weiterung darstellen, wenn sich in der Generalversammlung einer Aktiengesellschaft ein blinder Actionär mit dem Verlangen melden dürfte, daß er einen Antrag stellen wolle und daß demgemäß der requirirte Notar seine Thätigkeit einstellen solle. Nur für die Unterschriftsbeglaubigung muß man bei Blinden einen Unterschied machen, weil der Begriff des Unterschreibens oder Unterkreuzens für den Blinden, der nicht wahrnimmt, daß er sein Zeichen unter eine Schrift setzt, an sich unanwendbar ist und weil deshalb speciell Art. 94 der W. O. auf den Blinden überhaupt keine Anwendung finden kann. Das Handzeichen des Taubstummen dagegen kann auch in diesem Falle notariell beglaubigt werden. Vgl. Rehbein zu Art. 4 der W. O. Anm. 25; nicht deutlich ist hierüber Erk. d. R. O. H. G. v. 22. Mai 1875 (Entsch. Bd. 17 S. 283). Ein Zweifel über die Gesetzesvorschriften, welche der Notar bei der Verhandlung mit Taubstummen und Blinden eventuell anzuwenden hat, waltet nicht ob; denn der § 11 des Textes normirt überhaupt nicht den Rechtssatz, daß die §§ 4. 5. II. 3. A. G. O. anzuwenden sind; diese Anwendung ergibt sich vielmehr schon aus § 48 III. 7. A. G. O.; aus derselben Vorschrift folgt auch die Anwendung der §§ 6. 8. II. 3 für die Verhandlung mit Taubstummen und Blinden. Was der § 11 normirt, das ist die Nothwendigkeit der Beurkundung dieser Anwendung durch das Protokoll; diese Nothwendigkeit gilt in noch höherem Maße für die Verhandlung mit Taubstummen und Blinden.

[3]) Die zu beobachtenden Vorschriften lauten:

„§ 4. Wenn ein Tauber einen Kontrakt schließen will, so muß der Richter die Vorschläge und Erklärungen des andern Kontrahenten, so wie die Fragen, die Er selbst an ihn ergehen zu lassen, und die Bedeutungen, die er ihm zu thun nöthig findet, von Wort zu Wort niederschreiben, und ihm zum Lesen vorlegen;

und eben so seine Antworten und Gegenerklärungen wörtlich niederschreiben: also, daß die mündlichen Unterhandlungen und Traktaten, von denen in gewöhnlichen Fällen nur die Resultate zum Protokolle genommen zu werden pflegen, demselben in einem solchen Falle in extenso einverleibt werden müssen. Das Protokoll selbst muß allemal, statt des gewöhnlichen Vorlesens, dem Tauben zum eigenen Durchlesen gegeben, und; daß solches geschehen, von ihm bei seiner Unterschrift ausdrücklich attestirt werden.

§ 5. Wenn ein Kontrahent stumm ist, so muß derselbe seine Vorschläge und Erklärungen, seine Aeußerungen auf die Anträge des andern Theils, und seine Antworten auf die Fragen und Bedeutungen des Richters, eigenhändig in das Protokoll niederschreiben."

Mit solchen Tauben oder Stummen, welche nicht schreiben und Geschriebenes nicht lesen können, darf der Notar nicht verfahren. Solche Personen sind zur Schließung schriftlicher Verträge nicht fähig (A. L. R. I. 5 § 24) und müssen eintretenden Falles einen Vormund erhalten (V. O. § 81 Nr. 3). Ein besonderes Verfahren zur Behebung der Handlungsunfähigkeit in dringenden Fällen enthält der § 7. II. 3. A. G. O. Für dasselbe ist nur der Richter zuständig (vgl. Muster 14). Kann die Partei Geschriebenes nicht lesen, aber Gedrucktes, so empfiehlt ein Reskr. v. 24. Juni 1802 (Rabe, Bd. 7 S. 175) die Anwendung druckähnlicher Schriftzüge.

Die Beobachtung der citirten §§ 4 u. 5 ist erforderlich, auch wenn es sich nicht um Verträge, sondern um einseitige Akte handelt (A. G. O. II. 3. § 25 mit III. 7. § 48). Die Fragen des Notars und die Antworten der Partei müssen sonach wörtlich in die Notariatsverhandlung aufgenommen werden; die Bezeugung der Partei, daß sie das Protokoll selbst durchgelesen habe, ersetzt diese Aufnahme nicht (Johow IV. S. 60). Danach ist nicht nur das Verhandeln mit Tauben und Stummen ein überaus mühsames, sondern es stellt sich das Ergebniß der Verhandlung bei einem nicht ganz einfachen Akte auch in hohem Maße unübersichtlich und undeutlich dar. In vielen Fällen wird es zweckmäßiger sein, mit dem Tauben oder Stummen den Akt zuvörderst lediglich in privatschriftlicher Form zu entwerfen, wobei der Notar alle ihm gut scheinenden Verständigungsmittel anwenden kann und von beengenden Formen frei ist. Ist die Urkunde auf diese Art hergestellt, so kann sie ihrem Inhalte nach in einem Notariatsakte anerkannt werden. Die Fragen und Antworten des betreffenden Notariatsprotokolles erstrecken sich dann lediglich auf den Hergang des § 22 des Gesetzes. Eine so hergestellte Urkunde wird auch materiell an Zuverlässigkeit nichts einbüßen. Selbstredend darf indessen dieses Verfahren nicht angewendet werden, wenn die notarielle Verlautbarung überhaupt nicht genügt (§ 22 Anm. 5) oder wenn die Partei die vollständige notarielle Aufnahme verlangt.

§ 12.

Die Protokolle müssen deutlich, ohne Abkürzungen,[1]) Lücken[2]) und Durchstreichungen geschrieben,[3]) Zusätze oder Abänderungen aber, welche nach aufgenommener Verhandlung nothwendig werden sollten, am Rande geschrieben, und ebenso wie das Protokoll selbst von den Interessenten unterzeichnet werden.[4]) Summen und Zahlen[5]) müssen mit Buchstaben geschrieben werden.[6])

[1]) Die Abkürzungen sind nicht zu allen Zeiten verboten gewesen, aber sie kommen nur in dem ersten Stadium des Notariatsverfahrens der älteren Zeit vor. Damals war es Sitte, zuerst ein Concept „scheda" auch Protokollum,

„abbreviatura", „imbreviatura" genannt, mit den Parteien zu verfertigen, in welchem die Verabredungen der Parteien kurz verzeichnet wurden. Dieses war gewöhnlich mit Abbreviaturen geschrieben, woher der Name. Daraus wurde das solenne Instrument (Ausfertigung, mundum, grosse) verfertigt, welches man „complere", „absolvere" nannte. In diesem mußten alle Abkürzungen, welche die Schede enthielt, ausgefüllt werden; die solenne Urkunde durfte keine Abkürzungen enthalten. Oesterley I. 33. 77. 240. 252. 258. 372. 259. 267. 310. 312. Auf die Ausfertigungen bezieht sich die Vorschrift der R. Not. Ord. v. 1512, § 19 daß die Notarien ihre Instrumente nicht sollen durch „zyffer, zaichen oder notas, sunderlich die nit gemainiglich allen bekannt sein, dieweil dieselben gar leichtlich geändert und gefelscht werden mögen, sunder mit ganzen gemainen, leßlichen und erkannten Buchstaben schreiben." Die Schede oder das erste Protokoll brauchte nicht so ausführlich zu sein wie das ausgefertigte solenne Instrument. Die R. Not. Ordn. sagt darüber im § 9: „und wiewohl ain Prothocol so vollkommenlich zu extendiern, als ain Instrument darvon gemacht, von unnöten ist, so sollen doch die Notarien zum minsten mit kurzen worten die hauptclauseln der substantz der handlung unn contracts oder handels natur oder gewonhait des selben orts anregen, unn sunderlich die clauseln von den verzaichungen" (Verzichten). Das Protokoll braucht auch nicht alle Formalitäten zu enthalten, welche für das solenne Instrument erforderlich sind, es hat aber auch mit dem daraus ausgefertigten solennen Instrumente nicht gleiche Beweiskraft im Publikum, wohl aber wird darauf im Falle eines Widerspruchs von den Parteien zurückgegangen. R. Not. Ord. § 5. Diese Grundsätze und Prozedur sind noch die der A. G. O. III. 7. §§ 49. 50. Das ist durch das vorliegende Gesetz wesentlich geändert. Die besondere Ausfertigung des solennen Instruments in eigenthümlicher Form aus dem Protokolle fällt weg; das heutige solenne Instrument (Mundum, Grosse, Ausfertigung) ist weiter nichts als eine wörtlich gleichlautende Reinschrift des Protokolls mit der Beglaubigungs-(Ausfertigungs-)Formel unter derselben (§ 16). Das setzt voraus, daß das jetzige Notariatsprotokoll ganz vollständig und ausführlich, mit Beobachtung aller vorgeschriebenen Solennitäten, abgefaßt sein muß. — Die vorliegende Bestimmung ist, mit Ausnahme der „Durchstreichungen", aus der rheinischen Not. Ord. v. 25. April 1822 (Art. 26) aufgenommen. Die A. G. O. III. 7. § 50 schrieb noch ausführlicher vor: der Notar muß „in dem Mundo keine Rasuren, Ausstreichungen, Interlineationen, Einschaltungen, oder andere Correcturen, welche den Sinn verstellen, oder zweifelhaft machen können, dulden." Von den „Lücken" weiß die A. G. O. und die ältere Not. Instr. vom 11. Juli 1771 nichts; die Not. Ordn. v. 1512, § 18 spricht vom „spatium", auf welches nichts geschrieben werden soll, ohne daß es besonders beglaubigt werde. Unter diesem spatium scheint jedoch der Rand gemeint zu sein. Das Verbot der Lücken bezweckt, die betrügliche Ausfüllung zu verhindern. Rasuren, Interlineationen und Einschaltungen sind übergangen, sie werden jedoch von dem Verbote mit betroffen, insofern sie Abänderungen enthalten und nicht vorgeschriebenermaßen am Rande durch Unterzeichnung beglaubigt sind. In dem Mundum müssen dergleichen Verstöße ganz vermieden werden, weil sich die Zusätze und Abänderungen nicht auf die vorgeschriebene Weise (Mitunterzeichnung der Interessenten) beglaubigen lassen.

[2]) Unter „Lücke" ist ein leerer Raum zwischen dem Geschriebenen zu verstehen, welcher nach seiner Natur geeignet sein würde, zu späterer Beschreibung benutzt zu werden. Dieser Fall liegt nicht vor, wenn in einem Formular der zur Schrift nicht verbrauchte Theil mit Strichen an Stelle der Zeilen derart versehen wird, daß er zur ordnungsmäßigen Herstellung einer Schrift nicht mehr geeignet ist. Vgl. Muster 1. Das Verbot der Lücken erleidet eine Ausnahme bei der Blankoabtretung einer Grundschuld (E. E. G. § 55). Hier muß der Notar in der

Verhandlung eine Lücke für spätere Ausfüllung des Erwerbers lassen. Vgl. die Bem. zu Muster 46.

³) „geschrieben". Der in Anklammerung an dieses Wort aufgetauchte Zweifel, ob sich der Notar gedruckter oder lithographirter Formulare bedienen dürfe (J. M. Bl. 1847 S. 303) hat keine Berechtigung. Das Wort „schreiben" hat in der deutschen Sprache zwei Bedeutungen; in der weiteren Bedeutung umfaßt es den Druck mit. Wer das Gesetz nicht erkünstelt auslegen will, kann nicht zweifelhaft sein, daß hier der weitere Sinn gemeint ist. Vgl. Zenthöfer in der Preuß. Anw. Ztg. 1865 S. 721 ff. 737 ff.

⁴) „von den Interessenten unterzeichnet". Wiederholung der Vorschrift der A. G. O. II. 2. § 44. Abs. 2 verb. mit III. 7. § 48 und des Art. 30 der rhein. Not. Ord., nur unvollständiger; denn es wird nur gesagt, daß die Zusätze und Abänderungen eben so wie das Protokoll von den Interessenten unterzeichnet werden sollen. Daraus ist der Zweifel entstanden: ob die Unterzeichnung der Interessenten genüge, oder ob auch die Unterschrift des Notars und der Zeugen hinzukommen müsse. Aus der Natur der Sache ergiebt sich die letztere Alternative. Denn wenn die Unterzeichnung der Interessenten genügte, so würde der Zusatz oder die Abänderung eine Schrift unter Privatunterschrift sein, mithin der öffentlichen Glaubwürdigkeit entbehren, indem es ungewiß ist, ob dieselbe in Gegenwart und unter Mitwirkung des Notars und der Zeugen hinzugefügt worden. Das findet in den positiven Quellen seine Bestätigung. Schon die R. Not. Ordn. von 1512 verordnet in § 11: „so die Schrift vollkommen und erfüllt ist, so mag alsdann nichts mehr hinzugesetzt, davon gethan oder geändert werden, obgleich die Parteien das verwilligten." Das hat Wissenschaft und Praxis so aufgefaßt, daß der Sinn der Bestimmung nicht dahin gehe, es könne eine solche Verhandlung nicht mehr abgeändert werden oder keine Zusätze erhalten, sondern dahin, daß solche Veränderungen nicht ohne Weiteres in der Urkunde selbst vorgenommen, vielmehr darüber eine anderweite Urkunde errichtet werde. Heise u. Cropp, jur. Abhdl. Th. I. S. 104; Oesterley, II. S. 729. Ist daher das Instrument noch nicht vollzogen, so kann die Abänderung ꝛc. am Ende nachgetragen und unter Einem mit vollzogen werden. Dieser Fall wird hier vorausgesetzt. Denn wenn die Urkunde einmal vollzogen ist, so versteht sich ungesagt, daß zur Abänderung ꝛc. ein neues Instrument erfordert wird. Diese Auffassung findet in den unmittelbaren Quellen der Bestimmung des § 12 ihre Bestätigung. Der § 44 a. E. der A. G. O. verordnet: „Durchstreichungen und Zusätze am Rande des Protokolls müssen in der Regel nicht gemacht werden. Wenn es aber ja die Umstände erfordern, und es nicht eine ganz unbedeutende Kleinigkeit betrifft; so muß die am Rande beizusetzende Registratur ebenso, wie wegen des Protokolls selbst sogleich verordnet werden wird, unterzeichnet werden." Darauf schreibt der § 45 vor, daß das Protokoll zuerst von den Parteien und sodann von dem Richter und Protokollführer ebenfalls unterzeichnet werden müsse. Das gilt noch heute für die gerichtlichen Protokolle und es ist ohne ausdrückliche Bestimmung nicht anzunehmen, daß der § 12 für die Notariatsprotokolle eine geringere Vorsicht und Sicherheit habe einführen wollen. — Der Art. 30 der rhein. Not. Ordn. verordnet, daß Randzusätze oder Veränderungen von den Betheiligten unterzeichnet, alsdann von den Zeugen und dem Notar unterschrieben werden. Hiernach erscheint es nicht zweifelhaft, daß in dem § 12 hinter dem Worte „selbst" ein auch hinzugedacht werden muß. A. M. und für bloße Unterzeichnung durch die Interessenten: J. M. Bl. 1847 S. 303 und Kühne-Sydow zu § 12 Anm. 1.

⁵) „Summen und Zahlen". Diese unbedingte Vorschrift ist aus dem Art. 26 der rheinpreuß. Not. Ordn. von 1822 entnommen, ist jedoch nicht ausnahmslos ausführbar, namentlich nicht bei Ansätzen in Rechnungsverhandlungen,

bei Auktionsprotokollen, Inventarien (A. G. O. III. 7. §§ 88. 89), worin unmöglich alle Ziffern, z. B. auch die laufenden Nummern, mit Buchstaben geschrieben werden können, ohne das Instrument äußerst schwerfällig zu machen und ihm alle Uebersicht zu nehmen. Die R. Not. Ord. v. 1512 schreibt im § 19 auch allgemein vor, daß die Notare ihre Instrumente nicht durch „zyffer, sunder mit ganzen gemainen, leßlichen und erkannten Buchstaben schreiben" sollen. Dies versteht die Praxis jedoch nur so, daß der Gebrauch der Ziffern in wesentlichen Punkten unstatthaft sei, und Dokumente, worin sehr viele unwesentliche Zahlen vorkommen, pflegt man deshalb, weil sie nicht mit Buchstaben geschrieben sind, nicht für ungültig zu halten. Vgl. Oesterley II. S. 455. Ein vernünftiger Grund ist nicht findbar, warum es nach preuß. Recht nicht eben so sein könnte. Die Worte der Bestimmung stehen nicht entgegen, nur müßte der Unterschied zwischen den wesentlichen und unwesentlichen Zahlen durch ein bestimmtes Merkmal bezeichnet werden. Darauf führt der Begriff „Zahl". Bekanntlich hat dieses Wort mehrere Bedeutungen, aber die Verbindung, in welcher es im § 12 gebraucht wird, führt auf diejenige Bedeutung, in welcher das Wort zu nehmen ist. Die Zahl ist ein Begriff der Mehrheit und hier zusammengestellt mit Summen. Summen heißen in der Rechtssprache Mengen fungibler Sachen, mehrere individuelle Sachen nennt man nicht eine Summe, sondern eine Zahl oder Anzahl, z. B. eine Zahl oder Anzahl Pferde. Die Worte „Summen" und „Zahlen" haben hier mithin eine bestimmte Beziehung. Die Vorschrift bezieht sich daher auf den Fall, wenn eine bestimmte Summe fungibler Sachen, oder eine bestimmte Zahl (zehn, zwanzig 2c.) individueller Sachen Gegenstand der Parteihandlung ist: diese Summen und Zahlen sollen mit Buchstaben geschrieben werden, und das Gleiche muß von solchen Zahlen behauptet werden, welche ein wesentliches Erforderniß des formellen (notariellen) Theils der Urkunde sind, wie Tag und Jahr. Dagegen bezieht sich die Vorschrift nicht auf Ordnungszahlen eines Verzeichnisses (laufende Nummern) und nicht auf Rechnungsziffern. Vgl. auch J. M. Bl. 1847 S. 303 und Zenthöfer in der Preuß. Anw. Ztg. 1866. S. 145. In allen Fällen muß es für statthaft erachtet werden, neben der Bezeichnung in Buchstaben auch noch die in Ziffern hinzuzufügen und es ist dies für die Uebersichtlichkeit durchweg empfehlenswerth.

[6]) Diese im § 12 vorgeschriebenen Förmlichkeiten sind nicht so wesentliche, daß eine Verletzung derselben das ganze Instrument unkräftig machte. §§ 41. 42. Ob aber die betreffende Veränderung, beziehungsweise der fragliche Zusatz gültig oder glaubwürdig sei, ist eine Frage für sich. Die rheinische Not. Ordn. Art. 30 läßt unbedingt die Strafe der Nichtigkeit der betreffenden Zusätze und Veränderungen eintreten. Soweit geht das vorliegende Gesetz nicht, es schweigt über die sachlichen Folgen der Verletzung einer dieser Förmlichkeiten. Für den Civilprozeß bestimmt § 384 C. P. O. daß das Gericht nach freier Ueberzeugung entscheiden solle, in wie weit derartige „äußere Mängel" die Beweiskraft einer Urkunde ganz oder theilweise aufheben oder mindern. Der gleiche Grundsatz muß, weil er der Natur der Sache entspricht, auch für den Gebrauch der Urkunde außerhalb des Civilprozesses gelten. Rasuren 2c. in ganz unerheblichen Dingen können nicht immer die ganze Urkunde ungültig machen; es kommt dabei auf die eigenthümliche Natur des Falles und die besonderen Umstände an. Kommen sie dagegen in wesentlichen Theilen der Urkunde, z. B. in Namen, Datum, Summen und dergl. vor, so hat die Urkunde keine Glaubwürdigkeit, wenn nicht etwa die Correctur 2c. durch Wiederholung der korrigirten Worte an anderen Stellen unverdächtig wird. Diese Grundsätze gelten gleichmäßig für die Beweiskraft der Urschriften wie der Ausfertigungen. Befindet sich der Fehler nur in der Ausfertigung, so hat er auf die Gültigkeit und Beweiskraft der Originalverhandlung keinen Einfluß.

Diejenigen Aenderungen, welche in Gemäßheit des § 12 des Textes gehörig errichtet und unterzeichnet sind, fallen nicht unter den § 384 C. P. O., denn sie stellen überhaupt keinen „äußeren Mangel" dar, sondern sind die gehörige gesetzliche vorgeschriebene Errichtungsform. Anscheinend a. M. Wilmowski-Levy zu § 384 Anm. 1. Vgl. indessen dagegen Struckmann-Koch ebenda Anm. 3 und die dort citirten.

§ 13.[1])

Das Protokoll muß in Gegenwart des zugezogenen zweiten Notars oder der Zeugen laut vorgelesen[2]) und hiernächst von den Interessenten unterschrieben[3]) werden.

Personen, welche nicht schreiben können[4]), haben ihr Handzeichen[5]) beizufügen[6]), bei welchem der Notar[7]) oder einer der Zeugen bemerkt, wer dasselbe gemacht hat[8]). Der Zuziehung besonderer Beistände bedarf es nicht.

[1]) Der § 13 gehört zu den wesentlichen Förmlichkeiten (§§ 41. 42).

[2]) „Vorgelesen." Selbstredend insoweit nicht, wie bei Tauben, statt der Vorlesung die Vorlegung zum eigenen Durchlesen vorgeschrieben ist (§ 11 mit A. G. O. II. 3. § 4). Daß in diesem Falle noch außerdem ein Vorlesen „für die Zeugen" zu erfolgen hat, wie Kühne-Sydow (zu § 13 Anm. 1) annehmen, ist nicht richtig. Die Vorlesung erfolgt nur an die „Betheiligten" (§ 14 Nr. 2) und diese sind nach dem Sprachgebrauch des Gesetzes die den Akt errichtenden Parteien. Ueber die veränderte Fassung des Attestes in diesem Falle s. zu § 14 Anm. 4.

Daß im Uebrigen die Form des eigenen Durchlesens Seitens der Partei statt des Vorlesens unzulässig ist, kann allerdings nach dem Wortlaute des Gesetzes nicht bezweifelt werden (J. M. Bl. 1847 S. 303), ist aber ohne innere Berechtigung. Nach der A. G. O. (III. 7. §§ 53. 64) war das eigene Durchlesen die regelmäßige Form. Nach der rheinischen Not. O. (Art. 27) stehen beide Formen zur Auswahl. Es ist ganz richtig gesagt worden, es sei den Interessenten oft höchst unangenehm, manche Erklärungen laut vorlesen zu hören. Außerdem aber giebt das Vorlesen den Betheiligten keineswegs die Ueberzeugung, daß das Protokoll durchgehends wirklich ihrer Intention und Vereinbarung gemäß abgefaßt sei. Der Notar kann die verschiedenen Vereinbarungen irrig abgefaßt oder unrichtig kombinirt haben, und der Betheiligte überhört das bei der raschen und monotonen Vorlesung. Ein solcher Fall kann bei allem guten Willen des Notars vorkommen, nicht zu gedenken des doch auch nicht unmöglichen Falles, wo der Notar vorsätzlich eine unrichtige Summe oder Zahl niederschreibt und bei dem Vorlesen die richtige ausspricht. Die Zeugen schützen hierbei gar nicht; sie wissen überhaupt nicht, was man vereinbart hat, weil sie dabei nicht zugegen sind; und was vorgelesen worden, haben sie nach einiger Zeit auch schon wieder vergessen, weil sie keine Veranlassung haben, sich die Einzelheiten einzuprägen.

Gemeinrechtlich machte man in Hinsicht der Vorlesung einen Unterschied zwischen dem Protokolle und dem solennen Instrumente. Das Protokoll mußte in Gegenwart der Parteien und Zeugen von dem Notar vorgelesen und daß solches geschehen, in dem Protokolle bemerkt worden. Berger, Oecon. juris pag. 1073; de Berger, Responsa P. II. p. 407; Ejusd. Consilia p. 738 u. A. Boehmer, Consultat. T. III. P. II. 508, nr. 7 verlangt sogar, die Zeugen müßten während des Vorlesens mit in die Schrift sehen, um dem Notar von Wort zu Wort zu folgen. Daß auch das auf Grund des Protokolls ausgefertigte Instrument vorgelesen werden müsse, ist nirgend vorgeschrieben, wird jedoch nach einem angeblichen Gerichtsbrauche verlangt. Spangenberg, Lehre von dem Urkundenbeweise, Th. I. S. 304, Anm.*; v. Trützschler, Anweisung ꝛc. Th. I. S. 154. Die solenne Urkunde wurde in älterer Zeit den Zeugen und Parteien gewöhnlich zum Durchlesen gegeben, worauf die damals übliche Formel weist: „post traditam complevi“. Vergl. Oesterley S. 310, 372. — Die preuß. Instruktion vom 11. Juli 1771 (N. C. C. Tom. V., Abth. 1, col. 271) setzt voraus, daß die Parteien das Protokoll selbst durchlesen, und verordnet § 9: Können die Interessenten nicht lesen, so muß das Protokoll von dem Notar und von einem der Zeugen, also zwei Mal vorgelesen werden. Dadurch waren die Parteien gegen die vorstehend angedeuteten Uebelstände hinlänglich gesichert. Das hierauf folgende Corpus juris Frid. schreibt Th. III. Tit. 7. § 57 nur vor: das Protokoll muß der Justizkommissarius den Parteien langsam und deutlich vorlesen; und im § 58: „Ist eine oder andere Partei des Schreibens nicht mächtig, so muß bei der Vorlesung des Protokolls — jedesmal ein zweiter Justizkommissarius, oder wenigstens ein Zeuge — zugezogen werden.“ Von jenem Sicherungsmittel, daß ein Anderer als der instrumentirende Notar vorlesen müsse, ist nicht die Rede. Die A. G. O. verordnete jedoch für den Fall, daß ein Kontrahent Geschriebenes nicht lesen kann (wenn er es konnte, trat die eigene Durchlesung ein), die Vorlesung durch den zweiten Notar oder einen Zeugen (III. 7. §§ 57. 67). Im heutigen Recht ist es in allen Fällen einflußlos, wer die Vorlesung bewirkt, da eine gesetzliche Vorschrift über die Person des Vorlesenden überhaupt nicht existirt.

Uebrigens mag an diesem Orte die fehlende Einheit des Grundsatzes über das Erforderniß der Vorlesung bei Errichtung von authentischen Urkunden, je nachdem sie von einer richterlichen Person oder von einem Notar aufgenommen werden, hervorgehoben sein. Notariatsurkunden sind als solche null und nichtig, wenn sie vor der Unterzeichnung nicht vorgelesen worden sind. Das ist kein wesentliches Erforderniß bei Urkunden, welche ein Richter, mit dem doch der Notar in der Regel Konkurrenz hat, aufgenommen hat. § 423 des Anh. z. A. G. O. (Th. II. Tit. 2. § 44). Die zu Gunsten der gerichtlichen Protokolle gemachte Abweichung ist um so weniger berechtigt, als zu Notaren nur Personen, welche in der gerichtlichen Praxis geübt und erfahren sind und sich als zuverlässig bewährt haben, angenommen werden sollen. A. G. O. III. 7. §§ 9. 12. Die Zwiespältigkeit ist auch gar nicht der Ausfluß eines bestimmten gesetzgeberischen Grundsatzes, sondern liegt in dem Mangel der Naturwüchsigkeit des Rechtssystems; dieses ist kein organisches Ganzes, sondern besteht aus einem Konglomerat von positiven Satzungen, die zu verschiedenen Zeiten entstanden sind, ohne daß man jede einzelne als ein harmonirendes Glied in das Ganze eingefügt hat.

Daß die Vorlesung im Protokoll als geschehen beurkundet wird — wie gewöhnlich durch die Worte: „vorgelesen, genehmigt, unterschrieben“ geschieht — ist nicht vorgeschrieben; es genügt die Bezeugung in dem im § 14 vorgeschriebenen Schlußatteste. Verf. d. App. Ger. zu Hamm v. 10. Januar 1852 (Gruchot XIV. S. 894) und des App. Ger. zu Münster (ohne Datum, Johow III. S. 80).

Anlagen, welche die Kontrahenten Behufs näherer Beschreibung der Gegenstände, über die kontrahirt wird, überreichen, z. B. Katasterauszüge, bedürfen keiner Vorlesung und Unterzeichnung. Erk. d. App. Ger. zu Hamm v. 18. Dezember 1856 (Gruchot I. S. 446).

3) „unterschrieben“. Darunter ist die Unterzeichnung durch die erschienene physische Person mit dem von ihr geführten Namen zu verstehen. Demgemäß haben auch Vertreter von Aktiengesellschaften, Genossenschaften und dgl. lediglich ihren eigenen Namen zu unterzeichnen, sollte auch Gesetz oder Statut für die Verbindlichkeit der Zeichnung sonst die Beifügung der Firma vorschreiben. Beschl. des App. Ger. zu Hamm v. 31. Januar 1872 (Johow II. S. 141) und des früheren Kammergerichts vom 3. Oktober 1877 (Johow VII. S. 256).

Die Unterschrift muß nothwendig dem Schlußattest vorangehen s. zu § 14 Anm. 2.

⁴) „nicht schreiben können". Dieser Fall liegt nicht vor, wenn eine Person ihren Namen schreiben kann und ihn wirklich unterschreibt, sollte sie auch (was ja der Notar gar nicht festzustellen vermag), ein Weiteres zu schreiben außer Stande sein. Erk. des O. Tr. vom 24. Februar 1851 (Striethorst Bd. 1. S. 264).

Dagegen umfaßt der Abs. 2 auch den Fall, wenn der Betheiligte durch einen Zufall am Schreiben verhindert ist. Erk. des O. Tr. vom 22. November 1854 (Entsch. Bd. 29. S. 245; Striethorst Bd. 14. S 333). Wollte ein Betheiligter aus bloßer Sonderbarkeit nicht unterschreiben, sondern ein Kreuz oder ein anderes vielleicht lächerliches oder gar anstößiges Zeichen hinmalen, so möchte es der Amtsehre und Pflicht des Notars entsprechen, wegen Mangels der Ernstlichkeit bei dem Spaßmacher seine Mitwirkung zu versagen. Hat der schreibkundige Betheiligte aber einen ehrbaren Grund, warum er nicht schreiben will, sondern nur ein übliches Handzeichen macht, etwa weil ihm das Schreiben beschwerlich fällt, so kann die Vollziehung durch Handzeichen nicht beanstandet werden, wenngleich die Partei schreiben kann.

⁵) „Handzeichen". Es ist ein alter Gebrauch, daß die Parteien, wie die Zeugen, die Urkunden mit ihrer Unterschrift, oder wenn sie nicht schreiben konnten, mit einem Handzeichen versahen. L. Rachis cap. 4 (in der Sammlung der longobardischen Gesetze von 568—774): „Ideo decernimus, ut si quis chartam venditionis de aliqua re fecerit alicui, et a scriba publico scripta. vel a testibus idoneis roborata fuerit, et tam ipse venditor, quam testes in ipsa charta se subscripserint, aut manum posuerint." Was das „manum posuerint" bedeutet, ist nicht genau zu bestimmen, es erinnert an das Sigle der Sultane, welches, heutzutage, nur noch entfernte Aehnlichkeit mit der Figur einer flachen Hand hat, und im Anfange der Herrschaft derselben vermuthlich ein Abdruck der flachen Hand des schreibunkundigen Sultans war, welche, wahrscheinlich gefärbt, von ihm unter seine Staatsurkunden, zum Zeichen seiner Genehmigung, gedrückt wurde. Also das „manum posuerint" bedeutet ein unter die Urkunde zu setzendes Handzeichen. Ob dazu von einem Schreibkundigen, und von wem der Name des Urhebers, zur Unterscheidung von anderen Handzeichen, gesetzt werden mußte, darüber schweigt die urkundliche Geschichte. Erst in neuerer Zeit enthalten darüber die Partikulargesetze Vorschriften; s. Anm. 7.

⁶) „beizufügen". Einer notariellen Verhandlung kann deshalb, weil der Betheiligte das die Unterschrift vertretende Handzeichen nicht selbstständig, sondern mit Hülfe eines Anderen gefertigt hat, die beweisende Kraft nicht versagt werden. Es genügt vielmehr, wenn der Betheiligte bei Fertigung des Handzeichens in einer Weise mitgewirkt hat, daß daraus sein Wille erkennbar ist, das Handzeichen als Zeichen seiner Genehmigung der aufgenommenen Verhandlung beizufügen. Erk. des O. Tr. vom 22. November 1854 (Entsch. Bd 29. S 245, Striethorst Bd. 14. S. 333). Der Ausspruch bezieht sich auf den ganz gewöhnlichen Fall, daß der Schreiber des Protokolls die Kreuze macht und der Interessent hierbei nur das obere Ende der Feder anfaßt.

Der Fall, wenn ein Betheiligter auch ein Handzeichen nicht machen kann oder nicht machen will, ist übergangen. Das Nichtkönnen kommt vor bei Personen, welchen beide Hände fehlen, das Nichtwollen aus einem ehrbaren Grunde kann vorkommen, z. B. bei strenggläubigen Juden am Sabbath, wenn das Geschäft keinen Aufschub leidet. Aus der Uebergehung kann nicht gefolgert werden, daß die Notare in einem solchen Falle nicht mehr kompetent sein sollten, denn eine solche Uebergehung ist keine Aufhebungsart für ausdrückliche Gesetze. Die bestimmte Vorschrift des A. L. R. I. 5. §§ 172 u. 177 ist noch in voller Kraft.

Der § 172 räumt den Notaren die Konkurrenz mit den Gerichten ein in Fällen, wo es eines schriftlichen Kontraktes bedarf und ein Betheiligter schreibunkundig oder durch einen Zufall am Schreiben verhindert ist. Darauf sagt der § 177: „Kann der Kontrahent auch keine solchen Zeichen beifügen, so muß ein von ihm gewählter Beistand die Unterschrift in seinem Namen leisten; und daß dieses geschehen sei, von dem Richter oder Justizkommissario (Notar) attestirt werden." Unser § 13 des vorliegenden Gesetzes sagt zwar am Schlusse: der Zuziehung besonderer Beistände bedarf es nicht. Das bezieht sich jedoch auf den unmittelbar vorher erwähnten Fall, wenn ein Betheiligter Handzeichen gemacht hat und dazu der Namen des Zeichnenden zu vermerken ist. Was für den in Rede stehenden Fall zu thun sei, ist im Not.-Gesetze nicht vorgeschrieben. Die rheinische Not.-Ordn. Art. 29 verordnet: „Wenn die Betheiligten — auch keine Handzeichen machen können, oder wenn sie durch einen anderen Umstand verhindert werden, zu unterschreiben oder ihre Handzeichen zu machen, so muß ihrer desfallsiger Erklärung und der angeführten Ursache Erwähnung geschehen." Von einem Beistande und von der Unterschreibung des Namens des Betheiligten durch einen Andern ist hier nicht die Rede. Das gleiche Verfahren im Bereiche des vorliegenden Gesetzes von 1845 möchte nicht anzurathen sein, wiewohl auf Grund der Ausschließung der besonderen Beistände (§ 13 a. E.) in Verbindung mit Nr. 3 des § 14 sich für die Beweiskraft einer so verfaßten Urkunde streiten läßt. Sicherer ist es, das subsidiarisch vorgeschriebene Verfahren des § 177 des A. L. R. a. a. O. in Anwendung zu bringen. Für das Verfahren ohne Beistand: Kühne-Sydow zu § 13 Anm. 2.

[7]) „der Notar". Es ist streitig, ob hierunter der instrumentirende oder der zweite Notar gemeint ist. Die vorhergehenden preußischen Notariatsordnungen, namentlich das Corpus juris Frid. Th. III. Tit. 7. § 58. Abs. 2 und die A. G. O. Th. III. Tit. 7. §§ 49 u. 58 schreiben vor, daß der zugezogene zweite Notar oder einer der Zeugen den Namen dabei schreiben muß. Hiernach ist es mehr als wahrscheinlich, daß auch im § 13 in der Vorschrift: „bei welchem der Notar oder einer der Zeugen bemerkt, wer dasselbe gemacht hat", nicht der instrumentirende Notar, sondern der nach § 7. zuzuziehende zweite Notar gemeint sei. Demgemäß hatte auch früher das O. Tr. die Meinung zur Geltung gebracht, daß, wenn der instrumentirende Notar den vorgeschriebenen Vermerk neben den Handzeichen gemacht hatte, dies zur Folge habe, daß dem Instrumente nicht die Wirkung einer Notariatsurkunde beigelegt werden könne; Erk. vom 27. Januar 1851 und vom 8. Januar 1852, Striethorst Bd. 1. S. 199 und Bd. 4. S. 248). Ebenso Erk. des App. Ger. zu Hamm vom 10. September 1855 (Gruchot XIV. 895), und J. M. Bl. 1847. S. 304. Später hat das O. Tr. diese Ansicht aufgegeben und vielmehr ausgesprochen, daß das Dispositive des § 13. Abs. 2 nur darin liegt, daß ersichtlich sei, von wem das Handzeichen herrührt, daß aber kein Gewicht darauf zu legen ist, ob der instrumentirende oder der zweite Notar den betreffenden Vermerk gemacht hat, und daß übrigens die Gültigkeit auch dadurch nicht beeinträchtigt werde, wenn die Urkunde die Person, welche den Vermerk gemacht hat, überhaupt nicht ersehen läßt. Plenarbeschluß vom 20. Dezember 1852 (Präj. Sammlung Bd. 2. S. 152; Entsch. Bd. 24. S. 239; Striethorst Bd. 7. S. 355; J. M. Bl. 1853. S. 54) und Erk. v. 27. April 1855 (Entsch. Bd. 30. S. 250). Dieser Ansicht ist das R. G. (Urth. v. 16. September 1886; Rassow-Küntzel XXXI. S. 79) beigetreten.

Als zur Ordnung gehörig muß es indessen jedenfalls erachtet werden, daß die Person des Bemerkenden ersichtlich ist. Vgl. noch für die Ansicht, daß im § 13. Abs. 2 der instrumentirende Notar gemeint sei: J. M. Bl. 1847. S. 351 u. 1848. S. 170.

Wegen des Vermerks im Falle der Verhandlung in fremder Sprache s. § 30.

[8]) In zwei Erk. d. App. Ger. zu Hamm vom 15. Januar und 7. Februar 1867 (Gruchot XIV. S. 895. 896) ist angenommen worden, daß der Umstand, daß einer der Notariatszeugen die Herstellung des Handzeichens nicht gesehen habe, die Urkunde nicht ungültig mache. Die Entscheidungen sind nicht unbedenklich, da in diesem Falle das Attest des betreffenden Zeugen nach § 14 Nr. 3 doch unrichtig ist.

§ 14.[1])

Das Protokoll schließt mit dem Attest:[2])

1) daß die vorstehende Verhandlung so, wie sie niedergeschrieben, stattgefunden hat;[3])
2) daß sie in Gegenwart des Notars und des zugezogenen zweiten Notars oder der Zeugen den Betheiligten vorgelesen und von ihnen genehmigt;[4])
3) daß sie von den Betheiligten eigenhändig unterzeichnet, oder weshalb dies unterblieben und statt der Unterschrift ein Handzeichen beigefügt ist.[5])

[1]) Die Vorschrift gehört zu den wesentlichen Förmlichkeiten (§§ 41. 42); vgl. aber Anm. 2.

[2]) Dieses Schluß-Attest bezeugt die Vollziehung der Betheiligten als etwas bereits Geschehenes, es darf deshalb nicht unmittelbar unter dem Protokolle vor dessen Vollziehung, sondern muß erst unter den Unterschriften resp. Handzeichen der Betheiligten folgen, sonst hat die Urkunde nicht die Eigenschaft einer notariellen. J. M. Bl. 1847 S. 303 zu § 13 ad 2. Erk. d. Ob. Tr. v. 27. Januar 1851 und v. 8. Januar 1852 (Striethorst, Bd. 1. S. 199 und Bd. 4 S. 248). In diesem Punkte sind die Erk. von dem Pl. Beschl. v. 20. December 1852 (s. zu § 13 Anm. 7) nicht betroffen.

Die wörtliche Uebereinstimmung des Schluß-Attestes in allen seinen Einzelheiten mit dem im § 14 vorgeschriebenen Inhalte ist zur Gültigkeit der Notariatsurkunde nicht für erforderlich gehalten worden. Insbesondere ist angenommen, daß darin die von den Betheiligten erfolgte Genehmigung des Protokolls nicht ausdrücklich erwähnt zu werden brauche, daß es vielmehr genüge, wenn das Protokoll vor seiner Vollziehung seitens der Betheiligten mit den Worten: „Vorgelesen, genehmigt und unterschrieben," schließt und in dem Schluß-Atteste bezeugt wird, daß die Verhandlung so, wie sie niedergeschrieben worden, stattgefunden habe. Erk. des Ob. Tr. v. 3. Februar 1854 (Striethorst Bd. 12, S. 97, Gruchot XIV. 894) ebenso daß das Fehlen des Wortes „eigenhändig" die Gültigkeit nicht beeinträchtige. Erk. d. Ob. Tr. v. 7. März 1870 (Strieth. Bd. 78 S. 61); endlich auch, daß die mangelnde Angabe des Grundes, warum nicht unterschrieben ist, in dem Falle unwesentlich ist, wenn dieser Grund in der Verhandlung selbst angegeben ist und im Atteste durch die Worte: „wie vorsteht" darauf Bezug genommen ist. Erk. d. Ob. Tr. v. 15. Juli 1869 (Striethorst Bd. 75 S. 316). Selbstredend muß indessen der Notar von vorn herein auf Vermeidung solcher Mängel achten. Auch wenn die Notariatsurkunde im Prozesse für gültig erklärt wird, ist er für die Kosten des durch seine Unachtsamkeit nutzlos veranlaßten Prozesses verhaftet (A. L. R. II. 10. §§ 88. 89 vgl. I. 12. §§ 141. 159).

[3]) Zu Nr. 1: Diesen Theil des Attestes braucht nur der instrumentirende Notar zu geben; der zweite Notar und die Zeugen brauchen erst von der Vorlesung an zugegen zu sein; von ihnen kann deshalb nur die Attestirung gemäß Nr. 2 u. 3 verlangt werden (s. § 7 Anm. 4).

[4]) Zu Nr. 3: Wird mit einem Tauben verhandelt, so muß das Attest gemäß § 11 mit § 4. II. 3. A. G. O. entsprechend geändert werden, es lautet alsdann:

„daß sie in Gegenwart u. s. w. dem erschienenen X. zum eigenen Durchlesen gegeben und von ihm genehmigt ist."

Außerdem muß dies auch noch der Taube selbst bezeugen (A. G. O. II. 2. § 4).

[5]) An dem Mangel der gehörigen Fassung des Schlußattestes des instrumentirenden Notars und an der gehörigen Vollziehung der Verhandlung scheitert manches Notariatsinstrument. Unter einer von einem Notar aufgenommenen Urkunde befand sich zur Befolgung der Vorschrift des § 14 folgendes Attest:

„Diese Verhandlung ist demnächst den Comparenten in Gegenwart des Notars und der Instrumentszeugen laut vorgelesen, von ihnen genehmigt und vom Verkäufer, welcher angab des Schreibens nicht kundig zu sein, mit drei Kreuzen, von der Käuferin aber mit ihrer Namensunterschrift eigenhändig unterzeichnet worden.

Handzeichen × × × von August Heinrich Grüneberg, bescheinigt durch August Repp. Hanna Charlotte Busche."

Hieran schließt sich das Schlußattest und die Unterschrift der Zeugen und des Notars wie folgt:

„Daß die vorstehende Verhandlung so, wie sie niedergeschrieben worden, stattgefunden hat, den Comparenten in unserer Gegenwart laut vorgelesen, von ihnen genehmigt und, wie vorsteht, eigenhändig unterzeichnet worden ist, attestiren wir hierdurch.

August Repp. Gottlob Zemisch.

a. u. s.

N. N. (Vor- und Zuname des Notars)."

Dieser Urkunde hat das Obertribunal auf Grund der §§ 40. 41 die Eigenschaft eines Notariatsinstrumentes aberkannt und deshalb auch derselben die Wirkung von schriftlichen Verträgen in Ansehung des Grüneberg, der das Protokoll nur unterkreuzt hatte, abgesprochen, weil das bloß von den Instrumentszeugen vollzogene Attest nicht auch als ein Attest des Notars angesehen werden könne, folglich das im § 14 erforderte Attest auf Seiten des Notars gänzlich fehle. Denn die von den Zeugen unterschriebene Versicherung gedenke des Notars mit keiner Silbe; die darin vorkommenden Worte: „in unserer Gegenwart", und: „attestiren wir hierdurch", ließen sich sprachlich, und da der Notar durch die Schlußformel „a. u. s." seine eigene Unterschrift von der der Zeugen geschieden habe, nur auf die Zeugen beziehen, deren Namen sich unmittelbar darunter vorfänden; und außerdem sei das von den Zeugen ausgestellte Attest der Vorschrift nicht einmal entsprechend, weil die Gegenwart des Notars darin übergangen. Aus der Unterschrift des Notars N. N. und aus den ihr vorstehenden Buchstaben „a. u. s." sei nicht zu folgern, daß das von den Instrumentszeugen vollzogene Attest auch als ein Attest des Notars anzusehen sei, diese Buchstaben deuteten die in der Praxis bei Aufnahme amtlicher Protokolle üblichen Worte „actum ut supra" an, schlössen eine Bezugnahme auf die am Anfange der Urkunde befindliche Zeit- und Ortsangabe in sich und hätten keinen andern Sinn, als: „verhandelt (oder geschehen) wie oben", womit auf die Beendigung des Aktes hingewiesen und die Einheit des Ortes und der Zeit in der Aufnahme des Aktes bezeugt werde. (Dabei wird auf die entsprechenden Ausführungen zu § 10 in den früheren Auflagen dieses Werkes — in der jetzigen Aufl. Anm. 7 — und auf das dort allegirte Werk von Oesterley Bezug genommen.) Eine Versicherung über den sonstigen Inhalt der Urkunde sei darin nicht zu finden. Erk. vom 30. Juni 1865 (Striethorst Bd. 59. S. 280).

Ueber die Fassung des Attestes bei Verhandlungen in fremder Sprache s. § 30.

§ 15.[1])

Die solchergestalt geschlossene Verhandlung ist von den Notaren und Zeugen eigenhändig mit Vor- und Zunamen zu unterschreiben.[2])

[1]) Der § 15 gehört zu den wesentlichen Förmlichkeiten (§§ 41. 42).

[2]) Vor- und Zunamen müssen beide vollständig ausgeschrieben werden, sonst hat das Instrument nicht die Kraft einer Notariatsurkunde; die Anfangsbuchstaben der Vornamen vertreten nicht die vollständige Unterschrift. Erk. d. O. Tr. vom 8. April 1859 (Strieth. Bd. 33 S. 119).

Gemeinrechtlich war die Art und Weise, in der die Unterschrift des Notars erfolgen mußte, in keiner Zeit durch Gesetze näher bestimmt, sondern jeder Notar folgte in jedem einzelnen Falle seinen Ansichten über das Nothwendige, daher die Unterschrift desselben Notars nicht unter allen von ihm aufgenommenen Urkunden gleichlautend ist. Der Namen wird bald mit Vor- und Zunamen angegeben, bald nur mit dem einen oder anderen, auch nicht selten mit Hinzufügung des Geburts- oder Wohnortes. Oesterley I. S. 313. 465 und die dort beigebrachten Urkunden-Extrakte. Partikularrechte haben schon früher darüber Vorschriften gegeben. Die vorigen preußischen Notariatsordnungen (Corpus jur. Frid. Th. III. Tit. 7. § 73; A. G. O. III. 7. § 56) verordneten, daß der Notar das solenne Instrument „mit seinem vollständigen Namen unterschreiben muß"; für das Protokoll war einfach die Unterzeichnung vorgeschrieben. Das neue Gesetz bestimmt im § 15 näher, was unter dem „vollständigen Namen" zu verstehen ist. Daß der Unterschrift unter der Urschrift auch der Amtstitel beigefügt werde, ist nicht vorgeschrieben und auch nicht nothwendig. Was für die entgegengesetzte Meinung im J. M. Bl. 1847, S. 305 hervorgehoben wird, ist gegen die Gesetzesvorschrift ohne Gewicht: die Beifügung des Amtstitels wird nur bei der Vollziehung der Ausfertigung verlangt, folglich kann daraus, daß Etwas nicht gethan wird, was man nicht verlangt hat, keine Nichtigkeit entstehen. Der Mangel der Beifügung des Amtstitels, selbst unter der Ausfertigung, ist überhaupt keine Nichtigkeit. § 41 des Gesetzes. Vgl. auch J. M. Bl. 1847. S. 356.

§ 16.

Die Urschrift dieser Verhandlung bleibt in den Händen des Notars.[1]) Die Betheiligten erhalten Ausfertigung derselben;[2]) zu diesem Zwecke ist eine wortgetreue Abschrift der Verhandlung mit allen Unterschriften anzufertigen[3]) und darunter folgender Vermerk zu setzen:[4])

„Vorstehende in das Register unter Nr. .... Jahr .... eingetragene Verhandlung wird hiermit für N. N. ausgefertigt."

Sind mehrere Exemplare ausgefertigt, so wird dies hier beigefügt.[5])

Unter diesen Vermerk muß der Ort, das Jahr, der Monat und Tag der erfolgten Ausfertigung[6]) gesetzt, das Notariatssiegel,[7]) welches zugleich die Schnur, wodurch mehrere Bogen mit einander zu verbinden sind, halten muß,[8]) beigedrückt und diese Ausfertigung von dem Notar eigenhändig mit Beifügung seines Amtstitels[9]) unterzeichnet werden.[10])

[1]) Ein sehr alter Grundsatz des Notariatsrechts ist es, daß von keiner Urkunde die Urschrift (Concept, Schede, scheda, Protokoll) abgegeben werden darf, sondern sorgfältig aufbewahrt werden muß. Die Zeit der Durchbildung und Feststellung dieses Grundsatzes ist nicht zu bestimmen. Gefördert wurde die allgemeine Annahme des Grundsatzes durch die Vorschrift des kanonischen Rechts über die Aufbewahrung der Gerichtsakten. Cap. 11. X. de probat. (II. 19). Die praktischen Vortheile bestehen darin, daß später durch Vergleichung des Originals mit der daraus verfertigten solennen Urkunde jede Verfälschung oder sonstige Unrichtigkeit der letzteren erkannt und die Urkunde im Falle ihres Verlustes durch eine neue Ausfertigung ersetzt werden konnte. Oesterley I. S. 259. Zur Sicherung dieser Vortheile treffen viele alte Statuten besondere Vorschriften und Einrichtungen zur Erhaltung der Original-Protokolle. Dazu diente auch das Verbot, dergleichen Originale zu kaufen oder zu verkaufen oder zu vernichten (zu vermakuliren) oder zu anderen Zwecken zu gebrauchen, oder abzuschaben, um das Material wieder zum Schreiben zu benutzen, sowie die Vorschrift, daß Notare Bürgschaft stellen sollten, daß sie ihre Protokolle nicht von dem Orte ihrer Amtsthätigkeit (im Falle einer Ortsveränderung) entfernen würden, und auch die Vorschrift, daß die Protokollbücher verstorbener Notare in dem öffentlichen Archive der Stadt aufbewahrt werden mußten. Oesterley I. S. 283. Diese letztere Vorschrift findet sich auch in dem vorliegenden Gesetze § 37.

Eine Ausnahme, bestehend in Aushändigung der Urschrift, tritt bei der Unterschriftsbeglaubigung ein (§ 21); und zum Theil auch bei den Wechselprotesten s. zu § 23 Anm. 1.

Insoweit einem Interessenten nach Maßgabe des Not. Ges. ein Anspruch auf Ausfertigung zusteht, ist er auch zur Einsicht der Urschrift beim Notar berechtigt. Einzelne Not. Ordngen, z. B. die hannöversche (§ 21) und die sächsische (§ 67), statuiren dies ausdrücklich. Aus dem bloßen Schweigen des vorliegenden Gesetzes kann nicht die Aberkennung eines solchen Anspruches gefolgert werden; denn derselbe ergiebt sich aus der Natur der Sache und seine Durchführung ist namentlich dann unerläßlich, wenn ein Betheiligter die Nichtübereinstimmung der Ausfertigung mit der Urschrift darthun will oder vermuthet, daß die Erschienenen sich fälschlicher Weise für andere ausgegeben haben und über diese Vermuthung durch Einsicht der Original-Unterschriften sich Gewißheit verschaffen will.

Wegen Vorlegung der Urschrift in Prozessen s. zu § 19 Anm. 4.

[2]) Die Ausfertigungen kann in der Regel nur der Notar ertheilen, welcher die Urkunde aufgenommen hat. Eine Ausnahme tritt ein im Verhinderungsfalle desselben. Wie es zu halten, wenn der Notar absolut und für immer verhindert ist, wird unten §§ 37—39 bestimmt. Der Fall einer vorübergehenden Verhinderung durch Krankheit oder Abwesenheit, deren Ende der Betheiligte nicht abwarten kann, ist übergangen. Dieser Fall hängt zusammen mit der Frage über die Zulässigkeit der Substitution für einzelne Akte. Nach Röm. Rechte war eine derartige Vertretung schlechthin verboten. Nov. 44. cap. 1 pr. §§ 1 u. 2. Den Grund der Unstatthaftigkeit der Stellvertretung fand man darin, daß bei der Person des requirirten Notars gerade auf dessen „fides et industria", wie Joh. Andreae bemerkt, Rücksicht genommen sei. Durantis, Spec. juris Lib. II. P. 2. § 9. nr. 15; Oesterley II. S. 324. Zu einer Abweichung von dieser Regel sollte selbst Krankheit nicht berechtigen, sondern für einen solchen Fall war dem Tabellio nur gestattet, bei dem magister census, also bei der Obrigkeit die Bestellung eines Stellvertreters, der jedoch in der Station des verhinderten Notars die Urkunden aufnehmen und ausfertigen mußte, nachzusuchen. Nov. 44. cap. 1. § 4. In Deutschland kommt es jedoch vor der R. Not. Ordn. vor, daß der requirirte Notar aus dem von ihm aufgenommenen Protokolle die solenne Urkunde für die Partei durch einen anderen Notar ausfertigen ließ. S. die

Urkunden bei Oesterley I. S. 444 Anm. 3. Die Not. Ordn. v. 1512 gestattete indessen eine derartige Substitution nicht, nur die Reinschrift der Ausfertigung erlaubte der § 8 durch einen anderen „Getreuen", worunter ein Notar zu verstehen ist, indem die Notare sich „fideles" nannten, schreiben zu lassen, welche Nachsicht später auf jeden anderen Schreiber ausgedehnt wurde; doch mußte er selbst das Mundum durch seine Unterschrift vollziehen. Der Grund der Wiederaufnahme des Verbots war, daß die Aufnahme einer Notariatsurkunde ein auf persönlichem Vertrauen beruhendes Geschäft ist und daß auch große Nachtheile daraus entstehen können, wenn die verschiedenen Theile eines Notariatsaktes von verschiedenen Personen hergestellt werden. S. Oesterley II. S. 328 und den in der Note das. ang. J. Canis. — Für den Fall aber, wenn ohne Mitwirkung des rogirten Notars, „der selb sei lebend oder todt", aus dessen Protokolle ein anderer Notar eine Ausfertigung ertheilen soll, verordnet die R. Not. Ordn. § 17, daß dieser dazu durch den Richter autorisirt werden muß und sich nicht erlauben darf, die in dem Protokolle vorkommenden Abkürzungen in der offenen Urkunde (Ausfertigung) nach eigenem Ermessen zu extendiren, sondern gehalten sei, von dem Richter einzuholen, „was — darin begriffen oder verstanden werde." Nach preußischem Rechte müssen hier die allgemeinen Grundsätze über Beamtenvertretung zur Anwendung gelangen (s. o. S. 18 f.) Eine analoge Anwendung des § 39 erscheint nicht statthaft, da derselbe nach seinem klaren Wortlaut eine lex Specialis für den Fall der Amtssuspension enthält.

Daß der Notar nicht behindert ist eine Ausfertigung zu ertheilen, falls er nachträglich zu einem der Betheiligten in ein die Notariatsthätigkeit ausschließendes Verhältniß getreten ist, darüber s. zu § 5. Anm. 6.

[3]) Die durch den § 16 in das preußische Notariatsrecht neu eingeführte Ausfertigungsform gehört der neueren Zeit an. Das Verfahren zur Errichtung einer Notariatsurkunde nach der alten Form bestand darin, daß der Notar erst ein Protokoll (scheda, imbreviatura) formlos aufnahm und vollziehen ließ, auch dann selbst unterzeichnete. Dies schreibt auch die R. Not. Ordn. v. 1512. § 5 vor: „fürter so bevelhen wir, daß ain yeder Notarius in alle wege beflissen seyn soll, zu haben, mit höchstem fleiß zu verwaren, auch nach ym zu verlassen, ain Prothocol, darin alle und yede handlung vor ym ergangen, darzu er gebetten wirt, durch ym selbs vnd nit durch yemand andern nach yrer Ordnung beschriben." Aus diesem verfaßte er das selstständige, ausführliche solenne Notariatsinstrument. Dazu machte er gewöhnlich ein Konzept; dieses wurde sauber (in alter Zeit auf Pergament) mundirt und das Mundum von den Parteien, den Zeugen und ihm selbst, unter Beidrückung seines Siegels, vollzogen und so den Parteien ausgehändigt. Diese alte Form ist noch in der A. G. O. III. 7. §§ 48 ff. vorgeschrieben. Einen Uebergang zu der neuen Form vermitteln schon die Reskripte des J. M. v. 13. Mai 1822 (Jahrb. Bd. 19. S. 321), v. 7. März 1834 (Erg. z. A. G. O. III. 7. § 50. Nr. 1) und vom 11. Dezember 1835 (Jahrb. Bd. 46. S. 528), indem die Form des Notariatsprotokolls, in einer integralen Abschrift des Originals, für das solenne Instrument für zulässig erklärt wird Doch ist das wesentliche Erforderniß der alten Form, daß nämlich die Reinschrift von den Parteien und Zeugen eigenhändig vollzogen sein muß, dabei aufrecht erhalten. Die neue Form besteht nicht in einer selbstständigen, aus dem Protokolle angefertigten Urkunde, sondern in einer wortgetreuen Reinschrift des Protokolls mit allen darunter befindlichen Unterschriften und Handzeichen, unter Hinzufügung der Ausfertigungsformel mit der verordneten eigenhändigen Unterschrift des Notars und Beidrückung seines Amtssiegels. Diese Form führt der § 16 ein. Vorher war dieselbe als die regelmäßige Form schon in einigen Partikulargesetzen, z. B. der Bremenschen Not.-Ord. von 1820, § 17 und der Hamburgschen von 1815,

§ 9b vorgeschrieben. Vgl. rhein. Not. Ord. Art. 39. Die Notariatsinstrumente haben somit jetzt die Form der gerichtlichen Ausfertigungen.

Zu sogenannten extraktiven Ausfertigungen d. h. solchen, die sich nur auf einen Theil des Aktes unter Weglassung des Uebrigen erstrecken, sind die Notare nicht befugt (s. auch zu § 17. Anm. 3). Für gerichtliche Ausfertigungen ist diese Form zum Theil gesetzlich gestattet (G. B. O. § 39).

[4]) Ueber die Form der vollstreckbaren Ausfertigungen von Notariatsurkunden s. C. P. O. §§ 703 mit 663.

[5]) Diese Formalität ist schon im § 70. III. 7 der A. G. O. vorgeschrieben, hat aber keinen praktischen Zweck. Daß auf dem Originale vermerkt werde: wann und wem eine Ausfertigung gegeben sei und wie viele Exemplare davon ausgefertigt worden, ist Sache der Ordnung und sowohl in italienischen Statuten wie in neueren Partikularrechten, z. B. rhein. Not. Ord. Art. 39. vorgeschrieben, eine Anordnung, die sich auch hier im § 17 wiederfindet.

[6]) Auch wenn es derselbe Tag ist, an welchem das Protokoll aufgenommen; doch kann dann statt der wörtlichen Wiederholung auch die Formel gebraucht werden: „Geschehen am Orte, Tage und Jahr wie oben", eine Formel, welche schon im späten Mittelalter gebräuchlich war und gewöhnlich lautete: „actum anno, indictione, mense, die . . . quibus supra". Oesterley I. S. 457.

[7]) Wegen des Notariatssiegels s. o. S. 17 (wo übrigens in Anm. 11 Z. 3 statt „den" zu lesen ist: „dem"; der Titel ist das Voranzustellende). Einer Siegelmarke statt des Amtssiegels sich zu bedienen, ist unzulässig. Dies ist für den Bereich der hannöverschen Not. O. durch Discipl.-Erk. d. Ob. App. Ger. vom 4. Oktober 1871 (Oppenhoff XII. S. 487) ausgesprochen. Das Gleiche muß auch im Bereiche des vorliegenden Not. Ges. gelten, wenngleich die Gründe des erwähnten Erkenntnisses hier nicht in vollem Umfange zutreffen.

[8]) Aus Zweckmäßigkeitsgründen ist es alter Gebrauch, daß, wenn mehrere Bogen nöthig sind, diese so geheftet werden, daß man die Enden des Heftfadens durch das Notariatssiegel befestigt. Mereau, zwei rechtlich praktische Abhandlungen, I. über die Fertigung der Notariatsinstrumente ꝛc. (Jena 1787), § 19. Derselbe Gebrauch wird auch von den Kanzleien der Gerichte beobachtet.

[9]) Die Beifügung des Amtstitels ist von jeher für nothwendig erachtet worden, um eine Notariatsurkunde äußerlich als solche darzustellen. Daher findet sich schon im zehnten und elften Jahrhundert bei der Unterschrift der Zusatz: „notarius", „notarius sacri palatii". Auch in späterer Zeit unterlassen die Notare nie zu bemerken, durch wessen Gewalt sie kreirt worden, um dadurch ihre Kompetenz nachzuweisen. Oesterley I. S. 465. Gewöhnlich nennen sie sich in ihren Unterschriften notarii publici, z. B. N — publicus imperiali auctoritate et approbatus notarius (a. a. O. S. 467). Der Codex Frid. Th. I. Tit. 18. § 2 und die Instruktion v. 11. Juli 1771 schrieben vor, daß der Notar bei seiner Unterschrift auch seinen Wohnort und wo er immatrikulirt sei bemerke, damit die Parteien seiner Reception und Kompetenz versichert seien. Alles dieses wird in der heutigen Notariatspraxis durch die der Unterschrift beigefügte Bemerkung ausgedrückt: „Königlicher (oder öffentlicher) Notar im Bezirk des Königlichen Preuß. Oberlandesgerichts zu N." Diejenigen Notare, deren Amtsbezirk nicht den ganzen Oberlandesgerichtsbezirk umfaßt (s. o. S. 16 Anm. 5), werden, gemäß der für ihr Dienstsiegel vorgeschriebenen Umschrift zu zeichnen haben: „Königlich Preußischer Notar zu N."

[10]) Die Verletzungen der im § 16 vorgeschriebenen Förmlichkeiten unterliegen nicht der Strafe der Unkräftigkeit der ganzen Urkunde (§ 41); eine solche Verletzung nimmt aber der Ausfertigung die öffentliche Glaubwürdigkeit.

§ 17.

Wie viel Exemplare der Verhandlung auszufertigen sind, hängt von den Anträgen der Parteien ab. Der Notar ist dafür verantwortlich das sämmtliche Exemplare genau mit einander übereinstimmen, und daß auf der Urschrift, sowie auf jedem Exemplare der Ausfertigung (§ 16) bemerkt wird[1]), wie oft die Verhandlung ausgefertigt[2]) und wem jedes Exemplar zugestellt worden.

Fernere Ausfertigungen, sowie beglaubigte Abschriften oder Auszüge[3]) darf der Notar an Niemand[4]) außer den Betheiligten[5]), deren Erben oder Rechtsnachfolgern geben[6]).

[1]) Vgl. § 16 Anm. 5.

[2]) Dieser Vermerk ist auch dann zu machen, wenn der Akt nur einmal ausgefertigt wird (J. M. Bl. 1847. S. 305).

[3]) Unter „Auszügen" sind hier einfache Abschriften einzelner Stellen oder überhaupt Mittheilungen aus dem Inhalte verstanden. Auszüge in beglaubigter Form kennt das Gesetz überhaupt nicht (s. zu § 16 Anm. 3 a. E.).

[4]) Wenn es doch geschieht, so ist dies disziplinarisch zu rügen; Nichtigkeit der Urkunde folgt nicht aus der Uebertretung der Vorschrift (§ 41). Die rhein. Not. Ort. Art. 41 droht eine Geldbuße von 50 Thlr. und im Wiederholungsfalle Dienstentsetzung, außer der Verpflichtung zum Schadenersatze, an. Wem Ausfertigungen ertheilt werden dürfen, ist Gegenstand besonderer Bestimmung in vielen Partikularrechten. In der Regel wird die Bewilligung des Requirenten oder des Richters gefordert. Die Instr. v. 11. Juli 1771 schrieb im § 13 vor: Dritten dürfen nie ohne richterlichen Befehl Abschriften ertheilt werden; und die A. G. O. III. 7. § 103 verordnet, daß außer den Interessenten und deren Erben der Notar nicht befugt sei, irgend jemandem Abschrift eigenmächtig mitzutheilen, sondern er dazu den Befehl des vorgesetzten Landesjustizkollegii, welches die diesfällige Befugniß des Imploranten näher zu beurtheilen habe, abwarten müsse. Von dieser richterlichen Mitwirkung ist in dem neuen Gesetze keine Rede, wahrscheinlich, weil die nähere Beurtheilung der „diesfälligen Befugniß des Imploranten" auf dessen einseitigen Vortrag nicht thunlich ist. Denn die Frage: ob und unter welchen Voraussetzungen ein Notar verpflichtet sei, ein hinter ihm befindliches Protokoll auf Antrag eines Dritten zu ediren, ist nach den allgemeinen Grundsätzen über Urkundenedition zu entscheiden. Mevius, Decis. P. III. dec. 356; Oesterley II. S. 479. Vgl. auch rhein. Not. Ord. Art. 41 a. E., und hannöversche Not. Ord. § 19. Hat ein Dritter nach dem bürgerlichen Rechte einen Anspruch auf eine Ausfertigung, so kann sich dieser Anspruch nur gegen einen der am Akte Betheiligten oder dessen Rechtsnachfolger richten. Beschafft ihm dieser die Ausfertigung nicht, so muß der Dritte gegen ihn die Klage auf Stellung eines desfallsigen Antrages beim Notar erheben. Ist der Betheiligte hierzu verurtheilt, so hat der Notar auf Verlegung des Urtheils mit dem Zeugnisse der Rechtskraft dem Dritten die Ausfertigung zu ertheilen (C. P. O. § 779).

Wegen Ertheilung der Ausfertigung in Prozessen s. zu §§ 19. 20 Anm. 4.

[5]) Unter den „Betheiligten" im Sinne dieser Vorschrift sind diejenigen zu verstehen, für welche die Urkunde, sei es nach ihrer gesetzlichen Natur oder nach dem Willen des Requirenten errichtet ist. Es wäre nicht richtig, den Begriff in dem Sinne aufzufassen, daß die vor dem Notar verhandelnden Personen darunter zu verstehen sind. Dieser Begriff wäre theils zu weit, theils zu eng. So darf z. B. der Notar die Ausfertigung der Protesturkunde nicht an den Protestaten

geben, ungeachtet er mit diesem verhandelt hat. (Siméon zu § 16 Anm. 21.) Andererseits ist von dem Protokoll über die Generalversammlung einer Aktiengesellschaft eine Ausfertigung jedem Aktionär zu ertheilen; denn die Urkunde wird nach dem jetzigen Aktienrecht nicht nur für die Gesammtheit der Aktionäre, sondern für jeden einzelnen und selbst für den nicht Erschienenen errichtet (H. G. B. Art 222 mit 190a). Ob ein Antragsteller hiernach zu den Betheiligten gehört, muß der Notar im einzelnen Fall nach der rechtlichen Natur des Aktes entscheiden.

Eine Ausdehnung hat die Vorschrift des § 17 für den Fall der Zwangsvollstreckung in Grundstücke erhalten. Hier bestimmt das Zw.-Ges. v. 13. Juli 1883 und zwar:

a) im § 6 Abs. 4 für den Fall der zwangsweisen Eintragung einer Forderung: „Ist der Schuldner Eigenthümer, als solcher aber nicht eingetragen, so ist der Gläubiger berechtigt, an Stelle desselben dessen Eintragung als Eigenthümer zu beantragen und die zum Zwecke derselben erforderlichen Urkunden von Gerichten und Notaren zu fordern."

b) im § 14 Abs. 3 für den Fall der Zwangsversteigerung: „Der Gläuber ist . . . berechtigt, an Stelle des Schuldners von Gerichten und Notaren diejenigen Urkunden zu fordern, welche erforderlich sind, um das Eigenthum des Schuldners glaubhaft zu machen."

Der letztere Satz gilt auch für die Zwangsverwaltung (§ 139). Da der Gläubiger dem Notar gegenüber sich nicht darüber auszuweisen braucht, welche Art der Zwangsvollstreckung er zu betreiben gedenkt, so gehört zur Begründung seines Antrages in allen Fällen nur:

a) die Vorlegung eines vollstreckbaren Schuldtitels; daß derselbe bereits zugestellt sein muß, wie Jaeckel (zu § 6. Anm. 6. S. 88) annimmt, erscheint nicht nöthig (§ 283. Abs. 3. C. P. O.); die Ertheilung der Urkunden Seitens des Notars enthält noch keinen Akt der Zwangsvollstreckung, sondern bereitet die letztere nur vor;

b) die Glaubhaftmachung, daß der Schuldner Eigenthümer eines Grundstücks ist, ohne als solcher eingetragen zu sein. Diese Glaubhaftmachung kann durch die geforderte Notariatsurkunde oder auch in anderer Art geschehen;

d) die Ueberzeugung des Notars, daß zur Glaubhaftmachung dieses Eigenthums die geforderte Notariatsurkunde dienlich ist, wenn auch nur in Verbindung mit anderen Urkunden;

e) der Nachweis, daß der Schuldner selbst zu denjenigen Betheiligten gehört, welche die Ausfertigung zu verlangen befugt sein würden.

Die Anwendung der Vorschriften setzt voraus, daß der Schuldner bereits Eigenthümer ist und die Urkunde nur zum Nachweise des Eigenthums dienen sollen. Bloße Veräußerungsverträge übertragen kein Eigenthum und dürfen deshalb auf Grund der citirten Vorschriften nicht ausgefertigt werden, es sei denn, daß der Vertrag vor dem 1. Oktober 1872 geschlossen ist, oder das Grundbuch für das betreffende Grundstück noch nicht angelegt ist. Hauptsächlich fallen unter die Vorschrift: eidesstattliche Versicherungen des Schuldners behufs Erbeslegitimation nach dem eingetragenen Eigenthümer, notarielle Legirungen des Grundstücks, notarielle Einwilligung des Erben in die Umschreibung des dem Schuldner legirten Grundstücks u. A.

Die Vorschriften sind ferner auf Ausfertigungen und beglaubigte Abschriften solcher Verhandlungen zu beschränken, deren Urschrift beim Notar bleibt. Urkunden, die im Eigenthum des Schuldners stehen und die der Notar nur einstweilig für ihn verwahrt, wie z. B. Testamente, und ebenso Urkunden, die ihm zum Zwecke der Unterschriftsbeglaubigung übergeben sind, darf er auf Grund der citirten Vorschriften, dem Gläubiger nicht aushändigen. Denn zu solchen Eingriffen in das Eigenthum sind die Vorschriften nicht bestimmt.

Die letzteren finden übrigens in dem erörterten Umfange auch bei der Zwangsvollstreckung in andern Immobiliargegenständen als Grundstücken und bei der „Zwangsversteigerung und Zwangsverwaltung in besonderen Fällen" Anwendung (Zw. Ges. §§ 156. 164. 180. 181).

Beschwerden wegen verweigerter Ausfertigung werden überall lediglich im Aufsichtswege entschieden.

6) Wegen des Verfahrens bei Ertheilung vollstreckbarer Ausfertigungen s. die §§ 702—705 C. P. O. und die Anm. dazu.

§ 18.[1])

Wird von einem der Betheiligten, deren Erben oder Rechtsnachfolgern eine anderweitige Ausfertigung erbeten, sei es, daß sie keine erhalten haben, oder daß sie einer neuen Ausfertigung bedürfen, so muß, wie im Falle des §. 17, der Name des Empfängers und der Tag der Verabfolgung auf der Urschrift vermerkt und in der Ausfertigungsklausel (§. 16)[1]) der Grund, weshalb die neue Ausfertigung ertheilt ist,[2]) angegeben werden.

1) Auch diese Vorschrift steht nicht unter der Strafe der Nichtigkeit (§ 41); ihre Nichtbefolgung ist disziplinarisch zu rügen, vorbehaltlich der Verpflichtung zur Schadloshaltung.

2) „Der Grund, weshalb die neue Ausfertigung ertheilt ist." Die Bedeutung dieses Zusatzes ist nicht recht verständlich. Nach § 16 hängt es lediglich von den Parteien ab, wie viel Exemplare auszufertigen sind. Selbstredend verlieren die Parteien dieses Recht dadurch nicht, daß sie es nicht sofort ausüben. Sie sind also bei späterem Verlangen einer beliebigen Zahl von Ausfertigungen nicht gehalten, dem Notar den Grund ihres Verlangens anzugeben. Demgemäß kann der Zusatz nur dahin verstanden werden, daß, wenn ein Betheiligter den Grund angibt, z. B. daß ihm die frühere Urkunde verloren gegangen ist, der Notar solches in die Ausfertigungsklausel aufzunehmen hat. Andernfalls genügt die Bemerkung, daß der Akt „auf Verlangen des N." von Neuem ausgefertigt ist.

§ 19.

Die Notare sind verpflichtet, über die Verhandlungen, bei denen sie mitgewirkt haben, Verschwiegenheit zu beobachten.[1–3])

§ 20.

Bei den bestehenden Vorschriften, welche die Notare verpflichten, den Gerichten oder anderen Behörden beglaubigte Abschriften der Urkunden mitzutheilen oder davon Kenntniß zu geben, verbleibt es auch fernerhin.[4])

Zu §§ 19 und 20.

1) Die hier normirte Verpflichtung zur Verschwiegenheit ist etwas wesentlich anderes als die allgemein bestehende Verpflichtung der Beamten zur Bewahrung des Amtsgeheimnisses (K. O. v. 21. November 1835. G. S. S. 237). Die letztere Pflicht besteht dem Staate gegenüber und der Staat d. h. die vorgesetzte Behörde, kann den Beamten von der Verpflichtung lösen; die Pflicht des § 19 dagegen besteht den betheiligten Privatpersonen gegenüber und ist keiner Disposition der vorgesetzten Behörde unterworfen; ja besteht grundsätzlich sogar dieser gegenüber (s. v. S. 23).

Sie ist ein Bestandtheil der Treue und Redlichkeit, welche eine der Cardinalpflichten des Notars gegenüber der rogirenden Partei ist (Oesterley II. S. 165. 277 ff. A. G. O. III. 7. § 23). Ihren charakteristischen Ausdruck findet diese Verschiedenheit in den Folgen der Uebertretung des Verbots; die Verletzung des allgemeinen Amtsgeheimnisses kann nur im Wege der Disciplin geahndet werden und auf die Erbittung dieses Einschreitens ist der verletzte Privatmann gewiesen. Die Verletzung der Verschwiegenheit des Notars unterliegt, wenngleich ihre disciplinare Ahndung dadurch nicht ausgeschlossen ist, öffentlicher Strafe, die aber hinwiederum gerade nur auf den Antrag der verletzten Privatperson eintritt (St. G. B. § 300, Olshausen Anm. 4b dazu) Die hier normirte Verschwiegenheitspflicht läßt auch eine charakteristische, in der Rechtsprechung nicht immer genügend beachtete (s. o. S. 19 Anm. 24) Verschiedenheit in der Stellung erkennen, welche die Partei zum Notar einerseits und zum Richter der freiwilligen Gerichtsbarkeit andererseits einnimmt. Der Richter ist in erster Reihe Abgeordneter des Staates, welchem neben anderem auch obliegt, die Interessen der Parteien zu wahren; der Notar ist in erster Reihe der gewählte Vertrauensmann und Berather der Partei, welcher diese Thätigkeit allerdings als Staatsbeamter leistet. Aber was hier in erster Reihe steht, steht dort in zweiter. Will man sich dies an einem Beispiele recht klar machen, so setze man den Fall, daß eine strafbare Handlung zur Kenntniß der Urkundsperson kommt: ein leichtsinniger junger Commis hat seinem Principal Gelder unterschlagen; der Vater, der die Zukunft seines Sohnes zu retten bemüht ist, will den Principal schadlos halten, um sowohl die Bestrafung als überhaupt das Bekanntwerden der Sache zu hindern. Ueber die Verpflichtung zum Schadenersatze soll eine öffentliche Urkunde errichtet werden. Gehen die Parteien hierzu den Richter an, so war derselbe nach dem Rechtszustande vor dem 1. October 1879 gemäß positiver Gesetzesvorschrift ganz ohne Rücksicht auf die Parteien zur Anzeige des Vergehens an die Staatsanwaltschaft verpflichtet (§ 5 der V. 3. Januar 1849). Ob diese Verpflichtung jetzt noch besteht, ist zweifelhaft. Jedenfalls ist aber der Richter für seine Entschließung, ob er Anzeige erstatten will, den Parteien in keiner Weise verantwortlich. Der Notar dagegen würde durch eine Anzeige sich selbst in die Strafe des § 300 St. G. B. bringen.

Den Notariatszeugen ist im Gesetze eine Verschwiegenheit nicht auferlegt, wohl aber nach dem Wortlaut des Gesetzes dem zweiten Notar. Durch Zuziehung eines solchen an Stelle der Zeugen können sich sonach die Parteien die Geheimhaltung sichern.

²) Umfang der Verschwiegenheit. Die Verschwiegenheit besteht darin, daß der Notar über den Inhalt des vor ihm Verhandelten Niemandem Kenntniß gibt, sei es durch mündliche oder schriftliche Mittheilungen oder durch Gestattung der Einsicht in die vorhandenen Schriften. Von der Verschwiegenheit wird nicht nur der niedergeschriebene Notariatsakt, sondern alles in Ansehung desselben Verhandelte und das letztere sogar dann betroffen, wenn es zur Aufnahme eines Notariatsaktes gar nicht gekommen ist. In diesem Sinne, nicht im Sinne von „Notariatsakt" ist das Wort: „Verhandlung" hier zu verstehen, wie nach § 23. III. 7. A. G. O. („bei solchen Gelegenheiten") nicht bezweifelt werden kann. Der Rath des Notars wird unter Umständen gerade darin bestehen können, gewisse Geheimnisse in die Notariatsurkunde nicht niederzulegen, z. B. wenn die letztere aus bestimmten Gründen auch dritten Personen zugänglich gemacht werden soll.

Dagegen ist die Gesetzesfassung darin nicht glücklich gerathen, daß sie die Verschwiegenheitspflicht ganz allgemein statuirt, während doch vor den Notaren eine große Anzahl ganz gleichgiltiger Dinge verhandelt wird, an deren Geheimhaltung Niemandem etwas gelegen ist. Die hannöversche Not. Ord. schränkt die Verschwiegenheit sachgemäßer Weise auf die „Geheimhaltung erfordernden Thatsachen" ein (§ 12). Man wird auch den § 19 dahin auslegen dürfen, daß die

Verschwiegenheit da nicht Platz greift, wo der Notar klar ersieht, daß den Parteien an deren Beobachtung nichts gelegen ist.

Aus der Verschwiegenheitspflicht folgt, daß der Notar für Jedermann, der solches begehrt, ohne Beisein Dritter zu sprechen sein muß. Eine der wichtigsten Folgen der Verschwiegenheitspflicht ist es, daß der Notar betreffs derjenigen Thatsachen, auf welche sich diese Pflicht bezieht, von der Zeugnißablegung im Civilprozeß befreit ist, falls nicht die berechtigte Privatperson ihn von der Verpflichtung zur Verschwiegenheit entbindet (§ 348 Nr. 5 u. § 350 Abs 2 C P O.). Zu solcher Entbindung ist berechtigt: in Ansehung des Inhalts des Notariatsaktes jede Person, welche Ausfertigung desselben begehren könnte; in Ansehung des sonst Verhandelten jede Person betreffs der von ihr herrührenden Aeußerungen und Mittheilungen. Das Zeugniß eintretenden Falles zu weigern ist nicht nur das Recht, sondern die Pflicht des Notars; die Zeugnißabgabe stellt in solchen Fällen einen unbefugten Geheimbruch dar, den der Richter sogar schon bei der Fragestellung verhindern soll (§ 348 Abs. 3 C. P. O.). Durch letztere Vorschrift wird die Ansicht Olshausens (zu § 300 St. G. B. Anm. 9), daß die Zeugnißweigerung ein bloßes Recht des Notars sei, widerlegt. Vgl. auch die Aeußerung von Amsbergs bei Berathung des entsprechenden § 336 des Entw. z. C. P. O (Protokolle S. 128; Hahn I. S. 626). Gl. M. Schwarze St. G. B. zu § 300 Anm. 5. Die Genehmigung der vorgesetzten Behörde nach § 341 der C. P. O. hat mit dem hier in Rede stehenden Weigerungsgrunde nichts zu thun; § 341 bezieht sich lediglich auf die dem Staate gegenüber bestehende Verschwiegenheitspflicht, nicht auf die Verpflichtung gegenüber den Privaten (Kühne-Sydow zu § 19 Anm. 1 anscheinend a. M. Wilmowski-Levy zu § 341 Anm 1). Dagegen gehen Kühne-Sydow zu weit, wenn sie die Anwendbarkeit des § 341 auf Notare überhaupt leugnen. Soll der Notar über Geheimnisse vernommen werden, über welche die Disposition dem Staate zusteht, z. B. über den Inhalt einer dienstlichen Correspondenz mit der Aufsichtsbehörde, so ist § 341 unbedenklich anf ihn anwendbar.

Im älteren preußischen Prozeßrecht ist ein Zeugnißverweigerungsrecht der Notare nicht anerkannt worden. Verf. d. Ob. Tr. vom 6. Juni 1863 (J. M. Bl. S. 219; Oppenhoff III. S. 488).

[3]) Ausnahmen von der Verschwiegenheitspflicht sind theils durch positive Rechtssätze, theils durch die Natur der Amtsthätigkeit bedingt:

a) Wo das Schweigen eine strafbare Handlung darstellen würde, ist der Notar zur Offenbarung verpflichtet. Hierher gehören die Fälle, wenn der Notar vom Vorhaben eines solchen Verbrechens Kenntniß erhält, bei welchem die Gesetze die Unterlassung der Anzeige mit öffentlicher Strafe bedrohen (St. G. B. § 139; Reichsdynamitgesetz vom 9. Juni 1884 § 14).

b) Zuwiderhandlungen gegen das Wechselstempelgesetz vom 10. Juni 1869 und gegen das Reichsstempelgesetz v. $\frac{\text{1. Juli 1881}}{\text{29. Mai 1885}}$, welche zur Kenntniß der Notare kommen, haben dieselben bei der zuständigen Behörde zur Anzeige zu bringen (§ 21 bez. § 39 der citirten Gesetze). Dagegen besteht eine solche Verpflichtung keineswegs Betreffs des übrigen Stempelwesens. Die entgegengesetzte Annahme in zwei Min.-Reskr. v. 18. März und 1. Sept. 1823 (Hoyer-Gaupp S. 344. zu 8b) ist nicht für gesetzlich begründet zu erachten; denn der § 30 des Stempelgesetzes v. 7. März 1822 legt eine solche Verpflichtung nur denjenigen Beamten auf, „welchen eine richterliche oder Polizeigewalt anvertraut ist." Hierzu gehören die Notare nicht, weshalb denn auch im Wechselstempelgesetz (§ 21) beim Gebrauche des gleichen Ausdrucks ausdrücklich hinzugefügt ist: „sowie die Notare."

c) Der vorgesetzten Behörde ist der Notar bei der Amtsrevision alle Urkunden und Register zur Einsicht vorzulegen verpflichtet (s. § 44 und Anm. 4).

d) Dem Stempelfiskal muß der Notar die Einsicht der Notariatsakte, nicht aber anderer Papiere, gestatten (Stempelgesetz v. 7. März 1822 § 34; Wechselstempelgesetz § 20; Reichsstempelgesetz § 38).

e) Die Einschätzungskommissionen für die klassifizirte Einkommensteuer, sowie die diesen vorgesetzten Bezirkskommissionen haben das Recht, von den Verhandlungen der freiwilligen Gerichtsbarkeit, mithin auch von den Notariatsakten Einsicht zu nehmen (Ges. v. $\frac{\text{1. Mai 1851}}{\text{25. Mai 1873}}$ §§ 23. Abs. 1 und 26. Abs. 1); den Vorsitzenden der betreffenden Kommissionen steht das Recht nicht zu (vgl. § 23. Abs. 1 mit § 22 a. a. O.); doch kann selbstredend die Kommission die von ihr beschlossene Einsichtnahme durch ihren Vorsitzenden ausführen lassen. Den Einschätzungskommissionen für die Klassensteuer steht ein Einsichtsrecht überhaupt nicht zu (§ 10 zu a) und § 14 zu d) a. a. O).

f) Wenn der Notar im Strafverfahren als Zeuge vernommen wird, so muß er kraft der allgemeinen Zeugenpflicht auch die Privatgeheimnisse offenbaren, da ihm hier nicht wie im Civilprozeß ein Zeugnißverweigerungsrecht beigelegt ist (St. P. O. §§ 51. 52. 54). — Wegen des Erfordernisses der Genehmigung der vorgesetzten Behörde (§ 53) gilt dasselbe, wie im Civilprozeß (s. Anm. 2 a. E.).

g) Wenn im Strafverfahren von der zuständigen Behörde die Beschlagnahme von Papieren des Notars angeordnet wird, so muß der Notar dieselben ausliefern, falls nicht der Justizminister erklären sollte, daß das Bekanntwerden des Inhalts der Schriften dem Wohle des Reiches oder eines Bundesstaates Nachtheil bereiten würde (St. P. O. §§ 94—96). Man wird annehmen dürfen, daß auf Grund einer Beschlagnahme-Anordnung auch die Ausfertigung oder beglaubigte Abschrift einer Verhandlung vom Notar unbedenklich ertheilt werden kann, falls die Behörde sich hiermit, statt des majus, der Auslieferung der Originalurkunde, begnügen will.

Wegen Edition der Notariatsurkunden im Civilprozeß s. Anm. 4.

h. Die Thätigkeit des Notars bringt es mit sich, daß er sein Amt nicht ohne Gehilfen versehen kann. Die Existenz solcher, namentlich der Schreiber, wird vom Gesetze vorausgesetzt (§ 9). Der Notar muß die Gehilfen deshalb von den hergestellten Notariatsakten Kenntniß nehmen lassen. Bei den Verhandlungen mit dem Notar haben aber die Parteien wohl das Recht die Abwesenheit solcher Gehilfen zu verlangen. In Ansehung der strafrechtlichen Folgen des Geheimbruches, sowie in Ansehung der Zeugnißpflicht stehen die Gehilfen dem Notare gleich.

i) Die ihm überwiesenen Referendarien muß der Notar zum Erwerb gehöriger Einsicht und Gewandtheit im Notariatsdienst anleiten (Ges. vom 6. Mai 1869. §§ 7. 8). Er muß sie deshalb sowohl zu seinen Verhandlungen zuziehen, als auch ihnen Akten zum Lesen geben. In den Takt des Notars ist es gelegt, in wie weit wegen der Wichtigkeit einzelner Geheimnisse auch der Referendar von deren Kenntnißnahme auszuschließen ist. Der Referendar hat Betreffs der erfahrenen Geheimnisse bei der Zeugnißweigerung die gleiche Rechtsstellung wie der Notar, und auch im Falle des Geheimbruchs wird er als dessen Gehilfe im Sinne des § 300 St. G B. anzusehen sein.

[4]) Die im § 20 gemeinten Vorschriften sind lediglich solche, welche die Notare verpflichten von Veräußerungsverträgen über Grundstücke der Hypothekenbehörde Kenntniß zu geben und beglaubigte Abschrift des Vertrages einzureichen (Anh. § 426 vor § 1. II. 3. A. G. O., Instr. v. 12. Juni 1835; Jahrb. Bd. 45. S. 510). Diese Vorschriften sind gegenwärtig in Folge der veränderten Grundbuchverfassung, nach welcher durch den obligatorischen Vertrag ein Eigenthumswechsel überhaupt nicht mehr bewirkt wird, beseitigt (Ausf. Verf. zu § 40. G. B. O. v. 2. September 1872. J. M. Bl. S. 178; Art. 14).

Vorschriften über die Verpflichtung der Notare, ihre Urkunden in Civilprozessen den Gerichten vorzulegen, gibt es nicht. Nur soviel folgt aus

§ 169 G. V. G., daß die Notare den Gerichten außerpreußischer Bundesstaaten gegenüber nach gleichen Grundsätzen verfahren müssen, wie gegen preußische Gerichte. Ihre Verpflichtung an sich kann indessen lediglich nach allgemeinen Grundsätzen entschieden werden. Selbstverständlich kann keine Rede davon sein, daß der Notar dem Ersuchen eines Gerichtes um Vorlegung seiner Urkunden (§ 397. C. P. O.) allein aus dem Grunde zu genügen hätte, weil es ein gerichtliches Ersuchen ist. Denn die volle Oeffentlichkeit der Notariatsakte wäre die Folge dieses Princips: eine Partei, welche die Geheimnisse eines Aktes erfahren wollte, brauchte nur einen beliebigen Prozeß entsprechend zu formuliren. Das gerichtliche Ersuchen im Civilprozesse erfolgt nicht im öffentlichen Interesse, sondern lediglich in dem der beweisführenden Partei und zur Unterstützung der letzteren. Das Verhältniß des Beweisführers zum Notariatsakt ist deshalb für die Frage der Edition entscheidend. Sehr sachgemäß hat das bairische Ausf. Ges. zur C. P. O. v. 23. Februar 1879 (Gesetz- und Verordnungsblatt S. 63) Art. 3 die Frage durch folgende Vorschrift geregelt:

„Von Urkunden, welche sich bei einer öffentlichen Behörde befinden, hat diese . . . Vorlage und Einsicht zu gewähren und beglaubigte Abschrift zu ertheilen, wenn die Zustimmung desjenigen, auf dessen Antrag oder in dessen Interesse die Urkunde bei der Behörde errichtet oder hinterlegt wurde, beigebracht oder seine Verpflichtung hierzu rechtskräftig ausgesprochen ist.“

Der Inhalt dieser Vorschrift ist lediglich ratio scripta und gilt deshalb, in Ermangelung einer positiven entgegengesetzten Vorschrift auch in Preußen; nur ist statt der gesperrten Worte korrekter zu sagen: „desjenigen, welcher die Vorlegung, Einsicht oder Abschrift für sich zu fordern berechtigt wäre“ (vgl. zu § 16 Anm. 1). Nach diesem Grundsatze und den Vorschriften der C. P. O. gestaltet sich das Editionsverfahren gegen den Notar nach Verschiedenheit der Fälle wie folgt:

A. Falls es für den Beweis nur einer Ausfertigung oder beglaubigten Abschrift der Verhandlung bedarf. In diesem Falle ist zu unterscheiden:

I. Der Beweisführer gehört zu denjenigen Personen, welche diese Urkunden vom Notar verlangen können, dann tritt überhaupt kein gerichtliches Ersuchen ein (C. P. O. § 397 Abs. 2).

II. Der Beweisführer gehört nicht zu diesen Personen, dann bezeichnet das gerichtliche Ersuchen dem Notar die beweisführende Partei. Der Notar genügt dem Ersuchen, wenn der Beweisführer ihm die Zustimmung eines „Betheiligten“ (s. zu § 17 Anm. 5) beibringt und lehnt es ab, wenn dies nicht der Fall ist.

B. Falls es für den Beweis der Einsicht in die Urschrift des Notars bedarf. Alsdann bezeichnet das Gericht im Ersuchungsschreiben gleichfalls den Beweisführer. Der Notar gibt dem Ersuchen statt, wenn der Beweisführer selbst zu den „Betheiligten“ gehört oder die Zustimmung eines Betheiligten beigebracht wird; andernfalls lehnt er es ab.

Weigert der Notar die Mittheilung der Urkunde, so gestalten sich die Rechte des Beweisführers wie folgt:

AA. Der Beweisführer behauptet, daß die Weigerung zu Unrecht erfolgt sei, dann hat er immer nur die Beschwerde bei der dem Notar vorgesetzten Behörde und zwar auch dann nur, wenn er behauptet, die Herausgabe oder Vorlegung vom Notar auch außerhalb des Prozesses verlangen zu können (C. P. O. § 387 Nr. 1). Daß ihm in einem solchen Falle auf Grund des § 397 Abs. 3 mit § 394 C. P. O. eine Klage gegen den Notar auf Edition zustehen soll (Struckmann-Koch zu § 397 Anm. 2 und zu § 394 Anm. 2), ist nicht anzuerkennen. Der § 394 besagt nicht positiv, daß die Klage gegen den Dritten gewährt wird, sondern negativ, daß der Dritte zur Vorlegung „nur im Wege der Klage“ genöthigt werden kann. In einem Civilprozeßgesetze bedeutet diese Ausdrucksweise lediglich, daß andere prozessuale Zwangsmittel als die Klage gegen den Dritten nicht statthaben sollen. Ob aber die Klage stattfindet, das richtet sich danach, ob das Verfahren mit dem Dritten als bürgerliche Rechtsstreitigkeit im Sinne des § 3 C. P. O. angesehen werden kann (Vgl. auch Wilmowski-Levy zu § 397 Anm. 4). Solches ist in Preußen für den Fall zu verneinen, daß der Anspruch gegen die Behörde nicht auf eine Norm des Privatrechts, sondern lediglich auf die öffentlich rechtlichen Normen über die Amtsausübung gestützt wird (§ 1 d. Einl. z. A. G. O.). Und in anderer Weise kann der Anspruch gegen den Notar niemals begründet werden. — Das Beschwerderecht über den Notar steht übrigens auch dem Prozeßgericht zu.

BB. Der Notar stützt die Weigerung auf die mangelnde Zustimmung des zum Editionsverlangen Berechtigten, der Beweisführer aber behauptet, gegen den Berechtigten einen Anspruch auf Ertheilung dieser Zustimmung zu haben, dann hat er bei dem Prozeßgericht eine Fristbestimmung nach § 321 C. P. O. zu beantragen und die Frist zur Klage gegen den Verpflichteten auf Ertheilung der Zustimmung zu benutzen. Wegen der Wirkung eines solchen Urtheils s. zu § 17 Anm. 4. a. E.

Ob übrigens der Notar im Falle der Vorlegung verpflichtet ist, die Urkunde an das Gericht auszuliefern oder nur deren Einsicht in seinem Amtslokal zu gestatten, ist eine reine Frage der Dienstpragmatik. In Ermangelung einer positiven reglementarischen Vorschrift ist sie nach Lage des einzelnen Falles zu ermessen. Dabei sind einerseits der prozessuale Grundsatz, daß die Beweisaufnahme regelmäßig vor dem Prozeßgericht stattfinden soll und andererseits die Verlustgefahr namentlich bei der Versendung in weite Entfernung gegen einander abzuwägen. Beschwerden der Gerichte entscheidet die Aufsichtsbehörde des Notars. Wird die Auslieferung an das Gericht verweigert, so hat dasselbe „wegen erheblicher Hindernisse" nach § 399 C. P. O. zu verfahren.

Die vorstehenden Grundsätze erleiden auch dann keine Aenderung, wenn der Notar selbst Prozeßpartei ist. Denn seine Stellung als solche muß von seiner Amtspflicht getrennt gehalten werden. So wenig er durch Vertrag seine amtlichen Rechte und Pflichten verändern kann, so wenig kann solche Aenderung durch Eintreten in einen Civilprozeß geschehen. Das Editionsverfahren gegen den Gegner (§§ 386—392) findet deshalb in Ansehung aller derjenigen Papiere, die der Notar als öffentlicher Beamte verwahrt, gegen ihn keine Anwendung. Vielmehr muß hier nach § 397 und den obigen Grundsätzen verfahren werden. Anders steht es mit Urkunden, die der Notar als Mandatar verwahrt (s. hierüber zu § 37 Anm. 4); hier steht er nicht anders, wie jeder andere Mandatar.

Werden die Notariatsurkunden bei Gericht verwahrt (§ 37), so hat das verwahrende Gericht nach gleichen Grundsätzen wie der Notar zu verfahren und zwar auch dann, wenn es zugleich das Prozeßgericht ist. Die Notariatsurkunden in solchem Falle ohne weitere Sachprüfung „brevi manu beizulegen" ist nicht gestattet; denn dazu sind sie dem Gerichte nach § 37 nicht anvertraut.

Außerhalb der vorstehend erörterten Fragen steht der Fall, wenn das Gericht über die Echtheit einer ihm vorgelegten Notariatsurkunde wegen Zweifels eine Erklärung des Notars verlangt (C. P. O. § 402). Einem solchen Verlangen muß der Notar in allen Fällen gegenüber jedem deutschen Gerichte entsprechen. (Wilmowski-Levy zu § 402 Anm. 4).

§ 21[1]).

Wollen die Interessenten nur die Unterschrift[2]) eines von ihnen vollzogenen Instruments[3]) anerkennen[4]), so ist der Notar weder schuldig, noch befugt, von dem Inhalt des Instruments Kenntniß zu nehmen[5]).

In diesem Falle wird[6]) das über die Rekognition der Unterschriften aufzunehmende Protokoll, welches den in dieser Verordnung gegebenen Vorschriften entsprechen muß, unter die zu rekognoszirenden Unterschriften geschrieben.

Dieses Protokoll vertritt zugleich die in anderen Fällen nach §. 16 zu gebende Ausfertigung; der Notar hat sein Amtssiegel der Unterschrift, welche nach §. 15 erfolgt, beizufügen, und daselbst zugleich die Nummer des Registers, unter welcher die Verhandlung eingetragen ist, zn vermerken.

In den Händen des Notars bleibt nur der Eintragungsvermerk im Register zurück[7]).

[1]) Der § 21 gehört zu den wesentlichen Förmlichkeiten (§§ 41. 42); vgl. indessen Anm. 6. Er behandelt eine Abart einer dritten gemeinrechtlichen Form zur Errichtung von Notariatsinstrumenten, welche durch den §. 13 der Not. Ord. v. 1512 veranlaßt worden ist. Das Verfahren hierbei, welches nicht dem § 13 a. a. O. entspricht (vgl. § 22 Anm. 1) ist folgendes: Die Betheiligten haben, ehe sie sich an den Notar wenden, über das verabredete Rechtsgeschäft eine Schrift aufgesetzt oder vielleicht durch den Notar selbst aufsetzen lassen, unterschreiben solche und erscheinen damit vor Notar und Zeugen, um die Unterschriften beglaubigen zu lassen. Oesterley II. S. 462. Hierbei nimmt der Notar von dem Inhalte keine amtliche Kenntniß. Diese Abart war von der preußischen Gesetzgebung aufgenommen worden und ist im Corp. jur. Frid Th. III. Tit. 7. §§ 94—96, so wie in der A. G. O. Th. III. Tit. 7. §§ 75—77, weiter ausgebildet. Hiernach ist der Notar weder schuldig noch befugt, sich um den Inhalt des Schriftstücks, oder um die Legalität der darin vollzogenen Handlung zu bekümmern. In Ansehung der Wirkung einer bloßen Unterschriftsrekognition war in der A. G. O. III. 7. § 77 für die notarielle und ebenda II. 3. § 26 a. E. für die gerichtliche Rekognition vorgeschrieben, daß ein solches Instrument von den Parteien nachher nicht eidlich diffitirt werden kann. In allen anderen Stücken dagegen behält es die Qualität und Wirkung eines bloßen Privatinstruments. Dieser Grundsatz ist ungeachtet der formellen Aufhebung des citirten § 77 (§ 45) keineswegs außer Kraft gesetzt, er wird gehalten durch den § 26 a. E. Th. II. Tit. 3.

Im jetzigen Civilprozeß hat sonach die Beglaubigung der Unterschrift zur Folge, daß die Echtheit der letzteren feststeht. Die Urkunde wird alsdann wie eine Privaturkunde behandelt, bei welcher die Echtheit der Unterschrift anerkannt oder sonst erwiesen ist (C. P. O. § 404. Abs. 2. 405. Abs. 2. 381).

Demgemäß genügt die Unterschriftsbeglaubigung überall da nicht, wo die Gesetze die Errichtung des Rechtsgeschäfts selbst zu gerichtlichem oder notariellem Protokoll vorschreiben. Aber auch wo die Gesetze nur allgemein eine öffentliche Urkunde zum Nachweise einer Parteierkläruug fordern, wie z. B. bei der Anerkennung außerehelicher Vaterschaft (Ges. v. 24. April 1854 § 13 Nr. 2), beim Nachweis der Rechtsnachfolge zwecks Erlangung vollstreckbarer Ausfertigung (C. P. O. § 665) u. A. genügt nach Obigem die Unterschriftsbeglaubigung nicht. Beschl. der R. G. vom 10. März 1884 (Entsch. XIII. S. 330). Anscheinend a. M. Dernburg (I. § 102 S. 230).

[2]) „Unterschrift". Nach dem Wortlaute konnte es nicht zweifelhaft sein, daß nur wirkliche Unterschriften, nicht aber bloße Handzeichen der Beglaubigung unterliegen. Nur für die Wechselerklärungen hat die Praxis — nach einigem Schwanken —

die Beglaubigung der Handzeichen für zulässig erklärt und zwar vermöge des eine solche Beglaubigung normirenden Art. 94 der W. O. Erk. des Ob. Tr. vom 21. Februar 1856, 2. November 1858, 4 März 1865 (Entsch. Bd. 35. S. 133; Bd. 39. S. 248; Bd. 54. S. 250) u. v. 19. November 1863 (Striethorst Bd. 50. S. 362); Erk. d R. O. H. G. v. 11. September 1874 (Entsch. Bd. 14. S. 167). Gegenwärtig muß die Rechtsnorm des Art. 94 der W. O. indessen als verallgemeinert erachtet werden. §§ 381. 404. C. P. O. geben allgemein den Privaturkunden, sofern sie „mittelst gerichtlich oder notariell beglaubigten Handzeichens unterzeichnet sind" eine gewisse Beweiskraft Die Motive (Begr. S. 261; Hahn S. 323) begründen die Einrichtung mit den Worten: „der Namensunterschrift war nach dem Vorgange des Art. 94 der deutschen W. O. das gerichtlich oder notariell beglaubigte Handzeichen gleichzustellen." Der § 381 ist danach in gleicher Weise zu interpretiren, wie richtiger Weise der Art. 94 der W. O. ausgelegt worden ist: es ist darin nicht hypothetisch bestimmt, daß, wenn ein Landesgesetz eine gerichtliche oder notarielle Beglaubigung von Handzeichen kenne, dieser Beglaubigung eine bestimmte Beweiskraft beiwohnen solle; sondern es ist die gerichtliche und notarielle Beglaubigung bloßer Handzeichen als eine reichsrechtliche Einrichtung normirt. Die Notare sind deshalb befugt, in den Formen der Unterschriftsbeglaubigung auch bloße Handzeichen zu beglaubigen. Selbstredend wird indessen durch die Beglaubigung die Rechtsverbindlichkeit der Erklärung eines Analphabeten nicht hergestellt, wenn solche, wie nach § 172. I. 5 A. L. R., notarieller Aufnahme bedarf; nur die Echtheit seines Handzeichens steht fest.

3) „vollzogenen Instruments." Danach ist als regelmäßiger Fall gedacht, daß über der Unterschrift ein Schriftstück sich befindet. Indessen ist es auch statthaft, bloße Blankettunterschriften zu beglaubigen. Zum Theil, wie beim Blankoindossament, ist dies positiv anerkannt. Aber auch außerhalb dieser Fälle erzeugt der Verkehr unter Umständen das Bedürfniß nach Blankettunterschriften und es kann im Wortlaut des § 21 ein Verbot der Beglaubigung solcher nicht erblickt werden.

4) „anerkennen." Die Wortfassung setzt als regelmäßigen Fall voraus, daß die Unterschriften schon vorhanden sind; indessen unterliegt dem § 21 wohl auch der Fall, wenn die Parteien vor dem Notar erscheinen, um die Unterschrift in seiner Gegenwart erst zu leisten.

5) In wie fern bei der bloßen Beglaubigung dem Notar die Hinderungsgründe der §§ 5. 6 entgegenstehen, darüber s. zu § 5 Anm. 6 und zu § 6 Anm. 9.

6) zu Abs. 2 bis 4. Das hier geordnete Verfahren ist durch § 5 der Ges. v. 5. März 1880 dahin vereinfacht, daß es dabei der Zeugenzuziehung und der Protokollaufnahme nicht bedarf. Gleichwohl ist das frühere Verfahren des § 21 damit nicht für völlig beseitigt zu erachten; denn das neue Gesetz bestimmt nicht, daß nicht auch mit Protokoll und Zeugen verfahren werden dürfe. Es bildet danach das vereinfachte neue Verfahren allerdings die Regel. Die Parteien erscheinen aber befugt, vom Notar auch die Beobachtung des alten Verfahrens zu fordern. Sie können an dieser Beobachtung ein Interesse namentlich dann haben, wenn der die Unterschrift Anerkennende dem Notar erst durch Rekognitionszeugen bekannt wird. Wenn in einem solchen Falle später ein Gegenbeweis gegen die Richtigkeit der Unterschrift unternommen wird, so steht der Inhaber der Notariatsurkunde diesem mit dem Protokoll nach § 21 anders gerüstet gegenüber als mit dem bloßen Beglaubigungsvermerk. Gl. M. Turnau zu § 33 G. B. O. Anm. 4.

Ueber das jetzige vereinfachte Verfahren s. die Noten zu § 5 des Ges. vom 8. März 1880.

7) Für die Verstempelung der rekognoscirten Urkunde braucht der Notar von Amtswegen nicht zu sorgen; er ist aber befugt, auf Verlangen der Partei das

erforderliche Stempelpapier beziehentlich die zur Kassation durch die Behörde bestimmten Marken im allgemeinen Umfange (J. M. Bl. 1865 S. 51) selbst zu kassiren, sofern der Stempel den Betrag v. 1000 M. nicht übersteigt. Allg. Verf. v. 5. Mai 1883 (J. M. Bl. S. 144).

Wegen der Gebühren des Notars für die Unterschriftsbeglaubigung s. § 9 des Ges. v. 8. März 1880.

§ 22.[1])

Wenn nicht blos die Unterschrift, sondern auch der Inhalt einer Urkunde anerkannt werden soll[2]) (Allgemeine Gerichtsordnung Theil I. Titel 10 § 125), so wird die Urkunde in Gegenwart der Zeugen oder des zweiten Notars vorgelesen und, nachdem sie anerkannt[3]) worden, der im Verwahr des Notars verbleibenden Urschrift der Verhandlung angeheftet und mit derselben ausgefertigt.[4])[5])

[1]) Der § 22 gehört zu den wesentlichen Förmlichkeiten (§§ 41. 42). Er behandelt die wahre gemeinrechtliche Anerkennungsform (vgl. zu § 21 Anm. 1). Der § 13 der N. N. Ord. v. 1512 fährt nach einer vorgängigen Warnung, daß die Notare ihre Protokolle nicht durch die Parteien oder dritte Personen extendiren und von diesen die Instrumente ingrossiren (mundiren) lassen sollten, welche ihnen dann nur zur Unterzeichnung vorgelegt würden, fort: „Aber ain anders were, wo zuvor unn ehe der contract oder handel abgeredt unn vollendt were, solich extensiones were von beiden contrahenten, oder yr ainem geschehen, vnd alßdan vor ynen vnd den gezeugen vnd Notarien verlesen, vnd solchs den partheyen, wie verlesen, gefellig were, vnd der Notarius darüber ersucht würde; dan alsdan so möcht der Notarius sie herlich schreiben, das sie (die) approbirten Form vor ym vnd den verordneten Zeugen contrahirt vnd gehandelt, vnd solchs zu andern in sein Prothocol schreiben, vnd Instrument darüber machen.“ Die Stelle lautet in der alten lateinischen Uebersetzung etwas klarer so: „Secus tamen esset, si, antequam contractus seu actus absolveretur seu concluderetur, talis extensio, sive ab ambobus contrahentibus, sive altero eorum fieret, et postea coram ipsis et notario et testibus legeretur, et, ubi sic contrahentibus placeret, ex tunc notarius rogaretur. Posset enim tunc notarius secure scribere partes juxta istam extensam formam ipsis lectam et approbatam, coram se et testibus requisitis contraxisse et egisse, ac ceteris prothocollis suis adjungere atque postea publicare.“ „Publicare“ heißt: zum öffentlichen Glauben (oder in öffentlich glaubwürdiger Form) ausfertigen. Das hiernach gebilligte Verfahren war schon zu Durantis' Zeit, wie er im Spec. jur. Lib. II, Partic. II, § 8, Nr. 36 bezeugt, allgemein verbreitet, und bestand darin, daß die Parteien mit einem von ihnen oder einem Dritten verfaßten ausführlichen Aufsatze (extensio) über das verabredete Rechtsgeschäft sich zu dem Notar begaben, daß ihnen in dessen und der zugezogenen Zeugen Gegenwart der Aufsatz vorgelesen, von ihnen genehmigt und dann der Notar requirirt wurde, über diese Handlung ein Dokument zu verfassen; daß der Notar demgemäß hierüber ein Protokoll, dem jener Aufsatz einverleibt oder beigefügt wurde, aufnahm, und sodann daraus das solenne Instrument entwarf. Damit waren alle wesentlichen Förmlichkeiten eines Notariatsinstruments beobachtet. Mit der Zeit vernachlässigte man das wesentliche Erforderniß der Zurückbehaltung des Originals. Man legt in neuester Zeit dem Notar und den Zeugen die Reinschrift vor, diese wird von den Parteien, nachdem sie vorgelesen und von ihnen genehmigt worden, unterschrieben, und der Notar attestirt dann gewöhnlich nur, daß, nachdem er dazu requirirt, in seiner und der zugezogenen Zeugen Gegenwart zu der und der

Zeit und an dem und dem Orte die vorstehende Urkunde vorgelesen sei, und daß die Parteien deren Inhalt durchgehends genehmigt und darauf die Urkunde eigenhändig unterschrieben hätten. Der Notar unterzeichnet dann mit den Zeugen dieses Attest, untersiegelt dasselbe und händigt so das Originalinstrument den Parteien aus. Ein besonderes Protokoll wird nicht aufgenommen. Oesterley II. S. 465. Gewöhnlich behält der Notar eine Abschrift der ganzen Urkunde bei seinen Akten zurück; eine simple Abschrift kann jedoch das Original selbstverständlich nicht ersetzen und dient in den betreffenden Fällen zu nichts.

Dem vorigen preußischen Notariatsrechte war diese Form unbekannt, obgleich sie im materiellen Civilrechte, z. B. A. G. O. I. 10, § 125, vorausgesetzt wird. Der vorliegende § 22 führt dieselbe ganz neu ein und zwar im Wesentlichen unter Wiederherstellung des alten Verfahrens. An der Vorschrift des § 22 ist durch § 5 das Gesetz v. 8. März 1880 gar nichts geändert. Beschl. d. K. G. v. 21. Juni 1880 (J. u. K. I. S. 99).

²) Der § 22 setzt eine Schrift voraus, welche bereits vor ihrer Anerkennung die Eigenschaft einer Urkunde hat, also von den Parteien vollzogen ist. Ist letzteres noch nicht geschehen, so müssen die Parteien die Urkunde zunächst unterschreiben. Wird die Form des § 22 in Anwendung gebracht, ohne daß die anzuerkennende Urkunde unterschrieben ist, so erlangt letztere dadurch keine Notariatskraft. Daraus ergibt sich zugleich, daß die Form für solche Analphabeten, die auch nicht einmal ihren Namen schreiben können, unanwendbar ist. Erk. d. Ob. Tr. vom 21. Juni 1875 (Entsch. Bd. 75 S. 257. 1 Striethorst Bd. 94 S. 70).

³) „anerkannt." Das Anerkenntniß muß sich sowohl auf den Inhalt als auf die Unterschrift beziehen; vgl. A. G. O. I. 10. § 125; letztere Vorschrift betrifft die nicht streitige Gerichtsbarkeit und steht noch in Kraft.

⁴) Die hier vorgeschriebenen Formen gelangen auch in dem besonderen Falle der notariellen Errichtung eine divisio parentum inter liberos (A. L. R. II. 2. § 380b) zur Anwendung. Eine Versicherung des Erblassers, die Disposition „vorher durchgelesen zu haben" ist entbehrlich, nachdem vorgeschrieben ist, daß sie in Gegenwart des Notars vorzulesen ist. Die Vorschrift, daß das Anerkenntniß „unter dem Original gehörig verzeichnet wird" ist als in der Form des § 22 aufgegangen zu erachten, weil die neue Form die schwerere ist. Dagegen besteht die weitere Vorschrift, daß die Disposition außer am Schluße auch noch auf jedem einzelnen Blatte unterschrieben sein muß, fort, weil sie nicht das Verfahren des Notars, sondern die Form der anzuerkennenden Privaturkunde betrifft.

⁵) Keine Bestimmung ist an dieser Stelle darüber getroffen, inwiefern für die Geschäfte deren notarielle Errichtung vorgeschrieben ist, die Form der Verlautbarung nach § 22 genügt. Die Entscheidung ergibt sich indessen aus dem in § 22 angezogenem § 125 I. 10 A. G. O. Danach erhalten die Urkunden durch die gerichtliche Verlautbarung die Kraft einer gerichtlichen Urkunde, vorausgesetzt, daß „sie den Ort und das Datum der Aufnahme, die Benennung aller dabei gegenwärtig gewesenen Interessenten nebst einer vollständigen und deutlichen Erzählung der vorgefallenen Verhandlung enthalten." Vgl. auch Erk. d. O. Tr. v. 8. November 1877 (Strieth. Bd. 99 S. 249). Unter der gleichen Voraussetzung begründet danach die notarielle Verlautbarung für die Urkunde die Kraft eines Notariatsinstruments und ersetzt deshalb principiell die im Gesetze vorgeschriebene notarielle Errichtung mit voller Kraft. Für solche Analphabeten, welche ihren Namen schreiben können, und unter die Privatschrift gesetzt haben, wird deshalb die notarielle Verlautbarung auch für voll wirksam zu erachten sein; für Analphabeten, die nur Handzeichen machen können, ist die Verlautbarung nach der Vorschrift des § 22 nicht ausführbar (vgl. Anm. 2).

Das Princip der notariellen Verlautbarung erleidet indessen da eine Ausnahme, wo nicht bloß eine Willenserklärung abgegeben, sondern der Notar Zeugniß über einen Vorgang ablegen soll, wie z. B. bei Protokollen über Generalversammlungen. Hierher gehört auch der Fall der eidesstattlichen Versicherung behufs Erbeslegitimation. Denn das Wesen der eidesstattlichen Versicherung bedingt, daß der Beamte Zeuge ihrer Abgabe wird, nicht Zeuge eines Anerkenntnisses, daß sie abgegeben sei. In allen diesen Fällen kann deshalb die vorgeschriebene notarielle Errichtung durch Verlautbarung des Inhalts einer Privaturkunde nicht ersetzt werden.

§ 23.

In Ansehung der Formen der Wechselproteste [1] [2] [3] und Vidimationen [4] [5] bleibt es bei den bestehenden Gesetzen.

A. Wechselproteste.

[1] Mit den aufrecht erhaltenen Gesetzen betreffs der Wechselproteste sind die Vorschriften der A. G. O. III. 7. § 78 und des A. L. R. II. 8. §§ 1035 bis 1045 gemeint. An die Stelle des A. L. R. sind aber die Art. 87 bis 90 der Allg. D. Wechsel-Ord. getreten, und es sind die §§ 713—1249 II. 8. A. L. R. durch die V. v. 6. Januar 1849 (G. S. S. 49) § 1 und durch das E. G. z. W. O. v. 15. Februar 1850 (G. S. S. 53) § 1 auch formell aufgehoben worden. Dadurch entstand nun aber für die Praxis eine Lücke, indem nämlich die Wechselordnung keine Bestimmung über die Frage enthält, ob der Protest in Protokollform aufzunehmen und für den Requirenten demnächst auszufertigen ist oder ob er in Urschrift für den letzteren bestimmt ist. Die Praxis hat sich dafür entschieden, daß die §§ 1035 bis 1045 II. 8. A. L. R. trotz Aufhebung des gesammten landrechtlichen Wechselrechts insoweit fortgelten, als sie nicht den Art. 87 bis 90 der W. O. entgegenstehen, und zwar deshalb, weil sie durch den vorliegenden § 23 noch besonders zum Inhalte des letzteren gemacht sind, dieser Paragraph aber mit Einführung der W. O. nicht aufgehoben worden ist. Erk. d. O. Tr. v. 27. September 1864 (Entsch. Bd. 53 S. 224) und des R. O. H. G. v. 21. Mai 1873 (Entsch. Bd. 10 S. 107).

Das Verfahren ist folgendes: Der Notar empfängt von dem Wechselinhaber den Wechsel und den Auftrag, einen gewissen Protest zu erheben, begiebt sich zu dem Verflichteten, präsentirt diesem den Wechsel, stellt an ihn das seinem Auftrage entsprechende Begehren, nimmt dessen Erklärung darüber entgegen und fertigt über den Vorgang eine öffentliche Urkunde an, welche er unterschreibt und mit seinem Amtssiegel untersiegelt. Diese Beurkundung muß sogleich hintereinander, wenigstens an demselben Tage, an welchem die Handlung vorgegangen ist, geschehen. A. D. W. O. Art. 88; Erk. d. O. Tr. vom 2. Mai 1854 (Entsch. Bd. 27. S. 444.), Erk. d. R. O. H. G. v. 25. September 1872 (Entsch. Bd. 7 S. 184). Die Absolvirung der Protesturkunde kann den oben citirten landrechtlichen Vorschriften gemäß auf zwei verschiedene Weisen geschehen. Entweder so, daß der Notar sein Original-Protocoll als Concept, und gehörig unterschrieben, anfertigt und davon eine dem Requirenten auszuhändigende Reinschrift fertigt, diese gehörig unterschreibt und mit seinem Amtssiegel untersiegelt. Oder so, daß er das auf einen besonderen Bogen geschriebene Original-Protokoll, gehörig unterschrieben und besiegelt, dem Requirenten aushändigt, nachdem er dasselbe ganz vollständig in das Protestbuch abgeschrieben hat. Diese Abschrift muß er jedoch durch seine eigenhändige Unterschrift beglaubigen, damit davon auf Erfordern Duplikate gegeben werden können. Wird auf die erste Weise die Protesterhebung beurkundet, also über den Vorgang ein vollständiges und gehörig vollzogenes

Protocoll in einem Zuge aufgenommen und davon eine besondere zum Umlaufe bestimmte förmliche Ausfertigung ertheilt, so schadet es nicht, wenn diese Ausfertigung erst nach Ablauf der Protestfrist mit der verordneten Unterschrift des Notars und mit dessen Amtssiegel in der Reinschrift versehen wird. Erk. des O. Tr. v. 27. September 1864 (Entsch. Bd. 53 S. 224); auch bedarf es in diesem Falle der Beidrückung des Amtssiegels nicht für das Originalprotokoll, sondern nur für die Ausfertigung. Erk. d. R. O. H. G. v. 28. Februar 1873 (Entsch. Bd. 8 S. 90); die Legalität der letzteren richtet sich nach §§ 16 ff des Not. Ges Erk. d. R. O. H. G. v. 21. Mai 1873 (Entsch. Bd. 10 S. 110), und es erscheint auch statthaft, Mängel der Ausfertigung aus dem Originalprotokoll zu beseitigen. Erk. d. R. O. H. G. v. 28. Februar 1873 (Entsch. Bd. 8 S. 88). — Wird dagegen von der zweiten Verfahrungsart Gebrauch gemacht, d. h. wird der thatsächliche Vorgang der Protesthandlung in Form eines Protokolls sofort in Reinschrift gebracht und diese Reinschrift ohne besondere Ausfertigung als der zum Umlauf bestimmte Protest behandelt; so muß diese zum Proteste im eigentlichen Sinne bestimmte Originalschrift innerhalb der gesetzlichen Protestfrist mit der Unterschrift des Notars und dessen Amtssiegel versehen werden, um das Recht aus dem protestirten Wechsel zu conserviren. Erk. d. O. Tr. v. 27. September 1864 (Entsch. Bd. 53 S. 224); Erk. d R. O. H. G. v. 25. September 1872 (Entsch. Bd. 7 S. 184). Die zweite Verfahrungsart ist die in Preußen allgemein üblich gewordene.

Wird der Auftrag zur Protesterhebung zurückgenommen, nachdem der Akt des Protestirens stattgefunden hat, so kann der Notar vom Niederschreiben der Protesturkunde Abstand nehmen (Hänschke in der Preuß. Anw. Ztg. 1863 S. 397 und Lebenheim ebenda S. 416). In Ansehung der Gebühren ist ein solcher Akt alsdann als ein noch nicht vollzogenes Geschäft dem § 12 des Gebührengesetzes unterworfen (Hänschke a. a. O. A. M. Lebenheim a. a. O.).

[2]) Was im Uebrigen die Protesturkunde wesentlich enthalten muß, schreibt der Art 88 der W. O. vor, von dessen Commentirung, die in vorzüglichster Art in verschiedenen Ausgaben der Wechselordnung vorhanden ist, hier abgesehen wird. Vgl. übrigens die Anmerkungen zu Muster 143. Betreffs des formalen Verfahrens unterscheidet sich der Wechselprotest von den übrigen Notariatsakten noch wesentlich darin, daß es der Zuziehung von Zeugen hierbei nicht bedarf, und daß auch die Unterschrift der Betheiligten nicht erforderlich ist. Diese sowie die in Anm. 1 erörterten Besonderheiten können auf andere Proteste als Wechselproteste, insbesondere auf den Verzugsprotest nach Art. 358 H. G. B. nicht bezogen werden; die letzteren unterstehen vielmehr ausschließlich den Vorschriften des Not. Ges. (s. zu § 5 des Ges. v. 8. März 1880 Anm. 3). Wegen des begrifflichen Unterschiedes der Thätigkeit des Notars beim Wechselprotest von seinen sonstigen Functionen s. o. S. 36 Anm. 49.

[3]) Eine Ordnungsvorschrift, die sich schon in vielen Partikular-Wechselordnungen findet, ist die, daß alle Wechselproteste in ein besonderes Protestbuch vom Notar eingetragen werden müssen. Diese Formalität schreibt die A. D. W. O. im Art. 90 als allgemeine Norm vor. Das Wechselprotestregister unterscheidet sich nach seiner Form, wie nach seinem Zwecke, wesentlich von dem Notariatsregister des § 36 des Not. Ges. Es müssen in dasselbe die Proteste „ihrem ganzen Inhalte" nach d. h. wortgetreu und mit eigenhändiger Unterschrift des Notars eingetragen werden. Das Register ist hauptsächlich für diejenige Verfahrungsart berechnet, bei welcher das Original der Protesturkunde dem Requirenten ausgehändigt wird (s. Anm. 1); hier dient das Register dazu, im Falle des Verlustes der Protesturkunde ein Duplikat derselben herstellen zu können. Wird nach der anderen Verfahrungsart prozedirt, so muß der Protest dreimal geschrieben werden, einmal als Originalprotokoll, sodann in gewöhnlicher Ausfertigung für den Requirenten und endlich in das Protokollregister. Das letztere kann in diesem Falle nicht

durch Sammlung der Originalprotokolle gebildet werden; denn die Eintragung in das Register setzt eine bereits vollständig vorhandene Protesturkunde voraus (Rehbein zu Art. 87—90 der W. O. Anm. 16). Uebrigens hängt die Gültigkeit des Protestes von seiner Eintragung in das Register überhaupt nicht ab.

Die in das Protestregister gehörigen Wechselproteste sind nicht noch außerdem in das Notariatsregister aufzunehmen. Allg. Verf. v. 14. Mai 1881 (J. M. Bl. S. 108). Das Protestregister muß fortlaufend foliirt sein (Art. 90 W. O.); indessen besorgt dies der Notar selbst, eine gerichtliche Paraphirung des Registers (§ 36) findet nicht statt.

B. Vidimationen.

4) Die aufrecht erhaltenen Vorschriften sind die §§ 79—81. III. 7. A. G. O. Dieselben lauten unter der Marginalüberschrift: „Von Vidimationen und Renovationen der Instrumente."

§ 79. Fünftens. Können die Justizkommissarien als Notarien auch zum Vidimiren und Kollationiren der Instrumente gebraucht werden.

Wenn ihnen dergleichen aufgetragen wird, so müssen sie Beides, Original und Abschrift, aufmerksam durchlesen, von einer Periode zur andern mit einander sorgfältig vergleichen, und bei richtigem Befunde die Uebereinstimmung unter der Abschrift attestiren; auch wenn im Originale sichtbare Mängel, als Rasuren, Korrekturen, Interlineationen u. dgl. befindlich sind, dieses am Rande der Abschrift, oder unter derselben, durch eine umständliche Registratur genau bemerken.

§ 80. Zu einer dergleichen bloßen Vidimation ist die Zuziehung eines zweiten Notarii oder der Zeugen nicht erforderlich, sondern die bloße Unterschrift des vidimirenden Notarii und die Beidrückung seines Siegels hinreichend.

Uebrigens finden auch dabei die Vorschriften des Zweiten Theils Tit. III. § 27—29. Anwendnng.

§ 81. Vidimationen und Renovationen gerichtlich aufgenommener und konfirmirter Instrumente können mit voller Wirkung nur gerichtlich erfolgen. Privatinstrumente hingegen können auch durch einen Notarius mit vollem Effekt der Gleichstellung mit dem Original vorgenommen werden, wenn dieser dabei die in der angeführten Stelle den Gerichten ertheilten Vorschriften beobachtet.

Zu diesen Vorschriften ist zu bemerken:

a) Das im § 81 erwähnte Renovationsverfahren ist ein von der Vidimirung vollständig verschiedenes und den Notaren regelmäßig entzogenes Geschäft. Ueber dasselbe vgl. die Bemerkung bei Muster 16.

b) Im Uebrigen unterliegt die Kompetenz der Notare für Vidimirungen der im § 81 vorgesehenen Beschränkung nicht mehr. Diese Kompetenzbeschränkung beruhte auf der eigenthümlichen Geschichte des Instituts der Vidimirung. Gemeinrechtlich wurde nämlich nach den Ansichten der italienischen Juristen unterschieden zwischen einfachen Beglaubigungen, welche nur das Andenken an das Original zu erhalten bestimmt waren und das Original nur hinsichtlich seines Inhaltes suppliren sollten, und solchen beglaubigten Abschriften, welche mit voller Wirkung die Stelle des Originals vertreten sollten. Zu einer beglaubigten Abschrift der letzteren Art ist wesentlich nothwendig, daß die als Original vorgelegte Urkunde echt sei, d. h. von demjenigen herrühre, welcher darin als Aussteller bezeichnet ist. Darauf beruhet die Beweiskraft des neuen Exemplars. Der Notar muß daher die Echtheit mit bezeugen und er thut dies, indem er attestirt, daß die Abschrift mit dem vorgelegten Original gleichlautend sei, das Attest schließt mithin selbstverständlich in sich, daß das Original echt gewesen sei. Der Notar muß also von der Echtheit überzeugt gewesen sein. Hat er selbst das Original ausgefertigt, so ist dabei kein Zweifel, denn er rekognoscirt ja die Urkunde als eine solche, die von ihm herrührt. Ist das Original eine Privaturkunde, so wird seine Ueberzeugung durch die Rekognition der Parteien (s. u. zu e) hergestellt. Mit öffentlichen Urkunden aber, welche von einer anderen öffentlichen Person herrühren, ist es anders; hier fehlen ihm die untrüglichen Ueberzeugungsmittel; hier kann die Ueberzeugung von der Echtheit der als Original vorgelegten Urkunde nur durch Reflexion und Schlußfolgerung, also nur durch ein Urtheil erlangt werden. Ein solches Urtheil zu fällen wurde als nicht in dem Berufe und Amte eines Notars liegend erachtet. Deshalb wurde dazu die Mitwirkung des Richters gefordert. Oesterley I. S. 330 ff.; II. S. 501 ff. und die dort angeführten und § 10 der Reichs-Not. Ord. v. 1512: „. . . es gehört dem Richter, vnd nit dem Notarien zu, auff vermutung vnd presumption zu ermessen, sunder allain von dem zu schreiben, so mit leiblichen sinnen empfangen were . . . . dieweil er, der Notarius, ainem zeugen gleich schreiben sol." Und selbst das richterliche Ermessen ist, wenn der Richter den Aussteller nicht vernehmen kann, unsicher, weshalb man auch annahm, daß nur diejenige öffentliche Behörde oder Person, von welcher die Originalurkunde herrührt, eine authentische Abschrift davon geben dürfe. Mit dieser Geschichte hängen die Vorschriften der A. G. O. über die in Rede stehende Kompetenz zusammen. Es werden hier ebenfalls unterschieden bloße (einfache) Vidimationen und solche vidimirte Abschriften, welche die Stelle des Originals vertreten, und mit demselben gleiche Kraft haben. Th. II. Tit. 3 § 28. Mit Beziehung auf die letzteren ist verordnet, daß zu ihrer Ertheilung nur dasjenige Gericht kompetent ist, bei welchem die Urkunde aufgenommen oder bestätigt worden ist (II. 3. § 28). Daraus ist denn im § 80. III. 7. die Konsequenz gezogen, daß die Vidimation gerichtlicher Urkunden den Notaren überhaupt genommen ist. Diese Beschränkung ist indessen durch die K. O. v. 6. November 1834 (G. S. S. 180) aufgehoben. Nach derselben sollen beglaubigte Abschriften gerichtlich aufgenommener oder konfirmirter Instrumente, wenn sie auch nicht von demselben Gerichte, von welchem das Original aufgenommen oder bestätigt worden, sondern von einem anderen Richter oder von einem Notar ausgefertigt sind, die Stelle des Originals mit voller Wirkung zu vertreten geeignet sein. Damit ist der Unterschied zwischen einfachen und qualifizirten Vidimationen überhaupt beseitigt und es haben bei Ertheilung beglaubigter Abschriften von schon vorhandenen Urkunden gegenwärtig die Notare mit den Gerichten eine unbeschränkte konkurrente Befugniß. Rührt die Originalurkunde von einer anderen Urkundsperson her, so kann freilich die Vidimationsregistratur weiter nichts feststellen, als daß dieselbe von dem Requirenten für das echte Original ausgegeben und daß sie als unverdächtig anerkannt worden ist. Dies ist in dem Vidimationsatteste stillschweigend enthalten. Die betreffende Prüfung liegt dem Notar ob und das Attest begründet auch im Prozesse regelmäßig die Vermuthung für die Echtheit des dem Notar vorgelegten Originals jedoch vorbehaltlich der Befugniß des Gerichts, nach Maßgabe des § 400 C. P. O. die Vorlegung der Urschrift zu fordern.

Eine beglaubigte Abschrift von einer beglaubigten Abschrift zu ertheilen ist der Notar nicht behindert, wenngleich einer solchen Abschrift im Prozesse die Beweiskraft der Originalurkunde nicht beiwohnt (Struckmann-Koch zu § 400 C. P. O. Anm. 1; Wilmowski-Levy ebda.; A. Foerster ebda.). Vgl. übrigens Beschl. d. K. G. v. 31. August 1885 (J. u. K. VI. 112), welcher einer solchen Abschrift volle Beweiskraft beimessen will.

c) Alle Vorschriften über die Gleichstellung der beglaubigten Abschriften mit den Originalen betreffen übrigens nur die Beweiskraft. Wo aber das materielle Recht gewisse Befugnisse an den Besitz und die Vorzeigung einer Schrift knüpfen, da kann die beglaubte Abschrift das Original nicht ersetzen. Dies gilt nicht nur bei Inhaberpapieren, Wechseln, Grundschuldbriefen u. dgl., sondern in gleicher Art auch bei Vollmachten. Den Bevollmächtigten legitimirt nur die Vollmacht als Original; nur das Innehaben des letzteren beweist, daß die Vollmacht nicht widerrufen ist (§ 161. I. 13. A. L. R.). Eine beglaubte Abschrift kann nur beweisen, daß der Bevollmächtigte zur Zeit der Vidimirung Bevollmächtigter war.

d) Das Verfahren stimmt mit dem bei gerichtlichen Vidimationen (A. G. O. II. 3. § 27) überein. Es besteht bei öffentlichen Urkunden darin, daß von der Vorlage eine wortgetreue Abschrift gemacht wird, in welcher der Stempel des Originals oben als Ueberschrift mit den Worten: „Original drei Mark Stempel" (oder wieviel sonst) angedeutet, das Siegel mit dem Zeichen „(L. S.)" oder „(Siegel)" vermerkt und die sichtbaren Mängel, z. B. Rasuren, Korrekturen, Einschaltungen zwischen den Linien, Durchstreichungen und dergleichen, am Rande der Abschrift, oder unter ihr, in einer umständlichen Registratur genau bemerkt werden. Dies kann auch in der Abschrift selbst an der betreffenden Stelle in Paranthese geschehen, z. B. „(hier folgen die drei Worte . . . . . , welche durchstrichen sind", oder: „hier folgen drei durchstrichene Worte, welche unleserlich sind)." Die Abschrift wird vom Notar durchgelesen und mit der Vorlage von Wort zu Wort verglichen und, wo nöthig, berichtigt; demnächst wird das Vidimationsattest darunter gesetzt, vom Notar gehörig unterschrieben und mit dem Amtssiegel untersiegelt. Mehrere Bogen werden zusammengeheftet und die Enden des Heftfadens werden durch das Siegel befestigt. Daß Ort und Zeit der Beglaubigung anzugeben sei, wird nicht gesagt, gemeinrechtlich war es in der älteren Zeit ungewöhnlich. Oesterley I. S. 332. 334. In neuerer Zeit ist es üblich geworden, das unter die Unterschrift zu setzende Beglaubigungsattest mit allen Erfordernissen einer solennen Notariatsurkunde, namentlich also auch mit der Orts- und Zeitangabe zu versehen. Oesterley II. S. 512. Das Gleiche muß nach der Vorschrift der A. G. O. III. 7. § 79, welche zur Beglaubigung ein „Attest" fordert, angenommen werden, wird übrigens auch von der Praxis gleichförmig beobachtet. Ohne Orts- und Zeitangabe würde die Kompetenz des Notars ungewiß sein. (Kühne-Sydow zu § 23 Anm. 2). Ein Protokoll wird über die Vidimation nicht aufgenommen, auch wird dieselbe nicht in das Notariatsregister (§ 36) eingetragen.

e) Ist das Original ein Privatinstrument, so kann eine Vidimirung der Abschrift überhaupt nur nach Rekognition der Unterschrift Seitens des Ausstellers erfolgen (A. G. O. II. 3. § 28). Bei dem jetzt vereinfachten notariellen Beglaubigungsverfahren (§ 5 des Ges. v. 8. März 1880) erfolgt sie am zweckmäßigsten in der Art, daß der Notar unter das Original den Vermerk über Beglaubigung der Unterschrift setzt, alsdann von der ganzen Urkunde einschließlich des Beglaubigungsvermerks eine Abschrift macht, und diese demnächst mit dem einfachen Vidimirungsatteste versieht. Eine solche beglaubigte Abschrift kann übrigens im Prozesse die Originalurkunde nicht ersetzen, weil nur bei öffentlichen Urkunden die Vorlegung in beglaubigter Abschrift genügt, während die bloß der Unterschrift nach beglaubigte Urkunde die Natur einer Privaturkunde behält (s. § 21. Anm. 1).

f) Wegen der Gebühren für Vidimationen s. § 10 des Ges. v. 8. März 1880.

[5]) Eine in den Vorschriften, auf welche der § 23 dieses Gesetzes verweiset, ganz unberührte Frage ist die: wer berechtigt sei, die Anfertigung einer vidimirten Abschrift zu verlangen. Darüber gingen die Meinungen schon unter den Glossatoren weit auseinander. Während Einige nur den Betheiligten das Recht zuerkannten, eine Beglaubigung ihrer Notariatsurkunde bewerkstelligen zu lassen, räumten Andere es einem Jeden ein, welcher sich im Besitze der Urkunde befinde, oder doch nöthigenfalls vor dem Richter ein Interesse an einer beglaubigten Abschrift nachweisen könne. Durantis, Spec. jur. Lib. II. Partic. II. § 4. No. 2 sqq. Vgl. Oesterley I. S. 330. Es muß — abweichend von den früheren Auflagen — die Ansicht vertreten werden, daß jeder, der dem Notar die Originalurkunde vorlegen kann, auch eine beglaubigte Abschrift der letzteren zu fordern berechtigt ist. Denn seine Rechte werden durch die beglaubigte Abschrift nich

größer, als sie durch den Besitz der Originalurkunde sind. Auch müßte dem Notar eine seinem Amte fremde causae cognitio zugemuthet werden, wenn man ihm bei der großen Verschiedenartigkeit der öffentlichen Urkunden, welche sämmtlich notarieller Beglaubigung unterliegen, eine Prüfung der Rechte des Antragstellers an der Urkunde auferlegen wollte. Auch für den Fall der Beglaubigung einer Vollmacht auf Antrag des Bevollmächtigten entsteht ein sachliches Bedenken dahin, daß der Bevollmächtigte durch Rückbehaltung der Abschriften bei etwaigem Widerruf der Vollmacht den Machtgeber schädigen könne, nicht (s. Anm. 4c).

Selbstverständlich muß aber der Requirent dem Notar die Urkunde, von welcher vidimirt werden soll, vorlegen können. Handelt es sich um Vidimirung von einer in der Verwahrung des Notars befindlichen Verhandlung, so bestimmt der § 17 Abs. 2, wem der Notar eine beglaubigte Abschrift geben darf.

§ 24.[1])

Wenn die Interessenten oder auch nur Einer derselben sich in deutscher Sprache auszudrücken nicht im Stande sind,[2]) so muß die Aufnahme der Verhandlung jederzeit in deutscher Sprache und in derjenigen Sprache erfolgen, in welcher die Betheiligten sich auszudrücken im Stande sind.

[1]) Der § 24 gehört zu den wesentlichen Förmlichkeiten. (§§ 41. 42.) — Gemeinrechtlich wird die Zuziehung von Dolmetschern nur dann für nothwendig gehalten, wenn die Contrahenten weder die deutsche, noch die lateinische Sprache verstehen, denn es kann auch in der lateinischen Sprache instrumentirt werden. Nach preußischem Recht aber ist die deutsche Sprache die obligate Gerichtssprache, welche dem Sprachunkundigen in dessen Sprache übersetzt werden muß; hierüber ist die Privatwillkür unstatthaft. § 35. Das Verfahren mit Sprachunkundigen vor Notarien hat sich in der A. G. O. keiner besonderen Berücksichtigung zu erfreuen gehabt, nur durch die allgemeine Verweisung im § 48. Tit. 7. Th. III. waren die Notare auf den § 37. Th. II. Tit. 2 hingewiesen, wo vorgeschrieben ist, wie der Richter zu verfahren habe, wenn einer oder beide Theile, welche die Handlung vornehmen wollen, der deutschen Sprache nicht mächtig sind. Zur Ergänzung dieser lückenhaften Vorschriften der A. G. O. über die Aufnahme von Notariatsurkunden in fremden Sprachen wurde das ausführliche Gesetz v. 9. Juli 1841 (G. S. S. 129) gegeben. Dieses ist, seinem wesentlichen Inhalte nach, größtentheils wörtlich hier aufgenommen und in den §§ 24 bis 35 enthalten, und deshalb im § 45 aufgehoben. Die Vorschriften der rhein. Not. O. Art. 33 bis 35, weichen hiervon in zwei wesentlichen Punkten ab, nämlich darin, daß die Requirenten ihre in ihrer Sprache abgefaßte Erklärung dem Notar überreichen, in seiner und der Zeugen Gegenwart unterschreiben und zu deren Uebersetzung einen Dolmetscher wählen müssen; und darin, daß der Justizminister ermächtigt ist, für diejenigen Bezirke in den Rheinprovinzen, wo die deutsche Sprache nicht die gewöhnliche Landessprache ist, von dem Gebrauche der deutschen Sprache bei Abfassung der Notariatsurkunden Ausnahmen zu machen.

Die vorliegenden §§ 24 bis 35 sind mit Ausnahme des § 34 durch das Gesetz über die Geschäftssprache vom 28. August 1876 unberührt geblieben; s. zu § 34 Anm. 1.

[2]) Dieser Fall liegt auch dann vor, wenn die Partei zwar einige Kenntniß der deutschen Sprache hat, sich aber in derselben nur unvollständig auszudrücken vermag. Erk. d. O. Tr. v. 12. October 1852 (Strieth. Bd. 7 S. 115). Gestritten und widersprechend erkannt worden ist darüber: ob es zur Gültigkeit einer Notariatsurkunde, wenn ein Contrahent nicht in der hochdeutschen, wohl aber in

der plattdeutschen Sprache sich auszudrücken versteht, der Aufnahme eines Nebenprotokolls, beziehungsweise der Zuziehung eines Dolmetschers bedürfe. Das Obertribunal hat die Frage verneinend entschieden. Wer sich in plattdeutscher Sprache ausdrücken könne, drücke sich immer in deutscher Sprache aus, und allein hierauf komme es an. Erk. vom 24. Juni 1864 (Entsch. Bd. 53 S. 377). Die gleiche Entscheidung hat vom Standpunkte des § 187 G. V. G. der dritte Strafsenat des R. G. durch Urtheil v. 11. März 1886 (mitgetheilt ohne Gründe im Reichsanzeiger Nr. 103 pro 1886) gefällt. Es läßt sich nicht verkennen, daß die plattdeutsche Sprache keine einheitliche deutsche Sprache und auch keine Schriftsprache ist; sie zerfällt in eine große Anzahl von Mundarten des Niederdeutschen, von welchen nur einige wenige in der Literatur von Einzelnen beachtet worden sind, z. B. der in einigen Gegenden von Schlesien übliche Dialect (der nicht überall in Schlesien der gleiche ist) von v. Holtei, der mecklenburgische von Reuter. Ein Nebenprotokoll in einer allgemein üblichen plattdeutschen Sprache kann also nicht geführt werden, weil es eine solche Schriftsprache nicht giebt. Die Mundarten des Niederdeutschen, mit Ausnahme des Holländischen und Vlämischen, haben sich dem Hochdeutschen untergeordnet. Indessen finden diese Erörterungen ihre Grenze in der Möglichkeit, notarielle Verhandlungen mit Plattdeutschen überhaupt ordnungsmäßig errichten zu können. Versteht der Notar in der That so wenig Plattdeutsch und die Partei so wenig Hochdeutsch, daß Beide einander nicht verstehen, so ist nicht ersichtlich, wie sie dieses Verständniß anders als durch einen Dolmetscher erreichen sollen, und in diesem Falle müssen also die Vorschriften der §§ 26 ff. gleichwohl zur Anwendung kommen. Aber auch wenn der Notar Plattdeutsch versteht, fragt es sich, ob die Partei wenigstens so viel Hochdeutsch versteht, um das in dieser Sprache aufgenommene Protocoll zu begreifen. Das Protokoll mag der Notar mit der dem Parteiverständniß sich nähernden volksthümlichen Accentuirung vorlesen, weiter aber darf er nicht gehen. Plattdeutsch vortragen, wo hochdeutsch geschrieben ist, ist unstatthaft und bringt den Notar in die Lage, nicht bezeugen zu können, daß die Verhandlung „vorgelesen“ worden ist (§ 14 Nr. 2). Kann der Notar sonach über die Genehmigung des hochdeutschen Protokolls durch die Partei sich nicht vergewissern, so bleibt ihm wiederum nichts übrig, als ein Nebenprotokoll im Plattdeutschen aufzunehmen oder aber das Hauptprotokoll selbst in dieser Sprache zu führen. Letzteres kann nun nicht gerade für gesetzwidrig erachtet werden, aber auch nicht für ordnungsgemäß. Denn die Mundart der deutschen Behörden und Beamten muß die Sprache der Gebildeten sein, und diese ist das Hochdeutsche. Vgl. auch noch für die Ansicht des O. Tr. Dorn in der Preuß. Anw. Ztg. 1864 S. 323 und dagegen Hermanni ebenda S. 403.

Was vom Plattdeutschen gilt, findet auch auf die übrigen Volksdialekte Anwendung.

Die Beweislast bei Anfechtung einer Notariatsurkunde muß stets derjenige übernehmen, welcher behauptet, daß die Partei des Deutschen nicht mächtig war (s. die Begründung in dem citirten Erkenntniß S. 381 a. E.).

§ 25.[1])

Sind der Notar und die beiden Zeugen, oder wenn keine Zeugen zugezogen sind, beide Notare der fremden Sprache, worin die Betheiligten sich auszudrücken im Stande sind, mächtig,[2]) so erfolgt die Aufnahme und Vollziehung des Protokolls in beiden Sprachen,[3]) ohne daß es der Zuziehung eines Dolmetschers bedarf.[4])

[1]) Der § 25 ist als wesentliche Förmlichkeit bezeichnet (§§ 41. 42).

[2]) Der Notar muß der fremden Sprache nicht nur mündlich, sondern auch schriftlich so vollkommen mächtig sein, um in derselben protokolliren zu können.

[3]) Die Vorlesung braucht nur in der Sprache der Parteien zu erfolgen: vgl. § 30 Anm. 1 u. 3.

[4]) Gemeinrechtlich ist darüber Meinungsverschiedenheit, ob in dem im § 25 vorausgesetzten Falle die Zuziehung von Dolmetschern nothwendig sei. Oesterley II. S. 457 Anm. 11. Selbstverständlich schadet die Zuziehung als ein bloßes superfluum der Giltigkeit des Aktes nicht. Die Bezeichnung der Vorschrift als wesentliche Förmlichkeit bezieht sich nur auf die Aufnahme und Vollziehung des Protokolls in beiden Sprachen.

§ 26.[1])

Ist aber auch nur eine der bei Aufnahme der Verhandlung mitwirkenden Personen der fremden Sprache nicht mächtig[2]), so muß ein Dolmetscher zugezogen werden, welchen die Parteien selbst wählen oder durch den Notar wählen lassen.

[1]) Der § 26 ist gleichfalls eine wesentliche Förmlichkeit (§ 41).

[2]) Dieser Fall liegt bei zweiseitigen Akten auch dann vor, wenn zwar Notar und Zeugen die fremde Sprache verstehen, einer der Contrahenten aber nicht.

§ 27.[1])

Sind bei dem Geschäft mehrere Personen, welche sich nur in fremder Sprache ausdrücken können, betheiligt, und ist die Sprache derselben verschieden, so ist für jede Sprache ein besonderer Dolmetscher nöthig; es soll jedoch die Zuziehung Eines Dolmetschers genügen, wenn dieser die Sprachen sämmtlicher Betheiligten versteht[2]).

[1]) Der § 27 ist gleichfalls eine wesentliche Förmlichkeit (§ 41); die Beobachtung des zweiten Theils ist indessen seiner Fassung nach überhaupt nur fakultativ.

[2]) Insoweit eine Vereidung nöthig ist (§ 28), muß der Dolmetscher für beide Sprachen vereidigt sein. Ein für das Polnische vereideter Dolmetscher darf, auch wenn er französisch versteht, nicht ohne Weiteres als Dolmetscher des Französischen zugezogen werden. Doch können sich die Parteien über ihn trotz der mangelnden Vereidung einigen (§ 28 Satz 2).

§ 28.[1])

Der Dolmetscher muß als solcher vor Gericht vereidet sein[2]); den Betheiligten steht jedoch frei, sich über einen unvereideten Dolmetscher zu vereinigen[3]).

[1]) Die Uebertretung des § 28 ist an sich nicht unter Nichtigkeit gestellt; die Nichtigkeit bezieht sich vielmehr nur auf das Fehlen der betreffenden Versicherung im Protokoll (§ 31 Nr. 2). Es ist genau das gleiche Verhältniß, wie es Betreffs der §§ 5 bis 9 gegenüber der Versicherung des § 10 Nr. 5 obwaltet. (Siehe zu § 5 Anm. 7.)

[2]) Ist dies noch nicht geschehen, so müssen die Parteien oder der Notar die gerichtliche Vereidung herbeiführen. Zuständig für dieselbe ist jedes Amtsgericht, da die Vereidung sich als Vollziehung eines Aktes der nicht streitigen Gerichtsbarkeit darstellt (A. G. z. G. V. G. § 26 Nr. 2). Das Amtsgericht muß dem An-

trage entsprechen, wenn die Parteien ihm erklären, daß sie den Dolmetscher gewählt haben oder wenn der Notar erklärt, daß er die Wahl im Auftrage der Parteien vorgenommen hat. Eine Prüfung der Qualifikation des Gewählten als Dolmetscher steht dem Gericht nicht zu. Die Vereidung erfolgt jetzt nach § 5 des Geschäftssprachengesetzes v. 28. August 1876 (s. zu § 34 Anm. 1). Der citirte § 5 lautet:

„Die Beeidigung des Dolmetschers erfolgt ein für allemal oder vor Ausübung seiner Verrichtung im einzelnen Falle dahin:

daß er treu und gewissenhaft übertragen werde.

Wird ein Beamter als Dolmetscher angestellt, so ersetzt der Diensteid den Dolmetschereid."

Der letzte Satz des § 5 ist indessen auf das Notariatsverfahren nicht für anwendbar zu erachten; vielmehr ist durch den § 11 des Geschäftssprachengesetzes (s. denselben zu § 34 Anm. 1) nur die Eidesnorm des § 5 eingeführt. Ungeändert bleiben bestehen: die Bestimmung im § 28, daß der Dolmetscher „als solcher vor Gericht vereidigt" sein muß und die Bestimmung im § 31 Nr. 2, wonach im Protokoll bemerkt sein muß, daß der Dolmetscher „gerichtlich vereidigt" ist. Nun ist aber der Diensteid, selbst abgesehen von seinem Inhalt, überhaupt kein gerichtlicher Eid; auch wenn er von einem richterlichen Justizbeamten abgenommen wird, handelt dieser nicht als Richter, sondern als Verwaltungsbeamter. Deshalb ist für den Notariatsdolmetscher die Nothwendigkeit gerichtlicher Beeidung als Dolmetscher auch in dem Falle festzuhalten, daß er Beamter und als Dolmetscher angestellt ist. Vgl. wegen solcher Anstellungen die Dolmetscherordnung v. 24. April 1886 (J. M. Bl. S. 98), in welcher übrigens auch die besondere Vereidung der angestellten Dolmetscher vorgesehen ist (§ 19).

Geschieht die Beeidung nur für den einzelnen Fall, so mag folgende Eidesnorm sachdienlich sein:

Ich schwöre bei Gott, dem Allmächtigen und Allwissenden, daß ich bei der zwischen N. N. und X. Y. vor dem Notar Z. vorzunehmenden Verhandlung die Uebertragungen sowohl aus der englischen Sprache als in dieselbe treu und gewissenhaft bewirken werde.

Der ein für allemal vereidigte Dolmetscher braucht eine besondere Versicherung, wie sie im Prozesse erfordert wird (G. V. G. § 191) nicht abzugehen.

³) Die „Betheiligten", welche zustimmen müssen, sind der Sprachunkundige sowie seine Mit- und Gegencontrahenten, da auch die letzteren ein Interesse an der richtigen Verdolmetschung haben. Dem Notar und den Zeugen steht kein Widerspruchsrecht gegen die Zuziehung eines unbeeideten Dolmetschers zu.

Die Vereinigung der Betheiligten ist an keine weitere Form gebunden, als daß sie im Protokollzu bemerken ist (§ 31 Nr. 2); daß die Vereinigung erfoglt ist, wird durch den gewählten Dolmetscher selbst festgestellt und dem Notar übermittelt.

§ 29.¹)

Der Dolmetscher muß die Eigenschaften eines gültigen Instrumentszeugen haben (§§. 7, 8 und 9). Das Verbot des §. 5 findet auch auf sein Verhältniß zu dem zugezogenen zweiten Notar oder den Instrumentszeugen Anwendung.

¹) Das zu § 28 Anm. 1 Bemerkte gilt auch hier.

§ 30.¹)

Der Notar erforscht die Willensmeinung der Parteien durch den Dolmetscher²), nimmt die Verhandlung in der deutschen Sprache auf, läßt solche den Betheiligten durch den Dolmetscher in ihrer Sprache vortragen[3]) und von dem Dolmetscher mit den Parteien[4]) unterzeichnen. Der Dolmetscher kann auch, wenn die der deutschen Sprache nicht mächtige Person des Lesens und Schreibens unkundig ist, deren Handzeichen nach §. 13 attestiren.[5])

Der in deutscher Sprache aufgenommenen Verhandlung wird eine von dem Dolmetscher verfaßte Uebersetzung[6]) in der fremden Sprache beigefügt, die von denselben Personen zu unterzeichnen ist[7]), welche die deutsche Verhandlung unterzeichnet haben.

[1]) Die im § 30 vorgeschriebenen Förmlichkeiten sind wesentliche (§§ 41. 42). Das Verfahren gestaltet sich nach dem § 30 wie folgt:

Zuvörderst erforscht der Notar durch den Dolmetscher überhaupt die Meinung der Parteien. Wenn er diese festgestellt hat, nimmt er das Protokoll in deutscher Sprache auf und läßt es in der fremden Sprache durch den Dolmetscher vortragen; ist einer der Comparenten des Deutschen mächtig, so liest es außerdem der Notar in deutscher Sprache vor. Nachdem es alsdann genehmigt ist, unterzeichnen die Parteien und der Dolmetscher das deutsche Protokoll. Demnächst übersetzt der Dolmetscher das Protokoll schriftlich in die fremde Sprache; diese Uebersetzung wird durch ihn vorgelesen. Bei dem früheren „Vortrage" hatte die fremdsprachige Partei nur den Inhalt genehmigen können; durch die Vorlesung der Uebersetzung wird sie in die Lage gebracht, sich auch über die gewählte Fassung zu äußern. Nachdem die Genehmigung der Uebersetzung erfolgt ist, wird auch die letztere von allen Betheiligten und dem Dolmetscher unterzeichnet. Auch der Mitcontrahent, welcher der fremden Sprache nicht mächtig ist, muß die Uebersetzung unterzeichnen. Demnächst folgt das Attest, und zwar unter der deutschen Verhandlung und unter der Uebersetzung gesondert, aber beide Male in deutscher Sprache, und wird vom Notar und den Zeugen, nicht aber vom Dolmetscher, unterzeichnet.

Ueber die einzelnen Erfordernisse und in wie weit deren Verabsäumung die Nichtigkeit des Aktes begründet s. die folgenden Anm. und die Anm. zu §§ 31. 32.

[2]) Daß diese Erforschung durch den mitwirkenden Dolmetscher geschieht, ist wesentlich; erfolgt sie durch eine andere Person und wird erst später der Dolmetscher hinzugerufen, der alsdann ohne solche Erforschung nur die Verhandlung nach den ihm gewordenen Mittheilungen redigirt und vorträgt, so ist der Akt unkräftig. Urtheil des R. G. vom 11. Dezember 1882 (Rassow-Küntzel Bd. 27 S. 995).

[3]) „vortragen". Dieser Vortrag in der fremden Sprache enthält falls mit allen Parteien durch den Dolmetscher verhandelt wird, zugleich das in den §§ 7. 13 vorgeschriebene Vorlesen der Verhandlung beziehentlich des Protokolls. Einer Vorlesung des deutschen Textes, welche auch ganz unnöthig wäre, bedarf es in diesem Falle nicht. Urth. d. R. G. v. 26. September 1885 (Rassow-Küntzel Bd. 30 S. 141). A. M. Kühne-Sydow (zu § 30 Anm. 1 mit § 13 Anm. 1) und Zenthöfer (Preuß. Anw. Ztg 1865 S. 353), welche auch die Vorlesung des deutschen Textes fordern. Das Argument des letzteren, daß die Zeugen die im § 10 Nr. 5 angegebene Versicherung über ihre Beziehungen zu den Parteien und zum Akte sonst nicht abgeben können, ist nicht durchgreifend; es ist ihre Sache, sich die nöthige Kenntniß, sei es durch Anwesenheit bei der Verhandlung oder durch eigenes Durchlesen des Protokolls oder auf sonstige Art zu beschaffen; daß sie dies gethan haben, bekunden sie eben in ihrem Attest.

[4]) „mit den Parteien." Hat der Dolmetscher nicht an derselben Stelle mit den Parteien, sondern hinter dem Schlußattest unterzeichnet, so beeinträchtigt

dies die Gültigkeit nicht, da das Wesentliche der Vorschrift überhaupt nur im Vorhandensein der Unterschrift des Dolmetschers besteht. Erk. des O. Tr. vom 23. October 1874 (Strieth. Bd. 92 S. 321). Für die strengere Meinung: Zenthöfer (Preuß. Anw. Ztg. 1863 S. 313).

[5]) Die Attestirung muß unter dem Haupt- und Nebenprotokoll gesondert für das jedesmalige Handzeichen erfolgen. Ordnungsmäßig hat sie beide Mal in deutscher Sprache zu geschehen. Doch ist es wohl mit Recht für keinen wesentlichen Verstoß erachtet worden, wenn die Attestirung unter der Uebersetzung in der fremden Sprache geschehen ist. Beschl. d. K. G. v. 21. Januar 1884 (J. u. K. Bd. 4 S. 64).

[6]) Daß die Uebersetzung durch den Dolmetscher hergestellt wird, ist wesentlich; sie darf nicht durch einen Anderen unter bloßer Zuziehung des Dolmetschers geschehen. Vgl. das Urtheil in Anm. 2. Die Uebersetzung soll sich als eine selbstständige Verhandlung darstellen und ist deshalb korrekter Weise in einem gesonderten Exemplar, nicht neben dem Hauptprotokoll in zweiter Spalte, aufzunehmen. Doch ist die letztere Art der Aufnahme nicht als unkräftig angesehen worden. Erk. d. O. Tr. v. 17. März 1875 (Entsch. Bd. 76 S. 228). Wegen des Attestes in diesem Falle s. zu § 32 Anm. 3. — Abweichend ist für die Ausfertigung das Nebeneinanderschreiben ausdrücklich gestattet.

[7]) Daß die Unterzeichnung der Parteien nicht in blanco erfolgen und die Uebersetzung erst hinterher über die Unterschrift gesetzt werden darf, würde keiner Erwähnung bedürfen, wenn nicht der in Anm. 2 erwähnte Rechtsfall eine diesbezügliche Entscheidung des R. G. hervorgerufen hätte; die Entscheidung stand in Uebereinstimmung mit der Vorinstanz und es ist kaum verständlich, wie ein Rechtsverständiger hat glauben können, die letztere mit Erfolg anfechten zu können.

§ 31.[1])

Das Protokoll muß außer demjenigen, was nach §. 10 erforderlich ist, enthalten:

1) den Namen, Stand und Wohnort des Dolmetschers;
2) die Bemerkung,[2]) daß derselbe gerichtlich vereidigt ist, oder daß die Parteien sich über die Zuziehung eines unvereidigten Dolmetschers vereinigt haben, und daß dem Dolmetscher keines der Verhältnisse entgegensteht, welche nach §§. 7 bis 9 und 29 von der Theilnahme an der Verhandlung ausschließen;[3])
3) in dem Falle, wenn bei Parteien verschiedener Sprachen nur Ein Dolmetscher zugezogen worden, die Bemerkung, daß dieser die Sprachen sämmtlicher Parteien versteht;
4) im Falle des §. 25 die Bemerkung, daß sämmtliche bei Aufnahme der Verhandlung mitwirkende Personen der fremden Sprache mächtig sind.

[1]) Alle Vorschriften des § 31 sind wesentliche; die Verletzung auch nur einer der vorgeschriebenen Förmlichkeiten hat die Nichtigkeit der Notariatsurkunde zur Folge (§§ 41. 42).

[2]) Das Wort „Bemerkung" ist völlig identisch mit dem Worte: „Versicherung" im § 10 Nr. 5. Beide besagen dasselbe, woraus folgt, daß der Gebrauch eines

dieser Worte statt des anderen auch in der Verhandlung selbst völlig unschädlich ist (J. M. Bl. 1847 S. 298) s. zu § 10 Anm. 8c.

[3]) Die letztere Erklärung hat der Dolmetscher allein abzugeben s. zu § 10 Anm. 8b.

§ 32.[1])

Das unter das Protokoll nach §. 14 zu setzende Attest muß außer den daselbst Nr. 2 gedachten Personen auch des zugezogenen Dolmetschers erwähnen;[2]) dasselbe wird der deutschen Verhandlung, sowie der Uebersetzung in deutscher Sprache beigefügt und nach §. 15 unter beiden Exemplaren unterzeichnet.[3])

[1]) Die Vorschrift gehört gleichfalls zu den wesentlichen Förmlichkeiten (§§ 41. 42).

[2]) Unterzeichnet braucht es vom Dolmetscher nicht zu werden (§ 30 Anm. 1).

[3]) Wenn Urschrift und Uebersetzung in zwei Spalten nebeneinander geschrieben worden sind (§ 30 Anm. 6), so ist es für keine Nichtigkeit erachtet worden, wenn das Attest nur einmal geschrieben und über beide Spalten räumlich so gesetzt worden ist, daß es sich auf Urschrift und Uebersetzung zugleich bezieht (s. das zu § 30 Anm. 6 citirte Urtheil). Wird, wie ordnungsmäßig, das Attest zweimal geschrieben, so muß dasselbe in beiden Exemplaren wörtlich übereinstimmen. Vgl. auch Zenthöfer in der Preuß. Anw. Ztg. 1865 S. 561.

§ 33.[1])

Bei den Ausfertigungen werden Urschrift und Uebersetzung entweder nach einander oder in neben einander fortlaufenden Spalten geschrieben, so daß sich der in deutscher Sprache beizufügende Ausfertigungsvermerk (§. 16) zugleich auf Urschrift und Uebersetzung bezieht.[2])

[1]) Die im § 33 vorgeschriebene Förmlichkeit ist gleichfalls als eine wesentliche bezeichnet (§§ 41. 42). Indessen kann die Verletzung hier naturgemäß nur die Unkräftigkeit der fehlerhaften Ausfertigung, nicht aber der Urschrift und anderer korrekter Ausfertigungen zur Folge haben.

[2]) In diesem Falle wird der vorgeschriebene Ausfertigungsvermerk über die ganze Blattseite durch beide Spalten durchgeschrieben.

§ 34.[1])

[Im Großherzogthume Posen bleibt es rücksichtlich des Attestes §. 32 und des Vermerks §. 33 bei der besonderen Vorschrift des §. IX der Verordnung vom 16. Juni 1834 (G.S. S. 75).]

[1]) Der § 34 ist aufgehoben durch das Gesetz, betreffend die Geschäftssprache u. s. w. v. 28. August 1876 (G. S. S. 389) § 11:

„Unberührt von diesem Gesetze bleiben:

— — — — — — — —

4) die Vorschriften über das Verfahren der Notare. — Jedoch tritt der §. 34. des Gesetzes über das Verfahren bei Aufnahme von Notariatsinstrumenten vom 11. Juli 1845. (Gesetz-Samml. S. 487.) außer Kraft;

— — — — — — — —

Soweit die zu Nr. 3. und 4. erwähnten Vorschriften die Beeidigung der Dolmetscher erfordern, erfolgt diese nach §. 5. dieses Gesetzes."

Die aufgehobene Vorschrift betraf die Nothwendigkeit der Ausfertigung in deutscher und polnischer Sprache. — Den citirten § 5 s. o. bei § 28 Anm. 2.

§ 35.

Es ist unstatthaft, die Notariatsurkunden blos in der fremden oder blos in der deutschen Sprache aufzunehmen und auszufertigen, selbst wenn die des Deutschen unkundige Partei das Eine oder das Andere ausdrücklich verlangen sollte.[1])

[1]) Die Verletzung dieser Vorschrift hat Nichtigkeit der Urkunde zur Folge (§§ 41. 42).

Vor Erscheinung des Gesetzes vom 9. Juli 1841 hatte der Justizminister durch ein R. v. 23. Februar 1813 (Jahrb. Bd. 3 S. 31) es für zulässig erklärt, daß ein Notar von Ausländern in deren Landessprache Instrumente zum Gebrauche in ihrem Lande aufnehme, weil dies durch kein Gesetz verboten sei und ohne Beleidigung der Nationalität nicht gehindert werden könne, wenn der Notar der fremden Sprache (es handelte sich in dem Spezialfalle um die englische) mächtig sei. Das Punktum ist hierbei verkannt, und das Kammergericht, dessen Ansicht hierdurch reprobirt wurde, hatte das ganz richtige Prinzip geltend gemacht, daß nur die Gerichts- und öffentliche Geschäftssprache auch von Notarien gebraucht werden dürfe. Dieses Reskr. ist durch den § 35 und vorher durch den § 10 des Gesetzes v. 9. Juli 1841 beseitigt.

§ 36.[1])

Jeder Notar ist verpflichtet, ein von dem Vorstande des Untergerichts[2]) seines Wohnortes paginirtes und mit dessen Handzuge[3]) versehenes Register zu führen, und in die verschiedenen Kolonnen desselben jede von ihm aufgenommene Verhandlung[4]) nach der Zeitfolge unter fortlaufenden Nummern, das Datum, die Natur und Beschaffenheit des Geschäfts,[5]) den Namen, Stand und Wohnort der Betheiligten einzutragen.[6])

In dem Register darf nichts radirt und zwischen die Linien eingeschaltet werden.

Auf jeder Ausfertigung wird die Nummer vermerkt, unter welcher die Verhandlung in das Register eingetragen ist.[7])[8])

[1]) Das hier angeordnete Repertorium ist nicht gemeinrechtlich, es ist eine Eigenthümlichkeit des französischen Notariats. Darnach muß jeder Notar ein von dem Präsidenten des Tribunals erster Instanz paginirtes und mit dessen Handzuge auf jeder Seite oben neben der Seitenzahl versehenes (paraphirtes) Register halten, in welches nach Kolonnen von jedem von ihm aufgenommenen Akte nach der Zeitfolge und nach fortlaufenden Nummern das Datum, die Natur und Beschaffenheit desselben, der Name, Stand und Wohnort der Betheiligten eingetragen werden. Ges. vom 25. Ventose des Jahres XI [16. März 1803], Artt. 29, 30, abgedruckt bei J. B. Loret, élémens de la science notariale, Paris 1807, Tom. I. p. 154 ff. Von hier ist diese Ordnungsvorschrift in die rhein. Not.-Ord., Art. 43, übergegangen, und aus diesem ist der § 36, Alinea 1 und 3 entstanden, während das zweite Alinea dem Art. 44 der rhein. Not.-Ord. entnommen ist; nur ist hier noch eine Geldstrafe für jede Zuwiderhandlung angedroht.

[2]) „Vorstand des Untergerichts". Es waren Zweifel entstanden, ob die sog Paraphirung jetzt dem Landgerichts-Präsidenten (dafür: Kühne-Sydow zu § 36, Anm. 1) oder dem aufsichtführenden Amtsrichter zustehe. Durch die Cirk.-Verf. v. 9. November 1881 — I. 4079 — (Müller, S. 79) ist die Frage in letzterem Sinne entschieden, weil in der Paraphirung ein Akt der Dienstaufsicht nicht zu erblicken sei, im Übrigen die Amtsgerichte die für die freiwillige Gerichtsbarkeit zuständigen Gerichte seien, und der aufsichtführende Richter für das hier fragliche Geschäft als Vorstand des Gerichts angesehen werden könne.

[3]) Der „Handzug" muß auf jeder Seite neben der Seitenzahl stehen (J.M.Bl. 1847 S. 306. Kühne-Sydow zu § 36 Anm. 2). Unter dem „Handzug" sind ein oder mehrere Anfangsbuchstaben des Namens des Paraphirenden zu verstehen in der Art, wie dieser solche Zeichen in seiner Amtsthätigkeit anzuwenden pflegt.

[4]) Auch die ohne Protokoll erfolgenden Beglaubigungen von Unterschriften sind in das Register einzutragen (s. zu § 5 des Ges. v. 8. März 1880, Anm. 2e); nicht aber die Wechselproteste und die Vidimationen; für die ersteren besteht ein besonderes Register (s. zu § 23 Anm. 3); die letzteren unterliegen keiner Eintragung. Akte, welche von zwei Notaren aufgenommen werden, unterliegen der Registrirung nur auf Seite des instrumentirenden Notars.

[5]) „Natur und Beschaffenheit des Geschäfts". z. B. „Kaufvertrag über das Grundstück Blatt Nr. 10 von N." oder „Generalvollmacht" u. dgl. —

[6]) Eigenhändig braucht der Notar die Eintragung nicht zu bewirken, wie bei den Vorberathungen über das Gesetz speziell angenommen worden (J. M. Bl. 1847 S. 306).

[7]) Die Stelle, wo die Nr. vermerkt sein soll, bestimmt oben der § 16. Die Nr. ist zweckmäßiger Weise auch auf die Urschrift zu setzen, damit sie bei späterer Ertheilung von Ausfertigungen sofort ersichtlich ist.

[8]) Wegen des vom Notar zu führenden Depositalbuches s. zu § 45 Anm. 3d.

§ 37.[1])

Bei dem Ausscheiden, dem Tode oder der Versetzung eines Notars in einen anderen Amtsbezirk[2]) hat das Untergericht,[3]) in dessen Bezirk der Notar seinen Wohnsitz hatte, alle das Amt desselben betreffenden Papiere[4]) (Urschriften, Register u. s. w.) nebst dem Dienstsiegel[5]) an sich zu nehmen und aufzubewahren.[6]) Dem vorgesetzten Obergerichte[7]) ist hiervon Anzeige zu machen.

[1]) Die sichere Aufbewahrung der in den Händen des Notars verbleibenden Original-Protokolle nach dem Tode oder im Falle einer Ortsveränderung oder der Amtsniederlegung desselben ist ein Hauptbedürfniß des Rechtsverkehrs. Darüber finden sich schon Bestimmungen in der statutarischen Gesetzgebung vieler italienischen Städte. Zunächst lag es dem Notar ob, für die Uebertragung dieser Urschriften an einen anderen Notar zu sorgen. Im Falle des Todes des Notars behielt der Erbe, wenn er einen solchen, der Notar war, hinterließ, diese Urkunden. Hatte er solchen Erben nicht, so konnte er die Protokolle einem anderen Notar legiren. War keiner dieser Fälle vorhanden, so mußten die Protokolle der Stadtbehörde zur Verwahrung ausgeantwortet werden. S. Oesterley I. S. 271 ff. Gemeinrechtliche Bestimmungen hierüber finden sich in Deutschland nicht, aber es wurde jeder Notar für befugt erachtet, auf seinen Todesfall zu bestimmen, wer seine Protokolle in Verwahrung nehmen solle (Durantis, Spec. jur. Lib. II. partic. 2, § 4, nr. 16), ein Grundsatz, welchen auch die R.-Not. Ordn von 1512 § 17 voraussetzt. Manche Partikularrechte verordnen, daß, wenn ein Notar verstirbt, dessen sämmtliche Notariatsakten in gerichtliche Verwahrung genommen

werden müssen; nach anderen sollen sie einem anderen Notar überliefert werden. S. die bei Oesterley II. S. 342 in der Anm. 23 namhaft gemachten. Die alte preuß. Instr. v. 11. Juli 1771, § 15 verordnet die Aufbewahrung bei den Gerichten. Nach der A. G. O. III. 6, §§ 95 ff. sollten die Notariatsakten in der gemeinschaftlichen Registratur des Notarien-Kollegii aufbewahrt werden. Da jedoch diese Einrichtung nicht zur Ausführung gekommen ist, so sollte die Ablieferung der Akten an die Gerichte geschehen. R. v. 3. Oktober 1830 und R. v. 14. Januar 1839 (J. M. Bl. S. 43). Dies ist es, was durch den § 37 gesetzlich festgestellt wird. Nach der rhein. Not.-Ordn. Artt. 53 bis 57 ist noch das alte Prinzip vorherrschend, daß der abgehende oder verstorbene Notar oder dessen Erben denjenigen Notar, welcher die Akten erhalten soll, bezeichnen dürfen

²) „in einen anderen Amtsbezirk"; nicht aber bei Versetzung an einen anderen Ort in demselben Oberlandesgerichtsbezirk. Der so versetzte Notar nimmt seine Papiere an den neuen Wohnsitz mit, wie er auch sein Siegel unverändert weiter führt, da auf letzterem nicht sein Wohnsitz, sondern nur sein Amtsbezirk vermerkt ist (s. o. S. 17 und die dort citirte Verfügung v. 10. September 1879).

³) „Untergericht"; jetzt das Amtsgericht, da die Aufbewahrung zum Behufe der Ertheilung der Ausfertigungen geschieht (§ 38), mithin die gesammte hier angeordnete gerichtliche Thätigkeit die Beurkundung von Handlungen der nicht streitigen Gerichtsbarkeit betrifft (A. G. z. G. V. G. § 26 Nr. 2; Begr. des betr. Entwurfs S. 46; Jahrb. d preuß. Gerichtsverf. 1885 S. 21; Kühne-Sydow zu § 37 Anm. 1; vgl. auch Allg. Verf. v. 23. Juli 1879, J. M. Bl. S. 199). Die Funktion des § 37 gebührt deshalb bei den mit mehreren Richtern besetzten Amtsgerichten nicht dem Aufsichtsrichter; ihre Uebertragung unterliegt vielmehr der Geschäftsvertheilung durch das Präsidium (vgl. Geschäftsplan des Amtsgerichts Berlin I. pro 1887 S. 22 zu g). — In Berlin ist das Amtsgericht I. zur Aufbewahrung auch dann zuständig, wenn der in Berlin wohnhafte Notar etwa Rechtsanwalt beim Amts- oder Landgericht II. war (s. o. S. 22 Anm. 39).

⁴) „das Amt betreffenden Papiere". Darunter sind die Papiere zu verstehen, deren Haltung amtlich vorgeschrieben ist. Hierher gehören die Urschriften der Notariatsakte, das Notariatsregister, das Protestregister (s. zu. § 23 Anm. 3), das Depositalregister (s. zu § 45 Anm. 3d) und die dem Notar Zwecks Ertheilung vollstreckbarer Ausfertigungen eingehändigten gerichtlichen Entscheidungen (s. zu C. P. O. § 705 Anm. 5). Urkunden, die dem Notar übergeben sind, gehören hierher, falls sie der Notar zu einer Amtshandlung erhalten hat, die er noch nicht beendet hat, z. B. Hypothekenurkunden, von denen Zweiginstrumente gefertigt werden sollen. Dagegen gehören nicht hierher: die Correspondenz des Notars mit seinen Clienten, die Schriften ohne öffentlichen Glauben, die der Notar für seine Clienten angefertigt hat, wie z. B. Entwürfe von Verträgen, sowie die dem Notar von einem Clienten sonst anvertrauten Urkunden und Schriften. Geld und Geldeswerth, das dem Notar übergeben ist, fällt schon nach dem Wortlaute nicht unter den § 37. Wegen ihrer Rechte an solchen Stücken haben die Betheiligten regelmäßig sich nach den Grundsätzen des Privatrechts mit dem Notar oder dessen Rechtsnachfolgern auseinanderzusetzen. Eine andere Frage ist es, ob im Falle des Todes des Notars eine Siegelung der hier erwähnten Stücke durch die vorgesetzte Behörde statthaft ist (A. G. O. II. 5. §§ 6. 7. 31). Indessen möchte auch dieses zu verneinen sein, da die citirten gesetzlichen Vorschriften wohl nur auf Vermögensstücke des Staates zu beziehen sind.

⁵) „Dienstsiegel". Besitzt der Notar mehrere Dienstsiegel, so müssen alle abgeliefert werden.

⁶) „aufzubewahren". Die betreffenden Akten sind bei den Gerichten von der Vernichtung und Veräußerung ausgeschlossen. Allg. Verf. vom 26. Mai 1862 (J. M. Bl. S. 170).

⁷) „Obergerichte". Es ist nicht klar, ob hier das Obergericht in seiner Eigenschaft als Aufsichtsbehörde über die Untergerichte (A. G. O. III. § 2 Nr. 2), oder in der als Aufsichtsbehörde über die Notare (A. G. O. III. 7. § 8) benannt ist. In beiden Beziehungen ist aber gegenwärtig der Landgerichts-Präsident an die Stelle der Obergerichte getreten (A. G. zu G. V. G. § 78; Ges. v. 8. März 1880 § 7), und es ist demgemäß die Anzeige nunmehr an diesen zu richten (Kühne-Sydow zu § 37 Anm. 3).

§ 38.[1])

Das Gericht, bei welchem nach der Bestimmung des §. 37 die amtlichen Papiere des Notars aufbewahrt werden, ist befugt, Ausfertigungen[2]) daraus unter seinem Siegel und seiner Unterschrift zu ertheilen.

Dabei ist der Grund, weshalb die Ausfertigung von dem Gerichte ertheilt wird, anzuführen[3]) und die Vorschrift des §. 18[4]) zu beobachten.

¹) Gemeinrechtlich kann der Notar, welcher die Protokolle eines andern Notars erhalten hat, davon keine Ausfertigungen oder Abschriften ertheilen, ohne daß dazu in jedem einzelnen Falle der Richter mitwirkt. Cap. 15 X. de fide instrumentorum (II. 22); R. Not. Ord. v. 1512 § 17. Die erste Stelle spricht nur von dem Tode des requirirt gewesenen Notars, man stellte jedoch diesem Falle alle anderen Fälle gleich, in welchen der Notar dauernd verhindert war, selbst eine Ausfertigung von seinem Protokolle oder seiner Imbreviatur zu fertigen. Das erkennt auch die R. Not. Ord § 17 in den Worten an: „der selb sey lebend oder todt". Worin die Mitwirkung des Richters bestehe, ist nicht klar. Das Cap. 15 fordert eine auctoritas ordinarii judicis. Darunter könnte eine bloße Ermächtigung auf ein dem Richter vorgelegtes Gesuch des Requirenten verstanden werden, auf welche der Notar in der Ausfertigung Bezug zu nehmen hätte. Der § 17 der R. Not. O. weiset jedoch dem Richter eine bestimmte Thätigkeit dabei zu: der Notar soll sich keine Extension der Imbreviatur anmaßen, „dieweil solch extention, und was unter dem wörtlein oder zaichen ect. od. anderen gebrechenhaftigen vnd gekürzten worten, villeicht darin steende, begriffen, oder verstanden werde, zu des Richters, vnd nit seiner achtung steet." Der Richter soll mithin den fehlenden instrumentirenden Notar ersetzen, er muß folglich auch dem Notar in den genannten Punkten die erforderliche Anweisung geben und das Mundum prüfen, ob es so abgefaßt sei, wie es der ursprünglich rogirte Notar selbst verfaßt haben würde. Oesterley II. S. 518 und die dort in den Anm. Angeführten. Die A. G. O. III. 7. §§ 102 u. 103 hatte dem Direktor der Notarien-Kollegien die Ertheilung von Abschriften von den in der gemeinschaftlichen Registratur niedergelegten Protokollen an die Interessenten und deren Erben zugewiesen; die richterliche Ermächtigung sollte nur erforderlich sein, wenn irgend eine andere Person dergleichen Abschrift verlangte. Da diese Einrichtung nicht überall ins Leben getreten ist und die Gerichte selbst die Aufbewahrung der Protokolle besorgen, so folgt aus der den Gerichten in Notariatsgeschäften zustehenden konkurrenten Befugniß, daß es zur Herstellung einer neuen Ausfertigung solcher Protokolle eines Notars nicht bedarf, indem sie von ihrer eigenen Befugniß Gebrauch machen, was kürzer zum Ziele führt.

²) Auch vollstreckbare Ausfertigungen. Vgl. C. P. O. § 705. Abs. 2.

³) Die Form ist in Verbindung mit § 16 etwa die folgende:

„Vorstehende in das Register des Notars X. zu Z. unter Nr.... Jahr... eingetragene Verhandlung wird in Folge Todes des Notars X. (Versetzung des Notars X. in einen anderen Amtsbezirk) von dem unterzeichneten, die Notariatsakten verwahrenden Gerichte hiermit für N. N. ausgefertigt."

[4]) Auch die im § 18 vorausgesetzten §§ 16. 17, namentlich die Vorschriften über die Personen, an welche Ausfertigungen gegeben werden dürfen, müssen beachtet werden. Wegen Vorlegung der verwahrten Notariatsurkunden im Prozesse s. zu §§ 19. 20 Anm. 4.

§ 39.

Wird ein Notar vom Amte suspendirt, so hängt es von der Bestimmung des Obergerichts[1]) ab, ob schon während der Suspension sämmtliche Papiere an das betreffende Gericht abgegeben, oder diesem nur das Register nebst dem Notariatssiegel ausgeliefert, und die einzelnen Urschriften, von welchen Ausfertigungen verlangt werden, vorgelegt werden sollen, um in Stelle des suspendirten Notars die Ausfertigungen zu ertheilen.[2])

[1]) Das Obergericht ist hier nicht als Disciplinargericht, sondern als Aufsichtsbehörde des Notars genannt. Demgemäß steht die Anordnung gegenwärtig nicht dem Disciplinargerichte als Theil des Suspensionsbeschlusses, sondern der Aufsichtsbehörde, d. i. zunächst dem Landgerichts-Präsidenten zu (s. zu § 37. Anm. 7; Kühne-Sydow zu § 39; a. M. Seydel, Dienstvergehen der nicht richterlichen Beamten, Berlin 1883, S. 235).

[2]) Der Sinn der Vorschrift ist der: Das Register und das Notariatssiegel müssen als Folge der Suspension unter allen Umständen abgeliefert werden. Ob auch die übrigen Papiere abzuliefern sind, hängt von der Anordnung der Aufsichtsbehörde ab. Ergeht eine solche Anordnung nicht, so sind im Falle des Verlangens von Ausfertigungen die einzelnen Urschriften dem Amtsgericht vorzulegen, welches sie nach gemachtem Gebrauch dem Notar wieder zurückgiebt. Der suspendirte Notar muß Anträge auf Ausfertigungen, wenn sie bei ihm angebracht werden, stets an das Amtsgericht abgeben.

§ 40.[1])

Die von den Notaren innerhalb ihrer Kompetenz[2]) und mit Beobachtung der wesentlichen Förmlichkeiten aufgenommenen Urkunden, die Urschriften wie die Ausfertigungen, haben dieselbe Beweiskraft und Glaubwürdigkeit, wie die gerichtlich aufgenommenen Protokolle und Ausfertigungen.[3])

[1]) Die Neuerung, welche der § 40 gegen das bisherige Recht einführte, ist eine doppelte. Er giebt die Beweiskraft, welche bisher nicht den Protokollen, sondern nur den daraus abgefaßten Instrumenten beigelegt war (A. G. O. III. 7. § 49), auch den ersteren und giebt ferner den Notariatsakten überhaupt die gleiche Glaubwürdigkeit, wie den gerichtlichen Urkunden. Die erste Neuerung ist lediglich ein folgerechter Schluß aus der Veränderung des Verfahrens. Denn im Gegensatz zum früheren Notariatsverfahren ist durch das vorliegende Gesetz die Beobachtung sämmtlicher Förmlichkeiten gerade in die Aufnahme des Original-Protokolls verlegt worden, und die Ausfertigung ist nichts weiter als eine wortgetreue Abschrift des ersteren (§ 16 u. die Anmerkungen dazu). Die zweite Neuerung beruhte auf dem prozessualen Unterschiede, den die A. G. O. in der Beweiskraft der öffentlichen Urkunden machte, je nachdem dieselben documenta publica judicialia oder extra-

judicialia waren (A. G. O. I. 10. §§ 123 ff.). Im heutigen Recht hat der § 40 nur noch eine geringe aktuelle Bedeutung. Er gilt nur noch für die Fälle außerhalb der ordentlichen streitigen Gerichtsbarkeit, und hier ist meist, wie z. B. in Grundbuchsachen nach §§ 33. 37. G. B. O., noch eine lex specialis vorhanden, welche die „gerichtliche oder notarielle" Form vorschreibt. Für die ordentliche streitige Gerichtsbarkeit entscheidet jetzt der § 380 C. P. O. und zwar sachlich mit demselben Resultat, wie der vorliegende § 40; insbesondere ist die Beweiskraft auch nach § 380 C.P.O. trotz des Ausdrucks: „in der vorgeschriebenen Form" nur davon abhängig, daß diejenige Form beobachtet ist, an deren Beobachtung das Gesetz die Entstehung der öffentlichen Urkunde knüpft, das sind bei Notariatsurkunden die wesentlichen Förmlichkeiten gemäß § 41. (Struckmann-Koch zu § 380 Anm. 4; Wilmowski-Levy ebenda Anm. 1 S. 533 a. E.) Auch daß der Urschrift diese Beweiskraft inne wohnt, ist jetzt ein reichsrechtlicher Satz; denn gerade die Urschrift entspricht den Voraussetzungen des § 380.

²) Wegen der Kompetenz des Notars s. o. S. 28 ff. Nur die dort erörterte sachliche Zuständigkeit in abstracto ist unter der „Kompetenz" zu verstehen. Das Verbot der Amtsausübung wegen der concreten Gestaltung einzelner Fälle (§§. 5. 6) berührt die Kompetenz nicht (s. o. zu § 5 Anm. 7; vgl. auch die Unterscheidung beider Fälle bei richterlichen Akten in C. P. O. § 513 Nr. 2 und 4).

³) Auf Anfechtung des beurkundeten Rechtsgeschäfts seinem Inhalte nach bezieht sich die Vorschrift überhaupt nicht. Diese Anfechtung folgt lediglich dem materiellen Recht. Erk. d. R. O. H. G. vom 19. März 1877 (Entsch. B 21 S. 406). Vgl. über Anfechtung der Verhandlung wegen Irrthums Erk. d. Ob. Trib. v. 22. September 1873 und 23. Oktober 1874 (Strieth. Bd. 92 S. 37 u. 324); siehe auch Ob. Trib.-Entsch. Bd. 45 S. 146.

§ 41.¹)

Als wesentliche Förmlichkeiten sind die in den §§. 10, 11, 13, 14, 15, 21, 22, 24 bis 27, 30 bis 33, 35 enthaltenen Bestimmungen anzusehen.

§ 42.

Die Verletzung dieser wesentlichen Förmlichkeiten hat zur Folge, daß das Instrument nicht die Kraft einer Notariatsurkunde hat.²)

Zu §§ 41 und 42.

¹) Die Bedeutung dieser Vorschriften ist die, daß die Verletzung aller derjenigen Bestimmungen des vorliegenden Gesetzes, welche im § 41 nicht aufgezählt sind, dem Instrument die Kraft einer Notariatsurkunde nicht benimmt (s. o. zu § 5 Anm. 7).

Bei der Beglaubigung von Unterschriften fallen jetzt selbstverständlich diejenigen Förmlichkeiten fort, welche durch die Aufnahme eines Protokolls und die Zuziehung von Zeugen bedingt sind (s. zu § 5 des Ges. vom 8. März 1880 Anm. 2).

In Frage kann kommen, ob eine Notariatsurkunde, welcher eine wesentliche Förmlichkeit fehlt, beanspruchen kann, daß sie wenigstens als Beglaubigung der Unterschrift gültig ist, falls nur solche Formalitäten verletzt sind, welche für die Unterschriftsbeglaubigung nicht gelten; also z. B. wenn der Notar ohne Zeugen verhandelt oder das Protokoll nicht vorgelesen hat. Die Frage wird im Allgemeinen zu verneinen sein, da die Unterschriftsbeglaubigung eine bestimmte andere, gleichfalls als wesentlich erklärte, Form hat, nämlich die Attestirung unter der Originalunterschrift zum Zwecke des Gebrauchs statt der Ausfertigung. Entspricht der Notariatsakt aber der letzteren Form, dann ist er als Unterschriftsbeglaubigung gültig. So z. B. wenn der Notar in den Beglaubigungsvermerk noch die Beurkundung der Anerkennung des Inhalts der Urkunde nach § 22 aufgenommen hat. Hier gilt der Satz: utile per inutile non vitiatur. Beschl. des K G. vom 21. Juni 1880 (J. u. K. I. S. 99).

[2]) So strikte, daß die im § 41 citirten Vorschriften gar kein Moment enthielten, welches für unwesentlich erachtet werden dürfte, ist der § 42 nicht aufzufassen. Zutreffend sagt das Ober-Tribunal im Erk. vom 17. März 1875: „Auch bei wesentlichen Förmlichkeiten, deren Nichtbeachtung nach dem Gesetze dem Akte die Kraft eines Notariats-Instruments entzieht, ist doch immer noch zu unterscheiden, was in ihnen sich als durchaus unerläßlich und was sich nur als äußere Form darstellt, die auch anders gewählt werden kann." (Entsch. Bd. 76 S. 230.) Anwendungen dieser Auffassung s. zu § 30 Anm. 4. 5. 6, § 32 Anm. 3.

§ 43.[1])

Verletzungen der Vorschriften dieser Verordnung,[2]) sowie anderer das Notariat betreffender gesetzlicher Bestimmungen, sind an dem Notar, vorbehaltlich der Entschädigungsansprüche der Interessenten,[3]) wenn die Sache nicht zur Einleitung einer peinlichen Untersuchung angethan ist,[4]) nach Vorschrift des Gesetzes v. 29. März 1844, im Wege des Disziplinar-Strafverfahrens[5]) zu ahnden. Dabei kann wegen Verletzung des §. 2, nach Umständen, auch schon im ersten Falle die Entfernung aus dem Amte ausgesprochen werden.[6])

[1]) Ob der § 43 gegenüber den codificirenden Disciplinargesetzen vom 30. April 1847 und v. 21. Juli 1852 noch eine geltende Rechtsnorm darstellt, ist zweifelhaft. In der Begründung zum Entwurf des Ges. v. 8. März 1880 (Drucksachen des Herrenhauses 1879 Nr. 55 S. 36) ist er als eine „veraltete Disciplinarbestimmung" bezeichnet. Das Gleiche nehmen Kühne-Sydow zu § 43 Anm. 1 an. Dem entgegen hat indessen das Obertribunal in wiederholten Entscheidungen den § 43 als anzuwendende Rechtsnorm der Verurtheilung zu Grunde gelegt. Vgl. u. A. Erk. v. 18. October 1872 (Oppenhoff Bd. 13 S. 537); Erk. v. 22. Januar 1877 (J. M. Bl. S 39; Oppenhoff Bd. 18 S. 54). Eine Bedeutung hat der Streit bei richtiger Auslegung des § 43 (s. darüber Anm. 2) nicht. Denn darnach stellt der Thatbestand desselben stets den des Dienstvergehens (Ges. v. 21. Juli 1852 § 2) dar und der übrige Inhalt des § ergiebt sich gleichmäßig aus der Construction des Disciplinarverfahrens. Vgl. Anm. 3-6.

[2]) In der Disciplinarpraxis des O. Tr. ist wiederholt der Grundsatz ausgesprochen, daß ein Notar wegen Verletzung von Vorschriften des Not. Ges. der Bestrafung unterliege, gleichviel ob ihn bei der falschen Anwendung einer Vorschrift ein Verschulden trifft oder nicht. In der schärfsten Form ist dies in dem Erkenntnisse v. 18. October 1872 (Oppenhoff Bd. 13 S. 537) geschehen. Die Erkenntnisse v. 18. Juli 1866 (J. M. Bl. S. 248 a. E. Oppenhoff Bd. 7 S. 440), v. 29. April 1867 (J. M. Bl. S. 168 a. E.), v. 22. Jannar 1877 (J. M. Bl. S. 39, Entsch. Bd. 79 S. 374) sanktioniren denselben Grundsatz. Die gesammte, oben zu § 6 in den Anmerkungen mitgetheilte Rechtsprechung geht von der Anschauung aus, daß es für den Thatbestand völlig gleichgiltig sei, wenn auch die Auslegung der fraglichen Vorschrift zweifelhaft ist und selbst wenn die Meinung, nach der der Notar verfahren ist, hervorragende Autoritäten für sich hat. Nur ganz vereinzelt finden sich Erwägungen, wie die im Erk. v 4. September 1865 (J. M. Bl. S. 196; Oppenhoff Bd. 6 S. 277), es werde der Angeklagte bei der gegen die Ansicht des Disciplinargerichts geübten Gesetzesanwendung „nicht von dem Vorwurfe frei, daß er nicht mit der gehörigen Aufmerksamkeit gehandelt

habe," wo also ein Mangel an Aufmerksamkeit als nothwendiges Requisit der Disciplinarbestrafung angesehen wird. Die vorerwähnte Rechtsprechung ist nicht zu billigen. Ein Beamter, welcher sorgsam prüft, was er zu thun hat und demnächst nach den Ergebnissen dieser Prüfung verfährt, verletzt nicht „die Pflichten, die ihm sein Amt auferlegt" (§ 2 Nr. 1 des Disciplinargesetzes), sondern erfüllt sie, auch wenn das Ergebniß seiner Erwägungen ein unrichtiges sein sollte. Die Amtspflichten „nach meinem besten Wissen und Gewissen" zu erfüllen, so lautet der Diensteid des Beamten; demgemäß setzt auch der § 43 — wenn man in ihm noch eine besondere Rechtsnorm neben dem Disciplinargesetz erblicken will — indem er „Verletzungen" der Vorschrift des Gesetzes bestraft, den Begriff der Verschuldung als ein selbstverständliches Requisit voraus. Ein Anderes kann gar nicht gemeint sein, denn die entgegengesetzte Auffassung muthet dem Notar etwas Unmögliches zu. Ins Praktische übersetzt besagt nämlich diese Auffassung: „Ein Notar ist gehalten, zweifelhafte Vorschriften des Not. Ges. in dem Sinne auszulegen, welchen die Mehrheit der Mitglieder des Disciplinargerichts im eintretenden Falle für den richtigen halten wird." Da der Notar aber nicht wissen kann, welche Ansicht dies sein wird, so hätte ihm der Gesetzgeber eine unmögliche Aufgabe gestellt, was selbstverständlich nicht der Fall sein kann.

Ist hiernach ein Notar, wenn es sich um Auslegung zweifelhafter Vorschriften handelt, für straffrei zu erachten, falls er trotz Anwendung genügender Aufmerksamkeit zu einer unrichtigen Auslegung gelangt ist, so ist es darum allerdings noch nicht Rechtens, daß der Notar lediglich seiner eigenen Meinung in dieser Beziehung zu folgen hat. Die communis opinio doctorum, die Ergebnisse der höchstrichterlichen Rechtsprechung, die in anderweiten Fällen ergangenen Verfügungen der Aufsichtsbehörden, die Erwägung, daß man bei Förmlichkeiten in der Regel besser der strengeren als der milderen Auffassung folgt, alles dies sind Momente über die sich ein gewissenhafter Notar nicht leicht hinwegsetzen darf. In einer solchen ohne genügende Gründe geschehenen Hinwegsetzung kann allerdings der Thatbestand des Dienstvergehens erblickt werden.

3) Siehe Ges. v. 21. Juli 1852 §§ 6 u. 66. — Ueber die Natur des Entschädigungsanspruches vgl. oben S. 19 Anm. 24.

4) Siehe Ges. v. 21. Juli 1852 §§ 3—5 u. 66.

5) Wegen der jetzt zur Anwendung gelangenden Vorschriften über das Disciplinar-Strafverfahren s. o. S. 23 ff.

6) Dies ergiebt sich nach der jetzigen Construction des Verfahrens daraus, daß Regeln über die Anwendung der im § 12 der V. v. 30. April 1847 normirten Strafarten auf den einzelnen Fall nicht gegeben sind.

§ 44.

Die Obergerichte[1]) haben von Zeit zu Zeit die Geschäftsführung jedes in ihrem Departement angestellten Notars revidiren zu lassen.[2]) Die Notare sind schuldig, den Kommissarien[3]) sämmtliche Urkunden und Register zur Einsicht vorzulegen.[4])

1) „Obergerichte." Die hier normirte Revisionsbefugniß ist ein Ausfluß des Aufsichtsrechtes und steht jetzt den anderweit eingesetzten Aufsichtsbehörden, darnach in erster Instanz dem Landgerichts-Präsidenten zu (Ges. v. 8. März 1880 § 7). Dieselben bedürfen zur Revision einer besonderen Ermächtigung des Justizministers sonach nicht. Cirk. Verf. v. 15. Mai 1885 I 1958 (Müller S. 80).

2) „revidiren zu lassen." Nämlich durch einen der der Revisionsbehörde unterstellten Beamten (A. G. z. G V. G. § 77). Der Ausdruck bezog sich auf die kollegialische Verfassung der früheren Obergerichte, bei welcher eine Revision nicht anders als durch Commissarien möglich war. Jetzt kann es keinem Bedenken

unterliegen, daß die Aufsichtsbeamten die Revision auch selbst abhalten können (Kühne-Sydow § 44 Anm. 2 u. 3).

[3]) „den Commissarien". Darunter sind jetzt die Aufsichtsbeamten selbst oder deren Abgeordnete zu verstehen (Kühne-Sydow zu § 44).

[4]) „zur Einsicht vorzulegen." Der Staat ist vermöge des Aufsichtsrechts verpflichtet und befugt, durch seine dazu bestellten Organe davon Kenntniß zu nehmen, ob das Institut des Notariats zweckmäßig verwaltet wird. Diesem Zwecke dient die Berechtigung der Staatsgewalt, Geschäftsrevisionen durch ihre Abgeordneten bei den einzelnen Notaren vorzunehmen, und die Notare sind gehalten, die Urkunden und Register zur Einsicht vorzulegen In den früheren Auflagen ist die Ansicht vertreten worden, daß die Aufsichtsbehörde sich bei Einsicht der Protokolle auf die Prüfung der ordnungsmäßigen Führung derselben zu beschränken, in den sonstigen Inhalt dagegen mit Rücksicht auf die darin niedergelegten Privatgeheimnisse nicht einzudringen habe. Die Ansicht kann nicht aufrecht erhalten werden. Richtig ist, daß man im gemeinen Recht eine derartige Beschränkung annimmt (Oesterley II S. 107), und daß auch eine Reihe von Partikulargesetzen diesem Gesichtspunkte Rechnung getragen hat. So bestimmte die ältere Braunschweig'sche Verordnung v. 15. Juli 1752, daß die Obrigkeiten untersuchen sollen, ob die Protokolle der Notare in guter Ordnung sind: „sie sollen sich aber enthalten, solche ganz oder zum Theil durchzulesen." Die bairische Not. Ord. (Art. 125) gestattet eine Einsicht in die Akten nur „insoweit es zur Beurtheilung darüber, ob den Vorschriften des gegenwärtigen Gesetzes nicht zuwidergehandelt wurde, nöthig ist;" die hannöversche Not. Ord. (§ 77), kennt überhaupt nur die Einsichtnahme des Registers und dessen Vergleichung mit dem Protokolle. Allein ohne Zwang können die Worte des vorliegenden Gesetzes nicht anders ausgelegt werden, als daß sie die Befugniß zur Einsicht der ganzen Urkunde gewähren, die übrigens unter Umständen auch nöthig ist, um die Ordnungsmäßigkeit des Verfahrens des Notars zu prüfen (Vgl. auch die kgl. sächsische V. z. Ausführg. d. Not. Ordg. v. 3. Juni 1859 § 15 Ges. u. Verordngsbl. S. 221). Daß freilich der Aufsichtsbeamte im Falle eines Geheimbruches nicht der Strafe des § 300 St. G. B. unterworfen ist, mag man als einen Mangel empfinden (s. dagegen die umfassendere Bestimmung im früheren preuß. St. G. B. § 155).

Weiter indessen als positiv normirt, geht das Aufsichtsrecht in Ansehung der beim Notar niedergelegten Privatgeheimnisse nicht. Insbesondere ist der Aufsichtsbeamte, obwohl er über die Geschäftsführung und das Notariat im Ganzen Auskunft fordern kann, doch nicht berechtigt, vom Notar über das Thatsächliche der einzelnen Fälle noch weitere Auskunft zu verlangen und so die Rechtsverhältnisse zwischen einzelnen Privatpersonen noch weiter zu erforschen, als solche in der Notariatsurkunde niedergelegt sind. Ebensowenig hat er ein Recht, den Verhandlungen des Notars mit den Parteien beizuwohnen und auf diese Weise Privatgeheimnisse zu erfahren, die möglicher Weise gar nicht zur Niederlegung in den Notariatsakten gelangen. Es liegt hierin wiederum ein charakteristischer Unterschied zwischen dem Notar als gewähltem Vertrauensmann der Parteien und dem Richter der freiwilligen Gerichtsbarkeit, gegen welchen der Aufsichtsbehörde die erwähnten Befugnisse unbedenklich zustehen (vgl. oben S. 23 und zu §§ 19. 20 Anm. 1). Endlich sind aus gleichem Grunde unter den „Urkunden" des § 44 nur diejenigen Schriften verstanden, welche der Notar als Beamter verwahrt, nicht diejenigen, die er als Mandatar inne hat, wie z. B. die Correspondenz mit der Partei. Der Begriff deckt sich mit dem der Urkunden, die nach § 37 der Ablieferung an das Amtsgericht unterliegen (s. zu § 37 Anm. 4). Das Depositalbuch des Notars unterliegt gleichfalls der Revision (Cirk. V. v. 9. November 1881 s. zu § 45 Anm. 3d). Ueber die Revision enthält die Allg. Verf. v. 14. Juni 1839 (J. M. Bl. S. 210) nähere Anleitungen. Diese Verfügung befindet sich, wie der vorletzte Absatz ergiebt, in Uebereinstimmung mit der hier vertretenen Auffassung über das Nichteindringen des Revisors in Privatgeheimnisse.

Die vorstehend erwähnten Beschränkungen der Aufsichtsbehörde beziehen sich übrigens nicht auf den Fall, wo bei derselben von einem Betheiligten über den Notar Beschwerde geführt wird. Insoweit sie zur materiellen Erledigung der Beschwerde der Einsicht in die betreffenden Dienstpapiere des Notars bedarf, steht ihr solche allerdings zu. Das Gleiche gilt für das Disciplinargericht, wenn von diesem die Einsicht zum Zwecke der Beweiserhebung für erforderlich erachtet wird (Ges. v. 7. Mai 1851 §§ 27. 31).

§ 45.

Alle den Bestimmungen dieser Verordnung entgegenstehende gesetzliche Vorschriften, insbesondere die §§. 49 bis 77 Tit. 7. Th. III der A.G.O. und das Gesetz vom 9. Juli 1841 (G.S. S. 120),[1]) werden aufgehoben; dagegen behält es bei allen anderen hier nicht abgeänderten Bestimmungen über Anstellung, Rechte und Pflichten der Notare[2]) [3]) sein Bewenden.

[1]) Siehe oben zu § 24 Anm. 1.

[2]) Siehe oben S. 15 ff. Von den nicht aufgehobenen Bestimmungen des Tit. 7. Th. III. der A. G. O. ist der für das Notariatsverfahren weittragendste der § 48. Derselbe bestimmt allgemein: „Bei der Aufnehmung solcher Handlungen, und der Protokolle darüber; bei deren Vorlesung und Unterschrift; ingleichen bei der Abfassung der Kontrakte und sonstigen Urkunden selbst, müssen die Justizkommissarien die in gleicher Beziehung den Gerichten im Zweiten und Dritten Titel des Zweiten Theils gegebenen allgemeinen und besonderen Vorschriften und Anweisungen ebenfalls beobachten."

Demgemäß finden auf das Notariatsverfahren die Tit. 2 u. 3 Th. II. der A. G. O. noch jetzt insoweit Anwendung, als nicht das Notariatsgesetz abweichende Vorschriften enthält. Betreffs der noch ferner giltigen Bestimmungen des Tit. 7 Th. III. A. G. O. sind zu vergleichen: wegen der §§ 78 bis 81 (Wechselproteste und Vidimationen) zu § 23 Anm. 1 u. 3, wegen der §§ 82—89 (Zeugenverhöre, Siegelungen, Inventuren und sonstige gerichtliche Aufträge) oben S. 36 ff. Im Uebrigen siehe die Ausgaben der A. G. O. von Basch und von Vierhaus.

[3]) Wegen einzelner besonderer Rechte und Pflichten der Notare ist zu bemerken:

a) Berathung bei der Urkundenabfassung. Der Notar hat auf sachgemäße Fassung der Willenserklärungen hinzuwirken und ist den Parteien für Schäden verantwortlich, wenn dieselben bei besserer Fassung hätten vermieden werden können. Er kann sich selbstverständlich gegen einen solchen Anspruch nicht mit dem Einwande schützen, daß die Contrahenten durch Genehmigung des Protokolls mit der Fassung sich einverstanden erklärt hätten. Urth. d. R. G. vom 1. Februar 1886 (Rassow-Küntzel Bd. 30 S. 697). In einem Kaufvertrage zwischen Vater und Kind hatte der Verkäufer beabsichtigt, seinen übrigen Kindern Kaufgelder zu überweisen; der Notar hatte aber statt „Kinder" geschrieben: „Erben" und dadurch die Urkunde der Stempelermäßigung nach § 1 Nr. 3 des Ges. vom 22. Juli 1861 entzogen; er ist dieserhalb für verantwortlich erachtet worden.

b) Antragstellung in Grundbuchsachen. Aus von ihm aufgenommenen oder beglaubigten Urkunden, durch welche die Eintragung oder Löschung in das Grundbuch bewilligt oder beantragt ist, kann der Notar ohne weitere Vollmacht die nöthigen Anträge beim Grundbuchrichter stellen (G. B. O. § 36). Der Grundbuchrichter ist verpflichtet, falls dem Antrage Hindernisse entgegenstehen, den betreffenden Bescheid zu Händen des Notars ergehen zu lassen. Beschl. d. K. G.

v. 28. April 1884 (J. u. K. IV. 122, V. 97, der Beschluß ist irrthümlich doppelt abgedruckt). Zu weit aber geht es, wenn in dem gedachten Beschlusse der Notar als Vertreter nicht nur dessen, mit dem er instrumentirt hat, sondern aller Betheiligten angesehen wird. Der § 36 G. B. O. sieht in der Aktserrichtung vor dem Notar zugleich die Bevollmächtigung desselben zur Antragstellung. Diese Bevollmächtigung kann deshalb für andere Personen ohne einen Willensakt derselben nicht eintreten.

c) Halten des Justiz-Ministerial-Blattes. Durch die J. M. Verfügungen v. 28. December 1838 (J. M. Bl. 1839 S. 1) und vom 5. April 1847 (J. M. Bl. S. 106) ist den Notaren die Anschaffung des Justiz-Ministerial-Blattes zur Pflicht gemacht. Die Verfügungen sind an sich ungeändert geblieben. Es muß indessen bezweifelt werden, ob es in den Befugnissen der Dienstaufsicht liegt, Beamten, deren Dienstaufwand nicht aus der Staatskasse bestritten wird, eine Auflage des Inhalts zu machen, daß der Beamte die Kenntniß von den Erlassen der vorgesetzten Behörde sich gerade auf eine bestimmte, mit Kosten verbundene Art zu beschaffen hat. Die gleiche betreffs der Gesetzsammlung bestandene Verpflichtung (V. v. 27. October 1810 S. 1; A. E. v. 9. Mai 1854; G. S. S. 270), ist durch das Ges. v. 10. März 1873 (G. S. S. 41) aufgehoben.

d) Depositalbücher. Durch die Min.-Verfügungen v. 29. December 1828 (Jahrb. Bd. 32 S. 307), v. 14. Juni 1839 (J. M. Bl. S. 210) und v. 3. April 1840 (J. M. Bl. S. 120) ist dem „Justizcommissarius" die Führung von Depositalbüchern über die „in seiner Eigenschaft als Bevollmächtigter, Consulent, Curator, Testamentsexekutor, Vormund oder in anderen gerichtlichen oder außergerichtlichen Angelegenheiten eingenommenen baaren Gelder, Cours habenden oder auf jeden Inhaber lautenden Papiere und Pretiosen" nach einem bestimmten Schema zur Pflicht gemacht. Diese Anordnungen bezogen sich auf die Justizcommissarien sowohl als Rechtsanwälte wie als Notare. Sie bestehen daher jetzt für die letzteren unverändert fort, sind aber nur für diejenigen Gelder und Activa bestimmt, welche der Functionär in seiner Eigenschaft als Notar, nicht als Rechtsanwalt annimmt (Cirk. Verf. v. 9. November 1881 I. 4079 b. Müller S. 79 zu Nr. 8). Diese Eigenschaft wird freilich nicht immer erkennbar sein und bleibt in solchen Fällen der eigenen Entschließung des Empfängers überlassen.

Die Depositalbücher müssen gebunden, paginirt und mit einem Register versehen sein. Das Nähere über die Führung, sowie das vorgeschriebene Schema s. J. M. Bl. 1840 S. 120/121.

Wegen Revision der Depositalbücher s. zu § 44 Anm. 4.

e) Vereinbarung über die Gebühren. Wegen Ueberhebung von Gebühren durch den Notar vgl. St. G. B. § 352. Auch die Verabredung höherer Belohnung als der tarifmäßigen erscheint mit Ausnahme des Falles des § 15 des Geb. Ges. f. Notare (s. Anhang) als unstatthaft, denn in dem Ueberschusse liegt für den Notar, welcher verpflichtet ist, jedermann für die gesetzliche Taxe zu dienen, ein unter den § 331 St. G. B. fallender Vortheil (Oppenhoff zu § 331 Anm. 7; Olshausen ebenda Anm. 3; Schwarze ebenda Anm. 6; Urth. d. R. G. v. 24. Juni 1880, Rechtsprechung in Strafsachen II. S. 109). Demgemäß sind solche Abreden auch civilrechtlich ungültig (§ 6. I. 4., § 68. I. 5. A. L. R.). Die Herabsetzung der Gebühren durch Vertrag ist dagegen, da hier lediglich Privatrechte des Notars in Frage stehen, an sich unbenommen. Nur darf sie nicht aus Motiven geschehen, welche die Dienstehre verletzen; eine Herabsetzung aus solchen Gründen würde zwar die civilrechtliche Giltigkeit des Abkommens auch nicht beeinträchtigen, kann aber den Notar disciplinarisch strafbar machen. In einem Erk. des O. Trib. v. 27. Juni 1859 (J. M. Bl. S. 339; Entsch. Bd. 42 Abth. 2 S. 1*) ist ein solches strafbares Motiv in dem Bestreben gefunden worden, sich durch billigere Verrichtung der Notariatsgeschäfte und namentlich durch Gewährung eines „Rabatts" bei größeren

Rechnungen eine ausgedehntere Praxis zu verschaffen. — Selbstverständlich ist, daß der Notar, auch wenn er erlaubter Weise seine Gebühren herabsetzt, nicht über einen höheren Betrag, als er wirklich empfangen hat, quittiren darf, und zwar ganz besonders dann nicht, wenn die Möglichkeit vorliegt, daß der Zahler auf diese Weise von einem Erstattungspflichtigen einen höheren Betrag beitreiben kann, als er selbst gezahlt hat (Vgl. das eben citirte O. Tr. Erk.).

f) Wegen der Verpflichtungen der Notare im Stempelwesen s. das im Anhang abgedruckte Stempelgesetz. Vgl. auch oben S. 8 Nr. 4; S. 21 Anm. 35; S. 23 Anm. 40.

§ 46.

Gegenwärtige Verordnung tritt mit dem 1. Januar 1846 in Kraft. Alle vor diesem Tage aufgenommenen Notariatsurkunden werden lediglich nach den bisherigen Gesetzen beurtheilt und können insbesondere deshalb, weil abweichend von der Vorschrift des §. 9 dieser Verordnung Privatschreiber oder Gehülfen der Notare als Instrumentszeugen zugelassen sind, nicht als ungültig angefochten werden.[1])

Urkundlich 2c. Gegeben Sanssouci, den 11. Juli 1845.

(L. S.) **Friedrich Wilhelm.**

v. Rochow. v. Savigny. Uhden.

Beglaubigt:
Bode.

[1]) Den Notariatsakten, welche vor dem 1. Januar 1846, mit Parteien, die nicht schreiben und Geschriebenes lesen können, aufgenommen worden sind, wird dadurch, daß nicht einer der Zeugen oder der zweite Notar, sondern der instrumentirende Notar das Document vorgelesen hat, die Kraft einer Notariatsurkunde nicht genommen (Pl. Beschl. d. O. Tr. v. 4. Februar 1850; Präj. Samml. Bd. 2 S. 86; Entsch. Bd. 19 S. 59; J. M. Bl. 1850 S. 83); ebenso wenig dadurch, daß neben den Kreuzen oder sonst gewöhnlichen Handzeichen des Analphabeten, dessen Namen nicht von dem zugezogenen zweiten Justizcommissarius oder von dem Zeugen selbst, sondern von dem instrumentirenden Notar geschrieben und von jenem vor seiner eigenen Namensunterschrift bescheinigt worden, daß der Analphabet die Handzeichen gemacht habe. Erk. d. O. Tr. v. 7. November 1845 (Entsch. Bd. 24 S. 86 u. Präj. Samml. I. S. 434).

B.

Gesetz, enthaltend Bestimmungen über das Notariat. Vom 8. März 1880.[1])

(G. S. von 1880 Nr. 16. S. 177—210.)

Wir Wilhelm, von Gottes Gnaden König von Preußen 2c. verordnen, unter Zustimmung der beiden Häuser des Landtages, was folgt:

[1]) Materialien: Herrenhaus: Sitzungsperiode 1879/80. Entwurf mit Begründung v. 20. Januar 1880; Drucksachen Nr. 55. — Bericht der Justiz-

Commission v. 29. Januar 1880. Drucksachen Nr. 78. — Zusatz- und Abänderungsanträge. Drucksachen Nr. 92. — Berathung des Herrenhauses: 13. Sitzung v. 3. Februar 1880; Stenogr. Ber. S. 194—196.

Haus der Abgeordneten: 14. Legisl. Per., I. Sess. 1879/80. Drucksachen Nr. 243; erste und zweite Berathung v. 14. u. dritte Berathung v. 17. Februar 1880, Stenogr. Ber. S. 1741—1744. 1810—1811.

Die Literatur des Gesetzes siehe o. S. 13.

Der Entwurf des Gesetzes bezeichnet es nach dem Abschluß der Reichsjustizgesetzgebung als weitere Aufgabe der Gesetzgebung, auch das Verfahren in den Angelegenheiten der nicht streitigen Gerichtsbarkeit einheitlich zu gestalten. Bei den weitaussehenden Vorbereitungen, welche die Lösung dieser Aufgabe erfordert, ist jedoch wegen der besonderen Verhältnisse des Notariats das vorliegende Gesetz als zunächst dringlich erachtet worden. Sein Zweck ging hauptsächlich dahin, die große gerade hier in der Monarchie bestehende Vielgestaltigkeit (s. die Skizzirung des Rechtzustandes in der Begr. d. Entw. S. 33—35 und bei Kühne-Sydow S. XII ff.) zwar nicht zu beseitigen, aber wesentlich zu vereinfachen. Dies ist geschehen, indem fortan in Preußen nur noch drei Notariatsordnungen zur Anwendung gelangen: die rheinische Not. O. v. 25. April 1822 für d. O. L. G. Bezirk Köln, die hannöversche Not. O. v. 18. September 1853 für d. O. L. G. Bezirk Celle (§ 6 des Ges.) und die altpreußische Not. O. v. 11. Juli 1845 im übrigen Theile der Monarchie (§ 4). Der so hergestellte Rechtszustand ist indessen von einem einheitlichen Notariatsrecht innerhalb der beiden letzten Gruppen noch sehr weit entfernt, wegen der Verschiedenheiten in Bezug auf die sachliche Zuständigkeit der Notare (s. § 2 Abs. 2, § 4 Abs. 3, § 6 Abs. 2 des Gesetzes. Vgl. auch Jastrow und von Dechend „das Notariat und die freiwillige Gerichtsbarkeit in Preußen" in der „Deutschen Notariats-Zeitung" 1887. Nr. 3 u. 4. S. 37 ff u. 53 ff.).

Ueber die bei der Berathung des Gesetzes hervorgetretenen Bestrebungen wegen einheitlicher Regelung des Notariats s. o. S. 11 f.

Das Gesetz trägt für die landrechtlichen Gebietstheile lediglich einen novellirenden Charakter. Es gelangen hier nur die §§ 5. 7. 9. 10 zur Anwendung.

§ 1.

In dem Gebiete des vormaligen Herzogthums Nassau, in den vormals Großherzoglich Hessischen Gebietstheilen, welche jetzt zu den Bezirken der Oberlandesgerichte zu Cassel und Frankfurt am Main gehören, und in den Hohenzollernschen Landen wird das Notariat eingeführt.

Die Ernennung der Notare erfolgt durch den Justizminister.

§ 2.

In den im §. 1 bezeichneten Gebieten sind die Notare zuständig, Urkunden über Rechtsgeschäfte der nicht streitigen Gerichtsbarkeit aufzunehmen und zu beglaubigen.

Unberührt bleiben die Vorschriften, nach welchen gewisse Rechtsgeschäfte ausschließlich vor den ordentlichen Gerichten vorgenommen werden können oder der gerichtlichen Bestätigung bedürfen, sowie die Vorschriften über die Mitwirkung der Feldgerichte und der Ortsgerichte bei Rechtsgeschäften über unbewegliche Sachen.

§ 3.

In dem Gebiete der vormaligen freien Stadt Frankfurt am Main sind alle Notare des Bezirks zuständig, Wechselproteste aufzunehmen.

Die Bestimmungen des §. 10 Absatz 3, 4 des Frankfurtischen Einführungsgesetzes zur Deutschen Wechselordnung vom 27. März 1849 werden aufgehoben.

§ 4.

In den Landestheilen des gemeinen Rechts, mit Ausnahme des Bezirks des Oberlandesgerichts zu Celle, wird das Gesetz über das Verfahren bei Aufnahme von Notariatsinstrumenten vom 11. Juni[1]) 1845, mit Ausschluß der §§. 34, 43, 45, 46 (Anlage[2]) eingeführt.

Die Bestimmungen der §§. 37 bis 39 des erwähnten Gesetzes finden auch auf die vor dem Inkrafttreten des gegenwärtigen Gesetzes entstandenen Schriftstücke der vorhandenen Notare Anwendung.

Die bisherigen Vorschriften über das Verfahren bei der Aufnahme letztwilliger Verfügungen bleiben unberührt.

[1]) „Juni" — Druckfehler im officiellen Text statt „Juli".
[2]) s. das unter A. kommentirte Gesetz.

§ 5.[1])

In den Geltungsbereichen des Gesetzes vom 11. Juli 1845 und der Rheinischen Notariatsordnung vom 25. April 1822 bedarf es bei der Beglaubigung von Unterschriften weder der Zuziehung von Zeugen noch der Aufnahme eines Protokolls;[2]) bei der Aufnahme von Protesten bedarf es der Zuziehung von Zeugen nicht.

[1]) Der Paragraph ist von der Herrenhauskommission in das Gesetz eingefügt. Für die Beglaubigung der Unterschrift forderten schon einzelne ältere Notariats-Ordnungen nicht immer die Zuziehung von Zeugen, so z. B. die Bremen'sche Not.-Ordn. von 1820 § 13. Die preußische und die Reichs-Gesetzgebung haben in neuerer Zeit in einzelnen Specialgesetzen die Unterschriftsbeglaubigung nicht nur von der Zeugenzuziehung sondern auch von der Protokollaufnahme befreit. Dies ist zuerst im Gesetze vom 8. Juli 1865 (G. S. S. 761) § 3 geschehen, betreffs der Anträge auf postalische Uebersendung von Geld und Werthpapieren aus den gerichtlichen Depositorien. Den wichtigsten Schritt hat die G. B. O. (§ 33) betreffs aller Anträge und Urkunden gethan, welche zu Eintragungen oder Löschungen im Grundbuch erforderlich sind. Demnächst ist das erleichterte Verfahren auf die Beglaubigung der Prozeßvollmacht (C. P. O. § 76), auf die Anmeldungen zum Vorrechtsregister (A. G. z. Konk. O. § 32) und auf die Anträge wegen postalischer Uebersendung hinterlegter Gelder, Werthpapiere und Kostbarkeiten (H. O. §§ 25. 39. 43) ausgedehnt worden. Inzwischen hatten einige Notariats-Ordnungen, namentlich auch die hannöversche Not. Ord. (§ 26 Nr. 4. § 32) diese erleichterte Form für die Unterschriftsbeglaubigung allgemein eingeführt. Dieser Zustand, welcher dort zu keinerlei Unzuträglichkeiten geführt hat, sollte durch das vorliegende Gesetz auch auf die übrigen Theile der Monarchie ausgedehnt und sonach in dieser Beziehung

einheitliches Recht hergestellt werden (Ber. d. Herrenhauskom. S. 3; Stenogr. Ber. des Herrenhauses S. 194).

Mit dieser Neuerung ist nun aber eine eigenthümliche Inkongruenz zwischen der gerichtlichen und notariellen Beglaubigung geschaffen. Die obigen Specialgesetze beziehen sich nämlich — abgesehen von dem antiquirten Gesetze vom 8. Juli 1865 — auch auf die gerichtlichen Beglaubigungen, welche darin gleichfalls von der Formalität der Protokollaufnahme befreit sind; der vorliegende § 5 hat es dagegen nur mit der notariellen Beglaubigung zu thun. Der Rechtszustand ist sonach gegenwärtig der: die notarielle Beglaubigung ist von der Protokollaufnahme stets befreit, die gerichtliche nur in den Fällen der obigen Specialgesetze, zu welchen noch die Anträge auf Eintragung und Löschung in der Landgüterrolle treten, die allgemein dem § 33 der G. B. O. unterstellt sind.

Wegen der Proteste s. Anm. 3.

²) Durch den § 5 ist ebenso wenig wie durch die früheren Specialgesetze (s. Anm. 1) ein neues Institut in dem Sinne geschaffen worden, daß es sich bei dieser Beglaubigung um einen anderen Vorgang vor dem Notar handelte, als bei dem bisherigen Institut (Not. Ges. § 21). Vielmehr ist der Akt, welchen die Partei vor dem Notar zu verrichten hat, derselbe wie im Falle des § 21 des Not. Ges., nur die Beurkundung dieser Handlung ist eine erleichterte. Auf diese Beurkundung sind allerdings diejenigen Vorschriften des Notariatsverfahrens unanwendbar, welche die Zeugenzuziehung oder die Protokollaufnahme zur Voraussetzung haben; die übrigen Vorschriften aber sind weiter anwendbar, und in soweit sie zu den wesentlichen Vorschriften gehören (Not. Ges. § 41) begründet ihre Verletzung die Nichtigkeit des Beglaubigungsaktes. Beschl. d. K. G. v. 5. November 1883 (J. u. K. IV, 119). Im Einzelnen ist danach zu bemerken:

a) Der neueren Beglaubigung unterliegt jede Unterzeichnung, welche der Beglaubigung nach § 21 des Not. Ges. fähig wäre, also insbesondere auch bloße Handzeichen (s. zu § 21 Anm. 2) und noch mehr volle Unterschriften von Analphabeten und von Personen, die nicht deutsch verstehen. Die entgegengesetzte Meinung von Turnau (zu § 33 G. B. O. Anm. 3) hat mit der Verallgemeinerung des Instituts der vereinfachten Beglaubigung und mit der Einführung der Beglaubigung bloßer Handzeichen ihre Berechtigung verloren, und zwar für fremdsprachige Personen um so mehr, als dieselben nicht einmal gehindert sind, Urkunden in der fremden Sprache zu errichten und ihre Unterschrift unter solchen beglaubigen zu lassen. Ebensowenig kann die frühere Ansicht, daß unleserliche Unterschriften sich zur Beglaubigung nicht eignen (Ostpr. Trib. bei Johow Bd. 7 S. 115, Turnau a. a. O.), nach dem neueren Recht des § 381 C. P. O. für fortgeltend erachtet werden; denn eine unleserliche Unterschrift steht mindestens einem Handzeichen gleich.

Sachgemäß bleibt es indessen, daß der Notar, welcher für Ordnungsmäßigkeit des Rechtsverkehrs zu sorgen hat, durch Nachfragen nach den Intentionen der Parteien und durch geeignete Belehrung darauf hinwirkt, daß nicht Beglaubigungen stattfinden, welche schließlich unkräftig sind oder gar unrichtige Vorstellungen über die Eigenschaft der Unterzeichner zu erregen geeignet sind. Vgl. auch die Bemerk. zu c.

b) Selbstverständlich muß der Notar mit dem, dessen Unterschrift er beglaubigt, über deren Anerkennung persönlich verhandeln und darf niemals eine Unterschrift bloß daraufhin beglaubigen, daß sie ihm bekannt ist. Urth. d. großen Discipl. Senats v. 26. Juni 1882 (J. M. Bl. 1883 S. 16). Bei der Verhandlung muß er auch die allgemeinen Vorschriften, welche für alle Parteiverhandlungen in Sachen der freiwilligen Gerichtsbarkeit gelten, namentlich wegen Prüfung der Identität und Verfügungsfähigkeit der Erschienenen (A. G. O. II. 2. §§ 22 ff mit III. 7. § 48) beobachten. Zwischen den beiden Formen, der Anfertigung der Unterschrift in Gegenwart des Notars und der Anerkennung einer bereits vollzogenen Unterschrift ist auch hier den Parteien die Wahl gelassen (Not. Ges. § 21 Anm. 4, App. G.

Naumburg bei Johow VI. 107; das frühere K. G. ebenda VIII. 131—134). Selbstredend kann im letzteren Falle das Datum der Beglaubigung ein späteres sein, als das der Urkunde selbst. Läßt ein Tauber oder Stummer eine Unterschrift beglaubigen, so muß der Notar die §§ 4. 5. II. 3. A. G. O. insoweit anwenden, als er sich durch die dort angeordnete schriftliche Befragung und Beantwortung Gewißheit über die Willensmeinung des Erschienenen schaffen muß. Versteht die Partei nicht deutsch und ist der Notar der fremden Sprache nicht mächtig, so sind die §§ 26—29 des Not. Ges. und vom § 30 der erste Satz: („Der Notar erforscht die Willensmeinung der Parteien durch den Dolmetscher") anzuwenden.

c) Dagegen ist der Notar davon befreit, über die Anwendung der vorgedachten Vorschriften in seinem Akte specielle Rechenschaft abzulegen; dies folgt aus der Befreiung von der Protokollaufnahme. Die §§ 7 bis 14. 24. 25. 30 (mit Ausschluß des zu b. citirten Satzes) bis 35 sind daher auf das Beglaubigungsverfahren nicht anwendbar. Namentlich bedarf es eines besonderen Vermerks über Identität und Verfügungsfähigkeit nicht, wie schon unter der Herrschaft des § 33 G. B. O. von den meisten Appellations-Gerichten angenommen worden ist (Stettin bei Johow III. 81 und VIII. 135; Posen III. 174; Glogau IV. 63; das frühere Kammergericht IV. 64; Hamm IV. 65; Marienwerder VI. 108; Ostpr. Trib. VIII. 134 und dagegen nur: Magdeburg IV. 65 und Frankfurt a. O. V. 79. Vgl. auch Turnau zu § 33 G. B. O. Anm. 3 a. E., Achilles ebda. Anm. 5). Bei Tauben und Stummen braucht der Vermerk sich nicht von der sonstigen Form zu unterscheiden. Das Gleiche würde an sich auch für Unterschriften der Analphabeten und Fremdsprachigen zu gelten haben. Indessen bringt hier die Pflicht des Notars (s. zu a. a. E.) es mit sich, zu verhüten, daß Täuschungen durch seinen Akt entstehen. Er hat sonach in den zutreffenden Fällen sachgemäßer Weise im Beglaubigungsvermerk zum Ausdruck zu bringen, daß der Verfasser der Unterschrift ein Mehreres als seinen Namen zu schreiben nicht im Stande ist oder daß er nicht deutsch versteht.

d) Als wesentliche Erfordernisse des Beglaubigungsvermerks sind die folgenden zu erachten:

aa) Der Vermerk muß unter der zu rekognoscirenden Unterschrift geschrieben sein (§ 21 Satz 2); bei nicht genügendem Raum wird unter der Unterschrift zu beginnen und der Rest des Vermerks nöthigenfalls durch Schnur und Siegel nach § 16 zu verbinden sein.

bb) Der Vermerk muß ersichtlich machen, von welcher Person die Unterschrift herrührt, und daß diese Person die Unterschrift vor dem Notar anerkannt oder angefertigt hat (§ 21 Abs. 1). Der Vermerk, die Unterschrift werde als die des N. N. „beglaubigt", ist nicht für genügend zu erachten, weil sie das Geschehen des Aktes des § 21 Abs. 1 überhaupt nicht ersehen läßt. A. M. Turnau zu § 33 G. B. O. Anm. 3; Achilles ebda. Anm. 5; siehe dagegen die zu cc. citirte Entscheidung.

cc) Der Vermerk muß vom Notar unterschrieben und mit seinem Amtssiegel versehen sein, und zwar muß der Notar mit Vor- und Zunamen unterschreiben. § 21 Abs. 3 mit § 15 des Not. Ges.; Beschl. d. K. G. vom 5. November 1883 (J. u. K. IV. 119).

dd) Die Angabe von Ort und Zeit der stattgehabten Verhandlung ist an sich nur für die Protokolle vorgeschrieben (Not. Ges. § 10 Nr. 4); es läßt sich deshalb nicht behaupten, daß der Mangel dieser Angabe dem Vermerk die Kraft einer Notariatsurkunde nimmt. Da aber ohne diese Angabe die Kompetenz des Notars (Not. Ges. § 40) nicht geprüft werden kann, so kann der Vermerk seinen Zweck als Notariatsurkunde nicht erfüllen, wenn er nicht die Angabe von Ort und Zeit der Beglaubigung enthält.

Daß der Notar den Vermerk an demselben Tage niederschreibt, an welchem der Parteiakt vor ihm stattgefunden hat, ist nicht erforderlich; insbesondere ist es, wenn mehrere Unterschriften unter einer Urkunde sich befinden, beim Einverständniß der Parteien statthaft, daß die Aussteller an verschiedenen Tagen beim Notar zur Anerkennung der Unterschriften erscheinen, und daß der Notar den Beglaubigungsvermerk erst nach Beendigung aller Rekognitionen einheitlich niederschreibt. Solche Verschiedenheiten wird der Beglaubigungsvermerk eventuell zum Ausdruck bringen können. Als erforderlich wird man letzteres aber nur alsdann erachten dürfen, wenn sonst die Kompetenz des Notars in Zweifel gerathen würde. Kompetent — namentlich auch örtlich — muß der Notar in beiden Momenten sein: sowohl bei der vor ihm stattfindenden Parteihandlung als bei der Niederschreibung des Vermerks.

e) Die Beglaubigung muß in das Notariatsregister eingetragen werden, und ebenso ist auf dem Akte selbst die Nummer des Notariatsregisters anzugeben (Not. Ges. § 21 a. E.; Ber. d. Herrenhauskommission S. 3; Allg. Verf v. 14. Mai 1881 J. M. Bl. S. 108; Dernburg I. § 102 S. 230); auch die Liquidation der Gebühren und Auslagen hat nach Maßgabe des § 3 Abs. 2 des Ges. vom 11. Mai 1851 unter dem Vermerk zu erfolgen (Allg. Verf. vom 5. Juni 1886 J. M. Bl. S. 143). — Wollen die Parteien ihre Unterschrift in mehreren Exemplaren beglaubigen lassen, so ist jedes Exemplar sowohl in Bezug auf die Eintragung im Register als in Bezug auf die Gebührenerhebung als besonderer Akt anzusehen. Wegen der Gebühren s. sonst § 9.

Vgl. im Uebrigen noch zu § 21 Not. Ges. Anm. 2 bis 7.

[3]) „Bei der Aufnahme von Protesten bedarf es der Zuziehung von Zeugen nicht." Die Bedeutung dieser Vorschrift und der Zweck ihrer Aufnahme in das Gesetz ist unklar. Für Wechselproteste bestand die Entbehrlichkeit der Zeugenzuziehung als eine reichsrechtliche Norm vermöge Art. 87 der W. O. schon vorher. Wenn man also mit der neuen Vorschrift irgend etwas hat besagen wollen, so muß man mit dem Wort „Protest" einen weiteren Begriff als den des Wechselprotestes verbunden haben. Nun giebt aber die Entstehungsgeschichte in dieser Beziehung ein ganz seltsames Bild. Man hat die Vorschrift bei der Berathung im Herrenhause in das Gesetz aufgenommen, weil sie vermeintlich in Hannover schon geltendes Recht war und um dieserhalb Einheitlichkeit in der ganzen Monarchie herzustellen. Diese Einheitlichkeit hat man zu erreichen gemeint, wenn man die neugeschaffene Vorschrift nur in das Geltungsgebiet der beiden anderen Notariatsordnungen einführt (Ber. d. Herrenhauskommission S. 3). In der Plenarberathung des Herrenhauses (Sten. Ber. S. 194) äußerte der Berichterstatter Struckmann in diesem Sinne ausdrücklich: nach der hannoverschen Not Ord. sei die Zuziehung von Zeugen „bei der Aufnahme von Protesten" nicht erforderlich. In dieser Form ist nun aber die Annahme thatsächlich nicht zutreffend. Die hannöversche Not. Ord. erklärt vielmehr im § 26 No. 3 die Zeugenzuziehung nur für entbehrlich: „bei der Aufnahme von Seeprotesten und Wechselprotesten". Da nun der Seeprotest eine durch das neuere Bodmereirecht (H. G. B. Art. 490 ff. 680 ff) antiquirte Urkunde ist, so besagte die hannöversche Not. Ord. in Wahrheit überhaupt nicht mehr als dasselbe, was jetzt Kraft Reichsrechtes in ganz Deutschland und deshalb im Bereich auch der beiden anderen Notariatsordnungen galt. Man weiß danach nicht, wozu die neue Vorschrift dienen sollte. Sachgemäßer Weise wird man sie aber nach dieser Entstehungsgeschichte nur auf Wechselproteste beziehen dürfen. Wollte man sie nämlich, dem Wortlaute gemäß, weiter ausdehnen, insbesondere also auf den Verzugsprotest nach Art 358 H. G. B., so müßte man zu dem Ergebnisse gelangen, daß diese letztere Art von Protesten zwar im Geltungsbereiche der altpreußischen und der rheinischen Not. Ord., nicht aber in dem der hannöverschen von der Zeugenzuziehung befreit ist. Denn auf den Geltungsbereich der letzteren bezieht sich der § 5 überhaupt nicht. Danach würde aber die Vorschrift, welche bestimmt war, einheitliches Recht in Preußen zu schaffen, den gerade entgegengesetzten Erfolg haben: sie würde einen früheren einheitlichen Zustand (daß nämlich Wechselproteste

ohne Zeugen, andere Proteste mit Zeugen aufzunehmen sind) in einen zwiespältigen verwandeln. Es kommt noch hinzu, daß der Begriff des „Protestes" außerhalb des Wechselrechts gesetzlich nirgends definirt ist und daß die Anwendung der Vorschrift außerhalb der Wechselproteste danach vielfach mit Rechtsunsicherheit verbunden wäre.

Das Ergebniß ist sonach, daß dem letzten Satze des § 5 die Bedeutung einer Neuerung überhaupt abzusprechen ist.

§ 6.

In dem zum Bezirke des Oberlandesgerichts zu Celle gehörigen Kreise Rinteln werden die noch geltenden Vorschriften der Hannoverschen Notariatsordnung vom 18. September 1853 mit Ausschluß der Abschnitte VIII, IX (Anlage) [1]) eingeführt.

Die bisherigen Vorschriften über das Verfahren bei der Aufnahme letztwilliger Verfügungen bleiben unberührt.

Die Absätze 2 und 3 des §. 32 der Hannoverschen Notariatsordnung vom 18. September 1853 werden aufgehoben.

[1]) Die Anlage wird hier nicht abgedruckt.

§ 7. [1])

In den Geltungsbereichen des Gesetzes vom 11. Juli 1845 und der Hannoverschen Notariatsordnung vom 18. September 1853 steht das Recht der Aufsicht

1) dem Justizminister hinsichtlich aller Notare,
2) dem Präsidenten des Oberlandesgerichts hinsichtlich der Notare des Oberlandesgerichtsbezirks,
3) dem Präsidenten des Landgerichts hinsichtlich der Notare des Landgerichtsbezirks

zu.

Die Vorschriften des §. 23 des Gesetzes, betreffend die Abänderungen von Bestimmungen der Disziplinargesetze, vom 9. April 1879 finden bei der Aufsicht über die Notare entsprechende Anwendung.

[1]) Siehe hierzu die Erörterungen oben S. 21 ff. Im Gebiete des rheinischen Rechts steht die Dienstaufsicht den Gerichten unter Mitwirkung der Staatsanwaltschaft zu (rhein. Not. Ord. Art. 47 ff).

§ 8.

In der Provinz Hannover findet rücksichtlich der Disziplinarstrafen der §. 12 der Verordnung vom 30. April 1847, rücksichtlich der vorläufigen Enthebung vom Amte der dritte Abschnitt des Gesetzes vom 7. Mai 1851 mit den durch das Gesetz vom 9. April 1879 bestimmten Aenderungen Anwendung. [1])

[1]) Das Disciplinarverfahren ist damit für den ganzen Staat, mit Ausschluß des O. L. G. Bezirks Cöln einheitlich geregelt. Siehe dessen Darstellung oben S. 23 ff.

§ 9.

In den Geltungsbereichen des Gesetzes vom 11. Juli 1845 und der Hannoverschen Notariatsordnung vom 18. September 1853 werden Auslagen der Notare und Gebühren derselben für Erhebung und Ablieferung von Geldern und Werthpapieren nach den für Rechtsanwälte geltenden Vorschriften (§§. 76 bis 83, 87[1]) der Gebührenordnung für Rechtsanwälte) erhoben, die Gebühren für Erhebung und Ablieferung von Geldern jedoch nur dann, wenn die Erhebung der Gelder nach dem Inkrafttreten des gegenwärtigen Gesetzes stattgefunden hat. Gebühren für die Beglaubigung von Unterschriften werden in allen Fällen nach Maßgabe des §. 8 Nr. 3 des Kostentarifs für Grundbuchsachen, Beilage zur Grundbuchordnung vom 5. Mai 1872,[2]) erhoben.

[1]) Siehe im Anhang bei §§ 10. 13. 16 des Ges. vom 11. Mai 1851.

[2]) Abgedruckt im Anhang. Hierzu tritt abändernd betreffs aller Anträge zum Staatsschuldbuch:

Ges., betr. das Staatsschuldbuch vom 20. Juli 1883 (G. S. S. 120) § 21 Abs. 3.

„An Gebühren für die gerichtliche oder notarielle Beglaubigung der Anträge (§. 10 Absatz 2) sind zu erheben:

bei Beträgen bis 2000 Mark: 1 Mark 50 Pfennig,
bei Beträgen über 2000 Mark: 3 Mark."

Die Vorschrift gilt auch für die durch die Gesetze vom 4. März 1885 und vom 12. April 1886 dem Staatsschuldbuch unterworfenen Anleihen.

§ 10.

In den Geltungsbereichen des Gesetzes, betreffend den Ansatz und die Gebühren der Notare, vom 11. Mai 1851[1]) und des gleichen Lauenburgschen Gesetzes vom 4. Dezember 1869 werden für die Beglaubigung einer Abschrift die Schreibgebühren für Herstellung der Abschrift,[2]) eine weitere Gebühr aber nicht erhoben, mag die Abschrift durch den Notar hergestellt sein oder nicht.

Die Vorschriften der §§. 13 Litt. B der erwähnten Gesetze finden, soweit Reisekosten oder Fuhrkosten nicht zu berechnen sind, auch ferner Anwendung, jedoch mit der Maßgabe, daß an Stelle der Entfernung von über eine Viertelmeile die Entfernung von zwei Kilometer tritt.

Die §§. 4, 5 der erwähnten Gesetze werden aufgehoben.[3])

[1]) Abgedruckt im Anhang.

[2]) Siehe im Anhang zu § 16 des Ges. v. 11. Mai 1851.

[3]) Die §§ 4 und 5 enthielten ein besonderes gerichtliches Prozeßverfahren für Beschwerden über den Ansatz von Gebühren und Auslagen der Notare, sowie wegen Eintreibung derselben. Sie sind als bereits durch die C. P. O. beseitigt zu erachten (Begründung zu §§ 8—10 d. Entw. S. 38).

§ 11.

In den Hohenzollernschen Landen und in dem Gebiete der vormaligen freien Stadt Frankfurt am Main wird das Gesetz, betreffend den Ansatz und die Erhebung der Gebühren der Notare, vom 11. Mai 1851 (Anlage)[1]) mit den durch die §§. 9, 10 des gegenwärtigen Gesetzes bestimmten Abänderungen eingeführt.

C. D.

[1]) Abgedruckt im Anhang.

Urkundlich unter Unserer Höchsteigenhändigen Unterschrift und beigedrucktem Königlichen Insiegel.

Gegeben Berlin, den 8. März 1880.

(L. S.) **Wilhelm.**

Gr. zu Stolberg. v. Kameke. Hofmann. Gr. zu Eulenburg. Maybach. Bitter. v. Puttkamer. Lucius. Friedberg.

C.

Die Vorschriften über die vollstreckbaren Notariatsurkunden.[1])

C. P. O. v. 30. Januar 1877. (R. G. Bl. 1877 S. 83). §§ 702 – 705.

[1]) Vorbemerkung:

In den vollstreckbaren Urkunden ist für das preußische und auch für das gemeinrechtliche Notariat eine Neuerung eingeführt. Die Institution stammt aus den instrumentis guarentigiatis, welche in der Mitte des dreizehnten Jahrhunderts in italienischen Stadtrechten aufkamen; es sind dies Urkunden, die vor Gericht oder Notar in Form einer confessio in iure errichtet wurden und durch das demnächst von der Urkundsperson ertheilte praeceptum guarentigiae die Wirkung erlangten, daß sie ohne rechtliches Gehör des Schuldners vollstreckbar waren (Oesterley I. S. 352 ff). Kurze Zeit darauf erscheinen die Urkunden auch in Frankreich (Oesterley II. S. 46). Hier aber hat das Institut eine viel weiter gehende Entwickelung gefunden, die damit abschloß, allen Notariatsurkunden überhaupt die gleiche Vollstreckbarkeit wie den Urtheilen beizulegen, wenn sie in der exekutorischen Form ausgefertigt wurden (Ges. v. 25. Ventose des Jahres XI [16. März 1803] Art. 19). In dieser Form bestand die Einrichtung auch in denjenigen deutschen Ländern, in welchen die französische Notariatsverfassung Eingang fand (vgl. rhein. Not. Ord. Art. 38). Von da ist sie, jedoch meist mit Einschränkungen in eine Reihe von Partikulargesetzen übernommen worden (z. B. bayr. Not. Ord. Art. 80; s. im Uebrigen die Zusammenstellung in der Begr. S. 387 u. 418; Hahn I. S. 421 u. 446). Diesem Beispiele ist die C. P. O. gefolgt, hat jedoch die Vollstreckbarkeit an zwei Bedingungen geknüpft, daß nämlich die festgesetzte Leistung Geld oder Fungibilien betreffen muß, und daß der Schuldner sich in der Urkunde der sofortigen Zwangsvollstreckung unterworfen hat.

§ 702.

Die Zwangsvollstreckung findet ferner statt:

— — — — — — —

5. aus Urkunden, welche von einem deutschen Gericht oder von einem deutschen Notar innerhalb der Grenzen seiner Amtsbefugnisse[1]) in der vorgeschriebenen Form[2]) aufgenommen[3]) sind, sofern die Urkunde über einen Anspruch

errichtet ist, welcher die Zahlung einer bestimmten Geldsumme[4]) oder die Leistung einer bestimmten Quantität anderer vertretbarer Sachen oder Werthpapiere[5]) zum Gegenstande hat,[6]) und der Schuldner sich in der Urkunde der sofortigen Zwangsvollstreckung[7]) unterworfen hat.

[1]) „innerhalb der Grenzen seiner Amtsbefugnisse". Der Begriff deckt sich mit dem Begriffe „innerhalb ihrer Kompetenz" im § 40 des Not. Ges. (s. zu § 40 Anm. 2) und begreift nur die Zuständigkeit in abstracto. Die Verbote der §§ 5. 6 Not. Ges. betreffen danach die Grenzen der Amtsbefugnisse nicht. Da ihre Uebertretung dem Akte die Kraft einer Notariatsurkunde nicht benimmt (Not. Ges. § 5 Anm. 7), so wird auch die Vollstreckbarkeit nach § 702 dadurch nicht gehindert.

[2]) „in der vorgeschriebenen Form." Hierunter ist ebenso wie im § 380 C. P. O. diejenige Form verstanden, von welcher nach dem Landesrecht die Wirksamkeit der Urkunde als einer Notariatsurkunde abhängt (s. Not. Ges. § 40 Anm. 1). Die Uebertretung unwesentlicher Förmlichkeiten (Not. Ges. §§ 40. 41) hindert danach die exekutorische Kraft nicht.

[3]) „aufgenommen." Danach genügt nicht die bloße Beglaubigung der Unterschrift, wohl aber die der Aufnahme gleichstehende Anerkennung des Inhalts der Urkunde nach § 22 Not. Ges. (Struckmann-Koch zu § 702 Anm. 5; Wilmowski-Levy ebenda Anm. 6).

[4]) „bestimmte Geldsumme." Eine Geldsumme ist auch dann bestimmt, wenn sie nicht in absoluten Zahlen, sondern in Quoten anderer Zahlen ausgedrückt ist, z. B. 5% Zinsen von 3000 Mark, zahlbar zum Beginne jedes Kalenderquartals (Wilmowski-Levy Anm. 7 und die dort citirten Entscheidungen).

[5]) „vertretbarer Sachen oder Werthpapiere." Die Worte sind identisch mit den in §§ 555. 628. 770 C. P. O. gebrauchten (Begr. S. 419; Hahn II. S. 446). Vgl. auch H. G. B. Art. 301.

Unter „vertretbaren Sachen" sind regelmäßig solche verstanden, quae pondere, numero, mensura continentur. Indessen ist über den Begriff der Parteiwille entscheidend; die Parteien können Individualsachen zu vertretbaren machen, wenn sie die Obligation so schaffen, daß die Leistung nur aus der Gattung zu erfolgen hat (Dernburg I. § 65 S. 144; Foerster-Eccius I. § 21 S. 109; Struckmann-Koch zu § 555 Anm. 1; A. Foerster zu § 555 Anm. 1 b, welch Letzterer aber ein unrichtiges Beispiel anführt). Die entgegengesetzte Aeußerung eines Redners in der Reichstagskommission, welcher den Begriff auf die objektiv, im Handel und Wandel als einander vertretbar geltende Sachen einschränken wollte (Prot. S. 580; Hahn S. 999), ist nicht genügend, um diese Ansicht als im Gesetze zum Ausdruck gelangt anzusehen. A. M. Wilmowski-Levy zu § 555 Anm. 1. Indessen ist der Begriff der vertretbaren Sachen auf bewegliche Sachen eingeschränkt, wie sich aus der Vergleichung von § 770 mit § 769 einerseits und § 771 andrerseits ergiebt. — Darüber, daß die Parteien umgekehrt vertretbare Sachen zu individuell bestimmten machen können, kann kein Zweifel obwalten. Urth. d. R. G. v. 26 Januar 1883 (Entsch. X. S. 341).

Ob der Schuldner die Sachen besitzt oder sie erst anschaffen soll, ist gleichgiltig. — Alternative Obligationen gehören alsdann hierher, wenn beide Alternativen vertretbar sind (Struckmann-Koch, Wilmowski-Levy, A. Foerster a. a. O.).

Die Beifügung des Wortes „Werthpapiere" hat die Bedeutung, daß auch solche Werthpapiere, die auf den Namen lauten, wie z. B. Bank-Antheilsscheine, Namensaktien u. dgl. nicht ausgeschlossen sind; andernfalls hätte es der Hervorhebung der Werthpapiere nicht bedurft, da die Inhaberpapiere durchweg unter die vertretbaren Sachen fallen (Struckmann-Koch und Wilmowski-Levy a. a. O.; a. M. A. Foerster a. a. O. und die dort citirten).

[6]) „zum Gegenstand hat", gleichviel ob der Anspruch bedingt, betagt, von einer Gegenleistung abhängig ist oder nicht; ebenso ist es gleichgiltig, ob die Errichtung in einer einseitigen oder zweiseitigen Urkunde erfolgt ist. Eine Mitwirkung des Gläubigers ist sonach nicht erforderlich (Struckmann-Koch Anm. 5; Wilmowski-Levy Anm. 7; s. auch die folgende Anm.).

[7]) „der sofortigen Zwangsvollstreckung." Diese Worte sind nicht so zu verstehen, als müsse sich der Schuldner einer Zwangsvollstreckung unterwerfen, welche sofort mit seiner Erklärung beginnen kann. In diesem Falle wären — ganz gegen die Absicht des Gesetzes (Prot. d. Justiz-Komm. S. 368. Hahn VI. S. 823) — die bedingten und betagten Ansprüche ausgeschlossen. Vielmehr ist unter der sofortigen Vollstreckung nur eine solche zu verstehen, die ohne richterliche Entscheidung eintreten soll (Foerster-Eccius I. Anh. zu §§ 55. 56 S. 305).

Die Einschränkung der Zwangsvollstreckung auf bestimmte Vermögensstücke, namentlich auf ein bestimmtes Grundstück, ist für statthaft zu erachten. Der Wortlaut des Gesetzes steht dem nicht entgegen und die Einschränkung ist für den praktischen Grundbuchverkehr unerläßlich, wenn eine Schuld vollstreckbar gemacht werden soll, für die nur ein dinglicher Anspruch in das Grundstück existirt (Wilmowski-Levy Anm. 6; Kurlbaum S. 22; Schollmeyer bei Rassow-Küntzel Bd. 29 S. 436; a. M. Struckmann-Koch Anm. 6; vgl. indessen deren entgegengesetzte Ansichten betreffs des Zahlungsbefehls zu § 628 Anm. 1, wo die Androhung der Zwangsvollstreckung blos in das verpfändete Grundstück für zulässig erklärt wird, obwohl § 632 ebenso wie § 702 nur von einer Androhung „sofortiger Zwangsvollstreckung" spricht). Die erwähnte Einschränkung ist auch dann zulässig, wenn sich der Schuldner in der Urkunde neben dem Pfande für persönlich verhaftet erklärt; auch in diesem Falle hat er es in der Hand, für die sofortige Zwangsvollstreckung nur das Pfand bereit zu stellen.

§ 703.

Auf die Zwangsvollstreckung aus den in dem vorstehenden Paragraphen erwähnten Schuldtiteln finden die Bestimmungen der §§. 662—701 entsprechende Anwendung,[1–8]) soweit nicht in den §§. 704, 705 abweichende Vorschriften enthalten sind.

[1]) Für das Verfahren des Notars kommen wesentlich nur die §§ 662 bis 670 in Betracht. Dieselben lauten:

§ 662. Die Zwangsvollstreckung erfolgt auf Grund einer mit der Vollstreckungsklausel versehenen Ausfertigung des Urtheils (vollstreckbare Ausfertigung).

Die vollstreckbare Ausfertigung wird von dem Gerichtsschreiber des Gerichts erster Instanz und, wenn der Rechtsstreit bei einem höheren Gericht anhängig ist, von dem Gerichtsschreiber dieses Gerichts ertheilt.

§ 663. Die Vollstreckungsklausel:

„Vorstehende Ausfertigung wird dem u. s. w. (Bezeichnung der Partei) zum Zwecke der Zwangsvollstreckung ertheilt."

ist der Ausfertigung des Urtheils am Schlusse beizufügen, von dem Gerichtsschreiber zu unterschreiben und mit dem Gerichtssiegel zu versehen.

§ 664. Von Urtheilen, deren Vollstreckung nach ihrem Inhalte von dem durch den Gläubiger zu beweisenden Eintritt einer anderen Thatsache als einer dem Gläubiger obliegenden Sicherheitsleistung abhängt, darf eine vollstreckbare Ausfertigung nur ertheilt werden, wenn der Beweis durch öffentliche Urkunden geführt wird.

§ 665. Eine vollstreckbare Ausfertigung kann für den Rechtsnachfolger des in dem Urtheile bezeichneten Gläubigers sowie gegen die allgemeinen Rechtsnachfolger des in dem Urtheile bezeichneten Schuldners und unter Berücksichtigung der §§. 236, 238 gegen denjenigen Rechtsnachfolger dieses Schuldners ertheilt werden, an welchen die in Streit befangene Sache während der Rechtshängigkeit oder nach Beendigung des Rechtsstreits veräußert ist, sofern die Rechtsnachfolge bei dem Gericht offenkundig ist oder durch öffentliche Urkunden nachgewiesen wird.

Ist die Rechtsnachfolge bei dem Gericht offenkundig, so ist dies in der Vollstreckungsklausel zu erwähnen.

§ 666. In den Fällen der §§. 664, 665 darf die vollstreckbare Ausfertigung nur auf Anordnung des Vorsitzenden ertheilt werden.

Vor der Entscheidung kann der Schuldner gehört werden.

Die Anordnung ist in der Vollstreckungsklausel zu erwähnen.

§ 667. Kann der nach den §§ 664, 665 erforderliche Nachweis durch öffentliche Urkunden nicht geführt werden, so hat der Kläger bei dem Prozeßgericht erster Instanz aus dem Urtheil auf Ertheilung der Vollstreckungsklausel Klage zu erheben.

§ 668. Ueber Einwendungen des Schuldners, welche die Zulässigkeit der Vollstreckungsklausel betreffen, entscheidet das Gericht, von dessen Gerichtsschreiber die Vollstreckungsklausel ertheilt ist. Die Entscheidung kann ohne vorgängige mündliche Verhandlung erfolgen.

Das Gericht kann vor der Entscheidung eine einstweilige Anordnung erlassen; es kann insbesondere anordnen, daß die Zwangsvollstreckung gegen oder ohne Sicherheitsleistung einstweilen einzustellen oder nur gegen Sicherheitsleistung fortzusetzen sei.

§ 669. Eine weitere vollstreckbare Ausfertigung darf derselben Partei, sofern nicht die zuerst ertheilte Ausfertigung zurückgegeben wird, nur auf Anordnung des Vorsitzenden ertheilt werden.

Vor der Entscheidung kann der Schuldner gehört werden.

Der Gerichtsschreiber hat von der Ertheilung der weiteren Ausfertigung, wenn die Entscheidung, durch welche dieselbe angeordnet wird, nicht verkündet ist, den Gegner in Kenntniß zu setzen.

Die weitere Ausfertigung ist als solche unter Erwähnung der Entscheidung ausdrücklich zu bezeichnen.

§ 670. Vor der Aushändigung einer vollstreckbaren Ausfertigung ist auf der Urschrift des Urtheils zu bemerken, für welche Partei und zu welcher Zeit die Ausfertigung ertheilt ist.

Wegen der Art der Anwendung dieser Vorschriften vgl. Anm. 2 bis 4.

[2]) Zu §§ 662. 663. Die Ertheilung der vollstreckbaren Ausfertigung steht dem Notar an Stelle des Gerichtsschreibers zu (§ 703). Er darf sie nur auf Antrag desjenigen ertheilen, der bei Errichtung des Aktes mitgewirkt hat; wenn also die Urkunde einseitig vom Schuldner errichtet ist, nur auf Antrag des letzteren; der Schuldner ist auch befugt, die für den Gläubiger zu ertheilende Ausfertigung zu seinen Händen zu erbitten, was insbesondere praktisch ist, wenn er die Gegenleistung noch nicht erhalten hat. Vgl. im Uebrigen die Anm. zu § 705.

[3]) Zu §§ 664. 665. Die Vorschriften sind in vollem Umfang auch auf die Notariatsurkunden anwendbar; insbesondere ist bei dinglichen Schulden die Vollstreckungsklausel auch gegen den Singularsuccessor zulässig, welcher nach Bestellung des vollstreckbaren Schuldtitels die Pfandsache, namentlich das verhypothecirte Grundstück, erworben hat (§ 236). Die Meinung der Motive, daß bei diesen Schuldtiteln für die Vollstreckbarkeit gegen einen Singularsuccessor kein Raum sei (Begr S. 419, Hahn S. 446), ist gegenüber dem klaren Wortlaut des Gesetzes, welchem eine Einschränkung der §§ 664. 665 für diesen Fall unbekannt ist, nicht

entscheidend (Kurlbaum S. 21 ff.; Förster-Eccius I Anh. zu §§ 55. 56. S. 306 Anm. 14; Wilmowski-Levy zu § 665 Anm. 5; zu § 703 Anm. 1; Krech-Fischer S. 139; Jaeckel S. 110; a. M. Struckmann-Koch zu § 703 Anm. 1; Seuffert ebenda; Schultzenstein bei J. u. K. II. S. 323; siehe die fernere Literatur bei Krech-Fischer a. a. O.). Selbstverständlich muß indessen die Obligation im vollstreckbaren Schuldtitel als eine dingliche ausdrücklich bezeichnet sein. Die bloße Thatsache, daß es sich um eine Hypothek handelt, genügt nicht, wenn der Schuldner im Schuldtitel sich lediglich persönlich der Zwangsvollstreckung unterworfen hat.

Unter den Anhängern der diesseitigen Meinung herrscht Streit, ob die Vollstreckbarkeit in ein Grundstück gegen den Singularsuccessor davon abhängig ist, daß die Unterwerfung unter die sofortige Zwangsvollstreckung in das Grundbuch eingetragen ist. Es ist gegen Wilmowski-Levy (zu § 665 Anm. 5) mit Krech-Fischer (S. 140) und Jaeckel (S. 110) die Frage zu verneinen. Denn die Unterwerfung betrifft nur die formale Geltendmachung des Anspruchs, ohne die Belastung des Grundstücks irgendwie zu verändern. Vgl. auch Beschl. des K. G. v. 15. August 1882 (J. u. K. III. S. 164). Immerhin ist mit Rücksicht auf die entgegenstehende Ansicht die Eintragung zu empfehlen. Ihre Zulässigkeit ist gegen Schultzenstein (a. a. O.) schon des Zweifels wegen für völlig unbedenklich zu erachten. Die Schultzenstein'schen Ausführungen über die Zweck- und Nutzlosigkeit solcher Eintragung treffen für den Standpunkt des Grundbuchrichters den Kern der Sache nicht. Denn — so sagt sehr zutreffend das Kammergericht in einem analogen Falle — „derartige Erörterungen binden im Streitfalle weder die Parteien noch den Prozeßrichter, bedrohen aber die ersteren mit Nachtheilen, wenn der Erwerb beim Grundbuch davon abhängig gemacht wird, daß der Auffassung der Grundbuchbehörde in allen Einzelheiten .... Genüge geschehen sei." (Beschl. v. 15. September 1883 J. u. K. IV. S. 176). Für die Zulässigkeit der Eintragung s. auch Beschl. des Landgerichts Berlin I. v. 3. Dezember 1881 (J. u. K. II. S. 327).

Wenn die Klausel gegen den Nachfolger verlangt wird, so muß durch öffentliche Urkunden nachgewiesen werden, daß die Schuld überhaupt in das Grundbuch eingetragen ist.

[4]) Zu § 666. Ueber die Anwendbarkeit dieser Vorschrift auf den Notar s. zu § 705 Anm. 1.

[5]) Zu §§ 667—669. Wer die hier angeordneten gerichtlichen Functionen wahrzunehmen hat, bestimmt § 705 Abs. 3 u. 5.

[6]) Zu § 671 (Zustellung des Schuldtitels vor Beginn der Zwangsvollstreckung) fehlt es an einer Vorschrift, welches Gericht einzutreten hat, falls eine öffentliche oder Auslandszustellung erforderlich wird (§§ 185. 187). Da diese Functionen sonst dem Prozeßgericht zugewiesen sind, wird man analog das in § 705 Abs. 3 bezeichnete Gericht substituiren müssen.

[7]) Die Eintragung einer Forderung in das Grundbuch im Wege der Zwangsvollstreckung aus dem Notariatsakte kann nur in Form der Vormerkung erfolgen (Zw. Ges. § 6 Abs. 3). Hat der Schuldner die Eintragung in das Grundbuch in der Urkunde bewilligt, so liegt der Fall der Eintragung im Wege der Zwangsvollstreckung nicht vor (E. E. G. § 19). Die zwangsweise Umschreibung der Vormerkung in eine Hypothek kann der Gläubiger nur durch Klage erreichen, wobei es streitig ist, ob die Klage auf die Forderung selbst gerichtet werden muß oder ob auf Umschreibung der Vormerkung in eine Hypothek geklagt werden kann (vgl. hierüber Krech-Fischer S. 240; Jaeckel S. 87). — Ueber die Eintragung des Vermerks selbst, daß man sich der sofortigen Zwangsvollstreckung unterwirft, in das Grundbuch s. Anm. 3. Die Eintragung dieses Vermerks ist niemals eine

Zwangsvollstreckung aus dem Notariatsakt, sondern setzt die Bewilligung des eingetragenen Eigenthümers voraus.

[8]) Der Notar als solcher ist niemals berufen, den Gläubiger im Vollstreckungsverfahren zu vertreten. Auch wenn ein Antrag auf Eintragung in das Grundbuch zu stellen ist, bedarf der Notar hierzu besonderer Vollmacht; der § 36 G. B. O. betrifft den hier vorliegenden Fall nicht (Krech-Fischer S. 253; Jaeckel S. 106). Doch steht die in der Sache geübte Notariatsthätigkeit nicht entgegen, daß der Notar, wenn er zugleich Rechtsanwalt ist, als gehörig legitimirter Bevollmächtigter des Gläubigers das Vollstreckungsverfahren für diesen betreibt (§ 6 Not. Ges. Anm. 1).

§ 704.

(Betrifft lediglich die Vollstreckungsbefehle.)

§ 705.

Die vollstreckbare Ausfertigung gerichtlicher Urkunden wird von dem Gerichtsschreiber des Gerichts ertheilt, welches die Urkunde aufgenommen hat.

Die vollstreckbare Ausfertigung notarieller Urkunden wird von dem Notar ertheilt, welcher die Urkunde verwahrt.[1]) [2]) Befindet sich die Urkunde in der Verwahrung einer Behörde,[3]) so hat diese die vollstreckbare Ausfertigung zu ertheilen.[4])

Die Entscheidung über Einwendungen, welche die Zulässigkeit der Vollstreckungsklausel betreffen, sowie die Entscheidung über Ertheilung einer weiteren vollstreckbaren Ausfertigung[5]) erfolgt bei gerichtlichen Urkunden von dem im ersten Absatze bezeichneten Gerichte, bei notariellen Urkunden von dem Amtsgerichte, in dessen Bezirke der im zweiten Absatze bezeichnete Notar oder die daselbst bezeichnete Behörde den Amtssitz hat.[6])

Auf die Geltendmachung von Einwendungen, welche den Anspruch selbst betreffen, findet die beschränkende Vorschrift des §. 686 Abs. 2[7]) keine Anwendung.

Für Klagen auf Ertheilung der Vollstreckungsklausel,[8]) sowie für Klagen, durch welche die den Anspruch selbst betreffenden Einwendungen geltend gemacht werden oder der bei der Ertheilung der Vollstreckungsklausel als bewiesen angenommene Eintritt der Thatsache, von welcher die Vollstreckung aus der Urkunde abhängt, oder die als eingetreten angenommene Rechtsnachfolge bestritten wird, ist das Gericht, bei welchem der Schuldner im Deutschen Reiche seinen allgemeinen Gerichtsstand hat, und in Ermangelung eines solchen das Gericht zuständig, bei welchem in Gemäßheit des §. 24 gegen den Schuldner Klage erhoben werden kann.

[1]) Die Annahme der meisten Schriftstellen geht dahin, daß der Notar zur Ertheilung der Klausel auch in den Fällen der §§ 664. 665 (bedingte Leistungen und Rechtsnachfolger betreffend) ohne Anordnung des Vorsitzenden befugt ist (Struckmann-Koch Anm. 2; Wilmowski-Levy Anm. 3 und zu § 666 Anm. 1;

Seuffert Anm. 3; Krech-Fischer S. 142; Rudorff S. 46 zu b; anscheinend auch Jaeckel S. 110). Die Ansicht kann indessen nicht für richtig erachtet werden. Zuvörderst erscheint die Bezugnahme auf die Motive, in welchen allerdings gesagt ist, daß man die Befugniß der Notare zu Vollstreckungsklauseln auch in den Fällen der §§ 614. 615 (das sind jetzt die §§ 664. 665) der Einfachheit wegen nicht beschränkt habe (Begr. S. 420; Hahn S. 447) nach der Entstehungsgeschichte des Gesetzes zu irgend einer Beweisführung nicht geeignet. Der Entwurf der C.P.O. kannte nämlich in den Fällen der §§ 664. 665 eine Anordnung des Gerichtsvorsitzenden als Vorbedingung der Klauselertheilung überhaupt nicht. Vielmehr sollte der Gerichtsschreiber auch hier die Klausel selbstständig ertheilen; was demgemäß der Entwurf betreffs des Notars anordnete war in seinem Wortlaute völlig klar zum Ausdruck gelangt, nämlich die Gleichstellung seiner Funktionen mit denen des Gerichtsschreibers. Die Motive finden sich veranlaßt, diese Gleichstellung mit den obigen Worten noch besonders zu begründen. Nur für die Ertheilung einer zweiten vollstreckbaren Ausfertigung war nach dem Entwurf der Gerichtsschreiber an die Anordnung des Vorsitzenden gebunden und diese Beschränkung legte man im § 654 (jetzt 705) auch dem Notar auf. In der Justizkommission des Reichstages wurde indessen der jetzige § 666 mit der obligatorischen Anordnung des Vorsitzenden für die Fälle der §§ 664. 665 eingefügt; bei der Berathung des § 665 (jetzt 705) hat man die Frage, welchen Einfluß die mit Einfügung des § 666 getroffene Aenderung auf die Stellung des Notars hervorbringt, gar nicht erörtert, vielmehr die Vorschrift ohne jede Debatte in der Fassung des Entwurfes adoptirt (Vgl. Entw. §§ 614—618; Prot. S. 347—350. 368. 504 f. Hahn S. 807—809; 823. 985—987), in welcher sie zweifellos die Gleichstellung von Notar und Gerichtsschreiber bedeutet hat. Nur das ist aus den Verhandlungen allerdings ersichtlich, daß das Motiv, welches dazu führte, den Gerichtsschreiber in den Fällen der §§ 664. 665 an die Anordnung des Vorsitzenden zu binden, in der mangelnden Qualifikation des Gerichtsschreibers zur Entscheidung der einschlägigen schwierigen Fragen gefunden wurde. Allein daraus kann nicht ohne weiteres der Schluß gezogen werden, daß beim Notar die erwähnte Einschränkung nicht statthaben soll, so lange dies nicht in irgend einer Weise im Gesetze erkennbar gemacht ist und so lange vielmehr das Gesetz mit klaren Worten den § 666 unter denjenigen Vorschriften aufführt, welche auf das Verfahren des Notars Anwendung zu finden haben. Es kann dies um so weniger geschehen, als — de lege ferenda — beim Notar eine Reihe von Erwägungen gegen eine solche Ausdehnung seiner Befugnisse wohl zu erheben wären und zwar namentlich in den Ländern, in welchen das Notariat mit der Advokatur verbunden ist. Man vergegenwärtige sich z. B. die Stellung eines altpreußischen Notars, welcher die Vollstreckung des Notariatsaktes für den Gläubiger als dessen ständiger Rechtsanwalt selbst betreibt, was ihm gestattet ist (Not. Ges. § 6 Anm. 1), und der jetzt in die Lage kommt, in einem zweifelhaften Falle über das erfolgte Eintreten einer zu Gunsten des Schuldners gesetzten Bedingung zu entscheiden. Jeder gewissenhafte Notar wird eine solche Stellung als eine für ihn unnatürliche empfinden müssen

Diese Argumente de lege ferenda sind freilich nicht ausschlaggebend. Aber sie beweisen so viel, daß gar kein genügender Grund dafür vorliegt, das Gesetz anders als nach seinem Wortlaute auszulegen. In dieser Beziehung ist nun bereits erwähnt, daß der § 703 den § 666 mit unter den auf den Notar anwendbaren Vorschriften aufzählt. Ferner läßt eine Vergleichung der beiden ersten Sätze des § 705 bei zwangloser Auslegung keine andere Auffassung zu, als daß darin dem Notare und dem Gerichtsschreiber gleiche Befugnisse beigelegt sind. Da nun für eine Ausdehnung der Befugnisse des Gerichtsschreibers in diesen Fällen gar keine Veranlassung vorliegt (so auch Wilmowski-Levy Anm. 2; Krech-Fischer S. 142), so kann auch dem Notar eine solche Ausdehnung nicht zuerkannt werden.

Die Fassung des Abs. 3 kann gleichfalls gegen die diesseitige Auffassung nichts beweisen, denn es ergiebt sich aus der dargelegten Entstehungsgeschichte, weshalb hier nur für die Ertheilung der weiteren vollstreckbaren Ausfertigung und nicht auch für die Fälle der §§ 664. 665 Vorsorge getroffen ist. Der Absatz 3 bedarf für den Gerichtsschreiber zweifellos einer ausdehnenden Anwendung dahin, daß das darin bezeichnete Gericht auch für die Anordnung in den Fällen der §§ 664. 665 zuständig ist; die gleiche ausdehnende Anwendung ist auch Betreffs des Notars gerechtfertigt. Zu einer analogen Anwendung des Abs. 3 für nicht vorgesehene Fälle muß man ohnehin schreiten (s. zu § 703 Anm. 6).

Das Ergebniß dieser Erörterungen ist: In den Fällen der §§ 664. 665 C. P. O. darf der Notar die vollstreckbare Ausfertigung nur auf gerichtliche Anordnung ertheilen. Zuständig zum Erlaß der Anordnung ist das im Abs. 3 des § 705 bezeichnete Gericht. Die Ertheilung der Vollstreckungsklausel wird damit übrigens zugleich dem Rechtsschutze unterworfen (G. V G. § 1; C. P. O. § 530 ff. 701), dessen sie in diesen nicht einfachen Fällen bedarf, sonst aber entbehren müßte (s. Anm. 2 a. E.). Vgl. übrigens noch Anm. 5.

²) Die Vollstreckungsklausel kann unbedenklich auch in Bezug auf einen Theil des Anspruchs ertheilt werden; so z. B. wenn dieser Theil unbedingt, der andere Theil bedingt und die Bedingung noch nicht eingetreten ist. Oder, wenn der Gläubiger, insbesondere weil ein Theil des Anspruches getilgt ist, die Klausel ausdrücklich nur für den Rest verlangt. — Eine Gebühr für die Vollstreckungsklausel hat der Notar nicht zu beanspruchen.

Gegen ablehnende Bescheide des Notars ist reichsrechtlich eine Anfechtung nicht normirt. In Preußen findet in Ermangelung einer anderen landesgesetzlichen Instanz sonach nur die Beschwerde im Aufsichtswege statt (s. o. S. 23 und zu § 17 Not. Ges. Anm. 5 a. E.; Wilmowski-Levy Anm. 6).

³) „in der Verwahrung einer Behörde". In Preußen kommen hier nur die Fälle der §§ 37. 39 des Not. Ges. in Betracht, in welchen das Amtsgericht die Urkunde verwahrt. Behörden und auch Gerichte, welche die Notariatsurkunde aus anderen Gründen, z. B. wegen geschehener Edition, Beschlagnahme u. dgl. vorübergehend in Gewahrsam haben, sind zur Ertheilung der Ausfertigungen nicht befugt, müssen vielmehr eintretenden Falles die Urkunde dem Notar bzw. dem Amtsgerichte vorlegen (Wilmowski-Levy Anm. 4).

⁴) Das Amtsgericht (s. Anm. 3), nicht dessen Gerichtsschreiber, hat in diesen Fällen die vollstreckbare Ausfertigung zu ertheilen und zwar mit den dem Notar hierbei zustehenden Befugnissen (s Anm. 1). Gleichzeitig hat es allerdings, weil es mit dem im Abs. 3 bezeichneten Gerichte zusammentrifft, auch die diesem zustehenden Entscheidungen. Doch können die betreffenden Funktionen nach der Geschäftsvertheilung bei verschiedenen Amtsrichtern ruhen, wie sie denn auch inhaltlich von verschiedener Bedeutung sind. Die Entscheidungen letzterer Art unterliegen nämlich der Anfechtung durch sofortige Beschwerde nach Maßgabe des § 701 C. P. O., die versagenden Entscheidungen auf Gesuche um vollstreckbare Ausfertigungen unterliegen dagegen der Anfechtung nach Maßgabe des preußischen Landesrechts mittels Beschwerde und weiterer Beschwerde (A. G. z. G. V. G. §§ 26. 40. 51).

Ertheilt das Amtsgericht die vollstreckbare Ausfertigung, so wird es in Anwendung des § 38 Abs. 2 Not. Ges. dabei den Grund anzugeben haben, weshalb die Ausfertigung von ihm ertheilt wird.

⁵) „weiteren vollstreckbaren Ausfertigung", s. C. P. O. § 669. Das Gleiche gilt für die Fälle der §§ 664. 665 (s. Anm. 1). Die betreffenden gerichtlichen Entscheidungen muß an sich die Partei erwirken und nöthigenfalls dem Notar vorlegen. Doch steht auch nichts im Wege, daß der Notar die bei ihm eingehenden Anträge dem Gerichte vorlegt. Die gerichtlichen Entscheidungen muß

die Partei in Urschrift oder mindestens in beglaubigter Abschrift dem Notar belassen, welcher sie zur Legalisirung seines Verfahrens amtlich aufzubewahren hat. Ihre Aufbewahrung erfolgt zweckmäßig unmittelbar hinter dem Notariatsakt oder in einem besonderen Aktenstücke, auf welches unter dem Notariatsakte hingewiesen wird. Von der Ertheilung einer weiteren vollstreckbaren Ausfertigung muß der Notar den Schuldner in Kenntniß setzen, sofern ihm nicht ersichtlich gemacht ist, daß die betreffende gerichtliche Anordnung verkündet worden ist (§ 669 Abs. 3).

Uebrigens fallen unter die §§ 664. 665 C. P. O. nicht die Fälle einer bloß betagten oder von einer Gegenleistung abhängigen Forderung. In beiden Fällen kann der Notar die vollstreckbare Ausfertigung selbstständig und sofort ertheilen, ohne Rücksicht auf Fälligkeit und Gegenleistung; doch ist dies für den Fall der Gegenleistung streitig (bejahend Struckmann-Koch zu § 664 Anm. 1; Wilmowski-Levy zu § 664 Anm. 1; verneinend die an letzterer Stelle Angeführten). Hat der Gläubiger vorzuleisten, so findet § 664 allerdings unbedenklich Anwendung (Struckmann-Koch a. a. O.). Ist die Forderung des Gläubigers zwar bedingt, die Bedingung besteht aber nur in einer zu leistenden Sicherheit, so bleibt § 664 nach seiner positiven Bestimmung außer Anwendung.

Darüber, daß eine gerichtliche Anordnung nach § 666 eine solche nach § 669 nicht entbehrlich macht, s. Anm. 8 a. E.

6) „in dessen Bezirk — den Amtssitz hat". Notare, die in Berlin ihren Amtssitz haben, ressortiren danach stets vom Amtsgericht I. Der Umstand, daß sie außerdem Rechsanwälte beim Amts- oder Landgericht Berlin II sind, kann eine Zuständigkeit des Amtsgerichts II in Ansehung der hier normirten Thätigkeit nicht begründen (vgl. auch Not. Ges. § 37 Anm. 3 und oben S. 22 Anm. 39).

7) „die beschränkende Vorschrift des § 686 Abs. 2", daß nämlich nur solche Einwendungen zulässig sind, welche vor Entstehung des Schuldtitels nicht geltend gemacht werden konnten.

8) Wird auf Ertheilung der Vollstreckungsklausel geklagt und demgemäß erkannt, so bildet dieses Urtheil mit der Vollstreckungsklausel für den Notar die Grundlage zu der ihm demnächst obliegenden wirklichen Ertheilung der Klausel unter seinem Akt. Er verfährt mit dem betreffenden Urtheil ebenso, wie mit den anderweiten gerichtlichen Anordnungen (Anm. 5). Der Notar hat hierbei selbstständig zu prüfen, ob das Urtheil für beziehentlich gegen die zur Verfügung über den Schuldtitel legitimirten Person ergangen ist; denn das Gericht hat in dieser Beziehung keinerlei Officialprüfung und kann bei falschem Parteivortrag zu materiell falschen Entscheidungen kommen, welche den Rechten der nicht im Prozeß Befangenen nicht präjudiciren können. Sind z. B. nach dem Notariatsakt A der Gläubiger und B der Schuldner, und es behauptet C, daß er der Rechtsnachfolger des A geworden sei, richtet aber seine Klage nicht gegen B sondern gegen einen beliebigen D, so kann der Notar auf Grund eines zwischen A und D ergangenen Urtheils die Klausel niemals ertheilen.

Ferner hat der Notar zu beachten, daß das Urtheil und ebenso die nach § 666 ergangene gerichtliche Anordnung nur feststellt, daß eine der veränderten Sachlage entsprechende Klausel überhaupt zu ertheilen ist. Hat der Notar wegen desselben Anspruchs eine vollstreckbare Ausfertigung bereits an dieselbe Partei oder deren Rechtsvorgänger ertheilt, so darf er trotz des Urtheils eine neue vollstreckbare Ausfertigung nur ertheilen, wenn ihm die frühere zurückgegeben oder eine Anordnung nach § 669 C. P. O. vorgelegt wird.

Zweiter Abschnitt.

Formularbuch.

Erste Abtheilung.

Beispiele für die allgemeinen Förmlichkeiten.

Werden Urkunden nur privatschriftlich errichtet, so pflegt man, falls es Verträge sind, ihnen etwa folgende Einleitung voranzustellen:

„Zwischen dem Rittergutsbesitzer N. N. zu A. und dem Kaufmann N. N. zu B. ist heute folgender (Kauf-)Vertrag geschlossen worden."

Darauf folgen die Abreden und demnächst Ort und Kalenderzeit des Abschlusses (Datum) sowie die Unterschriften der Contrahenten. Das Datum kann auch über der Urkunde stehen. Der erwähnten Einleitung bedarf es nicht, wenn die Abreden in sich über die genauen Personalien der Contrahenten und die Eigenschaft der Urkunde hinreichenden Aufschluß geben; vgl. z. B. die Muster Nr. 21 und 37. Handelt es sich um eine einseitige Erklärung, so genügt regelmäßig deren Niederschrift in directer Rede mit Datirung und Unterschrift, welch letzterer der Stand und Wohnort des Unterzeichnenden beigesetzt wird; vgl. z. B. Muster Nr. 38.

Im Nachfolgenden werden Beispiele für die allgemeinen Förmlichkeiten öffentlicher Urkunden gegeben.

I.

Notarielle Akte und deren Ausfertigung.

Gesetz vom 11. Juli 1845. (G. S. S. 487 ff.)

1. Protokoll, wenn der Erklärende die Sprache des Notars und der Zeugen spricht. — Verhandlung mit einem Analphabeten.

a) Urschrift.

Register Nr. 20.

Breslau, den Zehnten Januar Eintausend Achthundert Sechs und Achtzig.

Vor mir (uns [1]) Christoph Gottfried Süß, Königl. Preuß. Notar im Bezirke des Königlichen Oberlandesgerichts zu Breslau, welcher zu

---

[1]) Die in ( ) gesetzten Worte kommen zur Anwendung, wenn die Zeugen von Anfang an zugegen sind. Vgl. Not. Ges. § 7 Anm. 4.

Breslau in der Albrechtstraße Nummer Sechszig seinen Wohn- und Amtssitz hat, (in Gegenwart der beiden am Schlusse genannten Zeugen), erschienen Hans Wohlgemuth, Bauer aus Schaffitz, und Gotthilf Pflugrad, Einwohner ebendaselbst, welche, da sie mir (uns) nicht bekannt sind, von den mir, dem Notar, nach Namen, Stand und Wohnort bekannten beiden[2]) Zeugen, nämlich: ———————— [3])

1) dem Kaufmanne Friedlieb Freundlich, Taschenstraße Nummer Zwei hierselbst wohnhaft, ————————

2) dem Bürger und Schuhmachermeister Ernst Ahle, ebenfalls hierselbst am Ringe im goldnen Becher wohnhaft[4]), ————

für diejenigen, für welche sie sich ausgeben, anerkannt werden, worauf diese Zeugen, nach Vorlesung und Genehmigung dieser Angabe, sich wie folgt: ————————

———— Friedlieb Freundlich. Ernst Ahle ————

unterschrieben haben[5]) und verlautbarten folgenden unter ihnen zu Stande gekommenen Kaufvertrag: ————————

(Folgen die Verabredungen und der Antrag, wieviel Exemplare ausgefertigt werden sollen.)

Dieses Protokoll ist in Gegenwart der zugezogenen mir, dem Notar, bekannten Instrumentszeugen Gottfried Stahl, Schwertfeger, und Hans Bullrich, Schankwirth, Beide hier wohnhaft, welchen, sowie mir, dem Notar, wie ein Jeder für sich versichert[6]), keins der Verhältnisse entgegensteht, welche von der Theilnahme an dieser Verhandlung nach §§. fünf bis neun des Gesetzes vom Elften Juli Eintausend Achthundert fünf und vierzig ausschließen, laut vorgelesen,[7]) und hiernächst von den Interessenten unterschrieben und beziehlich unterzeichnet worden. ————

———— Hans Wohlgemuth. ————

———— † † † Handzeichen des Einwohners Gotthilf Pflugrad, welches ————————

———— attestirt: Gottfried Stahl[8]) ————

---

[2]) Wegen der Zahl der Rekognitionszeugen s. Not. Ges. § 10 Anm. 4b.

[3]) Die Protokolle dürfen keine Lücke haben. Not. Ges. § 12 und Anm. 2.

[4]) Die Angabe der Wohnung ist zur unterscheidenden Bezeichnung öfter vorkommender Namen zweckmäßig. A. G. O. II. 2. § 43, Nr. 6 u. § 51, verb. mit III. 7. § 48.

[5]) Wird in solcher Weise die Identität durch Angabe von Zeugen festgestellt, so müssen die Instrumentszeugen (oder der zweite Notar) von Anfang zugegen sein, sonst ist die Angabe der Rekognoszenten nicht notariell aufgenommen.

[6]) Wegen der Versicherung vgl. Not. Ges. § 10 Anm. 7. Die Versicherung muß nothwendig in dem, von den betheiligten Parteien zu unterschreibenden Theile des Protokolls, und nicht in dem nach der Unterschrift folgenden Atteste stehen.

[7]) Wer die Vorlesung verrichtet hat, braucht nicht erwähnt zu werden. Die eigene Durchlesung ohne laute Vorlesung würde aber Nichtigkeit sein. Not. Ges. § 13 u. Anm. 2.

[8]) Der Name eines Schreibunfähigen wird von dem zweiten Notar oder einem Zeugen beigefügt. Vgl. Not. Ges. § 13 Anm. 7.

Wir Notar und Zeugen attestiren, und zwar ich der Notar: 1. daß die vorstehende Verhandlung, so wie sie niedergeschrieben, stattgefunden hat,[9]) und wir Alle zusammen: 2. daß sie in Gegenwart des Notars und der Zeugen den Betheiligten vorgelesen und von ihnen genehmigt; und 3. daß sie von dem Hans Wohlgemuth eigenhändig unterschrieben, von dem Gotthilf Pflugrad aber, weil er nicht schreiben gelernt zu haben angab, mit drei Kreuzen unterzeichnet worden. So geschehen wie oben.[10]) ______

______ Gottfried Stahl ______
______ Hans Bullrich. ______
______ Christoph Gottfried Süß.[11]) ______

Vermerk. Die Verhandlung ist zweimal, und zwar das Hauptexemplar auf .... *M.* Werthstempel, das Nebenexemplar auf 1,50 *M.* Ausfertigungsstempel ausgefertigt. Das Hauptexemplar ist dem Gotthilf Pflugrad und das Nebenexemplar dem Hans Wohlgemuth zugestellt worden, den 10. Januar 1886. S.

Kosten.

1) Der Werth des Objekts beträgt 900 *M.*
2) Die Gebühren betragen (Ges. v. 11. und Tarif v. 10. Mai 1851)

a) nach §. 6 des Ges., §. 16 des Tarifs . . .	4 *M.*	50 *Pf.*
b) nach §. 16 des Ges. für die Instrumentszeugen	1 „	— „
3) Dazu Stempelauslage	1 „	50 „
Summa	7 *M.*	— *Pf.*

Weiterer Vermerk. Auf den Antrag des Hans Wohlgemuth ist demselben am 26. März 1886 eine neue Ausfertigung auf 1,50 *M.* Stempel ertheilt worden, weil ihm das Nebenexemplar vom 10. Januar 1886 angeblich verloren gegangen. S.

Kosten.

Ausfert. nach §. 16 des Ges. und §. 63 des Tarifs	... *M.*	... *Pf.*
Stempel	„	„
Summa	... *M.*	... *Pf.*

b) Ausfertigung.[12])

(Es wird eine wortgetreue Abschrift der Urschrift mit allen Unterschriften gefertigt und darunter folgender Vermerk gesetzt:)

Vorstehende in das Register unter Nr. Zwanzig, Jahr Eintausend Achthundert Sechs und Achtzig, eingetragene Verhandlung

---

[9]) Vgl. darüber, daß dieses Attest nur vom Notar auszugehen braucht. Not. Ges. § 14 Anm. 3.

[10]) Ort, Tag und Jahr müssen zu Anfang oder in dem Theile der Verhandlung stehen, welcher von den Betheiligten unterschrieben wird, da die Gültigkeit des Notariatsakts als solches von der Richtigkeit dieser Umstände und Thatsachen abhängt. Not. Ges. § 10 Nr. 4 u. § 41.

[11]) Die Weglassung des Vornamens macht die Urkunde unkräftig. Not. Ges. §§ 15. 41.

[12]) Form der Ausfertigung falls das Gericht die Notariatsakten aufbewahrt s. z. Not. Ges. § 38 Anm. 3.

wird hiermit für den Einwohner Gotthilf Pflugrad zu Schaffitz ausgefertigt. Eine zweite Ausfertigung ist dem Bauer Hans Wohlgemuth daselbst ertheilt worden. Breslau, den Zehnten Januar Eintausend Achthundert Sechs und Achtzig.

(Siegel)[13] Christoph Gottfried Süß,
Königl. Notar im Bezirke des Königlichen Oberlandesgerichts zu Breslau.
Kostennote.

c) Nachträgliche Ausfertigung.

Vorstehende in das Register unter Nr. Zwanzig, Jahr Eintausend Achthundert Sechs und Achtzig, eingetragene Verhandlung wird hiermit von Neuem für den Bauer Hans Wohlgemuth zu Schaffitz ausgefertigt, weil ihm das unterm 10. Januar 1886 ertheilte Nebenexemplar angeblich verloren gegangen. Es sind nun drei Exemplare dieser Verhandlung ausgefertigt außer dem gegenwärtigen, nämlich am 10. Januar 1886 das Hauptexemplar für den Einwohner Gotthilf Pflugrad zu Schaffitz, und das angeblich verloren gegangene Nebenexemplar für den Bauer Hans Wohlgemuth daselbst. Breslau, den Sechs und Zwanzigsten März, Eintausend Achthundert und Sechs und Achtzig.

(Siegel) Vollständige Unterschrift wie unter b.
Kostennote.

2. Beglaubigung (Rekognition) der Unterschriften.

Not. Ges. § 21; Ges. v. 9. März 1880 § 5.

(Der Vermerk wird auf die Urkunde geschrieben und unmittelbar unter den Unterschriften angefangen.)

Vorstehende Unterschrift hat der Kaufmann Herr Benjamin Brechmann zu Breslau, Junkernstraße Nummer Vierzig wohnhaft, heute vor mir als die seinige anerkannt. Solches bezeuge ich zum öffentlichen Glauben.

Eingetragen in meinem Register unter Nr. Drei und Funfzig, Jahr Eintausend Achthundert Sechs und Achtzig. Breslau, den Elften Januar Eintausend Achthundert Sechs und Achtzig

(Siegel) Franz Sicherlich,
Königl. Notar im Bezirke des Königlichen Oberlandesgerichts zu Breslau.

Kostennote.

3. Protokoll, wenn nicht bloß die Unterschriften, sondern auch der Inhalt einer Urkunde anerkannt werden soll. — Verhandlung vor zwei Notaren.

A. G. O. I. 10, § 125; Not. Ges. § 22.

Register Nr. 46.

In der Amtsstube des Königl. Notars Ehrenfried Hurtig zu Breslau, Schweidnitzer Straße im blauen Hirsche, am Zwölften

[13]) Das Siegel muß die Schnur, wodurch mehrere Bogen mit einander zu verbinden sind, halten, Not. Ges. § 16.

Februar Eintausend Achthundert Sechs und Achtzig, erschienen vor demselben, in Gegenwart des zugezogenen hierselbst wohnhaften, wohlbekannten zweiten Notars Franz Sicherlich, welchem ebenso, wie dem instrumentirenden Notar, wie ein Jeder für sich versichert, keines der Verhältnisse entgegensteht, welche von der Theilnahme an dieser Verhandlung nach §§. fünf bis neun des Gesetzes vom Elften Juli Eintausend Achthundert Fünf und Vierzig ausschließen: der Stellenbesitzer Michel Müde und der Tagearbeiter Tobias Rüstig, Beide zu Morgenau hiesigen Kreises wohnhaft, dem instrumentirenden Notar nach Namen, Stand und Wohnort bekannt, und erklärten, daß sie eine Urkunde über einen unter ihnen zu Stande gekommenen Kaufvertrag, welche sie vorlegten, anerkennen wollten. Diese Urkunde, welche einen Kauf über die Stelle Nummer Sechs zu Morgenau enthält, wurde den Betheiligten in Gegenwart beider Notare laut vorgelesen, und nachdem der Inhalt und die darunter befindlichen Unterschriften für die ihrigen von ihnen anerkannt worden, dieser Verhandlung angeheftet. Hierauf wurde auch diese Verhandlung in Gegenwart beider Notare laut vorgelesen, genehmigt und von den Betheiligten unterzeichnet, wie folgt: ——————

—————— Michel Müde. Tobias Rüstig. ——————

Wir, die beiden genannten Notare, attestiren: 1. daß die vorstehende Verhandlung so, wie sie niedergeschrieben, stattgefunden hat; 2. daß sie in unserer Gegenwart den Betheiligten vorgelesen und von ihnen genehmigt; und 3. daß sie von den Betheiligten eigenhändig unterzeichnet worden ist. ——————

—————— Franz Sicherlich. Ehrenfried Hurtig. ——————

Nun folgt: 1. Der Vermerk über die Ausfertigung und
2. Die Kostennote.

4. Verhandlung, wenn die Interessenten sich in deutscher Sprache nicht auszudrücken vermögen.

Not. Ges. §§ 24—35.

a) Deutsche Urschrift.

Register Nr. 50.

Breslau, den Dreizehnten Januar Eintausend Achthundert Sechs und Achtzig. Vor dem Königl. Notar Georg Ballhorn, welcher seinen Wohn- und Amtssitz zu Breslau Schmiedebrücke Nummer Zwölf hat, erschien der ihm nach Namen, Stand und Wohnort wohlbekannte Herr Eugen Boulanger, Weinkaufmann aus Marseille und daselbst wohnhaft, welcher sich in deutscher Sprache nicht hinlänglich auszudrücken vermag, wohl aber der französischen Sprache mächtig ist, die dem Notar nicht geläufig ist. Deshalb wurde als Dolmetscher, dessen Wahl der Erschienene dem Notar überließ, der dem Notar nach Namen, Stand und Wohnort bekannte Herr Antoine Dumont, Lehrer der französischen Sprache, hierselbst wohnhaft, und als französischer Dolmetscher vor dem hiesigen Königl. Amtsgerichte vereidet, zugezogen, welchem, wie hiermit bemerkt wird,[1]) keines der Verhältnisse entgegensteht, die nach §§. sieben bis neun und neun und zwanzig des Gesetzes vom Elften Juli Eintausend Achthundert Fünf und Vierzig von der Theilnahme an der Verhandlung ausschließen. Der Notar erforschte die Willensmeinung des Erschienenen mittels des Dolmetschers. Durch den letzteren erklärte Herr Eugen Boulanger was folgt: ——————

(Folgt die Erklärung.)

Diese Verhandlung wurde in Gegenwart des Notars und der beiden zugezogenen dem Notar nach Namen, Stand und Wohnort bekannten Instrumentszeugen Gottfried Angler und Christian Panter, Beide Fischer und hierselbst wohnhaft, welchen so wenig wie dem Notar, wie ein Jeder für sich versichert, eines der Verhältnisse entgegensteht, die von der Theilnahme an der Verhandlung nach §§. fünf bis neun des Gesetzes vom Elften Juli Eintausend Achthundert Fünf und Vierzig ausschließen, dem Betheiligten durch den Dolmetscher Antoine Dumont in französischer Sprache vorgetragen, von ihm genehmigt und, weil er an der rechten Hand verwundet ist und mit der linken nicht schreiben kann, mit drei Kreuzen unterzeichnet. ——————

—————— ††† Handzeichen des Eugen Boulanger, welches attestirt:

—————— Antoine Dumont, vereideter Dolmetscher. ——————

Ich der Notar attestire: 1. daß die vorstehende Verhandlung, so wie sie niedergeschrieben, stattgefunden hat; und wir Notar und Zeugen attestiren: 2. daß sie in unserer Aller Gegenwart durch den Dolmetscher Herrn Antoine Dumont dem Betheiligten in französischer Sprache vorgetragen, demnächst in der gefertigten französischen Uebersetzung vorgelesen und von ihm genehmigt worden ist; und 3. daß sie der Betheiligte, weil er wegen eines an der rechten Hand angebrachten Verbandes nicht schreiben konnte, mit drei Kreuzen unterzeichnet hat. ——————

—————— Gottfried Angler. Christian Panter ——————

—————— Georg Ballhorn. ——————

1. Vermerk wegen der Ausfertigung.
2. Kostennote.

b) Uebersetzung.

(Der Dolmetscher übersetzt das Protokoll bis zu dem Worte „unterzeichnet" und liest das so hergestellte französische Nebenprotokoll vor, worauf der Betheiligte eigenhändig unterzeichnet und der Dolmetscher die Handzeichen in deutscher Sprache attestirt und sich unterzeichnet. Dann folgt das Attest wie vorhin, wieder in deutscher Sprache und die Unterschrift der Zeugen und des Notars.)

c) Ausfertigung.

(Wortgetreue Abschrift des deutschen Protokolls mit allen Unterschriften.) (Wortgetreue Abschrift der Uebersetzung mit allen Unterschriften.)

Vorstehende, in das Register unter Nr. Funfzig, Jahr Eintausend Achthundert Sechs und Achtzig eingetragene, Verhandlung wird hier-

[1]) Die Worte: „wie hiermit bemerkt wird", können unbeschadet der Kräftigkeit der Urkunde wegbleiben, denn die Erwähnung der Abwesenheit ausschließender Hindernisse ist eben die verlangte Bemerkung.

mit für den Weinkaufmann Eugen Boulanger aus Marseille ausgefertigt. So geschehen am obengedachten Orte und Tage. ——————

(Siegel) Georg Ballhorn,

Königl. Notar im Bezirke des Königlichen Oberlandesgerichts zu Breslau.

Kostennote.

5. Vidimationsregistratur.[1])

A. G. O. Th. II. Tit. 3. § 27; Th. III. Tit. 7. § 81. Not. Ges. § 23.

Zur Vidimirung zuständig sind Gerichte und Notare. Vgl. das Nähere sowie das Verfahren in den Noten 4 u. 5 zu §. 23 des Not. Ges. und oben S. 40 und Anm. 63.

Das gerichtliche Vidimationswesen steht ausschließlich den Amtsgerichten zu (A. G. z. G. V. G. §. 26 Nr. 1) und zwar muß hier die Beglaubigung durch den Amtsrichter, nicht durch den Gerichtsschreiber erfolgen. Denn unter der im §. 27. II. 3. A. G. O. genannten „Gerichtsperson" ist eine richterliche Person zu verstehen. Min. Reskr. v. 22. April 1835 (Roenne, Ergänzungen III. zu A. G. O. III. 7. §§. 27. 28). Dem Amtsrichter liegt deshalb auch die in §. 27 vorgeschriebene Vergleichung ob, und er wird von seiner Haftung für die Richtigkeit der Abschrift durch die miteintretende Kontrasignatur des Gerichtsschreibers[2]) nicht befreit. Beglaubigte Abschriften des Grundbuchblattes, gleichviel, ob sie dem Eigenthümer, dem Vollstreckungs-Gerichte oder einer sonstigen Behörde ertheilt werden, müssen vom Amtsrichter und dem Buchführer gemeinschaftlich geprüft und vollzogen werden.[3]) Derartige Abschriften werden zumeist nur über die noch giltigen Eintragungen ertheilt[4]) und enthalten somit gleichzeitig ein Urtheil über den Umfang des noch giltigen Inhaltes des Grundbuchs.

Die Kollegialgerichte sind für Beglaubigungen nur noch in dem Umfange für zuständig zu erachten, in welchem diese Zuständigkeit öffentlichen Behörden überhaupt innewohnt, also insbesondere in den von ihnen verwalteten Stiftungs- und Fideicom-

---

[1]) Es sind — der Kürze halber — hier gleichzeitig die gerichtlichen Vidimationen mit behandelt.

[2]) Gesch. O. f. d. Gerichtsschreibereien der Amtsgerichte § 15 Abs. 5.

[3]) Beschl. d. K. G. v. 21. November 1881 und 9. Februar 1885 (J. u. K. II S. 65; V. S. 90). So auch bereits das frühere K. G. und die Appellationsgerichte zu Hamm und Halberstadt (Johow VII. S. 297 ff; J. u. K. I. S. 93); Turnau zu § 120 G. B. O. Anm. 2, Krech-Fischer zu § 19 Zw. G. Anm. 3.

[4]) Vgl. G. B. O. § 27 und Turnau zu G. B. O. § 120 Anm. 2. — Die unter den Eintragungsvermerken stehenden Unterschriften des Richters und des Buchführers müssen mit abgeschrieben werden.

mißsachen. Die Vidimationsvermerke sind hier durch den Vorsitzenden der Kammer beziehentlich des Senats zu vollziehen (s. hierüber oben S. 40. Anm. 63; die Bestimmung in §. 27. II. 3. A. G. O., wonach die Beglaubigung einem Gerichtsmitgliede aufgetragen werden konnte, erscheint nur für dasjenige Beglaubigungswesen bestimmt, welches sich als eigentlicher auf Parteigesuch ergehender Akt der freiwilligen Gerichtsbarkeit darstellt, und welches jetzt ausschließlich den Amtsgerichten zusteht.[5])

a.

Muster des Attestes.

Die wörtliche Uebereinstimmung der vorstehenden Abschrift mit dem vorgelegenen Originale wird auf Grund der angestellten Vergleichung beider Schriftstücke hiermit zum öffentlichen Glauben bezeugt.

Oder, wenn über die Echtheit des Originals Zweifel besteht:

Daß vorstehende Abschrift mit dem vorgelegten Exemplar, welches der Producent Kaufmann N. N. zu X. für das Original der Urkunde ausgegeben hat, von mir von Zeile zu Zeile verglichen und wörtlich gleichlautend befunden worden ist, wird hiermit bezeugt. Die Echtheit des Originals hat indessen, da dasselbe nicht untersiegelt war, auch die Schrift nicht als eine kanzleimäßige erschien, nicht festgestellt werden können.

Ort und Datum.

(Siegel.) Georg Ballhorn,

Notar im Bezirke des Königl. Preußischen Oberlandesgerichts zu Breslau, wohnhaft zu Breslau.

b.

Muster für beglaubigte Abschrift des Grundbuchblattes.

Die vorstehende Abschrift stimmt mit dem noch gültigen Inhalt von Blatt Nr. vierzehn (14) des Grundbuchs von Carowahne, Kreis Breslau, wörtlich überein.

Breslau, den 17. Februar 1887.

Königliches Amtsgericht, Abth. 14.

Westermann, Schneider,
Amtsrichter. Buchführer.

---

[5]) Wegen Beglaubigungen im Prozesse vgl. C. P. O. §§ 156. 173. 179. 271; St. P. O. § 275. Gesch. O. f. d. Gerichtsschreibereien der Amtsgerichte § 12 Abs. 4; für die Land- und Oberlandesgerichte § 11 Abs. 4. — Gesch. Anweisg. f. Ger. Vollz. § 12 Nr. 5.

II.

Gerichtliche Akte.

6. Gewöhnliches Protokoll. — Verhandlung mit Analphabeten.

A. G. O. II. 2 §§ 42—48. §§ 17 mit Anh. § 421. §§ 22 ff. — A. L. R. I. 5. §§ 175—178 mit Anh. § 5. — K. O. v. 20. Juni 1816 (G. S. S. 154). Reskr. v. 18. Juli 1840 (J. M. Bl. S. 251).

Königliches Amtsgericht.[1] Neiße, den Siebzehnten Juli Eintausend
Gegenwärtig: Achthundert sechs und achtzig.[2])
Hoffmann, Amtsrichter.[3])

Zur Aufnahme eines Aktes der freiwilligen Gerichtsbarkeit erscheinen an der Gerichtsstelle:

1) der Bauer Caspar Hackauf aus Lehmgruben,
2) dessen bereits selbstständiger Sohn, der Tagelöhner Michael Hackauf, eben daher.

Der Erstere ist dem Richter von Person bekannt; der Letztere wird durch den persönlich bekannten Kaufmann Otto Schubert von hier rekognoszirt. Letzterer hat diesen Vermerk nach Durchlesung wie folgt eigenhändig unterschrieben

Otto Schubert

und sich darauf entfernt. Gegen die Verfügungsfähigkeit beider Erschienenen waltet kein Bedenken ob. Da beide Erschienenen des Schreibens unkundig sind, Caspar Hackauf überdies auch noch an den Fingern gelähmt ist und keine Handzeichen machen kann, so wählte der Bauer Caspar Hackauf den an Gerichtsstelle anwesenden Justizrath Schadow von hier zu seinem Assistenten, und dem Michael Hackauf wurde der Büreau-Assistent Dittmar von hier zum Beistande von Amtswegen zugeordnet.[4])

Die Erschienenen erklären demnächst folgenden Gutsüberlassungsvertrag.

Folgen die Abreden.[5])

Vorgelesen, genehmigt und vollzogen.

Schadow, Justizrath, für den Schreibensunfähigen Caspar Hackauf,
††† Handzeichen des Michael Hackauf, welches attestirt: Dittmar.

Geschehen wie oben[6])

Hoffmann.[7])

---

[1]) Diese Art der Voranstellung des verhandelnden Gerichtes und der gegenwärtigen Gerichtspersonen gehört nach der A. G. O. (II. 2. § 143) nicht zu den nothwendigen Erfordernissen. Die Form empfiehlt sich aber behufs Herstellung der Uebereinstimmung mit der Protokollform für die streitige Gerichtsbarkeit (C. P. O. § 145). Handelt das Gericht außerhalb des Gerichtssitzes, so muß es seiner Bezeichnung auch den Ort des Gerichtssitzes hinzufügen. Vgl. d. Muster 8.

[2]) Es ist zweckmäßig, das Datum mit Buchstaben zu schreiben; doch thut der Gebrauch von Ziffern der Gültigkeit keinen Eintrag; im Folgenden ist der Kürze halber vom Gebrauch der Buchstaben meist abgesehen.

[3]) Wirkt ein Gerichtsschreiber mit, so wird er gleichfalls aufgeführt; vgl. Muster 7.

7. Verhandlung mit einer des Deutschen nicht mächtigen Partei.

Ges. v. 28. August 1876 (G. S. S. 389) §§ 4—8.

Erstes Muster (Zuziehung des Gerichtsschreibers als Dolmetschers).

Königliches Amtsgericht. Cosel, den 5. März 1887.

Gegenwärtig:

Maerz, Amtsrichter, als Richter,

Hohlbaum, Sekretär,

als Gerichtsschreiber u. Dolmetscher.

Zur Aufnahme eines Aktes der freiwilligen Gerichtsbarkeit erscheint persönlich bekannt und geschäftsfähig der Häusler Ignaz Pospiech aus Roschwitzdorf. Derselbe spricht nur polnisch; da der Richter dieser Sprache nicht mächtig ist, so wird mit dem Erschienenen durch den mitwirkenden Gerichtsschreiber, welcher zugleich als Dolmetscher angestellt ist, verhandelt. Durch den letzteren erklärt der Erschienene die folgende löschungsfähige Quittung:

(Folgt der Inhalt.)

Das Protokoll wurde dem Erschienenen durch den Dolmetscher in polnischer Sprache vorgetragen, von ihm genehmigt und, da er angab, schreibensunkundig zu sein, wie folgt unterkreuzt.

††† Handzeichen des Ignaz Pospiech.

Geschehen wie oben.

Maerz. Hohlbaum.

Zweites Muster (Zuziehung eines besonderen Dolmetschers).

Königliches Amtsgericht. Breslau, den 5. März 1887.

Gegenwärtig:

Amtsgerichtsrath Fürstenstein.

Es meldet sich an der Gerichtsstelle der Gutsbesitzer Nicolas Szechenyi aus Budapest. Derselbe ist Ungar und versteht nur mangelhaft Deutsch; es wird deshalb zur Verständigung als Dolmetscher der Professor der neueren Sprachen an der hiesigen Universität Herr

---

4) Wirkt ein Gerichtsschreiber mit, so bedarf es der Beistände nicht.

5) Hier muß wegen Stempel und Kosten auf die Angaben betreffs der Höhe des Objekts geachtet werden, falls sich solches nicht von selbst ergiebt.

6) Ueber die Bedeutung des Eingangswortes: „Verhandelt" oder „actum" und der Schlußworte: „actum ut supra" oder „Geschehen wie oben" s. o. zu § 10 des Not. Ges. Anm. 7. Das Eingangswort ist bedeutungslos und deshalb überflüssig. Die Schlußworte aber werden für die gesammte nicht streitige Gerichtsbarkeit, bei welcher die Comparenten das Protokoll mit unterschreiben, angemessener Weise beibehalten. Denn sie trennen die Unterschrift der Urkundsperson von den Unterschriften der die Urkunde Errichtenden und bringen in prägnanter Weise die verschiedene Bedeutung der beiderseitigen Unterschriften zum Ausdrucke. Die Comparenten bezeugen die Uebereinstimmung des ihnen vorgelesenen mit ihrer Willensmeinung; die Urkundsperson bezeugt die Uebereinstimmung des Niedergeschriebenen mit dem wahren Hergang.

7) Ist der Charakter der instrumentirenden Beamten nicht im Eingange des Protokolls ausgedrückt, so erfordert die Vollständigkeit, daß der Charakter der Unterschrift beigefügt werde, damit die Eigenschaft der instrumentirenden Personen aus dem Akte selbst ersichtlich sei.

Dr. X. zugezogen, welcher dem Richter von Person bekannt ist. Derselbe [1]) erklärt sich zu dieser Verdolmetschung bereit und hat zuvörderst folgenden Eid geleistet:

„Ich schwöre bei Gott, dem Allmächtigen und Allwissenden, daß ich bei dem jetzt aufzunehmenden gerichtlichen Akte als Dolmetscher des Ungarischen treu und gewissenhaft übertragen werde. So wahr mir Gott helfe."

Demnächst wird zuvörderst Herr Szechenyi seiner Identität nach rekognoszirt u. s. w., worauf er durch den Herrn Dolmetscher folgenden Akt erklärt:

(Folgt der Inhalt.)

Das Protokoll wurde dem Erschienenen durch den Dolmetscher in ungarischer Sprache vorgetragen, von ihm genehmigt und wie folgt unterschrieben.

Nicolas Szechenyi.
X. als Dolmetscher.
Geschehen wie oben.
Fürstenstein.

8. Verfahren bei Verhinderung des Gerichtsschreibers.

Ges. über die Dienstverhältnisse der Gerichtsschreiber v. 3 März 1879 (G. S. S. 99) § 9; Gerichtsschreiber-Ordnung v. 10. Februar 1886 (J. M. Bl. S. 37) §§ 24. 25.

Erstes Muster (Zuziehung einer besonders zu vereidenden Person).

a) Beeidigungsprotokoll.

Königliches Amtsgericht zu Cosel. Militsch im Kreise Cosel,
Gegenwärtig: am 10. April 1886.
Hoffmann, Amtsrichter.

Der gegenwärtige Richter hatte sich heute in Gemeinschaft mit dem Sekretär Beyer als Gerichtsschreiber Behufs Aufnahme des Testaments des Häuslers Valentin Wlodasch hierher begeben. Beim Verlassen des Wagens hatte sich der Sekretär Beyer durch einen unglücklichen Fall derart verletzt, daß er das Gerichtsschreiberamt bei dem in Rede stehenden Akte auszuüben außer Stande war. Der Richter hat deshalb, da der Testator nach seiner Angabe sich bedenklich krank fühlt und die Testamentsaufnahme sonach dringend ist, zur Vertretung des behinderten Gerichtsschreibers den ihm persönlich bekannten Gutsinspektor Conrad Wartenberg von hier berufen. Derselbe ist nach seiner Angabe 38 Jahre alt, evangelisch und mit dem Testator nicht verwandt noch verschwägert, auch voraussichtlich ohne Interesse bei der zu verhandelnden Sache. [2]) Herr Wartenberg hat demnächst vor dem Richter folgenden Eid geleistet:

„Ich schwöre bei Gott, dem Allmächtigen und Allwissenden, daß ich bei der Aufnahme des Häusler Valentin Wlodasch'schen

---

[1]) Statt dieses Satzes heißt es zutreffenden Falles: „Derselbe ist, wie dem Richter amtlich bekannt, als Dolmetscher des Ungarischen beim hiesigen Gerichte ein für alle Mal vereidet."

[2]) Dieser Satz ist zweckmäßig aber nicht nothwendig.

Testaments hierselbst die Pflichten eines Gerichtsschreibers getreulich erfüllen will. So wahr mir Gott helfe."[3])

Vorgelesen, genehmigt, unterschrieben.

Conrad Wartenberg.

Geschehen wie oben.

Hoffmann.

b) Verhandlungsprotokoll.

Königliches Amtsgericht zu Cosel. Gegenwärtig:
Hoffmann, Amtsrichter, als Richter,
Wartenberg, Gutsinspektor, als Gerichtsschreiber.

Militsch im Kreise Cosel, den 10. April 1886.

Die vorbezeichneten beiden Personen bilden nach Maßgabe des besonderen Beeidigungsprotokolls vom heutigen Tage die Besetzung desjenigen Gerichtes, vor welchem der Häusler Valentin Wlodasch von hier, in dessen Wohnung man sich befindet, sein Testament zu Protokoll geben soll.

Vor den beiden Gerichtspersonen ging der Akt der Testamentsaufnahme wie folgt vor sich: u. s. w.

Zweites Muster (Zuziehung eines vereideten Beamten).

Königliches Amtsgericht zu Cosel. Gegenwärtig:
Hoffmann, Amtsrichter, als Richter,
Muchalla, Schullehrer aus Militsch, als Gerichtsschreiber.

Verhandelt zu Militsch im Kreise Cosel am 10. April 1886.

Der gegenwärtige Richter hat sich heute Behufs Aufnahme eines Kaufvertrages auf schriftlichen Antrag des Häuslers Valentin Wlodasch hierher begeben. Bei Verhandlung mit Letzterem ergab sich, daß derselbe nicht einen Kaufvertrag, sondern ein Testament zu errichten beabsichtigt, weshalb es der Zuziehung eines Gerichtsschreibers zu dem Akte bedarf. Valentin Wlodasch ist nach seiner Angabe bedenklich erkrankt. Die Testamentsaufnahme ist sonach für dringend zu erachten. Andererseits ist der Sitz des Gerichtes über 20 Kilometer von hier entfernt und die Herbeiziehung eines Gerichtsschreibers von dort heute völlig unmöglich. Demgemäß berief der Richter den Schullehrer Karl Muchalla von hier, 59 Jahre alt, katholisch und dem Richter von Person bekannt, als Gerichtsschreiber zu diesem Akte, nachdem derselbe angegeben hatte, mit dem Testator nicht verwandt noch verschwägert und voraussichtlich auch ohne Interesse bei dem zu verhandelnden Akte zu sein. Herr Muchalla legte seine Vokation als Schullehrer vom 10. April 1850, ausgestellt von der Königlichen Regierung zu Oppeln, vor. Inhalts der darin enthaltenen Bezeugung hat derselbe am 1. April 1850 den allgemeinen Diensteid geleistet.

In Gegenwart der beiden Gerichtspersonen ging demnächst der Akt der Testamentsaufnahme wie folgt vor sich: u. s. w.

---

[3]) Das Protokoll gehört zu den Specialakten über das Testament und wird mit letzterem ausgefertigt (§ 14 II. 4. A. G. O.).

9. Gerichtliche Ausfertigungen.

G. G. O. II. 2. §§ 49—54; Gesch. O. f. d. Gerichtsschreibereien der Amtsgerichte §§ 4. 12. 15. 40; dgl. f. d. Landgerichte §§ 4. 11. 14. 31; dgl. f. d. O. L. G. §§ 4. 11. 14. 32.

Wegen der gerichtlichen Vidimationen s. Muster 5 S. 150. Das Wesentliche der Ausfertigung besteht in der unter dem Siegel und der verordneten Unterschrift des Gerichts ertheilten Urkunde: daß der wörtlich anzuführende Akt sich vor diesem Gerichte wirklich zugetragen habe. Das Originalprotokoll muß bei den Gerichtsakten aufbewahrt werden, um bei entstehendem Zweifel über die Echtheit der Ausfertigung Beweis dafür zu geben. Erst durch die Ausfertigung erhält eine gerichtlich aufgenommene Verhandlung die Eigenschaft[1]) einer öffentlich glaubwürdigen gerichtlichen Urkunde.

Zuständig zur Ausfertigung ist das Gericht, welches die Urkunde aufgenommen hat. Ist die Aufnahme durch einen ersuchten Richter erfolgt, so ist zur Ausfertigung das ersuchende Gericht zuständig, in dessen Vertretung die Aufnahme stattgefunden hat.[2])

Die Vollziehung der Ausfertigungen erfolgt durch den Richter unter Kontrasignatur des Gerichtsschreibers; die letztere ist für die Giltigkeit ohne Einfluß.[3]) Wegen des besonderen Falles einer auszugsweisen Ausfertigung vgl. Muster 183.

Erstes Muster.

Das Königliche Amtsgericht zu Neisse urkundet hiermit, daß vor ihm[4]) der nachstehende Kaufvertrag zwischen den darin genannten Kontrahenten errichtet und abgeschlossen worden:

(Hier folgt das Protokoll wörtlich.)

---

[1]) Damit ist nicht die auch den in den Akten aufbewahrten Urschriften und Entwürfen beiwohnende Beweiskraft in Prozessen zu verwechseln. Diesen Urschriften fehlt aber der Charakter der öffentlichen Glaubwürdigkeit, welcher eben der Ausfertigung durch die Vollziehung und die Beidrückung des Gerichtssiegels beigelegt wird

[2]) Vgl. hierüber Johow V. S. 33.

[3]) Der Gerichtsschreiber haftet für die Richtigkeit, und seine Unterschrift ist eigentlich diejenige, welche die Ausfertigung beglaubigt; die Unterschrift des Richters dient zur Legalisirung der Unterschrift des Gerichtsschreibers. A. G. O. III. 5. § 15 und die oben citirten Vorschriften der Geschäftsordnungen. Der Richter haftet demgemäß hier auch nicht wie bei beglaubigten Abschriften für die Richtigkeit der Ausfertigung, falls er nach gehöriger Kontrasignatur des Gerichtsschreibers unterzeichnet. In der Gemeinen deutschen Gerichtspraxis (und auch in der französischen) reicht die Unterschrift des Aktuars oder Sekretärs noch jetzt allein aus. Sie sind in die Stelle der Gerichtsnotarien getreten, welche die eigentlichen Urkundspersonen waren; der Richter als solcher konnte keine öffentlichen Urkunden herstellen, sein eigenes Urtheil mußte von dem Gerichtsnotar (Aktuarius) beurkundet werden. Diese ganz verschiedenen Amtsthätigkeiten haben sich durch die Veränderungen in der Gerichtsverfassung und durch die konkurrirende Befugniß der Gerichte in der Aufnahme von Notariatsurkunden verdunkelt. Für den Prozeß ist man jetzt zur gemeinrechtlichen Praxis zurückgekehrt und hat die Ausfertigung durch den Gerichtsschreiber vorgeschrieben (C. P. O. § 271; St. P. O. § 275). Für die nichtstreitige Gerichtsbarkeit ist indessen das frühere Verfahren ungeändert geblieben.

Urkundlich unter des Königlichen Amtsgerichts Insiegel und der verordneten Unterschrift ausgefertigt.

So geschehen Neisse, den 3. April 1884.

(L S.)

Königliches Amtsgericht.[5])

Unterschrift des Richters.

(Unten in der Ecke rechts) Unterschrift des Gerichtsschreibers.

Zweites Muster.

Nachstehende Schriftstücke:

(folgen die verschiedenen Schriften)

werden urkundlich ausgefertigt.

Neisse, den 3. April 1884.

(L. S.)

Königliches Amtsgericht. Abth. 4.

(Unterschriften wie zu 1.)

10. Gerichtliche Bestätigung.[1])

Nachstehender Adoptionsvertrag

(folgt das Protokoll)

wird urkundlich ausgefertigt und (unbeschadet den Rechten eines jeden Dritten)[2]) hiermit bestätigt.

Neisse, den 3. April 1887.

(Siegel.)

Königliches Amtsgericht.

N.

Oder, wenn das Gericht den Vertrag nicht selbst aufgenommen hat, sondern derselbe dem Gericht eingereicht worden ist:

Vorstehender Vertrag wird hiermit gerichtlich bestätigt.

Schluß wie vorstehend.

11. Beglaubigung (Rekognition) der Unterschrift.

A. G. O. II. 3. § 26 mit Anh. § 427.

Die gerichtliche Beglaubigung der Unterschrift darf nur in bestimmten Fällen ohne Protokollaufnahme erfolgen; siehe dieselben oben S. 129 Anm. 1. Wird in dieser Art beglaubigt, so ist das

---

[4]) Bei collegialischen Gerichten wird statt „vor ihm" gesagt: „vor dessen Deputirten". Die Unterzeichnung erfolgt durch den Vorsitzenden des Senats oder der Kammer, vor welche die Angelegenheit nach der Geschäftsvertheilung gehört (§ 54 II. 3. A. G. O.).

[5]) Ob bei den mit mehreren Richtern besetzten Amtsgerichten der Gerichtsbezeichnung noch die Nr. der bearbeitenden Abtheilung beizufügen ist, darüber ist der Gerichtsgebrauch verschieden. Kollegialgerichte bedienen sich dieses Zusatzes stets, z. B. „Königliches Oberlandesgericht; erster Civilsenat".

[1]) Nicht zu verwechseln mit der Genehmigung des Vormundschaftsgerichts. Ein Muster hierfür s. u. bei Nr. 171.

[2]) Die Klausel: „unbeschadet den Rechten eines jeden Dritten" versteht sich bei allen Bestätigungen von selbst und kann deshalb auch wegbleiben.

Verfahren und das Attest konform dem des Notars (Muster 2). Zu Sammelakten des Gerichts behält der Richter in diesem Falle folgenden Vermerk zurück:

Heute ist die Unterschrift des Kaufmanns X hierselbst gerichtlich beglaubigt worden. Das Objekt beträgt 3000 Mark.

Neisse, den 17. Juli 1886.

H.

Dieser Vermerk dient als Unterlage einmal für die Kosteneinziehung — falls solche nicht sofort erfolgt — und sodann für etwa von der Aufsichtsbehörde einzufordernde statistische Daten.

Liegt dagegen einer der Ausnahmefälle nicht vor, so wird in folgender Art instrumentirt:

a.

Protokoll.

Königliches Amtsgericht. Neisse, den 17. Juli 1886.

Gegenwärtig:

Hoffmann, Amtsrichter.

An der Gerichtsstelle erscheinen:

1) der Kaufmann Johann Funknagel von hier,

2) der Sattlermeister August Neuhaus aus Breslau.

Beide sind dem Richter persönlich bekannt und es waltet kein Bedenken gegen ihre Verfügungsfähigkeit ob. Dieselben legen einen zwischen ihnen geschlossenen Vertrag vom 15. dieses Monats vor, welcher am Schlusse die Unterschriften „Johann Funknagel" und „August Neuhaus" trägt. Diese Unterschriften erkennen die Erschienenen als von ihnen herrührend an. Sie beantragten, solches unter den Unterschriften zu vermerken. Es wurde das betreffende Attest unter den Vertrag gesetzt und letzterer den Erschienenen wieder zurückgegeben.

Dieselben verbaten sich die nähere Einsicht des Vertrages und gaben das Objekt auf 2000 Mark an.

Vorgelesen, genehmigt, unterschrieben.

Johann Funknagel.

August Neuhaus.

Geschehen wie oben.

Hoffmann.

b.

Attest unter dem Vertrage.

Vorstehende Unterschriften sind von:

1) dem Kaufmann Johann Funknagel zu Neisse,

2) dem Sattlermeister August Neuhaus zu Breslau

in der gerichtlichen Verhandlung vom heutigen Tage als die ihrigen anerkannt worden.

Neisse, den 17. Juli 1886.

(Siegel.)

Königliches Amtsgericht. Abth. 4.

Hoffmann.

12. Gerichtliche Verlautbarung.

A. G. O. I. 10. § 125; A. G. O. II. 3. § 22.

Vgl. die Bemerkungen zu Not. Ges. §. 22. Ein seinem Inhalte nach gerichtlich anerkannter Vertrag steht einem gerichtlich aufgenommenen gleich. Erk. d. O. Tr. v. 5. April 1845 (Entsch. Bd. 11 S. 185) u. v. 8. November 1877 (Striethorst Bd. 99 S. 249).

Muster.

Königliches Amtsgericht.
Gegenwärtig:
Hoffmann, Amtsrichter.

Neisse, den dritten April Eintausend Achthundert Vier und Achtzig.

Vor dem gegenwärtigen Richter erschienen:

1) der Gutsbesitzer Benjamin Frohriep aus Hohenstein,
2) der Pächter Caspar Sterz aus Monster,

Beide von Person bekannt und geschäftsfähig befunden.

Sie übergaben den beiliegenden, zwischen ihnen außergerichtlich abgeschlossenen Pachtvertrag über das Gut Hohenstein, d. d. Hohenstein, den 8. März 1883 um denselben gerichtlich zu verlautbaren.

Der Richter las ihnen das Schriftstück laut und vollständig vor; sie genehmigten darauf dessen Inhalt und erkannten die darunter befindlichen Unterschriften für ihre eigenhändigen an.

Unmittelbar unter dieselben wurde der Vermerk: „Gerichtlich verlautbart laut Protokolls vom 3. April 1884", gesetzt und von dem Richter unterschrieben.[1])

Dieses Protokoll wurde den Contrahenten vorgelesen, von ihnen genehmigt und eigenhändig unterschrieben.

Benjamin Frohriep. Caspar Sterz.

Geschehen wie oben.

Hoffmann.

Bemerkung: Die Ausfertigung geschieht am besten nach dem obigen Muster 9 zu 2) mit Einschaltung des Verlautbarungsprotokolls und — dahinter folgend — des übergebenen Schriftstücks.

13. Verhandlung mit einem Tauben, welcher lesen kann.

A. G. O. II. 3. §§ 4 und 5.

Eingang wie bei Muster 6.

.... erscheinen folgende, nach Namen, Stand und Wohnort bekannte Personen

1) der Brauer Eberhard Hopfen,
2) der Fleischer Leberecht Weichlich,

---

[1]) Dies verhindert den Austausch des Schriftstücks in der Zwischenzeit bis zur Ausfertigung. Die A. G. O. I. 10. § 125 schreibt auch zweckmäßig vor, daß der Hergang unter der Urkunde selbst von den gegenwärtigen Gerichtspersonen gehörig zu attestiren sei. Dieses hat jetzt bei den Notariatshandlungen eine bestimmte Form erhalten. S. oben Muster 3.

Beide hierselbst wohnhaft. Sie wollten einen unter ihnen verabredeten Kaufkontrakt verlautbaren; da jedoch der Käufer Leberecht Weichlich ganz taub ist, aber Geschriebenes lesen kann, so wurden die Anträge des Verkäufers Eberhard Hopfen wörtlich in das Protokoll geschrieben, dem Käufer zum Lesen vorgelegt und von ihm beantwortet wie folgt:[1])

Anträge des Eberhard Hopfen:	Antworten des Leberecht Weichlich:
1) Ich verkaufe Ihnen mein Haus Nr. 8 auf der Kramerstraße hierselbst für 20 000 Mark.	Ich kaufe es Ihnen dafür ab.
2) Sie übernehmen in Anrechnung auf das Kaufgeld die eingetragene Post von 10 000 Mark nebst Zinsen von Ostern an und zahlen mir die übrigen 10 000 Mark bei der Uebergabe.	Ja.
3) die Auflassung und Uebergabe geschieht den Montag nach Ostern d. J.	Ja, wir sind so einig.
4) die Kosten des Kaufvertrages tragen Sie allein.	Ja, aber die Stempelbeträge tragen wir zur Hälfte.
5) Ich bin es zufrieden.	Gut.
6) Weiter haben wir nichts zu verabreden.	Nein, wir sind einverstanden.

Es wird nur eine Ausfertigung der Verhandlung verlangt. Dieses Protokoll wurde dem Verkäufer laut vorgelesen und von dem Käufer selbst durchgelesen; Beide genehmigten dasselbe und unterzeichneten eigenhändig.

Eberhard Hopfen. Leberecht Weichlich.

Geschehen wie oben.

N.

14. Verhandlung mit einem nicht bevormundeten Taubstummen.

A. L. R. I. 5. § 171; A. G. O. II. 1. § 9. Nr. 1; u. II. 3. § 7.

Die Rechtshandlungen der Taubstummen können gültig nur gerichtlich aufgenommen werden (vgl. jedoch zu Not. Ges. §. 11 Anm. 2). Kann der Taubstumme lesen und schreiben, so unterliegt die Verhandlung keinen weiteren Besonderheiten, als daß die für Taube und Stumme zugleich gegebenen Vorschriften zu beobachten sind (A. G. O. II. 3. §. 6.). Das nachfolgende Beispiel behandelt den Fall eines Taubstummen, der nicht lesen und schreiben kann (vgl. zu §. 11 Not. Ges. Anm. 3).

---

[1]) Dieses Verfahren ist auch von den Notaren zu beobachten. Gesetz vom 11. Juli 1845 § 11; vgl. auch Anm. 3 dazu.

Muster.

Königliches Amtsgericht. Neisse, den 7. März 1887.
Gegenwärtig:
Amtsgerichtsrath Schneider.

Der taubstumme Einwohner N. N. hierselbst soll in der ihn mit angehenden Nachlaßsache des zu Rotterdam verstorbenen Kaufmanns Peter Smitt eine Erklärung geben, welche, da er bisher noch nicht bevormundet worden ist und wegen der Dringlichkeit der Sache, damit bis auf die förmliche Bevormundung nicht gewartet werden kann, von ihm selbst aufgenommen werden soll, indem behauptet wird, daß er, bei übrigens gehörig entwickelten Verstandeskräften, durch die Zeichensprache hinlänglich unterrichtet worden und seine Willensmeinung darüber deutlich machen könne.

Zur Aufnahme dieser Verhandlung ist auf Antrag des N. N. heute Termin angesetzt worden.

In demselben waren erschienen:

1) der taubstumme Einwohner N. N.
2) der Kaufmann C. von hier.

Der Letztere ist zum Kurator[1]) des Ersteren für dieses Geschäft ausersehen und übernahm die ihm erklärten Pflichten eines solchen, die er, mittelst Handschlags an Eidesstatt, getreu zu erfüllen gelobte.

Es waren ferner:

3) der Hausbesitzer A.
4) der Schuhmachermeister B.

---

[1]) Dieser Kurator ist nicht, wie Basch sowohl als Vierhaus (zu A. G. O. II. 3. § 7) annehmen, ein Pfleger im Sinne des § 90 der V. O. Vielmehr liegt die Sache gerade umgekehrt. Wird nach § 90 der V. O. ein Pfleger bestellt, so ist in dessen Person jemand vorhanden, welcher statt des Taubstummen selbständig kontrahiren kann (V. O. §§ 27. 91) und es bedarf irgend einer Verhandlung mit dem Taubstummen überhaupt nicht. Das Verfahren des Textes ist für die Fälle bestimmt, in denen wegen obwaltender Gefahr im Verzuge auch auf die Bestellung des Pflegers nicht gewartet werden kann, wobei — abgesehen von der Anhörung des Waisenrathes V. O. § 19 — noch besonders zu beachten ist, daß für die Pflegschaft nur ein bestimmtes Gericht zuständig ist (V. O. § 8), während das Verfahren des Textes und damit auch die Bestellung des Kurators von jedem Amtsgericht vorgenommen werden kann (A. G. O. II. 1. § 9). In Wahrheit ist der „Kurator" des Textes nicht jemand, der den Taubstummen vertreten, sondern jemand, der ihm beistehen soll und der eine eigene selbständige Disposition bei dem Akte nicht trifft. Es handelt sich danach trotz des Ausdruckes „Kurator" begrifflich um einen Beistand (A. L. R. II. 18 § 5).

Verschieden von dem im Muster des Textes behandelten Falle ist der im § 7. II. 3. A. G. O. mit vorgesehene Fall, daß — ohne weitere Dringlichkeit der Sache — ein Geschäft vorliegt, welches der Vormund nicht allein vornehmen kann, weil bei demselben eine persönliche Mitwirkung des Mündels erforderlich ist, also z. B. ein Verlöbnißvertrag. Hier muß der Vormund nach Maßgabe des § 7 a. a. O. gleichwohl zugezogen werden und hier tritt allerdings, wenn noch kein Vormund vorhanden, oder der ernannte Vormund verhindert ist, lediglich ein nach § 86 oder § 90 V. O. zu bestellender Pfleger an dessen Stelle. Für diesen Fall schreibt aber auch der § 7 a. a. O. die Bestellung eines Kurators gar nicht vor.

von hier als Zeugen darüber gestellt, daß N. N. in der That durch die Zeichensprache hinlänglich unterrichtet ist und seine Willensmeinung deutlich machen kann. Diese Zeugen werden zuvörderst mit dem Gegenstande ihrer Vernehmung bekannt gemacht und bedeutet, daß sie an Eidesstatt vernommen werden sollten, sich jedoch zur eidlichen Bestärkung ihrer Angaben, auf Erfordern, bereit halten müßten, und daß der Zeugeneid sich auch auf die ihre Person betreffenden Generalfragen beziehe. Demnächst werden sie Einer nach dem Anderen und Jeder in Abwesenheit des Anderen, wie folgt, vernommen.

Erster Zeuge.

Ich heiße Benjamin A. u. s. w., nach den Vorschriften bei Zeugenvernehmungen.

Zur Sache.

Ich bin der Nachbar des taubstummen Einwohners N. N. hierselbst seit vielen Jahren und komme oft mit ihm zusammen; ich weiß daher aus eigener Wahrnehmung und Ueberzeugung, daß derselbe sich mit Anderen durch die Zeichensprache vollständig unterhalten kann und auch wohl unterrichtet und durchaus verständig ist, da er erst in späteren Jahren taubstumm geworden.

Die Wahrheit dieser Angabe versichere ich an Eidesstatt.

Vorgelesen, genehmigt und vollzogen.

Benjamin A.

Zweiter Zeuge.

(Hier folgt dessen Aussage.)

Hiernächst beobachtete der Richter den Gemüthszustand des N. N., während dessen der Kurator, welchem die Zeichensprache geläufig ist, sich mit ihm unterhielt. Der Letztere erklärte, daß er den N. N. befragt habe, ob er wohl wisse, wo sie sich befänden, und zu welchem Zwecke, auch ob er den Richter kenne; und daß er darauf geantwortet: er wisse, daß dies hier das Gericht sei, und daß er zu dem Zwecke hierhergekommen sei, um seine Meinung über Etwas in der Erbschaftssache seines verstorbenen Vetters in Holland zu äußern: und der anwesende Herr sei eine ihm bekannte Gerichtsperson. Dabei erklärte der Kurator dem Richter die Zeichen, die er zur Befragung gebraucht, so wie auch die Zeichen, wodurch der N. N. geanwortet hatte. Nach dieser Einleitung wurden die als Dolmetscher vorgeschlagenen, ebenfalls erschienenen beiden Personen, nämlich:

5) der Diener des taubstummen N. N., Johann Langsam, 42 Jahr alt, evangelisch, ohne Interesse bei der Sache,
6) der Tafeldecker Ferdinand Hurtig, 48 Jahr alt, evangelisch, ehemaliger Bedienter des taubstummen N. N., ohne Interesse bei der Sache,

vorgelassen. Sie versicherten, mit der Zeichensprache des N. N. genau bekannt zu sein, was auch der Kurator bestätigte.

Um nun die Fähigkeit des N. N., Zeichen richtig zu verstehen und sich durch Zeichen passend zu erklären, zu prüfen, ließ der Richter durch den Bedienten Langsam dem N. N. die schon von dem Kurator gestellten Fragen vorlegen: ob er wisse, wo man sich befinde, und wozu man sich hier befinde. Zur Frage und zur Antwort wurden dieselben Zeichen gemacht, wie bei der Verständigung mit dem Kurator, und die Antwort fiel eben so aus, wie vorhin der Kurator gesagt hatte. Dann ließ der Richter durch den anderen Dolmetscher Hurtig den N. N. fragen: ob er wisse, wer er, der Richter, sei. Auch darauf wurden dieselben Zeichen gewechselt, die schon der Kurator dem Richter erklärt hatte, und die Antwort war wieder mit der durch den Kurator verdolmetschten übereinstimmend. Hieraus erlangte der Richter die Ueberzeugung, daß der Taubstumme N. N. bei vollkommenem Verstande und fähig sei, Zeichen zu verstehen und sich durch Zeichen zu erklären.

Nunmehr wurde zur Sache geschritten und der N. N., wie folgt, vernommen:

Erste Frage durch den Bedienten Langsam vorgelegt:

ob u. s. w.

Der Inhalt dieses Protokolls, soweit er die Sache selbst betrifft, wurde dem N. N. durch die Zeichensprache nochmals vorgehalten und von ihm auf dieselbe Art genehmigt.

Hiernächst wird das ganze Protokoll vorgelesen, genehmigt und unterzeichnet.

Statt des Taubstummen N. N.
C. als dessen Kurator.

Johann Langsam. Ferdinand Hurtig.

Geschehen wie oben.
Schneider.

15. Verhandlung mit einem Blinden.

A. L. R. I. 5. § 171; A. G. O. II. 1. § 9. Nr. 1; II. 3. § 8.

Willenserklärungen eines Blinden können nur vor Gericht gültig verlautbart werden (vgl. jedoch Not. Ges. § 11 Anm. 2).[1]

Muster.

Eingang wie bei Muster 6.

.... erschienen:

1) der Herr Hartlieb von Hundorf, Gutsbesitzer zu Trübensee,
2) der Herr Wirthschaftsbeamte Josua Korb, wohnhaft zu Mehlaucken,

Beide nach Namen, Stand und Wohnort bekannt, und erklärten, daß

[1]) Blinde, welche zugleich taub sind, sollen nach einem Reskript v. 11. April 1841 (J. M. Bl. S. 151) für unfähig zur Vornahme von Rechtsgeschäften erachtet werden. Ob diese Annahme, welche nur eine Abstraktion aus § 24 I. 5. A. L. R. darstellt, bei der in neuerer Zeit entwickelten besonderen Blindenschrift noch in vollem Umfange für richtig zu erachten ist, möchte zu bezweifeln sein. Ist der Taubblinde einer solchen Schrift mächtig, so ist eine Verständigung durch diese statt auf dem Wege des Gehörs möglich. Für die gerichtliche Vertragsschließung fehlt es freilich an einer Form zur Prozedur mit dieser Schrift.

sie einen unter ihnen zu Stande gekommenen Pachtvertrag über das, zu dem Gute Trübensee gehörige, Vorwerk Brinkow verlautbaren wollten.

Da der Herr von Hundorf blind ist, so wurde ihm zuvörderst zu dieser Verhandlung in der Person des gleichfalls wohlbekannten Büreau-Vorstehers am hiesigen Gerichte, Herrn Ehrlieb Dastig ein Beistand zugeordnet. Hiernächst unterredete sich der Richter mit dem Herrn von Hundorf darüber: ob er den Herrn Korb kenne und wie er ihn kennen gelernt habe. Es stellte sich heraus, daß Herr von Hundorf den Herrn Korb vor mehreren Jahren längere Zeit in seinem Dienste gehabt, und daß ihm dessen Stimme sehr wohl bekannt ist. Dadurch gelangte der Richter zu der Ueberzeugung, daß bei dem Herrn von Hundorf kein Irrthum in Beziehung auf die Person, mit welcher er in das beabsichtigte Verhältniß treten will, vorwalte. Auch über den Umfang und die Beschaffenheit des Gegenstandes des Pachtvertrags hatte derselbe genaue Kenntniß, wie der Richter aus dessen Angabe und dem vorgelegten, damit verglichenen Anschlage, entnahm.

Nach diesen Vorbereitungen verlautbarten die Betheiligten folgenden Pachtvertrag.

(Hier folgen die Verabredungen.)

Das Protokoll wurde dem Herrn von Hundorf durch seinen Beistand Dastig in Gegenwart des zuhörenden Herrn Korb vorgelesen, von den Betheiligten genehmigt und für den Verpächter von dessen Beistande, von dem Pächter aber eigenhändig unterschrieben.

Ehrlieb Dastig für den Herrn von Hundorf. Josua Korb.

Geschehen wie oben.

Unterschrift.

16. Verhandlung über die Renovation einer Urkunde.

A. G. O. II. 3. § 29.

Die Renovation einer Urkunde (refectio instrumenti) ist die Anfertigung eines neuen Instrumentes auf der alten Grundlage nicht nach bloßer Parteiwillkür, sondern aus bestimmter, die Gefährdung der alten Urkunde betreffender, rechtlich anerkannter Ursache. Es ist dies der sogenannte Exemplifikationsprozeß, ein eigenthümliches Geschäft der freiwilligen Gerichtsbarkeit, zu welchem die Mitwirkung der Parteien erforderlich ist. Oesterley I. S. 339. Die Quelle desselben, welchen einige Neuere schon für ein gemeinrechtliches Institut halten, hat man im cap. 16. X. de fide instrumentorum (II. 22) zu finden geglaubt. Claproth, theor. prakt. Rechtswissenschaft von freiwilligen Gerichtshandlungen, §. 247; Gensler, im Commentar zu Martin's Prozeß, Th. I. S. 364; Linde, Abhandl. aus dem Gebiete des Civilprozeßes, Bd. II. S. 8. Die Renovation kann mit voller Wirkung nur gerichtlich erfolgen, weil zu diesem Geschäfte die Interessenten zugezogen und zu dem Verfahren förmlich vorgeladen werden müssen, unter der Verwarnung, daß bei ihrem Ausbleiben mit der Renovation dennoch verfahren, und in der Folge auf den Einwand, daß dieselbe ohne ihre Zuziehung geschehen sei, nicht mehr geachtet werden solle. Hierzu ist eine obrigkeitliche Gewalt (imperium), welche den Notaren fehlt, erforderlich, woraus von selbst folgt, daß das Verfahren vor den Richter gehört.[1]) Durch die K. O. v. 6. November 1834 (G. S. S. 180), welche die Befugniß der Notare zu Vidimationen erweiterte, ist in der ausschließlichen Kompetenz der Gerichte für Renovationen nichts geändert; die Kompetenz gebührt nach §. 26 Nr. 2 des A. G. z. G. V. G. dem Amtsgericht, auch wenn die Urkunde von einem anderen Gerichte aufgenommen ist. Grund zur Renovation ist nach §. 29 II. 3. A. G. O., daß die Urkunde „wegen Alters oder durch anderen Zufall schadhaft geworden ist oder sonst unleserlich zu werden Gefahr läuft.“ Die Veranlassung kann hiernach sein: der Verlust oder die Zerstörung des Originals, oder auch die durch Einwirkung äußerer Einflüsse theilweise schadhaft oder unleserlich gewordene Beschaffenheit des noch vorhandenen Originals, dessen Unterlagen nicht mehr vorhanden sind. Der vorausgesetzte Fall der Renovation ist jedoch immer der, daß die Urschrift des schadhaften Documents, nämlich das Protokoll oder das Koncept, nicht mehr vorhanden oder nicht bekannt ist, oder daß der vorhandene Schaden gerade das Protokoll oder Koncept betrifft. Ist letzteres erreichbar und intakt, so ist auch eine neue Ausfertigung zu ermöglichen, und es bedarf des formellen Renovationsverfahrens nicht.

Das Verfahren selbst ist in dem §. 29 der A. G. O. a. a. O. ausführlich vorgeschrieben. Eine öffentliche Zustellung an die nicht auffindbaren Interessenten findet nicht statt.[2])

Ob die volle Beweiskraft der renovirten Urkunde im Prozesse gegenwärtig fortbesteht, ist zweifelhaft.[3]) Für den Fortbestand des

---

[1]) Die A. G. O. III 7. § 81 verweist zwar die Renovation von Privatinstrumenten auch vor die Notare und die Citirung des § 29 II. 3 im vorhergehenden § 80 bestätigt dies. Allein es scheint, daß man sich die Thätigkeit des Notars nur für den Fall des freiwilligen Erscheinens aller Betheiligten gedacht hat. Denn es fehlte nach damaligem Recht an der Möglichkeit für den Notar zum Erlaß urkundlicher Ladungen, da ihm keinerlei Zustellungsorgane zu Gebote standen. Jedenfalls ist die Renovirung von Privatinstrumenten ein kaum praktisches Geschäft; die ausschließliche Zuständigkeit der Gerichte bezieht sich übrigens nicht nur auf die im § 81 ausdrücklich gedachten gerichtlich aufgenommenen und konfirmirten Instrumente, sondern auf alle öffentliche Urkunden, namentlich auch auf Notariatsinstrumente, nicht allein deshalb, weil diese nunmehr durch den § 40 des Notariats-Gesetzes den gerichtlichen gleichgestellt sind, sondern hauptsächlich deshalb, weil der § 29 A. G. O. II. 3 nicht unterscheidet und der § 81 III. 7 nur die „Privatinstrumente“ ausnimmt.

[2]) A. G. z. C. P. O. § 1 („soweit sie — zulässig sind“).

[3]) Verneinend: Wilmowski-Levy zu § 400 Anm. 5; anscheinend auch Struckmann-Koch zu § 231 Anm. 4. Dagegen möchte aber zu erwägen sein, daß nach

Instituts ist der Zweifel ohne Belang, da die Wirkungen der Renovation über den Prozeß hinausgehen und namentlich den Gebrauch der Urkunde in der nicht streitigen Gerichtsbarkeit betreffen.

Muster.

Königliches Amtsgericht u. s. w. Neisse, den dritten April Eintausend Achthundert Vier und Achtzig.

Bei der im vorigen Jahre stattgefundenen Ueberschwemmung ist unter andern die Fideikommiß-Stiftungsurkunde über Altengrotte vom Wasser beschädigt und theilweise aufgelöst worden, so daß deren Erneuerung nothwendig geworden. Hierzu ist zufolge Antrags des derzeitigen Fideikommißbesitzers, Herrn Baron von Aussensee, auf heute ein Termin angesetzt, und sämmtliche aus dem Grundbuche und den Fideikommißakten ersichtliche Interessenten sind dazu mit dem Bedeuten vorgeladen worden, daß bei ihrem Ausbleiben mit der Renovation dennoch verfahren, und in der Folge auf den Einwand, daß dieselbe ohne ihre Zuziehung geschehen sei, nicht mehr geachtet werden solle. In Folge dessen hatten sich eingefunden:

1) der Herr Baron Ehrenfried von Aussensee auf Altengrotte,
2) der Geheime Rath Herr Georg von Sporen aus Breslau,
3) der Grenzbeamte Herr Florian von Sporen aus Biala,
4) der Gutsbesitzer Herr Emmeran von Sporen auf Z.

Der Erstere ist eingetragener Fideikommißbesitzer, die drei Letzteren sind eingetragene Fideikommißanwärter. Ausgeblieben ist die Frau Cäcilia von Henne, geborne v. Sporen zu Frohburg, welche ebenfalls als Fideikommißanwärterin eingetragen ist. Die Urkunde über die richtige Zustellung der Vorladung an sie befindet sich in den Akten.

Die zu erneuernde Urkunde ist ein Testament des Prälaten Heymann von Rosenbusch, datirt Altengrotte, den 3. Oktober 1687, und mit einer Bestätigungsurkunde des Kaisers Joseph, d. d. Wien, den 7. Januar 1713 versehen.

Von dieser ganzen Urkunde ist eine korrekte Abschrift auf Pergament gemacht, welche sammt dem Originale den Anwesenden vorgelegt wurde. Nachdem die Anwesenden das Original als die wahre und echte ursprüngliche Stiftungsurkunde über das Familienfideikommiß Altengrotte anerkannt hatten, wurde unter Zuziehung derselben die Abschrift mit diesem Originale von Zeile zu Zeile sorgfältig verglichen. Dabei fand sich auf der ersten Seite des sechsten Blattes, statt der zwölften und dreizehnten Zeile, ein leerer Raum, weil der Kanzlist A., nach seiner bei den Akten befindlichen Bemerkung, die Schriftzüge in dem Original nicht hat lesen können. Nach längerer Betrachtung dieser Stelle erkannte man mit Hülfe von Augengläsern zwar Schrift-

---

dem Wesen des Exemplifikationsprozesses die neu hergestellte Urkunde als Urschrift fingirt wird, und daß die Frage, welche Schrift als Urschrift im Sinne des § 400 gilt, unbestritten nach dem Landesrecht zu entscheiden ist. Wilmowski-Levy zu § 400 Anm. 2; Struckmann-Koch ebenda Anm. 1.

züge, doch wurden sie verschieden gelesen, nämlich von dem Richter für die Worte:

„und zwar nach Abgang des Mannsstammes auf die weibliche Linie nach derselben Prärogative";

von dem Herrn Geheimen Rath von Sporen:

„und zwar nach Abgang des Mannsstammes auf die weibliche Linie mit derselben Prärogative";

von dem Fideikommißbesitzer Herrn Baron von Aussensee hingegen:

„und zwar nach Abgang des Mannsstammes auch die weiblichen Linien dieselbe Prärogative".

Von dem zugezogenen Kanzlisten A. wurde die Leseart des Richters in den Kontext, und die beiden anderen Lesearten, da eine Vereinigung nicht stattfand, daneben auf den Rand gesetzt, und zwar die des Herrn Geheimen Raths von Sporen voran, mit Beifügung dieses Vermerks:

„Die erstere Lesart ist von dem Herrn Geheimen Rath von Sporen, und die andere von dem Herrn Baron Ehrenfried von Aussensee, als die richtige bei der Erneuerung dieser Urkunde behauptet worden".

Im Uebrigen wurde die Abschrift mit dem Originale wörtlich übereinstimmend befunden.

Man setzte unmittelbar unter die letzte Zeile der Abschrift die Worte:

„Erneuert, Neisse, den dritten April Eintausend
Achthundert Vier und Achtzig."

und unterschrieb diesen Vermerk sowohl von Seiten der anwesenden Interessenten, als des Richters.

Dieses Protokoll wurde vorgelesen, genehmigt und, wie folgt, unterschrieben.

Gewöhnlicher Schluß.

Bemerkung. Von diesem Protokolle wird der erneuerten Urkunde eine Ausfertigung angehängt.

Zweite Abtheilung.

Beispiele von Urkunden über die einzelnen Rechtshandlungen und Geschäfte.

A. Personenrecht.

Die Beispiele von Urkunden zur Feststellung des Familien-Status befinden sich unten in der Unterabtheilung H „Familienrecht". Hier ist nur der juristischen Personen zu gedenken. Auch von diesen Personen kommen die Erwerbsgesellschaften hier nicht in Betracht. Deren Darstellung erfolgt vielmehr in der Unterabtheilung E „Handelsrecht".

17. Statut einer Körperschaft, welche die Rechte juristischer Persönlichkeit erlangen soll.

A. L. R. II. 6. §§ 1. 2. 22 ff. II. 19. §§ 32 ff. Verf Urk. Art. 31. Cirkular des Min. d. J. v. 19. Juli u. 18. Dezember 1876 (Min. Bl. d. i. V. S. 193 u. 274).

Koch I. §§ 55 ff S. 162. Dernburg I. §§ 49—56 S. 103 ff. Foerster=Eccius IV. §§ 280 ff S. 703. Fischer § 14 S. 60 ff.

Zur Erwerbung der Rechte juristischer Persönlichkeit für einen Personenverein oder eine Anstalt ist die Abfassung eines Statuts und demnächst die landesherrliche Genehmigung erforderlich. Dieselbe wird unter Mitwirkung des Justizministers in demjenigen Ministerium vorbereitet, in dessen Ressort der Verein oder die Anstalt ihrem Zwecke nach einschlägt. Bei der Abfassung des Statuts ist es deshalb von besonderer Wichtigkeit, die Form so zu wählen, daß sie der in dieser Beziehung von den zuständigen Ministern geübten Verwaltungspraxis entspricht. Zu diesem Zwecke hat der Minister des Innern durch Cirkular vom 19. Juli 1876 drei Entwürfe zu Normalstatuten für die gedachten Zwecke veröffentlicht, welche bei Anträgen auf Verleihung juristischer Persönlichkeit möglichst zur Richtschnur genommen werden sollen. Wesentliche Abweichungen von diesen Statuten, insbesondere auch von den Bestimmungen derselben über die Kompetenz der Generalversammlung sollen, wie ein ferneres Cirkular vom 18. Dezember 1876 bemerkt, nur aus besonderen zwingenden oder als triftig anzuerkennenden Gründen gestattet sein. Bei der Wichtigkeit, die hiernach diesen Normalstatuten innewohnt, erscheint es am angemessensten, dieselben hier als Muster zum Abdruck zu bringen.

Muster.

I. Statut des Kinderbewahrungs=Vereins in H.

§. 1. Zu H. hat sich im Jahre 1860 ein Verein gebildet, welcher den Zweck verfolgt, den im Alter von 2 bis 6 Jahren stehenden Kindern von Handarbeitern und Professionisten in der Zeit, während welcher die Eltern vom Hause abwesend oder sonst mit Arbeit beschäftigt sind, eine sichere Unterkunft und den ihrem Alter angemessenen Unterricht, in Armuthsfällen unentgeltlich, außerdem gegen eine mäßige Vergütung zu gewähren.

Der Verein führt die Bezeichnung „Kinderbewahrungs=Verein" und hat seinen Sitz und Gerichtsstand [1]) in der Stadt H.

---

[1]) Einer besonderen Bestimmung über den Gerichtsstand bedarf es jetzt nach § 19 C. P. O. nur dann, wenn derselbe abweichend vom Sitze der Gesellschaft geregelt werden soll.

§. 2. Um den in dem §. 1. bezeichneten Zweck zu erreichen, stellt der Verein, sofern nicht seine Mitglieder sich unmittelbar der Beaufsichtigung und Unterweisung der Kinder widmen, die geeigneten Lehrkräfte nebst dem entsprechenden Hülfspersonal an.

§. 3. Die Mittel, welche ihm zu dem Behufe zur Verfügung stehen, sind:

a. das an der Bahnhofsstraße belegene, Blatt . . . des Grundbuchs eingetragene Grundstück . . . . von . . Quadratfuß [2]) Grundfläche;
b. das in demselben befindliche Inventarium im Werthe von . . . .;
c. das sich gegenwärtig auf . . . . belaufende Kapitalvermögen, für dessen Belegung der §. 39. der Vormundschaftsordnung vom 5. Juli 1875 (Ges.-Samml. S. 439) maßgebend ist;
d. die Beiträge der Mitglieder;
e. die nach §. 1. Abs. 1. Seitens der Pfleglinge etwa zahlbaren Vergütungen.

§. 4. Mitglied des Vereins und somit stimmberechtigt für die General-Versammlung (cfr. §§. 9—11.) wird Jeder, der für die Vereinszwecke eine einmalige Zahlung von Dreihundert Mark zur Vereinskasse leistet oder sich zur Zahlung eines fortlaufenden jährlichen Beitrags von mindestens drei Mark verpflichtet.

Wer mit Zahlung des Jahresbeitrages (nach erfolgter Erinnerung) länger als drei Monate im Rückstande bleibt, wird der Mitgliedschaft verlustig und in der Vereinsliste gestrichen.

§. 5. Der Verein wird geleitet und [3]) in allen seinen Angelegenheiten — einschließlich derjenigen, welche nach den Gesetzen eine Spezial-Vollmacht erfordern — geeigneten Falles mit Substitutionsbefugniß, vor Behörden und Privatpersonen gegenüber, vertreten durch einen aus fünf Damen und drei Herren bestehenden Vorstand.

Die betreffenden Personen werden von der General-Versammlung (cfr. §. 12.) aus der Zahl der großjährigen Mitglieder (§. 4.) erwählt.

Der Vorstand wählt aus seiner Mitte

1) einen Vorsitzenden,
2) einen Kassirer,
3) einen Schriftführer

nebst den entsprechenden Stellvertretern.

---

[2]) Die Größe wird richtiger im Metermaß nach der Maß- und Gewichtsordnung vom 17. August 1868 angegeben.

[3]) Hier waren im Normalstatut die Worte „abgesehen von den statutarisch der General-Versammlung vorbehaltenen Fällen" eingeschaltet. Ein entsprechender Zusatz befand sich auch in den §§ 3 bezw. 12 der nächstfolgenden beiden Statuten. Nach der Cirk. Verf vom 18. Dezember 1876 sollen diese Worte besser wegbleiben, weil Zweifel über deren Ausdeutung für den Fall erhoben worden sind, daß der General-Versammlung im Statut auch die Zustimmung zu gewissen Verwaltungsakten vorbehalten wird.

Urkunden, welche den Verein vermögensrechtlich verpflichten sollen, sind unter dessen Firma vom Vorsitzenden und Schriftführer — oder deren Stellvertretern — zu vollziehen.

Zur Legitimation dieser Vorstandsmitglieder nach Außen dient ein Attest des Bürgermeisters, welchem zu dem Behufe die jedesmaligen Wahlverhandlungen mitzutheilen sind.[4])

§. 6. Der Vorsitzende (oder dessen Stellvertreter) leitet die Verhandlungen des Vorstandes sowie die General-Versammlungen.

Er beruft den Vorstand, so oft dies die Lage der Geschäfte erfordert, insbesondere alsdann, wenn 2 Mitglieder des Vorstandes darauf antragen.

Die bezüglichen Einladungen erfolgen schriftlich, unter Mittheilung der Tagesordnung.

§. 7. Zur Beschlußfähigkeit des Vorstandes ist, den Vorsitzenden oder dessen Stellvertreter und den Schriftführer oder dessen Stellvertreter mitinbegriffen, die Anwesenheit von fünf Mitgliedern erforderlich.

Die Beschlüsse werden nach der Stimmenmehrheit gefaßt. Nur bei Stimmengleichheit entscheidet das Votum des Vorsitzenden.

Ueber die bezüglichen Verhandlungen ist vom Schriftführer ein Protokoll aufzunehmen, welches von diesem und dem Vorsitzenden zu vollziehen und — gleich den übrigen Archivalien des Vereins — vom Schriftführer aufzubewahren ist.

§. 8. Der Kassirer führt und verwahrt die Vereinskasse.

Die zu derselben gehörenden Inhaberpapiere sind sofort beim Erwerbe durch den Bürgermeister außer Cours zu setzen.

Seitens des Kassirers ist in jeder Vorstandssitzung eine Uebersicht des Vermögensstandes vorzulegen, welche zu den Akten genommen wird.

§. 9. Zum ausschließlichen Geschäftskreise der General-Versammlung, in welcher jedes persönlich erscheinende Mitglied eine Stimme führt, gehört:

a. die Wahl des Vorstandes (cfr. §§. 12—14.),
b. die Feststellung des nächstjährigen Etats,
c. die Dechargirung der vom Kassirer aufzustellenden Rechnung für das abgelaufene Kalender- (und Geschäfts-) Jahr,
d. die Entgegennahme des vom Vorstande alljährlich zu erstattenden und der nächsten staatlichen Aufsichtsbehörde in zwei Exemplaren einzureichenden Geschäftsberichts,
e. jede Abänderung des Statuts,
f. die etwaige Auflösung des Vereins.

§. 10. Der Vorstand stellt die Tagesordnung für die General-Versammlung fest und erläßt durch seinen Vorsitzenden die Einladung zu derselben.

---

[4]) In der Cirk. Verf. vom 18. Dezember 1876 ist empfohlen, hier und in den §§ 3 bezw. 13 der beiden nächstfolgenden Statuten den Passus hinzuzusetzen:

„Gerichtliche Zustellungen erfolgen rechtsgültig an den Vorstands-Vorsitzenden (oder dessen Stellvertreter) allein".

Gegenwärtig würde indessen ein solcher Zusatz Angesichts des § 157 C. P. O., § 37 St. P. O. und § 1 des A. G. z. C. P. O. bedeutungslos sein.

Die Berufung einer General=Versammlung erfolgt, so oft dies der Vorstand nach Lage der Geschäfte für erforderlich erachtet, außerdem, und zwar binnen einer Frist von längstens (vier) Wochen, wenn 10 Vereinsmitglieder schriftlich beim Vorstande einen motivirten desfallsigen Antrag stellen.

Die Einladung wird unter Mittheilung der Tagesordnung durch einmalige, mindestens 8 Tage vor dem Termine zu bewirkende Insertion in das Kreisblatt, und falls dieses eingehen sollte, in ein anderes vom Vorstand auszuwählendes Blatt bewirkt.

§. 11. Zur Beschlußfähigkeit der General=Versammlung ist die Anwesenheit von (neun) Vereinsmitgliedern [von mehr als der Hälfte der Vereinsmitglieder] erforderlich.

Hat eine General=Versammlung wegen Beschlußunfähigkeit vertagt werden müssen, so ist die demgemäß einzuberufende neue General=Versammlung schon bei der Anwesenheit von (fünf) Vereinsmitgliedern [ohne Rücksicht auf die Zahl der anwesenden Mitglieder] beschlußfähig: sofern auf diese Folge in der Einladung ausdrücklich aufmerksam gemacht ist.

Abgesehen vom Falle der Stimmengleichheit, bei welcher das Votum des Vorsitzenden entscheidet, werden die Beschlüsse nach der absoluten Stimmenmehrheit gefaßt.

Ueber die Form der Abstimmung (mündlich, verdeckt oder durch Akklamation 2c.) entscheidet — mit Ausnahme der Vorstandswahlen, welche vermittelst Stimmzettel vorgenommen werden müssen — das Ermessen der Versammlung.

Ueber die Verhandlung hat der Schriftführer ein Protokoll aufzunehmen, welches von ihm nebst dem Vorsitzenden und mindestens drei anderen Vereinsmitgliedern zu vollziehen ist.

§. 12. Gegenwärtig und bis zum Schlusse des laufenden Jahres fungiren als Mitglieder des Vorstandes folgende Personen (inser. nom.).

An deren Stelle ist in der gegen den Schluß des laufenden Jahres (cfr. §. 9. litt. b.) anzuberaumenden General=Versammlung ein neuer Vorstand zu wählen, und zwar auf die Dauer von drei Kalender= (und Geschäfts=) Jahren, nach deren Ablauf in gleicher Weise eine Neuwahl erfolgt. Abtretende Mitglieder sind wieder wählbar.

§. 13. Die Wahl jedes einzelnen Vorstandsmitgliedes ist in einem besonderen Wahlgange zu bewirken. Ergiebt sich bei einer Wahl nicht sofort die nach §. 11. Abs. 3. erforderliche Majorität, so sind bei einem zweiten Wahlgange nur diejenigen beiden Mitglieder zur engeren Wahl zu bringen, für welche vorher die der absoluten Majorität am nächsten kommende Stimmzahl abgegeben war. Sollten diese Mitglieder mehr als zwei gewesen sein, so müssen sie sämmtlich zur engeren Wahl gestellt und es muß mit letzterer so lange fortgefahren werden, bis sich die erforderliche Majorität ergiebt.

§. 14. Scheidet ein Mitglied innerhalb seiner dreijährigen Funktionsperiode aus dem Vorstande, so ist für die Zeit, während welcher dieses ausgeschiedene Mitglied noch zu fungiren gehabt hätte, eine Ergänzungswahl nach Maßgabe der §§. 12. u. 13. zu veranlassen.

Tritt die Nothwendigkeit einer solchen Ergänzungswahl zu einem Zeitpunkt ein, in welchem die Lage der anderweiten Geschäfte nach dem Ermessen des Vorstandes die Einberufung einer besonderen General-Versammlung nicht dringend nothwendig macht, so ist der Vorstand befugt, die Vornahme einer förmlichen Wahl bis dahin, daß aus sonstigen Gründen die Einberufung einer General-Versammlung erfolgt, zu verschieben und sich einstweilen im Wege der einfachen Kooptation zu ergänzen.

§. 15. Abänderungen des Statuts, welche den Sitz, den Zweck und die äußere Vertretung des Vereins betreffen, sowie Beschlüsse, welche die Auflösung des Vereins zum Gegenstande haben, bedürfen landesherrlicher Genehmigung.

Sonstige Statut-Aenderungen sind von der Zustimmung des Ober-Präsidenten der Provinz ...... abhängig.

H...., den

(Unterschriften des zeitigen Vorstandes.)

II. Statut für das jüdische Hospital in F.

§. 1. Im Jahre 1870 sind zu F. folgende Personen ꝛc. zu dem Zweck zusammengetreten, durch eigene Beiträge und durch Sammlungen bei ihren Freunden ein jüdisches Hospital zu gründen, d. h. eine Anstalt, in welcher unbescholtene hülfsbedürftige jüdische Personen beiderlei Geschlechts, die das fünfzigste Lebensjahr überschritten haben, Wohnung und Verpflegung empfangen, — in Armuthsfällen unentgeltlich, andernfalls gegen eine mäßige Vergütung.

Wegen Unzulänglichkeit der Mittel mußte man sich Anfangs darauf beschränken, höchstens 6 Pfleglinge aufzunehmen und diese, entsprechend dem vorgedachten Zwecke, bei achtbaren Familien unterzubringen.

Nachdem es inzwischen gelungen ist, ein eigenes Grundstück zu erwerben und auszubauen, wird hierdurch die projektirte Alters-Versorgungs-Anstalt unter der Firma: „das jüdische Hospital zu F." mit dem Sitze und Gerichtsstand[5]) in dieser Stadt ins Leben gerufen und zwar auf Grund der nachfolgenden Bestimmungen:

§. 2. Die Mittel, welche dem Hospital Behufs Erreichung der im §. 1. bezeichneten Zwecke zur Verfügung stehen, sind:

a. das an der .... Straße belegene, Blatt ... des Grundbuchs eingetragene Grundstück .... von ... Quadratfuß[6]) Grundfläche;

b. das in demselben befindliche Inventarium im Werthe von ......;

c. das sich gegenwärtig auf noch ..... belaufende Kapitalvermögen, welches von den im §. 1. genannten Personen aufgesammelt und nach Bestreitung der Kosten für das Grund-

---

[5]) Siehe Anm. 1.

[6]) Siehe Anm. 2.

stück nebst Zubehör (litt. a. und b.) übrig geblieben ist. Für die Belegung dieses Kapitalvermögens ist der §. 39. der Vormundschaftsordnung vom 5. Juli 1875 (Ges.-Samml. S. 439) maßgebend;

d. die Beiträge derjenigen Personen, welche sich zu einer fortlaufenden Jahreszahlung von mindestens 100 Mark für die Anstaltszwecke schriftlich verpflichtet haben und in diesem Sinne die Bezeichnung „Wohlthäter" führen, so lange sie ihrem Zahlungsversprechen nachkommen;[7])

e. die nach §. 1. Absatz 1. Seitens der Pfleglinge etwa zahlbaren Vergütungen.

Zu den unter litt. d. als „Wohlthäter" bezeichneten Personen werden auch diejenigen gerechnet, welche der Anstalt eine einmalige Zuwendung von mindestens 500 Mark gemacht haben oder machen werden.

§. 3. Das Hospital wird geleitet und[8]) in allen seinen Angelegenheiten — einschließlich derjenigen, welche nach den Gesetzen eine Spezialvollmacht erfordern — geeigneten Falles mit Substitutionsbefugniß, vor Behörden und Privatpersonen gegenüber, vertreten durch einen aus . . . Personen bestehenden Vorstand, welchen gegenwärtig bilden:

1) . . . . . . als Vorsitzender,
2) . . . . . . als stellvertretender Vorsitzender,
3) . . . . . . als Schriftführer,
4) . . . . . . als stellvertretender Schriftführer,
5) . . . . . . als Kassirer, und außerdem
6) . . . . . . }
7) . . . . . . } als Beisitzern.

Wird eine Stelle im Vorstande offen, so erfolgt ihre Wiederbesetzung in der Art, daß die übrigen Vorstandsmitglieder aus der Zahl der „Wohlthäter" ein neues Mitglied kooptiren.

Urkunden, welche die Anstalt vermögensrechtlich verpflichten sollen, sind unter deren Firma vom Vorsitzenden und Schriftführer — oder deren Stellvertreter — zu vollziehen.

Zur Legitimation dieser Vorstandsmitglieder nach Außen dient ein Attest der Orts-Polizeibehörde, welcher zu dem Behufe die jedesmaligen Wahlverhandlungen mitzutheilen sind.[9])

§. 4. Der Vorsitzende (oder dessen Stellvertreter) leitet die Verhandlungen des Vorstandes sowie der General-Versammlungen.

---

[7]) Die Stilisirung dieses Satzes ist keine glückliche. Man weiß nicht, worauf sich der Satz: „so lange — nachkommen" bezieht und er unterliegt verschiedener Deutung. Eine korrekte Fassung wäre folgende:

d. „Die Beiträge derjenigen Personen, welche sich . . . . . verpflichtet haben. Diese Personen führen die Bezeichnung „Wohlthäter", solange sie ihrem Zahlungsversprechen nachkommen."

[8]) Siehe Anm. 3.

[9]) Siehe Anm. 4.

Er beruft den Vorstand, so oft dies die Lage der Geschäfte erfordert, insbesondere alsdann, wenn 2 Mitglieder des Vorstandes darauf antragen.

Die bezüglichen Einladungen erfolgen schriftlich, unter Mittheilung der Tagesordnung.

§. 5. Zur Beschlußfähigkeit des Vorstandes ist, den Vorsitzenden oder dessen Stellvertreter und den Schriftführer oder dessen Stellvertreter mitinbegriffen, die Anwesenheit von drei Mitgliedern erforderlich.

Die Beschlüsse werden nach der absoluten Stimmenmehrheit gefaßt. Nur bei Stimmengleichheit entscheidet das Votum des Vorsitzenden.

Ueber die bezüglichen Verhandlungen ist vom Schriftführer ein Protokoll aufzunehmen, welches von diesem und dem Vorsitzenden zu vollziehen und — gleich den übrigen Archivalien des Vereins — vom Schriftführer aufzubewahren ist.

§. 6. Der Kassirer führt und verwahrt die Anstaltskasse. Die zu derselben gehörenden Inhaberpapiere sind sofort beim Erwerbe durch die Orts-Polizeibehörde außer Kours zu setzen.

Seitens des Kassirers ist in jeder Vorstandssitzung eine Uebersicht des Vermögensstandes vorzulegen, welche zu den Akten genommen wird.

§. 7. Zum Geschäftskreise der General-Versammlung, in welcher jeder persönlich erscheinende „Wohlthäter" Stimmrecht hat, gehört:

a. die Feststellung des Etats für jedes bevorstehende Kalenderjahr, das gleichzeitig als Geschäftsjahr der Anstalt zu behandeln ist,
b. die Entgegennahme des vom Vorstande alljährlich zu erstattenden und der nächsten staatlichen Aufsichtsbehörde in zwei Exemplaren einzureichenden Geschäftsberichts,
c. die Dechargirung der vom Kassirer aufzustellenden Rechnung für das abgelaufene Jahr,
d. jede Abänderung des Statuts,
e. die etwaige Auflösung der Anstalt.

§. 8. Der Vorstand stellt die Tagesordnung für die General-Versammlung fest und erläßt durch seinen Vorsitzenden die Einladung zu derselben.

Die Berufung einer General-Versammlung erfolgt, so oft dies der Vorstand nach Lage der Geschäfte für erforderlich erachtet, außerdem, wenn zehn zu den Wohlthätern gehörende Personen schriftlich beim Vorstande einen motivirten desfallsigen Antrag stellen, und zwar in diesem Falle binnen längstens 6 Wochen.

Die Einladung wird unter Mittheilung der Tagesordnung durch einmalige, mindestens 8 Tage vor dem Termin zu bewirkende, Insertion in die . . . . Zeitung und, falls diese eingehen sollte, in ein anderes vom Vorstande auszuwählendes Blatt bewirkt.

§. 9. Zur Beschlußfähigkeit der General-Versammlung ist die Anwesenheit von (neun) Wohlthätern [von der Hälfte sämmtlicher Wohlthäter], die erschienenen Vorstandsmitglieder miteingerechnet, erforderlich.

Hat eine General-Versammlung wegen Beschlußunfähigkeit vertagt werden müssen, so ist die demgemäß einzuberufende neue General-Versammlung schon bei der Anwesenheit von (fünf) Wohlthätern, die erschienenen Vorstandsmitglieder miteingerechnet, beschlußfähig, sofern auf diese Folge bei der Einberufung ausdrücklich hingewiesen ist.

Abgesehen vom Falle der Stimmengleichheit, bei welcher das Votum des Vorsitzenden entscheidet, und abgesehen von einem etwaigen Auflösungsbeschlusse (§. 7. litt. e.), für welchen Zweidrittel-Majorität der Erschienenen erforderlich ist, werden die Beschlüsse nach der absoluten Stimmenmehrheit gefaßt.

Ueber die Form der Abstimmung (mündlich, verdeckt oder durch Akklamation 2c.) entscheidet das Ermessen der Versammlung.

Ueber die Verhandlung hat der Schriftführer ein Protokoll aufzunehmen, welches von ihm nebst dem Vorsitzenden und mindestens drei anderen der Anwesenden zu vollziehen ist.

§. 10. Als Hospitaliten dürfen in die Anstalt nur solche Personen aufgenommen werden, welche den im §. 1. aufgestellten Erfordernissen entsprechen.

Ueber die desfallsigen, durch geeignete Atteste unterstützten, Gesuche entscheidet der Vorstand nach seinem freien Ermessen, insbesondere im Hinblick auf die jeweilige Geldlage und die disponiblen Räumlichkeiten der Anstalt.

Gründe für die von ihm verfügte Ablehnung eines Aufnahme-Gesuches anzugeben, ist der Vorstand nicht verpflichtet. Ebensowenig ist der Abgewiesene berechtigt, die General-Versammlung oder die staatliche Aufsichtsbehörde als Beschwerde-Instanz anzurufen.

§. 11. Personen, die an einer chronischen oder ansteckenden Krankheit leiden, sind indessen von der Aufnahme unbedingt ausgeschlossen, auch wenn die im §. 1. bezeichneten sonstigen Qualitäts-Erfordernisse vorliegen.

Zeigt sich eine solche Krankheit erst nach der Aufnahme, so ist auf zwar schonende, aber möglichst baldige Entfernung des Kranken Bedacht zu nehmen, wenigstens bis zur eingetretenen Wiedergenesung.

§. 12. Die Aufnahme erfolgt, je nach den Vermögensverhältnissen der Antragsteller, kostenfrei oder gegen eine mit dem Vorstand zu vereinbarende Vergütung.

§. 13. Jeder unentgeltlich aufgenommene Hospitalit erhält ein mit den nöthigen Utensilien versehenes besonderes Zimmer und ein wöchentliches Taschengeld für seine kleinen Bedürfnisse, außerdem Heizung, Nahrung, ärztliche Pflege und Kleidung.

Die gegen Bezahlung Aufgenommenen erhalten — sofern nicht bei der Aufnahme etwas Anderes verabredet ist — Stube und Kammer, aber weder Taschengeld noch Kleidung.

Nur gegenüber den im Abs. 1. bezeichneten Hospitaliten ist die Anstalt auch zur unentgeltlichen Bestreitung des Begräbnisses verpflichtet.

§. 14. Die Mahlzeiten werden von allen Hospitaliten gemeinschaftlich eingenommen und zwar in einem Saale, der auch zur Abhaltung von Andachtsübungen und sonstigen entsprechenden Versammlungen dient. In dieser Beziehung wird das Nähere durch eine vom Vorstand aufzustellende Hausordnung bestimmt, welche der Genehmigung der staatlichen Aufsichtsbehörde bedarf.

§. 15. Wer diese Hausordnung wiederholt verletzt oder sich gegen das vom Vorstande angenommene Hülfspersonal einer beharrlichen Widersetzlichkeit schuldig macht, kann auf desfallsigen Beschluß des Vorstandes jederzeit aus der Anstalt entfernt werden.

Der Vorstand ist hierzu auch in dem Falle befugt,

a. wenn sich ergiebt, daß der Hospitalit gelegentlich seiner Aufnahme unwahre Angaben gemacht hat, um hinsichtlich der Umstände, welche gemäß §. 1. die Aufnahme in die Anstalt bedingen, den Vorstand zu täuschen;

b. wenn ein unentgeltlich aufgenommener Hospitalit hinterher ein Kapitalvermögen von mindestens Dreitausend Mark oder ein fortlaufendes Jahreseinkommen von mindestens zweihundert Mark erwirbt.

§. 16. Abänderungen des Statuts, welche den Sitz, den Zweck und die äußere Vertretung der Anstalt betreffen, sowie Beschlüsse, welche die Auflösung des Hospitals zum Gegenstande haben, bedürfen landesherrlicher Genehmigung.

Sonstige Statut-Abänderungen sind von der Zustimmung des Ober-Präsidenten der Provinz .... abhängig.[10])

F....., den

(Unterschriften des zeitigen Vorstandes.)

---

[10]) Das Hospitalstatut erscheint in folgendem Punkte unvollkommen. Die Organisation desselben beruht auf der Existenz von „Wohlthätern", und es fehlt andrerseits an jeder Bestimmung darüber, was eintretenden Falles aus dem Hospitale werden soll, wenn gar kein Wohlthäter oder nur eine so geringe Zahl derselben vorhanden ist, daß diese die organisatorischen Statutenbestimmungen nicht mehr erfüllen können. Bei Vereinen, wie den in den Statuten I und III geregelten, mag man es in dieser Beziehung bei den gesetzlichen Bestimmungen (§§ 178. 179—192 ff. II. 6. A. L. R.) belassen, weil solche Vereine bei derartigem Herabgehen ihrer Mitgliederzahl ihre Lebensfähigkeit thatsächlich eingebüßt haben werden. Dies ist aber keineswegs bei einer Anstalt der Fall, deren „Wohlthäter" sich aus Personen zusammensetzen, die 100 Mark jährlich oder 500 Mark auf einmal aufopfern. Die Zahl derartiger Personen ist naturgemäß gering und kann sehr leicht einmal aussterben, während das Hospital durch ihre Beiträge ein erhebliches Vermögen aufgesammelt hat und überdies jederzeit neue „Wohlthäter" gewinnen kann. Zweckmäßiger Weise muß deshalb das Statut diesen Fall vorsehen. Hierzu würden folgende Bestimmungen dienlich sein, welche ihren Platz hinter § 9 finden könnten:

§ 9a. Beträgt die Zahl der Wohlthäter weniger als neun, so erfolgt die Verwaltung des Hospitals durch ein Kuratorium von sieben Mitgliedern. Dasselbe wird aus den vorhandenen Vorstandsmitgliedern und aus anderen männlichen

III. Statut der Casino=Gesellschaft in N.

§. 1. In N. besteht seit 1840 eine den höheren Kreisen der Einwohnerschaft angehörige Gesellschaft, welche die gesellige Vereinigung und wissenschaftliche Unterhaltung ihrer Mitglieder bezweckt.

Sie führt die Bezeichnung „Casino=Gesellschaft zu N." und hat in dieser Stadt ihren Sitz sowie Gerichtsstand.[11])

Nach Maßgabe des General=Versammlungsbeschlusses vom .... nimmt die Gesellschaft das gegenwärtige Statut als ihre Grundverfassung an.

§. 2. Die Mittel, welche der Gesellschaft behufs Erreichung der im §. 1. Abs. 1. gedachten Zwecke zur Verfügung stehen, sind:

a. das an der .... Straße Nr. 395 belegene, Blatt .... des Grundbuchs eingetragene Grundstück .... von .... Quadratfuß [12]) Grundfläche;
b. das in demselben befindliche Inventarium im Werthe von ...,
c. das sich gegenwärtig auf .... belaufende Kapitalvermögen, für dessen Belegung der §. 39. der Vormundschaftsordnung vom 5. Juli 1875 (Ges.=Samml. S. 439) maßgebend ist,
d. die Beiträge der Mitglieder.

§. 3. Die Mitglieder der Gesellschaft zerfallen in ordentliche, außerordentliche und Ehrenmitglieder.

Jedes Mitglied hat das Recht, das Gesellschaftslokal zu besuchen. Die Bibliothek, die Karten, die Zeitungen u. s. w. zu benutzen und an den geselligen Vereinigungen jeder Art Theil zu nehmen.

Sollte eine Auflösung der Gesellschaft erfolgen, so nehmen an dem Gesellschaftsvermögen, welches nach Abzug der etwaigen Schulden übrig bleibt, nur die ordentlichen Mitglieder Theil.

Personen gebildet, welche die ersteren im Wege der Kooptation hinzuwählen. Soweit die Zahl der Wohlthäter reicht, muß die Kooptation aus diesen erfolgen.

Das Kuratorium kooptirt sich bei eintretenden Vakanzen in gleicher Art. Es wählt aus seiner Mitte die im §. 3 Nr. 1 bis 5 bezeichneten Beamten.

Das Kuratorium übt die im Statut dem Vorstande und der General=Versammlung zugewiesenen Geschäfte aus, die letzteren jedoch mit Ausschluß der im §. 7 zu b und c bezeichneten. Die Dechargirung der Rechnung (§. 7 c) erfolgt durch die staatliche Aufsichtsbehörde. Im Uebrigen finden auf das Kuratorium die §§. 3 bis 6 Anwendung.

Sobald die Zahl von neun Wohlthätern wieder vorhanden ist, hat das Kuratorium nur noch die Befugnisse des Vorstandes. Es hat binnen sechs Wochen eine General=Versammlung zu berufen, welche einen Vorstand nach Maßgabe des §. 3 wählt. Die Wahl erfolgt für jedes einzelne Amt in einem besonderen Wahlgange und in der im §. 3 festgesetzten Reihenfolge. Ergiebt sich bei einer Wahl nicht sofort die nach §. 9 Abs. 3 erforderliche Majorität u. s. w. wie im §. 13 des Statuts unter Nr. I.

Mit der erfolgten Wahl des Vorstandes erlischt das Amt des Kuratoriums.

[11]) Siehe Anm. 1.

[12]) Siehe Anm. 2.

Im übrigen gilt für die einzelnen Kategorien von Mitgliedern das in den nachstehenden §§. 4. bis 11. Bestimmte.

§. 4. Die ordentlichen Mitglieder zahlen ein Eintrittsgeld von .... Mark und einen in vierteljährlichen Pränumerandoraten zahlbaren Jahresbeitrag von ....

Die ordentliche Mitgliedschaft können nur selbstständige Personen männlichen Geschlechts erwerben, welche in N. oder im zweimeiligen Umkreise der Stadt ihren Wohnsitz haben.

Die ordentlichen Mitglieder haben volles Stimmrecht in der General-Versammlung und sind in den Vorstand wählbar.

§. 5. Wer als ordentliches Mitglied aufgenommen zu werden wünscht, hat sich dieserhalb bei dem Vorstande (§. 12) anzumelden.

Seitens des Vorstandes erfolgt eine desfallsige achttägige Bekanntmachung an der in dem Gesellschaftslokale aushängenden Anmeldungstafel.

Nach Ablauf der achttägigen Frist ist über die Aufnahme in einer Vorstandssitzung Beschluß zu fassen. Fällt dieser Beschluß einstimmig für die Aufnahme aus, so bedarf es einer Befragung der General-Versammlung nicht. Wird aber von einem in der Sitzung anwesenden Vorstandsmitgliede Einspruch gegen die Aufnahme erhoben, so ist solche zur Beschlußfassung der General-Versammlung zu stellen.

§. 6. Diese Beschlußfassung erfolgt im Wege des Ballotements. Zu dem Zwecke werden vom Vorsitzenden jedem in der General-Versammlung anwesenden ordentlichen Mitgliede zwei Kugeln eingehändigt, eine weiße und eine schwarze.

Die Abgabe der entscheidenden Kugeln erfolgt in eine verdeckte Urne, welche der Vorsitzende in Verwahrung hat.

Soll der Kandidat als aufgenommen gelten, so müssen mindestens $^2/_3$ der in die Urne gelegten Kugeln weiße sein.

§. 7. Jedem — durch Vorstands- oder General-Versammlungsbeschluß — aufgenommenen Mitgliede ist vom Vorstande eine entsprechende Mittheilung unter Zustellung eines gedruckten Statut-Exemplars zu machen. Für das zur Zeit der Aufnahme laufende Quartal ist der volle Beitrag zu zahlen.

Im Falle der Aufnahme-Ablehnung darf eine anderweite Anmeldung zur Aufnahme erst nach Ablaufe eines vollen Jahres erfolgen.

§. 8. Wer aus der Gesellschaft auszutreten wünscht, hat dies dem Vorstande schriftlich anzuzeigen. Diese Anzeige muß, wenn der Austretende von der Zahlung des nächsten Quartalsbeitrages befreit sein will, mindestens vier Wochen vor dem Quartalsschlusse bewirkt werden.

§. 9. Die Ausschließung eines Mitgliedes erfolgt durch schriftliche Mittheilung eines desfallsigen Beschlusses:

A. des Vorstandes, wenn das betreffende Mitglied in Konkurs verfällt oder zu Zuchthaus resp. zu einer mit Verlust der bürgerlichen Ehrenrechte verbundenen Gefängnißstrafe verurtheilt wird, oder endlich länger als drei Monate nach erfolgter Mahnung mit Zahlung des Eintrittsgeldes resp. des Beitrages im Rückstande bleibt;

B. der General-Versammlung, wenn Thatsachen festgestellt sind, welche, ohne daß einer der unter Litt. A. gedachten Fälle vorliegt, ein Mitglied als unehrenhaft, oder verächtlich erscheinen lassen. Bevor die desfallsige General-Versammlung berufen wird, hat der Vorstand von dem Angeschuldigten eine schriftliche Aeußerung in der Sache zu erfordern. Der Vorstand kann dem Angeschuldigten gestatten, in der General-Versammlung zu erscheinen und seine Vertheidigung mündlich zu führen. Die Beschlußfassung erfolgt in Abwesenheit desselben. Ein Ausstoßungsbeschluß erfordert eine Stimmenmehrheit von $^2/_3$ der Anwesenden.

§. 10. Die außerordentlichen Mitglieder zahlen kein Eintrittsgeld, aber einen in vierteljährlichen Pränumerandoraten fälligen Jahresbeitrag von .... Mark.

Die außerordentliche Mitgliedschaft können erwerben:

a. alleinstehende Damen, welche in N. oder im zweimeiligen Umkreise der Stadt ihren Wohnsitz haben,

b. junge Männer, welche noch nicht selbstständig sind, oder welche sich im Civil- resp. Militair-Dienst nur vorübergehend in N. aufhalten.

Die außerordentlichen Mitglieder sind weder in den Vorstand wählbar, noch haben sie entscheidendes Stimmrecht in der General-Versammlung. Indessen ist den unter Litt. b. gedachten außerordentlichen Mitgliedern gestattet, in der General-Versammlung zu erscheinen und ein berathendes Votum zu äußern.

Die unter Litt. b. erwähnten Mitglieder, welche mit Rücksicht auf die in ihren persönlichen Verhältnissen zwischenzeitlich eingetretenen Aenderungen sich zur ordentlichen Mitgliedschaft (§. 4. Abs. 2.) qualifiziren, sind verpflichtet solche zu erwerben. Dieser Erwerb vollzieht sich eo ipso mit dem Anfang des nächstfolgenden Kalenderquartals. Der Betheiligte ist also von diesem Zeitpunkt ab zur Zahlung der höheren Beiträge und des Eintrittsgeldes eines ordentlichen Mitgliedes (§. 4. Abs. 1.) verpflichtet.

Die §§. 5—9. finden auch auf die außerordentlichen Mitglieder Anwendung.

§. 11. Die Ehrenmitglieder zahlen weder Eintrittsgeld noch Beiträge.

Ihre Ernennung erfolgt auf Vorschlag des Vorstandes durch die General-Versammlung.

Sie haben — abgesehen von der im §. 3. Abs. 3. getroffenen Bestimmung — mit den ordentlichen Mitgliedern gleiche Rechte.

§. 12. Die Gesellschaft wird geleitet und in allen Angelegenheiten,[13]) einschließlich derjenigen Geschäfte, für welche die Gesetze eine

---

[13]) Siehe Anm. 3.

Spezialvollmacht erfordern, vor Behörden und Privatpersonen gegenüber — geeigneten Falles cum facultate substituendi — vertreten durch einen aus .... bis .... Personen bestehenden Vorstand, der durch die General-Versammlung gewählt wird.

§. 13. Der Vorstand wählt aus seiner Mitte:

a. einen Vorsitzenden und dessen Stellvertreter,
b. einen Schriftführer und dessen Stellvertreter,
c. einen Kassenführer,
d. einen Bibliothekar,
e. einen Kellermeister,

und regelt die Geschäftsvertheilung, soweit sich solche hiernach nicht von selbst ergiebt, durch eine von ihm festzustellende Instruktion.

Urkunden, welche die Gesellschaft vermögensrechtlich verpflichten sollen, sind unter deren Firma vom Vorsitzenden und vom Schriftführer (resp. den betreffenden Stellvertretern) zu vollziehen.

Zur Legitimation dieser Vorstandsmitglieder nach Außen dient ein Attest des Bürgermeisters, welchem zu dem Behufe die jedesmaligen Wahlverhandlungen mitzutheilen sind.[14])

§. 14. Der Vorsitzende (oder dessen Stellvertreter) leitet die Verhandlungen des Vorstandes sowie der General-Versammlungen.

Er beruft den Vorstand, so oft dies die Lage der Geschäfte erfordert, insbesondere alsdann, wenn 2 Mitglieder des Vorstandes darauf antragen.

Die bezüglichen Einladungen erfolgen schriftlich, unter Mittheilung der Tagesordnung.

§. 15. Zur Beschlußfähigkeit des Vorstandes ist, den Vorsitzenden oder dessen Stellvertreter und den Schriftführer oder dessen Stellvertreter miteinbegriffen, die Anwesenheit von fünf Mitgliedern erforderlich.

Die Beschlüsse werden nach der Stimmenmehrheit gefaßt. Nur bei Stimmengleichheit entscheidet das Votum des Vorsitzenden.

Ueber die bezüglichen Verhandlungen ist vom Schriftführer ein Protokoll aufzunehmen, welches von diesem und dem Vorsitzenden zu vollziehen und — gleich den übrigen Archivalien des Vereins — vom Schriftführer aufzubewahren ist.

§. 16. Der Kassenführer verwahrt die Gesellschafts-Kasse.

Die zu derselben gehörenden Inhaberpapiere sind sofort beim Erwerbe durch den Bürgermeister außer Kours zu setzen.

Seitens des Kassenführers ist in jeder Vorstandssitzung eine Uebersicht des Vermögensstandes vorzulegen, welche zu den Akten genommen wird.

§. 17. Zum ausschließlichen Geschäftskreise der General-Versammlung, in welcher das Recht, zu erscheinen und mitzustimmen, sich nach den in §. 4. Abs. 3, §. 10. Abs. 3 und §. 11. gegebenen Vor-

[14]) Siehe Anm. 4.

schriften richtet und nicht durch Stellvertreter ausgeübt werden darf, gehören folgende Angelegenheiten:

a. die Wahl des Vorstandes und der Ehrenmitglieder,
b. die Aufnahme neuer Mitglieder im Falle des §. 5. am Ende,
c. die Ausschließung eines Mitgliedes im Falle des §. 9. Litt. B.,
d. die Feststellung besonderer Reglements, durch welche geordnet wird: die Benutzung der Bibliothek und des Billards, die Anschaffung von Weinen für den gemeinschaftlichen Keller, die Einführung von Familiengliedern und Fremden, die Veranstaltung von Bällen und ähnlichen Festlichkeiten, und in welchen für den Fall bestimmter Reglements-Uebertretungen bestimmte Konventionalstrafen im Maximalbetrage von zehn Mark ausgesprochen werden können,
e. die Feststellung des nächstjährigen Etats,
f. die Dechargirung der vom Kassenführer aufzustellenden Rechnung für das abgelaufene Kalender- (und Geschäfts-) Jahr,
g. die Entgegennahme des vom Vorstande alljährlich zu erstattenden und der nächsten staatlichen Aufsichtsbehörde in zwei Exemplaren einzureichenden Geschäftsberichts,
h. jede Abänderung des Statuts,
i. die etwaige Auflösung der Gesellschaft, welche indessen nur von $^3/_4$ der erschienenen Mitglieder beschlossen werden kann.

§. 18. Der Vorstand stellt die Tagesordnung für die General-Versammlung fest und erläßt durch seinen Vorsitzenden die Einladung zu derselben.

Die Berufung einer General-Versammlung erfolgt, so oft dies der Vorstand nach Lage der Geschäfte für erforderlich erachtet; außerdem, und zwar binnen längstens 6 Wochen, wenn 10 ordentliche Mitglieder schriftlich beim Vorstande einen motivirten desfallsigen Antrag stellen.

In jeder Einladung ist die Tagesordnung anzugeben.

Die Bekanntmachung der Einladung erfolgt:

a. in den Fällen des §. 5. Abs. 3, §. 9. Litt. B und §. 11. Abs. 2 durch Aushang an der im §. 5. Abs. 2 erwähnten Anmeldungstafel während einer achttägigen Frist, welche der Vorstand unter besonders dringlichen Verhältnissen angemessen verringern kann,
b. in allen übrigen Fällen durch den unter Litt. a. beschriebenen Aushang und gleichzeitig durch einmalige, mindestens 8 Tage vor dem Termine zu bewirkende, Insertion in das Kreisblatt oder, falls dieses eingehen sollte, in ein anderes vom Vorstand auszuwählendes Blatt, welches ein für allemal in dem eingehenden Blatte oder durch Aushang wie ad a. namhaft zu machen ist.

§. 19. Zur Beschlußfähigkeit der General-Versammlung ist die Anwesenheit von einundzwanzig Gesellschaftsmitgliedern erforderlich.

Hat eine General-Versammlung wegen Beschlußunfähigkeit vertagt werden müssen, so ist die demgemäß einzuberufende neue General-

Versammlung schon bei der Anwesenheit von 12 Mitgliedern beschlußfähig; es muß jedoch auf diese Folge bei der Einberufung ausdrücklich hingewiesen werden.

Abgesehen von den im §. 6., §. 9. B. und §. 17. Litt. i. erwähnten Fällen, für welche eine größere Majorität vorgeschrieben ist, entscheidet einfach absolute Stimmenmehrheit und bei Stimmengleichheit giebt das Votum des Vorsitzenden den Ausschlag.

Ueber die Form der Abstimmung (mündlich, verdeckt oder durch Akklamation ꝛc.) entscheidet — mit Ausnahme der Vorstandswahlen, welche vermittelst Stimmzettel vorgenommen werden müssen, und abgesehen ferner von dem im §. 6. vorgeschriebenen Ballotement — das Ermessen der Versammlung.

Ueber die Verhandlung hat der Schriftführer ein Protokoll aufzunehmen, welches von ihm nebst dem Vorsitzenden und mindestens drei anderen Mitgliedern zu vollziehen ist.

§. 20. Gegenwärtig und bis zum Schlusse des laufenden Jahres fungiren als Mitglieder des Vorstandes folgende Personen (ins. nom.).

An deren Stelle ist in der gegen den Schluß des laufenden Jahres (cfr. §. 17. Litt. e.) anzuberaumenden General-Versammlung ein neuer Vorstand zu wählen, und zwar auf die Dauer von drei Kalender- (und Geschäfts-) Jahren, nach deren Ablauf in gleicher Weise eine Neuwahl erfolgt. Abtretende Mitglieder sind wieder wählbar.

§. 21. Die Wahl jedes einzelnen Vorstandsmitgliedes ist in einem besonderen Wahlgange zu bewirken. Ergiebt sich bei einer Wahl nicht sofort die nach §. 19 Abs. 3 erforderliche Majorität, so sind bei einem zweiten Wahlgange nur diejenigen beiden Mitglieder zur engeren Wahl zu bringen, für welche vorher die der absoluten Majorität am nächsten kommende Stimmzahl abgegeben worden war. Sollten dieser Mitglieder mehr als zwei gewesen sein, so müssen sie sämmtlich zur engeren Wahl gestellt und es muß mit letzterer so lange fortgefahren werden, bis sich die erforderliche Majorität ergiebt.

§. 22. Scheidet ein Mitglied innerhalb seiner dreijährigen Funktionsperiode aus dem Vorstande, so ist für die Zeit, während welcher dieses ausgeschiedene Mitglied noch zu fungiren gehabt hätte, eine Ergänzungswahl nach Maßgabe der §§. 20. und 21. zu veranlassen.

Tritt die Nothwendigkeit einer solchen Ergänzungswahl zu einem Zeitpunkt ein, in welchem die Lage der anderweiten Geschäfte nach dem Ermessen des Vorstandes die Einberufung einer besonderen General-Versammlung nicht dringend nothwendig macht, so ist der Vorstand befugt, die Vornahme einer förmlichen Wahl bis dahin, daß aus sonstigen Gründen die Einberufung einer General-Versammlung erfolgt, zu verschieben und sich einstweilen im Wege der einfachen Kooptation zu ergänzen.

§. 23. Abänderungen des Statuts, welche den Sitz, den Zweck und die äußere Vertretung der Gesellschaft betreffen, sowie Beschlüsse, welche die Auflösung der Gesellschaft zum Gegenstande haben, bedürfen landesherrlicher Genehmigung.

Sonstige Statut-Abänderungen sind von der Zustimmung des Ober-Präsidenten der Provinz . . . . abhängig.

N . . . ., den

(Unterschriften des zeitigen Vorstandes.)

18. Austritt aus der Kirche [1].

A. L. R. II. 11. §§ 40. 41. Ges. v. 14. Mai 1873 (G. S. S. 207). Allg. Verf. d. Just. Min. v. 13. Juni 1873 (J. M. Bl. S. 183).

Zuständig für den Akt ist das Amtsgericht des Wohnortes des Austretenden. Der Austrittserklärung muß ein Antrag auf Aufnahme derselben voraufgehen. Dieser Antrag kann schriftlich oder zu Protokoll (auch des Gerichtsschreibers) erfolgen. Die Austrittserklärung selbst muß vor dem Richter erklärt werden und zwar frühestens vier Wochen und spätestens sechs Wochen nach Eingang des Antrages. Der Erklärende braucht nicht großjährig, sondern nur über 14 Jahre alt zu sein [2]. Stellvertretung beim Akt ist unzulässig [3]. Bei wirklicher Behinderung des Austretenden muß sich hiernach der Richter in dessen Behausung begeben. Ueber das sonstige Verfahren vgl. die oben citirte Min. Verf.

Muster.

a.

Antrag auf Aufnahme der Austrittserklärung.

Berlin, 4. Juni 1886.

Ich beabsichtige, aus der evangelischen Kirche, der ich angehöre, auszutreten [und zur römisch-katholischen Kirche überzutreten]. Demgemäß beantrage ich die gerichtliche Aufnahme dieser meiner Erklärung. Meinen Wohnsitz habe ich in Berlin und gehöre zur St. Petri-Gemeinde.

An
das Königliche Amtsgericht I.
hier.

Dr. Otto Theobald Freytag
Arzt.
Gertraudtenstr. 5.

---

1) Die gleiche Form gilt für den Austritt aus allen mit Korporationsrechten versehenen Religionsgesellschaften (Ges. v. 14. Mai 1873. § 8). Wegen Unzulässigkeit des Ausscheidens bloß aus einer einzelnen bestimmten Gliederung der evangelischen Kirche vgl. die Verfügungen d. App. Gerichts zu Kiel v. 31. Oktbr. 1874 u. 22. Mai 1875 (Johow V. S. 27). Ueber den Austritt aus einer jüdischen Synagogengemeinde ohne gleichzeitigen Austritt aus der jüdischen Religionsgemeinschaft vgl. Ges. v. 28. Juli 1876 (G. S. S. 353.)

2) A. L. R. II. 2. § 84.

3) § 1 des Ges. „in Person“.

b.

Protokoll über den Austritt.

Eingang.

Berlin, 6. Juli 1886.

An der Gerichtsstelle erscheint der Arzt Herr Dr. Otto Theobald Freytag von hier, Gertraudtenstraße Nr. 5 wohnhaft, dem Richter persönlich bekannt und geschäftsfähig und erklärt:

Unter Bezugnahme auf meinen Antrag vom 4. vorigen Monats erkläre ich hierdurch meinen Austritt aus der evangelischen Kirche [und meinen Uebertritt aus der evangelischen zur römisch-katholischen Kirche]. Ich beantrage, mir eine Bescheinung über den Austrit [Uebertritt] zu ertheilen.[4])

Schluß.

B. Immobiliar- und Grundbuchrecht.

I.

Veräußerung der Grundstücke.

Nach A. L. R. wurde das Eigenthum der Grundstücke durch den obligatorischen Veräußerungsvertrag (titulus) in Verbindung mit der Uebergabe (modus) erworben. Die gerichtliche oder notarielle Errichtung des Vertrages war nicht zur Gültigkeit des Geschäfts sondern nur zum Behufe der Eintragung in das Grundbuch (Hypothekenbuch) erforderlich. Auf diese Errichtung zu klagen, gab der schriftliche Veräußerungsvertrag ein Recht[1]). Seit dem E. E. G. vom 5. Mai 1872 (§ 1) wird bei freiwilliger Veräußerung das Eigentum nur durch Auflassung und Eintragung erworben. An der Form des obligatorischen Vertrages ist indessen hierdurch grundsätzlich nichts geändert. Die schriftliche Form ist für diesen nach wie vor erforderlich[2]) und ausreichend. Bei deren Beobachtung erzeugt der Vertrag die Klage auf Auflassung, andernfalls nicht. Nur wenn die Auflassung bereits erfolgt ist, wird durch ihre Vornahme der Formmangel im obligatorischen Veräußerungsvertrage geheilt. (E. E. G. § 10.)

Im Folgenden werden einige Muster für die obligatorischen Veräußerungsverträge und demnächst für Auflassungen gegeben und zwar unter Einschaltung hierher gehöriger Nebengeschäfte.

---

[4]) Ein Formular für die Bescheinigung siehe im J. M. Bl. 1873. S. 184.

[1]) A. L. R. I. 10. §§ 15—17. Die Verlautbarung vor dem Richter der Sache (A. G. O. II. 1. § 3) ist bereits durch das Ges. v. 23. April 1821 (G. S. S. 43) beseitigt worden.

[2]) Und zwar auch bei Grundstücken von weniger als 150 M. Werth. Pl. Beschl. d. O. Tr. vom 22. März 1847 (Entsch. Bd. 14. S. 51); Erk. v. 20 Oktbr. 1853. (Entsch. Bd. 27. S. 36.)

Wegen Veräußerung und Erwerbung von Grundstücken für den Fiskus vgl. Beschl. d. K. G. v. 17. März, 28. April 1884 u. 9. März 1885 (Johow-Küntzel IV, 147; V, 121. 123.), K. O. v. 21. Februar 1845 (J. M. Bl. S. 70) und 30. März 1886 (J. M. Bl. S. 97); Bek. d. Min. d. öfftl. Arbeiten v. 5. u. 11. Mai 1886 (J. M. Bl, S. 139).

19. Gutsverkauf.

A. L. R. I. 11. §§ 1—362, I. 10. § 17 A. G. O. II. 3. § 11. E. E. G. §§ 1—11.

Koch II. §§ 674 ff. Dernburg II §§ 133 ff. S. 335 ff. Foerster-Eccius II. §§ 124 ff. S. 42 ff. Fischer § 68 S. 385.

Eingang.

Neisse, 2. September 1886.

.... erscheinen ....:

1) der Rittergutsbesitzer Friedrich Traugott Kowallek auf Hausdorf,

2) der Lieutenant a. D. Ewald Fechter aus Neustadt,

und schlossen folgenden Kaufvertrag

§. 1.

Der Rittergutsbesitzer Kowallek verkauft sein im hiesigen Kreise belegenes Rittergut Hausdorf (Blatt No. 1 des Grundbuchs des Gutsbezirks Hausdorf) an den Lieutenant Fechter nach dem Anschlage nebst Verzeichnisse, welcher als Beilage zu diesem Vertrage übergeben und von den Kontrahenten als ihnen dem Inhalte nach wohl bekannt anerkannt wird, für dreimalhunderttausend (300000) Mark, wovon vierzigtausend (40000) Mark auf das bewegliche Inventar gerechnet werden.[1]) Die Auflassung und Uebergabe soll am 1. Oktober dieses Jahres erfolgen.

§. 2.

Das Kaufgeld wird wie folgt berichtigt:

1) hat der Käufer, wie der Verkäufer hierbei ausdrücklich anerkennt, ... schreibe Hundertfünfzigtausend Mark an denselben baar bezahlt;	150000 Mark
2) übernimmt der Käufer als Selbstschuldner	
a) die eingetragenen Pfandbriefe von . . . nach dem Nennwerthe, nebst Zinsen vom Tage der Auflassung	90000 „
Uebertrag:	240000 Mark

[1]) Bei solchen getrennten Angaben wird der Stempel Betreffs des Inventars nur nach dem Satze für Mobilien von $1/3\%$ berechnet. F. M. R. v. 26. Sept. 1830 (Hoyer-Gaupp S. 138 Anm. 51a s. auch Anm. 51 c. u. d. daselbst.)

	Uebertragen:	240000 Mark
b) die in Abth. III, Nr. 2 für den Bankier Benjamin eingetragenen	15000	=
nebst Zinsen von demselben Tage mit der Verpflichtung, binnen drei Monaten von der Auflassung ab entweder den Verkäufer von der persönlichen Verbindlichkeit zu befreien, oder dem Gläubiger die Post zu kündigen und zu bezahlen[2]);		
3) verspricht der Käufer am zweiten Januar des künftigen Jahres	30000	=
zu bezahlen, die bis dahin unverzinslich sind[3]).		
4) bleiben die übrigen	15000	=
schreibe Fünfzehntausend Mark als rückständige Kaufgelder stehen, und der Käufer verspricht, dieselben nach sechsmonatlicher Kündigung und zwar kostenfrei an dem auch veränderten Wohnorte des Verkäufers oder dessen Cessionars zu bezahlen, und bis dahin mit Sechs Prozent vom 1. Oktober 1886 ab in halbjährigen Terminen zum 1. April und 1. Oktober jeden Jahres zu verzinsen.		
Der Käufer verpflichtet sich wegen der zu 3) und 4) bemerkten Beträge von 30000 Mark und 15000 Mark bei der Auflassung dem Verkäufer mit dem erkauften Gute Hypothek zu bestellen[4]).		
Dadurch sind die		300000 Mark
Kaufgeld erfüllt.		

§. 3.

Der Verkäufer vertritt alle in dem Anschlage nicht abgezogenen gemeinen Lasten vollständig, obgleich das Kaufgeld unter dem angeschlagenen Werthe ist; dagegen soll der Verkäufer nicht schuldig sein, für die im Anschlage angegebenen Flächen und Quantitäten einzustehen. Werden bis zur Uebergabe neue Lasten aufgelegt, so soll weder der Verkäufer dafür etwas nachlassen müssen noch soll der Käufer von dem Vertrage zurückzutreten befugt sein. Im Uebrigen behält es, bezüglich auf die Gewährleistung, bei dem, was die Gesetze mit sich bringen, sein Bewenden.

---

[2]) Vgl. E. E. G. § 41.

[3]) Früher wurde häufig zur Sicherung der in Kürze zu zahlenden Kaufgelderantheile das Eigenthum des verkauften Gutes auf den Fall ausbleibender Zahlung vorbedungen (A. L. R. I. 11. §§ 266 ff.). Gegenwärtig ist nur die Sicherung durch Hypothek statthaft. (E. E. G. § 26)). Vgl. § 4 des Vertrages.

[4]) Vgl. Anm. 10.

§. 4.

Dem Einwande der enormen Verletzung entsagt zwar der Käufer nicht; wenn er aber aus diesem Grunde das Geschäft mit Erfolg anfechten sollte, so sollen bei der künftigen Auseinandersetzung die Zinsen des Kaufgeldes gegen die Nutzungen aufgehoben und dem zurücktretenden Käufer soll kein Ueberschuß wegen geringeren Ertrages herausgegeben werden.

§. 5.

Dem Verkäufer und dessen Erben bleibt der Wiederkauf[5]) vorbehalten, welcher zu allen Zeiten soll ausgeübt werden dürfen. Der Wiederkaufspreis soll nach dem Werthe, wie er alsdann sein wird, durch zwei vereidigte Sachverständige, deren Angaben in Ermangelung einer Vereinigung nach dem Durchschnitte zu nehmen sind, bestimmt werden, und der Wiederverkäufer soll nur die Hälfte baar gezahlt verlangen können, wogegen die andere Hälfte gegen landübliche Zinsen wenigstens Zehn Jahre auf dem Gute stehen bleiben muß. Die Kosten des Wiederkaufs tragen beide Theile zur Hälfte. Das Wiederkaufsrecht soll in das Grundbuch eingetragen werden.

§. 6.

Gleichermaßen wird dem Verkäufer für sich und seine Erben das Vorkaufsrecht[6]) für alle zur Ausübung desselben gesetzlich geeignet befundene Fälle eingeräumt, mit der Bestimmung, daß die Ausübung des Vorkaufsrechts in keinem Falle dadurch soll vereitelt werden können, daß die Kontrahenten von dem verabredeten Vertrage wieder abgehen, vielmehr soll der künftige Verkäufer verbunden sein, einen einmal geschlossenen, aber durch wechselseitige Einwilligung wieder rückgängig gemachten Vertrag mit dem Vorkaufsberechtigten abzuschließen. Auch dieses Vorkaufsrecht soll in das Grundbuch eingetragen werden.

§. 7.

Der gegenwärtige Kaufvertrag soll für den Verkäufer erst alsdann verbindlich sein, wenn bis zum Tage vor dem Auflassungstermine, diesen letzten ganzen Tag mitgerechnet, ihm kein Anderer vortheilhaftere Bedingungen bietet[7]). Beide Theile sind einverstanden, daß diese Abrede als eine aufschiebende Bedingung anzusehen ist[8]).

§. 8.

Der Käufer hingegen soll das Recht haben, bis zu eben demselben Tage Mittags zwölf Uhr von diesem Kaufe willkürlich wieder

---

[5]) Wiederkaufsrecht: Koch Pr. R. § 612 u. R. d F. § 246. Bd. III. S. 213 ff. Dernburg I. § 381 S. 935; Foerster-Eccius II. § 126. S. 78; Fischer § 68. S. 396; vgl. auch Muster 30.

[6]) Vorkaufsrecht: Koch Pr. R. § 334 u. R. d. F. § 242. Bd. III. S. 202 ff. Dernburg I. § 380 f. S. 929; Foerster-Eccius II. § 126 S. 81.

[7]) In diem addictio Koch § 724 u. R. d. F. § 379. Dernburg II. § 152 S. 399; Foerster-Eccius II. § 126. S. 75; Fischer § 68. S. 397.

[8]) A. L. R. I. 11. §§ 272–274.

abzugehen,[9]) und in diesem Falle soll der Verkäufer schuldig sein, ihm die bereits gezahlten 150000 Mark Kaufgeld, nebst Fünf Prozent Zinsen vom 1. d. M. ab, binnen Vier Wochen zurückzuzahlen. Für Kapital und Zinsen bestellt ihm der Verkäufer Sicherheit mit dem Rittergute Hausdorf, indem er bewilligt und beantragt, daß auf diesem Gute für den Käufer Herrn Ewald Fechter eine Vormerkung zur Erhaltung des Rechts einer Hypothek wegen der vorerwähnten Beträge sofort eingetragen wird.[10])

§. 9.

Die Kosten des Kaufvertrages, der Auflassung und der Üebergabe trägt der Käufer. Der Verkäufer hat ihm indessen die erwachsenen Kosten zu erstatten, wenn es in Folge des im §. 7 ihm vorbehaltenen Rechtes zur Auflassung nicht kommt.

Die Erschienenen beantragen:

Diese Verhandlung zur Zeit nur einmal auszufertigen[11]) und diese Ausfertigung zu den Grundakten des Rittergutes Hausdorf zum Zwecke sofortiger Eintragung der im §. 8 stipulirten Vormerkung zu geben.[12]) Die Ausfertigung mag einstweilen bei den Grundakten verbleiben.[13])

Schluß.

20. Parzellen-Verkauf.

A. L. R. I. 11. §§ 1—362, I. 10. § 17. A. G. O. II. 3. § 11. E. E. G. §§ 1—11. G. B. O. §§ 58—71. Parzellirungs-Gesetz v. 5. Mai 1872 G. S. S. 508.

Dernburg I. § 244 S. 619. Foerster-Eccius III. § 171 S. 189. Fischer § 36 S. 213.

Die Gesetzgebung über dieses Rechtsgeschäft hat in den letzten Jahrzehnten vielfach gewechselt. Bis zur Erscheinung des Gesetzes,

---

[9]) pactum displicentiae (Reuvertrag) Koch: § 706 u. R. d. F. § 381. Foerster-Eccius II. § 126. S. 77; Fischer § 68. S. 397.

[10]) Die Eintragung erfolgt sofort auf die im §. 8 erklärte Bewilligung des Verkäufers. Die Eintragungen nach §§. 2. 5. 6. des Vertrages dagegen können erst erfolgen, wenn der Käufer bei der Auflassung oder später sie noch besonders bewilligt. (E. E. G. §§ 13. 19).

[11]) Kommt es zur Auflassung, so bedarf es noch einer ferneren Ausfertigung als Schuldurkunde über die nach §. 2. No. 3 u. 4 einzutragenden Hypotheken und wenn darüber Hypothekenbriefe gebildet werden sollen, zweier gesonderter Ausfertigungen betreffs jeder der beiden Theilposten. (E. E. G. § 19. No. 1; G. B. O. § 122).

[12]) Ist der Kaufvertrag von einem Notar aufgenommen, so überreicht derselbe die Ausfertigung dem Gerichte mit dem Antrage auf Eintragung, zu dem er — auch im Falle bloßer Beglaubigung — keiner Vollmacht bedarf (G. B. O. § 36). Inwiefern es dabei eines besonderen Anschreibens des Notars bedarf, vgl. Beschl. d. K. G. v. 19. April 1880 (Johow-Küntzel I. S. 108.)

[13]) Dient zur Vermeidung der Kosten einer beglaubigten Abschrift, die sonst bei den Grundakten zurückbehalten wird.

betreffend die Zerstückelung von Grundstücken und Gründung neuer Ansiedelungen, vom 3. Januar 1845 (G. S. S. 25), waren die Verträge über Theile von Grundstücken lediglich den allgemeinen Regeln über die Vertragsform unterworfen. Dieses Gesetz verordnete, daß, wenn Grundstücke (ausgenommen städtische) durch Kauf- oder andere Veräußerungsverträge zertheilt, von einem Grundstücke einzelne Theile abgezweigt, oder Grundstücke, welche Zubehör eines anderen Grundstückes sind, von diesem getrennt werden sollen, der Vertrag vor demjenigen Gerichte, welches das Hypothekenbuch des Grundstückes zu führen hat, geschlossen werden mußte, bei Strafe der Nichtigkeit. Nur Erbtheilungen und einige andere Fälle waren von der gerichtlichen Form befreit. Ferner waren noch besondere Erschwerungen wegen der Besitztitelberichtigung beigefügt, welche namentlich von einem aufzustellenden Regulativ über die Lastenvertheilung abhängig gemacht war. — Die Verordnung v. 2. Januar 1849 (G. S. S. 1) und das Gesetz vom 24. Februar 1850 (G. S. S. 68) beseitigten diese beschränkenden Vorschriften, welche demnächst durch das Gesetz vom 24. Mai 1853 (G. S. S. 241) wiederhergestellt wurden. Letzteres Gesetz ist mit Einführung der neueren Grundbuchgesetze durch ein Spezialgesetz vom 5. Mai 1872 (G. S. S. 508) aufgehoben worden. Gegenwärtig unterliegen sonach die Parzellirungsverträge lediglich den allgemeinen Vorschriften über Veräußerung der Grundstücke, womit der landrechtliche Zustand wiederhergestellt ist.

Wegen der Parzellirung von Rentengütern in Posen und Westpreußen vgl. Ges. vom 26. April 1886 (G. S. S. 131) §. 5.

Muster.

Neisse, den 2. Dezember 1886.

Eingang.

. . . . . erschienen . . . .:

1) als Verkäufer der Bauergutsbesitzer Gotthilf Pelz aus Gutliegen,
2) als Käufer der Häusler Friedrich Rasch, ebendaher.

Die Erschienenen legen einen beglaubigten Auszug aus dem Steuerbuch nebst der zugehörigen vom hiesigen Katasteramt beglaubigten Karte vom heutigen Tage vor und verlautbaren nachstehenden Kaufvertrag:

§. 1.

Es verkauft der Bauer Gotthilf Pelz von den zu seinem Bauergute Nr. 1 zu Gutliegen gehörigen Ländereien:

1) ein Stück Acker von drei Hektaren im Mittelfelde, die Schweinskampe genannt und in den vorgelegten Katasterurkunden mit Kartenblatt 2 Flächen-Abschnitt 311/80 bezeichnet;
2) eine für sich belegene Wiese, die Weitewiese genannt, von 1 Hektar 23 Ar 40 □Meter, in den Katasterurkunden mit Kartenblatt 1 Flächen-Abschnitt 43/80 bezeichnet

an den Häusler Friedrich Rasch für ein Kaufgeld von Fünftausend Mark, in Pausch und Bogen, wie die beiden Grundstücke liegen.

§. 2.

Das Kaufgeld ist in Höhe von Zweitausend Mark bereits bezahlt. Der Rest von Dreitausend Mark wird kreditirt. Er soll mit fünf Prozent von heute ab in halbjährigen Raten verzinslich und nach dreimonatiger Kündigung zahlbar sein. Jedoch ist der Käufer berechtigt, das Kapital — nicht aber die Zinsen — und zwar ohne eine Verpflichtung zur Hinterlegung,[1]) so lange zurückzuhalten, bis der Verkäufer seiner im §. 3 übernommenen Verbindlichkeit genügt hat.

Der Käufer muß für die 3000 Mark nach Maßgabe des Vorstehenden bei der Auflassung Hypothek mit den erworbenen Trennstücken bestellen.

§. 3.

Der Verkäufer verpflichtet sich, die verkauften Trennstücke von sämmtlichen Lasten und Hypotheken, welche der Verkäufer nicht nach Maßgabe dieses Vertrages übernimmt, binnen sechs Monaten zu befreien oder binnen gleicher Frist dem Käufer diejenigen Urkunden auszuhändigen, auf Grund deren dieser die Löschung auf den Trennstücken beantragen kann. Die Kosten der Löschung trägt auch in letzterem Falle der Verkäufer.

§. 4.

Der Käufer übernimmt von allen auf dem Bauergute des Verkäufers eingetragenen Königlichen, Dominial-, Kommunal-, Kirchen-, Schul- und anderen öffentlichen Lasten, Abgaben und Präſtationen diejenigen Beträge, welche von den betreffenden Behörden auf die erkauften Trennstücke werden repartirt werden, unbeschadet des Kaufgeldes.

§. 5.

Ohne Anrechnung auf das Kaufgeld übernimmt der Käufer:

1) von dem Abth. II, Nr. 1 für die Martin und Elisabeth Alt'schen Eheleute eingetragenen Auszuge den dritten Theil, jedoch mit Ausnahme der Wohnung und der sonstigen untheilbaren Leistungen, nämlich:
   a) der Lieferung eines Ferkels,
   b) u. s. w.,
   welche dem Restbauergute allein zur Last bleiben;
2) die in Abth. III, Nr. 2 eingetragenen Ausstattungen der beiden Geschwister Johann und Elisabeth Alt, und zwar diese ungetheilt und allein.

---

[1]) § 222 I. 11. A. L. R. Das Ob. Trib. hat angenommen, daß die Retention sonst nur unter gleichzeitiger Hinterlegung erfolgen dürfe. Pl. Beschl. v. 3. Juli 1854 (Entsch. Bd. 28 S. 1; Striethorst Bd. 14 S. 112; J. M. Bl. 1854 S. 342).

Behufs Berechnung des Werthstempels veranschlagen die Betheiligten diese übernommenen Privatlasten auf Eintausend Mark Kapitalswerth.

§. 6.

Die Kontrahenten bekennen, daß die beiden verkauften resp. gekauften Grundstücke dem Käufer übergeben worden sind. Der Letztere quittirt hiermit über die richtig erfolgte Uebergabe.

§. 7.

Der Käufer übernimmt die Kosten dieses Vertrages sowie aller in Verfolg desselben vorzunehmenden Eintragungen in das Grundbuch mit Ausnahme der im §. 3 erwähnten Entpfändungen und Löschungen, deren Kosten den Verkäufer treffen.

Die Kontrahenten beantragen:

dieses Protokoll für jeden Betheiligten auszufertigen, und zwar für den Verkäufer als Schuldurkunde über das ihm nach §. 2 verschriebene Restkaufgeld von 3000 Mark.

Schluß.

21. Gutsvertauschung.

A. L. R. I. 11. §§ 363—375. A. G. O. II. 3. § 11. E. E. G. §§ 1—11.

Koch II. § 684. Dernburg II. § 157. S. 409; Foerster-Eccius II. § 123. S. 38. Fischer § 68. S. 405.

Neisse, den 7. September 1882.

§. 1.

Der Gutsbesitzer Ferdinand v. J. zu G. und der Gutsbesitzer Adolph v. S. zu F. vertauschen wechselseitig an einander ihre Rittergüter, und zwar Ferdinand v. J. sein im hiesigen Kreise belegenes Rittergut G. an Adolph v. S., und Adolph v. S. sein ebenfalls im hiesigen Kreise belegenes Rittergut F. an Ferdinand von J., und zwar beide Güter in Pausch und Bogen, wie jetzt Alles darauf steht und liegt, dergestallt, daß ein Jeder für sein Gut durch das Gut des Anderen vollständige Vergeltung erhält, und auf den käuflichen oder taxmäßigen Mehr- oder Minderwerth des Einen und des Anderen nichts ankommt.

§. 2.

Die wechselseitige Uebergabe sowie die Auflassung geschieht am 1. Oktober d. J.

§. 3.

Beide Theile entsagen der Anfechtung des Geschäfts wegen enormer Verletzung, wohl wissend, daß, wenn das eine Gut mehr denn noch einmal so viel als das andere werth wäre, dieses die Vermuthung eines Irrthums für den Verletzten begründen würde, aus welchem das Geschäft aufzurufen gestattet wäre.

§. 4.

Auf beiden Gütern stehen zwar Schulden eingetragen, es macht sich aber Jeder dem Anderen verbindlich, soviel wie auf dem eingetauschten Gute weniger als auf dem vertauschten haftet, binnen Jahresfrist löschen zu lassen.

§. 5.

Wird ein Gut theilweise entwährt, so soll zur Bestimmung dessen, was dafür zu leisten ist, der jetzige Taxwerth der Güter als Preis zum Grunde gelegt werden, und beide Theile erkennen an, daß G. auf 500000 Mark und F. auf 400000 Mark im vergangenen Jahre taxirt worden ist, und seitdem sich nichts verändert hat.

Schluß.

22. Freiwillige Subhastation.

A. L. R. I. 11. §§ 340. 343 345. 360—362. u. §§ 22—25. I. 20. §§ 615-617. II. 17. § 56; A. G. O. I. 52. §§ 1. 2. 66—74. V. v. 6. April 1839 (G. S. S. 125); Instr. v. 20. Mai 1839 (J. M. Bl. S. 190); V. O. § 44.

Koch II. § 683. Dernburg II. § 14. S. 30. Foerster-Eccius II. § 130. S. 114. Fischer § 16. S. 83. § 68. S. 405. Jaeckel S. 571. Krech-Fischer S. 752.

Nothwendige Subhastationen sind Prozesse und gehören in eine Anleitung zum prozessualischen Verfahren; freiwillige Subhastationen können nach Preußischem Rechte auch außergerichtlich geschehen. Gerichtliche freiwillige Subhastationen, für welche nach den oben zitirten Vorschriften des A. L. R. einige materiell-rechtliche Aenderungen von den Wirkungen eines gewöhnlichen Kaufvertrages eintreten, gehören vor den Richter der Sache[1]).

Die Abfassung eines Zuschlagsurtheils findet nicht statt. Die Uebertragung des Eigenthums geschieht durch Auflassung Seitens der bisherigen Eigenthümer. Die etwa verlangte gerichtliche Uebergabe unterscheidet sich von einer auf Grund eines gewöhnlichen Kaufvertrages erfolgenden Uebergabe nicht.[2])

Muster.

Königliches Amtsgericht. Neisse, den 5. September 1886.
Gegenwärtig:
Amtsgerichtsrath Foerster.

Das den Erben des verstorbenen Bürgers Y. gehörige, in der hiesigen Stadt am Ringe belegene, im Grundbuche Band IV. Blatt Nr. 26, verzeichnete Haus ist, behufs Theilung, zur frei-

---

[1]) Auch bei der Versteigerung von Mündelgrundstücken (§ 44. V. O.). Der Vormundschaftsrichter als solcher hat nur die Entscheidung, ob gerichtliche Subhastation stattfinden soll.

[2]) Siehe das Muster 26.

willigen Subhastation gestellt worden, und es steht heute der Bietungstermin an. In demselben erschienen die Y.'schen Erben, namentlich:

1) der Kaufmann Georg Y.
2) die Frau Z., Marie geborene Y., im Beistande ihres Ehemannes, des Baumeisters Z.
3) der Gastwirth Y.

sämmtlich von hier, persönlich bekannt und geschäftsfähig. Der heutige Termin sollte, nach dem Antrag der Interessenten, durch Aushang eines Proklama und durch dreimalige Einrückung in das hiesige Stadtblatt von 4 Wochen zu 4 Wochen, bekannt gemacht werden, es fehlen jedoch an dieser Frist 16 Tage. Die genannten Erben erklärten aber, daß darauf nichts ankommen, vielmehr mit der Lizitation vorgeschritten werden solle, und machten folgende Bedingungen:

1) Der Verkauf geschieht in Pausch und Bogen; Gefahr wie auch die Lasten gehen mit der Abschließung des Vertrages, Nutzungen aber mit der Uebergabe auf den Käufer über.
2) Das Kaufgeld bleibt zur Hälfte auf dem Hause hypothekarisch versichert, zu Fünf Prozent vom Tage der Auflassung an verzinslich, stehen und darf nicht vor fünf Jahren von dem einen oder dem anderen Theile gekündigt werden; die andere Hälfte wird bei der Auflassung, welche binnen acht Tagen geschieht, an die Y.'schen Erben gezahlt.
3) Die sämmtlichen Kosten trägt der Käufer.

Von den erschienenen Kaufliebhabern wurden als Bieter ohne Sicherheitsbestellung zugelassen:

a) der Kaufmann Moritz Arnhold,
b) der Möbelhändler August Bitter,
c) der Kattunfabrikant Carl Constadt,

alle von hier und persönlich bekannt, und mit den vorstehenden Bedingungen bekannt gemacht; auch wurde die von dem zu verkaufenden Hause aufgenommene Taxe zur Einsicht vorgelegt.

Darauf boten:

1) der Kattunfabrikant Carl Constadt . . . 15000 Mark
und unterschrieb sein Gebot wie folgt[3]):
Carl Constadt.
2) Der Möbelhändler August Bitter . . . . 15500 =
und bevor solcher noch unterschreiben konnte
3) der Carl Constadt . . . . 15800 =
unterschrieb auch alsbald sein Gebot wie folgt:
Carl Constadt.

---

[3]) Für Gebote über 150 M. wird vielfach angenommen, daß der Bieter erst durch Unterschreiben seines Gebotes gebunden wird. (Dernburg I. § 14. S. 31. Foerster-Eccius II. § 130. S. 147, Krech-Fischer S. 759. Anm. 7). Koch scheint entgegengesetzter Ansicht gewesen zu sein, denn er hat in den früheren Auflagen dieses Buches das Muster ohne jedesmalige Gebotsunterschrift gegeben. Der beurkundende Richter muß indessen für die Gültigkeit des Aktes auch nach der strengeren Meinung sorgen.

Hier erschien noch

4) der bekannte Apotheker Gottlieb Donner von hier und bot unter den ihm eröffneten Bedingungen . . . . 17000 Mark nachdem ihn die Y.'schen Erben als Bieter angenommmen hatten, unterzeichnete auch sein Gebot wie folgt:

Gottlieb Donner.

Weiter erfolgte kein Gebot und die Bieter entfernten sich nach und nach, bis auf Herrn Gottfried Donner. Dieser blieb bei seinem Gebote stehen, und die anwesenden Y.'schen Erben erklärten einstimmig, daß sie dessen Gebot von Siebzehntausend Mark annähmen und ihm für diesen Preis das ausgebotene Haus überließen.

Vorgelesen, genehmigt und vollzogen.[4])

Schluß.

23. Auflassung eines Grundstücks. — Parzellen-Auflassung mit Entpfändung.

E. E. G. §§ 1 ff. G. B. O. §§ 48. 58—71.
Dernburg I. §§ 240. 244. Foerster-Eccius III § 178. Fischer § 36 S. 211 ff.

Die Auflassung muß vor dem Richter der Sache (Grundbuchrichter) erfolgen.[1])

Muster.[2])

Königliches Amtsgericht. Neisse, den 15. Dezember 1886.

Gegenwärtig:

Hoffmann, Amtsrichter.

In der Grundsache des Bauerguts Nr. 1 von Gutliegen erscheinen von Person bekannt und geschäftsfähig:

1) der eingetragene Eigenthümer Bauer Gotthilf Pelz,
2) der Häusler Friedrich Rasch,
3) die eingetragenen Realinteressenten, Auszügler Martin und Elisabeth Alt'schen Eheleute,

---

[4]) Hier unterzeichnet auch der Meistbietende noch einmal mit.

[1]) Die Auflassung ist auch außerhalb der Gerichtsstelle zulässig. Vgl. J. u. K. I. S. 66 ff gegen die Ansicht des App. G. zu Halberstadt ebda. S. 65. Wegen der Vornahme auf dem Gerichtstage s. Cirk. Verf. vom 11. Mai 1882 (Müller S. 6); wegen Auflassung an die künftige Descendenz einer Person Beschl. d. K. G. vom 2. und 16. Oktober 1882 (J. u. K. III. S. 113); wegen Auflassung Seitens des Testamentsvollstreckers Beschl. v. 5. Juli 1886 (ebda. VI. 80), Seitens des Fiduziarerben Beschl. v. 12. April 1886 (ebda. VI. 149), wegen der behördlichen Genehmigung zur Auflassung in den Fällen, in welchen das der Auflassung zu Grunde liegende Geschäft solcher Genehmigung bedarf, Beschl. v. 11. Juli 1881, 18. September 1882 u. 14. 15. Februar 1886 (ebda. II. 100, III. 106, VI. 77), wegen Vertretung beider Kontrahenten durch denselben Bevollmächtigten Beschl. vom 12. Juni 1883 (ebda. IV. S. 150), wegen Auflassung von und an den Fiskus oben S. 185; wegen Parzellen-Auflassung bei Landgütern siehe § 8 der Landgüter-Ordnungen.

[2]) Demselben ist der Kaufvertrag in Muster 20 zu Grunde gelegt.

4) deren großjährige Kinder Johann und Elisabeth Alt, sämmtlich aus Gutliegen.

Gotthilf Pelz legt Ausfertigung des gerichtlichen Vertrages vom 2. dieses Monats, sowie den anliegenden beglaubigten Auszug aus dem Steuerbuche nebst der zugehörigen beglaubigten Karte des hiesigen Katasteramtes vom 2. dieses Monats vor und erklärt:

Als eingetragener Eigenthümer des Bauergutes Nr. 1 zu Gutliegen bewillige ich, und zwar auf Grund des in dem vorgelegten Vertrage v. 2. d. M. errichteten Veräußerungsgeschäfts, daß der miterschienene Häusler Friedrich Rasch als Eigenthümer der nach den überreichten Katasterurkunden an ihn veräußerten Parzellen, nämlich

1) der Schweinskampe Kartenblatt 2 Fl.-Abschn. 311/80 von 3 Hektaren,
2) der Weitewiese Kartenblatt 1 Fl.-Abschn. 43/80 von 1 Hektar 23 Ar 40 □Metern

in das Grundbuch eingetragen werde.

Friedrich Rasch beantragt diese Eintragung unter Abschreibung der erkauften Parzellen, welche seiner Häuslerstelle Blatt Nr. 14 von Gutliegen zugeschrieben werden sollen. Er bewilligt und beantragt ferner, die Eintragung der im §. 2 des Kaufvertrages vom 2. d. M. für den Verkäufer Gotthilf Pelz stipulirten Hypothek nebst den dort festgesetzten Zins- und Zahlungsbedingungen und zwar — da er für die Trennstücke kein besonderes Blatt anlegen läßt — auf das ganze Blatt Nr. 14 von Gutliegen in seinem gemäß der heutigen Verhandlung vergrößerten Umfange, wozu die Schuldurkunde bereits oben überreicht ist. Der Verkäufer Pelz ist mit dieser Aenderung des Verpfändungs-Objekts einverstanden.

Ferner erklären die Martin und Elisabeth Alt'schen Eheleute, die der Verkäufer zu diesem Zwecke gestellt hatte:

Wir sind damit einverstanden, daß der für uns in Abth. II Nr. 1 aus dem Vertrage vom 17. Februar 1869 haftende Auszug zwischen dem Restbauergute Nr. 1 von Gutliegen und den heute davon aufgelassenen beiden Parzellen in der Art getheilt wird, daß wir die Wohnung und die sonstigen in dem uns bekannten Vertrage vom 2. d. M. näher bezeichneten untheilbaren Leistungen von dem Restbauergut allein, die übrigen Leistungen aber zu zwei Dritteln vom Restbauergut und zu einem Drittel von den Parzellen erhalten, und daß für den Auszug demgemäß die Liegenschaften nur in der erwähnten Art antheilsweise verhaftet bleiben.[3])

Johann und Elisabeth Alt erklären, und zwar letztere, da sie in väterlicher Gewalt ist, mit Zustimmung ihres Vaters Martin Alt:

Wir sind einverstanden, daß der Erwerber der heute vorstehend aufgelassenen beiden Trennstücke unsere in Abth. III Nr. 2 eingetragenen Ausstattungen allein übernimmt. Ein Hypothekenbrief ist über die Ausstattungen nicht gebildet.

---

[3]) Ueber die Behandlung der Hypotheken-Urkunde, falls eine Hypothek antheilsweise übergeht, vgl. Beschl. des K. G. vom 27. Oktober 1884 (J. u. K. V. S. 201)

Gotthilf Pelz und Friedrich Rasch beantragen den Auszug und die Ausstattungen nach Maßgabe dieser Erklärungen zu löschen und zu übertragen und die Kosten des ganzen Aktes nach Maßgabe der im Kaufvertrage getroffenen Abrede einzuziehen.

Vorgelesen genehmigt unterschrieben.

Unterschriften sämmtlicher Erschienenen.

Geschehen wie oben.

Hoffmann.

24. Auflassung auf Grund rechtskräftiger Verurtheilung.

E. E. G. § 3. C. P. O. § 779.

Zu Grunde gelegt ist der Tauschvertrag in Muster 21.

Muster.

Eingang.

Neisse, den 20. April 1884.

. . . erscheint der Gutsbesitzer Ferdinand von F. zu G. . . . und erklärt:

Durch das hiermit überreichte mit dem Zeugnisse der Rechtskraft versehene Urtheil des hiesigen Königlichen Landgerichts vom 12. Dezember 1883 ist der Gutsbesitzer Adolf von S. zu F. verurtheilt, vor dem Grundbuchrichter zu Neisse in einem untheilbaren Akte zu erklären:

daß er meine, des Ferdinand von F. Eintragung als Eigenthümer seines Rittergutes F. (Blatt No. 1 des Grundbuchs von F.) bewilligt und gleichzeitig seine, des Adolf von S. Eintragung als Eigenthümer meines Rittergutes G. (Blatt No. 1 des Grundbuchs von G.) beantragt.

Indem ich beantrage, diese Erklärungen, dem rechtskräftigen Urtheile gemäß, für abgegeben zu erachten, bewillige ich meinerseits, daß Herr Adolf von S. als Eigenthümer meines vorerwähnten Rittergutes G. eingetragen werde und beantrage hinwiederum, meine Eintragung als Eigenthümer des bisherigen Adolf von S.'schen Rittergutes F.

Der Erwerbung liegt der gleichzeitig hiermit überreichte Tauschvertrag vom 7. September 1882 zu Grunde.

Schluß.

25. Auflassung an einen Sequester wegen Pfändung des Anspruches des Erwerbers.

C. P. O. §§ 747. 754., A. G. z. C. P. O. § 17.

Eingang.

Cosel, den 20. April 1887.

In der Grundsache von Blatt No. 144 von Groß-Grauden erscheinen, bekannt und geschäftsfähig:

1) der eingetragene Eigenthümer Häusler Caspar Nickel aus Groß-Grauden.
2) der Rechtsanwalt Ignaz Paul Schadow von hier.

Die Erschienenen tragen folgendes Sachverhältniß vor:

Caspar Nickel hat das Grundstück No. 144 Groß-Grauden an den Häusler August Valentin daselbst verkauft. Der Anspruch des letzteren auf Auflassung ist indessen für mehrere Gläubiger gepfändet, und es ist die Eigenthumsübertragung an einen Sequester als Vertreter des Schuldners angeordnet worden. Als Sequester ist der miterschienene Rechtsanwalt Schadow bestellt. Der letztere legt zu seiner Legitimation den betreffenden Beschluß des hiesigen Amtsgerichts vom 10. dieses Monats vor. Demnächst erklärt Caspar Nickel:

Ich bewillige nunmehr die Eintragung des Häuslers August Valentin zu Groß-Grauden als Eigenthümer des Grundstücks Nr. 144 daselbst, indem ich gleichzeitig den über die Veräußerung errichteten Kaufvertrag vom 15. Februar d. J. vorlege. Der Rechtsanwalt Schadow beantragt als Vertreter des Valentin dessen Eintragung. Derselbe bewilligt und beantragt gleichzeitig:

I. in Gemäßheit des zwischen den Kontrahenten geschlossenen Kaufvertrages die Eintragung des Kaufgelderrückstandes von fünfhundert (500) Mark nebst den im §. 5 des Vertrages bezeichneten Zins — und Zahlungsbedingungen für den Verkäufer Caspar Nickel zur bereitesten Stelle;

II. auf Grund der Ermächtigung und Anweisung des Vollstreckungsgerichts die Eintragung von Vormerkungen [1]) zur Erhaltung einer Hypothek für folgende Gläubiger des August Valentin:

1) für den Kaufmann Adolf Sonnenburg zu Cosel in Höhe von dreihundert (300) Mark mit 6 % Verzugszinsen seit 9. August 1885;

2) u. s. w.

Diese Vormerkungen stehen dem Caspar Nickel'schen Kaufgelderrückstande nach. Im Uebrigen soll die Sonnenburg'sche Vormerkung von 300 Mark an erster Stelle eingetragen werden, die übrigen Vormerkungen aber wegen Uneinigkeit der Gläubiger zu gleichen Rechten unter dem miteinzutragenden Vorbehalt einer anderweiten Feststellung des Ranges derselben unter einander.

Schluß.

26. Uebergabe eines verkauften Grundstücks.

A. L. R. I. 7. §§ 58 ff.

Koch I. §§ 252—256. Foerster-Eccius II § 125 S. 58. Fischer § 33 S. 169.

Insoweit gerichtliche Uebergaben zwangsweise erfolgen, kommen sie hier nicht in Betracht. Freiwillige Uebergaben sind Rechtsgeschäfte, welche die Kontrahenten vornehmen. Verlangen dieselben die Errichtung einer öffentlichen Urkunde über den Akt, so kann solche sowohl gerichtlich als notariell aufgenommen werden. Richter und

[1]) Nur die „Sicherstellung" des Eintragungsanspruchs hat nach §. 17. A. G. z. C. P. O. der Sequester zu bewirken; die Umschreibung in eine Hypothek müssen die Gläubiger selbst betreiben.

Notar entfalten dabei nur eine beurkundende Thätigkeit. Tradent insbesondere ist nicht der Richter oder Notar, sondern der bisherige Besitzer. Demgemäß liegt den ersteren auch eine Prüfung der Befugniß des Tradenten zur Verfügung über das Grundstück nicht ob.

Muster.

Königliches Amtsgericht zu Cosel. Grauden, den 17. April 1886.
Gegenwärtig:
Amtsrichter Fürst.

Der Gutsbesitzer A. beabsichtigt, heute das dem Gutsbesitzer B. verkaufte hiesige Rittergut gerichtlich zu übergeben. Auf diesbezüglichen Antrag hatte der Richter sich heute hierher verfügt und sowohl den Gutsbesitzer Herrn A. als den Gutsbesitzer Herrn B., ihm beide von Person bekannt, hier anwesend getroffen.

Herr A. ist noch Willens, sein hiesiges Rittergut N. N. dem Herrn B. auf Grund und zur Erfüllung des mit demselben abgeschlossenen Kaufvertrags, vom 8. März d. J., sogleich zu übergeben, und Herr B ist bereit, die Uebergabe auf Grund dieses Titels anzunehmen.

Der Richter begab sich mit beiden Kontrahenten, in Gemäßheit ihres Antrages, auf die Feldmark und in Stall- und Wirthschaftsgebäude, und nach vollendeter Besichtigung erkannte Herr B. an, daß sich Alles in kontraktlichem Zustande und in verabredeter Menge vorfinde.

Nun erklärte Herr A., daß er sich in Folge des mit Herrn B. abgeschlossenen Kaufvertrags, vom 8. März d. J., dieses Ritterguts N. N. nebst Zubehör und Beilaß zum Vortheil des Herrn B. entschlage; und Herr B. erklärte, daß er den erledigten Besitz dieses Gutes nebst Zubehör und Beilaß ergreife und damit die Uebergabe desselben für vertragsmäßig vollzogen annehme, mithin seinem Herrn Verkäufer über gehörig geleistete Uebergabe vollständig quittire.

Hierauf wurden die Wirthschaftsbeamten und das Hofgesinde zusammenberufen, und es stellte ihnen Herr A. den Herrn B. als ihren neuen Gutsherrn vor.[1])

Schluß.

II.

Besondere Arten der Veräußerung. — Hingabe der Grundstücke gegen Rentenerwerb.

27. Grundstücksverkauf mit Leibrentenvertrag.

A. L. R I. 11. 595. 596. §§ 606—650.

Koch II. § 686 S. 450. Dernburg II. § 160 S. 418. Foerster-Eccius II. § 129 S. 160. Fischer § 72 S. 410.

Der Leibrentenvertrag hat in seiner grundsätzlichen Form mit dem Immobiliarrechte nichts zu thun. Vielmehr hat er regelmäßig

[1]) Eine ausführlichere Uebergabe-Verhandlung s. u. bei der Pacht. Muster 35.

die Hingabe einer Kapitalssumme auf der einen Seite und das Versprechen einer lebenslänglichen Rente für den Geber oder einen Dritten auf der andern Seite zum Gegenstande. In dieser Form wird der Leibrentenvertrag heutzutage indessen kaum noch anders als mit Versicherungsgesellschaften abgeschlossen, welche ihre eigenen Formulare für die verschiedensten Unterarten haben. Zwischen einzelnen Personen möchte ein Leibrentenvertrag gegenwärtig überhaupt noch selten und alsdann kaum anders als durch Hingabe eines Grundstücks an Stelle des Kapitals oder mit anderweiter dinglicher Sicherung der Rente geschlossen werden; das statt Kapital hingegebene Grundstück muß zu einem bestimmten Werthe im Vertrage angeschlagen werden (§. 608 d. T.).

Der Leibrentenvertrag bedarf, auch wenn kein Grundstück hingegeben wird, der Schriftform nach der Regel des §. 136 I. 5. A. L. R., falls er nicht etwa ein Handelsgeschäft ist. Für den Sprachgebrauch des Rechtsinstituts ist zu beachten, daß der Vertrag als Kauf einer Leibrente angesehen und daß demgemäß der Erwerber der Leibrente als Käufer und sein Gegenkontrahent als Verkäufer der Rente bezeichnet wird.

Muster.

§. 1.

Der Gutsbesitzer Caspar Bonstädt verkauft dem Freibauer Georg Taus, welcher angiebt, gegenwärtig zwischen 47 und 48 Jahren alt zu sein, für dessen Person eine jährliche Leibrente, bestehend

1) in einer Summe Geldes von zwölfhundert Mark,
2) in freier Wohnung in dem auf dem Gute Z. neben dem herrschaftlichen Hause stehenden sogenannten Gärtnerhause, welches ihm ausschließlich eingeräumt werden soll,
3) in der Befugniß, sich seinen Bedarf an Feuerungsmaterial von den Vorräthen des Gutsbesitzers Bonstädt unbeschränkt zu nehmen,
4) in der Befugniß, ein Paar Pferde zu halten, welche ihren Stand im herrschaftlichen Stalle haben und von einem dazu besonders angestellten, immer zur Verfügung des Rentenkäufers stehenden Kutscher frei gefüttert, gepflegt und gewartet werden müssen, wozu nicht weniger als zehn Liter Hafer, fünf Kilogramm Heu täglich für jedes Pferd, und das erforderliche Hechsel- und Streustroh gegeben werden müssen.

Diese Naturalleistungen werden zur Bestimmung der Stempelsteuer auf 600 Mark angegeben.

§. 2.

Diese Rente fängt mit dem 1. Oktober d. J. an und dauert auf Lebenszeit des Leibrentenkäufers; das baare Geld wird in vierteljährigen Terminen voraus bezahlt, und der Rentenverkäufer ist bei Eintritt des

Todes des Käufers nicht schuldig, die Rente noch für das ganze laufende Jahr, vielmehr das baare Geld nur für das angefangene Vierteljahr, in welchem der Tod erfolgt, zu zahlen und die Naturalleistungen nur noch für den laufenden Monat, in welchem der Tod eingetreten ist, und für den zunächst folgenden Monat zu entrichten.

§. 3.

Der Verkäufer bestellt dem Rentenkäufer zur Sicherheit für die ganze Leibrente und Verzugszinsen, aber nicht für die Einziehungskosten, Sicherheit mit seinem Gute Z., auf welchem die gesammte Rente als dauernde Last zu bereitester Stelle eingetragen werden soll. Die betreffende Eintragungsbewilligung wird der Verkäufer bei der in Gemäßheit des §. 4 erfolgenden Auflassung erklären und verpflichtet sich, bis dahin das Grundstück nicht weiter zu belasten.

§. 4.

Der Preis für diese Leibrente ist auf dreißigtausend Mark bestimmt. Zu dessen Berichtigung giebt der Leibrentenkäufer sein Freibauergut zu W., ganz schuldenfrei, sonst wie es steht und liegt in Zahlung, und der Rentenverkäufer erkennt an, daß ihm dasselbe zu seiner Zufriedenheit bereits übergeben worden. Die Auflassung soll binnen 14 Tagen erfolgen.

§. 5.

Wird der Tod des Leibrentenkäufers durch die, wenn auch nur geringste Schuld des Rentenverkäufers oder eines seiner Verwandten, Erben, Hausgenossen, Offizianten oder Gesinde, auch nur mittelbar verursacht, so gilt dieses Ereigniß für eine auflösende Bedingung, und die Auseinandersetzung der Erben des Rentenkäufers mit dem Rentenverkäufer oder dessen Erben geschieht nach den gesetzlichen Bestimmungen.

Schluß.

28. Grundstückskauf mit Vitalitien-Vertrag.

A. L. R. I. 11. §§ 595. 596. 606—640. 647—650 u. Anh. § 19 zu § 646; I. 2. § 33.

Koch II. § 687 S. 453; Dernburg II. § 160. S. 421; Förster-Eccius II. § 129 S. 113; Fischer § 72 S. 411.

Der Vitalitienvertrag ist ein Leibrentenvertrag, in welchem als Preis für die Leibrente ein ganzer Vermögensinbegriff (einschließlich der Schulden) gegeben wird. Wenn sich unter letzterem, wie hier der Fall gesetzt wird, ein Grundstück befindet, so wird es gleichwohl, ebenso wenig wie beim Erbschaftskaufe,[1]) einer Auflassung desselben bedürfen.

Eingang. Muster.

§ 1.

Der Rentier Caspar Hättich macht sich verbindlich, den Christoph Hungrich von heute an, solange derselbe leben wird, in allen Lebens-

[1]) Siehe hierüber die Vorbem. zu Muster 194.

bedürfnissen ohne Ausnahme, standesmäßig zu versorgen und freizuhalten, ihm in seinem Hause am Neumarkt Nr. 60, eine Treppe hoch, nach vorn heraus, eine besondere Stube zur Wohnung einzuräumen und überdies auch ein monatliches Taschengeld von fünfzehn Mark im Voraus zu zahlen.

§. 2.

Dagegen überträgt Christoph Hungrich den ganzen Inbegriff seines gegenwärtigen Vermögens, weiter nichts davon ausgenommen als seine Kleider, Betten, Leib- und Bettwäsche, also auch mit Einschluß des dazu gehörigen, in der Friedrichstraße hierselbst belegenen Hauses Nr. 6, auf den Caspar Hättich, und dieser erkennt an, daß alle zu diesem Vermögensinbegriffe gehörigen körperlichen Sachen, soweit der Christoph Hungrich sich solche nicht, wie vorhin gedacht worden, vorbehalten hat, zu seiner Zufriedenheit übergeben worden sind.

§. 3.

Veräußert Caspar Hättich sein Haus am Neumarkt Nr. 60, so soll er dem Christoph Hungrich eine andere Wohnstube am Neumarkt, vorn heraus und nicht über eine Treppe hoch, die aber auch keine Kellerwohnung sein darf, verschaffen und anweisen, wenn es Christoph Hungrich vorzieht, nicht bei dem Caspar Hättich zu wohnen. Es versteht sich, daß in solchem Falle dem Christoph Hungrich in seiner abgesonderten Wohnung die erforderliche Bedienung und Pflege verschafft werden muß.

Zum Zwecke der Bestimmung des Werthstempels schätzen beide Theile die dem Christoph Hungrich zugesicherten jährlichen Leistungen auf 750 Mark.

§. 4.

Zur Sicherheit für das im §. 1 ausgemachte Alimentationsrecht verpfändet Caspar Hättich dem Christoph Hungrich sein Grundstück am Neumarkt Nr. 60 (Blatt Nr. 14 des Grundbuchs von N.) bis zur Höhe von fünftausend Mark. Er bewilligt und beantragt die Eintragung einer Kautionshypothek für Christoph Hungrich in dieser Höhe und die Zusendung des Hypothekenbriefes an Hungrich direkt.

29. Gutsabtretungs- und Altentheilsvertrag.

A. L. R. I. 11. §§ 595. 596. 602. Ges. v. 11. Juli 1845 § 1a.

Koch II. § 688. Dernburg I. § 310 S. 787. II. § 20 S. 46; Förster-Eccius II. § 129 S. 109; Fischer § 46 S. 287.

Der Gutsabtretungs- und Altentheilsvertrag ist die häufigste Art der Verbindung von Grundstückskauf und Leibrentenvertrag. Er wird zumeist — aber nicht immer — zwischen Eltern und Kindern geschlossen und hat in solchem Falle häufig gewisse eigenthümliche Stipulationen zur Abfindung oder Versorgung anderer Familienmitglieder im Gefolge. Nach dem A. L. R. [1]) war die Abschließung

---

[1]) I. 11. §§ 603. 604; A. G. O. II. 1. § 6. Nr. 3.

dieser Verträge, um unwirthschaftliche Ueberlastung des Grundstücks zu verhüten, vor den persönlichen Richter gewiesen. Diese besondere Form ist durch das Ges. v. 11. Juli 1845 beseitigt. Es genügt jetzt die Schriftform.

Muster.[2])

Neisse, den 3. April 1886.

Eingang.

. . . . erschienen:

1) der Bauer Caspar Hackauf aus Lehmgruben,

2) dessen bereits selbstständiger Sohn, der Tagelöhner Michael Hackauf, ebendaher,

Beide persönlich bekannt, und erklären den nachstehenden Kauf- und Auszugsvertrag.

§. 1.

Der Bauer Caspar Hackauf verkauft sein Bauergut Blatt Nr. 4 des Grundbuchs von Lehmgruben mit Schiff und Geschirr, wie Alles steht und liegt, an seinen Sohn Michael Hackauf für neuntausendfünfhundert (9500) Mark. Michael Hackauf erkennt an, daß die Uebergabe zu seiner Zufriedenheit bereits geschehen ist.

§. 2.

Hypotheken haften auf dem Gute nicht. Mit den Lasten desselben ist der Erwerber wohlbekannt, er entsagt jedem Gewährleistungsanspruch dieserhalb.

§. 3.

Von dem Kaufgelde überweist der Verkäufer seinen drei jüngeren, zur Zeit noch minderjährigen Kindern, nämlich:

a) Catharina[3]), geboren den 9. Dezember 1868,

b) Anna, geboren den 11. November 1870,

c) Josef, geboren den 4. April 1872,

einem jeden zweitausend (2000) Mark, zusammen sechstausend (6000) Mark und zwar in Anrechnung auf deren künftiges Erbtheil. Der Betrag soll für jedes bei der Großjährigkeit oder einer etwaigen früheren Verheirathung zahlbar und bis dahin mit fünf Prozent halbjährlich zu Ostern und Michaeli vom 1. April 1886 ab verzinslich sein.

Den Restbetrag von 3500 Mark kreditirt der Verkäufer, und zwar sind davon dreitausend (3000) Mark in gleicher Art verzinslich und nach dreimonatiger Kündigung zahlbar, während fünfhundert (500) Mark zinslos sein und an den Verkäufer auf dessen jedesmaliges Verlangen in einzelnen Theilen oder auch im Ganzen zahlbar sein sollen.

---

[2]) Vgl. das Muster eines anderen Gutsabtretungsvertrages unten bei Nr. 191 zu b.

[3]) Führt ein Kind mehrere Namen, so gibt man entweder nur den Rufnamen an oder unterstreicht solchen. — Die Angabe der Geburtstage ist wünschenswerth, um die Großjährigkeit jederzeit ersehen zu können.

§. 4.

Solange die Geschwister des Käufers (§. 3) sich auf dem väterlichen Gute befinden und letzteres in den Händen des jetzigen Erwerbers ist, ist derselbe verpflichtet, seinen Geschwistern bis zu deren Großjährigkeit standesgemäßen Unterhalt gegen den Zinsgenuß der ihnen nach §. 3 gebührenden Kaufgelderantheile zu gewähren.

§. 5.

Außerdem verbindet sich der Michael Hackauf, seinem abgehenden Vater und dessen Ehefrau Mathilde, geborenen Ludwig, nachbenannten Auszug zu entrichten:

1) freie Wohnung nebst Feuerung, in dem Hinterstübchen,
2) freie Kost am Tische des Wirths, oder statt derselben, nach dem Willen des Auszüglers, nachbenannte Naturalien:
   a) u. s. w.
3) freie Wartung und Pflege in gesunden wie in kranken Tagen,
4) frei Wäsche,
5) u. s. w.

Beim Tode eines der Auszügler vermindern sich die zu 2 a) genannten Naturalien um die Hälfte, während der übrige Auszug ungeschmälert bleibt.

Der Auszug wird übrigens zum Zwecke der Kostenberechnung von den Kontrahenten auf 200 Mark jährlich geschätzt.

§. 6.

Ferner verbindet sich Michael Hackauf, seinen im §. 2 bezeichneten Geschwistern im Falle von Krankheit oder Erwerbsunfähigkeit auch über die Großjährigkeit hinaus Herberge und Pflege auf der väterlichen Stelle unentgeltlich zu gewähren, sofern sie sich dieselben sonst nicht zu beschaffen vermögen. Der Werth dieses Rechts wird im Kosteninteresse auf 20 Mark per Jahr geschätzt.

§. 7.

Alle in den §§. 3 bis 6 festgesetzten Rechte sollen in das Grundbuch auf dem Blatte von Nr. 4 Lehmgruben eingetragen werden.

Es wird beantragt, eine Ausfertigung dieser Verhandlung zu den Grundakten zu geben, woselbst die Betheiligten sich binnen 14 Tagen unvorgeladen zur Auflassung einfinden werden.

Schluß.

30. Verbindung des Grundstücksverkaufs mit Gülten- oder Rentenkauf. Ueberlassung einer Stelle als Rentengut.

A. L. R. I 11. §§ 329. 330. Ges. v. 2. März 1850 (G. S. S. 77) §§ 6. 91. 94.

Koch II. § 681. — Für Posen und Westpreußen: Ges., betr. die Beförderung deutscher Ansiedelungen von 26. April 1886 (G. S. S. 131); Fischer § 38 S. 231.

Mit dem Gülten- oder Rentenkaufe wird — im Gegensatze zur Leibrente — die Auferlegung einer immerwährenden Rente auf ein Grundstück bezweckt. Der Rentenkauf stammt aus den wirthschaftlichen Verhältnissen des Mittelalters, denen er vielfach als Surrogat für das verbotene Zinsnehmen diente. Wenn er heute überhaupt noch vorkommt, wird seine wirthschaftliche Unterlage eine völlig andere sein. Er ist nämlich dazu zu brauchen, um beim Verkauf eines Grundstücks dem nicht kapitalkräftigen Käufer die Zahlung des Kaufpreises in Gestalt einer dauernden Rente zu ermöglichen, welche der Grundstücksverkäufer auf diese Art für sich kauft. Auch in dieser Form hat das Rechtsgeschäft an Bedeutung sehr eingebüßt, seitdem durch das Gesetz vom 2. März 1850 die Ablösbarkeit der Rente auch gegen den Willen der Kontrahenten festgesetzt ist. Für die Provinzen Posen und Westpreußen ist nun aber durch das oben zitirte Gesetz für einen beschränkten Umfang, nämlich für die vom Staate nach Maßgabe dieses Gesetzes ausgethanen Stellen, die unablösliche Rente wieder eingeführt worden. Das neue Institut des sog. „Rentengutes", für welches hier ein Beispiel folgt, enthält einen Ansatz zur Wiedereinführung der aufhobenen Erbpacht. — Das ganze Veräußerungsverfahren ist kosten- und stempelfrei.

Muster.

§. 1.

Der Königliche Fiskus verkauft an den Bauersohn Theodor Pflüger zu Netzthal die in dem Katasterauszuge Anlage A näher bezeichnete Parzelle des Rittergutes X. in der Größe von 10 Hectar 40 Ar. für die in §. 3 festgesetzte Rente.

§. 2.

Der Königliche Fiskus verpflichtet sich dabei, auf der gedachten Parzelle bis zum Juli 1887 die in der Anlage B aufgeführten und ihrer Lage und Ausdehnung nach bezeichneten Wohn- und Wirthschaftsgebäude zu errichten, auch dem Käufer das in der Anlage C aufgeführte Wirthschaftsinventar bei der Uebergabe zu überliefern. Alle diese Stücke werden Eigenthum des Käufers.

§. 3.

Als Kaufpreis zahlt der Käufer dem Königl. Fiskus und zwar an die von diesem zu bestimmende Kasse eine immerwährende Rente von sechshundert (600) Mark, in vierteljährlichen Terminen, am 2. Januar, 1. April, 1. Juli und 1. Oktober, jedesmal mit Einhundert Fünfzig Mark, und zwar das erste Mal am 1. Oktober 1887. Diese Rente soll unablöslich sein.

§. 4.

Der Käufer verpflichtet sich, so lange die Rente oder ein Theil derselben auf dem Grundstück haftet:

1) das Gut dauernd ungetheilt zu erhalten, insbesondere ohne

Zustimmung des königl. Fiskus nicht einzelne Parzellen davon zu veräußern;
2) ohne die gleiche Zustimmung die ihm überlieferten Gebäude und das Inventar nicht zu verringern;
3) die Gebäude gegen Feuersgefahr und die auf dem Halm stehende Ernte gegen Hagelschaden angemessen zu versichern.

§. 5.

Dem Königlichen Fiskus steht, so lange die Rente oder ein Theil derselben auf dem Grundstücke haftet, für folgende Fälle ein dauerndes Wiederkaufsrecht [1]) betreffs der ganzen veräußerten Stelle einschließlich der Gebäude und des Inventars zu:
1) wenn die Rente durch vier hinter einanderfolgende Termine rückständig bleibt;
2) wenn der Käufer oder ein späterer Eigenthümer den Bestimmungen im §. 4 entgegenhandelt; im Falle der Verringerung des Inventars jedoch nur, wenn der Mangel auf Aufforderung binnen drei Monaten nicht ergänzt wird;
3) wenn der jetzige Erwerber oder ein späterer Eigenthümer das Grundstück anderweit freiwillig veräußert;
4) wenn derselbe die Stelle verläßt und zu deren fortgesetzter Bewirthschaftung keine Anstalten trifft.

Das Wiederkaufsrecht muß binnen sechs Monaten ausgeübt werden. Die Frist beginnt im Falle der Nr. 1 mit dem Eintritte des betreffenden Verzuges, in den Fällen der Nr. 2 u. 3 mit der Kenntniß des Grundes Seitens der zuständigen fiskalischen Behörde, im Falle der Nr. 3 mit der Anzeige von der erfolgten Veräußerung Seitens eines der Kontrahenten. Die zuständige fiskalische Behörde ist, so lange der Königl. Fiskus nicht anderweit bestimmt, die Königl. Regierung zu Bromberg.

Die Nichtausübung des Wiederkaufsrechts hat dessen Verlust für künftige Fälle nicht zur Folge. Dagegen bewirkte die Nichtausübung im Falle des §. 5 Nr. 3, daß der Veräußerer von seiner persönlichen Verhaftung für die Rente frei wird.

§. 6.

Der Wiederkaufspreis bestimmt sich nach dem derzeitigen Werth des Grundstücks. Letzterer wird durch gerichtliche Taxe ermittelt. Auf den Wiederkaufspreis ist der 25fache Betrag der für den Fiskus auf dem Grundstück lastenden Rente und bei theilweise geschehener Ablösung der Rente ein entsprechend niedrigerer Betrag in Abzug zu bringen.

§. 7.

Die Kosten des Wiederkaufs trägt im Falle des §. 5 Nr. 3 der Fiskus, in den übrigen Fällen der Grundstückseigenthümer.

---

[1]) Ueber das Wiederkaufsrecht s. zu Muster 19 Anm. 5.

§. 8.

Alle in den §§ 3—7 bedungenen Rechte des Königl. Fiskus einschließlich der Eigenschaft der Rente als einer unablöslichen, sollen in das Grundbuch eingetragen werden.

§. 10.

Lasten und Nutzungen des verkauften Grundstücks gehen mit der Auflassung auf den Käufer über. Letztere sowie die Uebergabe sollen am 1. Juli d. J. erfolgen.

III.
Selbstständige Errichtung dinglicher Rechte.

31. Bestellung eines Nießbrauchs.

A. L. R. I. 21. §§ 1—21. 22—186. E. E. G. §§ 12—17.
Koch I. §§ 319—327. Dernburg I. §§ 278 ff. S. 681 f. Foerster-Eccius III. § 186 S. 365. Fischer § 44 S. 275.

Das dingliche Recht des Nießbrauches wurde nach A. L. R. durch Titel und Uebergabe (Besitz) erworben; letztere konnte durch Eintragung in das Hypothekenbuch ersetzt werden. Gegenwärtig wird das dingliche Recht ausschließlich durch Eintragung in das Grundbuch begründet, welche auf die bloße Bewilligung des eingetragenen Eigenthümers erfolgt. Der Errichtung eines obligatorischen Vertrages zur Erlangung des Nießbrauches bedarf es nicht. Der Titel selbst kann so verschieden sein, als es überhanpt verschiedene Erwerbstitel giebt. Deshalb ist die Bestellung eines Nießbrauchs kein eigenthümliches Geschäft. Die Vorführung eines Musters zu solchem Titel würde daher unterbleiben, wenn die möglichen Geschäfte, welche der Erwerbung eines Nießbrauchs zum Grunde liegen können, dargestellt werden wollten. Aber der hier zu nehmende Gesichtspunkt sind die Verabredungen, welche sich auf das dauernde Rechtsverhältniß zwischen dem Nutznießer und dem Eigenthümer (Besteller) beziehen, und welche bei jedem Geschäfte, wodurch ein Nießbrauch übertragen werden soll, als Nebenabreden zu treffen sind. — Die Form des obligatorischen Vertrages ist die schriftliche. Die Eintragungsbewilligung muß gerichtlich oder notariell beglaubigt sein.

Muster.

Eingang.

. . . . erschienen:

1) der Rittergutsbesitzer Herr Joseph von Spender auf Sandbergen,
2) der Königl. Premier-Lieutenant im 4. oberschlesischen Infanterie-Regiment Nr. 63 Herr Siegfried Held, wohnhaft zu Friedensburg,

Beide nach Namen, Stand und Wohnort bekannt, und erklärten:

Ich, der Gutsbesitzer v. Spender, habe meinem gegenwärtigen Schwiegersohne Held, um die Nachsuchung des Heirathskonsenses zu begründen, zugesagt, ihm bis dahin, wo er eine dem Gehalte eines Hauptmanns erster Klasse gleichkommende jährliche Einnahme haben wird, zur Bestreitung seiner Haushaltungskosten eine jährliche Zulage von zweitausend vierhundert Mark zu geben. Wir sind übereingekommen, daß ich ihm statt dieser Geldsumme den Nießbrauch an meinem, in der Nähe von Friedensburg belegenen Rittergute Kasemir einräume, und wir haben dieserhalb folgende Verabredungen getroffen:

§. 1.

Der Rittergutsbesitzer v. Spender räumtein und überträgt seinem Schwiegersohne Held den Nießbrauch von seinem Rittergute Kasemir bei Friedensburg, wogegen Dieser sich wegen der ihm von Jenem versprochenen jährlichen Zulage von zweitausend vierhundert Mark für befriedigt erklärt. Die Uebergabe soll am Ersten des nächsten Monats, nach einer Beschreibung und einem Inventarium, geschehen.[1])

§ 2.

Der Nießbraucher hat während der Dauer des Nießbrauchs folgende Rechte und Pflichten:

1) Er muß nicht bloß, wie sich von selbst versteht, alle schon aufgelegten Lasten, Abgaben und Pflichten, die Feuerkassenbeiträge und die Zinsen der schon eingetragenen Pfandbriefe und Hypotheken, sondern auch alle noch künftig aufzulegenden ordentlichen und außerordentlichen Lasten, Kontributionen, Einquartirungen, Lieferungen und was man überhaupt von den Gutsbesitzern fordern möchte, entrichten und tragen, ohne anderen Ersatz dafür fordern zu können, als von Seiten des Staats dafür gegeben werden möchte; ebenso hat er die von den Nutzungen zu leistenden persönlichen Präſtationen zu tragen.

2) Die Gebäude muß er nicht allein im Baustande halten, sondern er ist auch schuldig, die ohne seine Schuld zerstörten Gebäude wieder herzustellen, ohne die gemachten Verwendungen vor Beendigung des Nießbrauchs erstattet zu erhalten. Es ist ihm erlaubt, auf seine Kosten Neuerungen mit Veränderung der bisherigen Gestalt vorzunehmen, doch so, daß dadurch der Werth und auch die Räumlichkeit nicht vermindert wird.

3) Es steht ihm frei, eine andere Wirthschaftsart anzufangen, selbst wenn dies die Unmöglichkeit einer Wiederherstellung der bisherigen Wirthschaftsart zur Folge haben sollte; doch muß er überall nach den Grundsätzen einer vernünftigen Landwirthschaft und wie ein guter Wirth verfahren.

4) Für die Berichtigung aufgekündigter Kapitalien ist er zu sorgen nicht schuldig; diese Sorge liegt dem Eigenthümer ob.

---

1) Vgl. eine Uebergabe-Verhandlung bei Muster 35.

5) Er ist berechtigt und verpflichtet, alle die Substanz betreffenden Prozesse auf eigene Kosten zu führen, wobei er sich nach den Vorschriften des Eigenthümers, wie ein Bevollmächtigter, richten muß.

§. 3.

Der Nießbraucher ist nicht berechtigt, das Gut zu verpachten oder das Wohnhaus zu vermiethen; es steht ihm frei, dasselbe durch einen Verwalter bewirthschaften zu lassen, der jedoch eine bestimmte Summe als Gehalt, nicht etwa eine Quote der Einnahme erhalten muß.

§. 4.

Der Nießbrauch hört auf:

1) wenn die Ehe des Nießbrauchers, sei es durch den Tod eines der Eheleute oder durch Richterspruch, getrennt wird;

2) wenn der Nießbraucher zu einer dem Einkommen eines Hauptmanns erster Klasse von der Infanterie gleichkommenden Einnahme gelangt oder doch hätte gelangen können, wenn solches nicht durch seine Schuld vereitelt worden wäre;

3) wenn der Nießbraucher den Abschied fordert oder erhält;

4) wenn der Eigenthümer das Gut verkauft und deshalb den Nießbrauch zurücknehmen will.

Im Falle der Nr. vier (4) ist jedoch der Eigenthümer zur Wiedergewährung der jährlichen Zulage von zweitausend vierhundert Mark verpflichtet. Zu gleicher Leistung ist er auch im Falle der Nr. eins (1) verpflichtet, wenn Kinder aus der Ehe leben.

§. 5.

In allen Fällen soll jedoch die Rückgabe erst am Ende des Wirthschaftsjahres erfolgen, und die ganze Jahreseinnahme dem Nießbraucher oder dessen Erben verbleiben. Einer Aufkündigung bedarf es nur in dem vierten Falle. Dieselbe muß wenigstens sechs Monate vor Ablauf des Wirthschaftsjahres erfolgen.

§. 6.

Verbesserungen werden in keinem Falle erstattet; nur das Recht der Wegnahme, so weit es ohne Nachtheil für das Gut ausgeübt werden kann, steht dem Nießbraucher zu. Dagegen müssen alle Verschlechterungen, nach dem Gutachten Sachverständiger, ersetzt werden.

§. 7.

Der Eigenthümer v. Spender bewilligt und beantragt, daß auf dem Grundbuchblatte des Rittergutes Kasemir — Blatt Nr. 1 des Grundbuchs von Kasemir — in Abth. II eingetragen werde, daß dem Lieutenant Held der Nießbrauch des Gutes so lange zusteht, als er die aktive Charge eines Lieutenants bekleidet und mit seiner Ehefrau Marie geb. von Spender verheiratet ist, daß jedoch der Eigenthümer im Falle des Gutsverkaufs berechtigt ist, den Nießbrauch zum Schluß des Wirthschaftsjahres nach sechsmonatiger Kündigung zurückzunehmen. Der Eintragung der sonstigen Abreden bedarf es nicht.

§. 8.

Sämmtliche Kosten des Vertrags, der Uebergabe, Eintragung sowie der künftigen Rückgabe und Löschung im Grundbuch trägt der Eigenthümer; die Kosten für Ausmittelung der Verschlimmerungen hingegen der Nießbraucher.

Es wird beantragt:

diesen Vertrag zweimal auszufertigen. Die eine Ausfertigung soll dem Nießbraucher zugesandt, die zweite zu den Grundakten des Rittergutes Kasemir zum Zwecke der Eintragung nach Maßgabe des § 7 eingereicht und von dort nach bewirkter Eintragung dem Eigenthümer ausgehändigt werden.

Schluß.

32. Bestellung eines Vorkaufsrechts.

A. L. R. I. 20 § 568—649. E. E. G. § 12.

Koch I. §§ 333—337; Dernburg I. §§ 380. 381; Förster-Eccius III. § 189 S. 431; Fischer § 47 S. 288.

Das Vorkaufsrecht als dingliches Recht wird in gleicher Art wie der Nießbrauch erworben (s. Muster 31). Nur die auf Gesetz beruhenden Vorkaufsrechte bedürfen der Eintragung nicht. Die gewöhnliche Einräumung eines Vorkaufsrechts durch Vertrag geschieht nebenbei; selten mag der Fall vorkommen, wo dasselbe der alleinige Gegenstand eines Vertrags ist.

Eingang. Muster.

Der Windmüller Jonas Angst zu Jacobsdorf räumt dem Rittergutsbesitzer Otto von Versen ebenda für ihn und seine Nachfolger im Besitze des Ritterguts Jacobsdorf das Vorkaufsrecht auf seine, daselbst am Garten des Rittergutes belegene, Windmühle nebst dem Hause und Ackerstücke ein. Die sämmtlichen erwähnten Liegenschaften sind im Grundbuche des Dorfes Jacobsdorf auf Blatt Nr. 24 verzeichnet. Der Eigenthümer Jonas Angst bewilligt und beantragt die Eintragung des Vorkaufsrechtes in das Grundbuch auf dem erwähnten Blatte.

Der Entgelt für das eingeräumte Vorkaufsrecht ist anderweit insbesondere durch Abschließung eines auf längere Zeit geltenden Mahlvertrages gewährt worden.

Schluß und Beglaubigung.

33. Errichtung einer Grundgerechtigkeit.

A. L. R. I. 22. E. E. G. § 12.

Koch I. §§ 338—350; Dernburg I. §§ 292 ff.; Förster-Eccius III. § 187 S. 384; Fischer § 45 S. 281.

Die Bestellung einer Grundgerechtigkeit kann durch bloße schriftliche Willenserklärung erfolgen. Weder Quasitradition noch Eintragung ist zur Erlangung des dinglichen Rechtes erforderlich; doch ist die Eintragung auch nicht ausgeschlossen.

Muster.

§. 1.

Die Bauer Anton und Catharina Haßlieb'schen Eheleute zu Hadersitz räumen ein und bestellen dem Bauer Georg Puffmann, als Besitzer des Bauerhofes Nr. 4 zu Hadersitz, für ihn und seine Nachfolger im Besitze, eine Fahrwegs- und Durchtriebsgerechtigkeit durch den Hof ihres Bauergutes Nr. 3 dergestalt, daß die Besitzer des gedachten Bauerhofes Nr. 4 von jetzt an für alle Zeiten berechtigt sein sollen, von der Dorfstraße nach ihrem Hofe und umgekehrt über den Hof des Bauergutes Nr. 3 zu fahren, zu reiten, zu gehen und Vieh an Stricken zu führen, ohne jedoch dabei willkürlich anhalten zu dürfen.

§. 2.

Für die Bestellung und Einräumung dieser Dienstbarkeit zahlt Georg Puffmann einen Preis von achthundert Mark, und es wird von den Haßlieb'schen Eheleuten über bereits erfolgte richtige Zahlung quittirt.

§. 3.

Die Besitzer des dienstbaren Hofes Nr. 3 sind verpflichtet, die Bedeckung des hinteren und vorderen Hofthores zu allen Zeiten in einer solchen Höhe zu erhalten, daß ein vollständig beladener, mit vier Pferden bespannter Heu- und Erntewagen ungehindert durchfahren kann, auch versteht es sich, daß beide Thore die dazu erforderliche Weite im Lichten haben müssen.

§. 4.

Wenn die Thore verschlossen gehalten werden, so sind die Besitzer des berechtigten Hofes befugt, auf eigene Kosten einen Schlüssel zu führen, aber auch verpflichtet, jedesmal bei drei Mark Konventionalstrafe und Ersatz des entstehenden Schadens, die verschlossen gefundenen Thore oder das verschlossen angetroffene Thor auf der Stelle nach dem Durchgange gerade wieder in den angetroffenen Zustand zu bringen. Auch soll überhaupt die Dienstbarkeit nur bei Tage, und zwar im Sommer von Sonnenaufgang bis Sonnenuntergang, und im Winter von sieben Uhr früh bis um fünf Uhr des Abends ausgeübt werden dürfen.

§. 5.

Dem Besitzer des berechtigten Hofes ist gestattet, den Weg durch den dienenden Hof in einer Breite von zwei Meter auf eigene Kosten pflastern oder kunststraßenmäßig einrichten zu lassen; er ist aber alsdann auch schuldig, diesen Weg immer gehörig im Stande zu halten, widrigenfalls der Besitzer des dienenden Hofes berechtigt sein soll, auf Kosten des Berechtigten entweder die Ausbesserung zu bewirken oder auch, wenn es ihm beliebt, das Steinpflaster ganz wegreißen zu lassen.

§. 6.

Der Besitzer des dienenden Hofes darf den Weg nicht durch beladene Wagen oder andere schwer zu bewegende Gegenstände versperren;

wenn es sich jedoch trifft, daß leere Wagen oder sonst Acker- und Wirthschaftsgeräthe bei der Durchfahrt oder dem Durchtriebe auf dem Wege stehen, so muß der Berechtigte dergleichen Gegenstände, ohne sie zu beschädigen, bei Seite schieben oder stellen.

§. 7.

Die Kosten dieses Vertrages übernimmt Georg Puffmann.

Schluß.

— **Auszug oder Altentheil** s. d. Muster 29.

34. Miethsvertrag über eine großstädtische Wohnung.[1])

A. L. R. I. 21. §§ 258—397 E. E. G. § 12.

Koch II. §§ 696—699. Dernburg II. §§ 166 ff.; Foerster-Eccius II. § 136. S. 165; Fischer § 74 S. 417.

Der Vertrag unterliegt den allgemeinen Formvorschriften; er bedarf schriftlichen Abschlusses jedoch nur, wenn die jährliche Miethe mehr als 150 *M* beträgt; der Jahresbetrag ist maßgebend, wenn auch der Vertrag länger als ein Jahr dauern soll. Die Dinglichkeit erlangt das Miethsrecht sowohl durch Uebergabe als durch Eintragung.

Muster.

§. 1.

Der Hausbesitzer A. vermiethet von seinem Friedrichstraße Nr. 166 belegenen Hause die Bell-Etage, bestehend aus Entree, vier Stuben, zwei Kammern, einer Küche, einer Bodenkammer und einer besonders abgeschlossenen Kellerabtheilung, auf Ein Jahr, vom 1. Oktober d. J. an gerechnet, an den Königl. Steuerrath B. für zwölfhundert Mark. Zum Miethsrechte gehört auch die Mitbenutzung des gemeinschaftlichen Waschhauses und Trockenbodens.

§. 2.

Die Miethe wird vierteljährlich im Voraus gezahlt. Eine Kompensation mit Forderungen außerhalb des Miethsverhältnisses findet nicht statt.

§. 3.

Bei nicht pünktlicher Zahlung einer Miethsrate ist der Vermiether zur Aufhebung des Vertrages ohne Kündigung befugt. Will derselbe hiervon Gebrauch machen, so muß er dies dem Miether anzeigen und

---

[1]) Für diese Verträge sind — namentlich in Berlin — mehrere Arten von Druckformularen in Gebrauch. In sich vielfach verschieden, stimmen sie darin überein, daß sie in der einseitigsten Art nach den Interessen der Vermiether gearbeitet sind, und mit ihren auf die geringste Contravention gesetzten Exmissionsfolgen diesen häufig die Handhabe zu einem geradezu schimpflichen Mißbrauch ihrer Rechte bieten. In dem obigen Formulare ist der Versuch einer humanen Ausgleichung der beiderseitigen berechtigten Interessen gemacht worden.

ihm dabei vorerst noch eine Frist von mindestens drei Tagen zur Nachholung der Zahlung gewähren.

Wird der Vertrag aus diesem Grunde aufgehoben, so hat der Miether den Miethzins nach Verhältniß bis zum Tage seines Ausziehens zu entrichten. Er haftet dem Vermiether auch für den ferneren Zins auf die Dauer von drei Monaten, falls diesem die anderweite Vermiethung der Wohnung nicht gelingt.

§. 4.

Die Wohnung muß mit allem Zubehör in gutem und brauchbarem Zustande übergeben werden. An speziellen Herrichtungen übernimmt der Vermiether:

1) die Neutapezierung sämmtlicher Zimmer,
2) die Errichtung eines Ofens in dem dem Eingang zunächst gelegenen Vorderzimmer,
3) u. s. w.

§. 5.

Der Miether ist verpflichtet, bei seiner Räumung die Wohnung in demselben Zustande wieder zurückzugewähren, insoweit die Veränderungen nicht eine Folge ordnungsmäßiger Abnutzung sind. Befestigungsmittel in Mauern und Holzwerk als Nägel, Haken, Schrauben u. s. w. muß der Miether entweder belassen oder er muß, wenn er sie herausnimmt, die beschädigten Wände, Tapeten, Dielen und Täfelungen auf Verlangen des Vermiethers in den früheren guten Zustand wieder herstellen.

Für etwaige Verbesserungen hat der Miether keine Entschädigung zu beanspruchen.

Bauliche Veränderungen in der Wohnung darf er ohne Genehmigung des Vermiethers nicht vornehmen.

§. 6.

Zur Erhaltung der Hausordnung wird Folgendes festgesetzt:

1) Die Treppen und Flure, sowie die Flurfenster werden von den Miethern ein- und desselben Stockwerks abwechselnd wöchentlich gescheuert und eine Woche hindurch rein erhalten; der Vermiether wird dem Miether binnen 8 Tagen nach Beginn des Vertrages die Woche bezeichnen, in welcher er mit der Reinigung zu beginnen hat.
2) Müll, Scherben, Küchenabgänge, Asche u. dergl. dürfen nur an den dazu bestimmten Ort geworfen werden.
3) Das Zerkleinern des Brennmaterials darf nicht in der Wohnung, sondern nur auf dem Hofe an dem dazu bestimmten Orte, auch nur an Wochentagen und in der Zeit von 6 Uhr Morgens bis 9 Uhr Abends vorgenommen werden.
4) Das Gehen in Holzpantinen auf den Fluren und Treppen ist untersagt; auch in der Wohnung darf dies nur insoweit geschehen, als die darunter wohnenden Miether dadurch nicht gestört werden.

5) Die Reinigung der Wäsche darf nur in dem Waschhause und das Trocknen derselben nur auf dem Trockenboden, niemals in der Wohnung oder auf dem Flur vorgenommen werden. Von dem beabsichtigten Gebrauche des Waschhauses und Trockenbodens ist dem Vermiether 8 Tage vorher Anzeige zu machen und nach dem Gebrauche Alles sorgfältig zu reinigen.
6) Wäsche darf nicht zu den Fenstern hinausgehängt werden, Schilder dürfen nur mit Genehmigung des Vermiethers angebracht werden.
7) Mit Licht ohne Laterne über den Hof, auf den Boden oder in den Keller zu gehen, ist nicht gestattet. Asche muß, wenn sie an den dazu bestimmten Ort (No. 2) geschüttet wird, mit Wasser gedämpft werden.
8) Die Wohnung hat Wasser durch die öffentliche Wasserleitung. Der Miether darf dieses Wasser nur zu seinem eigenen Bedarf gebrauchen und nicht an andere abgeben. Auch bei dem Gebrauch darf dasselbe nicht verschwendet werden.
9) Wenn dem Miether der Hausschlüssel verloren geht, ist er verpflichtet hiervon alsbald dem Vermiether Anzeige zu machen.

Zuwiderhandlungen gegen die Hausordnung verpflichten den Miether zum Schadensersatz. Sind dieselben im Laufe eines Kalenderquartals drei Mal vorgekommen und ebenso oft vom Vermiether unter Hinweis auf diesen Vertrag schriftlich gerügt worden, so ist der Vermiether bei späterer Zuwiderhandlung befugt, den Vertrag zu kündigen. In einem solchen Falle endet der Vertrag, wenn die Kündigung innerhalb der ersten zwei Monate des Kalenderquartals geschieht, mit dem Ablauf dieses Quartals, andernfalls mit dem Ablauf des nächstfolgenden Quartals. Das Kündigungsrecht kann nicht mehr ausgeübt werden, wenn seit der letzten Rüge drei Monate verflossen sind.

Besteht die Zuwiderhandlung in der Herrichtung eines andauernden Zustandes wie z. B. im Falle der No. 6, so ist das Kündigungsrecht auch dann begründet, wenn der Vermiether schriftlich die Herstellung des ordnungsmäßigen Zustandes binnen einer den Umständen angemessenen Frist unter Hinweis auf diesen Vertrag verlangt und der Miether diesem Verlangen nicht nachkommt.

§. 7.

Der Vermiether hat dafür zu sorgen, daß dem Miether die auf das Haus treffende Einquartirung nicht zugeschickt wird; er macht sich verbindlich, die ganze, auf den Namen des Miethers in das Haus gelegte Einquartirung allein zu tragen; und der Miether soll berechtigt sein, für jeden Mann, den er aufnehmen muß, täglich 1 Mk., und für jeden Offizier 3 Mk. von der Miethe in Abzug zu bringen.

§. 8.

Dem Miether ist gestattet, das gemiethete Quartier ganz oder theilweise zu veraftermiethen.

§. 9.

Veräußert der Vermiether sein Haus, so steht jedem Theile frei, den Vertrag auch zum 1. April nach vorangegangener Kündigung, die innerhalb der ersten drei Tage des Quartals erfolgen muß, aufzuheben.

§. 10.

Wird dieser Vertrag innerhalb der ersten drei Tage des letzten Quartals von keinem Theile gekündigt, so verlängert er sich von selbst um ein weiteres Jahr. In gleicher Art erfolgen auch spätere Verlängerungen.[2])

§. 11.

Sobald eine der in diesem Vertrage vorgesehenen Kündigungen erfolgt ist, ist der Miether verpflichtet, die Wohnung an jedem Wochentage von 11 bis 2 Uhr Mittags zur Besichtigung für Miethungslustige bereit zu halten. Wird durch Zuwiderhandlung hiergegen ein Miethungslustiger an der Besichtigung der Wohnung gehindert, so hat der Miether für jeden solchen Miethungslustigen eine Konventionalstrafe an den Vermiether zu zahlen. Dieselbe beträgt, wenn erwiesen wird, daß derselbe Miethungslustige die Wohnung, bevor er sich anderweit versorgt hatte, dennoch besichtigt hat, drei Mark, andernfalls zehn Mark. Diese Strafe hat der Miether zu zahlen, auch wenn die Wohnung rechtzeitig anderweit vermiethet wird. Dagegen kann auch der Vermiether weiteren Schadensersatz für die Vertragsverletzung nicht fordern.

§. 12.

Was in diesem Vertrage von Zuwiderhandlungen verordnet ist, gilt in gleicher Weise auch dann, wenn die Zuwiderhandlung nicht durch den Miether selbst, sondern durch eine andere zu seiner häuslichen Gemeinschaft gehörige Person verübt wird.

§. 13.

Die Stempelkosten dieses in zwei Exemplaren niedergeschriebenen Vertrages trägt der Miether in Ansehung des Haupt-, der Vermiether in Ansehung des Nebenexemplars. Der erstere Stempel trifft den Miether ebenso bei künftigen Verlängerungen des Miethsvertrages.

35. Pachtvertrag über ein Landgut.

A. L. R. I. 21. §§ 399—625. A. G. O. II. 3. § 12.
Koch II. §§ 700—703; Dernburg I. § 290 II. §§ 166—173; Förster-Eccius II. § 136 zu VI. S. 210; Fischer § 74 S. 423.

Pachtverträge über Landgüter, und auch über einzelne Aecker und andere Pertinenzstücke eines Gutes, müssen, ohne Unterschied des Betrages des Pachtgeldes, immer schriftlich, wenn aber das jährliche Pachtgeld 600 Mark oder mehr beträgt, und zugleich der

---

[2]) Wegen des Stempels bei stillschweigender Verlängerung vgl. Stempelgesetz § 6 f.

Gegenstand ein ganzes Gut, nicht bloß einzelne Aecker oder Pertinenzstücke sind, gerichtlich oder notariell errichtet werden. (Vgl. auch S. 41 Anm. 69.) Die vor Kreditinstituten, Magistraten, Domänenverwaltungen und anderen dergleichen öffentlichen Anstalten über die unter ihrer Verwaltung stehenden Güter mit Zuziehung eines Rechtsverständigen geschlossenen Pachtverträge haben mit den gerichtlichen oder notariellen Verträgen gleiche Wirkung.

Die Uebergabe eines verpachteten Gutes folgt an sich den allgemeinen Regeln (s. Muster 26 S. 197). Wird indessen damit eine Abschätzung der Inventarienstücke zwecks Zugrundelegung derselben für die künftige Rückgewähr (§ 416. I. 21. A. L. R.) verbunden und soll hierüber eine öffentliche Urkunde errichtet werden, so gehört das Verfahren als eine Taxe unter Ausschließung der Konkurrenz der Notare lediglich vor den Richter der Sache.[1]) Diese Abschätzung kann übrigens auch auf den einseitigen Antrag eines Theiles und — sofern dieser zur Vorzeigung der Stücke im Stande ist — auch beim Ausbleiben des vorzuladenden Gegenkontrahenten erfolgen[2]) und sichert auch in diesem Falle insbesondere dem Pächter die Ausschließung der Vermuthung des § 119. I. 21. A. L. R. (vgl. § 417 ebenda).

Dem Uebergabeverfahren analog steht die Rückgewähr nach beendeter Pacht. Das gerichtliche Rückgewähr-Verfahren hat eine positive gesetzliche Regelung in den §§ 48 ff. I. 44. A. G. O. gefunden. Die betreffenden Vorschriften beziehen sich nicht auf die streitige Gerichtsbarkeit und gelten deshalb fort.[3]) Das Verfahren steht danach auch nicht unter den Normen der C. P. O., sondern unter denen des Verfahrens nach der A. G. O., insbesondere was die Beeidigung der Zeugen und Sachverständigen betrifft.[4])

Ueber das Verfahren bei Abschätzung der Inventarienstücke ist eine Ministerial-Instruktion v. 16. Juni 1832 ergangen. Da dieselbe in den gebräuchlichen neueren Handbüchern nicht mehr zu finden ist, so wird deren Abdruck an dieser Stelle vielleicht nicht unzweckmäßig erscheinen.

[1]) A L. R. II. 17. § 55. verb. mit A. G. O. II. §§ 3. 8. 9. Die Uebertragung der Abschätzung an die Dorfgerichte oder an selbstständig amtirende Taxatoren (s. Anh. § 437 zu A. G. O. II. 6. § 12.) findet auch bei Grundstücken von 15 000 M. Werth oder weniger nicht statt; weil eine bloße Beschreibungstaxe hier nicht anwendbar ist.

[2]) A. G. O. II. 6 § 7.

[3]) So auch Förster-Eccius II. S. 218. Anm. 313. u. Basch A. G. O. Vorbem. zu Th. I. Tit. 44—46. (S. 87 f. u. S. 90); A. M. anscheinend Vierhaus, welcher in seiner Ausgabe der A. G. O. die citirten Vorschriften nicht abdruckt.

[4]) Vgl. A. G. z. C. P. O. § 4. wo die Ausdehnung der betr. Vorschriften nur für außerordentliche Fälle von bürgerlichen Rechtsstreitigkeiten erfolgt ist. Siehe übrigens Anm. 5.

Instruction vom 16. Juni 1832, betreffend das Verfahren bei Abschätzung der Inventarienstücke verpachteter Landgüter bei der Uebergabe und Rückgewähr.

(v. Kamptz, Jahrbücher Bd. XL. S. 186. — Annalen Bd. X. S. 91.)

Die häufigen Beschwerden über die unzweckmäßige Behandlung des Abschätzungs-Geschäfts bei der Uebergabe verpachteter Landgüter und über die für einzelne Interessenten daraus entstehenden Verletzungen haben die unterzeichneten Minister zu einer näheren Erwägung dieses Gegenstandes veranlaßt.

Es hat sich durch dieselbe ergeben, daß die Beschwerden zwar oft gegründet sind, daß aber, wenn die das Uebergabegeschäft leitenden Gerichtsbehörden die vorhandenen gesetzlichen Vorschriften sorgfältig beobachten, die gerügten Uebelstände nicht eintreten können, und daß der Grund derselben hauptsächlich nur in den von einer fehlerhaften Praxis geduldeten Mißbräuchen liege.

Zur Abstellung derselben erhalten sämmtliche Verwaltungs- und Gerichtsbehörden der Provinzen, in welchen die Gerichtsordnung gesetzliche Kraft hat, die nachstehenden Anweisungen:

§ 1. Bei der Uebergabe und Rückgewähr verpachteter Landgüter und der dabei vorkommenden Abschätzung der Inventarienstücke dienen die Vorschriften der Gerichtsordnung Thl. I. Tit. 9. § 38 und Anh. 64; Tit. 10 § 59,[5]) Tit 44 §§ 46 ff. und Thl. II. Tit. 6 §§ 4 ff. zur Richtschnur.

§ 2. Da zur Leitung des Uebergabegeschäfts landwirthschaftliche Kenntnisse unentbehrlich sind, so hat das Gericht bei Ansetzung des Uebergabetermins nach Vorschrift der Gerichtsordnung Thl. I. Tit. 9. § 38 und Tit. 44 § 48 von Amtswegen dafür zu sorgen, daß dem von ihm ernannten Commissarius ein nach Vorschrift des § 38 des Ed. vom 14. September 1811 aus den approbirten Oeconomie-Kommissarien oder Kreisverordneten zu wählender Oeconomieverständiger beigesellt werde,[6]) mit dessen Zuziehung die Ueber-

---

[5]) Die hier und im Folgenden citirten Vorschriften des Tit. 9. u. 10. Th. I. A. G. O. betreffen die Aufnahme des Sachverständigenbeweises. Sie bezogen sich lediglich auf Prozesse und sind für diese durch die C. P. O. beseitigt. Ihre Anwendung auf Akte nicht streitiger Gerichtsbarkeit beruhte auch im früheren Verfahren nur auf Analogie. Die Wirkung einer Rechtsnorm, kraft welcher diese Vorschriften speciell auf das im Texte besprochene Verfahren Anwendung finden sollen, konnte die Instruktion nicht haben, da ihr keine Gesetzeskraft inne wohnt. Insoweit es sich gegenwärtig um bloß analoge Anwendung handelt, steht deshalb nichts entgegen, die Analogie aus den Vorschriften der C. P. O. zu entnehmen. Diejenigen Vorschriften des älteren Prozeßrechts, deren Beobachtung nicht auf Analogie sondern auf positiver Vorschrift beruht wie z. B. die Vorschrift über die Norm des Taxatoreneides (vgl. A. G. O. II. 6. § 4.), müssen indessen ausschließlich weiter angewendet werden.

[6]) Dieser Oekonomieverständige hat im Verfahren lediglich die Stellung eines Sachverständigen.

gabe zu leiten; und nach dessen Rath und Gutachten, bei der Aufnahme der Taxe und Erörterung der dabei vorkommenden Streitigkeiten, zu verfahren ist.

§ 3. Nur bei der Uebergabe von Bauergütern, auch solcher Rittergüter und Vorwerke, bei welchen nur ein unbedeutendes Inventarium übergeben wird, kann die Zuziehung des Oeconomieverständigen unterbleiben, wenn sämmtliche Interessenten ausdrücklich erklären, daß sie die Zuziehung desselben nicht für nöthig halten.

§ 4. Zur Beurtheilung des Oeconomieverständigen gehören bei dem Uebergabegeschäft die Gegenstände, welche ohne landwirthschaftliche Kenntnisse nicht entschieden werden können. Bei der Abschätzung der Inventarienstücke hat daher derselbe die Vorfragen aufzustellen, wovon die gewöhnlichen Taxanten sich keine Rechenschaft geben und welche auch dem mit dem landwirthschaftlichen Betriebe nicht vertrauten Richter leicht entgehen; z. B. ob die Taxe nach den momentan geltenden Preisen (welche unter besonderen Umständen den gewöhnlichen Preis oft bedeutend übersteigen) oder nach den gemein gewöhnlichen oder gewissen Durchschnittspreisen anzulegen, oder ob sonst nach Inhalt der bestehenden Kontracte gewisse Modificationen aufzufassen und anzubringen sind; es ist ferner von demselben bestimmt anzugeben, nach welchen Voraussetzungen in den oben genannten Beziehungen bei der Taxe zu verfahren sei, damit die Interessenten und der Richter Gelegenheit erhalten, Irrthümer dabei wahrzunehmen, und zu berichtigen, auch sind von demselben die Taxanten zu controlliren, dieselben auf bemerkenswerthe, von ihnen etwa übersehene Gegenstände aufmerksam zu machen, und wenn sie in ihren Angaben erheblich von einander abweichen sollten, so ist von dem Oeconomieverständigen der Grund der Verschiedenheit zu erforschen, und eine Vereinigung darüber zu versuchen. Sind neue Ackerinstrumente oder neue Viehracen zu taxiren, von deren Werth die Taxanten keine richtige Kenntniß haben, so hat der Oeconomie-Kommissarius darauf aufmerksam zu machen, daß deren Werth auf eine andere Art ermittelt werde.

§ 5. Die mit dem Oeconomieverständigen festgestellten Grundsätze, nach welchen bei der Abschätzung der Inventarienstücke zu verfahren, sind jedesmal in der aufzunehmenden Verhandlung vollständig zu bemerken.

§ 6. Wie viel Taxanten zuzuziehen, und ob oder in wieviel Klassen dieselben zu vertheilen, ist nach der Gerichtsordnung Thl. II. Tit. 6. § 6 zu beurtheilen.

§ 7. Sind kontraktliche Bestimmungen darüber vorhanden, so sind diese vorzüglich zu berücksichtigen.[7])

---

[7]) Ueber die Befugniß der Parteien zu solchen Abreden vgl die Ausführung im Urth. d. R. G. v. 25. September 1880. (Entsch. II. S. 314 f.)

§ 8. Einigen sich sämmtliche Interessenten über die Personen der Taxanten, so hat es dabei sein Bewenden.

§ 9. Findet aber solche Einigung nicht statt, so ist mit Berücksichtigung der §§ 64 und 65 des Anhanges zur Allgemeinen Gerichtsordnung der Landrath des Kreises um Ernennung der zu dem Geschäft erforderlichen Taxanten zu requiriren.

§ 10. Die Kreis-Landräthe haben zu diesem Geschäfte diejenigen Landwirthe zu wählen, welche durch ihre Kenntnisse und Rechtlichkeit sich vorzüglich dazu eignen, auch bleibt ihnen überlassen, diejenigen derselben, deren Tüchtigkeit und Gewissenhaftigkeit hinlänglich erprobt worden, der Regierung als Kreistaxatoren in Vorschlag zu bringen, und darauf anzutragen, daß dieselben als ein- für allemal zu dergleichen Geschäften zu ernennende Sachverständige vereidigt, und ihnen ein Anerkenntniß darüber ertheilt werde.

§ 11. Zur Abschätzung besonderer Instrumente, neuer Viehracen, oder anderer Gegenstände, von deren Werth die Landwirthe gewöhnlich nicht Kenntnisse haben, sind andere Sachverständige, welche zu dergleichen Geschäften besonders ausgebildet sind, zuzuziehen, und wenn die Parteien über deren Wahl sich nicht einigen können, so ist die Generalkommission um deren Ernennung zu requiriren.

§ 12. Bei der Vernehmung der Taxanten über den Werth der abzuschätzenden Gegenstände ist nach der Gerichtsordnung Thl. I. Tit. 10 §§ 189 ff. zu verfahren, die Parteien oder deren Beistände haben jedoch die abzuschätzenden Gegenstände selbst den Taxanten vorzuzeigen, auch ist ihnen zu gestatten, diese auf die Umstände aufmerksam zu machen, welche auf die Bestimmung des Werthes der Sachen Einfluß haben können.

§ 13. Wegen der Vereidigung der Taxanten enthält der § 203 Tit. 10 Thl. I. der Gerichtsordnung und § 84 des Anhangs die nöthigen Bestimmungen.[8])

§ 14. Die aufgenommenen Taxen sind sofort den Parteien zur Erklärung vorzulegen. Erheben sie Einwendungen dagegen, so sind dieselben ausführlich zum Protokoll zu nehmen, und die Taxanten zur Erklärung darüber aufzufordern. Verbleiben diese bei ihren Angaben, oder berichtigen sie die Taxe nicht zur Zufriedenheit der sämmtlichen Interessenten, und findet auch unter diesen eine Vereinigung nicht statt, so muß die Kommission die streitig gebliebenen Punkte aus dem Uebergabeprotokoll ausziehen, jeden derselben besonders erörtern, die Parteien darüber hören, und jeden Punkt, so weit dies zur leichtern Uebersicht und zur Vermeidung von Ver-

[8]) Dazu V. v. 28. Juni 1844. (G.S.S. 249.) § 2.

wirrungen erforderlich ist, in einem besondern Protokoll zur mündlichen Verhandlung instruiren.[9])

§ 15. Einigen sich bei diesem Verfahren die Interessenten über die Aufnahme einer neuen Taxe durch andere Sachverständige, so ist eine solche sofort zu verfügen.

[§ 16.[10]) Wird aber der Aufnahme einer solchen neuen Taxe von einem der Interessenten widersprochen; so ist die Frage über die Zulässigkeit derselben: ob dieselbe noch vor der Regulirung des status controversiae zu verfügen, und welche Wirkung der neuen Taxe beizulegen, wie in andern Prozessen von dem Richter zu entscheiden.

§ 17. Bei dem Schlusse der Sache ist das Gutachten des Oeconomieverständigen über die streitig gebliebenen Punkte zu erfordern, und wegen der Aufnahme desselben zu Protokoll oder der schriftlichen Einreichung desselben nach Vorschrift der A. G.-O. Thl. I. Tit. 10 § 59 zu verfahren.]

§ 18. Keinem der Taxanten ist es erlaubt, wegen seiner Bemühungen und Auslagen unmittelbar von den Parteien oder deren Bevollmächtigten seine Befriedigung zu fordern, oder unter irgend einem Vorwande von denselben anzunehmen, auch dürfen die Parteien nicht den Taxanten in Beziehung auf die bei der Uebergabe gehabten Bemühungen oder Auslagen Geschenke oder Belohnungen anbieten, oder durch andere anbieten lassen.

Taxanten, welche diesen Vorschriften zuwiderhandeln, gehen des öffentlichen Vertrauens verlustig, und werden aus dem Verzeichniß der Kreistaxatoren gestrichen. Es wird ihnen das Qualifikationsattest abgenommen, und sie verfallen sonst nach Bewandniß der Sache dem Strafgesetz.

§ 19. Die Taxanten haben ihre Diäten und Auslagen nach der Beendigung ihres Geschäfts zu den Akten zu liquidiren, und ihre Befriedigung von dem Gerichte, welches die Uebergabe geleitet hat, zu erwarten.

§ 20. Die Festsetzung ihrer Diäten und Auslagen erfolgt nach der Verordnung vom 29. März 1844 (G.-S. S. 73) und nach dem Reglement vom 20. Juni 1817 (G.-S. S. 197 ad Nr. 14). Nach dem Ermessen des Gerichts kann jedoch eine Erhöhung der

---

[9]) Von diesem § sind nur noch die beiden Sätze anwendbar, daß die Taxen den Parteien zur Erklärung vorzulegen sind und daß eine Einigung mit den Angaben der Taxatoren zu versuchen ist. Eine Instruktion der Einwendungen gegen die Taxe gehört gegenwärtig nicht mehr in dieses Verfahren. Die Einwendungen sind mittels Klage geltend zu machen.

[10]) Die §§ 16. 17. sind lediglich für das prozessuale Verfahren bestimmt und deshalb beseitigt.

Diäten bis zu dem Satze stattfinden, welchen der Kommissarius des Gerichts in derselben Sache zu fordern berechtigt ist.[11])

§ 21. Die Provinzialbehörden haben auf die genaue Befolgung dieser Vorschriften sorgfältig zu achten, und die Uebertretung derselben, den Gesetzen gemäß, zu ahnden.

Berlin, den 16. Juni 1832.

Der Minister des Innern, für Handel u. Gewerbe. v. Schuckmann. — Der Justizminister Mühler.

a.

Muster eines Pachtvertrages.

Neisse, den 20. Mai 1880.

Eingang.

§ 1.

Der Gutsbesitzer Joseph von A. verpachtet sein im hiesigen Kreise belegenes Rittergut G., nebst Inventarium, in Pausch und Bogen, ohne Vertretung des bei der Unterhandlung nur der Beschreibung wegen gebrauchten Anschlags, an den Oekonomen Carl Friedrich B., für ein jährliches Pachtgeld von zwanzigtausend Mark auf zwölf Jahre, und zwar von Johannis d. J. bis dahin Eintausend Achthundert Zwei und Neunzig.

§ 2.

Die Uebergabe geschieht gerichtlich auf Johannis d. J. unter Zuziehung von drei Taxatoren von jeder Seite, und zwar Alles nach einem dabei aufzunehmenden Inventarium nebst Taxe und Beschreibung. Bei der Taxe der Inventarienstücke soll nicht der jetzt übliche Markt- oder Kaufpreis, sondern der wirthschaftliche Gebrauchs- oder Nutzungswerth berücksichtigt werden, auf den hinwiederum auch bei der künftigen Rückgewähr gesehen wird. Die Absicht der Kontrahenten ist hierbei, daß der Pächter die Gefahr der Inventarienstücke übernimmt, dergestalt, daß er unter allen Umständen und in allen Fällen den Abgang ersetzen, und eben so viel und in gleicher Güte, wie ihm übergeben wird, künftig zurückgewähren muß, daß er jedoch befugt ist, das Mehr bei einer Sorte auf das Minder einer anderen anzurechnen, und nur auf das Facit der Taxe aller Inventarienstücke insgesammt gesehen wird. Der Verpächter ist berechtigt und verpflichtet, das Plus zu übernehmen und dessen Werth zu erstatten, daher der Pächter kein Superinventarium wegschaffen darf; so wie es sich umgekehrt von selbst versteht, daß der Pächter das sich bei der künftigen Rückgewähr ergebende Minus gegen die bei der Uebergabe aufgenommene Taxe dem Verpächter ersetzen muß.

---

[11]) Der erste Satz dieses § ist jetzt beseitigt. Es gilt die allgemeine Geb. O. f. Zeugen und Sachverständige. Dagegen wird man die Specialvorschrift des zweiten Satzes für noch fortgeltend zu erachten haben (§ 13. d. Geb. O. f. Zeugen 2c. § 42. des A. G. z. G. K. G.)

§ 3.

Das Pachtgeld wird in vierteljährigen Terminen, den 24. September, den 24. December, den 24. März und den 24. Juni, jedesmal mit Fünftausend Mark bezahlt. Wird die Zahlung eines Termins über Acht Tage verzögert, so kann der Verpächter nach vorgängiger Androhung und Gewährung einer Nachfrist zur Zahlung von mindestens drei Tagen die Aufhebung des Vertrages und die sofortige Räumung der Pacht fordern. Die Rückgewähr muß in diesem Falle geleistet werden, ohne daß der Pächter wegen der noch übrigen Pachtzeit oder wegen Einrichtungen und Vorbereitungen, die erst später den Ertrag erhöhen, die geringste Vergütung zu fordern berechtigt ist. Wohl aber kann der Verpächter Vergütung für etwaige Vernachlässigungen fordern. Kompensation auf die Pacht mit Forderungen außerhalb dieses Vertrages findet nicht statt.

§ 4.

Der Pächter übernimmt nicht bloß die auf dem Gute schon jetzt ruhenden oder darauf noch zu legenden ordentlichen Lasten und Abgaben, wie sie auch Namen haben mögen, sondern auch alle außerordentlichen, ohne Ausnahme, namentlich auch die Einquartirungslast, sowie die Kriegslasten, insbesondere Brandschatzungen und Kontributionen, Naturallieferungen, außerordentliche Verwendungen zu Kriegs- und Transportfuhren, Verwendungen zur Abwehr feindlicher Beschädigungen, feindliche Erpressungen und Exekutionskosten und dergleichen; er darf dem Verpächter auch Zahlungen, welche der Feind auf die Pacht erpreßt hat, nicht anrechnen, sondern muß diesen Zufall allein tragen. Dagegen werden dem Pächter diejenigen Kosten erstattet, welche zu Anstalten und Einrichtungen verwendet worden sind, die auf höheren Befehl haben gemacht werden müssen; ausgenommen sind jedoch neue Wege, die der Pächter auf eigene Kosten machen muß.

Der Pächter ist verpflichtet, die Gebäude, das lebende oder todte Inventarium und die Vorräthe, gegen Brandschaden auf eigene Kosten angemessen zu versichern, und bei jeder Pachtzahlung die Versicherung nachzuweisen.

Die Zinsen der auf dem Gute haftenden Pfandbriefe und Hypotheken hat der Pächter für Rechnung des Verpächters prompt zu berichtigen, und die Quittungen auf die zunächst fällige Pacht in Zahlung zu geben.

§ 5.

Der Pächter hat aus dem Grunde der Gewährsleistung schlechterdings keinen Anspruch an den Verpächter, wie auch die Anforderung Namen haben möge.

§ 6.

Der Pächter hat auch keine Art von Remission zu forden; namentlich wird er, wenn durch ungewöhnliche Unglücksfälle, als Seuchen und Feuer, Verlust am Inventarium eingetreten ist, dadurch von der Zurückgabe der empfangenen Stücke nach Maßgabe des § 2 nicht befreit. Auch wenn er durch Mißwachs, Verheerung durch Hagel, Mäuse,

Heuschrecken, durch Ueberschwemmung, Viehsterben, Brandschaden und Kriegsschaden Verlust hat, kann er Nachlaß oder Vergütigung nicht fordern: kurz er übernimmt alle Unglücksfälle und von den Kriegsschäden auch diejenigen, welche die Substanz allein treffen.

§ 7.

Die während der Pachtzeit eingehenden Gebäude muß der Verpächter wieder herstellen, der Pächter muß aber dabei alle erforderlichen Hand- und Spanndienste unentgeltlich leisten. Die Reparaturen muß der Pächter so weit auf eigene Kosten bewirken, als dazu nicht handwerksmäßige Arbeiten nöthig sind. Zu den nicht handwerksmäßigen Arbeiten wird das Dachdecken mit Stroh und Rohr und das Kleben der Wände mit Lehm, das Fertigen der Scheuntennen u. dergl. gerechnet.

§ 8.

Wird die Pacht ohne Verschulden des Pächters vor Ablauf der bedungenen Zeit geräumt (§ 9), so erhält der Pächter für jedes noch übrige Pachtjahr eine Vergütigung von 1000 Mark, schreibe Eintausend Mark, womit er auch für die etwaigen Verbesserungen oder nützlichen Verwendungen abgefunden ist.

§ 9.

Außer dem Fall des § 3 wird die noch vor Ablauf der verabredeten Zeit auf Verlangen eines jeden Theils aufgehoben, wenn das Gut freiwillig oder nothwendigerweise verkauft wird oder unter Zwangsverwaltung kommt; die Aufhebung erfolgt jedoch erst am Ende des Wirthschaftsjahres, und wenn die Räumung mindestens vier Wochen vorher angekündigt worden ist. Die Entstehung eines Krieges gilt nicht als Aufkündigungsgrund.

§ 10.

Bei der künftigen Rückgewähr werden, wie auch jetzt bei der Uebergabe, von jedem Theile drei Wirthschaftsverständige zu Taxatoren und Gutachtern gewählt, welche in drei Schütten nach dem Loose vertheilt werden. Wenn der Eine oder der Andere die getroffene Wahl nicht 8 Tage vor dem Termine dem Richter, welcher das Geschäft leitet, anzeigt, so soll der Richter diese Wahl treffen und die Sachverständigen vorladen.[12]) Bezüglich auf die Felder wird Folgendes bestimmt:

1) Von dem Mehr oder Weniger der Aussaat wird der Same nach dem Marktpreise der Kreisstadt, wie solcher für den Monat, in welchem die Besäung geschehen ist oder hätte geschehen sollen, durch das Amtsblatt als Durchschnittspreis bekannt gemacht worden, vergütet; das Ackerlohn wird bei Körnern, für die Fahre und den Hektar, mit 3 Mark und für das Ausstreuen auf den Hektar mit 30 Pf. vergütet; bei Kartoffeln und anderen Hackefrüchten hingegen werden auf den Hektar, wenn die Bestellung ganz vollendet und nur noch das Ausnehmen zu thun ist, 20 Mark bezahlt.

[12]) Vgl. § 7. der Min. Inst. und Anm. 7.

2) Die Differenz bei dem Düngungszustande und den Pflugarten wird für jede Fahre auf den Hektar mit 3 M. und für jeden gedüngten Hektar im ersten Jahre mit 36 Mark, im zweiten Jahre mit 18 Mark, im dritten Jahre mit 9 Mark vergütet. Eine ältere Düngung kommt nicht in Betracht, auch wird zwischen den verschiedenen Düngmitteln kein Unterschied gemacht. Für Mergelungen wird pro Hektar 18 Mark vergütet, ohne Unterschied, in welchem Jahre der Pacht die Mergelung stattgefunden hat.

3) Außer dem Samen und Arbeitslohne hat der Pächter für jeden Hektar, den er weniger bestellt zurückgiebt, 30 Mark zu vergüten; wogegen er für jeden Hektar Plus eine Renumeration von 10 Mark erhält.

Hinsichtlich der Gebäude wird bestimmt, daß der Pächter die versäumten Reparaturen, welche ihm obgelegen hätten, nach dem Anschlage der Sachverständigen zu vergüten hat, bei welchem Anschlage nicht auf die von den Dienstleuten zu erlangenden Arbeitskräfte Rücksicht genommen wird, weil die Arbeit versäumt worden ist; wogegen aber die gesparten, aus dem Gute zu nehmenden Materialien außer Berechnung bleiben.

§ 11.

Zur Sicherheit des Verpächters hat der Pächter an denselben eine Kaution von 20 000 Mark, schreibe Zwanzigtausend Mark, baar bezahlt, worüber der Verpächter quittirt. Derselbe ist berechtigt, sich daraus wegen aller seiner Forderungen aus dem Pachtverhältnisse bezahlt zu machen, und nur schuldig, den Ueberschuß nach der Rückgewähr zurückzuzahlen. Zinsen werden davon mit zwei Prozent jährlich postnumerando entrichtet. Ferner bestellt der Verpächter dem Pächter zur Sicherheit desselben für die Kaution nnd für alle übrigen ihm aus dem Pachtverhältnisse erwachsenden Forderungen mit dem verpachteten Gute Hypothek in Höhe von Dreißigtausend (30 000) Mark. Er bewilligt und beantragt, daß auf dem Blatte des Rittergutes G. — Blatt Nr. 1 des Grundbuchs von G. — eine Kautionshypothek in der erwähnten Höhe für den Pächter Oeconom Carl Friedrich B. aus N. zur Sicherung seiner Rechte aus diesem Vertrage in das Grundbuch eingetragen werde. Eine besondere Eintragung der Kautionszinsen erfolgt nicht. Auf Bildung eines Hypothekenbriefes wird verzichtet. Endlich bewilligt der Verpächter, daß das Pachtrecht für den Pächter auf dem erwähnten Blatte in das Grundbuch eingetragen werde. Der Pächter beantragte diese Eintragung.

§ 12.

Das Retentionsrecht soll dem Pächter unter keinerlei Vorwande zustehen.

§ 13.

Den Werthstempel übernimmt der Pächter; die Kosten der Uebergabe trägt der Verpächter; die Kosten des Vertrages, sowie der künftigen Rückgewähr trägt Jeder zur Hälfte.

Schluß.

b.

Uebergabe-Protokoll.

Königliches Amtsgericht zu Neisse. Rittergut G. den 24. Juni 1880.

Gegenwärtig:

Amtsrichter Adami.

Auf den Antrag des Gutsbesitzers von A. ist auf heute Termin zur Uebergabe des Guts G. an den Pächter B. angesetzt, der Richter hatte sich demgemäß hierher begeben und es fanden sich vor ihm ein:

1) der Gutsbesitzer Herr von A.,
2) der Pächter Herr Carl Friedrich B.,
3) der zugezogene ökonomische Sachverständige Kreisdeputirte Z. aus X.
4) als Taxatoren:

I. Auf Seiten des Verpächters:
a) der Kreistaxator Sch. aus W.,
b) der Landschaftstaxator C. aus B.,
c) der Gutsbesitzer und Landschaftstaxator L. aus Bl.

II. Auf Seiten des Pächters:
a) der Kreistaxatator D. aus H.,
b) der Gutsbesitzer E. aus J.,
c) der Gutspächter F. aus G.

Gegen diese Sachverständigen und deren Glaubwürdigkeit wird von keiner Seite eine Einwendung gemacht. Der Kreisdeputirte Z. und die vier erstgenannten Taxatoren sind, wie dem Richter amtlich bekannt, ein für alle Mal als ökonomische Sachverständige und Taxatoren vereidigt, sie werden auf den von ihnen geleisteten Eid für das jetzt vorzunehmende Geschäft verwiesen.

Die beiden letztgenannten Taxatoren sind nicht vereidet, und es giebt nach Hinweisung auf die Bedeutung des Eides auf Befragen an:

1) der Gutsbesitzer E. aus J., daß er mit Vornamen Carl Friedrich heiße, 48 Jahr alt, katholischer Konfession und Besitzer des Gutes J. N—schen Kreises sei;
2) der Gutspächter F., daß er August mit Vornamen heiße, 50 Jahr alt, evangelischer Konfession und Pächter des benachbarten Königl. Vorwerks G. sei.

Beide sind mit dem ihnen aus dem § 2 der Verordnung vom 28. Juni 1844 vorgehaltenen Taxatoreneide bekannt gemacht und erinnert, daß sie denselben nach vollbrachtem Geschäfte abzuleisten haben würden.

Aus den sechs Taxatoren wurden drei Klassen oder sogenannte Schütten durch das Loos gebildet, welche sind:

I. Klasse:
1) der Kreistaxator Sch. aus W. und
2) der Gutsbesitzer E. aus J.

II. Klasse:
1) der Landschaftstaxator C. aus B. und
2) der Gutspächter F. aus G.

III. Klasse:
1) der Gutsbesitzer und Landschaftstaxator L. aus Bl. und
2) der Kreistaxatator D. aus H.

Diesen Taxatoren wurde in Uebereinstimmung mit dem Oekonomieverständigen vorgeschrieben, bei der Abschätzung der ihnen dazu vorgezeigten Gegenstände nicht auf den jetzt marktgängigen Kaufpreis, sondern auf den wirthschaftlichen Gebrauchs- und Nutzungswerth Rücksicht zu nehmen. Demnächst wurde das Uebergabe- und Abschätzungsgeschäft begonnen und vom Richter nach dem Gutachten des Oekonomieverständigen, welcher insbesondere die Abschätzungsgrundsätze feststellte, geleitet. Es wurde dabei an den Gutspächter B. Folgendes übergeben:

I. Gebäude:

1) Das herrschaftliche Wohnhaus, massiv, 20 Meter lang, 14 Meter tief, mit einem Stockwerke auf dem Erdgeschosse, zwei massiven Schornsteinen, einem gewölbten Keller, mit stehendem Dachstuhle, das Dach von Schindeln. Im Erdgeschosse sind 4 Stuben u. s. w.

   Das Dach ist an einigen Stellen der Ausbesserung bedürftig, und es müssen zwei Schock neue Schindeln eingelegt und außerdem muß der Walm an der Nordseite ganz neu gedeckt werden.

2) Eine Scheuer Nr. 1. 70 Meter lang, 14 Meter tief, massiv, mit Stroh gedeckt. Sie hat zwei Tennen, wovon die eine neu geschlagen werden muß. Das Dach ist auf der Vorderseite in diesem Frühjahr ganz neu gedeckt; die Hinterseite ist zwei Jahre alt und in ganz gutem Zustande. Thore und Pforten sind standfest und passend; vor jedem Thore ist ein großes Vorlegeschloß.

3) Eine Scheuer Nr. 2 u. s. w.

4) Ein massives Stallgebäude mit Stroh ganz neu gedeckt, in zwei Abtheilungen, wovon die eine der Rindviehstall, die andere der Pferdestall ist. Der erstere ist gebohlt, zwei Bohlen sind verfault und müssen erneuert werden. In der Mitte des Stalles ist ein Gang, der von dem einen bis zu dem anderen Ende reicht, durch einen Bretterverschlag an die hölzernen Ständer gebildet und drei Bretter hoch ist. Innerhalb dieser einen Meter hohen Bretterwand sind die Krippen befestigt. Bretter und Krippen sind in gutem Zustande. Die Decke ist Holzbelag mit einem Lehmstriche. Die Thüren und Fenster sind ganz und schließen fest an.

5) Ein u. s. w.

II. Vieh- und Feldinventarium.

	I. Klasse. Mk.	Pf.	II. Klasse. Mk.	Pf.	III. Klasse. Mk.	Pf.	Durchschnitt. Mk.	Pf.
A. Pferde.								
1. Ein brauner Wallach, ohne Abzeichen, 9jährig	123	—	135	—	129	—	129	—
2. Ein u. s. w.								
B. Ochsen.								
1. Ein rother Ochse mit Blässe, 8jährig	99	—	90	—	81	—	90	—
2. Ein u. s. w.								
C. Kühe.								
1. Eine u. s. w.								
D. Jungvieh.								
1. Ein u. s. w.								
E. Schafe.								
1. 600 dreijährige Muttern, das Stück 4 Mark	2400	—	2100	—	2700	—	2400	—
2. 100 u. s. w.								
F. Schwarzvieh.								
1. Ein Eber	30	—	27	—	33	—	30	—
2. Drei u. s. w.								
G. Federvieh.								
1. 32 Hühner	9	—	10	—	9	50	9	50
2. Ein Hahn	—	50	—	50	—	50	—	50
3. 5 Zuchtgänse u. s. w.								
H. Wagen und Geschirr.								
1. Ein neuer breiter Wagen . . .	90	—	93	—	96	—	93	—
2. Ein u. s. w.								
I. Haus-, Küchen- und Wirthschaftsgeräthe.								
1. 10 Gesindebetten, besteh. aus Deckbett, Kopfkissen, Strohsack, zwei Laken und zwei Ueberzügen, alle von gleicher Güte . . .	330	—	300	—	306	—	312	—
2. 10 Bettstellen	15	—	15	—	15	—	15	—
3. Ein großer langer Tisch u. s. w.								
Zusammen	—	—	—	—	—	—	15000	—

Hier mußte das Geschäft wegen des zu Ende gehenden Tages abgebrochen werden. Der Pächter Herr B. nahm Alles, was bisher beschrieben, genannt und taxirt worden, für ihm gehörig übergeben an. Das Protokoll wurde vorgelesen, von Allen genehmigt und die beiden unvereidigten Sachverständigen E. und F. erboten sich zur Beeidigung ihrer Taxen.

Unterschriften.

Fortgesetzt an demselben Orte, den 25. Juni 1880, um 9 Uhr.

Zur Fortsetzung des Uebergabegeschäfts hatten sich sämmtliche Interessenten, der Oekonomieverständige und die Taxatoren vor dem Richter versammelt, und es wurde dem Gutspächter Herrn B. weiter Folgendes übergeben:

K. Vorräthe zum Gebrauche.

1) Zwanzig Centner Heu,
2) Fünfundvierzig Hektoliter Kartoffeln,
3) Zwei Fässer Kraut,
4) Vierzehn Hektoliter Siede (Häcksel),
5) Funfzehn Kubikmeter Eichenholz,
6) Zwei Schock Gebundholz,
7) 800 Schock Strohseile,

u. s. w.

Diese Gegenstände müssen bei der künftigen Rückgewähr in Natur wieder erstattet werden. Was davon fehlt, muß nach dem Anschaffungspreise, wie er alsdann von den Sachverständigen angegeben werden wird, von der Siede aber nur das Arbeitslohn, ersetzt werden.

Der Vorrath an Stroh wird ungezählt überliefert, weil es auf die Menge und Güte nicht ankommt, indem kein Stroh veräußert werden darf, folglich künftig ebenso der Strohvorrath, welcher in der Wirthschaft noch nicht verbraucht worden, zurückbleiben muß.

III. Gärten.

1) Ein Obst- und Ziergarten von 50 Ar, mit Plankenverzäunung, die in ganz gutem Stande ist. Er wird durch einen querdurchgehenden Graben, über welchen sich eine hölzerne, mit Perlölfarbe angestrichene Bogenbrücke, mit verziertem Geländer, ganz fest und gut, befindet, in die vordere und in die hintere Hälfte getheilt. In der ersten sind zwölf Mistbeete mit unbeschädigten Glasfenstern, zwölf Spargelbeete, noch in tragbarem Zustande, 50 veredelte Kirschbäume, 10 Apfelbäume, 29 Birnbäume, 100 Pflaumenbäume u. s. w., alle gesund und tragbar, denn die ungesunden sind nicht mitgezählt. Der Pächter ist verbunden, die schadhaft werdenden oder absterbenden Bäume durch junge gleicher Art und Güte zu ersetzen. Die hintere Hälfte u. s. w.
2) Ein Kraut- und Gemüsegarten u. s. w.

IV. Felder.

Die Felder werden in folgendem Zustande übergeben:

1) Mit Roggen bestellt: 72 Hektar 50 Ar und zwar:
   a) 50 Hektar dreifährig im zweiten Dünger;
   b) 12 Hektar 50 Ar. einfährig im Kartoffellande, ebenfalls im zweiten Dünger;
   c) 10 Hektar im dritten Dünger, dreifährig;
2) mit Weizen 47 Hektar 50 Ar und zwar:
   a) 40 Hektar dreifährig, im frischen Dünger;
   b) 7 Hektar 50 Ar. auf Rapsfeld im zweiten Dünger, alle dreifährig;

3) mit Gerste 45 Hektar dreifährig im zweiten Dünger;
4) mit Hafer 50 Hektar einfährig im dritten Dünger;
5) mit Buchweizen 12 Hektar 50 Ar. in ungedüngter Brache, einfährig;
6) mit zweijährigem Klee 12 Hektar;
7) mit Kartoffeln 25 Hektar im zweiten Dünger dreifährig, bereits behackt und auch behäufelt;
8) Brache 50 Hektar zur Schafweide, wovon $12^1/_2$ Hektar in diesem Frühjahr mit weißem Klee besäet sind.

Der diesjährige Raps ist bereits geerntet; dem Pächter wird gestattet, im letzten Jahre die Rapsernte ebenfalls zu nehmen, jedoch mit Zurücklassung des Strohes und der Schoten.

Die Bestellung der Aecker wird für sehr gut erklärt.

Die Abzugsgräben und Wasserleitungen sind im besten Zustande, die Grenzen unstreitig und unverdunkelt.

V. Wiesen.

Die Wiesen liegen in fünf Parzellen, nämlich u. s. w.

VI. Teiche.

Auf der Feldmark sind zwei Teiche wovon
1) der sogenannte Karpfenteich, 75 Ar. groß, mit u. s. w. besetzt ist;
2) der u. s. w.

Zuletzt übergab der Herr Verpächter dem Herrn Pächter noch die Saat-, Dresch- und Düngungsregister aus den letzten drei Jahren, sowie die vorhandene Charte aus dem Vermessungsregister von der Feldmark, und das Dienstregister, mit dem Beding der künftigen Rückgabe.

Hiermit ist die Uebergabe beendigt; es wurde zuvörderst der bisherige Theil des Protokolls vorgelesen und von den Interessenten und den Sachverständigen genehmigt. Demnächst haben die beiden Taxatoren E. u. F. folgenden Eid geleistet:

Ich schwöre bei Gott dem Allmächtigen und Allwissenden, daß ich das von mir erforderte Gutachten über den Werth der abzuschätzenden Gegenstände meiner Kenntniß und Erfahrung gemäß nach sorgfältiger Prüfung unparteiisch und gewissenhaft abgegeben habe.[13])

Endlich stellte der Verpächter Herr von A. den hinzugerufenen Dreschgärtnern und Hofleuten den Pächter Herrn B. als solchen vor und wies dieselben an, sich nach dessen Anordnungen in wirthschaftlicher Hinsicht zu achten.

Der Pächter Herr B. nahm die Uebergabe nun für vollständig und zu seiner Zufriedenheit vollzogen an und quittirte darüber.

Jeder Theil verlangte

eine Ausfertigung des Uebergabe-Akts.

Hierauf wird auch der Schluß der Verhandlung vorgelesen, genehmigt und die Gesammtverhandlung wie folgt vollzogen.

Folgen die Unterschriften der zu 1—4 im Eingange aufgeführten Personen.

Geschehen wie oben
Adami.

---

[13]) Vgl. oben S. 216 Anm. 5 u. S. 218 § 13 mit Anm. 8.

c.

Rückgewähr-Protokoll.

Königliches Amtsgericht zu Neisse. Rittergut G. den 24. Juni 18..

Gegenwärtig:

Amtsgerichtsrath Adami.

Auf den Antrag des Gutspächters B. ist heute hier Termin zur Vollziehung der Rückgewähr des bisher verpachtet gewesenen Rittergutes G. an den Eigenthümer, Gutsbesitzer von A., angesetzt. Der vorbezeichnete Richter hatte sich demgemäß hierher verfügt. Vor ihm fanden sich ein:

1) der Gutsbesitzer Herr von A.,
2) der bisherige hiesige Gutspächter B.,
3) der zugezogene ökonomische Sachverständige, Oekonomie-Kommissar N. zu N.
4) von den vorgeladenen Taxatoren:
   I. die von dem Gutsbesitzer, Herrn von A., Vorgeschlagenen, und zwar:
      a) der Kreistaxator C. aus N.,
      b) der Landschaftstaxator D. aus O.
      c) der Kreistaxator E. aus P.
   II. von den, seitens des Pächters Vorgeschlagenen:
      a) der Gutsbesitzer und Kreistaxator F. aus O.,
      b) der Freischulze und Taxator G. aus R.

Der Dritte aber, der Gutsbesitzer und Kreistaxator H. zu S., war ausgeblieben, und nach einer, von dem Freischulzen G. mitgebrachten Nachricht soll derselbe gestern plötzlich so sehr erkrankt sein, daß er das Hinderniß nicht mehr hat anzeigen können.

Die beiden Parteien einigten sich dahin, daß mit vier Taxatoren und aus ihnen zu bildenden zwei Schütten die Taxation verrichtet werden solle; und da unter diesen Umständen der Kreistaxator C. aus N. entlassen zu werden wünschte, so wurde dieser mit Zustimmung der Parteien entlassen.

Die vier noch übrigen Taxatoren sind, ebenso wie der zugezogene Oekonomieverständige, ein für alle Mal vereidet, und kein Theil hat gegen Einen oder Anderen derselben irgend etwas einzuwenden. Die Taxatoren sind durch das Loos in zwei Klassen getheilt; es bilden

die erste Klasse:
der Landschaftstaxator D. aus O., und
der Freischulze G. aus R., und

die zweite Klasse:
der Kreistaxator E. aus P., und
der Gutsbesitzer F. aus O.

Es wurde hierauf das Geschäft der Rückgewähr unter Zuziehung des Oekonomieverständigen und nach dessen Gutachten insbesondere bei Feststellung der Abschätzungsgrundsätze vorgenommen.

Nachdem den Taxatoren eröffnet worden, daß bei der Abschätzung nicht der momentan marktmäßige Preis, sondern der wirthschaftliche

Gebrauchs- und Nutzungswerth zu Grunde zu legen, wurde das Rittergut G. nebst Zubehör dem Gutsherrn, Herrn v. A., von dem seitherigen Pächter, Herrn B., wie folgt, zurückgegeben:

I. Die Gebäude, und zwar:

1) das herrschaftliche Wohnhaus, wie es in der Uebergabe-Verhandlung vom 24. Juni 1880 beschrieben ist. In demselben sind 10 Fensterscheiben zerschlagen und die Hinterthür ist jetzt völlig unbrauchbar. Dagegen ist alles Uebrige daran, namentlich auch das Dach, in gutem Zustande; und da bei der Uebergabe an dem Dache die in dem Uebergabeprotokolle beschriebene Reparatur damals nothwendig war, welche von dem Pächter mit Vorbehalt seines Rechts bewirkt worden ist, so vereinigen sich beide Theile dahin, daß die dafür dem Pächter gebührende Vergütung und die jetzt vorhandenen Defekte gegen einander aufzuheben.

2) die Scheuer No. 1 u. s. w. An derselben ist die ganze eine Seite des Daches so defekt, daß sie umgedeckt werden muß. Da das Material aus dem Gute zu nehmen ist, so kommen nur die Arbeitskosten in Betracht, welche von den Sachverständigen einstimmig auf 60 Mark angeschlagen werden.

3) die Scheuer No. 2 u. s. w.

II. Das Vieh- und Feldinventarium.

A. Pferde.

	I. Klasse.	II. Klasse.	Durchschnitt.
1) Ein Fuchs mit Blässe, 9jährig	90 Mk.	93 Mk.	91 Mk. 50 Pf.
2) Ein u. s. w.			

Zusammen	14 200 Mk.
Das übergebende Inventarium war werth . . .	15 000 „
mithin ergiebt sich hieran ein Minus von	800 Mk.

K. Vorräthe zum Gebrauche:

1) Zwanzig Centner Heu,
2) Fünfundvierzig Hektoliter Kartoffeln,
3) Zwei Fässer Kraut,
4) Vierzehn Hektoliter Siede,
5) Ein Schock Gebundholz,
6) 400 Schock Strohseile.

Es fehlen:

1) Fünfzehn Kubikmeter Eichenholz à 4 Mark . . .	60 Mark
2) Ein Schock Gebundholz	6 „
3) 400 Schock Strohseile, welche . . . . zu machen kosten, u. s. w.	6 „
Summa des Werths des Defekts	72 Mark.

III. Die Gärten.

In dem Obst- und Ziergarten fehlen 60 Bäume von verschiedenen Sorten, welche das Stück zu 1 Mark, alle zusammen also 60 Mark angeschlagen werden.

IV. Die Felder in folgendem Zustande:

I. Mit Roggen sind dreifährig im zweiten Dünger 75 Hektar 50 Ar bestellt, mithin mehr 3 Hektar à 2 Hektoliter Einfall. Dem Pächter kommt dafür zu:

1) für 6 Hektoliter Samen à 9 Mk. . .	54 Mk.	—	Pf.
2) für die Bestellung auf den Hektar und die Jahre 3 Mk.	27 „	—	„
3) für das Ausstreuen des Samens auf den Hektar 30 Pf.	— „	90	„
4) Bestellungskosten für 12½ Hektar, welche einfährig bestellt übergeben worden sind, auf 2 Jahren, wie unter 2	75 „	—	„

II. Mit Weizen u. s. w.

In Ansehung des Düngungszustandes ist nichts auszugleichen.

Dem Pächter kommen mithin überhaupt . . 1090 „ — „ zu Gute.

V. Die Wiesen.

Deren Zustand ist im Vergleiche zu dem Zustande, in welchem sie übergeben worden, nach dem einstimmigen Gutachten der Sachverstäudigen erheblich verschlechtert.

1) Die sogenannte große Wiese ist sehr verstraucht, und das Reinigen derselben wird auf	150 Mark
angeschlagen; und der Ausfall an Heugewinn in den ersten Jahren auf	180 „
2) Die Mittelwiese von 3 Hektar ist gänzlich vermoos't und die Kulturkosten werden nach der beiliegenden von den Taxatoren aufgestellten Spezialrechnung auf	150 „
und der Ausfall der Grasnutzung auf . . .	60 „
angeschlagen.	
Dieses macht zusammen	540 „

Der Pächter will seine Verbindlichkeit zum Ersatze dieser Summe, ihrem Grunde nach, nicht anerkennen, weil ihm nach dem Pachtvertrage nicht obgelegen habe, der Verstrauchung oder Vermoosung vorzubeugen oder abzuhelfen.

Dagegen macht er seinerseits wegen Verbesserung der dritten Wiese, nämlich:

3) der sog. Heukavel, von 2 Hektar, einen Anspruch. Diese Wiese, behauptet er, im zweiten Jahre der Pacht geschält und mit Grassamen besäet zu haben, so daß sie jetzt die ergiebigste Wiese sei, indem sie durchschnittlich 200 Centner Heu bester Qualität trage, während sie im übergebenen Zustande schlechtes und kaum 60 Ctr. Heu gebracht habe. Er verlangt dafür ein Pauschquantum von 150 Mark.

Wegen dieser Differenzen vereinigten sich die Parteien endlich dahin, daß der Pächter an den Verpächter noch hundertfunfzig Mark zahlt, und im Uebrigen die beiderseitigen Ansprüche, dieses Punktes wegen, fallen gelassen werden.

VI. Die Teiche.

Dieselben sind ganz trocken gelegt und werden als Wiese genutzt. Da die Bewässerung keine besonderen Kosten verursacht, so ist nur der Besatz zu vergüten. Dieserwegen einigen sich die Parteien dahin, daß der Pächter an den Verpächter 120 Mark zahlt.

Die Berechnung der gegenseitigen Forderungen kommt nun so zu stehen:

I. Der Verpächter soll erhalten:		
1) die Pacht für den Johannistermin mit . . .	5000	Mk.
2) für Defekte an Gebäuden	150	„
3) für das Minus am Inventarium ꝛc.	800	„
4) für fehlende Vorräthe	72	„
5) für Verschlechterung des Baumgartens	60	„
6) für Verschlechterung der Wiesen	150	„
7) für Verschlechterung der Teiche	120	„
Zusammen	6352	Mk.
II. Der abgehende Pächter hingegen hat zu fordern:		
1) die Kaution von	20000	Mk.
2) die Zinsen derselben zu 4 % für das letzte Jahr mit	800	„
3) für die stärkere Aussaat und Bestellunng . .	1090	„
Zusammen	21890	Mk.
Davon ab die Forderungen des Verpächters . .	6352	„
Der abgehende Pächter muß mithin erhalten . .	15538	Mk.

Diese Fünfzehntausendfünfhundertachtunddreißig Mark zahlte ihm der Herr von A. sogleich aus. Herr B. quittirte darüber, erklärte sich wegen seiner Kaution von 20000 Mark für befriedigt, gab dem Herrn v. A. die darüber lautende Hypothekenurkunde zurück und willigte in die Löschung der Kaution und des Pachtrechts, welche in Abth. III. Nr. 4 beziehentlich in Abth. II. Nr. 2 des Grundbuchs eingetragen sind.

Der abgehende Pächter übergab dem Herrn v. A. die Schlüssel zu allen verschlossenen Behältnissen, sowie die Gutspapiere, welche er nach dem Uebergabeprotokolle erhalten, und fügte auch sein Saat-, Dresch- und Düngungsregister aus der Pachtzeit bei. Er machte endlich den sämmtlichen zusammengerufenen Dienst- und Hofleuten bekannt, daß mit dem heutigen Tage sein Pachtrecht aufhöre und der Gutsbesitzer Herr v. A. selbst die Verwaltung wieder übernommen habe. Herr v. A. quittirte nunmehr über vollständige und richtige Rückgewähr.

Die Kosten der Rückgewähr trägt jeder Theil, zufolge des Pachtvertrages, zur Hälfte.

Beide Theile erklären hiermit das unter ihnen bestandene Pachtverhältniß für gänzlich beendigt und wollen auch keinerlei Nachforderungen daraus gegenseitig gestatten, mit der einzigen Ausnahme, daß der abgehende Pächter für die richtige Abtragung aller Abgaben und Lasten aus seiner Pachtzeit einsteht und etwa sich ergebende Rückstände erstattet.

Vorgelesen, genehmigt und vollzogen.

Folgen die Unterschriften der im Eingange zu Nr. 1 bis 4 Aufgeführten mit Ausschluß des entlassenen Kreistaxators C.

Geschehen wie oben.

Adami.

36. Viehpacht.

A. L. R. I. 21. §§ 514. 515.

Koch, II. § 704; Förster-Eccius II. § 136. S. 227.

Der Vertrag unterliegt den allgemeinen Formvorschriften.

Muster.

Neisse, den 7. Oktober 1882.

§ 1.

Der Gutsbesitzer v. A. überläßt dem Caspar B. dreißig Stück Kühe, wie sie gegenwärtig auf dem Gute Steinberg vorhanden sind, zur wirthschaftlichen Pflege und Nutzung, mit Vorbehalt des davon gewonnenen Düngers, auf drei Jahre, vom 1. Oktober 1882 bis dahin 1885.

§ 2.

Die Kühe behalten ihren Stand im herrschaftlichen Stalle, der, wie sich versteht, von dem Gutsherrn gehörig in Stand gehalten werden muß, und der Pächter erhält für sich und seine Familie zwei Stuben nebst Kammer in einem Gesindehause auf dem herrschaftlichen Hofe, sowie ihm auch der bisherige Milchkeller und sämmtliche zur Kuhnutzung und Milcherei bisher benutzten Geräthschaften, wie sie in dem hierbei übergebenen, von den Kontrahenten unterschriebenen Verzeichnisse benannt sind, zur Benutzung überlassen werden. Die Uebergabe ist in jedem Betrachte bereits am 1. d. M. geschehen.

§ 3.

Der Viehpächter hat auf eigene Kosten und persönlich, mit Hülfe eigenen Gesindes, das Vieh gehörig zu warten und zu pflegen; er muß sich auch das Grünfutter schneiden und vom Felde heranschaffen, sowie das Vieh auf der Weide hüten; nicht weniger das im Stalle zu reichende Futter von den Böden oder sonstigen Behältnissen holen und dem Viehe vorlegen lassen.

§ 4.

Der Verpächter liefert das erforderliche Futtermaterial und zwar in den Sommermonaten Grünfutter, wovon wenigstens die Hälfte Klee sein muß, so viel, daß auf jede Kuh des Morgens, Mittags und Abends, so lange das Vieh auf der bisher dazu bestimmt gewesenen Weide und im Herbste auf den Wiesen geweidet werden kann und Nahrung findet, jedesmal so viel kommt, als die fütternde Person mit den Armen fassen und vorlegen kann; in den Wintermonaten aber, vom November an bis zum 1. April auf jede Kuh täglich 3 Kilogramm gutes Heu, oder 6 Kilogramm Kartoffeln, oder 5 Kilogramm Rüben und dazu so viel Häcksel und Stroh, als zur Sättigung erforderlich ist. Streustroh muß in solcher Menge gegeben werden, daß das Vieh völlig trocken liegt.

§ 5.

Der Viehpächter zahlt an den Verpächter für jede Kuh jährlich funfzig Mark in vierteljährlichen Terminen und giebt außerdem jedes dritte Kalb, nachdem es 11 Tage unabgesondert von der Kuh gesäugt worden ist, an ihn ab. Fällt eine Kuh ohne Schuld des Pächters, so wird die Pacht nach Verhältniß der Zeit davon bezahlt; ebenso wird, wenn eine Kuh erkrankt, während der Dauer der Krankheit, keine Pacht bezahlt und liegt die Heilung dem Verpächter ob.

§ 6.

Hinsichtlich der Schäden aus Versehen und Zufall verbleibt es lediglich bei den gesetzlichen Bestimmungen, bis auf den Punkt, daß, wenn ein Geräth durch den Gebrauch oder durch Zufall unbrauchbar wird, der Pächter dasselbe auf eigene Kosten ersetzen muß, so daß er schuldig ist, die übernommenen Geräthe nach Art und Zahl in brauchbarem Zustande wieder zurückzugeben.

§ 7.

Zur Sicherheit des Verpächters hat der Pächter demselben die Summe von 1000 M. sage Tausend Mark als Kaution baar gezahlt, und der Verpächter soll befugt sein, sich daraus wegen seiner Forderungen aus dem Pachtverhältnisse bezahlt zu machen.

§ 8.

Da jede mangelhafte Fütterung auf den Ertrag der Nutzungen nachtheilig wirkt, und der Nachtheil, welcher dem Pächter aus der Verabreichung eines schlechten oder unzureichenden Futtermaterials entsteht, sich nicht genau nachweisen läßt, so verpflichtet sich der Verpächter zur Zahlung einer Konventionalstrafe von zwei Mark auf jedes Stück Vieh an den Pächter für jeden Fall, wo der Pächter das Futter auch nur zum Theil nicht in gesunder Beschaffenheit und nicht in hinreichender Menge überliefert erhält; jedoch muß der Mangel auf der Stelle und noch vor dem Verbrauche gerügt werden, und die Besichtigung durch die Dorfgerichtspersonen geschehen, deren Ausspruche der Verpächter sich unterwirft.

Schluß.

37. Mühlenpacht.

A. L. R. I. 21. §§ 448. 533—552.
Koch II. § 705; Förster-Eccius II. § 136. S. 213. (Anm. 278.) u. S. 216. (Anm. 296.)

Mühlen unterliegen, wenn sie allein gepachtet werden, der erschwerenden Form für die Landgüterpacht nicht. Hieran wird auch nichts geändert, wenn Ackerländereien geringen Umfanges zur Mühle gehören.[1])

Muster.

N., den 4. Mai 1886.

I. Der Mühlenbesitzer Jakob Teich zu N. verpachtet seine hierselbst belegene viergängige Wassermühle, die Fuchsmühle genannt, nebst dem dazu gehörigen Acker von 5 Hektar 21 Ar, an den Müller Eberhard Rinne zu N. für eine jährliche Pachtsumme von Dreitausend Mark auf Sechs Jahre, von Johannis d. J. an bis dahin Eintausend Achthundert Zweiundneunzig.

II. Die Pacht wird in vierteljährigen Terminen vorausbezahlt, so daß die erste Pachtrate mit Siebenhundert und Fünfzig Mark bei der Uebergabe zu entrichten ist. Die Uebergabe soll am 24. Juni d. J. gegen Zahlung dieser Summe geschehen. Zur Benutzung wird dem Pächter, nach einem Verzeichniß, mit übergeben: das gesammte Mühlengeräth und das vorräthige Nutzholz, so wie die vorhandenen beiden neuen Mühlsteine, ingleichen das vorhandene Zugvieh, Wagen und Geschirr und das Ackergeräth, unter der Verpflichtung, daß er diese Inventarienstücke künftig bei der Rückgewähr in derselben Art, Menge und Güte zurückgebe, oder den bei der Uebergabe festzusetzenden Taxwerth baar erlege.

III. Der Pächter trägt, ohne irgend einen Abzug am Pachtgelde, den auf der Mühle haftenden Geld- und Getreidezins und die an die Pfarre zu entrichtenden Prästationen, wie sie im Grundbuche eingetragen sind, nämlich: (folgen die einzelnen Posten). Ferner trägt er alle ordentlichen und außerordentlichen Landes-, Kreis-, Kommunal- und Kirchen-Abgaben, mögen sie schon aufgelegt sein oder künftig noch aufgelegt werden, gleichfalls ohne Anrechnung auf die Pacht. Nicht weniger liegt ihm alle und jede Einquartirung, ohne weitere Entschädigung, als welche von den Einquartirten oder von dem Staate gegeben werden möchte, ob. Endlich entrichtet er auch die Feuerkassenbeiträge.

IV. Der Mühlbach muß von der Stadtkommune und den Besitzern der hiesigen drei Mühlen auf gemeinschaftliche Kosten bis zur sogenannten Eselsbrücke geräumt, aufgeeiset und in seinen Uferbefestigungen erhalten werden. Diese Last übernimmt ebenfalls der Pächter auf seine Kosten. Sollten jedoch Uferbaue vorkommen, welche für handwerksmäßige Arbeiten mehr als Dreißig Mark auf den Theil der Fuchsmühle kosten, so trägt der Verpächter den Mehrbetrag.

V. Der Pächter ist verbunden, das gehende Mühlwerk auf eigene Kosten in gehörigem Stande zu halten und es künftig in eben so gutem Stande zurückzugeben, als es ihm übergeben werden wird. Wenn jedoch neue Wellen eingelegt werden müssen, so trägt die Kosten dafür der Verpächter, doch muß der Pächter persönlich mit seinen

[1]) Erk. d. Ob. Tr. v. 12. Februar 1872. Entsch. Bd. 67. S. 64.

Kunstkenntnissen dabei Dienste leisten, auch sein Gespann zur Anfuhre der Wellen unentgeltlich hergeben. Ferner ist der Pächter schuldig, alle erforderlichen Reparaturen an dem Grundwerke und an den Wasserwerken, sowie an den Gebäulichkeiten überhaupt, Zäunen und Brücken, zu bewirken, doch so, daß er dasjenige, was eine jede Reparatur an wirklich baaren Auslagen für solche Materialien und Arbeiten, welche nicht auf dem Mühlengrundstücke vorhanden sind und beziehlich nicht von dem Pächter, dessen Leuten und Gespanne verrichtet werden können, mehr als Dreißig Mark kostet, von dem Verpächter vergütet erhält. Wenn aber eine Reparatur in Folge der von dem Pächter vernachlässigten Besserung so kostspielig geworden ist, muß der Pächter die Kosten dafür allein tragen.

VI. Remission der Pacht wegen Stillstandes der Mühle, mag die Ursache davon sein, welche sie will, hat der Pächter nicht zu fordern, ausgenommen in einem einzigen Falle, nämlich wenn das Werk in Folge eines Brandes in demselben ganz oder theilweise zum Stillstande kommt, ohne daß die ganze Mühle abbrennt. In diesem Falle ist der Verpächter schuldig, das Werk so schnell wie möglich wieder herzustellen, wobei der Pächter persönlich und mit seinen Leuten und Gespannen umsonst zu helfen hat. Für die ganze Dauer des Stillstandes wegen Schadhaftigkeit hat der Pächter verhältnißmäßigen Nachlaß von der Pacht zu fordern und werden in dieser Beziehung von den 3000 Mark Pacht Dreihundert Mark auf die Ackerwirthschaft und Sechshundert fünf und siebzig Mark auf jeden Gang der Mühle gerechnet. Wegen Unglücksfälle bei der Land- und Viehwirthschaft wird in keinem Falle etwas nachgelassen.

VII. Brennt die Mühle ab, so ist der Pachtkontrakt aufgehoben, wenngleich der Verpächter den Wiederaufbau binnen Sechs Monaten ausführen könnte und wollte. Das Abbrennen des Wohn- und Wirthschaftsgebäudes, der Scheuer und der Ställe hat gar keinen Einfluß auf das Pachtverhältniß; der Verpächter ist schuldig, die abgebrannten Gebäulichkeiten sobald wie möglich wiederherzustellen.

VIII. Als Kaution hat der Pächter dem Verpächter einen $3\frac{1}{2}$ %igen Schlesischen Pfandbrief, Litt. A. Nr. 325 über 3000 M., eingehändigt, aus welchem dieser sich wegen aller seiner Forderungen an den Pächter auf die Pachtverhältnisse soll bezahlt machen können. Die Zinsen soll er davon erheben und auf den Johannis- und Weihnachts-Pachttermin abrechnen.

IX. Zur Uebergabe der Mühle, welche gerichtlich geschehen soll, hat jeder Theil zwei Mühltaxatoren und zwei landwirthschaftliche Taxatoren zu wählen und dem Gerichte behufs ihrer Vorladung anzuzeigen. Zur Beschreibung der Gebäulichkeiten wählen beide Theile den Bauinspektor Iltis hierselbst, und wenn dieser verhindert sein sollte, den Baumeister Katz.

Diese Bestimmung gilt auch für die künftige Rückgewähr, mit dem Beifügen, daß zur Revision der Gebäulichkeiten auch künftig der Baumeister in dem Gesuche an das Gericht, wegen Ansetzung des

Termins zur Rückgabe, vorgeschlagen werden soll, und wenn dieses Gesuch nur von Einem Theile ausgeht, der andere seine Einwendungen dagegen anbringen muß, worauf der Richter zu befinden hat.[2])

X. Die Kosten für diesen Vertrag und den Werthstempel trägt der Pächter; die Kosten der Uebergabe und der künftigen Rückgabe trägt jeder Theil zur Hälfte; die in Folge von Streitigkeiten aus der Uebergabe oder Rückgewähr entstehenden Kosten indessen hat derjenige zu tragen, welchem sie von dem Richter werden auferlegt werden.

Vollziehung.

III. Hypotheken und Grundschulden.

A. L. R. I. 20 §§ 390 ff. — E. E. G. §§ 18—67.; G. B. O. §§ 30—47; 73—131.
Dernburg I. § 313 f. Förster-Eccius III. §§. 198 ff Fischer § 41. S. 240.

Das Recht der Hypothek und Grundschuld entsteht nur durch die Eintragung im Grundbuch und wird durch Löschung aufgehoben. Der obligatorische Vertrag über Errichtung, Veränderung oder Löschung einer Hypothek richtet sich nach den allgemeinen Formvorschriften. Für die als Grundlage der Eintragung in das Grundbuch dienenden Urkunden und Anträge ist indessen, sofern sie nicht von öffentlichen Behörden ausgehen, die gerichtliche oder notarielle Beglaubigung vorgeschrieben.[1]) Nur Anträge, welchen bereits beglaubigte Eintragungsbewilligungen der Betheiligten beiliegen, bedürfen keiner besonderen Beglaubigung.[2*])

---

[2]) Vgl. über dieses Verfahren die Min.-Instr. v. 16. Juni 1832., oben bei Muster 35. S. 216 ff. insbes. § 7.

[1]) Für Erklärungen der Taubstummen, Blinden, Schreibunkundigen und Fremdsprachigen genügt die Beglaubigung nicht; hier muß die allgemeine Form für die Verträge dieser Personen beobachtet werden. (G. B. O. § 34.)

Zur Beglaubigung in Pfandbriefsangelegenheiten sind der Regel nach statutarisch auch die Syndici der Kreditverbände für befugt erklärt. (G. B. O. § 47.) Vgl. hierzu Beschl. d. K. G. v. 17. April 1882. (J. u. K. III. 95.)

Wegen der Urkunden öffentlicher Behörden vgl. ebenda I. 101.; III. 101. V. 119. (Beglaubigung von Abschriften) III. 97. (Legitimation der für die Behörde unterzeichnenden Personen) II. u. VI. 104. (Kommunalsparkassen), VI. 124. (Armen- und Wohlthätigkeitsanstalten.)

[2*]) Wer unter den „Betheiligten" zu verstehen, ist streitig. Die eine Ansicht geht dahin, es müsse darunter immer der Antragsteller mit begriffen sein, so daß also die Beglaubigung nur dann sich erübrigt, wenn der Antragsteller selbst in der beiliegenden Urkunde eine beglaubigte Bewilligung bereits ertheilt hat. Die andere Ansicht sieht in den Betheiligten nur diejenigen, welche zur Bewilligung der Eintragung legitimirt sind. Vgl. eine Zusammenstellung der verschiedenen Ansichten b. Turnau G. B. O. zu § 33. Anm. 10. (S. 100.) Das K. G. hat sich wiederholt für die letztere Meinung entschieden, so daß der Antrag des Cessionars auf Umschreibung und der Antrag des Eigenthümers auf Löschung keiner

Alle Unterschriftsbeglaubigungen unter Anträgen und Urkunden, die zu Eintragungen und Löschungen im Grundbuch erforderlich sind, sind stempelfrei.[3])

38. Schuldverschreibung mit Hypothekenbestellung.

E. EG. §§ 19–23.

Dernburg I. § 318. Förster-Eccius III. § 198. S. 534 ff. Fischer § 41. S. 252.

Die Hypothenkenbestellungen kommen in Verbindung mit den verschiedensten Verträgen vor und sind Beispiele dieser Art bei den betreffenden Verträgen dargestellt.[1]) Im Nachfolgenden wird das Beispiel einer einseitigen Hypothekenbestellung gegeben. Inwiefern der Besteller der Hypothek zur Zeit ihrer Bestellung eingetragener Eigenthümer sein muß, darüber vgl. Beschl. d. K. G. v. 18. Sept. 1882 u. 28. Sept. 1885. (J. u. K. III. 141. VI. 95.)

Muster.

Der Kaufmann N. hierselbst[2]) hat mir Fünftausend Mark heute als Darlehn gegeben; ich verspreche, dieselben nach vorheriger dreimonatiger Aufkündigung an dem jedesmaligen Aufenthaltsorte des Darlehnsgebers oder dessen Erben oder Cessionars zurückzuzahlen,[3*]) und bis dahin mit fünf Prozent in vierteljährigen Terminen, von heute an gerechnet, zu verzinsen.

Zur Sicherheit meines Gläubigers bestelle ich demselben wegen der vorbezeichneten Forderung nebst den Zinsen Hypothek mit meinem, im hiesigen Kreise belegenen, im Grundbuche des Amtsgerichts hierselbst Bd. XIV. No. 26 verzeichneten Rittergute Zedlitz. Ich bewillige und beantrage die demgemäße Eintragung dieser Hypothek auf das

---

Beglaubigung bedürfen sollen, wenn ihnen eine beglaubigte Abtretungs- bez. Löschungsbewilligung Seitens des bisherigen Gläubigers beiliegt. Beschlüsse v. 30. Januar u. 25. September 1882, 22. Januar 1883, 13. Oktober 1885 u. 28. December 1886 (J. u. K. III. S. 91. VI. S. 130), doch unterliegt diese Ansicht namentlich für den Fall der Löschung den erheblichsten Bedenken vom Standpunkte der Verkehrssicherheit aus; denn die Löschung auf einen unbeglaubigten Antrag gefährdet die Rechte des Eigenthümers und bringt denselben, wenn der Antrag von einem Unlegitimirten herrührt, um sein Recht der Verfügung über die Post.

[3]) Ges. v. 26. März 1873 (G. S. S. 131) § 2 Nr. 6 und v. 21. März 1882 (G. S. S. 129) § 2.

[1]) Vgl. u. A. Muster 20. § 2 mit Muster 23 (S 190. 195).

[2]) Wegen des Erfordernisses der Bestimmtheit des Gläubigers vgl. Beschl. d. K. G. v. 4. April 1881, 2. u. 16. Oktober 1882; 18. Juni 1883 u. 28. September 1885. (J. u. K. II. 125; III. 114. 115. IV. 184. VI. 98). Dieselben betreffen die Eintragung für eine Nachlaßmasse oder die Descendenz einer Person.

[3*]) Wegen Specialisirung der Rückzahlungsbedingungen vgl. Beschl. d. K. G. v. 15. September 1883. (J. u. K. IV. 174.)

vorbezeichnete Grundstück [und die Aushändigung der Hypothekenurkunde[4]) an den vorerwähnten Gläubiger direkt].[5])

Breslau, den 27. April 1887.

August Ottomar von Reitzenstein
Rittergutsbesitzer zu Zedlitz.

39. Hypothekenbestellung bei schon vorhandener Schuldurkunde.

E. E. G. §§ 19—23.
Dernburg I. § 318. Förster-Eccius III. § 198. S. 534 ff.
Fischer § 41. S. 252.

Hierzu bedarf es der Vorlegung der Schuldurkunde und zwar muß auch die letztere in der allgemein für Grundbuchsachen bestehenden Form beglaubigt sein. (G. B. O. § 33.)

Muster.

Für die nach dem notariellen Vertrage v. 23. April 1886 dem Kaufmann Eugen Hochberg hierselbst gegen mich zustehende Forderung von Dreitausend (3000) Mark, welche mit Fünf Prozent seit 1. April 1886 verzinslich und nach sechsmonatiger Kündigung zahlbar ist, verpfände ich mein Grundstück Wallstraße No. 5 hierselbst (Bd. VII. Blatt 94 des Grundbuchs von Neisse) und bewillige und beantrage die Eintragung einer demgemäßen Hypothek auf das Blatt des vorbezeichneten Grundstücks.

Datum. Unterschrift und Beglaubigung.

40. Bestellung einer Revenüenhypothek.

A. L. R. I. 20. §§ 26. 225. I. 18. § 228. II. 4. §§ 80 ff. E. E. G. § 45.
Dernburg I. § 328. (S. 839.) Förster-Eccius III. § 190.
Fischer § 41. S. 249.

Die bloße Revenüenhypothek ist unzweifelhaft bei Lehnen und Fideikommissen noch gestattet. Für Grundstücke, welche sich im vollen Eigenthum des Verpfänders befinden, wird von den meisten Schriftstellern die Zulässigkeit der Revenüenhypothek bestritten;[1]) doch hat der vierte Senat des Reichsgerichts durch Urtheil vom 28. Januar 1885[2]) für die Zulässigkeit entschieden. Selbstredend muß alsdann die gleiche Norm auch für die Grundschuld gelten.[3])

---

[4]) Ueber die Bildung der Hypothekenurkunde vgl. das Muster in Anlage H. zur G. B. O. Auf die Bildung kann verzichtet werden, was alsdann in der Urkunde auszudrücken ist.

[5]) Soll die Zahlung des Darlehens — wie es sehr häufig vorkommt — erst gegen Aushändigung der Hypothekenurkunde erfolgen, so unterbleibt der Zusatz besser. In diesem Falle erhält der Grundstückseigenthümer die Urkunde ausgehändigt. (G. B. O. § 122.)

[1]) Vgl. die Literatur bei Turnau zu E. E. G. § 45. Anm. 2. (S. 412.)

[2]) Entsch. Bd. XIII. S. 233.

[3]) Die Annahme einer Revenüenhypothek ist gleichwohl — vom Fideikommiß und Lehen abgesehen — wegen der obwaltenden Rechtsunsicherheit für den

Muster.

Ich schulde meinem Bruder, dem Arzte Dr. N. zu X. aus der Uebernahme des gemeinsamen väterlichen Nachlasses ein ihm herauszuzahlendes Erbtheil von Achttausend (8000) Mark. Ich verpflichte mich, dasselbe in Jahresraten von je tausend Mark, welche am 2. Oktober 1887 beginnen und jedesmal am 2. Oktober fällig sein sollen, zu zahlen, auch die noch ungetilgten Beträge mit Fünf Procent von heute ab in Vierteljahrsraten zu verzinsen. Zur Sicherheit für Kapital und Zinsen bewillige und beantrage ich die Eintragung derselben als Hypothek auf das durch die gestrige Auflassung von mir erworbene Grundstück Blatt No. 223 des Grundbuchs von Kobelwitz hiesigen Kreises und zwar, wie wir Behufs Erhaltung des väterlichen Besitzes verabredet haben, mit der Einschränkung, daß der Gläubiger seine Befriedigung nur aus den Früchten und Nutzungen des Grundstücks soll ziehen dürfen.[4])

Datum. Unterschrift und Beglaubigung.

41. Bestellung einer Kautionshypothek.[1])

E. E. G § 24.

Dernburg I. § 332; Förster-Eccius III. § 192. S. 466; Fischer § 41, S. 244.

Ich stehe mit dem Ziegeleibesitzer August Frickert zu Neustadt derart in Geschäftsverbindung, daß ich aus seiner Ziegelei auf Kredit Ziegeln entnehme und die Preise dafür in unregelmäßigen Zeiten und Summen bezahle.[2]) Für die Ansprüche, welche Herrn Frickert aus dieser Geschäftsverbindung gegen mich erwachsen, verpfände ich demselben mein Grundstück Breitestraße Nr. 6 hierselbst (Blatt Nr. 14 des Grundbuchs von Neustadt) bis zum Höchstbetrage von zehntausend (10 000) Mark. Ich bewillige und beantrage die Eintragung einer demgemäßen zinslosen Kautionshypothek auf das erwähnte Grundstück.

Datum. Unterschrift und Beglaubigung.

42. Bestellung einer Grundschuld.

E. E. G. §§ 19—23. 27. 28.

Dernburg I. § 318; Förster-Eccius III. § 198 S. 534ff.; Fischer § 41 S. 252.

Als eingetragener Eigenthümer des Grundstücks Breitestraße Nr. 6 hierselbst (Blatt Nr. 14 des Grundbuchs von Neustadt) bewillige und

---

Gläubiger eine sehr wenig rathsame Sache. Denn das Reichsgericht kann seine Ansicht ändern, und alsdann hat der Gläubiger trotz der Eintragung der Revenüenhypothek das leere Nachsehen, wie in dem der Entscheidung zu Grunde liegenden Falle auch thatsächlich von der ersten Instanz erkannt war.

[4]) Die Eintragung erfolgt mit dieser Beschränkung als wirkliche Hypothek in Abth. III. (Entsch. a. a. O. S. 243. a. E.)

[1]) Wegen der Einschränkung des Begriffs d. Kautionshypothek vgl. Beschl. d. K. G. v. 1. November 1886 (J. u. K. VI. 100); wegen Umschreibung in eine definitive Hypothek: Beschl. vom 20. Oktober und 16. April 1884 (ebenda V. 166. 168.)

[2]) Der genaueren Spezialisirung der zu sichernden Forderungen bedarf es nicht; es kann auch für alle gegenwärtigen und zukünftigen Forderungen Kaution bestellt werden. Beschl. d. K G. vom 23. Februar 1885 (J. u. K. V. S. 159.)

beantrage ich, daß auf diesem Grundstück für den Rentier Philipp Meyer zu Neustadt[1]) eine Grundschuld von fünftausend (5000 Mk.) von heute ab mit vier und ein halb (4½) Prozent jährlich verzinslich eingetragen werde. Die Zinsen sollen vierteljährlich zu den Kalenderquartalen zahlbar, das Kapital soll nach sechsmonatiger Kündigung zahlbar sein. Die Kündigung soll aber vor dem 1. Januar 1889 nicht stattfinden, es sei denn, daß eine Zinsrate nicht binnen einer Woche nach dem Fälligkeitstage gezahlt werden sollte.

Datum. Unterschrift und Beglaubigung.

43. Umwandlung der Hypothek in eine Grundschuld.[1*])

E. E. G. § 29 G. B. O § 90.
Dernburg I. § 331 S. 850. Förster-Eccius III. § 199a. S. 563 f. Fischer § 41 S. 254.

Auf dem Grundstück Blatt Nr. 1 des Grundbuchs von Militsch, Kreis Kosel, dem mitunterzeichneten Rittergutsbesitzer Paul Wendt gehörig, haftet in Abth. III. Nr. 7 aus der Schuldurkunde vom 24. November 1879 eine Hypothek von sechstausend (6000) Mk. für den mitunterzeichneten Bankier Max Hoffmann zu Leobschütz. Wir, die beiden Unterzeichneten, beantragen übereinstimmend, diese Hypothek in eine Grundschuld umzuwandeln.[2]) Wir überreichen zu diesem Zwecke die Hypothekenurkunde mit dem Antrage, die persönliche Schuldurkunde, sowie den zu bildenden Grundschuldbrief dem Gläubiger Hoffmann auszuhändigen.

Datum. Unterschriften und Beglaubigung.

44. Vorrechtseinräumung.[1**])

E. E. G. § 35. G. B. O. § 86.
Dernburg I. § 334. S. 854 ff. Förster-Eccius III. § 199a. S. 560 ff. Fischer § 41. S. 250.

Auf dem Grundstück des Bauergutsbesitzers Christian Balter-

---

[1]) Grundschulden kann der Eigenthümer — im Gegensatze zu den Hypotheken — auch auf seinen eigenen Namen eintragen lassen. — Für die Bildung des Grundschuldbriefes siehe die Muster in Anlage D. und zur G. G. B. O. Die Bestellungsurkunde wird dem Grundschuldbriefe nicht angefügt, sondern bleibt bei den Grundakten. Ein Verzicht auf den Grundschuldbrief ist unstatthaft. Dem Grundschuldbriefe können nach § 128 G. B. O. Zinsquittungsscheine beigelegt werden; doch ist diese Einrichtung nahezu unpraktisch. Beim Amtsgericht I. zu Berlin sind in der Zeit v. 1. Oktober 1885 bis dahin 1886 bei einem Grundschuldverkehr von fast 7 Millionen Mk. nur 4 Grundschuldbriefe über zusammen 40 000 Mk. mit Zinsquittungsscheinen ausgegeben worden. Im Vorjahre war gar kein solcher Brief ertheilt worden

[1*]) Die kontroverse Frage, ob auch die Umwandlung einer Grundschuld in eine Hypothek statthaft ist, (vgl. die Literatur bei Turnau S. 467. Anm. 7) ist v. R. G. bejaht. Beschl. v. 13. Juli 1880 (J. u. K. I. 139.) Ueber das Verfahren s. das. S. 141.

[2]) Der Zustimmung anderer Hypothekengläubiger bedarf es nur, wenn es sich um eine vor dem 1. Oktober 1872 eingetragene Hypothek handelt. Alsdann müssen die gleich- und nacheingetragenen aber auch nur insoweit zustimmen, als auch ihre Eintragung vor dem 1. Oktober 1872 erfolgt ist.

[1**]) Die Vorrechtseinräumung ist im Falle des Vorhandenseins von Zwischen-

mann zu Hermannsdorf Blatt No. 15 des Grundbuchs von Hermannsdorf haften für mich in Abth. III. No. 4 aus der Urkunde vom 9. November 1880 Neuntausend (9000) Mark zu Fünf Procent verzinslich. Ich räume damit den in Abth. III. No. 5 für den minderjährigen Gottlieb Friedrich Gebauer zu Hermannsdorf eingetragenen Fünftausend (5000) Mark das Vorrecht ein und beantrage die Eintragung der Vorrechtseinräumung in das Grundbuch. Zu dem Zwecke überreiche ich die Urkunde über meine Post. [Der Vormund des vortretenden Gläubigers wird die Urkunde über die vorrückende Post gleichfalls einreichen].[2])

Datum. Unterschrift und Beglaubigung.

45. Abtretung einer Hypothek.

A. L. R. I. 11. §§ 376 ff. E. E. G §§ 52–56. G. B. O. §§ 79—83. Dernburg I. §§ 325—326. Förster-Eccius I § 99. S. 629. III. § 199a. S. 557. Fischer § 41. S. 255; § 67. S. 368.

Die Abtretung bedarf zur Wirksamkeit der Eintragung nicht. Ist indessen über die Post eine Hypothekenurkunde nicht gebildet, so erfordert das Interesse des Cessionars, daß auf der Eintragung der Abtretung bestanden werde. Denn er ist sonst gegen weitere Verfügung des Cedenten über die Hypothek nicht gesichert. Bei der Eintragung der Cession muß jedenfalls die Bildung der Hypothekenurkunde erfolgen.[1])

Muster.

Auf dem Rittergute Werthburg (Blatt No. 1 des Grundbuches von Werthburg) stehen für mich aus der Darlehnsverschreibung vom 5. Februar 1880, Abth. III. No. 4, Sechstausend Mark, zu Fünf Procent verzinslich, eingetragen. Diese Forderung nebst Zinsen seit

---

posten eine wenig rathsame Sache. Denn über die rechtliche Natur und Wirkung der Vorrechtseinräumung herrscht große Meinungsverschiedenheit (vgl. die Literatur bei Krech u. Fischer zu § 29. Anm. 8.), die unter Umständen dahin führen kann, daß der vorrückende Gläubiger in Folge Löschung der zurücktretenden Post seine Rechte aus der Prioritätscession überhaupt verliert. Wenn es den sonstigen Intentionen der Parteien nicht widerstreitet, ist die Vertauschung der beiden Hypotheken bez. einer Hypothek und eines Theiles der anderen durch gegenseitige Cession vorzuziehen. Handelt es sich um Korealhypotheken, bei denen die Priorität nur für einzelne Grundstücke cedirt werden soll, so ist der Tausch allerdings nicht ausführbar.

2) Dieser Satz kann auch wegbleiben, wenn die Vermerkung der Vorrechtseinräumung auf der Urkunde über die vorrückende Post nicht verlangt wird oder über dieselbe keine Urkunde gebildet ist. Auf der Urkunde über die zurücktretende Post muß die Vermerkung erfolgen und wenn bis jetzt keine Urkunde gebildet ist, muß deren Bildung erfolgen (G. B. O. § 130.) Ueber die Form der Vermerke vgl. das Muster in Anl. D. zur G. B. O.

1) Ueber Cession Seitens des befriedigten Gläubigers auf Anweisung des Schuldners vgl. Beschl. d. K. G. v. 16. Mai 1881 (J. u. K.) II. 127.; über Umschreibung einer in der Zwangsvollstreckung versteigerten Hypothek Beschl. v. 26. Mai 1884 (ebenda V. 177.)

Johannis dieses Jahres [2]) trete ich dem Bankier Aron Wundermann hierselbst ab, so daß derselbe dies Forderungsrecht von nun als das seinige auszuüben befugt sein soll. Den Werth habe ich, der Verabredung gemäß, baar bezahlt erhalten.[3]) Ich überreiche die über die Post gebildete Hypothekenurkunde und bewillige und beantrage die Eintragung der Abtretung in das Grundbuch [4]) und die demnächstige Aushändigung der Hypothekenurkunde an Herrn Wundermann.

Datum. Unterschrift und Beglaubigung.

46. Blanko-Abtretung einer Grundschuld.

E. E. G. § 55.

Dernburg I. § 326. Förster-Eccius I. § 99. S. 638; III. § 199a. S. 558. Fischer § 41. S. 255.

Die Blankoabtretung einer Grundschuld wird Behufs Erleichterung der Verkehrsfähigkeit am zweckmäßigsten auf den Grundschuldbrief selbst gesetzt. Indessen kann sie auch in einer besonderen Urkunde und auch zu gerichtlichem oder notariellem Protokoll erklärt werden.[1]) Die protokollarische Form ist sogar nothwendig, wenn der Cedent taubstumm, blind oder schreibensunkundig ist. Wird nun die protokollarische Blankocession nach Ausfertigung des Protokolls durch Einrückung des Namens des Erwerbers ausgefüllt, so stimmt die Urkunde in ihrer jetzigen Fassung mit dem Protokoll nicht mehr überein. Es muß deshalb vorgesorgt werden, daß sie auch äußerlich den Anschein solcher Uebereinstimmung nicht trägt; denn gerichtliche oder notarielle Ausfertigungen müssen um ihrer Authenticität willen mit Sicherheit ersehen lassen, was der Richter oder Notar ausgefertigt hat.

a.

Muster einer Blankocession auf dem Grundschuldbrief selbst.

Die vorstehend verbriefte Grundschuld trete ich nebst den Zinsen seit 1. Juli dieses Jahres an [2*]) ab und bewillige die Umschreibung im Grundbuch.

Datum, Unterschrift und Beglaubigung.

---

[2]) Nothwendig ist eine besondere Cession der Zinsen nicht. Beschl. d. K. G v. 22. Mai 1882. (J. u. K. III. 168.)

[3]) Das Bekenntniß des Valutenempfanges ist kein nothwendiges Erforderniß der Cession.

[4]) Dieser Antrag genügt allein zur Umschreibung, auch wenn eine besondere Abtretung nicht erklärt ist. Beschl. d. K. G v. 26. Februar 1883. (J. u. K. III. 169.)

[1]) Vgl. zu Not. Ges. § 12. Anm 2.

[2*]) Der freibleibende Raum muß genügend groß sein, um alle zur Indentificirung des Cessionars nöthigen Notizen hineinschreiben zu können also z. B. für die Worte:

„Die Auguste geb. Müller verehelichte Kaufmann Friedrich Schulze zu Berlin, Augustraße No. 4."

b.

Blankocession zum Protokoll.

Eingang.

.... erscheint u. s. w. und erklärt:

Auf dem Grundstück Königstraße No. 14 hierselbst (Band 10. Blatt 24 des Grundbuchs von B.) haftet für mich in Abth. III. No. 5 eine Grundschuld von Zwölftausend (12 000) Mark. Ich trete dieselbe nebst den Zinsen seit dem 1. dieses Monats hiermit an

ab[3]) und bewillige die Umschreibung im Grundbuch, bitte auch um eine Ausfertigung der Verhandlung.

Schluß.

c.

Muster der Ausfertigung zu b.

Vorstehende[4]) Verhandlung wird hierdurch mit dem Bemerken ausgefertigt, daß der Raum zwischen dem Worte: „an" und dem Worte: „ab" in Zeile sieben der Ausfertigung in der Urschrift der Verhandlung unausgefüllt geblieben ist.[5])

47. Theilabtretung einer Hypothek.

G. B. O. §§ 82. 83.

Dernburg I. § 325. Förster-Eccius I. § 99 S. 638.

Bei der Theilabtretung ist die Eintragung in das Grundbuch zur Rechtsgiltigkeit zwar ebenso wenig erforderlich wie bei der Abtretung einer ganzen Hypothek; ihre alsbaldige Vornahme ist indessen für den Cessionar stets zu empfehlen, weil bei späterer Nachsuchung der Eintragung die Haupturkunde vorgelegt werden muß, deren Beschaffung für ihn häufig schwierig, unter Umständen sogar unmöglich ist.

Die Theilabtretung selbst besteht aus drei Stücken, aus der Abtretungsurkunde, dem Abzweigungsvermerk auf der Haupturkunde und der Bildung der Zweigurkunde.[1]) Die beiden letzteren Ur-

---

[3]) Nicht für zulässig kann es erachtet werden, die Blankoabtretung im Protokoll dahin zu fassen: „ich trete die Grundschuld hierdurch ohne Nennung des Namens des Erwerbers ab." Denn wenn diese Worte auch den Erfordernissen des § 55. Abs. 1. des E. E. G. entsprechen, so gewähren sie doch nicht die nach Abs. 2. ebenda nothwendige Möglichkeit „die Blankoabtretung durch einen Namen auszufüllen." Vgl. auch das Formular bei Turnau zu § 78. G. B. O. Anm. 3. S. 431.

[4]) Beziehentlich bei Notariatsurkunden mit den Zusätzen nach § 16. des Not. Ges.

[5]) Vgl. auch Muster 48. über Blanko-Theilabtretung S. 247.

[1]) Nehmen die Parteien von der Eintragung der Cession Abstand, so ist ihnen auch unbenommen, sich mit der vorhandenen Hypothekenurkunde als einer gemeinschaftlichen zu begnügen. Im Falle der Eintragung dagegen muß die Bildung der Zweigurkunde unbedingt erfolgen. Beschl. d. K. G. v. 4. Juli 1881

kunden gestalten sich aber verschieden, je nachdem die Parteien sich zu deren Herstellung direkt an den Grundbuchrichter oder aber an einen anderen Richter oder Notar wenden. Das erstere Verfahren ist nur statthaft, wenn gleichzeitig die Eintragung der Abtretung nachgesucht wird. Für dieses Verfahren sind Muster in den Anlagen D. E. F. zur G. B. O. vorhanden. Hier werden Muster für die zweite Prozedurform gegeben. Zur Vornahme derselben ist, als zu einem Akte der reinen freiwilligen Gerichtsbarkeit, jedes Amtsgericht und jeder Notar zuständig, gleichviel ob die Abtretungsurkunde vor ihnen errichtet ist, in welchem Falle ihnen die Anfertigung der Zweigurkunde obliegt, oder ob es sich um privatschriftliche, nur der Unterschrift nach von ihnen beglaubigte Cessionen handelt.[2])

Muster.

a.
Abtretungsurkunde.

Kosel, den 3. Juli 1886.

Auf dem Rittergute **Kornwald** stehen für mich Abth. III, Nr. 3 Zehntausend Mk. rückständige Kaufgelder, zu Fünf Prozent verzinslich, aus dem Vertrage vom 18. Oktober 1880 eingetragen. Davon trete ich, mit dem Vorzuge vor dem Ueberrest, die Summe von Achttausend Mark, nebst Zinsen seit dem 24. Juni d. J., dem Kaufmann Georg **Gablonski** zu Breslau, dergestalt ab, daß derselbe das abgetretene Theilforderungsrecht von nun an als das seinige auszuüben befugt sein soll. Ich bewillige und beantrage die Eintragung der Abtretung in das Grundbuch.

Unterschrift und Beglaubigung.

b.
Vermerk auf dem Hypothekenbrief.[3])

Von vorstehenden Zehntausend Mark Abth. III. Nr. 3 sind Achttausend (8000) Mark mit dem Vorzugsrecht vor dem Ueberreste und mit den Zinsen seit dem 24. Juni 1886 an den Kaufmann Georg

(J. u. K. II. 165). Wegen Unzulässigkeit der Abzweigung eines der Höhe nach unbestimmten Antheils insbesondere bei Miterben s. Beschl. v. 10. Aug. 1885 (ebenda VI. S. 114); vgl. auch Bd. I. S. 137.

[2]) Vgl. d. Nähere bei Turnau zu G. B. O. § 83 Anm. 8 (S. 442). S. auch J. u. K. II. S. 306.

[3]) Bei Gesammthypotheken gehört der Vermerk auf jeden der vorhandenen Briefe. Beschl. d. K. G. v. 17. Juli 1883 (J. u. K. IV. S. 212); s. indessen auch Beschl. v. 14. November 1881 (ebenda II. 168).

Handelt es sich um eine ältere — vor dem 1. October 1872 — gebildete Hypothekenurkunde, so wird der Vermerk nicht unter den Hyp.-Buchs-Auszug, sondern unter die persönliche Schuldurkunde gesetzt und ist demgemäß auch im Falle der Gesammthypothek nur **einmal** vorhanden. Meist ist direkt unter der Schuldurkunde kein Platz, weil die „Ingrossationsregistratur" (das ist die Bezeugung des Ingrossators über die erfolgte Eintragung) sich dort befindet. Alsdann wird der Vermerk unter die letztere gesetzt.

Gablonski zu Breslau abgetreten, und es ist dem letzteren eine beglaubigte Abschrift dieser Hypothekenurkunde ertheilt worden, so daß die vorliegende Haupturkunde nur noch über Zweitausend Mark gültig ist.

Kosel, den 8. Juli 1886.

(Siegel)

Ignaz Paul Schadow
Königlicher Notar im Bezirke des Königlichen
Oberlandesgerichts zu Breslau.

c.

Bildung der Zweigurkunde:

Nachstehende Abschrift:

Hier wird die ganze Hypothekenurkunde einschließlich des Vermerks zu a abgeschrieben.[4])

ist mit dem vorgelegten Originale wörtlich gleichlautend und zu dem Zwecke gefertigt worden, um als eine selbstständige Zweigurkunde über die von der Post Abth. III. Nr. 3 von 10 000 Mk. abgezweigten und dem Kaufmanne Georg Gablonski zu Breslau mit dem Vorzugsrecht vor dem Ueberrest und den Zinsen seit 24. Juni 1886 abgetretenen Achttausend Mark zu dienen, so daß die in den Händen des Cedenten, des Hauptmanns a. D. N. zu Neisse, verbliebene Haupturkunde nur noch über zweitausend (2000) Mark gültig ist.

Kosel, den 8. Juli 1886.

Siegel und Unterschrift wie zu b.

d.

Vermerk bei demnächstiger Eintragung der Theilabtretung.[5])

Nach erfolgter Eintragung setzen Grundbuchrichter und Buchführer auf die Haupturkunde den Vermerk über verminderte Gültigkeit

---

[4]) Bei der Abschrift ist die Reihenfolge zu beobachten, daß mit dem Hypothekenbrief begonnen und mit der persönlichen Schuldurkunde geschlossen wird. Auch muß angegeben werden, ob und welcher Stempel zum Original verwendet ist — Vgl. übrigens wegen der verschiedenen Ansichten über die Bildung der Zweigurkunden Turnau zu G. B. O. § 83 Anm. 8 S. 443. Daubenspeck (bei Johow V. S. 226) hält für erforderlich, bei Gesammthypotheken jeden Hypothekenbrief besonders zu beglaubigen und mit dem Abzweigungsatteste zu versehen und von der Schuldurkunde gleichfalls eine gesonderte beglaubigte Abschrift zu fertigen. Wenn sich über die Prozedur selbst auch streiten läßt, so ist doch die Ansicht Daubenspeck's, daß sein Vorschlag keine Mehrkosten verursacht, weil die beglaubigten Abschriften der Hypotheken- und Grundschuldbriefe nicht stempelpflichtig seien, irrig. Diese Abschriften unterliegen dem Beglaubigungsstempel allerdings, und der letztere wird für jedes Attest einzeln und nur im Falle eines einzigen zusammenfassenden Attestes einfach erhoben. (J. M. R. v. 17. Februar 1876, b. Hoyer-Gaupp S. 445; Anm. 5. Erk. d. O. Tr. vom 20 Juni 1877, Oppenhoff, Bd. 18 S. 439; F. M. R. v. 1. October 1823, b. Hoyer-Gaupp S. 444 Anm. 3). Wegen der namentlich bei Gesammthypotheken erheblichen Mehrkosten ist dem entgegengesetzten Verfahren, welchem ein gesetzlicher Grund nicht entgegensteht, der Vorzug zu geben

[5]) Bei deren Nachsuchung muß sowohl die Haupt- als die Zweigurkunde und auch die Abtretungserklärung dem Grundbuchrichter vorgelegt werden.

in der Art, wie das Muster D und H zur G. B. O. dieses veranschaulicht und außerdem sowohl auf die Haupt- als auf die Zweigurkunde folgenden Vermerk:[6])

Die Abtretung von Achttausend (8000) Mark nebst den Zinsen seit 24. Juni 1886 und dem Vorzugsrecht vor dem Ueberrest an den Kaufmann Georg Gablonski zu Breslau ist im Grundbuch vermerkt.

N. den 3. September 1886.

Königliches Amtsgericht.

Unterschrift des Grundbuchrichters. Unterschrift des Buchführers.

48. Blanko-Theilabtretung einer Grundschuld.[1])

a.

Vermerk auf dem vorhandenen Grundschuldbrief.

Von vorstehenden 5000 Mark, Abtheilung III. No. 9, sind Zweitausend (2000) Mark mit Vorzugsrecht vor dem Ueberrest und mit den Zinsen vom 1. April 1886 ohne Nennung des Erwerbers anderweit abgetreten, und ist über dieselben eine beglaubigte Abschrift dieses Grundschuldbriefes als Zweigurkunde ertheilt worden, so daß der vorliegende Grundschuldbrief nur noch über Dreitausend (3000) Mark gültig ist.

Liebstadt, den 1. April 1886.

Siegel und Unterschrift, wie bei Muster 47 zu b.

b.

Zweigurkunde.

Nachstehende Abschrift:

(hier folgen[2]) der Grundschuldbrief und die darauf gesetzten Vermerke bis einschließlich den Vermerk über die Theilabtretung.)

ist mit dem vorgelegten Original wörtlich gleichlautend und zu dem Zwecke gefertigt, um als eine selbstständige Zweigurkunde über die von der Post Abth. III. No. 9 von 5000 Mark abgezweigten und an

abgetretenen Zweitausend (2000) Mark zu dienen, so daß die Haupturkunde nur noch über Dreitausend (3000) Mark gültig ist.

Die Ertheilung der Zweigurkunde geschieht mit dem Bemerken, daß die Abtretung ohne Nennung des Erwerbers erfolgt und deshalb

---

[6]) Wegen der Vermerke vgl. Anm. 3 u. 4.

[1]) Zweckmäßiger als eine derartige Theilabtretung wäre es, den Grundschuldbrief dem Grundbuchrichter mit dem Antrage zurückzugeben, ihn zu kassiren und statt seiner zwei oder mehr Grundschuldbriefe über Theilbeträge auszugeben, da der Eigenthümer über die Grundschuld getrennt disponiren wolle. Diesem Verfahren steht keine Gesetzesbestimmung entgegen.

[2]) Befindet sich der Abtretungsvermerk auf dem Grundschuldbrief, so muß er mit abgeschrieben werden.

der Raum zwischen dem Worte „an" und dem Worte „abgetreten" in diesem Vermerke Zwecks späterer Ausfüllung freigelassen ist.[3])

Liebstadt, den 1. April 1886.

Siegel und Unterschrift wie zu 1.

49. Verpfändung einer Hypothek.[1])

A. L. R. I. 20. §§ 281—298. 515. E. E. G. §§ 49. 53. 54. 56. G. B. O. §§. 79-84. 91.

Dernburg I. § 361. Förster-Eccius III. § 192. S. 477, § 199ª S. 559. 560. Fischer § 41. S. 255.

Wegen der Eintragung in das Grundbuch vgl. die auch hier anwendbare Vorbem. zu Muster 45 S. 242. Wegen des Erfordernisses der Schriftform zur Gültigkeit auch beim Vorliegen eines Handelsgeschäfts vgl. Urth. d. R. G. v. 2. Dez. 1885 (Entsch. 14 S. 297).

Muster.

Ich bin dem Rentier Jakob Hahn hierselbst aus einem Darlehnsgeschäfte 1800 M. sage Achtzehnhundert Mark, mit Sechs Procent seit 1. Februar 1886 zu verzinsen, schuldig geworden, worüber er einen besonderen Schuldschein vom 1. Febr. d. J. hat. Für diese Forderung, und zwar für Kapital, Sechs Procent-Zinsen seit 1. Febr. 1886 und die Einziehungskosten verpfände ich dem Herrn Hahn, die ganze[2]) mir zustehende, auf dem Emil Grundmann'schen Hause Blatt No. 1000 hierselbst aus der Verschreibung vom 2. Januar 1881 Abth. III. No. 2 des Grundbuchs mit Vier Procent Zinsen eingetragene Hypothek von Dreitausend Mark, nebst den Zinsen davon seit dem 1. dieses Monats, hiermit dergestalt, daß er berechtigt sein soll, sich daraus wegen Kapitals, Zinsen und Kosten bezahlt zu machen. Ich ermächtige ihn auch ausdrücklich, die Zinsen davon zu erheben, und sich davon wegen seiner Sechs Procent Zinsen bezahlt zu machen, mit dem Vorbehalte, daß er mir den Ueberschuß erstatte.

Ich überreiche in der Anlage die über die verpfändete Post gebildete Hypothekenurkunde und bewillige und beantrage, die Verpfändung in das Grundbuch einzutragen und die Hypothekenurkunde demnächst dem Herrn Hahn auszuhändigen.

Datum. Unterschrift und Beglaubigung.

---

[3]) Vgl. zu Muster 46 S. 243. die Vorbem. und Anm. 2. sowie zu Muster 47. Anm. 3. u. 4 S. 245.

[1]) Siehe auch das Muster No. 64. über Verpfändung einer Forderung überhaupt S. 278.

[2]) Soll nur ein Theilbetrag verpfändet werden, so muß über den verpfändeten Betrag eine Zweigurkunde wie im Falle der Theilabtretung gebildet werden, falls nicht der Verpfänder die ganze Hypothekenurkunde dem Pfandnehmer überlassen will. Wegen der Zweigurkunde sind die Muster bei No. 47 S. 246 zu benutzen. Die nöthigen Aenderungen (statt „abgetreten" 2c. „verpfändet" 2c. ergeben sich von selbst) Vgl. auch Turnau zu E. E. G. § 54. Anm. 3. (S. 427). Wegen Unzulässigkeit der Verpfändung eines der Höhe nach unbestimmten Antheils einer Hypothek vgl. zu Muster 47. Anm. 1. Wegen der bloßen Verpfändung eines Hypothekenbriefes s. Urth. d. R. G. v. 15. Mai 1886 (Entsch. 16 S. 169).

— **Bescheinigung des Nachlaßrichters Behufs Umschreibung einer Nachlaßhypothek** s. bei Muster 204.

50. Quittung und Löschungsbewilligung mit Löschungsantrag.

A. L. R. I. 16. §§ 87 ff. E. E. G. §§ 57—67; G. B. O. §§ 94. 95.

Dernburg I. § 336. Förster-Eccius III. § 200. S. 573 ff. Fischer § 41. S. 256.

Auf dem Bauergute Blatt No. 4 des Grundbuches von Heidorf stehen für mich, den Hausbesitzer Nicolaus Dittrich zu Neisse, aus der Schuldverschreibung des Bauers Jonas, vom 6. Mai 1881, Abth. III. No. 2. Eintausend Mark Darlehn eingetragen. Diese hat mir der jetzige Besitzer des verpfändeten Bauergutes, der Bauer Hans Maig, nebst allen Zinsen zurückgezahlt; ich quittire darüber, unter Zurückgabe der Hypothekenurkunde, und willige in die Löschung der Post im Grundbuch.[1])

Ich, der unterzeichnete Bauer Hans Maig, beantrage diese Löschung.[2])

Datum. Unterschriften und Beglaubigung.

V. Antichretische Verträge.

51. Antichretischer Pfandvertrag mit und ohne Rechnungslegung.

A. L. R. I. 20. §§ 139 - 156. 224—242. A. G. O. II. 3. § 14. G. B. O. § 12. Koch II. § 653. Dernburg I. § 339. S 870. Förster-Eccius III. § 196 S. 523. Fischer § 41 S. 250.

Wird eine fruchttragende Sache zum Unterpfande gegeben, so muß der Pfandnehmer sie verwalten und Rechnung legen, die Ueberschüsse aber alljährlich zuerst auf die Zinsen und dann auf das Kapital abrechnen. Bei dieser Art des Pfandvertrages kann wegen Meliorationen und Deteriorationen keine Bestimmung ge-

[1]) Der Verbindung von Quittung und Löschungsbewilligung bedarf es nicht. Die Löschung erfolgt sowohl auf die erstere als auf die letztere allein. Aber auch bei der bloßen Löschungsbewilligung muß die Person desjenigen bezeichnet werden, dem gegenüber in die Löschung gewilligt wird. Denn nur derjenige Eigenthümer, auf dessen Namen die Löschungsbewilligung lautet, ist zum Löschungsantrage befugt. Vgl. Beschl. d. K. G. v. 12. Januar 1880; 12. März 1883 u. 1. Juni 1885. (J. u. K. I. 132; III. 172; VI. 127.) Wegen Löschung auf Grund einer Quittung gegenüber dem Vorbesitzer vgl. Beschl. v. 21. März u. 7. Februar 1881. (J. u. K. II. 147. 148.); wegen der Befugniß des Fiduciarerben zur Löschungsbewilligung Beschl v. 5. April 1882 u. 16. Februar 1885. (J. u. K. III. 185; V. 182)

[2]) Wegen der Legitimation eines Miteigenthümers zu Löschungsanträgen vgl. Beschl. d. K. G. v. 28. Mai 1883 (J. u. K. IV. 187), wegen der Legitimation des Ehemannes bei der Gütergemeinschaft Beschl. v. 5. März 1883 (J. u. K. III. 177). — Wegen Vertretung des Gläubigers und Schuldners bei der Löschungsbewilligung bez. dem Antrage durch dieselbe Person vgl. Beschl. v. 21. Dezember 1885 (ebenda VI. S. 132).

troffen werden, weil der Pfandbesitzer Verwalter für fremde Rechnung ist und nur seine eigenen Verwendungen fordern kann, die Verbesserungen aber mit den Mitteln des Prinzipals bewirkt: hinsichtlich der Verschlechterung hingegen, außer dem Falle der Vernachlässigung, nichts zu ersetzen hat, indem die dadurch gemachten Ersparungen nicht ihm, sondern dem Pfandgeber zu Gute kommen (Muster A).

Wird aber die Rechnungslegung im Voraus erlassen, so hat das Geschäft Aehnlichkeit mit der Pacht. Es muß dann die Dauer bestimmt und Verabredung wegen der Konservation der Substanz getroffen werden. Geht die Verabredung bloß dahin, daß die Nutzungen statt der Zinsen gezogen werden sollen, so ist nicht nöthig, die Dauer im Voraus zu bestimmen, weil bei ermangelnder Bestimmung der Dauer der Gläubiger auf Kündigung und gegen Befriedigung abziehen muß; soll hingegen auch wegen des Kapitals Befriedigung durch die Nutzungen erfolgen, so ergiebt sich von selbst, daß die Dauer nothwendig vorausbestimmt werden muß. Für diese Art des Pfandvertrages, wo der Pfandnehmer von der Rechnungslegung befreit sein soll, war nach A. L. R. richterliche Bestätigung bei Strafe der Ungültigkeit erfordert. Zweck dieser Vorschrift war die Verhütung heimlichen Wuchers. Deshalb sollte der Richter den nach wirthschaftlichen Grundsätzen auszumittelnden reinen Ertrag des Pfandes feststellen, und wenn derselbe die erlaubten Zinsen um mehr als ein Drittel übersteigt, die Bestätigung verweigern. Mit Rücksicht auf die Aufhebung der Zinsbeschränkungen durch das Bundesgesetz v. 14. Nov. 1867 ist die richterliche Prüfung und Bestätigung gegenwärtig für beseitigt und auch durch das Reichsgesetz betreffend den Wucher v. 24. Mai 1880 nicht wiederhergestellt zu erachten.[1]) Auf die Form der Abschließung des Vertrages ist diese Frage ohne Einfluß. Auch unter der Herrschaft der landrechtlichen Bestätigung war die gerichtliche Abschließung des Vertrages (A. G. O. II. 1. § 3. Nr. 2c) seit dem Gesetze v. 23. April 1821 (G. S. S. 43) nicht mehr erforderlich.

Muster A.

Eingang.

§ 1.

Der Gutsbesitzer Gebhart von Z. hat dem Gutsbesitzer Lebrecht K. ein Darlehn von Dreißigtausend Mark am 24. v. M. gegen die mit letzterem Tage beginnende Verzinsung von Fünf Prozent vorge-

---

[1]) Vgl. Dernburg I. S. 234 Anm. 11 u. S. 870; Förster-Eccius III. S. 523; Achilles in Koch's A. L. R. I. 20 zu §§ 227–237 Anm. 87; Rehbein u. Reincke zu § 237 Anm. 112; Willenbücher zu § 12 d. G. B. O (S. 144); Basch, A. G. O. zu § 119. I. 24 (S. 54) u. zu § 3. II. 1. (S. 138). Für zweifelhaft erklärt die Frage Vierhaus A. G. O. zu § 3 II. 1. Anm. 4.

streckt und ausgezahlt. Herr Lebrecht K. erkennt dies an und hat sein im hiesigen Kreise belegenes Rittergut G.... dem Herrn Gebhart von Z. zu einem nutzbaren Pfande an demselben Tage, nach einem davon aufgenommenen Inventarium, welches beide Theile hierbei überreichen und anerkennen, übergeben, damit derselbe solches wirthschaftlich verwalte und die nach Abzug der Kosten und Lasten verbleibenden Nutzungen zuerst auf die Zinsen und sodann auf das Kapital behalte und abrechne. Herr Lebrecht K. bewilligt auch und beantragt, daß für den Gläubiger sowohl eine Hypothek von Dreißigtausend Mark mit den vorstehenden Zinsen und der nach Maßgabe des § 4 verabredeten Rückzahlungsbedingungen, als auch das Besitz- und Nutzungsrecht des Gläubigers auf dem Blatte des verpfändeten Grundstücks — Blatt Nr. 1 des Grundbuchs von G. — in das Grundbuch eingetragen werde.[2]) Die Hypothekenurkunde soll Herrn v. Z. direkt ausgehändigt werde.

§ 2.

Herr v. Z. quittirt über die in Uebereinstimmung mit der Anlage gehörig vollzogene Uebergabe und verspricht, die Rechnung jährlich mit dem 24. Juni abzuschließen und binnen 14 Tagen darauf dem Herrn K. zu überliefern.

§ 3.

Herr von Z. erhält jährlich ein Verwaltungshonorar von vierhundert und Funfzig Mark aus den Revenüen, und kann dasselbe am Ende des Wirthschaftsjahres in der Rechnung in Ausgabe stellen.

§ 4.

Der Pfandgläubiger hat sich vorbedungen, unbeschadet der Verhaftung der Substanz des Gutes für die Forderung, seine Befriedigung an Kapital und Zinsen zunächst aus den Nutzungen des verpfändeten Guts nehmen zu dürfen;[3]) die Rückgabe des Guts hängt daher von der Befriedigung des Gläubigers ab und soll erfolgen, sobald derselbe den Rest seiner Forderung aus dem Bestande der Wirthschaftskasse zu nehmen im Stande ist. Doch steht dem Schuldner frei, zu allen Zeiten seinen Gläubiger nach vorheriger vierwöchentlicher Kündigung vollständig zu befriedigen, und der Gläubiger soll das Gut unverzüglich zurückgewähren. Das Honorar des laufenden Jahres soll in diesem Falle nach Verhältniß der Zeit entrichtet werden.

§ 5.

Von den Vorschüssen, welche der Gläubiger etwa machen möchte, soll er sich keine Zinsen berechnen dürfen.

§ 6.

Die Kosten dieses Vertrages und der Rückgabe übernimmt der Schuldner; die Kosten der geschehenen Uebergabe werden kompensirt.

Schluß.

---

[2]) Die Eintragung des Besitz- und Nutzungsrechtes erfolgt gesondert in Abth. II. (G. B. O. § 12).

[3]) Wird bedungen, daß die Befriedigung nur aus den Nutzungen erfolgen solle, so liegt eine Revenüenhypothek vor; vgl. hierüber Muster 40. S. 239.

Muster B.

Eingang. N., den 2. Juli 1886.

§ 1.

Der Gutsbesitzer Gebhart v. Z. hat dem Gutsbesitzer Lebrecht K. ein Darlehn von Dreißigtausend Mark vorgestreckt und am 24. v. M. baar gezahlt; Herr Lebrecht K. hat ihm dagegen sein Rittergut S... im hiesigen Kreise zum Pfandbesitze eingeräumt und an demselben Tage übergeben. Herr Lebrecht K. quittirt über den Empfang der Dreißigtausend Mark, und Herr Gebhart v. Z. erkennt an, daß ihm das Gut S... nach dem davon aufgenommenen Verzeichnisse, welches als Beilage hierzu übergeben und von beiden Theilen für richtig anerkannt wird, gehörig übergeben worden sei.

§ 2.

Der Herr v. Z. soll das Gut nach wirthschaftlicher Art verwalten und die nach Abzug der Kosten und Lasten verbleibenden Nutzungen, statt der Zinsen, ohne Rechnungslegung genießen.

§ 3.

Die Dauer des Pfandverhältnisses ist auf Sechs Jahre verabredet, vor deren Ablaufe keiner von Beiden abgehen kann; die Rückgabe geschieht auf Johannis 1892, jedoch nur gegen Befriedigung des Gläubigers wegen seiner Kapitalsforderung und wegen der im § 4 gedachten Verwendungen. Unterbleibt die Befriedigung, so behält der Gläubiger den Pfandbesitz, bis solche erfolgt, jedoch muß derselbe alsdann von Johannis 1892 an Rechnung legen und die Nutzungen zuerst auf die Zinsen und hiernächst auf das Kapital abrechnen.

§ 4.

Für Verschlimmerungen haftet der Pfandgläubiger nach den Grundsätzen, welche von den Pachtverhältnissen gelten. Für Verbesserungen erhält er keine Vergütung, aber den bei der Rückgewähr vorhandenen Mehrbestand am Vieh-, Feld- und Wirthschaftsinventarium kann und muß er gegen Erstattung des Werths zurücklassen. Das Mehr oder Minder wird gefunden lediglich durch Vergleichung der Gesammtsumme der Taxe vom ganzen Inventarium gegen die in dem hier beiliegenden Verzeichnisse ausgeworfene und aufgerechnete Gesammtsumme, so daß sich die verschiedenen Sorten einander decken und ausgleichen. Bei der Taxe ist auf den marktgängigen Preis gesehen worden und nach dem künftigen Marktpreise soll auch bei der Rückgabe taxirt werden. Stroh- und Heubestände werden nicht taxirt; was künftig an Menge weniger abgeliefert wird, muß nach dem Marktpreise ersetzt werden; nnd verkaufen darf der Pfandbesitzer kein Heu oder Stroh. Ein Mehr an Aussaaten und Pflugarten wird nicht vergütet; ein Minder aber muß der Pfandbesitzer, und zwar die Winteraussaat nach dem Martini-Marktpreise des vorigen Jahres, und die Sommeraussaat, so wie Kartoffeln, nach dem Durchschnittsmarktpreise des Aprils in der Kreisstadt; die Bestellungskosten aber mit 2,20 Mark pro Hektoliter und Furche, bei Kartoffeln mit 4 Mark für den Hektoliter Aussaat vergüten. Im Uebrigen kommen bei entstehenden Uneinigkeiten die vom Pachtverhältnisse geltenden Regeln zur Anwendung. Alle Reparaturen an Gebäuden müssen, während der Dauer der Pfandnutzung ohne Rechnungslegung, auf Kosten des Pfandbesitzers geschehen, und was am Ende der Sechs Jahre noch zu repariren ist, muß der Pfandbesitzer nach dem Anschlage Sachverständiger bezahlen.

Alles, was hiernach für den Fall der Rückgabe am 24. Juni 1892 auszumitteln, festzustellen und zu berechnen ist, muß auch dann geschehen, wenn wegen ausbleibender Befriedigung des Gläubigers der Pfandbesitz auf Rechnung fortgesetzt wird, weil von da an der Pfandbesitzer nur als Verwalter für Rechnung des Schuldners, rücksichtlich der Bewirthschaftung des Guts, in Betracht kommt.[4])

§ 5.

Kosten und Stempel dieses Vertrages, so wie die Kosten der künftigen Rückgewähr trägt der Schuldner allein.

Schluß.

VI. Fideikommisse.

52. Fideikommiß-Stiftung.

A. L. R. II. 4. §§ 28 ff u. 47 ff. Ges. v. 5. März 1855 (G. S. S. 175). A. G. z. G. V. G. § 49 Nr. 1 u. § 57. — G. B. O. § 74.

Koch I. § 300; Dernburg I. § 375 S. 692; Förster-Eccius IV. § 242 S. 269; Fischer § 38 S. 226.

Fideikommiß-Stiftungen können durch Verträge, durch einseitige Erklärungen unter Lebendigen, oder durch letztwillige Verordnungen errichtet werden. Die Siftungsurkunden müssen vor dem Oberlandesgericht oder einem Mitgliede desselben[1]) errichtet oder verlautbart und von dem Oberlandesgericht bestätigt werden. Zuständig ist das Oberlandesgericht der belegenen Sache.[2]) Innerhalb desselben

---

[4]) Wegen Uebergabe und Rückgewähr vgl. die Beispiele bei Muster 35 S. 224 ff.

[1]) Die Aufnahme vor dem versammelten Gericht (A. G. O. II. 2. § 1. Nr. I.) ist für die Handlungen vor dem Oberlandesgericht eine noch jetzt zu Recht bestehende aber ungebräuchlich gewordene Form. Für die Aufnahme durch ein Gerichtsmitglied gelten die Vorschriften der A. G. O. noch ungeändert fort. Es bedarf sonach einer ausdrücklichen Deputirung, widrigenfalls der Akt keine gerichtliche Kraft hat (A. G. O. II. 2. §§ 2—6.). Die Deputirung selbst steht dem Vorsitzenden des Senates zu und unterliegt nur der allgemeinen Geschäftsvertheilungsregel der §§ 68. 121. G. V. G. mit § 16. A. G. z. G. V. G. Danach ist eine generelle Ernennung nicht ausgeschlossen.

[2]) Dernburg a. a. O. S. 963. a. M. Förster-Eccius a. a. O. S. 274 u. Anm. 25, welcher das Oberlandesgericht des Wohnsitzes des Stifters als zuständig erachtet. Der Wortlaut des § 1 des Ges. v. 5. März 1855: „die Appellationsgerichte bilden fortan die Fideikommißbehörde für sämmtliche Familien-Fideikommisse ihres Bezirks“ spricht aber für die Dernburg'sche Ansicht.

erfolgt die Bearbeitung durch einen Civilsenat. Die Aufnahme durch einen ersuchten Amtsrichter ist nicht für statthaft zu erachten, weil die Verlautbarung gesetzlich an die Mitwirkung eines bestimmten Gerichtes gebunden ist, welches seine Obliegenheiten zu delegiren ohne besondere gesetzliche Ermächtigung keine Befugniß hat. — Königliche Genehmigung ist nach näherer Maßgabe der §§ 56 bis 58 II. 4 A. L. R. erforderlich, wenn der reine Ertrag des Fideikommisses 3000 Mark übersteigt. Die richterliche Bestätigung muß auch in einem solchen Falle erfolgen, und zwar ist ihr Vorhandensein die Voraussetzung der Königlichen Genehmigung.[3])

Muster.

Breslau, den 15. October 1886. Königliches Oberlandesgericht, 2. Civilsenat.

Gegenwärtig
Schuhmann, Oberlandesgerichtsrath als Richter.
Dittrich, Referendar als Gerichtsschreiber.[4])

Auf den Antrag des Freiherrn von H. auf Julienthal sind die vorbezeichneten Gerichtspersonen deputirt worden, um eine Fideikommiß-Urkunde aufzunehmen, und es hatten sich dazu eingefunden:

1) der Herr Freiherr Alexander von H.,
2) dessen beide Söhne, nämlich:
   a) der Königl. Landrath Herrr Freiher Adam von H. aus T.,
   b) der Königl. Regierungsassessor Herr Freiherr Ludw. von H. aus O.,

sämmtlich von Person bekannt und verfügungsfähig, und verlautbarten folgenden unter sich verabredeten Vertrag:

§. 1.

Der Herr Freiherr Alexander von H. errichtet hiermit aus seinem Vermögen ein beständiges Fideikommiß für seine Familie und widmet dazu als Hauptgegenstand sein schuldenfreies, im K . . . . er Kreise belegenes bei dem Amtsgericht zu J. im Grundbuch von Julienthal unter Nr. 1 verzeichnetes Rittergut Julienthal, nebst allen Zubehörungen, Rechten und Gerechtigkeiten dergestalt, daß dasselbe von nun an die Eigenschaft eines Familien-Fideikommißgutes haben und für immer behalten soll.

---

[3]) Förster-Eccius a. a. O. S. 274. Anm. 26. — A. M. Dernburg a. a. O. S. 963 a. E. Gegen Letzteren ist aber zu erwägen, daß die richterliche Bestätigung nnd die königliche Genehmigung verschiedenen Zwecken dienen. Erstere stellt die Legalität der Handlung, letztere ihre Unschädlichkeit vom Standpunkte des Staatswohles aus fest.

[4]) Die Zuziehung eines Gerichtsschreibers erscheint bei dem vorliegenden Beispiele rathsam wegen der im § 5 verabredeten erbvertragsmäßigen Bestimmungen; sonst ist sie entbehrlich (Anh. § 421 zu § 17. II. 2. A. G. O.). Vgl. indessen die Bemerkungen zu Muster 190.

§ 2.

Diesem Fideikommisse schlägt der Herr Freiherr Alexander von H. noch zu:

1) sein in der Stadt Breslau am Ringe belegenes, im stadtgerichtlichen Hypothekenbuche Band .... Blatt .... eingetragenes Haus Nr. 200, sammt den darin befindlichen, in dem beiliegenden Verzeichnisse Nr. I aufgeführten Möbeln und Hausgeräthen;
2) seine auf dem Gute Julienthal befindliche, in dem hierbei übergebenen Kataloge Nr. II verzeichnete Bibliothek;
3) die in dem Verzeichnisse Nr. III aufgeführten, in dem Schlosse zu Julienthal befindlichen Möbel und Hausgeräthe, Silbergeschirr, Tischzeug, Küchengeräth und Porzellan nicht minder die verzeichneten Weinvorräthe;
4) das in dem Verzeichnisse Nr. IV aufgeführte, zum Fideikommißgute gehörige Vieh-, Feld- und Wirthschaftsinventarium, nebst Futter- und Getreide-Vorräthen.

Diese vier Verzeichnisse haben die Anwesenden, nach ihrer Erklärung, gemeinschaftlich an Ort und Stelle verglichen und richtig befunden, und zum Zeichen dessen jetzt eigenhändig unterschrieben.

§. 3.

Der jedesmalige Fideikommißbesitzer hat hinsichtlich des ihm zustehenden nutzbaren Eigenthums die gesetzlich bestimmten Rechte und Pflichten mit folgenden besonderen Bestimmungen:

1) Auf die Bibliothek muß er alle Jahre Fünfhundert Mark verwenden u. s. w.

2) Von den Möbeln muß alle Jahre der zehnte Theil erneuert werden, und zwar in dem alsdann vorherrschenden Geschmacke und in dem von der Mode vorzugsweise empfohlenen Stoffe, jedoch so, daß dieses Zehntel nicht etwa in einzelnen Stücken, sondern in einem zu einander passenden Ameublement ganzer Zimmer besteht.

3) Bei Prozessen, welche die Substanz betreffen, ist er nicht schuldig, Anwärter zuzuziehen, vielmehr muß die ganze Familie und jeder andere Fideikommißbesitzer gelten lassen, was in einem von dem Fideikommißbesitzer ordnungsmäßig geführten Prozesse entschieden worden ist. Vergleiche soll er allein aber nicht schließen können.

4) Tauschgeschäfte mit einzelnen Substanz- und Pertinenzstücken soll er, wenn das eingetauschte Stück, nach der Taxe, ebenso viel werth ist als das vertauschte, ohne einen Familienschluß gültig machen und vollziehen können.

5) 2c. 2c. 2c.

§ 4.

Das Fideikommiß soll eine Primogenitur, d. h. solches Fideikommiß sein, worin die Succession nach Linien mit dem Rechte der Erstgeburt stattfindet, mit Ausschließung aller Nachgebornen, dergestalt, daß durch alle Geschlechtsfolgen immer der erstgeborne Sohn des Besitzers und dessen eheliche Nachkommen die nachgebornen Brüder oder übrigen Verwandten ausschließen.

Wenn die gesammte männliche Nachkommenschaft des Herrn Freiherrn Alexander v. H. erlischt, so ist die weibliche Nachkommenschaft nach denselben Regeln, also die erstgeborene Tochter des letzten Besitzers und deren männliche Nachkommenschaft u. s. w. zum Fideikommisse berufen, jedoch nur unter der Bedingung, daß dieselbe verheirathet ist, und deren Ehemann den Geschlechtsnamen der Freiherrn v. H. annehmen darf und auch wirklich annimmt, so daß derselbe durch ihre männlichen Nachkommen fortgeführt wird. Ist die Erstgeborene zur Zeit der Eröffnung unverheirathet, so geht das Fideikommißfolgerecht auf die nächste nachgeborene Schwester über, welche sich in dem gedachten Falle befindet. Ist keine verheirathete Tochter des letzten Besitzers vorhanden, so soll das Fideikommiß aufhören und als freies eigenthümliches Vermögen auf die gesetzlichen Erben des letzten Besitzers übergehen. Dasselbe findet statt, wenn der Mann der hiernach zur Folge berufenen Tochter den Namen des Freiherrn v. H. nicht annehmen will oder darf. Verstürbe aber die solchergestalt zum Fideikommnisse gelangte Tochter des letzten Besitzers, ohne männliche Nachkommen mit dem Namen des Freiherrn v. H. zu hinterlassen, so soll das Fideikommiß als freies Eigenthum an die gesetzlichen Erben ihres Vaters herausgegeben werden.

§ 5.

Nach dieser Successionsordnung gelangt dann, nach dem Tode des Freiherrn Alexander v. H., dessen ältester Sohn, der Königliche Landrath Herr Freiherr Adam v. H., als erster Fideikommißfolger zum Fideikommisse.

Dagegen entsagt derselbe allen Ansprüchen auf den künftigen Allodial-Nachlaß seines Herrn Vaters zu Gunsten und zum Zwecke der Abfindung seines Herrn Bruders Ludwig v. H. — Sollte dieser Allodial-Nachlaß, nach Abzug aller Schulden, weniger als Dreißigtausend Mark betragen, so soll, so viel daran fehlt, auf die Substanz des Fideikommisses aufgenommen und binnen Jahresfrist an den Herrn Regierungsassessor Freiherrn Ludwig v. H. gezahlt werden. Diese Schuld muß in Zehn Jahren in gleichen Theilzahlungen aus den Einkünften wieder abgetragen werden.

§ 6.

Wird der Fideikommißbesitzer für einen Verschwender erklärt, so ist mit dem Tage, wo der Entmündigungsbeschluß unanfechtbar geworden, die Fideikommißfolge eröffnet und es gelangt derjenige Berechtigte zum Fideikommisse, welcher an diesem Tage der nächste ist. Dabei behält es sein Bewenden, wenn auch später die Entmündigung wieder aufgehoben wird.

Der abgehende Verschwender erhält bis an seinen Tod zu seinem Unterhalte jährlich dreitausend Mark aus den Einkünften, worüber jedoch nur der Vormund verfügen kann.

Weiter soll etwas Besonderes nicht angeordnet werden.

Die Betheiligten trugen darauf an:
die Stiftungsurkunde auszufertigen und zu bestätigen und sodann die nöthigen Eintragungen in das Grundbuch zu veranlassen.

Diese Verhandlung ist den Erschienenen vorgelesen, worauf sie dieselbe genehmigten und wie folgt, unterschrieben.

Unterschriften und Schluß.

53. Verpfändung der Fideikommißeinkünfte.

A. L. R. II. 4. §§ 80 ff. u. 213 ff. Ges. v. 15. Februar 1840 (G. S. S. 20. §§. 15—19; Ges. v. 5. März 1855 (G. S. S. 175.) A. G. z. G. V. G. § 49. No. 1. u. § 57.

Koch I. §§. 302. 303. Dernburg I. § 376. No. 2. S. 965. Förster-Eccius IV. § 242. S. 278. Fischer § 38. S. 228.

Für die Dauer seiner eigenen Besitzzeit kann jeder Fideikommißbesitzer die Einkünfte unbeschränkt verpfänden.[1]) Mit Zustimmung eines oder einzelner Anwärter kann diese Verpfändung auch für deren eventuelle Besitzzeit erfolgen. Ein dem Fideikommisse eigenthümliches Rechtsgeschäft aber ist die Aufnahme einer Darlehnshypothek auf die Fideikommißrevenüen mit bindender Wirkung für jeden zukünftigen Besitzer. Eine solche Revenüenverpfändung setzt voraus:

1) die Nothwendigkeit der Darlehnsaufnahme aus bestimmten gesetzlichen Gründen,
2) einen vor der Fideikommißbehörde abgeschlossenen Darlehnsvertrag mit festen Rückzahlungsterminen,
3) die Zustimmung zweier nach bestimmten Grundsätzen auszuwählenden Fideikommißanwärter, eventuell die Ergänzung dieser Zustimmung durch ein Versäumnißverfahren oder durch Schiedsspruch.

Die näheren Modalitäten enthalten die oben citirten gesetzlichen Vorschriften.

Muster.

a.

Darlehnsvertrag.

Königliches Oberlandesgericht, Breslau, den 26. Oktober 1886.
II. Civilsenat.
Gegenwärtig.
Bergmann, Oberlandesgerichtsrath.

In der Fideikommißsache von Deutsch-Lilpe Kreis Trebnitz ist der vorbezeichnete Oberlandesgerichtsrath zur Aufnahme eines Darlehnsvertrages Behufs Verpfändung der Revenüen des Fideikommißgutes

[1]) Vgl. Justiz-Minist.-Reskr. vom 26. November 1840 (J. M. Bl. S. 383), s. auch oben zu Muster 40 S. 239.

deputirt.[2]) Es hatten sich vor ihm in bekannter und verfügungsfähiger Person eingefunden:

1) der Fideikommißbesitzer: Königliche Major a. D. Herr Hieronymus von Kleinsorgen zu Deutsch-Eilpe,

2) der Darlehnsgeber: Herr Bankier Otto Guttenberg zu Breslau.

Beide Erschienenen tragen vor, daß auf dem Fideikommißgute Deutsch-Eilpe das Wohnhaus (Schloß) Alters halber derart in Verfall gerathen sei, daß es eines vollständigen Neubaues bedürfe, dessen Kosten abzüglich der Verwerthung des abzutragenden Materials nach einem vorgelegten Bauanschlage sich auf 85 000 Mark belaufen sollen. Hiervon will indessen der Fideikommißbesitzer 35 000 Mark aus eigenen Mitteln tragen, theils aus Liberalität, theils weil er den Bau mit größerem Comfort hat veranschlagen lassen, als wozu die Anwärter namentlich mit Rücksicht auf die Beschaffenheit des bisherigen Wohnhauses zuzustimmen verpflichtet wären. Den Rest von 50 000 Mark will er von dem miterschienenen Herrn Guttenberg als ein Darlehen auf die Revenüen des Fideikommisses aufnehmen. Demgemäß verlautbaren die Erschienenen folgenden

Darlehns- und Verpfändungs-Vertrag.

§ 1.

Der Herr Bankier Otto Guttenberg wird dem Herrn Major Hieronymus von Kleinsorgen, nachdem die gesetzlich erforderliche Zustimmung der Anwärter zu diesem Akte eingegangen sein wird, ein Darlehen auf die Revenüen des Fideikommisses Deutsch-Eilpe in Höhe von 50 000 Mark dergestalt gewähren, daß für dessen Rückzahlung unter Ausschluß persönlicher Haftung des Herrn Hieronymus von Kleinsorgen lediglich die Revenüen des Fideikommisses Deutsch-Eilpe verpfändet sein sollen.

§ 2.

Das Darlehen soll mit vier und einem halben (4½) Prozent vom 1. Januar 1887 ab verzinslich sein, und zwar in Quartalsraten postnumerando und soll die Rückzahlung in Jahresraten von Zehntausend (10 000) Mark, jedoch erst vom 2. Januar 1890 ab erfolgen, so daß das Darlehen mit dem 2. Januar 1894 vollständig abgezahlt ist. Von Rückzahlungen in den früheren Jahren wird mit Rücksicht auf die erhebliche Beihilfe, welche der Fideikommißbesitzer selbst zu dem Bau leistet, abgesehen.

§ 3.

Wenn die Zinsen oder die auf das Kapital zu leistenden Abzahlungen nicht pünktlich entrichtet werden, so soll der Gläubiger berechtigt sein, den noch ungetilgten Theil des Kapitals mit sechsmonatiger Frist aufzukündigen, derart, daß derselbe alsdann sofort aus den Revenüen zu zahlen ist. Der Gläubiger darf indessen zu dieser Kündigung nur schreiten, nachdem er dieselbe vorher angedroht und noch eine Zahlungsnachfrist von mindestens einer Woche gewährt hat. Auch darf die Aufkündigung immer nur zum Beginn eines Kalenderquartals erfolgen.

---

[2]) Vgl. zu Muster 52 Anm. 1 (S. 253).

§ 4.

Auf Grund der vorstehenden Abreden bewilligt und beantragt der Fideikommißbesitzer, Herr Major Hieronymus von Kleinsorgen, die Eintragung einer Revenüen-Hypothek[3]) auf den Bankier Otto Guttenberg zu Breslau für dessen Darlehnsforderung von fünfzigtausend (50 000) Mark mit den in den §§ 2 und 3 verabredeten Zins- und Zahlungsbedingungen in das Grundbuch des Fideikommißgutes Deutsch-Eilpe (Bd. I Blatt Nr. 1 des Grundbuchs von Deutsch-Eilpe).

Herr Major von Kleinsorgen beantragt, ihm eine Ausfertigung dieser Verhandlung zu ertheilen und wird wegen der Zustimmung der Anwärter nach Benehmen mit denselben geeignetenfalls weitere Anträge stellen.

Schluß.

b.

Einwilligung eines Anwärters.

Mein Oheim, der Königliche Major a. D. und gegenwärtige Besitzer des Fideikommißgutes Deutsch-Eilpe (Bd. I, Blatt Nr. 1 des Grundbuchs von Deutsch-Eilpe, Kreis Trebnitz), Herr Hieronymus von Kleinsorgen beabsichtigt behufs Erbauung eines Wohnhauses auf die Einkünfte des Fideikommisses eine Hypothek von fünfzigtausend Mark aufzunehmen und hat zu diesem Zwecke mit dem Bankier Otto Guttenberg zu Breslau vor dem Königlichen Oberlandesgericht zu Breslau einen Darlehnsvertrag vom 26. Oktober 1886 abgeschlossen, welcher mir seinem Inhalte nach vollständig bekannt ist. Ich habe mich von der Nothwendigkeit des Neubaues und der Sachgemäßheit der verabredeten Rückzahlungsbedingungen überzeugt und willige als Fideikommißanwärter in die Aufnahme des Darlehens und in die Eintragung der Hypothek nach Maßgabe der Abreden in der vorgedachten Urkunde.

Ohne Anspruch auf dingliche Wirkung stelle ich hierdurch dem Fideikommißbesitzer indessen die Bedingung, den Bau des Wohnhauses binnen einem Jahre zu beginnen und binnen drei Jahren zu vollenden. Andernfalls will ich berechtigt sein, von ihm die Befreiung des Fideikommisses von der aufgenommenen Schuld zu verlangen.

Gnadenburg, den 4. November 1886.

Hans Erdmann von Kleinsorgen.

Folgt die Beglaubigung.

c.

Bescheinigung der Fideikommißbehörde.[4])

Das unterzeichnete Königliche Oberlandesgericht urkundet hierdurch

---

[3]) Wegen Eintragung der Revenüen-Hypotheken vgl. die Bemerkungen zu Muster 40, Anm. 4 (S. 240).

[4]) Die Zuständigkeit der Fideikommißbehörde zu dieser Bescheinigung ist zwar nicht ausdrücklich im Gesetze statuirt, ergiebt sich aber aus analoger Anwendung des § 52 der G. B. O. und der Erwägung, daß dem Grundbuchrichter die

als Fideikommißbehörde über das Fideikommißgut Deutsch-Eilpe, Kreis Trebnitz:

I. daß als diejenigen zwei Anwärter, deren Zuziehung bei Verschuldung des Fideikommisses in Gemäßheit der §§ 88 ff. Th. 2, Tit 4 A. L. R. erforderlich ist, gegenwärtig folgende Brudersſöhne des Fideikommißbesitzers legitimirt sind:

1. der Rittergutsbesitzer Hans Erdmann von Kleinsorgen zu Gnadenburg, Kreis Feuerstein;
2. der Sekondelieutenant Friedrich Franz von Kleinsorgen zu Aachen;

II. daß der zu I. 2 bezeichnete Anwärter Friedrich Franz von Kleinsorgen zum Behufe seiner Einwilligung zu der hier aufgenommenen Verhandlung über Verpfändung der Fideikommißeinkünfte v. 26. Oktober 1886 auf den Antrag des Fideikommißbesitzers Seitens des unterzeichneten Gerichts unter Zufertigung der Verhandlung zu einem Termin mit der Warnung vorgeladen worden ist, daß, wenn er den Abreden in dieser Verhandlung nicht bis zum Termin oder in demselben widerspricht, er für zustimmend werde erachtet werden; daß aber der erwähnte Anwärter eine Erklärung hierauf weder vor noch im Termin abgegeben hat.

Breslau, 10. Dezember 1886.

(Siegel.)

Königliches Oberlandesgericht; II. Civilsenat.
Unterschrift des Senatspräsidenten.

54. Familienschluß in einer Fideikommißsache.[1])

A. L. R. II 4 §§ 76 ff. Ges. vom 15. Februar 1840, (G. S. S. 200). §§ 1—14. Ges. vom 5. März 1855.

Koch I. § 301 S. 519. Dernburg I. § 376 S. 964 ff. Foerster-Eccius IV. § 242 S. 277 ff. Fischer § 14 S. 69, § 38 S. 229.

Ein Familienschluß muß gerichtlich aufgenommen und bestätigt werden, und zwar vom Fideikommißrichter. Mit dem Gesuche um die Aufnahme des Familienschlusses muß ein Entwurf zu demselben und ein möglichst vollständiges und genaues Verzeichniß der Anwärter eingereicht werden. Im Herzogthum Schlesien und der

---

betreffende Prüfung ebensowenig wie im Falle der Fideikommißfolge obliegen kann. Die Bescheinigung kann geeignetenfalls mit der Ausfertigung der Darlehnsurkunde verbunden werden.

[1]) Die gleichen Normen, wie für Fideikommisse gelten mit einigen Modifikationen auch für Familienstiftungen (Ges. vom 15. Februar 1840, G. S. S. 20 § 20). An die Stelle des Fideikommißrichters tritt jedoch das Gericht, welchem die Beaufsichtigung der Stiftung zusteht. — Wegen der Familienschlüsse bei fideikommissarischen Substitutionen, die über die erste Generation hinausgehen, vgl. Dekl. vom 19. Februar 1812 (G. S. S. 13), Beschl. d. K. G. vom 15. November 1886 (J. u. K. VI S. 143;) s. auch Beschl. v. 28. April 1884 (ebenda V. S. 140).

Grafschaft Glatz bedarf die im Familienschluß getroffene Verfügung auch noch der Königlichen Genehmigung.[2])

Muster.

Breslau, den 26. Oktober 1886.

Königliches Oberlandesgericht, II. Civilsenat.
Gegenwärtig: Bergmann, Oberlandesgerichtsrath,
Dittrich, Referendar, als Gerichtsschreiber.

In der Fideikommißsache von Blumenhain wird beabsichtigt, einen Theil des Vorwerks Vorderhof im Einzelnen zu veräußern, und es soll darüber ein Familienschluß gefaßt werden. Zur Aufnahme desselben ist vor den oben bezeichneten Gerichtspersonen heute Termin angesetzt, zu welchem die bekannten Betheiligten, unter Zustellung des von dem Fideikommißbesitzer Herrn N. N. eingereichten Entwurfs zu dem Familienschlusse, mit der Warnung vorgeladen worden, daß, wer dem Familienschlusse bis zum Termine oder in demselben nicht widerspräche, für zustimmend werde erachtet werden. Es hatten in Folge dessen sich eingefunden:

1. der Fideikommißbesitzer Herr N. N.,
2. der Königl. Landrath Herr Ferdinand v. P. aus O.,
3. der Königl. Rittmeister Herr August Ewald v. B. aus F.,
4. die Frau Hauptmann v. S., Karolina Ida, geborene v. P., im Beistande ihres Ehegatten, des Königl. Hauptmanns im 4. oberschlesischen Infanterie-Regiment Nr. 63, Herrn Eduard v. S. aus C.,
5. der Herr Gerichts-Assessor Friedrich v. P. aus B.,
6. der Gutsbesitzer Herr Johann v. P. auf Z. bei M.,

sämmtlich von Person bekannt und geschäftsfähig.

Ausgeblieben war nur der Herr Regierungsrath v. P. zu K., von welchem bis heute keine Erklärung eingegangen, obwohl ihm die Vorladung nach der bei den Akten befindlichen Zustellungsurkunde vom 4. September 1886 richtig zugestellt worden ist.

Die Anwesenden erkannten sich gegenseitig als Mitberechtigte an, und versicherten an Eidesstatt, daß ihnen keine anderen Berechtigten, als die bereits namhaft gemachten, bekannt seien.[3])

Der von dem Fideikommißbesitzer Herrn N. N. eingereichte Entwurf zu dem Familienschlusse wurde vorgelegt, durchgegangen und

---

[2]) Ges. vom 15. Februar 1840 (G. S. S. 25) § 3.

[3]) Ergeben sich Vermuthungen, daß außer den Angezeigten noch andere Fideikommißberechtigte vorhanden sind, so muß ein Aufgebots- und Präklusionsverfahren der Bestätigung des Familienschlusses vorangehen. Ges. vom 15. Febr. 1840, §§ 9 ff. Für dieses Verfahren sind die Fideikommißbehörden nicht kompetent. Vielmehr ist das gedachte Verfahren bei dem zuständigen Amtsgericht auszuwirken, und das von demselben gesprochene Ausschlußurtheil abzuwarten, ehe hinsichtlich der Bestätigung des Schlusses weiter vorgegangen werden kann. a. M. Daude, Das Aufgebotsverfahren nach preußischem Recht (Berlin 1881) S. 163 ff.

berathen, und die anwesenden Berechtigten beschlossen, ganz nach dem Vorschlage des Entwurfs einstimmig:

daß u. s. w.

Der Fideikommißbesitzer, Herr v. N. N., machte den Antrag: diesen Familienschluß nach Ablauf der gesetzlichen Frist zu bestätigen.

Vorgelesen, genehmigt und vollzogen.

Unterschriften.

55. Auseinandersetzung zwischen dem Fideikommißbesitzer und dem Allodialerben.

A. L. R. I 4 §§ 206—226; A. G. O. I 46 §§ 26—32.

Koch I § 307 mit §§ 291—294; Dernburg I § 379 S. 969 mit § 372 S. 957 ff; Foerster-Eccius IV § 342 zu V S. 285 ff.; Fischer § 38 S. 230.

Für das Auseinandersetzungsverfahren nach § 26 ff. I 46 A. G. O. ist nicht die Fideikommißbehörde, sondern das über den Allodialnachlaß zuständige Amtsgericht kompetent. Vgl. im Uebrigen die Vorbemerkung zu Muster 203.

Muster.

N., den 25. Oktober 1886.

Königliches Amtsgericht.

Gegenwärtig: Hahn, Amtsrichter.

Vor dem vorbezeichneten Richter erschienen in der Fideikommiß-Absonderungssache von Triebsand hiesigen Kreises:

1. der jetzige Fideikommißbesitzer von Triebsand, Joachim von Doerenberg,
2. der Handelsherr Gottlieb Feistleib von hier, als legitimirter Bevollmächtigter seiner Ehefrau Greiflinde, geborenen Freiin v. Gernhold.

Der Erstere ist als legitimirter Fideikommißbesitzer bereits in den Besitz des Fideikommißgutes Triebsand gesetzt und die Frau Feistleib ist die einzige Allodialerbin des verstorbenen Fideikommißbesitzers Ehrenreich, Freiherrn v. Doerenberg.

Bei der Uebergabe des Gutes an den Fideikommißfolger sind von beiden Seiten mehrere Ansprüche an einander erhoben worden. Nachdem über einzelne Streitpunkte rechtskräftig entschieden, ist auf heute Termin dazu anberaumt worden, die Absonderung des Fideikommisses vom Erbe endgiltig zu reguliren. Nach Verhandlung der Sache kam folgender Receß zu Stande:

§. 1.

An einem Verzeichnisse der Zubehörstücke fehlt es, und man hat darüber gestritten: ob das Fideikommiß überhaupt ursprünglich mit Beilaßstücken gestiftet worden sei. Die Entscheidung ist zum Vortheile des Fideikommißfolgers ausgefallen. Bei der Uebergabe des Fideikommißgutes an denselben hat ihm die Allodialerbin die Beilaßstücke, welche in der Beilage A zu diesem Recesse verzeichnet sind, mit Vorbehalt ihrer Rechte vorläufig übergeben. Es wird nun anerkannt, daß diese Stücke als Zubehör zu dem Fideikommißgute gehören und bei demselben verbleiben.

Der Fideikommißbesitzer behauptet jedoch, daß das Inventarium unvollständig sei und zur nothdürftigen Bewirthschaftung noch

1. zwei Pferde,
2. sechs Ochsen,
3. zwei Wagen mit allem Zubehör,
4. drei Pflüge,
5. acht Eggen,
6. zwei Pferde- und sechs Ochsengeschirre,
7. eine Kornfege,
8. zwanzig Säcke

erfordert würden.

Die Allodialerbin erkennt dieses an und findet sich zur Vergütigung dieser Mängel bereit.

Beide Theile einigen sich über den Geldbetrag derselben auf 2000 Mark, schreibe zweitausend Mark.

§. 2.

Das Feldinventarium sollte nach den stattgefundenen Ermittelungen mit einer Bestellung von

100 Hektoliter Roggen und }
50 „ Weizen } in frischer Düngung und mit

50 Hektaren zur Sommerung vorbereitet in einjährigem Düngungszustande übergeben werden. Es sind aber nur übergeben:

75 Hektoliter Roggensaat in einjähriger Düngung,
30 „ Weizen in frischer Düngung und
40 Hektar gepflügt in einjährigem Düngungszustande.

Wegen dieser Defekte vereinigen sich beide Theile auf eine Vergütigung von 1500 Mark, schreibe tausend fünfhundert Mark, welche die Allodialerbin an den Fideikommißfolger zu zahlen hat.

§. 3.

Der verstorbene Fideikommißbesitzer hat das Fideikommißgut erweitert durch den Ankauf einer angrenzenden Wiese von 25 Hektaren, welche für 1500 Mark angekauft und seitdem in wirthschaftlicher Verbindung mit dem Gute gestanden hat. Eine Einverleibung ist nicht erfolgt. Der Fideikommißfolger will dieses Pertinenzstück behalten. Zu diesem Zwecke ist es gerichtlich abgeschätzt worden und die Taxe ist auf 6600 Mark ausgefallen. Da es die Allodialerbin für diesen Preis nicht überlassen will, so hat der Fideikommißfolger sich mit der Allodialerbin um die Summe von 7000 Mark, schreibe siebentausend Mark vereinigt, für welchen Preis die in Rede stehende Wiese dem Fideikommißfolger hierdurch überlassen wird. Er befindet sich bereits im Besitze, und soll die Auflassung binnen einer Woche erfolgen.

§. 4.

Von einem früheren Fideikommißbesitzer, Herald von Doerenberg, ist ein Ackerstück, die sogen. Fettlehde, vor etwa 100 Jahren ohne Konsens der Familie veräußert worden. Diese hat der letzte

Fideikommißbesitzer in der Zwangsversteigerung für 600 Mark erstanden und wieder mit dem Fideikommiß verbunden. Der jetzige Fideikommißfolger stammt von dem Veräußerer ab und ist daher gehalten, der Erbin die Anschaffungskosten zu vergüten. Diese betragen, nach einer aufgelegten Rechnung, 645 Mark. Der Fideikommißfolger erkennt seine Verbindlichkeit zur Erstattung dieser sechshundertfünfundvierzig Mark an.

§. 5.

Auf dem Fideikommiß haften 15000 Mk. Substanzschulden, wovon eine Post von von 1500 Mk. auf dem Rentier Conrad Schwind gediehen war. Diese hat der Erblasser bezahlt. Die Erbin ist im Besitze der Hypothekenurkunde über die noch ungelöschte Post mit der Quittung, und der Erblasser hat bei der Zahlung überdies den Ersatz an seinen Erben schriftlich vorbehalten. Der Fideikommißfolger erkennt an, daß die bezahlten 1500 Mk. noch jetzt eine Fideikommißsubstanzschuld bilden, deren Gläubiger die Frau Feistleib ist. Parteien vereinigen sich dieserhalb wie folgt:

Der Fideikommißfolger zahlt der Erbin fünfzehnhundert (1500) Mark und erwirbt dafür die Hypothek mit den Zinsen vom heutigen Tage, während die Erbin auf Zinsrückstände verzichtet.

Demgemäß tritt Herr Feistleib Namens seiner Ehefrau von der mehrerwähnten in Abth. III. Nr. 1 des Grundbuchs eingetragenen Post den getilgten Theilbetrag von fünfzehnhundert (1500) Mk. nebst den Zinsen von heute ab auf Grund der ertheilten Quittung an den Herrn Joachim von Doerenberg ab, bewilligt die Umschreibung der Post im Grundbuche und hat dem Herrn von Doerenberg gleichzeitig, wie dieser bekennt, die Hypothekenurkunde über die Theilpost übergeben. Herr von Doerenberg reservirt hierbei seinen Erben den künftigen Ersatz dieser von ihm bezahlten Post auch für den Fall, daß er dieselbe löschen lassen sollte.

§. 6.

Die Gebäude des Fideikommißgutes sind während der Besitzzeit des Erblassers bis auf das Wohnhaus und den Viehstall abgebrannt. Die abgebrannten Gebäude sind aus der Versicherungssumme wieder aufgebaut worden und befinden sich in gutem Baustande. Das Wohnhaus aber und der Viehstand sind dergestalt vernachlässigt, daß sie einer Hauptreparatur bedürfen. Die streitig gewesene Verbindlichkeit zur Hergabe der Ausbesserungskosten von der Erbin ist zu deren Nachtheil rechtskräftig entschieden. Diese Kosten sind für das Haus auf 8000 Mark und für den Rindviehstall auf 5000 Mark veranschlagt worden. Herr Feistleib erklärt sich zur Bezahlung dieser 13000 Mark an den Fideikommißfolger bereit.

§. 7.

Der Erblasser hat den Garten mit 400 Stück verschiedenartiger Obstbäume bepflanzt erhalten. Der Garten ist nicht gepflegt worden und von den Bäumen sind 200 Stück ausgegangen, und nicht wieder ersetzt worden. Die Allodialerbin erkennt ihre Verpflichtung an, dafür Ersatz zu leisten, und beide Theile vereinigen sich auf ein Pauschquantum von 300 Mark schreibe dreihundert Mark dafür.

§. 8.

Zu dem Fideikommißgute Triebsand gehörte zur Zeit der Antretung des Besitzes Seitens des Erblassers ein Kieferwald von 400 Hektaren.

Nach dem angenommenen 80 jährigen Turnus sollten davon jährlich 5 Hektare zum Abtriebe kommen und wieder besaamt werden. Durch die 20 jährige Besitzzeit des Erblassers würden daher nach forstwirthschaftlichen Grundsätzen 100 Hektare abgeholzt und in Schonung gelegt worden sein. Der Erblasser hat aber 200 Hektare abtreiben lassen und nicht wieder besaamt. Die noch vorhandenen 100 Hektare können, nach jenem Turnus erst nach Verlauf von 20 Jahren wieder einen Ertrag geben. Wegen Ausmittelung des Betrages dieser Verwüstung sind die Verhandlungen noch nicht geschlossen. Es ist aber unstreitig, daß der Ertrag des Fideikommisses in anderen Rubriken sonst nicht erhöhet worden ist, als daß von den abgetriebenen 200 Hektar Forstgrund 70 Hektar urbar gemacht worden sind und der Rubrik des Ackerbaues hinzutreten, wogegen die übrigen 130 Hektar nur eine magere Schafweide geben und sich nur zur Besämung mit Nadelholz eignen. Nach dem Gutachten der Sachverständigen ist der Ertrag des ganzen Fideikommisses in Folge dieser Wirthschaft nicht vermindert worden, indem die 70 Hektar urbar gemachten Landes, welches ein guter Kornboden ist, und der Ertrag von 130 Hektar Schafweide den jährlichen Ausfall an der Forstwirthschaft decken. Der Lehnsfolger vermeint jedoch, dafür Ersatz fordern zu können, daß durch 20 Jahre kein Holz zu schlagen sei. Um diesem Streite ein Ende zu machen, bietet Herr Feistleib dem Herrn von Doerenberg, in Berücksichtigung der niedrigen Holzpreise in der hiesigen Gegend, eine Entschädigungssumme von 600 Mk. schreibe sechshundert Mark, womit Herr v. Doerenberg zufrieden ist.

§ 9.

Außer den bisher regulirten Punkten ist noch die Theilung der Einkünfte aus dem letzten Wirthschaftsjahre zu erledigen. Jeder hat für die Zeit seiner Bewirthschaftung Rechnung gelegt und das Rechnungsabnahme-Verfahren ist noch nicht geschlossen. Um auch diesen noch allein übrigen Streitpunkt schließlich zu beseitigen, kommen beide Theile dahin überein, daß der Fideikommißfolger der Allodialerbin noch 900 Mark schreibe neunhundert Mark herauszugeben verpflichtet sein soll. Dadurch sind beide Rechnungsprozesse beendigt; die Akten sollen weggelegt und die Kosten als gegen einander aufgehoben erachtet werden.

§. 10.

Nach diesen Vereinbarungen hat zu erhalten:

I. der Fideikommißfolger von der Erbin

aus §. 1	2000	Mark
„ §. 2	1500	„
Uebertrag	3500	Mark

	Uebertrag	3500 Mark
aus §. 6	. . . .	13000 „
„ §. 7	. . . .	300 „
„ §. 8	. . . .	600 „
überhaupt	. . . .	17400 Mark

II. die Erbin von dem Fideikommißfolger

aus §. 3	. . . . .	7000 Mark
„ §. 4	. . . . .	645 „
„ §. 5	. . . . .	1500 „
„ §. 9	. . . .	900 „
zusammen	. . . .	10045 Mark.

Der Fideikommißfolger behält mithin noch zu fordern 7355 Mark.

Herr Feistleib zahlte an Herrn v. Doerenberg sofort diese Siebentausenddreihundert Fünf und Fünfzig Mark baar, welche der Letztere in Empfang nahm, darüber quittirend

§. 11.

Beide Theile erklären sich hiermit in Ansehung des Nachlasses des Fideikommißbesitzers für vollständig auseinandergesetzt; sie verzichten gegenseitig auf alle und jede Nachforderungen, wie sie Namen haben mögen, und quittiren sich wechselseitig.

§. 12.

Die gerichtlichen Kosten der Auseinandersetzung, einschließlich der dieserhalb noch schwebenden Prozesse tragen die Parteien, insoweit nicht im gegenwärtigen Rezesse (§ 9) ein anderes festgesetzt ist zur Hälfte, während die außergerichtlichen Kosten als gegeneinander aufgerechnet gelten. Insoweit indessen in einzelnen Prozessen hinsichtlich der Kosten bereits rechtskräftig entschieden ist, bewendet es bei der Entscheidung.

Dieser Rezeß soll mit der Beilage A, welche von beiden Theilen unterschrieben worden ist, für jeden Theil ausgefertigt werden.

Vorgelesen, genehmigt und unterschrieben.

Folgt die Vollziehung.

VII. Landgüterrolle.

56. Eintragungen und Löschungen in der Landgüterrolle.

Für Westfalen: Landgüterordnung v. 30. April 1882 (G. S. S. 255), Allg. Verf. des J. M. v. 26. Juni 1882 (J. M. Bl. S. 187).

Für Brandenburg: Landgüterordnung v. 10. Juli 1883 (G. S. S. 111), Allg. Verf. des J. M. v. 6. August 1883 (J. M. Bl S. 280).

Für Schlesien: Landgüterordnung vom 24. April 1884 (G. S. S. 121), Allg. Verf. des J. M. v. 15. Mai 1884 (J. M. Bl. S. 98).

Dernburg III. § 247. S. 717; Foerster-Eccius IV. § 249 Nr. 7 S. 407; Fischer § 38, S. 230.

Die Anträge müssen ebenso wie in Grundbuchsachen gerichtlich oder notariell beglaubigt sein. Die Anträge ebenso wie die Beglaubigung sind stempelfrei.

a.

Eintragungs-Antrag.

Ausweislich des Grundbuchs von Rothsürben, Kreis Breslau, bin ich eingetragener Eigenthümer des Band III, Blatt Nr. 114

daselbst verzeichneten Restbauergutes und des ebenda unter Blatt Nr. 123 verzeichneten Ackerstückes. Zu dem ersten gehören 10 Hektar 14 Ar 20 Qu.-Meter Ackerland mit einem Grundsteuerreinertrage von 83,17 Thlrn. = 249,51 Mark, zu den letzteren 83 Ar mit einem Reinertrage von 6,14 Thlrn. = 18,42 Mark. Dies ergiebt sich aus den bei den Grundakten befindlichen Katasterauszügen.

Ich beantrage die Eintragung dieser aus den beiden erwähnten Grundstücken bestehenden Besitzung in die Landgüterrolle.

Datum, Unterschrift und Beglaubigung.

b.

Löschungsantrag.

Ausweislich der Landgüterrolle von Althofnaß, Kreis Breslau, ist daselbst unter Nr. 5 das mir gehörige Bauergut, Blatt Nr. 13 des Grundbuchs eingetragen. Ich beantrage dessen Löschung in der Landgüterrolle.

Datum, Unterschrift und Beglaubigung.

VIII. Grenzregulirung.

A. L. R. I. 17, A. G. O. I. 42.

Koch II. § 671. Dernburg I. § 216 S. 534 ff. Foerster-Eccius III. § 182 S. 328 ff. Fischer § 35 S. 183 f.

Die Grenzen zwischen zwei aneinanderstoßenden Grundstücken sind entweder verdunkelt und ungewiß, oder sie sind unstreitig und sollen nur gegen künftige Verdunkelung gesichert werden. Der erste Fall ist der der Grenzscheidungsklage (actio finium regundorum) und gehört in den Prozeß. Bei diesem Verfahren kommt, zum Zwecke der Ausmittelung der verdunkelten Grenzen, gewöhnlich oder doch oft die Aufsuchung oder Eröffnung der alten Grenzhügel vor. Dieser Akt ist nichts weiter, als Erhebung des Beweises und eignet sich nicht zur Aufnahme unter Beispielen von Willenserklärungen; um indeß ein in den früheren Auflagen vorhandenes und in den einschlägigen Fällen instruktives Beispiel nicht zu entwerthen, ist dessen Beibehaltung erfolgt. Ist der Grenzstreit, sei es durch Urtheil oder durch Vergleich, entschieden, so muß die Entscheidung ausgeführt, d. h. der verglichene oder erkannte Grenzzug muß gezogen werden. Für das betreffende Verfahren waren in der A. G. O. Th. I. Tit. 42 §§ 30 ff. spezielle Vorschriften ertheilt. Dieselben sind jetzt für beseitigt zu erachten, da sie Vorschriften über die Vollstreckung eines Urtheils und somit prozeßrechtlicher Art enthalten. Die Vollstreckung kann gegenwärtig lediglich nach Maßgabe der §§ 773 ff. C. P. O. erfolgen. In Berücksichtigung der hiergegen vorhandenen abweichenden Meinungen [1]) ist indessen das betreffende Beispiel einer über

---

[1]) Foerster-Eccius III. S. 328, Anm. 99; E. (ccius) bei Rassow-Küntzel. Bd. 24, S. 781; Bierhaus A. G. O. I. 42. Vorbem. 1 u. zu § 31, Anm. 1. Vgl. dagegen Basch, A. G. O. I. 42 zu §§ 30—32.

die Grenzsetzung aufgenommenen Urkunde (Grenzrezeß) gleichfalls beibehalten worden, und zwar um so mehr, als es auch nach diesseitiger Meinung nicht werthlos ist. Denn das ist nicht zu bezweifeln, daß, wenn beide Parteien über die Art der Ausführung des Urtheils einig sind, sie diese Ausführung in Form eines Aktes der freiwilligen Gerichtsbarkeit beurkunden lassen können. Eine derartige Beurkundung unterliegt lediglich den allgemeinen Regeln; nur schreibt der § 388 Th. I. Tit. 17 A. L. R. vor, daß sie „allemal mit Zuziehung einer Gerichtsperson vorgenommen und ein Protokoll darüber bei den Gerichten aufbewahrt werden" soll. Diese Vorschrift hindert die Parteien allerdings nicht, die Grenzsetzung mit völliger rechtlicher Wirkung auch außergerichtlich vorzunehmen;[2]) wohl aber steht sie der Thätigkeit der Notare in dieser Beziehung entgegen, wenngleich ein gegen die Vorschrift etwa vorgenommener notarieller Akt immerhin die Wirksamkeit einer außergerichtlichen Grenzziehung behalten würde.[3])

Der zweite Fall der Grenzregulirung ist die Grenzerneuerung. Er liegt vor, wenn die Grenze unstreitig ist, die Grenzzeichen aber nicht genügend kenntlich sind oder eine Gefahr für deren Verdunkelung vorliegt. Streiten die Parteien über die Nothwendigkeit einer Grenzerneuerung, so erfolgt die Entscheidung auch hier auf die zu erhebende Grenzerneuerungsklage im ordentlichen Verfahren. Sind sie indessen einig, so liegt ein gewöhnlicher Akt freiwilliger Gerichtsbarkeit vor, über welchen die für den Grenzrezeß gemachten Bemerkungen insbesondere auch über außergerichtliche und notarielle Aufnahmen gelten.[4]) Es steht auch Nichts im Wege, daß der Richter auf Anrufen eines Theiles das Verfahren einleitet und die übrigen Betheiligten (vgl. hierüber § 385 I 17, A. L. R.) zuzieht; nur muß er, wenn solche nicht vollzählig erscheinen oder dem Akte widersprechen, von weiterer Thätigkeit abstehen.

57. Grenzscheidung.

a.

Protokoll über die Eröffnung der Grenzhügel.

Stolzenburg, den 16. Oktober 1885.

Königliches Amtsgericht zu X.

Gegenwärtig: Amtsrichter Herbst
als Richter;
Aktuar Bergemann als Gerichtsschreiber.

In der Grenzscheidungssache des Fürsten von Y. als Eigenthümers des Ritterguts Stolzenburg, Klägers, wider den Reichs-

[2]) Präj. d. O. Tr. Nr. 1033 vom 7. August 1841. Präj. Samml. S. 100
[3]) A. L. R. II. 17 §§ 52. 59.
[4]) A. L. R. I. 17 § 388.

grafen von X. als Eigenthümer des Ritterguts Güntersau, Beklagten, ist heute Termin zur Einnehmung des Augenscheins angesetzt, zu welchem sich die nebenbezeichneten Gerichtspersonen auf die streitige Grenze begeben hatten, wo sie um 10 Uhr eingetroffen waren. Es fanden sich bald vor ihnen ein:

1. der Königliche Regierungskondukteur N., als zugezogener Sachverständiger, auf dessen Beeidung beide Theile verzichten,
2. der Rechtsanwalt A. für den Kläger,
3. der Verwalter B. für den Beklagten.

Die Bevollmächtigten der Parteien sind durch die bereits zu den Akten gebrachten Vollmachten legitimirt.

Der Rechtsanwalt A. führte zu dem Streitorte. Dieser fängt an bei dem Hügel, der auf der, mit der Klage eingereichten, Sch—schen Karte mit der Zahl 30 bezeichnet ist, und neben einem Sumpfe, der Froschteich genannt, liegt, sehr deutlich und wohlerhalten ist, und von beiden Theilen für einen unstreitigen Grenzhügel anerkannt wird. Von dem klägerischen Besitzer von Stolzenburg wird behauptet, daß die Grenzlinie von hier an in nördlicher Richtung geradeaus nach einer, 400 Meter entfernten, sehr flachen, etwa einen halben Meter im Durchmesser großen, ganz mit Rasen bewachsenen Erderhöhung laufe, von hier in einem rechten Winkel sich rechts nach Osten wende, und in gerader Linie auf den, 300 Meter entfernten, unstreitigen Grenzeckhügel Nr. 1 gehe. Der Kondukteur Herr N. trug diese Prätensionslinie in der Sch—schen Karte gelb auf und bezeichnete den angeblichen Grenzhügel mit 31.

Von Seiten des beklagten Besitzers von Güntersau hingegen wird dieser Zug durchaus bestritten und vielmehr behauptet, daß die richtige Grenze die gerade Linie zwischen den beiden unstreitigen Grenzhügeln 30 und 1 sei, und auf derselben sich nach einer unerweislichen Tradition in der Mitte noch ein Hügel befunden haben solle, welcher durch das in der Gegend in nassen Jahren stehende Wasser verwaschen worden sei.

Man verfolgte zuvörderst den, von der Stolzenburgschen Partei angegebenen Zug, bis zu der angeblichen, heute unter Nr. 31 gelb aufgetragenen Erderhöhung, ohne etwas Auffälliges wahrzunehmen. Die scheinbar veraltete, äußerlich unverletzte, mit Rasen überzogene Erderhöhung wurde durch mitgebrachte Arbeiter bis auf 0,60 Meter Tiefe in den angewachsenen Boden aufgegraben, ohne daß man irgend einen fremdartigen Körper oder sonst etwas Anderes als dem Boden gleichartige schwarze Erde fand. Man verfolgte den behaupteten Zug bis zum Hügel 1, fand aber auch dabei kein Merkmal. Sodann unternahm man es, auf der geraden Linie zwischen den unstreitigen Hügeln 1 und 30 nach einem Grenzmale zu suchen. Auf derselben fielen zwei fast unmerkliche, sehr sanfte Erhöhungen auf, welche das Aussehen auseinandergeflossenen Teiges oder eines Kuchens hatten, von denen die erste 100 Meter vom Hügel 1 und die andere noch 150 Meter weiter zu auf den Hügel 30 sich befand, und jede einen Durchmesser von 5 Meter hatte. Beide waren mit dem Rasen der

Hutung, auf der sie liegen, gleichmäßig und dicht überzogen. Auf diesen Stellen beschloß der Richter einschlagen zu lassen.

Nachdem man auf der ersten Stelle, welche dem Hügel 1 zunächst liegt, einen halben Meter tief gegraben hatte, stießen die Arbeiter auf harte Körper. Man nahm die Decke vorsichtig weg und fand, gerade in der Mitte des sanft erhöhten Kreises

sechs Boden von Glasflaschen und

sechs halbe Ziegelsteine, wovon zwei und zwei zu einem Ganzen genau zusammenpaßten.

Diese Gegenstände befinden sich in einer grauen, nach allen Richtungen nur 60 Centimeter im Durchmesser einnehmenden Erdschicht, deren Farbe von der des schwarzen Bodens auffallend abstach. Der Herr Kondukteur N. erklärte diese Erdart für Asche. Der Richter ließ die Glasscherben und Ziegelsteine sammt einem Spatenstiche der grauen Masse in einen Sack thun und versiegelte denselben mit dem Gerichtssiegel; denn der Vertreter des Klägers wollte weder die graue Masse für Asche, noch das Zusammenpassen der Ziegelstücke anerkennen.

Auf der zweiten Stelle fand man, nachdem man auch etwa einen halben Meter tief eingedrungen war, folgende Gegenstände u. s. w.

Der Regierungskondukteur, Herr N., trug in der Karte die Linie zwischen den beiden Hügeln 30 und 1 roth auf, vermaß die Entfernung der aufgegrabenen Stellen und trug die Lage derselben unter Beifügung der Entfernungen mit den Buchstaben a und b roth auf. Die Entfernung von 1 bis a ist 100, von a bis b 150 und von b bis 30 ebenfalls 150 Meter.

Hiermit war das Geschäft beendigt.

Vorgelesen und genehmigt.

Unterschriften der Gerichtspersonen.

b.

Grenzrezeß.

Königliches Amtsgericht zu X.

Gegenwärtig:

Amtsrichter Sommmer.

Grenze zwischen Stolzenburg und Güntersau, den 8. Mai 1886.

In der Stolzenburg-Güntersauer Grenzscheidungssache ist durch das rechtskräftige Urtel vom 8. Februar d. J. erkannt, daß auf der streitigen Grenze die gerade Linie zwischen den beiden unstreitigen, auf der Sch—schen Karte vom Jahre 1760 mit den Nummern 30 und 1 bezeichneten Hügeln für den richtigen Grenzzug zu halten und es ist der heutige Lokaltermin auf Antrag beider Theile dazu bestimmt, hiernach die Grenze zu reguliren. Zu diesem Zwecke hatte sich der vorbezeichnete Richter mit dem von ihm als Sachverständigen zugezogenen Feldmesser Herrn N. auf die bezeichnete Grenze verfügt, wo sich auch die Parteien, namentlich:

1) u. s. w.

einfanden. Der Sachverständige war der Meinung, daß, da die gerade Linie zwischen den beiden unstreitigen Grenzhügeln 30 und 1 die Grenze zwischen den beiden Feldmarken von Stolzenburg und Güntersau sein soll und die Entfernung zwischen beiden Punkten nach der von ihm vorgenommenen Vermessung nur 400 Meter betrage, der Boden auch eben sei, Ein Hügel genüge. Die Parteien waren damit einverstanden und es wurde in der Mitte der gedachten Linie, 200 Meter von jedem der beiden Hügel 30 und 1 entfernt, eine 0,60 Meter tiefe, runde Vertiefung, 0,60 Meter im Durchmesser, gegraben, auf den Boden eine Schicht Hammerschlag geschüttet, auf dieselbe ein rother Granitwürfel von 0,03 Kubikmeter gelegt, auf dessen oberer Fläche ein + gemeißelt ist, und um diesen Würfel herum die Vertiefung mit Schmiedeschlacken ausgefüllt, sodann aber darüber die Erde ringsum zu einem ordentlichen Grenzhügel, einen Meter hoch und 1,50 Meter im Durchmesser, angehäuft[1]). Der Feldmesser Herr N. trug denselben in der Sch—schen Karte auf der zwischen den Hügeln 30 und 1 roth markirten Linie auf und bezeichnete ihn mit der Ziffer 31. Den so gezogenen Grenzzug erkennen beide Theile als den nunmehr maßgebenden an.

Hiermit ist das Urtel vollzogen.

Vorgelesen, genehmigt und unterschrieben.

Unterschriften der Parteien und der Sachverständigen.

58. Grenzerneuerung.

Eingang wie beim Grenzrezeß.

Herrschaftliches Schloß zu Dz., den 26. Oktober 1886.

Der Besitzer des Ritterguts Dz., Herr Rittmeister a. D. N., hat bei dem Königl. Amtsgerichte zu Neisse auf Erneuerung der Gutsgrenzen mit seinen Nachbarn angetragen. Demgemäß hat sich dazu der vorbezeichnete Richter mit dem von ihm zugezogenen Feldmesser Herrn A. hierher begeben.

Die angegebenen Grenznachbarn sind:

1) der Gutsbesitzer B. auf X.,
2) der Gutsbesitzer C. auf Y.,
3) die Stadt Z. wegen ihrer Kämmereiäcker auf der städtischen Feldmark.

Dieselben waren zu dem heutigen Termine vorschriftsmäßig vorgeladen worden. Es hatten sich eingefunden:

1) der Provokant, Herr Rittmeister a. D., N.,
2) der Gutsbesitzer B. auf X.,
3) der Gutsbesitzer C. auf Y.,
4) von den Mitgliedern des Magistrats zu Z.:
   a) der Herr Bürgermeister D. und
   b) der Herr Stadtsyndikus E.,
   welche sich durch anliegende Vollmacht als gesetzlich abgeordnete Stellvertreter der Stadtgemeinde zu Z. auswiesen.

Die Anwesenden sind dem Richter sämmtlich bekannt, und die drei Gutsbesitzer übergaben zu ihrer Legitimation jeder eine be-

---

[1]) Wie zu verfahren, wenn mehrere Grenzmale zu setzen, ergiebt das folgende Beispiel.

glaubigte Abschrift des Grundbuchblattes von ihren Gütern d. d. Neisse, den 20. Oktober 1886. Die Provokaten erklärten sich mit der Grenzerneuerung ausdrücklich einverstanden.

Der Feldmesser Herr A. hatte bereits auf Grund der Angaben der Interessenten die Grenzen vermessen und eine Karte davon angefertigt. Man bereiste zunächst mit den Interessenten unter Führung des Provokanten die Grenzen und verglich dabei die Karte genau; es ergab sich, daß die Interessenten über den größtentheils sehr undeutlichen und an einzelnen Stellen ganz verdunkelten Grenzzug völlig einverstanden waren, und daß auch die Karte, sowie die darauf mit rother Farbe angedeutete Grenze von ihnen für richtig anerkannt wurde. Darauf wurde nach dem Antrage der Interessenten, welche die zu setzenden Grenzsteine bereits zur Stelle gebracht hatten, mit der Renovirung der Grenze durch Setzung neuer Grenzmale, wie folgt, verfahren:

1) Auf der Ecke, wo die Feldmarken der drei Rittergüter Dz., X. und Y. zusammenstoßen, wurde ein dreiseitiger Stein [1]), von rothem Sandsteine, 1,30 Meter lang und auf jeder Seite 0,30 Meter breit, einen Meter tief in die Erde gesetzt, so daß er 0,30 Meter über der Erde hoch ist. Auf der inneren Seite sind eingehauen: Nr. I. die Jahreszahl 1886 und das Wappen des Rittmeisters NN.; auf der Seite auswärts zur Rechten ist das Wappen des Herrn B., und zur Linken das des Herrn C. eingehauen.

2) Von hier ging man neben dem zum Gute X. gehörigen Ackerfelde im 128. Grade 90 Meter weit, und setzte genau an dieser Stelle einen zweiseitigen gleich langen Stein, welcher auf der inneren Seite mit Nr. II. und auf der äußeren mit dem Wappen des Besitzers von X., des Herrn B., bezeichnet ist.

3) Von hier geht die Richtung im 141. Grade 40 Minuten mit 120 Meter über die Landstraße von N. nach Z. bis an den Wald, wo man einen Läufer von derselben Steinart und von gleicher Größe setzte, welcher bloß mit III. bezeichnet ist.

4) Von hier geht die Grenze in gerader Linie 57 Meter in den Wald hinein, wo man einen gleichen Stein setzte, der auf der inneren Seite mit IV. und auf der äußeren wie Nr. II. markirt ist.

5) Von da geht die Richtung im 120. Grade 15 Minuten 89 Meter weit hinaus an die Wiesen der Stadt Z., wo man einen gleichen Stein, auswärts mit dem Stadtwappen von Z. und auf der inneren Seite mit V. bezeichnet, setzte.

6) u. s. w.

---

[1]) Die Grenzsteine müssen so gesetzt werden, daß ihre Rückenseite oder sogenannte Nase, wenn man einen geraden Stock horizontal anlegt, in der Richtung hinweist, in welcher der Grenzzug läuft. Unbehauene und unbezeichnete Steine oder Grenzhaufen bedürfen der Eyer oder Urkunden, d. h. unverweslicher Gegenstände, als Asche, Kohlen, Scherben von Glas oder Porzellan, kleine Steine, Kupfermünzen u. dergl. zur Unterlage. In dieser Art wird gewöhnlich verfahren, da nur ausnahmsweise Steine obiger Art zur Stelle sind. (Vgl. A. L. R. I. 17 §§ 367. 368.)

12) Von da geht der Grenzzug in einem Winkel von 136 Grad 61 Meter, wo man einen ebenso beschaffenen, mit XII. bezeichneten Stein setzte, welcher in einem Winkel von 106 Grad mit 102,50 Meter auf den Eckstein Nr. 1 weiset und die Figur, so wie die Besteinung schließt.

Alles, was man auf dem Grenzzuge als scheinbare oder wirkliche Grenzhügel antraf, wurde demolirt und dem Boden gleich gemacht.

Der Feldmesser Herr A. trug diese gesetzten Steine in der Karte auf und bezeichnete sie mit den Zahlen, welche die Steine selbst an sich haben, von Nr. I. bis XII., worauf sämmtliche Interessenten die Karte, nachdem darauf der Ort Dz. und das heutige Datum verzeichnet worden, mit ihrer Namensunterschrift versahen.

Die Kosten wollen alle vier Interessenten zu gleichen Theilen tragen.

Die Betheiligten tragen an: diesen Rezeß für Jeden mit einer Kopie der Karte auszufertigen.

Vorgelesen, genehmigt und unterschrieben.

Schluß.

C. Mobiliar-Sachenrecht.

I.

Veräußerungsgeschäfte.

59. Kauf mit Besitzübertragung durch brevi manu traditio. — Wiederkaufsabrede.

A. L. R. I. 11. §§ 1 ff. 296 ff.; I. 10. §§ 1 ff.; I. 7. § 70.

Koch II. § 674. S. 422. § 612. S. 290, I. § 174. S. 331; Dernburg II. § 133 S. 335, I. § 152. S. 365; Förster-Eccius II. § 124. S. 42. § 126. S. 78. III. § 160 S. 52; Fischer § 68 S. 385, § 33 S. 170.

Eingang.

Herr Otto Lux hat dem Herrn Ferdinand Habermann sein im anliegenden Verzeichniß unter 14 Nummern aufgeführtes Silberzeug für ein Darlehen von 3000 Mark aus dem Schuldschein vom 1. November 1881 in Pfandbesitz übergeben. Da Herr Lux schon seit längerer Zeit außer Stande ist, die Zinsen zu zahlen, so sind beide Theile übereingekommen, daß die Pfandstücke an Herrn Habermann verkauft werden. Demgemäß verabreden sie was folgt:

§ 1.

Herr Lux verkauft das gesammte vorbezeichnete Silberzeug an Herrn Habermann für . . . . 4200 Mark

Aus dem Kaufpreis macht sich zuvörderst der Käufer wegen seiner Ansprüche aus dem erwähnten Darlehnsvertrage durch Aufrechnung befriedigt und zwar schuldet

Uebertrag	4200 Mark
ihm der Verkäufer die Zinsen zu 5 % für ein Jahr mit 150 Mark und das Kapital selbst mit 3000 Mark mithin zusammen	3150 „
Den Rest von	1050 Mark

zahlt der Käufer noch heute baar an den Verkäufer.

§ 2.

Der Verkäufer soll berechtigt sein, binnen Jahresfrist von heute ab gerechnet, die sämmtlichen Stücke zum vorstehend festgesetzten Preise von 4200 Mark nebst 5 % Zinsen von heute ab wieder zu kaufen. Der Käufer verpflichtet sich, die Sachen binnen dieser Frist nicht weiter zu veräußern; für die Abnutzung der Sachen durch eigenen Gebrauch hat er beim Wiederkaufe keine Entschädigung zu leisten.

§ 3.

Der Verkäufer räumt hiermit dem Käufer die Rechte des Eigenthumsbesitzes an dem Silberzeug ein. Der Käufer nimmt dies an und quittirt dagegen dem Verkäufer über Tilgung des obenerwähnten Darlehns nebst sämmtlichen rückständigen Zinsen, wird ihm auch den Schuldschein vom 1. November 1881 noch heute herausgeben.

Schluß.

60. Erwerb mit Besitzübertragung durch constitutum possessorium.

A. L. R. I. 7. § 71.

Koch I. § 174. S. 332; Dernburg I. § 152. S. 365; Förster-Eccius III. § 160 S. 52; Fischer § 33 S. 170.

Der Bankier Paul Biedermann zu X. und der Dr. phil. Otto Gellert zu Z. verabreden was folgt:

Dem Herrn Paul Biedermann ist im Testamente seines Vaters, des Professor Biedermann, als Universalerben die Auflage gemacht, die väterliche, aus 6142 Bände bestehende Bibliothek bis zur Großjährigkeit des Dr. Otto Gellert aufzubewahren und es ist letzterem, als dem Sohn eines verstorbenen Jugendfreundes des Erblassers, das Recht eingeräumt, mit erlangter Großjährigkeit die Bibliothek für 6000 Mark zu erwerben. Nachdem nun dieser Zeitpunkt eingetreteten ist, hat Herr Dr. Gellert von seinem Rechte Gebrauch gemacht, auch den Kaufpreis von 6000 Mark, an Herrn Biedermann bereits gezahlt. Derselbe wünscht aber die umfangreiche Bibliothek zur Zeit noch nicht zu übernehmen, weil ihm die Aufbewahrung bis zur Erlangung einer definitiven Anstellung zu umständlich und kostspielig sein würde und beläßt sie deshalb in Verwahrung des Herrn Biedermann.

Demgemäß erklärt Herr Biedermann, daß er die erwähnte Bibliothek dem Herrn Dr. Gellert übereignet und sie fortan nicht mehr für sich, sondern nur als Verwahrer des Herrn Gellert inne halte. Er verpflichtet sich übrigens, sie unentgeltlich so lange zu verwahren, bis Herr Dr. Gellert eine Anstellung erhalten oder sonst einen Wohnsitz mit dauernder Thätigkeit gegründet hat, jedoch nicht länger als vier Jahre von heute ab. In der Zwischenzeit will er gehalten sein, dem Herrn Dr. Gellert auf sein Verlangen auch einzelne Bücher aus der Bibliothek zu verabfolgen, jedoch nur, wenn dieser sich die Bücher selbst heraussucht und ihm über jedes Werk einen Empfangsschein ausstellt.

Der Herr Dr. Gellert ist mit allem Vorstehenden einverstanden und acceptirt die Erklärungen des Herrn Biedermann.

Schluß.

61. Verbindung von Miethe und Kauf (Möbelleihvertrag). — Bedingte Uebergabe.

A. L. R. I. §§ 258ff.

Dernburg II. § 155 S. 406; Förster-Eccius II. § 124 S. 55 u. Anm. 99. § 126. S. 73. Anm. 8a.

§ 1.

Der Möbelhändler August Spindler überläßt hierdurch an den Schneider Philipp Nadelmann die in dem anliegenden Verzeichnisse unter 16 Nummern näher aufgeführten Möbelstücke, deren Werth und Preis die Kontrahenten für jedes Stück so, wie in der Anlage angegeben, danach zusammen auf sechshundert (600) Mark verabredet haben; die Ueberlassung erfolgt zuvörderst zur Miethe, es wird jedoch verabredet, daß der Uebernehmer durch die in Gemäßheit des § 2 erfolgenden Zahlungen das Eigenthum der Stücke als deren Käufer erwerben soll.

§ 2.

Der Entnehmer zahlt an den Ueberlasser sofort noch heute sechszig (60) Mark und demnächst am ersten eines jeden Monats dreißig (30) Mark, so daß in 18 Monaten, vom ersten künftigen Monats an gerechnet, der Rest von 540 Mark und damit die gesammten 600 Mark gezahlt sind. Der Entnehmer ist jederzeit auch früher berechtigt, den zu 600 Mark noch fehlenden Betrag zu zahlen. In diesem Falle vergütet ihm der Ueberlasser die Zwischenzinsen nach dem Satze, daß für jede Rate von 30 Mark und für jeden Monat, den sie zu früh gezahlt wird, fünfzehn (15) Pfennig in Abrechnung kommen. Theile von Monaten werden nicht berechnet.

Sobald auf die eine oder andere Art der Preis von 600 Mark voll oder mit Abrechnung der vorstehend bemerkten Zwischenzinsen berichtigt ist, geht das Eigenthum sämmtlicher Stücke auf den Uebernehmer über.

§ 3.

Die Uebergabe sämmtlicher Stücke ist bereits erfolgt und zwar mit der Abrede, daß der Entnehmer an ihnen nur den Miethsbesitz hat, daß aber dieser Miethsbesitz nach Eintritt der im § 2 gesetzten Bedingungen für den Eigenthumserwerb sich von selbst in den Eigenthumsbesitz verwandelt.[1])

[1]) Diese Art der Uebergabe ist für wirksam zu erachten, da die Uebergabe, wie jeder andere Rechtsakt bedingt erfolgen kann (Dernburg a. a. O. S. 407).

§ 4.

Wenn der Entnehmer mit einer der im § 2 festgesetzten Raten länger als 5 Tage in Verzug geräth, so ist der Ueberlasser von dem Vertrage abzugehen und die Möbel zurückzunehmen berechtigt. Da die vom Entnehmer bis dahin geleisteten Zahlungen sowohl Miethe als Anzahlungen auf den Kaufpreis darstellen, so erfolgt die Auseinandersetzung dieserhalb nach folgenden Grundsätzen:[2])

1. Die erste Anzahlung von sechszig (60) Mark ist mit Rücksicht auf die aufgewendeten doppelten Transportkosten, die Umwandlung der Möbel aus Neuen in Gebrauchte und das allgemeine Risiko dem Ueberlasser vollständig verfallen.

2. Von den Monatsraten wird ein Drittel als Miethe angesehen, so daß der Vermiether für jeden Monat zwanzig (20) Mark zu erstatten hat, jedoch ohne Zinsen.

3. Von weiterer Entschädigung wegen der gedachten Nichterfüllung des Vertrages wird der Entnehmer frei.

§ 5.

Kommt es gemäß § 4 zur Rücknahme der Sache, so hat der Entnehmer diejenigen Schäden ohne Rücksicht auf Verschuldung, zu vertreten, welche nicht durch den gemeingewöhnlichen Gebrauch der Sachen entstanden sind. Fehlt ein Stück, so hat er den Werth nach dem anliegenden Verzeichnisse zu ersetzen. Jedoch kommt darauf derjenige Betrag in Abrechnung, welcher ihm im Falle des § 4 zu erstatten sein würde und welcher nach Verhältniß des Werthes des betreffenden Stückes zu berechnen ist.

§ 6.

Wird eines der Stücke, bevor es Eigenthum des Entnehmers geworden, in der Zwangsvollstreckung gepfändet, so ist der Entnehmer zu ungesäumter Anzeige an den Ueberlasser verpflichtet. Beim Unterbleiben der Anzeige ist er für den Schaden verantwortlich.

Schluß.

62. Kauf einer künftigen Sache.

A. L. R. I. 11 §§ 529. 530. 543. 544. 582—594.

Koch II. § 677 S. 434; Dernburg II. § 134 S. 338 § 158 S. 411; Foerster-Eccius II § 128 S. 101. 106; Fischer § 68 S. 401.

Das A. L. R. hatte eine Reihe von Prohibitiv- und Sicherungsmaßregeln gegen den Verkauf künftiger Sachen getroffen. Bauern durften einen Verkauf von Früchten auf dem Halm überhaupt nicht vornehmen (§ 12 II. 7); mit „gemeinen Landleuten“ durfte ein Kauf über ihren künftigen Zuwachs nur nach Zahl, Maß oder Gewicht und nach den marktgängigen Preisen zur Erntezeit geschlossen

---

[2]) In den gewöhnlichen Möbelleihverträgen wird in diesem Falle alles Gezahlte als reine Miethe dem Ueberlasser für verfallen erklärt. Diese Bestimmung hat die Möbelleihverträge zu sehr odiösen Geschäften gemacht. Es läßt sich solche Ungerechtigkeit aber wohl vermeiden und ohne derartige Härten haben die Möbelleihverträge eine berechtigte wirthschaftliche Existenz.

werden (§ 594 I. 11). Endlich war für alle Verträge über den Verkauf künftiger Sachen, wenn der Kaufpreis über 100 Thaler betrug und nicht etwa beide Theile Kaufleute waren, gerichtliche Abschließung vorgeschrieben. (§ 583 I. 11.) Alle diese Vorschriften sind beseitigt, und zwar: das Verbot betreffs der Bauern und gemeinen Landleute durch die K. O. vom 22. Mai 1842 (G. S. S. 200) für Westfalen und durch die V. v. 9. November 1843 (G. S. S. 347) für die übrigen Provinzen; die Formvorschrift des § 583 I. 11 allgemein durch das Ges. v. 11. Juli 1845 (G. S. S. 495) § 1[d]. Es genügt fortan die allgemeine Vertragsform.

Muster.

Eingang.

§. 1.

Der Gutsbesitzer A. verkauft das ganze Kern- und Steinobst, welches in seinem, zum Rittergute Tasdorf gehörigen, hinter dem herrschaftlichen Hause belegenen Obstgarten in diesem Jahre wachsen wird, an den Obsthändler B. für Siebenhundert und Funfzig Mark, worauf der Obsthändler B. bereits Dreihundert Mark bezahlt hat, und die übrigen Vierhundert und Funfzig Mark zu Michaelis d. J. zu bezahlen verspricht.

§. 2.

Die Uebergabe geschieht den 1. Juni dadurch, daß der Käufer ein ihm zum Gebrauche bis zum 15. Oktober einzuräumendes Zimmer im Gartenhause bezieht und mit diesem Augenblicke die Obhut über die Bäume übernimmt. Das Sammeln des Obstes bleibt ihm überlassen, er darf sich aber dazu nicht der vorhandenen Gartengeräthschaften bedienen.

§. 3.

Beim Einsammeln muß der Käufer mit höchster Vorsicht und Schonung der Bäume verfahren und hat für jeden durch ihn oder seine Leute abgebrochenen Zweig eine Konventionalstrafe von einer Mark zu erlegen.

Schluß.

II. Verpfändungen.

63. Faustpfandbestellung. — Pfandschein.

A. L. R. I. 20 §§ 1 ff. §§ 71 ff.; Gesetz betreffend das Pfandleihgewerbe vom 17. März 1881 (G. S. S. 265) §§ 5. 6. 8. 17. Gewerbe-Ordnung in der Fassung vom 1. Juli 1883 (R. G. Bl. S. 177) §§ 34. 38.

Koch II. §§ 650 ff. (S. 372); Dernburg I. §§ 354—360 (S 915); Foerster-Eccius III. § 196 S. 519 ff. 526; Fischer § 42 S. 258.

Bei beweglichen Sachen ist zum Erwerbe des Pfandrechts keine weitere Form als die Uebergabe des Pfandes erforderlich. Nur bei den gewerbsmäßigen Pfandleihern muß noch die Eintragung in das Pfandbuch hinzukommen. Wegen der Form des Hauptvertrages gelten die dieserhalb bestehenden sonstigen Vorschriften. Wird indessen von dem Gläubiger ein Empfangsschein über das Pfand (Pfandschein) ausgestellt und vom Schuldner angenommen, so vertritt derselbe, falls in ihm die wesentlichen Bedingungen des Vertrages ausgedrückt sind, die Stelle des fehlenden schriftlichen Hauptvertrages. Beim Pfandleihgewerbe legitimirt der Pfandschein jeden Inhaber ohne Uebertragungsnachweis.

Für den Pfandschein im Pfandleihgewerbe ist gesetzlich eine bestimmte Form gemäß der Eintragung im Pfandbuche vorgeschrieben. Nachstehend wird das Muster eines solchen Scheines für die private Pfandleihe gegeben.

Muster.

Der Kaufmann N. hat mir einen Centner Indigo als Unterpfand für ein Darlehn von fünfhundert Mark, welches ich demselben zu Fünf Prozent Zinsen auf Sechs Monate vorgeliehen, in einer in seiner Gegenwart verschlossenen und mit seinem Petschafte versiegelten Kiste verpackt, gestern übergeben; ich bescheinige den richtigen Empfang und verspreche die Rückgabe nach geschehener Tilgung der Darlehnsschuld an Kapital, Zinsen und Kosten.

Datum und Unterschrift des Pfandnehmers.

64. Verpfändung einer Forderung über welche eine Urkunde gebildet ist.

A. L. R. I. 20 §§ 281—298. V. v. 9. Dezember 1809 (N. Ed.-S. Bd. XII. S. 909) §§ 1. 2. A. L. R. I. 11 § 394.

Koch I. § 365 Nr. II. 3; Dernburg I. § 361 S. 930; Foerster-Eccius III. § 192 S. 472. § 197 S. 529; Fischer § 42 S. 263.

Die Verpfändung einer Forderung, über welche eine Urkunde gebildet ist, geschieht schriftlich und unter Aushändigung der Schuldurkunde an den Pfandnehmer. Ist keine Schuldurkunde gebildet, so tritt an Stelle der Uebergabe der letzteren die Bekanntmachung der Verpfändung an den Schuldner. Schriftlichkeit des Verpfändungsaktes ist in diesem Falle und bei Objekten über 150 Mk. erforderlich.

Eine Mitwirkung des Pfandnehmers bei Errichtung der Urkunde ist nicht geboten. Seine Annahmeerklärung bedarf keiner besonderen Form.

Muster.

Ich bin dem Herrn Jakob Hahn hierselbst aus einem Darlehnsgeschäfte 500 Mark, sage fünfhundert Mark, mit sechs Prozent zu verzinsen, schuldig geworden, worüber er einen besonderen Schuldschein vom 1. Febr. d. J. hat. Dafür will ich ihm Sicherheit bestellen und zwar mit meiner beim hiesigen Vorschuß-Verein, Eingetragene Genossenschaft, voll geleisteten statutenmäßigen Mitgliedereinlage von sechshundert (600) Mark, über welche von dem gedachten Verein das Mitgliederbuch Nr. 235 ausgefertigt worden ist. Ich verpfände ihm demzufolge für seine Forderung von fünfhundert Mark aus dem gedachten Schuldscheine und zwar für Kapital, Zinsen und Einziehungskosten die ganze vorstehend beschriebene Mitgliedereinlage nebst deren Zinsen und Dividenden hiermit dergestalt, daß er berechtigt sein soll, sich daraus wegen Kapitals, Zinsen und Kosten bezahlt zu machen. Ich ermächtige ihn auch ausdrücklich, die Zinsen und Dividenden davon zu erheben, und sich daraus wegen seiner sechs Prozent Zinsen bezahlt zu machen, mit dem Vorbehalte, daß er mir den Ueberschuß am Schlusse eines jeden Kalenderjahres herauszuzahlen hat.

Sollte ich die Kapitalschuld binnen drei Jahren nicht abgezahlt haben, so ermächtige ich den Herrn Hahn in meinem Namen meine Mitgliedschaft bei dem Vorschußvereine zu kündigen und so die Einlage Behufs seiner Befriedigung fällig zu machen. Vorher soll ihm dieses Recht und überhaupt eine Befriedigung aus dem Kapital nicht zustehen. Das Mitgliederbuch Nr. 235 habe ich dem Herrn Hahn bereits ausgehändigt.

Schluß.

— **Verpfändung von Hypotheken** s. Muster 49. S. 248.

— **Verpfändungen ohne Besitzübertragung** s. Muster 119—122.

— **Sicherheitsbestellung durch Hinterlegung** s. Muster 110.

65. Protestation zur Erhaltung des Zurückbehaltungsrechtes.

A. L. R. I. 20 §§ 562—565. A. G. z. C. P. O. § 1 a. E.
Koch I. §§ 207—209. Dernburg I. § 362. S. 934. Foerster-Eccius I. § 48, S. 227. Fischer § 18, S. 92.

Für diese Protestation — welche im Falle der gerichtlichen Wegnahme der Sache zwecks Besitzübertragung an einen Andern erforderlich wird — war im A. L. R. die Einlegung „bei den Gerichten selbst" vorgeschrieben. Jetzt tritt an deren Stelle die Zustellung einer privatschriftlichen Erklärung durch einen Gerichtsvollzieher an denjenigen, für dessen Rechnung die Wegnahme erfolgt. [1])

Muster.

Ich habe auf Bestellung des Gutsbesitzers A. zu Hübel eine Dreschmaschine gebaut, welche zwar schon seit 4 Wochen zur Ablieferung bereit gestanden hat, jedoch von mir zurückgehalten worden ist, weil mir die vollständige Bezahlung des Preises und der Kosten verweigert wurde. Inzwischen hat der Besteller gegen meinen früheren Compagnon B., bei dem die Bestellung gemacht worden war, auf Herausgabe der Maschine geklagt, und dieser ist, weil er Zahlung

[1]) Abweichend will Fischer (a. a. O. mit Anm. 6) die frühere Form aufrecht erhalten wissen. Es scheitert dies aber schon an der Unmöglichkeit der Ausführung. Denn die Einlegung „bei den Gerichten selbst", d. h. bei demjenigen Gerichte, welches die Sache wegnehmen läßt, ist nicht mehr möglich, seitdem den Gerichten die Zwangsvollstreckung in Mobilien genommen ist.

erhalten hat, dazu verurtheilt worden. Wiewohl derselbe die Maschine gar nicht in seinem Gewahrsam hat, und ich mein Fabrikat, da ich jenen nicht vertreten habe, nur gegen Bezahlung herauszugeben brauche, ist in Folge Auftrages des A. auf Grund eines gegen B. erwirkten Urtheils die erwähnte Maschine mir heute durch den Gerichtsvollzieher X. bei Vermeidung der Zwangsvollstreckung abgefordert worden. Um es nicht auf den Zwang ankommen zu lassen, habe ich die Maschine an ihn verabfolgt. Ich protestire aber hiermit gegen die Abforderung derselben und behalte mir mein Zurückbehaltungsrecht an derselben sowie meine Gerechtsame wegen Arbeitslohnes, Schäden und Kosten gegen den Gutsbesitzer A. und jeden Inhaber der Maschine ausdrücklich vor.

Schluß.

III.

Anderweite Geschäfte.

66. Leihvertrag (Kommodat).

A. L. R. I. 21 §§ 229–257.

Koch II. §§ 644. 645 S. 361. Dernburg II. §§ 174. 175 (S. 469). Foerster-Eccius II. § 135 S. 159. Fischer § 75 S. 429.

Unter dem Leihvertrag versteht der juristische Sprachgebrauch die unentgeltliche Gebrauchseinräumung. Der Begriff deckt sich sonach mit dem volksthümlichen Gebrauche des Wortes nicht; hier wird von Möbelleihe (s. Muster 61 S. 275), Sackleihe u. A. auch bei Bezahlung für den Gebrauch gesprochen, während man juristisch dieses Verhältniß als Miethe bezeichnet. — Der Leihvertrag wird schon durch die Uebergabe der geliehenen Sache zu dem verabredeten Gebrauche rechtsverbindlich geschlossen; die schriftliche Form ist nur dann erforderlich, wenn eine unbewegliche Sache oder ein Recht der Gegenstand ist. Zum Wesen gehört landrechtlich die Bestimmung des Gebrauchs und der Dauer entweder durch Zeitangabe, oder durch die Art, oder den Zweck des eingeräumten Gebrauchs. Erheblich ist es, auszudrücken: ob der Verleiher das Geschäft dem Andern angetragen, oder ob er daraus Vortheil habe, weil dies auf den Grad des von dem Leiher zu vertretenden Versehens Einfluß hat.

Muster.

§ 1.

Der Rittergutsbesitzer von Hohnhorst zu Falkenau verleiht an den Premierlieutenant von Bredow zu X. zwei Reitpferde, dreijährige Füchse ohne Abzeichen zur unentgeltlichen Benutzung und zwar auf sechs Monate, jedoch vorbehaltlich der Bestimmung in § 2.

§ 2.

Veranlassung zu diesem Vertrage giebt eine vom Verleiher beabsichtigte Reise nach Amerika, während welcher er dem Leiher eine Gefälligkeit erweisen will, ohne seinerseits die Pferde zu entbehren. Zu diesem Zwecke hat er selbst das Geschäft in Vorschlag gebracht und es wird zur Erreichung des Zweckes festgesetzt, daß, falls Herr von Hohnhorst vor Ablauf von sechs Monaten von seiner Reise zurückkehren sollte, sowohl er zu früherer Rückforderung als Herr von Bredow zu früherer Rückgabe der Pferde berechtigt sein soll. Im Uebrigen soll eine frühere Rückgabe dem Entleiher nicht zustehn.

§ 3.

Dem Entleiher wird der Gebrauch der Pferde nur für sich und seine Familienmitglieder oder in der Art, daß er selbst eines derselben reitet und auf dem zweiten einen Begleiter mitnimmt, gestattet; die den Pferden nöthige Bewegung darf er auch durch seine Dienerschaft besorgen. Endlich wird ihm auch gestattet, sich persönlich mit den Pferden an Wettrennen zu betheiligen. In diesem Falle fließen etwaige Rennprämien dem Verleiher zu, wogegen aber bei Beschädigungen der Leiher nur für grobes Versehen haften soll.

§ 4.

Für den Fall, daß es aus irgend einem Grunde dazu kommen sollte, daß der Entleiher den Werth der Pferde zu ersetzen hat, wird derselbe hiermit auf dreitausendfünfhundert (3500) Mark für jedes Pferd festgesetzt.

Schluß.

67. Trödelvertrag.

A. L. R. I 11, §§ 511—526.

Koch II. § 710 S. 499. Dernburg II. § 189 S. 522. Foerster-Eccius II. § 132 S. 143. Fischer § 69 S. 406.

§ 1.

Der Gutsbesitzer N. übergiebt sein Gespann Wagenpferde, nämlich vier Rappen ohne Abzeichen, 8—9jährig, dem Pferdehändler Simon, um dieselben bis zum 1. künftigen Monats, zusammen für den Preis von 2400 Mark, schreibe zweitausend vierhundert Mark, zu verkaufen; der Pferdehändler Simon, welcher diese Pferde bereits erhalten zu haben anerkennt, macht sich verbindlich, bis zum 1. künftigen Monats entweder den gesetzten Preis von 2400 Mark abzuliefern, oder die Pferde in unversehrtem Zustande wieder zurück zu geben.

§ 2.

Giebt er die Pferde zurück, so werden die Futterkosten und Auslagen mit dem von den Pferden gewonnenen Dünger gegeneinander aufgehoben, und kein Theil hat an den anderen wegen Bemühungen, Verwendungen, Kosten und Nutzungen eine Forderung, wogegen die Forderung wegen Verschlechterungen dem Gutsbesitzer N. vorbehalten bleibt; zahlt er den gesetzten Preis, so hat er gleichfalls nichts zu fordern, behält aber das, was er für die Pferde mehr erhalten hat.

Schluß.

68. Wiederinkurssetzung eines auf den Inhaber lautenden Papiers.[1])

A. L. R. I. 15, §§ 47—51. Ges. v. 4. Mai 1843 (G. S. S. 179), §§ 3. 4. Koch I. § 253. Dernburg II. § 91. S. 218. Foerster-Eccius I. § 64 S. 380.

Die Wiederinkurssetzung gegenüber von privaten Außerkurssetzungsvermerken muß gerichtlich geschehen, doch kann sich der Inhaber an jedes beliebige Gericht wenden. Das Gericht hat die Legitimation des Inkurssetzers zu prüfen.

Muster.

a.

Eingang. **Protokoll.**

. . . . . erschien der Kaufmann Wilhelm N. von hier, nach Namen, Stand und Wohnort bekannt, produzirte den Schlesischen landschaftlichen Pfandbrief Blumenthal Nr. 6 über 3000 Mark, auf dessen Kehrseite der Privatvermerk:

„Dieser Pfandbrief gehört mir, Tobias Sicher"

stand, und eine Ausfertigung des Testaments des hierselbst verstorbenen Pfandleihers Tobias Sicher, mit folgender Erklärung:

Nach dem vorgelegten Testamente[2]) des Tobias Sicher bin ich dessen Alleinerbe. Im Nachlasse desselben hat sich der vorgelegte, ihm zugehörig gewesene Pfandbrief, Blumenthal Nr. 6 über 3000 Mark, vorgefunden, welcher durch den eigenhändigen Privatvermerk des Erblassers außer Kurs gesetzt ist. Ich will den Pfandbrief wieder in Kurs setzen und trage darauf an:

die Außerkurssetzung wieder aufzuheben.

Schluß.

b.

Attest[3]) auf den Pfandbrief unter den Vermerk über Außerkurssetzung.

Wieder in Kurs gesetzt von dem Erben des verstorbenen Tobias Sicher.[4]) N., den u. s. w.

Siegel in schwarzer Farbe.[5]) Firma des Gerichts und Unterschrift.[6])

---

[1]) Vgl. auch unten das Muster 215.

[2]) Befindet sich das Testament oder die sonstigen Legitimationsurkunden nicht bei Gericht, so mag es sich empfehlen, beglaubigte Abschriften derselben zurückzubehalten.

[3]) Die Attestirung kann auch — Behufs sofortiger Rückgabe des Papiers — gleichzeitig unter Aufnahme des wörtlichen Inhaltes des Attestes in das Protokoll erfolgen. Siehe dieses Verfahren bei Muster 215.

[4]) Geschieht die Wiederinkurssetzung von demjenigen, welcher den Privatvermerk darauf gesetzt hat, selbst, so lautet das Attest bloß: „Wieder in Kurs gesetzt durch N. N." Beim Vermerke ist auf die thunlichste Raumersparniß Bedacht zu nehmen. Allg. Verf. v. 18. Dezember 1846 (J. M. Bl. S. 235) und vom 31. Mai 1887 (J. M. Bl. S. 156).

[5]) Auf die schwarze Farbe des Siegels ist zu achten. V. d. Min. der Finanzen und des Innern vom 11. April 1863 bei Koch, A. L. R. zu § 51 I. 15.

[6]) Werden mehrere Papiere gleichzeitig in Kurs gesetzt, so sind die Kosten nicht einzeln, sondern nur nach dem Gesammtwerthe zu berechnen. J. M. R. v. 6. Juli 8172; Beschl. d. K. G. v. 6. Dezember 1880 (J. u. K. II. 178).

D. Obligationenrecht.

I.
Allgemeine Rechtsgeschäfte.

69. Anerkenntniß einer in Unselbstständigkeit aufgenommenen Schuld (constitutum debiti proprii).

A. L. R. I. 5 §§ 37. 38. I. 11 § 713. II. 2 §§ 136. 137; Ges. betr. die Geschäftsfähigkeit Minderjähriger v. 12. Juli 1875 (G. S. S. 518) § 3.

Koch II. § 722 S. 520; Dernburg I. § 81 S. 177, III. § 53 S. 170; Förster-Eccius I. § 73 S. 419, IV. § 222 S. 156; Fischer § 13 S. 56, § 101 S. 552.

Ueber die Form dieses Anerkenntnisses herrschen mannigfache Zweifel. Nach A. L. R. war der Rechtszustand folgender: Bestand der Grund der Unselbstständigkeit nur in der Minderjährigkeit, so unterlag das Anerkenntniß den allgemeinen Vorschriften für Verträge. Lag der Grund der Unselbstständigkeit aber in obwaltender väterlicher Gewalt, — gleichviel ob das Kind groß- oder minderjährig war — so mußte das Anerkenntniß gerichtlich oder notariell erfolgen.[1]) Das Gesetz vom 12. Juli 1875 (§ 3) hat allgemein bestimmt, daß die wegen fehlender Genehmigung unwirksamen Geschäfte eines Minderjährigen wirksam werden, wenn der Minderjährige nach erlangter Selbstständigkeit sie anerkennt. Die Bestimmung hat zwei Zweifelsfragen im Gefolge:

1) Ist dieses Anerkenntniß im ganzen Bereich des Gesetzes ein formloses oder unterliegt es in den einzelnen Landestheilen den dort bestehenden Formvorschriften?

2) Im ersteren Falle: unterliegen der Formlosigkeit auch die Anerkenntnisse der von Hauskindern geschlossenen Rechtsgeschäfte? Das Reichsgericht hat die erste Frage im Sinne der Formlosigkeit entschieden und auch die zweite bejaht, so daß in jedem Falle ein formloses Anerkenntniß genügen soll.[2]) Die Gründe der Entscheidung erscheinen aber, was die Anerkenntnisse der Geschäfte der Hauskinder betrifft, nicht als dermaßen zwingend, daß man auch nur mit Wahrscheinlichkeit annehmen dürfte, es werde zutreffenden Falles jeder andere Senat des Reichsgerichts ebenso entscheiden.[3]) Der Ur-

---

[1]) Vgl. die oben citirten landrechtlichen Vorschriften und Förster 3. Aufl. 1873 I. § 73 S. 410 u. Anm. 32.

[2]) Urtheil des vierten Civilsenats v. 12. Juni 1884 (J. M. Bl. S. 273 und Entsch. XI. S. 324) und v. 31. Mai 1886 (J. M. Bl. S. 323). Ebenso: Dernburg III. S. 170 Anm. 21; Dernburg-Schultzenstein S. 172 u. Anm. 20. Turnau II. S. 315. Für Bejahung der ersten Frage auch Fischer I. S. 56. Entgegengesetzter Ansicht: Förster-Eccius I. § 73 S. 420 u. Anm. 12. Siehe im Uebrigen die Literatur bei Turnau a. a. O.

[3]) Diesseits wird folgender Meinung der Vorzug gegeben: Das Gesetz schreibt ein Anerkenntniß ohne nähere Bestimmung der Form vor; mithin ist keine be-

kundenverfasser wird daher vorsichtiger handeln, wenn er, falls es sich um Hebung des Hindernisses väterlicher Gewalt handelt, die gerichtliche oder notarielle Form wählt. Nur wenn sich das Anerkenntniß als ein Handelsgeschäft darstellt, ist es zweifellos von jedem Formzwange befreit. (Art. 317 H. G. B.)

Muster.

Der Pfarrer B. zu D. hat mir in meiner Minderjährigkeit verschiedene Darlehen gegeben, welche zusammen die Summe von Fünfzehnhundert Mark betragen, und die ich von da an, wo ich ein Amt erhalten würde, in Theilzahlungen von Dreihundert Mark jährlich, jedesmal am 1. Oktober, wieder abzutragen, und bis dahin mit Fünf Prozent zu verzinsen versprochen habe. Diese wegen meiner Minderjährigkeit ungültig eingegangene Verbindlichkeit erkläre ich hiermit für kräftig, indem ich meinem Gläubiger verspreche, dieselbe pünktlich zu erfüllen.

Neisse, den 19. November 1886.

Ferdinand Schwarz,
Gerichts-Assessor.

70. Genehmigung fremder Geschäftsführung.

A. L. R. I. 13. §§ 142. 239.

Koch I § 133. S. 265; Dernburg I. § 116. S. 267; Förster-Eccius II. § 141 S. 317. § 149 S. 454; Fischer § 21. S. 112.

Mein Sohn N. N. hat während meiner Abwesenheit, ohne meinen Auftrag, dem Baumeister Eckstein zu Burg den Wiederaufbau eines zusammengestürzten Speichers auf meinem Gute Storchnest, hiesigen Kreises, nach dem übergebenen Verdingungsvertrage und Anschlage, mit Vorbehalt meiner Genehmigung, in Verdung gegeben. Dieses in meinem Namen abgeschlossene Rechtsgeschäft genehmige ich dergestalt, daß ich durch dasselbe eben so gebunden sein will, als wenn ich den Vertrag persönlich abgeschlossen hätte. Ich genehmige auch Alles, was zur Ausführung dieses Wiederaufbaues, wenn es auch nicht mit dem Buchstaben des Vertrages genau übereinstimmt, bis heute geschehen ist.

Schluß.

---

sondere Form erforderlich. Das Gesetz beschäftigt sich indessen lediglich mit der Minderjährigkeit als Grund für die Verpflichtungsunfähigkeit, nicht aber mit der väterlichen Gewalt. Deshalb heilt ein derartig formloses Anerkenntniß nur den Mangel der Minderjährigkeit. Hat aber außerdem noch das Hinderniß der väterlichen Gewalt obgewaltet, so ist das Anerkenntniß auf die Behebung dieses Hindernisses einflußlos, weil dessen Behebung den Gegenstand des neueren Gesetzes überhaupt nicht bildet. Daher besteht die notarielle oder gerichtliche Form für die Anerkenntnisse der ehemaligen Hauskinder, gleichviel ob groß- oder minderjährig, fort, während die Anerkenntnisse der ehemaligen gewaltfreien Minderjährigen ohne Rücksicht auf das Objekt vom Formzwange befreit sind.

71. Schuldverschreibung einer Ehefrau.

A. L. R. II. 1. §§ 196. 318—340.

Koch I. § 112. S. 237. II. § 749. S. 569; Dernburg III. § 22. S. 75; Förster-Eccius IV. § 206. S. 37; Fischer § 13. S. 58.

Ehefrauen sind, nach der dem Allg. Landrechte zu Grunde liegenden Rechtsansicht, geschäftsunfähig und stehen in dem Mundium des Mannes; sie können sich daher, außer in Beziehung auf vorbehaltenes Vermögen, auch nicht einmal naturaliter verpflichten, ohne daß der Mann seine Zustimmung giebt.[1]) Durch diese Einwilligung aber macht sich der Mann, wenn er sich nicht dagegen ausdrücklich verwahrt, persönlich verbindlich, so daß der Gläubiger zwei solidarische Schuldner erhält; die Ertheilung des Konsenses erfordert deshalb Vorsicht. Nur wenn der Gläubiger sich ein besonderes Unterpfand aus dem Vermögen der Frau, gleichzeitig oder später, was gleichviel ist, hat bestellen lassen oder wenn die Einkünfte des besonderen, von der Frau betriebenen Gewerbes, in welchem die Frau die Schuld kontrahirt, ihr vorbehalten worden sind, ist der Mann befreit. Rathsam bleibt es jedoch in allen Fällen, der Einwilligung die Verwahrung gegen persönliche Haftung beizufügen.

Muster.[2])

Eingang.

.... erschien
die Putzhändlerin Frau N., Marie geborene N., in Begleitung
ihres Ehemannes, des Bürgers Augustin N. von hier,

ꝛc. und erklärte:

Ich bekenne, daß mir der Handelsmann Bernhard Moses hierselbst am 1. d. M. die Summe von Eintausend Mark, gegen fünf Prozent Zinsen und sechsmonatliche Aufkündigung, baar vorgeliehen und gezahlt hat; ich verspreche, ihm dieses Darlehn nach vorheriger, beiden Theilen zustehender, sechsmonatlicher Aufkündigung wiederzubezahlen und bis dahin mit Fünf Prozent in vierteljährigen Terminen, vom 1. d. M. an, zu verzinsen.

(Soll Hypothek bestellt werden, so folgt hier die Hypothekbestellung.[3])

Der Ehemann erklärte:

Ich gestatte meiner Ehefrau, sich durch das aufgenommene Darlehn von 1000 Mark in der so eben ausgedrückten Art verbindlich zu machen, will jedoch durch diesen Konsens durchaus nicht meine Person oder mein Vermögen belasten und verwahre mich gegen solche Selbsthaftung.

Schluß.

---

[1]) Ueber das in dieser Beziehung in der Mark geltende Sonderrecht s. Präj. d. O. Tr. v. 29. Mai 1854 (Entsch. 29 S. 137; Strieth. Arch. 13 S. 140).

[2]) Das Beispiel der Verpflichtung einer Ehefrau zu Gunsten ihres Ehemannes s. u. bei Muster 159.

[3]) Siehe dieselbe bei Muster 38. S. 238.

— **Cession** s. bei Muster 45 u. 47. S. 242. 244.

— **Quittung** s. bei Muster 50. S. 249.

72. Mortifikationsschein.

A. L. R. I. 16. §§ 126—132; V. v. 9. Dezember 1809 (N. C. S. XII. S. 909) § 3. Koch II. § 578. S. 228; Dernburg II. § 96 S. 230; Förster-Eccius I. § 91 S. 581; Fischer § 60 S. 351.

Muster.

Der Spediteur Herr Karl Richtrecht hierselbst hat mir unterm 8. August 1881 eine gerichtliche Schuldverschreibung über ein ihm gegebenes Darlehn von Zweitausend Mark, zu Fünf Prozent verzinslich und mit dreimonatlicher Frist aufkündbar, ausgestellt; und diese Urkunde ist mir verloren gegangen. Ich mortifizire dieselbe hiermit und bekenne, daß der darin gegründeten Verbindlichkeit vollständig genügt worden.

Schluß.

— **Hinterlegung behufs Befreiung** s. bei Muster 109.

73. Angabe an Zahlungsstatt.

A. L. R. I. 16. §§ 235—250.

Koch II. § 581. S. 233; Dernburg II. § 98. S. 234; Förster-Eccius I. § 95. S. 608; Fischer § 62. S. 354.

Eingang.

Ich, der Branntweinbrenner Habersam, bin dem Gutsbesitzer Herrn Gruß für von ihm erkauftes und richtig übergeben erhaltenes Getreide im Mai v. J. Fünfzehnhundert Mark schuldig geworden und habe ihm dafür gestern zum Preise von 1500 Mark

1. Zehn Eimer Spiritus,
2. Vier Mastochsen,
3. Zehn fette Schweine

in Zahlung gegeben.

Ich, der Gutsbesitzer Gruß, habe diese Gegenstände gestern richtig erhalten und von dem ꝛc. Habersam zu dem gedachten Preise als Zahlung für die mir auf Getreide schuldig gebliebenen Fünfhundert Mark Kaufgelder angenommen; ich erkläre mich dadurch wegen meiner gedachten Forderung für vollständig befriedigt und quittire meinem gewesenen Schuldner Habersam ohne Vorbehalt.

Schluß.

74. Anweisung (Assignation).

A. L. R. I. 16. §§ 251—263. 268—299.

Koch II. § 535. S. 156; Dernburg II. § 52. S. 124; Förster-Eccius I. § 95. S. 608; Fischer § 67. S. 380.

Herr Peter Meppert zu Schmalsitz zahle (die mir nach dem Schuldscheine vom 6. April 1885 aus einem Darlehn schuldigen [1])

[1]) Wenn der Assignat nicht Schuldner des Assignaten ist, so fallen die eingeklammerten Worte weg.

Eintausend Mark an Herrn Gabriel Dürftig, Handelsmann zu Schleebusch. N., den u. s. w.

Abraham Guthaber.

75. Delegation.

A. L. R. I. 16. §§ 264—267.

Koch II. § 543. S. 166; Dernburg II. § 64. S. 147; Förster-Eccius I. § 101. S. 678; Fischer § 67 S. 384.

Eingang.

.... erschienen folgende, persönlich bekannte und dispositions-fähig befundene Personen:

1. der Gastwirth Herr Karl Wilhelm N. von hier,
2. die Frau v. Z., Magdalena geb. von B. aus N., im Beistande ihres Ehegatten, des Königl. Steuerinspektors von Z. zu N.
3. Der Partikulier Herr August von B. hier.

Der Gastwirth Herr N. erklärte:

Ich habe von der Frau von Z. aus einem Kaufgeschäfte Fünftausend Mark zu Fünf Prozent in halbjährlichen Terminen verzinslich, und mit einjähriger Frist aufkündbar, zu fordern und bin dagegen beim Partikulier Herrn August von B. Fünftausend Mark, ebenfalls zu Fünf Prozent verzinslich und nach dreimonatlicher Kündigung zahlbar, an Erbgeldern schuldig; ich überweise diesem meinem Gläubiger meine bisherige Schuldnerin, die Frau v. Z., dergestalt, daß dieselbe meine Schuld an ihn auf sich nehme und dagegen von ihrer Schuld an mich befreit werde, zu welchem Ende ich dieselbe daraus hiermit entlasse.

Die Frau v. Z. erklärte mit Zustimmung ihres Ehegatten:

Ich bin hiermit einverstanden und übernehme die Schuld des Gastwirths N. an den Partikulier August von B., im Betrage von Fünftausend Mark Erbgelder nebst Zinsen von heute ab, an Stelle der Fünftausend Mark Kaufgelder nebst Zinsen, welche ich dem Gastwirthe N. bisher schuldig gewesen, als Selbstschuldnerin, und erkenne nun den Partikulier August v. B. für meinen Gläubiger an.

Der Partikulier Herr August von B. erklärte sich hiermit zufrieden und nahm die Frau v. Z. zu seiner alleinigen Schuldnerin an Stelle des Gastwirths Karl Wilhelm N. an.

Schluß.

76. Erlaßvertrag.

A. L. R. I. 16 §§ 379 ff. 393 ff. I. 5, § 134; I. 11 § 1039.

Koch II. § 585 S. 240. Dernburg I. § 85 S. 188; Foerster-Eccius I. § 18, S. 89. § 87 Nr. 6 S. 536. Fischer § 19 S. 100.

Unter Erlaß versteht das A. L. R. die Entsagung eines bereits erworbenen Rechts. Erfolgt der Erlaß gegen Entgelt, so unterliegt er lediglich der allgemeinen Vertragsform; nur Ausdrücklichkeit der betreffenden Willenserklärung wird außerdem gefordert. Geschieht der Erlaß unentgeltlich, so bedarf er gleichwohl nach Annahme der Praxis der für Schenkungen vorgeschriebenen gerichtlichen Form nicht.[1])

Muster.

Eingang.

Der Kaufmann A., welcher an den Tischlermeister B. eine Forderung von Eintausend Mark für auf Kredit an ihn verkaufte und gelieferte Bretter hat, erläßt demselben auf Verlangen des Herrn N. N. und um sich gegen diesen für Errettung seines Kindes aus einer Lebensgefahr, in welcher dasselbe beim vorgestrigen Hausbrand schwebte, dankbar zu erweisen, diese Forderung an Kapital und rückständigen Zinsen ohne Vorbehalt, und giebt ihm den darüber lautenden Schuldschein vom 8. März 1884 zurück.

Der Tischlermeister B. empfängt diesen Schuldschein und nimmt den Erlaß an.

Vollziehung.

77. Verzichtleistung. — Entsagung der Verjährungseinrede.

A. L. R. I. 16 §§ 378 ff., I. 5 § 134; I. 11 § 1039; I. 9 §§ 565—567; I. 5 §§ 197. 198.

Koch I. § 212 S. 388, § 163, S. 315; Dernburg I. § 85, S. 188, § 164 S. 398; Foerster-Eccius I. § 18 S. 89, § 57 S. 306; Fischer § 19 S. 100, § 25, S. 139.

Unter Verzichtleistung versteht das A. L. R. die Entsagung eines noch zu erwerbenden Rechtes. Wegen der Form siehe die Vorbemerkung zu dem vorhergehenden Muster 76. Für die im nachfolgenden als Beispiel gewählte Verzichtleistung auf die Verjährungseinrede bedarf es indessen, sie mag entgeltlich oder unentgeltlich erfolgen, nach positiver Vorschrift[1*]) stets der gerichtlichen Abschließung, sofern das Abkommen sich nicht als Handelsgeschäft darstellt.

Ueber Verzichtleistungen durch Bevollmächtigte sowie von Seiten der Aktiengesellschaften oder Kommanditgesellschaften auf Aktien zu Gunsten der aus den Gründungs- und ähnlichen Vorgängen verhafteten Personen gelten dieselben Vorschriften, wie beim Vergleiche; s. die Vorbem. zu Muster 79. S. 291.

Muster.

Eingang. Berlin, den 24. November 1886.

An der Gerichtsstelle erscheinen . . . .:

1. der Kaufmann Eduard Vorsicht;
2. der Gerichtsvollzieher August Pfaendner;

---

[1]) Pl. Beschl. d. Ob. Trib. vom 24. Februar 1840; Präj. Samml. S. 92. Entsch. Bd. 5, S. 261.

[1*]) A. L. R. I. 9. §§ 565. 566. Die Worte „bei Schließung eines Vertrages" im § 565 haben keine entscheidende Bedeutung. Uebrigens unterliegt der gerichtlichen Form nicht nur eine Entsagung der Verjährungseinrede, beziehentlich eine Verlängerung der Verjährungsfrist, sondern ebenso auch eine Abkürzung der letzteren. — Vgl. wegen der Natur der Abrede nach zu Muster 86 Anm. 1 S. 301.

beide von hier. Dieselben tragen folgendes Sachverhältniß vor:

Der miterschienene Kaufmann Vorsicht behauptet, an den Gerichtsvollzieher Pfaendner eine Schadensersatzforderung von 800 Mark nebst Zinsen dafür erlangt zu haben, daß letzterer eine am 19. Februar 1884 für den Schriftsteller X. eingezogene Summe ungeachtet einer von Vorsicht erwirkten gerichtlichen Hinterlegungsanordnung nicht hinterlegt, sondern an seinen Auftraggeber X. abgeliefert habe. Der Gerichtsvollzieher Pfaendner erkennt seine Ersatzverbindlichkeit indessen nicht an, indem er durchaus bestreitet, daß ihn bei dem im Uebrigen richtigen Vorfalle irgend ein vertretbares Versehen treffe. Beide Theile haben die Zweifelhaftigkeit der Frage eingesehen und sich deshalb bisher so benommen, daß sie versucht haben, die Forderung von dem an sich zahlungsunfähigen Empfänger des Geldes, Schriftsteller X., in einzelnen Raten wieder beizutreiben. Der Kaufmann Vorsicht ist geneigt, ohne sich jedoch hierzu rechtlich verbindlich zu machen, dieses Verfahren weiter fortzusetzen, wenn er gegen die in Kurzem bevorstehende[2]) Verjährung seines Ersatzanspruches an den Gerichtsvollzieher gesichert wird. Letzterer ist zu dieser Sicherung bereit und erklärt:

Unter Bezugnahme auf vorstehenden Sachverhalt und unter Festhaltung meines grundsätzlichen Standpunktes,[3]) daß ich dem Kaufmann Vorsicht wegen Nichts verhaftet bin, entsage ich gleichwohl gegen dessen im Vorstehenden bemerkten Anspruch auf drei Jahre, von heute ab gerechnet, der Einrede der Verjährung dergestalt, daß, wenn innerhalb dieser Frist eine Klage des Herrn Vorsicht gegen mich erhoben werden sollte, ich mich gegen solche Klage mit der Einrede der Verjährung nicht vertheidigen darf.

Der Kaufmann Vorsicht nimmt diese Erklärung an und bittet um Ausfertigung der Verhandlung, deren Kosten beide Theile je zur Hälfte tragen.

Schluß.

78. Wiedererrichtung einer durch Verjährung erloschenen Forderung.

A. L. R. I. 9 § 564.

Koch I. § 151 S. 292; Dernburg I. § 169 S. 417; Förster-Eccius I. § 57 S. 318; Fischer § 25 S. 139.

Den Zweck solcher Wiedererrichtung kann man auf die im vorhergehenden Muster angegebene Art, nämlich durch gerichtliche Ent-

---

[2]) A. L. R. I. 6. § 54. Der Gerichtsvollzieher steht hier in einem Vertragsverhältnisse nur zu X.

[3]) Aus diesem Grunde, weil nämlich der Gerichtsvollzieher seine Verbindlichkeit auch nicht einmal eventuell anerkennen will, giebt es für die Intention der Parteien kein anderes Mittel, als die gerichtliche Vertragsschließung über die Verjährung. Wollte der Gerichtsvollzieher seine, wenn auch nur subsidiäre, Verbindlichkeit anerkennen, so bedürfte es dieser Umständlichkeit nicht. Vielmehr würde ein einfaches schriftliches Anerkenntniß zur Unterbrechung der Verjährung sachdienlich sein (§ 562 I. 9. A. L. R.)

sagung der Verjährungseinrede erreichen.[1]) Dieser erschwerten, weil gerichtlichen, Form bedarf es hier aber nicht. Vielmehr kann die Wirkung der Verjährung auch durch außergerichtliches Anerkenntniß gehoben werden, wenn ein solches Anerkenntniß unter Mitwirkung beider Theile geschieht, alle Erfordernisse eines zur Neuschaffung des erloschenen Rechtes dienenden Vertrages enthält und auch in der für einen solchen Vertrag sonst vorgeschriebenen Form errichtet wird. Das so errichtete Anerkenntniß sichert den Gläubiger sogar besser, als eine gerichtliche bloße Entsagung der Verjährungseinrede; denn es schützt ihn wegen der allgemeinen Natur des Anerkenntnisses auch gegen anderweite Einreden aus früherer Zeit.

Muster.

Eingang. N., den 24. November 1886.

Der Kaufmann A. hatte gegen den Bauergutsbesitzer B. eine Forderung für im Jahre 1883 gelieferte Materialwaaren und Ziegel im Betrage von 250 Mark, welche seit Ablauf des vorigen Jahres verjährt ist.[2]) Der Bauergutsbesitzer B. hat sich auch thatsächlich aus diesem Grunde geweigert, die Forderung zu bezahlen. Nachdem aber der Kaufmann A. erklärt hat, ihn unter solchen Umständen keinerlei Waaren auf Kredit mehr verabfolgen, auch die Kredite aus den Jahren 1884 und 1885 ungesäumt beitreiben zu wollen,[3]) so haben sich beide Theile zu Folgendem verständigt.

Der Bauergutsbesitzer B. erkennt die vorerwähnte Forderung des Kaufmanns A. in Höhe von 250 Mark ungeachtet der bereits erfolgten Verjährung hiermit an und verspricht dieselbe binnen vier Wochen an den Kaufmann A. zu zahlen. Der Kaufmann A. nimmt diese Erklärung an.

Schluß.

— Stundungsvertrag s. bei Muster 211.

79. Vergleich.[1*]) — Außergerichtlicher Akkord mit Gläubigern. — Beispiel einer bedingten Vertragsofferte.

A. L. R. I. 16 §§ 405—449; I. 5 §§ 1—4, 78—108; Konk. O. § 188. H. G. B. Art. 318 – 320. 322.

Koch II. § 727 S. 524 § 505 S 107 § 548 S. 173; Dernburg I. § 82 S. 180. II. § 124 S. 311; I. § 107 S. 240; Förster-Eccius I. § 103 S. 696 § 77 S. 442; Fischer § 19 S 101 § 16 S. 81 § 50 S. 300.

Der Abschluß eines Vergleichs unterliegt der allgemeinen Vertragsform. Für Vergleiche über künftige Verpflegungsgelder war

---

[1]) Vgl. § 565 I. 9 A. L. R. „auch im Voraus," also auch später nach eingetretener Verjährung.

[2]) Ges. v. 31. Mai 1838 § 1 Nr. 1 u. § 5 Nr. 3.

[3]) Durch Aufnahme dieses Beweggrundes sichert sich der Gläubiger im Falle eines Zweifels dagegen, daß der Vertrag als ein Freigebigkeitsakt des Schuldners aufgefaßt und demgemäß interpretirt wird. (§§ 269 I. 5 mit § 146 I. 4. A. L. R.)

[1*]) Ein ferneres Beispiel eines Vergleiches siehe bei Muster 213. (Vergleich zur Beilegung eines anhängigen Rechtsstreits.)

früher die Bestätigung durch das ordentliche Gericht des zu Verpflegenden erfordert. A. L. R. Th. I, Tit. 16, § 413 u. A. G. O. Th. II, Tit. 1, § 6, Nr. 3. Diese Mitwirkung der Gerichte ist durch das Gesetz vom 11. Juli 1845, § 1, Buchst. b. aufgehoben. (G. S. S. 495.) — Ein Bevollmächtigter bedarf zum Vergleichsschlusse der Spezialvollmacht.[2]) Ausgenommen sind der Prokurist,[3]) der Handlungsbevollmächtigte[4]) und der Prozeßbevollmächtigte. Letzterem kann indessen die Befugniß zum Vergleich in der Vollmacht entzogen werden.[5]) Vormünder bedürfen zum Vergleichsschlusse der Genehmigung des Vormundschaftsgerichts, sofern der Gegenstand des Vergleichs unschätzbar ist oder die Summe von dreihundert Mk. übersteigt.[6]) [7])

Ueber ein besonderes Verbot der Vergleiche zwischen Kommanditgesellschaften auf Aktien beziehentlich Aktiengesellschaften und den ihnen aus den Gründungs- und ähnlichen Vorgängen verhafteten Personen vgl. Art. 180[c] u. 213[d] H. G. B.

Als Beispiel eines Vergleichs ist hier die außergerichtliche Akkordirung seitens eines zahlungsunfähigen Kaufmannes gewählt. Ein solcher Vergleich kann erfolgen: vor Eröffnung des Konkursverfahrens zum Behufe der Abwendung dieser Eröffnung oder während schwebenden Konkursverfahrens, um die Einstellung des letzteren gemäß § 188 K. O. herbeizuführen. In beiden Fällen muß der Schuldner mit jedem einzelnen Gläubiger selbstständig verhandeln. Anderseits ist es weder des Schuldners noch eines zustimmenden Gläubigers Absicht, daß ein solcher Einzelvergleich für sich allein Geltung haben solle. Vielmehr erfolgt der Abschluß jedes Einzelvergleiches nur unter der Bedingung der Zustimmung auch der übrigen Gläubiger. In dieser Beziehung handelt es sich also um eine bedingte Vertragsofferte und deren Annahme. Im kaufmännischen Verkehr pflegt überdies auch noch der Inhalt des Abkommens selbst meist der Bedingung unterworfen zu werden, daß nicht mit anderen Gläubigern zu höheren Sätzen akkordirt werde. Dadurch sichert sich der Gläubiger die Vortheile, welche im Falle

---

2) A. L. R. I. 13 § 102.

3) H. G. B. Art. 42.

4) H. G. B. Art. 47.

5) C. P. O. § 77.

6) V. O. § 42 Nr. 8. Die Beschränkung gilt auch für den Prozeßbevollmächtigten des Vormundes, denn die Vollmacht überträgt ihm nur die Befugnisse des Vormundes. Darüber, daß die Beschränkungen des letzteren in Ansehung des Vergleichs durch § 52 C. P. O. nicht beseitigt sind, vgl. Wilmowski-Levy Anm. 2 zu § 52 und Dernburg-Schulzenstein § 74 S. 295. A. M. Struckmann-Koch zu § 52, woselbst auch die Literatur der Frage zusammengestellt ist.

7) Ueber die Berechnung der Summe vgl. Dernburg-Schultzenstein § 67 S. 273.

des Zwangsvergleichs im Konkurse der § 168 der Konk. O. gewährt.[8])

Muster der Vergleichsofferte.

Ich, der unterzeichnete Kaufmann Adolph Bruchmann zu N. offerire und zwar unter Beitritt meines mitunterzeichneten Schwiegervaters, des Rentiers Paul Helfer hierselbst, meinen im angehefteten Verzeichnisse unter Nr. 1 bis 37 aufgeführten Gläubigern folgenden Vergleich Zwecks Abwendung des Konkursverfahrens.

§ 1.

Ich zahle den vorerwähnten Gläubigern auf ihre Forderungen, die sie an mich überhaupt haben und die ich speziell in der im anliegenden Verzeichnisse aufgeführten Höhe hiermit anerkenne, binnen einem Monat nach dem Zustandekommen dieses Vergleiches (§ 7) den Betrag von dreiunddreißig und einem Drittel Prozent ihrer Forderungen und nach Verlauf eines Jahres von da ab einen gleich hohen ferneren Betrag.

§ 2.

Ich, der mitunterzeichnete Paul Helfer übernehme für die pünktliche Erfüllung der im § 1 festgesetzten Verbindlichkeit Bürgschaft als Selbstschuldner und verpflichte mich überdies, binnen zwei Wochen nach dem Zustandekommen dieses Vergleiches (§ 7) jedem Gläubiger, der es verlangt, über seinen Anspruch an mich eine Notariatsurkunde, in der ich mich sofortiger Zwangsvollstreckung unterwerfen werde, auszuhändigen.[9])

§ 3.

Für den Ausfall, den die Gläubiger in Höhe von 33⅓ Prozent hiernach erleiden, will ich, Adolph Bruchmann, denselben auch noch gerecht werden, wenn ich in Vermögensumstände komme, die mir solches ermöglichen. Im Allgemeinen soll diese Verbindlichkeit nur eine moralische und nicht eine klagbare sein. Sollte indessen der Fall eintreten, daß ich drei Jahre hintereinander zur Einkommensteuer nach einem Jahreseinkommen von 20 000 Mark oder mehr eingeschätzt werde, dann soll die Verbindlichkeit auch klagbar sein. Auf weitergehende Rechte als die vorstehend festgesetzten verzichten die Gläubiger.

§ 4.

Mit folgenden Adolph Bruchmann'schen Gläubigern behalten wir uns vor, günstigere Abkommen zu treffen und zwar:

1) mit allen denjenigen, welche im Falle des Konkurses ein Vorrecht haben würden,

2) mit allen denjenigen, deren Forderungen für jeden Gläubiger allein den Betrag von 30 Mark nicht erreichen, wohin insbesondere die laufenden Wirthschaftsrechnungen gehören,

---

[8]) Ohne solche ausdrückliche Abrede wird die besondere Begünstigung einzelner Gläubiger für statthaft gehalten im Urth. d. R. G. v. 9. November 1881 (Entsch. VI. S. 227).

[9]) Vgl. das Beispiel dieser Notariatsurkunde unten bei Muster 212.

3) mit der Wittwe Roth hierselbst, welche ihre gesammten Ersparnisse in Höhe von 1800 Mark dem Bruchmann auf Zinsen geliehen hat.

Diese Gläubiger sind in das vorerwähnte Verzeichniß nicht aufgenommen.

Ferner sollen die durch Pfand gesicherten Gläubiger durch das vorliegende Abkommen nur insoweit berührt werden, als auch diese Gläubiger die im § 1 festgesetzten Fristen zu gewähren haben. Bei Ablauf der zweiten Frist sind sie indessen auch wegen des letzten Drittels ihrer Forderung aus ihrem Pfande sich zu befriedigen befugt.

§ 5.

Abgesehen von den Bestimmungen des § 4 dürfen wir, Adolph Bruchmann und Paul Helfer, keinem Gläubiger günstigere Modalitäten, als die vorstehend festgesetzten gewähren, sei es durch einen besonderen Vertrag oder durch eine Nebenabrede zu diesem Abkommen oder etwa dadurch, daß wir ihn wissentlich oder gegen die Lage der Handelsbücher aus der Gläubigerliste fortgelassen hätten, und dadurch bewirkten, daß die Verpflichtung zum Nachlaß ihn nicht träfe.

Wenn wir oder einer von uns dieser Verbindlichkeit zuwider gehandelt haben sollten oder ferner zuwiderhandeln, so soll die Stundung und der Nachlaß, die in diesem Abkommen festgesetzt sind, ungültig sein. Die im § 2 übernommene Bürgschaft soll aber nach Maßgabe des § 2 gleichwohl fortbestehen.

§ 6.

Zur Annahme dieses Abkommens wird eine Frist bis zum 15. dieses Monats einschließlich gestellt. Die Annahme erfolgt gültig durch eine entsprechende Mittheilung an den Schuldner Adolph Bruchmann.

§ 7.

Ungeachtet der Annahme seitens einzelner Gläubiger gilt dieses Abkommen aber nur dann als zu Stande gekommen, wenn bis zum Ablauf der Annahmefrist die Zustimmungen aller im anliegenden Verzeichnisse unter Nr. 1 bis 37 aufgeführten Gläubiger bei Adolph Bruchmann eingegangen sind. Ist dies nicht geschehen, so verlieren die Vertragsofferte wie deren Annahme ihre Wirkung.

Adolph Bruchmann und Paul Helfer verpflichten sich, binnen drei Tagen nach Ablauf der Annahmefrist jeden Gläubiger, welcher die Annahme erklärt hat, in den Besitz einer Nachricht über das Ergebniß zu setzen, sowie auch ferner auf Verlangen eines solchen Gläubigers demselben Einsicht in die betreffende Korrespondenz zu gewähren.

Berlin den 1. November 1886.

Adolph Bruchmann. Paul Helfer.

Die Annahme der Offerte geschieht durch eine bloße zustimmende Erklärung, am besten auf einem von vornherein mit übersandten Duplikat der Offerte in der Form:

Die vorstehende Vergleichsofferte nehme ich an.

Datum und Unterschrift.

— **Zwangsvergleich** s. bei Muster 218.

— **Kompromiß und Receptum** s. bei Muster 216.

80. Novation.

A. L. R. I. 16. §§ 450—475.

Koch II. § 541 S. 163. Dernburg II. § 63 S. 144. Foerster-Eccius I. § 97 S. 621. Fischer § 64 S. 357.

Eingang.

Der Handelsmann Nikolaus Emsich soll dem Kaufmanne Anselm Gemächlich aus dem Wechsel vom 8. Januar v. J. eine seit vier Wochen fällige Schuld von fünfhundert Mark zahlen. Beide Theile sind darin übereingekommen, daß diese Wechselschuld in eine einfache aber verzinsliche Darlehnsschuld umgewandelt werde. Der Handelsmann Nikolaus Emsich erklärt demzufolge:

Anstatt der fünfhundert Mark, welche ich dem Kaufmann Anselm Gemächlich aus dem Wechsel vom 8. Januar v. J. schuldig bin, bekenne ich mich für den Schuldner desselben wegen eines Darlehns von fünfhundert Mark, welche ich nach dreimonatlicher Kündigung zu bezahlen und bis dahin mit fünf Prozent zu verzinsen verspreche. Den Werth habe ich durch Befreiung von der gedachten Wechselschuld und Zurückempfang des Wechsels vom 8. Januar 1885 erhalten.

Der Kaufmann Anselm Gemächlich acceptirt diese Erklärung und nimmt die dadurch begründete Darlehnsschuld des Nikolaus Emsich von fünfhundert Mark und die Zinsenverbindlichkeit an Stelle der bisherigen Wechselschuld desselben von gleichem Belaufe, aus dem zurückgegebenen Wechselbriefe vom 8. Januar 1885 an, wodurch diese Wechselschuld von selbst erloschen ist.

Vollziehung.

81. Aufhebung eines Vertrages durch wechselseitige Einwilligung.

A. L. R. I. 5. §§ 385—392.

Koch II. § 567 S. 207. Dernburg I. § 101 S. 227. Foerster-Eccius I. § 87 S. 537. Fischer § 61 S. 353.

Für die Form dieser Aufhebung gelten folgende Grundsätze:

1. Der ursprüngliche Vertrag bedurfte keiner besonderen Form, dann kann auch die Aufhebung in mündlicher Form erfolgen. War der Antrag jedoch thatsächlich schriftlich abgeschlossen, so muß die Kassation der Vertragsurkunde (d. h. bei notariellen und gerichtlichen Verträgen natürlich der Ausfertigung, nicht der Urschrift) hinzukommen. Im Uebrigen kommt es auf die Form, in der der Vertrag wirklich abgeschlossen war, wenn es gesetzlich solcher Form nicht bedurfte, nicht an.

2. Der ursprüngliche Vertrag bedurfte der Schriftform oder der notariellen Form, dann ist zu unterscheiden:

a) Der Vertrag war noch von keiner Seite erfüllt und die

Aufhebung erfolgt bedingungslos und ohne Nebenabrede, dann gilt dieselbe Form wie unter 1.

b) Der Vertrag war schon von einer Seite erfüllt oder die Aufhebung erfolgt unter Bedingungen oder Nebenabreden, dann ist Schriftform erforderlich.

3. Der ursprüngliche Vertrag bedurfte der gerichtlichen Form: dann muß auch die Aufhebung in allen Fällen gerichtlich erfolgen.[1])

Alle diese Grundsätze gelten indessen nicht, wenn die Aufhebung des Vertrages sich als Handelsgeschäft darstellt. In diesem Falle ist sie durchweg vom Formzwange befreit (Art. 317, H. G. B.).

Muster.

Eingang.

Vor . . . erschienen . . . und erklärten:

Zwischen uns ist unterm 6. v. M. ein gerichtlicher Kaufvertrag über das Rittergut Faulbruch hierselbst geschlossen worden, wonach der Käufer dafür 200,000 Mark bezahlen und dagegen am 1. des künftigen Monats die Uebergabe und Auflassung empfangen soll. Wir sind übereingekommen, diesen Vertrag wieder aufzuheben, heben ihn hiermit auf und erklären uns wechselseitig frei von jeder Verbindlichkeit daraus. Von keinem Theile ist daraus schon etwas geleistet, es ist daher zwar nichts zurückzuerstatten, und wegen der Kosten, welche jeder Theil gehabt und bezahlt hat, oder noch schuldig ist, hat er an den Anderen keinen Anspruch. Indeß ist unter uns ausgemacht, daß ich, der Käufer, dem Verkäufer die Summe von zehntausend Mark für die Wiederaufhebung des Kaufs zahle, wegen welcher ich ihn binnen acht Tagen vollständig zu befriedigen verspreche.

Vollziehung.

II.

Darlehen.

A. L. R. I. 11. §§ 653 ff. A. G. O. II. 3. § 13.

Koch II. §§ 612. 613 S. 289 ff. Dernburg II. § 43 S. 104; § 176 S. 473. Foerster-Eccius II. § 137 S. 232. Fischer § 73 S. 412.

82. Pactum de mutuo dando.

Ich, der unterzeichnete Rentier Gustav Salzburg, verspreche dem Hausbesitzer Ferdinand K. heute über vier Wochen zweitausend Mark zum Darlehn gegen fünf Prozent Zinsen und Bestellung einer Hypothek mit seinem Hause, und zwar gleich hinter der jetzt schon

[1]) Es erscheint nicht richtig, wenn Fischer (S. 354) diesen Fall dem der Nr. 2 a gleichstellt und daher auch Verträge, die der gerichtlichen Form unterliegen, im Falle der Nr. 2 a des Textes mündlich will aufheben lassen. Die Fassung des § 389 I. 5. A. L. R. läßt diese Distinktion nicht zu.

eingetragenen Post von 1000 Mark zu geben. Ich, Ferdinand K., nehme dieses an und verspreche die Kosten der Hypothekenbestellung zu entrichten.

Schluß.

83. Darlehens-Vertrag.

Das Darlehen für sich bedarf gar keiner Urkunde zu seiner Rechtsverbindlichkeit, aber die gewöhnlich damit verbundenen Nebenverträge über Zinsen, sowie die Zeit und Bedingung der Rückzahlung bedürfen der schriftlichen Form. Zu erwähnen ist noch aus der Vorschrift des § 13 II. 3. A. G. O., daß die Kontrahenten befugt sind, die Zahlung des Darlehns selbst in Gegenwart des Richters oder Notars vorzunehmen und daß der Richter beziehentlich der Notar alsdann diesen Vorgang mit Bemerkung der Münz- und Geldsorten in das Protokoll eintragen muß. Vgl. auch oben S. 29 zu 1.

Muster eines Schuldscheins.

Eingang.

Der Kaufmann N. hierselbst [1]) hat mir fünftausend Mark in Reichsgoldmünzen [2]) heute als Darlehn gegeben; ich verspreche, dieselben nach vorheriger Aufkündigung, deren gerichtliche und außergerichtliche Kosten ich erstatten werde, an dem jedesmaligen Aufenthaltsorte [3]) des Darlehnsgebers oder dessen Erben oder Cessionars auf meine Kosten zurückzuzahlen und bis dahin mit fünf Prozent in vierteljährigen Terminen [4]), von heute an gerechnet, zu verzinsen.

Schluß.

---

[1]) Der Gläubiger muß nothwendig persönlich bezeichnet werden, weil ein Privatmann nicht Schuldscheine au porteur ausstellen kann. Ges. vom 17. Juni 1833 (G. S. S. 75). — Ist der Darlehnsgeber ein Bevormundeter, so muß der Name des oder der mehreren Pflegebefohlenen genannt werden. Der Gebrauch, „die N.'schen Minorennen" als Gläubiger zu bezeichnen, ist ungenügend und führt künftig zu kostspieligen Legitimationen; noch unstatthafter ist es, den Vormund allein als Darlehnsgeber zu bezeichnen.

[2]) Nach § 730 Nr. 3 I. 11 A. L. R. soll zu einem vollständigen Schuldschein die Angabe der Münzsorte gehören, in welcher die Zahlung erfolgt ist. Diesem Erforderniß entspricht die Bezeichnung des Textes zur Genüge; die Angabe der Geldsorten ist nicht gefordert (vgl. den Ausdruck „Münzsorte" im § 730 mit dem Ausdruck „Münz- und Geldsorten" im § 13 II. 3. A. G. O.). Uebrigens ist die Weglassung der Münzsorte unschädlich. §§ 779 ff. I. 11. A. L. R.; dazu Reichsmünzgesetze v. 4. Dezember 1871 (R. G. Bl. S. 404) und vom 9. Juli 1873. (R. G. Bl. S. 233).

[3]) Ist darüber nichts bestimmt, so muß an dem Orte, wo der Gläubiger zur Zeit des geschlossenen Vertrages wohnte, zurückgezahlt werden (A. L. R., Thl. I. Tit. 11, § 769).

[4]) Fehlt die Verabredung darüber, so sind die Zinsen erst nach Ablauf des Jahres zu entrichten (A. L. R. Th. I, Tit. 11, § 822).

III. Verdingungsverträge.

84. Dienstvertrag.

A. L. R. I. 11 §§ 895—924.

Koch II. § 706 S. 491. Dernburg II. § 192 S. 532. Förster-Eccius II. § 138 S. 265. Fischer § 76 S. 431.

Muster.

Eingang.

I. Der Lohnfuhrmann Elias Hauderer hierselbst macht sich dem Handelsmann Jakob Dringlich von hier verbindlich, persönlich mit seinem Gespanne von zwei Pferden und einem tüchtigen Reisewagen, denselben durch drei Monate zu fahren, wohin dieser es verlangen wird, zu allen Zeiten, es sei bei Tag oder Nacht.

II. Dagegen zahlt ihm Herr Dringlich täglich zehn Mark und entrichtet alle Mauthen, Chausseegeld, Straßen-, Pflaster- und Brückengeld, und wie dergleichen von Reisenden zu entrichtende Abgaben Namen haben mögen.

Muß man auswärts übernachten, so erhält der Lohnkutscher noch zwei Mark außerdem für Nachtlager und Zehrung.

III. Die Zahlung des Lohns muß auf Verlangen des Elias Hauderer täglich geleistet werden und ist auch für Ruhetage mit Ausnahme der Sonntage zu gewähren.

IV. Der Lohnkutscher ist nicht schuldig, an einem Tage mehr als 60 km. zu machen und außer der Person des Herrn Dringlich und dessen Reisegepäcke auch andere Ladung zu nehmen; er ist auch nicht schuldig, mehrere Tage hintereinander 60 km. täglich zu fahren, sondern er kann, wenn zwei Tage hintereinander mindestens 50 km. gereist worden ist, den dritten Tag Ruhe verlangen, doch soll er an solchen Tagen eine Fahrt bis zu 15 km. nicht abschlagen. An Sonntagen hat er stets volle Ruhe zu beanspruchen.

V. Jeder Unglücksfall an Pferden, Wagen und Geschirr trifft den Lohnkutscher. Wird durch einen Unfall die Reise länger als sechs Stunden aufgehalten, so ist der Reisende befugt, von dem Vertrage abzugehen, ohne dem Kutscher zu irgend einer Vergütung für die Rückreise schuldig zu sein.

VI. Ist bei Ablauf der Dienstzeit der Ort, wo man sich befindet, mehr als 30 km. von hier entfernt, so hat der Kutscher für je 60 km. Entfernung, die begonnenen 60 km. für voll gerechnet, zehn Mark zu fordern.

VII. Der Reisende soll vor Ablauf der Zeit und ohne irgend welche Entschädigung schuldig zu sein, auf der Stelle den Vertrag aufheben dürfen, wenn der Kutscher auf der Reise sich betrinkt; wenn er auf dem Wagen, während gefahren wird, schläft; und wenn er sich wegen Unterbrechung oder Fortsetzung der Reise, außer dem Falle des § IV, nach den Vorschriften des Reisenden nicht richten will.

Schluß.

85. Vertrag mit einem Hausoffizianten.

A. L. R. II. 5 §§ 177—186.
Koch II. §§ 787. 788 S 655. Dernburg II. § 195 S. 552. Förster-Eccius IV. § 238 S. 250. Fischer § 76 S. 435.

Die Abschließung des Vertrages muß schriftlich erfolgen (§ 177 d. T.).

Eingang. Muster.

I. Der Gutsbesitzer Feldheim nimmt den Oekonomen Haber zum Wirthschaftsbeamten für sein Rittergut Steinthal und die dazu gehörigen Vorwerke an und überträgt ihm zugleich die Führung der Wirthschaftskasse. Der Oekonom Haber verspricht, sich diesen Dienstverrichtungen mit Treue und Sorgfalt zu unterziehen, und über die Wirthschaftsführung ordentliche Düng-, Saat-, Ernte- und Dreschregister zu führen, über die Bodenbestände gehörige Nachweisungen zu halten und über die Wirthschaftskasse ordnungsmäßige Bücher und Rechnung zu führen.

II. Der Oekonom Haber erhält an Besoldung:

1) ein monatliches Gehalt von hundertfunfzig Mk. postnumerando, welches er aus der Wirthschaftskasse an jedem ersten Tage des Monats, aber nie früher, entnehmen darf;
2) freie Wohnung in dem sogenannten Beamtenhause, und zwar eine Stiege hoch die Abtheilung des Stockwerks rechts von der Treppe, bestehend aus zwei Stuben, einer Kammer nebst Küche:
3) freien Mittagstisch an der herrschaftlichen Tafel,
4) freie Heizung, Wäsche und Bedienung;
5) für jede ihm aufgetragene Reise nach der Kreisstadt oder nach einem nicht über 20 km. entfernten Orte fünf Mark auf Reise- und Zehrungskosten;
6) freies Futter für ein Reitpferd an der Krippe der herrschaftlichen Kutschpferde.

III. Zur Sicherheit des Gutsbesitzers Feldheim wegen aller Forderungen an den Wirthschaftsbeamten Haber aus diesem Dienstvertrage bestellt der Letztere dem Ersteren eine Kaution von dreitausend Mark in Staatsschuldscheinen, dergestalt, daß der Dienstherr berechtigt sein soll, sich aus derselben wegen der bezeichneten Forderungen und Kosten bezahlt zu machen. Die Zinsen bleiben bis dahin, wo Ansprüche des Dienstherrn erhoben werden, dem Wirthschaftsbeamten Haber vorbehalten und er soll befugt sein, am 1. Juli und 2. Januar halbjährige Zinsen von dreitausend Mark, zu Drei und einem halben Prozente, aus der Wirthschaftskasse zu entnehmen. Der Gutsherr Herr Feldheim erkennt an, bereits einen Staatsschuldschein über dreitausend Mark nebst Zinskoupons über die Zinsen vom 1. Juli d. J. von dem Herrn Haber erhalten zu haben und er ist schuldig, bei der künftigen Auflösung, insofern keine Ansprüche, wofür die Kaution zu haften hätte, vorhanden sind, einen Staatsschuldschein von gleichem Betrage, nach gelegter und richtig befundener Rechnung, an den ꝛc. Haber zurückzugeben.

IV. Damit auch der Wirthschaftsbeamte Haber wegen seiner Forderungen an den Herrn Feldheim aus diesem Vertragsverhältnisse gesichert sei, bestellt ihm Herr Feldheim für die empfangene Kaution von dreitausend Mark in Staatsschuldscheinen, sowie für alle Lohn- und Entschädigungsforderungen, nebst Zögerungszinsen und Kosten, mit seinem Rittergute Steinthal (Blatt Nr. 1 des Grundbuchs) Hypothek und zwar bis zur Gesammthöhe von fünftausend Mark und willigt in die Eintragung dieser Kautionshypothek, wofür er auch die Kosten übernimmt und beziehentlich wieder zu erstatten verspricht.

V. Das Dienstverhältniß nimmt ein Ende:

1. nach einer jedem Theile freistehenden dreimonatlichen Aufkündigung mit der Einschränkung, daß dem Wirthschaftsbeamten in der Zeit von Johannis bis Michaelis die Kündigung nicht gestattet ist;
2. nach der Willkür des Dienstherrn sogleich durch dessen Erklärung, ohne vorherige Aufkündigung:
   a) wenn er bei einer Kassen- oder Naturalienrevision, welche er zu allen Zeiten vornehmen kann, die Bücher oder Nachweisungen mit dem betroffenen Bestande nicht übereinstimmend findet; oder wenn eine Ausgabepost und beziehentlich Abschreibung, für welche naturgemäß ein Belag vorhanden sein muß, unbescheinigt ist;
   b) wenn der Wirthschaftsbeamte die Befehle und Anweisungen des Herrn nicht befolgt;
   c) wenn derselbe dem Herrn in beleidigenden Ausdrücken widerspricht;
   d) wenn der Herr dem Wirthschaftsbeamten eine Entschädigung von fünfhundert Mark sofort baar zahlt;
3. nach der Willkür des Beamten ebenfalls sogleich:
   a) wenn die Wirthschaftskasse erschöpft ist und nicht binnen 24 Stunden nach davon gemachter Anzeige ein zu den bevorstehenden Ausgaben hinreichender Vorschuß von dem Herrn hergegeben wird;
   b) wenn dem Beamten der Tisch, oder die Bedienung, oder die Heizung entzogen wird;
   c) wenn der Herr dem Beamten mit Schimpfworten oder Drohungen begegnet.
   d) wenn der Beamte krank wird und der Herr sich nicht dazu verstehen will, ihm den Arzt auf seine, des Herrn Kosten herbeiholen und wieder zurückbringen zu lassen, so oft der Arzt den Besuch für erforderlich hält.

Schluß.

86. Verdingungs- (Entreprise-) Vertrag (Bauakkord).

A. L. R. I. 11 §§ 925—980.

Koch II. § 707 S. 493. Dernburg II. § 199 S. 564. Foerster-Eccius II. § 138 S. 271. Fischer § 77 S. 438

Eingang.

§ 1.

Der Baumeister Gottlieb Hammer macht sich verbindlich, dem Gutsbesitzer Ohnesorge auf dem dazu noch anzuweisenden Platze auf dem Hofe oder im Garten des Gutes Bodenburg ein Wohnhaus, nach der von ihm selbst angefertigten, hier beiliegenden, von beiden Theilen mit ihrem Namenszuge unterschriebenen Zeichnung, nebst Anschlage, fest und dauerhaft zu erbauen und im Laufe des nächsten Sommers so zeitig zu vollenden, daß er es in einem bewohnbaren und ganz fertigen Zustande noch vor Michaelis übergeben kann.

§ 2.

Er schafft dazu alle erforderlichen Materialien, mit Ausnahme von Sand und Kies, im besten Zustande, und die erforderlichen Arbeiten der Handwerker, als Maurer-, Zimmer-, Schlosser-, Tischler-, Töpfer-, Maler-Arbeiten, und welche Art sonst erforderlich ist, an, ohne daß der Bauherr mit den Handwerkern in irgend ein Verhältniß tritt; er schafft auch die nöthigen Geräthe und Gerüste.

§ 3.

Der Bauherr zahlt dafür ein Pauschquantum von 40,000 Mark, schreibe vierzigtausend Mark an den Baumeister und besorgt überdies alle erforderlichen Fuhren, schafft auch den erforderlichen Sand, Kies und das nöthige Wasser und zwar jedesmal fuhrenweise, nicht etwa in einzelnen Bürden, auf die Stelle, auf welche der Aufseher des Baues oder dessen Stellvertreter solches verlangt. Die angefahrenen Fuhren Sand und Wasser müssen vollständig verbraucht sein, bevor neue Anfuhren gefordert werden dürfen, nur daß durch eintretenden Mangel kein Stillstand der Arbeit verursacht werden darf. Der Baumeister ist berechtigt, bei eintretenden Verzögerungen, sobald dadurch die Arbeit irgendwie verhindert oder erschwert werden würde, sogleich durch anzunehmende Fuhrleute, auf Kosten des Bauherrn, die erforderlichen Fuhren verrichten zu lassen, und für den nicht brauchbaren angewiesenen Sand und Kies brauchbares Material anzukaufen. Die Zahlung des bedungenen Entgelts geschieht in folgender Art:

1.	Vorschußweise wegen der entstehenden Auslagen zahlt der Bauherr	5000 Mark,
2.	nach Fertigstellung des ersten Stockwerks werden gezahlt . . . . . , ...	15000 „
3.	der Rest mit	20000 „
	giebt	40000 Mark,

wird bei der Abnahme des Werkes, wenn dasselbe zur Zufriedenheit des Bauherrn oder nach Gutachten der Sachverständigen vertragsmäßig ausgeführt, übergeben worden, gezahlt.

§ 4.

Der Bauherr muß nach vollendetem Baue die Baugeräthe und Gerüste innerhalb 40 Kilometer dahin fahren lassen, wohin es der Baumeister verlangt.

§ 5.

Wird das Gebäude nicht zur bestimmten Zeit vollendet übergeben, so soll der Bauherr zwar nicht zurücktreten können, aber der Baumeister soll für jede Woche, welche die Uebergabe später als zu Michaelis stattfindet, eine Konventionalstrafe von dreihundert Mark zahlen, welche der Bauherr von dem Baugelde abzuziehen berechtigt ist. Hierbei wird die angefangene Woche für voll gerechnet. Der Termin zur Uebergabe muß wenigstens acht Tage vorher dem Bauherrn bekannt gemacht werden, und wird diese Frist zur Strafzeit zugezählt.

§ 6.

Der Baumeister haftet fünf Jahre lang nach der Uebergabe für die Güte des Gebäudes, d. h. es wird, wenn sich in dieser Zeit Mängel zeigen, vermuthet, daß dieselben durch Versehen, wofür der Bauunternehmer zu haften hat, entstanden sind, und er ist schuldig, dafür Ersatz zu leisten, ohne Unterschied, ob die Mängel aus der Arbeit entstanden sind [1]), oder in der schlechten Beschaffenheit der

[1]) In den früheren Auflagen war von Koch unter Berufung auf die §§ 968. 969, Tit. 11 und §§ 565. 566, Tit. 9, Th. I. A. L. R. die Ansicht vertreten, daß, wenn die im Texte bemerkte Verabredung getroffen wird, darin eine Abänderung der Verjährungsfrist liege und der Vertrag demgemäß gerichtlich abgeschlossen werden müsse (s. o. Muster 77 S. 288). Der Herausgeber vermag diese Ansicht nicht aufrecht zu erhalten. Der § 968 I. 11 bestimmt, daß der Baumeister für Fehler in der Bauart nur binnen drei Jahren „in Anspruch genommen werden könne", und dies ist eine Verjährungsfrist. Der im Text gesetzte Vertrag bestimmt dagegen, daß der Baumeister für Mängel zu haften hat, die sich in bestimmter Zeit zeigen, und dies ist eine Bestimmung über die Art derjenigen Fehler, für welche die Haftung übernommen wird. Die Abrede steht auf einer Linie mit einer Abrede wegen Haftung für Festigkeit des Farbenanstrichs gegen Regen od. dgl.: hier Haftung für Aushalten eines bestimmten Naturereignisses, dort Haftung für Ueberdauern einer bestimmten Zeit. Die Fristen gehen auch auf ganz verschiedene Art zu Ende. Die Verjährungsfrist geht zu Ende, wenn innerhalb derselben die Klage nicht erhoben wird; die vertragsmäßig stipulirte Haftungsfrist dagegen nur dann, wenn innerhalb derselben der Mangel auch nicht einmal zum Vorschein gekommen ist. Besonders erhellt der Unterschied, wenn man den § 969 I. 11 mit in Betracht zieht. Derselbe unterwirft die Haftung des Baumeisters für schlechte Materialien der gewöhnlichen dreißigjährigen Verjährung. Zieht man die Vertragsabrede im Text hier hinzu, so ergiebt sich folgender Zustand. Der Baumeister haftet nur für die Fehler, die binnen fünf Jahren sich zeigen; wegen dieser Fehler kann er aber während der ganzen gewöhnlichen Verjährungsfrist in Anspruch genommen werden.

Die Abrede im Texte ist also keine Abrede über die Verjährung, und da sie ein vertragsmäßiges Recht für den Bauherrn erzeugt, welches gesetzlichen Schutz zu beanspruchen hat, so kann für den hier konstituirten Anspruch die Verjährungsfrist des § 968, welche ihn von vorn herein vernichten würde, nicht gelten (§ 89 d. Einl. zum A. L. R.). Vgl. auch Erk. d. O. Tr. vom 31. Oktober 1848 (Ulrich, Arch. Bd. 14, S. 212) und dagegen allerdings Erk. vom 28. Oktober 1858 (Striethhorst, Bd. 31, S. 86). Vgl. ferner Dernburg II. § 200 S. 571; Foerster-Eccius II. § 138, S. 275, Anm. 93; Urth. d. R. O. H. G. vom 29. November 1871 (Entsch., Bd. 4, S. 185); Urth. d. R. G. v. 3. Februar 1885 (Entsch., Bd. 12, S. 352).

Bei der Differenz der Ansichten mag freilich die gerichtliche Abschließung das allersicherste sein; es würde indessen eine für den Verkehr unerträgliche Hemmung sein, jede Verabredung einer Garantiefrist der gerichtlichen Form zu unterwerfen.

Materialien ihren Grund haben. Wird das Werk während des Baues durch Zufall zerstört, so soll der Baumeister auf Verlangen des Bauherrn schuldig sein, dasselbe von Neuem zu beginnen, ohne daß er, wie sich versteht, wegen der vernichteten Materialien oder verlorenen Arbeit von dem Bauherrn irgend einen Ersatz zu fordern hätte, wohl aber muß der Bauherr die Fuhren und Sand- und Kieslieferungen auf seine Kosten besorgen. Der Baumeister hingegen ist nicht berechtigt, ohne Willen des Bauherrn von Neuem zu beginnen, er müßte denn auch die Fuhren und die Anschaffung des Sandes und Kieses auf seine Kosten besorgen wollen.

§. 7.

Bei der Uebergabe des fertigen Hauses, die in jedem Falle auf gemeinschaftliche Kosten geschehen soll, wird von Seiten des Bauherrn der Bauinspektor N. N. und von Seiten des Baumeisters der Baurath N. N. zugezogen, wenn dieselben das Geschäft übernehmen wollen; sonst kann jeder Theil eine andere Wahl treffen, gegen welche dem Anderen nur solche Einwendungen gestattet sind, aus denen nach den Gesetzen die Ablehnung eines Richters gerechtfertigt sein würde. Können sich diese Sachverständigen nicht vereinigen, so entscheidet ein Obmann die obwaltende Differenz. Der Obmann wird von den Sachverständigen gewählt. Einigen sie sich auch über die Wahl nicht, so wird er aus der Zahl der beim Amtsgericht zu X. bestellten gerichtlichen Sachverständigen für Bauangelegenheiten durch das Loos bestimmt, welches der ältere der beiden Sachverständigen zieht.

Findet sich ein Fehler, welchen die Sachverständigen für erheblich erklären, so soll der Bauunternehmer das Haus auf seine Kosten binnen Jahresfrist wieder abbrechen müssen und dem Bauherrn für die geleisteten Fuhren, Sand und Kies dreitausend Mark zu bezahlen schuldig sein; unerhebliche Fehler hingegen soll der Bauunternehmer unverzüglich verbessern und überdies den etwa dadurch entstehenden Minderwerth des Ganzen, nach der Schätzung der Sachverständigen, ersetzen. Wegen der dadurch gestörten oder gehinderten Benutzung des Hauses, wenn auch nur eines verhältnißmäßig unbedeutenden Theils, aber soll der Bauunternehmer, falls die Abänderung oder Verbesserung länger als eine Woche dauert, für jede spätere Woche eine Konventionalstrafe von zwanzig Mark an den Bauherrn zahlen. Jede angefangene Woche wird hierbei, wie oben, für voll gerechnet.

Schluß.

IV.
Schenkungen.

AA. Reine Schenkungen.

A. L. R. I. 11. §§ 1037 ff. A. G. O. II. 1. § 9. Nr. 4; II. 3. § 17. Koch II. §§ 607—610. S. 276. Dernburg II. §§ 161—164 S. 422 ff. Förster-Eccius II. § 122 S. 5. Fischer § 86 S. 486.

Das Wesentliche der Schenkung besteht in der unentgeltlichen Ueberlieferung eines Gegenstandes, oder in der Zusicherung irgend eines Vermögensvortheils ohne Vergeltung von der einen Seite, und in der ausdrücklichen oder stillschweigenden Annahme von der anderen Seite. Gehört der Beschenkte zu den Personen, welche ihren Willen zu erklären für unfähig gehalten werden (Kinder, Rasende und Wahnsinnige), so kann jeder Dritte ohne Bevollmächtigung für ihn acceptiren. Die Schenkung kann bestehen: 1) in einem dare, 2) in einem obligare, welches entweder in der Verbindlichkeit des Schenkers selbst, oder in der Verschaffung einer Obligation gegen einen Dritten besteht, 3) in einem liberare, welches wieder in der Befreiung des Beschenkten von einer Verbindlichkeit gegen den Schenker, oder von der gegen einen Dritten durch Zahlung, durch Expromission oder durch passive Cession (Uebernahme der fremden Schuld bloß gegen den Schuldner, ohne Zuziehung oder Beistimmung des Gläubigers) geschieht.

Der Bevollmächtigte bedarf zur Schenkung einer Spezialvollmacht.[1]) Der Vormund kann für sein Mündel überhaupt keine anderen Schenkungen vornehmen, als solche die üblich sind oder durch die Vermögensverwaltung begründet werden.[2]) Schenkungen an juristische Personen bedürfen zur Gültigkeit Königlicher Genehmigung nach näherer Bestimmung des Gesetzes v. 23. Februar 1870 (G. S. S. 118). Doch ist die Aufnahme des Schenkungsvertrages nicht von vorheriger Beibringung dieser Genehmigung abhängig.

Die Form des Schenkungsversprechens ist die gerichtliche, während die Annahme auch außergerichtlich und formlos erfolgen kann.[3]) Wegen schenkungsweisen Erlasses s. die Vorbem. zu Muster 76 S. 287.

Wird die Schenkung einer unbeweglichen Sache sofort durch Auflassung vollzogen, so bedarf es der Errichtung eines Schenkungsvertrages nicht. Denn die mangelnde gerichtliche Form des Schenkungsversprechens wird durch die Auflassung geheilt und es findet deshalb auch der Widerruf aus § 1090 d. T. nicht statt.[4])

---

[1]) A. L. R. I. 13. § 109.

[2]) V. O. § 38.

[3]) Dernburg II. S. 429 u. Anm. 10. Förster-Eccius II. S. 16.

[4]) E. E. G. § 10; Dernburg II S. 430 u. Anm. 13; Förster-Eccius II. S. 17. Dies ist namentlich auch deshalb eine erhebliche Neuerung, weil auf diese Weise der Schenkungsstempel erübrigt werden kann. Denn der Auflassungsstempel beträgt nur ein Prozent, der Schenkungsstempel aber meist mehr und bis zu acht Prozent. Nach dem landrechtlichen Grundbuchrecht war dergleichen nicht möglich, weil hier die Umschreibung des Besitztitels nur auf Grund eines schriftlichen Erwerbsvertrages zu erreichen war. — Nur wenn die Schenkung zu den stempelfreien gehört, liegt im Gegentheil die Beurkundung der Schenkung im Interesse der Kontrahenten, weil alsdann auch der Auflassungsstempel unerhoben bleibt. Vgl. Erbschaftssteuergesetz v. 30. Mai 1873 § 4 mit dem Tarif dazu. — Stempelges. v. 5. Mai 1872 §§ 1. 2.

87. Urkunde über ein unentgeltliches Geben.

Eingang.

.... erschienen:

1. der Gutsbesitzer Ferdinand von G. auf S.,
2. dessen Bruder, der Landschaftsmaler August v. G. aus Düsseldorf.

Der Gutsbesitzer Herr Ferdinand v. G. erklärte mit Zustimmung seines Herrn Bruders:

Ich habe meinem hier anwesenden Bruder[1]) August v. G. die von meinem Schwiegervater ererbte, im anliegenden Verzeichnisse unter 137 Nummern katalogisirte Gemäldegalerie am 1. d. M. geschenkt und übergeben. Ich schließe und bekräftige diese Schenkung hiermit unwiderruflich, und will, daß mein Bruder über die Gemälde als über sein Eigenthum zu verfügen berechtigt sei.

Dem Ferdinand v. G. wurde erklärt,

daß ihm freistehe, diese gerichtlich geschlossene und durch die Uebergabe vollzogene Schenkung innerhalb dreier Jahre soweit zu widerrufen, als dies Geschenk die Hälfte seines Vermögens überstiegen habe; daß er jedoch von dieser Befugniß zum Widerrufe keinen Gebrauch machen könne, wenn er gegenwärtig ausdrücklich erkläre, daß das Geschenk die Hälfte seines Vermögens nicht übersteige,[2])

worauf derselbe sagte:

Ich erkläre hiermit, daß der Werth der meinem hier anwesenden Bruder August v. G. geschenkten Gemälde die Hälfte meines Vermögens nicht übersteigt; ich entsage deshalb der Befugniß zum Widerrufe wegen Uebermaßes.[3])

Schluß.

88. Schenkungsurkunde über ein obligare des Schenkers.

a) Schenkung einer Kapitalsforderung an den Schenker.

Eingang.

.... erschienen:

1. der Kaufmann Herr Gottlieb A.,
2. der Handlungskommis Herr Friedrich B.,

Beide von hier.

Der Erstere erklärte:

Ich verspreche hiermit, aus reiner Freigebigkeit, dem anwesenden mit mir nicht verwandten Handlungskommis, Herrn Friedrich B., die Summe von Zehntausend Mark zu schenken und von heute über drei Monate baar zu zahlen.

---

[1]) Das Verwandtschaftsverhältniß muß zur Bestimmung des Stempelsatzes erhellen.

[2]) A. L. R. Thl. I. Tit. 11. §. 1095.

[3]) Der Entsagung der Befugniß zum Widerrufe bedarf es nicht ausdrücklich, sie liegt schon in der Antwort auf die Erklärung des Richters.

Dem Herrn Gottlieb A. wurde von dem Richter erklärt:
daß es ihm freistehe, diese Schenkung innerhalb dreier Jahre soweit zu widerrufen, als die versprochene Summe die Hälfte seines Vermögens übersteige, daß er jedoch von dieser Befugniß zum Widerrufe keinen Gebrauch machen könne, wenn er jetzt ausdrücklich erkläre, daß das Geschenk die Hälfte seines Vermögens nicht übersteige.
Darauf sagte derselbe, daß er sich hierüber nicht erklären wolle.
Herr Friedrich B. nahm das Versprechen an.
Den Stempel und die Kosten übernahm der Herr Schenker allein.
Schluß.

b) Schenkung des Unterhalts (donatio alimentorum).

Eingang.
. . . . erschienen:
1. der Gastwirth Herr Caspar Neumann aus Breslau.
2. der zum Justizanwärter bei dem Königl. Oberlandesgerichte zu Breslau anzunehmende Gymnasiast Gottlieb Wartenberg, noch minderjährig, Sohn des Einwohners Wartenberg hierselbst,

Beide nach Namen, Stand und Wohnort wohlbekannt.
Der Erstere erklärte:
Der miterschienene Gottlieb Wartenberg soll der Dienstbehörde die Mittel seines Unterhalts während der Zeit seines Vorbereitungsdienstes für die Gerichtsschreiberprüfung nachweisen. Ich verspreche ihm, ohne alle und jede Vergeltung und in der Absicht zu schenken, den täglichen Mittagstisch an meinem eigenen Familientische, sowie eine Stube zur Wohnung in meinem Hause, die erforderliche Heizung und Bedienung, auch Frühstück und Abendbrot, wie es in meiner Familie gebräuchlich ist, und außerdem monatlich fünfzehn Mark baares Geld zu seinen sonstigen Bedürfnissen an Kleidung, Wäsche und dergleichen, zahlbar im Voraus an jedem Ersten des Monats, und zwar dieses Alles auf Drei Jahre vom 1. künftigen Monats an gerechnet.

Unterrichtet, daß ihm freistehe, diese Schenkung innerhalb dreier Jahre, soweit zu widerrufen, als der Werth der versprochenen Leistungen die Hälfte seines Vermögens übersteige u. s. w. (siehe die vorstehenden Muster).

Gottlieb Wartenberg erklärte:
Ich nehme das Versprechen meines Wohlthäters, des Herrn Caspar Neumann mit Dank an.
Schluß.

89. Urkunde über die freigebige Beschaffung einer Obligation gegen einen Dritten.

Eingang.
. . . . erschienen:
1. der Kaufmann Herr Gottlieb A. von hier,
2. der Gutsbesitzer Herr Valentin B. aus Sorge,
3. der Maler Herr Friedrich C. von hier.

Der Erstere gab dem Zweiten die Summe von 30 000 Mark, schreibe Dreißigtausend Mark in dreißig Stück Tausendmarkscheinen als ein Darlehn mit der Bestimmung, daß derselbe solches künftig dem Dritten zurückzahle, [1]) und bis dahin mit fünf Prozent verzinse, indem er diese Forderung an Kapital und Zinsen dem Maler Herrn Friedrich C. hiermit schenke.

Der Gutsbesitzer Herr Valentin B, nahm diese Summe als Darlehn an und versprach, dasselbe an den Maler Herrn Friedrich C. nach gesetzlicher Kündigung zurückzuzahlen und ihm auch bis dahin mit fünf Prozent zu verzinsen.

Der Richter erklärte dem Kaufmanne Herrn Gottlieb A.,

daß er diese Schenkung innerhalb dreier Jahre widerrufen könne, so daß alsdann nicht der Maler Friedrich C. Gläubiger der Forderung an den Herrn Valentin B. bleiben, sondern er selbst Gläubiger davon werden würde, in soweit nämlich das Kapital der 30 000 Mark die Hälfte seines Vermögens übersteige; daß er jedoch von dieser Befugniß zum Widerrufe keinen Gebrauch machen könne u. s. w. (s. Muster 87 u. 88).

Von den Kosten übernimmt Herr Gottlieb A. den Schenkungsstempel, [2]) und Herr Valentin B. den Darlehnsstempel und die übrigen Kosten.

Der Maler Herr Friedrich C., der mit dem Schenker nicht verwandt ist, nimmt die Schenkung an.

Schluß.

90. Urkunde über eine schenkungsweise Befreiung.

Eingang.

A. erklärte:

Der mit mir nicht verwandte B. ist mir ein, auf seinem Gute Blatt 13 des Grundbuchs von N. Abth. III, Nr. 1 aus der Schuldurkunde vom 6. Juli 1860 eingetragenes Darlehn von 1000 Mark schreibe Tausend Mark schuldig. Diese Schuld nebst allen Zinsen schenke ich ihm hiermit, erkläre ihn demzufolge davon für völlig befreit, und bewillige bei Zurückgabe der Hypothekenurkunde die Löschung.

A., der hierbei dem B. die Urkunde übergab, wurde mit dem Gesetze dahin bekannt gemacht:

daß u. s. w. (s. Muster 87 u. 88).

Herr B. nahm die Schenkung an und übernahm die Kosten.

Schluß.

---

[1]) Soll eine schon vorhandene Forderung geschenkt werden, so wird sie cedirt und der Cedent dabei wegen des Widerrufs belehrt.

[2]) Zu dem Akte würde 2425 Mark Stempel zu liquidiren sein, nämlich 2400 Mark Schenkungs- und 25 Mark Darlehnsstempel.

91. Schenkung mittelst Abnahme einer Schuld an einen Dritten.

Eingang.

Vor dem 2c. erschienen u. s. w.

1. der Gastwirth Wilhelm N.,
2. Der Zimmermeister Karl M.,
3. der Kürschner Augustin W.,

sämmtlich von hier, und schlossen folgendes Rechtsgeschäft.

Der Gastwirth Wilhelm N. übernimmt die Schuld des Zimmermeisters Karl M., der sein Oheim ist, an den Kürschner Augustin W., von 1000 Mark, schreibe Tausend Mark, aus dem Darlehn, worüber der Schuldschein vom 8. Juli 1881 lautet, als Selbstschuldner in der Absicht, ihn von dieser Schuld umsonst und um ihm dadurch eine Schenkung zu machen, zu befreien.

Der Zimmermeister Karl M. nimmt den Gastwirth N. wegen der bezeichneten Schuld von 1000 Mark, anstatt des Kürschners W., zu seinem alleinigen Schuldner an, und entläßt solchergestalt den Letzteren seiner bisherigen Verbindlichkeit.

Dem Gastwirthe Wilhelm N. wurde vorgestellt:

daß er die Schenkung innerhalb dreier Jahre so weit widerrufen könne, als die übernommenen Tausend Mark die Hälfte seines Vermögens übersteigen, welches dann zwar nicht die Folge habe, daß er gegen den Kürschner Augustin W. frei werde, wohl aber die, daß er von dem befreieten Schuldner Karl M. Vergeltung oder Wiederfreimachung fordern könne; daß er aber diese Befugniß zum Widerrufe verliere, wenn er jetzt ausdrücklich erkläre, daß das Geschenk die Hälfte seines Vermögens nicht übersteige.

Er erklärte dennoch:

Diese übernommenen 1000 Mark erreichen nicht die Hälfte meines Vermögens.

Der Kürschner Augustin W. war überall einverstanden und übernahm die Kosten.

Schluß.

92. Urkunde einer solchen Schenkung ohne Novation.

Eingang.

Es erscheinen A. und B. und schließen folgende Schenkung:

§ 1.

A. verspricht dem B., ihn von der Schuld von 1000 Mark, welche derselbe dem C. aus dem Hauskaufvertrage vom 8. Dezember 1881 rückständig ist, umsonst und um ihn dadurch zu beschenken, binnen drei Monaten gänzlich zu befreien und ihm auch, wenn er deshalb verklagt oder sonst verfolgt werden sollte, alle Kosten, und was von ihm beigetrieben werden möchte, zu erstatten.

§ 2.

Die Kosten dieses Vertrages übernimmt der Geschenkgeber.

Dem Schenker wurde erklärt:

daß er diese Schenkung innerhalb dreier Jahre soweit widerrufen könne, als die übernommene Schuld von 1000 Mark nebst Kosten die Hälfte u. s. w. (s. Muster 87. 88).

Schluß.

93. Schenkung zum freien Vermögen eines minderjährigen Hauskindes. — Bestimmungen über eine Pflegschaft.[1])

A. L. R. II. 2. §§ 154. 160. V. O. §§ 86. 87.

Dernburg III. § 54. S. 174 § 89 S. 270; Förster-Eccius IV. § 223 S. 158 § 236 S. 236.

Eingang.

. . . . erscheinen:

1. der Rentier Friedrich Hahnemann,

2. der minderjährige Student der Medizin, Otto Gabler, $18^1/_2$ Jahr alt. Beide von hier.

Ersterer erklärt:

Ich schenke meinem Neffen (Schwestersohn) Otto Gabler hierdurch die Summe von zehntausend Mark, die ich sofort zu zahlen bereit bin. Hierbei bestimme ich, daß die geschenkte Summe dem Nießbrauche des Vaters des Beschenkten, früheren Gutsbesitzers Alfred Gabler, nicht unterworfen sein und daß auch die Verwaltung nicht durch den Alfred Gabler, sondern durch einen Pfleger geführt werden soll. Als solchen benenne ich den älteren Bruder des Beschenkten, Banquier Heinrich Gabler, hierselbst.[2]) Ich befreie denselben von der Rechnungslegung während der Dauer der Pflegschaft, von der Sicherheitsleistung und von der Nothwendigkeit der Genehmigung des Vormundschaftsgerichts zum Abschluß von Vergleichen.[3]) Die Bestellung eines Gegenvormundes soll nicht stattfinden, vielmehr der Pfleger von der Genehmigung seiner Handlungen durch einen solchen überall befreit sein. Bei der Anlegung des Geldes soll der Pfleger nicht an die Bestimmungen des § 39 der Vormundschaftsordnung gebunden sein. Er kann die Anlegung nach seinem Ermessen auch anderweit bewirken. Bei der Anlegung soll er keine längeren als sechsmonatige Kündigungsfristen bedingen, damit der Mündel bei beendetem Studium das Geld zu seiner Einrichtung leicht flüssig machen kann. Während der Dauer der Pflegschaft soll er dem Mündel unbedingt die gesammten Zinserträge zu den Kosten des Studiums verabfolgen. Vom Kapital

---

[1]) Vgl. die Vorbemerkung zu Muster 167. 168.

[2]) Es ist auch statthaft, daß der Schenker sich selbst zum Pfleger benennt. Die Worte: „oder einen Dritten" im § 160 II. 2 A. L. R. (falls mit dieser die Ausschließung des Zuwendenden überhaupt beabsichtigt sein sollte) sind jetzt der allgemeinen Bestimmung im § 87 der V. O. („der bei der Zuwendung Benannte") gewichen.

[3]) Zulässig ist auch noch für die dazu geeignete Fälle die Befreiung von den in § 42 Nr. 4—7 u. 9—14 und in § 44 der V. O. bezeichneten Genehmigungen.

darf er, wenn es nöthig ist, auch einen Theil, jedoch höchstens im Ganzen dreitausend Mark dazu verwenden.[4])

Schließlich erkläre ich noch, daß dieses Geschenk die Hälfte meines Vermögens nicht übersteigt.

Dem Schenker wurde eröffnet, daß diese Erklärung, wenn er bei ihr verbleibe, zur Folge habe, daß er der ihm sonst zustehenden Befugniß, eine Schenkung wegen Uebermaßes binnen drei Jahren zu widerrufen, verlustig gehe. Er erwiderte darauf:

Diese Folge ist mir bekannt gewesen und ihren Eintritt habe ich mit Abgabe der Erklärung gerade beabsichtigt.

Der stud. med. Otto Gabler nahm die vorstehend an ihn erfolgte Schenkung an.

Schluß.

BB. Besondere Arten von Schenkungen.

94. Belohnende Schenkung.

A. L. R. I. 11 §§ 1169—1177.

Koch II. § 611 S. 287; Dernburg II. § 165 S. 437; Förster-Eccius II. § 122 S. 28; Fischer § 86 S. 492.

Die belohnende Schenkung erfordert keine gerichtliche Abschließung. Zur Gültigkeit des Schenkungsversprechens genügt eine privatschriftliche Urkunde. Doch ist wesentlich die in der Urkunde erfolgende bestimmte Angabe der Handlung oder des Dienstes, die belohnt werden sollen. Wegen Uebermaßes ist eine belohnende Schenkung widerruflich, gleich einer gewöhnlichen Schenkung. Soll dieser Befugniß entsagt werden, so bedarf es auch hier gerichtlicher Abschließung.[1])

Muster.

Eingang.

Vor dem 2c. erschienen . . . .:

1. der Königl. Geheime Kriegsrath Herr R.,
2. der Gensdarm Friedrich B.,

Beide von hier.

Der Herr Geheime Kriegsrath R. erklärte:

Am 1. d. M. fiel ich auf einer Reise zu Pferde von hier nach Johannisberg auf einem wenig besuchten Seitenpfade, in Folge eines Schwindels, vom Pferde und muß lange bewußtlos gelegen haben. Als ich zu mir selbst kam, fand ich mich von dem hier gegenwärtigen Fußgensdarmen B. getragen, indem er mich nach dem nächsten Orte zu schaffen im Begriffe war. Wiewohl derselbe mich wegen meiner bedeutenden Schwere nur mit der äußersten Anstrengung fortbringen konnte, so schaffte er mich doch in höchst möglichster Eile nach dem Bestimmungsorte, wo ich von Kontraktion der Glieder glücklich geheilt wurde. Es fand sich, daß, wenn der Gensdarm nicht persönlich mich

[4]) Ueber diese Anordnungen s. B. O. § 36 mit § 91.

[1]) § 1170 in Verbindung mit § 1094 d. T. — Wegen des Begriffes der belohnenden Schenkung s. Urth. d. R. G. v. 13. Januar 1886 (Entsch. XV. S. 226).

auf seine Schultern genommen und sich beeilt, sondern erst Träger herbeigeschafft hätte, die ärztliche Hülfe zu spät gekommen sein würde, indem ich, wenn auch nicht gestorben, doch vielleicht gelähmt geblieben wäre; er hat mir also einen unschätzbaren Dienst geleistet. Dafür will ich ihn belohnen, und in dieser Absicht verspreche ich ihm als eine belohnende Schenkung eine jährliche Rente von sechshundert Mark auf seine Lebenszeit, vom 1. d. M. anfangend, in vierteljährlichen Terminen voraus zahlbar.

Der Herr Geheime Kriegsrath R. wurde auf das Gesetz, bezüglich auf den Widerruf einer Schenkung wegen Uebermaßes, dahin aufmerksam gemacht u. s. w. (s. Muster 87. 88).

Der Gensdarm B. stimmt der Erklärung des Herrn Geheimen Kriegsraths R. bei und nahm die Schenkung an.

Schluß.

95. Schenkung zu einem Zwecke (sub modo).

A. L. R. I. 11. §§ 1053—1057.
Koch II. § 611 S. 287; Dernburg II. § 165 S 439; Foerster-Eccius II. § 122 S. 31; Fischer § 86 S. 487.

Die Schenkung sub modo ist ein lästiges Geschäft und daher unwiderruflich; sie erfordert nicht nothwendig die gerichtliche Abschließung, und es bedarf keiner Belehrung des Geschenkgebers. Nur wenn der beigefügte Zweck lediglich zum Besten des Beschenkten abzielt, soll nach positiver Vorschrift des § 1056 d. T. der Widerruf den allgemeinen Regeln unterliegen. In der Rechtsprechung ist angenommen worden, daß in diesem Falle überhaupt eine reine, der gerichtlichen Form bedürfende, Schenkung vorliegt.[1])

Muster.

Eingang.

. . . erscheinen . . .:
1. der Königl. Generalmajor von R.,
2. der Artillerielieutenant Herr Z., beide von hier.

Der erstere überlieferte dem anderen die sechs Schuldverschreibungen der 4%igen konsolidirten preußischen Staatsanleihe Lit. A. Nr. 225615 bis Nr. 225620, jede über fünftausend Mark, nebst Zinsscheinen seit dem 1. Juli d. J. und Talons, und erklärte:

> Diese Staatsschuldverschreibungen nebst Zinsscheinen und Talons schenke ich dem Herrn Lieutenant Z. mit der Bestimmung und zu dem Zwecke, daß derselbe persönlich, binnen drei Jahren, das Kriegswesen der Chinesen an Ort und Stelle studire und das Ergebniß seiner Untersuchungen, mit genauer Beschreibung der zur Erreichung des Endzwecks unternommenen Reisen, durch den Druck öffentlich bekannt mache.

Der Herr Lieutenant Z. nahm dieses Geschenk an und versprach den Zweck zu erfüllen.

Schluß.

---

[1]) Präj. d. O. Tr. v. 27. Februar 1846 (Entsch. 13 S. 182).

96—98. Schenkung von Todeswegen.

A. L. R. I. 11 §§ 1134—1139.

Koch II. § 611 S. 289. Dernburg II. § 165 S. 439, III. § 154 S. 441. Foerster-Eccius II. § 122 S. 33; Fischer § 86 S. 493.

Die Schenkungen auf den Todesfall unterliegen der gerichtlichen Form wie gerichtliche Schenkungen.

96. Schenkung auf den Todesfall überhaupt.

Eingang.

Der Herr N. erklärte:

Meine Bibliothek, wie sie zur Zeit meines Todes sein wird, nebst allem Zubehör, schenke ich dem hier gegenwärtigen Kandidaten Weißviel dergestalt, daß ihm dieselbe 6 Wochen nach meinem Tode von meinen Erben übergeben werden soll; doch behalte ich mir den Widerruf dieser Schenkung bis zu meinem Tode ausdrücklich vor. Stirbt der Geschenknehmer vor mir, so erlischt damit die Schenkung von selbst.

Der Herr Kandidat Weißviel nahm diese Schenkung dankend an.

Vollziehung.

97. Schenkung **auf den Fall** einer bevorstehenden Todesgefahr.

Eingang.

Der Herr N. erklärte:

Ich stehe im Begriffe, nach dem asiatischen Rußland zu reisen und mich als Freiwilliger der russischen Armee während des bevorstehenden Feldzuges gegen China anzuschließen. Auf den Fall, daß ich die damit verbundenen Todesgefahren nicht überlebe, oder daß ich auf der Hin- oder Rückreise sterben sollte, schenke ich meinem Freunde, dem Herrn A., mein im hiesigen Kreise belegenes Rittergut Steinfeld, wie es bei meinem Tode stehen und liegen wird; und meine Erben sollen schuldig sein, ihm dasselbe sechs Wochen nach Bekanntwerdung meines Todes aufzulassen und auch binnen gleicher Frist zu übergeben, falls Herr A. zu der Zeit nicht mehr in der Verwaltung des Guts, welche er besonders übernommen hat, sich befinden sollte; denn im Falle er alsdann das Gut noch inne hätte, soll er berechtigt sein, den Besitz auf Grund dieser Schenkung für sich zu ergreifen und zu behalten.

Herr A. nahm diese Schenkung an.

Vollziehung.

98. Schenkung **aus Anlaß**[1]) einer bevorstehenden Todesgefahr.

Eingang.

Der Oberst von Sarras erklärt:

Da ich im Begriffe stehe, mich einer lebensgefährlichen

---

[1]) Im Muster 97 ist die Todesgefahr Bedingung, im Muster 98 nur Beweggrund, was einen Unterschied in Bezug auf das Widerrufsrecht macht (§§ 1137, 1139 d. T.

Operation zu unterziehen, und der Ausgang ungewiß ist, so schenke ich meinem Adjutanten, dem Lieutenant **Kühn**, meine beiden Reitpferde nebst Sattel und Zeug, welche er von meinen Erben übergeben erhalten wird.

Der Lieutenant Herr **Kühn** nimmt die Schenkung dankend an.

Vollziehung.

VI.

Vollmacht.

A. L. R. I. 13 §§ 5 ff.

Koch II. § 655 S. 380; Dernburg I. § 113 S. 255, II. § 180 S. 490; Foerster-Eccius I. § 42 S. 200, II. § 141 S. 302; Fischer § 21 S. 109.

Die gesetzliche Form der Vollmachtsertheilung ist regelmäßig die schriftliche. Specialvollmachten dürfen nicht in blanco ertheilt, sondern müssen vor der Unterschrift ausgefüllt werden.[1]) Erschwerende Formen sind — abgesehen von den allgemein bestehenden Formen für Analphabeten, Blinde und Taubstumme — für folgende Fälle vorgeschrieben:

I. Der notariellen oder gerichtlichen Aufnahme oder Beglaubigung bedürfen:

1. Alle Specialvollmachten, wenn auf Grund derselben etwas gerichtlich verhandelt werden soll,[2]) einschließlich der Vollmachten zur Erhebung von Geldern und Sachen von Gerichten oder aus der Hinterlegung.[3])
2. Vollmachten zu Anträgen auf Eintragung oder Löschung im Grundbuch[4]) oder in der Landgüterrolle.[5])

---

[1]) Die Unterlassung dieser Form ist unschädlich, wenn das Blankett später ausgefüllt worden ist und der Dritte diesen Umstand nicht kannte (§§ 112. 113 d. T.). — Zu welchen Geschäften Specialvollmachten erforderlich sind, bestimmen die §§ 99 ff. d. T. und die bei den einzelnen Rechtsinstituten sonst noch ergangenen besonderen gesetzlichen Vorschriften. Siehe auch Muster 100 für Generalvollmacht (S. 316.)

[2]) § 115 d. T. Vgl. wegen der Vollmacht zur Erbeslegitimation zu Muster 99 Anm. 1 (S. 315.)

[3]) Nach § 116 I. 13 A. L. R. war für die Erhebung bei Gericht eine gerichtlich aufgenommene Vollmacht erforderlich. Die notarielle Form ist nachgelassen durch das Ges. v. 11. Juli 1845 (G. S. S. 495) § 2b. Daß die für die gerichtliche Erhebung geltenden Vorschriften, nachdem das gerichtliche Depositalwesen auf besondere Hinterlegungsstellen übergegangen ist, nunmehr auch für letztere gelten müssen, ist nicht ausdrücklich bestimmt, folgt aber aus der Natur der Sache.

[4]) G. B. O. § 37.

[5]) In den Landgüterordnungen (§ 6) sind auf das Verfahren zwar nur die §§ 32—34 der G. B. O., nicht auch der § 37 für anwendbar erklärt. Indessen folgt die Nothwendigkeit der Beglaubigung der Vollmacht schon aus dem Grundsatze des § 33 der G. B. O.

3. Vollmachten zum Mitbieten in der Zwangsversteigerung von Grundstücken oder anderen Gegenständen des unbeweglichen Vermögens.[6])
4. Vollmachten für Anträge zum Staatsschuldbuch nach näherer Bestimmung des Gesetzes vom 20. Juli 1883; siehe hierüber die Bemerkung vor Muster 113. (S. 338.)
5. Prozeßvollmachten in bürgerlichen Rechtsstreitigkeiten, sofern der Gegner die Beglaubigung verlangt.[7])

Von der erschwerten Form sind zu Nr. 1—5 die Vollmachten öffentlicher Behörden, wenn sie ordnungsmäßig unterschrieben und besiegelt sind, befreit.[8])

6. Vollmachten für Anmeldungen zum Handels- und Genossenschaftsregister.[9])

II. Der gerichtlichen Aufnahme (unter Ausschließung der notariellen Form und der bloßen Beglaubigung) bedürfen:
1. Vollmachten behufs Zurücknahme eines gerichtlich niedergelegten Testaments oder Kodizills.[10])
2. Vollmachten zur Vertretung eines abwesenden Bräutigams bei Abschließung eines Ehegelöbnisses.[11])

Die Annahme der Vollmacht bedarf in keinem Falle einer besonderen Form. — Die Aufnahme von Vollmachten erfordert besondere Umsicht, einerseits damit der Bevollmächtigte nicht Einschränkungen unterliegt, die der Machtgeber nicht gewollt hat, andererseits damit der Machtgeber nicht mehr Befugnisse weggebe, als nöthig oder von ihm beabsichtigt ist. Auf folgende Punkte mag hier hingewiesen werden:

a) Wenn der Bevollmächtigte Substitutionsbefugniß haben soll, so muß dieselbe ausdrücklich ertheilt werden.[12])

[6]) Zw. Gef §§ 65. 156. 180. Die Bedeutung dieser Vorschrift besteht für den Geltungsbereich des A. L. R. wesentlich nur in der Beseitigung der Ansicht, daß die Proceßvollmacht hierzu ausreiche.

[7]) C. P. O. § 76. Vgl. im Uebrigen wegen der Prozeßvollmacht Muster 206.

[8]) So für die Fälle zu 2—4 des Textes: G. B. O. § 35; Zw. Ges. § 65; Staatsschuldbuchgesetz § 14 Abs. 3. Sachlich im Wesentlichen übereinstimmend für die Fälle zu 1: Anh. § 45 zu § 115 I. 13 A. L. R. Für die Prozeßvollmacht (Nr. 5) gilt nach § 76 C. P. O. das Gleiche, denn beim Vorliegen dieses Falles ist die Urkunde keine Privaturkunde. — Das Nähere über die hierher gehörigen Behörden und Institute siehe bei Turnau G. B. O. zu § 35 I. S. 104 ff.

[9]) Preuß. E. G. z. H. G. B. Art. 4. Genossenschafts-Ges. v. 4. Juli 1868, §§ 4. 72. Instr. v. 17. Dezember 1868 (J. M. Bl. S. 392) § 3.

[10]) A. L. R. I. 12 § 571. Diese Vorschrift ist durch die in Anm. 3 bezeichnete Neuerung nach ausdrücklicher Bestimmung nicht betroffen.

[11]) A. L. R. II. 1 § 87.

[12]) §§ 37—40 d. T.

b) Wenn der Machtgeber mehrere Bevollmächtigte ernennt, so muß erhellen, ob sie nur gemeinschaftlich oder auch einzeln zur Vertretung des Machtgebers befugt sein sollen oder ob etwa jeder nur für einen bestimmten Theil des Geschäftes ernannt ist. In Ermangelung einer solchen Bestimmung können sie den Machtgeber nur gemeinschaftlich verpflichten.[13])

c) Soll die Berechtigung des Bevollmächtigten über den Tod des Machtgebers hinaus dauern, so muß die Vollmacht ausdrücklich mit auf die Erben gerichtet werden.[14])

d) Handelt es sich um eine Specialvollmacht, so ist zu erwägen, in wieweit eine Specialisirung des Geschäfts erforderlich ist. Im Allgemeinen gilt die Regel, daß auch Specialvollmachten gültig für ganze Kategorien von Geschäften ertheilt werden können, z. B. zum Ankauf von Grundstücken. Ausnahmen von dieser Regel treten nur insoweit ein, als die Natur des Geschäftes eine andere Art der Stellvertretung als in bestimmt vorausbezeichneter Art nicht gestattet. Daher kann die Vollmacht zur Eingehung eines Verlöbnisses nicht allgemein, sondern nur unter Bezeichnung der zu verlobenden Frau ertheilt werden, wogegen es statthaft ist, die einzelnen Abreden des Ehegelöbnisses dem Bevollmächtigten zu überlassen. Gar kein Spielraum darf dem Bevollmächtigten gelassen werden, wenn er zur Ableistung von Eiden oder Versicherungen, insoweit solches noch zulässig ist,[15]) bestellt wird. Hier muß die Vollmacht den Eid oder die Versicherung wörtlich angeben.

Wegen der Zulässigkeit der Vertretung beider Kontrahenten durch denselben Bevollmächtigten vergl. Beschl. des K. G. vom 12. Juni 1883 und 21. Dezember 1885 (J. u. K. IV. S. 150; VI. S. 132); s. auch Urth. d. R. G. vom 23. November 1881 (Entsch. VI. S. 11). Wegen der Unzulässigkeit einer Benutzung der Vollmacht zum Kontrahiren zwischen dem Bevollmächtigten selbst und dem Machtgeber vergl. Beschl. d. K. G. vom 20. März 1882 und 19. März 1883 (J. u. K. III. S. 178 u. 167), s. aber dagegen Urth. d. R. G. vom 18. Oktober 1882 (Entsch. VII. S. 119).

---

[13]) §§ 201 ff. d. T.

[14]) § 186 d. T. Vielfach wird angenommen, daß die Bevollmächtigung auch in diesem Falle nur alsdann fortdauere, wenn bereits bei Lebzeiten des Machtgebers mit der Ausführung begonnen worden ist. Beschl. d. K. G. v. 27. Juni 1881 (J. u. K. II. S. 75).

[15]) Siehe hierüber Muster 99 Anm. 1.

99. Vollmacht zur Nachlaßregulirung und Erbeslegitimation (eidesstattliche Versicherung.[1])

Eingang.

Ich rc. bevollmächtige, unter Ertheilung der Befugniß zur Ernennung eines Substituten den Herrn N., vor dem Königl. Amtsgerichte zu Breslau, in der Nachlaßsache meiner Mutter N. N., meine Gerechtsame wahrzunehmen und Alles zu thun, was zur vollständigen Regulirung der Verlassenschaft und Auseinandersetzung der Erben erforderlich ist. Insbesondere soll er ermächtigt sein:

1. meine Erbeslegitimation zu führen und in meine Seele an Eidesstatt zu versichern, daß mir außer mir und meinen vier Geschwistern von der Mutterseite, namentlich: (folgen die Namen), sowie zwei Neffen von der vorverstorbenen Schwester N., namentlich rc., keine näheren oder gleich nahen Erben meiner verstorbenen Mutter bekannt sind, ich auch nicht weiß, daß meine Mutter eine letztwillige Verfügung hinterlassen hat,
2. sich über die Antretung oder Entsagung der mir angefallenen mütterlichen Erbschaft zu erklären, das Inventarium zu bemängeln oder für richtig anzunehmen; das Theilungsgeschäft für mich zu verhandeln, den Erbrezeß abzuschließen und zu vollziehen,

---

[1]) Die Abgabe der eidesstattlichen Versicherung zur Erbeslegitimation durch einen Bevollmächtigten ist mit Ausnahme der Vertretung eines souveränen Bundesfürsten für unstatthaft zu erachten. Die eidesstattliche Versicherung unterscheidet sich vom Eide nur quantitativ, nicht qualitativ. Die Zulässigkeit der Stellvertretung ist deshalb in Ermangelung positiver Vorschriften für beide nach gleichen Normen zu beurtheilen. Nun steht eine unbedingte Stellvertretungsbefugniß beim Eide nur den souveränen Bundesfürsten zu (K. O. v. 15. September 1836. Jahrb. Bd. 48 S. 218, Gräff Bd. 10 S. 96. A. G. z. C. P. O. § 3). Im Uebrigen bestand früher die Vorschrift des § 314 I. 10 A. G. O. wonach mit ausdrücklicher Bewilligung des Gegentheils die Eidesleistung durch einen Bevollmächtigten geschehen durfte. Selbst wenn man diese Vorschrift noch für die außerhalb der ordentlichen streitigen Gerichtsbarkeit liegenden Akte für anwendbar erachten wollte, so kann sie in einem Offizialverfahren, in welchem ein Gegner fehlt, nicht zur Anwendung gelangen. Bei der Erbeslegitimationserklärung spricht übrigens noch ein fernerer innerer Grund gegen die Stellvertretung. Denn die eidesstattliche Versicherung wird hier über ein Nichtwissen abgegeben. Wenn nun der Machtgeber zwischen der Ertheilung der Vollmacht und der Abgabe der Versicherung Umstände erfährt, die er vorher nicht kannte, z. B. das Vorhandensein eines Testaments, so würde er es bei entgegengesetzter Annahme straflos geschehen lassen können, daß der Bevollmächtigte die ihm aufgetragene Versicherung abgiebt.

Da indessen Theorie und Praxis überwiegend anderer Ansicht sind

vgl. Gruchot, Erbrecht Bd. I. S. 235, Koch, Pr. R. II. S. 383. Dernburg III. S. 661. Maercker S. 15; Beschl. d. K. G. v. 13. Oktb. 1885 (J. u. K. VI. S. 15),

so ist das Beispiel aus den früheren Auflagen beibehalten worden. Hält man die Vollmacht für zulässig, so wird man die notarielle Beglaubigung nicht für genügend ansehen, sondern die notarielle Aufnahme, als die für die eidesstattliche Versicherung selbst vorgeschriebene Form fordern müssen.

3. den auf mich fallenden Erbtheil, er bestehe worin er wolle, in Empfang zu nehmen,
4. falls die Einziehung oder der Verkauf der Nachlaßforderungen vor der Theilung beliebt wird, für mich zu quittiren, Forderungen abzutreten und Zahlungen in Empfang zu nehmen, und zwar auch wenn es sich um Hypotheken oder Grundschulden oder um Zahlungen von Gerichten oder von der Hinterlegungsstelle handelt,
5. die wegen Erbschaftsforderungen oder Schulden entstehenden Prozesse an meiner Statt zu führen,
6. wenn der Verkauf der Grundstücke Behufs der Theilung in Antrag kommt, mich im Subhastationsverfahren zu vertreten, auch für mich mitzubieten und zu erstehen, endlich auch solchen Verkauf selbst in Antrag zu bringen.

Schluß.

100. Vollmacht zur Besorgung aller Angelegenheiten (Generalvollmacht)[1]) mit Spezialvollmachten.

Eingang.

Ich bestelle hiermit meine Güterdirektoren und zwar den Kreisrichter a. D. Herrn Theodor Kleeberg zu X. und den Finanzrath a. D. Herrn Hermann Heiber ebenda zu meinen Generalbevollmächtigten und ermächtige sie zur Besorgung aller meiner Angelegenheiten. Dieselben sollen auch befugt sein in meinem Namen:

1. Vergleiche abzuschließen, Prozesse zu führen und die Entscheidung von Rechtsstreitigkeiten einem schiedsrichterlichen Ausspruche zu unterwerfen,
2. Rechte einschließlich der Hypotheken und Grundschulden abzutreten oder auf solche Verzicht zu leisten,
3. Sachen und Gelder von Jedermann, auch von Gerichten und der Hinterlegungsstelle oder sonstigen Behörden einschließlich aller Postsendungen, insbesondere auch der Einschreibe-, Werth- und Geldsendungen[2]) in Empfang zu nehmen und über dieselben zu quittiren,
4. Grundstücke zu veräußern, zu erwerben und aufzulassen,
5. Eintragungen jeder Art auf meine Grundstücke zu bewilligen und zu beantragen,
6. die Löschung der für mich eingetragenen Gerechtsame im Grundbuch zu bewilligen und zu beantragen,
7. Schenkungen aller Art vorzunehmen,
8. für meine Rechnung Versicherungen jeder Art zu nehmen,[3])

---

[1]) Ueber die Ertheilung von Generalvollmachten Seitens öffentlicher Behörden (Stadtgemeinden) vgl. Beschl. d. K. G. v. 16. September 1884 (J. u. K. V. S. 119).

[2]) Postordnung v. 8. März 1879 § 34 (Centralbl. 1879 S. 185; Guttentag'sche Gesetzgebung II. S. 523).

[3]) A. L. R. II. 8 §§ 1945. 1948.

9. Wechselverbindlichkeiten einzugehen,[4])
10. insoweit in den Vermögensangelegenheiten meiner Ehefrau die Ertheilung des ehemännlichen Konsenses in Betracht kommt, denselben für mich zu ertheilen,[5])
11. generelle und spezielle Bevollmächtigte jeder Art und zu allen Geschäften, auch Prokuristen und Prozeßbevollmächtigte zu bestellen, sowie auch die Gesammtheit der ihnen nach dieser Vollmacht zustehenden Befugnisse auf einen Anderen zu übertragen.

Die beiden Generalbevollmächtigte sollen alle ihnen hier übertragenen Befugnisse sowohl gemeinschaftlich als auch einzeln (sammt oder sonders) auszuüben befugt sein.

Die vorstehend ertheilte Vollmacht soll nach meinem Tode auch für meine Erben gelten.[6])

Schluß.[7])[8])

— **Prokura** s. bei Muster 126. S. 352.

— **Prozeßvollmacht** s. bei Muster 206.

VI.

Verwaltung.

101. Muster eines Verwaltungsvertrages.

A. L. R. I. 14 §§ 109—177.

Koch II. § 662 S. 396; Dernburg II. § 184 S. 503; Förster-Eccius II. § 142 S. 338; Fischer § 81 S. 456.

Die Abschließung unterliegt der allgemeinen Vertragsform. Im Gegensatz zum Vollmachtsvertrag ist die Mitwirkung des Verwalters zum schriftlichen Abschluß erforderlich, da die bloße Annahme

---

[4]) Aufgenommen wegen der manchmal behaupteten Nothwendigkeit einer solchen Spezialvollmacht. Vgl. Erk. d. R. O. H. G. v. 17. März 1877 (Entsch. Bd. 22 S. 114). Rehbein, Wechselordnung zu Art. 4 Anm. 28. Anzuerkennen ist es nicht, daß der Generalbevollmächtigte zum Abschluß von Wechselverbindlichkeiten einer Spezialvollmacht bedarf.

[5]) Vgl. Beschl. d. K. G. v. 27. Juli 1885 (J. u. K. VI. S. 70).

[6]) Vgl. über diese Klausel oben S. 314 Anm. 14.

[7]) In das Muster sind diejenigen Fälle einzeln aufgenommen, in welchen nach den Gesetzen neben der Generalvollmacht noch eine Spezialvollmacht erforderlich ist oder in welchen über diese Erforderlichkeit ein begründeter Zweifel obwalten kann. In der Praxis werden die Generalvollmachten vielfach mit ganz unnöthigen Aufzählungen versehen. Dieses Verfahren stört nicht nur die Uebersichtlichkeit der Urkunde, sondern erzeugt auch häufig unnöthige Auslegungszweifel.

[8]) Wird die Vollmacht zu gerichtlichem oder notariellem Protokoll erklärt, so erbittet man sofort für jeden Bevollmächtigten so viel Ausfertigungen, als er nach dem Geschäftsumfang und für etwaige Substituten bedarf. Denn der Bevollmächtigte kann sich nur durch das Original der Vollmacht d. i. hier durch die Ausfertigung, nicht aber durch beglaubigte Abschriften legitimiren. Vgl. zu § 23 Not. Ges. Anm. 4c. — Spätere Ausfertigungen dürfen ihm nur auf Antrag des Machtgebers, nicht auf seinen eigenen, ertheilt werden.

der Vertragsurkunde den Verwalter nicht in gleicher Art wie die Annahme der Vollmacht den Bevollmächtigten verbindlich macht. Insoweit der Verwalter den Prinzipal rechtlich vertreten soll, ist auf die §§ 129—131 d. T. verbunden mit §§ 98 ff. I. 13 A. L. R. zu achten. Soll der Verwalter zu weitergehender Vertretung oder wenn auch nur innerhalb seines Verwaltungskreises zu Handlungen ermächtigt werden, welche Spezialvollmacht erfordern, (s. Muster 100 S. 316) so muß dies ausgedrückt werden. Das Gleiche muß insbesondere geschehen, wenn der Verwalter zur Prozeßführung befugt sein soll (§ 123 d. T.). Da es endlich nach dem Allg. Landrechte zweifelhaft sein kann, ob der Verwalter auch für ein mäßiges Versehen einzustehen habe, so ist es zweckmäßig, dieses jedenfalls im Vertrage auszudrücken.

Muster.

Eingang.

§. 1.

Der Oekonomiekommissarius Y. macht sich verbindlich, das dem Herrn von X. gehörige Rittergut Z. bis zu einer, jedem Theile zu allen Zeiten freistehenden, dreimonatigen Aufkündigung zu verwalten und dabei für jedes Versehen einzustehen; er erkennt auch an, daß ihm dieses Gut, nach einem darüber aufgenommenen Verzeichnisse, welches hierbei übergeben und von beiden Theilen für richtig anerkannt wird, am vergangenen 1. d. M., vollständig und richtig übergeben worden ist, und er verspricht, die Rechnung alle Vierteljahre in den ersten 14 Tagen des nächsten Quartals zu legen.

§. 2.

In Prozessen betreffs des Gutes Z. soll der Verwalter den Prinzipal insoweit zu vertreten befugt sein, als es sich um Besitzklagen, Klagen der auf dem Gute Angestellten aus ihrem Dienstverhältnisse und Zinsklagen über Hypotheken und Grundschulden handelt. Bei Besitzklagen macht es keinen Unterschied, ob der Prinzipal als Kläger oder als Beklagter betheiligt ist.

§. 3.

Der Verwalter erhält als Besoldung für sich und seine Familie freie Wohnung im herrschaftlichen Nebenhause, und freien Unterhalt, soweit derselbe aus den Gutserzeugnissen in Natur bestritten wird, und außerdem jährlich 3000 Mark, schreibe Dreitausend Mark in vierteljährigen Raten postnumerando.

§. 4.

Er bestellt dem Prinzipal zur Sicherheit wegen aller aus diesem Verhältnisse entstehenden Forderungen desselben an ihn eine baare Kaution von Sechstausend Mark. Der Herr von X. bekennt, diese Summe bereits gezahlt erhalten zu haben, verspricht dem Herrn Verwalter davon vier Prozent Zinsen zu zahlen, und bestellt ihm zur Sicherheit für Kapital und Zinsen Hypothek mit dem Gute Z. (Blatt

Nr. 1 des Grundbuchs von Z.), indem er die Eintragung einer Kautionshypothek daselbst für den Verwalter in Höhe von Sechstausendfünfhundert (6500) Mark bewilligt und beantragt. Auf Ertheilung eines Hypothekenbriefes wird verzichtet.

§. 5.

Der Verwalter soll schuldig sein, auf Verlangen des Prinzipals ohne Kündigung auf der Stelle abzuziehen, alsdann aber muß ihm der Prinzipal für den Verlust der Kündigungsfrist eine Entschädigung von Eintausend Mark, weiter aber nichts, zahlen. Der Verwalter soll auch nicht das Retentionsrecht wegen seiner Forderungen ausüben, er soll aber eine gerichtliche Abnahme des Guts und der Verwaltungsgeschäfte auf Kosten des Prinzipals verlangen und abwarten dürfen, bevor er das Gut zu räumen hat.[1])

§. 6.

Durch den Tod des Prinzipals wird dieser Vertrag nicht aufgehoben oder auch nur von selbst aufgekündigt.

Schluß.

VII.

Interzessionen.

Nach A. L. R. war für Interzessionen von Frauenspersonen die gerichtliche Form mit Verwarnungen und im Falle eine Ehefrau zu Gunsten ihres eigenen Ehemannes interzedirte, auch noch die Zuziehung eines vom Richter zu bestellenden rechtskundigen Beistandes vorgeschrieben.[1*]) Diese Formalitäten sind durch das Gesetz vom 1. Dezember 1869 (G. S. S. 1169) in Wegfall gekommen. Wegen Uebernahme von Verpflichtungen einer Ehefrau zu Gunsten ihres Ehemannes überhaupt siehe oben S. 33 Nr. 19 mit Anm. 28 und unten Muster 159.

102. Expromission.

A. L. R. I. 14 §§ 399—406.

Koch II. § 544 S. 168; Dernburg II. § 64 S. 148; Foerster-Eccius I. § 101 S. 681; Fischer § 67 S. 369.

Die Form der Expromission ist nach A. L. R. die schriftliche.

Eingang. Muster.

. . . erscheinen . . .

1. der Königl. Oberst a. D. Herr Siegfried v. Ehrenfeld,
2. der Kaufmann Herr Nathan Scheiloch, beide hierselbst wohnhaft und nach Namen, Stand und Wohnort bekannt.

---

[1]) Vgl. das Beispiel einer gerichtlichen Gutsrückgewähr bei Muster 35 c. (oben S. 229).

[1*]) A. L. R. I. 14 §§ 220—244. 308. 407—412. II. 1 §§ 273. 341—344. 891. 892.

Der Erstere erklärte:

Mein Neffe, der Königl. Lieutenant Aeneas Thatenreich, ist dem anwesenden Kaufmanne Nathan Scheiloch aus einem Darlehn die Summe von eintausend Mark, zu fünf Procent in halbjährigen Terminen, Michaelis und Ostern, verzinslich und nach sechsmonatlicher Aufkündigung zahlbar, schuldig. Diese Schuld übernehme ich hiermit, an Stelle meines genannten Neffen, als Selbstschuldner, in der Absicht und mit der Wirkung, daß dadurch mein Neffe von dieser Schuld befreit und ihm auch das dafür eingelegte Pfand, bestehend in einer Lebensversicherung der Berliner Lebensversicherungsgesellschaft über 6000 Mark zurückgegeben werde.

Der Kaufmann Nathan Scheiloch acceptirte diese Erklärung, nahm den Herrn Oberst v. Ehrenfeld zu seinem alleinigen Schuldner hinsichtlich der bezeichneten Darlehnsschuld von 1000 Mark nebst Zinsen an, bewilligte und erklärte die Entlassung des ersten Schuldners, versprach demselben das gedachte Pfand zurückzugeben und händigte seinem neuen Schuldner den Schuldschein seines alten Schuldners, d. d. N., den . . . über 1000 Mark, aus.

Schluß.

103. Bürgschaft.[1])

A. L. R. I. 14 §§ 200—398.

Koch II. § 715 S. 506; Dernburg II. § 240 S. 700; Foerster-Eccius II. § 144 S. 372; Fischer § 85 S. 476.

Das A. L. R. erfordert auch hier in allen Fällen, ohne Unterschied der Summe, die schriftliche Form.

Eingang. Muster.

Der Rentier Jakob Wechselmann hat dem Kandidaten der Theologie Theodor Glaubrecht zu Bischoffswerder ein Darlehn von fünfhundert Mark, zu fünf Procent verzinslich, gegeben. Für diese Schuld will ich dem Gläubiger, wie ich hiermit erkläre, als Bürge haften,[2]) und zwar mit der Verbindlichkeit eines Selbstschuldners, dergestalt, daß der Gläubiger berechtigt sein soll, sich, mit Uebergehung des Hauptschuldners, wegen Kapitals, Zinsen, Schäden und Kosten an mich zu halten; jedoch will ich diese Bürgschaft nur fünf Jahre lang leisten. Schluß.

104. Kreditmandat (mandatum qualificatum).

A. L. R. I. 13 §§ 213—218.

Koch II. § 720; Dernburg II. § 248 S. 718; Foerster-Eccius II. § 144 S. 394; Fischer § 85 S. 485.

Wegen der Form sind die Fälle des § 213 und des § 215 d. T. zu unterscheiden. Mehr als Schriftform ist niemals erforderlich.

---

[1]) Bürgschaftsleistung als prozessuale Sicherheit s. d. Muster 207. 209.

[2]) Hiermit ist die Bürgschaft vollständig; was noch folgt, sind Modalitäten, welche von der Verabredung abhängen und ganz wegbleiben, wenn eine simple Bürgschaft beabsichtigt wird.

Muster.

Ich gebe der Handlung Markus Bär zu Berlin den Auftrag, auf meine Rechnung dem Akademiker Gustav Z. bis auf die Summe von eintausend Mark[1]) Kredit zu geben.

Schluß.

VIII.

Gesellschaftsverträge.

105. Vertrag über eine Spezialgesellschaft.

A. L. R. I. 17 §§ 169—175. 183 ff.

Koch II. § 665, S. 402; Dernburg II. §§ 214 ff. S. 615; Foerster-Eccius II. § 143 S. 347; Fischer § 83 S. 459.

Der Vertrag unterliegt der Schriftform. Die Gesellschaften des Handelsrechts unterliegen besonderen Vorschriften. Siehe hierüber Muster 131—140. (S. 357 ff.)

Eingang. Muster.

. . . erscheinen . . .

1. der Königl. Landrath Herr August X. von hier,
2. die Frau Gutsbesitzer Y., Karoline geborene Z., im Beistande ihres Ehemannes, des Gutsbesitzers Franz Y. aus Gossow,
3. der Gutsadministrator Herr Konstantin Z. aus Gossow,

und schlossen folgenden Gesellschaftsvertrag:

§ 1.

Der Landrath August X., die Frau Y. und der Gutsadministrator Z. vereinigen sich zu einer Gesellschaft, um mit gemeinsamen Mitteln und beziehungsweise Kräften das im hiesigen Kreise belegene Rittergut Nieder-Dz. auf gemeinschaftlichen Gewinn landwirthschaftlich zu benutzen. Als Einlage zu den Gesellschaftsmitteln geben der Landrath X. und die Frau Y. das ihnen gemeinschaftlich gehörige Rittergut Nieder-Dz., und außerdem Jedes zur gemeinschaftlichen Kasse die Summe von fünfzehnhundert Mark zur Benutzung, also mit Vorbehalt des Eigenthums, her, und der Gutsadministrator Z., welcher nicht Miteigenthümer des Fonds, leistet die Dienste des Verwalters; die Antheile aller drei Gesellschafter am Gewinne sind gleich. Bleibt nach Abzug der Kosten und aller auf dem Rittergute jetzt haftenden Lasten und Hypothekenzinsen kein Gewinn, so erhält der Dienste leistende Gesellschafter Z. nichts; entsteht Verlust, d. h. bleibt nach Abzug der gedachten Kosten und Schäden bei der definitiven Theilung (§ 5) weniger als der zusammengebrachte Fond übrig, so trägt er zu dem Verluste nichts bei.

---

[1]) Ist keine Summe ausgedrückt, so haftet der Auftraggeber für Alles, was auf Kredit gegeben worden.

§. 2.

Damit der Gutsadministrator Z. die übernommenen Dienste leisten könne, muß er auf dem Gute beständig anwesend sein und darf seinen Posten ohne vorherige Genehmigung der beiden anderen Gesellschafter, bei 30 Mark Konventionalstrafe für jeden Uebertretungsfall, nicht verlassen, ausgenommen, wo es ein vernünftiger und ordnungsmäßiger Wirthschaftsbetrieb mit sich bringt, doch darf er auch in diesem Falle bei gleicher Strafe nicht zwei Nächte hintereinander abwesend sein. Für solche Gesellschaftsreisen, welche er hiernach ohne besondere Erlaubniß thun kann, erhält er, wenn er nothwendig über Nacht ausbleiben muß, auf baare Auslagen ein Pauschquantum von 5 Mark, für Tagesreisen erhält er nichts auf Reisekosten vergütigt. Er hat sämmtliche Lebensbedürfnisse für seine Person aus den Gutseinkünften zu bestreiten, doch passirt auf Artikel, welche das Gut nicht hervorbringt, als z. B. Kaffee, Zucker, Wein, monatlich nur ein Pauschquantum von 50 Mark. Für diesen freien Unterhalt zahlt er zur gemeinschaftlichen Kasse jährlich tausend Mark und stellt sie in vierteljährigen Terminen in Rechnung. Die Rechnung hat er alle halbe Jahre und zwar mit dem letzten Juni und dem letzten Dezember zu schließen und vorzulegen, und der darnach sich ergebende Bestand soll, soweit er nicht zum Wirthschaftsbetriebe erforderlich ist, in den nächsten acht Tagen vorläufig (§ 5) getheilt werden.

§ 3.

Diese Gesellschaft hat gestern angefangen; der Administrator Z. erkennt an, daß ihm die beiden Gesellschafter das Gut Nieder-Dz. nebst Zubehör, nach einem darüber aufgenommenen Verzeichnisse, welches als Beilage hierzu übergeben und von allen drei Gesellschaftern seinem Inhalte nach und als von ihnen eigenhändig unterschrieben anerkannt wird, richtig übergeben haben: er erkennt auch an, daß dieselben, und zwar Jeder zur Wirthschaftskasse fünfzehnhundert Mark an ihn gezahlt haben, worüber auch diese beiden Gesellschafter sich gegenseitig quittiren.

§ 4.

Vor dem 1. Juli 1885 soll keinem Gesellschafter der Austritt gestattet sein. Kündigt keiner drei Monate vor diesem Termine den Austritt an, so muß das Verhältniß wieder bis zum 1. Juli des folgenden Jahres fortgesetzt werden; denn die Auseinandersetzung soll nur nach Ablauf des Wirthschaftsjahres erfolgen, weshalb der Austritt nach Ablauf der ersten drei Jahre immer nur mit Ende des Juni jeden Jahres geschehen kann, jedoch bis zum 1. April angekündigt sein muß. Diese Abrede bezieht sich lediglich auf den Austritt nach einseitigem Belieben; bei allen übrigen gesetzlichen Aufhebungsgründen behält es sein Bewenden.

§ 5.

Die definitive Theilung geschieht nach folgenden Grundsätzen: Zuerst nehmen die beiden Gesellschafter Herr X. und Frau Y. ihr Gut nebst Zubehör zurück. Dabei wird das beiliegende Verzeichniß nebst Taxe zum Grunde gelegt und eine neue Taxe nach den dann üblichen Kaufs- und Marktpreisen von den Inventarienstücken aufgenommen, und der Zustand der Gebäude und Aecker mit der in dem Verzeichnisse vorangeschickten Beschreibung verglichen.[1]) Das sich bei der Taxe ergebende Minus und die von Sachverständigen zu schätzende Verringerung der Gebäude, Felder und Saaten gegen den jetzigen Zustand, wird ebenfalls aus dem vorhandenen Fond zurückgenommen, das sich ergebende Plus hingegen wird zugelegt. Desgleichen werden von denselben vorweggenommen die jetzt gemachten Einlagen von dreitausend Mark. Tritt der Fall ein, daß ein Minus am Inventarium oder eine Verschlechterung der Gebäude und Aecker zu erstatten, und reicht der zur Zeit der Theilung vorhandene Fond dazu und zur Erstattung der Einlage nicht hin, so muß der Administrator Z. den dritten Theil des Defizits so weit tragen und erstatten, als die aus früheren Theilungen empfangenen Dividenden zusammen reichen; was durch diese Summe an dem Drittel des Deficits nicht gedeckt wird, hat er nicht zu tragen (§ 1). Sodann wenn diese Einlagen und Beiträge vorweggenommen und beziehungsweise die etwa für Plusinventarium zu erstattende Vergütung zugerechnet sind, wird der Ueberschuß als Gewinn unter die drei Gesellschafter vertheilt. Gesellschaftsschulden werden von Jedem für seinen Theil bezahlt; was er, dem Gläubiger gegenüber, mehr hat zahlen müssen, haben ihm die anderen beiden verhältnißmäßig zu erstatten. Der Administrator Z. ist aber, im Verhältniß zu den anderen Gesellschaftern, nicht mehr Schulden zu tragen verbunden, als der von ihm gezogene Gewinn zusammen beträgt.

Schluß.

106. Vertrag über eine allgemeine Erwerbsgesellschaft.

A. L. R. I. 17. §§ 176—182. V. v. 3. Mai 1804. N. C. S. 11 Nr. 16. Rabe 8 S. 42. Ges. v. 21. Dezember 1849 (G. S. S. 441) §§ 2. 3. Koch II. § 665 S. 402. Dernburg II. § 215. S. 618. § 216. S. 625. Foerster-Eccius II. § 143. S. 351. 354. Fischer § 93 S. 459.

Der Vertrag bedarf gerichtlicher Abschließung und, damit die Gesellschaft Dritte verbinde, außerdem öffentlicher Bekanntmachung durch Anschlag an der Gerichtsstelle des Wohnorts sämmtlicher Kontrahenten und durch Einrückung in den öffentlichen Anzeiger des Regierungsamtsblattes des betreffenden Wohnortes. Zur Aufnahme des Vertrages und zur Bekanntmachung ist jedes Amtsgericht zuständig.

Muster.

Eingang.

§. 1.

Der Rentier Benjamin Schaffer und der Hausbesitzer Ernst Haber vereinigen sich zu einer allgemeinen Erwerbsgesellschaft dergestalt, daß Alles, was vom heutigen Tage, womit diese Gesellschaft

[1]) Vgl. das Protokoll über Pachtrückgewähr oben bei Muster 35 S. 229.

beginnt, an, von Einem oder dem Anderen von ihnen erworben wird, ihnen gemeinschaftlich gehören soll. Sie werfen zu diesem Zwecke ihr beiderseitiges Vermögen, worüber die beiden, hierbei übergebenen, von ihnen dem Inhalte nach und als von ihnen eigenhändig unterschrieben anerkannten Verzeichnisse nebst Taxen lauten, zum gemeinschaftlichen Gebrauche zusammen und werden mit ihren Familien in dem Hause des Ernst Haber, jede Familie in einem der beiden Stockwerke, wohnen. — Ausgeschlossen vom gemeinschaftlichen Gebrauche bleiben die nicht in das Verzeichniß aufgenommenen Vermögensstücke, insoweit solche gegenwärtig vorhanden sind, nicht aber zukünftige Anfälle (§ 2).

§. 2.

Zu der Gemeinschaft des Erwerbes sollen auch alle Gewinnste, Erbschaften und Vermächtnisse, desgleichen alle auf einer bloßen Freigebigkeit beruhenden Geschenke, welche der Eine oder der Andere bis zur Ankündigung der darauf auch wirklich erfolgenden Aufhebung der Gesellschaft machen oder erwerben sollte, gehören, jedoch daß bei dem Anfalle einer Erbschaft der Andere seine Zustimmung zur Erwerbung geben muß. Ausgeschlossen von der Gemeinschaft des Erwerbes bleiben die Erträge der nach § 1 vom gemeinschaftlichen Gebrauche ausgeschlossenen Stücke.

In Ansehung der Schulden wird nur das Besondere bestimmt, daß, wenn eine in dem Verzeichniß nicht angegebene, jetzt schon vorhandene Schuld aus der Gemeinschaft bezahlt werden muß, der betroffene Gesellschafter das der Gemeinschaft dadurch entzogene Quantum sogleich ersetzen oder mit fünf Prozent zur gemeinschaftlichen Kasse verzinsen muß. Ebendasselbe gilt von Schulden, welche während der Gemeinschaft durch unerlaubte oder durch bloß freigebige Handlungen entstehen.

§. 3.

Was die Verwaltung betrifft, so wird über Einnahme und Ausgabe ein ordentliches Journal geführt, welches dem Rentier Schaffer zu thun obliegt; Ernst Haber kann eine Kontrole führen. Gelder und geldwerthe Papiere der Gemeinschaft werden in einem besonderen Kasten, welcher in einem ausschließlich dazu bestimmten Gewölbe steht und wozu Jeder einen Schlüssel hat, aufbewahrt. Ueber Einnahme und Ausgabe hat Schaffer auf Grund seiner Journale Rechnung zu führen, alle Vierteljahre abzuschließen und mit den Belägen dem Anderen vorzulegen. Jeder ist schuldig, am Ende jeder Woche über die von ihm gemachten oder eingeleiteten Geschäfte dem Anderen eine Uebersicht zu geben und Rechnung zu legen, auch den in seinen Händen befindlichen Bestand zur gemeinschaftlichen Kasse einzuliefern. Zu diesem Zwecke hat Jeder ein Tagebuch zu führen und bei diesen Abrechnungen vorzulegen.

§. 4

Wenn ein Gesellschafter in Erwerbsangelegenheiten Reisen macht, so erhält er ohne Nachweis auf jeden Tag 10 Mark Reisekosten; was er davon erübrigt, gehört von selbst der Gemeinschaft.

§. 5.

Jede Familie erhält zur Bestreitung der Haushaltungskosten jeden Ersten eines Monats hundertundfünfzig Mark und muß darüber ein ordentliches Wirthschaftsbuch führen und an jedem Ersten vorlegen. Was darnach nicht ausgegeben ist und also für erübrigt gilt, gehört der Gemeinschaft; was mehr ausgegeben wird, gilt für eine unerlaubte Schuld, welche nach der im §. 2 getroffenen Abrede behandelt wird.

§. 6.

Die Aufhebung der Gesellschaft findet auf einseitigen Rücktritt zu allen Zeiten, sogleich ohne Abwartung einer Frist, statt.

§. 7.

Bei der Auseinandersetzung nimmt Jeder die in die Gemeinschaft gebrachten, alsdann noch vorhandenen Gegenstände in Natur zurück; es wird dabei nur darauf gesehen, ob sie für ihren Zweck noch brauchbar sind, auf Verschlechterungen kommt nichts an; fehlende und unbrauchbar gewordene Stücke werden nach dem im Verzeichnisse angesetzten Werthe vergütet. Was nach dieser Vorwegnahme des Eingebrachten übrig bleibt, wird zu gleichen Theilen getheilt. Ergiebt sich Einbuße, so muß dieselbe ebenfalls zu gleichen Theilen getragen und beziehungsweise ersetzt werden.

Schluß.

107. Auseinandersetzung der Gesellschafter (Theilungsrezeß).

A. L. R. I. 17. §§ 304—310 und §§ 75 ff.

Koch II. § 668. S. 409. Dernburg II. § 223 S. 650. Förster-Eccius II. § 143 S. 371. Fischer § 83 S. 466.

Die Auseinandersetzung kann außergerichtlich und privatschriftlich erfolgen. Geschieht sie gerichtlich, so ist jedes Gericht zur Aufnahme zuständig.[1]) Zu den Erfordernissen eines vollständigen Theilungsvertrages gehört nicht nur die Bestimmung, wie getheilt werden soll, sondern es müssen auch die einzelnen Theile festgestellt und überwiesen werden.[2]) Dem nachfolgenden Muster ist der Vertrag im vorhergehenden Muster 106 zu Grunde gelegt. — In derselben Art wie bei Auseinandersetzung von Sozietäten ist auch der Theilungsvertrag über eine zufällige Gemeinschaft (communio incidens) zu fassen.

Eingang. Muster.

§. 1.

Die zwischen dem Rentier Benjamin Schaffer und dem Hausbesitzer Ernst Haber nach dem Vertrage vom .... bestandene allge-

---

[1]) Die besonderen Vorschriften der §§ 34—40. I. 46 A. G. O. betreffen nur die Auseinandersetzung bei kaufmännischen Societäten und gelten für letztere noch fort, wenngleich über den Umfang der Fortgeltung Zweifel herrschen. Vgl. Basch A. G. O. und Vierhaus A. G. O. zu den citirten Paragraphen.

[2]) Erk. d. O. Tr. v. 27. September 1866 (Strieth. Bd. 65 S. 19).

meine Erwerbsgesellschaft hat durch den, von Seiten des Haber gestern erklärten Rücktritt aufgehört.

§. 2.

Von den, in Gemäßheit der kontraktlichen Verzeichnisse in die Gemeinschaft zum Gebrauche eingebrachten, Gegenständen hat Jeder die noch vorhanden gewesenen brauchbaren Stücke zurückgenommen; unbrauchbar geworden sind und gefehlt haben aber

I. dem Benjamin Schaffer:

1. der halbbedeckte Wagen zu	450 Mk.
2. das gefallene Gespann Pferde zu	600 „
zusammen	1050 Mk.

II. dem Ernst Haber:

1. sechs Stühle zu	18 Mk.
2. zwei Kühe à 45 Mk.	90 „
3. ein Frachtwagen zu	150 „
zusammen	258 Mk.

Das noch vorhandene zur Gemeinschaft gehörige Aktivvermögen besteht:

1. in Baarem		15000 Mk.
2. in ausstehenden Forderungen, und zwar:		
a) an den Kornhändler Z. hierselbst für geliefertes Korn	1500 Mk.	
b) an den Kaufmann A. Frachtlohn .	600 „	
c) an den Gutsbesitzer B. Proxenetikum	300 „	
d) an den Kaufmann C. aus einem Darlehen	600 „	
zusammen		3000 Mk.
macht		18000 Mk.

Davon ist die Einbuße an Sachen und zwar:

1. dem Benjamin Schaffer mit . . .	1050 Mk.	
2. dem Ernst Haber mit	258 „	
zusammen		1308 Mk.
zu erstatten, mithin bleiben		16692 Mk.
zu theilen, wovon auf Jeden die Hälfte für seinen Antheil, also		8346 „

kommen. Danach muß erhalten:

I. Benjamin Schaffer:

a) für abgegangene Sachen	1050 Mk.
b) seinen Antheil am Bestande	8346 Mk.
zusammen	9396 Mk.

Darauf erhält er:

1. die Hälfte von jeder der vier ausstehenden Forderungen zur eigenen Einziehung, mit	1500 Mk.	
2. vom Baaren	7896 „	
macht		9396 Mk.

Er nimmt hierbei aus dem vorhandenen baaren Bestande die Summe von Siebentausend achthundert sechs und Neunzig Mark in Empfang und quittirt darüber.

II. Ernst Haber:

1. für ihm abgegangene Sachen		258 Mk.
2. seinen Theil vom Aktivbestande mit		8346 „
	zusammen	8604 Mk.

Darauf erhält er:

1. die Hälfte der ausstehenden vier Forderungen zur eigenen Einziehung mit	1500 Mk.	
2. vom Baaren	7104 „	
Sind . .		8604 Mk.

Er nimmt die ihm zukommenden Siebentausend einhundert und vier Mark ebenfalls in Empfang und quittirt darüber.

§. 3.

Sämmtliche noch ungetilgte, bekannte und unbekannte Gesellschaftsschulden hat jeder Gesellschafter, dem anderen gegenüber, zur Hälfte zu tragen, und was der Eine oder der Andere mehr zu bezahlen von den Gläubigern genöthigt werden sollte, muß ihm von dem Anderen erstattet werden. Sicherstellung verlangt dieserhalb Keiner von dem Anderen.

Schluß.

— **Rechtsverhältnisse der Handelsgesellschaften** s. bei Muster 131—140. S. 357 ff.

IX.

Verwahrungsvertrag.

108. Depositenschein.

A. L. R. I. 14. §§ 9—91.

Koch II. § 647 S. 366; Dernburg II. § 211 S. 607; Foerster-Eccius II. § 139 S. 280; Fischer § 80 S. 451.

Da der Verwahrungsvertrag durch die Niederlegung rechtsverbindlich abgeschlossen wird, so hat eine darüber aufgesetzte Schrift bloß den Zweck des Beweises. Das nachfolgende Muster würde allerdings wegen der darin enthaltenen Darlehns- und Zinsabrede der Schriftform bedürfen.

Muster.

Ich, der Kaufmann N., erkenne an, daß mir Herr A. einen mit seinem Wappen versiegelten Beutel, worin zehntausend Mark in Zwanzigmarkstücken sein sollen, zur Verwahrung gegeben hat; ich verspreche, den Beutel, sobald es verlangt wird, in demselben Zustande an den Niederleger zurückzugeben.

Ich, der A., gestatte dem Herrn N. auf den Fall, daß er den gegenwärtig von ihm beabsichtigten Gutskauf abschließen sollte, das Geld zur Bezahlung des Kaufgeldes zu gebrauchen, wenn er mir eine zu fünf Prozent verzinsliche Hypothek dafür mit dem Gute zu der gegenwärtig bereitesten Stelle des Grundbuchblattes bestellt. Er soll in diesem Falle den Beutel vor Notar und Zeugen öffnen und das Geld zählen.

Dieser Depositenschein ist in zwei Exemplaren ausgefertigt, und jeder Theil hat ein Exemplar nach geschehener Vollziehung an sich genommen.

So geschehen N., den ....

Schluß.

X.

Hinterlegungswesen.

Hinterlegungsordnung vom 14. März 1879 (G. S. S. 249). — Bestimmungen des Finanzministers zur Ausführung der H. O. vom 29. Juli 1879 und 13. Mai 1886 (J. M. Bl. 1879 S. 327, 1886 S. 140). — Allgemeine Verf. v. 31. Juli 1879 (J. M. Bl. S. 216) und v. 21. August 1880 (J. M. Bl. S. 197).

Dernburg II. § 99 S. 236; Foerster-Eccius I. § 92 S. 582, II. § 139 S. 295; Fischer § 63 S. 355. Struckmann-Koch, Die Preußischen Ausführungsgesetze zu den Reichsjustizgesetzen. Berlin 1881. Nr. XXI. Hinterlegungsordnung S. 438. 695. Maaßen, Das Hinterlegungswesen in Preußen, Köln 1879. Kunze, Die Hinterlegungsordnung, Berlin 1880.

Die Hinterlegung von Geld, Werthpapieren und Kostbarkeiten geschieht gegenwärtig, nachdem das Hinterlegungswesen durch die Hinterlegungsordnung vom 14. März 1879 neu geregelt ist, auf Grund von Erklärungen der Betheiligten ohne Mitwirkung der Gerichte. Für die Erklärungen sind durch die oben citirten Ministerialbestimmungen drei Formulare, je eines für Geld, Werthpapiere und Kostbarkeiten eingeführt (siehe dieselben bei Muster 109. 111 und 112 $_{16}$). Die richtige Ausfüllung dieser Formulare, namentlich in Spalte 3 und 4 ist von besonderer Wichtigkeit für die Erreichung des Hinterlegungszweckes. Sie muß so erfolgen, daß man auf Grund der Erklärung sich vergewissern kann, „ob, an wen und auf Grund welches Erfordernisses später die Herausgabe anstandslos geschehen kann. Läßt die Erklärung hierüber einen Zweifel, so ist sie nicht genügend.“ [1]) Die Spalte 4 gelangt zur Ausführung nur „soweit thunlich“ und hat alsdann regelmäßig die Bezeichnung einer bestimmten Person als Empfangsberechtigten zur Voraussetzung. [2]) Zur Ausfüllung dieser Spalte liegt meist nur bei der Hinterlegung Behufs Befreiung von Schuldverbindlichkeiten eine Veranlassung vor. In den anderen Fällen unterbleibt für die Regel die Ausfüllung. Es muß alsdann Spalte 3 die nöthigen Unterlagen für die Entschließung bei der Herausgabe enthalten. Bemerkungen in Spalte 4 wie: „Die Herauszahlung erfolgt auf

---

[1]) So zutreffend Kunze zu § 14 H. O. S. 41. Anm. 6.

[2]) H. O. § 14 a. E. § 39.

Anordnung des Amtsgerichts" sind, wenn nicht etwa diese Behörde selbst hinterlegt und den Vermerk macht, zwecklos und störend. Denn entweder steht dem Amtsgericht eine solche Anordnung im gegebenen Falle gesetzlich zu, dann muß die Hinterlegungsstelle solches wissen und die Belehrung derselben ist nicht Sache des Hinterlegers. Oder dem Amtsgericht steht der Erlaß solcher Anordnung gesetzlich nicht zu, dann hat der Hinterleger keine Macht, durch seine Angabe eine solche Zuständigkeit zu schaffen.

Die Fälle der Hinterlegung sind sehr zahlreich[3]) und Beispiele für alle Fälle zu geben, ist hier nicht möglich.[4]) Es folgen an dieser Stelle Muster:

a) für Hinterlegung Behufs Befreiung von einer Verbindlichkeit;
b) für Hinterlegung Behufs Sicherstellung;
c) für Hinterlegung von Mündelgut;
d) für Hinterlegungen zu prozessualen Zwecken.

Die zu a) und b) bemerkten Beispiele veranschaulichen zugleich die Hinterlegung von Geld; das Beispiel zu c) die Hinterlegung von Kostbarkeiten, endlich das Beispiel zu d) unter Nr. 15 die Hinterlegung von Werthpapieren.

In allen Fällen kann der Hinterleger bei Einsendung des Gegenstandes durch die Post die Aufgabe zur Post durch einen Gerichtsvollzieher nach Maßgabe der §§ 17. 39 H. O. beurkunden lassen. Nur bei der Einsendung zur vorläufigen Verwahrung an ein Amtsgericht findet eine solche Beurkundung nicht statt.[5])

109. Hinterlegung Behufs Befreiung von einer Verbindlichkeit.

A. L. R. I. 16 §§ 213—233. H. O. §§ 14. 19. 39. 40.

Förster-Eccius und Fischer a. a. O.

In diesem Falle der Hinterlegung muß der Hinterleger, nachdem er das eine Exemplar der Erklärung mit der Quittung der Hinterlegungskasse zurückerhalten hat, dasselbe in Urschrift oder beglaubigter Abschrift dem Gläubiger mittheilen.[1]) Er kann sich zur Beurkundung dieser Mittheilung eines Gerichtsvollziehers bedienen. — Oertlich zuständig für diese Hinterlegung ist diejenige Hinterlegungsstelle, in deren Bezirk der Erfüllungsort liegt.[2])

---

[3]) Siehe eine Zusammenstellung bei Kunze zu § 14 H. O. S. 41, Anm. 7.

[4]) In größerer Ausführlichkeit finden sich Beispiele zur Ausfüllung von Spalte 3 bei Kunze S. 167.

[5]) Für diese Verwahrung gelten im Uebrigen wesentlich die gleichen Regeln wie für die Hinterlegung. Die Allg. Verf. v. 9. Juli 1879 (J. M. Bl. S. 173) publizirt die nöthigen Formulare mit Anleitung zu deren Ausfüllung.

[1]) H. O. § 19 Abs. 5.

[2]) Kunze zu § 14 H. O. Anm. 8.

Muster.
Erklärung betreffend die Hinterlegung von Geld bei der Königlichen Regierungshauptkasse zu Oppeln.[3])

1. Name, Stand oder Gewerbe und Wohnort des Hinterlegers und, falls die Hinterlegung in dessen Vertretung von einer anderen Person bewirkt wird, Name, Stand oder Gewerbe und Wohnort dieser Person.	Rittergutsbesitzer Arthur Haß zu Militsch, Kreis Cosel, vertreten durch den Rechtsanwalt Ignaz Paul Schadow zu Cosel.
2. Betrag des hinterlegten Geldes (in Ziffern und Buchstaben).	2300 Mark in Buchstaben zweitausend dreihundert Mark.
3. a) Bestimmte Angabe der Veranlassung zur Hinterlegung. b) Sofern die Rechtsangelegenheit, in welcher die Hinterlegung erfolgt, bei einer Behörde anhängig ist, insbesondere auch die Bezeichnung der Sache und der Behörde. c) Bezeichnung der etwa als Anlagen beigefügten Schriftstücke.	Der Empfangsberechtigte (Spalte 4) verweigert die Annahme unter der Behauptung einer ihm zustehenden höheren Forderung. Die Hinterlegung erfolgt behufs Befreiung von der Verbindlichkeit zur Zahlung des Kaufpreises für gelieferte landwirthschaftliche Maschinen.
4. a) Name, Stand oder Gewerbe und Wohnort der der Person, an welche der Betrag ausgezahlt werden soll. b) Etwaige sonstige Bemerkungen über die spätere Herauszahlung.	Fabrikant Robert Hoffmann zu Leobschütz, für welchen die Hinterlegung erfolgt. Die Zurücknahme des Geldes wird vorbehalten.[4])

Cosel, den 8. Dezember 1886.

(Unterschrift:) Schadow, Rechtsanwalt.

---

[3]) In Berlin ist Hinterlegungsstelle die Königliche Ministerial-, Militär- und Baukommission und Hinterlegungskasse die unter dieser stehende vereinigte Consistorial-, Militär- und Baukasse. Zum Bezirke gehören der Landgerichtsbezirk Berlin I. und die Amtsgerichtsbezirke Berlin II., Charlottenburg und Rixdorf (H. O. § 2 und Allg. Verf. v. 31. Juli 1879).

[4]) Ein solcher Vorbehalt ist nur bei dieser Art der Hinterlegung (Befreiung

110. Hinterlegung behufs Sicherstellung. — Cautio de non amplius turbando.

A. L. R. I. 14 §§ 178—199. I. 7. §§ 152. 153. C. P. O. § 775 Abs. 3.

Koch I. § 204 S. 376 § 184 S. 346. Dernburg I. § 145 S. 346, § 158 S. 386, § 251 S. 638. Foerster-Eccius I. § 48 S. 225. III. § 162, S. 98. Fischer § 27 S. 145, § 34 S. 175

Spalte 1 und 2 bietet keine Besonderheit. Spalte 4 wird nicht ausgefüllt.[1]) Zur Ausfüllung der Spalte 3 dient folgendes

Muster.

Sicherheitsleistung für den Gutsbesitzer N. zu X. für den durch Zuwiderhandlung gegen das Urtheil des Königl. Landgerichts zu Y. vom 23. September 1886 entstehenden Schaden. Angeordnet durch das obenerwähnte Urtheil, welches in beglaubigter Abschrift beigefügt wird.

111. Hinterlegung von Werthpapieren und Kostbarkeiten eines Mündels.

V. O. § 60. H. O. §1 47—60.

Dernburg III. § 86 S. 264. Foerster-Eccius IV. § 233 S. 222. Fischer § 109 S. 978. Dernburg-Schultzenstein § 85 S. 345.

a.

Hinterlegung auf Anordnung des Vormundschaftsgerichts.

In diesem Falle hat das Vormundschaftsgericht eine Anweisung zur Hinterlegung zu ertheilen. Dieselbe vertritt die Stelle der Erklärung und kann mit Benutzung der betreffenden Formulare hergestellt werden. Bei der Hinterlegung muß außer der Anweisung selbst auch noch eine Abschrift derselben vorgelegt werden.

---

von einer Verbindlichkeit) gestattet. Ob dessen Beifügung für die Interessen des Hinterlegers dienlich ist, muß im einzelnen Falle erwogen werden. Will der Hinterleger zugleich eine ihm obliegende Verpflichtung zur Hinterlegung erfüllen (z. B. bei doppelter Pfändung nach § 750 C. P. O.) oder will er sich durch die Hinterlegung den Erwerb eines Rechtes sichern (z. B. des Rechtes auf Löschung nach § 106$_{3}$ 107. G. B. O.), so darf er den Vorbehalt niemals ausdrücken und würde, wenn er es dennoch thut, die beabsichtigte Rechtswirkung der Hinterlegung selbst vereiteln. Ist dagegen eine spätere Sinnesänderung des Hinterlegenden rechtlich möglich und thatsächlich nicht ausgeschlossen, so mag der Vorbehalt dienlich sein. In dem im Texte gesetzten Falle würde der Vorbehalt beispielsweise dazu benutzt werden können, um den Hinterleger für Gewährsansprüche zu befriedigen, wenn sich etwa später Mängel der Maschinen ergeben sollte; freilich nur, so lange der Gläubiger die Hinterlegung nicht nach Maßgabe des § 19 a. E. H. O. acceptirt hat.

[1]) Selbst wenn die Sicherheitsleistung gerichtlich nur auf bestimmte Zeit angeordnet worden ist (vgl. C. P. O. § 775) darf nicht in Spalte 4 bemerkt werden, daß nach Ablauf der Zeit die Herauszahlung an den Hinterleger zu erfolgen hat. Denn auch alsdann bedarf es noch erst der Feststellung, daß keine Ansprüche an die Kaution gemacht werden.

Muster.

Erklärung betreffend die Hinterlegung von Kostbarkeiten bei der Königlichen Regierungs-Hauptkasse zu Oppeln.[1])

		Schätzungswerth M.	₰
1. Name, Stand oder Gewerbe und Wohnort des Hinterlegers und, falls die Hinterlegung in dessen Vertretung von einer anderen Person bewirkt wird, Name, Stand oder Gewerbe und Wohnort dieser Person.	Der Gymnasialdirektor August Hoppe zu Neisse als Vormund der Rittergutsbesitzer Otto Claus'schen Minderjährigen aus Neuburg, Kreis Neisse, nämlich: 1. Friedrich Ferdinand Clauß, geb. d. 14. Jan. 1875, zur Zeit Gymnasiast in Neisse; 2. Adelaide Gertrud Clauß, geb. d. 23. März 1880 zu Neuburg.		
2. Bezeichnung der Kostbarkeiten nach Gattung,[2]) Stoff und Schätzungswerth, sowie nach den etwaigen sonstigen Unterscheidungsmerkmalen und besonderen Eigenschaften. (Der Schätzungswerth ist durch einen öffentlich bestellten Sachverständigen feststellen zu lassen, dessen Gutachten beizufügen ist. Andernfalls wird die Abschätzung durch die Hinterlegungskasse auf Kosten des Hinterlegers veranlaßt werden.)	1. Ein Brillantschmuck in Goldfassung, bestehend aus: a) einem Collier mit 5 Brillanten, b) einem Armband mit einem Brillanten, c) einer Haarspange mit drei Brillanten, d) zwei Ohrringe mit je einem Brillanten.	5000	—
	2. Ein Originalgemälde von Albrecht Dürer, Portrait eines Nürnberger Patriziers darstellend.	18000	—
Gesammtbetrag des Schätzungswerthes	Dreiundzwanzigtausend Mark	23000	—
3. a) Bestimmte Angabe der Veranlassung der Hinterlegung. b) Sofern die Rechtsangelegenheit, in welcher die Hinterlegung erfolgt, bei einer Behörde anhängig ist, insbesondere auch die Bezeichnung der Sache und der Behörde. c) Bezeichnung der etwa als Anlagen beigefügten Schriftstücke.	Die hiermit auf Grund des § 60 der Vormundschaftsordnung an den oben bezeichneten Vormund ergehende Anweisung zur Hinterlegung in Gemäßheit dieser Erklärung. Die Vormundschaft ist wegen Minderjährigkeit eingeleitet. Beigefügt werden im Original die Schätzungsgutachten und zwar zu 1 des Juweliers X. zu Neisse, bestellt beim Königl. Amtsgericht zu Neisse; zu 2 des Kunsthändlers Y. zu Breslau, bestellt beim Königl. Amtsgericht zu Breslau.		

4. a) Name, Stand oder Gewerbe und Wohnort der Person, an welche die Kostbarkeiten herausgegeben werden sollen. b) Etwaige sonstige Bestimmungen über die spätere Herausgabe.	Während der Minderjährigkeit verbleibt es bei § 51 der Hinterlegungsordnung. Im Uebrigen gehört der Brillantschmuck der Gertrud Clauß und das Gemälde dem Ferdinand Clauß und ist bei deren Großjährigkeit jedem das betreffende Stück direkt herauszugeben.[3])

Neisse, den 10. Dezember 1886.

Königl. Amtsgericht, Abth. IV.
Unterschrift.

b.

Hinterlegung auf eigene Entschließung des Vormundes.

Hierzu bedarf es keiner Mitwirkung des Vormundschaftsgerichts. Spalte 1 und 2 der Erklärung werden in gleicher Art wie im Muster a ausgefüllt, ebenso Spalte 3 zu c. Spalte 3 zu a und b lautet:

> Hinterlegt als den Mündeln gehörige Kostbarkeit auf Grund des § 60 Abs. 3 der Vormundschaftsordnung. Die Vormundschaft wird vom Königlichen Amtsgericht zu Neisse beaufsichtigt.

Spalte 4 kann auch hier unausgefüllt bleiben. Die jederzeitige Befugniß des Vormundes zur Rücknahme des Hinterlegten ergiebt sich aus der Sache selbst.

112. Hinterlegung zu prozessualen Zwecken.

C. P. O. §§ 72. 85. 101—105. 647. 650. 652. 657. 668. 672. 685. 688. 690. 691 Nr. 3. 728. 738. 750. 751. 801. 803. 805. 807. 813. 815. 818. — Konk. O. §§ 70. 118. 156. — Zw. Ges. §§ 62. 64. 74. 77. 98. 102. 118. 120. 185 Nr. 4. — St. P. O. §§ 117—118. 174. 419. 488.

Die prozessualen Hinterlegungen betreffen meist, aber nicht ausschließlich, Sicherheitsleistungen. Die unter die Erklärung zu setzende Quittung der Hinterlegungskasse beweist als öffentliche Urkunde,[1*]) wo solche nöthig ist (z. B. C. P. O. §§ 672. 691 Nr. 3)

[1]) Die Hinterlegungsstelle kann vom Vormundschaftsgericht nach dessen Ermessen ausgewählt werden. Vergl. Struckmann-Koch zu § 47 H. O. Anm. 1; Kunze zu § 49 H. O., Anm. 3.

[2]) Ein Beispiel für die Ausfüllung bei Hinterlegung von Werthpapieren siehe bei Muster 112[15].

[3]) Liegt zu einer solchen Bestimmung keine Veranlassung vor, so kann Spalte 4 gänzlich unausgefüllt bleiben. Das Nöthige ergiebt sich aus § 27 b V. O. und § 51 der H. O.

[1*]) H. O. §§ 16. 39 mit C. P. O. § 383.

die erfolgte Hinterlegung. In Nachstehendem werden eine Anzahl Muster für verschiedene Fälle gegeben. Insoweit nicht ein Anderes bemerkt, sind dieselben zur Ausfüllung von Spalte 3 bestimmt und bleibt Spalte 4 unausgefüllt.[2])

1. C. P. O. § 72.

In dem beim Königlichen Landgericht zu X. schwebenden Rechtsstreit des Kaufmanns A. zu O., Klägers, gegen den Fabrikbesitzer B. zu H., Beklagten, wegen Gewährleistung für gelieferte Maschinen (Aktenz. O. 301/86) hat Beklagter dem Rittergutsbesitzer C. zu Z., welcher die eingeklagte Forderung für sich beansprucht den Streit verkündet. C. ist in den Streit eingetreten. Beklagter hinterlegt den Betrag der eingeklagten Forderung gemäß § 72 C. P. O. zu Gunsten der streitenden Gläubiger.[3])

2. C. P. O. §§ 650. 652.

Sicherheitsleistung des Gläubigers Behufs Vollstreckung des Urtheils vom 7. November 1886 in Sachen . . . . (Landgericht X.). Die vorläufige Vollstreckbarkeit ist von Sicherheitsleistung abhängig gemacht. Abschrift der Urtheitsformel liegt bei.[4])

Beziehentlich:

Sicherheitsleistung des Schuldners Behufs Abwendung der vorläufigen Vollstreckung des Urtheils u. s. w. Die Abwendung durch Hinterlegung ist im Urtheil nachgelassen. Abschrift u. s. w.

3. C. P. O. §§ 659. 716.[5])

Der Gerichtsvollzieher hinterlegt den Pfanderlös aus der vorläufigen Vollstreckung des Urtheils des Königlichen Amtsgerichts zu X. in Sachen u. s. w. weil dem Schuldner die Abwendung der Vollstreckung durch Sicherheitsleistung im Urtheil nachgelassen ist.

4. C. P. O. §§ 688. 690.

Sicherheitsleistung des Drittklägers nach § 690 C. P. O. in Sachen u. s. w. gemäß dem abschriftlich beifolgenden Beschluß des Königlichen Landgerichts zu X. vom heutigen Tage.

5. C. P. O. § 728.[5a])

Der Gerichtsvollzieher hinterlegt den Pfanderlös in Sachen folgender Gläubiger.

a) des Banquiers O. zu P.

b) u. s. w.

---

[2]) Siehe oben S. 328 a. E.

[3]) Der Hinterleger darf sich keinesfalls die Rücknahme des Geldes vorbehalten. Sonst erreicht er den Zweck — Entlassung aus dem Rechtsstreite — nicht. Vgl. oben S. 330 Anm. 4.

[4]) Durchaus erforderlich ist diese Beifügung nicht.

[5]) In diesen Fällen sowie in denen der Nr. 5 u. 6 des Textes wird als Hinterleger in Spalte 1 genannt: „Der Gerichtsvollzieher X. zu Y."

[5a]) S. Anm. 5.

wider den u. s. w. (Schuldner), weil der Erlös zur Deckung aller Forderungen nicht ausreicht und über die Reihenfolge der Befriedigung ein Streit entstanden ist. (§ 728 C. P. O.) Die Anzeige über die Sachlage wird dem Königlichen Amtsgericht zu X. erstattet.

6. C. P. O. § 751[5b]).

Die nachbenannten Gläubiger u. s. w. hatten den Anspruch ihres Schuldners, des Gutsbesitzers X. zu Y. gegen den Fabrikanten A. zu Z. auf Lieferung einer Dreschmaschine gepfändet und sich überweisen lassen. Der Fabrikant A. hat darauf gemäß § 751 C. P. O. die Dreschmaschine an mich herausgegeben. Der Erlös war zur Deckung der Forderungen nicht ausreichend und über die Reihenfolge der Befriedigung ist Streit entstanden. (§ 751 C. P. O.) Die Anzeige über die Sachlage wird dem Königlichen Amtsgericht zu X. erstattet.

7. C. P. O. § 750.

Hinterleger schuldet den Betrag dem Kaufmann X. zu Y. Die Forderung ist für folgende Gläubiger u. s. w. gepfändet und dem erstgenannten Gläubiger überwiesen. Die Hinterlegung erfolgt einmal auf Verlangen dieses Gläubigers gemäß § 750 C. P. O. gleichzeitig aber auch, um den Hinterleger von seiner Verbindlichkeit gegen X., an welchen die Zahlung wegen der Pfändungen nicht erfolgen kann, zu befreien.[6]) Die Anzeige über die Sachlage wird dem Königlichen Amtsgericht zu Z. erstattet.

8. C. P. O. § 801.

Sicherheitsleistung Behufs Erwirkung eines Arrestes wider u. s. w. Angeordnet durch beiliegenden Beschluß des Königl. Landgerichts zu Z. vom 7. November 1886.

9. C. P. O. §§ 805. 807.

Die in der Arrestsache u. s. w. auf Grund des Beschlusses vom 7. November 1886 am 8. November 1886 hinterlegte Sicherheit von 2000 Mark ist um weitere 1000 Mark zu erhöhen. Angeordnet durch Endurtheil des Königl. Oberlandesgerichts zu B. vom 10 Dezbr. 1886. Abschrift der Urtheilsformel liegt bei.

10. Konk. O. § 156 mit § 155 Nr. 1.

Im Konkurse über das Vermögen des Kaufmanns X. zu Y. hinterlegt der Verwalter beim Vollzuge der Schlußvertheilung gemäß der beiliegenden gerichtlichen Anordnung vom . . . . die Forderung des Kaufmanns A. zu B. Die Forderung ist in Folge eines bei der Prüfung erhobenen Widerspruches im Prozesse beim Königlichen Landgericht zu Z. befangen.

[5b]) S. Anm. 5.

[6]) Es ist empfehlenswerth, diesen Zweck der Hinterlegung mit auszusprechen und alsdann auch gemäß § 19 Abs. 5 H. O. weiter zu verfahren. Siehe oben Muster 109. Der Schuldner wird alsdann — unabhängig vom Sitze des Vollstreckungsgerichts — diejenige Hinterlegungsstelle zu wählen haben, in deren Bezirk seine Verbindlichkeit zu erfüllen ist. (S. o. S. 329.)

11. Konk. O. § 156 mit § 155 Nr. 2.[7])

Spalte 3: wie bei Nr. 10 nur statt des letzten Satzes: Die Forderung gebührt dem Gläubiger nur unter aufschiebender Bedingung und mit dem Anspruche auf Sicherheitsleistung.

Spalte 4: Die Auszahlung kann nur auf gemeinschaftliche Verfügung des Gläubigers und des Konkursverwalters beziehentlich — an Stelle des letzteren — desjenigen, dem der Anspruch der Konkursmasse etwa überwiesen werden sollte (§ 150 Konk. O.), erfolgen.

12. Konk. O. § 156. Hinterlegung wegen Nichterhebung.

Spalte 3 wie bei Nr. 10, nur statt des letzten Satzes:
Hinterlegt wegen nicht erfolgter Erhebung.
Spalte 4:
Der Kaufmann A. zu B.

13. Zw. Ges. § 102.

In der beim Königlichen Amtsgerichte zu O. schwebenden Zwangsversteigerung über das Grundstück des Bauergutsbesitzers A. zu . . . Blatt Nr. 24 des Grundbuchs von X. hinterlegt der Ersteher das Kaufgeld nach Maßgabe des Zuschlagsurtheils vom 1. Dezember 1886 und zwar:

a) den nach Inhalt des Urtheils baar zu zahlenden Theil des Kaufgeldes von .	10000 Mk.,
jedoch unter Abzug der im Versteigerungstermin baar geleisteten Sicherheit von .	1000 „
hiernach noch	9000 Mk.
b) 5 % Zinsen dieser Summe vom 1. Dezember 1886 bis zur Hinterlegung den 10. Dezember 1886 mit	12 Mk. 50 Pf.
hiernach im Ganzen	9012 Mk. 50 Pf.

14. Zw. Ges. § 120.

Spalte 1: Königliches Amtsgericht zu O.

Spalte 3: In der Zwangsversteigerung des Bauergutsbesitzer A'schen Grundstücks Blatt Nr. 24 des Grundbuchs von X. erfolgt die Hinterlegung der in Abth. III. Nr. 7 eingetragenen Otto Kluge'schen Hypothek wegen mangelnder Legitimation des Gläubigers.

Spalte 4: Ueber die Verzahlung muß eine Anordnung des unterzeichneten Gerichtes erwirkt werden.

15. Hinterlegung von Aktien durch Aktionäre Behufs gerichtlichen Vorgehens nach Art. 222a H. G. B.[8])

---

[7]) Es ist nicht unstatthaft, alle bei der Schlußvertheilung zu hinterlegenden Beträge in einem Akte und nur mit einer Erklärung zu hinterlegen. Meist wird sich aber der Uebersichtlichkeit wegen die gesonderte Hinterlegung empfehlen.

[8]) Entsprechend sind auch die Fälle von H. G. B. Art. 190a und 222. (Anfechtung eines Generalversammlungsbeschlusses) und Art. 223 (Klagen gegen Gründer und anderweite Ersatzpflichtige) zu behandeln, nicht aber der Fall des etwaigen statutarischen Erfordernisses einer Hinterlegung von Aktien zwecks Ausübung des Stimmrechtes in der Generalversammlung (s Art. 238 H. G. B.). Diese Hinterlegung erfolgt bei den Organen der Gesellschaft oder an einer sonstigen statutarisch zu bestimmenden privaten Stelle, nicht aber bei der öffentlichen Hinterlegungsstelle.

Erklärung betreffend die Hinterlegung von Werthpapieren bei der Königlichen vereinigten Consistorial-, Militair- und Bau-Kasse zu Berlin.

		Nennbetrag M.	₰
1. Name, Stand oder Gewerbe und Wohnort des Hinterlegers und, falls die Hinterlegung in dessen Vertretung von einer anderen Person bewirkt wird, Name, Stand oder Gewerbe und Wohnort dieser Person.	Die nachbenannten Aktionäre der Häuserbau-Aktiengesellschaft zu Berlin: 1. der Banquier Otto Kratzig zu Berlin. 2. u. s. w.		
2. a) Bezeichnung der Werthpapiere nach Gattung, Nummer und Nennbetrag, sowie nach den etwaigen sonstigen Unterscheidungsmerkmalen. b) Falls mit den Werthpapieren die zu denselben gehörigen Talons oder Zins- oder Dividendenscheine hinterlegt werden, die hierauf bezüglichen Angaben. c) Falls Talons oder Zins- oder Dividendenscheine zu Werthpapieren hinterlegt werden, welche bei der Kasse sich bereits in Verwahrung befinden, eine Bezugnahme auf die in Betreff der Werthpapiere selbst vorgelegte Erklärung.	Die nachbenannten Aktien der Häuserbau-Aktiengesellschaft zu Berlin: 1. die Prioritätsaktien Nr. 11—15, 18, 20—24, 32 bis 40, 20 Stück über je 5000 Mk. = 2. die Stammaktien Nr. 51 bis 90, 40 Stück über je 5000 Mk. = . . . sämmtliche 40 St. mit je vier Dividendenscheinen für die Jahre 1887, 1888, 1889, 1890.	100000 200000	" "
Gesammtbetrag d. Nennbetrages (in Ziffern u. Buchstaben).	Dreimalhunderttausend	300000	"
3. a) Bestimmte Angabe der Veranlassung zur Hinterlegung. b) Sofern die Rechtsangelegenheit, in welcher die Hinterlegung erfolgt, bei	Die Hinterlegung dieser den zehnten Theil des Grundkapitals der Gesellschaft darstellenden Aktien erfolgt, um bei dem Königlichen Landgericht I zu Berlin in Gemäßheit des abschriftlich beiliegenden An-		

einer Behörde angängig ist, insbesondere auch die Bezeichnung der Sache und der Behörde. c) Bezeichnung der etwa als Anlagen beigefügten Schriftstücke.	trages vom heutigen Tage die gerichtliche Ernennung von Revisoren zu erwirken.
4. a) Name, Stand oder Gewerbe und Wohnort der Person, an welche die Werthpapiere herausgegeben werden sollen. b) Etwaige sonstige Bestimmungen über die spätere Herausgabe.	An den Mithinterleger Banquier Otto Kratzig hierselbst nach ergangener Entscheidung auf den vorgedachten Antrag.

Berlin, den 7. Dezember 1886.

(Unterschriften sämmtlicher Hinterleger.)

16. St. P. O. §§ 117, 118.[9])

Sicherheitsleistung in der beim Königlichen Landgericht zu D. schwebenden Strafsache wider den Kaufmann A. zu Z. wegen Betruges Behufs Befreiung des Angeschuldigten von der Untersuchungshaft. Angeordnet durch beiliegenden Beschluß des Untersuchungsrichters vom ...

17. St. P. O. § 174.

Sicherheitsleistung Behufs Erwirkung gerichtlicher Entscheidung über die Erhebung der öffentlichen Klage gegen u. s. w. wegen Freiheitsberaubung. Angeordnet durch beiliegenden Beschluß des Königlichen Oberlandesgerichts zu B. vom ...

XI.

Staatsschuldbuch.

Ges. v. 20. Juli 1883 (G. S. S. 120); Ges. v. 4. März 1885 (G. S. S. 55) §§ 4. 5. Ges. v. 12. April 1886 (G. S. S. 124) — Ausführungsbestimmungen des Finanzministers v. 22. Juni 1884, 6. März 1885 mit Bekanntmachung der Hauptverwaltung der Staatsschulden v. 16. März 1885 (J. M. Bl. 1884 S. 155, 1885 S. 125, 1886 S. 138). — Wegen Eintragung von Mündelgeldern: Allg. Verf. v. 17. Dezember 1884 (J. M. Bl. S. 283).

Amtliche Nachrichten über das Preußische Staatsschuldbuch; 2. Ausg. 1886. Berlin u. Leipzig. Verlag von J. Guttentag (D. Collin).

Die Urkunden und Anträge zum Staatsschuldbuch bedürfen regelmäßig, sofern sie nicht von öffentlichen Behörden ausgehen,

[9]) Bestellt in diesem Falle ein Dritter aus eignen Mitteln für den Angeschuldigten Sicherheit, so bezeichnet er in Spalte 1 lediglich sich selbst, nicht den Angeschuldigten als Hinterleger. — Das Beispiel einer anderweiten Sicherheitsleistung Behufs Befreiung von der Untersuchungshaft s. u. bei Muster 209.

der gerichtlichen, notariellen oder konsularischen Beglaubigung. Ausgenommen und lediglich der Privatschriftform unterworfen sind:

1. Anträge auf Anlegung eines Kontos oder Zuschreibung eines Kapitals auf einem schon angelegten Konto bei gleichzeitiger Einlieferung der Schuldverschreibungen und zwar einschließlich der Vollmachtsertheilungen und der Anträge auf Eintragung von Beschränkungen in Bezug auf Kapital oder Zinsen, sofern solche Erklärungen gleichzeitig mit einem der ersterwähnten Anträge angebracht werden und sich lediglich auf das einzutragende oder zuzuschreibende Kapital beziehen. Die spätere Anbringung von Vollmachten oder Beschränkungsanträgen unterliegt dagegen dem Beglaubigungszwang.
2. Der Widerruf einer Vollmacht ohne Rücksicht auf die Zeit.
3. Bloße Anzeigen über Veränderungen in den Personalien oder dem Wohnort der Betheiligten, sowie Anträge auf Aenderung des Zinszahlungsweges (Post oder Kasse).

Für Urkunden der Taubstummen, Blinden, Schreibunkundigen und Fremdsprachigen gelten auch hier die allgemeinen Vorschriften.

Die Beglaubigungsgebühr beträgt für Gerichte und Notare abweichend vom allgemeinen Tarif bei Beträgen bis zu 2000 Mark einschließlich 1,50 Mark, bei höheren Beträgen 3 Mark.

Für die Anträge auf Anlegung eines Kontos und auf Zuschreibung zu einem solchen, sowie für das Verzeichniß der eingelieferten Schuldverschreibungen sind amtliche Formulare hergestellt, welche beim Staatsschuldbuch-Bureau in Berlin und bei jeder Regierungshaupt- und Kreiskasse unentgeltlich zu haben sind. Es folgen deshalb hier nur anderweite Urkunden.

113. Eintragung einer Beschränkung. — Bestellung einer Amtskaution mit einer Buchschuld. [1])

Im Staatsschuldbuch der 4pctg. konsolidirten Staatsanleihe ist für mich in Abth. I unter Nr. 1891 eine Buchschuld von 21,000 Mark eingetragen. Ich [bestelle mit derselben in Höhe von dreitausend (3000) Mark für meinen Sohn, den Königlichen Gerichtskassenrendanten A. zu X. dem Staate eine Amtskaution, räume dem Staate an derselben alle Rechte ein, welche ihm an einer durch den Beamten selbst gestellten Kaution zugestanden haben würden und] [2]) beantrage in Spalte 3 des Kontos folgenden Vermerk einzutragen:

Die Forderung ist in Höhe von dreitausend (3000) Mark

---

[1]) Ueber Zulässigkeit dieser Bestellung vgl. Erl. des Fin.-Min. vom 20. Okt. 1885 (Min. Bl. d. inneren Verw. S. 202).

[2]) Die in [ ] gestellten Worte können, namentlich wenn etwa noch anderweit eine Kautionsbestellungsurkunde ertheilt wird, für die Zwecke des Staatsschuldbuchs fortbleiben. Vgl. im Uebrigen dazu: Ges. v. 25. März 1873 (G. S. S. 125) §§ 4. 5. 10. und Reichsges. v. 2. Juni 1869 (B. G. Bl. S. 161). §§ 4. 5. 10.

dem Staate als Kaution für die Amtsführung des Gerichtskassenrendanten A. zu X. verpfändet und haftet für alle von letzterem aus seiner Amtsführung zu vertretenden Schäden und Mängel an Kapital und Zinsen sowie an gerichtlichen und außergerichtlichen Kosten der Ermittelung des Schadens.

Datum, Unterschrift und Beglaubigung.

114. Antrag auf Löschung einer Buchschuld und Ausreichung neuer Schuldverschreibungen. — Antrag einer Stiftung ohne juristische Persönlichkeit.

Für die August von Ehrenwoerth'sche Stiftung zu Magdeburg ist im Staatsschuldbuch der 4pctg. konsolidirten Staatsanleihe, Abth. VI, Nr. 419, eine Buchschuld in Höhe von fünfzigtausend (50,000) Mark eingetragen. Wir, die unterzeichneten Stiftungsverwalter, beantragen, hiervon einen Theilbetrag von zwanzigtausend (20,000) Mark gegen Ausreichung neuer Schuldverschreibungen zu löschen und die letzteren durch die Post an den mitunterzeichneten Konsistorialrath von Ehrenwoerth hierselbst zu übersenden.

Magdeburg, den 4. Juni 1887.

Die August von Ehrenwoerth'schen Stiftungsverwalter.

Christian von Ehrenwoerth, Königl. Konsistorialrath. Arthur von Kleinsorgen, Rentier.

Folgt die Beglaubigung.

Der unterzeichnete Magistrat zu Magdeburg als Aufsichtsbehörde für die August von Ehrenwoerth'sche Stiftung bezeugt hiermit, daß die Herren Konsistorialrath u. s. w. zur Stellung des vorstehenden Antrages Namens der August von Ehrenwoerth'schen Stiftung legitimirt sind.

Datum, Siegel und Unterzeichnung.

115. Bescheinigung über die Rechtsnachfolge von Todeswegen.

Diese Bescheinigung ist, wenn es sich um die Intestaterbfolge handelt, die gewöhnliche Erbbescheinigung nach § 1 oder § 8 des Ges. vom 12. März 1869. (S. Muster 198. 199.) Eine Eigenthümlichkeit für den Staatsschuldbuchverkehr ist es, daß die Bescheinigung — Behufs Erleichterung der Verantwortlichkeit der Staatsschuldenverwaltung — auch im Falle des Vorhandenseins einer letztwilligen Verordnung zu ertheilen ist, und zwar dahin, wer über die eingetragene Forderung zu verfügen befugt ist. Zuständig zur Ertheilung ist nicht der Richter, bei welchem der letzte Wille niedergelegt ist, sondern der ordentliche persönliche Richter; im Uebrigen vgl. § 12 des Gesetzes.

Muster.

Das unterzeichnete Königliche Amtsgericht zu Breslau urkundet hiermit, daß nach Inhalt der letztwilligen Verfügungen des hierselbst verstorbenen Rentiers Arthur Ohnesorge von hier zur Verfügung über die gesammten im Staatsschuldbuch der 3½ pctg. Anleihe eingetragenen Forderungen des Erblassers der Legatar, Premierlieutenant Paul von Klingberg zu Potsdam, jedoch nur mit Zustimmung der Erben, nämlich:

1. u. s. w. (hier folgen sämmtliche Erben)[1])

zu verfügen befugt ist.

Datum, Siegel und Unterzeichnung.

E. Handelsrecht.

I.

Einzelne Handelsgeschäfte.

116. Lieferungsvertrag.

A. L. R. I. 11. §§ 981 ff. H. G. B. Art. 338 ff.
Koch II. § 711; Dernburg II. § 156. S. 407; Förster-Eccius II. § 128 S. 95; Fischer § 68 S. 403.

Eingang.

§. 1.

Der Kaufmann A. L. macht sich verbindlich, an die Verwaltung des hiesigen Hospitals St. Georgi, im Laufe des künftigen Jahres, nämlich vom 1. Januar 1888 an, nach den ihm vorgezeigten und gezeichneten Proben zu liefern:

1. Zweihundert Mannshemden, das Stück zu 1,20 Mark.
2. Fünfzig Mannsröcke von blauem Tuche, das Stück für 15 Mark.
3. Fünfzig Beinkleider von blauem Tuche, das Stück für 6 Mark.
4. Einhundert Paar Mannsschuhe, das Stück für 4 Mark.
5. Fünfzig Filzhüte, das Stück für 2,50 Mark.
6. Fünfzig Westen, das Stück für 2 Mark.
7. Zweihundert Paar wollene Socken, das Stück für 50 Pfennig.
8. Zweihundert Paar leinene Unterbeinkleider, das Stück für 1 Mark.

und zwar in einzelnen Partien, nach Verlangen der Verwaltung, acht Tage nach der Ansage.

§. 2.

Bei der Abnahme werden die Gegenstände durch die von der Verwaltungsbehörde ein für allemal bestellten drei Schaumeister geprüft und der Lieferant muß die von ihnen nicht für probemäßig erkannten Stücke zurücknehmen. Für die als probemäßig angenommenen Stücke wird der bedungene Preis gleich bei der Ablieferung baar bezahlt.

---

[1]) Solcher Zustimmung bedarf der Legatar stets (A. L. R. I. 12 § 311); dieselbe muß deßhalb in der Bescheinigung vorbehalten werden.

§. 3.

Liefert der Lieferant die Sachen in der verlangten Menge nicht am 8. Tage nach der Ansage, so ist die Hospitalverwaltung zur späteren Annahme nicht verbunden, sondern berechtigt, dieselben auf Kosten des Lieferanten anderswo anzuschaffen. Der Lieferant muß den dafür gezahlten Preis gegen sich unbedingt gelten lassen und die gegen die vorstehend verabredeten Preise sich ergebende Mehrausgabe ersetzen. Er hat auch nicht den Einwand, daß die solchergestalt angekauften Sachen von besserer Qualität als die Probe seien, vielmehr genügt es in dieser Beziehung, daß die Verwaltung bei dem Ankaufe die Probe vorgelegt und darnach den Einkauf besorgt hat.

§. 4.

Für diejenigen Stücke, welche dem Lieferanten im Laufe des Jahres nicht abverlangt werden, erhält derselbe eine Entschädigung von 10 Pfennig auf jedes Hemde, 1,50 Mark auf jeden Rock, 50 Pfennig auf jedes Paar Beinkleider, 30 Pfennig auf jedes Paar Schuhe, 15 Pfennig auf den Hut, 10 Pfennig auf die Weste, 5 Pfennig auf das Paar Socken, 9 Pfennig auf das Paar Unterbeinkleider, und die Verwaltung wird durch die Zahlung dieser Entschädigung von der Verbindlichkeit zur Abnahme der Sachen befreit.

§. 5.

Verstirbt der Lieferant vor angefangener oder vollständiger Erfüllung des Vertrages, so soll die Verbindlichkeit nicht auf dessen Erben übergehen, wenn auch diese solches begehren sollten.

§. 6.

Die Kosten dieses Vertrages übernimmt der Lieferant.

§. 7.

Zur Sicherheit der Hospitalverwaltung wegen ihrer Forderungen aus diesem Vertrage bestellt der Lieferant eine baare und unverzinsliche Kaution von 600 Mark, schreibe Sechshundert Mark, welche er bereits zur Hospitalkasse eingezahlt hat. Er willigt darin, daß die Hospitalverwaltung sich wegen dieser Forderungen daraus vollständig befriedige.

Schluß.

117. Frachtbrief.

H. G. B. Art. 391 ff.

Herrn NN. zu N.

Frankfurt a. M., den 25. Mai 1885.

Hierbei sende ich Ihnen durch den Fuhrmann Hans Krafft aus Gernheim im Lohn zu 150 Mark Pr. Kourant in ganzer Fracht, in 28 bis 30 Tagen bei Verlust der Fracht abzuliefern, wobei er aber für allen entstehenden Schaden zu haften hat:

K. O. 305, ein Faß versteuerten Wein im Ueberfaß,
brutto Sechs Hundert Zwanzig Kilogramm.

Der Frachtführer ist für den angelegten Verschluß verantwortlich. Nach richtiger, guter und zu rechter Zeit geschehener Ablieferung belieben Sie dem oben genannten Fuhrmanne die bedungene Fracht zu bezahlen und mit dem Gute nach unserem Avis-Briefe zu verfahren.

Gebrüder Stückfaß.

118. Protest wegen verweigerter Abnahme der Ladung.

H. G. B. Art. 358.

Heute den Sechsten Februar des Jahres Eintausend Achthundert Sieben und Achtzig Vormittags um Eilf Uhr, erschien vor mir, N. N., Notar, wohnhaft hierselbst zu Stettin, der Herr Adolf Purmuchel, Schiffer des hier vor Anker liegenden Schiffes, die Seeschlange genannt, aus Arkona, legte mir folgendes Konnossement vor:

(folgt die Abschrift desselben)

und trug darauf an, wegen verweigerter Abnahme der Ladung bei dem Konsignatär Benjamin Greif hieselbst Protest aufzunehmen. Ich begab mich darauf unter Zuziehung der mir nach Namen, Stand und Wohnort bekannten Instrumentszeugen,[1]) nämlich (folgen die Namen, Stand und Wohnort), denen, ebenso wie dem Notar, wie wir sämmtlich jeder für sich versichern, keines der Verhältnisse entgegensteht, welche von der Theilnahme an dieser Verhandlung, nach §§. 5—9 des Notariatsgesetzes vom 11. Juli 1845, ausschließen, in das Geschäftslokal des Herrn Greif, hieselbst in der Sackgasse Nr. 4 belegen, traf denselben dort an, legte ihm das Konnossement vor und fragte ihn: ob er die darnach an ihn konsignirten Waaren von dem Schiffer Purmuchel aus Arkona annehmen wolle. Darauf erhielt ich keine Antwort, und als ich die Frage wiederholte, antwortete er: er finde für gut, sich darauf nicht einzulassen. Hierauf habe ich wegen verweigerter Annahme der Ladung protestirt. Auf Befragen: ob er geneigt sei, auf der Amtsstube des Notars zu erscheinen und dort die Verhandlung zu vollziehen, antwortete Herr Benjamin Greif, das Komtoir verlassend: man würde doch wohl verstanden haben, daß er ganz und gar nicht inkommodirt sein wolle.[2])

Wir, Notar und Zeugen, begaben uns hierauf in die Amtsstube des Notars, woselbst diese Verhandlung aufgenommen wurde.

Wir Notar und Zeugen attestiren, und zwar ich der Notar: daß die vorstehende Verhandlung, so wie sie niedergeschrieben, stattgefunden

---

[1]) Wegen der Nothwendigkeit der Zuziehung von Zeugen vgl. zu § 5 des Ges. v. 8. März 1880 Anm. 3 (S. 132) und zu § 23 Not Ges. Anm. 2 (S. 105); wegen der Entbehrlichkeit der Mitwirkung des Requirenten s. S. 36 Anm. 49.

[2]) Würde der Protestat bereit sein, der Aufforderung zu folgen, so würde es der Zuziehung von Zeugen nur bei der Vorlesung und Genehmigung der Verhandlung bedürfen (s. zu § 7 des Not. Ges. Anm. 4). Wegen der Weigerung müssen aber die Zeugen eben diesen, die mangelnde Vorlesung und Unterzeichnung motivirenden, Umstand attestiren.

Aus inneren Gründen ließe sich bezweifeln, ob die Einforderung der Unterschrift des Protestaten überhaupt nothwendig ist (vgl. Muster 143 Anm. 5). In Ermangelung einer positiven Gesetzesvorschrift wird man indessen hier besser das Verfahren des Textes festhalten; s. zu § 23 Not. Ges. Anm. 2.

hat, und wir, Notar und Zeugen: daß in unserer Gegenwart der Herr Benjamin Greif sich geweigert hat, zur Aufnahme und Unterschrift derselben mitzuwirken.

Folgen die Unterschriften.[3])

119—122. Die kaufmännischen Verpfändungen ohne Besitzübertragung.

A. L. R. I. 20. §§ 329 ff. Preuß. E. G. z. H. G. B. Art. 27. Koch I. §§ 383—386; Dernburg I. § 354 S. 915; Förster-Eccius III. § 197 S. 534; Fischer § 42 S. 259.

119. Verpfändung von Waaren, welche in gemiethetem Raume eines Speichers lagern.

Schriftliche Form genügt.

a) Bescheinigung des Speicher-Vermiethers (in duplo).

Ich Gottfried Fest bescheinige, daß in meinem Speicher Nr. 8 an der Langfahrt hieselbst, in dem Raume zwei Stiegen hoch, für Rechnung des Kaufmanns Julius Henoch hieselbst Zweitausend Hektoliter Raps lagern.

N., den u. s. w.

b) Verpfändung, hinter der Bescheinigung zu schreiben.

Ich, der Kaufmann Julius Henoch, verpfände hiermit die Zweitausend Hektoliter Raps, welche nach der vorstehenden Bescheinigung für meine Rechnung in dem Speicher des Herrn Gottfried Fest, Nr. 8 an der Langfahrt allhier, lagern, dem Banquier Emil Goldmann hieselbst für ein mir auf drei Monate heute vorgestrecktes Darlehn von Zweitausend Mark, nebst Fünf Prozent Zinsen, dergestalt, daß er bei ausbleibender Zahlung sich aus dem Pfande wegen Kapitals, Zinsen, Schäden und Kosten bezahlt zu machen berechtigt sein soll. Von dieser Verpfändungsurkunde sind zwei Exemplare ausgefertigt, wovon das eine dem Herrn Pfandnehmer und das andere dem Eigenthümer des Speichers, Herrn Gottfried Fest, ausgehändigt worden ist.

Ich, der Pfandnehmer Emil Goldmann, bin hiermit einverstanden.

N., den u. s. w.

Julius Henoch. Emil Goldmann.

c) Erklärung des Speicherschließers.

Ich, Gottfried Fest, der ich selbst die Aufsicht über meinen Speicher Nr. 8 an der Langfahrt hieselbst führe und die Schlüssel dazu verwahre, bekenne, daß mir von dem Banquier Herrn Emil Goldmann, unter Zustimmung des Kaufmanns Herrn Julius Henoch, aufgetragen worden ist, weder dem Herrn Julius Henoch, noch einem Dritten Etwas von den, für Rechnung des gedachten Herrn Henoch in meinem

---

[3]) Wegen Aufbewahrung der Urschrift und Ertheilung von Ausfertigungen gelten gleichfalls nicht die Vorschriften für Wechselproteste, sondern die für gewöhnliche Notariatsakte; s. zu § 23 Not. Ges. Anm. 2.

Speicher liegenden, Zweitausend Hektoliter Raps, ohne Vorzeigung des in den Händen des Herrn Emil Goldmann befindlichen Exemplars meiner Bescheinigung vom . . ., und ohne Abschreibung auf demselben verabfolgen zu lassen, und daß ich diesen Auftrag angenommen habe. Ich verpflichte mich hiermit, diesen Auftrag bei eigener Vertretung genau zu befolgen.

N., den u. s. w.

120. Urkunde über die Verpfändung von Waaren in Niederlagen unter öffentlicher Aufsicht.

Das unterzeichnete Königl. . . . Amt bescheinigt, daß der Kaufmann Eduard Sorgsam hieselbst die stattgefundene Verpfändung der für ihn in der 2c. Niederlage lagernden Einhundert Ballen Baumwolle, gezeichnet E. S. △, an den Rentier Ehrenfried Fuchs für ein Darlehn von Eintausend Mark, nebst Fünf Prozent Zinsen und Kosten, angezeigt hat, und daß diese Verpfändung in den Büchern der Niederlage, auf dem Folio des Herrn Sorgsam, Bd. X, Seite 211, vermerkt worden ist. Es wird hiermit das Versprechen gegeben, daß von den gedachten Einhundert Ballen Baumwolle an Niemand ohne Vorwissen des Rentiers Ehrenfried Fuchs Etwas soll verabfolgt werden.

N., den u. s. w.

121. Verpfändung von Waaren, welche in der Zurichtung befindlich sind.

In diesem Falle bedarf es der Aushändigung des Empfangsscheines des Waareninhabers und außerdem einer gerichtlichen oder notariellen Bekanntmachung und Anweisung an den Inhaber. An Stelle der letzteren ist jetzt die Zustellung einer privatschriftlichen Urkunde durch einen Gerichtsvollzieher gestattet (A. G. z. C. P. O. § 1 a. E.). Doch ist die frühere Form namentlich die der notariellen Bekanntmachung nicht beseitigt. Diese Form gestaltet sich verschieden, je nachdem der Verpfänder und der Waareninhaber gemeinschaftlich vor dem Notar erscheinen oder lediglich ersterer den Notar mit der Bekanntmachung beauftragt, wozu er namentlich dann schreiten muß, wenn der Waareninhaber nicht erscheinen will oder wenn der Wohnort beider in großer Entfernung liegt.

a) Muster beim Erscheinen aller Betheiligten.

Eingang des Protokolls, wonach 1. ein Kaufmann, welcher 500 Schock feine Leinwand in der Bleiche hat, 2. der Bleichmeister von der Anstalt, und 3. ein Rentier erscheinen. Von diesen wird folgender Akt aufgenommen:

Der Kaufmann N. beabsichtigt, die für seine Rechnung auf der Bleiche, die grüne Wiese genannt, angeblich befindlichen 500 Schock Leinen zu verpfänden. Zu diesem Zwecke gab zuvörderst der Bleichmeister und Verwalter von dieser Anstalt, O., zu vernehmen: Es ist richtig, daß seit einigen Wochen Fünfhundert Schock reine Leinen für Rechnung des Kaufmanns Herrn N. auf meiner Bleiche sich befinden, und daß diese Waare meines Wissens noch nicht verpfändet ist.

Hierauf erklärte der Kaufmann Herr N.: [1])

Ich verpfände hiermit diese mir gehörigen Fünfhundert Schock Leinen dem hier gegenwärtigen Rentier Herrn P. für ein mir heute vorgestrecktes und binnen sechs Wochen mit Fünf Prozent Zinsen zurückzuzahlendes Darlehn von Dreitausend Mark, übergebe ihm zur Bekräftigung dessen den zwischen mir und dem hier gegenwärtigen Bleichmeister O. über die Bleichung geschlossenen Vertrag mit der darunter befindlichen Bescheinigung über die Einlieferung der Waare, und gebe ihm die Befugniß, sich daraus bei ausbleibender Zahlung wegen des Kapitals, der Zinsen und Kosten bezahlt zu machen.

Der Rentier Herr P. nahm den Vertrag in Empfang und genehmigte die Pfandbestellung.

Der Bleichmeister O. hatte von dieser in seiner Gegenwart vorgegangenen Verpfändung Kenntniß genommen und wurde angewiesen, von den in Rede stehenden Fünfhundert Schock Leinen, ohne Vorwissen und Genehmigung des Pfandnehmers, Rentier P., weder dem Verpfänder, Kaufmann N., noch einem Dritten, bei eigener Vertretung, Etwas zu verabfolgen. Er versprach, dieses zu befolgen.

Vollziehung. [2])

b.

Muster bei Abwesenheit des Waareninhabers.

Hirschberg, den u. s. w.

Ich, der unterzeichnete zu Hirschberg in Schlesien wohnhafte Notar A. B., habe heute folgenden Akt aufgenommen. Der Kaufmann N. zu Berlin hat mir angezeigt, daß er die für ihn auf der hiesigen Bleiche, die grüne Wiese genannt, befindlichen 500 Schock Leinen an den Rentier P. zu Berlin verpfändet habe und hat mich beauftragt, solches dem Bleichmeister der Anstalt bekannt zu machen und ihn zur Beachtung der Verpfändung anzuweisen. In Verfolg dieses Auftrages habe ich mich unter Zuziehung folgender Zeugen (u. s. w.[3])) in die Bleichanstalt zur grünen Wiese hierselbst begeben und dort den mir von Person bekannten und verfügungsfähigen Bleichmeister O. angetroffen. Demselben eröffnete ich, daß der Kaufmann N. zu Berlin die für ihn auf der grünen Wiese lagernden 500 Schock feine Leinewand an den Rentier P. zu Berlin verpfändet habe und daß ich, der Notar, im Auftrage des Verpfänders N. ihn, den Bleichmeister, anweise, ohne Genehmigung des Pfandnehmers P. von diesem Leinen bei eigener Vertretung an Niemand irgend etwas zu verabfolgen, legte ihm hierbei

---

[1]) Das Geschäft zwischen N. u. P. ist vorliegend mit der Bekanntmachung an den Waareninhaber verbunden, an sich bedarf dasselbe der notariellen Beurkundung nicht.

[2]) Von dieser Verhandlung erhält der Pfandnehmer eine Ausfertigung und der Bleichmeister eine Abschrift.

[3]) Vergl. Muster 118 und Anm. 2 dazu. (S. 343.)

auch den Auftrag des Kaufmanns N. an mich zur Einsicht vor. Der Bleichmeister O. erklärte darauf, daß er sich auf die ganze Sache nicht einlasse, indem er von Verpfändungen überhaupt nichts wissen wolle. Er verweigerte mir auf meine fernere Frage, ob die 500 Schock Leinen für N. thatsächlich bei ihm lagerten und ob sie schon anderweit verpfändet seien, jede Auskunft, wollte auch das Protokoll nicht vorgelesen haben, da er es doch nicht unterschreiben werde.

Ich bedeutete ihn darauf noch, daß dieses sein Verhalten auf die Rechtsgiltigkeit der an ihn erlassenen Bekanntmachung und Anweisung einflußlos sei.

Ueber diesen Akt habe ich das vorstehende Protokoll aufgenommen. Wir, Notar und Zeugen, u. s. w.[4])

122. Verpfändung von Waaren, welche auf dem Transport befindlich sind.

Wesentlich ist die Uebergabe der Versendungsurkunden (Konossement, Ladungsschein u. s. w.) und eine die Verpfändung ausdrückende Willenserklärung. Letztere bedarf keiner besonderen Form.

Muster.

Eingang.

Als erschienen treten auf: 1. der Getreidehändler Wurm und der Rentier Miser.

Der Erstere legte vor: eine Faktur des Handlungshauses Kneiper und Komp. zu Stettin, vom 15. v. M., wonach dasselbe an ihn 1000 Hektoliter Weizen auf den Oderkahn 58A, Schiffer Ruder, verladen hat; und das Konnossement des Schiffers Ruder, wonach dieser 1000 Hektoliter Weizen von Kneiper und Komp. zur Beförderung an den Getreidehändler Wurm hier, am 20. v. M., mit einer vierwöchentlichen Frist, in Ladung genommen, und erklärte unter Aushändigung dieser beiden Urkunden an Herrn Miser:

Der Rentner Herr Miser hat mir heute 1500 Mark, schreibe Fünfzehnhundert Mark, baar vorgeliehen, und ich habe versprochen, ihm dieselben von heute über vier Wochen zurückzuzahlen und bis dahin mit Sechs Prozent zu verzinsen. Zur Sicherheit desselben wegen Kapitals, Zinsen und Einziehungskosten verpfände ich ihm die Eintausend Hektoliter Weizen, welche gegenwärtig sich nach dem ihm eingehändigten Konnossement auf dem Transporte an mich befinden, hiermit und durch Uebergabe der ihm eingehändigten Urkunden; ich ermächtige ihn zugleich, diese Waare von dem Schiffer in Empfang und in Verwahrung zu nehmen, mit dem Vorbehalte, daß ich dabei zugezogen, d. h. von der bevorstehenden Entladung des Schiffes und der Aufspeicherung des Weizens in Kenntniß gesetzt werde, was durch einen offenen Zettel durch Privatbestellung in meinem Komptoir geschehen kann, im Falle der Schiffer auf die ihm bevorstehende Benachrichtigung sich nicht zuerst

[4]) Entsprechend dem Muster 118 am Schlusse.

an mich wenden sollte und demnächst die Nachricht von der Ankunft des Kahns von mir an den Herrn Miser vermittelt würde.

Der Rentier Herr Miser erkennt den Empfang der Faktura und des Konnossements an.

Schluß.

— **Schiffsverpfändung,** s. bei Nr. 147.

123. Verkauf eines ganzen Handelsgeschäftes mit der Firma.

H. G. B. Art. 22, 23.

Eingang.

§. 1.

Der Kaufmann Otto Altermann hier verkauft sein unter der gleichnamigen Firma hier betriebenes Eisenwaaren-Geschäft mit allen Waarenvorräthen, Utensilien, Aktivis und Passivis [1]) an den Kaufmann Curt Strebsam hierselbst. Die Uebergabe erfolgt zum 1. künftigen Monats. Herr Strebsam darf die bisherige Firma je nach seiner Wahl ungeändert oder mit einem Zusatz über das Nachfolgeverhältniß fortführen, jedoch nur auf die Dauer von fünf Jahren. Auch darf er das Recht zur Fortführung der Firma bei etwaiger Veräußerung des Geschäftes nicht weiter übertragen. Bei Aufnahme eines Gesellschafters soll ihm indessen die Uebertragung des Rechtes an die Gesellschaft gestattet sein.

§. 2.

Der Kaufpreis soll wie folgt ermittelt werden. Es soll noch vor dem 1. k. M. Inventur und Bilanz aufgenommen und demnächst der Preis wie nachstehend berechnet werden:

1. Für alle Waarenvorräthe wird der Fakturenpreis angesetzt.
2. Ausstehende Forderungen werden zum Nennwerthe angesetzt; doch wird wegen zu erwartender Ausfälle ein Nachlaß von zehn Prozent gewährt.

---

[1]) Es kommen viele derartige Verkäufe vor, in welchen ausgemacht ist, daß der Käufer die ausstehenden Handelsforderungen und die Handelsschulden nicht übernimmt. Diesem Abkommen hat das O. Tr. die rechtliche Wirkung, gegenüber den Handelsgläubigern, abgesprochen, indem es erkannt hat, daß der Uebernehmer einer Handelsfirma für die von dem früheren Inhaber dieser Firma eingegangenen Handelsschulden und Wechselverbindlichkeiten als Selbstschuldner zu haften habe. Erk. vom 1. November 1866 (Entsch. Bd. 57 S. 349) und vom 2. Juli 1868 (Striethorst Bd. 70 S. 356), sowie vom 19. November 1868 (ebda. Bd. 71 S. 350). Die entgegengesetzte Ansicht hat das R. O. H. G. zur Geltung gebracht. Erk. v. 21. October 1870, 17. Dezember 1873, 23. Januar 1875 (Entsch. Bd. 1 S. 66; Bd. 12 S. 159; Bd. 16 S. 272). Das R. G. hat über die Frage noch nicht endgiltig entschieden. Vgl. Urth. v. 9. Juli 1880 (Entsch. Bd. 2 S. 55). Bei der Verschiedenartigkeit der Ansichten ist dem Käufer zu rathen, sich durch eine geeignete Geschäftsklausel zu wahren. Zwar ist er schon durch die Nichtübernahme der Schulden seinem Verkäufer gegenüber gesichert, denn dieser muß ihm auf Grund des Vertrages Gewähr leisten. Indessen wird er dadurch seiner eventuellen Verpflichtung nicht ledig und es fragt sich dann, ob sein Verkäufer zahlungsfähig ist. Wer also eine Handelsfirma ohne Aktiva und Passiva kauft, mag sich von dem Verkäufer Realsicherheit gegen die etwaigen Ansprüche der Gläubiger desselben bestellen lassen.

3. Passiva werden voll in Abzug gebracht.
4. Zu der so ermittelten Summe tritt noch ein Zuschlag von achttausend (8000) Mark, die der Käufer für die Uebernahme der geschäftlichen Verbindungen der Firma u. s. w. zahlt und welche zugleich die Abgeltung für die Geschäftsutensilien enthält. Letztere bleiben von der Inventarisation ausgeschlossen.

Die nach Vorstehendem ermittelte Summe bildet den Kaufpreis.

§. 3.

Auf den Kaufpreis zahlt der Käufer sofort dreitausend (3000) Mark; für den Rest giebt er dem Verkäufer Wechselaccepte über je 1000 Mark, von denen der Reihe nach je eines an jedem Beginn eines Kalenderquartales, das erste am 1. Oktober d. J., fällig sein soll. Zinsen werden dabei nicht weiter berechnet. Dieselben sind bereits bei Bemessung des Zuschlages von 8000 Mark in Berücksichtigung gezogen.

§. 4.

Der Verkäufer leistet für die Richtigkeit aller Außenstände, nicht aber für deren Sicherheit, Gewähr; er verpflichtet sich ferner, bei der Geschäftsübergabe auch alle Geschäftspapiere dem Käufer zu übergeben.

§. 5.

Beide Theile werden in Kurzem den Geschäftsübergang in der Form von Cirkularen an die Geschäftsfreunde und durch Inserate in den Zeitungen, deren Auswahl dem Käufer zusteht, bekannt machen.

§. 6.

Die Kosten, einschließlich der für die Bekanntmachung (§. 5) entstehenden, trägt der Käufer.

Schluß.

124. Verlagsvertrag.

A. L. R. I. 11 §§ 996 ff. H. G. B. Art. 272 Nr. 5.
Koch II. § 690; Dernburg II. § 210 S. 602; Förster-Eccius II. § 134 S. 151; Fischer § 78 S. 442.

§. 1.

Der Professor Dr. A. giebt seine neue Schrift:

Die Lehre u. s. w.,

welche zwischen 40 bis 60 Druckbogen stark wird, dem Buchhändler B. mit der Bestimmung in Verlag, daß davon Eintausend Exemplare gedruckt werden; das Manuskript wird binnen vier Wochen abgeliefert.

§. 2.

Der Druck geschieht in gr. Oktav, der Text mit Korpus, auf die Seite Zwei und dreißig Zeilen, halb durchschossen; die Noten auf jeder Seite unter dem Texte kompreß in kleiner Schrift (kleine Korpus).

§. 3.

Der Verleger giebt dem Verfasser an Honorar für den Druckbogen achtzig Mark und zwar bei Ablieferung des Manuskripts auf Abschlag zweitausend ein hundert Mark und den Rest nach Vollendung des Drucks, der ununterbrochen mit zwei Setzern fortgesetzt werden muß, und außerdem Zwanzig Freiexemplare auf feinem Papiere.

§. 4.

Werden neue Auflagen oder Ausgaben (A. L. R. I. 11 §§ 1011. 1012) nöthig, so erstreckt sich das Verlagsrecht des Verlegers auch auf diese unter folgenden Modalitäten:

1. Der Verfasser muß zuvor zur Erklärung veranlaßt werden, ob er Zusätze und Verbesserungen, welche unbeschränkt sind, machen oder gar eine Umarbeitung vornehmen will. Will er das nicht, wofür auch ein vierzehntägiges Stillschweigen gilt, so steht dem Verleger frei, eine unveränderte ebenso starke Auflage, wie die erste, zu besorgen, und der Verfasser erhält dafür dasselbe Honorar, wie für die erste Auflage. Will der Verleger die Auflage verstärken oder vermindern, so wird an dem Honorar eine verhältnißmäßige Zulage oder ein verhältnißmäßiger Abzug gemacht und die Zahl der Freiexemplare bleibt unverändert.
2. Beabsichtigt der Verfasser Veränderungen, Zusätze und Verbesserungen, so muß eine neue Vereinigung stattfinden; kommt solche nicht zu Stande, so kann der Verfasser den Verlag einem Anderen überlassen; doch kann der Verleger in den mit dem Anderen geschlossenen Vertrag eintreten, sofern er dieselben Bedingungen gewähren will. Zu diesem Zwecke ist ihm der neue Verlagsvertrag vorzulegen und steht ihm von dieser Vorlegung ab eine Erklärungsfrist von zwei Wochen zu.

§. 5.

Die Gefahr eines Verlustes des Manuskriptes trägt von der Ablieferung ab der Verleger. Er ist gehalten, in diesem Falle dem Verfasser sogleich das volle Honorar der ersten Auflage zu zahlen, haftet aber für das Interesse an den späteren Auflagen nicht. Läßt sich der Umfang des Manuskripts nicht mehr genau feststellen, so ist die Entschädigung für 50 Druckbogen zu leisten.

Für das erwähnte Honorar ist der Verfasser verpflichtet, das Manuskript binnen sechs Monaten wiederherzustellen, falls der verloren gegangene Theil nur ein Drittel des Ganzen oder weniger beträgt. Ist mehr verloren gegangen, so ist er auch dieser Verpflichtung ledig.

Schluß.

II.

Die öffentlichen Register des Handels- und Urheberrechts.

125. Anmeldung einer Firma.[1])

H. G. B. Art. 15 ff. Preuß. E. G. Art. 4; Instr. v. 12. Dezember 1861 (J. M. Bl. § 329). — A. G. z. G. V. G. §§ 25. 30. 69. — Allg. Verf. v. 29. August 1879 (J. M. Bl. S. 305) § 4.

Die Anmeldungen zum Handelsregister können persönlich vor dem das Register führenden Gerichte erklärt werden; in diesem Falle

[1]) Vgl. wegen der Zweigniederlassungen J. u. K. II. 17; III. 12; V. 22; wegen der Zulässigkeit der Aufnahme von Doppelnamen in eine Einzelfirma ebenda V. 20; wegen der Verpflichtung der Apotheker zur Firmenanmeldung

kann sie sowohl der Richter als der Gerichtsschreiber aufnehmen. Geschieht dies nicht, so muß die Anmeldung in gerichtlicher oder notarieller Beglaubigung eingereicht werden. Bevollmächtigte müssen sich durch gerichtlich oder notariell aufgenommene oder beglaubigte Vollmacht legitimiren. Mit der Anmeldung einer Firma muß die Zeichnung sowohl der Firma als der persönlichen Namensunterschrift verbunden werden. Diese Zeichnung kann nach der Natur der Sache nicht durch einen Bevollmächtigten geschehen; nur für handlungsunfähige Personen haben auch hier deren Vertreter zu zeichnen.[2])

Das nachstehende Beispiel genügt, um danach jede beliebige andere Anmeldung zu fassen: die Anmeldungen der Handelsgesellschaften sind weiterhin unter Nr. 131 ff. zu jedem Handelsgesellschaftsvertrage besonders formulirt.

Muster.

Ich betreibe seit dem 1. dieses Monats am hiesigen Orte eine Handelsniederlassung in Manufakturwaaren unter der Firma „E. Rosenmüller" und melde dieselbe hiermit zur Eintragung in das Handelsregister an. Ich zeichne die Firma

E. Rosenmüller

und meine persönliche Namensunterschrift so wie am Schlusse angegeben. Zur Gewerbesteuer bin ich nach beifolgender Quittung in Klasse A II veranlagt.[3]) [4])

Neisse, den 6. Juni 1887.

Emil Rosenmüller.

Folgt die Beglaubigung.

---

ebenda III. 9 — Auch Kaufleute von geringerem Gewerbebetriebe, sofern sie nicht Höker, Trödler, Hausirer sind, oder ein ähnliches Gewerbe betreiben, das zugleich von geringem Umfange ist, sind zur Anmeldung verpflichtet. Erk. d. O.Tr. v. 8. März 1867 (J.M.Bl. S. 143); vgl. auch Urth. d. R.G. v. 30. April und 28. März 1881 (Entsch. in Straff. IV. S. 120 u. 281).

[2]) Die Zeichnung kann — wenn sie nicht vor dem Registergericht selbst geschieht — nicht in protokollarischer Form, sondern lediglich in Form der Beglaubigung erfolgen, weil das Original der Unterschrift bei den Akten des Handelsregisters verbleiben muß.

[3]) Hierauf wird nach Th. I. Nr. II. der Instruktion Gewicht gelegt, wegen § 2 des Gewerbesteuergesetzes v. 19. Juli 1861 (G.S. S. 697). Indessen ist die Veranlagung zur Gewerbesteuer nicht entscheidend, da sich die Voraussetzung der Klasse B mit dem Begriff des Minderkaufmanns nach Art. 10 H.G.B. nicht deckt. Nachweise über den Umfang des Geschäftsbetriebes zu fordern steht dem Richter nur zu, wenn es sich um ein Gewerbe, ähnlich dem der Höker, Trödler und Hausirer handelt. Ist dies nicht der Fall, so kommt auf den Umfang nichts an. Vgl. Anm. 1.

[4]) Wenn an dem Orte der Niederlassung des Kaufmanns eheliche Gemeinschaft der Güter oder des Erwerbes nach Provinzialgesetzen oder Statuten besteht und dieselbe ausgeschlossen oder aufgehoben worden ist, so ist noch die eventuelle Angabe, daß der Inhaber der Firma verheirathet ist und daß er mit seiner Ehefrau in getrennten Gütern lebt, Behufs der Eintragung in das Register zur Eintragung der Ausschließung oder der Aufhebung der ehelichen Gütergemeinschaft (Anlage D zu § 83 der Instr.) erforderlich.

— Anmeldungen Betreffs der Handelsgesellschaften s. d. Muster 131-139.

126. Prokura.[1])

H. G. B. Art. 41–46.

Das Handelsgesetzbuch Art. 41 schreibt drei Formeln für die Ertheilung der Prokura vor: die ausdrückliche Bezeichnung des Auftrages als „Prokura", die ausdrückliche Bezeichnung des Bevollmächtigten als „Prokuristen" oder die Ermächtigung „per procura die Firma des Prinzipals zu zeichnen". Einer Schriftform bedarf die Prokura nicht. Verschieden von der Ertheilung der Prokura ist indessen deren Anmeldung zum Handelsregister. Diese geschieht nur der Ordnung und des Beweises halber. Ueber ihre Form s. die Vorbemerkung zu Muster 125. Gewöhnlich meldet man die Prokura sofort bei ihrer Ertheilung zum Handelsregister an und stellt alsdann eine besondere Urkunde über die Prokura-Ertheilung nicht aus.

Muster.

Ich, der unterzeichnete Banquier Alfred Wechselmann hierselbst, habe für meine hiesige Firma Theodor Wechselmann (Nr. 471 des Firmenregisters) den nachbenannten Herren:

1. dem Disponenten Arthur Schnell,
2. dem Buchhalter Conrad Aufrichtig

hierselbst gemeinschaftliche Prokura (Kollektivprokura) ertheilt. Ich melde dieses hiermit zur Eintragung in das Handelsregister an.

Ich, Arthur Schnell, werde die Firma des Prinzipals wie folgt

p. p. Theodor Wechselmann
A. Schnell

und ich, Conrad Aufrichtig, wie folgt:

p. p. Theodor Wechselmann,
Conrad Aufrichtig

zeichnen. Unsere persönliche Namensunterschrift zeichnen wir Beide so wie am Schlusse angegeben.

Neisse, den 6. Juni 1886.

Alfred Wechselmann. A. Schnell. Conrad Aufrichtig.

Folgt die Beglaubigung.

127. Anmeldung eines Waarenzeichens.

Ges. über den Markenschutz vom 30. November 1874 (R. G. Bl. S. 143). Ausführungsbestimmungen des Reichskanzlers vom 8. Februar 1875, und Allg. Verf. des Justiz-Min. v. 22. März 1875 (Centralbl. S. 123; J. M. Bl. S. 88). A. G. z. G. V. G. § 70.

Dernburg II. § 314 S. 917.

Nur eingetragene Handelsfirmen können Waarenzeichen anmelden. Die Anmeldung gehört vor das Gericht der Hauptniederlassung.[1*]) Wegen der Form der Anmeldung gelten die allgemeinen

[1]) Wegen der Kollektivprokura vgl. J. u. K. II. 19 u. IV. 41.

[1*]) Wegen der Anmeldungen der Ausländer s. § 20 des Ges.

Bestimmungen für das Handelsregister (s. oben bei Muster 125 S. 350), von welchem das Zeichenregister einen Theil bildet.

Muster.

a. Anmeldung.

Ich bin Mitgesellschafter der unter Nr. 531 des hiesigen Gesellschaftsregisters eingetragenen offenen Handelsgesellschaft Bremer und Gellert hierselbst. Namens dieser[2]) überreiche ich das anliegende mit der Unterschrift der Firma versehene Waarenverzeichniß und melde für die in demselben aufgeführten Waaren

die den einzelnen Gattungen beigefügten Zeichen

als Marken an.

Indem ich noch je vier Exemplare dieser Zeichen und die zum Abdrucke erforderlichen Zeichenstöcke[3]) übergebe, beantrage ich:

die Eintragung dieser Marken in das Zeichenregister.

Die Zeichen werden auf der Waare und auf der Verpackung[4]) angebracht.

Breslau, den 11. Juni 1887.

Eugen Bremer.

Folgt die Beglaubigung.

b. Waarenverzeichniß.

1. Herren-Oberhemden und Kragen. Marke:[5])

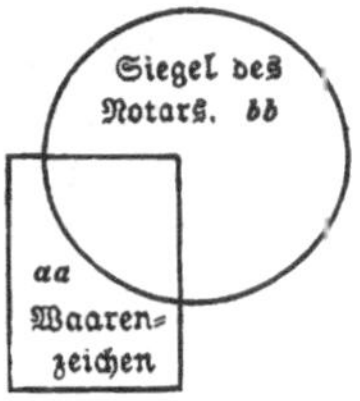

2. u. s. w.

Breslau, den 11. Juni 1887.

Bremer und Gellert.[6])

Folgt die Beglaubigung.

---

[2]) Darüber, daß jeder vertretungsberechtigte Gesellschafter zur alleinigen Anmeldung eines Waarenzeichens befugt ist, kann kein Bedenken obwalten. Vgl. Verf. d. App. Ger. zu Hamm v. 9. Juni 1875 (Johow V., S. 8).

[3]) Die Uebergabe der Zeichenstöcke ist nicht obligatorisch (Nr. 2 der Ausf.-Best.). Wegen der Anzahl der Exemplare s. ebenda. Einzelne Gerichte fordern indessen 5 Exemplare.

[4]) Event. bleibt das eine oder andere (Waare oder Verpackung) fort (§ 1 des Gesetzes).

[5]) Wegen der Größe und Art der Darstellung s. Nr. 2 der Ausf.-Best. Vgl. auch Verf. des App. Ger. zu Glogau vom 21. September 1875 (Johow V., S. 11). — Auf die Identifizirung der Zeichen ist besonders zu achten. Sie geschieht, da die Zeichen meist nicht in das Papier eingedruckt, sondern auf dasselbe geklebt werden, am besten in der Art, daß der beglaubigende Notar in das Zeichen sein Notariatssiegel dergestalt eindruckt, daß dasselbe zum Theil im Zeichen und zum Theil auf dem übrigen Papier befindlich ist, wie dies die obige Abbildung zeigt. Doch muß vermieden werden, daß das Zeichen dadurch undeutlich wird.

[6]) Hier muß die Firma, nicht die persönliche Namensunterschrift gezeichnet werden (§ 2 des Ges.). — Der Notar beglaubigt in obigem Beispiel lediglich, daß Eugen Bremer die Firmenunterschrift gezeichnet hat. Die Legitimation desselben zur Führung der Firma hat er nicht zu prüfen.

128. Anmeldung eines Musters oder Modells.

Ges. v. 11. Januar 1876 (R. G. Bl. S. 11). — Bestimmungen des Reichskanzlers v. 29. Februar u. 23. Juli 1876 (Centralbl. S. 123 u. 404; J. M. Bl. S. 193. A. G. z. G. V. G. § 70.

Dernburg II. §§ 307. 309 ff. Fischer § 49 S. 296.

Das Musterregister wird zwar gleichfalls von dem Gerichte für das Handelsregister geführt, doch ist die Anmeldung nicht davon abhängig, daß der Urheber Inhaber einer Firma ist. Ist er dies, so gehört die Anmeldung vor das Gericht der Hauptniederlassung, andernfalls vor das seines Wohnortes.[1]) Ueber die Form der Anmeldung gelten zwar im Allgemeinen dieselben Regeln, wie für das Handelsregister (s. o. bei Muster 125. S. 350); doch ist zur Unterschriftsbeglaubigung außer Gerichten und Notaren hier auch noch jede zur Führung eines öffentlichen Siegels berechtigte Person befugt; erfolgt die Anmeldung mündlich zum Protokoll und ist der Antragsteller von Person nicht bekannt, so ist singulärer Weise bestimmt, daß die Identität nothwendig durch einen glaubhaften Zeugen dargethan werden muß.[2])

Wegen des Umfanges des Prüfungsrechts des Registerrichters vergl. Beschl. des K. G. vom 18. Juni 1883 (J. u. K. IV. S. 46; s. auch ebenda I. S. 15).

Das ganze Verfahren in Musterschutzsachen, einschließlich der Beglaubigungen, ist stempelfrei (§ 12 des Ges.)

Muster.

Ich habe meinen Wohnsitz in Berlin[3]) und melde hierdurch zum Musterregister als Urheber[4])

zwei Modelle für plastische Erzeugnisse[5]),
fünf Muster für Flächen-Erzeugnisse

an und zwar:

1. für plastische Erzeugnisse zwei Modelle für Herstellung von Ofengesimsen;
2. für Flächenerzeugnisse fünf Muster zur Bemalung von Kacheln

mit einer Schutzfrist von drei Jahren.[6])

---

[1]) § 9 des Ges. — Wegen der Anmeldungen der Ausländer s. ebenda.

[2]) § 5 der Bestimmungen des Reichskanzlers. Vgl. sonst Not. Ges. § 10. Anm. 5. (S. 71).

[3]) Event. tritt an Stelle dieses Passus die Beziehung auf die eingetragene Firma.

[4]) Event. als Rechtsnachfolger des Urhebers.

[5]) Die Angabe, ob ein plastisches oder ein Flächenerzeugniß geschützt werden soll, ist unbedingt erforderlich; die Verbindung des Schutzes nach beiden Richtungen hin ist unzulässig (§ 6 Nr. 2 des Ges.; § 6 der „Bestimmungen"). — Die Grenze ist zuweilen eine sehr feine. Der Urheber muß in solchen Fällen sorgsam erwägen, mit welcher Art des Schutzes ihm am meisten gedient ist.

[6]) Wegen der möglichen Zeitbestimmungen s. § 8 des Ges. Die Anmeldung auf drei Jahre ist die vortheilhafteste, weil sie nur ebensoviel Kosten verursacht, wie für kürzere Zeit (§ 12 des Ges.) und außerdem die Verlängerung beim Fristablauf zuläßt.

Ich überreiche die Darstellungen dieser Modelle und Muster in einem von mir zweimal mit meinem Privatsiegelabdruck verschlossenen Packete [7]), versichere, daß dieselben ebenso wie das Packet mit meinen Fabriknummern 200. 201. 214—218 versehen sind, und daß die Waaren noch nicht dem Verkehr übergeben sind,[8]) und beantrage die Eintragung der Modelle und Muster in das Musterregister.

Datum, Unterschrift und Beglaubigung.

129. Anmeldung von Autorrechten zur Eintragsrolle.

Ges. v. 11. Juni 1870 (B. G. Bl. S. 339); §§ 6. 11. 39 ff. mit Instr. über die Führung der Eintragsrolle v. 7. Dezember 1870 (Centralbl. 1876 S. 120; Guttentag'sche Gesetzgebung II., S. 116). — Gesetz vom 9. Januar 1876 (R. G. Bl. S. 4) §§ 9. 16. 19 mit Bestimmungen über die Führung der Eintragsrolle v. 29. Februar 1876 (Centralbl. S. 119; Guttentag'sche Gesetzgbg. III. S. 735 § 3).

Dernburg II. § 311 S. 909 und § 305 S. 892; Foerster-Eccius II. § 153 S. 492.

Die beim Stadtrath zu Leipzig geführte Eintragsrolle für Schriftwerke u. s. w. und für Werke der bildenden Künste hat nur eine beschränkte Bedeutung; sie dient hauptsächlich zur Erweiterung des Schutzes für anonyme und pseudonyme Werke und zur Erhaltung des Rechtes auf Uebersetzungen.[1]) — Die Anträge können beim Stadtrath zu Leipzig zu Protokoll erklärt werden. Gehen sie schriftlich ein, so bedürfen sie gerichtlicher oder notarieller Beglaubigung der Unterschrift.[2])

Das gesammte Verfahren in Sachen der Eintragsrolle, einschließlich der Beglaubigung, ist stempelfrei.[3])

Muster der Anmeldung eines anonymen Werkes.

In Berlin ist im Verlage von N. N. eine Gedichtsammlung unter dem Titel „Der neue Tannhäuser" ohne Nennung eines Urhebers erschienen und zwar in erster Auflage im Jahre 1872. Ich melde hiermit an, daß ich der Urheber dieses Buches bin[4]) und beantrage die Eintragung dessen in die Eintragsrolle.

Datum, Unterschrift und Beglaubigung.

---

[7]) Die Niederlegung kann auch offen geschehen. Wegen der Einrichtung der Packete s. § 9 des Ges. u. § 7 der „Bestimmungen".

[8]) Sind die Waaren schon im Verkehr, so kann der Musterschutz nicht mehr beansprucht werden (§ 7 Abs. 2 d. Ges.).

[1]) Wegen der transitorischen Bedeutung der Eintragsrolle für ältere Privilegien s. § 60 bez. § 19 der oben citirten Gesetze.

[2]) Instr. v. 7. Dezember 1870 § 3; — Best. v. 29. Februar 1876 § 3.

[3]) S. § 42 bez. § 16 der oben citirten Gesetze.

[4]) Eines Nachweises über das Recht des Antragstellers oder einer Beifügung der Schrift bedarf es nicht; s. § 40 bez. § 16 der oben citirten Gesetze und § 3 der Instr. v. 7. Dezember 1880 mit § 3 der Best. v. 29. Febr. 1876.

130. Anmeldung einer Erfindung Behufs Patentirung.

Patentges. v. 25. Mai 1877 (R. G. Bl. S. 501) §§ 20 ff. Bestimmungen über die Anmeldung von Erfindungen v. 11. Juli 1877 (Patentbl. S. 8; Guttentag'sche Gesetzgbg. IV. S. 425).[1]

Dernburg II. § 308 S. 899; Fischer § 49 S. 297.

Die Anmeldung ist bei dem Kaiserlichen Patentamte zu Berlin schriftlich anzubringen. Einer Beglaubigung bedarf sie nicht. Ein Bevollmächtigter bedarf gleichfalls nur privatschriftlicher Vollmacht, welche der Anmeldung beizulegen ist.

Muster.

Patent-Anmeldung
des Ingenieurs Otto Marquardt
zu Berlin[2]).

Ich melde hierdurch cine von mir erfundene Einrichtung eines Haustelegraphen Behufs Patentirung an. Der Patentanspruch richtet sich auf die Form des Klingelknopfes, durch welche ermöglicht wird, unter Anbringung nur eines Klingelknopfes in jedem Zimmer und bei nur einmaligem Klingeln verschiedene, in der Dienerstube genau unterscheidbare Zeichen bis zur Zahl von fünf hervorzubringen. Für den Gegenstand dieser Erfindung beantrage ich die Ertheilung eines Patents.[3])

Den gesetzlichen Kostenbetrag von 20 Mark habe ich bereits durch Postanweisung an die Kasse des Patentamtes abgesandt. Derselbe wird spätestens mit dieser Anmeldung zugleich eingehen.[4]) Ich füge ferner drei Anlagen bei, nämlich:

1. in Anlage 1 die Beschreibung der Erfindung,[5])

---

[1]) Ueber die Einrichtung der Anmeldungen sind noch mehrere nachträgliche Verfügungen des Patentamtes ergangen und durch das Patentblatt veröffentlicht. Dieselben sind in der Guttentag'schen Gesetzgebung a. a. O. mit abgedruckt.

[2]) Diese Angabe oben links ist in verschiedenen Bekanntmachungen als erwünscht bezeichnet (Guttentag'sche Gesetzgebung IV. S. 426). — Wird die Anmeldung von einem Vertreter angebracht, so wird hier nur der Name des Mandanten angegeben. Wegen des zu benutzenden Papiers, der Tinte und der Schrift vgl. § 4 der „Bestimmungen" und Bek. v. 15. Oktober 1879 (Patentbl. S. 529; Guttentag'sche Gesetzgbg. IV. S. 427).

[3]) Wegen der Zusatzpatente vergl. § 7 des Gesetzes und § 3 b der „Bestimmungen".

[4]) Die spätestens gleichzeitige Einzahlung ist unbedingt wesentlich. Das Fehlen hat die Zurückweisung der Anmeldung zur Folge. Eine später eingehende Zahlung wahrt der Anmeldung die Priorität nicht. §§ 3. 20 des Ges. — Bek. vom 23. Februar 1881 (Patentbl. S. 53; Guttentag'sche Gesetzgebung IV. S. 425).

[5]) In das Gesuch selbst darf die Beschreibung nicht aufgenommen werden. — Die Beschreibung und jede sonstige Anlage ist vom Patentsucher in der unteren rechten Ecke zu unterzeichnen. Die Anlagen müssen mit fortlaufenden Nummern bezeichnet sein. §§ 1. 2 der „Bestimmungen". Vergl. im Uebrigen wegen der Einrichtung und Verpackung der Anlagen §§ 4—7 daselbst und die verschiedenen Einzelverfügungen des Patentamts (Guttentag'sche Gesetzgbg. IV. S. 427. 428).

2. in Anlage 2 die Zeichnung des Klingelknopfes,
3. in Anlage 3 ein Modell des Anzeige-Apparates[6])
und zwar die Anlagen 1 und 2 in je zwei Exemplaren.

Berlin, 13. Juni 1887.

Otto Marquardt,
W., Flottwellstraße 15.[7])

III.
Die Handelsgesellschaften mit geschlossener Mitgliederzahl.

131. Errichtung der offenen Handelsgesellschaft.

H. G. B. Art. 85 ff. Preuß. Einf. Ges. Art. 23.
Dernburg II §§ 215. 216; Foerster-Eccius II § 143 S. 349.

Zur Gültigkeit des Gesellschaftsvertrages bedarf es der schriftlichen Abfassung oder anderer Förmlichkeiten nicht. Wegen der Form der Anmeldung s. o. zu Muster 125. (S. 350).

a. Vertrag.

Eingang.

§. 1.

Der Kaufmann Friedrich Reich und der Kaufmann Gottfried Klug vereinigen sich mit dem heutigen Tage zu einer Handelsgesellschaft unter der angenommenen Firma:[1]) Reich und Klug, zum Zwecke des gemeinschaftlichen Handels mit Wollen- und Seidenwaaren aller Art, am hiesigen Orte.

§. 2.

Zu dem gemeinschaftlichen Fond giebt Jeder der beiden Gesellschafter die Summe von fünfzigtausend Mark und zwar Friedrich Reich in der Art, daß er zunächst sein Grundstück am Ringe Nr. 42 hierselbst in die Gesellschaft inferirt. Das Grundstück wird nach Abzug der auf demselben haftenden Lasten und Hypotheken, welche die Gesellschaft übernimmt, mit zwanzigtausend Mark in Zahlung angenommen.[2]) Einen

[6]) Modelle und Probestücke sind nur in dem Falle unbedingt erforderlich, wenn ohne dieselben die Beurtheilung des Gesuches nicht mit Sicherheit erfolgen kann. § 7 der „Bestimmungen".

[7]) Auf die genaue Identifizirung des Antragstellers, deutliche Zeichnung der Unterschrift, genaue Adressenangabe (bei kleineren Orten Angabe des Verwaltungsbezirks) ist vom Patentamt in wiederholten Verfügungen hingewiesen (Guttentag'sche Gesetzgebung IV. S. 426. 427). Alle diese Angaben sind betreffs der Person des Patentsuchers auch dann erforderlich, wenn die Anmeldung durch einen Vertreter geschieht.

[1]) Wegen der Form der Firma s. H. G. B. Art. 17. Vgl. auch Beschl. d. K. G. v. 11. Dezember 1882 (J. u. K. III. S. 10) betreffend die Zulässigkeit von Zusätzen wie „Provinzial" rc. in die Firma.

[2]) Das Grundstück muß demnächst der Gesellschaft aufgelassen und auf deren Namen umgeschrieben werden, wozu ein Zeugniß aus dem Handelsregister über die Eintragung erforderlich ist. Vgl. Preuß. E. G. Art. 23. — Wegen der Entbehrlichkeit der Auflassung, falls alle Socien bereits eingetragene Miteigenthümer sind vgl. Beschl. d. K. G. v. 11. October 1886 (J. u. K. VI. S. 65).

gleich hohen Betrag von zwanzigtausend Mark hat Gottfried Klug bereits in die gemeinschaftliche Kasse eingezahlt. Der Restbetrag der Einlagen ist nach und nach, wie es der Geschäftsbetrieb erfordern wird, in der Art zu leisten, daß zu jeder, nach der Meinung auch nur des Einen der Gesellschafter erforderlichen, Summe Jeder die Hälfte giebt.

§. 3.

Die Geschäftsführung übernimmt Gottfried Klug mit gänzlicher Ausschließung des Friedrich Reich, der seine schon bestehende Tuchhandlung, wie bisher, unter seinem alleinigen Namen fortsetzt; dagegen werden dem Gottfried Klug für seine Mühwaltung sechstausend Mark in vierteljährlichen Raten aus dem gemeinschaftlichen Fond zugesichert.

§. 4.

Alle Jahre, am Ende des Monats Juli, soll ein Inventar über das gesammte Societätsvermögen aufgenommen, darauf ein Abschluß aus den Handlungsbüchern angefertigt und nach demselben Gewinn oder Verlust getheilt werden. Bei Aufnahme des Inventars soll von allen Waaren der Anschaffungspreis angenommen, von den Artikeln aber, die schon ein Jahr im Lager sind, ein Abzug von Zehn Prozent gemacht werden; von den Geräthschaften, welche sich durch den Gebrauch abnutzen, wird bei dem ersten Male der Anschaffungspreis mit Fünf Prozent Abzug, und jedes folgende Mal werden die schon einmal inventarisirten Stücke mit dem in dem letzten Inventar angenommenen Werthe mit Zehn Prozent Abzug, neue Stücke aber immer zum Anschaffungspreise mit Fünf Prozent Abzug angesetzt. Von dem eingelegten Kapitale erhält Jeder Vier Prozent Zinsen und zwar in halbjährigen Terminen, den 1. Juli und den 2. Januar. Gewinn und Verlust werden im Uebrigen gleich getheilt.

§. 5.

Stirbt ein Gesellschafter, so nimmt die Gesellschaft mit demselben Tage ihr Ende; die Erben des Verstorbenen sind weder befugt noch verpflichtet, für ihren Erblasser einzutreten und die Gesellschaft fortzusetzen.

Will außerdem der Eine oder der Andere die Gesellschaft aufheben, so genügt eine dreimonatliche Aufkündigung, nach welcher keine neuen Einkäufe, und Verkäufe nur gegen baare Bezahlung gemacht werden dürfen. Die bisherige Firma geht im Falle der Kündigung auf Friedrich Reich, im ersteren Falle auf den überlebenden Gesellschafter über. Bei anderen Aufhebungsgründen soll die Firma ganz aufhören.

§. 6.

Alle Streitigkeiten der Gesellschafter aus diesem Vertrage sollen durch Schiedsrichter entschieden werden.[3] Jede Partei hat einen Schiedsrichter zu ernennen. Die beiden Schiedsrichter ergänzen sich durch

---

[3]) Schiedsvertrag über künftige Rechtsstreitigkeiten: C. P. O. § 852. Das Beispiel eines anderen Schiedsvertrages s. bei Muster 216.

einen von ihnen zu wählenden Obmann. Einigen sie sich über dessen Wahl nicht, so soll die Handelskammer zu O. um Ernennung eines solchen ersucht werden. Weigert ein Theil die ihm zustehende Ernennung eines Schiedsrichters oder kommt er der Aufforderung zur Ernennung binnen einer Woche nicht nach, so soll der von dem einen Theil ernannte Schiedsrichter das Ernennungsrecht an Stelle des Säumigen ausüben.[4]) Die vorstehenden Regeln sollen auch maßgebend sein, wenn wegen Wegfalls eines Schiedsrichters eine Neuernennung für die betreffende Stelle erforderlich wird.[5])

Schluß.

b. Anmeldung zum Gesellschafts-Register.

Dem Königlichen Amtsgerichte hier zeigen wir ergebenst an, daß wir unter uns mit dem heutigen Tage eine offene Gesellschaft zum Zweck des gemeinschaftlichen Handels mit Wollen- und Seidenwaaren aller Art[6]) gegründet haben.

Gesellschafter sind:

1. Ich Friedrich Reich, Kaufmann zu Neisse wohnhaft,
2. Ich Gottfried Klug, Kaufmann, wohnhaft zu Finstergasse bei Neisse.

Die Firma dieser Gesellschaft ist

Reich & Klug

und hat in Neisse ihren Sitz.

Die Gesellschaft hat mit dem heutigen Tage, den 1. März 1887, begonnen; sie soll nur durch Einen der Gesellschafter, nämlich durch Gottfried Klug, nach Außen vertreten werden; der Kaufmann Friedrich Reich ist von der Befugniß, die Gesellschaft zu vertreten, ausgeschlossen. Gottfried Klug wird die Firma eigenhändig zeichnen:

Reich & Klug

und seine persönliche Namensunterschrift

G. Klug.

Wir melden die Errichtung der Gesellschaft hiermit Behufs Eintragung in das Handelsregister an.

Neisse, den 1. März 1887.

Fr. Reich. Gottfr. Klug.

Folgt die Beglaubigung.

132. Anmeldung der Auflösung und Liquidation.

H. G. B. Art. 123 ff. 133 ff.

Dernburg II. §§ 222. 223; Förster-Eccius II. § 143 S. 371.

Wegen der Form der Anmeldung s. o. zu Muster 125 S. 350).

Die unter uns bestandene Handelsgesellschaft Reich & Klug hierselbst — Nr. 301 des Gesellschaftsregisters — haben wir aufgelöst

---

[4]) Im Mangel einer solchen Bestimmung muß die Ernennung des Schiedsrichters gegen den Säumigen erst durch Klage erwirkt werden. C. P. O. §§ 855. 871.

[5]) Vgl. C. P. O. § 857.

[6]) Die Angabe des Handelszweckes ist nicht wesentlich.

und zum alleinigen Liquidator den Kaufmann Friedrich Reich hierselbst bestellt. Wir melden dies Behufs Eintragung in das Handelsregister an. Der Liquidator Friedrich Reich zeichnet seine persönliche Namensunterschrift[1]) am Schlusse dieser Eingabe.

Neisse, den u. s. w.

Friedrich Reich. Gottfried Klug.

Folgt die Beglaubigung.

133. Kommandit- (oder neue stille) Gesellschaft.

H. G. B. Art. 150—172. Preuß. Einf. Ges. Art. 23.
Dernburg II. §§ 215. 216. Förster-Eccius II. § 143 S. 350.

Die Kommanditgesellschaft ist eine jüngere eigenthümliche Form der Handelsgesellschaft, daher auch neue stille Gesellschaft genannt. Das Wesen derselben besteht darin, daß einer oder mehrere der Gesellschafter als persönlich Haftende auftreten (Komplementare[1*]) und die Uebrigen (Kommanditisten) nicht persönlich, sondern nur mit den geleisteten oder bedungenen Einlagen den Handelsgläubigern haften. Die Kommanditisten unterscheiden sich von den stillen Gesellschaftern (der alten stillen Gesellschaft; H. G. B. Art. 250 ff.) dadurch, daß der Komplementar oder die Komplementare nicht Eigenthümer der Einlagen werden, diese vielmehr ein von dem Vermögen des Komplementars gesondertes gemeinschaftliches Vermögen der sämmtlichen Gesellschafter bilden, welches dem Publikum gegenüber durch die Firma des Handelsetablissements dargestellt und durch den ausschließlich zur Geschäftsführung befugten Komplementar vertreten wird, und daß die Kommanditisten als Mittheilhaber des Handelsgeschäftes und des Handelsnamens, daher als Mitglieder einer und derselben Gesellschaft erscheinen. Sämmtliche Gesellschafter, Komplementare und Kommanditisten, sind verpflichtet, die Errichtung der Gesellschaft zur Eintragung in das Handelsregister anzumelden, doch unterbleibt bei der Bekanntmachung die Angabe der Namen und des Betrages der Einlagen der Kommanditisten. (H. G. B. Art. 151.) Der Gesellschaftsvertrag bedarf keiner schriftlichen Abfassung, die Schriftform ist jedoch nützlich. (Nürnberger Prot. S. 1162.) Wegen der Form der Anmeldung s. zu Muster 125 (S. 350).

---

[1]) Der Liquidator hat die Firma in der im Art. 139 H. G. B. bestimmten Art zu zeichnen. Die Einreichung der Liquidationsfirma zum Handelsregister ist indessen nicht vorgeschrieben. Vgl. auch Beschl. des App. Ger. zu Hamm vom 11. Dezember 1878 (J. u. K. I. S. 14.)

[1*]) Auch offene Handelsgesellschaften können als Komplementare in eine Kommanditgesellschaft eintreten. Beschl. d. K. G. vom 20. Juni 1881 (J. u. K. II. S. 20). Die Firmenzeichnung wird in diesem Falle durch alle zur Vertretung der offenen Handelsgesellschaft befugten Gesellschafter zu erfolgen haben.

Der Eintritt einer offenen Handelsgesellschaft als Kommanditistin kann noch weniger einem Bedenken unterliegen.

Muster.

a. Vertrag.[2])

Eingang.

§. 1.

1. Der Kaufmann Martin Schneller zu Bogen,
2. der Kaufmann Nickel Preller zu Harmbrunn,
3. der Rentier Joseph Pfennigmann zu Luchsburg,
4. der Gutsbesitzer Gottlieb Gutsmuth auf Dachsbau

haben unter einander eine Kommandit-Gesellschaft zum Betriebe des Handelsgewerbes in allerlei Pelzwaaren und fertigen Pelzkleidungsstücken errichtet, welche ihren Sitz hier in Neisse haben, den 1. April 1887 beginnen und die Firma

Preller & Schneller[3])

führen wird.

§. 2.

Nickel Preller und Martin Schneller sind die persönlich haftenden Gesellschafter, und Joseph Pfennigmann und Gottlieb Gutsmuth sind Kommanditisten, welche sich nur mit ihren im § 3 benannten Vermögenseinlagen betheiligen und an dem Orte, wo die Firma ihren Sitz hat, der Gesellschaft in ihrem Handelszweig keine Konkurrenz machen dürfen, sei es für eigene oder für fremde Rechnung.

§. 3.

Zum Gesellschaftsvermögen haben Nickel Preller, Joseph Pfennigmann und Gottlieb Gutsmuth als Einlagen jeder Fünfzehntausend Mark zusammengeschossen, worüber die Gesellschafter sich gegenseitig quittiren. Martin Schneller macht keine Vermögenseinlage, sondern leistet der Gesellschaft nur persönliche Dienste, insbesondere liegt ihm ob, die Handelsbücher zu führen, die Bilanz zu ziehen und vierteljährlich Rechnung zu legen, welche Preller abnehmen wird, und jeder Kommanditist einzusehen berechtigt ist.

§. 4.

Der Gewinn nach Abzug der Zinsen von den Einlagen und eines jährlichen Honorars von 2000 Mark, welches Martin Schneller vorweg zu beanspruchen hat, wird unter sämmtliche Gesellschafter nach der Kopfzahl gleich getheilt.

Der Verlust wird nach Verhältniß der Einlagen und soweit er deren Betrag übersteigt, von den beiden persönlich haftenden Gesellschaftern zu gleichen Theilen getragen.

Schluß.

---

[2]) Das Beispiel bestimmt nur Punkte, welche das H. G. B. nicht regelt; es ist also vorausgesetzt, daß es im Uebrigen bei den gesetzlichen Bestimmungen bewendet. Von selbst versteht sich, daß, wo das H. G. B. nur subsidiäre Vorschriften giebt, wie z. B. in den Artikeln 157 bis 162, die Betheiligten andere Vereinbarungen treffen können. Vgl. übrigens auch die §§ 5. 6 des Musters 131 (S. 358).

[3]) Wegen der Firma s. Art. 17 H. G. B. u. zu Muster 131 Anm. 1 (S. 357).

b. Anmeldung.

Wir Endesunterschriebene, nämlich:

1. der Kaufmann Martin Schneller zu Bogen,
2. der Kaufmann Nickel Preller zu Harmbrunn,
3. der Rentier Joseph Pfennigmann zu Luchsburg,
4. der Gutsbesitzer Gottlieb Gutsmuth auf Dachsbau,

haben unter uns am 25. März d. J. eine Kommandit-Gesellschaft zum Betriebe des Handelsgewerbes in allerlei Pelzwaaren und fertigen Pelzkleidungsstücken errichtet.

Der Sitz der Gesellschaft ist in Neisse und der Geschäftsbetrieb hat heute den 1. April 1887 begonnen.

Die Kaufleute Martin Schneller und Nickel Preller sind persönlich haftende Gesellschafter und werden die Firma und ihre Namensunterschrift wie folgt zeichnen:

Schneller: Preller & Schneller. Martin Schneller.

Preller: Preller & Schneller. Nickel Preller.

Der Rentier Joseph Pfennigmann und der Gutsbesitzer Gottlieb Gutsmuth sind Kommanditisten, welche jeder eine Vermögenseinlage von 15000 Mark gezahlt haben.

Wir melden die Errichtung der Gesellschaft Behufs Eintragung in das Handelsregister hiermit an.

Neisse, den 1. April 1887.

(Folgen die vier Unterschriften und der Beglaubigungsvermerk.)

Schluß.

134. Vertrag einer stillen Gesellschaft.

H. G. B. Art. 250—265.

Dernburg II. §§ 215. 216 S. 620.

Die Errichtung einer stillen Gesellschaft ist ein Rechtsgeschäft, welches Wirkungen nur unter den Kontrahenten erzeugt. Eine Eintragung in das Handelsregister findet deshalb nicht statt. Zur Gültigkeit des Vertrages bedarf es einer besonderen Form nicht.

Muster.

Eingang.

§ 1.

Der Rentier August Haber hierselbst betheiligt sich von heute an an dem Betriebe des Handelsgewerbes des hier angesessenen Kaufmanns Rudolph Kipper, in Firma R. Kipper, mit einer Vermögenseinlage von 15,000 Mark, mit Buchstaben fünfzehntausend Mark, gegen Antheil an Gewinn und Verlust, statt der Zinsen. Diese Einlage der 15,000 Mark ist heute an Kipper baar bezahlt, worüber dieser dem Haber quittirt.

§ 2.

Die Höhe der Betheiligung des Herrn Haber an Gewinn und Verlust bestimmt sich nach Verhältniß seiner Einlage zu dem Aktivvermögen des Handelsfonds am Jahresschlusse. Auf das Passivvermögen wird nur dann Rücksicht genommen, wenn sich nach dessen Abzug Verlust ergiebt.

§ 3.

Der von Herrn Haber nicht erhobene Gewinn vermehrt dessen Einlage vom Tage der Berechnung an.

§ 4.

Durch den Tod des Herrn Kipper wird die Gesellschaft nicht aufgelöst, vielmehr soll sie mit den Erben des Verstorbenen fortbestehen.

§ 5.

Dieser Vertrag ist auf unbestimmte Dauer geschlossen; die Aufkündigung kann drei Monate vor Ablauf des Geschäftsjahres erfolgen. Letztere soll mit dem Kalenderjahre zusammenfallen.

Schluß.

135. Vertrag über eine Vereinigung zu einem einzelnen Handelsgeschäft für gemeinschaftliche Rechnung.

H. G. B. Art. 266 · 270.

Dernburg II. § 215 S. 620.

In Ansehung der Form gilt dasselbe, was zu dem vorhergehenden Vertrage gesagt worden ist.

Muster.

Eingang.

§ 1.

Der Kaufmann Emil Holz und der Kaufmann Jakob Borkenbruck, in Neisse wohnhaft, vereinigen sich zum gemeinschaftlichen Ankauf einer Forstparzelle (folgt deren nähere Bezeichnung) auf gemeinschaftliche Rechnung und zwar Behufs des Abtriebes und der Verwerthung des Holzes.

§ 2.

Zu diesem Unternehmen trägt Emil Holz ein Drittel und Jakob Borkenbruck zwei Drittel des Gesammtbetrages bei. Dagegen liegt dem Emil Holz allein die Beaufsichtigung des Abtriebes, der Abfuhr und des Aufstapelns des Holzes ob, ohne daß dem Borkenbruck verwehrt wäre, die Arbeitsplätze beliebig zu besuchen und dem Holz seine Wahrnehmungen dabei mitzutheilen oder den Arbeitern Anweisungen zu geben. Diäten und Reisekosten können von Keinem liquidirt werden.

§ 3.

Die Einlagen werden nicht verzinst und der Gewinn oder Verlust nach Köpfen vertheilt.

§ 4.

Nach Beendigung des gemeinschaftlichen Geschäfts legt Jakob Borkenbruck, welcher die Kasse führt und an welchen die eingehenden Zahlungen geleistet werden, unter Mittheilung der Beläge Rechnung. Er besorgt auch die Liquidation. Er hat so wenig wie Holz Vergütung oder Provision zu fordern.

Schluß.

IV.

Die Aktiengesellschaft. [1])

H. G. B. Art. 207 ff.

Die Errichtung der Aktiengesellschaften hat durch das Reichsgesetz vom 18. Juli 1884 (R. G. Bl. S. 123) eine durchgreifende Veränderung in Folge der Einfügung einer großen Zahl von Kautelen gegen unlautere Gründungen erfahren. Die Errichtung ist dadurch ein sehr komplizirter, aus einer Reihe von Einzelakten sich zusammensetzender, Rechtsakt geworden. Diese Einzelakte sind hinwiederum verschieden, je nachdem sämmtliche Aktien von den Gründern übernommen werden (Simultangründung) oder noch weitere Aktien zur Zeichnung aufgelegt werden (Successivgründung). Aus Gründen der praktischen Darstellung wird hier die Successivgründung zuerst behandelt. [2])

136. Die Successivgründung

geht in folgender Art vor sich: Zuvörderst treten mindestens fünf Personen, von denen jeder mindestens eine Aktie übernehmen muß, zusammen und stellen in gerichtlicher oder notarieller Verhandlung den Inhalt des Gesellschaftsvertrages (Statut) fest. Darauf veranlassen die Gründer die Zeichnung der übrigen Aktien durch schriftliche Zeichnungsscheine. Handelt es sich um eine sogenannte qualifizirte Gründung — d. i. eine solche, bei welcher einzelne Aktionäre ihre Einlagen anders als in Baarzahlungen machen oder bei welcher die Gesellschaft Vermögensstücke von irgend Jemand übernimmt, (sog. Apports; Art. 209 b, Abs. 2) [1*]) — so müssen ferner die Gründer eine schriftliche Erklärung zur Rechtfertigung

---

[1]) Vergl. außer den bekannten Kommentaren zum Aktiengesetz: Weber, „Die neueste Aktiengesetzgebung des Deutschen Reiches und das Notariat" in der „Deutschen Notariats-Zeitung" 1886 Nr. 1 - 4. 6. 7. 11—14.

[2]) In Wirklichkeit wird meist, wenn nicht gar ausschließlich, zur Simultangründung geschritten. In Berlin ist bis jetzt (Juli 1887) der Fall einer Successivgründung überhaupt noch nicht vorgekommen.

[1*]) Hier und im folgenden sind unter „Art." ohne weiteren Beisatz die Artikel des H. G. B. in der Fassung des Ges. v. 18. Juli 1884 verstanden.

der von der Gesellschaft hierfür gewährten Beträge nach näherer Vorschrift des Art. 209g abfassen. Als Gründer gelten hier wie überhaupt stets diejenigen Aktionäre, welche das Statut festgestellt haben. Machen indessen einzelne Aktionäre andere Einlagen als in baarem Gelde (Inferenten, Apporteure), so gehören diese mit zu den Gründern, sollten sie auch bei Abfassung des Gesellschaftsvertrages nicht mitgewirkt haben (Art. 209c).

Sind sämmtliche durch die Gründer nicht übernommene Aktien gezeichnet, so haben die Gründer für die Schaffung der statutarischen Gesellschaftsorgane (Vorstand und Aufsichtsrath) zu sorgen. Zu diesem Zwecke haben sie in der statutarischen Form eine Generalversammlung zur Wahl des Aufsichtsrathes und geeigneten Falles auch des Vorstandes zu berufen. Erfolgt statutarisch die Bestellung des Vorstandes in anderer Art, z. B. durch Wahl des Aufsichtsrathes, so haben sie diese Art der Bestellung herbeizuführen.[2]) Nach dieser Konstituirung der Gesellschaftsorgane liegt den letzteren ob, insoweit dies nicht etwa schon Seitens der Gründer geschehen ist, mindestens ein Viertel des Nominalbetrages aller Aktien und — falls die Aktien über pari begeben sind[3]) — auch noch außerdem den Ueberschuß einzufordern. Die eingeforderten Beträge müssen sämmtlich und zwar baar eingezahlt sein, bevor mit der Gesellschaftserrichtung weiter vorgegangen werden kann (Art. 209 e). Ist diese Einzahlung geschehen, so erfolgt die Prüfung des Gründungsherganges und die schriftliche Berichterstattung darüber nach Maßgabe des Art. 209h. Diese Prüfung und Berichterstattung liegt den Mitgliedern des Vorstandes und des Aufsichtsrathes ob. Gehört jedoch auch nur eines dieser Mitglieder zu den Gründern (was gewöhnlich der Fall ist) oder zu den im Art. 209 h sonst bezeichneten betheiligten Personen, so muß die Prüfung und Berichterstattung noch außerdem durch besondere Revisoren erfolgen, welche das für die Vertretung des Handelsstandes berufene Organ (Handelskammer, Aelteste der Kaufmannschaft u. s. w.) zu bestellen hat. Vorstand und Aufsichtsrath haben sich demgemäß an diese Behörde zu wenden. Nach erfolgter Prüfung hat der Vorstand, unter Beifügung des urkundlichen Materials über die Gründung sowie eines von ihm aufzustellenden Verzeichnisses der Aktionäre, die Anmeldung der Gesellschaft beim Amtsgericht zu dessen Handelsregister nach Maßgabe des Art. 210 zu bewirken. Der Amtsrichter beruft ohne

---

[2]) Diese Verpflichtungen der Gründer sind im Gesetz nicht speziell ausgedrückt, folgen aber daraus, daß vor dem Vorhandensein der gesetzlichen Vertretungsorgane die Gründung nicht fortgeführt werden kann.

[3]) Eine Unter-Pari-Emission ist unstatthaft Art. 209a a. E.

Verzug eine Generalversammlung der Aktionäre zur Beschlußfassung über die Errichtung der Gesellschaft (Art. 210a). Die Berufung der Versammlung geschieht in der statutarisch vorgeschriebenen Form;[4]) ihre Leitung erfolgt indessen — abweichend von sonstigen Generalversammlungen — durch den Richter, welcher auch den Hergang beurkundet. Die Versammlung hat hauptsächlich darüber Beschluß zu fassen, ob die Gesellschaft zu errichten ist oder nicht; sie kann indessen in beschränkter Art auch Statutenänderungen vornehmen. Das Nähere hierüber und über die zur Beschlußfassung erforderliche Mehrheit besagt Art. 210a; nur insoweit hier nichts bestimmt ist, kommt auch für die Beschlußfassung das Statut zur Anwendung (Art. 210b). Ist die Errichtung der Gesellschaft beschlossen, so veranlaßt das Amtsgericht die Eintragung derselben in das Handelsregister und die Veröffentlichung eines Auszuges aus dem Gesellschaftsvertrage. Erst mit der Eintragung in das Register erlangt die Aktiengesellschaft rechtliche Existenz als solche (Art. 210c. 211).

Es folgen nunmehr Muster für die einzelnen Gründungsakte und zwar für:

a) die Feststellung des Statuts,
b) den Zeichnungsschein,
c) den Gründerbericht,
d) die Generalversammlung zur Wahl der Gesellschaftsorgane,
e) die Prüfung des Gründungshergangs,
f) die Anmeldung des Gesellschaftsvertrages,
g) die Generalversammlung zur Errichtung der Gesellschaft,
h) die Veröffentlichung des Gesellschaftsvertrages,
i) das Muster einer Aktie.

a.

Die Feststellung des Statuts.

H. G. B. Art. 209. 209a. 209b.

Dieselbe muß zu gerichtlichem oder notariellem Protokoll erfolgen; doch steht die vorherige Abfassung des Statuts und die demnächstige Anerkennung dem Inhalte nach dem gleich (s. zu § 22 d. Not. Ges. Anm. 5.)

---

[4]) Auch die statutarischen Fristen müssen beachtet werden; die Worte „ohne Verzug" im Art. 210a erübrigen dies nicht, sondern untersagen nur einen weiteren Verzug hierüber hinaus. Doch mag es richtig sein, daß, wenn das Statut keine Fristbestimmung enthält, die blos gesetzliche Frist des Art. 238 hier nicht ur Anwendung kommt. Vgl. Ring, zu Art. 210a Anm. 2.

Muster.[5])

Berlin, den 20. Januar 1887.[6])

Vor mir u. s. w. erscheinen in bekannter und geschäftsfähiger Person:

1. der Geheime Kommerzienrath Herr O. v. B.,
2. der Bankdirektor Herr H. M.,
3. der Regierungspräsident a. D. Herr Friedrich Wilhelm Freiherr von F.,
4. der Geheime Regierungsrath a. D., Herr Theodor G.,
5. der Kaufmann Herr A. L.,

sämmtlich hierselbst wohnhaft.

Die Erschienenen erklärten:

Wir beabsichtigen die Begründung einer Aktien-Gesellschaft unter der Firma

„Berliner Baugesellschaft „Phönix"

mit dem Sitze zu Berlin und stellen in Nachstehendem den Gesellschafts-Vertrag wie folgt fest:

Statut
der
Berliner Baugesellschaft Phönix.

I.
Allgemeine Bestimmungen.

§. 1.

Die unter der Firma:

Berliner Baugesellschaft Phönix

bestehende Aktiengesellschaft hat ihren Sitz und Gerichtsstand in Berlin und ist von unbestimmter Dauer.

§. 2.

Zweck der Gesellschaft ist die Herstellung von Häusern in Berlin oder dessen Umgebung, welche insbesondere dem Bedürfnisse nach mittleren Wohnungen Genüge schaffen sollen.

§. 3.

Das Grundkapital der Gesellschaft beträgt drei Millionen Mark und besteht aus dreitausend Aktien über je tausend Mark, welche auf den Namen lauten.[7]) Die Namen der Aktienbesitzer werden in das

---

[5]) Das Statut einer Aktiengesellschaft und das einer Kommanditgesellschaft auf Aktien sind meist umfangreiche Urkunden, welche aber in vielen Beziehungen, z. B. betreffs des Aufsichtsrathes, der Generalversammlung, der Dividendenvertheilung u. s. w. nach demselben Vorbilde mit entsprechenden Aenderungen gefaßt werden können. Das vorliegende Muster und das Statut einer Kommanditgesellschaft auf Aktien (unten bei Muster 138 S. 390) ergänzen daher (zur Vermeidung von Wiederholungen) einander gegenseitig und mögen bei Nachbildungen gemeinschaftlich benutzt werden.

[6]) Das Ausdrücken der Summen und Zahlen in Buchstaben (Not. Ges. § 12 und Anm. 5 dazu) ist hier und im Folgenden aus Raumrücksichten meist unterblieben.

[7]) Art. 207. Abs. 4. Art. 209 Nr. 3 u. 4; 1000 Mark ist der Mindestbetrag; Art. 207a. Ausnahmen s. ebenda Abs. 2 u. 3 mit Art. 220 u. 182.

Aktienbuch eingetragen. Nur die hier eingetragenen Personen haben das Stimmrecht.[8])

§. 4.

Die Einzahlung der Aktien erfolgt in Raten, welche der Vorstand festsetzt.

Wenn fällige Ratenzahlungen nicht geleistet werden, so sind die Verpflichteten vermittelst Bekanntmachung des Vorstandes unter Angabe derjenigen Nummern der Antheilsscheine, auf welche die Zahlung rückständig geblieben ist, aufzufordern, die rückständigen Raten nebst fünf Prozent Verzugszinsen innerhalb einer nicht unter vier Wochen festzusetzenden Frist zu entrichten.

Wer diese Frist verstreichen läßt, hat außer den Zinsen eine Konventionalstrafe von zehn Prozent des fälligen Betrages verwirkt, unbeschadet seiner Verpflichtung zur Einzahlung der ausgeschriebenen Rate.[9])

§. 5.

Den Aktien werden jährliche Dividendenscheine und ein Talon beigegeben. — Die Dividendenvertheilung erfolgt am Schlusse jedes Geschäftsjahres; letzteres fällt mit dem Kalenderjahr zusammen.[10])

§. 6.

Die Bekanntmachungen der Gesellschaft erfolgen[11]) durch den „Reichsanzeiger," die „Vossische Zeitung" und die „Post" zu Berlin. Sollte eines dieser Blätter eingehen,[12]) so bestimmt der Aufsichtsrath das an dessen Stelle tretende Blatt und veröffentlicht diese Bestimmung wenn noch thunlich rechtzeitig durch alle vorgenannten Blätter, andernfalls durch die fortexistirenden Blätter. Die Veröffentlichung der Bestimmung durch das eingehende Blatt ist zur Gültigkeit in keinem Falle erforderlich.

II.

Sacheinlagen.

§. 7.

Als Einlage bringen die Herren O. v. B. und H. M. in die Gesellschaft das ihnen gehörige zwischen Schöneberg und Wilmersdorf belegene, in den anliegenden Katasterauszügen genauer verzeichnete Bauterrain von .... Hektar .... Ar .... Quadratmeter ein. Diese Einlage wird ihnen mit .... Mk. per Quadratmeter, hiernach im Ganzen mit einer Million Mk. angenommen — und zwar einem Jeden

---

8) Art. 220 mit 183.

9) Vgl. wegen des noch außerdem stattfindenden sog. Kaduzirungsverfahrens Art. 219 Abs. 2 mit Art. 184—184c.

10) Vgl. Art. 216. 217.

11) Art. 209. Nr. 7. Der Reichsanzeiger ist obligatorisch, wenn überhaupt ein öffentliches Blatt gewählt wird. Art. 209 a. E.

12) Die Vorsorge für diesen Fall ist zweckmäßig. Vgl. Beschl. d. K. G. v. 13. November 1883 (J. u. K. IV. 44.).

zur Hälfte dieser Summe — an Stelle der Baarzahlung auf die unten zu bemerkenden, von ihnen zu zeichnenden Aktien.[13])

III.
Organisation.

§. 8.

Der Vorstand[14]) besteht aus drei von der Generalversammlung ohne Beschränkung auf bestimmte Zeit[15]) zu wählenden Direktoren, welche unter einander gleiche Rechte haben und erforderlichen Falles nach Stimmenmehrheit entscheiden. Die Zeichnung für die Gesellschaft geschieht rechtsgültig unter deren Firma mit der Unterschrift zweier Direktoren oder eines Direktors in Gemeinschaft mit einem Prokuristen.[16])

§. 9.

Der Vorstand ist verpflichtet, die Beschränkungen innezuhalten, welche für den Umfang seiner Befugniß durch die Beschlüsse des Aufsichtsraths festgesetzt werden.[17])

§. 10.

Der Aufsichtsrath[18]) besteht aus funfzehn Personen, von denen mindestens zehn in Berlin oder höchstens 20 Kilometer von Berlin entfernt wohnen müssen und wird von der Generalversammlung und zwar (abgesehen vom ersten Aufsichtsrathe) auf drei Jahre gewählt.[19]) Alljährlich scheidet ein Drittel der Mitglieder aus. In den ersten Jahren werden die Ausscheidenden durch das Loos bestimmt. Dasselbe zieht der Vorsitzende in einer Sitzung des Aufsichtsrathes. Die Ausscheidenden sind wieder wählbar.

Scheidet ein Mitglied innerhalb seiner Wahlperiode aus, so erfolgt die erforderliche Neuwahl für den Rest der Wahlperiode in der nächsten Generalversammlung. Die Berufung einer Generalversammlung zum Zwecke der Neuwahl muß erfolgen, wenn mehr als drei Stellen erledigt sind.

§. 11.

Der Aufsichtsrath wählt seinen Vorsitzenden und dessen Stellvertreter jährlich in der ersten Sitzung nach der ordentlichen Generalver-

---

13) Art. 209b.

14) Art. 209. Nr. 5. u. Art. 227ff.

15) Vgl. Art. 227. Abs. 3.

16) Wegen Vertretung der behinderten Vorstandsmitglieder vgl. Art. 225a u. 232a. Besondere statutarische Bestimmungen wegen der Vertretung sind indessen durch Art. 225a nicht ausgeschlossen.

17) Vgl. Art. 231.

18) Art. 209f. 224 bis 226 mit 191.

19) Für den ersten Aufsichtsrath gilt eine gesetzlich festgestellte, anderweite Wahlperiode. Art. 224 mit 191 Abs. 2. Diese Bestimmung ist unabänderlich und würde es dieserhalb eines besonderen Vorbehaltes im Statut nicht einmal bedürfen. Beschl. d. R. G. v. 12. Januar 1885 (J. u. R. V. 31). Im Uebrigen ist die längste zulässige Wahlperiode 5 Jahre. — Wegen des ersten Aufsichtsrathes s. auch noch Art. 192 mit 224.

sammlung. Den Vorsitz bei der Wahl führt, falls weder der bisherige Vorsitzende noch dessen Stellvertreter Mitglieder des Aufsichtsrathes sind, das dem Lebensalter nach älteste Mitglied.[20])

Die Sitzungen des Aufsichtsrathes finden in Berlin statt und werden durch den Vorsitzenden berufen. Die Tagesordnung wird durch den Vorsitzenden festgesetzt, welcher die an ihn gelangenden Anträge des Vorstandes zur Erörterung vorzulegen hat.

Die Beschlüsse des Aufsichtsrathes werden nach Stimmenmehrheit gefaßt.

Ohne Berufung einer Versammlung kann der Aufsichtsrath nach Aufforderung des Vorsitzenden durch schriftliche Stimmenabgabe über einen Gegenstand gültig beschließen, wenn der Beschluß mit einer Mehrheit von drei Viertel aller Mitglieder gefaßt wird und wenn nicht von drei Mitgliedern verlangt wird, daß zur Beschlußfassung über den fraglichen Gegenstand eine Versammlung berufen werde.

§. 12.

Im Uebrigen erläßt der Aufsichtsrath seine Geschäftsordnung selbst.

Er hat das Recht eines oder mehrere seiner Mitglieder zu bestimmten Geschäften abzuordnen und sie dazu mit Vollmacht zu versehen.

Es ist demselben auch gestattet, aus seiner Mitte einen oder mehrere engere Ausschüsse zu constituiren und diesen Ausschüssen eine ganze Klasse von Geschäften zu übertragen.

Der Vorstand nimmt an den Sitzungen des Aufsichtsrathes sowie der Ausschüsse mit berathender Stimme Theil, sofern nicht der Aufsichtsrath für einzelne Fälle ein Anderes beschließt.

§. 13.

Dem Aufsichtsrathe stehen ferner folgende Befugnisse zu:[21])

1. Die Festsetzung des Besoldungsetats für alle diejenigen Beamten der Gesellschaft, welche ein höheres Gehalt als fünftausend Mark beziehen, ingleichen die Wahl und Entlassung dieser Beamten.
2. Die Beschlußfassung über den Erwerb von Grundstücken und deren Belastung.
3. Die Entscheidung über die Bestellung von Prokuristen und die Wahl und Entlassung derselben.[22])

§. 14.

Die Generalversammlung der Aktionäre[23]) wird Seitens des Vor-

---

[20]) Steht dem Aufsichtsrath die Wahl des Vorstandes zu, so mag es sich empfehlen, für die Wahlverhandlung die Aufnahme eines Notariatsprotokolls vorzuschreiben; erforderlich ist dies indessen nicht. Der betreffende Notariatsakt würde, — im Gegensatze zum Notariatsprotokoll über die Generalversammlungen — der Zuziehung von Zeugen bedürfen.

[21]) Vgl. aber Art. 231 Abs. 2.

[22]) Vgl. Art. 234.

[23]) Vgl. Art. 221 ff. und die in den folgenden Anmerkungen 24—35 citirten Artikel.

standes berufen. Auch dem Aufsichtsrath steht das Recht einer solchen Berufung zu.[24])

Die Generalversammlungen werden in Berlin abgehalten.

Die Berufung erfolgt durch zweimalige Bekanntmachung in den Gesellschaftsorganen (§ 6) unter Angabe der Tagesordnung.[25]) Zwischen der letzten Bekanntmachung und der Generalversammlung muß eine Frist von einem Monat liegen.[26]) Der Gültigkeit der Versammlung soll es keinen Abbruch thun, wenn an der Frist nur drei Tage oder weniger fehlen.

§. 15.

Zur Theilnahme an der Generalversammlung sind alle diejenigen Aktionäre befugt, welche im Aktienbuch eingetragen sind und ihre Aktien spätestens drei Tage vor dem Tage der Generalversammlung[27]) im Geschäftshause der Gesellschaft oder bei den sonst für die Niederlegung bekannt gemachten Stellen eingereicht haben.

Den Vorsitz in der Versammlung führt der Vorsitzende des Aufsichtsrathes oder dessen Stellvertreter und bei Behinderung auch des letzteren das dem Lebensalter nach älteste Mitglied des Aufsichtsrathes.

§. 16.

In der Generalversammlung gewährt jede Aktie eine Stimme.[28]) Die Abstimmungen erfolgen öffentlich, soweit nicht die Versammlung ein Anderes bestimmt.

Das über die Versammlung aufzunehmende Protokoll[29]) muß enthalten:

1. Die Namen aller anwesenden Mitglieder des Vorstandes und des Aufsichtsrathes.
2. Die Namen derjenigen Aktionäre oder deren Vertreter, welche Anträge stellen oder deren Anwesenheit festzustellen von ihnen selbst oder einem anderen Erschienenen verlangt wird.
3. Den Gang der Verhandlung im Allgemeinen.
4. Die gefaßten Beschlüsse unter Feststellung der gesetzlich oder statutarisch erforderlichen Mehrheit.

---

[24]) Vgl. Art. 236. 225. Abs. 2. 237. 239. Abs. 2. 240. Abs. 1.

[25]) Art. 209 Nr. 6 u. a. E. Art. 238.

[26]) Zwei Wochen ist die Minimalfrist (Art. 238); diese kann durch eine Bestimmung wie im Texte zu § 14 a. E. nicht mehr abgekürzt werden. Wegen Berechnung der nach Wochen bestimmten Fristen vgl. Beschl. d. R. G. v. 4 Juli 1881 (J. u. R. II. S. 23).

[27]) Vgl. wegen der nothwendigen Frist zur Hinterlegung Art. 238. Wegen der Hinterlegung selbst s. zu Muster 112 Anm. 8. (S. 336.)

[28]) Vgl. Art. 221. Abs. 2 mit Art. 190.

[29]) Art. 238a. — Vgl. wegen der Form dieser Protokolle zu § 10 Not. Ges. Anm. 2 (S. 69); a. M. Ring zu Art. 180 f. H. G. B. Anm. 1. und zu Art. 238a Anm. 1, welcher einen reichsrechtlichen Satz des Inhalts annehmen will, daß die Unterschrift des Notars allein genügen soll. Indessen mit Unrecht; denn das Reichsrecht hat über die Form des Aktes keine weitere Bestimmung getroffen, als die über Entbehrlichkeit von Zeugen. Siehe übrigens bei Ring a. a. O. die Literatur über die Frage.

Die anwesenden Mitglieder des Vorstandes und des Aufsichtsrathes müssen sich über die Identität ihrer Personen dem protokollirenden Beamten (Notar) gegenüber legitimiren. Betreffs der übrigen Erschienenen bedarf es einer solchen Legitimation nur, wenn sie von einem Mitgliede des Vorstandes, des Aufsichtsrathes oder einem Aktionär verlangt wird. Zum Nachweise der Identität genügt in diesem Falle die Vorlegung der Bescheinigung über die Niederlegung der Aktien (§ 15).

Das aufgenommene Protokoll wird am Schlusse der Verhandlungen allen Anwesenden vorgelesen. Der protokollirende Beamte befragt die Versammlung über Genehmigung des Protokolls und vermerkt im Protokoll diese Genehmigung und die etwaigen Widersprüche mit kurzer Angabe des Grundes. Demnächst sollen alle anwesenden Mitglieder des Vorstandes und des Aufsichtsrathes das Protokoll unterschreiben; jeder anwesende Aktionär ist berechtigt, auch seine Unterschrift unter das Protokoll zu setzen. Auf die Gültigkeit der gefaßten Beschlüsse ist der Mangel dieser Unterschriften indessen ohne Einfluß.

§. 17.

Die ordentliche Generalversammlung findet alljährlich im ersten Kalenderhalbjahr statt.[30]) Sie empfängt den Geschäftsbericht nebst den Bemerkungen des Aufsichtsrathes, beschließt über die Feststellung der Jahresbilanz[31]) und über die Gewinnvertheilung und vollzieht die erforderlichen Wahlen.

§. 18.

Die Generalversammlung beschließt durch einfache Mehrheit der anwesenden Stimmen.[32])

Ueber Aenderungen des Statuts,[33]) über Erhöhung oder Herabsetzung des Grundkapitals,[34]) über Auflösung der Gesellschaft[35]) in anderen als den gesetzlichen Fällen kann nur entschieden werden, wenn mindestens zwei Drittel des Grundkapitals in der Generalversammlung vertreten sind und auch dann nur mit einer Mehrheit von zwei Dritteln und im Falle einer Abänderung des Gegenstandes des Unternehmens von drei Vierteln der Abstimmenden.

Wird eines dieser Erfordernisse nicht erreicht, so ist eine zweite Generalversammlung zu berufen.

In dieser wird ohne Rücksicht auf die Zahl der vertretenen Aktien entschieden; der Mehrheit von $^2/_3$ beziehentlich $^3/_4$ der Anwesenden bedarf es indessen auch hier.

---

30) Art. 239 Abs. 2.

31) Art. 239a u. 239b mit Art. 185a—185c.

32) Art. 209a. Nr. 5.

33) Art. 215.

34) Art. 215a. 248.

35) Art. 242ff.

IV.
Uebergangsbestimmungen.[36])

§. 19.

Bis zur Konstituirung des ersten Vorstandes und Aufsichtsrathes gelten die besonderen Bestimmungen der §§ 20 u. 21.

§. 20.

Die Berufung der Generalversammlung erfolgt durch die Gesammtheit der Gründer. Die letzteren nehmen in derselben die Befugnisse des Vorstandes und Aufsichtsrathes wahr; sie bezeichnen denjenigen unter ihnen, welcher den Vorsitz zu führen hat. Die Grundlage für die Stimmberechtigung bildet an Stelle des Aktienbuches das auf Grund der Zeichnungsscheine aufzustellende und von allen Gründern zu unterschreibende Aktionärenverzeichniß.

§. 21.

Sobald die Generalversammlung die Wahlen der Mitglieder des Vorstandes und des Aufsichtsrathes vorgenommen hat, muß derjenige der Gründer, welcher den Vorsitz in der Generalversammlung geführt hat, die in dieser gewählten Mitglieder des Aufsichtsrathes ohne Verzug zusammenberufen. Unter seinem Vorsitze wählen dieselben den Vorsitzenden des Aufsichtsrathes.

Nachdem hiermit das Statut geschlossen ist, erklären die Erschienenen weiter:

An Aktien der zu errichtenden „Berliner Baugesellschaft Phönix" übernehmen wir und zwar:

1. O. v. B.	600 Stück.
2. H. M.	600 „
3. Frhr. v. F. eine Aktie	1 „
4. Theodor G.	20 „
5. A. L.	130 „
zusammen	1351 Stück

mit einem Betrage von 1 351 000 Mk.

Es wird einmalige Ausfertigung dieser Verhandlung für den Herrn O. v. B. beantragt. Schluß.

---

[36]) Unter den „Uebergangsbestimmungen" wird häufig auch eine Bestimmung des Inhalts aufgenommen, daß, wenn der Handelsrichter zum Zwecke der Eintragung gewisse Statutenänderungen für erforderlich erachten sollte, es zu deren Vornahme keiner Generalversammlung, sondern nur eines Beschlusses des Aufsichtsrathes bedürfen solle. Eine solche Bestimmung ist indessen für rechtsungültig zu erachten. Man beruft sich für die Zulässigkeit (Kayser zu Art. 215 Anm. 2) auf eine Aeußerung der Motive (S. 333) und des Komm.-Ber. (S. 15), Inhalts deren „redactionelle Aenderungen" von der Vorschrift des Art. 215 nicht getroffen werden sollen. Allein einmal bestimmt der klare Wortlaut des Art. 215 das Gegentheil. Sodann aber sind Aenderungen, welche vom Handelsrichter verlangt werden, ihrem Wesen nach niemals bloß redaktioneller, sondern stets materieller Natur. Bloße Fassungsänderungen zu verlangen liegt gar nicht in seiner Befugniß (Beschl. d. K.G. v. 19. November 1883; J. u. K. IV. S. 32). — Gl. M. Ring zu Art. 180f Anm. 3 und zu Art. 180g Anm. 1.

b.

Zeichnungsschein.

H. G. B. Art. 209e.

Der Schein ist in zwei Exemplaren zu unterschreiben. Privatschriftliche Form genügt. Vor der Auflage zur Zeichnnng ist die Anzeige an die Steuerstelle gemäß § 4 des Reichsstempelgesetzes vom 3. Juni 1885 (R. G. Bl. S. 179) zu erstatten.

Muster.

Ich zeichne hierdurch auf das Grundkapital der zu errichtenden Aktiengesellschaft „Berliner Baugesellschaft Phönix", deren Gründer sind (folgen die fünf Namen oben S. 367 mit Stand und Wohnort) drei zum Nominalbetrag auszugebende Aktien von je 1000 Mark zusammen = dreitausend Mark, deren Einzahlungen der Gesellschaftsvorstand festzustellen hat.[37]) Die Zeichnung erfolgt auf Grund des Statuts vom 20. Januar 1887 und des nachfolgenden Auszuges aus demselben:

(hier folgt eine Abschrift oder ein Abdruck der §§ 1—3. 6—8. 14 des Statuts.)

Diese Zeichnung wird unverbindlich, sofern die Errichtung der Gesellschaft nicht bis zum 1. Januar 1888 beschlossen ist.

Berlin, 1. Februar 1887.

Unterschrift.

c.

Der Gründerbericht.

H. G. B. Art. 209g.

Eines solchen Berichtes bedarf es nur im Falle der qualifizirten Gründung. Geeignetenfalls kann der Bericht gleich bei Feststellung des Gesellschaftsvertrages in die betreffende Notariatsverhandlung mit aufgenommen werden; sonst kann die Berichterstattung auch später, jedoch nothwendig vor der Prüfung des Gründungsherganges, erfolgen. Für die Berichterstattung genügt die privatschriftliche Form.

Muster.

Mit Bezug auf die durch die Notariatsverhandlung vom 20. Januar 1887 erfolgte Feststellung des Statuts der Aktiengesellschaft „Berliner Baugesellschaft Phönix" und die in diesem Statut erfolgte Annahme von Sacheinlagen Seitens der Mitgründer O. v. B. und

---

[37]) Nach Art 209e Nr. 3 soll der „Betrag der festgesetzten Einzahlungen" in den Zeichnungsschein aufgenommen werden. Dies hat indessen nur die Bedeutung, daß die Aufnahme zu erfolgen hat, falls der Gesellschaftsvertrag — was nicht erforderlich ist — eine solche Festsetzung enthält. Vgl. Ring zu Art. 175c. Anm. 7.

H. M. erklären wir hiermit in Gemäßheit des Art. 209g H. G. B. was folgt:

Das von den vorgedachten Mitgründern übernommene Bauterrain befindet sich bereits seit länger als zwei Jahren in deren Eigenthum und sind deshalb Erwerbspreise aus den letzten zwei Jahren nicht vorhanden. Rechtsgeschäfte, welche auf den Erwerb dieses Terrains durch die Gesellschaft hingezielt haben, sind der Gründung nicht vorausgegangen; vielmehr ist diese Erwerbung erst gleichzeitig mit der Gründung ins Auge gefaßt worden. Die gewährten Gegenbeträge sind allerdings um etwa 20% höher als der im Allgemeinen für Bauterrain in der dortigen Gegend gewährte Preis, welcher sich auf etwa .... Mark pro □-Meter stellt. Die Erhöhung rechtfertigt sich durch die besonders günstige Lage des gesammten Bauterrains an einer bereits größten Theils bebauten Straße, sowie durch den günstigen, keiner weiteren Bearbeitung bedürfenden, Baugrund.

Berlin, 14. Februar 1887.

Unterschriften sämmtlicher Gründer.

d.

Die Generalversammlung zur Wahl der Gesellschaftsorgane.

H. H. B. Art. 210b. 236. 238. 238a.

Die Berufung und Verhandlung erfolgt nach Maßgabe des Statuts, gleich als ob die Gesellschaft schon errichtet wäre. Ueber die Verhandlung muß eine gerichtliche oder notarielle Urkunde aufgenommen werden; jedoch bedarf es keiner Zeugenzuziehung.

Vergl. im Uebrigen zu § 10 Not.-Ges., Anm. 2, sowie oben S. 371, Anm. 29.

Muster.

Berlin, den 24. April 1887.[38])

Ich, der unterzeichnete Notar N. N., wohnhaft zu Berlin, habe mich auf Requisition des Geheimen Kommerzienraths Herrn O. v. B. hierselbst heute Nachmittags 4 Uhr in den kleinen Saal des Hotel de Rome (Unter den Linden Nr. 39) begeben, um das Protokoll über die nach Maßgabe des Statuts vom 20. Januar 1887 dorthin einberufene Generalversammlung der Aktionäre der „Berliner Baugesellschaft Phönix“ zu führen. In meiner Gegenwart wurde diese Generalversammlung wie folgt abgehalten:

Der Herr O. v. B. erklärte dieselbe um 3¼ Uhr Nachmittags für eröffnet, übernahm den Vorsitz mit der Angabe, daß er hierzu von sämmtlichen Gründern beauftragt sei, und zeigte an, daß die Belagsblätter über die gehörige Bekanntmachung der Gesellschaft auf dem Tische des Vorsitzenden zur Einsicht auslägen[39]) und daß auf

---

[38]) Vgl. Anm. 6.

[39]) Dem Notar steht es nicht zu, eigene Feststellungen über die Ordnungsmäßigkeit der Berufung zu treffen; er hat allenfalls nur die betreffenden Erklärungen des Vorsitzenden zu protokolliren.

der Tagesordnung lediglich die Wahl des Vorstandes und des Aufsichtsrathes stehe. Seitens der Gründer waren anwesend, sämmtlich hierselbst wohnhaft, dem Notar von Person bekannt und verfügungsfähig:

1. der genannte Vorsitzende, Herr Geheimer Kommerzienrath O. v. B.,
2. u. s. w.

Der Vorsitzende legte sodann das von sämmtlichen Gründern unterschriebene Aktionärverzeichniß vom gestrigen Tage vor, in welchem alle Aktienzeichner mit Angabe der Zahl der gezeichneten Aktien vermerkt sind. Das Verzeichniß ist der vorliegenden Verhandlung beigegeben Zur Feststellung seiner Identität ist es als Anlage zu diesem Notariatsakt überschrieben, auch dieser Vermerk vom Notar unter Beidrückung seines Amtssiegels unterzeichnet worden. Dieses Verzeichniß las der Vorsitzende vor und fragte, ob Jemand anwesend sei, der sich in demselben übergangen glaube. Mit solchem Einwande meldete sich Niemand; dagegen meldeten sich folgende Personen als Bevollmächtigte abwesender Aktionäre:

1. der Herr Rechtsanwalt P. hier für den Banquier A. X. zu Hamburg,
2. u. s. w.

Die Bevollmächtigten übergaben schriftliche Vollmacht ihrer Auftraggeber. Zu jeder Vollmacht war ein Stempel von 1,50 Mark verwendet worden.[40])

Hiernächst wurde zu den ausgeschriebenen Wahlen geschritten. Dieselben geschahen durch Aufruf nach dem Aktionärverzeichniß und Stimmenabgabe Seitens der anwesenden Aktionäre beziehentlich deren Bevollmächtigten. Im ersten Wahlgange wurde der erste Direktor gewählt und zwar wie folgt:

Name des Stimmenden:	stimmberechtigt für folgende Zahl von Aktien:[41])	stimmt für:
1. Aktionär A.[42])	20	Geheimer Kommerzienrath O. v. B. zu Berlin.
2. Aktionär von B. . . .	600	denselben.
3. Aktionär C.	2	Baumeister C. F. zu Berlin.
4. Aktionär D.	18	denselben.
5. Aktionär E.	40	denselben.
6. Aktionär von F. . . .	1	Geheimrath O. v. B.
7. Aktionär G.	20	denselben.
8. Aktionär H.	32	Baumeister F.
9. Aktionär J.	50	denselben.
Uebertrag	783	

[40]) Vgl. Art. 190. Abs. 2. Wegen des Stempels s. im Anhang zu § 30 des Stempelgesetzes v. 7. März 1822 Anm. 46.

[41]) In notariellen Protokollen ist es zweckmäßig hier zwei Unterkolonnen zu machen und die Aktienzahl in der einen Kolonne in Buchstaben in der anderen in Ziffern zu schreiben. Vgl. zu § 12 des Not. Ges. Anm. 5.

[42]) Nach Namen, Stand und Wohnort zu bezeichnen.

	Uebertragen	783	
10.	Aktionär K.	50	denselben.
11.	Aktionär L.	130	Geheimrath O. v. B.
12.	Aktionär M.	600	denselben.
13.	Rechtsanwalt N. für den Aktionär X. . . .	100	denselben.
14.	Aktionär P.	20	Baumeister F.
15.	Aktionär Q.	20	denselben.
16.	Aktionär R.	30	denselben.
17.	Aktionär S.	20	denselben.

Danach sind im Ganzen für 1753 Aktien die Stimmen abgegeben und es beträgt die absolute Mehrheit 837 Stimmen.

Es haben erhalten:

Herr Geheimer Kommerzienrath O. v. B. .	1471 Stimmen.
Herr Baumeister F.	282 „
zusammen	1753 Stimmen.

Ersterer Herr ist sonach zum ersten Direktor gewählt. Der Vorsitzende verkündet dieses Resultat und erklärt zugleich, die Wahl anzunehmen.

Im zweiten Wahlgange u. s. w.

Nachdem auf diese Weise der Vorstand gewählt war, wollte man in gleicher Art zur Wahl des Aufsichtsrathes schreiten. Es beantragte indessen der Aktionär Herr A. die Wahl durch Gesammtabstimmung auf folgende 15 Personen:

(Folgen deren Namen mit Angabe von Stand und Wohnort)

zu lenken. Auf Befragen des Vorsitzenden, ob sich gegen diesen Wahlmodus Widerspruch erhebe, erfolgte ein solcher nicht. Der Vorsitzende forderte darauf diejenigen Anwesenden, welche für die vorgedachten Herren stimmen wollen, auf, sich zu erheben. Es erhoben sich sämmtliche Anwesenden, worauf der Vorsitzende verkündete, daß die vorgedachten fünfzehn Herren einstimmig zu Mitgliedern des Aufsichtsrathes gewählt seien.

Bei dem ganzen Wahlgeschäft ist gegen die Identität irgend eines Erschienenen von keiner Seite ein Widerspruch erhoben worden.

Hierauf habe ich, der Notar, die vorstehende Verhandlung allen noch Anwesenden laut vorgelesen; sie ist von diesen auf Befragen genehmigt und von den Gründern wie folgt unterschrieben worden.

(Folgen deren Unterschriften.)

Ich der Notar bezeuge, daß vorstehende Verhandlung, so, wie sie niedergeschrieben ist, stattgefunden hat und daß sie in meiner Gegenwart, so, wie vorstehend angegeben, den Betheiligten vorgelesen, von ihnen genehmigt und, wie vorsteht, eigenhändig unterschrieben worden ist.

(Unterschrift mit Vor- und Zunamen.)

e.

Die Prüfung des Gründungsherganges.

H. G. B. Art. 209h.

Im Nachstehenden wird das Beispiel für den Prüfungsbericht Seitens der bestellten Revisoren gegeben; ein analoger Prüfungsbericht Seitens der Mitglieder des Vorstandes und des Aufsichtsrathes muß noch außerdem erfolgen (s. o. S. 365).

Muster.

Die Herren Aeltesten der hiesigen Kaufmannschaft haben uns durch Entschließung vom 1. d. M. zu Revisoren Behufs Prüfung des Gründungshergangs der neuen Aktien-Gesellschaft in Firma

„Berliner Baugesellschaft Phönix"

bestellt.

Zum Zwecke dieser Prüfung sind uns von den Gesellschaftsorganen übergeben worden:

1. Der Notariatsakt vom 20. Januar 1887 über Feststellung des Statuts.
2. Die Zeichnungsscheine über die das Grundkapital bildenden Aktien.
3. Der Gründerbericht vom 14. Februar 1887 über Rechtfertigung der statt Baarzahlung gemachten Einlagen.
4. Der Notariatsakt vom 24. April 1887 über die Generalversammlung zur Wahl des Vorstandes und des Aufsichtsrathes.
5. Das privatschriftliche Protokoll vom selben Tage über Konstituirung des Aufsichtsrathes.
6. Die Buchungen der Gesellschaftsorgane über Einforderung und Einzahlung von Beträgen auf die gezeichneten Aktien mit den zugehörigen Belägen.

Wir berichten nach Prüfung was folgt:

Das Grundkapital der neuen Gesellschaft beträgt nach § 3 des Statuts drei Millionen Mark und zerfällt in 3000 Aktien über je tausend Mark. Gründer der Gesellschaft sind folgende Herren (folgt deren Bezeichnung), welche sämmtlich Aktien übernommen haben. Die von diesen nicht übernommenen Aktien sind voll gezeichnet. An Einlagen statt der Baarzahlung haben die Herren O. v. B. und H. M. ihr in der Verhandlung vom 20. Januar 1887 näher beschriebenes Bauterrain inferirt. Dasselbe ist für eine Million Mark angenommen worden. Es ist richtig, wie im Gründerbericht angegeben, daß dieses Terrain schon länger als zwei Jahre — ausweislich des Grundbuchs schon seit dem Jahre 1872 — sich im Eigenthume der Ueberlassenden befindet. Von der Gründung voraufgegangenen Rechtsgeschäften, die auf den Erwerb dieses Terrains für die Gesellschaft hingezielt hätten, ist uns nichts bekannt geworden.[43])

Was endlich die Einzahlung auf die Aktien betrifft, so ist eine Million des Grundkapitals = 1000 Aktien durch Sacheinlagen aufgebracht. Auf die noch ferner auszugebenden 2000 Aktien hat der Vorstand eine Einzahlung von 250 Mark per Aktie eingefordet, und es sind diese Einzahlungen nach Lage der Bücher und Schriften auch

---

[43]) Auf die Angemessenheit des gewährten Preises hat sich die Prüfung nicht zu erstrecken; vgl. den Kommiss. Ber. S. 9 in d. Drucks. des Reichstages, 5. Legisl. Periode, IV. Session (1884) Nr. 128.

wirklich eingegangen. Von dem Vorhandensein des betreffenden Baarbestandes mit 500 000 Mark haben wir uns selbst überzeugt. Es hat uns nämlich der Gesellschaftsvorstand eine Quittung der Deutschen Bank hierselbst vom 15. d. M. vorgelegt, Inhalts deren er diesen Betrag bei ersterer als Depot niedergelegt hat und derselbe dort zu seiner steten Verfügung gehalten wird.[44])

Wir haben danach und nach sonstiger Prüfung und Erkundigung alle Angaben der Gründer über Zeichnung und Einzahlung des Grundkapitals und über die nicht in baar gemachten Einlagen für richtig und vollständig befunden. Insbesondere sind Vortheile zu Gunsten einzelner Aktionäre nicht bedungen und Entschädigungen oder Belohnungen für die Gründung oder deren Vorbereitung zu Lasten der sellschaft an Niemand gewährt worden.[45])

Berlin, den 20. Mai 1887.

Unterschriften.

f.

Die Anmeldung des Gesellschaftsvertrages.

H. G. B. Art. 210. 228.

Die Anmeldung muß von sämmtlichen Mitgliedern des Vorstandes und des Aufsichtsrathes und außerdem von sämmtlichen Gründern unterschrieben sein; wie alle Anmeldungen zum Handelsregister (s. o. S. 350) bedarf sie gerichtlicher oder notarieller Beglaubigung. Die Anmeldung der Vorstandsmitglieder und deren Unterschriftszeichnung kann mit dem Akte verbunden werden.

Muster.

Dem Königlichen Amtsgerichte melden wir hierdurch zum Behufe der Eintragung in das Handelsregister:

a) die erfolgte Gründung einer Aktiengesellschaft unter der Firma „Berliner Baugesellschaft Phönix“ mit dem Sitze zu Berlin.[46])

b) Die Wahl folgender drei Personen (u. s. w.) zu Vorstandsmitgliedern dieser Gesellschaft

an. Wir fügen in der Anlage bei:

1. eine Ausfertigung der notariellen Verhandlung vom 20. Januar 1887 über Feststellung des Gesellschaftsstatuts, Inhalts

---

[44]) Nur die Hinterlegung als depositum regulare ist zulässig, nicht die Gutschrift beim Bankier, s. Anm. 51.

[45]) Dies ist nicht etwa unstatthaft, sondern hätte nur, wenn es geschehen wäre, im Gesellschaftsvertrage statuirt werden müssen. Art. 209b Abs. 1 und 3. — Die Entschädigung der Revisoren gehört nicht zum Gründungsaufwand; Voraussetzung hierfür wäre ein Abkommen im Sinne des Art. 209b Abs. 4. Ein solches ist aber undenkbar, weil zur Zeit der Feststellung des Gesellschaftsvertrages die Personen der Revisoren noch gar nicht feststehen. Ebensowenig gehören die entstehenden Gerichts- und Notariatskosten hierher.

[46]) Die Anmeldung eines Geschäftslokals ist nicht erforderlich. Beschl. des (früheren) R. G. v. 2. April 1879 (J. u. R. I. 10).

deren die dort unter Nr. 1—5 aufgeführten Personen als Gründer anzusehen sind,

2. den Gründerbericht vom 14. Februar 1887,
3. die Duplikate sämmtlicher Zeichnungsscheine, 28 an der Zahl,
4. eine Ausfertigung der Notariatsverhandlung vom 24. April 1887 über Bestellung des Vorstandes und des Aufsichtsrathes. Danach sind die oben zu b gedachten Personen zu Vorstandsmitgliedern und folgende Personen (u. s. w.) zu Mitgliedern des Aufsichtsrathes bestellt,
5. das Verzeichniß der Aktionäre vom 5. Mai 1887,[47])
6. den Bericht der Mitglieder des Vorstandes und des Aufsichtsrathes über die Prüfung des Gründungsherganges von demselben Tage,
7. das Schreiben des Aeltestenkollegiums der Kaufmannschaft zu Berlin vom 1. Mai d. J., Inhalts deren die Herren vereideten Bücherrevisoren W. und B. hierselbst zu Revisoren für die Prüfung des Herganges der Gründung bestellt worden sind,
8. den Bericht dieser Revisoren vom 20. Mai d. J.[48])

Wir erklären hierbei, daß der im § 7 des Statuts erfolgten Einbringung von Vermögensstücken fernere Verträge nicht zu Grunde liegen, auch zu deren Ausführung nicht geschlossen sind,[49]) sowie ferner, daß zu Lasten der Gesellschaft keinerlei Entschädigung oder Belohnung für die Gründung oder deren Verbreitung gewährt wird, so daß ein besonderer Gründungsaufwand nicht entstanden ist.[50]) Wir erklären ferner, daß auf jede Aktie der eingeforderte Betrag von einem Viertel des Nominalbetrages, im Ganzen mithin fünfmalhunderttausend Mark zu Händen des Vorstandes theils in deutschem Gelde, theils in Reichs-

---

[47]) Dasselbe muß von sämmtlichen Gründern unterschrieben und deren Unterschrift gerichtlich oder notariell beglaubigt sein; vgl. wegen der „beglaubigten Form" in Art. 210 Nr. 2 H. G. B., das preuß. Einf. Ges. z. H. G. B. Art. 4.

Eines Formulars für das Aktionarverzeichniß bedarf es nicht; Art. 210 Nr. 2 besagt klar, wie es anzufertigen ist. Uebrigens ist dasselbe nicht identisch mit demjenigen Aktionärverzeichniß, welches etwa statutarisch schon bei der stattgehabten Generalversammlung zu Grunde gelegt worden ist (s. o. S. 373 § 20). Denn es muß auch die auf die einzelnen Aktien erfolgten Einzahlungen angeben. — In das Aktionärverzeichniß müssen auch diejenigen Aktionäre, welche lediglich Sacheinlagen machen, aufgenommen werden.

[48]) Falls das Unternehmen staatlicher Genehmigung bedarf oder Aktien unter 1000 Mark auf Grund einer Genehmigung des Bundesrathes ausgegeben werden, ist noch außerdem die Beibringung der betr. Genehmigungsurkunde erforderlich. Art. 210 Nr. 4.

[49]) Sonst müssen auch diese Verträge beigebracht werden. Art. 210 Nr. 3 („deren urkundliche Grundlagen").

[50]) Andernfalls muß derselbe im Einzelnen gemäß Art. 210 Nr. 1 detaillirt werden. Vgl. übrigens oben Anm. 45. Der „Gründungsaufwand" im Art. 210 Nr. 1 ist identisch mit dem „Gesammtaufwand" in Art. 209b Abs. 3, nur daß letzterer hier zu detailliren ist.

kassenscheinen oder Reichsbanknoten eingezahlt worden sind und daß der Gesellschaftsvorstand im Besitze dieser Summe ist.[51])

Die Mitglieder des Vorstandes zeichnen zugleich hiermit nach Vorschrift des Art. 228 des H. G. B. ihre persönliche Namensunterschrift wie folgt:

Folgt die Zeichnung.

Berlin, den 21. Mai 1887.

Folgen die Unterschriften aller Anmeldenden und die Beglaubigung.

g.

Die Generalversammlung zur Errichtung der Gesellschaft.

H. G. B. Art. 210a.

Die Berufung dieser Versammlung muß „ohne Verzug" erfolgen; wegen der Form und Frist vgl. indessen oben S. 366 und Anm. 4. Um dem Richter die sachgemäße Leitung der Versammlung zu ermöglichen, ist die Zuziehung eines Gerichtsschreibers zweckmäßig aber nicht erforderlich. Die Grundlage für die Beschlußfassung der Versammlung bildet das bei der Anmeldung eingereichte Aktionärverzeichniß.

Muster.

Königliches Amtsgericht I. Berlin, den 2. Juli 1887.

Gegenwärtig:

Amtsgerichtsrath M. als Richter,
Sekretär F. als Gerichtsschreiber.

Auf die Anmeldung vom 21. Mai 1887, betreffend die Gründung der Aktiengesellschaft „Berliner Baugesellschaft Phönix" zu Berlin war, da die Gründer nicht alle Aktien übernommen haben, gerichtlicherseits zu heute Vormittag 10 Uhr eine Generalversammlung der Aktionäre an die Gerichtsstelle zum Zwecke der Beschlußfassung über die Errichtung der Gesellschaft berufen worden. Der Richter eröffnete die Versammlung um 10¼ Uhr. Es sind folgende Betheiligten anwesend:

I. sämmtliche Vorstandsmitglieder, nämlich u. s. w.,
II. sämmtliche Mitglieder des Aufsichtsrathes, nämlich u. s. w.,
III. als Aktionäre:[52])
 1. Aktionär A., stimmberechtigt für 20 Aktien,
 2. Aktionär von B., „ „ 600 „
 3. u. s. w.

im Ganzen 24 Aktionäre, stimmberechtigt für 2 Millionen Aktien.

---

51) Diese Erklärung kann abgegeben werden, auch wenn der Vorstand das Geld regulariter deponirt hat, denn der Deponent verliert den Besitz nicht (A. L. R. I. 7. §§ 1. 2. 112). Dagegen würde die betreffende Erklärung nicht abgegeben werden können, wenn der Vorstand das Geld einem Bankier zur Gutschrift übergeben hätte.

52) Erforderlich ist diese Aufführung auch hier nur nach Maßgabe des Statuts, vgl. oben S. 371 § 16 mit Anm. 29. Ist die Zahl der erschienenen Aktionäre indessen nicht übermäßig groß, so mag deren vollständige Aufführung zweckmäßig sein.

Die Erschienenen zu I und II sind theils dem Richter, theils dem mitwirkenden Sekretär persönlich bekannt; wegen der Identität der erschienenen Aktionäre ist von keiner Seite eine Feststellung gefordert worden. Gegen die Verfügungsfähigkeit irgend eines Erschienenen waltet kein Bedenken ob.

Der Richter machte zuvörderst Mittheilung, daß die Berufung der Generalversammlung im „Reichsanzeiger", der „Vossischen Zeitung" und der „Post" bekannt gemacht worden sei und zwar in jedem Blatte zwei Mal in den Nummern vom 28. und 31. Mai d. J. Es wurde gegen die Ordnungsmäßigkeit der Zusammenberufung kein Einwand erhoben.

Hierauf wurde zur Erörterung über die Errichtung der Gesellschaft geschritten. Ohne Widerspruch stellt hierbei der Richter zunächst fest, daß im Aktionärverzeichniß im Ganzen 33 Aktionäre bei einem Grundkapital von 3 Millionen Mark aufgeführt sind und daß deshalb außer der gewöhnlichen Mehrheit mindestens 9 Aktionäre mit Antheilen von $^3/_4$ Millionen Mark der Errichtung der Gesellschaft zustimmen müssen, wenn letztere gültig erfolgen soll. Herr Geheimer Kommerzienrath v. B. gab Namens des Vorstandes dessen Erklärung über die Prüfung der Gründung in wesentlicher Uebereinstimmung mit dem schriftlichen Berichte vom 5. Mai 1887[52a]) ab. Der Vorsitzende des Aufsichtsrathes, Herr N. N. erklärte Namens des letzteren dessen Zustimmung zu dieser Aeußerung. Die übrigen Mitglieder des Vorstandes und des Aufsichtsrathes erbaten auf Anfrage das Wort nicht. In der nun folgenden Erörterung monirte der Aktionär Herr P. den § 7 des Statuts, betreffend die Uebernahme des Bauterrains von den Herren von B. und M. Derselbe hielt den Preis für zu hoch und auch das Terrain zur Zeit für zu ausgedehnt; man dürfe die Thätigkeit der Gesellschaft durch Uebernahme eines so großen Komplexes nicht ausschließlich an ein bestimmtes Stadtviertel ketten. Herr P. beantragte, den § 7 des Statuts zu streichen event. das zu übernehmende Terrain auf die Hälfte dem Maße nach festzusetzen. Hierauf wurde von anderer Seite erwidert, daß dies ein Antrag auf Aenderung der Statuten sei, und beantragt, zuvörderst über die Errichtung der Gesellschaft überhaupt und demnächst erst über die beantragte Statutenänderung zu beschließen. Demgegenüber verlangte Herr P. für seinen Antrag die Priorität, weil sich seine und anderer Aktionäre Abstimmung über die Errichtung der Gesellschaft darnach richte, ob sein Antrag auf Statutenänderung die Mehrheit finde. Der Richter schränkte zuvörderst die Erörterung auf die Frage ein, welchem Gegenstande die Priorität einzuräumen ist. Es wurde über diese Frage mit folgendem Ergebniß abgestimmt:

Von den anwesenden 24 Aktionären, stimmberechtigt für	2000 Aktien
stimmten nur Aktionär P. mit 20 und Z. mit 103, zusammen	123 Aktien
für die Priorität des P.'schen Antrages, während alle übrigen oben aufgeführten 22 Aktionäre mit .	1877 Aktien

52a) Derselbe ist hier nicht aufgenommen; vgl. S. 377 a. E.

für die Priorität der Beschlußfassung über Errichtung der Gesellschaft stimmten. Letztere Ansicht ist sonach zum Beschluß erhoben. Die Aktionäre P. und Z. erklärten ihren Widerspruch gegen diesen Beschluß mit dem Antrage, solchen zu Protokoll zu nehmen.[53])

Hierauf wurde über die Errichtung der Gesellschaft verhandelt, und war aus dem Ergebnisse der Erörterung nichts Wesentliches zu vermerken. Das Ergebniß der Abstimmung ist folgendes:

Es sind oben aufgeführt 24 Aktionäre mit .	2000 Aktien
Von diesen hatte sich der Aktionär R., stimmberechtigt für	30 Aktien
inzwischen entfernt; es stimmen sonach 23 Aktionäre mit	1970 Aktien.
Davon stimmen gegen die Errichtung nur 2 Aktionäre, nämlich P. u. Z. mit	123 Aktien
und für die Errichtung alle übrigen 21 Aktionäre mit	1847 Aktien

= 1,847,000 Mark Grundkapital. Die Errichtung der Gesellschaft ist sonach mit der gesetzlich erforderlichen Mehrheit beschlossen.

Auch gegen diesen Beschluß erklären die Aktionäre P. und Z. sofort ihren Widerspruch.

Hierauf wird der Antrag P. auf Streichung event. Abänderung des § 7 des Statuts zur Erörterung gestellt, und verlangte der Richter wegen des Eventualantrages vom Antragsteller zuvörderst eine genaue Präcision der dem § 7 eventuell zu gebenden Formulirung. Der Antragsteller verlangte darauf, es solle im § 7 statt der angegebenen Maße und Preise überall die Hälfte derselben gesetzt werden, worauf der Richter darauf hinwies, daß eine solche Formulirung das zu übernehmende Terrain nicht genügend erkennbar mache. Aus der Mitte der Versammlung wurde die völlige Unzulässigkeit des ganzen Antrages geltend gemacht: Der § 7 des Statuts enthalte ein Abkommen mit zweien der Gründer; Niemand könne dieselben verpflichten, die Aktien in höherem Betrage in Baar zu zahlen, als sie vertragsmäßig bei der Gründung übernommen hätten; noch viel weniger könnten sie gehalten werden, sich die willkürliche Verkleinerung des Kaufobjekts gefallen zu lassen.[54]) Herr P. beharrte auf der Abstimmung über seinen Antrag und vertrat die Ansicht, daß bei der Abstimmung die anwesenden Apporteure v. B. und M. nicht stimmberechtigt seien, weil es sich um Eingehung eines Rechtsgeschäftes mit ihnen selbst handle;[55]) wenn der Richter sie zur Abstimmung zulasse, so sei durch ihre alleinigen Stimmen die Mehrheit bereits entschieden. Der Richter eröffnete seine Meinung dahin, daß die Entscheidung über die Zulassung an dieser Stelle nicht ihm, sondern der Generalversammlung selbst zustehe; die ordnungsmäßige Fassung der Beschlüsse unterliege seiner Entscheidung erst, wenn es sich um deren Eintragung in das Register handle. Der

[53]) Vgl. Art. 222 mit 190a.

[54]) Dies ist auch völlig richtig; eine Aenderung des § 7 der Statuten ohne Zustimmung der Sacheinleger würde wirkungslos sein und die letzteren nicht binden.

[55]) Art. 221 mit 190 Abs. 3. Vgl. über die hier obwaltende Controverse Ring zu Art. 210a Anm. 5.

Erörterung dieses Punktes machten die Herren v. B. und M. mit der Erklärung ein Ende, sie würden, um allen Weiterungen vorzubeugen, sich der Abstimmung enthalten.[56])

Die darauf vorgenommene Abstimmung ergiebt folgendes Resultat: Es wird zuvörderst über den Antrag P. auf vollständige Streichung des § 7 des Statuts abgestimmt. Hierbei sind, wie bei der voraufgegangenen Abstimmung

gegangenen Abstimmung	23	Aktionäre mit	1970	Aktien
anwesend. Davon enthalten sich die erwähnten	2	„ „	1200	„
der Abstimmung; es stimmen . .	21	Aktionäre mit	770	Aktien
und zwar: für den Antrag lediglich die Aktionäre P. und Z., mithin .	2	„ „	123	„
gegen den Antrag alle übrigen, mithin	19	Aktionäre mit	647	Aktien.

Der Antrag ist sonach abgelehnt.

Den eventuellen Antrag auf Abänderung des § 7 ziehen die Antragsteller auf nochmalige Vorstellung des Richters über dessen Unverständlichkeit zurück.

Während hiernächst das Protokoll festgestellt wurde, entfernte sich der größte Theil der Anwesenden. Es meldeten sich indessen noch die Herren v. B. und M. und zeigten an, sie hätten, um jedweder Anfechtung der Beschlüsse aus dem Wege zu gehen, mit den Herren P, und Z. ein Abkommen wegen Erwerbung der Aktien dieser beiden Herren getroffen. Die noch anwesenden Herren P. und Z. bestätigten dieses und erklärten, daß sie ihre zu Protokoll vermerkten Widersprüche gegen diese Beschlüsse demgemäß zurücknehmen.

Hierauf wird das Protokoll allen noch Anwesenden vorgelesen, genehmigt und von ihnen wie folgt unterschrieben.

Folgen die Unterschriften,

worauf der Richter die Generalversammlung für geschlossen erklärte.

M. F.

---

[56]) Würde diese Stimmenthaltung nicht erfolgen, so müßte die Versammlung zuvörderst die Vorfrage der Stimmberechtigung entscheiden; bei dieser Entscheidung der Vorfrage sind v. B. u. M. jedenfalls stimmberechtigt. Wer die Entscheidung für unrichtig hält und sich durch sie benachtheiligt glaubt, kann die Anfechtung nach Maßgabe des Art. 221 mit 190 Abs. 3 unternehmen. Neben diesem Rechte besteht die Prüfungspflicht des Registerrichters, welcher die Eintragung zu versagen hat, falls er dafür hält, daß bei richtiger Stimmenberechnung die für die Errichtung der Gesellschaft erforderliche Mehrheit nicht vorhanden ist. Daß aber der Richter seine eventuelle Ansicht in der Versammlung selbst nicht zur maßgebenden machen darf, ergibt sich aus seiner Stellung als eines bloßen Leiters der Versammlung und ist von sehr großem praktischem Belang, falls die Ansicht des Richters auf eingelegte Beschwerde reprobirt wird. Denn durch eine unrichtiger Weise erfolgte Vereitelung des Errichtungsbeschlusses kann wegen Ablaufs der Frist des Art. 209e Nr. 4 unter Umständen die ganze Gründung vereitelt werden.

h.

Die Veröffentlichung des Gesellschaftsvertrages.[57])

H. G. B. Art. 210c.

Die Veröffentlichung erfolgt durch das Registergericht; sie muß ausführlichere Angaben enthalten, als die sonstigen Veröffentlichungen aus dem Handelsregister.

Muster.

Im Gesellschaftsregister des unterzeichneten Gerichtes ist heute unter Nr. 9832 die Aktiengesellschaft „Berliner Baugesellschaft Phönix" mit dem Sitze zu Berlin eingetragen worden. Die Gesellschaft ist von unbestimmter Dauer und hat die Herstellung von Häusern in Berlin oder dessen Umgebung, insbesondere zur Befriedigung des Bedürfnisses nach mittleren Wohnungen, zum Gegenstande. Der Gesellschaftsvertrag datirt vom 20. Januar 1887. Das Grundkapital der Gesellschaft beträgt drei Millionen Mark und ist in 3000 Aktien über je 1000 Mark eingetheilt; die Aktien lauten auf den Namen und sind nicht sämmtlich von den Gründern übernommen worden.

Der Vorstand besteht aus drei von der Generalversammlung zu wählenden Direktoren. Die Gesellschaft wird durch die Unterschrift zweier Direktoren oder eines Direktors und eines Prokuristen verpflichtet.

Bekanntmachungen Seitens der Gesellschaft erfolgen durch den „Deutschen Reichsanzeiger", die „Vossische Zeitung" und die „Post". Die Berufung der Generalversammlung erfolgt durch zweimalige öffentliche Bekanntmachung in den Gesellschaftsblättern dergestalt, daß zwischen der zweiten Bekanntmachung und der Generalversammlung eine Frist von einem Monat liegen muß. Das Fehlen von drei oder weniger Tagen an der Frist hat jedoch die Ungültigkeit nicht zur Folge.

Die Gründer der Gesellschaft sind:

1. der u. s. w. (nach Namen, Stand und Wohnort zu bezeichnen).

Von denselben haben der Geheime Kommerzienrath O. von B. und der Bankdirektor H. M. hierselbst Einlagen gemacht, die nicht in Baarzahlung bestehen, nämlich das ihnen gehörige Bauterrain zwischen Schöneberg und Wilmersdorf von . . . Hektar . . . Ar . . . Qu.-Meter, für welches ihnen Aktien im Betrage von einer Million Mark gewährt worden sind.[58])

Die Mitglieder des Vorstandes sind:

1. der u. s. w. (nach Namen, Stand und Wohnort zu bezeichnen).

---

[57]) Ueber die Prüfungspflicht des Registerrichters gegenüber gesetzwidrigen Bestimmungen in den Statuten vgl. Beschl. d. K. G. v. 24. October 1881, 10. Juli 1882, 19. November 1883, 12. Januar 1885 (J. u. K. II. 24, III. 13, IV. 32, V. 31).

[58]) Sind Vortheile zu Gunsten einzelner Aktionäre festgesetzt worden oder hat ein besonderer Gründungsaufwand stattgefunden (Art. 209b Abs. 1 u. 3), so muß auch dieses veröffentlicht werden.

Die Mitglieder des ersten Aufsichtsrathes sind:

1. der u. s. w. (nach Namen, Stand und Wohnort zu bezeichnen).

Als Revisoren zur Prüfung des Gründungsherganges haben fungirt:

1. der vereidete Bücherrevisor W. zu Berlin,
2. der vereidete Bücherrevisor B. zu Berlin.

Berlin, 8. Juli 1887.

Königliches Amtsgericht I, Abth. 56.

i.
Aktie.

H. G. B. Art. 220 182. 215c.

Vor der Eintragung der Gesellschaft in das Handelsregister dürfen weder Aktien noch Interimsscheine ausgegeben werden. Die Aktie darf auch nach dieser Eintragung erst ausgegeben werden, wenn sie voll eingezahlt ist (Art. 215c, 249b Nr. 2).

Muster einer Aktie.

Berliner Baugesellschaft Phönix, Aktiengesellschaft.

Aktie Nr. 373.

Der Kaufmann N. N. zu P.[59]) ist bei dem Grundkapital der unterzeichneten Gesellschaft durch baare Einzahlung von

eintausend Mark

betheiligt und nimmt damit verhältnißmäßigen Antheil am Gewinn und Verlust der Gesellschaft. Eingetragen im Aktienbuch der Gesellschaft unter Nr. 373.[60])

Berlin, 2. Oktober 1887.

Berliner Baugesellschaft Phönix.
(Unterschrift zweier Vorstandsmitglieder.)

Die Dividendenscheine Nr. 1—10 nebst Talon sind mit der Aktie ausgereicht.

---

[59]) Lautet die Aktie auf den Inhaber, so heißt es statt dessen „der Inhaber dieser Aktie".

[60]) Bei der Inhaberaktie fällt dieser Vermerk weg. — Lautet eine Namensaktie (bei der Inhaberaktie ist dies schlechterdings unzulässig) auf weniger als 1000 Mark, so muß sie noch einen Zusatz dahin tragen:

„Die Verausgabung dieser Aktie auf einen geringeren Betrag als 1000 Mark ist durch Genehmigung des Bundesraths vom ... gestattet";

oder:

„Zur Uebertragung dieser Aktie ist die Zustimmung des Aufsichtsraths und der Generalversammlung erforderlich. Die Uebertragung bedarf zu ihrer Gültigkeit einer die Person des Erwerbers bezeichnenden gerichtlich oder notariell beglaubigten Erklärung."

(Art. 215c Abs. 4). Die Verausgabung ohne diesen Zusatz macht die Emittenten strafbar (Art. 249b Nr. 4).

137. Die Simultangründung

geht in erheblich einfacherer Art vor sich. Die Gesellschaft gilt hier mit der Uebernahme sämmtlicher Aktien als errichtet; die Einberufung einer Generalversammlung durch den Richter findet nicht statt. Die Uebernahme aller Aktien Seitens der Gründer kann sofort bei Feststellung des Statuts erfolgen; es ist aber auch, wenn bei dieser Feststellung die Gründer nur einen Theil der Aktien übernommen haben, gestattet, daß sie nachträglich noch den Rest übernehmen; sie haben hierin ein Mittel, eine ursprünglich als successive geplante Gründung in eine simultane zu verwandeln. Eine solche nachträgliche Uebernahme muß in gerichtlicher oder notarieller Verhandlung erfolgen und es müssen die Beträge, welche die einzelnen Gründer nachträglich übernehmen, angegeben werden. (Art. 209d. Abs. 2.)

Soll gleich bei Feststellung des Statuts die Uebernahme sämmtlicher Aktien erfolgen, so kann die Gründung in folgender vereinfachten Art vor sich gehen: In einer und derselben Verhandlung stellen die Gründer das Statut fest, erklären die Uebernahme der Aktien ihrerseits, nehmen als Generalversammlung der Aktionäre die Wahl des Aufsichtsrathes und eventuell auch des Vorstandes vor und erklären, falls es sich um eine qualifizirte Gründung handelt, sofort den Gründerbericht zu Protokoll: Der Notariatsakt enthält alsdann die bei Muster 136 zu a, c und d bezeichneten Akte, während der Akt zu b (Zeichnungsschein) fortfällt.[1])

Darauf folgt die Prüfung der Gründung in gleicher Art wie bei der Successivgründung (Muster 136 zu e) und sodann die Anmeldung des Gesellschaftvertrages; letztere unterscheidet sich vom Falle der Successivgründung (Muster 136 zu f) dadurch, daß die Duplikate der Zeichnungsscheine und das Aktionärverzeichniß fortfallen. Auf die vollständig befundene Anmeldung veranlaßt das Gericht sofort die Eintragung des Gesellschaftsvertrages und die Veröffentlichung des vorgeschriebenen Auszugs (Muster 136 zu h). Besonderer Formulare für den Fall der Simultangründung bedarf es hiernach nicht.

— **Hinterlegung von Aktien zum Zwecke gerichtlicher Prozeduren** s. bei Nr. 112 zu 15 (S. 336).

[1]) Im Statut bedarf es in solchem Falle der „Uebergangsbestimmungen" in §§ 19—21 (oben S. 373) der Regel nach gar nicht. Die von den Gründern in Aussicht genommenen Aufsichtsrathsmitglieder können bei dem Akte mit anwesend sein und sich sofort konstituiren. Steht dem Aufsichtsrath die Vorstandswahl zu, so können sie auch diese sofort vornehmen. Alles dies kann in ein und demselben Notariatsakte beurkundet werden.

V.

Die Kommanditgesellschaft auf Aktien.[1])

H. G. B. Art. 173 ff.

Die Kommanditgesellschaft auf Aktien ist theoretisch nur eine Abart der gewöhnlichen Kommanditgesellschaft. Praktisch steht sie indessen der Aktiengesellschaft näher als jener. Sie unterscheidet sich von der gewöhnlichen Kommanditgesellschaft dadurch, daß die Einlagen der Kommanditisten durch Aktien dargestellt werden. Ihr Unterschied von der Aktiengesellschaft (H. G. B. Art. 207 ff.) besteht darin, daß bei dieser die sämmtlichen Gesellschafter nur mit bestimmten Einlagen betheiligt sind und nur auf den Betrag derselben für die Verbindlichkeiten der Gesellschaft haften, so daß den Gesellschaftsgläubigern keine andere Sicherheit gegeben ist, als diejenige, welche das Gesellschaftsvermögen gewährt, bei jener dagegen persönlich haftende Gesellschafter an der Spitze stehen, die außer dem Gesellschaftsvermögen mit ihrem ganzen Privatvermögen für die Verbindlichkeiten der Gesellschaft aufkommen müssen.

Die Errichtung der Kommandit-Aktien-Gesellschaft ist in analoger Weise neu geregelt, wie die der Aktiengesellschaft. Als wesentliche Unterschiede sind indessen hervorzuheben, daß die Simultangründung hier völlig ausgeschlossen ist, gleichwohl aber eine richterliche Mitwirkung bei Errichtung der Gesellschaft nicht stattfindet. Die einzelnen Gründungsakte sind auch hier die folgenden:

1. Die Feststellung des Statuts. Dieselbe erfolgt durch sämmtliche persönlich haftenden Gesellschafter — deren allerdings nicht nothwendig mehrere sein müssen — in gerichtlicher oder notarieller Verhandlung (Art. 175; vgl. Muster 136 zu a).
2. Die Aktienzeichnung, konform der bei der Aktiengesellschaft (Muster 136 zu b), nur daß der Statutenauszug entsprechend zu ändern ist. (Art. 175 c.)[2]).
3. Im Falle der qualifizirten Gründung (Art. 175 b Abs. 2) an Stelle des Gründerberichts (Muster 136 zu c) der hier von den persönlich haftenden Gesellschaftern zu erstattende, im Uebrigen analoge Bericht (Art. 175 d).

---

[1]) Wegen Umwandlung der Kommandit-Aktien-Gesellschaft in eine einfache Kommandit-Gesellschaft vgl. Beschl. d. K. G. vom 18. Mai 1885 (J. u. K. V. 36) und wegen Unnöthigkeit der Auflassung der Grundstücke an die neue Gesellschaft Beschl. v. 31. Mai 1886 (J. u. K. VI. 62; siehe auch J. u. K. II. S. 92).

[2]) „Gründer" im technischen Sinne giebt es bei der Kommandit-Aktien-Gesellschaft nicht und sind deshalb auch im Zeichnungsschein solche nicht zu erwähnen. Die Namen der Komplementare müssen aus dem Statutenauszug ersichtlich sein.

4. Die Generalversammlung der Kommanditisten zur Wahl des ersten Aufsichtsrathes (Art. 175e Abs. 1 u. 2). Derselben muß auch hier die Gesammtzeichnung des Aktienkapitals voraufgehen. Die Berufung der Versammlung liegt gesetzlich den persönlich haftenden Gesellschaftern ob und muß sofort nach der Zeichnung erfolgen. Eines Notariatsprotokolls über die Versammlung bedarf es nicht, insofern nicht etwa statutarisch ein solches vorgeschrieben ist. Wird indessen ein Notar zugezogen, so greift die für die Aktiengesellschaft gegebene Ausnahmevorschrift, wonach es keiner Zeugenzuziehung bedarf (Art. 238a), nicht Platz. Der Notar muß sonach zwei Zeugen zuziehen und wegen deren eventueller Ausschließung insbesondere die §§ 5. 8 des Not. Ges. beachten. Als „betheiligt" im Sinne des § 5 werden sämmtliche Aktionäre zu erachten sein. Der Zuziehung der Zeugen bedarf es erst vor der Vorlesung des Protokolls. (Not. Ges. § 7 Anm. 4). Vgl. im Uebrigen Muster 136 zu d. Ein Vorstand wird bei der Komm. Akt. Ges. nicht bestellt, da die Geschäftsleitung den Komplementaren obliegt. Ein Stimmrecht in den Generalversammlungen haben letztere selbst dann nicht, wenn sie Aktien übernehmen[3]).

5. Die Prüfung des Gründungsherganges. (Vgl. Muster 136 zu e). Dieselbe erfolgt hier ausschließlich durch die Mitglieder des Aufsichtsrathes. Eine Bestellung anderweiter Revisoren findet nicht statt, weil die Komplementare niemals Mitglieder des Aufsichtsrathes sein können (Art. 175e Abs. 3. 191 Abs. 1).

6. Eine fernere Generalversammlung der Kommanditisten zur Errichtung der Gesellschaft, entsprechend der bei Muster 136 zu g; nur daß eine richterliche Berufung und Leitung nicht stattfindet.[4]) Die Erklärung über Prüfung des Gründungsherganges liegt lediglich dem Aufsichtsrath ob (Art. 175f u. 175g).

7. Die Anmeldung des Gesellschaftsvertrages. Dieselbe er=

---

[3]) Dies gilt für alle Generalversammlungen und kann auch statutarisch nicht geändert werden (Art. 190 Abs. 4). Die Komplementare werden aber auch durch die Generalversammlung nicht vertreten, sondern haben dieser gegenüber ihre selbstständigen Rechte, wie jeder Komplementar gegenüber dem Kommanditisten. Vgl. Art. 186.

[4]) Eine gerichtliche oder notarielle Beurkundung des Beschlusses ist auch hier nich vorgeschrieben; die Zuziehung eines Notars ist aber rathsam für den Fall, daß etwa Statutenänderungen beantragt werden (Art. 175 f. a. E. mit Art. 180 f.)

folgt — abweichend von der Aktiengesellschaft — erst nach Abhaltung der zweiten Generalversammlung und dem in letzterer gefaßten Errichtungsbeschlusse.[5]) Die Anmeldung ist von sämmtlichen Komplementaren und sämmtlichen Aufsichtsrathsmitgliedern zu unterzeichnen. Die ersteren haben die Firma und ihre persönliche Namensunterschrift wie bei jeder Kommanditgesellschaft zu zeichnen. Im Uebrigen erfolgt die Anmeldung entsprechend dem Muster 136 zu f. Nur wird auch das Protokoll über die errichtende Generalversammlung beizufügen sein. (Art. 176. 153.)

8. Die Eintragung und Veröffentlichung des Gesellschaftsvertrages gemäß Muster 136 zu h mit den aus der Sache folgenden Aenderungen, worüber eine Vergleichung von Art. 177 mit Art. 210c das Nähere ergiebt.

Da sonach alle übrigen Muster denen der Aktiengesellschaft ohne Schwierigkeit nachzubilden sind, folgt hier nur noch ein solches für das Gesellschaftsstatut.

138. Muster eines Gesellschaftsvertrages (Statut).[6])

Statut
der
Deutschen Garn-Spinnerei Klotho & Co.
in Berlin.

Titel I.

Firma, Sitz, Zweck und Dauer der Gesellschaft.

§ 1.

Die Gesellschaft ist eine Kommandit-Gesellschaft auf Aktien und führt die Firma:

Deutsche Garn-Spinnerei Klotho & Co.

Die persönlich haftenden Gesellschafter sind:
1. Der Kaufmann Herr Arthur Klotho,
2. Der Kaufmann Herr Louis Hermes,
3. Der Ingenieur Herr Alfred Wilson

sämmtlich in Berlin.

§ 2.

Der Sitz der Gesellschaft ist in Berlin.

---

[5]) Dies hat zur Folge, daß die gesetzlich erforderliche Einzahlung von wenigstens einem Viertel des Nominalbetrages jeder Aktie hier erst nach der Errichtungsversammlung zu erfolgen braucht. Denn das Gesetz verlangt erst in der Anmeldung eine betreffende Erklärung (Art. 176 Abs. 3). Demgemäß braucht sich die Prüfung des Gründungsherganges auf diesen Punkt nur dann zu erstrecken, wenn die Komplementare zu dieser Zeit Angaben über bereits erfolgte Einzahlungen machen oder wenn das Statut eine frühere Einzahlung anordnet.

[6]) Vgl. zu Muster 136 Anm. 5 (S. 367).

§ 3.

Der Zweck der Gesellschaft ist die Errichtung und der Betrieb von Spinnereien zur Herstellung feiner Jute-Garne und sonstiger Gespinnste, und der Vertrieb der Produkte derselben.

§ 4.

Die Umwandlung der Gesellschaft in eine Aktiengesellschaft wird zugelassen.[7])

Titel II.

Grund-Kapital, Kommandit-Antheile, Kommanditisten und Bekanntmachungen.

§ 5.

Das Grund-Kapital wird auf 450 000 Mark, in Worten Vierhundertundfunfzigtausend Mark festgesetzt, und zwar legen davon die persönlich haftenden Gesellschafter funfzigtausend (50 000) Mark, nämlich die Herren Klotho und Hermes ein jeder vierundzwanzigtausend (24 000) Mark und Herr Wilson zweitausend (2 000) Mark, baar ein[8]), während das Gesammtkapital der Kommanditisten vierhunderttausend (400 000) Mark beträgt und in vierhundert auf den Inhaber lautende Aktien über je tausend (1 000) Mark[9]) zerlegt wird.

§ 6.

Auf die Aktien sind 25 Prozent sofort einzuzahlen. Die Einzahlung des Restes erfolgt auf Beschluß des Aufsichtsrathes der Gesellschaft zu den Zeiten, an den Zahlstellen und in den Raten, welche der Aufsichtsrath bekannt geben wird.

Die im Falle des Zahlungsverzuges nach Art. 184a und 184b des H. G. B. der Gesellschaft zustehenden Befugnisse dürfen die persönlich haftenden Gesellschafter nur auf Grund eines dahin gehenden Beschlusses des Aufsichtsrathes ausüben.

§ 7.

Ueber die erste Einzahlung werden nach Eintragung der Gesellschaft in das Handelsregister auf den Namen lautende Interimsscheine ausgestellt,[10]) auf welchen über die weiteren Einzahlungen von dem zur Empfangnahme des Geldes Berechtigten quittirt wird. Diese Interimsscheine werden nach erfolgter Vollzahlung der Aktie gegen Empfangnahme der letzteren zurückgegeben.

Wo in diesem Statute von Aktien die Rede ist, treten die Interimsscheine bis zur erfolgten Ausgabe der Aktien an deren Stelle.

---

[7]) Art. 206a.

[8]) Wegen des erforderlichen Mindestbetrages vgl. Art. 174a. — Die Einlage kann auch in der Art erfolgen, daß die Komplementare für dieselbe Aktien übernehmen; vgl. aber für diesen Fall Art. 181 Abs. 3.

[9]) Wegen Inhaber- und Namensaktien s. Art. 173. 182; wegen des Mindestbetrages der Aktien Art. 173a.

[10]) Art. 173 Abs. 4. 180i Abs. 3. 181a.

§ 8.

Die nach geschehener Vollzahlung des Nominalbetrages auszugebenden Aktien werden unter fortlaufenden Nummern ausgefertigt. Dieselben sind ebenso wie die Interimsscheine mit dem Facsimile eines persönlich haftenden Gesellschafters und eines Mitgliedes des Aufsichtsrathes zu versehen.

Den Aktien werden Dividendenscheine für zehn Geschäftsjahre und ein Talon, welcher zur Erhebung einer neuen Serie von Dividendenscheinen nebst Talon ermächtigt, beigefügt. Das Schema der Aktien, Talons und Dividendenscheine sowie der Interimsscheine stellt der Aufsichtsrath fest.

§ 9.

Dividenden, welche binnen vier Jahren nach Ablauf desjenigen Kalenderjahres, in welchem sie fällig geworden sind, nicht abgehoben werden, verfallen zu Gunsten der Gesellschaft.

Ist aber ein Dividendenschein verloren gegangen und der Verlust der Gesellschaft innerhalb obiger Frist angezeigt, so wird der Betrag des Dividendenscheines noch innerhalb einer ferneren, vom Ablaufe der vier Jahre zu berechnenden, präklusivischen Frist von einem Jahre nachgezahlt, insofern nicht etwa der Dividendenschein von einem Dritten inzwischen eingereicht und realisirt ist.

Die Gesellschaft wird durch Annahme der Anzeige von dem Verlust eines Dividendenscheines nicht verpflichtet, die Legitimation eines etwaigen Präsentanten zu prüfen oder die Realisation zu vertagen. Dem Verlierer und dem Inhaber des Scheines bleibt vielmehr die Ausführung der Ansprüche auf den Betrag desselben lediglich überlassen. Eine Amortisation verlorener Dividendenscheine findet nicht statt.

§ 10.

Auch verlorene Talons können nicht amortisirt werden.

Die Ausreichung der neuen Serie von Dividendenscheinen erfolgt, wenn der dazu bestimmte Talon nicht innerhalb der ersten drei Geschäftsjahre, für welche die neue Serie bestimmt ist, eingereicht worden ist, an den Präsentanten der betreffenden Aktie.

Ist aber der Verlust des Talons den persönlich haftenden Gesellschaftern angezeigt, und der Aushändigung der neuen Serie der Dividendenscheine widersprochen worden, so werden die letzteren bis zur Erledigung des Streites zurückgehalten.

§ 11.

Sind Aktien verloren gegangen oder vernichtet worden, so ist deren Aufgebot im Gerichtsstande der Gesellschaft bei dem Amtsgerichte I. zu Berlin nachzusuchen.

Nach Erlassung des Ausschlußurtheils und Beseitigung eines etwa in demselben gemachten Vorbehalts erfolgt die Ausfertigung und Ausreichung einer neuen Aktie unter neuer Nummer auf Kosten des Antragstellers.

§ 12.

Sind Aktien, Talons und Dividendenscheine zwar nicht verloren, aber beschädigt, jedoch in ihren wesentlichen Theilen noch dergestalt erhalten, daß über ihre Richtigkeit kein Zweifel obwaltet, so sind die persönlich haftenden Gesellschafter ermächtigt, mit Zustimmung des Aufsichtsrathes gegen Einlieferung der beschädigten Papiere neue gleichartige Papiere auf Kosten des Inhabers unter neuen Nummern auszufertigen und auszureichen.

§ 13.

Alle öffentlichen Bekanntmachungen der Gesellschaft erfolgen durch den Deutschen Reichs-Anzeiger. [11])

Jede Bekanntmachung gilt als gehörig publizirt, wenn sie einmal durch das genannte Blatt veröffentlicht ist. Außerdem haben aber die persönlich haftenden Gesellschafter die die Gesellschaft betreffenden Bekanntmachungen noch in denjenigen Blättern zu veröffentlichen, welche zu dem Zwecke jeweilig von dem Aufsichtsrathe werden bestimmt werden, ohne daß indessen diese letzteren Veröffentlichungen zur Rechtswirksamkeit der betreffenden Bekanntmachungen erforderlich sind.

Titel III.

Organisation und Verwaltung.

I. Persönlich haftende Gesellschafter.

§ 14.

Die persönlich haftenden Gesellschafter haben die ihnen nach dem Gesetze zustehenden Rechte und Pflichten, soweit nicht ausdrücklich abweichende Bestimmungen in diesem Statute getroffen sind.

§ 15.

Durch den Tod eines persönlich haftenden Gesellschafters, durch dessen Privatkonkurs oder die sonst eintretende rechtliche Unfähigkeit zur Vermögensverwaltung und durch eine von demselben dem Aufsichtsrathe der Gesellschaft sechs Monate vor Ablauf eines Geschäftsjahres zu dem Ende desselben zugestellte schriftliche Kündigung scheidet derselbe aus der Gesellschaft aus.

Durch das Ausscheiden eines persönlich haftenden Gesellschafters wird die Gesellschaft selbst nicht aufgelöst, solange noch mindestens ein persönlich haftender Gesellschafter verbleibt. [12])

§ 16.

Der Eintritt eines oder mehrerer neuer persönlich haftender Gesellschafter erfolgt auf Antrag der übrigen persönlich haftenden Gesellschafter durch Beschluß der Generalversammlung der Kommanditisten mit einfacher Mehrheit der abgegebenen Stimmen. [13])

---

[11]) Art. 175 Nr. 7 und letzter Absatz.

[12]) Art. 175a Nr. 6 u. Art. 199.

[13]) Ein solcher Neueintritt enthält eine Statutenänderung. Art. 175 Nr. 1, vgl. dazu Art. 180g.

§ 17.

Zur Vertretung der Gesellschaft sind stets nur je zwei persönlich haftende Gesellschafter gemeinschaftlich befugt. Urkunden, welche die Gesellschaft verpflichten sollen, sind unter der Firma der Gesellschaft auszustellen und von zwei persönlich haftenden Gesellschaftern zu vollziehen.[14])

§ 18.

Unbeschadet der Befugniß zur Vertretung der Gesellschaft nach außen sind die persönlich haftenden Gesellschafter zu den nachstehenden Maßregeln nur auf Grund der vorher ertheilten Ermächtigung des Aufsichtsrathes befugt:

1. zum Erwerb, zur Veräußerung und Verpfändung von Immobilien,
2. zum Erwerb, zur Veräußerung, zur Verpfändung und Löschung von Hypotheken und Grundschulden,
3. zu Neubauten und solchen Umbauten, die im einzelnen Falle einen Kostenaufwand von mehr als 3 000 Mark erfordern,
4. zum Abschluß von Pacht- und Miethsverträgen auf eine längere Zeit als fünf Jahre, oder zu einem höheren Jahreszins als fünftausend Mark,
5. zur Anstellung von Beamten und Hülfsarbeitern, deren Jahresgehalt mehr als fünftausend Mark beträgt, oder hinsichtlich deren die Kündigung länger als zwölf Monate ausgeschlossen wird,
6. zur Bestellung eines Prokuristen,
7. zur Anschaffung von Mobilien, Utensilien und Maschinen, wenn die Ausgabe mehr als sechstausend Mark in jedem einzelnen Falle beträgt,
8. zum Abschluß von Lieferungs- und sonstigen Verträgen, bei welchen Kredite in Höhe von zwanzigtausend Mark oder mehr gewährt oder genommen werden sollen.

Die persönlich haftenden Gesellschafter sollen ferner Prokuristen stets in der Art bestellen, daß nur zwei Prokuristen gemeinschaftlich oder ein persönlich haftender Gesellschafter und ein Prokurist zur Vertretung befugt sind.

II. Aufsichtsrath.

§ 19.

Der Aufsichtsrath besteht aus mindestens drei und höchstens fünf Mitgliedern.[15]) Die Zahl setzt innerhalb dieser Grenze die General-

---

14) Vgl. Art. 196 und Art. 86 Nr. 4; letztere Vorschrift bezieht sich zwar nur auf die offene Handelsgesellschaft, wird aber allgemein auch auf die Kommanditgesellschaft für anwendbar erachtet. Vgl. Ring zu Art. 196 Anm. 1.

15) Art. 175e. 191.

versammlung fest. Dieselbe wählt die Mitglieder des Aufsichtsrathes aus der Zahl der Kommanditisten.[16])

Die Wahl des Aufsichtsrathes erfolgt — abgesehen von der gesetzlich feststehenden Wahlperiode des ersten Aufsichtsrathes — auf vier Geschäftsjahre[17]) mit der Maßgabe, daß der Austritt zu erfolgen hat mit der ordentlichen Generalversammlung des letzten Geschäftsjahres der Wahlperiode, und daß in den ersten zwei Jahren je ein Mitglied, im dritten Jahre die übrigen Mitglieder auszuscheiden haben.

Im Anfange werden die Namen der ausscheidenden Mitglieder durch das in der Generalversammlung von dem Vorsitzenden derselben oder vorher in einer Sitzung des Aufsichtsrathes von dessen Vorsitzenden zu ziehende Loos, demnächst durch die Reihenfolge des Eintritts bestimmt.

Die Ausgeschiedenen sind wieder wählbar.

Wenn ein Mitglied des Aufsichtsrathes vor Ablauf der für seine Amtsdauer bestimmten Zeit stirbt, ausscheidet oder dauernd an der Ausübung seines Amtes verhindert ist, so ist eine Ersatzwahl bis zur nächsten ordentlichen Generalversammlung nicht erforderlich, insofern noch mindestens drei Mitglieder in Funktion bleiben.

§ 20.

Jedes Mitglied des Aufsichtsrathes hat bei seinem Amtsantritt zehntausend (10 000) Mark in Aktien der Gesellschaft zum Nominalbetrage bei der Gesellschaftskasse für die Dauer seiner Amtszeit zu hinterlegen.

§ 21.

Der Aufsichtsrath wählt alljährlich nach der ordentlichen Generalversammlung aus seiner Mitte einen Vorsitzenden und einen Stellvertreter desselben.

§ 22.

Der Aufsichtsrath versammelt sich am Sitze der Gesellschaft oder an denjenigen Orten, an welchen die Gesellschaft Etablissements besitzen wird, so oft die Geschäfte es erfordern.

Die Berufung erfolgt durch den Vorsitzenden, und ist der Aufsichtsrath beschlußfähig, wenn wenigstens drei Mitglieder anwesend sind.

Die persönlich haftenden Gesellschafter sind berechtigt, den Sitzungen des Aufsichtsrathes beizuwohnen, wenn nicht über ihre eigenen Angelegenheiten verhandelt wird oder der Aufsichtsrath ein anderes beschließt.

Die Berufung des Aufsichtsrathes muß erfolgen, wenn ein Mitglied desselben oder ein persönlich haftender Gesellschafter es verlangt.

Die Beschlüsse werden mit einfacher Stimmenmehrheit gefaßt; bei Stimmengleichheit entscheidet die Stimme des Vorsitzenden, bei Wahlen

---

[16]) Die Beschränkung der passiven Wählbarkeit auf die Kommanditisten ist gesetzlich nicht erforderlich.

[17]) Art. 191.

indessen, insofern nicht die Entscheidung durch eine engere Wahl herbeigeführt werden kann, das Loos.

Im Uebrigen setzt der Aufsichtsrath selbst seine Geschäftsordnung fest.

Ueber die Sitzungen des Aufsichtsrathes wird ein Protokoll geführt, welches von dem Vorsitzenden und einem zweiten Mitgliede des Aufsichtsrathes zu vollziehen ist.

Alle Beschlüsse und Erklärungen des Aufsichtsrathes werden mit Wirkung gegen Dritte insbesondere auch gegen die persönlich haftenden Gesellschafter dadurch beurkundet, daß unter den Beschluß oder die Erklärung die Worte gesetzt werden:

„der Aufsichtsrath der Deutschen Garn-Spinnerei Klotho & Co.“

und die Unterschrift des Vorsitzenden des Aufsichtsrathes oder dessen Stellvertreters beigefügt wird.

§ 23.

Der Aufsichtsrath ist befugt, aus seiner Mitte eines oder mehrere Mitglieder zu bestimmten Geschäften abzuordnen und die hierfür erforderlichen Vollmachten denselben auszustellen.[18])

§ 24.

Die Mitglieder des Aufsichtsrathes beziehen kein Gehalt, haben indeß auf Ersatz der bei Ausübung ihrer Funktionen entstehenden baaren Auslagen Anspruch.

Außerdem erhalten sie mit Ausnahme derjenigen des ersten Aufsichtsrathes[19]) die im § 36 festgesetzte Tantieme vom Reingewinne.

III. General-Versammlung.

§ 25.

Innerhalb der ersten sechs Monate des Kalenderjahres findet regelmäßig in Berlin eine ordentliche Generalversammlung der Kommanditisten statt,[20]) welche vom Vorsitzenden des Aufsichtsrathes zu berufen ist. Außerdem können die persönlich haftenden Gesellschafter oder der Aufsichtsrath jederzeit außerordentliche Generalversammlungen berufen.[21])

Die Bekanntmachung der Berufung zu den Generalersammlungen muß drei Wochen vor dem anberaumten Termine nach Maßgabe des § 13 veröffentlicht sein. Anträge, welche in der Generalversammlung zur Beschlußfassung gelangen sollen, müssen dem Vorsitzenden des Aufsichtsrathes schriftlich so zeitig eingereicht werden, daß dieselben bei der Berufung der Versammlung bekannt gemacht werden können.[22])

---

18) Vgl. Art. 193.

19) Vgl. Art. 192.

20) Art. 185.

21) Art. 187.

22) Art. 175 Nr. 6 u. Art. 189; vgl. wegen der Fristberechnung oben zu Muster 136 Anm. 26 (S. 371).

§ 26.

Zur Theilnahme an den Generalversammlungen sind diejenigen Kommanditisten berechtigt, welche bis zum Tage vor der anberaumten Generalversammlung Abends sechs Uhr entweder ihre Aktien oder die über dieselben lautenden Depotscheine der Reichsbank bei der Gesellschaftskasse mit einem doppelten Nummer-Verzeichniß deponirt haben, oder die geschehene Niederlegung derselben bei anderen, von dem Aufsichtsrathe in der öffentlichen Bekanntmachung zu bezeichnenden, Stellen durch Bescheinigung nachweisen.

Ueber die geschehene Einreichung der Aktien oder Bescheinigungen ist den Kommanditisten ein Depositionsschein auszufertigen, welcher als Einlaßkarte zur Generalversammlung dient, und in welchem die Zahl der Stimmen anzugeben ist, zu denen der Kommanditist nach Maßgabe des von ihm in der vorstehend angegebenen Art nachgewiesenen Aktienbesitzes gemäß § 28 des Statuts berechtigt ist.

§ 27.

Stimmberechtigte Kommanditisten können sich nur durch andere mit schriftlicher Vollmacht versehene Kommanditisten vertreten lassen.

Ueber die Anerkennung der Vollmachten, sofern dieselben nicht gerichtlich oder notariell beglaubigt sind, entscheiden bei etwa entstehendem Zweifel die in der Versammlung anwesenden Mitglieder des Aufsichtsrathes.

Minderjährige und andere Bevormundete werden durch ihre Vormünder, Ehefrauen durch ihre Ehemänner, juristische Personen durch ihre gesetzlichen Repräsentanten, Firmen durch einen ihrer Inhaber oder Prokuristen vertreten, auch wenn diese nicht Kommanditisten sind.

§ 28.

Jede Aktie giebt dem Inhaber eine Stimme. Die Zahl der Stimmen, welche ein Kommanditist in seiner Hand vereinigen kann, darf höchstens fünfzig betragen.[23])

§ 29.

Den Vorsitz in der Generalversammlung führt der Vorsitzende des Aufsichtsrathes oder dessen Stellvertreter und bei deren Behinderung ein von der Generalversammlung aus ihrer Mitte unter dem Vorsitze des anwesenden ältesten Mitgliedes zu wählender Vorsitzender.

Der Vorsitzende leitet die Verhandlungen, und bestimmt die Reihenfolge der Vorträge sowie den Abstimmungsmodus. Bei Widerspruch hiergegen entscheidet die Versammlung.

§ 30.

Bei Wahlen findet, insofern sie nicht einstimmig durch Acclamation erfolgen, geheime Abstimmung durch Stimmzettel statt. Jeder Stimmberechtigte erhält zu diesem Zwecke einen mit dem Gesellschafts-

[23]) Art. 190.

stempel versehenen Stimmzettel, auf welchem die Zahl der von ihm abzugebenden Stimmen ausgedrückt ist, oder nach seiner Wahl eine beliebige Anzahl von Stimmzetteln, welche zusammen die Zahl seiner Stimmen darstellen. Die Abgabe anderer Stimmzettel ist nicht gestattet.

§ 31.

Die Beschlüsse werden, vorbehaltlich der Bestimmung des § 35, durch absolute Mehrheit gefaßt.

Im Falle der Stimmengleichheit entscheidet die Stimme des Vorsitzenden. Bei Wahlen findet, falls die absolute Mehrheit im ersten Wahlgange nicht erreicht wird, eine engere Wahl unter den zwei Kandidaten statt, welche die meisten Stimmen auf sich vereinigt haben; bei Stimmengleichheit entscheidet sowohl über die Frage, wer in die engere Wahl kommen soll, als über das Ergebniß der letzteren das Loos.

§ 32.

Ueber die Beschlüsse in der Generalversammlung wird ein notarielles Protokoll aufgenommen,[24]) und von dem Vorsitzenden und mindestens noch zwei von diesem zu bezeichnenden Mitgliedern der Versammlung unterschrieben. Dem Protokoll ist ein von dem Vorsitzenden unterschriftlich zu vollziehendes Verzeichniß der erschienenen beziehungsweise vertretenen Kommanditisten beizufügen.[25])

Eine Beifügung der Vollmachten zu dem Protokoll ist nicht erforderlich.

§ 33.

In der ordentlichen Generalversammlung haben die persönlich haftenden Gesellschafter den mit den Bemerkungen des Aufsichtsrathes versehenen Bericht über den Vermögensstand und die Verhältnisse der Gesellschaft, die Gewinn- und Verlustrechnung und die Bilanz für das verflossene Geschäftsjahr zu erstatten.

Die Generalversammlung hat über die Genehmigung der Bilanz, die Ertheilung der Decharge an die persönlich haftenden Gesellschafter und den Aufsichtsrath, sowie über die Feststellung der Dividende zu beschließen.[26])

Demnächst erfolgt die Wahl der Mitglieder des Aufsichtsrathes und die Wahl von vereideten Revisoren, zu welchen auch Personen, die nicht Kommanditisten der Gesellschaft sind, ernannt werden dürfen.

§ 34.

Den Revisoren liegt die Prüfung der Bilanz desjenigen Geschäftsjahres ob, in welchem sie gewählt sind. Ueber das Resultat der Prüfung ist in dem auf ihre Wahl folgenden Jahre der ordentlichen Generalversammlung Bericht zu erstatten.

---

[24]) Die notarielle Form wird trotz mangelnden gesetzlichen Zwanges auch von den Kommandit-Aktiengesellschaften meist statutarisch vorgeschrieben.

[25]) Vgl. zu § 10 Not. Ges. Anm. 2 und zu Muster 136 Anm. 29.

[26]) Art. 185—186.

§ 35.[27])

Zu Beschlüssen der Generalversammlung, welche lauten:

1. auf Erhöhung, Herabsetzung oder theilweise Zurückzahlung des Gesammtkapitals der Kommanditisten,[28])
2. auf Aenderungen des Statuts[29]) mit Ausnahme des im § 16 vorgesehenen Falles,
3. auf Auflösung der Gesellschaft

ist eine Mehrheit von zwei Dritteln des in der Generalversammlung vertretenen Gesammtkapitals erforderlich.[30]) Für die Auflösung bedarf es überdies einer Beschlußfassung in zwei Generalversammlungen, zwischen welchen ein Zeitraum von mindestens einem und höchstens drei Monaten liegen muß und es ist die gedachte Mehrheit in jeder der beiden Versammlungen erforderlich (vgl. überdies § 39).

Titel IV.

Bilanz. Dividende. Reservefonds.

§ 36.

Das Geschäftsjahr läuft vom 1. Januar bis zum 31. Dezember jeden Jahres, das erste Geschäftsjahr vom Tage der Eintragung der Gesellschaft in das Handelsregister bis zum 31. Dezember 1887. Am Schlusse eines jeden Geschäftsjahres wird durch die persönlich haftenden Gesellschafter vollständige Inventur gemacht und die Bilanz gezogen.[31])

§ 37.

Der Reingewinn der Gesellschaft wird in nachstehender Reihenfolge vertheilt:

1. zu einem zu bildenden Reservefonds bis zur Erreichung der im § 38 festgesetzten Höhe fünf Prozent,[32])
2. an die Kommanditisten bis zu 4 Prozent Dividende,[33])
3. an die persönlich haftenden Gesellschafter und zwar zu gleichen Theilen ein Drittel des nach Abzug der Beträge zu 1 und 2 verbleibenden Betrages.
4. an die Beamten der Gesellschaft die denselben vertragsmäßig zustehenden Tantiemen, welche indessen drei Prozent des Gesammt-Reingewinnes nicht überschreiten dürfen,
5. an den Aufsichtsrath sieben und ein halb Prozent des nach Abzug der Positionen zu 1—4 verbleibenden Theils des Reingewinnes,
6. an die Kommanditisten bis zu 11 Prozent weitere Dividende,

---

27) Vgl. Art. 175a Nr. 5.
28) Art. 180h u. 203.
29) Art. 180g.
30) Vgl. noch die Fälle in Art. 191 Abs. 4 und Art. 206a.
31) Art. 185 u. 185a.
32) Art 185b.
33) Art. 197 Abs. 2.

7. fernere Ueberschüsse sind, insoweit die persönlich haftenden Gesellschafter in Gemeinschaft mit dem Aufsichtsrathe es für angemessen erachten, ganz oder theilweise zu einem Spezial-Reservefonds abzuführen; insoweit dies nicht geschieht, werden sie als Dividende unter die Kommanditisten vertheilt.

Die Dividende wird jährlich am 1. Juli des auf das Geschäftsjahr folgenden Jahres fällig. Die Beschlüsse wegen der Auszahlung faßt der Aufsichtsrath.

Die Zahlung erfolgt gegen Einlieferung des betreffenden Dividendenscheines an den von dem Aufsichtsrathe zu bestimmenden Stellen.

§ 38.

Der allgemeine Reservefonds, über welchen besonders Rechnung zu führen ist, dient zur Deckung eines aus der Jahresbilanz sich ergebenden Verlustes.

Die Ueberweisungen an diesen Fonds hören auf, sobald derselbe den zehnten Theil des Grundkapitals erreicht hat.

Der dafür bestimmte Gewinnantheil fällt alsdann den Kommanditisten zu; im Falle der Verminderung ist der Reservefonds wieder nach Maßgabe des § 37 zu ergänzen. Die etwa gebildeten Specialreserven dienen zur Deckung ungewöhnlicher Verluste und unvorhergesehener Ausgaben, und soweit sie hierzu nicht verbraucht werden, zur Erweiterung des Unternehmens.

Ueber die Verwendung dieser Specialreservefonds im einzelnen Falle entscheidet der Aufsichtsrath in Gemeinschaft mit den persönlich haftenden Gesellschaftern.

Titel V.

Auflösung der Gesellschaft.

§ 39.

Die Gesellschaft löst sich auf, wenn die Auflösung von der Generalversammlung nach Maßgabe des § 35 beschlossen wird. Ein solcher Beschluß kann nur gefaßt werden, wenn der diesfällige Antrag entweder von der Mehrheit des Aufsichtsrathes oder von einer Anzahl Kommanditisten, die zusammen ein Drittel des Gesammtkapitals der Kommanditisten besitzen, gestellt ist. Den persönlich haftenden Gesellschaftern steht ein Widerspruch gegen den Auflösungsbeschluß oder die Beanspruchung einer Kündigung nicht zu.

§ 40.

Diejenige Generalversammlung, welche nach der vorstehenden Bestimmung die Auflösung rechtsgültig beschließt, hat zugleich zu bestimmen, durch wen die Liquidation erfolgen soll,[34]) und die Modalitäten der Liquidation festzusetzen, soweit solche nicht durch das Gesetz bestimmt sind. Dieselbe ist auch berechtigt, die Liquidatoren zur Veräußerung von unbeweglichen Sachen aus freier Hand zu ermächtigen.[35])

---

[34]) Art. 205.

[35]) Vgl. Art. 172 mit 137 Abs. 2.

VI.

Die eingetragene Genossenschaft.

Ges. v. 4. Juli 1868 (B. G. Bl. S. 415). — Ges. v. 19. Mai 1871 (R. G. Bl. S. 101). — Instr. vom 17. Dezember 1868. (J. M. Bl. S. 392.) — A. G. z. G. V. G. §. 25.

Dernburg II § 215 S. 621; Foerster-Eccius IV § 283 S. 753.

Ueber die Zwecke, welche eingetragene Genossenschaften verfolgen dürfen, vgl. § 1 des Ges. v. 4. Juli 1868 mit der Deklaration vom 19. Mai 1871 [1]).

Zur Gründung ist erforderlich: 1) die schriftliche Abfassung des Gesellschaftsvertrages (Statuts); privatschriftliche Form genügt, 2) die Annahme einer gemeinschaftlichen Firma, welche vom Gegenstande der Unternehmung entlehnt sein und die zusätzliche Bezeichnung „eingetragene Genossenschaft" enthalten muß. Ein Personenname darf darin nicht vorkommen, die Firma muß eine s. g. Sachfirma sein. Wegen der Anmeldung zum Genossenschaftsregister gelten dieselben Formen wie beim Handelsregister (s. o. zu Muster 125. S. 350.)

Beitritts-Erklärungen zur Genossenschaft müssen schriftlich erfolgen.

139. Errichtung der Genossenschaft.

a.

Gesellschaftsvertrag (Statut).

Am heutigen Tage, den 3. März 1887, ist aus Anlaß einer öffentlichen Aufforderung einiger hiesiger Einwohner eine Anzahl Personen zusammengetreten, welche einen Konsumverein unter nachfolgenden Bestimmungen zu gründen beschlossen haben.

§. 1.

Als Firma der Gesellschaft soll geführt werden:
Neisser Konsumverein. Eingetragene Genossenschaft.
Die Genossenschaft hat ihren Sitz in Neisse.

§. 2.

Der Gegenstand des Unternehmens ist gemeinschaftlicher Einkauf von Lebensbedürfnissen im Großen und Ablaß in kleineren Partien an die Mitglieder der Gesellschaft.

§. 3.

Die Zeitdauer ist auf zehn Jahre bestimmt. Vier Wochen vor Ablauf dieses Zeitraums wird eine Generalversammlung berufen, um

[1]) Auch der gemeinsame Einkauf von Arzneimitteln im Großen und deren Vertheilung an die Mitglieder im Kleinen ist ein statthafter Gegenstand des Unternehmens einer Genossenschaft. Beschl. d. K. G. v. 5. Mai 1884 (J. u. K. V 39).

besonders darüber zu berathen und zu beschließen: ob und auf wie lange die Genossenschaft fortbestehen soll. In dieser Generalversammlung wird der Beschluß nach der einfachen Mehrheit der Erschienenen gefaßt. Stimmengleichheit gilt für Verneinung der Verlängerung.

§. 4.

Die Mitgliederzahl ist nicht geschlossen. Zum Eintritt in die Genossenschaft geeignet ist jede handlungsfähige Person ohne Unterschied des Geschlechts, welche im Vollbesitz der bürgerlichen Ehrenrechte ist und den Bedingungen betreffend die Einzahlung des Betrages der Geschäftsantheile Genüge leistet, auch die vorgeschriebene Beitrittserklärung vor dem Vorstande abgiebt.

Der Austritt kann nur mit dem Schluß des Geschäftsjahres stattfinden, wenn derselbe drei Monate vorher angekündigt worden ist. Ausgeschlossen kann ein Mitglied aus wichtigen Gründen werden: ob die vorgebrachten Gründe wichtig sind, darüber befindet die Generalversammlung nach freiem Ermessen durch einfache Stimmenmehrheit.

§. 5.[2])

Der Betrag der Geschäftsantheile ist auf 300 Mark festgestellt. Darauf müssen mit dem Eintritt zugleich 10 Mark baar eingezahlt werden. Das Uebrige kann durch monatliche Zahlungen nicht unter einer Mark und durch Zuschreibung von Dividenden aufgebracht werden, es können aber nie mehrere Antheile in Einer Hand vereinigt sein. Tritt unvorbereitete Vereinigung, etwa durch Erbanfall oder Schenkung, ein, so muß binnen Jahresfrist der eine Antheil, gleichviel welcher, an einen von dem Vorstande genehmigten Anderen veräußert werden, widrigenfalls durch den Vorstand der Ausschluß des angefallenen Antheils zu beschließen ist. Andere Uebertragungen sind unzulässig.

§. 6.

Die Bilanz ist binnen 8 Tagen nach der Eröffnung des Gewerbebetriebs von dem Vorstande der Genossenschaft aufzunehmen und von ihm zu unterschreiben. In derselben sind die vorhandenen Waarenbestände zum Anschaffungspreise zu verzeichnen, der Betrag des vorhandenen baaren Geldes und die vorhandenen anderen Vermögensstücke mit Beifügung des Werthes anzugeben und die ausstehenden Forderungen mit Benennung der Schuldner zu verzeichnen; desgleichen sind die Schulden mit Angabe der Gläubiger und des Grundes der Forderungen aufzuführen, und das Aktivvermögen ist mit dem Passivvermögen durch einen Abschluß zu vergleichen. Demnächst hat der Vorstand in jedem Jahre innerhalb 4 Wochen nach dem Schluß des Geschäftsjahres ein solches Inventar und eine solche Bilanz des

---

[2]) Der Gegenstand dieser Bestimmung erscheint in der Praxis in großer Mannigfaltigkeit.

Genossenschaftsvermögens neu aufzunehmen, wobei zweifelhafte Forderungen nach ihrem wahren Werthe anzusetzen und uneinbringliche Forderungen abzuschreiben sind.

Als Gewinn wird der Betrag angesehen und berechnet, welcher sich als Ueberschuß über den Betrag der Einlagen darstellt. Die Zahlung desselben an die einzelnen Genossenschafter oder die Zuschreibung zu den einzelnen Einlagen erfolgt am 2. Januar.

Die Prüfung der Bilanz erfolgt durch den Aufsichtsrath in der Weise, daß die einzelnen Posten mit den Beständen, den Büchern und der Kasse verglichen und darnach, wenn nöthig, berichtigt werden, worauf die Bilanz kalkulatorisch festgestellt wird.

§. 7.

Die Wahl des Vorstandes, bestehend aus drei Mitgliedern und deren Stellvertretern, erfolgt in einer Generalversammlung durch Wahlzettel in geheimer Abstimmung, nach absoluter Stimmenmehrheit, auf drei Jahre. Die Wiederwahl ist zulässig. Zettel mit unleserlichen Namen und unbeschriebene Zettel, sowie Zettel mit Namen, deren Träger nicht Mitglieder der Genossenschaft sind, sind ungültig. Fällt nicht im ersten Wahlgange die Mehrheit der Stimmen auf dieselbe Person, so kommen diejenigen Zwei, welche die meisten Stimmen haben, in die engere Wahl. Haben mehr als Zwei gleiche Stimmen, so werden davon Zwei für die engere Wahl durch das Loos bestimmt. Ebenso entscheidet bei Stimmengleichheit in der engeren Wahl das Loos.

Die Zusammensetzung des Vorstandes geschieht in der Ordnung, in welcher die Wahl erfolgt ist, so daß der zuerst gewählte Direktor, der Zweitgewählte erster Beisitzer, der Drittgewählte zweiter Beisitzer ist.

In dieser Art wurde sofort zur Wahl des ersten Vorstandes geschritten und solchergestalt

der Herr A. zum Direktor und der Herr AA. zu dessen Stellvertreter,

der Herr B. zum ersten Beisitzer und der Herr BB. zu dessen Stellvertreter,

der Herr C. zum zweiten Beisitzer und der Herr CC. zu dessen Stellvertreter

bestellt. Diese Herren nahmen die Wahl an und versprachen sich in Ausübung ihrer Rechte und in Erfüllung ihrer Pflichten nach den Vorschriften des Gesetzes vom 4. Juli 1868 zu richten.

§. 8.

Zur Legitimation des jetzt gewählten Vorstandes bei dem Handelsrichter Behufs der Eintragung dient die Vorlegung des gegenwärtigen, von sämmtlichen Mitgliedern der Genossenschaft unterschriebenen Vertrags; künftig dient zu diesem Zweck das Wahlprotokoll welches nur von dem Vorstande und dem Schriftführer vollzogen wird.

Der Vorstand faßt seine Beschlüsse nach Mehrheit der Stimmen. Zur Zeichnung für die Genossenschaft und zu sonstigen Willens-Erklärungen Namens derselben ist die Mitwirkung zweier Vorstandsmitglieder erforderlich und ausreichend.

§. 9.

Dem Vorstande zur Seite steht ein Aufsichtsrath von 5 Mitgliedern, welcher alle 2 Jahre neu gewählt wird, und zwar in gleicher Weise wie der Vorstand und unter den gleichen Bedingungen der Wählbarkeit (§. 7). Der erste sofort gewählte Aufsichtsrath besteht aus den Herren u. s. w.

Dieselben nahmen die Wahl mit der gleichen Erklärung an, welche die Vorsteher im §. 7. abgegeben haben.

§. 10.

Die Generalversammlungen und die Gegenstände der Verhandlungen werden durch zweimalige Einrückung, welche in gleich aufeinanderfolgenden Blättern des Neisser Anzeigers erfolgt, öffentlich bekannt gemacht.

§. 11.

In den Generalversammlungen hat jeder Genossenschafter ohne Unterschied des Geschlechts und ohne Rücksicht auf die Höhe der auf seinen Geschäftsantheil geleisteten Einzahlungen eine Stimme. Weder gesetzliche Vertreter noch Bevollmächtigte sind zulässig. Wer bei dem Gegenstande der Abstimmung ein Sonderinteresse oder ein dem Interesse der Genossenschaft entgegenstehendes Parteiinteresse hat, darf nicht der Berathung beiwohnen und nicht mitstimmen.

Abgesehen von Wahlen (§§. 7 u. 9) und wenn es sich nicht um Abstimmung über einen Antrag auf Ausschließung eines Genossenschafters handelt, wobei gleichfalls durch Stimmzettel abgestimmt wird, wird die Mehrheit durch Handerheben oder Aufstehen und Sitzenbleiben mit Probe und Gegenprobe festgestellt. Erklärt ein Vorstandsmitglied oder ein Mitglied des Aufsichtsraths den Ausfall der Abstimmung für zweifelhaft, so wird durch zwei von dem Vorsitzenden ernannte Zähler gezählt. Namentliche Abstimmung ist ausgeschlossen.

§. 12.

Ueber Anträge auf Aenderung der Statuten muß in zwei mit einer Zwischenzeit von mindestens vier Wochen anzusetzenden Generalversammlungen abgestimmt werden. Sie gelten als abgelehnt, wenn nicht in beiden Versammlungen eine Mehrheit von zwei Dritteln der Anwesenden dafür stimmt.

§. 13.

Die Bekanntmachungen der Genossenschaft werden unter der Firma derselben und der Unterschrift des Vorstandes erlassen und in den beiden städtischen Blätter zu Neisse, nämlich rc., sowie durch Aushang im Verkaufslokal öffentlich bekannt gemacht.

§. 14.

Alle Genossenschafter haften für die auch vor ihrem Eintritt eingegangenen Verbindlichkeiten der Genossenschaft solidarisch und mit ihrem ganzen Vermögen.[3])

Dieses Statut ist von allen Anwesenden, nach lauter Vorlesung, genehmigt und eigenhändig unterschrieben. Neisse, wie oben.

(Folgen die Unterschriften sämmtlicher Anwesenden.)

b.

Anmeldung zum Genossenschaftsregister.

Ges. v. 4. Juli 1868. § 18. Instr. § 3.

Wir, nämlich:

1)
2) } (Vor- und Zunamen, Stand und Gewerbe),
3)

melden den am gestrigen Tage, den 3. März, am hiesigen Orte gegründeten „Konsumverein, eingetragene Genossenschaft", sowie unsere Eigenschaft als dessen Vorstandsmitglieder zur Eintragung in das Genossenschaftsregister an.

Zu diesem Behuf überreichen wir:

1) den schriftlichen, nach §. 3 des Gesetzes vom 4. Juli 1868 abgefaßten Gesellschaftsvertrag, aus dessen §. 7 unsere Legitimation als erwählter Vorstand der Genossenschaft hervorgeht;
2) das Verzeichniß der zur Zeit der Genossenschaft angehörenden Genossenschafter.

Wir zeichnen unsere Unterschrift wie hierunter geschieht.[4])

Datum, Unterschriften und Beglaubigung.

140. Spätere Beitrittserklärung.

Ich NN. erkläre hiermit meinen Beitritt zu dem unter der Firma: „Neisser Konsumverein. Eingetragene Genossenschaft" hierselbst bestehenden Konsumvereine, [von dessen Statut d. d. Neisse den 3. März 1887 ein Exemplar sich in meinen Händen befindet, mit dessen Inhalt ich bekannt bin.[1])]

Neisse, den u. s. w.

(Unterschrift mit vollständigen Vor- und Zunamen und Bezeichnung der Lebensstellung.)

---

[3]) Diese Bestimmung bildet das Hauptmerkmal der eingetragenen Genossenschaft und ist für das Statut unerläßlich.

[4]) Es wird nur die persönliche Namensunterschrift, nicht die Firma der Genossenschaft gezeichnet. Vgl. auch zu Muster 132, Anm. 1. (S. 360).

[1]) Die in [ ] gesetzten Worte sind nicht wesentlich.

F. Wechselrecht.

I.

Wechselurkunden.

141. Gezogener Wechsel mit Indossamenten und Acceptation.

W. O. Art. 4. 9 ff. 21 ff.

Koch II. §§ 620. 623. 624. 626. 633; Dernburg II. §§ 251. 259. 266—268.

Angenommen
Görlitz, 10. Januar 1886.
J. Blase.

Breslau, den 2. Januar 1886.
1000 Mark.

Vier Monat nach Dato zahlen Sie gegen diesen meinen Primawechsel (Sekunda nicht) an den Herrn Benjamin Luft zu Leipzig, oder dessen Ordre, die Summe von Eintausend Mark. Den Werth davon habe ich empfangen[1]); Sie stellen mir solchen in Rechnung laut Bericht.[2])

An den Herrn J. Blase in Görlitz.

Joseph Windmacher.

(Auf der Rückseite.)

Für mich an die Ordre des Herrn Peter Schaum in Dresden. Werth erhalten. Leipzig, den 27. Januar 1886.[3])

Benjamin Luft.

Für mich an die Ordre des Herrn Abel Wasser in Leipzig.
Dresden, den 1. Februar 1886.
Peter Schaum.

142. Eigener Wechsel.

W. O. Art. 96 ff.

Koch II. § 635. Dernburg II. § 251 S. 729.

Gasburg, den 2. Januar 1886.
500 Mark.

Vier Monate nach Dato zahle ich gegen diesen meinen Wechsel an den Herrn Friedrich Docht in Breslau, oder dessen Ordre, die Summe von fünfhundert Mark. Valuta habe ich baar empfangen[1*]) und leiste zur Verfallzeit prompte Zahlung nach Wechselrecht.

Johann Lebrecht Kessel.

---

[1]) Das Empfangsbekenntniß der Valuta ist für das Wesen des Wechsels überflüssig.

[2]) Diese Weisung dient bloß zur Notiz für den Trassaten, welcher, wenn der Wechsel präsentirt wird, ersehen soll, daß er noch Avis erhalten muß, falls dieser Brief noch nicht eingegangen.

[3]) Die Beifügung des Datums zur Gültigkeit ist weder beim Accept noch beim Indossament erforderlich.

[1*]) Das Valutenbekenntniß ist auch beim eigenen Wechsel unwesentlich, ebenso die darauf folgende Wiederholung des Zahlungsversprechens.

II.
Wechselproteste.

W. O. Art. 88—93. Preuß. E. G. § 4. A. G. z. G. V. G. §§ 70. 74. — Wechselstempelges. v. 10. Juni 1869 (B. G. Bl. S. 193) § 21. Koch II. § 630; Dernburg II. § 254.

Wechselproteste sind von einem Notar (ohne Zeugen), einem Gerichtsschreiber oder Gerichtsvollzieher aufzunehmen. Wegen des Verfahrens bei notariellem Proteste s. zu § 23 d. Not. Ges. Anm. 1—3, vgl. auch S. 36 Anm. 49 und S. 132 Anm. 3. Wegen der Ausfertigung der vom Gerichtsschreiber aufgenommenen Proteste s. Allg. Verf. v. 24. Juli 1876 (J. M. Bl. S. 142).

143. Protest Mangels Zahlung.

W. O. Art. 41 f.

a.

Muster bei Unauffindbarkeit.

Heute den Funfzehnten Februar Eintausend Achthundert und Ein und achtzig, Vormittags um 10 Uhr, erschien bei mir, dem unterschriebenen öffentlichen Notar im Bezirk des Kgl. Oberlandesgerichts zu Breslau, Hans Bartel Spitz, wohnhaft zu Neisse am Freiheitsplatze, der hiesige Kaufmann Moritz Fürsichtig, übergab mir eine Originaltratte, welche mit einer Stempelmarke von 0,50 Mk. versehen ist[1]) und wörtlich lautet:[2])

Acceptirt den 6. Januar 1881 für 1000 Mark zahlbar zu Neisse. Gottlieb Kommtnich.

(0,50 Mk. Stempel.) Polkwitz, den 2. Januar 1881.

Am nächsten Faschingsmarkte zu Neisse zahlen Sie daselbst gegen diesen meinen Wechsel an Herrn Moritz Fürsichtig zu Neisse oder dessen Ordre die Summe von Eintausend Mark.

An Herrn Gottlieb Kommtnich. Liebetreu Spaßig.
zu Breslau.

---

[1]) Es genügt nicht, daß in die Abschrift des Wechsels auch die etwaigen Vermerke und Zeichen, aus welchen sich die Verwendung des Stempels ergiebt, aufgenommen werden. Vielmehr ist noch außerdem die eigene Erklärung des instrumentirenden Beamten über den Betrag des verwendeten Stempels, und, falls die Stempelung des Wechsels gänzlich unterblieben, die ausdrückliche Angabe, daß kein Stempel verwendet worden sei, erforderlich. Allg. Verf. vom 20. Februar 1886 (J. M. Bl. S. 54). — Auch darauf, ob die Verwendung gehörig und ob sie rechtzeitig erfolgt ist, hat sich die Prüfung zu erstrecken. Das Nähere besagt die Allg. Verf. vom 10. Oktober 1872 (J. M. Bl. S. 267).

[2]) Die vollständige Abschrift des Wechsels ist unbedingt erforderlich; auf andere Art ist die Identität nicht zu beweisen. Den Wechsel hinter der Protesturkunde abzuschreiben und in letzterer nur auf ihn Bezug zu nehmen, empfiehlt sich nicht, weil über die Statthaftigkeit dieses Verfahrens widersprechend erkannt worden ist. Erk. d. Ob. Tr. vom 18. März 1843 (Entsch. Bl. 8, S. 368) und vom 15. März 1853. (Siebenhaar, Arch. f. deutsches Wechselrecht, Bd. III., S. 351) Erk.

mit dem Ersuchen, dieselbe dem Handelsmann Gottlieb Kommtnich aus Breslau, falls derselbe an dem heutigen Faschingsmarkte hierselbst zu finden ist, zur Zahlung vorzulegen, andernfalls Protest Mangels Zahlung aufzunehmen.

Ich verfügte mich mit dem Wechsel auf den Marktplatz, fand dort aber unter den Buden und Gewölben der Krämer und Handelsleute weder den Gottlieb Kommtnich aus Breslau in Person, noch konnte ich einen Stellvertreter desselben ausforschen; der Standplatz, den er an Markttagen hier gewöhnlich einzunehmen pflegt, war unbesetzt.

Ich begab mich nun auf das Polizeiamt und erhielt dort auf meine Frage: ob der Handelsmann Gottlieb Kommtnich aus Breslau zum heutigen Jahrmarkte hergekommen sei oder sich überhaupt in der hiesigen Stadt befinde, von dem dort fungirenden Polizeiinspektor Witterer die Antwort:

„Kommtnich ist nicht gekommen."

Worüber ich zur Verwahrung der Gerechtsame des Herrn Requirenten die gegenwärtige Urkunde unter meinem Amtssiegel und unter meiner Unterschrift ausgefertigt habe.

So geschehen wie oben.

(Siegel) Hans Bartel Spitz,
öffentlicher Notar im Bezirk des Königlichen Oberlandesgerichts zu Breslau.

b.

Muster bei Zahlungsverweigerung.

Heute, am Vierten Mai Eintausend Achthundert Sechs und Achtzig, Nachmittags um vier Uhr, habe ich, der unterzeichnete, hier wohnhafte Notar, mich auf Ersuchen des Kaufmanns Herrn Abel Wasser in Leipzig, in das hierselbst zu Görlitz, am Marktplatze Nr. 51 belegene Komptoir[3]) des Herrn J. Blase begeben, um

---

des R.O.H.G. vom 30. Nov. 1877 (Entsch. Bd. 23, S. 64). — Kaufmännische Stempel, Zeichen, geschäftliche Notizen u. dgl. brauchen nicht mit abgeschrieben zu werden (vgl. Entsch. d. Ob. Tr. Bd. 24, S. 155; das R.O.H.G. Bd. 1, S. 142, Bd. 14, S. 39, Bd. 18, S. 209).

Mehrere Wechsel desselben Requirenten gegen denselben Schuldner können in einer Urkunde protestirt werden. Erk. d. R.O.H.G. vom 21. April 1871 (Stegemann, Bd. 3, S. 33). Indessen genügt es hierbei nicht, daß nur ein Wechsel nach seinem ganzen Inhalte abgeschrieben, der Inhalt der anderen aber durch die Bemerkung: „Er lautet ebenso", oder auch durch Angabe der etwaigen Verschiedenheiten bezeichnet wird; vielmehr müssen sämmtliche protestirte Wechsel vollständig aufgenommen werden. Präj. 1282, vom 8. April 1843 (Entsch. Bd. 8, S. 373).

[3]) In erster Reihe muß im Geschäftslokal protestirt werden; erst in dessen Ermangelung in der Wohnung. Der Notar hat zunächst nach Inhalt des Wechsels zu prüfen, ob der Protestat zu denjenigen Personen gehört, die gewöhnlich ein Geschäftslokal halten; ist dies der Fall, so muß er zunächst das Nichtvorhandensein eines Geschäftslokals durch Nachfrage bei der Polizei feststellen, bevor er zur

den Primawechsel, welcher mit 50 Pfennig bestempelt ist und wie folgt lautet:

(Hier folgt der Vermerk: (50 Pfennig Stempel) und unmittelbar darunter eine vollständige Abschrift des oben unter Muster 141 befindlichen Wechsels.)

zur Zahlung zu präsentiren. Ich traf daselbst nicht den Herrn J. Blase persönlich,[4]) sondern nur dessen Handlungsgehilfen Herrn Anton Weiß von hier an legte diesem den Wechsel unter Eröffnung des Auftrages mit der Frage vor: ob er den Wechsel zu zahlen gesonnen sei. Darauf habe ich von ihm die Antwort erhalten:

„Wir bezahlen den Wechsel nicht, wegen Mangels an Deckung."

Deshalb habe ich wegen nicht erfolgter Zahlung protestirt und zur Beglaubigung dessen gegenwärtigen Protest ausgefertigt.[5]) So

---

Protestirung in der Wohnung schreiten darf. Urth. d. R. G. vom 21. September 1880 (Entsch. Bd. 2 S. 90).

Im Falle einer Veränderung des Geschäftslokals ist nicht in dem im Wechsel angegebenen, sondern in dem zur Zeit der Protesterhebung bestehenden Geschäftslokale zu protestiren. Erk. d. R. O. H. G. vom 21. Oktober 1874. (Entsch. Bd. 14 S. 261). Erfährt der Notar in dem im Wechsel bezeichneten Geschäftslokal, daß der Protestat dieses Lokal aufgegeben hat, so muß er weitere Nachforschungen nach dem neuen Lokal anstellen. Erk. d. R. O. H. G. vom 3. September 1877. (Entsch. Bd. 22, S. 401). — Im Falle des Konkurses ist nicht gegen den Verwalter, sondern gegen den Gemeinschuldner zu protestiren und zwar in dessen letztem Geschäftslokal, auch wenn es geschlossen ist, solange nicht dessen Aufgeben für Dritte erkennbar gemacht ist. Erk. d. R. O. H. G. vom 25. Mai 1878 (Entsch. Bd. 24, S. 22) und d. R.-G. vom 17. April 1880 (Entsch. Bd. 2, S. 23). Im Todesfalle ist im letzten Geschäftslokal event. in der Sterbewohnung zu protestiren, und genügt die Konstatirung im Protest, daß der Gemeinschuldner gestorben ist; protestiren kann man sowohl gegen den Schuldner, als gegen die Erben. Erk. d. R. O. H. G. vom 21. April 1871 (Stegemann Bd. 3, S. 33).

Von der vorgeschriebenen Erkundigung bei der Polizei (Art. 91, W.O.) darf sich der Notar durch ihm glaubhaft scheinende sonstige Mittheilungen, daß der Protestat aus dem Orte verzogen sei, nicht abhalten lassen. Erk. d. R. O. H. G. vom 14. Juni 1879 (Entsch. Bd. 25, S. 211). Gibt indessen die Polizei ein Geschäftslokal oder eine Wohnung an, und wird auch dort der Protestat nicht gefunden, so ist die Fruchtlosigkeit der Nachfrage damit festgestellt. Erk. d. R. O. H. G. vom 15. März 1879 (Entsch. Bd. 25, S. 30)

[4]) Die Angabe, mit welcher physischen Person der Notar verhandelt hat, ist unbedingt erforderlich. Der Notar muß sich zuvörderst nach dem Protestaten selbst erkundigen; erst wenn er dessen Abwesenheit feststellt, darf er gültig mit einem Bediensteten verhandeln. Urth. d. R. G. vom 25. Januar 1881 (Entsch. Bd. 3, S. 90). Die Identität der angetroffenen Personen festzustellen, hat der Notar nicht nöthig; es sei denn, daß der Protest außerhalb der gesetzlichen Stunden auf Grund der Zustimmung des Protestaten erhoben wird (E. G. z. W. O. § 4); Erk. d. R. O. H. G. vom 2. April 1875 (Entsch. Bd. 17, S. 55).

[5]) Die Unterschrift des Protestaten oder der Vermerk, daß er dazu erfolglos aufgefordert worden, ist nach Art. 88 der W. O. nicht erforderlich. Nach früherem Rechte behaupten Einige die Nothwendigkeit der Unterschrift; diese ist jedoch in den meisten Fällen nicht einmal zu erlangen, und aus dem Grunde kein Erforderniß

geschehen zu Görlitz, am Vierten Mai Eintausend Achthundert Sechs und Achtzig, Nachmittags vier Uhr.

Siegel und Unterschrift wie bei Muster a.

144. Sicherheitsprotest und Protest Mangels Annahme.[1])

W. O. Art. 29.

Heute, Donnerstag, den neunten November, im Jahre Eintausend Achthundertzweiundachtzig, Vormittags zehn Uhr, begab ich, der unterzeichnete, hier, zu Breslau, wohnhafte Königliche Notar Leopold Damasus Büchner auf Ersuchen des Kaufmanns Albert Brom von hier, nach dem Geschäfslokale des Bankhauses Ferdinand Troddel, Nr. 10 in der Karlsstraße hierselbst, um gegen dasselbe, weil es seine Zahlungen eingestellt haben soll, einen Sicherheitsprotest aufzunehmen wegen eines von dem gedachten Bankhause angenommenen Wechsels, welcher mir eingehändigt wurde, mit keinem Stempel versehen ist und wörtlich lautet, wie folgt:

(Kein Stempel.)

Angenommen
Ferdinand Troddel.

Berlin, den 14. März 1882.

Per 5000 Mark.

Ein Jahr nach heute zahlen Sie gegen diesen Primawechsel an die Ordre der Herren Völker et Comp. die Summe von Mark Fünftausend. Den Werth in mir selbst; Sie stellen solchen auf Rechnung, laut Bericht.

Herrn Ferdinand Troddel in Breslau.

Michel Deutsch.

Nöthigenfalls bei Sofius Wittwe daselbst.

(Auf der Kehrseite.)

Für uns an die Ordre der Herren Wiener und Söhne zu Wien.
Wartenberg, den 20. März 1882.

Völker et Comp.

Für uns an die Ordre der Herren Gebrüder Deutschländer in Frankfurt a. M.
Wien, den 18. Juni 1882. Wiener und Söhne.

Für uns an die Ordre des Herrn Albert Brom.
Frankfurt a. M., den 1. November 1882.

Gebrüder Deutschländer.

Ich fand das mir wohlbekannte Geschäftslokal des Bankhauses

---

eines Protestes, weil der Protest eine Willenserklärung des Protestirenden ist, welche er zur Verwahrung seines Rechtes rechtzeitig ausdrücken, und nachher beweisen muß. Da nun derjenige, gegen welchen er solche Erklärung abzugeben hat, in der Regel nicht geneigt sein wird, ihm darüber eine Bescheinigung zu geben, so wird gerade durch den öffentlichen Beamten die Thatsache, daß und in welcher Art die Verwahrung stattgefunden hat, festgestellt, mithin ersetzt das amtliche Zeugniß dieses Beamten gerade die Bescheinigung des Betheiligten.

[1]) Vgl. die Anm. 1—5 zu Muster 143.

Ferdinand Trodbel, Nr. 10 in der Karlsstraße, fest verschlossen und konnte deshalb keinen Eingang erhalten. Deshalb ging ich in die Wohnung des mir bekannten Chefs dieses Hauses, Herrn Ferdinand Trodbel, in demselben Hause, traf dort denselben an und, ihm den gedachten Originalwechsel vorzeigend, fragte ich ihn im Namen des Herrn Albert Brom: ob es richtig sei, daß er seine Zahlungen eingestellt habe. Er antwortete:

„Ich kann thun, was ich will; ich habe mein Geschäft geschlossen."

Ich forderte ihn nun auf, für die acceptirte Summe von Fünf tausend Mark und alle Kosten und Schäden Sicherheit zu bestellen; ich erhielt zur Antwort:

„Lassen's mich in Ruh'."

Ich protestirte deshalb Namens des Herrn Albert Brom wegen verweigerter Sicherstellung.

Nun begab ich mich auf weiteren Antrag in das Geschäftslokal der auf dem Wechsel vermerkten Nothadresse des Handlungshauses Sofius Wittwe, traf dort den bekannten Handlungsdisponenten Herrn Schwindi an und präsentirte ihm den Originalwechsel zur Annahme, erhielt aber zur Antwort:

„Wir acceptiren den Wechsel nicht."

Ich protestirte deshalb auch wegen verweigerter Annahme.

Zum Beweise dessen ist diese Urkunde unter meinem Amtssiegel und unter meiner Unterschrift ausgefertigt worden.

So geschehen wie oben.

(Siegel).

Leopold Damasus Büchner,
öffentlicher Notar im Bezirk des Königlichen Oberlandesgerichts zu Breslau.

145. Intervention durch Ehrenannahme.

W. O. Art. 56 ff.

Interventionserklärung.

(Anhang hinter vorstehenden Protest (Muster 144) zu setzen.

Heute, den neunten November des Jahres u. s. w. erschien vor mir, dem unterschriebenen öffentlichen Notar im Bezirke des u. s. w. Gerichts, in meiner Wohnung, am Ringe Nr. 20, der mir wohlbekannte Herr Ehrenfest Kuhtoß von hier, legte mir den vorstehenden Protest vor und erklärte, daß er den in demselben bezeichneten Wechsel zu Ehren der Unterschrift des Herrn Michel Deutsch angenommen habe. Worauf er sich, nach lauter Vorlesung dieses unter den Protest gesetzten Anhangs, eigenhändig unterschrieb.

Ehrenfest Kuhtoß.

Zum Beweise dessen habe ich diesen Nachtrag unter meinem Amtssiegel und meiner Unterschrift ausgefertigt. So geschehen wie oben.

Siegel und Unterschrift wie bei Muster 144.

G. Seerecht.

146. Anmeldung eines Schiffes zur Eintragung in das Schiffsregister.

H. G. B. Art. 432—449; Preuß. E. G. z. H. G. B. Art. 53. — Ges. betr. die Nationalität der Kauffahrteischiffe v. 25. Oktober 1867 (B. G. Bl. S. 35) §§ 3 ff. Ges. betr. die Registrirung und Bezeichnung der Kauffahrteischiffe v. 28. Juni 1873 mit den Vorschriften des Bundesraths v. 13 November 1873. (R. G. Bl. S. 184 u. 367). — Instr. des Just. Min. v. 12. Dezember 1861. Th. II. (J. M. Bl. S. 356) mit den Allg. Verf. v. 25. März 1868, 28. Januar 1873 und 24. März 1874 (J. M. Bl. 1868 S. 95; 1873 S. 42; 1874 S. 93). A. G. z. G. V. G. §§ 25. 30. Allg. Verf. v. 29. Aug. 1879 (J. M. Bl. S. 241) § 4.

Bis zur Einführung des Allg. Deutschen Handelsgesetzbuchs galt in Preußen der Beilbrief als das Haupt-Schiffsdokument. Nach dem H. G. B. und dem Einführungsgesetz ist diese Einrichtung durch das Institut des Schiffsregisters ersetzt. Die zum Erwerbe durch die Seefahrt bestimmten Schiffe sollen in ein Schiffsregister eingetragen, über die Eintragungen sollen Certifikate, d. h. „eine mit dem Inhalte der Eintragung übereinstimmende Urkunde,“ welche überall den wesentlichen Inhalt des Registers wiedergiebt, ertheilt werden, und diese Certifikate sollen fortan die Urkunden sein, wodurch die Nationalität der Schiffe und das Recht, die Reichs-Flagge zu führen, nachgewiesen wird. Beilbriefe in dem bisherigen Sinne und in der bisherigen Form werden nicht mehr ertheilt, die Certifikate sind an deren Stelle getreten. Für letztere hat der Bundesrath ein Formular vorgeschrieben und angeordnet, daß dasselbe nur in den von der Staatsdruckerei zu Berlin hergestellten Druckexemplaren zur Anwendung gelange. Dasselbe muß nach Inhalt des Schiffsregisters ausgefüllt werden, wozu die oben citirten Min. Verfügungen genaue Anweisung geben. Des Abdrucks eines Musters hierzu bedarf es deshalb nicht. Die Ertheilung der zum Ausweise für Schiff, Besatzung und Ladung sonst erforderlichen öffentlichen Papiere, wie des Meßbriefes und der Musterrolle, liegt nicht den Gerichten, sondern den Verwaltungsbehörden ob.[1])

Das Schiffsregister ist nur für Seeschiffe bestimmt und wird nur von denjenigen Amtsgerichten geführt, in deren Bezirk Seehäfen belegen sind. Für die Geschäfte des Schiffsregisters gelten nicht dieselben Regeln, wie für das Handelsregister, sondern diejenigen für die Eintragung in das Grundbuch (s. o. S. 237); danach dürfen auch die betreffenden Anmeldungen nicht vom Gerichtsschreiber aufgenommen werden.

[1]) Vgl. Schiffsvermessungs-Ordnung v. 5. Juli 1872 (R. G. Bl. S. 270) mit den dazu gehörigen Formularen zu Meßbriefen. Seemanns-Ordnung v. 27. Dezember 1872 (R. G. Bl. S. 409) § 12. Dienstanweisung für die preußischen Musterungsbehörden v. 24. Februar 1873 mit Nachtrag v. 11. Juni 1873 (Guttentag'sche Gesetzgebung II. S. 966; das Formular zur Musterrolle siehe ebenda I. S. 123).

Muster.

Ich bin der Eigenthümer des Schiffes, bezüglich dessen die Schiffsvermessungs-Revisions-Behörde hierselbst dem hiesigen Königl. Amtsgericht am 23. d. Mts. den Meßbrief vom gleichen Datum übersandt hat.[2])

Das Schiff, ein Schooner, dem ich den Namen „Hedwig" beigelegt habe, ist ausweislich der hiermit überreichten Bescheinigung der Direction der Schiffsbau-Aktiengesellschaft „Vulcan" zu Bredow bei Stettin vom 20. d. Mts. daselbst im vorigen Jahre unter Leitung des Schiffsbaumeisters Albert Winter auf meine Rechnung erbaut worden und wird von mir von Stettin aus, das ich hiermit zum Heimathshafen des Schiffes bestimme, zum Erwerbe durch Seefahrt verwendet werden und zwar außerhalb der im § 1 der Vorschriften des Bundesraths über die Registrirung und die Bezeichnung der Kauffahrteischiffe vom 13. November 1873 bezeichneten Grenzen.

Zum Nachweise der Gattung, sowie der Größe und Fähigkeit des Schiffes beziehe ich mich auf den Inhalt des bereits dem Königl. Amtsgericht vorliegenden oben bezeichneten Meßbriefes.

Schließlich versichere ich, daß ich Angehöriger des Deutschen Reiches bin[3]) und beantrage,

> das Schiff „Hedwig" in das Schiffsregister einzutragen und mir ein Certifikat zu ertheilen,

indem ich den Werth des Schiffes auf 20 000 Mark — den Betrag der Baukosten — angebe.

Stettin, den 30. Juni 1887.

Karl Sommer, Schiffer aus Bredow.

Folgt die Beglaubigung.

147. Verpfändung eines Seeschiffes.

A. L. R. I 20. §§ 300. 301. Preuß. Einf. G. z. H. G. B. Art. 59. — Min. Instr. vom 12. Dezember 1861 Th. II (J. M. Bl. S. 356) § 15. — Allg. Verf. des J. M. vom 25. März 1868 (J. M. Bl. S. 95). Nr. 5 lit. f.

Dernburg I. § 354 S. 917; Foerster-Eccius III. § 197. S. 531 ff.; Fischer § 42. S. 263.

Die Handlung besteht in drei Stücken: 1) in der Willenserklärung, 2) in der Eintragung in das Schiffsregister, welche der Eintragung im Grundbuche bei Grundstücken entspricht, 3) in dem Vermerke der Eintragung auf der Verpfändungsurkunde und auf dem Certifikat, und zwar hier auf der letzten Seite. Die Verpfändungserklärung bedarf gerichtlicher oder notarieller Beglaubigung.

---

[2]) § 20 Nr. 3 der Schiffsvermessungs-Ordnung.

[3]) Waltet hierüber ein Zweifel ob, so kann das Gericht geeignete Beweismittel fordern. § 5 der Instr. v. 12. Dezember 1861.

Muster.

a) Erklärung.

Eingang.

Ich bekenne, daß mir der Herr N. N. auf mein Schiff, Wallfisch genannt, welches ich im vorigen Jahre auf der hiesigen Rhede habe bauen lassen, und welches nach dem Meßbriefe vom . . . einen Netto-Raumgehalt von . . . . Kubikmeter hat, ein Darlehn von zwanzigtausend Mark, welche ich mit fünf Prozent Zinsen nach Ablaufe eines Jahres, von heute an gerechnet, zurückzuzahlen habe, vorgestreckt hat. Ich verpfände meinem Herrn Gläubiger das bezeichnete Schiff hiermit, dergestalt, daß ihm frei stehet, bei ausbleibender Zahlung meiner Darlehnsschuld wegen Kapitals, Zinsen, Schäden und Kosten sich aus dem verpfändeten Schiffe bezahlt zu machen.

Vollziehung.

b) Vermerk auf dem Certifikat und auf der Verpfändungsurkunde.

Das Schiff, genannt der Wallfisch, ist von dem derzeitigen Eigenthümer, Rheder N. zu Danzig, dem Großhändler N. N. daselbst für ein Darlehn von zwanzigtausend Mark, nebst 5 Prozent Zinsen seit 2. Juni 1887, Schäden und Kosten verpfändet, und es ist diese Verpfändung in das Schiffsregister bei Nr. 23 Blatt 100 eingetragen zufolge Verfügung vom 2. Juni 1887 am 10. Juni 1887.

Stettin, den 11. Juni 1887.

Königl. Amtsgericht.

(Siegel) Unterschrift.

148. Schiffervertrag.

H. G. B. Art. 478—527.

Dernburg II. § 193. S. 543.

Zwischen dem Rheder N., Eigenthümer des Schiffs „die Seeschlange" und dem Schiffskapitän P., wohnhaft zu Arkona, ist folgender Schiffervertrag geschlossen.

§ 1.

Der Rheder N. nimmt den Schiffskapitän P. auf unbestimmte Zeit zum Schiffer für sein neues Schiff, „die Seeschlange" genannt, an, und ermächtigt denselben, ihn, den Rheder, und beziehlich die Ablader, in allen die Schifffahrt und die Beförderung der Ladung betreffenden Angelegenheiten zu vertreten.

§ 2.

Der Schiffskapitän P. verspricht, in seinen Obliegenheiten den möglichsten Fleiß und die größte Sorgfalt anzuwenden und für allen an Schiff und Ladung auf der Reise entstehenden Schaden einzustehen, wenn er nicht nachzuweisen vermag, daß derselbe durch höhere Macht verursacht worden, und sich überhaupt in allen Stücken so zu verhalten, wie einem einsichtigen und rechtschaffenen Schiffer gebührt. Er erkennt zugleich an, daß ihm das Schiff, „die Seeschlange" genannt, bereits gestern, nach einem Inventarium, vollständig übergeben worden.

§ 3.

Während des Stillliegens erhält der Schiffer keine Heuer; auf der Reise hingegen erhält er, wenn vor dem Auslaufen keine andere Verabredung getroffen wird, monatlich . . . Mark und das übliche Kaplaken, welches jedoch nicht über 25 Prozent der Fracht bedungen werden darf.

§ 4.

Der Schiffer muß, wenn er das Verhältniß aufgeben will, was in allen Fällen nur nach vollendeter Reise zulässig ist, drei Monate vorher aufsagen. Der Rheder darf das Verhältniß plötzlich aufheben, muß dann aber, wenn das Schiff auf einer Reise ist, für die freie Reise des entlassenen Schiffers nach der Heimath sorgen; wenn das Schiff im Hafen von Arkona liegt, und der Rheder ferner von den Diensten des Schiffers keinen Gebrauch machen will, muß er ihm solches so zeitig ankündigen, daß noch wenigstens vier Wochen vor Eröffnung der Schifffahrt im Frühjahr übrig sind, widrigenfalls er ihm eine einmonatliche Heuer zu zahlen hat.

§ 5.

Der Schiffer ist im Allgemeinen mit der Annehmung der Fracht, auch im Hafen von Arkona, beauftragt, wobei er den Vortheil des Rheders gewissenhaft wahrzunehmen hat. Ihm ist die Kajüte zur Verfügung überlassen, und er darf darin so viel an Waaren für eigene Rechnung aufnehmen, als der Raum gestattet, ohne daß er für seine Person und seine Sachen ein anderes Unterkommen im Schiffsraume zu suchen genöthigt wird, widrigenfalls er den Werth des vierten Theils der in der Kajüte aufgenommenen Waaren als Strafe an den Rheder zu entrichten hat. Außer dem Kaplaken darf er von den Befrachtern Nichts an Schreibgebühren oder unter einem anderen Titel fordern.

Schluß.

149. Schiffsverfrachtung (Charte-Partie).

H. G. B. Art. 557 ff.

Dernburg II. § 203 S. 577 ff.

Der Frachtvertrag, auch wenn er sich auf ein ganzes Schiff oder einen Theil desselben bezieht, bedarf keiner besonderen Form. Doch ist bei dieser Art der Verfrachtung jede Partei die Errichtung einer schriftlichen Urkunde (Charte-Partie[1]) zu verlangen befugt.

Muster.

Der Rheder N. zu Arkona verfrachtet sein Schiff, die „Seeschlange" genannt, Kapitän Otto Johansen, fünf und fünfzig Last groß, an den Großhändler Gustav Fink hierselbst, um mit ehestem eine rechte und gute Ladung von Kaufmannswaaren und Getreide abzuladen und damit rekta nach Stockton in England zu segeln, wo

[1]) Von charta partita hergeleitet: die Urkunde wurde in früherer Zeit zerschnitten und jede Partei erhielt einen Theil.

nach glücklicher Ankunft binnen acht Tagen gelöscht und das Schiff von dieser Befrachtung völlig befreit werden muß. Nach glücklicher Ankunft und wohlkonditionirter Lieferung der Ladung hat der Schiffer von jeder Last der Größe des Schiffes (von fünf und fünfzig) an Fracht und Ungeldern . . . Mk., nebst . . . Mk. Kaplaken zu empfangen. Das Schiff ist von morgen an in vierzehn Tagen zuzuladen, für jeden die bedungene Abladungs- und Löschungszeit überschreitenden Liegetag sind . . . Mk. Liegegeld zu zahlen. Wird keine volle Ladung geliefert, so darf der Rheder Stückgüter einnehmen, ohne daß der Befrachter deshalb an der bedungenen Fracht einen Abzug machen kann. Mit Haverei und Pilotage wird es nach Seebrauch gehalten.

Schluß.

150. Konnossement.

H. G. B. Art. 644 ff.

Dernburg II. § 207 S. 596.

Ich Otto Johansen, wohnhaft zu Arkona, Schiffer des unter deutscher Flagge segelnden Schiffes, „die Seeschlange" genannt, welches im Hafen zu Arkona, woselbst es einheimisch ist, segelfertig liegt, um mit dem ersten guten Winde nach Stockton, woselbst meine rechte Löschung sein soll, zu segeln, erkenne an, in dieses mein Schiff nachbenannte Waaren:

(folgt das genaue Verzeichniß der eingenommenen Waaren, nach Maß, Gewicht, Gattung mit Angabe der Packe, Kisten, Tonnen u. s. w. und deren Bezeichnung)

Alles trocken und wohl verpackt, für Rechnung des Befrachters, Herrn Gustav Fink, Großhändlers zu Arkona, empfangen zu haben. Ich verspreche, diese Güter dem Herrn Benjamin Greif[1]) in Stockton oder an dessen Ordre, gegen Erlegung von . . . Mk. Fracht . . . Mk. Kaplaken und Haverei nach Seebrauch zu überliefern. Von diesem Konossemente habe ich drei gleichlautende Exemplare ausgefertigt, wovon das eine in meinen Händen verblieben und die beiden anderen dem Befrachter ausgehändigt worden, welche gegen Ablieferung der Waare zurückgegeben und kassirt werden müssen.

Arkona, den . . . .

Otto Johansen.

151. Ueberfahrts- (Passage-) Vertrag.

H. G. B. Art. 665 ff.

Dernburg II. § 209 S. 600.

Passagier ist ein Jeder, welcher zum Behuf einer Reise sich auf dem Schiffe befindet und weder bei der Ladung interessirt ist, noch zur Equipage des Schiffs gehört, mag er für seine Ueberfahrt

[1]) Der Befrachter kann auch selbst der Konsignatär sein. Auch kann das Konossement ohne Bezeichnung eines Empfängers lediglich an Ordre gestellt werden, in welchem Falle hierunter die Ordre des Befrachters (Abladers) zu verstehen ist.

bezahlen oder umsonst mitfahren. Sein Verhältniß zur Rhederei und zum Schiffer wird nach den Grundsätzen des römischen receptum nautarum et cauponum beurtheilt, insoweit nicht die Art. 665 ff. des H. G. B. Spezialvorschriften enthalten.

Eingang. Muster.

§. 1. Der in Bremerhafen mit seinem Schiffe „Undine" in Ladung nach Rio de Janeiro liegende Schiffskapitän Kilian Anker aus Bremen nimmt den Kaufmann Julius Tschäpmen aus Helgoland an Bord seines Schiffes zur Ueberfahrt nach Rio de Janeiro, räumt ihm eine Schlafstelle sowie beliebigen Aufenthalt in seiner eigenen Kajüte während der Reise ein, und beköstigt ihn an seinem Tische von da an, wo er an Bord kommt, bis zur Landung in Rio de Janeiro.

§. 2. Der Kaufmann Tschäpmen bezahlt dagegen ein Passagegeld von . . . Mark und zwar die Hälfte bei seiner Ankunft an Bord, und den Rest bei seiner Landung in Rio. Dafür hat er 100 kg Bagage frei; für Uebergewicht zahlt er . . . Mark per je 10 kg. Er ist berechtigt, zu verlangen, daß der Kapitän Anker diejenigen Effekten, welche er ihm überliefern will, zur Aufbewahrung übernehme.

§. 3. Die Abfahrt ist auf Sonntag den funfzehnten d. M., Mittags 12 Uhr bestimmt. Der Kaufmann Tschäpmen wird mit seinen Effekten vom Lande frei an Bord geholt, wenn er sich dazu eine halbe Stunde vorher einfindet. Er unterwirft sich von dem Augenblicke, wo er das Boot betritt, der Schiffsordnung und haftet für alle Nachtheile, welche wegen Mängel seiner Reisepapiere entstehen möchten.

§. 4. Wird die Zeit der Abfahrt nicht über eine Woche verlängert, so muß sich Herr Tschäpmen zur Entschädigung mit der freien Beköstigung und Wohnung an Bord in der bedungenen Art begnügen. Verzögert sich die Abfahrt länger, gleichviel ob durch Zufall oder Verschuldung, so ist Tschäpmen berechtigt, von diesem Vertrage zurückzutreten und vollständige Schadloshaltung zu fordern. Hierzu gehört namentlich freie Wohnung und Beköstigung im Gasthofe zum goldenen Schiffe in Bremerhafen bis dahin, wo sich eine andere Gelegenheit von hier zur Ueberfahrt nach Rio findet, sowie Erstattung dessen, was für solche Ueberfahrt unter den gleichen Bedingungen, wie die hier verabredeten, über den hier bedungenen Preis bezahlt werden muß.

Vollziehung.

152. Bodmerei-Brief.

H. G. B. Art 680 ff.
Dernburg II § 178. S. 481.

Die schriftliche Form genügt, die Unterschrift des Schiffers muß jedoch auf Verlangen beglaubigt werden.

a.

Verbodmung des Schiffes.

Ich Otto Johansen, Schiffer des Schiffes „die Seeschlange"

genannt, aus Arkona, welches jetzt am zwölften Mai des Jahres Eintausend Achthundert Sechs und Achtzig hier im Hafen von Kopenhagen segelfertig vor Anker liegt, um mit dem ersten guten Winde nach Stockton in England zu segeln, woselbst meine rechte Löschung sein wird, bekenne durch diesen Bodmereibrief, von dem Herrn N., Großhändler zu Kopenhagen, nachdem ich wegen Lecken des Schiffes Kopenhagen als Nothhafen habe anlaufen und daselbst einen vierzehntägigen Aufenthalt habe nehmen müssen, auch hier darlehnsweise kein Geld zur Fortsetzung der Reise habe erhalten können, die Summe von .... Mark zur Bestreitung der Kosten für die Reise von hier direkt nach Stockton in England auf das obenbezeichnete Schiff, nach Bodmereirecht und auf die rechte Seeavanture, bis Vier- und Zwanzig Stunden, nachdem ich auf der Rhede oder im Hafen von Stockton Anker geworfen haben werde, empfangen zu haben. Die gedachte Summe und die bedungene Bodmerei-Prämie von .... Mark, znsammen .... Mark, oder soviel das Schiff bei Ablauf der vorhin bestimmten Zeit weniger werth sein wird, soll an den gedachten Herrn N. oder dessen Ordre, binnen vier und zwanzig Stunden nach der Löschung, im Orte Stockton gezahlt werden, und ich verpfände zur Versicherung dessen mein oben bezeichnetes Schiff nebst Zubehör nach Bodmereirecht.

Ich, der Großhändler N., genehmige diese Verschreibung und übernehme die bezeichnete Seegefahr.

Der gegenwärtige Bodmereibrief ist dreifach ausgefertigt, ein Exemplar ist dem Bodmereigläubiger Herrn N. ausgehändigt, das andere ist für den Rheder, Herrn N. zu Arkona, bestimmt, und das dritte verbleibt in des Bodmereinehmers Händen.

So geschehen zu Kopenhagen zur oben bezeichneten Zeit.

Otto Johansen,
Schiffer des Schiffes „die Seeschlange" aus Arkona.
N., Großhändler.

b.

Verbodmung der Waare.

Ich N. N., Schiffer des Schiffes, die „Seeschlange" genannt, aus Arkona, bekenne, von Herrn N., wohnhaft zu N., nachdem ich in den Nothfall gekommen, die ganze Ladung wegen inneren Verderbs zu löschen und beziehungsweise umzustauen und keine Gelegenheit zur darlehnsweisen Erwerbung der hierzu erforderlichen Gelder gefunden habe, die Summe von .... Mark, nach Bodmereirecht auf rechte Seeavanture, gegen Verbodmung nachbenannter, auf dem gedachten Schiffe, welches gegenwärtig im Hafen segelfertig liegt, um mit erstem guten Winde nach Stockton in England zu segeln, wo die rechte Löschung sein soll, verladener Waaren:

(folgt das Verzeichniß der Güter.)

empfangen zu haben. Diese Güter verpfände ich dem gedachten Herrn N. für Kapital und Aufgeld nach Bodmereirecht, und es soll die empfangene Summe nebst .... Prozent Aufgeld für die Seegefahr, welche auf der Reise von hier nach Stockton in England von heute an bis nach Ablauf von acht Tagen nach der Ladung im Hafen oder auf der Rhede von Stockton von dem Herrn Bodmereigläubiger übernommen worden, zusammen . . . . Mark binnen vierzehn Tagen nach guter Ueberkunft der Güter zu Stockton ebendaselbst an Herrn N. oder dessen Ordre bezahlt werden. Zur Versicherung des Bodmereigläubigers ist diese Bodmerei auf dem in meinen Händen befindlichen Konnossemente vermerkt, an dasselbe ein Exemplar dieses Bodmereibriefes angeheftet und diese Urkunde, nach vorheriger Vollziehung, dem Bodmereigeber, Herrn N., ausgehändigt worden. Außerdem sind noch zwei Exemplare des Bodmereibriefes ausgefertigt, wovon das eine an den Befrachter und Eigenthümer der Waaren, N. zu N., versendet wird, und das andere in meinen Händen bleibt.

Ich, der Bodmereigeber N., bin hiermit einverstanden und habe die bezeichnete Seegefahr übernommen.

So geschehen zu N., den u. s. w.

Unterschriften.

153. Dispache [1]) über den Schaden eines von St. Domingo nach Danzig bestimmten, durch Räuber verfolgten Schiffs und Ladung.

H. G. B. Art. 729 ff. Preuß. E. G. z. H. G. B. Art 57; A. G. z. C. P. O. § 29. Dernburg II, § 293. S. 847.

Danzig, den 28. Oktober 1882.

Der Schiffer N. N., welcher mit dem ihm anvertrauten Danziger Schiffe Auguste am 2. d. M. im hiesigen Hafen eingelaufen ist, hat sogleich Anzeige von erlittener großer Haverei gemacht, und auf Ausmittelung und Vertheilung des Schadens angetragen. Auf Grund der Einsicht aller in Betracht kommenden Urkunden und der abgegebenen Verklarung macht der unterzeichnete Dispacheur folgende Dispache auf, welche hiermit dem Königlichen Amtsgericht hierselbst überreicht wird.

Sachverhalt.

Das Danziger Schiff Auguste wurde in St. Croix angenommen, um zu St. Leogane, auf St. Domingo, eine Ladung für preußische Rechnung einzunehmen. Es segelte den 15. Juni 1881 nach St. Leogane, nahm daselbst 400 Hektoliter Zucker und 1000 Säcke Kaffee ein und segelte am 2. Juli bei hellem Wetter mit günstigem Winde ab. Den 7. September wurde es von einem Seeräuberschiffe angerufen, und da der Schiffer willens war, den Versuch zu machen, dem Räuber zu entgehen, und der gehaltene Schiffsrath ihm beistimmte, so wurden alle Segel beigesetzt, und das Schiff geprangt. Nach einer Stunde bemerkte man daß der Seeräuber sich nähere, und es wurde durch gehaltenen Schiffsrath beschlossen, die Anstrengung zu vermehren und

[1]) Vergleiche die von Benecke im System des Assekuranz- und Bodmereiwesens Bd. IV. S. 219 ff. mitgetheilten Auszüge aus Dispachen.

das Schiff zu erleichtern. In Folge dieses Beschlusses wurden 400 Säcke Kaffee C. C. & Comp. geworfen, wodurch die Schnelligkeit des Schiffes so gesteigert wurde, daß die Entfernung zwischen ihm und dem Räuber wieder zunahm. Nach dreiviertelstündigem Hartsegeln brach ein heftiger Windstoß den Besanmast in zwei Stücke und warf ihn mit Zubehör ganz über Bord, und man mußte, um frei zu werden, das Zeug und Tauwerk wegkappen, wodurch die stehende und laufende Takelage des Schiffes, die Wandten nebst den daran befestigten abgebrochenen Enden, mit Segel und Blockwerke fast unbrauchbar wurden. Der Seeräuber war in diesem Augenblicke dem bloßen Auge nicht mehr sichtbar, und man setzte alle Kräfte daran, einen Nothmast zu machen, wozu ein Giek und viele Segel und Tauwerk zerschnitten wurden. Nach einer halben Stunde kam der Seeräuber wieder in Sicht, wenige Augenblicke darauf aber erschien am fast entgegengesetzten Horizont ein Schiff, auf welches man nun den Kurs richtete. Bald erkannte man daran ein englisches Kriegsschiff, bei dessen Ansicht der Seeräuber flüchtete. Die „Auguste“ segelte nun mit Hülfe des zu Stande gebrachten Nothmastes nach Port Royal auf Jamaika, wo sie am folgenden Tage eintraf. Das Schiff war so beschädigt, daß es auch nach Erneuerung des Besanmastes die Reise nicht hätte fortsetzen können; man mußte die Ladung löschen, und das Schiff wurde gekielholt und kalvatert. Der Schiffer konnte nur einen kleinen Theil der nöthigen Geldmittel durch Anleihe aufbringen und sein Gesuch, von der Ladung so viel als möglich zu verkaufen, wurde ihm zugestanden. In Folge dessen wurden 200 Säcke Kaffee und 30 Hektoliter beschädigter Zucker verkauft, der übrige Theil der Ladung aber wurde wieder an Bord gebracht, mit Ausnahme von 6 Sack Kaffee, welche fehlten und vermuthlich gestohlen worden waren, da die Ladung im Freien hatte liegen müssen. Den 8. Juli d. J. segelte das Schiff von Jamaika ab und erreichte am 2. Oktober seinen Bestimmungsort.

Berechnung der Kosten in Jamaika.

Die in Jamaika durch den Schiffer bezahlten Kosten sind folgende:

1)	Löschungs- und Einladungskosten nebst Provision	9300 Mk.
2)	Rechnung des Schiffers	1980 „
3)	Heuer für den Aufenthalt am 8. September v. J. bis zum 8. Juli d. J., laut Musterrolle monatlich 1200 Mk., welches auf 6 Monate beträgt . . . , ...	7200 „
4.	Kostgeld für dieselbe Zeit, dem Schiffer 1 Mk., dem Matrosen 50 Pf. täglich, macht	1950 „
5)	Gerichtskosten	150 „
	zusammen	20580 Mk.

Die Anschaffung dieser Gelder in Jamaika hat Folgendes gekostet:

1) Der Schiffer hat in Port Royal einen Vorschuß von 7500 Mk. erhalten, wofür

a) die Provision, Zinsen und Kosten der Remesse und Assekuranzcourtage . . . . . 540 Mk.

betrugen und

b) 9000 Mk. Havereigelder versichert wurden zu 10 Prozent, macht . . . . 900 „

2) In Port Royal sind zur Anschaffung der Geldmittel von der Ladung 200 Säcke Kaffee verkauft, welche in Danzig gewogen haben würden netto 21 000 Pfd. und dort à 60 Pfg. für 12600 Mk. hätten verkauft werden können.

Davon ab auf Kosten, welche in Danzig hätten bezahlt werden müssen für Zoll, Aufbringungen Arbeitslohn, Courtage ꝛc. . . . 600 „

Bleiben . . . . 12000 Mk.

In Port Royal ist der Kaffee verkauft worden für . . . . . . 8400 „

mithin ist der Schaden durch den Verkauf . . . . 3600 „

3) Ferner sind von der Ladung 30 Hektoliter beschädigter Zucker verkauft, welche laut Faktura 700 Arroben gewogen haben.

Unbeschädigt würden sie in Jamaika für . . . . 7245 Mk.

verkauft worden sein; beschädigt sind sie verkauft für brutto . . . . 4830 „

also sind durch die Beschädigung . 2415 Mk.

oder $^1/_3$ des Werthes verloren. Von den eingenommenen . . . . . 4830 Mk.

sind auf Kosten abgegangen . . 150 „

so daß der reine Ertrag . . . 4680 Mk.

gewesen ist.

Wäre dieser Zucker unbeschädigt nach Danzig gekommen, so würde er dort netto 25000 Pfd. gewogen haben und hätte verkauft werden können à Pfd. 50 Pfg. für . . 12500 Mk.

Davon ab für Kosten . . . . 500 „

Bleiben . . . . 12000 Mk.

davon $^2/_3$, weil $^1/_3$ durch Beschädigung verloren gegangen . . . 8000 „

Hiervon den reinen Erlös des Verkaufs in Port Royal mit . . . 4680 „

Uebertrag 5040 Mk.

	Uebertrag	5040 Mk.
abgezogen, ergiebt einen durch den Verkauf entstandenen Schaden von		3320 „
Die Anschaffungskosten von . .	20580 Mk.	
betragen also		8360 Mk.
oder für jedes Hundert $40\,^2/_3$ Mk.		

Berechnung der großen Haverei.

I. Berechnung des Schadens.

1.	Von den in Port Royal entstandenen Kosten gehören hierher die Kosten für die Ausbesserung derjenigen Beschädigungen am Schiffe, welche durch das Prangen entstanden sind; und diese betragen nach der Specialrechnnng	1200 Mk.
2.	Löschungs- und Einladungskosten	9300 „
3.	Heuer	4500 „
4.	Kostgeld	1200 „
5.	Gerichtskosten	150 „
	Zusammen	16350 Mk.
6.	Kosten für Anschaffung dieser Summe, à $40^2/_3$ pCt.	6649 „
7.	Werth der geworfenen 400 Sack Kaffee	24399 „
8.	Kosten	602 „
	Zusammen	48000 Mk.

II. Berechnung des beitragspflichtigen Kapitals.

1.	Werth des Schiffes nach überstandener Gefahr bei seiner Ankunft in Port Royal, laut Taxe		18000 Mk.
2.	Werth der Ladung, und zwar:		
	a) der geretteten Waaren nach dem Marktpreise in Danzig bei der Ankunft des Schiffes, laut spezieller Schätzung, nach Abzug der kleinen Haverei, der Ausladungskosten und anderer Ungelder	168000 Mk.	
	b) der geworfenen 400 Sack Kaffee nach demselben Preise . . .	24399 „	
	c) der beschädigten 30 Hektoliter Zucker, nach dem Erlöse durch den Verkauf in Jamaika . .	4680 „	
			197079 „
3.	Die Fracht nach Abzug der noch rückständigen Volksheuer		24921 „
		In Summa	240000 Mk.

III. Vertheilung des Schadens.

Der auf 48000 Mark ausgemittelte Schaden, auf 240000 Mark vertheilt, giebt für jedes Hundert 20 Mark.

Demzufolge haben der Rheder (Schiffer) und die Einlader, den auf 48000 Mk. festgesetzten Betrag der Schäden und Kosten den Beschädigten zu ersetzen, und zwar wie folgt:

I. Der Rheder (Schiffer):

1. von 18000 Mark Schiffswerth zu . .		3600 Mk.	— Pf.
2. von 24921 Mk. Fracht zu		4984 „	20 „
	Zusammen	8584 Mk.	20 Pf.

II. Die Einlader, und zwar:

(Hier folgt die weitere Vertheilung.)

Unterschrift des Dispacheurs.[2])

154. Verklarung.

H. G. B. Art. 490ff. 526. Seemannsordnung v. 27. Dezember 1872 (R. G. Bl. S. 409) § 33. — A. G. z. G. V. G. § 25 Nr. 2.

Die Verklarung ist vom Schiffer beim Amtsgerichte des Bestimmungshafens event. des Nothhafens oder des Reisezieles anzumelden, worauf dann deren gerichtliche Aufnahme erfolgt.

Muster der Aufnahme.

Königliches Amtsgericht. Stettin, den 20. Juni 1887.

Gegenwärtig:

Amtsgerichtsrath N. als Richter.

Referendar P. als Gerichtsschreiber.

Der am 1sten d. M. mit dem Barkschiffe „Seeschlange" im hiesigen Hafen eingelaufene Schiffskapitän Johansen hat unter Vorlegung seines Journals und eines Verzeichnisses aller Personen der Schiffsbesatzung sogleich nach dem Einlaufen bei dem hiesigen Amtsgerichte Verklarung angemeldet und es ist zur Aufnahme derselben auf heute Termin angesetzt worden, welcher dem genannten Schiffskapitän mit der Auflage bekannt gemacht worden ist, in demselben sich selbst, den Steuermann, den Maschinisten und drei Schiffsleute zu gestellen; auch ist dieser Termin in der hier üblichen Weise durch Aushang im Seemannshause und Einrückung im Tages-Anzeiger öffentlich bekannt gemacht worden. Es fanden sich ein:

1. der Kapitän Otto Johansen aus Danzig,
1. der Steuermann Lebrecht Pinne aus Lübeck,
3. der Maschinist Benjamin Schraube aus Hamburg,
4. der Matrose Jonathan Spille aus Wismar,
5. der Matrose Cajetan Rahe aus Altona.

Außerdem erschienen als Betheiligte:

6. der Rheder Ignatz Wal aus Arkona und
7. der Kaufmann Spitzohr aus Stettin, Befrachter der „Seeschlange".

---

[2]) Die vom Dispacheur aufgemachte Dispache bedarf noch der Bestätigung des Amtsgerichts, welche jetzt in einem Verfahren gemäß §§ 761—768 C. P. O. erfolgt. Vgl. die in der Ueberschrift citirten Vorschriften und A. G. z. G. V. G. § 25. Nr. 2.

Die zuerst genannten fünf Personen wurden darauf aufmerksam gemacht, daß es ihre Pflicht sei, ohne alle Nebenrücksichten die lautere und die ganze Wahrheit über Alles, worüber sie würden befragt werden, nach bestem Wissen gewissenhaft auszusagen, und daß sie, nach Ablegung ihrer Aussage,[1]) zu schwören hätten, von Allem, worüber sie vernommen worden, nach ihrem besten Wissen die reine Wahrheit gesagt und wissentlich weder Etwas verschwiegen noch hinzugesetzt zu haben; daß sich dies auch auf die allgemeinen Fragen, welche über ihre persönlichen Verhältnisse würden an sie gerichtet werden, beziehe.

Nach dieser Vorbereitung wurden die genannten Schiffsleute jeder einzeln in Abwesenheit der Uebrigen, auf Grundlage des Journals, in Gegenwart der beiden Betheiligten, wie folgt vernommen:

(Hier folgen die einzelnen Aussagen und Fragstellungen nach Art der Zeugenvernehmungen.)

Hierauf wurden alle Fünf vorgelassen, an die Heiligkeit und Wichtigkeit des Eides und die Folgen des Meineides durch Vorlesung der Vorhaltung bei Zeugeneiden erinnert, und, nachdem jeder Einzelne erklärt hatte, daß er bei seiner Aussage stehen bleibe, mit dem in der Verordnung vom 28. Juni 1844 vorgeschriebenen Zeugeneid belegt.

Jeder der beiden Betheiligten verlangt eine beglaubigte Abschrift der Verhandlung.

Vollziehung.

H. Familienrecht.

I.

Eherecht.

155. Ehegelöbniß.

A. L. R. II. 1 §§ 75—135; A. G. O. II. 1 § 10 Nr. 4.
Koch II. § 747. S. 559; Dernburg III. § 10. S. 26; Foerster-Eccius IV. § 204. S. 22; Fischer § 94. S. 511.

Ehegelöbnisse müssen, um klagbar zu sein, gerichtlich[1*]) oder notariell „geschlossen und niedergeschrieben“[2]) werden. Gemeine Landleute können ihre Verlobungen vor gehörig besetztem Dorfgerichte vollziehen und niederschreiben lassen.

---

[1]) Die Verklarung ist kein Akt einer bürgerlichen Rechtsstreitigkeit und folgt demnach an sich den Grundsätzen des älteren Verfahrens. Vgl. hierüber das Nähere zu Muster 35 oben S. 215 f. u. Anm. 4 u. 5 daselbst.

[1*]) Wird ein bloßes Ehegelöbniß ohne weitere vermögensrechtliche Abreden an der ordentlichen Gerichtsstelle aufgenommen, so muß solches gebührenfrei geschehen (§ 84 d. T.).

[2]) So lautet der Ausdruck im § 82 d. T. Ob damit die bloße Verlautbarung (A. G. O. I. 10 § 125; Not. G. § 22) hat ausgeschlossen werden sollen, ist zweifelhaft; jedenfalls wird diese Form besser zu vermeiden sein.

Das Erforderniß gerichtlicher oder notarieller Abschließung besteht übrigens auch in der Kur- und Neumark Brandenburg. Erk. O. Tr. v. 14. Oktober 1862, (Strieth. Bd. 45. S. 363).

Ist die Braut großjährig und nicht in väterlicher Gewalt, so muß sie zu dem Akte einen Beistand haben, den sie selbst wählt. Stellvertretung beim Akte ist für die Braut gar nicht, für den Bräutigam nur alsdann zulässig, wenn er sich nicht am selben Orte mit der Braut befindet. Die Vollmacht muß alsdann gerichtlich (nicht notariell) aufgenommen werden (s. o. S. 33, Nr. 15 und S. 313 zu II. 2). Minderjährige Brautleute müssen den Vertrag selbst, jedoch unter dem Beistande ihrer Gewalthaber abschließen.

Muster.

Eingang. Neisse, den 25. Juni 1887.

...... erschienen:

1. die verwittwete Frau Gutsbesitzer von Herzog Caroline, geborene Günther auf Herzogswalde, in selbsterwähltem Beistande des Gutsbesitzers Herrn Arthur Neumann auf Plohe,
2. der Herr Ferdinand v. Friede auf Gieshof,
3. der Gutsbesitzer Herr Gumpert v. Friede auf Gieshof und dessen Ehegattin Amalie, geborene Stricker, Eltern des Herrn Ferdinand v. Friede,

und erklärten folgendes Eheverlöbniß, nachdem sie angegeben, daß gegen die zu schließende Ehe anderweite Hindernisse nicht obwalten, als die für die Frau Braut zur Zeit noch nicht abgelaufene Wartefrist bezüglich ihrer früheren Ehe:[3])

§ 1.

Die Frau Caroline v. Herzog, geborene Günther, und der Herr Ferdinand v. Friede, der Letztere mit Genehmigung seiner Eltern, erklären sich mit einander verlobt und versprechen sich wechselseitig, einander zu heirathen und die Ehe binnen Jahresfrist zu vollziehen.

§ 2.

Die Kosten der Hochzeit trägt die Frau Braut.

§ 3.

Die Frau Braut wird ihrem künftigen Ehemanne ihr Gut Herzogswalde und ihr sonstiges Vermögen, mit Ausnahme der gesetzlich vorbehaltenen Stücke, als Eingebrachtes mitbringen; und die Eltern des Bräutigams versprechen, ihrem Sohne eine Ausstattung von dreißigtausend Mark in $3^1/_2$ proc. Schlesischen Pfandbriefen, welche zum Nennwerthe zu berechnen sind, mitzugeben und am Tage nach der Hochzeit zu zahlen.

§ 4.

Welcher Theil ohne Grund zurücktritt, oder die Vollziehung der Ehe innerhalb der bestimmten Zeit verweigert, oder sich außer Stand setzt, die Ehe in dieser Zeit zu vollziehen, zahlt dem Anderen eine Konventionalstrafe von Sechstausend Mark, wofür auf Seiten des Bräutigams dessen Vater, der Herr Gumpert v. Friede, sich als Selbstschuldner mitverpflichtet.

---

[3]) Vgl. das folgende Muster 156.

Es wird beantragt: jedem Theile eine Ausfertigung zu ertheilen.

Vorgelesen, genehmigt und unterschrieben.

Caroline verwittwete v. Herzog, geb. Günther. Arthur Neumann, als Beistand.

Ferdinand v. Friede. Gumpert v. Friede. Amalie v. Friede.

Geschehen wie oben.

Name des Richters.

156. Dispensation vom Ehehindernisse der zehnmonatigen Wartezeit.

Personenstandgesetz v. 6. Februar 1875 §§ 35. 40. V. 17. Januar 1877 (G. S. S. 4); Allerh. Erl. v. 7. September 1879 (J. M. Bl. S. 366) Dernburg III. § 16 S. 51. Förster-Eccius IV. § 203 S. 21. Fischer § 94 S. 514.

Diese Dispensation steht den Amtsgerichten zu;[1]) für örtlich zuständig ist — auch im Falle des Wohnsitzwechsels — der persönliche Richter der Frau zu erachten. Bei Ertheilung des Dispenses waltet lediglich das Ermessen der Behörde ob; die besonderen Bestimmungen der §§ 19—23 mit Anh. § 64 II. 1 A. L. R. sind durch das Reichsgesetz v. 6. Februar 1875 beseitigt.[2])

Dieser Dispens ist nicht zu verwechseln mit dem vormundschaftlichen Auseinandersetzungsatteste zum Zwecke der Wiederverheirathung (s. Muster 202); wenn beide Akte in einer Urkunde ertheilt werden, müssen sie gleichwohl gesonderten Ausdruck finden.

Muster.

Das unterzeichnete Königliche Amtsgericht zu Neisse ertheilt hierdurch der verwittweten Frau Gutsbesitzer Caroline von Herzog geborenen Günther zu Herzogswalde, nachdem deren frühere Ehe durch den am 10. März 1887 erfolgten Tod ihres Ehegatten, des Gutsbesitzers Otto von Herzog, gelöst worden ist, für eine von derselben nunmehr einzugehende neue Ehe die Dispensation vom Ehehindernisse der zehnmonatigen Wartezeit.

Neisse, den 5. September 1887.

Königliches Amtsgericht.

(Siegel). Unterschrift.

157. Ehe- und Erbvertrag unter Verlobten.

A. L. R. II. 1 §§ 205 ff. 439 ff. A. G. O. II. 1 § 10 Nr. 5; II. 3 § 18. Koch II. § 761. Dernburg III. §§ 6. 7 S. 15 ff. Förster-Eccius IV. § 208 S. 48 § 247 S. 328. Fischer § 97 S. 528.

Dergleichen Verträge bedürfen gerichtlicher oder notarieller Abschließung, und zwar ist dies die gesetzliche Form auch im Falle mit

---

[1]) Für anderweite dispensable Ehehindernisse gebührt die Dispensation dem Justizminister. V. v. 24. Februar 1875 (G. S. S. 97). Wegen der Vermittelung der Gerichte s. Allg. Verf. v. 2. März 1875 (J. M. Bl S. 75).

[2]) Vgl. Stölzel im J. M. Bl. 1878 S. 161 ff. Dernburg III. § 13 S. 38 Anm. 3. Märcker S. 235 Anm. ††. A. M. ohne Angabe von Gründen d. App. Ger. zu Glogau bei J. u. K. I. S. 23.

Wegen Anfechtung der Dispensverweigerung s. die Beschl. d. K. G. vom 26. Mai und 24. November 1884 (J. u. K. V. S. 3) und dazu die Gegenbemerkungen von Küntzel ebda. S. 415.

verabredeter erbvertragsmäßiger Bestimmungen.[1]) Es bedarf hiernach einerseits der erschwerten Form der Erbverträge (s. unten Muster 187 S. 487) nicht; andererseits ist aber auch die bei Erbverträgen zugelassene privatschriftliche Form mit bloßer gerichtlicher Uebergabe hier nicht gestattet; vielmehr bedarf der in einheitlicher Urkunde errichtete Ehe- und Erbvertrag zur Gültigkeit der protokollarischen Abschließung.[1a]) — Geschieht die Aufnahme gerichtlich, so hat das O. Tr. angenommen, daß es wegen der erbvertragsmäßigen Bestimmungen, in Rücksicht auf § 421 des Anh. zu § 17 II. 2. A. G. O. der Zuziehung eines Protokollführers bedarf.[2])

Ausgenommen von der notariellen Form und ausschließlich der gerichtlichen überwiesen sind die Verträge wegen der Güter und Erwerbsgemeinschaft.[3]) Das Gleiche würde von Verträgen gelten, in welchen etwa für den Fall einer künftigen Ehescheidung der gesetzlichen Abfindung entsagt werden sollte,[4]) falls man solche Abreden in einem vorehelichen Vertrage für statthaft hält. Das O. Tr. hat ihnen die Gültigkeit abgesprochen.[5])

Wegen der Form der Eheverträge nach geschlossener Ehe s. o. S. 33 Nr. 18 u. 19.

Eingang. Muster.

. . . erschienen zur Verlautbarung eines Ehe- und Erbvertrages:

1. der Königl. Major, Herr v. Br.,
2. dessen Tochter, Fräulein Rosamunde v. Br.,
3. der Herr Karl v. G., Königl. Preuß. Premier Lieutenant im 4. Oberschlesischen Infanterie-Regimente Nr. 63,

Alle von hier und nach Namen, Stand und Wohnort bekannt.

Das Fräulein Rosamunde v. Br. ist in väterlicher Gewalt und tritt daher unter dem Beistand ihres Herrn Vaters auf. Der Herr Karl v. G. ist auch noch nicht von der väterlichen Gewalt befreit, wohl aber volljährig. Es ist deshalb den Erschienenen bekannt gemacht, daß, wenn der Herr von G. sich durch Vertrag verbindlich machen wolle, dazu die Einwilligung seines Vaters erforderlich sei; die Erschienenen verlangten jedoch ungeachtet der Abwesenheit desselben

---

[1]) Ob die notarielle Form auch nach märkischem Recht gilt, ist zweifelhaft. Vgl. Dernburg III. § 176 Anm. 16 (S. 505). — Im Uebrigen ist die notarielle Form manchmal bemängelt worden, wenn Vermächtnisse zu Gunsten Dritter verabredet werden; vergl. Erk. d. App. Ger. zu Hamm v. 22. Januar 1857 (Gruchot I. S. 451); doch hat d. Ob. Tr. wiederholt für die Gültigkeit erkannt. Erk. vom 9 November 1857 (ebda. II. S. 96) und vom 22. Oktober 1875 (Strieth. Bd. 94 S. 211).

Schließen Verlobte einen bloßen Erbvertrag ohne gleichzeitige Ehepakten, so genügt die notarielle Form nicht. Vgl. Muster 188 (S. 488).

[1a]) Vgl. Urth. d. R. G. v. 11. Oktober 1886 (Entsch. XVII. S. 210).

[2]) Erk. v. 27. März 1854 (Entsch. Bd. 27 S. 459).

[3]) Vgl. oben S. 33 Nr. 16 und unten Muster 158 (S. 430).

[4]) Vgl. oben S. 34 Nr. 21

[5]) Erk. v. 13. Dezember 1854 (Entsch. Bd. 29 S. 373; Strieth. Bd. 14 S. 341.)

von dem hiesigen Orte die Aufnahme der unter ihnen verabredeten Ehepakten und wollten selbst dafür sorgen, daß die etwa erforderliche väterliche Einwilligung auf der Seite des Herrn v. G. nachfolge.

Da nach der eingezogenen Erkundigung keine Hindernisse vorwalten, so wurde zwischen dem Fräulein Rosamunde von Br., im Beistande und unter ausdrücklicher Zustimmung ihres gegenwärtigen Herrn Vaters, und dem Herrn Karl v. G., folgender Ehegelöbniß-, Ehe- und Erbvertrag abgeschlossen.

§. 1.

Das Fräulein Rosamunde v. Br. und der Herr Karl v. G. versprechen Einer dem Anderen, sich mit einander zu vermählen, wozu die beiderseitigen Herren Väter ihre Einwilligung gegeben haben. Die Ehe soll, in Folge des Königl. Konsenses vom 6. August d. J., am am 20. d. M. vollzogen werden. In Ansehung der Rechte und Pflichten der künftigen Eheleute, bezüglich auf ihre Personen bewendet es bei den landrechtlichen Bestimmungen.

§. 2.

Das Fräulein Braut und künftige Gemahlin soll nicht verpflichtet sein, ihrem künftigen Gemahl zu folgen, wenn derselbe im Dienste seinen Aufenthalt an anderen Orten auf kurze oder lange Zeit nehmen muß; sie nimmt in solchem Falle ihren beständigen Wohnsitz auf ihrem Rittergute X.

§. 3.

Der Brautvater, Herr Major v. Br., verspricht seinem Fräulein Tochter und deren Bräutigam, seiner gedachten Tochter eine standesmäßige Ausstattung an Kleidung, Schmuck und Geschmeide, Leibwäsche, Leinenzeug und Betten, Haus- und Wirthschaftsgeräth, auch eine Equipage, vierspännig, mit Kutsche und einem halbgedeckten Spazierwagen, nebst zweifachem vollständigen Geschirr, mitzugeben, und das Hochzeitsmahl auf 50 Gäste auszurichten.

§. 4.

In Beziehung auf das Vermögen während der Ehe werden die Rechte und Pflichten der Eheleute, wie folgt, bestimmt:

1. Durch die Vollziehung der Ehe gehen aus dem Vermögen der künftigen Frau v. G. nur zwei Kapitalien, jedes über sechstausend Mark, zusammen also 12000 Mark, welche für das Fräulein Rosamunde v. Br. auf dem Rittergute Fahrenheit in Pommern eingetragen stehen und mit 4 Prozent verzinset werden, in die Verwaltung des Mannes über, und sind als Eingebrachtes dem ehemännlichen Nießbrauche unterworfen.
2. Alles übrige Vermögen des Fräulein Braut, es bestehe worin es wolle, insbesondere
   a) das Rittergut X.
   b) das noch übrige Kapitalsvermögen, welches gegenwärtig besteht aus einem, auf dem Rittergute Baalsdorf in der Mark Brandenburg eingetragenen, zu 4 Prozent verzinslichen Hypotheken-Kapital von 2000 Mk., schreibe 2c., und in 30000 Mk., sage 2c., in Magdeburg-Leipziger Eisenbahnaktien,
   c) die ganze Ausstattung,

   ist vorbehaltenes Vermögen und bleibt mithin in der freien Verwaltung und Verfügung der künftigen Frau v. G.

3. Zum vorbehaltenen Vermögen derselben gehört auch Alles, was sie während der Ehe durch Erbschaft, Geschenke oder Glücksfälle überkommt.

§. 5.

Die Rechte des überlebenden Ehegatten auf das Vermögen des Verstorbenen werden festgesetzt wie folgt:

1. Wenn die künftige Frau v. G. der überlebende Theil ist, so erhält sie aus dem Nachlasse ihres verstorbenen Gemahls zu ihrem Unterhalte während des Wittwenstandes ein Witthum von dreitausend Mark jährlich, in vierteljährigen Raten pränumerando, als Voraus, und außerdem finden in Beziehung auf die Erbfolge diejenigen Grundsätze des A. L. R. Anwendung, welche für den Fall gelten, wenn die Eheleute nicht in Gütergemeinschaft gelebt haben. Das Witthum soll durch Eintragung auf die Grundstücke, welche im Nachlasse sein werden, gesichert werden.
2. Ist dagegen der Herr Karl v. G. der Ueberlebende, und hinterläßt seine verstorbene Frau Gemahlin keine Verwandten in absteigender Linie, so setzt ihm sein jetziges Fräulein Braut und künftige Frau Gemahlin auf diesen ihren Todesfall ein Ehevermächtniß von 12 000 Mark, schreibe ꝛc., aus, wodurch er ganz abgefunden wird.
3. Hinterläßt sie aber Verwandte in absteigender Linie, so erhält er zu seiner Abfindung ein Ehevermächtniß von 9000 Mark, schreibe ꝛc., aus dem Nachlasse und er muß, wenn er das Vermögen seiner Kinder in Verwaltung nehmen will, dafür pupillarische Sicherheit bestellen. Kann oder will er keine Sicherheit bestellen, so soll unbeschadet seines Nießbrauchrechtes die Verwaltung durch einen Pfleger geschehen.[6])
4. Wenn dann aber auch die Nachkömmlinge sterben, ohne Descendenten zu hinterlassen, so soll es wie folgt gehalten werden: Sind mehrere Nachkommen und es stirbt davon der Eine oder der Andere vor dem oder den Uebrigen, so entsagt hiermit der Herr Karl v. G. im Voraus jedem Anspruche auf die Verlassenschaft seines Kindes dergestalt, daß alle Mal nur die Geschwister des Verstorbenen, mit Ausschließung des Vaters, zur Erbschaft gelangen. Wenn aber alle Nachkommen seiner Frau Gemahlin gleichzeitig sterben, oder wenn auch der Letzte oder Einzige stirbt, so erhält der Herr v. G. aus der Verlassenschaft seiner Kinder oder beziehungsweise seines einzigen oder letzten Kindes nur den vierten Theil, und die übrigen drei Theile fallen auf die Verwandten seiner Frau Gemahlin, welche nach der gesetzlich bestimmten Folgeordnung mit ihm zugleich zur Succession kommen. Der Herr Lieutenant Karl v. G. entsagt mithin, in dem soeben bestimmten Maße, hiermit im Voraus der Erbschaft seiner künftigen Kinder zu Gunsten der Verwandten seiner Frau Gemahlin, und das Fräulein Rosamunde v. Br., sowie der Herr

---

[6]) Wegen etwaigen weiteren Anordnungen Betreffs der Pflegschaft s. o. Muster 93 S. 308.

Major v. Br. für sich und Namens der Glieder seiner Familie acceptiren diese Entsagung.

Weiter waren keine Bestimmungen verabredet. Die Interessenten trugen darauf an:

diesen Vertrag dreifach auszufertigen und das Original bei den offenen Akten aufzubewahren.[7])

Schluß.

158. Vertrag über die Ausschließung der ehelichen Gütergemeinschaft.

A. L. R. II. 1 §§ 412–433. A. G. O. II 3 § 19. Gesetz vom 20. März 1837 (G. S. S. 63). E. G. z. H. G. B. Art. 20.

Koch II. § 758 S. 586; Dernburg III. § 34 S. 110; Förster-Eccius IV, § 209 S. 80; Fischer § 97 S. 528.

Verträge über die Einführung oder Ausschließung der Gemeinschaft der Güter oder des Erwerbes müssen, soweit als sie nur vor der Heirath errichtet werden können, zur Gültigkeit der Handlung vor der Schließung der Ehe gerichtlich aufgenommen, oder doch ihrem Inhalte nach gerichtlich anerkannt werden. Dies kann jedoch vor jedem Amtsgerichte geschehen.[1]) Nur in den Landestheilen, in welchen die Gerichte sich mit Handlungen der freiwilligen Gerichtsbarkeit nicht befassen, genügt die Aufnahme oder Anerkennung vor dem Notar. Handelt es sich um Ausschließung der Gemeinschaft, so muß noch überdies die Bekanntmachung durch den öffentlichen Anzeiger des Regierungsamtsblattes, sowie die Eintragung auf die der Gemeinschaft sonst unterworfenen Grundstücke und wenn eines der Eheleute Kaufmann ist, auch die Eintragung in das Handelsregister nebst der gesetzmäßigen Veröffentlichung dieser Eintragung hinzukommen. Die Bekanntmachung im Amtsblatt hat in dem Bezirke zu erfolgen, in welchem die Eheleute ihren ersten Wohnsitz nehmen und muß durch das Amtsgericht dieses Bezirks veranlaßt werden. Die nöthigen Anträge bei diesem Gericht zu stellen, ist, wenn ein anderes Gericht den Vertrag aufgenommen hat, Sache der Eheleute. Das instrumentirende Gericht braucht sich von Amts wegen darum nicht zu kümmern;[2]) doch ist es sachgemäß, rechtsunkundige Parteien zu den nöthigen Anträgen zu veranlassen.[3])

Handelt es sich um Einführung der Gemeinschaft, so sind bei Aufnehmung des Vertrages die §§ 357 ff. d. T. zu beachten. Einer Bekanntmachung bedarf es in diesem Falle nicht.

---

[7]) Vgl. hierüber zu Muster 188 a. E. mit Anm. 1 (S. 490).

[1]) Nach A. L. R. II. 17 § 57 u. A. G. O. II. 1 § 6 Nr. 1 war nur der ordentliche persönliche Richter zuständig. Dieses, ebenso wie die früher vorgeschriebene gerichtliche Bestätigung sind durch das Gesetz vom 20. März 1837 beseitigt worden.

[2]) Die weitergehende Bestimmung des § 19 Abs. 2 II. 3 A. G. O. beruhte auf der inzwischen geänderten älteren Gesetzgebung (s. Anm. 1).

[3]) Vgl. hierüber die im § 4 des Gesetzes vom 20. März 1837 bestimmten Fristen.

Muster.

Eingang. Neisse, den 18. Juli 1887.

... erschienen ... u. s. w.;

1. der Kaufmann Moritz Aldendahl aus Posen,
2. das Fräulein Anne Marie Gülden, im Beistande ihres Vaters, des Handelsmannes Joseph Gülden von hier,

sämmtlich von Person bekannt, und erklärten:

Wir, der Kaufmann Aldendahl und die Anne Marie Gülden, wollen uns mit einander verheirathen und demnächst unsern Wohnsitz in der Stadt Posen nehmen, wo landrechtliche Gütergemeinschaft gilt. Diese in der Stadt Posen geltende Gütergemeinschaft schließen wir hiermit unter uns aus. Wir bitten um eine Ausfertigung dieses Akts für uns zu Händen des Moritz Aldendahl; eine zweite Ausfertigung beantragen wir dem Königlichen Amtsgericht zu Posen zu übersenden, indem wir an letztere Behörde gleichzeitig den Antrag auf öffentliche Bekanntmachung der Gütergemeinschaftsausschließung richten.

Schluß.

— **Erklärung einer großjährig gewordenen Ehefrau wegen Fortsetzung der Gütergemeinschaft** s. bei Muster 173 (S. 461).

159. Vertrag zwischen Eheleuten zu Lasten der Ehefrau.

A. L. R. II. 1. §§ 198—201. 272; A. G. O. II. 1. § 9. No. 8. Dernburg III. § 7. S. 18; Foerster-Eccius IV. § 206 S. 38; Fischer § 97. S. 532.

Dergleichen Verträge bedürfen, sofern sie nicht etwa Handelsgeschäfte sind, gerichtlicher Abschließung, wobei die Frau einen Beistand haben muß. Letzteren kann sie selbst wählen oder sich durch den Richter zuordnen lassen. Der Richter muß übrigens auch von Amts wegen die Frau vor Uebereilung und Hintergehung schützen, ohne daß ihm indessen ein entscheidender Einfluß gegen den Willen der Frau zusteht.

Vgl. noch wegen der hierhergehörigen Geschäfte oben S. 33 No. 19 mit Anm. 28; s. auch die Vorbem. zu Muster 189 (S. 490).

Eingang. Muster.

... erscheinen ...:

1. Die Frau Alwine Borgmann geb. Müller mit ihrem Bruder dem Kaufmann Alfred Müller als Beistand,
2. deren Ehemann der Kaufmann und Hausbesitzer Otto Borgmann,

sämmtlich von hier, bekannt und geschäftsfähig.

Dieselben erklären, daß Frau Borgmann ein Rechtsgeschäft mit ihrem Ehemann abschließen wolle und zu diesem Zwecke ihren Bruder als Beistand mitgebracht habe. Mit Zustimmung des letzteren erklärte die Frau Borgmann:

Bei meiner vor fünf Jahren erfolgten Verheirathung ist mein eingebrachtes Vermögen von 20 000 Mk. auf dem Hausgrundstück meines Ehemannes Blatt No. 133 des Grundbuchs der hiesigen Stadt in Abth. III No. 3 hypothekarisch eingetragen worden. Da gegenwärtig mein Ehemann der Aufnahme anderweiter Kredite auf das Haus bedarf, die in Folge der erwähnten Belastung nicht zu erlangen sind, so bin ich mit meinem Ehemanne übereingekommen, das Grundstück wegen meines Eingebrachten vollständig zu entpfänden und mich lediglich mit der persönlichen Verpflichtung meines Ehemannes zu begnügen.

Indem ich dieses hiermit bestätige, bewillige ich die Löschung der vorgedachten Hypothek von zwanzigtausend Mark im Grundbuch.

Der Richter hat darauf der Frau Borgmann die Folgen dieser Erklärung klar gemacht, ihr auch zu bedenken gegeben, ob die völlige Löschung des Eingebrachten nicht zu weit gehe und ob sie nicht vielmehr vorziehen wolle, den durch ihren Ehemann aufzunehmenden Darlehen lediglich das Vorrecht einzuräumen, in welchem Falle sie immer noch ein Pfandrecht am Grundstücke, wenn auch zu schlechterer Stelle, behalte.[1]) Die Frau Borgmann wollte indessen hierauf nicht eingehn; denn die nöthigen Darlehen sollten in einzelnen Theilen nach und nach aufgenommen werden und man habe ihr gesagt, wenn sie in jedem einzelnen Falle mit ihrer Hypothek das Vorrecht bewillige, so würden sich die Kosten zu hoch stellen. Sie verblieb deshalb mit Zustimmung ihres Beistandes bei ihrer früheren Erklärung.

Der Ehemann Otto Borgmann nahm die Entpfändung an und beantragte die Löschung der erwähnten Hypothek, erbat auch eine Ausfertigung der Verhandlung zu seinen Händen.

Schluß.

160. Auseinandersetzung geschiedener Eheleute wegen des Vermögens.

A. L. R. II. 1. §§ 743 ff.

Koch II. § 763; Dernburg III. § 32. S. 104; Foerster-Eccius IV. § 215. S. 115. Fischer § 98. S. 538.

Ueber das Verfahren gelten dieselben Grundsätze wie im Falle der Erbtheilung (vgl. hierüber die Vorbemerkung zu Muster 203; siehe auch Basch S. 88). An Stelle des Nachlaßrichters tritt der persönliche Richter des Mannes.

Muster.

a. Auseinandersetzungsakte, wenn kein Theil für den schuldigen erkärt worden.

aa) Wenn keine Gütergemeinschaft obgewaltet hat.

Eingang.

In der N.'schen Vermögens-Auseinandersetzungs-Sache erschienen in dem heutigen Termine zur Erkärung über das Verzeichniß des Eingebrachten ꝛc.

1) Der Arzt Herr Karl Großmann,

---

[1]) In der Praxis wird die Aufnahme der richterlichen Belehrungen in das Protokoll meist unterlassen. Dieselbe ist aber allgemein vorgeschrieben in § 43 Nr. 5. II. 2. A. G. O.

2) dessen geschiedene Ehefrau Anna, geborene Freiin v. Schnabelsberg, beide von hier, von Person wohlbekannt.

Zwischen beiden Theilen, welche in getrennten Güterverhältnissen gelebt haben, kam folgender Auseinandersetzungsrezeß zu Stande:

§. 1.

Die Frau Gr. erkennt die mit ihr durchgegangene, von Herrn Gr. eingereichte Spezifikation ihres Eingebrachten, in sofern es noch vorhanden, zwar für richtig an, macht aber die Bemerkung, daß an Stelle zweier, von ihr gleichfalls eingebrachten Sopha's und eines Dtzd. Polsterstühle während der Ehe andere Stücke von gleicher Art und Zahl angeschafft worden seien, welche nicht spezifizirt worden, obgleich sie solche zu fordern berechtigt zu sein vermeine.

Herr Gr. räumt das Thatsächliche ein und vereinigt sich mit der Frau Gr. dahin, daß er statt der fraglichen Stücke 150 Mk. an sie zu zahlen hat. Die in der Spezifikation verzeichneten Stücke erkennt Frau Gr. an, bereits empfangen zu haben.

§ 2.

Frau Gr. hat ihrem geschiedenen Ehemanne das Landgut Sophienthal eingebracht, wovon dem Ehemanne der Nießbrauch bis zum 1. Juli v. J. zugestanden hat. Am 1. Dezbr. hat er dasselbe zurückgegeben, und es sind bei der Zurückgabe von Seiten des Mannes Verbesserungsforderungen für die Erbauung eines neuen Schafstalles, von Seiten der Frau hingegen Forderungen für fehlende Inventarienstücke gemacht, über welche gegenseitige Forderungen in einem besonderen Verfahren verhandelt wird. Beide Theile vergleichen sich dieserhalb und wegen der Rechnungslegung für die Zeit vom 1. Juli bis 1. Dezbr. dahin, daß die Frau Gr. dem Herrn Gr. noch 1500 Mk. zahlt, wogegen die wechselseitigen Forderungen aus der Gutsverwaltung und der Rückgewähr für getilgt erklärt werden.

§. 3.

Den geschiedenen Eheleuten sind bei Eingehung der Ehe an Hochzeitsgeschenken

ein Silberservice, 600 Mk. an Werth, und

zwei große Porzellanvasen, 240 Mk. an Werth,

gemacht, die nicht einem oder dem anderen Ehegatten zugedacht worden, weshalb sie für gemeinschaftlich anzusehen sind. Beide Theile kommen überein, daß der Mann diese Stücke behalten und dagegen der Frau die Hälfte des Werthes mit 420 Mk. herausgeben soll.

§. 4.

Die Frau Gr. hat ihrem Manne noch 6000 Mk. in Schl. Pfandbriefen eingebracht, welche während der Ehe zum Nennwerthe in baares Geld umgesetzt und wovon 3000 Mk. an den N. hierselbst ausgeliehen und auf Grund der Schuld- und Hypothekverschreibung desselben vom 5. Mai 1885 auf den Namen des Mannes eingetragen worden sind.

Herr Gr. cedirt diese Hypothek von Dreitausend Mark nebst Zinsen seit dem 1. Juli v. J. seiner separirten Frau Anna, geborenen Freiin von Schnabelsberg, hiermit. Die Frau Großmann nimmt diese Cession an Zahlungsstatt an.

§. 5.

Herr Gr. hat an die Frau Gr. hiernach zu zahlen:

1) aus dem §. 1	150	Mk.
2) aus dem §. 3	420	„
3) aus dem §. 4	3000	„
In Summa	3570	Mk.
Er hat dagegen von ihr zu empfangen aus dem §. 2	1500	„
und ist noch schuldig	2070	Mk.

in Buchstaben u. s. w.

Da er jetzt nicht im Stande ist, Zahlung zn leisten, und nur seine Hoffnung auf künftigen bedeutenden Erwerb aus seiner Praxis hat, so verspricht er, diese Schuld jährlich mit Dreihundert Mark, jedesmal am 1. Juli, und zum ersten Male am 1. Juli k. J. an seine geschiedene Frau Anna, geborene Freiin von Schnabelsberg, abzutragen, auch bis dahin vom 1. Juli v. J. an mit fünf Prozent zu verzinsen. Hiermit erklärt sich Frau Gr. zufrieden.

§. 6.

Hiermit erklären sich beide gewesene Eheleute des Vermögens wegen auseinandergesetzt.

Die Kosten der Auseinandersetzung übernimmt die Frau Großmann.

Dieser Rezeß soll für jeden Theil ausgefertigt werden.

Schluß.

bb) Bei stattgehabter Gütergemeinschaft.

Eingang wie bei aa.

Die geschiedenen Eheleute haben in allgemeiner Gütergemeinschaft gelebt. Der Ehemann hat ein Inventarium über das gesammte gemeinschaftliche Vermögen eingereicht. Ueber dasselbe ist verhandelt worden und man hat sich schließlich hinsichtlich der Vervollständigung desselben geeinigt, so daß es in seiner vervollständigten Gestalt zur Grundlage der Auseinandersetzung dienen soll. Ueber die letztere ist nun folgender Rezeß zu Stande gekommen:

§ 1.

Der Ehemann hat bei Eingehung der Ehe das Tit. I, Nr. 1 beschriebene Gut Hoffnungsreich eingebracht, dessen Kaufswerth 15,000 Mark beträgt, welches aber mit 18,000 Mark Hypothekenschulden belastet war. Während der Ehe sind davon 3000 Mark abgetragen worden. Dieses Gut nimmt der Ehemann zu demselben Werthe zurück. [1])

---

[1]) Ob es bei solcher Zurücknahme einer Auflassung bedarf, ist kontrovers; s. die Zusammenstellung der Ansichten b. Turnau II. S. 305 f. Unentschieden: Beschl. d. K.G. v. 18. September 1882 (J. u. K. III. S. 123).

§ 2.

Die Ehefrau hat das ebendaselbst sub 2 bezeichnete Gut Sophienthal zum Kaufswerthe von 30000 Mark unverschuldet eingebracht. Während der Ehe ist darauf eine Hypothek von 3000 Mark eingetragen worden. Die Frau Gr. erkennt an, dieses Gut nebst Zubehör zu ihrer Zufriedenheit bereits zurückerhalten zu haben.

§ 3.

Von den ausstehenden unter Tit. II verzeichneten Forderungen im Gesammtbetrage von 7500 Mark hat der Ehemann die Post Nr. 1 von 1500 Mark und die Frau die Post Nr. 4 von 3000 Mark, welche auch auf ihren Namen geschrieben steht, eingebracht. Jeder ist bereits im Besitze der über das von ihm eingebrachte Kapital lautenden Hypothekenurkunden.

§ 4.

Von den Mobilien hat:

1. der Mann die unter Tit. V, VI u. s. w. verzeichneten Gegenstände im Werthe von 900 Mark bei Eingehung der Ehe besessen, welche er behält;
2. die Frau hat die unter Tit. XI verzeichneten Betten und das Leinenzeug im Betrage von 600 Mark eingebracht, welche sie in Natur zurückerhalten hat; und von den unter Tit. X verzeichneten Sachen hat sie

a) den Kessel zu Nr. 3 an Werth	30 Mk.
b) u. s. w.	
zusammen im Werthe von	240 Mk.

eingebracht. Auch diese Sachen hat sie zurückgenommen.

§ 5.

Nach dem Inventarium beträgt das ganze gemeinschaftliche Aktiv-Vermögen . . . . 60000 Mk.

Davon hat zurückgenommen:

I. der Ehemann		
1. sein Gut Hoffnungsreich zu . .	15000 Mk.	
2. seine Forderung (§ 3) von . . .	1500 „	
3. seine Mobilien (§ 4) im Werthe von	900 „	
II. die Frau		
1. ihr Gut Sophienthal im Werthe von	30000 „	
2. ihre Forderung (§ 3) von . . .	3000 „	
3. ihre Effekten (§ 4) von	240 „	50640 Mk.
Es bleiben mithin noch übrig		9360 Mk.

welche unter beide gewesene Eheleute zu theilen sind. Es treten aber zum Vortheile der geschiedenen Ehefrau noch hinzu diejenigen . . . . 3000 Mk.

welche während der Ehe von den Hypothekenschulden des Mannes auf Hoffnungsreich abgezahlt worden sind. Die Masse beträgt mithin . . . . 12360 Mk.

§ 6.

Was die Schulden betrifft, so erkennt Herr Gr. an, daß von der ganzen Passivmasse im Betrage von . . . . . 21000 Mk.
diejenigen . . . . 15000 „
welche auf seinem Gute eingetragen stehen, als eingebracht auf ihn allein kommen, und nur . . . . . 6000 Mk.
als auf der Errungenschaft haftend übrig bleiben; daß dagegen die Frau hinsichtlich derjenigen 3000 Mk., welche auf ihr Gut aufgenommen worden sind und in der Schuldenmasse stecken, als Gläubigerin anzusehen sei.

Werden von der Aktivmasse der . . . . 12360 Mk.
die gemeinschaftlichen Schulden im Betrage von . . 6000 „
abgezogen, so bleiben zu theilen . . . . 6360 Mk.
wovon auf jeden die Hälfte mit 3180 Mk. fällt.

§ 7.

Behufs der Abfindung wird dem Herrn Gr. das gesammte, nach Wegnahme des von jedem Theile Eingebrachten, übrig bleibende gemeinschaftliche Vermögen, wie es im Inventarium verzeichnet ist, zum Alleineigenthume übereignet.

Dagegen übernimmt er, der Frau Gr. gegenüber, sämmtliche Gemeinschaftsschulden allein und verspricht, binnen drei Monaten ihr die Befriedigung der Gläubiger nachzuweisen oder sonst ihre Befreiung aus der Haftbarkeit auszuwirken; er macht sich ferner wegen seiner Halbscheid selbst bezahlt und bekennt sich für den Schuldner der Frau Gr. wegen deren Abfindung.

§ 8.

Die Frau Gr. soll hiernach erhalten:

1. ihre Forderung von . . . . 3000 Mk.
2. ihr Halbscheid des gemeinschaftlichen Vermögens mit . . . . 3180 „

zusammen 6180 Mk.

Sie kreditirt ihm diese Summe bis zur Aufkündigung gegen Verzinsung und Sicherstellung.

Herr Gr. macht sich verbindlich, diese sechstausend einhundert und achtzig Mark nach dreimonatlicher Kündigung zu bezahlen und bis dahin, von heute an, mit fünf Prozent in halbjährigen Terminen, zu verzinsen.

Zur Sicherheit seiner Frau Gläubigerin bestellt er für Kapital und die erwähnten Zinsen Hypothek mit seinem Gute Hoffnungsreich Blatt Nr. 11 des Grundbuchs der Gemeinde N. hiesigen Kreises und willigt in die Eintragung auf seine Kosten. Die Frau Gr. beantragt diese Eintragung.

§ 9.

Die Kosten der Auseinandersetzung tragen beide Theile, jeder zur Hälfte.

Dieser Rezeß soll dreimal, nämlich für jeden Theil ein Exemplar und das dritte Exemplar als Schuldurkunde für die Frau Gr. über die ihr aus § 8 gebührenden 6180 Mk. ausgefertigt werden.

Schluß.

(Wenn die Schulden das gemeinschaftliche Vermögen übersteigen, so würde der Rezeß vom § 6 an folgendermaßen lauten):

§ 6.

Die ganze Passivmasse beträgt	30000 Mk.
Herr Gr. erkennt an, daß die von ihm mit seinem Gute Hoffnungsreich eingebrachten	15000 „
Hypothekenschulden ihm allein zur Last fallen, und daß nur die übrigen	15000 Mk.

für gemeinschaftliche zu betrachten sind; ferner, daß die Frau Gr. wegen derjenigen 3000 Mark, welche während der Ehe auf ihr Gut aufgenommen worden sind, als Gläubigerin der Gemeinschaft anzusehen,

Die gemeinschaftliche Aktivmasse beträgt . . .	12360 Mk.
die gemeinschaftlichen Schulden betragen	15000 „
Es sind mithin	2640 Mk.

mehr Schulden als Vermögen, welche, insofern sie als eingewirthschaftet angesehen werden müssen, unter beide Theile zu vertheilen sind,

Die gewesene Ehefrau räumt jedoch ein, daß sie mehrmals Summen Geldes, ohne Vorwissen und Genehmigung des Mannes. aus der gemeinschaftlichen Kasse entnommen und für ihre Privatzwecke verwendet habe. Zur Vermeidung einer näheren Erörterung vergleichen sich beide Theile auf eine Pauschsumme von 1200 Mark, schreibe zwölfhundert Mark, welche der geschiedenen Ehefrau allein zur Last fallen. Nach Abrechnung dieser Summe bleiben nur 1440 Mark gemeinschaftlich, wovon ein Jeder 720 Mark zu tragen hat.

§ 7.

Dem Herrn Gr. wird das gesammte gemeinschaftliche Vermögen zum Alleineigenthume übereignet. Dagegen und gegen die ihm von der Frau zu leistende Vergütung macht er sich verbindlich, die sämmtlichen Schulden im Betrage von 2640 Mark an die Gläubiger binnen drei Monaten abzutragen und die Frau Gr. aus aller Verbindlichkeit zu setzen. Hierdurch wird er selbst Gläubiger der Frau Gr. auf den Betrag von 1920 Mark, welchen sie für ihren Theil allein von den Schulden, im Verhältnisse zu dem geschiedenen Manne, zu tragen hat. Die Frau Gr. macht sich verbindlich, diese neunzehnhundert und zwanzig Mark an Herrn Gr. baar zu bezahlen, sobald er ihr entweder die Befriedigung sämmtlicher Gläubiger nachgewiesen oder ihre Entlassung aus der Schuldverbindlichkeit verschafft haben wird.

§ 8.

Die Kosten der Auseinandersetzung tragen beide Theile, ein Jeder zur Hälfte.

Dieser Rezeß soll für Jeden einmal ausgefertigt werden.

Schluß.

b) Wenn ein Theil für schuldig erklärt worden.

aa) Außer dem Falle der Gütergemeinschaft.

Eingang wie oben.

Die gewesenen Eheleute haben nicht in Gütergemeinschaft gelebt; die Ehefrau ist als schuldiger Theil erklärt und hat demgemäß und da die Scheidung wegen Ehebruchs stattgefunden hat, als Ehescheidungsstrafe den vierten Theil ihres Vermögens herauszugeben. Beide Theile haben folgenden Auseinandersetzungsrezeß geschlossen.

§ 1.

Die gewesene Ehefrau hat ihrem separirten Ehemanne Folgendes in die Ehe gebracht:

1. Das Gut Sophienthal, welches jetzt, Behufs der Auseinandersetzung, auf	60000 Mk.
gerichtlich geschätzt worden ist. Darauf waren zur Zeit der Anbringung der Ehescheidungsklage	15000 „
Hypothekenschulden der Frau Gr. eingetragen, es bleiben mithin	45000 Mk.
Die Zurückgewähr des Guts ist bereits geschehen, und nach den Rückgewährverhandlungen ist der gewesene Ehemann schuldig	1500 „
für Verschlimmerungen und Inventariendefekte an die Frau Gr. zu zahlen. Aus der Verwaltung und dem Nießbrauch hat sonst kein Theil an den Anderen einen Anspruch weiter.	
2. Die in dem, Seitens des Ehemannes eingereichten, Verzeichnisse aufgeführten Ausstattungsgegenstände, so weit sie bei Trennung der Ehe noch vorhanden waren. Das Verzeichniß wird von der Frau Gr. für richtig anerkannt; sie erkennt auch an, die Gegenstände in Natur zurückerhalten zu haben. Eine Taxe ist davon nicht aufgenommen, und die Parteien vereinigen sich über den Werth auf die Summe von	2400 „
Bei Berechnung ihres Vermögens tritt noch ferner hinzu:	
3. Der Werth der vorbehaltenen Güter der gewesenen Ehefrau, nach dem von ihr zu den Akten gegebenen Verzeichnisse, mit	1500 „
Sie erkennt an, sämmtliche Gegenstände empfangen zu haben.	
4. Von den Hochzeitsgeschenken, welche in der Anlage von dem Ehemanne spezifizirt sind und sich in seinem Besitze befinden, die der Frau zustehende Hälfte des auf 900 Mk. angenommenen Werths mit	450 „
Die Frau Gr. überläßt ihrem separirten Ehemanne diese Hochzeitsgeschenke zum Alleineigenthume, wogegen der Letztere sich für den Schuldner der Ersteren auf die Summe von 450 Mark bekennt.	
In Summa	50850 Mk.

Uebertrag aus § 1 50850 Mk.

§ 2.

Die davon zu machenden Abzüge sind:

1. Die Ehescheidungskosten, in welche die Frau Gr. verurtheilt worden ist, und welche der Ehemann vorgeschossen hat, im Gesammtbetrage von	330 Mk.	
2. Herr Gr. hat seiner separirten Ehefrau eine Morgengabe im Betrage von . . . . gemacht, welche er zurückerhalten soll	1500 „	
3. Die derselben während der Ehe gemachten Geschenke, welche Herr Gr. widerruft, betragen zusammen . .	1500 „	
zusammen		3330 „
Nach Abrechnung dieser Schulden beträgt das Vermögen der Frau Gr.		47520 Mk.

Davon gebührt dem Herrn Gr. der vierte Theil mit 11880 Mk. i. B. u. s. w, als Ehescheidungsstrafe.

§ 3.

Hiernach hat Herr Gr. von seiner separirten Ehefrau zu fordern:

1. Die Ehescheidungsstrafe mit	11880 „
2. Die vorgeschossenen Prozeßkosten mit	330 „
3. Die Morgengabe von	1500 „
4. Die widerrufenen Geschenke mit	1500 „
zusammen	15210 Mk.
Er hat an sie nach § 1, Nr. 1 u. 4 zu zahlen .	1950 „
mithin noch zu fordern	13260 Mk.

§ 4.

Herr Gr. läßt seine Forderung bei der Frau Gr. stehen.

Frau Gr. bekennt sich als Schuldnerin ihres geschiedenen Ehemannes für die ausgemittelte Summe von Dreizehntausend Zweihundert und Sechszig Mark und verspricht diese Schuld nach dreimonatiger Kündigung an ihn zu bezahlen, auch bis dahin von heute ab mit fünf Prozent zu verzinsen. Zur Sicherheit desselben bestellt sie für das Kapital und die erwähnten Zinsen hierdurch Hypothek mit ihrem Gute Sophienthal (Blatt Nr. 1 des Grundbuchs von Sophienthal) und willigt in die Eintragung auf ihre Kosten, welche der Herr G. beantragt.

§ 5.

Die Kosten der Auseinandersetzung übernimmt die Frau Gr. Dieser Rezeß soll für jeden Theil einmal, und zwar das Exemplar für Herrn Gr. als Schuldurkunde über die 13260 Mk. ausgefertigt werden.

Beide Theile erklären, durch diesen Rezeß vollständig auseinandergesetzt zu sein.

Schluß.

bb) Wenn Gütergemeinschaft vorgewaltet hat.

Der unschuldige Theil kann wählen: ob er die Hälfte des gemeinschaftlichen Vermögens fordern, oder auf Absonderung der Güter antragen will. In dem ersteren Falle ist der Akt, nachdem das Inventarium festgestellt worden, sehr einfach. Deshalb wird hier nur ein Beispiel für den zweiten Fall folgen.

Muster.

Eingang wie oben.

Die getrennten Eheleute haben in Gemeinschaft aller Güter gelebt, der Ehemann ist als schuldiger Theil erklärt und hat, da die Scheidung wegen böslicher Verlassung ausgesprochen ist, als Ehescheidungsstrafe den vierten Theil seines Vermögens herauszugeben. Die separirte Ehefrau hat die Absonderung der Güter gewählt; von dem Ehemanne ist ein Inventarium des gesammten Vermögens, sowie ein Verzeichniß seines Eingebrachten und ein desgleichen über das Eingebrachte der Ehefrau eingereicht worden. Ueber die Vermögensverzeichnisse ist verhandelt und sie sind theils durch Urtheil, theils durch Vergleich festgestellt worden, so daß sie nunmehr zur Grundlage der Auseinandersetzung dienen können. Ueber diese ist heute folgender Rezeß zu Stande gekommen:

§ 1.

Nach dem Inventarium beträgt die Aktivmasse des gesammten Vermögens 78000 Mk., die Passivmasse hingegen 18000 Mk.

Davon, und zwar von der Aktivmasse, gehören

I. dem separirten Ehemanne

1. das im Tit. I, Nr. 1 bezeichnete Gut Hoffnungsreich, welches zum Zwecke der Auseinandersetzung gerichtlich geschätzt worden ist, auf	18000 Mk.
2. die in dem Verzeichnisse über das Eingebrachte des Ehemannes einzeln aufgeführten Forderungen und Sachen im Betrage von	3000 „
zusammen	21000 Mk.

II. Der separirten Ehefrau gehören

1. ihr Gut Sophienthal, welches mit dem Kaufswerthe von . . . . angesetzt ist;	30000 „
2. die in dem Verzeichnisse über das Eingebrachte der Ehefrau aufgeführten Gegenstände im Werthe von	1500 „
zusammen	31500 Mk.

Von der Schuldenmasse der . . .	18000 Mk.
kommen auf alleinige Rechnung des Ehemannes die mit seinem Gute Hoffnungsreich eingebrachten	6000 „
Hypothekenschulden. Die übrigen . . .	12000 Mk.

haften auf der Errungenschaftsmasse.

§ 2.

Die separirte Frau Gr. erkennt an, nicht allein ihr Gut Sophienthal von ihrem separirten Ehemanne zu ihrer Zufriedenheit zurückgewährt,[2]) sondern auch alle ihre eingebrachten beweglichen Sachen von demselben ausgeliefert erhalten zu haben.

Der Ehemann ist dagegen im Besitze und Genusse seines eigenen Eingebrachten und des gesammten gemeinschaftlichen Vermögens.

§ 3.

Von der ganzen Vermögensmasse der . . . . . 78000 Mk.
hat sonach
1. der Ehemann sein Eingebrachtes mit 21000 Mk.
2. die Ehefrau ihr Eingebrachtes mit 31500 „
52500 „
herausgenommen und es bleibt mithin eine gemeinschaftliche Masse von . . . . 25500 „
Hiervon sind die gemeinschaftlichen Schulden von 12000 „
zu tilgen; es bleiben mithin zu theilen . . . 13500 Mk.
Davon erhält jeder Theil die Hälfte mit 6750 Mk.

§ 4.

Das Vermögen des separirten Ehemannes besteht nach dieser Auseinandersetzung gemäß § 1 in . . . . 21000 „
und nach Abzug der eigenen Schulden von . . . . 6000 „
noch in . . . . 15000 Mk.
Diesem wird, Behufs Ausmittelung der Ehescheidungsstrafe, die dem schuldigen Ehemanne zufallende Hälfte des Erwerbes mit . . . . 6700 „
beigerechnet. Aus dem Gesammtbetrage von . . . . 21750 Mk.
gebührt der unschuldigen Ehefrau die Abfindung zum vierten Theile mit 5437,50 Mk., schreibe Fünftausend Vierhundert Siebenunddreißig Mark Fünfzig Pfennig.

§ 5.

Behufs Abfindung übereignet die separirte Frau Gr. ihrem geschiedenen Ehemanne die ganze gemeinschaftliche Erwerbsmasse zum Alleineigenthume gegen Bezahlung der Schulden und ihrer im Folgenden zu berechnenden Ansprüche.

Herr Gr. nimmt dies an und bekennt sich für schuldig:

1. die gemeinschaftlichen Schulden im Betrage von 12000 Mk. ohne Beitrag Seitens seiner geschiedenen Ehefrau zu berichtigen, auch binnen vier Monaten entweder die Tilgung der Schulden nachzuweisen oder die Entlassung seiner separirten Ehefrau aus der Haftung auszuwirken;
2. an seine genannte geschiedene Ehefrau
   a) ihre Halbscheid des Erwerbes mit . . 6750 Mk. — Pf.
   b) ihre Abfindung mit . . . . 5437 „ 50 „
   zusammen 12187 Mk. 50 Pf.

---

[2]) Vgl. Anm. 1.

sage Zwölftausend Einhundert und Sieben und Achtzig Mark Fünfzig Pfennig nach dreimonatiger Aufkündigung zu bezahlen, und bis dahin mit fünf Prozent zu verzinsen, womit die Frau Gr. einverstanden ist

Zur Sicherheit derselben bestellt er ihr mit seinem Gute Hoffnungsreich (Blatt Nr. 11 des Grundbuchs der Gemeinde N. hiesigen Kreises) Hypothek und zwar für Kapital und die erwähnten Zinsen und beantragt die Eintragung dieser Hypothek.

§ 6.

Die Kosten der Auseinandersetzung tragen beide Theile, jeder zur Hälfte.

Dieser Rezeß soll mit Beifügung des Inventariums und der Vermögensverzeichnisse über das beiderseitige Eingebrachte zwei Mal, das eine Mal für die Frau Gr. als Schuldurkunde über die ihr gebührenden 12187 Mk. 50 Pf. ausgefertigt werden.

Schluß.

II.

Rechte der Eltern und Kinder.

161. Protestation zur Erhaltung des Klagerechts eines Ehemannes wegen Unehelichkeitserklärung eines Kindes.

A. L. R. II. 2 §§ 7 ff.

Koch II. § 770; Dernburg III. § 43 S. 141; Förster-Eccius IV. § 219 S. 136 und Anm. 31.

Diese Protestation muß — binnen Jahresfrist nach Kenntniß von der Geburt des Kindes — vor Gericht erklärt werden [1]) und zwar kann der Ehemann jedes Amtsgericht dazu wählen; erklärt er sich indessen vor einem anderen Gericht als demjenigen, welches für die über das Kind einzuleitende Pflegschaft zuständig sein würde, [2]) so muß er zugleich dafür sorgen, daß die Erklärung letzterem Gerichte „ohne Verzug“ bekannt gemacht werde.

Muster.

Eingang. Neisse, den 4. Mai 1887.

. . . erschien . . . der Kaufmann Unverricht aus Wohlleben, zur Zeit hier und erklärt:

Ich bin seit dem Monat Oktober 1884 auf Reisen in England

---

[1]) Daß zur Erreichung des Zweckes auch die Zustellung der Protestation durch einen Gerichtsvollzieher genüge (Dernburg a. a. O.), oder daß der Zweck durch Klageerhebung zu erreichen ist (Förster-Eccius a. a. O.), mag richtig sein; allein beide Prozeduren setzen voraus, daß das Kind (welches doch regelmäßig minderjährig ist) bereits einen Vertreter hat. Die §§ 7 ff. II. 2 A. L. R. aber normiren einen Rechtsbehelf für die Zeit, wo das Kind noch ohne Vertreter ist, und sind in dieser Beziehung durch die neuere Gesetzgebung ungeändert geblieben. Vgl. auch Urth. d. R. G. vom 8. Juni 1885 (Entsch. Bd. 13 S. 276), wo indessen auch die Einreichung einer schriftlichen Erklärung bei Gericht für genügend erachtet wird.

[2]) Dies ist jetzt das Gericht des Wohnsitzes des Mannes; V. O. § 8 mit § 2. Dernburg a. a. O. Anm. 9.

und Amerika gewesen und vor vier Wochen zurückgekehrt. Während meiner Abwesenheit, nämlich am 11. November 1885 hat meine in Wohlleben zurückgebliebene Frau Beatrix, geborene Frisch, nach der mir erst bei meiner Rückkehr zugekommenen Nachricht ein Kind männlichen Geschlechts Namens Karl August geboren. Dieses Kind ist nicht von mir erzeugt; ich protestire gegen die Rechtmäßigkeit desselben und behalte mir dieserhalb meine Gerechtsame gegen das Kind und dessen noch zu bestellenden Pfleger vor. Ich trage darauf an:

diese meine Erklärung dem Königlichen Amtsgerichte zu Wohlleben zu übersenden.[3])

Schluß.

162. Adoptionsvertrag.

A. L. R. II. 2 §§ 666—716.[1]) V. v 2. Januar 1849 § 14. A. G. z. G. V. G. § 26 Nr. 2. V O. § 42 Nr. 2.

Koch II § 771; Dernburg III. § 62 S. 195; Förster-Eccius IV. § 220 S. 140; Fischer § 100 S. 549.

Der Adoptionsvertrag muß schriftlich geschlossen werden; Privatschrift genügt.[2]) Außerdem bedarf er der Prüfung und Bestätigung durch das Amtsgericht des Wohnsitzes des zu Adoptirenden. Steht der zu Adoptirende unter Vormundschaft, so ist noch außerdem die Genehmigung des für ihn zuständigen Vormundschaftsgerichts erforderlich. Ist das bestätigende Gericht zugleich das vormundschaftliche Gericht, so muß gleichwohl die Bestätigung und die vormundschaftsgerichtliche Genehmigung besonders ausgedrückt werden. Ist der zu Adoptirende unter 14 Jahren, so wird er bei dem Akte durch seinen Vater oder Vormund vertreten. Ist er über 14 Jahre, aber noch minderjährig, so muß sowohl er selbst als sein gesetzlicher Vertreter zustimmen. Ist er großjährig, so muß gleichwohl sein Vater, falls er noch lebt, zustimmen. — Wegen Adoptirung von Ausländern vgl. die Allg. Verf. vom 1. März 1886 (J. M. Bl. S. 53).

Eingang. Muster.

. . . erschienen folgende bekannte Personen:

1. der Kaufmann Ehrenfried Haberlang von hier,
2. der achtzehnjährige, unter Vormundschaft beim hiesigen Gerichte stehende, Handlungsgehülfe Ernst Wille, im Beistande seines Vormundes, des Herrn Stadtrath Friedlieb von hier,

mit der Erklärung, daß der Erstere den Ernst Wille an Kindesstatt annehmen und den Akt darüber mit ihm jetzt zu verlautbaren beabsichtige.

---

[3]) Statt dessen kann der Protestirende auch die Ausfertigung für sich selbst erbitten, um sie dem zuständigen Gerichte einzureichen.

[1]) Wegen deren Anwendbarkeit in der Mark s. Maercker S. 209, Anm. **.

[2]) Sollen indessen besondere erbvertragsmäßige Bestimmungen getroffen werden (A. L. R. II. 2 § 703), so muß die Form der Erbverträge gewählt werden; vgl. die Vorbem. zu Muster 165 (S. 447).

Die Anwesenden übergaben

1. den Taufschein des Herrn Ehrenfried Haberlang, wonach derselbe bereits sein sechszigstes Lebensjahr angetreten hat;
2. die Bestallung des Herrn Stadtrath Friedlieb, mit der Bitte um Rückgabe nach davon genommener Abschrift;
3. die Genehmigung des hiesigen Gerichtes als Vormundschaftsgerichts für denselben, zur Abschließung dieses Adoptionsvertrags.[3])

Der Herr Haberlang versicherte, niemals verheirathet gewesen zu sein und folglich keine ehelichen Nachkömmlinge am Leben zu haben, worüber er noch eine Bescheinigung des hiesigen Magistrats beibringen will; und Ernst Wille ist elternlos.

Dieses vorausgeschickt erklärten die Anwesenden:

1. Herr Ehrenfried Haberlang nimmt hiermit den hierbei gegenwärtigen Ernst Wille an Kindesstatt an und übernimmt alle Pflichten, welche die Gesetze einem Adoptivvater in Beziehung auf seinen Adoptivsohn auflegen, ohne alle Abänderung.
2. Ernst Wille giebt dazu seine Einwilligung, übernimmt auch seinerseits alle Pflichten eines Adoptivkindes gegen seinen Adoptivvater, und wird fortan den Namen Wille-Haberlang führen. Der Vormund, Herr Stadtrath Friedlieb, stimmt dem bei.

Es wird gebeten:

diesen Akt einmal auszufertigen und sammt den übergebenen Urkunden dem hiesigen Amtsgerichte zur Prüfung und Bestätigung einzureichen[4].)

Schluß.

163. Anerkenntniß der Vaterschaft eines unehelichen Kindes.

Gesetz v. 24. April 1854 (G. S. S. 193) §§ 13. 19. Personenstandsgesetz vom 6. Februar 1875 §§ 25. 26.

Koch II. § 778; Dernburg III. § 71 S. 217; Förster-Eccius IV. § 228 S. 177; Fischer § 106 S. 566.

Das Anerkenntniß muß entweder vor demjenigen Standesbeamten, in dessen Register die Geburt eingetragen ist, erklärt oder gerichtlich oder notariell aufgenommen werden.[1])

Eingang. Muster.

Am 1. Februar 1887 hat die unverehelichte Dienstmagd Luise Fenchel hierselbst ein Kind männlichen Geschlechts geboren, dem die Vornamen Willibald Otto[2]) Theodor beigelegt sind. Ich erkenne hier-

---

[3]) Vgl. die Vorbem. zu Muster 171 (S. 460).

[4]) Wird der Vertrag von dem für die Bestätigung zuständigen Gerichte aufgenommen, so wird lediglich die Bestätigung in Antrag gebracht. — Wegen der Bestätigungsformel s. Muster 10 (S. 157).

[1]) Vgl. oben S. 9 Nr. 5; S. 43 Nr. 26; S. 44 Nr. 37.

[2]) Der Rufname wird unterstrichen.

mit ausdrücklich an, der Vater dieses Kindes zu sein[3]) und beantrage[4]), eine Ausfertigung dieser Verhandlung dem Königl. Standesamt hier zum Zwecke der Eintragung in das Geburtsregister, die ich hiermit erbitte, zu übersenden.

Schluß.

164. Legitimation eines unehelichen Kindes.

A. L. R. II. 2 §§ 596 ff. A. G. O. II. 1 § 8. Ges. v. 24. April 1854. §§ 12. 22. Personenstandsgesetz v. 6. Februar 1875. § 26.

Koch II. § 772; Dernburg III. §§ 59. 60 S. 189; Förster-Eccius IV. § 219 S. 138; Fischer § 100 S. 547.

Nachdem die frühere landrechtliche Legitimation der Brautkinder durch gerichtliche Erklärung des Vaters (§ 597 d. T.) in Folge des Ges. v. 24. Februar 1854 beseitigt ist, bestehen mit Rechtswirkung nur noch die beiden Formen der Legitimation durch nachfolgende Ehe und der durch Hofreskript.[1]) Die letztere wird auf Antrag des Vaters, und wenn derselbe verstorben ist, des Kindes oder seines Vertreters vom Justizminister, im Falle der Annahme eines adeligen Namens aber vom Könige ertheilt. Für die betreffenden Anträge ist eine besondere Form nicht vorgeschrieben. Die Legitimation durch nachfolgende Ehe dagegen tritt ipso jure ein. Wird über dieselbe eine besondere Erklärung des Ehemannes abgegeben, so geschieht dies entweder nur zur Erleichterung des Beweises — denn die Erzeugung durch den Ehemann müßte sonst anderweit bewiesen werden — oder zum Behufe der Eintragung der Legitimation in die Standesregister. Wird nur der erstere Zweck verfolgt, so unterliegt die Erklärung keinem Formzwange. Soll dagegen die Eintragung in die Standesregister erfolgen, so muß das Anerkenntniß der Erzeugung durch den Ehemann entweder bei der Eheschließung oder nachträglich vor demjenigen Standesbeamten, in dessen Register die Geburt eingetragen ist[2]) oder gerichtlich oder notariell[3*]) erklärt werden. Diese Art der Beurkundung empfiehlt sich zur Sicherung der Standesrechte des Kindes in allen Fällen.

---

[3]) Es kann auch ein Versprechen zur Zahlung bestimmter Alimente in die Urkunde aufgenommen werden; doch bedarf dieses der Acceptation Seitens eines Vertreters des Kindes, während das Anerkenntniß auch als einseitiger Akt gültig ist und die Verpflichtung zur Alimentenzahlung gesetzlich zur Folge hat.

[4]) Dieser Antrag kann auch, ohne der Wirksamkeit des Anerkenntnisses Eintrag zu thun, unterbleiben.

[1]) Die Legitimation zum Behufe des besseren Fortkommens (§§ 663 ff.) d. T. hat keine privatrechtlichen Folgen.

[2]) Derjenige Standesbeamte, welcher die Eheschließung vorgenommen hat, ist als solcher zu einer späteren Aufnahme der Legitimationserklärung nicht zuständig; Beschl. d. K. G. v. 26. Juli 1880 (J. u. K. II. 301).

[3*]) Vgl. oben S. 44 Nr. 37 mit Anm. 98.

Eingang. **Muster.**

N., den 7. September 1887.

. . . erschienen . . .:

1. der Kaufmann Herr Leopold Büren von hier,
2. der Braueigner Herr Emanuel Zahl aus Breslau als Vormund des unmündigen August Fechtel, Sohnes der Karoline geb. Fechtel, jetzigen Ehefrau des Erschienenen zu 1:

Herr Büren erklärte:

Meine jetzige Ehefrau Karoline, geb. Fechtel, mit der ich am 17. Juli d. J. mich hierselbst verheirathet habe, hat vor der Ehe, nämlich am 14. Februar 1883 in Breslau ein dort bevormundetes Kind mit Vornamen August geboren. Dieses Kind ist von mir mit ihr erzeugt; ich erkenne den August Fechtel hiermit für meinen Sohn an und räume ihm die Rechte eines ehelichen Kindes von mir ausdrücklich ein.

Der Vormund des August Fechtel, Herr Zahl, nahm Namens seines bisherigen Mündels, der von nun an den Namen seines Vaters Büren führen wird, diese Erklärung an.[4])

Es wird beantragt:

Diese Verhandlung zweimal auszufertigen, die eine Ausfertigung unter Beifügung der hiermit übergebenen Heirathsurkunde[5]) dem Königlichen Standesamt I zu Breslau und die zweite Ausfertigung dem Königlichen Amtsgericht zu Breslau zu den August Fechtel'schen Vormundschaftsakten zu übersenden.

Die Erschienenen erbitten bei ersterer Behörde die Eintragung der Legitimation in das Geburtsregister, bei letzterer die Weglegung der Vormundschaftsakten.[6]) Der Vormund wird seine Bestallung ohne Aufforderung binnen 8 Tagen zurückgeben.

Schluß.

165. Stiftung einer Einkindschaft.

A. L. R. II 2. §§ 717—752. Anh. § 147 zu § 58. II, 17; A. G. O. II. 1. § 9. Nr. 10. A. G. z. G. V. G. § 26. Nr. 2. V. O. § 42. Nr. 3.
Koch II. §§ 773; Dernburg III. § 65. S. 200. Foerster-Eccius IV. § 221. S. 145; Fischer § 102. S. 560.

Der Vertrag muß gerichtlich vollzogen und bestätigt werden. Doch ist — ein für die Bestätigung ausnahmsweiser Fall — jedes Amtsgericht dafür zuständig.[1]) Sind die Kinder minderjährig, so

---

[4]) Eine Mitwirkung des Vormundes bei dem Akte ist an sich nicht erforderlich.

[5]) Diese Urkunde muß, wenn nicht derselbe Standesbeamte die Eheschließung bewirkt hat, stets beigebracht werden; sonst kann die Legitimation nicht eingetragen werden.

[6]) V. O. § 61.

[1]) Vgl. Urth. d. R. G. vom 11. Mai 1882 (Rassow-Küntzel Bd. 26. S. 1013.) Die entgegengesetzte — übrigens alleinstehende — Annahme von Maercker (S. 215) wonach der „persönliche Richter der Contrahenten" bestätigen soll, ist nach dem oben citirten Anh. § 147 ohne Anhalt im Gesetz.

ist noch außerdem die Genehmigung des Vormundschaftsgerichts erforderlich. Kindern in väterlicher Gewalt wird ein Pfleger zu bestellen sein.

Ist das bestätigende Gericht zugleich das vormundschaftliche Gericht, so muß gleichwohl die Bestätigung und die Approbation besonders ausgedrückt werden.[2])

Wenn in dem Einkindschaftsvertrage über die Erbfolge besondere, die gesetzlichen Bestimmungen abändernde, Abreden aufgenommen werden[3]), so ist die Zuziehung eines Protokollführers zur Aufnahme erforderlich.[4]) Da man bei Beginn des Aktes nicht weiß, wie sich sein Inhalt gestalten wird, so ist eine solche Zuziehung stets zu empfehlen.

Eingang. **Muster.**

. . . erschienen . . .:

1. der Bauer Joseph **Heiter**,
2. dessen drei Kinder aus der Ehe mit der verstorbenen Anna Dorothea, geborenen **Grauber**, namentlich:
   a) Caspar, 18 Jahre alt,
   b) Anna, 17 Jahre alt,
   c) Joseph, 16 Jahre alt,
3. der den vorgedachten Kindern für diesen Akt bestellte Pfleger, Grundbesitzer August **Hübner**,
4. die Bauerwittwe **Catharina Unfrei**, geborene Honig,
5. deren einziges Kind aus ihrer Ehe mit dem verstorbenen **Unfrei**, Namens Gottlieb, 16 Jahre alt,
6. der Vormund des Gottlieb **Unfrei**, Bauer Nicolaus **Krüger**, sämmtlich aus Johannisrath,

und errichteten folgenden Einkindschaftsvertrag:

§. 1.

Der Bauer **Heiter** und die Wittwe **Catharina Unfrei**, welche sich einander zu heirathen und die Ehe noch in dieser Woche durch kirchliche Trauung zu vollziehen versprechen, errichten zwischen ihren beiderseitigen, hierbei anwesenden Kindern, die sie einander zubringen, Einkindschaft, so daß zwischen jedem der beiden Ehegatten einerseits, und den Kindern oder dem Kinde des Anderen andererseits, die persönlichen Rechte und Pflichten, wie zwischen leiblichen Eltern und Kindern, ingleichen wechselseitige Erbfolgerechte eintreten sollen. Hierzu geben sowohl die drei Geschwister **Heiter** und deren Pfleger August **Hübner** als auch Gottlieb **Unfrei** und dessen Vormund Nicolaus

---

[2]) In dem in Anm. 1. citirten Urtheil d. R. G. ist die Genehmigung des Vorm. Gerichts allein für ausreichend erachtet worden mit Rücksicht darauf, daß für die Bestätigung jedes Gerichts zuständig ist. Allein mindestens ist diese Art der Bestätigung inkorrekt.

[3]) Vgl. z. B. § 5. des nachfolgenden Musters mit § 736. II. 2. A. L. R.

[4]) Denn der Vertrag ist dann zugleich ein Erbvertrag. Erk. d. O. Tr. vom 17. October 1842 (Jur. Wochenschr. 1845. S. 835); Präj. 1176 v. 15. Aug. 1842; Präj. Sammlg. S. 293.

Krüger ihre ausdrückliche Einwilligung, indem sie, und zwar die Geschwister Heiter ihrer hier anwesenden künftigen Stiefmutter, und Gottlieb Unfrei seinem zukünftigen Stiefvater Joseph Heiter die Erfüllung aller, leiblichen Kindern gegen ihre leiblichen Eltern obliegenden Pflichten angeloben, wie sie ihnen auch die Rechte der Eltern gegen ihre leiblichen Kinder einräumen.

§. 2.

Der Bauer Joseph Heiter bestimmt jedem seiner drei in die Einkindschaft gebrachten Kinder aus seinem dermaligen Vermögen auf seinen künftigen Todesfall die Summe von 4500 Mark, sage Viertausend Fünfhundert Mark zum Voraus, mit der pflichtmäßigen Versicherung, daß sein gesammtes Vermögen, welches er in die neue Ehe bringt, den Betrag von Siebenundzwanzigtausend Mark nicht übersteige.[5])

§. 3.

Die Frau Wittwe Unfrei bestimmt ihrerseits ihrem Sohne Gottlieb Unfrei aus ihrem jetzigen Vermögen die Summe von sechstausend Mk. auf ihren künftigen Todesfall zum Voraus, und versichert dabei pflichtmäßig, daß ihr dermaliges in die neue Ehe zu bringendes Vermögen nicht über zwölftausend Mark beträgt.

§. 4.

Der künftige Stiefvater soll auch auf das Vermögen seines ihm in die Einkindschaft zu bringenden Stiefsohnes Gottlieb Unfrei eben dieselben Rechte haben, welche einem leiblichen Vater unter Lebendigen zukommen.

§. 5.

Auch dasjenige Vermögen, welches den in die Einkindschaft gebrachten Kindern von anderwärts her als von den jetzt vertragschließenden Eltern künftig zufallen möchte, ist den Successionsrechten der Stiefeltern unterworfen.

§. 6.

Der Bauer Joseph Heiter behält sich die Summe von Dreitausend Mk. und die Frau Catharina Unfrei behält sich die Summe von Fünfzehnhundert Mk. aus ihrem Vermögen zur freien Verfügung von Todeswegen vor.

Sämmtliche Interessenten baten:

diesen Vertrag zuvörderst nach Anhörung des Gottlieb Unfreischen Gegenvormundes von Vormundschaftswegen zu prüfen und zu genehmigen, und sodann von Gerichtswegen zu bestätigen.[6])

Schluß.

---

[5]) Vgl. über die Frage, in wie weit ein solches Präcipuum unbedingt erforderlich ist, Beschl d. App. Ger. zu Paderborn v. 7. September 1875 (Johow V. S. 41) und das in Anm. 1 citirte Urth. d. R.G. — Darüber, daß das Präcipuum als ein „zur besonderen Sicherheit verschriebenes“ Kapital anzusehen ist, vgl. Beschl. d. K.G. v. 7. Juni 1886 (J. u. K. VI. S. 137).

[6]) Vgl. wegen der Genehmigung und Bestätigung Muster 171. S. 460 und Muster 10. S. 157; wegen Anhörung des Gegenvormundes s. V.O. § 55.

166. Entlassung eines minderjährigen Sohnes aus der väterlichen Gewalt.

A. L. R. II. 2 §§ 214 ff. A. G. O. II. 1 § 6 Nr. 4. Vgl. auch V. O. § 97. Dernburg III. § 48 S. 156; Förster-Eccius IV. § 224 S. 169; Fischer § 100 S. 550.

Diese Entlassung ist gegenwärtig nicht mehr, wie nach A. L. R. mit der Großjährigkeitserklärung (vgl. Muster 172 S. 461) verbunden; die beiden Akte sind vielmehr von einander unabhängig. Der Rechtszustand[1]) ist demnach folgender: die Großjährigkeitserklärung kann erfolgen, wenn der Haussohn 18 Jahre alt ist; wegen der Form s. Muster 172 S. 461; ist sie erfolgt, so bleibt der Haussohn zwar in väterlicher Gewalt, aber als ein Großjähriger. Soll er nunmehr entlassen werden, so geschieht dies nach den Regeln für die Entlassung großjähriger Haussöhne.[2]) Die Entlassung aus der väterlichen Gewalt als alleiniger Akt ist dagegen nach wie vor an die landrechtliche Altersgrenze von 20 Jahren geknüpft; der so Emanzipirte bleibt minderjährig; sein bisheriger Gewalthaber wird gesetzlicher Vormund.[3]) Der Entlassungsakt bedarf der Zustimmung des Sohnes und muß ebenso wie diese Zustimmung vor dem Vormundschaftsgericht erklärt werden. Oertlich zuständig ist das Gericht des Wohnsitzes des Vaters.[4])

Muster.

a.

Entlassungsakt.

Eingang. Neisse, den 16. Februar 1885.

Vor u. s. w. erschienen:

1. der Gutsbesitzer Herr David Sauermaul auf Lilienthal,
2. dessen Sohn Caspar Benjamin, welcher ohne Gewerbe und nach dem hierbei übergebenen Taufscheine am 9. Februar 1865 geboren ist,

Beide nach Namen, Stand und Wohnort bekannt.

Der Vater erklärte:

Ich entlasse diesen meinen hier gegenwärtigen Sohn Caspar Benjamin hiermit aus meiner väterlichen Gewalt.

Der Sohn erklärte:

Ich bin damit einverstanden, nehme die Entlassung aus der väterlichen Gewalt an und bitte:

mir das Zeugniß darüber auszufertigen.

Vollziehung.

---

[1]) Derselbe ist kontrovers; vgl. Hinschius in Kochs A. L. R. zu § 214 d. T. Anm. 10 u. 11.

[2]) A. L. R. II. 2 §§ 210 ff.

[3]) V. O. § 12.

[4]) Zu dieser Zuständigkeit gelangt man sowohl nach A. G. O. II. 1 § 6 als bei Anwendung des § 8 Abs. 2 mit § 2 der V. O.

b.

Attest.

Das unterzeichnete Gericht beurkundet hiermit, daß der Rittergutsbesitzer David Sauermaul zu Lilienthal, hiesigen Kreises, seinen am 9. Februar 1865 geborenen Sohn Caspar Benjamin Sauermaul, mit dessen Zustimmung vor dem unterzeichneten Vormundschaftsgerichte unterm 16. Februar 1885 aus seiner väterlichen Gewalt entlassen hat.

N., den 18. Februar 1885.

Königl. Amtsgericht.
(Siegel und Unterschrift.)

III.

Vormundschaftsrecht.

167. Elterliche Anordnungen über die Bevormundung der Kinder.

V.O. §§ 17. 21. 26. 30. 34—36. 47. 57. 59. 60. 71. 72; Staatsschuldbuchgesetze vom 20. Juli 1883 (G. S. S. 120) § 24: v. 4. März 1885 (G. S. S. 55) § 5 und vom 12. April 1886 (G. S. S. 124).

Dernburg III. §§ 77. 79. 81—86. Förster-Eccius IV. §§ 231—233. Fischer §§ 108. 109.

Anordnungen über die Bevormundung der Kinder stehen dem Vater und der Mutter zu. Materielle Voraussetzungen für das Anordnungsrecht des Vaters sind:

1. daß der Vater zur Zeit seines Todes die väterliche Gewalt über den Mündel hatte oder gehabt haben würde, falls der Mündel schon geboren wäre (Fall des posthumus); oder
2. daß der Vater bis zum Tode die Vormundschaft geführt hat.

Der Fall zu 2 ist besonders wichtig für die Vormundschaft über Großjährige.

Materielle Voraussetzung für das Anordnungsrecht der Mutter ist, daß sie bis zu ihrem Tode die Vormundschaft geführt hat.

Inhaltlich hat der Vater ein weitergehendes Anordnungsrecht als die Mutter: vgl. darüber Anm. 14.

In gewissen Verhältnissen würde die Einsetzung eines Vormundes unter Bedingungen oder auf Zeit den Interessen des Mündels dienlich sein. Es scheint, daß die Zulässigkeit dieser Art der Einsetzung allgemein angenommen wird.[1]) Der Urkundenverfasser muß indessen mit der Thatsache rechnen, daß das Gesetz solche Zulässigkeit nicht ausdrücklich statuirt und daß deshalb in der Praxis[2]) auch

[1]) Vgl. Dernburg-Schultzenstein § 31 S. 127 f. und die Literaturcitate ebenda in Anm. 10.

[2]) Eine Entscheidung d. K. G. oder des R. G. ist über die Frage noch nicht ergangen.

eine entgegengesetzte Auffassung maßgebend werden kann. Im nachfolgenden Muster B ist deshalb ein Beispiel solcher Anordnung mit geeigneten Vorkehrungsmaßregeln gegeben.

Die Form der elterlichen Anordnungen anlangend, so müssen dieselben erfolgen entweder:

a) in einem Testament[3]) oder
b) in einer gerichtlich oder notariell beglaubigten[4]) Urkunde oder
c) in einer eigenhändig geschriebenen und unterschriebenen (holographischen) Urkunde.

Muster. A.

Ich, der unterzeichnete Fabrikant und Rittergutsbesitzer Paul Isenbart zu Bochum habe gegenwärtig zwei Kinder:

1. einen Sohn Karl, 14 Jahre alt,
2. eine Tochter Klara, 11 Jahre alt.

Für die Bevormundung dieser Kinder im Falle meines Todes treffe ich die nachfolgenden Anordnungen. Falls mir noch fernere Kinder geboren werden sollten, gelten die Anordnungen auch für diese Kinder:

§. 1.

Zu Vormündern benenne ich[5]):

1. meinen Bruder, den Fabrikanten Theodor Isenbart zu Bochum,
2. den Bruder meiner Ehefrau, Major z. D. Franz von Hillern zu Dortmund.

Dieselben sollen gleichzeitig nebeneinander Vormünder sein. Die Verwaltung sollen sie wie folgt führen:[6])

a) Mein Bruder Theodor Isenbart soll meine Fabrik und das mit derselben verbundene Handelsgeschäft, einschließlich der zu demselben gehörigen Grundstücke verwalten.

---

[3]) Hierunter wird man nur die Beobachtung der testamentarischen Form zu verstehen haben, nicht aber daß die Schrift eine Erbeseinsetzung oder überhaupt eine erbrechtliche Disposition enthalten müsse; denn es wäre kein Grund für solches Erforderniß ersichtlich. Dagegen ist die Form des im Testament vorbehaltenen Nachzettels, obwohl ein solcher „mit dem Testament selbst gleiche Kraft" hat (Anh. § 35 zu § 163. I. 12. A. L. R.) nicht genügend.

[4]) Diese Form ist selbstverständlich auch dann erfüllt, wenn die Urkunde gerichtlich oder notariell aufgenommen ist, denn eine solche Aufnahme enthält stets eine Beglaubigung und nur noch mehr als dies.

Dagegen genügt die Beglaubigung eines bloßen Handzeichens, welche zur Zeit des Erlasses der V. O. überhaupt nicht statthaft war (s. zu § 22. Not. Ges. Anm. 2), nicht und selbst bei Personen, die zwar ihren Namen schreiben können, im Uebrigen aber Analphabeten sind, ist die Form bloßer Unterschriftsbeglaubigung des Zweifels halber zu vermeiden.

[5]) V. O. § 17. No. 2. Es können auch weibliche Personen benannt werden. § 21. Abs. 2 das.

[6]) V. O. § 30.

b) Mein Schwager Franz von Hillern soll alle übrigen Grundstücke meiner Kinder, insbesondere deren Güter, sie mögen ihnen zufallen, von welcher Seite sie wollen, verwalten.

c) Alle anderen Angelegenheiten, einschließlich der Sorge für die Person der Mündel, verwalten die Vormünder gemeinschaftlich. In gleicher Art verwalten sie auch die unter a und b fallenden Angelegenheiten, wenn nach der Natur der Sache eine Vereinigung der beiden Verwalter erforderlich oder sachdienlich ist. Hierher gehört insbesondere die Anlegung der aufkommenden Revenüenüberschüsse. Je nachdem die Anlegung erfolgt, fällt die Verwaltung des Angelegten wiederum unter die vorstehenden Bestimmungen zu a bis c.

d) Meinungsverschiedenheiten der Vormünder, sie mögen die Zuständigkeit nach Maßgabe der Bestimmungen zu a — c oder im Falle einer gemeinschaftlich vorzunehmenden Handlung das Materielle dieser Handlung betreffen, entscheidet der Familienrath (§ 5).

e) Alle Bestimmungen zu a bis d haben nur interne Bedeutung für das Verhältniß der Vormünder unter einander, sowie zum Mündel und zur Aufsichtsbehörde. Dritten gegenüber ist jeder Vormund zur selbstständigen Vertretung des Mündels legitimirt, gleich als ob er allein Vormund wäre.

§. 2.

So lange die beiden Vormünder zusammen ihr Amt verwalten, soll die Bestellung eines Gegenvormundes nicht stattfinden.[7])

§. 3.

Tritt einer der Vormünder das vormundschaftliche Amt nicht an oder scheidet er später aus irgend einem Grunde aus, so verwaltet der Andere das vormundschaftliche Amt allein. In diesem Falle soll indessen ein Gegenvormund in der Person meines Onkels, des Rentiers Christian Ferdinand Gellhorn zu Dortmund bestellt werden. Letzteren berufe ich zum Vormund, falls beide im § 1 benannten Vormünder das vormundschaftliche Amt nicht antreten oder später ausscheiden.

§. 4.

Noch weitere Vorsorgen kann ich wegen der Personen der Vormünder und Gegenvormünder nicht treffen. Eintretenden Falles müssen deshalb die gesetzlichen Vorschriften zur Anwendung kommen. Doch schließe ich unter allen Umständen folgende Personen vom Amte eines Vormundes, sowie eines Gegenvormundes aus:[8])

1. meinen jüngeren Schwager, den Lieutenant Max von Hillern, zur Zeit in Magdeburg in Garnison,
2. u. s. w.

---

[7]) V. O. § 26.

[8]) V. O. § 21. Nr. 6 mit § 26. Abs. 6.

§. 5.

Ich ordne die Bildung eines Familienrathes an und berufe in denselben:[9])

1. meinen Freund, den Realgymnasialdirektor Ludwig Kiepert hierselbst, welcher mir die Uebernahme auf die Dauer seiner hiesigen Amtirung zugesagt hat,
2. u. s. w.

Im Falle des Ausscheidens eines Mitgliedes sollen folgende Personen in nachfolgender Reihenfolge berufen sein und zwar:

a) u. s. w.

Die im § 4 ausgeschlossenen Personen sollen auch von der Berufung in den Familienrath ausgeschlossen sein.[10])

§. 6.[11])

Für die Verwaltung des von mir an meine Kinder gedeihenden Vermögens bestimme ich, so lange die in dieser Anordnung (§§ 1—3) benannten Vormünder fungiren:

1. Mein Fabrikgeschäft sollen die Vormünder fortführen; sie sollen zwar befugt sein, wenn ein Sohn großjährig geworden ist oder wenn eine Tochter heirathet, die Fabrik einem derselben oder auch dem Ehemann der Tochter zu überlassen; eine anderweite Veräußerung aber sollen sie nicht vornehmen.
2. Bei der Anlegung von Geldern sollen die Vormünder an die Vorschriften des § 39 V. O. nicht gebunden sein, sondern lediglich eigenem Ermessen folgen; insbesondere würde es gerade meinen Wünschen entsprechen, wenn sie disponible Gelder statt der Anlegung in Werthpapieren oder Hypotheken zur Vermehrung des Grundbesitzes meiner Kinder verwendeten.
3. Den Vormündern setze ich ein Verwaltungshonorar von fünf Prozent der Revenüenüberschüsse aus; sind zwei Vormünder vorhanden, so soll jeder die Hälfte erhalten; fungirt ein Vormund und ein Gegenvormund, so erhält ersterer zwei Drittel, letzterer ein Drittel.

§. 7.

Die Offenlegung des Verzeichnisses meines Nachlasses verbiete ich.[12])

---

[9]) V. O. §§ 71 ff. Mehr als sechs Personen dürfen nicht berufen werden. Frauen sind ausgeschlossen (§ 72).

[10]) Diese Anordnung würde sich wohl von selbst verstehen. Vgl. V. O. § 72. Abs. 2. mit § 21. Nr. 6.

[11]) Die Anordnungen des § 6 können die Eltern nicht Kraft dieser ihrer Eigenschaft treffen, sondern nur, wenn und soweit sie zugleich Erblasser des Mündels sind, und es gelten diese Anordnungen, im Gegensatz zu den übrigen elterlichen Dispositionen, nur für dasjenige Vermögen, welches der Anordnende dem Mündel hinterläßt. (V. O. §§ 34. 36.) Wenn Verfügungen dieser Art getroffen werden, so ist auch die Form des § 17 No. 2 der V. O. nicht unbedingt ausreichend, worüber das Nähere zum folgenden Muster 168 bemerkt ist.

Vgl. auch noch die folg. Anm. 12.

[12]) V. O. § 35. Abs. 3. mit § 57. Abs. 3. Auch diese Anordnung kann nur Seitens der Erblasser mit der in Anm. 11 bemerkten Beschränkung getroffen

§ 8.

Alle in dieser Anordnung ernannten Vormünder befreie ich von allen denjenigen Einschränkungen, von denen gesetzlich Befreiung ertheilt werden kann,[13]) namentlich:[14])

1. von der Nothwendigkeit der Genehmigung des Gegenvormundes in den Fällen des § 41 der Vormundschafts-Ordnung,[15])
2. von der Nothwendigkeit der Genehmigung des Vormundschaftsgerichts oder des Familienraths in den Fällen der §§ 42 Nr. 4 bis 14 und des § 44 der Vormundschaftsordnung,[15])
3. von der Rechnungslegung während der Verwaltung,[16])
4. von der Pflicht zur Sicherheitsbestellung.[17])

Auch soll gegen keinen der erwähnten Vormünder die Verwahrung von Werthpapieren oder Kostbarkeiten, die Außerkurssetzung von Werthpapieren,[18]) oder die Eintragung von Staatsschuldverschreibungen des Mündels im Staatsschuldbuch[19]) angeordnet werden dürfen.

Die vorstehenden Anordnungen habe ich durchweg eigenhändig niedergeschrieben.

Bochum, den 1. September 1885.

Paul Isenbart.

Muster B.

(Einsetzung eines Vormundes auf Zeit.)

Ich, der unterzeichnete Kaufmann Ludwig Herz treffe folgende Anordnungen über Bevormundung meiner Kinder.

§. 1.

Ich habe:

1. einen geisteskranken Sohn Willibald im Alter von 24 Jahren,

---

werden. Die Form der Anordnung ist indessen hier lediglich die des § 17 No. 2 der V. O. (§ 35 ebenda.)

Vgl. auch zu Muster 168 die Anm. 1.

13) Diese allgemeine Klausel hat den Vortheil, daß sie bei etwaiger Aenderung der Gesetzgebung über das elterliche Befreiungsrecht als Interpretationsmaterial dienen kann. — Keinerlei Dispositionsrecht steht den Eltern wegen Auswahl des zuständigen Vormundschaftsgerichts zu. Beschl. des K. G. vom 5. Juni 1882 (J. u. K. III. 43).

14) Die Befreiung von der Rechnungslegung und der Sicherheitsleistung, sowie die Dispositionen der §§ 1—5 des Textes, stehen auch der Mutter, die übrigen Befreiungen des § 8. dagegen nur dem Vater zu. Wegen der §§ 6. 7. des Textes s. Anm. 11 u. 12.

15) V. O. § 47.

16) V. O. § 57.

17) V. O. § 59.

18) V. O. § 60.

19) Siehe die in der Ueberschrift citirten Bestimmungen der Staatsschuldbuchgesetze. Der besonderen Erwähnung dieses Verbots bedarf es übrigens nicht; die Einschränkung fällt von selbst fort, wenn die Anordnungen des § 60. V. O. untersagt werden.

2. drei fernere Söhne, Paul (20 Jahre), Caesar (5 Jahre) und Otto (3 Jahre) alt.

Ueber den geisteskranken Willibald Herz führe ich selbst die Vormundschaft.

Ich benenne nun für meinen Todesfall den Herrn N. N. zu X. zum Vormunde sowohl für den geisteskranken Willibald als für die übrigen minderjährigen Kinder, jedoch nur auf die Zeit bis zum 10. September 1890. Mit diesem Tage wird mein Sohn Paul 24 Jahre alt, und soll von da ab dieser Sohn Paul die Vormundschaft sowohl über seinen älteren geisteskranken Bruder, als über seine minderjährigen Brüder übernehmen.

§. 2.

Neben meinem Sohne Paul als Vormund soll kein Gegenvormund und kein Familienrath bestellt werden, auch soll derselbe von der Genehmigung des Vormundschaftsgerichts in allen Fällen, wo solche nach den Gesetzen erforderlich und eine Befreiung zulässig ist, insbesondere in den Fällen des § 42 Nr. 4 bis 14 und des § 44 der Vorm. Ordng. befreit sein. Ebenso soll er von der Rechnungslegung und Sicherheitsleistung befreit sein und soll eine Anordnung nach § 60 der Vormundschaftsordnung gegen ihn nicht erlassen werden.

§. 3.

Sollte von der zuständigen Behörde die Ernennung eines Vormundes auf Zeit nicht für statthaft erachtet werden, so regele ich die Vormundschaft wie folgt:

1. Falls mein Sohn Paul zur Zeit der Bestellung des Vormundes bereits 21 Jahre alt ist, benenne ich diesen zum Vormunde. Dagegen vermag ich ihn in so jugendlichem Alter nicht nach Maßgabe des §. 2 von den Einschränkungen der vormundschaftlichen Verwaltung zu befreien. Die Bestimmungen im §. 2 sollen deshalb erst Anwendung finden, wenn mein Sohn Paul 24 Jahre alt geworden ist.[20])
2. Falls mein Sohn Paul zur Zeit der Bestellung des Vormundes noch unter 21 Jahren ist, benenne ich Herrn N. N. zu X. unbeschränkt zum Vormunde. Es ist indessen mein Wunsch, daß er, sobald mein Sohn Paul 24 Jahre alt sein wird, seine Entlassung als Vormund beantragt und daß das Vormundschaftsgericht diesen meinen Wunsch als erheblichen Grund für die Entlassung ansehen möge. Für den Fall der Erfüllung dieses Wunsches Seitens des Herrn N. N. bestimme ich diesem ein Honorar für die geführte vormundschaftliche Verwaltung im Betrage von .... Mark pro Jahr,[21]) während er sonst die Vormundschaft unentgeltlich zu führen hat. —

---

20) Diese Zeitbestimmung ist unzweifelhaft für statthaft zu erachten, da ihr das Wesen der Befreiung in keiner Weise entgegensteht.

21) Wegen dieser Anordnung s. Anm. 11 u. die Bemerk. zu Muster 168.

3. Wird auf diese Art das Amt des Vormundes frei, so ist mein Sohn Paul nach Maßgabe der §§ 1 u. 2 dazu berufen.

§. 4.

Schließlich ist es noch mein Wunsch, daß die Frage der Rechtsbeständigkeit meiner Anordnung im § 1, falls solche vom Vormundschaftsgericht beanstandet wird, Seitens der hierzu Berechtigten im Beschwerdewege durch die zulässigen Instanzen zum Austrag gebracht werde.

Berlin, den 6. Oktober 1886.

Ludwig Herz.

168. Vormundschaftliche Anordnungen Seitens des Erblassers des Mündels.

V. O. §§ 34—36. 57. 87.

Vgl. die Literaturcitate in Anm. 3 und 4.

Verschieden von den elterlichen Anordnungen sind diejenigen Dispositionen, welche nach der Vormundschaftsordnung dem Erblasser des Mündels zustehen. Diese Anordnungen können sich nur auf das vom Anordnenden dem Mündel zufallenden Vermögen beziehen und stehen in dieser Beziehung dem Anordnenden auch dann zu, wenn er ein Fremder ist. Zu diesen Anordnungen gehören:

1. Das Verbot der Offenlegung des Vermögensverzeichnisses, welches zugleich rücksichtlich des davon betroffenen Vermögens als Befreiung von der Rechnungslegung und der Einreichung der Vermögensübersicht gilt (V. O. §§ 35. 57).[1])
2. Die Zubilligung eines Honorars für den Vormund (V. O. § 34).
3. Bestimmungen über die Verwaltung oder Veräußerung der Nachlaßstücke (V. O. § 36).
4. Benennung eines Pflegers und Befreiung desselben nach Maßgabe des § 87 der V. O. bei Zuwendungen, welche die Anordnung einer Pflegschaft nöthig machen.

Der Fall zu 4 betrifft übrigens nicht nur Erbschaften und Vermächtnisse, sondern ebenso Zuwendungen unter Lebenden.

Für das Verbot der Offenlegung des Vermögensverzeichnisses bestimmt die V. O. die gleiche Form wie für die elterlichen Anordnungen (s. zu Muster 167). Für die übrigen Fälle ist im Gesetze die Form der Anordnung nicht bestimmt. Ueber dieselbe herrscht daher Streit: die Formlosigkeit,[2]) die Form des § 17 Nr. 2

---

[1]) Der Einsicht des Vermögensverzeichnisses Seitens des großjährig gewordenen Mündels steht das Verbot niemals entgegen. Beschl. d. K. G. v. 17. Mai 1886 (J. u. K. VI. S. 45).

[2]) Beschl. des Berliner Stadtgerichts bei Johow, Bd. 5 S. 285 (Betreffs der Anordnung zu 3 des Textes).

der V. O.,[3]) die allgemeine Form letztwilliger Verfügungen, beziehentlich zu Nr. 4 die Form der betreffenden Zuwendung[4]) — hat wissenschaftliche Vertretung gefunden. Für den Urkundenverfasser folgt daraus die Verpflichtung, die Urkunde so herzustellen, daß sie nach allen Ansichten bestehen kann. Es ist daher zu empfehlen:

für die Anordnungen zu 2 und 3 die allgemeine Form letztwilliger Verfügungen (s. zu Muster 181 S. 481).[5])

für die Anordnung zu 4, wenn sie von Todeswegen erfolgt, die gleiche Form, und wenn sie unter Lebenden erfolgt, die Form der gerichtlichen Schenkung.

Für den materiellen Inhalt der Anordnungen finden sich Beispiele und zwar: zu 2 und 3 in Muster 167 (A) und zu 4 in Muster 93 (S. 308), weshalb es besonderer Formulare hier nicht bedarf.

169. Bestellung (Verpflichtung) des Vormundes.

V. O. §§ 24. 26. 91. Reichsmilitärgesetz v. 2. Mai 1874 (R. G. Bl. S. 45) § 41. Dernburg III. § 81 S. 247; Förster-Eccius IV. § 231 S. 199; Fischer § 108, S. 573.

Die Verpflichtung erfolgt gerichtlich und zwar durch das Vormundschaftsgericht. Doch hält die Praxis die Bestellung durch einen ersuchten Richter allgemein für statthaft. Die Form gilt gleichmäßig für Vormund, Gegenvormund und Pfleger und auch für die Mitglieder des Familienraths (V. O. § 74).

Muster.

Königliches Amtsgericht. Bochum, den 6. Oktober 1887.

Gegenwärtig:

Horst, Amtsgerichtsrath.[1])

In der Sache, betreffend die Vormundschaft über die minderjährigen Kinder des hierselbst verstorbenen Fabrikanten und Rittergutsbesitzers

[3]) Dernburg III. § 83 (S. 252) § 89 (S. 270, [12]) und Dernburg-Schultzenstein S. 140/141 Betreffs der Anordnungen zu 3 und 4 des Textes.

[4]) Förster-Eccius IV. § 232 (S. 216) u. § 236 (S. 236) (Betreffs der Anordnungen zu 3 und 4 des Textes); s. a. Löwenstein V. O. S. 113 u. Eccius, Erörterungen aus dem Gebiet des Vormundschaftsrechts (Berlin 1876) S 17 u. Anm. 18.

[5]) Ergiebt sich hierbei eine leichtere Form als die des § 17 Nr. 2 V. O., so ist letztere Form noch außerdem zu erfüllen. Hat z. B. der Testator sich im Testament die Errichtung von Nachzetteln vorbehalten, so werden die Anordnungen in holographischer Form oder mit Unterschriftsbeglaubigung zu errichten sein.

[1]) Dem Beispiel ist die Vormundschaft nach Muster 167 zu A zu Grunde gelegt. Da hier ein Familienrath gebildet ist, so müßte nach § 75 in Verbindung mit § 24 der V. O. die Verpflichtung des Vormundes streng genommen vor diesem erfolgen. Zweifellos ist diese Art der Verpflichtung gestattet. Indessen ist auch die Verpflichtung vor dem Vorsitzenden allein zulässig, falls der Familienrath solche beschließt. Denn letzterer hat die Rechte eines Gerichts und zu den Befugnissen eines kollegialischen Gerichts gehört es auch, Verhandlungen mit den Parteien durch einzelne Mitglieder des Gerichts vornehmen zu lassen (A. G. O. II. 2 § 1).

besitzers Paul Isenbart erschienen in dem heutigen Termine zu ihrer Verpflichtung als Vormünder:

1. der Fabrikant Herr Theodor Isenbart von hier,

2. der Major z. D. Herr Franz von Hillern aus Dortmund,

beide persönlich bekannt und geschäftsfähig. Beide Erschienenen erklärten sich zur Uebernahme der Vormundschaft über die nachgebliebenen minderjährigen Kinder des genannten Fabrikanten Isenbart, Namens

1. Friedrich Karl[2]) August, geboren den 8. März 1871,

2. Gertrud Klara Theodelinde, geboren den 6. Juni 1874,

nach Maßgabe der in der väterlichen Anordnung vom 1. September 1885 vorgesehenen Verwaltungstheilung bereit. Herr Major z. D. Franz von Hillern übergab auch in der Anlage die Genehmigung des Königlichen Kriegsministeriums vom 1. d. Mts. zur Uebernahme der Vormundschaft. Darauf werden beide Erschienene zu Vormündern der erwähnten Minderjährigen bestellt, indem sie auf treue und gewissenhafte Führung der Vormundschaft mittels Handschlags an Eidesstatt verpflichtet werden.

Schluß.

170. Bestallung für den Vormund.

V. O. §§ 24. 26. 47. 83 Abs. 3 91.

Dernburg III. § 81 S. 247; Förster-Eccius IV. § 231 S. 200; Fischer § 108 S. 573.

Zu Grunde gelegt sind die Anordnungen im Muster 167 zu A.

Muster.

Das Königliche Amtsgericht zu Bochum beurkundet hierdurch, daß für die minderjährigen Kinder[1]) des hierselbst verstorbenen Fabrikanten und Rittergutsbesitzers Paul Isenbart Namens

1. Friedrich Karl[2]) August, geboren den 8. März 1871,

2. Gertrud Klara Theodelinde, geboren den 6. Juni 1874

der Fabrikant Theodor Isenbart zu Bochum

zum Vormund bestellt ist.

---

[2]) Der Rufname wird unterstrichen.

[1]) Der Grund der Bevormundung muß angegeben sein; ist also nicht Minderjährigkeit der Grund, so heißt es: „für den blödsinnigen (oder wahnsinnigen) N. N." oder: „für den als Verschwender erklärten N. N." Im Falle einer Pflegschaft müssen die Angelegenheiten, oder der Kreis von Angelegenheiten, für welche die Pflegschaft eingeleitet ist (V. O. §§ 86. 90) mit hinreichender Deutlichkeit bezeichnet sein, um die Legitimation des Pflegers zu jedem einzelnen Akte danach prüfen zu können, also z. B. „zum Behufe der Führung eines Prozesses gegen den Vater des Mündels wegen Alimentation des letzteren" oder „zum Behufe der Vertretung des Mündels in Bezug auf das demselben von seiner Großmutter N. N. überkommene freie Vermögen". — In der Praxis begegnet man zuweilen Bestallungen, die die Angelegenheiten der Pflegschaft gar nicht angeben, sondern nur die Bestellung des X. „als Pfleger der Y'schen Kinder" bezeugen. Derartige Bestallungen sind völlig zwecklose Urkunden, die den Pfleger zu gar nichts legitimiren; vergl. die konstante Rechtsprechung des K. G. (J. u. K. IV. 87. VI. 41 u. VI. 57), s. auch Urth. des R. G. v. 8. Oktober 1885 (Entsch. XIV. S. 269).

[2]) Die Rufnamen werden unterstrichen.

Mitvormund ist der Königliche Major Franz von Hillern zu Dortmund. Jeder der Vormünder ist für sich allein zur Vertretung der Mündel befugt.[3]) Ein Gegenvormund ist nicht bestellt. Ein Familienrath ist gebildet.

Dem Vormunde wird die allgemeine Ermächtigung zur Vornahme folgender Handlungen für die Mündel ertheilt[4]) und zwar:

1. zur Erbauseinandersetzung,
2. zur Veräußerung und Belastung unbeweglicher Sachen einschließlich der Entscheidung über die Art der Veräußerung,
3. zum Erwerb von unbeweglichen Sachen durch lästigen Vertrag,
4. zur Verpachtung und Vermiethung unbeweglicher Sachen ohne Rücksicht auf die Höhe des Reinertrages und die Dauer des Vertrages,
5. zur Abschließung von Vergleichen, auch wenn deren Gegenstand unschätzbar ist oder die Summe von dreihundert Mark übersteigt,
6. zur Veränderung, Auflösung, Neubegründung und Uebernahme von Erwerbsgeschäften,[5])
7. zur Eingehung wechselmäßiger Verbindlichkeiten,
8. zur Ertheilung von Prokura,
9. zur Aufnahme von Darlehen,
10. zur Uebernahme fremder Verbindlichkeiten,
11. zur Entsagung einer Erbschaft oder eines Vermächtnisses.

Bochum, den 6. Oktober 1886.

Bestallung zum Vormunde für den Fabrikanten Theodor Isenbart[6]) zu Bochum.

(Siegel)
Königliches Amtsgericht.[7]) [8])
Unterschrift.

---

[3]) Die weiteren Bestimmungen über Theilung der Verwaltung (Muster 167 A § 1) finden in der Bestallung keinen Ausdruck, weil sie nach Außen nicht wirksam sind.

[4]) Diese Ermächtigung muß nothwendig ausgedrückt werden (V. O. § 47, Abs. 2). Ist der Inhalt der elterlichen Anordnungen zweifelhaft, so muß der Vormundschaftsrichter über deren Umfang nach §§ 41. 42. 44 V. O. sachliche Entschließung treffen; er ist nicht befugt, sich dieser Verpflichtung durch wörtliche Aufnahme der elterlichen Bestimmungen in die Bestallung zu entziehen. Beschl. des K. G. v. 19. November 1883 (J. u. K. IV. S. 74).

[5]) Die Beschränkungen in Muster 167 A § 6 zu 1 wird nicht in die Bestallung aufgenommen, weil sie gegenüber der allgemeinen Befreiung im § 8 nur als Instruktion anzusehen sind, deren Uebertretung den Vormund verantwortlich macht, aber auf sein Verhältniß zu Dritten ohne Einfluß ist. Man kann indessen darüber verschiedener Meinung sein. Vergl. Dernburg-Schultzenstein § 31 S. 127.

[6]) Eine selbstständige Bestallung mit entsprechenden Namensänderungen erhält auch der Mitvormund.

[7]) Die Ertheilung der Bestallung erfolgt auch im Falle der Bildung eines Familienraths nicht unter der Firma des letzteren, sondern unter der des Vormundschaftsgerichts. Es ergiebt sich dies aus § 24 der V. O., wonach die erfolgte Bildung eines Familienraths in der Bestallung anzugeben ist. Diese Vorschrift hätte keinen Sinn, wenn der Familienrath selbst die Bestallung ertheilen sollte.

[8]) Bei einzelnen Gerichten ist den Bestallungsformularen ein Abdruck der §§ 27—60 der V. O. beigegeben, was sich zur Instruirung der Vormünder empfiehlt.

171. Genehmigung des Vormundschaftsgerichts.

V.O. §§ 42. 44. 45. 55.

Dernburg III. § 85, S. 257. Förster-Eccius IV. § 232 S. 208.

Die Genehmigung des Vormundschaftsgerichts zu Handlungen des Vormundes kann grundsätzlich, sowohl im Voraus als nachher erfolgen. In gewissen Fällen muß sie nach der Natur der Sache in ersterer Art ergehen: so namentlich bei der Eheschließung des Mündels, bei der Auflassung[1]) und beim Erwerb in der Zwangsversteigerung.

a.
Muster einer nachträglichen Genehmigung.

Der vom Vormunde N. N. in der vorstehenden Verhandlung abgeschlossene Kaufvertrag wird Seitens des unterzeichneten Gerichtes als Vormundschaftsgerichtes über die Minderjährigen August, Karoline und Karl, Geschwister von Saffroni hiermit genehmigt.

Datum, Siegel und Unterzeichnung.

Handelt es sich um Genehmigung einer vom selben Richter aufgenommenen Verhandlung,[2]) so kann deren Ausfertigung mit der Genehmigung in folgender Art verbunden werden.

Nachstehender Erbrezeß:

(Hier folgt der Rezeß.)

wird urkundlich ausgefertigt und rücksichtlich der drei Minderjährigen August, Karoline und Karl, Geschwister von Saffroni, Seitens des unterzeichneten Vormundschaftsgerichtes hiermit genehmigt.

Datum, Siegel und Unterzeichnung.

b.
Muster einer vorgängigen Genehmigung.

Der Vormund der drei Minderjährigen August, Karoline und Karl, Geschwister von Saffroni, Rentier Paul Knebel, hierselbst, wird hierdurch ermächtigt, in der Zwangsversteigerung des Otto Reinhardt'schen Grundstückes, Hochstr. Nr. 14, hierselbst, Namens seiner Mündel auf das Grundstück zu bieten [jedoch nicht über den Preis von einundzwanzigtausend Mark hinaus.][3])

Datum, Siegel und Unterzeichnung.

---

[1]) In wie weit es einer besonderen Genehmigung für die Auflassung überhaupt bedarf, darüber vgl. Beschl. d K.G. v. 17. Januar u. 11. Juli 1881 und 18 September 1882 (J. u. K. II. S. 99. 100; III S. 106).

[2]) Vgl. indessen zu Muster 201, Anm. 2.

[3]) Die eingeklammerten Worte müssen selbstverständlich fortbleiben, wenn der Vormundschaftsrichter unbeschränkte Ermächtigung ertheilen will. Aber auch bei beschränkter Ermächtigung können die Interessen des Mündels geschädigt werden, wenn der Vormund zur Offenlegung der ihm gestellten Bietungsgrenze im Versteigerungstermine genöthigt wird. In einem solchen Falle muß der Vormundschaftsrichter von der Angabe der Preisgrenze in der Ermächtigung absehen und sich darauf beschränken, deren Innehaltung dem Vormunde zu einer internen Pflicht zu machen.

— **Hinterlegung von Werthpapieren und Kostbarkeiten des Mündels** s. bei Muster 111 S. 331.

172. Großjährigkeitserklärung eines Mündels oder eines Hauskindes.

V. O. §§ 61. 97.

Dernburg I. § 73 S. 194; Förster-Eccius IV. § 230 S. 160.

Die Großjährigkeitserklärung erfolgt durch Beschluß des Vormundschaftsgerichts nach Maßgabe des § 61 bez. des § 97 der V. O. Sie tritt mit der Mittheilung des Beschlusses an den bisherigen Minderjährigen in Wirksamkeit.[1] Die Beurkundung dieses Zeitpunktes ist deshalb zur Vermeidung von Rechtsunsicherheiten empfehlenswerth. Am zweckmäßigsten erfolgt diese Beurkundung durch Vorladung des Mündels und mündliche Publikation des Beschlusses an ihn. Alsdann ist der Richter in der Lage, in dem auszufertigenden Atteste den Zeitpunkt des Inkrafttretens der Großjährigkeitserklärung bereits mit zu beurkunden.

Ueber das Verhältniß der Großjährigkeitserklärung zur Entlassung aus der väterlichen Gewalt s. die Vorbem. zu Muster 166 S. 449.

Muster des Attestes.

Der Schuhmachergeselle Friedrich Leistmann von hier, geboren den 9. August 1867 ist durch Beschluß des unterzeichneten Gerichtes vom heutigen Tage für großjährig erklärt. Der Beschluß ist dem Friedrich Leistmann heute Vormittag 11 Uhr eröffnet worden.

Neisse, den 6. Oktober 1886.

Siegel und Unterzeichnung.

173. Vormundschaftliche Quittung und Entlastung. — Erklärung über ausgesetzt gebliebene Gütergemeinschaft.

V. O. §§ 67. 70. A. L. R. II. 18 §§ 782—790.

Dernburg III. § 88 S. 268; § 34 S. 114. Förster-Eccius IV. § 235 S. 232 § 209 S. 69. Fischer § 109 S. 577 § 99 S. 543.

Nach der V. O. steht nur dem Vormunde und dem Gegenvormunde, nicht mehr, wie nach früherem Recht, auch dem Vormundschaftsgerichte ein Anspruch auf Quittung und Entlastung zu. Das Vormundschaftsgericht hat den Mündel zur Quittung und Entlastung zu laden und wenn er erscheint, solche geeignetenfalls von ihm aufzunehmen. Doch ist die gerichtliche Form zur Rechtswirksamkeit nicht erforderlich, vielmehr genügt dazu die schriftliche Form.

Weibliche Pflegebefohlene, welche sich an Orten, wo eheliche Gütergemeinschaft gilt, während der Vormundschaft verheirathen, müssen, wenn die Gemeinschaft ausgesetzt geblieben ist, gleich nach

[1] Präj. d. O.Tr. Nr. 1274. Präj. Sammlung I. S. 223; Entsch. d. R.O.H.G. Bd 6 S. 317 ff.

aufgehobener Vormundschaft hierüber vom Richter belehrt und vernommen werden, welches am besten mit der Aufnahme der Decharge verbunden wird. Die Rechtsnormen über die einstweilige Aussetzung der Gütergemeinschaft in dem erwähnten Falle sind nach der Annahme des Reichsgerichts[1]) durch die V. O. nicht beseitigt.

Muster.

Eingang.

Posen, den 6. April 1884.

Im heutigen Termine zur vormundschaftlichen Quittungsleistung in der Gutsbesitzer Abendweiler'schen Vormundschaftssache von Heimbach erschienen, von Person wohl bekannt:

1. die am 8. März d. J. großjährig gewordene Caroline Abendweiler, verehelichte Frühweg, in Begleitung ihres Ehemannes, des Kaufmanns Frühweg von hier,
2. der bisherige Vormund, Gutsbesitzer Ambacht aus Kaltsee.

Nachdem der großjährig gewordenen Pflegebefohlenen die Schlußrechnung mit den Akten vorgelegt und, wo es erforderlich war, mit ihr und ihrem Ehemanne durchgegangen worden, erklärte dieselbe, aufgefordert, dem bisherigen Vormunde und Gegenvormunde Quittung und Entlastung zu ertheilen:

Ich habe mich von der richtigen Verwaltung meines Vermögens überzeugt und quittire hiermit sowohl meinem hier gegenwärtigen früheren Vormund als dem abwesenden Gegenvormund Rentier Babel hierselbst:

1. über treu und richtig geführte Vormundschaft,
2. über richtige und vollständige Ausantwortung meines Vermögens.

Ich entsage hiermit allen Rechten und Ansprüchen, die mir an Beide aus der über mich geführten Vormundschaft zustehen könnten und entlaste Beide dieserhalb.

Da die Caroline Abendweiler sich während ihrer Minderjährigkeit nach dem Tode ihres Vaters mit dem Kaufmanne Frühweg hier, woselbst die Gemeinschaft der Güter stattfindet, verheirathet hat, so wurde dieselbe in Assistenz ihres gewesenen Vormundes[2]) bedeutet, daß es auf ihre jetzt abzugebende Erklärung ankomme: ob sie mit ihrem Ehemanne in Gütergemeinschaft leben wolle, oder nicht. Sie wurde bedeutet, daß, wenn sie sich für die Gütergemeinschaft erkläre, ihr und ihres Ehemannes beiderseitiges Vermögen, durch die in Folge dessen eintretende Gütergemeinschaft, ihr und ihrem Ehemanne gemeinschaftlich gehöre, daß sich die Wirkung dieser ihrer Erklärung auf den Anfang dieser ihrer Ehe zurück erstrecke, und somit alle Schulden, die ihr Ehemann vor der Ehe gehabt, inzwischen gemacht habe oder auch noch machen werde, gemeinschaftliche Schulden würden, wofür das gemeinschaftliche Vermögen hafte. — Sie wurde aber auch be-

[1]) Urtheil v. 25. April 1881. (Entsch. V. S. 217.)

[2]) Die Komparentin kann sich auch einen andern Beistand wählen. § 787 d. T.

deutet, daß, wenn sie sich dahin erklärte, daß sie nicht in Gütergemeinschaft leben wolle, dieses in den öffentlichen Blättern bekannt gemacht werden müßte.

In Folge dieser Bedeutung erklärte sie in obgedachter Assistenz[3]):
Ich habe die mir gemachte Bedeutung wohl verstanden und erkläre hiermit wohlbedächtig, daß ich mit meinem Ehemanne nicht in Gütergemeinschaft leben will, vielmehr dieselbe hiermit ausschließe und darauf antrage: diese Ausschließung öffentlich bekannt zu machen.

Schluß.

J. Erbrecht.

I. Testamentshandlungen.

Haentzschel. Die Auf- und Abnahme von Testamenten. Breslau (J. U. Kern) 1875. — Blochmann. Die Aufnahme letztwilliger Verordnungen. Berlin J. Guttentag (D. Collin) 1878. — Eichhorn. Das Testament, Musterbuch für letztwillige Verfügungen. Berlin (Franz Vahlen) 1885.

174. Verwarnung eines noch nicht belangten Verschwenders wegen Errichtung eines Testaments.

A. L. R. I. 12. § 33.

Koch II. § 818; Dernburg III. § 105. S. 314; Foerster-Eccius IV. § 245 S. 312. Fischer § 111 S. 591.

Die Beschränkung eines gerichtlich für einen solchen erkärten Verschwenders in der Testamentserrichtung (§§ 27 ff. d. T.) fängt an mit dem Tage, an welchem bei dem Richter der Antrag angebracht oder eingereicht, oder wo er desfalls unter Aufnahme eines Notariatsinstrumentes über den Akt[1]) verwarnt worden ist. Wie diese Verwarnung zu bewerkstelligen, ist nicht vorgeschrieben; sie hat aber, wenn der zu Verwarnende sich nicht darauf einlassen will, ihre Schwierigkeiten, da der Notar keine Mittel hat, die betroffene Person zu zwingen, sich von ihm sprechen zu lassen. Nur unter der Voraussetzung, daß der Notar Gelegenheit hat, den zu Verwarnenden zu sprechen, läßt sich eine notarielle Warnung denken. Diese gehört in die Kategorie der Protestationen, und das darüber aufzunehmende Notariatsinstrument würde nach dem hier folgenden Muster zu fassen sein.

Muster.

N., den u. s. w.

Vor mir Benedikt Rathlos, Königl. Preuß. Notar im Bezirke des Kgl. Oberlandesgerichts N., wohhaft zu Polkwitz, erschien der mir nach Namen, Stand und Wohnort bekannte Kaufherr und Rheder Hans Nachsich, hierselbst wohnhaft, erklärte, daß er im Begriff stehe,

[3]) Wegen der Frist für die Erklärung vgl. neben §§ 791 ff. d. T. Urth. d. R. G. v. 11. October 1880 (Entsch. III. S. 242).

[1]) Vgl. dazu oben S. 44 Nr. 30 mit Anm. 91.

gegen seinen Halbbruder Leberecht Lustig, gewesenen Kaufmann, jetzigen Partikulier hierselbst, als dessen einziger nächster Blutsverwandter auf Entmündigung wegen Verschwendung anzutragen, daß er jedoch die Thatsachen und Beweise noch nicht hinlänglich zusammengebracht habe und daher noch nicht sogleich seinen Antrag dem Richter einreichen könne, daß aber Gefahr im Verzuge sei, indem sein Bruder damit umgehe, ein Testament zu machen. Deshalb ersuche er, letzteren dieserhalb zu verwarnen, doch sei nicht zu erwarten, daß derselbe sich hierzu einfinden, noch auch antreffen lassen werde, wenn er von dem Vorhaben in Kenntniß gesetzt worden. ——————

Wir, der Notar und die demselben nach Namen, Stand und Wohnort bekannten Instrumentszeugen,[2]) nämlich (folgen die Namen, Stand und Wohnort), die wir sämmtlich jeder für sich versichern, daß uns keines der Verhältnisse entgegensteht, welche von der Theilnahme an dieser Verhandlung, nach §§ 5—9 des Notariatsgesetzes vom 11. Juli 1845, ausschließen, verfügten uns mit dem Requirenten in die Wohnung des Partikulier Leberecht Lustig, in der Rosenstraße Nummer Fünf, eine Stiege hoch, wo wir denselben, uns nach Namen, Stand und Wohnort wohlbekannt, antrafen. Ich, der Notar, erkärte ihm laut in Gegenwart der Instrumentszeugen: ——————

> daß sein Bruder, der hier gegenwärtige Kaufherr Hans Peter Nachsich, damit umgehe, gegen ihn auf Entmündigung wegen Verschwendung bei Gerichte anzutragen, und daß er, der Herr Leberecht Lustig, verwarnt werde, ein Testament zu machen, worin er seinem genannten Bruder nicht wenigstens die Hälfte seines Nachlasses zuwende. ——————

Herr Leberecht Lustig äußerte sich hierüber ungehalten und erklärte, wie er nicht leiden würde, daß man ihm in seiner Wohnung dergleichen Warnung machen wolle; und er ersuchte den Notar und die Zeugen: seine Wohnung zu verlassen. Auf Befragen: ob er geneigt sei, auf der Amtsstube des Notars zu erscheinen und dort die Verhandlung zu vollziehen, verweigerte Herr Leberecht Lustig solches.

Wir, Notar und Zeugen, begaben uns hierauf, in Begleitung des Requirenten, in die Amtsstube des Notars, woselbst diese Verhandlung aufgenommen, dem Herrn Hans Peter Nachsich laut vorgelesen und hiernächst von ihm, mit dem Antrage um einmalige Ausfertigung, unterzeichnet wurde. ——————

Peter Hans Nachsich.

Wir Notar und Zeugen attestiren und zwar ich der Notar: daß vorstehende Verhandlung so, wie sie niedergeschrieben ist, stattgefunden hat; wir Notar und Zeugen: daß sie in unserer Gegenwart dem Herrn Hans Peter Nachsich vorgelesen, von ihm genehmigt und eigenhändig unterschrieben worden ist und daß Herr Leberecht Lustig sich geweigert hat, bei Niederschreibung und Vollziehung der Verhandlung gegenwärtig zu sein. ——————

Folgen die Unterschriften.

---

[2]) Vgl. zu Muster 118. Anm. 2 (S. 343)

Vorbemerkung zu Muster 175—180. Die Förmlichkeiten der ordentlichen Testamente.

A. L. R. I. 12. §§ 66 ff. A. G. O. II. 1. § 9. Nr. 5. II. 4. §§ 1 ff. Koch II §§ 815. 816; Dernburg III. §§ 106 ff. S. 317 ff.; Foerster-Eccius IV. § 249. S. 385; Fischer § 112. S. 597 ff.

a.

Im Allgemeinen.

Testamente müssen gerichtlich errichtet werden und zwar giebt es drei Arten dieser Errichtung:

aa) die Erklärung zu gerichtlichem Protokoll,
bb) die Uebergabe eines versiegelten Testaments,
cc) die Uebergabe eines offenen schriftlichen Testaments.

Personen unter 18 Jahren können nur zum Protokoll testiren. Die Fähigkeit zu testiren beginnt bereits mit dem vollendeten vierzehnten Jahre.

Der Akt der Testamentserrichtung unterliegt — in Abweichung von den sonstigen Handlungen der freiwilligen Gerichtsbarkeit — den folgenden besonderen Förmlichkeiten:

1. Bei dem Akte muß ein Gerichtsschreiber mitwirken,[1])
2. Referendare dürfen die Stelle des Richters nicht vertreten,[2])
3. Stellvertretung des Testators ist ausgeschlossen; dagegen kann der letztere ohne weitere Begründung verlangen, daß der Richter sich zu ihm begiebt.[3])
4. Den Befund über die Dispositionsfähigkeit des Testators soll der Richter, auch wenn keinerlei Bedenken obwaltet, positiv im Protokoll vermerken.[4])
5. Das Testament muß versiegelt bei Gericht aufbewahrt werden.[5])

Zuständig zur Auf- und Abnahme ist jedes Amtsgericht; die Berufung der betreffenden Gerichtspersonen regelt sich rein nach der Geschäftsvertheilung und bedarf es der früher

[1]) A. L. R. I. 12 § 82 und A. G. O. Anh. § 421 zu II 2 § 17; wegen des Verfahrens bei Verhinderung des Gerichtsschreibers s. Muster 8 (S. 154); der erschwerten Form des § 83 d. T., wonach zwei vereidete Schöppen zugezogen werden sollten, bedarf es nicht mehr.

[2]) A. G. z. G. V. G. § 2 Abs. 3; wenngleich den Referendaren hier nur die Fähigkeit zur „Aufnahme" letztwilliger Verfügungen abgesprochen ist, so darf des Zweifels halber doch auch die bloße Abnahme in den Fällen zu bb. u. cc. des Textes dem Referendar nicht übertragen werden.

[3]) A. L. R. I. 12. §§ 66. 67. Ein solches Gesuch soll der Testator schriftlich oder durch zwei Personen anbringen; doch ist diese Form ganz unwesentlich (§§ 68 ff. a. a. O.).

[4]) A. L. R. I. 12. §§ 145. 146. Bei anderen Akten s. dagegen A. G. O. II. 2. § 43. Nr. 4.

[5]) A. G. O. II. 4. §§ 3 ff. H. O. § 89.

vorgeschriebenen besonderen Ernennung für den Einzelfall nicht mehr.[6])

Im Uebrigen folgen für alle drei Errichtungsarten unten besondere Beispiele (Muster 175. 177. 178.[7])

b.

Testament der Analphabeten und sonstigen Schreibens-Unfähigen.

Diesen stehen nur die obigen Formen zu aa. und cc., nicht aber die Uebergabe eines versiegelten Testaments (zu bb.) frei. Bei der Verhandlung werden — abweichend vom gewöhnlichen Verfahren (Muster 6 u. 7. S. 152. 153) — zwei Unterschriftszeugen zugezogen, welche das Handzeichen bezeugen.

Bei Personen, die weiter nichts als ihren Namen schreiben können, werden des Zweifels halber die gleichen Vorschriften wie für völlige Analphabeten anzuwenden sein. (Vgl. Dernburg III. § 112 Anm. 4 S. 336.)

Dieselben Vorschriften gelten auch für Personen, die wegen körperlicher Gebrechen nicht schreiben können und zwar auch dann, wenn sie selbst ein Handzeichen zu machen außer Stande sind. Wegen der Einzelheiten des Verfahrens s. d. Muster 175 u. 179.

Zweifelhaft und bestritten ist der Begriff des bei der Unterschrift zuzuziehenden „Testamentszeugen“[8]) (§ 117 d. T.). Der instrumentirende Richter muß der strengsten Meinung folgen und sich bei Auswahl der Zeugen nach den §§ 7. 8. des Notariatsgesetzes (s. o. S. 62 ff.) und außerdem nach den §§ 118—120. I. 12. A. L. R. richten.

---

[6]) A. G. z. G. V. G. §§ 23. 24. 26. und § 68 ebenda mit § 4 der Gesch. Ordg. f. d. Gerichtsschreibereien der Amtsgerichte; für das frühere Recht s. A. L. R. I. 12. §§ 88 ff. — Für die Aufnahme außerhalb des Gerichtsbezirks gelten jetzt gleichfalls die allgemeinen Regeln. Danach darf eine solche Aufnahme regelmäßig nur mit Zustimmung des Amtsgerichtes des Ortes geschehen; bei Gefahr im Verzuge dagegen auch ohne diese Zustimmung unter bloßer Anzeige an dieses Gericht (G. V. G. § 167; A. G. z. G. V. G. § 87).

[7]) Zu warnen ist der instrumentirende Richter vor einer gewissen Art der Rücksichtnahme auf die höchstrichterliche Rechtsprechung, nämlich in denjenigen Fällen, in welchen die letztere zweifelhafte Formfragen im Sinne der Erleichterung entschieden hat. Der erkennende Richter mag sich dem anschließen, der instrumentirende Richter dagegen hat Sorge dafür zu tragen, daß die von ihm beurkundeten Testamente Anlaß zu solchen Entscheidungen gar nicht geben. (§ 141 d. T.) Die betreffende Rechtsprechung ist deshalb im Folgenden außer Berücksichtigung gelassen.

[8]) Vgl. die Zusammenstellung der Ansichten von Vierhaus in Koch's A. L. R. zu § 117 d. T. Anm. 46.

Die in den letzteren Vorschriften angezogene Zeugnißunfähigkeit muß er wiederum gemäß der strengeren Ansicht[9]) nach den §§ 227, 228. I. 10. A. G O. beurtheilen[10]).

---

[9]) Dernburg III. § 108 S. 325 mit Anm. 8. 10. u. 11. Rehbein-Reincke A. L. R. zu § 117 Anm. 48.

[10]) Diese Vorschriften pflegen dem Richter bei der Testaments-Aufnahme nicht zur Hand zu sein und mögen deshalb hier abgedruckt werden:

§ 227.

Da oft Fälle vorkommen, daß die Zulässigkeit oder Glaubwürdigkeit eines Zeugen angefochten wird; so finden darüber folgende Vorschriften Statt:

1. Rasende, Wahn- und Blödsinnige sind zur Ablegung eines Zeugnisses ganz unfähig. Personen, die nur schwach am Verstande sind, können über Gegenstände, die das Maaß ihrer Verstandeskräfte nicht übersteigen, zugelassen werden. Ist Jemand nur zuweilen des Gebrauchs seines Verstandes beraubt, so kann derselbe zwar in lichten Zwischenräumen über Umstände, welche sich in einem gleichen Zeitpunkte zugetragen haben, abgehört werden; jedoch ist bei dessen Vernehmung mit der größten Vorsicht zu verfahren, und seine Aussagen haben niemals völlige Beweiskraft.
2. Blinde sind als Zeugen unzulässig; in Ansehung solcher Gegenstände, zu deren Kenntniß der Sinn des Gesichts erfordert wird; wenn sie nicht diese Kenntniß schon erlangt haben, bevor sie blind geworden sind.
3. Taube, in so fern sie nicht lesen können. Können sie lesen, so müssen ihnen die an sie gerichteten Fragen schriftlich vorgelegt, ihre darauf in das Protokoll verzeichneten Antworten aber ihnen zum Durchlesen gegeben, und von ihnen bei jedem Punkte mittelst Unterzeichnung genehmigt werden.
4. Taube und Stumme zugleich, in so fern dieselben nicht lesen und schreiben können. Können sie Beides, so werden ihnen die Fragen schriftlich vorgelegt, und ihre Antworten müssen sie selbst niederschreiben und unterzeichnen.
5. Diejenigen, welche geständlich oder erweislich von einer Partei Geld oder andere Vortheile angenommen haben, um ein derselben vortheilhaftes Zeugniß abzulegen. Hierunter sind jedoch die Reise- und Zehrungskosten nicht zu verstehen, welche der Producent einem Zeugen, der ohne solchen Vorschuß nicht zur Gerichtsstelle kommen kann, gereicht hat. Doch bleibt es richterlichem Ermessen vorbehalten, in wie fern die gereichte Summe, nach den Umständen, für übermäßig zu achten, und also hinter diesem Vorwande eine versuchte Bestechung des Zeugen verborgen sey.
6. Diejenigen, welche in dieser oder einer andern Sache eines falschen Zeugnisses oder andern Meineides überführt worden sind.
7. Diejenigen, welche begangener Verbrechen wegen für ehrlos erklärt worden sind. Die erfolgte Begnadigung macht dabei keinen Unterschied, wenn nicht erhellet, daß dieselbe wegen nachgewiesener Unschuld ertheilt worden ist. Andere Verbrechen, wenn auch Festungs- oder Zuchthausstrafe darauf, jedoch mit Vorbehalt des ehrlichen Namens, verhängt wäre, machen den Verbrecher zur Ablegung eines Zeugnisses nicht unfähig, sondern schwächen nur die seinen Aussagen beizulegende

c.

Testament der fremdsprachigen Personen.

Hierfür gelten lediglich die allgemeinen Vorschriften (s. die beiden Muster zu Nr. 7. S. 153); die früheren Vorschriften wegen Zuziehung zweier Dolmetscher und sonstiger Besonderheiten

---

Beweiskraft. Doch ist dabei hauptsächlich auf die Beschaffenheit des Verbrechens, und darauf Rücksicht zu nehmen, in wie fern dabei solche moralische Grundsätze und Gesinnungen, welche auf Wahrheitsliebe und Zuverlässigkeit Einfluß haben, mehr oder weniger aus den Augen gesetzt worden sind.

§ 228.

Andere Personen können zwar, in Rücksicht der Verbindung, in welcher sie mit einer der Partei stehen, oder aus anderen Ursachen, als Beweiszeugen nicht aufgestellt, wohl aber, um von der Bewandtniß der Sache nähere Erkundigung einzuziehen, von dem Richter vernommen werden. Dahin gehören:

1. Leibliche Eltern und andere Verwandte in aufsteigender Linie. Wenn jedoch entweder der Streit unter den Kindern obwaltet, oder es darauf ankommt, das Alter der Kinder, deren Verlobung, Verheirathung, oder Absterben zu erweisen, und die Wahrheit auf andere Art nicht ausgemittelt werden kann; so sind dergleichen Verwandte in aufsteigender Linie auch als Beweiszeugen zulässig.
2. Leibliche Kinder einer Partei, oder andere Verwandte derselben in absteigender Linie.
3. Stief- oder Schwiegerältern, ingleichen Stief- oder Schwiegerkinder.
4. Brüder und Schwestern, sie mögen von voller oder halber Geburt seyn.
5. Schwäger oder Schwägerinnen.
6. Ehegatten oder öffentlich Verlobte.
7. Mitberechtigte oder Verpflichtete.
8. Litisdenunciaten, Denuncianten oder Intervenienten.
9. Ueberhaupt Alle, die von dem Ausfalle der Sache Vortheil oder Schaden zu erwarten haben; mithin auch
10. Mitglieder eines Kollegii, einer Korporation oder Gemeine, die in den Prozeß verwickelt ist. Betrifft der Prozeß einen Gegenstand, bei welchem die einzelnen Mitglieder kein Interesse haben; so können dergleichen Mitglieder auch als Beweiszeugen aufgestellt werden, und der Grund ihrer Glaubwürdigkeit bleibt, nach Bewandtniß der übrigen Umstände, richterlicher Beurtheilung vorbehalten. Betrifft der Prozeß nur einzelne Mitglieder, so können andere Mitglieder, die für sich selbst kein Interesse dabei haben, gültige Beweiszeugen seyn. Altsitzer, Inlieger und Hausleute sind nicht als Mitglieder der Gemeine anzusehen: jedoch ist ihren Aussagen für die Gemeine, in welcher sie sich aufhalten, vollständige Beweiskraft nicht beizulegen. Die unter Nummer 1—5. aufgeführten Verwandten eines oder mehrerer Mitglieder einer Korporation oder Kommune können zwar ebenfalls als Beweiszeugen aufgestellt werden; die Glaubwürdigkeit ihres Zeugnisses aber wird durch diese Verwandtschaft geschwächt. Von den Ehegatten der Mitglieder einer Gemeine hingegen gilt eben das, was vorstehend von diesen Mitgliedern selbst verordnet ist.

(§§ 125—130. 132. I. 12. A. L. R.) sind durch das Geschäftssprachengesetz vom 28. August 1876 (§ 10) beseitigt. Der Dolmetscher muß die Eigenschaft eines gültigen Instrumentszeugen haben (§ 131 d. T. s. hierüber oben zu b). Zweifelhaft ist, ob der Dolmetscher zugleich als Unterschriftszeuge dienen kann; besser ist es danach, andere Zeugen zuzuziehen, falls solche zu erlangen sind.

Uebrigens ist der Fremdsprachige nicht gehindert, mittels Uebergabe eines schriftlichen Aufsatzes zu testiren und hierbei den letzteren in der fremden Sprache abzufassen (§ 124 d. T.)

d.
Testamente der Tauben und Stummen.

Können diese Personen — desgleichen auch Taubstumme — lesen und schreiben, so wird ihr Testament in der allgemeinen Testamentsform und daneben unter Beobachtung der für ihre sonstigen Verhandlungen bestehenden Förmlichkeiten aufgenommen und ist nur noch besonders angeordnet, daß auch dem Stummen die Fragen des Richters schriftlich vorgelegt werden müssen (§ 123 d. T.).

Es ist deshalb hierbei oben Muster 13 (S. 159) zu Rathe zu ziehen. Vgl. die anzuwendenden Vorschriften bei § 11 Not. Ges. Anm. 3 (S. 77). Für diese Personen ist übrigens die Anfertigung eines schriftlichen Testaments durch einen Rechtsanwalt und dessen demnächstige gerichtliche Uebergabe als die geeignetere Form zu empfehlen. (Vgl. die eben citirte Anm. 3).

Wie weit Taube und Stumme, die nicht lesen und schreiben können, testirfähig sind, ist streitig. Es sind hierüber die Hofreskripte vom 24. Juni 1802 und 10. Mai 1806 (Rabe, Bd. 7. S. 175 u. Bd. 8. S. 591; Roenne, Ergänzungen zu § 123. I. 12. A. L. R. s. auch die citirte Anm. 3) und andrerseits d. Erk. d. Ob. Tr. vom 3. März 1856 (Entsch. Bd. 32. S. 64; Striethorst Bd. 20. S. 231) zu vergleichen. Der instrumentirende Richter wird die Aufnahme des Testaments auch in diesen Fällen und die Verständigung mittels Zeichensprache besser nicht ablehnen und die Entscheidung über die Gültigkeit des Testaments eventuell dem Prozeßrichter vorbehalten, auch nöthigenfalls den Testator über die Gültigkeitszweifel belehren. Für das Verfahren geben alsdann die citirten Hofreskripte, ferner der § 7. II. 3. A. G. O. und oben das Muster 14. (S. 160) die nöthige Anleitung.

Daß der Testator wegen seines Gebrechens unter Vormundschaft steht, hindert seine Testirfähigkeit jedenfalls nicht.

e.
Testament der Blinden s. bei Muster 176. (S. 474.)

175. Muster eines zu Protokoll gegebenen mündlichen Testaments.

A. L. R. I. 12 §§ 104 ff. A. G. O. II. 4 §§ 3 ff.

a.

Das Testament.

Königliches Amtsgericht.
Gegenwärtig:
N., Amtsgerichtsrath als Richter.
O., Sekretär als Gerichtsschreiber.

Neisse, in der Wohnung des Rentiers Adam, Berliner Straße, Hausnummer Sechs, den Zehnten April Eintausend Achthundert und Vier und Achtzig, Vormittags um Zehn Uhr.

Der Bürger und Hausbesitzer Hans Bereitig hierselbst hat bei dem hiesigen Amtsgerichte heute früh mündlich angezeigt, daß er von dem in seinem Hause wohnenden Rentier Adam beauftragt worden sei, das Gericht um die Aufnahme seines Testaments, in seiner, des Herrn Adam, Wohnung zu bitten. In Folge dessen haben sich die vorbezeichneten Gerichtspersonen sogleich hierher verfügt. Bei dem Eintritte in das Bereitig'sche Haus wies man dieselben eine Stiege hinauf, wo sich die Wohnung des Rentiers Adam befinden sollte. Hier angekommen wurden sie in die Vorderstube, rechts von der Treppe geführt, wo sich ein Mann im Bette und eine Frau vor dem Bette befand. Der Mann gab sich für den Rentier Georg Caspar Adam, die Frau für dessen Ehegattin aus; Beide sind den Gerichtspersonen nicht bekannt. Die Frau Adam verließ das Zimmer und bald darauf fand sich der Hauswirth Bereitig und der Eisenhändler Kurz ein, welche, den Gerichtspersonen wohlbekannt, erklärten, daß der im Bette liegende Herr der Rentier Adam sei, worauf sie sich nach Vorlesung dieses Vermerks wie folgt:

Bereitig. Kurz.

unterschrieben und dann entfernten.

Die Gerichtspersonen erlangten durch das von dem Richter mit dem Herrn Adam geführte Gespräch die vollständige Ueberzeugung, daß der Letztere, wenngleich körperlich krank, bei vollkommen klaren Geisteskräften und in einem solchen Zustande sich befinde, daß er seinen Willen gültig äußern könne.

Herr Adam erklärte auf Befragen, daß es allerdings sein freier Entschluß sei, sein Testament errichten zu wollen, daß er den Hauswirth Bereitig mündlich beauftragt habe, solches bei Gericht anzuzeigen und um Aufnahme des Testaments in seiner Behausung nachzusuchen, und daß er jetzt das Gesuch, seinen letzten Willen zu Protokoll zu nehmen, wiederhole.

Nachdem Herr Adam auf Befragen noch angegeben hatte, daß er über sein Vermögen letztwillig zu verfügen nicht gehindert sei, erklärte derselbe Folgendes als seinen letzten Willen:

I. Ich Caspar Adam ernenne zu meinen Erben
   1. meine geliebte Ehefrau Wilhelmine Auguste geborene Fahrenheit,

2. meine großjährige Tochter Clementine, verehelichte Gutsbesitzer Herblich zu G.,
3. meine unmündige Tochter Sara Susanne, geboren den 6. Januar 1879

zu gleichen Rechten, und substituire dieselben, in sofern Eine oder die Andere vor mir versterben sollte, einander gegenseitig.

II. Meinen großjährigen Sohn Eberhard Adam, gegenwärtig als Mechanikus auf Reisen, enterbe ich, weil er sich an mir mit Thätlichkeiten vergriffen hat. Aus väterlicher Liebe habe ich die Schandthat unterdrückt; wenn er sich aber herausnehmen sollte, die Enterbung anzugreifen, so mache ich meinen Erben zur Pflicht, von den Beweisen, welche ich auf frischer That zusammengebracht habe und welche unter der Aufschrift: „Nach meinem Tode von meinen Erben für sich zu eröffnen", in meinem Dokumentenkasten versiegelt zu finden sind, Gebrauch zu machen.

III. Bei der Erbtheilung soll
1. meine Ehefrau befugt sein, aus dem Mobiliarnachlasse für den Taxpreis anzunehmen, was und so viel sie will;
2. meine Tochter Clementine verehelichte Herblich meine hierselbst belegene Ackerbesitzung Nr. 60 für den Erwerbspreis, wenn sie will, annehmen;[1])
3. meine eben genannte Tochter gehalten sein, sich auf ihre Ausstattung die Summe von dreitausend Mark anrechnen zu lassen, und zwar zum Besten beider übrigen Miterben.

IV. Ich vermache:
1. meiner geliebten Ehefrau Wilhelmine Auguste geborenen Fahrenheit sämmtliches Leinenzeug, Betten und Wäsche zum Voraus, mit der Verpflichtung, meine minorenne Tochter Sara Susanne, wenn sie sich dereinst verheirathen sollte, dazu auszustatten:
2. der evangelischen Kirche hierselbst die Summe von Sechshundert Mark zur beliebigen Verwendung;
3. den beiden Gerichtspersonen, welche dieses mein Testament aufnehmen, Neunhundert Mark und zwar dem Richter Sechshundert und dem Protokollführer Dreihundert Mark, wovon meine Erben die Stempelsteuer ohne Anrechnung bezahlen sollen.[2])

V. Wegen der Bevormundung meiner minderjährigen Tochter verordne ich (u. s. w.).[3])

---

[1]) Im Falle solcher Anordnung bedarf es zum Eigenthumserwerb keiner Auflassung, sondern nur der Einwilligung der übrigen Erben. Beschl. d. K. G. v. 23. Februar 1885 (J. u. K. V. 136); vgl. auch J. u. K. II. 91.

[2]) Daß ein Vermächtniß an die Gerichtspersonen wirklich seine Absicht sei, muß der Testator hierbei am Rande oder bei seiner Unterschrift eigenhändig bezeugen. A. L. R. I. 12. § 136. — Wie verfahren wird, wenn der Testator nicht schreiben kann, ist am Schlusse dieses Protokolls zu sehen.

[3]) Wegen dieser Anordnungen s. o. Muster 167. S. 450.

VI. Zum Vollstrecker dieses meines letzten Willens ernenne ich den Kanzleirath Wassermann hierselbst mit dem Auftrage:[4]) alle zu meinem Nachlasse gehörigen ausstehenden Forderungen, einschließlich der Hypotheken- und Grundschulden, soweit er es für gut findet, Behufs der Erbtheilung einzuziehen oder zu cediren, darüber Prozesse zu führen, Zahlungen zu erheben und darüber zu quittiren, so lange die Theilung noch nicht erfolgt ist. Als Belohnung für seine Mühewaltung sollen ihm meine Erben, gleich nach Vollziehung des Erbvergleichs, Fünfzehnhundert Mark außer Erstattung seiner Auslagen zahlen.

VII. Auf den Fall, daß meine minorenne Tochter Sara Susanne nach mir vor Erreichung der Mündigkeit versterben sollte[5]) verordne ich über ihr Vermögen wie folgt:

1. Zu ihren Erben berufe ich
   a) ihre Mutter, meine Ehefrau, Wilhelmine Auguste geborene Fahrenheit zu zwei Dritteln,
   b) die Kinder ihrer Halbschwester, Clementine verehelichten Gutsbesitzer Herblich, soviel deren alsdann am Leben sein werden, zu einem Drittel.

   Meiner Ehefrau Wilhelmine Auguste geborenen Fahrenheit substituire ich für den Fall ihres früheren Ablebens meinen vorhin genannten Sohn Eberhard Adam, Halbbruder meiner Tochter Sara Susanne und meine Tochter Clementine verehelichte Herblich zu gleichen Rechten.
2. Auf den Fall, daß dieser Substitutionsfall nicht eintritt, vermache ich meinen vorstehend zu 1. erwähnten Kindern Eberhard Adam und Clementine verehelichten Herblich gemeinschaftlich[6]) die Summe von zweitausend Mk.

VIII. Ich behalte mir die Befugniß vor, dieses Testament durch außergerichtliche Aufsätze zu ergänzen und abzuändern. Dieselben sollen gültig sein, wenn sie auch nur meine eigenhändige Unterschrift tragen.[7])

IX. Die Siegelung meines Nachlasses untersage ich.[8])

---

[4]) Ohne diesen ausdrücklichen Auftrag ist dazu der Testamentsvollstrecker nicht befugt. A. L. R. a. a. O. §§ 557 ff. Es gelten für ihn die sonstigen Grundsätze über die Erforderlichkeit von Spezialvollmachten. Siehe oben zu Muster 100 S. 316. Beschl. d. K. G. v. 16. August 1881 und 21. Januar 1884 (J. u. K. II. 132; IV. 188). — Wegen der sonstigen Rechtsstellung des Testamentsvollstreckers s. Urth. d. R. G. v. 2. Juli u. 28. Januar 1886 (Entsch. XVI. S. 139. 185.)

[5]) Pupillar-Substitution. A. L. R. II. 2. §§ 525 ff.

[6]) Hieraus folgt das Zuwachsrecht, wenn der eine Legatar ausscheidet. A. L. R. I. 12. § 368.

[7]) A. L. R. I. 12. Anh. § 35 zu § 163. Vgl. Muster 181.

[8]) Vgl. hierüber A. L. R. II. 18. §§ 372—375. Insoweit diese Vorschriften die Siegelung wegen der Sicherung von Mündelvermögen betreffen, sind sie gegenwärtig durch § 15 V. O. ersetzt. Vgl. § 102 das. und Dernburg-Schultzenstein § 19 S. 78 Anm. 5. Indessen hat die Praxis die citirten §§ 372 ff. auch auf Siegelungen außerhalb des Vormundschaftswesens bezogen und für diese Fälle sind sie allerdings ungeändert geblieben. Vgl. auch A. G. O. II. 4. § 7 u. II. 5. § 7, Dernburg III. § 163. S. 470 und Beschl. d. K. G. v. 29. September 1884 (J. u. K. V. 49).

Hiermit schloß der Testator seine Verordnung.[9])

Dieses Protokoll wurde ihm Wort für Wort langsam vorgelesen; er erklärte sich damit überall einverstanden und genehmigte die Fassung, vermochte jedoch wegen Gichtkrankheit weder zu schreiben, noch auch nur ein bloßes Handzeichen beizufügen.

Man rief den Hauswirth Hans Bereitig und den Eisenhändler Kurz herbei, welche die Eigenschaften gültiger Instrumentszeugen haben und auch zu den Gerichtspersonen in keinem solchen Verhältnisse stehen, weswegen sie ein Zeugniß für sie abzulegen unfähig sein würden. In deren Gegenwart erklärte der Testator, nachdem der Gerichtsschreiber sich dem Bette genähert und das Protokoll dem Testator vorgehalten hatte:

> Das Protokoll, welches der Herr Secretär in der Hand hält, ist mir vorgelesen worden; es enthält mein Testament, ich habe den Inhalt genehmigt und kann nicht unterschreiben.

Er fügte noch hinzu, was die Zeugen eigenhändig hierunter vermerkt haben.[10])

Hierauf ist dieses Protokoll, nach geschehener Vorlesung des Nachtrags über den Schlußakt, von den Zeugen, wie folgt:

> Hans Bereitig und ich bezeuge, daß der Herr Adam hierbei gesagt hat, es sei seine Absicht, den beiden Gerichtspersonen Neunhundert Mark zu vermachen.
>
> Kurz und ich bemerke, daß Herr Adam hierbei wirklich gesagt hat: es ist meine Absicht, den beiden Gerichtspersonen Neunhundert Mark zu vermachen.

eigenhändig vollzogen.

Geschehen wie oben.

N. O.

b.

Registratur über die Einsiegelung.

Eingang wie zu a. Neisse, den 10. April 1884.

Die vorbezeichneten Gerichtspersonen haben sich heute in die Wohnung des Rentiers Adam verfügt, daselbst das Testament des Letzteren zu Protokoll genommen, das aufgenommene Protokoll in Gegenwart des Testators in ein Kreuzkouvert geschlagen,[11]) dasselbe

---

[9]) Sehr oft finden sich in Testamenten auch Verordnungen wegen des Begräbnisses. Dies beruht auf Geschäftsunkunde, denn die Publikation kann in der Regel vor dem Begräbnisse und so zeitig, daß die Anordnungen noch befolgt werden könnten, nicht erfolgen. In offenen außergerichtlichen Kodizillen, bei denen dafür gesorgt ist, daß sie den Angehörigen sofort in die Hände fallen, mag man dergleichen Anordnungen allerdings treffen. Vgl. A. L. R. I. 12. § 169.

[10]) A. L. R. I. 12. §§ 136. 137.

[11]) In der Praxis ereignet es sich zuweilen, daß bei auswärtigen Testamentsaufnahmen der Richter das Gerichtssiegel nicht mit sich führt, sei es, daß der Akt nicht als Testament bestellt war (vgl. das zweite Muster auf S. 155), oder daß man die Mitnahme vergessen hat oder daß (was gleichfalls vorkommt) mehr

mit dem Siegel des Königl. Amtsgerichts dreimal versiegelt, hierauf mit folgender Aufschrift versehen:

Hierin ist das Testament des Rentiers Georg Caspar Adam zu Neisse enthalten, welches derselbe am heutigen Tage vor den unterzeichneten Gerichtspersonen zum gerichtlichen Protokoll erklärt hat und worin die gerichtliche Siegelung des Nachlasses verboten ist.

Neisse, den 10. April 1884.

N., O.,
Amtsgerichtsrath. Amtsgerichts-Secretär.

und sodann dieses Testament zur gerichtlichen Verwahrung [12]) angenommen. Das Objekt hat der Testator auf mehr als 60 000 Mark angegeben.

Geschehen wie oben.
N. O.

176. Testament eines Blinden.

A. L. R. I. 12 §§ 113—122.

Dasselbe unterliegt zunächst allen den Vorschriften, wie das Testament des Schreibensunkundigen (s. oben S. 466 zu b). Zweifelhaft ist, ob es dabei noch außerdem eines Beistandes wie bei sonstigen Verhandlungen mit Blinden (A. G. O. II 3 § 8; oben Muster 15 S. 163) bedarf. Es ist bei diesem Zweifel sicherer mit Zuziehung eines Beistandes zu verfahren. [1])

Muster des protokollarischen Testaments.

Eingang wie bei Muster 175.

An der Gerichtsstelle erscheint der Bauergutsbesitzer Heinrich Nicolaus Thiel aus Friedersdorf, welcher beiden Gerichtspersonen bekannt ist, mit der Erklärung, daß er sein Testament zu Protokoll geben wolle. Derselbe ist blind, befindet sich aber nach der mit ihm angestellten Unterredung im vollen Besitze seiner Geisteskräfte. Es wurde dem

---

Testamentskommissionen an einem Tage erbeten werden, als die Zahl der vorhandenen Gerichtssiegel beträgt. Die Testamentsaufnahme aus diesem Grunde zu unterlassen, ist mindestens im Falle der Dringlichkeit nicht berechtigt: man siegelt vielmehr in einem solchen Falle das Testament in Gegenwart des Testators mit einem anderen Siegel als dem Gerichtssiegel. Am geeignetsten wird hierzu das Siegel einer Ortsbehörde, die gleichfalls den königlichen Adler führt, unter Verdeckung der behördlichen Umschrift verwendet; an der Gerichtsstelle wird sodann noch außerdem das Gerichtssiegel beigedrückt und hierüber eine fernere Registratur aufgenommen. Dieses Verfahren kommt den gesetzlichen Vorschriften am nächsten und beeinträchtigt die Gültigkeit nicht. Anh. § 33 zu § 139. I. 12. A. L. R. Erk. des O. Tr. v. 13. Juni 1845 und 16. Januar 1863 (Entsch. Bd. 11. S. 263 und Bd. 49 S. 141).

[12]) Wegen der Verwahrung vgl. H. O. §§ 71. 79. 89 u. Allg. Verf. v. 9. Juli 1879 (J. M. Bl. S. 173) §§ 20ff.

[1]) Beim Erbvertrag eines Blinden bedarf es des Beistandes jedenfalls. A. L. R. I. 12 § 618; A. G. O. II. 4 § 15.

Herrn Thiel zuvörderst für diese Verhandlung ein Beistand und zwar in der Person des wohlbekannten Gerichtsaktuars Herrn Otto Schreiber von hier bestellt. In dessen Gegenwart erklärte der Herr Thiel nochmals, daß es sein ernster Wille sei, heute sein Testament zu machen, und daß er in der Befugniß, letztwillig zu verfügen, weder durch Erbverträge noch sonst gehindert sei, und gab alsdann seinen letzten Willen wie folgt zu Protokoll:

Folgen die Anordnungen.

Hierauf wurde die Verhandlung dem Herrn Thiel durch seinen Beistand den Herrn Aktuar Schreiber vorgelesen und von ihm genehmigt. Vor der Unterzeichnung berief man als Unterschriftszeugen die dem Richter persönlich bekannten Männer, nämlich den Hauswirth Hans Bereitig und den Eisenhändler Kurz, beide von hier, herbei, welche die Eigenschaften gültiger Instrumentszeugen haben und auch zu den Gerichtspersonen in keinem solchen Verhältnisse stehen, weswegen sie ein Zeugniß für sie abzulegen unfähig sein würden. In deren Gegenwart unterschrieb zuvörderst der Beistand des Testators wie folgt.

Otto Schreiber
für den Bauergutsbesitzer Heinrich Nicolaus Thiel.

Demnächst erklärte Herr Thiel, daß er heute hier sein Testament zu gerichtlichem Protokoll gegeben habe, daß ihm darauf von einem ihm zugeordneten Beistande ein Protokoll über dieses Testament vorgetragen worden sei und zwar, soviel er als Blinder beurtheilen könne, durch Vorlesung, endlich daß er das Vorgetragene seinem Willen gemäß finde und den Inhalt desselben genehmige. Der Herr Aktuar Schreiber bestätigte in Gegenwart der Zeugen dieses und fügte hinzu, daß er das Protokoll wirklich vorgelesen habe und daß das von ihm verlesene Protokoll dasselbe sei, welches gegenwärtig dem Richter vorliege und unter welches er, Otto Schreiber, soeben in Gegenwart der Zeugen seine Unterschrift gesetzt habe.

Hierauf ist dieses Protokoll nach geschehener Vorlesung des Nachtrags über den Schlußakt, von den Zeugen und dem Beistande wie folgt:

Hans Bereitig. Kurz. Otto Schreiber.

eigenhändig vollzogen.

Geschehen wie oben.

N. O.

177. Protokoll über die Abnahme eines versiegelt übergebenen Testaments.

Königliches Amtsgericht.

Gegenwärtig u. s. w. wie bei Muster 175.

N., in der Behausung des Rathsherrn Lebrecht am Markte, den zwölften Mai Eintausend Achthundert und Vier und Achtzig, um Zehn Uhr Vormittags.

Auf das heute, bei dem hiesigen Königlichen Amtsgerichte eingegangene Gesuch des Rathsherrn Ferdinand Lebrecht hierselbst um Abnahme seines schriftlichen Testaments in seiner Behausung haben sich die vorbezeichneten beiden Gerichtspersonen in die Wohnung des Herrn Rathsherrn Ferdinand Lebrecht verfügt, woselbst sie letzteren, von Person wohlbekannt, in seinem Wohnzimmer, eine Treppe hoch, rechts nach vorne, vollständig angekleidet auf dem Sopha sitzend fanden. Die mit ihm gepflogene Unterredung überzeugte die Gerichtspersonen vollständig, daß der an einer leichten Unpäßlichkeit leidende Herr Rathsherr Lebrecht vollkommen verfügungsfähig und in einem solchen Zustande sich befand, daß er seinen Willen gültig äußern konnte. Derselbe erklärte, daß es sein freier und ernster Wille sei, sein bereits verfaßtes Testament dem Gerichte zur Verwahrung zu übergeben, und daß er zu diesem Zwecke durch ein von ihm eigenhändig unterschriebenes, heute bei dem Gerichte eingereichtes Gesuch um die Abnahme in seiner Wohnung gebeten habe, auch noch jetzt seinen Antrag wiederhole.

Hierauf übergab der Rathsherr, Herr Ferdinand Lebrecht, den Gerichtspersonen zu Händen des Richters, einen Umschlag, welcher auf der einen Seite in der Mitte mit einem rothen Siegel, worin ein Petschaft mit den Buchstaben F. L. abgedruckt ist, verschlossen ist und auf der anderen Seite folgende Aufschrift hat:

> Hierin ist mein letzter Wille, worin die gerichtliche Siegelung meines Nachlasses verboten ist.
>
> N., den 6. Mai 1884. Ferdinand Lebrecht.

mit der Erklärung, daß hierin sein letzter Wille enthalten sei, den er, auf den gesetzlichen Stempel,[1]) durch einen Anderen habe schreiben lassen, und dann durchgelesen, richtig befunden und eigenhändig unterschrieben habe.

Hierauf setzten die Gerichtspersonen, in Gegenwart des Testators, unter die Aufschrift folgenden Vermerk:

> Dieses Testament hat der Herr Rathsherr Ferdinand Lebrecht von hier den unterschriebenen Gerichtspersonen am heutigen Tage zur gerichtlichen Verwahrung übergeben.
>
> N., den 12. Mai 1884.
>
> N. N., Amtsgerichtsrath. N. N., Gerichtsaktuar.

drückten dann dem Privatsiegel des Testators, auf der Kehrseite, das Gerichtssiegel[2]) zweimal, nämlich auf jeder Seite einmal, bei, und nahmen in dieser Gestalt das Testament zur gerichtlichen Verwahrung an.

Dieses Protokoll ist dem Herrn Rathsherrn Lebrecht vorgelesen, von ihm genehmigt und eigenhändig unterschrieben worden.

Ferdinand Lebrecht.

Geschehen wie oben

N. N., Amtsgerichtsrath. N. N., Gerichtsaktuar.

---

[1]) Die Befragung, ob der Stempel verwendet ist, ist erforderlich; im Verneinungsfalle wird derselbe gerichtlich liquidirt.

[2]) Vgl. zu Muster 175 Anm. 11 S. 473.

178. Protokoll über die Abnahme eines offen übergebenen schriftlichen Testaments.[1]

Königliches Amtsgericht. N., den u. s. w.
Gegenwärtig u. s. w.

An der Gerichtsstelle erscheint der Gutsbesitzer N. N. aus Angerberg mit dem Antrage, ihm sein schriftliches Testament abzunehmen.

Der Herr N. N. ist beiden Gerichtspersonen wohlbekannt und nach der mit ihm angestellten Unterredung vollkommen dispositionsfähig befunden.

Indem er sein schriftliches Gesuch mit der Erklärung, daß es sein freier und ernster Wille sei, letztwillig zu verfügen, wiederholte, übergab Herr N. N. einen schriftlichen Aufsatz offen und unversiegelt, und gab an, daß darin sein letzter Wille enthalten sei. Auf die Frage:

> ob dieser Aufsatz nur bei einer mündlich zu errichtenden Disposition zum Grunde gelegt, oder als ein schriftliches Testament angesehen werden solle?[2])

erklärte er, daß derselbe als ein schriftliches Testament gelten solle. Da der Aufsatz ohne Unterschrift ist, so wurde solcher zuvörderst dem Testator zur Vollziehung vorgelegt, welche der Testator sogleich dadurch bewerkstelligte, daß er seinen Vor- und Zunamen darunter setzte.[3])

Hierauf wurde darunter verzeichnet:

> Diesen Aufsatz hat der Gutsbesitzer Herr N. N. den unterschriebenen Gerichtspersonen am heutigen Tage übergeben [in deren Gegenwart eigenhändig unterschrieben][4]) und dabei erklärt, daß darin seine letzte Willensmeinung enthalten sei.

N., den u. s. w.

N. N., Gerichtsassessor. N. N., Gerichtsaktuar.

Demnächst wurde dieser Aufsatz in Gegenwart des Testators in einen Umschlag gethan, mit dem Gerichtssiegel dreimal versiegelt[5]) und mit folgender Aufschrift versehen:

> Hierin befindet sich der letzte Wille des Gutsbesitzers N. N. zu Angerberg, welchen derselbe den unterschriebenen Gerichts-

---

[1]) Nach diesem Beispiele wird auch verfahren, wenn die Testamentshandlung wegen eines vorgefallenen Fehlers wiederholt werden soll, und der Testator nicht ein neues Testament machen, sondern bei dem ihm zurückgegebenen alten stehen bleiben will.

[2]) A. L. R. I 12 §§ 107 ff.

[3]) Eventuell heißt es statt dieses Satzes:
„Der Richter überzeugte sich durch eigenes Nachsehen, daß der Aufsatz mit der Unterschrift des Namens des Testators versehen ist, und letzterer bestätigte, daß die Unterschrift seine eigenhändige sei."

[4]) Die in [ ] gesetzten Worte bleiben im Falle der Anm. 3 fort.

[5]) Vgl. zu Muster 175 Anm. 11 S. 473.

personen am heutigen Tage zur gerichtlichen Verwahrung übergeben hat.

N., den u. s. w.

N. N., Gerichtsassessor. N. N. Gerichtsaktuar.

und dieses Testament zur gerichtlichen Aufbewahrung angenommen. Das Objekt giebt Herr N. N. auf 30 000 Mark an. Ein Stempel ist nicht verwendet.

Vorgelesen, genehmigt und vollzogen.

N. N.

Geschehen wie oben.

N. N., Gerichtsassessor. N. N., Gerichtsaktuar.

179. Offen übergebenes schriftliches Testament eines Analphabeten.

Das Verfahren ist folgendes: Nach Befragung wie bei Muster 178 wird der Aufsatz vom Richter dem Testator vorgelesen und von letzterem genehmigt.[1]) Alsdann werden die Unterschriftszeugen herbeigeholt. In deren Gegenwart setzt der Testator sein Handzeichen unter den Aufsatz — und zwar auch dann, wenn schon ein Handzeichen vorhanden sein sollte — und es attestiren solches die Zeugen gemäß dem folgenden Muster a. Alsdann wird das Annahme-Protokoll b aufgenommen und zwar wird es unmittelbar unter dem Aufsatz, nicht auf einem besonderen Blatte geschrieben. Demnächst wird das ganze Schriftstück eingesiegelt und überschrieben und die Registratur c aufgenommen.

a.

Unterzeichnung des Aufsatzes.

Handzeichen † † † des Auszüglers Ignaz Placzek.

Das vorstehende Handzeichen hat der Auszügler Ignaz Placzek aus Roschowitzdorf in unserer Gegenwart gefertigt, wie wir hiermit bezeugen.

Cosel, den 30. Juli 1887.

Carl Hohlbaum, Otto Kurz.

b.

Annahmeprotokoll.

Königliches Amtsgericht. Cosel, den 30. Juli 1887.

Gegenwärtig u. s. w.

Vor den vorbezeichneten Gerichtspersonen erscheint an der Gerichtsstelle der persönlich bekannte Auszügler Ignaz Placzek aus Roschowitzdorf. Derselbe befindet sich nach der mit ihm angestellten Unterredung im vollen Besitz seiner Geisteskräfte. Er erklärt, daß es sein ernster Wille sei, letztwillig zu verfügen, übergab den vorstehenden

---

[1]) Genehmigt ihn der Testator nicht vollständig, sondern verlangt er Aenderungen, so muß er einen anderweiten Aufsatz beschaffen oder mündlich testiren.

schriftlichen Aufsatz offen und unversiegelt und gab an, daß darin sein letzter Wille enthalten sei und daß er beantrage, solchen zur gerichtlichen Verwahrung von ihm anzunehmen. Auf die Frage:

> ob dieser Aufsatz nur bei einer mündlich zu errichtenden Disposition zum Grunde gelegt, oder als ein schriftliches Testament angesehen werden solle?

erklärte er, daß derselbe als ein schriftliches Testament gelten solle. Da indessen der Testator, wie er selbst angiebt, weder schreiben noch lesen kann, so wurde ihm zunächst dieser Aufsatz durch den Richter[2]) vorgelesen. Der Testator erklärte, daß dieser Aufsatz, so, wie er vorgelesen ist, seinen letzten Willen enthalte und von ihm genehmigt werde.

Man rief darauf als Unterschriftszeugen herbei:

1. den Amtsgerichtssekretär Carl Hohlbaum von hier,
2. den Referendar Dr. Otto Kurz von hier.

Beide sind dem Richter von Person bekannt, haben die Eigenschaften gültiger Instrumentszeugen und stehen zu keinem der Gerichtspersonen in einem solchen Verhältniß, weswegen sie ein Zeugniß für sie abzulegen unfähig sein würden. In deren Gegenwart erklärte der Testator, daß ihm der unmittelbar vor dieser Verhandlung stehende Aufsatz von dem Richter vorgelesen worden sei, daß dieser Aufsatz seinen letzten Willen enthalte und er denselben genehmige. Er unterkreuzte demnächst in Gegenwart der Zeugen den Aufsatz und die Zeugen attestirten solches so, wie vorstehend vermerkt ist.

Das Protokoll ist darauf in Gegenwart der Zeugen dem Testator Ignaz Placzek vorgelesen, von ihm genehmigt und wie folgt unterkreuzt worden, was die Zeugen mit attestiren.

Handzeichen † † † des Auszüglers Ignaz Placzek.

Karl Hohlbaum. Otto Kurz.

Geschehen wie oben.

N. O.

c.

Einsiegelungsregistratur.

Königliches Amtsgericht. Cosel, den 30. Juli 1887.
Gegenwärtig: u. s. w.

Die vorbezeichneten Gerichtspersonen haben heute an der Gerichtsstelle von dem Auszügler Ignaz Placzek aus Roschowitzdorf dessen schriftlich und offen übergebenes Testament abgenommen. Da der Testator schreibensunkundig ist, so wurde ihm der erwähnte Aufsatz durch den Richter vorgelesen, auch demnächst unter Zuziehung zweier Zeugen das Protokoll über den Akt unter dem Aufsatze niedergeschrieben. Demnächst wurde der Aufsatz und das Protokoll in Gegenwart des Testators in einen Umschlag gethan, mit dem Gerichtssiegel dreimal versiegelt[3]) und mit folgender Aufschrift versehen:

---

[2]) Die Vorlesung muß durch den Richter, nicht durch den Gerichtsschreiber geschehen. A. L. R. I. 12. § 114. Ist der Testator blind, so empfiehlt sich zur Ausschließung von Zweifeln, daß die Vorlesung sowohl durch den Richter als durch den Beistand (s. o. zu Muster 176 S. 474) geschieht. — Wird durch einen Dolmetscher verhandelt, so bewirkt dieser an Stelle des Richters die Vorlesung.

[3]) Vgl. zu Muster 175. Anm. 11. S. 473.

Hierin befindet sich das Testament des Auszüglers Ignaz Placzek aus Roschowitzdorf, welches den unterzeichneten Gerichtspersonen heute übergeben worden ist.

Cosel, den 30. Juli 1887.

N. O.
Amtsrichter. Referendar.

Dieses Testament wird zur gerichtlichen Verwahrung überreicht. Ein Stempel ist zu demselben nicht verwendet. Das Objekt beträgt 3000 Mark.

N. O.

180. Wechselseitiges Testament unter Eheleuten.

A. L. R. I. 12. §§ 614–616; II. 1. §§ 481 ff.

Koch II. § 831; Dernburg III. §§ 182 ff. Foerster-Eccius IV. § 257. S 513; Fischer § 117. S. 624.

Nur Eheleute können über ihren Nachlaß wechselseitige Testamente, jedoch immer nur in Einem Instrumente, errichten. Ueber die Frage ob dabei eine Erbeseinsetzung erforderlich ist vgl. Urth. d. R. G. v. 2. Juni 1881 (Entsch. V. S. 243).

Muster.

Eingang wie bei Muster 175.

Vor den vorbezeichneten Gerichtspersonen erschienen heute an gewöhnlicher Gerichtsstelle:

der Gutsbesitzer Hermann Pach mit seiner Ehefrau Gottliebe Beate geborenen Perro aus Giersberg,

dem Richter von Person bekannt, und, wie man sich durch die mit ihnen geführten Gespräche vollständig überzeugte, in vollkommen verfügungsfähigem Zustande.

Beide Eheleute erklärten, daß sie weder Eltern noch Kinder hätten und daß sie aus freien Stücken den ernsten Vorsatz gefaßt hätten, ein wechselseitiges Testament zu errichten, welches aufzunehmen von ihnen gebeten werde.

Nachdem man sich mit den Pach'schen Eheleuten über ihre Absichten und den Inhalt ihrer letztwilligen Verfügung gehörig verständigt hatte, verordneten dieselben, was folgt:

I. Ich, Hermann Pach, ernenne und berufe auf den Fall, daß ich vor meiner lieben Ehefrau, ohne Kinder nachzulassen, versterbe, diese meine Ehefrau, Gottliebe Beate, geborene Perro, zu meiner alleinigen Erbin, mit der Bestimmung, daß nach dem Tode der Erbin mein Vermögen an meinen Bruder, den Gutsbesitzer Ewald Pach zu A., oder dessen Nachkommen fallen soll. Diese Substitution gilt jedoch nur auf dasjenige, was bei dem Tode meiner Ehefrau und Erbin noch vorhanden sein wird [1]), dergestalt, daß der Substitut oder die Substituten nicht berechtigt sein sollen, die Vorlegung eines Inventariums oder gar Sicherheitsbestellung zu fordern. Sollte ich wider Erwarten neben meiner Ehefrau eheliche Leibeserben oder ein Adoptivkind hinterlassen, so setze ich dieselben auf den Pflichttheil zu

[1]) A. L. R. I. 12. §§ 468 ff.

Miterben ein und ernenne sie an Stelle meines Bruders Ewald Pach oder dessen Nachkommen zu fideikommissarischen Substituten. Ich verordne ferner:

1. Dem Sohne meines Freundes A., dem Maler-Eleven Guido A. zu B., vermache ich die Summe von Dreitausend Mark zu dem Zwecke[2]), um eine Kunstreise nach Rom zu machen; und meine Erbin soll ihm dieses Legat an dem Tage auszahlen, wo er ihr die zur Abreise getroffenen Vorbereitungen nachweisen und insbesondere seinen Reisepaß vorzeigen wird.

2. Der evangelischen Kirche zu N. legire ich mein daselbst in der Gallenstraße, unweit der Kirche belegenes Haus Nr. 60, nebst Zubehör, unter der Bedingung[3]), daß binnen zwei Jahren ein zweiter Geistlicher bei derselben angestellt wird, und dann auch für immer die kreirte Stelle erhalten und gehörig besetzt bleibt. Die aufschiebende Bedingung soll erst mit der Ordination für erfüllt gelten, und die auflösende Bedingung soll für eingetreten erachtet werden, wenn die erledigte Stelle nach Ablauf eines Jahres seit dem Tage der Erledigung nicht wieder besetzt worden ist. Alsdann soll das Haus der Stadtkommune (Kämmerei) zufallen, um es zu einem wohlthätigen Zwecke zu verwenden.

Dies ist mein letzter Wille.

II. Ich, Gottliebe Beate Pach, geborene Perro, ernenne meinen geliebten Ehemann, Hermann Pach, zu meinem Alleinerben, und wenn ich Kinder nachlassen sollte, berufe ich dieselben auf den Pflichttheil zu Miterben.

Meinem Erben lege ich auf, meiner unverheiratheten Schwester Gertrud zu Giersberg, solange sie lebt, eine jährliche Rente von Vierhundert und Fünfzig Mark in vierteljährigen Theilen voraus, und zwar von meinem Todestage an, zu zahlen, auch, wenn sie es will, Sicherheit dafür zu bestellen.

Weiter habe ich nichts zu verordnen.

Den Pach'schen Eheleuten wurde dieses Protokoll vorgelesen, sie fanden dasselbe überall ihrer wahren Willenserklärung gemäß verfaßt, genehmigten solches und unterschrieben sich wie folgt:[4])

Hermann Pach. Gottliebe Beate Pach, geborene Perro.

Geschehen wie oben.

N. O.

181. Kodizill.

A. L. R. I. 12. §§ 5—8. 66 ff. 161 ff.
Koch II. § 817; Dernburg III. § 103. S. 306. § 117. S. 345; Foerster-Eccius IV. § 244 S. 305; Fischer § 111. S. 590. § 112. S. 605 f.

Der wesentliche Unterschied zwischen einem Testamente und einem Kodizille liegt in der Erbeseinsetzung; diese macht eine letzt-

[2]) Ebendaselbst §§ 588 ff.

[3]) Eine aufschiebende und zugleich eine auflösende Bedingung. A. L. R. a. a. O. 482 ff. und 489.

[4]) Sind beide schreibensunkundig, so können dieselben Unterschriftszeugen für beide Testatoren fungiren.

willige Verordnung zu einem Testamente. Die Form ist für beide die nämliche. Ausgenommen sind jedoch:

1. Solche Verordnungen, welche nur über den zwanzigsten Theil des Nachlasses oder über das Begräbniß oder über sonstige das Vermögen nicht betreffende Punkte verfügen; diese können — abgesehen von der Form des legatum heredi praesenti injunctum gemäß §§ 172 ff. I. 12 A. L. R. — ohne gerichtliche Uebergabe durch eigenhändig geschriebene und unterschriebene, mit dem Tage und Jahre der Errichtung bezeichnete Kodizille oder durch Erklärung zum notariellen Protokoll errichtet werden. Vgl. wegen letzterer Form zu § 7. Not. Ges. Anm. 3 (S. 64).
2. Die Anordnungen wegen des Anerbenrechts; s. hierüber S. 41 Nr. 9 mit Anm. 71.
3. Die Anordnungen wegen Bevormundung der Kinder; siehe hierüber das Nähere S. 43 Nr. 27 mit Anm. 88 und in den Vorbemerkungen zu Muster 167. 168 (S. 450. 456).
4. Die in einem Testament vorbehaltenen Kodizille; dieselben bedürfen stets der eigenhändigen Unterschrift; schreibt das Testament noch eine fernere Form vor, so muß auch diese erfüllt werden.
5. Die divisio parentum inter liberos; s. hierüber S. 43 Nr. 29 mit Anm. 90 und zu § 22 Not. Ges. Anm. 4 (S. 103).

Werden in einem außergerichtlichen Kodizille Verfügungen getroffen, auf Grund deren eine Eintragung in das Grundbuch erfolgen soll, so ist indessen die gerichtliche oder notarielle Unterschriftsbeglaubigung zu empfehlen. Denn das bloß privatschriftliche Kodizill bedarf sonst noch der Anerkennung der Unterschrift seitens der Betheiligten in gerichtlicher oder notarieller Form.[1]

Muster eines außergerichtlichen Kodizills.

Ich, der Rentier Georg Caspar Adam habe am 10. April 1884 beim hiesigen Gericht mein Testament errichtet und mir darin die Errichtung von Kodizillen vorbehalten.[2] Unter Bezugnahme hierauf bestimme ich nachträglich:

I. Meine Tochter Clementine soll sich auf ihre Ausstattung, nicht bloß, wie im Testament gesagt ist, dreitausend Mark, sondern sechstausend Mark anrechnen lassen.

II. Ich vermache meiner Cousine Therese A. zu N., und wenn sie bei meinem Tode nicht mehr leben sollte, deren Kindern Dreitausend Mark, welche meine Erben ein halbes Jahr nach meinem Tode auszahlen sollen, ohne den Stempel, den meine Erben davon zu entrichten haben, anzurechnen.

Zur Beurkundung dessen habe ich dieses Kodizill eigenhändig unterschrieben.

Neisse, den 30. Juli 1886. Georg Caspar Adam.

---

[1] Beschl. d. K. G. v. 30. August 1880 (J. u. K. I. 95).

[2] Vgl. oben Muster 175. S. 472 zu VIII.

182. Protokoll über die Publikation eines Testaments.

A. L. R. I. 12 §§ 208 ff. A. G. O. II. 4 §§ 10 ff.
Koch II. § 835; Dernburg III. § 215 S. 617; Förster-Eccius IV. § 253 S. 475; Fischer § 112 S. 607.

Zu Grunde gelegt werden das Testament und Kodizill im Muster 175 und 181.

Muster.

Gewöhnlicher Eingang.[1] N., den 4. Mai 1887.

In der A.'schen Testamentssache steht heute Termin zur Publikation des von dem verstorbenen Rentier Georg Caspar Adam errichteten Testaments an, in welchem der Vorladung gemäß erschienen:

1. die Wittwe des verstorbenen Rentiers Adam, Wilhelmine, geborene Fahrenheit, von hier,
2. der Halbbruder des Testators, der Zöllner Nehmer aus Z.
3. der Rechtsanwalt B., als der den abwesenden und unbekannten Interessenten von Amtswegen zugeordnete Bevollmächtigte.

Die Sterbeurkunde über den am 14. April d. J. erfolgten Tod des Testators befindet sich bereits bei den Akten; die Wittwe Adam übergiebt den über das Testament Nr. 86 lautenden Auszug aus dem Verwahrungsbuch vom 10. April 1884.[2]

Der Richter empfing aus der Verwahrung das mit dem Gerichtssiegel drei Mal verschlossene Testament Nr. 86 mit folgender Aufschrift:

Hierin ist das Testament des Rentiers Georg Caspar Adam zu N. enthalten, welches derselbe am heutigen Tage vor den unterzeichneten Gerichtspersonen zum gerichtlichen Protokoll erklärt hat und worin die gerichtliche Siegelung des Nachlasses verboten ist.

N., den 10. April 1884.

N. Amtsgerichtsrath. O. Amtsgerichts-Sekretär.

er zeigte den Anwesenden die Siegel vor, welche von allen für unverletzt erkannt wurden, eröffnete dann den Umschlag mit Schonung der Siegel durch Scheerenschnitt an dem einen Ende, zog das darin befindliche Schriftstück heraus und zeigte die darunter befindliche Unterschrift des Testators den Interessenten vor, von welchen die Wittwe A. und der Zöllner Nehmer dieselbe für die eigenhändige des Testators anerkannten, der Mandatar der unbekannten Interessenten aber sich nicht darüber erklärte.

Hierauf wurde das Testament vollständig vorgelesen und mit dem Publikationsvermerke[3]) versehen.

---

[1]) Der Zuziehung eines Gerichtsschreibers bedarf es nicht.

[2]) Bei den vor dem 1. Oktober 1879 errichteten Testamenten tritt an die Stelle dieses Auszuges der „Rekognitionsschein" gemäß § 112 I. 12 A. L. R. u. § 3 II. 4 A. G. O.

[3]) Derselbe wird auf die erste Seite des Testaments, oben links gesetzt und kann lauten: Publizirt am 4. Mai 1887.
N.
Gerichts-Assessor.

Die Wittwe A. übergab jetzt einen Brief, welcher einmal mit dem Petschafte des verstorbenen Rentiers A. versiegelt ist und folgende Aufschrift hat:

Hierin ist mein Kodizill enthalten, welches ich zu errichten in meinem am 10. April 1884 gerichtlich errichteten Testamente mir vorbehalten habe.

N., den 30. Juli 1886.

Georg Caspar Adam.

mit der Erklärung, daß sie denselben im Nachlasse vorgefunden habe und von dem Hergange und den Umständen, welche bei der Errichtung dieser Disposition vorgefallen, nichts wisse. Sie trug auf Publikation derselben an.

Die Anwesenden erkannten das ihnen vorgezeigte Siegel für unverletzt und die aus dem aufgeschnittenen Umschlage herausgenommene Schrift erkannten die Wittwe A. und Herr Nehmer als von dem Testator eigenhändig geschrieben und unterschrieben an. Dann wurde dieses Kodizill vorgelesen und mit dem Publikationsvermerke versehen.

Die Wittwe Adam erbat sich eine Ausfertigung des Testaments; das gleiche beantragte der Offizialanwalt für die Tochter des Erblassers Clementine Herblich, während er die Benachrichtigung der übrigen Bedachten außergerichtlich übernehmen wird.[4])

Vorgelesen, genehmigt und unterschrieben.

Schluß.

183. Auszugsweise Testamentsausfertigung zum Zwecke der Eintragung in das Grundbuch.

G.B.O. §§ 39 51.

Es wird zum Muster 175 (S. 470) unterstellt, daß Clementine Herblich Zwecks Umschreibung der ihr prälegirten Ackerbesitzung[1]) eine auszugsweise Ausfertigung fordert.[2])

Muster.

Nachstehendes Testament des am 14. April 1887 hierselbst verstorbenen Rentiers Georg Caspar Adam.

Hier werden die nachstehenden Urkunden und zwar in der angegebenen Reihenfolge abgeschrieben.

1. das Testamentsprotokoll v. 10. April 1884 Muster 175

[4]) Wählt der Offizialanwalt diesen Modus, so muß er die Art der erfolgten Benachrichtigung dem Richter binnen 6 Wochen anzeigen. A. L. R. I. 12 § 234.

[1]) Vgl. zu Muster 175 Anm. 1 (S. 471).

[2]) Wegen der Legitimation des Berechtigten durch eine beglaubigte Abschrift des Testaments statt einer Ausfertigung vgl. Beschl. d. K. G. v. 19. April 1880 (J. u. K. I. 134); jedenfalls darf eine beglaubigte Abschrift, in Ermangelung einer dieses gestattenden Vorschrift, nicht als ein bloßer Auszug des Originals angefertigt werden; von der extraktiven Ausfertigung eine beglaubigte Abschrift zu bilden ist indessen gestattet.

S. 470, unter Weglassung des Abschnitts II, der Nr. 1. u. 3 von Abschn. III, sowie der Abschnitte IV—IX,[3])
2. die Aufschrift des Umschlages,
3. die Einsiegelungsregistratur S. 473.
4. Die Verkündungsverhandlung vom 4. Mai 1887 S. 483,

wird hierdurch im Auszuge urkundlich ausgefertigt und dabei zugleich bescheinigt, daß weder in dem ausgefertigten Testament noch in dem nachträglichen Kodizill vom 30. Juli 1886[4]) eine weitere auf den Erwerb der Ackerbesitzung Nr. 60 zu N. seitens der Clementine, verehelichten Herblich bezügliche Bestimmung enthalten ist.[5])

Datum, Siegel und Unterzeichnung.

184. Protokoll über eine von dem Richter für sich vorgenommene Testamentseröffnung.

A. L. R. I. 12, §§ 218—221.

Gewöhnlicher Eingang.

Da seit der Niederlegung des Testaments des Hauptmanns vom ehemaligen v. Kowalski'schen Infanterie-Regimente, Hans v. F., 56 Jahre verflossen sind, und bisher weder die Publikation nachgesucht, noch von dem Leben oder Tode des Testators etwas bekannt geworden ist, auch das Dasein dieses Testaments nach der Vorschrift öffentlich bekannt gemacht worden, ohne daß sich binnen sechs Monaten Jemand dazu gemeldet hat, so wurde dieses aus der Verwahrung Nr. 4 herausgenommene Testament heute eröffnet und nachgesehen: ob darin Vermächtnisse zu milden Stiftungen enthalten seien. Solches ist nicht der Fall, welches nachrichtlich registrirt worden.

Unterschrift des Richters.

185. Protokoll über die Zurückgabe eines Testaments.

A. L. R. I. 12 §§ 565 ff. A. G. O II. 4, § 9.
Koch II. § 833; Dernburg III. § 173 S. 494; Förster-Eccius IV. § 256 S. 511; Fischer § 112 S. 606.

Bei der Zurückgabe bedarf es keines Gerichtsschreibers. Wegen der Stellvertretung des Testators s. A. G. O. II. 4 § 9 Abs. 4, sowie ferner oben S. 34 Nr. 26 und S. 313 zu II. 1.

Eingang.

Auf den Antrag des Gutsbesitzers Wilhelm Hehr zu Grenzdorf steht heute zur Rückgabe des von demselben bei dem hiesigen Gerichte niedergelegten Testaments ein Termin an, in welchem der von Person wohlbekannte Herr Hehr, völlig verfügungsfähig, erschien.

---

[3]) Daß an den betreffenden Stellen etwas fehlt, deutet man durch Striche an. — Der Verkündungsvermerk auf dem Testament wird mit abgeschrieben.

[4]) Dieses Kodizill wird hier zu erwähnen sein, weil seine Existenz aus der Verkündungsverhandlung erhellt. An sich braucht Derjenige, der sich durch ein Testament mit Kodizillarvorbehalte legitimirt, nicht nachzuweisen, daß kein Kodizill vorhanden ist. Beschl. d. K. G. v. 16. Juni 1884 (J. u. K. V. 175).

[5]) Die Ertheilung dieser Bescheinigung ist in das Ermessen des Nachlaßrichters gelegt (G. B. O. § 39); walten dagegen Bedenken ob, so muß das Testament vollständig ausgefertigt werden.

Der Richter zeigte ihm das aus der Verwahrung empfangene Testament Nr. 150, welches folgende Aufschrift hat:

Hierin ist mein letzter Wille.

Grenzdorf, den 5. Mai 1860. Wilhelm Hehr.

Diese letztwillige Verordnung hat der Gutsbesitzer Herr Wilhelm Hehr hierselbst der unterschriebenen Deputation des Königl. Kreis=Gerichts zu N., unterm heutigen Dato, zur gerichtlichen Verwahrung übergeben.

Grenzdorf, den 5. Mai 1860.

N., Kreisgerichtsrath. N., Auskultator.

und auf der Kehrseite einmal mit einem Privatpetschafte und zweimal mit dem Kommissionssiegel des Kgl. Kreisgerichts zu N. versiegelt ist, vor, um sich zu erklären: ob es wirklich dasjenige sei, welches von ihm ehemals niedergelegt worden. Er erkannte solches dafür an und empfing es aus den Händen des Richters zurück. Die Rekognition über die Niederlegung des Testaments, welche er nicht zurückgeben konnte, weil sie ihm angeblich verloren gegangen, erklärte er hiermit für erloschen.

Schluß.

186. Widerruf einer errichteten Disposition.

A. L. R. I. 12 §§ 587 ff. u. § 570.

Koch II. § 833; Dernburg III. § 171 S. 487; Förster=Eccius IV. § 256 S. 509; Fischer § 112 S. 606.

Eine einmal gerichtlich errichtete Disposition kann Betreffs der Erbeseinsetzung nur durch eine gerichtliche Erklärung widerrufen, d. h. auch ohne Zurückempfang wirkungslos gemacht werden; ein Notariatsakt ist dazu nicht ausreichend. Doch kann unter denjenigen Umständen, unter welchen Jemand eine privilegirte Disposition errichten darf, mit eben den Erfordernissen eines privilegirten letzten Willens auch eine vorher förmlich und gerichtlich errichtete Verordnung widerrufen werden. Bloße Vermächtnisse können auch notariell oder in einer holographischen Urkunde widerrufen werden. Auch die bloße eigenhändige Unterschrift genügt, wenn die Urkunde den Bewegungsgrund des Widerrufs angiebt und dieser als wahr erwiesen wird. Es erhellt indessen von selbst, daß diese Form nicht zu empfehlen ist.

Insoweit der Widerruf gerichtlicher Form bedarf, erfordert er auch die Förmlichkeiten der Testamente, insbesondere auch die Zuziehung eines Gerichtsschreibers. — Der Widerruf braucht nicht vor demjenigen Gerichte zu erfolgen, bei welchem der letzte Wille aufbewahrt wird; vielmehr ist für denselben jedes Amtsgericht zuständig.

Muster.

Eingang wie bei Muster 175.

Vor den obenbezeichneten Gerichtspersonen erschien der Königl. Generalmajor Herr Otto Theodor v. Y. von hier, persönlich wohlbekannt und in Ansehung seiner Geisteskräfte in einem solchen Zustande befunden, daß er seinen Willen gültig äußern kann, und erklärte:

Ich habe laut Rekognition des Königl. Stadtgerichts zu Berlin, vom 2. Oktober 1869, bei demselben ein Testament deponirt, welches die Aufschrift hat:

„Hierin befindet sich mein Testament."

Berlin, den 20. September 1869.

Otto Theodor v. Y., Königl. Hauptmann.

Dieses Testament ist den unterschriebenen Gerichtsdeputirten von dem Herrn Hauptmanne Otto Theodor v. Y., unterm heutigen Tage, zur gerichtlichen Verwahrung übergeben.

Berlin, den 20. September 1869.

N., Gerichts-Assessor. N., Kammergerichts-Referendarius.

und auf der Rückseite einmal mit meinem Wappen und viermal mit dem Gerichts-Kommissionssiegel versiegelt ist. Diese meine letztwillige Verordnung widerrufe ich hiermit.

Dem Herrn General v. Y. wurde dieses Protokoll laut vorgelesen, er genehmigte es und unterschrieb eigenhändig:

Otto Theodor v. Y.

Geschehen wie oben.

N., Amtsgerichtsrath. N., Gerichtsaktuarius.

II.

Erbverträge.

187. Wechselseitiger Erbvertrag.

A. L. R. I. 12. §§ 617 ff. A. G. O. II. 1. § 9. Nr. 6. II. 4. § 15. Koch II. § 838; Dernburg III. § 174 f. S. 498 f.; Förster-Eccius IV. § 247. S. 319; Fischer § 116. S. 621.

Erbverträge müssen in derselben Form wie die ordentlichen Testamente errichtet werden (s. o. S. 465). Stellvertretung ist auch hier nicht gestattet. Außer der Testirfähigkeit müssen die Kontrahenten auch die allgemeine Vertragsfähigkeit besitzen. Die Aufbewahrung und Publikation folgt gleichfalls den Regeln für die Testamente. Wegen Ausnahmen in Bezug auf die Form s. die folgenden Muster 188—191.

Muster.

Eingang.

Auf den Antrag des Gutsbesitzers Karl von Tz. und des Gutsbesitzers Philipp Ohlig zu Forchland ist auf heute Termin zur Aufnahme eines Erbvertrages angesetzt worden, in welchem dieselben, von Person bekannt, erschienen. Sie waren hinsichtlich ihrer Geisteskräfte in einem vollkommen verfügungsfähigen Zustande und erklärten, daß es ihr freier und ernster Wille sei, unter sich einen wechselseitigen Erbvertrag zu errichten.

Nachdem sie noch angegeben, daß Keiner von ihnen in der Verfügung über sein Vermögen eingeschränkt sei, noch auch pflichttheilsberechtigte Verwandte habe, wurde folgender unter ihnen verabredete Vertrag, von welchem kein Theil einseitig zurückzutreten berechtigt sein soll, aufgenommen.

§ 1.

Welcher von beiden Theilen den Anderen überlebt, ist des Erstverstorbenen Alleinerbe.

§ 2.

Ist Karl von Tz. der Ueberlebende, so soll er folgende Legate aus der Erbschaft des Philipp Ohlig entrichten:

1. Dem u. s. w.

Ist dagegen Philipp Ohlig der Ueberlebende, so liegt ihm als Erben des Karl von Tz. Folgendes ob u. s. w.

§ 3.

Karl von Tz. entsagt der Befugniß, die künftige Erbschaft auszuschlagen, Philipp Ohlig bleibt darin unbeschränkt.

§ 4.

Philipp Ohlig begiebt sich der Befugniß, Vermächtnisse selbst nur bis auf den zwanzigsten Theil seines Nachlasses durch einseitige Verordnungen zu errichten, dem Karl von Tz. hingegen bleibt nicht nur diese Befugniß unbenommen, sondern auch vorbehalten, über sein in der hiesigen Stadt in der Langenstraße Nr. 130 belegenes Haus letztwillig zu verfügen.

Hiermit schließen die Bestimmungen.

Vorgelesen, genehmigt und unterschrieben.[1]

Karl v. Tz. Philipp Ohlig.

Geschehen wie oben.

Vollziehung.[2]

188. Erbvertrag unter Eheleuten vor der Eheschließung.

A. L. R. II. 1. §§ 439ff. A. G. O. II. 1 § 10 Nr. 5.

Wird ein solcher Vertrag in den Ehevertrag aufgenommen, so bedarf er nur notarieller Abschließung. Das Beispiel eines solchen

[1]) Wenn ein oder beide Paciszenten Geschriebenes nicht lesen oder nicht unterschreiben können, so wird ebenso, wie bei Testamenten, unter Zuziehung zweier Zeugen verfahren. — Die Forderung ist nach dem Wortlaute des § 621. I. 12. A. L. R.: „Erbverträge müssen, wie Testamente, gerichtlich abgeschlossen — werden", gerechtfertigt und wird auch von dem Obertribunale in einem Erk. vom 17. Juni 1847 (Rechtsfälle, Bd. I. S. 276) durch den Satz anerkannt, daß die Handzeichen des schreibensunkundigen Kontrahenten von zweien zugezogenen Männern bezeugt werden müssen. Bei einseitigen Erbverträgen gilt dies jedoch nicht von demjenigen Kontrahenten, welcher über seinen künftigen Nachlaß nicht verfügt, sondern nur die ihm von dem Anderen geschehene Zuwendung acceptirt.

[2]) Die Einsiegelungsregistratur erfolgt wie bei Testamenten (s. S. 473) und in gleicher Art wird auch bei bloßer Uebergabe der Erbverträge verfahren (s. Muster 177. 178. S. 475. 477).

Vertrages, sowie das Nähere über die Form desselben s. o. bei Muster 157 S. 426. Im Nachstehenden folgt ein Muster für einen bloßen Erbvertrag. Der Abschluß desselben unterliegt lediglich der allgemeinen Form der Erbverträge.

Eingang. **Muster.**

Vor den oben bezeichneten Gerichtspersonen erscheinen:

1. der fürstliche Domänenrath Herr von Kassenburg zu S.
2. dessen 18jähriges Fräulein Tochter Amalie v. Kassenburg.
3. der kgl. Oekonomierath Herr von Spieß zu K.,

sämmtlich nach Namen, Stand und Wohnort bekannt, erklärten, wie die beiden zuletzt genannten Personen sich mit einander zu vermählen beabsichtigten, und schlossen unter der Voraussetzung, daß diese Ehe wirklich vollzogen werden sollte, folgenden Erbvertrag, und zwar das Fräulein Braut unter ausdrücklicher Einwilligung ihres Herrn Vaters.

§ 1.

Das Fräulein Amalie von Kassenburg setzt ihrem künftigen Ehegatten auf den Fall, daß sie vor ihm sterben und Abkömmlinge hinterlassen sollte, ein Ehevermächtniß von Zwanzigtausend Mark aus; falls sie aber ohne Nachkommen versterben sollte, soll ihr künftiger Ehegatte ihr alleiniger Erbe sein. Auf diesen Fall leistet der Vater des Fräulein Braut, der Herr Domänenrath von Kassenburg auf sein ganzes Erbrecht in den Nachlaß seiner Tochter dergestalt Verzicht, daß er auch auf den gesetzlichen Pflichttheil keinen Anspruch hat.

§ 2.

Der Herr Bräutigam von Spieß hingegen sichert seiner Braut und künftigen Ehegattin auf den Fall, daß er vor ihr versterben sollte, aus seinem Vermögen folgendes Gegenvermächtniß zu:

1. Wenn Abkömmlinge aus der Ehe vorhanden sind, soll die überlebende Ehegattin, neben der Zurücknahme ihres Eingebrachten, die Summe von Fünfzigtausend Mark aus dem Nachlasse erhalten und von dem übrigen, den Kindern zufallenden, Vermögen den Nießbrauch haben, welcher von dem Erbtheile eines jeden Kindes mit dem Zeitpunkte aufhört, wo die Söhne ein Amt antreten oder einen eigenen Hausstand gründen, und wo die Töchter sich verheirathen.
2. Wenn keine Abkömmlinge nachbleiben, soll die Wittwe die Wahl haben, zwischen der Zurücknahme ihres Eingebrachten, oder einem Leibgedinge, bestehend in:
   a) freier Bewohnung des Schlosses K.;
   b) dem Nießbrauche des Vorwerks B., mit allen zur Zeit des Todes dabei befindlichen Vorräthen, sowie Vieh-, Feld- und Wirthschaftsinventarienstücken;
   c) dem für die Wirthschaft und Haushaltung nothwendigen Bau-, Nutz- und Brennholze aus den zum Gute gehörigen und vom Nießbrauche ausgeschlossenen Waldungen, gegen Erlegung des Stamm- und Anweisegeldes und des Schlagerlohns;

d) den Getreide- und Mahlzinsen von den drei zum Gute K. gehörigen Wassermühlen und der Windmühle;

e) der Fischereinutzung auf den, in der Feldmark des anderen Vorwerks W. befindlichen Gewässern.

Dieses Leibgedinge soll jedoch wegfallen, wenn sich die Wittwe wieder verheirathet und es soll an dessen Stelle eine lebenslängliche jährliche Rente von Dreitausend Mark, welche aus dem genannten Gute vierteljährlich postnumerando entrichtet wird, treten.

Wählt die nachbleibende Gattin das Leibgedinge, so hat sie auch ihre ganze Aussteuer, soviel davon alsdann noch vorhanden sein wird, mit Einschluß derjenigen Stücke, welche an Stelle eingegangener Stücke angeschafft worden sind, zurückzunehmen, indem sie nur das von ihr in die Ehe sonst Eingebrachte gegen das ihr zugesicherte Leibgedinge den Erben des verstorbenen Ehemannes zurückzulassen schuldig ist. Für die vernichteten oder abgegangenen Stücke der Ausstattung soll jedoch in keinem Falle Ersatz geleistet werden.

§ 3.

Der Herr Bräutigam verspricht, zur Sicherung der seiner künftigen Frau Gemahlin durch den gegenwärtigen Vertrag versprochenen Vortheile alsbald nach der Heirath eine Kautionshypothek in Höhe von Achtzigtausend Mark auf sein mehrgedachtes Rittergut K. eintragen zu lassen. Zu diesem Zwecke wird der Antrag gemacht:

diesen nicht weiter geheim zu haltenden Vertrag zweimal ausfertigen zu lassen.[1])

Vollziehung.

189. Erbvertrag unter Eheleuten während der Ehe.

A. L. R II 1 §§ 439 ff. 198 ff.

Dieser Vertrag unterliegt stets der allgemeinen Form der Erbverträge; soll aber die Frau — gleichviel ob gegen ihre gesetzlichen Rechte oder gegen einen früheren Erbvertrag — schlechter gestellt werden,[1*]) so genügt nicht die gerichtliche Uebergabe, sondern der Erbvertrag muß zu gerichtlichem Protokoll und unter Zuziehung

---

[1]) Sonst ist, wie bei Testamenten, mit der Einsiegelung u. s. w. zu verfahren. A. L. R. a. a. O. § 623 und Anh. § 43; A. G. O. II. 4. § 15 und Anh. § 431. In einem Justiz-Min.-Reskr. vom 16. August 1840 (J. M. Bl. S. 282) ist empfohlen, im Falle solchen Antrages den Vertrag gleichwohl einzusiegeln und die verlangten Ausfertigungen sofort im Termine zu ertheilen. Dieser Auffassung ist indessen nicht beizutreten, weil hierdurch das Recht der Kontrahenten auf spätere Ertheilung von Ausfertigungen beeinträchtigt wird. — Die Unterlassung der Einsiegelung auf Antrag ist übrigens nicht bloß, wie Anh. § 431 besagt, bei Erbverträgen der Eheleute, sondern auch bei solchen unter anderen Kontrahenten gestattet. Reskr. v. 20. Oktober 1794 (N. C. C. IX S. 2425; Rabe II. S. 709; v. Rönne Erg. zu § 623 I. 12 A. L. R.)

[1*]) Daß dieser Fall nicht vorliegt wenn die Ehefrau nur über ihren Nachlaß zu Gunsten des Mannes verfügt, wird man wohl mit dem O. Tr. (Erk. vom 24. Februar 1851. Strieth. 1 S. 252) annehmen dürfen; indessen ist die Anwendung der schweren Form doch auch hier vorzuziehen.

eines Beistandes für die Frau abgeschlossen werden.[2]) Vgl. auch Muster 159 S. 431.

Eingang. Muster.

Vor den u. s. w. erschienen:

1. der Kaufmann Volko Halfter,
2. dessen Ehegattin Angelika geborene Kraft, in Begleitung des von ihr selbst zum Beistande gewählten Rechtsanwalts Ehrentreu Wahrlieb Streichmann,

sämmtlich hier wohnhaft, nach Namen, Stand und Wohnort bekannt, und in völlig dispositionsfähigem Zustande befunden. Dieselben schlossen folgenden Vertrag:

§. 1.

Der vor Eingehung der Ehe zwischen den Halfter'schen Eheleuten am 6. Juli 1866 geschlossene Erbvertrag, wodurch die Ehefrau zum einzigen Erben ihres Ehemannes, wenn dieser vor ihr kinderlos versterben sollte, eingesetzt worden, wird in Erwägung eingetretener Umstände und Rücksichten hiermit in allen seinen Beziehungen aufgehoben, und insbesondere verzichtet die Ehefrau wohlüberlegt auf das ihr durch jenen Erbvertrag zugesicherte Erbrecht in den Nachlaß ihres Ehegatten.

§. 2.

Dagegen soll die Ehefrau, wenn der Mann, ohne Abkömmlinge nachzulassen, vor ihr verstirbt, seine Erbin auf ein Viertel seines Nachlasses sein, und außerdem soll sie zum Voraus das ganze Mobiliarvermögen, mit Ausnahme der baaren Gelder, geldwerthen Papiere und ausstehenden Forderungen haben. Wenn Kinder nachbleiben, hat es bei der gesetzlichen Erbfolge sein Bewenden.

§. 3.

Die Ehefrau ihrerseits ernennt auf den Fall, daß sie vor ihrem gegenwärtigen Ehemanne kinderlos versterben sollte, diesen ihren gedachten Ehegatten zu ihrem alleinigen Erben. Wenn sie Kinder hinterläßt, soll die gesetzliche Erbfolge eintreten.

Vollziehung.[3])

190. Erbentsagungsverträge.

A. L. R. I. 12 §§ 649 ff.

Koch II. § 842; Dernburg III. § 180 S. 511; Foerster-Eccius IV. § 265 S. 563; Fischer § 116 S. 624.

Die herrschende Meinung erfordert für den bloßen Entsagungsvertrag nicht die Form der Erbverträge, sondern nur die allgemeine schriftliche Vertragsform.[1]) Vorzuziehen bleibt indessen, da die Frage nicht zweifelsfrei ist, die Form der Erbverträge. Besondere Formvorschriften existiren:

---

[2]) Vgl. Erk. d. O. Tr. v. 22. Oktober 1851 (Entsch. Bd. 21 S. 204).

[3]) Wegen Versiegelung vgl. zu Muster 188 Anm. 1.

[1]) Vgl. insbes. die S. 35 Anm. 39 citirte Rechtsprechung; die entgegengesetzte Meinung vertritt indessen Koch Erbrecht S. 897, freilich im Gegensatz zu seinem Preuß. Privatrecht II. § 842 S. 799.

1. für den Verzicht auf die Erbschaft nach einem Dritten falls solcher zu Gunsten eines Fremden d. h. nicht zur Erbschaft gesetzlich Berufenen erfolgt und falls zugleich derjenige, auf dessen künftige Verlassenschaft sich der Vertrag bezieht, unfähig ist, eine verbindende Willenserklärung abzugeben und dem Vertrage beizutreten.[2]) Hier ist die gerichtliche Aufnahme und Abschließung des Vertrages erforderlich.[3])

2. für die Verzichte auf den kindlichen Pflichttheil; hierüber s. d. Nähere zu Muster 191 (S. 494).

a.

Entsagungsvertrag betreffs der Erbschaft nach einem Dritten.

Eingang.

Vor den vorbezeichneten Gerichtspersonen erschienen an gewöhnlicher Gerichtsstelle:

1. der Herzogliche Oberjägermeister Herr Benno v. Rosenbaum,
2. der Gräfliche Wildmeister Herr Siegfried v. Rosenbaum,
3. die Frau Elvire v. Rosenbaum, vermählte v. Fliederbusch, im Beistande ihres Herrn Gemahls, des Herrn Otto v. Fliederbusch,

Alle hierselbst wohnhaft, nach Stand, Namen und Wohnort bekannt und in völlig dispositionsfähigem Zustande befunden. Dieselben erklären:

Wir sind vollbürtige Geschwister und haben noch einen Bruder, den Gutsbesitzer Siegbert v. Rosenbaum auf Müllberg, welcher unverheirathet und geisteskrank ist. Wenn derselbe, wie zu vermuthen, kinderlos und ohne Testament vor uns verstirbt, so sind wir seine gesetzlichen Erben zu gleichen Theilen. Um jedoch das Blühen und den Glanz unserer Familie von Rosenbaum zu befördern, sind wir übereingekommen, daß nur einer von uns, und zwar der Herzogliche Oberjägermeister Benno v. Rosenbaum, unseren genannten Bruder künftig beerben soll. Wir, der Wildmeister v. Rosenbaum und die Elvire v. Rosenbaum vermählte v. Fliederbusch, die Letztere mit ehemännlicher Zustimmung, entsagen, zum Vortheile unseres Herrn Bruders Benno v. Rosenbaum, im Voraus der künftigen Erbschaft nach unserem geisteskranken Bruder Siegbert v. Rosenbaum.

Der Herzogliche Oberjägermeister Benno v. Rosenbaum nahm diese Entsagung seiner Geschwister bestens an.

Der miterschienene Gutsbesitzer Siegbert v. Rosenbaum auf Müllberg wohnte der ganzen Verhandlung an, äußerte jedoch auf die Frage des Richters: ob er damit einverstanden sei, kein Verständniß,

---

[2]) Ist er hierzu fähig, so ist sein Beitritt erforderlich.

[3]) § 654 d. T. Diese Vorschrift hat einen doppelten Sinn je nach dem Standpunkt, den man für die Form des Entsagungsvertrages überhaupt einnimmt. Hält man es mit der herrschenden Meinung, wonach der Entsagungsvertrag an sich nur der Privatschriftform bedarf, so ist im Ausnahmefall des § 653 nur die einfache gerichtliche Vertragsform, nicht aber die Testamentsform erforderlich; hält man dagegen die Testamentsform für alle Erbverzichte von vornherein für erforderlich, so bedeutet die Ausnahmevorschrift, daß in diesem Falle der Erbverzicht nicht schriftlich übergeben werden darf, sondern nothwendig zu Protokoll erklärt werden muß.

hatte sich auch während der Handlung ganz theilnahmlos verhalten und durch sein Benehmen den Gerichtspersonen die Ueberzeugung gegeben, daß er nicht willensfähig sei.

Das Protokoll wurde laut vorgelesen, von den Betheiligten genehmigt und eigenhändig unterzeichnet.

Vollziehung.

b.

Entsagungs- und Vertheilungsvertrag bezüglich auf eine künftige Erbschaft.

Eingang.

Vor den vorbezeichneten Gerichtspersonen erschienen:

1. der Herr Prälat Bonifacius Melchior von der Decken zu Braunsberg,
2. der Königliche Oekonomierath Herr Hilarius v. Riegel zu Festenberg,
3. der General der Kavallerie, Herr Caspar Nicolaus von Trachenberg zu Blachfeld,
4. der Weltgeistliche Chrysostomus Wohlfromm von hier,

Alle nach Namen, Stand und Wohnort bekannt.

Der Herr Prälat erkannte die drei übrigen Herren für seine Neffen von drei Schwestern und für seine alleinigen künftigen Intestaterben an und erklärte, wie sich dieselben wegen Vertheilung seiner künftigen Verlassenschaft mit seiner Zustimmung geeinigt hätten und sie jetzt willens wären, den Vertrag zu verlautbaren.

Dieses geschah wie folgt:

§. 1.

Der Weltgeistliche Chrysostomus Wohlfromm entsagt mit Rücksicht auf seinen Stand der künftigen Erbschaft nach seinem Oheime Bonifacius Melchior von der Decken wohlbedächtig, wissend, daß diese Entsagung unwiderruflich ist. Als ein Andenken an seinen Herrn Oheim soll er jedoch die Kleider desselben, den Rosenkranz, das Meßbuch und den Betschemel, dessen derselbe sich bei seinen Andachtsübungen bedient, aus dem Nachlasse erhalten.

§. 2.

Der General der Kavallerie, Herr v. Trachenberg, erhält für seinen Theil die Summe von dreißigtausend Mark aus dem künftigen Nachlasse, womit er sich wegen seines Successionsrechts für gänzlich abgefunden erklärt.

§. 3.

Der Oekonomierath Herr v. Riegel soll den ganzen übrigen Nachlaß unter dem Titel als Universalerbe erhalten und schuldig sein, folgende Legate zu entrichten:

1. An das Stift Allerseelen hierselbst dreitausend Mark, Behufs Gründung eines Altars zu Seelenmessen für das Seelenheil

des künftigen Erblassers, worüber der künftige Erbe das Nähere bei Auszahlung des Legats vorzuschreiben hat.

2. An zwanzig Ortsarme hierselbst, welche von der Ortsbehörde dem Erben namhaft gemacht werden sollen, die Summe von dreihundert Mark.
3. An das Hausgesinde des künftigen Erblassers, welches bei seinem Ableben in seinem Dienste sein wird, die Summe von dreitausend Mark, deren Vertheilung dem Erben überlassen wird, doch so, daß Keiner weniger als zweihundert Mark erhalten darf.

§. 4.

Der Herr Rath v. Riegel und der Herr General v. Trachenberg sollen für den Fall, daß Einer oder der Andere den Erbanfall nicht erlebt, einander substituirt sein. Sterben Beide vor dem Herrn Prälaten, so verliert dieser Vertrag seine Kraft auch in Hinsicht des Weltgeistlichen Chrysostomus Wohlfromm.

Es wird darauf angetragen:

diesen Vertrag für jeden Betheiligten auszufertigen.[4])

Vollziehung.

191. Erbverträge der Eltern mit Kindern.

A. L. R. II. 2 §§ 483 ff.

Koch II. § 843. Dernburg III. § 180 S. 512 f. Förster-Eccius IV. § 265 S. 563.

Erbverträge der Eltern mit ihren Kindern unterliegen an sich derselben Form wie die übrigen Erbverträge und wenn sie Entsagungsverträge sind, der Form der letzteren (s. zu Muster 187 und 190). Wenn indessen das abzufindende Kind seinen Pflichttheil nicht vollständig erhalten soll, müssen dergleichen Verträge von dem persönlichen Richter des Kindes aufgenommen werden; auch muß das Kind volljährig und der väterlichen Gewalt entlassen sein. Das O. Tr. hat in Konsequenz der herrschenden Theorie (s. die Vorbem. zu Muster 190) angenommen, daß es bei solcher Vertragsschließung nicht der Testamentsform und danach insbesondere keines Gerichtsschreibers bedarf.[1]) Aus denselben Gründen wie beim vorigen Muster wird es indessen auch hier sicherer sein, die Form des protokollarischen Testaments zu beobachten; die bloße Uebergabe eines privatschriftlich abgefaßten Vertrages ist ausgeschlossen.

a.

Eingang. Abfindungsvertrag.

Vor den vorbezeichneten Gerichtspersonen erschienen an ordentlicher Gerichtsstelle:

1. der hiesige Gutsbesitzer Tobias Richter mit seiner Ehefrau Anna Marie geborenen Schöppe,

---

[4]) Vgl. zu Muster 188 Anm. 1 (S. 490).

[1]) Erk. v. 16. Mai 1870 (Entsch. 63 S. 131).

2. deren großjähriger Sohn Elias Richter,
Alle persönlich bekannt und völlig dispositionsfähig befunden.

Die Richter'schen Eheleute erklärten:

Wir beabsichtigen, unseren gegenwärtigen Sohn Elias Richter, welcher einen eigenen Hausstand gründen will, abzufinden, so daß er an der Verlassenschaft desjenigen von uns, welcher zuerst mit Tode abgehen wird, zum Vortheile des Ueberlebenden keinen Theil mehr haben soll. Wir übereignen ihm, unter dieser Bedingung, die schuldenfreie bäuerliche Stelle, welche wir außer unserer Scholtisei im hiesigen Dorfe noch besitzen, und die unter der Nr. 8 im Grundbuche eingetragen ist, nebst allem todten und lebenden Inventarium hiermit zu seiner Abfindung dergestalt, daß er über dieselbe unbeschränkt zu verfügen berechtigt sein soll; und wir schlagen dieselbe auf zehntausend Mark an. Er ist bereits gestern durch körperliche Uebergabe in den Besitz gesetzt worden und soll die Auflassung noch heute erfolgen.

Elias Richter nimmt diese Abfindung dankend an, ist mit dem Anschlage von zehntausend Mark einverstanden und damit zufrieden, daß er an dem Nachlasse des von seinen Eltern zuerst Versterbenden künftig, zum Vortheile des Ueberlebenden derselben, keinen Theil hat, indem er sich deswegen durch die ihm übereignete Stelle für völlig abgefunden erklärt, erkennt auch an, gestern in den Besitz der Stelle gesetzt worden zu sein.

In den Nachlaß des Ueberlebenden der Eltern bleiben dem Elias Richter seine Rechte vorbehalten.

Es wird darauf angetragen, diesen Vertrag einmal für Elias Richter auszufertigen.[2])

Die Kosten übernehmen die Eltern.

Vollziehung.

b.

Eingang. Abtretungsvertrag.

1. der hiesige Bauer Hans Jakob Kilian,
2. dessen vier Kinder, Namens
   a) Johann Michel, großjährig,
   b) Jakob Gabriel, 20 Jahre alt,
   c) Magdalene Anna, 19 Jahre,
   d) Elisabeth Christine, 18 Jahre alt,

Alle persönlich bekannt und hierselbst wohnhaft, auch bis auf die Minderjährigkeit der drei letztgenannten vollkommen dispositionsfähig befunden.

Der Erstere erklärte, wie er bei seinem vorgerückten Alter willens sei, in Ansehung seines Vermögens noch bei seinem Leben mit seinen Kindern Richtigkeit zu machen, daß er sich dieserhalb mit ihnen geeinigt habe, und sie zu dem Ende erschienen wären, um den Vertrag gerichtlich zu machen, weshalb er bitte: ihre Erklärung aufzunehmen. Dem Antrage wurde stattgegeben, und die Erschienenen gaben, was folgt, zu Protokoll:

---

[2]) Vgl. zu Muster 188 Anm. 1 (S. 490).

§. 1.

Der Bauer Hans Jakob Kilian übergiebt und verschreibt sein ganzes gegenwärtiges und zukünftiges Vermögen, es bestehe worin, es wolle, nichts davon ausgenommen, insbesondere auch sein hierselbst belegenes Bauergut Nr. 1 und alle ausstehenden Forderungen, nur mit Ausnahme einer Stube zur ebenen Erde rechts, welche er sich zur Wohnung bis an seinen Tod vorbehält, und mit Ausnahme des Nießbrauchs von seinen Kleidern, Betten, Wäsche und Hausgeräthe, sowie von dem auf dem hiesigen Rittergute eingetragenen Kapitale von zwölftausend Mark, an seinen Sohn Johann Michel Kilian, erb- und eigenthümlich, und zwar dergestalt, daß derselbe das gegenwärtige Vermögen, wie es in dem hierbei übergebenen Inventarium aufgezeichnet ist, schon jetzt in Besitz nehmen und dasjenige, was der Vater künftig noch hinterlassen möchte, allein erben, haben und behalten soll. Die Uebergabe der einzelnen, in dem Vermögen begriffenen Stücke ist demselben nach dem Inventarium geleistet, doch sind damit nicht die etwa übergangenen Stücke ausgeschlossen, indem das Inventarium nur den Zweck der Beschreibung hat.

§. 2.

Der Werth dieses Vermögens, mit Einschluß des Bauerguts, dessen Werth auf Achtzehntausend Mark angenommen ist, sowie mit Einschluß des Kapitals der 12000 M., wovon der Nießbrauch vorbehalten ist, wird nach Abzug der Schulden auf Zweiundvierzigtausend Mark angenommen und wie folgt vertheilt:

1.	Johann Michel, der Annehmer, erhält . . . . . sage Sechstausend Mark, welche er sich zu Gute rechnet. Damit ist er reichlich abgefunden, weil der Gutswerth, mit Rücksicht hierauf, niedrig angeschlagen worden ist.		6000 Mk.
2.	Zum Begräbnisse des Vaters werden . . . . . sage Dreihundert Mark bestimmt, welche dasjenige von den Kindern zu fordern hat, welches das Begräbniß wirklich besorgt; doch soll der Besorger die wirklichen Ausgaben dem Dorfgerichte nachweisen, und wenn die nachgewiesene Summe nicht so viel beträgt, soll den Rest die Ortsarmenkasse haben. Der Annehmer hat in der Besorgung des Begräbnisses den Vorzug.		300 „
3.	Die Ortsarmenkasse erhält acht Tage nach dem Tode des Vaters Kilian von dem Annehmer . . . . sage Sechzig Mark unter der Bedingung, daß die Dorfgerichte sich der Mühe unterziehen, die Nachweise über die Begräbnißkosten zu prüfen.		60 „
4.	Jakob Gabriel soll von dem Annehmer erhalten, sobald er nach erlangter Großjährigkeit einen eigenen Hausstand gründen will		
	a) die Summe von . . . . schreibe Zehntausend Fünfhundert Mk.;	10 500 Mk.	
		10 500 Mk.	6360 Mk.

Uebertrag 10 500 Mk. 6360 Mk.

b) zu seiner Ausstattung nach seiner Wahl:

aa) zwei Kühe v. bester Sorte oder . . . . 120 Mk.
schreibe Hundertundzwanzig Mark

bb) ein Pferd von gewöhnlicher Landrace, bester Art, nebst Sattel und Zeug, oder . . . . 150 „
schreibe Hundertundfünfzig Mark;

cc) ein Dutzend flächsene Hemden, oder . . . 36 „
schreibe Sechsunddreißig Mark;

dd) einen Tuchmantel, einen Tuchrock, eine Tuchweste, ein Paar Tuchhosen oder 90 „
schreibe Neunzig Mark;

ee) zwei Paar leinene Hosen oder . . . . . . 9 „
schreibe Neun Mark;

ff) ein Paar Stiefel und ein Paar Schuhe oder 15 „
schreibe Fünfzehn Mark 420 „
zusammen . . . . 10920 „
schreibe Zehntausend Neunhundert und zwanzig Mark;

5. Magdalene Anna erhält von dem Annehmer, sobald sie sich verheirathet oder nach dem Tode des Vaters auch ohnedies, sobald sie es verlangt:

a) die Summe von . . . . 12 000 „
schreibe Zwölftausend Mark, und

b) zur Ausstattung nach ihrer Wahl in Natur oder den Geldwerth:

aa) zwei Gebett Betten, bestehend in u. s. w. oder . . . 120 Mk.

bb) zwei Tischgedecke u. s. w. oder . . . . . . 150 „

cc) u. s. w. 300 „
zusammen . . . . 12 300 „
schreibe Zwölftausend Dreihundert Mark.

Uebertrag 29 580 Mk.

Uebertrag 29 580 Mk.

6. Elisabeth Christine erhält ebenfalls von dem Annehmer, sobald sie sich verheirathet oder nach des Vaters Tode, sobald sie es verlangt:
   a) die Summe . . . . 12 000 „
      schreibe Zwölftausend Mark;
   b) zur Ausstattung nach ihrer Wahl folgende Sachen u. s. w. oder . . 420 „
      zusammen . . . . 12 420 „
   schreibe Zwölftausend Vierhundert und zwanzig Mark.

Hierdurch ist das Vermögen von . . . . . . 42 000 Mk. vertheilt.

§ 3.

Der Uebernehmer ist verbunden, die Erbtheile seiner drei Geschwister, ohne die Ausstattungen, zusammen 34 500 Mk., schreibe vierunddreißigtausend fünfhundert Mark, mit drei Prozent bis zur Auszahlung zu verzinsen. Der Vater ermächtigt sie zur eigenen Erhebung der Zinsen.

§ 4.

Derselbe ist ferner schuldig, ihnen bis zur Großjährigkeit den freien Aufenthalt auf der Stelle zu gestatten und jedem gegen eine Vergütung von dreißig Mark monatlich, an seinem Tische zu speisen, ihnen die Wäsche besorgen zu lassen und den Schwestern ein ausschließliches Schlafgemach anzuweisen.

§ 5.

Zur Sicherheit seiner Geschwister, wegen ihres Erbtheils, nebst den Zinsen sowie wegen der Ausstattungen, bestellt er ihnen dafür mit dem Bauergute Nr. 1 Hypothek und willigt darin,[2]) daß diese Erbtheile, zusammen von vierunddreißigtausend fünfhundert Mark, nebst den Zinsen und den Ausstattungen darauf im Grundbuche eingetragen werden. Außerdem wird dafür das Hypothekenkapital von zwölftausend Mark, welches aus der Schuldverschreibung des Gutsbesitzers Soundso vom 11. Februar 1870 auf dem hiesigen Rittergute Abth. III, Nr. 18 für den Vater und künftigen Erblasser eingetragen steht, und wovon der Letztere sich den Nießbrauch vorbehalten hat, von dem Uebernehmer, unbeschadet des väterlichen Nießbrauchs, hierdurch mit verpfändet, und die Verpfändung soll im Grundbuche eingetragen werden, wozu der Uebernehmer seine Bewilligung giebt.[3]) Die Hypothekenurkunde bleibt sodann in den Händen des Nießbrauchers.

---

[2]) Da es sich um eine Universalsuccession in das ganze Vermögen handelt, so wird es zum Zwecke des Eigenthumsüberganges keiner Auflassung bedürfen. Vergl. die Vorbem. zu Muster 28 (S. 200) und zu Muster 194 (S. 501) Hält man die Auflassung für erforderlich, so muß die Eintragungsbewilligung bis zur Auflassung aufgeschoben bleiben. Vgl. Muster 19 § 2 a. E. (S. 186).

[3]) Vgl. Muster 49 (S. 248).

§ 6.

Sämmtliche Kosten trägt der Uebernehmer.

Dieser Vertrag soll viermal ausgefertigt werden, nämlich:

1. für den Uebernehmer als Erwerbungstitel,
2. für den Jakob Gabriel Kilian als Schuldurkunde über 10500 Mark Erbtheil nebst Zinsen, und 420 Mark Ausstattung,
3. für die Magdalene Anna Kilian als Schuldurkunde über 12 000 Mark Erbtheil nebst Zinsen, und 300 Mark Ausstattung,
4. für die Elisabeth Christine Kilian als Schuldurkunde über 12 000 Mark Erbtheil nebst Zinsen, und 420 Mark Ausstattung.

Außerdem soll

5. zu der Hypothekenurkunde vom 11. Februar 1870, über 12 000 Mark eine Ausfertigung gemacht werden, um dadurch den Uebergang der Post auf den Johann Michel Kilian, mit Vorbehalt des Nießbrauchs für den Vater, und zugleich die Verpfändung des Kapitals für die Erbtheile und Ausstattungen der drei übrigen Geschwister Kilian zu beurkunden. Endlich soll
6. das Dorfgericht wegen der für die Ortsarmenkasse ausgesetzten Vortheile eine einfache Abschrift erhalten.

Die Betheiligten tragen darauf an:

1. die Ausfertigungen zu 1—4 zu den Grundakten des Bauergutes Nr. 1 hierselbst zu geben und dort:
2. das Eigenthum dieses Grundstücks für den Uebernehmer einzutragen,[4]) sowie
3. für die übrigen drei Geschwister Kilian die Erbtheile und Ausstattungen nebst Zinsen und Kosten einzutragen,
4. die Hypothekenurkunde über die 12 000 Mark zu den Grundakten des Ritterguts zu übersenden und die Eintragung des Ueberganges an den Johann Michel Kilian mit Vorbehalt des Nießbrauchs für den Vater, sowie die Eintragung der Verpfändung daselbst zu bemerken.

Den Betheiligten wurde diese Verhandlung laut vorgelesen; ein Jeder erklärte sich mit den Verabredungen einverstanden, genehmigte und unterzeichnete das Protokoll eigenhändig wie folgt:

Vollziehung.

192. Verhandlung mit einem in eine Armenanstalt aufzunehmenden Pflegling.

A. L. R. II. 19 §§ 60 ff.

Koch II. §§ 854. 860; Dernburg III. § 193 S. 549; Förster-Eccius IV. § 263 S. 559.

N., den u. s. w.

Vor dem Justitiarius des hiesigen Landarmenhauses erschienen:

1. der Einwohner Tobias Ohnewas,

---

[4]) Vgl. Anm. 2.

2. dessen Bruder, der Schuhmacher Gottlieb Ohnewas.

Beide hierselbst wohnhaft und nach Namen, Stand und Wohnort bekannt. Dem Ersteren ist wegen seiner Hülfsbedürftigkeit die Zusicherung gegeben, daß er in das hiesige Landarmenhaus zu seiner Verpflegung bis an seinen Tod aufgenommen werden solle; und er ist mit seinem Bruder zu dem Zwecke vor den Justitiarius der Anstalt gerufen worden, um mit dem Erbrechte derselben für den vorliegenden Fall bekannt gemacht zu werden. Beide versicherten, daß sie die einzigen Glieder ihrer Familie, und ihnen keine Verwandten von ihnen bekannt seien.

Der Justitiarius macht ihnen bekannt, daß die Armenanstalt, wenn sie den Tobias Ohnewas aufnehme und bis an sein Ende verpflege, dessen alleiniger Erbe werde und alle Verwandten ausschließe, daß jedoch er, der Bruder Gottlieb Ohnewas, sich sein Erbrecht dadurch erhalten könne, wenn er seinem Bruder eine gleich gute Verpflegung gewähre. Der Schuhmacher Gottlieb Ohnewas erbot sich zu einer solchen Verpflegung seines Bruders Tobias und wollte nicht zugeben, daß ihm sein Erbrecht durch die Armenanstalt entzogen werde. Der Tobias Ohnewas hingegen lehnte die ihm von seinem Bruder angebotene Verpflegung ab und zog ihr die Versorgung in der Armenanstalt vor, mit dem Beifügen, daß er der letzteren das Erbrecht in seinen dereinstigen Nachlaß hiermit ausdrücklich eingeräumt haben wolle, wenn sie ihn bis an seinen Tod verpflege.

Das Protokoll ist vorgelesen, genehmigt und unterzeichnet worden.

Unterschriften.

III.

Erwerbung und Theilung der Erbschaft.

193. Erbschaftsentsagung.

A. L. R. I. 9 §§ 398 ff.

Koch II. § 864, III. § 865; Dernburg III. § 219 S. 630; Förster-Eccius IV. § 269 S. 598; Fischer § 122 S. 649.

Die Erbschaftsentsagung muß schriftlich mit eigenhändiger Unterschrift und unter gerichtlicher oder notarieller Beglaubigung der letzteren [1]) erfolgen und bei dem zuständigen Nachlaßgericht eingereicht werden. [2]) Wegen der Fassung der Erbbescheinigung im Falle einer Erbschaftsentsagung s. zu Muster 198, Anm. 6 (S. 511).

---

[1]) Der Mangel der Beglaubigung hat allerdings nur eine Verschiebung der Beweislast zur Folge. § 400 d. T.

[2]) Der Nachlaßrichter darf die Entgegennahme nicht verweigern, weil er die Entsagung für ungültig oder den Ueberbringer für unlegitimirt hält. Beschl. d. K. G. v. 17. November 1884 (J. u. K. V. 47).

Muster.

Eingang.

... erscheint ... die verwittwete Frau Gräfin Soundso, Susanne, geb. Dieunddie, aus Mangelheim, nach Namen, Stand und Wohnort bekannt, auch geschäftsfähig befunden und erklärte:

Mein Gemahl, der Graf Superbus Soundso, Erbherr auf Mangelheim, ist vor vier Wochen ohne Testament verstorben, und mir ist, in Ermangelung von Ehepakten, die gesetzliche Erbfolge in seinen Nachlaß eröffnet. Ich entsage jedoch der ehemännlichen Erbschaft hiermit wohlbedächtig und weiß, daß eine gültig geschehene Erbschaftsentsagung unter keinerlei Vorwande widerrufen werden kann.

Ich bitte

um Ausfertigung dieses Aktes.

Schluß.

194. Erbschaftskauf.

A. L. R. I. 11. §§ 445—506; Ges. v. 11. Juli 1845 (G. S. S. 495) § 1.

Koch II. § 682; Dernburg III. §§ 234—236. S. 681; Förster-Eccius IV. § 277. S. 683; Fischer § 125. S. 679.

Nach A. L. R. bedurfte der Erbschaftskauf gerichtlicher Abschließung. Seit dem Gesetze vom 11. Juli 1845 reicht die schriftliche Abfassung aus. Die Frage, ob der Erbschaftskäufer der Auflassung der Nachlaßgrundstücke bedarf, kann jetzt in der Praxis als endgültig verneint angesehen werden [1]). Zur Umschreibung des Eigenthums im Grundbuche ebenso wie zur Umschreibung von Nachlaßhypotheken bedarf der Erbschaftskauf allerdings gerichtlicher oder notarieller Beglaubigung; indessen ist diese Form auch hier nicht Bedingung der Gültigkeit [2]).

Der Erbschaftskauf muß im Uebrigen als wirklicher Kaufvertrag abgeschlossen werden; eine bloße Cession des Erbrechts genügt nicht [3]). — Ueber die Fassung der Erbbescheinigung im Falle des Erbschaftskaufes vgl. Muster 198. Anm. 7 (S. 511).

Muster.

Eingang.

§. 1.

Der Gasthofsbesitzer Albrecht A. verkauft die ihm durch Testament angefallene und von ihm angenommene Erbschaft der am 1. des vergangenen Monats hierselbst verstorbenen Wittwe N. N., und zwar in

---

[1]) Erk. d. O. Tr. v. 14. September 1877 (Entsch. Bd. 80. S. 261); Beschl. d. K. G. vom 26. April 1880 (J. u. K. I. S. 115.) Eine Zusammenstellung der verschiedenen Ansichten s. bei Turnau II. S. 390 Anm. 2. Dazu noch, gleichfalls verneinend, Förster-Eccius IV. S. 689.

[2]) s. hierüber die Vorbem. zu „Hypotheken- und Grundschulden". S. 237.

[3]) Beschl. d K. G. v. 21. Mai 1883 (J. u. K. IV. 58.)

dem Zustande, wie sich diese Erbschaft an dem heutigen Tage befindet, dem Kattunfabrikanten Valentin B. für Dreißigtausend Mark, wovon 24 000 Mk. auf die darin befindlichen Grundstücke und 6000 Mk. auf die Mobilien verabredet sind.

§. 2.

Er ist verpflichtet, ihm sämmtliche zur Erbschaft gehörige Gegenstände, namentlich auch Papiere, soweit sich solche in seinem Gewahrsame befinden, nach einem auf Verlangen eidlich zu manifestirenden Verzeichnisse binnen vier Wochen auszuliefern. Ueber die ihm bekannten ausstehenden Forderungen und anderswo befindlichen Sachen, sowie die noch vorhandenen Pachtschulden hat er dem Erbschaftskäufer ein bloß zur Beschreibung dienendes Verzeichniß bereits eingehändigt, und er verspricht, ihm dasjenige, was ihm in dieser Beziehung noch nachträglich bekannt werden sollte, mitzutheilen.

§. 3.

Das Kaufgeld ist zur Hälfte bezahlt, worüber der Verkäufer quittirt. Die übrigen Fünfzehntausend Mark werden drei Monate zinsenfrei gestundet.

Schluß.

195. Versiegelungsprotokoll.

A. L. R. I. 9. §§ 460 ff. II. 18. §§ 354 ff. A. G. O. II. 5. §§ 4 ff. III. 7. § 88. A. G. zum G. V. G. §§ 70. 74. 108. Gesch. Anweisung f. Gerichts-Vollzieher § 118.

Koch II. § 868; Dernburg III. § 214. S 615; Förster-Eccius IV. § 267 S. 578. Fischer § 122. S. 660.

Die Siegelung eines Nachlasses als Akt der nicht streitigen Gerichtsbarkeit kommt vor:

a) in den Fällen in welchen gesetzlich die Siegelung von Amts Wegen vorgeschrieben ist,

b) wenn sie zwar auf Parteiantrag geschieht, aber kurz nach dem Todesfalle und jedenfalls bevor noch Jemand von der Erbschaft Besitz ergriffen hat. In diesen Fällen steht die Siegelung dem sonst kompetenten Nachlaßrichter zu. Hat sich dagegen schon jemand in den Besitz der Erbschaft gesetzt, so ist die Siegelung, gleichviel ob ein anderer Prätendent, ein Miterbe oder ein Gläubiger sie verlangt, ausschließlich als Akt der streitigen Gerichtsbarkeit mittels Nachsuchung einer einstweiligen Verfügung gegen den Erbschaftsbesitzer zu betreiben[1]).

Hier interessirt nur die Siegelung durch das Nachlaßgericht. Zu derselben rechnete die A. G. O. auch den Fall des Vorhandenseins minderjähriger Erben. Gegenwärtig regelt sich dieser Fall nach

[1]) Beschl. d. K G. v. 5. November 1883, 29. September u. 6. Oktober 1884 (J. u. K. IV. 62. V. 49. 50). — Hierher gehören auch die Fälle, A. L. R. I. 9. § 387 u. I. 12. § 247.

§ 15 der V. O. Danach ist zuständig nicht das Nachlaßgericht, sondern das Vormundschaftsgericht und letzteres hat nur die Verpflichtung zur Sicherstellung des Nachlasses: es kann hierfür die Form der Siegelung wählen, ohne aber hierzu verpflichtet zu sein[2]).

Die Siegelung wird vom Gerichte angeordnet, ihre Ausführung kann einem Notar, einem Gerichtsschreiber oder einem Gerichtsvollzieher übertragen werden. (Wegen der Befugnisse der Notare zu Siegelungen ohne gerichtlichen Auftrag s. o. S. 37 Nr. 11). Wird die Siegelung durch einen Notar vorgenommen, so muß derselbe die zu einem Notariatsinstrumente gehörigen Förmlichkeiten beobachten und das Protokoll dem kompetenten Gerichte einsenden. Handelt es sich um eine Siegelung im Auftrage des Gerichts, so muß der Notar überdies noch einen vereideten Protokollführer zuziehen[3]).

Der siegelnde Beamte muß, mit Zuziehung der anwesenden Verwandten, Freunde oder Bedienten des Verstorbenen, oder des Hauswirths, nach baaren Geldern, geldwerthen Papieren und Pretiosen, welche in der Regel zur Verwahrung zu nehmen und geeignetenfalls zu hinterlegen sind[4]), sowie nach der etwa vermuthlich vorhandenen letztwilligen Verordnung oder der Bescheinigung über ein gerichtlich niedergelegtes Testament suchen, und was sich davon findet, mitnehmen[5]).

Muster.

Rittergut Wiesenthal,

den 6. April 1884, Nachmittags um 2 Uhr.

Auf die heute Vormittag bei dem ꝛc. Gerichte eingegangene Anzeige von dem in der verwichenen Nacht erfolgten Ableben des Rittergutsbesitzers A., ist der unterschriebene Gerichtssekretär hierher deputirt worden, um den Nachlaß zu versiegeln. Um Zwei Uhr angekommen, fand er nur

1. den Wirthschaftsinspektor Albert Krautig, und
2. den Bedienten des Verstorbenen, Johann Bald

anwesend, welche anzeigten, daß der Verstorbene von Verwandten nur einen Bruder, den Königl. Rittmeister A. zu N. in Ostpreußen, nachgelassen habe, der zwar schon vor einigen Wochen von der gefährlichen Krankheit des Verstorbenen in Kenntniß gesetzt worden sei, jedoch geantwortet habe, daß er unmöglich kommen könne.

Der Unterzeichnete begab sich in Begleitung dieser beiden Personen in das Schlafzimmer des ihm wohl bekannt gewesenen Verstorbenen und fand dessen Leiche noch im Bette liegen. Da in derselben Stube mehrere Schränke und andere Behältnisse stehen, welche nicht

---

2) Vgl. auch oben S. 472 Anm. 8.

3) A. G. O. III. 7. § 88.

4) Anh. zur A. G. O. § 432 zu § 5. II. 5; H. O. §§ 1. 70. 82.

5) A. G. O. II. 5. § 32.

herausgeschafft werden können, so wurde zuvörderst die Bettstelle mit der Leiche in den sogenannten Gartensaal, welcher leer ist, gebracht. Sodann wurde in Gegenwart der gedachten beiden Personen der in der Schlafstube stehende verschlossene Schreibsekretär, in welchem sich nach Angabe des Wirthschaftsinspektors Krautig die Papiere und werthvollen Sachen des Verstorbenen befinden sollen, geöffnet, und es wurden darin gefunden:

1. eine Rekognition über ein bei dem ehemaligen Königl. Kreisgericht zu N. niedergelegtes Testament;
2. zehn schlesische Pfandbriefe, nämlich: u. s. w.;
3. zwei Staatsschuldscheine, und zwar: u. s. w.;
4. einhundert fünf und achtzig Mark in Reichskassenanweisungen und Banknoten der Reichsbank;
5. acht Rollen mit Thalerstücken, à 50 Thlr.;
6. zwanzig Mark in diversen Münzsorten;
7. folgende Pretiosen: u. s. w.

Alles dieses nahm der Unterzeichnete an sich.

Hierauf wurde zur Versiegelung geschritten und zwar:

A. im herrschaftlichen Hause. Dieses ist ein Stockwerk hoch, mit einem Souterrain. Man tritt durch die Hausthür in einen Vorsaal, in welchem sich drei Flügelthüren befinden. Die Thür geradezu führt in den leeren Gartensaal, in welchen die Leiche gebracht ist; die Thür rechts führt zu den Wohngemächern, und die Thür links führt in einen Saal mit zwei daran stoßenden Zimmern. Diese Abtheilung linker Hand soll zur Benutzung bei dem Begräbnisse und sonst offen bleiben. Deshalb wurden die darin befindlichen Gegenstände bis auf folgende Stücke:

1. zwei Trumeaux mit Mahagonirahmen,
2. eine leere Kommode von Mahagoniholze,
3. ein leerer Kleiderschrank von gleichem Holze,
4. ein Dutzend Rohrstühle von gleichem Holze,
5. ein runder Tisch von gleichem Holze,
6. die vor den drei Fenstern des Saales befindlichen rothweißen Gardinen,

in die Wohnzimmer geschafft, und sodann versiegelt:

I. die Wohnzimmer in der Art, daß man die hintere, in den Gartensaal führende Thür von innen verriegelte und einen Papierstreifen mit dem einen Ende an die Thür und mit dem anderen an den Thürpfosten durch Aufdrückung des Gerichtssiegels ansiegelte; daß man ferner die inwendigen Laden der in dem nämlichen Zimmer befindlichen zwei Fenster, nach dem Garten zu, schloß und über jeden Laden einen gleichen Papierstreifen ansiegelte; daß man sodann die beiden Fenster in dem vorderen Zimmer auf gleiche Weise durch Schließung der innerhalb befindlichen Laden und Ansiegelung eines Papierbandes über jeden derselben schloß, und hiernächst die auf den Vorsaal führende Eingangsthür von außen verschloß, den Schlüssel abzog und einen Papierstreifen über das Schlüsselloch an beide Flügel und einen zweiten etwas höher, ansiegelte.

II. Der Boden. Hier sind zwei Giebelstuben, worin allerlei Haus- und Wirthschaftsgeräthe. In Beiden wurden die Fenster nach Schließung der Laden, auf gleiche Weise wie unten, versiegelt, dann die Thüren verschlossen, der Schlüssel abgezogen, und an jede Thür ein Papierband über das Schlüsselloch mit dem einen Ende an den Pfosten, mit dem anderen an die Thür angesiegelt.

III. Im Souterrain befindet sich eine Vorrathskammer, die Küche und die Gesindestube. Diese Räume werden zur Fortsetzung der Wirthschaft gebraucht, auch sind die darin befindlichen Gegenstände zum Theil leicht verderblich, weshalb man, was vorfindlich, aufzeichnete, wie folgt:

1. in der Gesindestube:
   a) drei Betten, bestehend aus einem Deckbette und Kopfkissen mit blaukarrirtem Ueberzuge, einem Unterbette, Laken, Strohsacke und einer Reisebettstelle;
   b) ein großer fichtener Tisch u. s. w.

IV. Der Keller, nachdem man einige dem Verderben ausgesetzte Sachen in die Vorrathskammer gebracht hatte, bei welcher sie mit verzeichnet sind, wurde in der Art versiegelt, daß man die innere Thür verschloß und ein Papierband mit dem einen Ende an den Pfosten und mit dem anderen an die Thür siegelte.

Der Wirthschaftsinspektor Krautig legte auf Verlangen den letzten Monatsschluß vor, welcher hier beiliegt. Darnach sollen siebenhundert funfzig Mark in der Wirthschaftskasse sein, welche vorgezeigt wurden, mit der Angabe, daß so viel zur Fortsetzung der Wirthschaft und zum Begräbnisse nothwendig sei. Deshalb wurde der Bestand in den Händen des Krautig gelassen. Eine Revision der Getreidebestände und Wirthschaftsgeräthe war nicht möglich, weil darüber nicht Rechnung gehalten worden ist und das größtentheils noch ungedroschene Getreide in den Scheunen nicht nachgezählt werden kann. Deshalb wurde

B. der Speicher oder Getreideboden, nachdem das darauf befindliche Getreide vermessen, wobei sich vorfanden:

100	Hektoliter	Weizen,
50	„	Roggen,
300	„	Hafer,
200	„	Gerste,

durch ein mit dem einen Ende an die Thür und mit dem anderen an den Pfosten gesiegeltes doppeltes Papierband, und

C. die vier Scheunen mittelst eines, durch die Schloßkramme gezogenen und mit beiden Enden an das Scheunenthor gesiegelten Bindfadens versiegelt, nachdem man dem Wirthschaftsinspektor Krautig

1. 40 Hektoliter Hafer,
2. 20 „ Roggen u. s. w. von den Bodenbeständen

zur Verwaltung und Berechnung übergeben.

Ein Inventarium über das vorhandene Vieh und Wirthschaftsgeräth war nicht vorhanden, weshalb mit der Revision und Aufzeichnung vorgegangen werden mußte. Es fanden sich

I. An Pferden:
   1. Vier braune Wagenpferde, englisirt,
   2. ein schwarzes Reitpferd u. s. w.

II. An Rindvieh u. s. w.

Der Wirthschaftsinspektor Krautig wurde angewiesen, die Wirthschaft auf dem bisherigen Fuße bis auf weitere Verordnung fortzusetzen.

Sämmtliche Schlüssel wurden in die, in dem Saale linker Hand vom Eingange stehende leere Kommode gelegt, dieselbe verschlossen und mit einem über das Schlüsselloch des obersten Schubes gelegten, mit einem Ende an den Schub, mit dem anderen an die Platte der Kommode angesiegelten Papierstreifen versiegelt und der Schlüssel dem Inspektor Krautig zur Verwahrung eingehändigt. Demselben wurden noch zur Bekleidung der Leiche

1. ein feines Hemde u. s. w.

überliefert; auch die Betten, worin dieselbe gelegen, und zwar: ein Deckbett u. s. w. zur Reinigung sammt der Bettstelle zur Verwahrung überlassen.

Zum Schlusse wurde dem Inspektor Krautig und dem Bedienten Bald die besondere Aufsicht über die Siegel, und daß sie nicht abgerissen werden, aufgetragen, mit der Anweisung, jede daran wahrgenommene Aenderung dem rc. Gerichte unverzüglich anzuzeigen.

Vorgelesen, genehmigt und vollzogen.

Krautig. Bald.

Geschehen wie oben.

N.

Sekretär, Gerichtsschreiber des Königlichen Amtsgerichts zu X.

196. Entsiegelungs-Protokoll.

A. G. O. II. 5 § 36 ff.; A. G. z. G. V G. § 70. 74. 108. Gesch. Anweisung f. Gerichtsvollzieher § 118.

Vgl. die Vorbemerkung zu Muster 195 (S. 502). Die dort bezeichneten Beamtenkategorien sind auch für die Entsiegelung zuständig; der entsiegelnde Notar bedarf keines Protokollführers.

Muster.

Rittergut Wiesenthal, den 28. April 1884.

Der unterschriebene Gerichtssekretär ist abgeordnet worden, den am 6. d. M. unter Siegel genommenen Nachlaß des verstorbenen Gutsbesitzers Ewald A. zu entsiegeln und dem Königl. Rittmeister A. aus N., welcher sich als Alleinerbe des Verstorbenen legitimirt hat, zu überliefern. Der Unterzeichnete hat sich dazu hierher begeben und den ihm früher schon bekannt gewordenen Herrn Rittmeister A. im herrschaftlichen Hause anwesend gefunden.

Der Wirthschaftsinspektor Krautig übergab den ihm anvertrauten Schlüssel zur Kommode, in welcher sich die Schlüssel befinden, welche, nachdem die an der Kommode befindlichen Siegel für unverletzt anerkannt und darauf abgenommen worden waren, herausgenommen wurden.

Nun wurden mit Zuziehung des Herrn Rittmeisters A. die angelegten Siegel, nach Anleitung des Siegelungsprotokolls vom 6. d. M., untersucht, alle unverletzt gefunden und abgenommen; der solchergestalt entsiegelte Nachlaß aber dem Herrn Rittmeister A. zur freien Verfügung gestellt.

Die nicht unter Siegel genommenen Stücke, mit Ausnahme der verbrauchbaren Sachen, worüber der Wirthschaftsinspektor Krautig seinem neuen Herrn noch Rechnung legen wird, wurden nach der Reihe, wie sie im Siegelungsprotokolle verzeichnet stehen, von dem ꝛc. Krautig dem Herrn Rittmeister A. vorgewiesen, bis auf 10 Schafe, die unterdessen angeblich gestorben sind, und an deren Stelle der ꝛc. Krautig 10 Schaffelle vorwies. Der Herr Rittmeister A. nahm den Nachweis dadurch für geführt an, und quittirte über richtige Ueberlieferung des Nachlasses.

Vorgelesen, genehmigt und vollzogen.

A. Krautig.

Schluß wie bei Muster 195.

197. Inventur-Protokoll.

A. G. O. II. 5 §§ 43 ff. III. 7 § 88. A. G. z. G. V. G. §§ 70. 74; Gesch. Anw. f Ger.-Vollz. § 118.

Inventuren können die Gerichte gleichfalls einem Notar, einem Gerichtsschreiber oder einem Gerichtsvollzieher auftragen. Wird solche durch den Richter vorgenommen, so muß dieser einen Protokollführer zuziehen. Ob der Notar eines Protokollführers bedarf, ist zweifelhaft. A. G. O. II. 5 § 43 und III. 7 § 88 stehen hier mit einander in Widerspruch.

Ueber das Verfahren bei der Inventur des Nachlasses eines Handelsgesellschafters vgl. Beschl. d. K. G. v. 17. Januar 1881 (J. u. K. II. S. 33).[1])

[1]) Wegen der Gerichtsgebühren im Falle bloßer gerichtlicher Niederlegung des Inventars vgl. Beschl. d. K. G. vom 13. November 1882, 12. Februar 1883 und 26. Januar 1885 (J. u. K. III. 199. 201 V. 207).

Muster.

Rittergut Wiesenthal, den 10. Mai 1884.

Auf den Antrag des Rittmeisters A. zu N., als Erben des verstorbenen Rittergutsbesitzers Ewald A. hierselbst, soll der am 6. April d. J. versiegelte Nachlaß des Letzteren gerichtlich inventirt werden, wozu der unterschriebene Gerichtsschreiber abgeordnet worden ist. Der Vorladung gemäß erschienen:

1. der Taxator H. aus N., 51 Jahre alt, evangelisch, nicht verwandt oder verschwägert mit dem Erben, auch ohne alles Interesse bei der Sache,
2. der Gold- und Silberarbeiter A. aus N., 45 Jahre alt, katholisch, nicht verwandt oder verschwägert mit dem Erben und ohne alles Interesse bei der Sache.

   Beide sind ein für allemal als gerichtliche Taxatoren vereidet.[2]) Gegenwärtig war auch
3. der Wirthschaftsinspektor Krautig zugleich mit beiliegender notarieller Vollmacht für den Erben, Rittmeister A. zu N.

In Gegenwart und mit Zuziehung des Letzteren wurde mit der Inventur von Zimmer zu Zimmer vorgeschritten, und es fanden sich folgende Gegenstände:

I. In dem Wohnzimmer rechts des Einganges:

1. ein Schreibsekretär von Birkenholze, taxirt zu			36	Mk.
Darin fanden sich vor:				
a) eine goldene Taschenuhr	"	"	90	"
u. s. w.				
2. eine Kommode von Birkenholze	"	"	24	"
Darin befanden sich				
a) 12 Mannshemden à 3 Mk.	"	"	36	"
u. s. w.				

II. In dem daran stoßenden Schlafzimmer u. s. w.

Nachdem alle im Nachlasse vorgefundenen Effekten vollständig verzeichnet und abgeschätzt worden waren, wurden die Taxatoren, welche das Protokoll genehmigten und unterschrieben,

(Unterschriften.)

entlassen.

Jetzt untersuchte man unter Zuziehung des Wirthschaftsinspektors Krautig die in verschiedenen Behältnissen gefundenen und einstweilen bei Seite gelegten Papiere, und fand darunter:

1. das Dokument über den Erwerb dieses Rittergutes, nämlich einen Kaufvertrag v. 6. August 1850 nebst Hypothekenscheine v. 8. Sept. 1850 wonach der Erblasser das Gut Wiesenthal für 51000 Thlr. erkauft hat;

[2]) Die Taxatoren auf den ein für alle Mal geleisteten Eid mit der Wirkung zu verweisen, daß das Gutachten als beeidet gilt, erscheint der Gerichtsschreiber nicht befugt, weil ihm die Fähigkeit zur Abnahme von Eiden fehlt. Soll eine Beeidigung erfolgen, so muß dieselbe nachträglich durch den Richter geschehen.

2. einen Schuldschein des Gutsbesitzers N. zu X., v. 8. August 1882 über ein Darlehn von 6000 Mk. zu 5 Prozent verzinslich;

3. einen dergleichen u. s. w.

Ueber den Passivzustand des Nachlasses machte der Herr Inspektor folgende Angaben:

1. die Liedlöhner hätten zu fordern u. s. w.

Außerdem fanden sich unter den Papieren folgende unquittirte Rechnungen u. s. w.

Weiter fand sich hier nichts zu vermerken.

Vorgelesen, genehmigt und vollzogen.

Krautig.

Schluß wie bei Muster 195.

Bemerkung.

Aus diesem Protokolle wird das förmliche Inventarium nach folgenden Titeln verfertigt:

Tit. I. An unbeweglichen Gütern und liegenden Gründen.

" II. An Aktivis und ausstehenden Forderungen.

Daß hier nach Anleitung der vorgefundenen Dokumente, Bücher und anderen Nachrichten die Forderungen nicht bloß an Kapital, sondern auch mit Angabe des Zinsfußes und mit Auswerfung der rückständigen Zinsen sowie der laufenden Zinsen bis zum Todestage, aufgeführt werden müssen, versteht sich von selbst. Es gehört aber zur Vollständigkeit auch die Angabe des Entstehungsgrundes (causa debendi).

" III. An baarem Gelde.

" IV. An goldenen, silbernen und anderen Medaillen und seltenen Münzen.

" V. An Juwelen und Kleinodien.

" VI. An Uhren, Tabatieren und anderen kleinen, kostbaren oder künstlichen Stücken.

" VII. An Gold- und Silbergeschirre.

" VIII. An Porzellan.

" IX. An Gläsern.

" X. An Zinn, Kupfer, Metall, Messing, Blech und Eisen.

" XI. An Leinenzeug und Betten.

" XII. An Möbels und Hausgeräthe.

" XIII. An Kleidungsstücken.

" XIV. An Wagen und Geschirre.

" XV. An Pferden.

" XVI. An allerhand Vorrathe zum Gebrauche.

" XVII. An Vorrath und Waaren zum Verkaufe und Handel.

" XVIII. An Gemälden, Zeichnungen, Kupferstichen und mathematischen Instrumenten und Gewehren.

" XIX. An Büchern und Manuskripten.

Von großen Büchersammlungen verfertigt man einen besonderen Katalog als Beilage zum Inventario, und rückt in dasselbe, hier unter diesem Titel, nur die Summe des Betrages ein.

" XX. An Briefschaften und Dokumenten.

" XXI. An Passivis und Schulden.

Recapitulatio.

Tit. I. pag. u. s. w. bis XX.	—	—
Summa Summarum.	—	—
Hiervon ab. Tit. XXI.	—	—
Verbleibt Summa des Nachlasses	—	—

198. Erbeslegitimation.

A. L. R. I. 9 §§ 482 ff. Ges. v. 12. März 1869 (G. S. S. 473).
Koch II. §§ 865. 868; Dernburg III. § 228 S. 658; Förster-Eccius IV. § 261 S. 544; Fischer § 122 S. 652.

Die eidesstattliche Versicherung zum Behufe der Erbeslegitimation konnte früher nur gerichtlich abgegeben werden. Seit d. Gesetz v. 12. März 1869 kann die Abgabe auch zu notariellem Protokoll erfolgen; dagegen genügt weder die Unterschriftsbeglaubigung noch die Anerkennung einer Privatschrift dem Inhalte nach.[2]) Die Abgabe durch einen Spezialbevollmächtigten wird — gegen das Wesen der Versicherung an Eidesstatt — in der Praxis für zulässig erachtet.[3])

Muster.

a.

Eingang. Erbeslegitimationserklärung.

. . . erscheinen . . .

1. der Rentier Friedrich Ackermann,
2. die Frau Auguste, geb. Ackermann, Ehefrau des Rittergutsbesitzers Christoph Ahlemeyer,
3. das Fräulein Beate Auguste Buchholz,

sämmtlich von hier und erklären:

Wir versichern hiermit an Eidesstatt, das uns andere gleich nahe oder nähere Erben des am 5. März d. J. hierselbst verstorbenen Kaufmanns Bruno Ackermann nicht bekannt sind, als:

I. dessen vollbürtige Geschwister, nämlich wir, die Erschienenen Friedrich Ackermann und Auguste Ahlemeyer,

---

[1]) Beschl. d. K. G. v. 8. November 1880 (J. u. K. II. 32).

[2]) Vgl. zu § 22 Not. Ges. Anm. 5 a. E. (S. 104).

[3]) Vgl. hierüber oben zu Muster 99 Anm. 1 (S. 315.) Im Uebrigen sind aus der Rechtsprechung d. K. G. bei J. u. K. zu vergleichen:

wegen der örtlichen Zuständigkeit: I. 25; II. 30;

wegen der Unzuständigkeit des Nachlaßgerichts zur Ausdehnung der Erbbescheinigung auf die Erbeserben: IV. 48;

wegen der Legitimation zum Antrage: III. 33; V. 41; VI. 13; s. aber auch Zw. Ges. §§ 6. 14. 139.

wegen des Erbrechts der unehelichen Mutter in den Nachlaß ihrer ehelich erzeugten Enkel: VI. 23;

wegen des Erbrechts der Mönche und Nonnen: VI. 26;

wegen der Intestatbeerbung des überlebenden Ehegatten, falls der von beiden Ehegatten ernannte gemeinschaftliche fideikommissarische Substitut nach dem einen aber vor dem andern der Ehegatten stirbt: V. 45;

wegen der Nichtverpflichtung des Richters, im Erbeslegitimationsverfahren die Interessenten zu Terminen vorzuladen: IV 51,

wegen der Befugniß des Richters, weitere Beweise zu erfordern und wegen der Anwendbarkeit der allgemeinen Regeln über die Beweislast: IV. 52; V. 42;

wegen des Einflusses eines Rechtsirrthums in der Erbeslegitimationserklärung: III. 36;

wegen Berichtigung ertheilter Erbbescheinigungen: VI. 16 u. 23.

wegen der Kosten des Erbeslegitimationsverfahrens: IV. 218.

Vgl. auch noch die folgende Anm. 6.

II. dessen Nichte, die miterschienene Beate Auguste Buchholz als die einzige Tochter einer vor ihm verstorbenen Schwester Karoline, verehelicht gewesenen Kanzleirath Otto Buchholz aus Breslau, indem nämlich ein noch ferner vorhandener Bruder, der Justizrath Franz Ackermann hierselbst der Erbschaft rechtzeitig mittels gerichtlicher Erklärung vom 16. März d. J. entsagt hat.

Wir versichern ferner an Eidesstatt, daß wir nicht wissen, daß der Erblasser eine letztwillige Verfügung hinterlassen hat.[4])

Schluß.

b.

Erbbescheinigung.

Von dem unterzeichneten Gerichte wird hierdurch bescheinigt, daß als die alleinigen Erben des hierselbst ohne letztwillige Verfügung[5]) am 5. März 1887 verstorbenen Kaufmanns Bruno Ackermann sich legitimirt haben und zwar:

1. dessen vollbürtiger Bruder, der Rentier Friedrich Ackermann hierselbst.
2. dessen vollbürtige Schwester Auguste, geborene Ackermann, Ehefrau des Rittergutsbesitzers Christoph Ahlemeyer hierselbst.[6])
3. die eheliche Tochter einer vor ihm verstorbenen Schwester Karoline, verehelicht gewesenen Kanzleirath Otto Buchholz aus Breslau, Namens Beate Auguste Buchholz, gleichfalls hierselbst wohnhaft.[7])

Datum, Siegel und Unterschrift.

---

[4]) Ist eine letztwillige Verfügung vorhanden, so muß der Erbe sie erwähnen, auch wenn sie nur Vermächtnisse enthält. § 5 des Ges. v. 12. März 1869.

[5]) Im Falle der Anm. 4 heißt es:

„des hierselbst ohne testamentarische Erbeseinsetzung, jedoch unter Hinterlassung einer bei hiesigem Gerichte niedergelegten letztwilligen Verfügung vom . . .“

[6]) Der entsagende Bruder wird in der Erbbescheinigung gar nicht erwähnt. Der Nachlaßrichter hat die Verpflichtung, sich darüber schlüssig zu machen, ob und mit welcher Wirkung eine Erbschaftsentsagung stattgefunden hat und demgemäß die Erbbescheinigung lediglich auf diejenigen Erben auszustellen, welche die Erbschaft wirklich erworben haben. Beschl. d. K. G. v. 11. März 1884 (J. u. K. IV. 53).

[7]) Würde dieselbe die Erbschaft verkauft haben, so hätte die Erbbescheinigung zu lauten:

„3. an Stelle der ehelichen Tochter einer vorverstorbenen Schwester, nämlich des Frl. Beate Auguste Buchholz hierselbst, deren Erbschaftskäufer der u. s. w.“

Wegen Fassung der Erbbescheinigungen im Falle der Gütergemeinschaft vgl. Johow V. 31.

199. Partielle Erbbescheinigung nach § 8 des Ges. v. 12. März 1869.[1])

Nachdem der eingetragene Eigenthümer des Hauses Nr. 136 am Ringe hierselbst — Blatt Nr. 214 des Grundbuchs — Rentier August Fürbringer zu Wien, welcher in Preußen keinen ordentlichen Gerichtsstand hatte, am 14. Januar 1887 ohne letztwillige Verfügung verstorben ist, so bescheinigt das unterzeichnete Gericht, daß dessen Sohn und alleiniger gesetzlicher Erbe Bankier Karl Fürbringer zu Wien sich als zur Verfügung über das gedachte Grundstück berechtigt legitimirt hat.

Datum, Siegel und Unterzeichnung.

— Bescheinigung zum Zwecke der Verfügung über Staatsschuldbuchforderungen s. bei Muster 115 S. 340.

200. Ergänzungsbescheinigung bei unbestimmten letztwilligen Verfügungen.[1*])

Ges. v. 12. März 1869 § 9.

Das unterzeichnete Gericht bezeugt hierdurch mit Bezug auf das Testament des Rentiers Georg Caspar Adam hierselbst vom 10. April 1884[2]) — publizirt am 4. Mai 1887 — daß folgende Personen:

1. die minderjährige Wilhelmine Dorothea Herblich zu G., geboren den 5. Juli 1872,
2. der minderjährige Otto Friedrich Herblich zu G., geboren den 24. Oktober 1877

ihre Identität mit den in dem vorgedachten Testament unter Nr. VII zu b der Sara Susanna Adam für den Fall ihres Versterbens in der Unmündigkeit substituirten Kindern der Clementine verehelichten Gutsbesitzer Herblich nachgewiesen haben.

Datum, Siegel und Unterzeichnung.

201. Muster einer Verhandlung über die Erbeslegitimation, Erbeserklärung und Erbtheilung[1**]) in geringfügigen Nachlaßsachen.

Vgl. die Vorbem. zu Muster 198 u. 203. (S. 510. 516.)

Muster.

Eingang.

In der Häusler Karl Berglauf'schen Nachlaßsache von Kunzendorf steht zur Erbtheilung heute Termin an.

---

[1]) Vgl. über die Zuständigkeit für diese Bescheinigung J. u. K. IV. 48. 50, VI. 18; über den Nachweis des ausländischen Rechts ebenda III. 34.

[1*]) Das K. G. hat angenommen, daß der Fall einer solchen Ergänzungsbescheinigung auch dann vorliegt, wenn Abkömmlinge eingesetzter Descendenten auch ohne eine bezügliche testamentarische Anordnung, lediglich kraft des § 443 II. 2 A. L. R. in die Rechte ihres parens eintreten. Beschl. v. 9. Oktober 1883 (J. u. K. IV. 56); wegen des sonstigen Umfanges der Ergänzungsbescheinigung vgl. Beschl. v. 4. Januar 1886 (J. u. K. VI. 22).

[2]) Vgl. Muster 175 S. 472 zu VII.

[1**]) Einen ausführlichen Erbrezeß s. bei Muster 203. (S. 516.)

In demselben erschienen:

1. die Wittwe Elisabeth Berglauf, geborene Hauland,
2. der Gärtner Christian Liebrecht, als Vormund[2]) der drei Geschwister Berglauf, Namens 2c.

Beide aus Kunzendorf.

Die Erschienenen sind dem Richter von Person bekannt, und gegen ihre Verfügungsfähigkeit findet sich nichts zu erinnern.

Die Erschienenen erklären:

Der Erblasser Karl Berglauf hat mit seiner jetzigen Wittwe Elisabeth Berglauf in erster Ehe gelebt. Derselbe ist zu Kunzendorf am 1. Februar 1884 ohne letztwillige Disposition verstorben, und hat zu seinen alleinigen Erben seine erwähnte Wittwe und die vorhin genannten, in der Ehe mit derselben erzeugten, drei Kinder hinterlassen.

Daß vorstehender Vortrag richtig ist, und uns außer den genannten Personen weiter keine anderen gleich nahen oder näheren Erben des Erblassers bekannt sind, versichern wir hierdurch an Eidesstatt.[3])

Der Wittwe Berglauf wurde darauf eröffnet, daß es auf ihre Erklärung ankomme, ob sie die zugefallene Erbschaft mit oder ohne Vorbehalt der Rechtswohlthat des Inventarii antreten wolle. Letzterenfalls, nämlich bei der Erbesantretung ohne Vorbehalt, sei der Erbe verpflichtet, die vorhandenen Nachlaßschulden als Selbstschuldner zu berichtigen, wenn auch der Nachlaß hierzu nicht hinreiche oder nicht bald in Geld umzusetzen gehe. Im ersteren Falle, wenn der Erbe die Erbschaft nur mit Vorbehalt antrete, sei er zwar, wenn er binnen sechs Monaten nach Ablauf der Ueberlegungsfrist von sechs Wochen nach erhaltener Wissenschaft von dem Erbanfalle, ein vollständiges Inventarium über den Nachlaß eingereicht hätte, nur gehalten, den Nachlaßgläubigern so weit gerecht zu werden, als der Nachlaß dazu hinreiche, er sei aber verpflichtet, den Gläubigern auf Erfordern über die Verwaltung des Nachlasses Rechnung zu legen und den Nachlaß zu ihrer Befriedigung zu verwenden, endlich auch die Gläubiger nach der gesetzlichen Folgeordnung ihrer Forderungen zu befriedigen.

---

[2]) Die Verpflichtung des Vormundes bewirkte man früher in derselben Verhandlung, wie man denn überhaupt die gesammte Nachlaßregulirung in den Vormundschaftsakten verhandelte. Seit der V. O. vom 5. Juli 1875 werden indessen die Funktionen des Vormundschaftsrichters von denen des Nachlaßrichters korrekter Weise getrennt gehalten. Die Verpflichtung des Vormundes muß deshalb, wenn sie noch nicht geschehen ist, in besonderer Verhandlung erfolgen (s. Muster 169 S. 457), die zu den Vormundschaftsakten genommen wird. Vgl. hierüber Kurlbaum im J. M. Bl. 1875 S. 250. Neuerdings ist für die frühere Verbindung wieder eingetreten: Dernburg-Schultzenstein S. 481 f. u. Anm. 6. Die Trennung ist indessen vorzuziehen, weil nur sie in jedem Einzelakt klar erkennen läßt, ob der Richter als Vormundschafts- oder als Nachlaßrichter handelt.

[3]) Wenn bloßes Mobiliar zu theilen ist, können sich die Erben auch ohne Erbeslegitimationserklärung auseinandersetzen und die Kosten der letzteren (Ges. vom 1. Mai 1865 § 3) sparen.

Der Wittwe Berglauf wurde auch bedeutet, daß, wenn das vollständige Inventarium nicht in der bestimmten Zeit eingereicht werde, dieses die Folge habe, daß sie wie ein Erbe ohne Vorbehalt die Nachlaßschulden aus eigenen Mitteln bezahlen müßte, wenn auch der Nachlaß nicht zureiche; ferner, daß zwar derjenige, der eine Erbschaft nur mit Vorbehalt angetreten habe, nachher dieselbe unbedingt antreten und nachträglich der Rechtswohlthat des Inventarii entsagen könne, daß aber die Erklärung, die Erbschaft unbedingt antreten zu wollen, nur bis zum Ablaufe der gesetzlichen Ueberlegungsfrist, jedoch nur gerichtlich, später aber nicht mehr widerrufen werden könne.[4])

Die Wittwe Berglauf erklärte hierauf:

> Ich habe die mir gemachte Bedeutung wohl verstanden und trete die Erbschaft mit dem Vorbehalt der Rechtswohlthat des Inventariums an.

Die gleiche Erklärung gab der Vormund Liebrecht Namens seiner Mündel ab.

Die Wittwe Berglauf hat ein Verzeichniß über den Nachlaß bereits zur Stelle gebracht und übergiebt dasselbe. Das Verzeichniß wird mit den Erschienenen durchgegangen und vom Vormund für richtig angenommen.

Die zu theilende Masse beträgt nach Abzug der Schulden . . . Mk. . . . Pf. Hiervon erhält die Wittwe Berglauf ein Viertel mit . . . . Mk. . . . Pf., und die anderen drei Viertel fallen den drei Kindern zu, so daß jedes derselben ein Vatererbe von . . . . Mk. . . . Pf. erhält. Zur Ausführung der Theilung schließen die Erschienenen folgenden Erbvergleich:

§ 1.

Der Vormund überläßt den ganzen im Inventarium verzeichneten beweglichen und unbeweglichen Nachlaß und namentlich das darunter begriffene, zu Kunzendorf belegene Grundstück — Blatt 14 des Grundbuchs — dessen Hypothekenwesen vollständig regulirt ist, der Wittwe Berglauf für die Taxe von . . . . Mk., was dieselbe annimmt.

§ 2.

Dagegen verpflichtet sich die Wittwe Berglauf, das Erbtheil ihrer drei Kinder einem jeden derselben bei der Großjährigkeit oder Errichtung einer eigenen Wirthschaft mit . . . . Mk. auszuzahlen, bis dahin aber mit 5 Prozent zu verzinsen.

§ 3.

Nach dem Inventarium sind . . . . Mk. . . . Pf. Nachlaßschulden vorhanden. Die Verpflichtung, solche allein zu berichtigen,

---

[4]) Daß dieses Alles dem Erben bekannt gemacht und deutlich erklärt, auch wie solches geschehen, zum Protokoll vermerkt werden soll, schreibt die A. G. O. II. 5, § 2 vor; doch hat diese Vorschrift nur die Bedeutung einer Dienstinstruktion, ohne daß dies auf die Rechte und Verbindlichkeiten des Erklärenden von Einfluß ist. An den Vormund hat die Belehrung nicht zu ergehen, denn dieser ist zur Erbschaftsantretung ohne Vorbehalt überhaupt nicht befugt. V. O. § 50.

übernimmt die Wittwe Berglauf mit dem Versprechen, binnen drei Monaten entweder die Berichtigung nachzuweisen oder die Befreiung der Kinder zu bewirken.

§ 4.

Zur Versicherung der in §§ 2 und 3 übernommenen Verbindlichkeiten verpfändet die Wittwe Berglauf den Kindern das ihr überlassene Grundstück und wird bei der Auflassung dafür Hypothek bestellen.

§ 5.

Hiermit erklären sich die Wittwe und der Vormund beiderseits, der Letztere mit Vorbehalt der Genehmigung des Vormundschaftsgerichts, zufrieden.

§ 6.

Die Kosten der Nachlaßregulirung[5]) übernimmt die Wittwe allein.

Beide Theile bitten:

den Erbvergleich Seitens des hiesigen Gerichts als Vormundschaftsgerichts zu genehmigen und alsdann eine Ausfertigung desselben mit dem Genehmigungsvermerk [und einer Ermächtigung zur Auflassung für den Vormund],[6]) sowie einer Erbbescheinigung nach Karl Berglauf zu den Grundakten von Blatt Nr. 14 von Kunzendorf zu geben. Beide Erschienenen werden sich auf erhaltene Nachricht hiervon binnen zwei Wochen vor dem Grundbuchrichter zur Auflassung einfinden.

Schluß.

202. Auseinandersetzungsattest zum Behufe der Wiederverheirathung.

A. L. R. II. 1 § 18; II. 2 § 187 mit Anh. § 89. V. O. § 95; Personenstandsgesetz vom 6. Februar 1875 § 38.

Dernburg III. § 16 S. 53; Förster-Eccius IV. § 203 S. 20; Fischer § 93 S. 514.

Die Ertheilung dieses Attestes steht dem für die Kinder kompetenten Vormundschaftsgericht zu. Hat die Auseinandersetzung bereits stattgefunden, so kann übrigens der für die Eheschließung erforderliche Nachweis auch durch Vorlegung des Erbrezesses geführt werden. In keinem Falle ersetzt das Auseinandersetzungsattest den Dispens vom Ehehinderniß der gesetzlichen Wartezeit. Siehe hierüber oben zu Muster 156 S. 426.

Muster.

Das unterzeichnete Königliche Amtsgericht bezeugt hiermit, daß der Wiederverheirathung der Wittwe Elisabeth Berglauf geborenen Hauland zu Kunzendorf in Rücksicht auf die Abfindung ihrer minderjährigen Kinder aus der ersten Ehe mit dem Häusler Karl Berglauf kein Hinderniß entgegensteht.

Datum, Siegel und Unterzeichnung.

---

[5]) Vgl. wegen der Kosten bei Auseinandersetzungen zwischen dem überlebenden Ehegatten und den Kindern Beschl. d. K. G. v. 20. März 1882 u. 28. Januar 1884 (J. u. K. III. 204; V. 209).

[6]) Einzelne Gerichte erfordern eine solche besondere Ermächtigung; es bedarf deren Angesichts der Genehmigung des Erbvergleiches indessen nicht. Beschl. d. K. G. v. 17. Januar 1881 (J. u. K. II. 99).

203. Erbtheilung mit ausführlichem Erbrezeß.

A. L. R. I. 17. §§ 117 ff. A. G. O. I. 46. §§ 7 ff. V. O. § 43.
Koch § 879; Dernburg III § 245. S. 711; Förster-Eccius IV § 273 S. 640.
Fischer § 123 S. 672.

Die Erbtheilung kann privatschriftlich erfolgen; wählen die Interessenten die gerichtliche Abschließung, so sind sie dabei an kein bestimmtes Gericht gebunden; jeder Richter der freiwilligen Gerichtsbarkeit ist — ebenso wie jeder Notar — gehalten, den vor ihm erscheinenden Parteien wie alle sonstigen Akte, so auch einen von ihnen verlautbarten Erbtheilungsvertrag aufzunehmen. Neben dieser Art der Abschließung regelt aber der Titel 46. Th. I. der A. G. O. noch ein besonderes lediglich vor den zuständigen Nachlaßrichter gewiesenes Verfahren, welches, insoweit es nicht die streitige Gerichtsbarkeit betrifft, noch jetzt fortbesteht und dazu dient, den Parteien den komplizierten Akt der Erbtheilung durch richterliche Mitwirkung thunlichst zu erleichtern[1]). Dem Nachlaßrichter liegt deshalb noch jetzt ob, Anträge der Miterben auf Nachlaßregulirung anzunehmen[2]), vom Erbschaftsbesitzer daraufhin ein Inventarium zu erfordern, die Interessenten des Verfahrens zu Terminen vorzuladen, die Streitpunkte zu ermitteln und deren gütliche Beilegung zu versuchen und schließlich nach den vereinbarten Grundsätzen den Erbrezeß anzufertigen und den Parteien zur Vollziehung vorzulegen, auch im ganzen Verfahren die Erklärungen entfernt wohnender Interessenten nöthigenfalls durch einen ersuchten Richter einzuholen. Zwangsmaßregeln stehen dem Nachlaßrichter dagegen nicht mehr zu; vielmehr muß dieserhalb überall die Klage gegen den sich Weigernden oder Säumigen erhoben werden[3]). Nach Beendigung des Rechtsstreits wird geeignetenfalls das Verfahren vor dem Nachlaßrichter wieder fortgesetzt.

Die vorstehenden Grundsätze erleiden auch im Falle der Betheiligung von Minderjährigen keine Aenderung; nur bedarf der Vormund zum Abschlusse der Erbauseinandersetzung, nicht aber zum Antrage auf Einleitung des Verfahrens, der Genehmigung des Vor-

---

[1]) Vgl. Beschl. d. K G. v. 10. Mai 1886 (J. u. K. VI. 29).

[2]) Ueber die Frage, ob der im Testament ausgeschlossene Pflichttheilsberechtigte zum Antrage legitimirt ist, hat das K. G. widersprechend entschieden. Bejahend: der Beschluß in Anm. 1; verneinend: Beschl. v. 9. October 1882 (ebda. III. 38). Ueber die Rechtsstellung derjenigen Pflichttheilserben, denen im Testament der Pflichttheil zugewendet ist vgl. Beschl. v. 26. November 1883 u. 11. März 1884 (J. u. K. IV. 134. 136).

Wegen Ueberweisung des Theilungsanspruches an einen Gläubiger vgl. Beschl. v. 20. Juni 1881 (J. u. K. III. 39).

[3]) Vgl. den Beschl. in Anm. 1; s. auch Vierhaus A G. O. Vorbem. zu I 46; für weitergehende Befugnisse des Nachlaßrichters: Basch S. 88.

mundschaftsgerichts. Mit der Erbtheilung selbst ist der Vormundschaftsrichter als solcher nicht befaßt[4]).

Der Akt der Erbtheilung muß enthalten:

1. die Feststellung der Theilnehmer, d. i. der Erben,
2. die Bezeichnung des zu theilenden Gegenstandes, d. i. die Ausmittelung und Feststellung der Erbschaft,
3. die zur Anwendung kommenden Grundsätze und die Theilung nach denselben,
4. die Ueberweisung der Theile an die Einzelnen.

Muster.

Eingang.

In der N.N.'schen Erbtheilungssache erschienen in dem heutigen Auseinandersetzungstermine:

1. der Königl. Hauptmann N.N.,
2. die Frau Beate, verehelichte Tuchfabrikant G., geborene N. N., im Beistande ihres Ehemannes, des Tuchfabrikanten Karl G.,
2. der Kandidat des Predigtamts, Ferdinand N. N.,

sämmtlich von hier, persönlich bekannt und geschäftsfähig.

Nachdem mit diesen Interessenten das Testament des Erblassers und das von der Frau G. beigebrachte Inventarium des zu theilenden Nachlasses durchgegangen und über die zur Anwendung zu bringenden Theilungsgrundsätze Verhandlungen gepflogen waren, kam folgender Erbtheilungsrezeß zu Stande.

§. 1.

Der am 1. Juni d. J. verstorbene hiesige Bürger N.N. hat in seinem nachgelassenen, am 25. Juni d. J. publizirten Testamente seine drei Kinder, nämlich:

1. den Königl. Hauptmann N. N.,
2. die Frau Beate verehelichte Tuchfabrikant G.,
3. den Kandidaten des Predigtamts, Ferdinand N. N.

zu seinen Erben berufen, dergestalt, daß die beiden Letzteren, und zwar die Frau Beate G. mit Rücksicht auf die ihr gegebene reichliche Ausstattung, und der Kandidat Ferdinand N. N. mit Rücksicht auf die ihm gewährten sehr bedeutenden Studien- und Reisekosten, nur den Pflichttheil erhalten sollen. Die drei Erbinteressenten sind einverstanden, daß diese beiden Pflichttheile nach den Grundsätzen des Allgemeinen Landrechts zu bestimmen sind.

§. 2.

Die Verlassenschaft enthält nach dem eingereichten Inventarium, gegen welches keine Erinnerungen gemacht werden, Folgendes:

Tit. I. An unbeweglichen Gütern und liegenden Gründen:

1. das hierselbst am Ringe belegene, im Grundbuche unter Nr. 150 verzeichnete Haus, welches der Verstorbene mittelst

---

[4]) Vgl. zu Muster 201 Anm. 2 (S. 513).

Vertrages vom 8. August 1862 für 3000 Thl. = 9000 Mk. erkauft hat; die Erben haben dasselbe unter sich ausgeboten, und die Frau Beate G. will dasselbe für das letzte Gebot von . . . . 12000 Mk. annehmen;

2. ein Garten vor dem Wiesenthore, unter No. 800 des Grundbuchs, welcher derselben für . 1500 „ überlassen wird.

Tit. II. An ausstehenden Forderungen:

1. eine Darlehnsforderung von . . . . . . 3000 „ an den Hausbesitzer N., aus dem Schuldscheine vom 6. August 1878, zu 5 Prozent Zinsen, welche seit dem 6. August d. J. bis heute mit . . . . 30 „ mit zur Theilung kommen;

2. eine auf dem Hause des Bürgers N. hierselbst Nr. 88 in Abth. III Nr. 1 aus der Schuldverschreibung des Besitzers vom 8. September v. J., eingetragene Hypothekenforderung von . 9000 „ zu 5 Prozent verzinslich, nebst den laufenden Zinsen vom 1. Januar d. J. bis heute mit . 150 „

3. drei Stück im Gewahrsame des Hauptmanns N. N. befindliche 4%ige schlesische Pfandbriefe, Lit. A. à 3000 Mk., welche mit Aufgeld und anklebenden Zinsen bis heute zu . . . . . 9300 „ angenommen werden;

4. Staatsschuldscheine der 3½%igen konsolidirten Staatsanleihe und zwar:

Lit. A.	No.	6780	über	3000	Mk.
Lit. A.	„	81700	à	3000	„
Lit. A.	„	62381	à	3000	„
Lit. B.	„	115800	à	1500	„
Lit. B.	„	71007	à	1500	„
		zusammen	über	12000	Mk.,

welche zum Nennwerthe und mit den Zinsen bis heute auf . . . . 12480 „ angenommen werden, und sich in den Händen des Hauptmanns N. N. befinden.

Tit. III. An baarem Gelde . . . . 7620 „ welche im Gewahrsame der Frau Beate G. sich befinden.

Tit. IV. An Pretiosen und Kleinodien . . 900 „ welche unter den Erben in Natur zu gleichen Theilen getheilt sind.

Alle sonst noch nach dem Inventarium im Nachlasse vorhanden gewesenen Gegenstände sind durch Auktion, laut

Uebertrag 55980 Mk.

	Uebertrag		55980 Mk.
Verzeichnisses vom 6. v. M., für verkauft worden, und die Auktionsgelder hat der Hauptmann N. N. an sich genommen.			1920 „
Dieses zusammen macht			57900 Mk.
Schulden sind:			
1. die von der Frau Beate G. vorgestreckten Begräbnißkosten, welche die Miterben auf anerkennen;		600 Mk.	
2. eine am 1. k. M. fällige Wechselschuld an den Kaufmann Z. im Betrage von aus dem Wechsel vom 1. Juli d. J.		3000 „	
3. An Kosten werden abgerechnet.		300 „	
Nach Abzug dieser			3900 „
bleiben zu theilen			54000 Mk.

§. 3.

Der Pflichttheil beträgt, da drei Kinder sind, die Hälfte desjenigen, was das Kind erhalten haben würde, wenn die gesetzliche Erbfolge stattgefunden hätte. Die gesetzliche Erbportion würde in dem vorliegenden Falle für jedes der drei Kinder 18000 Mk. betragen haben, folglich beträgt der Pflichttheil eines jeden der beiden darauf eingesetzten Kinder Neuntausend Mk., und die übrigen Sechsunddreißigtausend Mk. erhält der Hauptmann N. N.

§ 4.

Die Abfindung geschieht wie folgt:			
Der Hauptmann N. N. soll erhalten			36000 Mk.
Darauf werden ihm angewiesen:			
1. die in seinem Gewahrsame befindlichen drei Stücke Schlesischen Pfandbriefe, zusammen über		9300 Mk.	
2. die in seinem Gewahrsame befindlichen fünf Stück Staatsschuldscheine über		12480 „	
3. die auf dem Hause des Bürgers N., Nr. 88, aus der Schuldverschreibung vom 8. September v. J. eingetragenen 9000 Mk. nebst den Zinsen seit 1. Januar d. J. im Gesammtbetrage von wobei er zugesteht, die Hypothekenurkunde bereits erhalten zu haben;		9150 „	
	Uebertrag	30930 Mk.	
	Uebertrag		36000 Mk.

Uebertrag 36000 Mk.

Uebertrag 30930 Mk.

4. die bereits in Natur erhaltenen Pretiosen an Werth . . . . 300 „
5. die in Empfang genommenen Auktionsgelder mit . . . . 1920 „
6. von den im Gewahrsame der Frau Beate G. befindlichen baaren Geldern 2850 „

Dieses macht . . . . . 36000 „

II. Der Predigtamts-Kandidat N. N. soll erhalten . . 9000 „

Darauf hat er den dritten Theil der Pretiosen mit . . . . 300 Mk.
erhalten und angewiesen werden ihm:

1. die Darlehnsforderung an den Hausbesitzer N., aus dem ihm schon eingehändigten Schuldscheine vom 6. August 1878, an Kapital und Zinsen im Betrage von . . . . 3030 „
2. an die Frau Beate G. . . . . 5670 „

wodurch er mit den ihm zukommenden . . . . . 9000 „
abgefunden ist.

III. Die Frau Beate G. geborene N. N. soll erhalten:

1. ihr Vatererbe mit . . . . 9000 „
2. an ausgelegten Begräbnißkosten . . . . . . 600 „
3. Deckung auf die Wechselschuld an den Kaufmann Z. von . . . . 3000 „
deren Berichtigung sie übernimmt;
4. die auf Kosten ausgesetzten und zu verrechnenden 300 „

zusammen 12900 Mk.

Darauf werden ihr:

1. Die in Natur erhaltenen Pretiosen zum Werthe von . . . . 300 Mk.
angerechnet;
2. die beiden Grundstücke, und zwar:
   a) das am Ringe belegene Haus unter Nr. 150 des Grundbuchs, für den Preis von . . . . . 12000 „
   b) der Garten vor dem Wiesenthore, unter Nr. 800 des Grundbuchs, für den Preis von . . . . . 1500 „

zum alleinigen Eigenthume überlassen, wobei von allen Erbinteressenten anerkannt wird, daß sie bereits in den ausschließlichen Besitz gesetzt worden; die Auflassung soll binnen acht Tagen erfolgen;

Uebertrag 13800 Mk.

Uebertrag 12900 Mk.

Uebertrag 13800 Mk.

3. die in ihrem Gewahrsame befindlichen baaren Gelder mit . . . . 7620 „

in Rechnung gebracht.

Sie hat mithin erhalten . . . . 21420 „

Da sie nun . . . . 12900 „

zu beanspruchen hat, so muß sie . . . . 8520 Mk.

herausgeben und zwar:

1. an den Hauptmann N. N. . . . . 2850 Mk.
2. an den Kandidaten Ferdinand N. N. 5670 „

Dieses sind . . . . . . 8520 „

§ 5.

Die beiden Gebrüder N. N. kreditiren ihrer Schwester diese Erbgelder, und die Frau G., geb. N. N., verspricht, dieselben nach sechsmonatiger Kündigung auszuzahlen und bis dahin dem Hauptmanne N. N. die ihm schuldigen Zweitausend Achthundert und Fünfzig Mark mit vier Prozent in jährlichen Raten, und dem Predigtamtskandidaten Ferdinand N. N. die ihm schuldigen Fünftausend Sechshundert und Siebzig Mark mit Fünf Prozent in vierteljährigen Raten zu verzinsen. Sie bestellt ihnen zur Sicherheit wegen Kapitals und der erwähnten Zinsen, mit den beiden ihr aus der Erbschaft überwiesenen Grundstücken Hypothek und wird bei der Auflassung die diesbezügliche Eintragungsbewilligung ertheilen.

§ 6.

Hinsichtlich der Verwaltung der Erbschaft seit dem Todestage bis heute erklären die Interessenten, sich bereits mit einander abgefunden zu haben, so daß dieserhalb keinerlei Nachforderung weiter stattfindet.

Die Interessenten bitten:

diesen Erbrezeß für jeden Theil auszufertigen.

Schluß.

204. Bescheinigung zum Zwecke der Umschreibung von Nachlaßforderungen.

G. B. O. § 40.

Diese Bescheinigung kann nur von dem zuständigen Nachlaßrichter nach vorausgegangenem Nachlaßregulirungsverfahren (s. die Vorbem. zu Muster 203) ertheilt werden.

Muster.

In der Nachlaßsache des hierselbst verstorbenen Bürgers Christoph N. N. wird hiermit bescheinigt, daß bei der Theilung des Nachlasses die für den Erblasser auf dem Hause des Bürgers N. hierselbst Nr. 88 des Grundbuchs in Abth. III Nr. 1 eingetragene Hypothekenforderung von neuntausend Mark mit den Zinsen seit 1. Januar 1887 dem Hauptmann N. N. hierselbst übereignet worden ist.

Datum, Siegel und Unterzeichnung.

K. Urkunden zu prozessualen Zwecken.

In dieser Gruppe gelangen diejenigen Rechtsgeschäfte zur Darstellung, deren materieller Inhalt sich nach dem Prozeßrechte entscheidet, während ihre Errichtung außerhalb des Prozesses und, soweit die öffentliche Form in Frage kommt, in den Formen der nicht streitigen Gerichtsbarkeit geschieht. Der Zwangsvergleich, auf den letzteres Moment nicht zutrifft, ist aus Zweckmäßigkeitsgründen hier mit aufgenommen worden.

205. Vereinbarung über die Zuständigkeit der Gerichte.

C. P. O. §§ 38. 40.

Eine solche Vereinbarung kann entweder für einen bestimmten, schon vorliegenden Streit oder vorsorglich für künftig entstehende Rechtsstreitigkeiten getroffen werden. In letzterer Art ist die Vereinbarung gewöhnlich Gegenstand einer Nebenbestimmung in einem anderweit abgeschlossenen Vertrage. Das nachfolgende Formular ist für Fälle der ersteren Art bestimmt. Die Form des Abschlusses ist die allgemeine Vertragsform. — Die Vereinbarung kann sich immer nur auf ein erstinstanzliches Gericht beziehen.

Muster.

Der Schriftsteller Otto Hohenwarth zu Erfurt und der Verlagsbuchhändler Emil Neuenburg zu Gotha sind aus Anlaß des zwischen ihnen bestehenden Vertrages über den Verlag der Hohenwarth'schen Schrift: „Die Kultur des 19. Jahrhunderts" in einen Rechtsstreit gerathen, indem der erstere wegen behaupteter vertragswidriger Art der Ausübung des Verlagsrechtes einen Entschädigungsanspruch von dreitausend Mark erhebt. Da bei Entscheidung des betreffenden Rechtsstreits mehrfach komplicirtere buchhändlerische Verhältnisse in Betracht kommen, deren sachverständige Beurtheilung sich am leichtesten und kürzesten an einem Orte mit ausgedehntem Buchhandel bewirken läßt, so kommen beide Theile hierdurch überein, daß für die Entscheidung des betreffenden Rechtsstreits das Landgericht zu Leipzig ausschließlich[1]) zuständig sein soll. Die Zuständigkeit des Landgerichts soll übrigens auch in dem Falle eintreten, wenn Herr Hohenwarth dazu schreiten sollte nur einen Theilbetrag der Entschädigungssumme von 300 Mk. oder weniger einzuklagen.

Schluß.

206. Prozeßvollmacht.

C. P. O. §§ 76—85; Zw. Ges. § 65.

Vgl. die Vorbemerkung zum Abschnitt „Vollmacht" S. 312. Die Vollmacht muß schriftlich ertheilt und, sofern sie nicht an sich

[1]) Man kann eine Vereinbarung auch in der Art schließen, daß das gewillkürte Gericht nur zur Auswahl des Klägers neben dem sonst gesetzlich zuständigen stehen soll. Struckmann-Koch zu § 38 Anm. 3 und die dort Citirten.

eine öffentliche Urkunde darstellt, auf Verlangen des Gegners gerichtlich oder notariell beglaubigt werden; siehe indessen Anm. 2.

Muster.

In dem von mir, dem Maurermeister Gottlieb Kühn zu N. als Kläger wider den Hauseigenthümer Ludwig Hoffmann ebenda als Beklagten beim königlichen Landgericht zu N. anhängig zu machenden Rechtsstreit wegen Lohnes für einen verdungenen Bau im Betrage von 3200 Mk. bestelle ich hierdurch den Rechtsanwalt Ignaz Paul Schadow zu N. zum Prozeßbevollmächtigten.

Derselbe soll auch ermächtigt sein:

1. mich in Einwands- und Interventionsprozessen, die in der Zwangsvollstreckungsinstanz entstehen möchten, zu vertreten,[1])
2. mich im Konkurse über das Vermögen des Schuldners zu vertreten und bei der Abstimmung über einen Zwangsvergleich in meinem Namen zu stimmen,
3. bei der Zwangsvollstreckung in unbewegliche Gegenstände für mich auf dieselben zu bieten,[2])
4. den Streitgegenstand selbst in Empfang zu nehmen,
5. einen anderen Prozeßbevollmächtigten auch für die erste Instanz zu bestellen und den gesammten Inhalt der vorliegenden Vollmacht auf diesen zu übertragen.[3])

[Der Bevollmächtigte soll nicht ermächtigt sein, den Rechtsstreit durch Vergleich, durch Verzichtleistung auf den Streitgegenstand und durch Anerkennung eines vom Gegner etwa geltend zu machenden Anspruches zu beseitigen.][4])

N., den 14. Mai 1886.

Unterschrift.

— **Hinterlegung zu prozessualen Zwecken** s. bei Muster 112.

207. Leistung civilprozessualer Sicherheit durch Bürgschaft.

C. P. O. §§ 101. 801. 805. 807. 815. 818.

In dieser Art findet die Sicherheitsleistung nur bei Arresten und einstweiligen Verfügungen statt. Soll durch die Sicherheit die Aufhebung eines Arrestes oder einer einstweiligen Verfügung er-

---

[1]) Daß die unter Nr. 1 u. 2 aufgenommenen Spezialbefugnisse nach § 77 C. P. O. in der Prozeßvollmacht an sich enthalten sind, wird von einzelnen bezweifelt. Petersen in der „Zeitschrift f. deutschen Civilprozeß" IX. S. 362 ff.

[2]) Soll von der Bietungsbefugniß Gebrauch gemacht werden, so muß die Vollmacht in jedem Falle gerichtlich oder notariell beglaubigt werden, sofern sie nicht von einer öffentlichen Behörde herrührt. (Zw. Ges. § 65.)

[3]) Daß diese Befugniß in der Prozeßvollmacht von selbst enthalten sei, ist für den Anwaltsprozeß vom Reichsgericht verneint worden. U. v. 29. Juni 1883 (Entsch. XI. S. 368).

[4]) Diese Worte bleiben weg, falls die Ermächtigung auch zu den betreffenden Handlungen ertheilt werden soll.

reicht werden, so muß über die Bürgschaftsleistung stets eine gerichtliche oder notarielle Urkunde errichtet werden.[1]) Ist die Anordnung des Arrestes oder der einstweiligen Verfügung von der Sicherheitsleistung abhängig, so ist zwar die Errichtung einer öffentlichen Urkunde nicht vorgeschrieben; wenn indessen dem Gerichte die Unterschrift des Bürgen nicht zuverlässig bekannt ist, so wird gleichwohl zum Beweise deren Beglaubigung zu empfehlen sein.

Muster.

Eingang.

. . . . erscheint . . . . der Banquier Arthur Brüggemann, Mitgesellschafter der Firma Brüggemann & Co. hierselbst und erklärt:

Mein Geschäftsfreund, der Banquier John Brighton aus Liverpool hat beim hiesigen Königlichen Landgericht die Anordnung eines dinglichen Arrestes gegen den Schiffsrheder Gottfried Schnell hierselbst wegen einer Forderung von 200 000 Mark nachgesucht. Durch Beschluß des Kgl. Landgerichts vom gestrigen Tage ist die Anordnung des Arrestes von einer Sicherheitsleistung von 50000 Mark durch baare Hinterlegung oder durch Bürgschaftsleistung eines leistungsfähigen hiesigen Handlungshauses abhängig gemacht worden. Auf weiteres Erbieten des Arrestsuchers ist durch Beschluß vom heutigen Tage die Bürgschaftsleistung durch mein Haus acceptirt worden.

Unter Bezugnahme auf diesen Sachverhalt bürge ich hiermit Namens der Handelsgesellschaft Brüggemann & Co. dem Schiffsrheder Gottfried Schnell hierselbst wegen der ihm aus dem vorbezeichneten Arreste drohenden Nachtheile bis zur Höhe von fünfzigtausend (50 000) Mark. Derselbe soll befugt sein, sich eintretenden Falles unter Uebergehung des Arrestsuchers statt des letzteren an die Handelsgesellschaft Brüggemann & Co. hierselbst direkt zu halten. Meine Legitimation zur Vertretung dieser Gesellschaft wird bei dem Königlichen Landgericht hierselbst offenkundig sein oder ohne Weiterung aus dem Handelsregister ersehen werden können.

Ich beantrage:

eine Ausfertigung dieser Verhandlung auf das schleunigste dem Königlichen Landgericht hier zu den obenbezeichneten Arrestakten zu überreichen.

Schluß.

208. Sicherheitsleistung eines Miteigenthümers in der Theilungssubhastation durch Eintragung auf seinem Grundstücksantheil.

Zw. Ges. § 185 Nr. 4.

In der vorbezeichneten Art kann der Miteigenthümer für folgende Fälle Sicherheit leisten:

1. für sein eigenes Gebot jedoch ausschließlich des zur Deckung der Kosten des Verfahrens nöthigen Betrages (§§ 62. 64).

---

[1]) § 691 Nr. 3 C. P. O. Die bloße Unterschriftsbeglaubigung genügt nicht. Vgl. zu § 21 Not. Ges. Anm. 1 a. E. (S. 100.)

2. für die Wiedererreichung des Meistgebots u. s. w. nach § 74 des Zw. Ges., falls er der Ertheilung des Zuschlags widersprechen will,
3. für die Forderung eines Interessenten, der durch den Zuschlag benachtheiligt werden würde, falls der Miteigenthümer die Ertheilung des Zuschlags dessen ungeachtet durchsetzen will.

Soll in dieser Art Sicherheit geleistet werden, so muß die Eintragung der Sicherheitshypothek vor dem Versteigerungstermine bewirkt werden; denn wenn der Fall der Sicherheitsleistung im Termine bereits eingetreten ist, kann auf die Bewirkung der Eintragung nicht mehr gerechnet werden; andererseits kann die Sicherheitsleistung nur durch die Eintragung selbst, nicht schon durch die Eintragungsbewilligung erfolgen.

Die Eintragung geschieht in Form einer Kautionshypothek und es kommen deshalb für dieselbe die §§ 18 ff. d. E. E. G. und die §§ 30 ff. d. G. B. O. in Anwendung. Vgl. wegen der Form oben S. 237. Das Erforderniß der Bestimmtheit des Gläubigers (E. E. G. § 23) wird man bei der Eigenartigkeit des Falles allerdings nur modifizirt anwenden können: die physischen Personen, denen die Hypothek haften soll, lassen sich zur Zeit nicht individuell, sondern nur in Beziehung auf ein bestimmtes Ereigniß bezeichnen.[1] Dagegen gilt das Erforderniß einer Bestimmtheit der Summe (E. E. G. §§ 23. 24) auch hier und es muß sich der Miteigenthümer demgemäß im Voraus nach Maßgabe seiner einschlägigen Interessen schlüssig machen. Für den Fall der Nr. 1 geschieht dies durch Vorausberechnung des Höchstbetrages, bis zu dem er bieten will; mit dem zehnten Theile dieser Summe läßt er eine Hypothek eintragen und versieht sich außerdem zum Termine noch mit dem zur Deckung der Subhastationskosten nöthigen Baarbetrage. Diesen Betrag kann er auch bei Berechnung des erwähnten Zehntels kürzen und braucht die Hypothek nur um soviel geringer eintragen zu lassen. Zu Nr. 2 muß sich der Miteigenthümer schlüssig werden, welchen Mindestpreis er im Termine unter allen Umständen erzielen will, dergestalt, daß wenn dieser nicht erreicht wird, er die Versteigerung wiederholen lassen will; für den zehnten Theil dieser Summe bestellt er Hypothek. Für den Fall der Nr. 3 endlich wird sich eine Vorausbestimmung nur in besonders gearteten Fällen treffen lassen, so z. B. wenn der Miteigenthümer ersieht, daß ein Interessent nicht geladen ist und zur Nachholung der Ladung nicht mehr Zeit ist (Zw. Ges. §§ 47. 180). Indessen kann der Miteigenthümer auch

---

[1]) Vgl. die Rechtsprechung des R. G. bei J. u. K. II. 125; III. 113 und IV. 184.

eine beliebige Summe arbitriren und für den eventuellen Fall der Nr. 3 eintragen lassen.

Sollen mehrere der Fälle zu Nr. 1 bis 3 vorgesehen werden, so ist zu beachten, daß zu Nr. 1 und 2 stets mit ein und derselben Hypothek Sicherheit geleistet werden kann; denn die beiden Fälle können nie neben einander eintreten; für Nr. 2 und 3 gilt das Gleiche. Nr. 1 und 3 können dagegen konkurriren: wenn nämlich der Miteigenthümer Meistbietender bleibt, kann er genöthigt sein, beide Kautionen zu bestellen. Deshalb würde es hier der Eintragung beider Einzelbeträge bedürfen, mit welchen Sicherheit geleistet werden soll.

Wegen der nöthigen Bonität der Hypothek vgl. Zw. Ges. § 64 Abs. 2 u. § 185 Nr. 4.

Die ganze hier behandelte Art der Sicherheitsleistung ist sehr schwerfällig und leidet überdies an einem bedenklichen Mangel. Es ist nämlich im Gesetze nichts darüber bestimmt, in welcher Art zur Löschung der Kautionshypothek zu gelangen ist, wenn der Fall der Sicherheitsleistung nicht eintritt. So namentlich, wenn der Zwangsversteigerungsantrag zurückgenommen wird;[2]) ein zur Löschungsbewilligung legitimirter Gläubiger ist in diesem Falle nicht vorhanden. Wegen der hiernach drohenden Weiterungen ist die Sicherheitsleistung durch Eintragung einer Kautionshypothek überhaupt nicht zu empfehlen. Vielmehr ist der praktischere Weg der, daß der Miteigenthümer eine Grundschuld auf seinen eigenen Namen in der Maximalhöhe des Betrages, den er zu Kautionen überhaupt verwenden will, eintragen läßt. Mit dieser Grundschuld kann er im Termin in beliebiger Art zu Kautionszwecken operiren[3]) und geeignetenfalls erwirkt er die Löschung der unbenutzt gebliebenen Grundschuld auf seinen alleinigen Antrag. Da indessen die direkte Eintragung auf den Grundstücksantheil im Gesetze ausdrücklich als besondere Form der Sicherheitsleistung aufgestellt ist, so mag hier ein Beispiel derselben folgen.

a.

Muster der Sicherheitsbestellung.

Ich, der Droguenhändler August Wittich und meine Brüder Bruno und Karl Wittich sind zu gleichen Theilen Miteigenthümer des Grundstücks Blatt Nr. 316 des Grundbuchs von Neisse, welches gegenwärtig zur Zwangsversteigerung Theilungshalber steht. Ich be-

[2]) Zw. Ges. §§ 73. 180.

[3]) Die Sicherheitsleistung erfolgt alsdann durch einfache Erklärung zum Protokoll des Vollstreckungsgerichts unter gleichzeitiger Niederlegung des Grundschuldbriefes.

stelle nun für dieses Verfahren in folgender Art Kautionshypotheken auf meinen Antheil an diesem Grundstücke:

1. eine Kautionshypothek in Höhe von sechstausend (6000) Mark, ohne Zinsen. Dieselbe soll als Sicherheit im Zwangsversteigerungsverfahren haften und zwar:
   a) falls ich im Versteigerungstermine auf das Grundstück bieten sollte, für alle von mir abgegebenen Gebote, sofern in Folge Widerspruchs eines Betheiligten vom Richter Sicherheitsleistung verlangt werden sollte,
   b) falls ich der Ertheilung des Zuschlags widersprechen, einen neuen Versteigerungstermin beantragen und mich verpflichten sollte, für die Wiedererreichung des Meistgebots, sowie für alle aus der Verzögerung des Zuschlags entstehenden Mehrkosten zu haften: für diese meine Haftpflicht.

Jedoch soll die Hypothek im Falle zu a) für nicht mehr als ein Zehntel meines höchsten Gebotes und im Falle zu b) für nicht mehr als ein Zehntel des Meistgebotes haften.

2. Eine Kautionshypothek in Höhe von tausend (1000) Mark ohne Zinsen. Dieselbe soll denjenigen Interessenten des Zwangsversteigerungsverfahrens als Sicherheitsleistung für ihre Forderungen haften, Betreffs deren ich im Versteigerungstermine eine solche Sicherheitsleistung in Gemäßheit des § 77 des Gesetzes vom 13. Juli 1883 übernehmen sollte.

Ich bewillige und beantrage:

Die Eintragung beider Kautionshypotheken auf meinem Antheile an dem Grundstück Blatt Nr. 316 des Grundbuchs von Neisse und zwar zu gleichem Range unter einander.

Neisse, den 4. August 1886.

Unterschrift und Beglaubigung.

b.

Muster der Eintragungsformel.

Abth. III. Nr. 5.

6000 Mark i. B. Eine zinslose Kautionshypothek bis zu nebenstehender Höhe als Sicherheitsleistung für die Gebote des Miteigenthümers August Wittich zu N., sowie für die von diesem nach § 74 des Ges. vom 13. Juli 1883 zu übernehmende Haftung in dem gegenwärtig über das Grundstück schwebenden Zwangsversteigerungsverfahren Theilungshalber. Eingetragen aus der Urkunde vom 4. August 1886 am 8. August 1886 auf dem Antheile des August Wittich und zu gleichem Range mit der Post, Abth. III. Nr. 6.

Abth. III. Nr. 6.

1000 Mark i. B. Eine zinslose Kautionshypothek bis zu nebenstehender Höhe für die gemäß § 77 des Ges. vom 13. Juli 1883 vom Miteigenthümer August Wittich zu N. in dem gegenwärtig über das Grundstück schwebenden Zwangsversteigerungsverfahren Theilungs halber zu leistende Sicherheit. Eingetragen aus der Urkunde vom 4. August 1886 am 8. August 1886 auf dem Antheile des August Wittich und zu gleichem Range mit der Post, Abth. III. Nr. 5.

209. Sicherheitsbestellung durch Pfand und Bürgen Behufs Verschonung mit der Untersuchungshaft.

St. P. O. §§ 117—122.

Die Form richtet sich nach denjenigen Vorschriften, unter die das Rechtsgeschäft seinem Inhalte nach fällt; doch ist auch da, wo Privatschriftlichkeit genügen würde, wie bei der Bürgschaft, die gerichtliche oder notarielle Beglaubigung zu empfehlen, wenn dem Strafrichter die Unterschrift nicht zuverlässig bekannt ist. — Zu den Obliegenheiten des Strafrichters gehört die Aufnahme einer Verhandlung über die Sicherheitsbestellung niemals. Der Untersuchungsrichter oder ein anderes Mitglied des Landgerichts dürfen sich insbesondere damit gar nicht befassen, wenn aus der Verhandlung eine Eintragung in das Grundbuch erfolgen soll; denn die desfallsige gerichtliche Aufnahme oder Beglaubigung gehört zur Zuständigkeit der Amtsgerichte.

a.

Muster der Sicherheitsbestellung.

N., den 26. August 1886.

. . . . erscheinen:

1. der aus der Untersuchungshaft vorgeführte Handelsmann Emil Sander aus Friedland,
2. dessen Schwager, der Gutsbesitzer Otto Kern aus Neuhaus, hiesigen Kreises.

Die Erschienenen erklären:

In der Strafsache wider den ersterschienenen Emil Sander wegen Betruges ist durch Beschluß der Strafkammer des hiesigen Königlichen Landgerichts vom gestrigen Tage die Freilassung des Angeschuldigten gegen eine Sicherheitsleistung von fünfzehntausend (15 000) Mark angeordnet worden, welche zu einem Drittel von ihm selbst durch Eintragung auf sein zu Friedland am Ringe Nr. 14 gelegenes Haus und zu zwei Dritteln durch Bürgschaft des miterschienenen Otto Kern bestellt werden soll. Unter Vorausschickung dieses Sachverhaltes wird die verlangte Sicherheit von uns hiermit wie folgt bestellt:

1. Ich, Emil Sander, bestelle mit meinem erwähnten Grundstück — Blatt Nr. 147 des Grundbuchs von Friedland — in Höhe von fünftausend (5000) Mark dem Staate Sicherheit dafür, daß ich mich in obiger Strafsache der Untersuchung und dem Antritt der etwa zu erkennenden Freiheitsstrafe nicht entziehen werde. Wenn ich es dennoch thue, so soll die erwähnte Summe der Staatskasse verfallen und die letztere zu deren Beitreibung aus dem erwähnten Grundstücke befugt sein. Ich bewillige und beantrage, die Eintragung

der erwähnten fünftausend (5000) Mark als zinslose Hypothek auf meinem Grundstücke Blatt Nr. 147 des Grundbuchs von Friedland. Der zu bildende Hypothekenbrief soll direkt zu den Untersuchungsakten übersandt werden.

2. Ich, Otto Kern, bürge dem Staate mit weiteren zehntausend (10 000) Mark gleichfalls dafür, daß Emil Sander sich der Untersuchung und dem Antritt der in obiger Sache wider ihn etwa zu erkennenden Freiheitsstrafe nicht entziehen wird, indem ich mich verpflichte, wenn es dennoch geschieht, diese Summe an die Staatskasse, als dieser verfallen, zu zahlen.

Die Erschienenen beantragen:

diese Verhandlung einmal als Schuldurkunde über die zu 1 bestellte Hypothek und einmal als Bürgschaftsurkunde auszufertigen, die erstere Urkunde zu den Grundakten, die letztere direkt zu den Untersuchungsakten einzureichen.

Schluß.

b.

Muster der Hypothekeneintragung.

5000 Mark i. B., zinslos für die Königliche Staatskasse, zahlbar als bestellte Sicherheit für den Fall, daß der Handelsmann Emil Sander zu Friedland in der beim Königlichen Landgericht zu N. wider ihn schwebenden Strafsache wegen Betruges sich der Untersuchung oder dem Antritt der wider ihn zu erkennenden Freiheitsstrafe entziehen sollte. Eingetragen aus der Urkunde vom 26. August 1886 vom selben Tage.

Oder auch bloß:

5000 Mark i. B., zinslos, Sicherheit für die Königliche Staatskasse Behufs Befreiung des Handelsmannes Emil Sander zu Friedland aus der Untersuchungshaft wegen Betruges. Eingetragen u. s. w.

210. Errichtung einer öffentlichen Urkunde Behufs Erwirkung der Vollstreckungsklausel.

C. P. O §§ 664—666. 779.

Der in Rede stehende Beweis wird erfordert im Falle einer nur bedingt statthaften Vollstreckung sowie im Falle der Vollstreckung für oder gegen Rechtsnachfolger. In beiden Fällen kann er durch Zeugnisse öffentlicher Behörden wie z. B. standesamtliche Atteste über eine zur Bedingung gesetzte Verheirathung, Erbeslegitimationsatteste u. dgl. geführt werden. Hier interessirt nur der Fall, daß der Beweis durch Abgabe einer Willenserklärung geführt werden soll; letztere Erklärung muß alsdann zu gerichtlichem oder notariellem Protokoll geschehen; die Unterschriftsbeglaubigung genügt nicht.[1]) Handelt es sich um den Nachweis der Rechtsnachfolge, so ist die betreffende Willenserklärung regelmäßig eine Cession, wofür ein Beispiel bei

[1]) Vgl. zu § 21 Not. Ges. Anm. 1 a. E. (S. 100.)

Nr. 45 (S. 242) zu finden ist. Es folgt deshalb hier nur ein Beispiel für den Nachweis des Eintritts einer Bedingung.

Muster.

Eingang. N., den 27. August 1886.

.... erscheinen persönlich bekannt und geschäftsfähig:

1. der Fabrikarbeiter Julius Gebauer,
2. der Fabrikbesitzer Gustav Rathenberg,

beide aus Koberwitz hiesigen Kreises.

Ersterer beantragt, von dem miterschienenen Herrn Rathenberg eine Erklärung aufzunehmen, welche dieser wie folgt abgiebt:

Durch rechtskräftiges Urtheil des hiesigen königlichen Landgerichts vom 2. Januar 1882 bin ich verurtheilt worden, dem miterschienenen in meiner Fabrik verunglückten Fabrikarbeiter Julius Gebauer zu Koberwitz eine lebenslängliche Rente zu zahlen und zwar:

a) unbedingt in Höhe von Zwanzig Mark pro Monat,
b) für den Fall, daß die Verletzung demnächst eine vollständige Erwerbsunfähigkeit des Klägers zur Folge haben sollte, dagegen in Höhe von Fünfzig Mark pro Monat.

Der Kläger behauptet, daß letzterer Fall eingetreten ist, und ich zahle ihm demgemäß auch die erhöhte Rente. Er ist indessen mit der thatsächlichen Zahlung nicht zufrieden, sondern will sich in den Besitz einer vollstreckbaren Ausfertigung des Urtheils über den erhöhten Rentenbetrag setzen und hat mir durch seinen Rechtsanwalt die Erhebung der Klage auf Ertheilung der diesbezüglichen Vollstreckungsklausel androhen lassen. Um diesen Prozeß zu erübrigen erkenne ich hiermit an, daß der Fall vollständiger Erwerbsunfähigkeit des Fabrikarbeiters Julius Gebauer als Folge des erwähnten Unglückes seit dem 1. April dieses Jahres eingetreten ist und daß ich seit diesem Tage zur Zahlung der erhöhten Rente von 50 Mark pro Monat verpflichtet bin. Gegen die Kosten dieses Aktes, zu dessen Extrahirung ich dem Kläger durch mein Verhalten keinerlei Veranlassung gegeben habe, muß ich mich indessen verwahren.

Julius Gebauer erklärt darauf, daß er als Extrahent des Aktes die Kosten desselben übernehme. Er überreicht indessen das ihm für den Prozeß ertheilte Armuthszeugniß vom 4. Dezember 1880 und beantragt auf Grund desselben, die Kosten niederzuschlagen.[2]) Er beantragt ferner, ihm eine Ausfertigung dieser Verhandlung zu ertheilen.

Schluß.

---

[2]) Ges. betr. den Ansatz und die Erhebung der Gerichtskosten v. 10. Mai 1851 § 5; A. G. z. G. K. G. § 30. Daß die Kasse sich trotz dieser Erklärung auf Grund des § 10 Nr. 4 des Ges. v. 10. Mai 1851 wegen der Hälfte der Kosten an den Gegentheil halten könne, wird nicht anzuerkennen sein, da es sich hier nicht um einen „mehrseitigen Vertrag" handelt, sondern um einen Akt, dessen Aufnahme ausschließlich der eine Theil in Antrag bringt.

Bei Notariatsakten findet übrigens das Armenrecht überhaupt nicht statt. Vgl. zu § 1 Not. Ges. Anm. 3e. (S. 47.)

211. Urkunde über Befriedigung oder Stundung Behufs Abwendung der Zwangsvollstreckung.

C. P. O. § 691 Nr. 4.

Die Gültigkeit des Stundungsabkommens unterliegt den allgemeinen Regeln. Zum Nachweise gegenüber dem Gerichtsvollzieher muß der Gläubiger indessen eine schriftliche Urkunde ausstellen.

Muster.

Durch Urtheil des Königlichen Amtsgerichts zu N. vom 2. Mai 1886 ist der Häusler Caspar Neidmann zu Groß-Grauden verurtheilt worden, mir Dreihundert Mark nebst 6 pCt. Zinsen seit 2. Januar dieses Jahres zu zahlen. Der Schuldner hat mich in Höhe von Hundert (100) Mark nebst den Zinsen davon durch Zahlung befriedigt. Wegen des Restes habe ich ihm Stundung auf drei Monate von heute ab bewilligt.

Behufs Einstellung der Zwangsvollstreckung nach Maßgabe des Vorstehenden habe ich diese Urkunde ausgestellt.

Datum und Unterzeichnung.

212. Vollstreckbare Notariatsurkunde.

C. P. O. §§ 702[5]. 703. 705.

Dernburg I. § 102 S. 232; Förster-Eccius I. Anh. zu §§ 55. 56. S. 304; Fischer § 133 S. 749.

Vgl. hierzu die Erörterungen S. 135 ff.

Muster.

a.

Notariats-Verhandlung.

Berlin, den Zwanzigsten November Eintausend Achthundert Sechs und Achtzig.

Vor mir, dem hier wohnhaften Königlichen Notar Christoph Gottfried Sueß erscheint von Person bekannt und geschäftsfähig der Rentier Herr Paul Helfer von hier, Mariannenplatz Nummer Acht wohnhaft und erklärt:

Durch den in der Zeit vom Ersten bis Fünfzehnten dieses Monats durch verschiedene Erklärungen zu Stande gekommenen außergerichtlichen Vergleich meines Schwiegersohnes, des Kaufmanns Adolph Bruchmann hierselbst,[1]) ist vereinbart, daß derselbe seinen Gläubigern bis zum Fünfzehnten Dezember dieses Jahres ein Drittel und zum Fünfzehnten Dezember Eintausend Achthundert Sieben und Achtzig ein zweites Drittel ihrer Forderungen zu zahlen hat, und daß ich hierfür als selbstschuldnerischer Bürge hafte. Die erwähnte Akkordrate von einem Drittel der Forderung beträgt:

1. für den Kaufmann A. zu N. Vierhundert Sieben und Achtzig Mark,
2. für den Kaufmann B. zu O. Sechshundert und Drei Mark,
3. u. s. w.

---

[1]) Vgl. oben Muster 79 S. 292.

dergestalt, daß ein Jeder von ihnen die bei seinem Namen vermerkte Summe zum Fünfzehnten Dezember dieses Jahres und dieselbe Summe noch einmal zum Fünfzehnten Dezember künftigen Jahres von mir als selbstschuldnerischen Bürgen zu fordern hat. Indem ich dieses hiermit anerkenne, unterwerfe ich mich wegen dieser Ansprüche der sofortigen Zwangsvollstreckung.

Ich beantrage, jedem der erwähnten Gläubiger[2]) über seinen Anspruch eine vollstreckbare Ausfertigung zu ertheilen.

Schluß.

b.

Vollstreckungsklausel.

Vorstehende in das Register unter Nr. Vierhundert und Zwanzig, Jahr Eintausend Achthundert Sechs und Achtzig, eingetragene Verhandlung wird hiermit für den Kaufmann A. zu N. ausgefertigt und diese Ausfertigung dem Letzteren zum Zwecke der Zwangsvollstreckung [und zwar als weitere vollstreckbare Ausfertigung] ertheilt. [Die Ertheilung einer weiteren vollstreckbaren Ausfertigung erfolgt auf Entscheidung des Königlichen Amtsgerichts hierselbst vom Zehnten dieses Monats.]

Außerdem sind noch fünf Ausfertigungen der Verhandlung nämlich für u. s. w. ertheilt worden.

Datum, Siegel und Unterzeichnung wie S. 147.

c.

Vermerk auf der Urschrift.[3])

Vollstreckbare Ausfertigungen sind ertheilt worden:

1. dem Kaufmann A. zu N. am 20. November 1886.

Sueß.

2. dem Rentier B. zu M.
3. dem u. s. w.

zu 2 u. 3 am 8. Dezember 1886.

Sueß.

4. dem Kaufmann A. zu N. eine weitere vollstreckbare Ausfertigung zufolge gerichtlicher Entscheidung vom 10. März 1887 am 20. März 1887.

Sueß.

---

[2]) Wenn nur einzelne Gläubiger die Urkunde verlangen (s. o. Muster 79 § 2 S. 292), so kann sie gleichwohl zur Ersparung der Kosten einheitlich für alle Gläubiger errichtet werden, und es braucht die Ertheilung vollstreckbarer Ausfertigungen einstweilen nur für diejenigen Gläubiger zu erfolgen, welche eine solche verlangen. Vgl. übrigens oben zu § 703 C. P. O. Anm. 2 (S. 138). — Wegen Stempelfreiheit der Vollstreckungsklausel s. im Anhang zur Stempeltarifposition „Atteste."

[3]) Außerdem werden noch die gewöhnlichen Ausfertigungsvermerke gemäß S. 146 gemacht: es empfiehlt sich, der Uebersicht halber, für die Vermerke über die vollstreckbaren Ausfertigungen eine besondere Kolonne offen zu halten.

213. Gerichtlicher Vergleich zur Beilegung eines anhängigen Rechtsstreits.

C. P. O. §§ 702 Nr. 1. 703. 705.

Dernburg I. § 82. S. 181. Förster-Eccius I. Anh. zu §§ 55. 56. S. 304. Fischer § 133. S. 748.

Ein solcher Vergleich kann — um vollstreckbare Wirkung zu erzeugen — sowohl vor dem Prozeßgericht, einschließlich des beauftragten oder ersuchten Richters, als vor einem anderen Gerichte abgeschlossen werden. Im ersteren Falle stellt er einen prozessualen Akt dar, und seine Aufnahme erfolgt in prozessualen Formen;[1]) in letzterem Falle dagegen handelt es sich um einen reinen Akt freiwilliger Gerichtsbarkeit.

Nur die Fälle dieser Art kommen hier in Betracht. Zuständig zur Aufnahme sind sonach in Preußen nur die Amtsgerichte. Die Aufnahme erfolgt in den allgemeinen Formen nicht streitiger Gerichtsbarkeit; insbesondere ist also die Zuziehung eines Gerichtsschreibers nicht erforderlich. Wegen der Ertheilung vollstreckbarer Ausfertigungen gelten dieselben Grundsätze, wie für die von den Gerichten aufgenommenen vollstreckbaren Urkunden (§ 705 C. P. O.; s. oben S. 140).[2]) Inhaltlich ist indessen der Vergleich und seine Vollstreckbarkeit nicht an die Beschränkungen der vollstreckbaren Urkunde (§ 702 Nr. 5 C. P. O.; s. o. S. 136 Anm. 4—7) gebunden; er kann sich auch auf Leistung nicht fungibler Sachen, auf Handlungen und Unterlassungen erstrecken.[3])

---

[1]) Und zwar auch dann, wenn Eintragungen in das Grundbuch bewilligt werden; es bedarf insbesondere auch in diesem Falle das Protokoll keiner Unterschrift der Parteien. Beschl. d. K. G. vom 16. Januar 1882 (J. u. K. III. 142).

[2]) Struckmann-Koch zu § 705 Anm. 1. A. M. sind v. Wilmowski-Levy zu § 705 Anm. 2, welche, falls der Vergleich nicht vor dem Prozeßgericht abgeschlossen ist, den instrumentirenden Richter als in ähnlicher Stellung wie den ersuchten Richter befindlich ansehen und zur Einsendung des aufgenommenen Vergleiches an das Prozeßgericht verpflichten wollen. Allein die Ausführbarkeit des letzteren Vorschlages scheitert schon an dem Umstande, daß die Parteien befugt sind, verschiedene und bei verschiedenen Gerichten schwebende Prozesse in einem einzigen Vergleiche zu erledigen und daß nicht ersichtlich ist, welches Gericht alsdann als Prozeßgericht fungiren soll.

[3]) Welches Gericht, im Falle Handlungen oder Unterlassungen stipulirt sind, die Funktionen des „Prozeßgerichts erster Instanz“ (C. P. O. §§ 773 776) zu übernehmen hat, ist allerdings nicht bestimmt. Bei der Handhabung nach Analogie kann man an das im § 705 Abs. 3, aber auch an das in Abs. 5 daselbst bezeichnete Gericht denken. Dem ersteren Gericht wird der Vorzug zu geben sein, weil es sich nicht um eine selbstständige Klageerhebung, sondern um eine in der Vollstreckungsinstanz ergehende Entscheidung handelt, wie sie Abs. 3 gleichfalls voraussetzt.

Der § 779 C. P. O. wegen der Verurtheilung zur Abgabe von Willenserklärungen wird auf die vollstreckbaren Vergleiche von den Kommentatoren der C. P. O. nicht für anwendbar erachtet. Vgl. Struckmann-Koch zu § 779 Anm. 1, v. Wilmowski-Levy ebenda.

Notariell kann der Vergleich, wenn er die Wirkung der Vollstreckbarkeit erzeugen soll, nicht abgeschlossen werden. Wird indessen im Vergleiche nur die Zahlung von Geld oder die Leistung vertretbarer Sachen oder Werthpapiere bedungen, so können die Kontrahenten den Effekt auch durch notarielle Abschließung erzielen, sofern dieselbe in den Formen der vollstreckbaren Notariatsurkunde (s. das vorhergehende Muster 212) geschieht.

Muster.

a

Vergleich.

Königliches Amtsgericht. Cosel, den 20. September 1886.

Gegenwärtig:

Amtsrichter Hay.

An der Gerichtsstelle erscheinen persönlich bekannt und geschäftsfähig:

1. der Bauerauszügler Caspar Vielhauer aus Militsch,
2. der Bauergutsbesitzer Ignaz Thiel ebenda.

Dieselben erklären:

Caspar Vielhauer ist Auszügler bei Ignaz Thiel, und es schwebt wegen der Auszugsleistungen ein Prozeß zwischen beiden. Der Auszügler hat Klage erhoben auf Leistung einzelner Auszugsrückstände. Er hat ferner wegen behaupteten kontraktwidrigen Verhaltens des Wirthes beansprucht, die Auszugswohnung räumen und sich auf Kosten des Wirthes eine andere Wohnung miethen zu dürfen, auch die Verurtheilung des Wirthes zu kostenfreier Lieferung des ferneren Auszuges in die neue jedesmalige Wohnung verlangt. Demgegenüber hat der Wirth Widerklage wegen Ruinirung und Mißbrauchs der Auszugswohnung erhoben und dieserhalb Entschädigung sowie die sofortige Räumung der Wohnung ohne weiteres Entgelt, endlich auch die Feststellung verlangt, daß der Auszügler demnächst die ferneren Naturallieferungen sich zur Fälligkeitszeit beim Wirthe abzuholen habe. Der dieserhalb beim königlichen Landgericht zu Ratibor anhängig gemachte Rechtsstreit schwebt gegenwärtig in der Berufungsinstanz beim Königlichen Oberlandesgericht zu Breslau, woselbst am 20ten Oktober d. J. Termin ansteht. Zur Beilegung dieses Rechtsstreites seinem ganzen Umfange nach schließen wir hierdurch den folgenden Vergleich.

§ 1.

Der zwischen den Kontrahenten bestehende Auszugsvertrag vom 18. Juni 1870 wird dahin abgeändert, daß vom 1. Oktober 1886 ab der gesammte Auszug einschließlich der Wohnung nicht mehr in Natur, sondern in Geld zu liefern ist und zwar mit dem Betrage von Vierhundert und Achtzig (480) Mark pro Jahr und in vierteljährlichen Raten im Voraus zu den Kalenderquartalen. Die Zahlung muß der Wirth in Militsch dem Auszügler bringen; hält sich der letztere auswärts auf, so muß er sie ihm durch die Post, jedoch auf Kosten des Auszüglers überschicken.

§ 2.

Der Auszügler Caspar Vielhauer verpflichtet sich demgemäß, seine Auszugswohnung im Ignaz Thiel'schen Hause zu Militsch am 1. Oktober dieses Jahres zu räumen. Dabei muß er den eingerissenen oder eingefallenen Ofen der Wohnung in gutem Zustande hergestellt zurückliefern. Abgesehen davon nimmt der Wirth die Wohnung, wie sie gegenwärtig steht und liegt, ohne einen Entschädigungsanspruch wegen der behaupteten Verschlechterung zurück.

§ 3.

Für Auszugsrückstände aus der Vergangenheit zahlt der Wirth an den Auszügler Fünf und Vierzig (45) Mark. Bei Feststellung dieser Summe haben sich die Kontrahenten zugleich darüber ausgeglichen, daß die bisherigen Auszugslieferungen nicht an den Kalenderquartalen, sondern zum Theil zu Martini oder anderen Jahreszeiten zu leisten waren und deshalb zum Theil bereits für länger als bis zum 1. Oktober jahresweise vorausgeleistet sind. Die im § 1 vorgesehene Rente erleidet sonach aus diesem Grunde keine Verkürzung. Endlich ist auch die tägliche Milchlieferung von jetzt bis zum 30. September damit abgegolten, und hat der Wirth in dieser Zeit keine Milch mehr zu liefern.

§ 4.

Ueberhaupt entsagen beide Theile allen weiteren, in diesem Vergleiche nicht vorgesehenen Ansprüchen aus dem zwischen ihnen bestehenden Auszugsvertrage.

§ 5.

Der vorstehende Vergleich soll nicht nur persönlich unter den Kontrahenten gelten, sondern auch dingliche Wirkung insbesondere bei künftigem Eigenthumswechsel erzeugen. Zu diesem Zwecke bewilligen und beantragen beide Theile, daß die Aenderung der Auszugsleistungen gemäß § 1 auf dem belasteten Grundstücke Blatt Nr. 17 des Grundbuchs von Militsch eingetragen werde.[4])

---

[4]) Die Eintragung kann in folgender Form bewirkt werden:

a) zu der bisherigen Eintragung Abth. II. Nr. 3 Spalte Veränderungen:

Die Auszugsleistungen sind vom 1. Oktober 1886 ab in eine lebenslängliche jährliche Geldrente von 480 Mark umgewandelt. Dieselbe haftet an dieser Stelle insoweit, als sie den Werth der bisherigen Leistungen nicht übersteigt; für die etwaige weitere Höhe ist sie in Abth. II. Nr. 5 vermerkt. Eingetragen aus dem gerichtlichen Vergleiche vom 20. September 1886 am 3. Oktober 1886,

b) an neuer Stelle Abth. II. Nr. 5:

Eine jährliche lebenslängliche Geldrente von 480 Mark i. B. für den Bauerauszügler Caspar Vielhauer zu Militsch aus dem Vergleiche vom 20. September 1886. Dieselbe ist identisch mit dem Auszuge Abth. II.

§ 6.

Durch diesen Vergleich ist der ganze erwähnte Rechtsstreit beendet. Die Kontrahenten vereinbaren die Aufhebung des am 20ten künftigen Monats anstehenden Verhandlungstermines und übernehmen die Kosten des Rechtsstreits, sowie dieses Aktes und der Eintragung (§ 5) durchweg zur Hälfte. Die außergerichtlichen Kosten des Rechtsstreites sollen als gegen einander aufgehoben erachtet werden.

Es wird beantragt:
eine Ausfertigung dieser Verhandlung dem Bevollmächtigten des Auszüglers Vielhauer, Rechtsanwalt N. zu Ratibor zu übersenden, welcher das Nöthige wegen Weglegung der Prozeßakten und wegen der Eintragung in das Grundbuch[5]) veranlassen wird.

Schluß.

b

Vollstreckungsklausel.[6])

Vorstehende Ausfertigung wird dem Auszügler Caspar Vielhauer zu Militsch zum Zwecke der Zwangsvollstreckung ertheilt.

Cosel, den 9. Oktober 1886.

(Gerichtssiegel) Hollmann
Gerichtsschreiber des Königlichen Amtsgerichts.[7])

c.

Vermerk auf der Urschrift.

Vollstreckbare Ausfertigung ist heute dem Auszügler Caspar Vielhauer zu Militsch ertheilt worden.

Cosel, den 9. Oktober 1886.

Hollmann.

214. Umschreibung eines gepfändeten Namenspapieres durch den Gerichtsvollzieher.

C. P. O. § 723. Gesch. Anw. für Gerichtsvollzieher v. 24. Juli 1879 (J. M. Bl. S. 206) § 81.

„Lautet ein Werthpapier auf Namen, so kann der Gerichtsvollzieher durch das Vollstreckungsgericht ermächtigt werden, die

---

Nr. 3 und haftet an dieser Stelle insoweit, als sie den Werth der dort ursprünglich eingetragen gewesenen Auszugsleistungen übersteigen sollte.

Ist hinter dem Auszug noch keine weitere Eintragung in Abth. II. oder III. erfolgt, so kann der gleiche Effekt durch Löschung des Auszuges und Eintragung der Rente erreicht werden.

5) Diese Eintragung erfolgt ohne Zwangsvollstreckung lediglich auf Grund der Bewilligung in § 5 und bedarf es hierzu nur einer einfachen Ausfertigung; vgl. oben zu § 703 C. P. O. Anm 7 (S. 139).

6) Eine vollstreckbare Ausfertigung kann im vorliegenden Falle jeder der Kontrahenten verlangen, weil für jeden Leistungen bedungen sind, für den Auszügler in §§ 1 u. 3, für den Wirth im § 2.

7) Wegen der Form der Unterzeichnung Seitens des Gerichtsschreibers vgl. Gesch. O. f. d. Gerichtsschreibereien d. Amtsgerichte v. 1. August 1879 § 12, Abs. 4. Cirk. Verf. des Just. Min. v. 31. August 1880 — I. 3745 — bei Müller, S. 765 zu g.

Umschreibung auf den Namen des Käufers zu erwirken und die hierzu erforderlichen Erklärungen an Stelle des Schuldners abzugeben" (C. P. O. § 723).

Die Ermächtigung muß der Gerichtsvollzieher erwirken, bevor er zum Verkauf schreitet, da er ohne dieselbe den Kaufvertrag nicht erfüllen kann. Ihre Ertheilung ist ein prozessualer Akt. Die demnächstige Erklärung des Gerichtsvollziehers dagegen geschieht nach abgeschlossenem Kaufe und zur Erfüllung des letzteren. Ihre Form ist dieselbe, in welcher die Uebertragung des Papiers durch den Schuldner zu erfolgen hätte und bestimmt sich demgemäß nach dem einschlägigen materiellen Recht. Bedarf hiernach die Erklärung des Schuldners der gerichtlichen oder notariellen Form,[1]) so muß auch der Gerichtsvollzieher seine Erklärung in dieser Form abgeben.

Muster.

a. Ermächtigung.

In Zwangsvollstreckungssachen des Kaufmanns Otto Werner zu Berlin, Gläubigers, gegen den Fabrikbesitzer Richard Bode ebenda, Schuldner, wird der Gerichtsvollzieher Eckhardt zu Berlin hiermit ermächtigt, die Umschreibung der dem Schuldner abgepfändeten Namensaktie Nr. 120 der Aktiengesellschaft „Vulkan" hierselbst auf den Namen des Käufers dieser Aktie zu erwirken und die hierzu erforderlichen Erklärungen an Stelle des Schuldners abzugeben.

Berlin, den 1. August 1887.

(Siegel.)
Königliches Amtsgericht I, Abth. 45.
Unterschrift.

b. Vermerk auf dem Werthpapier.

Für Richard Bode an die Ordre des Rentiers Franz Rösler zu Berlin.[2]) Indossirt im Wege der Zwangsvollstreckung an Stelle des Schuldners Richard Bode auf Grund der Ermächtigung des Vollstreckungsgerichts vom 1. August 1887.

Berlin. den 6. August 1887.

(Siegel.)[3])
Eckhardt,
Gerichtsvollzieher bei dem Königlichen Amtsgericht I zu Berlin.[4])

---

[1]) Vgl. z. B. H. G. B. Art. 182, Abs. 2 u. 220. — Die dort bemerkte Einwilligung der Gesellschaft in die Uebertragung der Aktie unterliegt übrigens einer Erzwingung nicht.

[2]) Ein Blankoindossament darf der Gerichtsvollzieher selbst auf Verlangen des Käufers nicht ausstellen; s. § 723 „auf den Namen des Käufers".

[3]) Die Beifügung des Dienstsiegels des Gerichtsvollziehers ist an sich nicht erforderlich, erleichtert aber die eventuelle Legitimationsprüfung (H. G. B. Art. 183, Abs. 3).

[4]) Die Legitimation des Käufers wird hergestellt durch das Indossament in

215. Wiederinkurssetzung eines gepfändeten Inhaberpapiers durch den Gerichtsvollzieher.

C. P. O. § 724. Gesch. Anw. für Gerichtsvollzieher v. 24. Juli 1879 (J. M. Bl. S. 206) § 81.

Die zur Wiederinkurssetzung erforderliche Ermächtigung muß der Gerichtsvollzieher gleichfalls vor dem Verkauf erwirken (vgl. die Vorbemerkung zu Muster 214). Die Wiederinkurssetzung selbst muß gerichtlich geschehen; vgl. im Uebrigen die Bemerkungen zu Muster 68 (S. 282).

Muster

Eingang.

An der Gerichtsstelle erscheint bekannt und geschäftsfähig der Gerichtsvollzieher Kramer von hier. Derselbe legt vor:

1. eine auf den Inhaber lautende Aktie der „Aktiengesellschaft für Zuckersiederei" zu Neustadt O/S. Nr. 11 vom 15. Oktober 1878 über dreitausend (3000) Mark, auf deren Rückseite sich folgender Privatvermerk befindet:

„Außer Kurs gesetzt. Theodor Brinkmann"

mit der Erklärung, daß er diese Aktie dem Kaufmann Theodor Brinkmann zu Ratibor im Wege der Zwangsvollstreckung abgepfändet habe.

2. Die in Zwangsvollstreckungssachen Sonnenfeld c/a. Brinkmann — M. 147/86 — erlassene Ermächtigung des Königlichen Amtsgerichts zu Ratibor vom 20. August 1886, für ihn, den Erschienenen, die Wiederinkurssetzung des erwähnten Papiers zu bewirken und die hierzu erforderlichen Erklärungen an Stelle des Kaufmanns Theodor Brinkmann zu Ratibor abzugeben.

Demnächst erklärt der Gerichtsvollzieher Kramer:

Auf Grund der vorbezeichneten Ermächtigung setze ich hiermit an Stelle des Kaufmanns Theodor Brinkmann zu Ratibor die in Vorstehendem übergebene Aktie wieder in Kurs und beantrage die Aufhebung der Außerkurssetzung.[1])

Verbindung mit der Ermächtigung des Vollstreckungsgerichts. Letztere muß der Gerichtsvollzieher deshalb dem Käufer mit aushändigen.

Zur Sicherung der Rechte des Käufers ist noch ferner die Eintragung in das Aktienbuch erforderlich (H. G. B. Art. 183, Abs. 2). Nach § 81 a. E. der Gesch. Anw. für Ger. Vollz. soll der Gerichtsvollzieher solche erwirken. Auf Verlangen des Käufers wird sie indessen dem Letzteren zu überlassen sein.

[1]) Befindet sich unter dem Außerkurssetzungsvermerk ein anderer Name als der des Schuldners, so kann das vorerwähnte Verfahren nicht ohne Weiteres stattfinden. Vielmehr muß alsdann noch die Legitimation des Schuldners zur Inkurssetzung für den Dritten dargethan oder geeignetenfalles erst hergestellt werden. Dagegen ist es für die Rechte des Gläubigers irrelevant, wenn die Außerkurssetzung von Mündelpapieren durch das Vormundschaftsgericht statt durch den Vormund geschehen ist. An sich soll der Vormundschaftsrichter nach § 60 der V. O. nur „anordnen," daß die Außerkurssetzung erfolgt; die Ausführung ist Sache des Vormundes. Hat indessen der Vormundschaftsrichter den Verwaltungsakt selbst vorgenommen, so kann dies begrifflich gleichfalls nichts Anderes darstellen als

Es wurde demnächst auf die Aktie hinter den Außerkurssetzungs-Vermerk folgender Vermerk gesetzt:

Wieder in Kurs gesetzt durch den Gerichtsvollzieher Kramer an Stelle des Kaufmanns Theodor Brinkmann zu Ratibor.

Cosel, den 28. August 1886.

Siegel in schwarzem Farbendruck.

Königliches Amtsgericht, Abth. VII.

N.

Darauf wurde die Aktie dem Herrn Gerichtsvollzieher Kramer wieder zurückgegeben, welcher über den Empfang quittirt.[2])

Schluß.

216. Schiedsvertrag (Kompromiß) und Rezeptum.

C. P. O. §§ 851—871.

Dernburg I. §§ 142 ff. S. 337; Förster-Eccius I. § 49a S. 241; Fischer § 132 S. 742.

Der Schiedsvertrag kann für künftige oder für bereits vorliegende Rechtsstreitigkeiten geschlossen werden. In ersterer Art pflegt er den Gegenstand der Nebenbestimmung in anderen Verträgen zu bilden; ein Beispiel hierfür findet sich oben in Muster 131 bei § 6 (S. 358). Hier folgt ein Beispiel für die zweite Art.

Die Abschließung geschieht in der allgemeinen Vertragsform; Schriftlichkeit genügt danach.

Muster.

Eingang.

. . . . erschienen . . . .:

1. der Gutsbesitzer Herr Franz von J. auf G.,
2. der Gutspächter Herr Adam K. aus Arnsdorf,
3. der Königliche Oekonomie-Kommissarius Herr H. aus Grottkau.

Die beiden Ersten tragen vor, daß unter ihnen ein Pachtverhältniß über das Gut Arnsdorf, nach dem Pachtvertrage vom 24. Mai 1878, bestanden habe, welches durch die, auf Johannis d. J. stattgefundene außergerichtliche Rückgewähr, mit Vorbehalt ihrer daraus entstandenen

eine Außerkurssetzung Namens des Mündels. Denn eine andere Art der Außerkurssetzung, als die zu Gunsten eines bestimmten Inhabers ist überhaupt nicht denkbar. Danach unterliegt denn aber auch der Außerkurssetzungsvermerk in gleicher Art wie ein Vermerk des Schuldners der Aufhebung durch den Gerichtsvollzieher. A. M. ist der Beschl. d. K. G. v. 5. April 1882 (J. u. K. III. 61), welcher den Gläubiger lediglich auf den Weg der Beschwerde gegen den Vormundschaftsrichter verweist. Hiergegen ist aber zu erwägen, daß die vom Reiche erlassenen Prozeßgesetze die Mittel der Zwangsvollstreckung in sich selbst bieten müssen und einer Beihülfe durch das Landesrecht, wo sie solche nicht selbst vorbehalten haben, nicht bedürfen: Das Landesrecht hätte sonst auch die Möglichkeit, ihnen solche Hilfe nach eigenem Ermessen zu versagen. — Vgl. auch Förster-Eccius I. § 64 S. 379 und IV. § 233 S. 222 Anm. 15.

[2]) Die Ermächtigung des Vollstreckungsgerichts behält der Richter im Original oder in beglaubigter Abschrift zurück.

wechselseitigen Forderungen, bereits wieder aufgelöst sei; sie wären übereingekommen, ihre Streitigkeiten aus diesem Pachtverhältnisse durch einen Schiedsrichter entscheiden zu lassen, und hätten unter sich und mit dem Schiedsrichter folgenden Vertrag abgeschlossen:

§. 1.

Der Gutsbesitzer von J. und der Gutspächter K. vereinigen sich, ihre aus dem Pachtvertrage über das Gut Arnsdorf vom 24. Mai 1878 und aus dem dieserhalb bestandenen Pachtverhältnisse hervorgehenden Rechtsstreitigkeiten von dem Königl. Oekonomie-Kommissarius H. als Schiedsrichter entscheiden zu lassen.

§. 2.

Der Oekonomie-Kommissarius H. übernimmt es, diese Streitigkeiten zwischen den Parteien zu entscheiden.

§. 3.

Die Parteien versprechen ihm dafür die nach den Gerichtskostengesetzen vom 18. Juni 1878 und 29. Juni 1881 anzusetzenden Gebühren und Auslagen, sowie ferner an Reisekosten die Beträge, welche ihm gegen die Staatskasse für gleiche Dienstreisen zustehen würden.

§. 4.

Der Rechtsstreit wird durch schriftliche Klage anhängig gemacht, die der Pächter binnen 14 Tagen beim Schiedsrichter einzureichen hat. Der Schiedsrichter hat die Klage dem Verpächter mit Fristbestimmung mitzutheilen, worauf dieser innerhalb der Frist mit der Klagebeantwortung zugleich seine eventuelle Widerklage anzubringen hat. Andere Ansprüche als die in der Klage und Widerklage erhobenen dürfen nicht mehr geltend gemacht werden. Im Falle der Versäumung der Klagefrist erfolgt die Erhebung der Widerklage als einer selbstständigen Klage binnen einer vom Schiedsrichter zu bestimmenden Frist, worauf der Pächter innerhalb der für die Klagebeantwortung zu bestimmenden Frist auch eine Widerklage anbringen kann. Im Uebrigen hat die Versäumung der festgesetzten Fristen den Verlust der Ansprüche zur Folge.

Für den Fortgang des Verfahrens hat der Schiedsrichter von Amts Wegen Sorge zu tragen. Abgesehen von den vorstehenden Vereinbarungen [1]) bestimmt er das Verfahren nach freiem Ermessen.

§. 5.

Der Oekonomie-Kommissarius H. macht sich verbindlich, die Sache in Grottkau zu untersuchen und zu entscheiden, und nachdem sie bei ihm anhängig geworden sein wird, ununterbrochen zu betreiben, und wenn ein Antrag oder eine Prozeßverhandlung länger als 14 Tage ohne eine, den Fortgang der Sache bewirkende Verfügung bei ihm liegen bleibt, jedesmal an jeden Theil eine Konventionalstrafe von Zwanzig Mark, und zwar für jede Woche, welche die Sache liegen

---

[1]) Siehe C. P. O. § 860. Die Parteien sind auch befugt, mehrere schiedsgerichtliche Instanzen zu vereinbaren. Urth d. R. G. v. 7. März 1887 (Entsch. XVII. S. 434).

bleibt, zu zahlen. Dabei wird die angefangene Woche für voll gerechnet und der Tag der Zustellung, nicht der, von welchem die Verfügung datirt ist, als der der Fortsetzung angesehen.

§. 6.

Klagen auf Erlassung des Vollstreckungsurtheils wegen des Schiedsspruches sollen ohne Rücksicht auf den Werth des Streitgegenstandes zur Zuständigkeit des Amtsgerichts zu Grottkau gehören.

Die Kontrahenten bitten um

einmalige Ausfertigung für den Schiedsrichter.

Schluß.

217. Siegelung, Entsiegelung und Inventur im Auftrage des Konkursverwalters.

Konk. O. §§ 112. 113. A. G. z. G. V. G. §§ 70. 74. 108.; Gesch. Anw. f. Ger.-Vollz. v. 24. Juli 1879 (J. M. Bl. S. 206) § 118.

Siegelung und Entsiegelung kann der Konkursverwalter durch einen Notar, einen Gerichtsvollzieher oder einen Gerichtsschreiber vornehmen lassen; letzterer darf jedoch den Auftrag nur auf Anordnung des Richters übernehmen. Für das Verfahren können die Muster 195 und 196 (S. 502 ff.) mit den sich von selbst ergebenden Modifikationen auch hier zur Richtschnur dienen. Nur hat der Beamte zu beachten, daß der Umfang seiner Thätigkeit vom Auftrage des Verwalters abhängt; insoweit Letzterer Verfügungen darüber trifft, welche Sachen von der Siegelung auszunehmen sind, muß der Beamte diese Instruktionen in erster Reihe befolgen. Eine etwaige Ablieferung von Geld, Werthpapieren oder Kostbarkeiten geschieht stets an den Auftraggeber.

Die Inventur anlangend, so unterscheidet sich solche allerdings in einem wesentlichen Punkte von der gerichtlichen Nachlaßinventur; die letztere nimmt nämlich der betreffende Beamte vor; die Aufzeichnung nach § 113 der Konk. O. dagegen nimmt der Verwalter unter Zuziehung des Beamten vor. Der Verwalter hat deshalb über die Art, die Reihenfolge der Aufzeichnung und dgl. zu entscheiden. Der Beamte hat lediglich in einem aufzunehmenden Protokoll den Hergang zu bezeugen.[1] Aus dieser Art der Thätigkeit folgt zugleich, daß die Notare trotz mangelnder positiver Vorschrift[2]) zuständige Urkundspersonen auch für die Inventarisirung sind; denn letztere ist hier — im Gegensatze zur amtlichen Nachlaßinventur — nichts anderes als ein gewöhnlicher Akt freiwilliger Gerichtsbarkeit.[3]) Neben den Notaren sind auch die Gerichtsvollzieher und die Gerichtsschreiber, letztere mit derselben Einschränkung wie bei der Siegelung,

[1]) Dieses Protokoll enthält natürlich ein Verzeichniß sämmtlicher Sachen und stellt insofern zugleich die Aufzeichnung des Verwalters dar.

[2]) Im § 108 des A. G. z. G. V. G. ist die Inventur nicht genannt.

[3]) Vgl. hierüber oben S. 29. 30.

kompetent. — Von einem besonderen Muster für die Konkursinventur wird hier gleichfalls abgesehen; dasselbe wird sich unter Benutzung des Musters 197 (S. 507) leicht fassen lassen. Die Zusammenstellung des geordneten Inventars (s. o. S. 509) ist übrigens nicht Sache des zugezogenen Beamten, sondern liegt demnächst nach § 114 K. O. dem Verwalter allein ob.

Zu bemerken ist noch, daß der Notar im Konkurse weder zur Siegelung und Entsiegelung noch zur Inventur eines Protokollführers bedarf; die Vorschriften für dergleichen Akte, wenn sie im Auftrage des Gerichts vorgenommen werden,[4] können für die Thätigkeit im Auftrage des Konkursverwalters keine Anwendung finden.[5]) Der Notariatsakt unterliegt vielmehr lediglich den allgemeinen Vorschriften.

218. Zwangsvergleich.

Konk. O. §§ 160–187.

Dernburg II. § 125 S. 312; Förster-Eccius I § 120 S. 813; Fischer § 136 S. 795.

Der Zwangsvergleich muß vor dem Konkursgericht geschlossen werden und bedarf der gerichtlichen Bestätigung. Wie bereits oben (S. 522) erwähnt, erfolgt der Abschluß hier in den Formen der streitigen Gerichtsbarkeit. — Das Beispiel einer außergerichtlichen Akkordirung s. o. bei Muster 79. (S. 290.)

Muster.

a.

Protokoll.

Königliches Amtsgericht. Cosel, den 8. Juli 1887.

Gegenwärtig:
Klein, Amtsrichter,
als Richter,
Wenzel, Aktuar,
als Gerichtsschreiber.

In der Kaufmann Paul Gutmacher'schen Konkurssache steht zufolge eines vom Gemeinschuldner gemachten Vorschlages zu einem Zwangsvergleich heute der Vergleichstermin an. Derselbe ist ausweislich der bei den Akten befindlichen Belagsblätter durch die am 16. Juni 1887 ausgegebene Nummer des Reichsanzeigers und die am 18. Juni 1887 ausgegebene Nummer des öffentlichen Anzeigers des Regierungsamtblattes zu Oppeln öffentlich bekannt gemacht worden.

Es waren erschienen:

I. der Gemeinschuldner Kaufmann Paul Gutmacher, in Begleitung des Bankiers Leer von hier,

II. der Verwalter der Masse, Herr Rechtsanwalt Scharf,

---

[4]) Vgl. hierüber Muster 195 mit Anm. 3 (S. 502) und zu Muster 197 (S. 507).

[5]) Dies um so weniger, als selbst die A. G. O. bei der Form unterscheidet, ob im Auftrage des Gerichts oder eines Anderen gehandelt wird. Vgl. A. G. O. III. 7 § 88 mit II. 5 § 20.

III. die Mitglieder des Gläubigerausschusses, nämlich u. s. w.[1])
IV. von den nicht bevorrechtigten Gläubigern
(folgt deren Verzeichniß nach Namen, Stand und Wohnort.)

Die letzteren sind ausweislich der Tabelle und der ergangenen gerichtlichen Entscheidungen sämmtlich stimmberechtigt.

Es wiederholt zuvörderst der Gemeinschuldner seinen bereits auf der Gerichtsschreiberei niedergelegten Vergleichsvorschlag und zwar in Gemeinschaft mit dem miterschienenen Bankier Leer dahin:

1. Der Gemeinschuldner zahlt sämmtlichen Gläubigern, deren Forderungen weder mit einem Hypothekenrechte, Pfandrechte oder anderen Absonderungsrechte, noch auch mit einem Vorzugsrechte versehen sind, mögen sie sich bereits gemeldet haben oder später noch melden, Drei und dreißig Ein Drittel Prozent des bereits als richtig festgestellten oder noch festzustellenden Betrages ihrer Forderungen, vier Wochen nach der rechtskräftigen Bestätigung des Zwangsvergleichs.

   Das Gleiche gilt von solchen Forderungen, welche durch ein Hypothekenrecht, ein Pfandrecht oder ein anderes Absonderungsrecht gesichert sind, insoweit dieselben durch die zu ihrer abgesonderten Befriedigung dienenden Gegenstände nicht gedeckt werden und der Gemeinschuldner persönlich dafür zu haften hat.
2. Der Vergleich befreit den Gemeinschuldner von der Verpflichtung, den Ausfall zu ersetzen, nicht vollständig, vielmehr wird der Gemeinschuldner gehalten bleiben, bei verbesserten Umständen noch Drei und Dreißig Ein Drittel Prozent nachzuzahlen.
3. Zur Sicherung der Erfüllung des Zwangsvergleiches und zwar sowohl zu Nr. 1 wie zu Nr. 2 soll die Eintragung einer Kautionshypothek (ohne Hypothekenbrief) in Höhe von fünfzehntausend Mark auf das dem Gemeinschuldner gehörige, hierselbst am Marktplatze belegene, im Grundbuche der Stadt Blatt 105 verzeichnete Haus Nr. 7 erfolgen. Außerdem übernimmt für diese Erfüllung der anwesende Bankier Leer selbstschuldnerische Bürgschaft.

Der niedergeschriebene Vergleichsvorschlag wurde vorgelesen und von den beiden Offerenten genehmigt.

Der Gemeinschuldner bezog sich zur Begründung auf die den einzelnen Gläubigern bereits gemachten schriftlichen Mittheilungen. Darauf nahm der Verwalter das Wort und führte insbesondere aus,[2]) daß der gegenwärtige, aus dem Verkaufe des Mobiliars und der Waarenvorräthe herrührende baare Bestand 4500 Mark betrage, das zur Masse gehörige Haus auf 21 000 Mark taxirt, aber mit 12 000 Mark Hypotheken belastet sei, und daß 15 000 Mark unsichere Forderungen,

[1]) Die Bemerkungen, welche sich auf den Gläubigerausschuß beziehen, fallen fort, wenn ein solcher nicht bestellt ist.

[2]) Die spezielle Aufnahme dieser Erörterungen in das Protokoll ist an sich nicht erforderlich.

in 800 einzelnen kleinen Posten von 1 bis 30 Mark ausstehen. Der Nominalbetrag stellt sich hiernach, wenn von dem Hause nach Abzug der Hypotheken 9000 Mark eingehen, auf 28 500 Mark. Die Passivmasse beträgt nach der durchgenommenen tabellarischen Nachweisung 60 000 Mark. Der Werth des größten Theils der Aktivmasse, nämlich der ausstehenden Forderungen, lasse sich indessen gar nicht, auch nicht annähernd, schätzen. Die Einklagung und der Versuch der Eintreibung der vielen kleinen Posten könne von der Verwaltung nicht unternommen werden, weil die Kosten wegen der Zweifelhaftigkeit vieler Forderungen und wegen der Unsicherheit der meisten Schuldner vielleicht mehr betragen könnten, als der erzielte Erfolg. Deshalb würde nur der Verkauf sämmtlicher Forderungen als einziges Mittel, daraus etwas zu gewinnen, übrig bleiben und welchen Erfolg der Versuch haben würde, lasse sich nicht voraussehen. Danach könne auf die Außenstände wenig gerechnet werden. Die Ergebnisse, welche von einer Fortsetzung des Konkurses im Allgemeinen zu erwarten sein möchten, ließen sich sonach nicht als günstig bezeichnen, und es sei, nach Abzug der erwachsenden Kosten, kaum auf 20 Prozent Dividende mit Sicherheit zu rechnen.

Demnächst erklärte der Kaufmann Herr Linde von hier Namens des Gläubigerausschusses, daß der Letztere im Allgemeinen den Aeußerungen des Verwalters beistimme, wie er denn auch bereits bei Einreichung des Vergleichsvorschlages denselben für annehmbar erklärt habe.

In der hierauf eröffneten Diskussion der Gläubiger wurde von einer Seite besonders betont, daß die Zumuthung des Gemeinschuldners an die Gläubiger, daß sie Ein Drittel ihrer Forderungen ganz verlieren sollten, zu groß sei, und daß der Gemeinschuldner, wenn er wirklich wieder in bessere Umstände komme, was man mit großer Wahrscheinlichkeit zu vermuthen Grund habe, ebenso gut das dritte Drittel nach und nach bezahlen könne, wie er das zweite Drittel auf solchen Fall angeboten habe.

Nach geschlossener Diskussion wurde zur Abstimmung geschritten.

Nachdem die Vergleichsvorschläge, wie sie vorhin von Nr. 1 bis 3 aufgestellt worden sind, nochmals vorgelesen worden waren, wurde die Frage

Werden diese Vergleichsvorschläge angenommen?

zur Abstimmung mit Ja oder Nein gestellt. Die einzelnen Abstimmungen ergiebt die Anlage dieses Protokolls.

Das Gesammtergebniß ist:

Die Summe der stimmberechtigten Forderungen beträgt 60000 Mk.; es haben im Ganzen 8 Gläubiger an der Abstimmung sich betheiligt. Zur gesetzlichen Mehrheit ist darnach nöthig, daß mindestens fünf Gläubiger mit einer Gesammtsumme von mindestens 45 000 Mark dem Vergleiche zustimmen; es haben demselben 6 Gläubiger mit einer Gesammtsumme ihrer Forderungen von 46 000 Mark zugestimmt. Der Vergleichsvorschlag ist sonach angenommen.

Nach Verkündung dieses Ergebnisses stellt der Gemeinschuldner den Antrag auf Bestätigung des Zwangsvergleiches. Der Verwalter und der Kaufmann Herr Linde Namens des Gläubigerausschusses befürworten den Antrag. Aus der Mitte der Gläubiger wird auf erhobene Anfrage das Wort nicht begehrt.

Die Vermerke wegen der Bestätigung werden vorgelesen und genehmigt.

Hierauf wird vom Richter der anliegende Beschluß[3]) über Bestätigung des Zwangsvergleiches verkündet.

Klein. Wenzel.

b. Anlage.[4])

Anlage zum Terminsprotokoll vom 8. Juli 1887 in der Kaufmann Paul Gutmacher'schen Konkurssache.

Die Abstimmung der Gläubiger über den Vergleichsvorschlag hat in folgender Art stattgefunden:

Verzeichniß der stimmberechtigten Gläubiger				Ergebniß der Abstimmung		
1	2	2	4	5	6	7
Laufende Nr.	Nr. der Tabelle	Name, Stand und Wohnort des Gläubigers	stimmberechtigt mit Mark	Abstimmung des Gläubigers	Einstellung der mit „Ja" stimmenden Beträge Mark.	Einstellung der mit „Nein" stimmenden Beträge Mark.
1	1	Kaufmann A. zu M.	12000	ja	12000	
2	2	„ A. „ N.	5000	ja	5000	
3	4	Rentier C. „ O.	3000	nein		3000
4	5	Fabrikant D. „ P.	8000	ja	8000	
5	7	Kaufmann E. „ Q.	6000	abwesend		
6	10	„ F. „ R.	4000	ja	4000	
7	11	Bankier G. „ S.	7000	ja	7000	
8	12	Maurermeister H. „ T.	3000	hat sich vorher entfernt		
9	14	Zimmermeister J. „ U.	1000	enthält sich der Abstimmung[5])		
10	16	Kaufmann K. „ V.	1000	nein		1000
11	17	Bankier L. „ W.	10000	ja	10000	
		Summa:	60000		46000	4000

Klein, Richter. Wenzel, Gerichtsschreiber.

[3]) Ein Muster dafür wird hier nicht gegeben; es sind hierzu amtliche Formulare vorhanden. Vgl. Vierhaus Formularbuch zu den deutschen Prozeßordnungen (Berlin 1879); Form. Nr. 146 S. 107.

[4]) In dieser Anlage können die Spalten 1—4 bereits vor dem Termine ausgefüllt werden, eine Vorbereitung, welche bei umfangreichen Konkursen erforderlich ist. Insoweit die Höhe der Stimmberechtigung etwa noch nicht feststeht oder noch einer Abänderung unterliegt (Konk. O. §§ 87—88), kann Spalte 4 offen gehalten werden.

[5]) Wer sich der Abstimmung enthält, ist im Sinne des § 169[1] der Konk. O. als nicht anwesend zu erachten. v. Wilmowski Konk. O. zu § 169 Anm. 2; v. Sarwey ebenda Anm. 3; Willenbücher Anm. 6a.

L. Taxations-Instrumente.

A. G. O. II. 6 §§ 1 ff.

Die Veranlassung zur Aufnahme einer Taxe kann zwar verschieden sein, aber der Zweck ist immer, den wahren, zur Zeit der Schätzung vorhandenen, Werth einer Sache auszumitteln.

Die Taxation besonders eines Landguts ist ein aus mehreren Handlungen zusammengesetztes, oft weitläufiges Verfahren, eine Art Untersuchung, auf Grund welcher der Richter nöthigenfalls mit Hilfe eines Rechnungsverständigen ein umständlich erzählendes und nachweisendes Gutachten, das Taxationsinstrument, ausarbeiten muß. Die A. G. O. Thl. II. Tit. 6 und die Landschaftsreglements enthalten ausführliche Vorschriften über das Verfahren.

Die Aufnahme einer gerichtlichen Taxe steht dem Amtsgericht der belegenen Sache zu. [1])

219. Taxe eines größeren Gutes mit einer Ziegelei.

A. G. O. II. 6 §§ 12—14.

Für die Taxation ländlicher Güter sind nächst den Vorschriften der A. G. O. die in den einzelnen Provinzen verschiedenartigen Grundsätze der landschaftlichen Kreditsysteme maßgebend. Hier sind die Schlesischen Abschätzungsgrundsätze vorausgesetzt. Dieselben werden von Zeit zu Zeit einer Revision unterworfen. Gegenwärtig gelten die durch den Allerhöchsten Erlaß vom 2. Juli 1883 [2]) genehmigten revidirten Abschätzungsgrundsätze der Schlesischen Landschaft und das bei Anwendung derselben zu beobachtende Verfahren. [3]) Die erwähnten landschaftlichen Grundsätze basiren auf einer Eintheilung der Taxen in Kredittaxen einerseits (Abth. I. der Abschätzungsgrundsätze) und Taxen zur Auseinandersetzung oder freiwilligen Subhastation andererseits (Abth. II. der Abschätzungsgrundsätze). Die ersteren Taxen werden Behufs Beleihung des Grundstücks mit Pfandbriefen aufgenommen und schließen in vorsorglicher Art eine Reihe von sonst taxfähigen Gegenständen von der Schätzung aus. Für die letzteren Taxen ist dagegen folgendes bestimmt:

Bei der Aufnahme einer solchen Werthstaxe muß zunächst der landschaftliche Kredittaxwerth des Gutes nach den hierfür bestehenden Vorschriften ermittelt und demselben alsdann der Schätzungswerth

---

[1]) A. L. R. II. 17. § 55 verb. mit A. G. O. II. 6. §§ 3. 8. 9.

[2]) Amtsblatt der Regierung zu Breslau v. 3. August 1883 Nr. 31; außerordentliche Beilage S. 215—235.

[3]) Abgedruckt ebenda (Anm. 2). Außerdem: Amtlicher Abdruck, Breslau; Verlag von Graß, Barth u. Co. (W. Friedrich) 1883. Dazu gehörig: „Hülfs-Tabellen zu den revidirten Abschätzungsgrundsätzen der Schlesischen Landschaft von 1883" (in demselben Verlage).

derjenigen Realitäten und Nutzungen, welche in der Kredittaxe nicht zur Ausschätzung gelangt sind, zugeschlagen werden. Für die Ermittelung dieses zutretenden Schätzungswerthes sind demnächst in Abth. II. der Abschätzungsgrundsätze besondere Normen gegeben.

Nachdem durch Anwendung dieser Bestimmungen für jede der zur Abschätzung stehenden Nutzungen und Realitäten entweder ein Kapitalwerth oder doch ein Jahresertrag gefunden worden ist, werden zunächst die Jahreserträge durch Vervielfältigung mit der Zahl Zwanzig zu Kapital erhoben. Demnächst werden alle abgeschätzten Nutzungen nach der Reihenfolge der vorgeschriebenen Titel in den Taxanschlag (Rechnungstaxe) übertragen. Bei denjenigen Nutzungen, für welche nach den gegebenen Vorschriften ein bestimmter Jahresertrag hat ermittelt werden müssen, ist dieser Jahresertrag vor der Linie auszudrücken; bei denjenigen Ertragsrubriken, welche sofort auf einen bestimmten Kapitalwerth pro Hektar abgeschätzt werden, ist der Flächeninhalt und dieser Satz pro Hektar ebenfalls vor der Linie zu bezeichnen, bei allen Titeln aber ist der Kapitalwerth der Nutzung in der Kolonne der Ertragswerthe auszuwerfen.

Aus der Aufrechnung aller dieser Kapitalwerthe mit dem Kredittaxwerthe des Guts ergiebt sich der als solcher zu bezeichnende Taxwerth zur Auseinandersetzung oder freiwilligen Subhastation.

Nachrichtlich und ohne Aufrechnung zu demselben ist schließlich noch der durch die Sachverständigen zu veranschlagende Materialwerth derjenigen Gebäude und Fabrikutensilien, welche nicht vorstehend bereits zur Veranschlagung gekommen, und welche nicht zu der vorausgesetzten Ausrüstung des zu schätzenden Gutes nöthig sind, ferner des Wohnhauses, sowie der zu arbitrirende Werth überzähliger Inventarienstücke und der Orangerie anzugeben.

Dem Antragsteller wird ein aus den Kommissions- und Festsetzungsverhandlungen zu redigirender Taxextrakt in Ausfertigung (das Taxinstrument) mitgetheilt, welcher die Beschreibung des Gutes, einen Auszug aus der Zusammenstellung der Schätzungsregister, das Protokoll über die Schätzung der in der II. Abtheilung geschätzten Nutzungen und den vollständigen Taxanschlag (Rechnungstaxe) enthält.

Diese Vorschriften sind auch für die Gerichte in Fällen, wo die Taxation eines Gutes diesen obliegt, maßgebend;[4]) indessen sind bei den gerichtlichen Taxen ohne Rücksicht auf den Grund ihrer Aufnahme stets die landschaftlichen Grundsätze für Taxen der zweiten Art in Anwendung zu bringen. Denn die landschaftlichen Kredittaxen sind nicht dazu bestimmt, um allgemein einen Beleihungswerth zu ermitteln, sondern dienen nur dem Spezialzweck der Bepfand-

---

[4]) A. G. O. II. 6. §§ 13. 14.

briefung. Den sonstigen Zweck einer jeden gerichtlichen Taxe, die Ermittelung des wahren Werthes, kann nur die Taxation der zweiten Art erfüllen.[5])

Da zur Darstellung einer jeden der mannigfaltigen und verschiedenen Handlungen, aus welchen die Abschätzungsprozedur zusammengesetzt ist, ein besonderes Werk erforderlich sein würde, so kann hier wieder nur ein Auszug aus dem ganzen Verfahren, welcher der Schlußakt ist, gegeben werden.

a.

Extrakt

aus der im August 1886 aufgenommenen Auseinandersetzungstaxe des Rittergutes Ginsterheide.

Das Rittergut Ginsterheide liegt im Kreise Krotkau, 15 km von Römlinghausen und ebenso weit von Krotkau entfernt an der von Römlinghausen nach Stralheim führenden Chaussee. Es grenzt gegen Morgen mit Frommwalde und Rauschdorf, gegen Abend mit Peterspfennig, gegen Mitternacht mit Frommwalde und Schönwitz, und gegen Mittag mit Rauschdorf. Die nächste Eisenbahnstation ist Krotkau.

Das Gut hat eine ziemlich hohe, im Allgemeinen jedoch mehr flache und nur von wenigen unbedeutenden Anhöhen unterbrochene Lage.

Nach der im Monat Juni d. J. durch den Regierungsfeldmesser Kette ausgeführten Vermessung besteht das Gutsareal in

—	ha	80,2	a	Gehöfte,
2	„	24,0	„	Garten,
167	„	6,5	„	Acker,
18	„	52,6	„	Wiese,
2	„	31,0	„	Nadelholz,
2	„	24,0	„	Laubholz,
23	„	37,5	„	in der Rodung begriffenes Forstland,
—	„	6,9	„	Teiche,
—	„	56,0	„	Gräserei,
1	„	67,5	„	Ziegelterrain,
8	„	90,0	„	Unland, als Wege, Gräben u. dergl.
227	ha	76,2	a	zusammen.

[5]) Die gerichtlichen Taxen sollen allerdings gleichfalls die Veranlassung der Taxaufnahme angeben (A. G. O. II. 6. § 9. Nr. 3). Allein damit ist nur eine historische Erwähnung gemeint; eine rechtliche Unterscheidung der Taxen aus diesem Grunde ist nicht gemacht und jedenfalls existirt kein Rechtssatz, daß eine aus einer bestimmten Veranlassung aufgenommene Taxe nicht auch zu anderen Zwecken benutzt werden dürfe; endlich aber ist jeder Eigenthümer befugt, sein Grundstück auch ohne besondere Veranlassung taxiren zu lassen. — Praktisch wichtig ist die Frage für die Beleihungsfähigkeit der Grundstücke mit Mündelgeldern nach § 39 der V. O.; hier ist also eventuell die landschaftliche Auseinandersetzungstaxe zu Grunde zu legen.

Der Acker liegt in einem, nur durch das Dorf getrennten Komplexe, und zwar der kleinere Theil nördlich, der größere süd- und südwestlich des Gehöftes.

Die Bodenmischung der Oberkrume besteht aus Lehm und Sand, auch aus einer Mischung von Lette und Sand. Auf einzelnen Höhen befinden sich auch kleine Kiesel, welche indeß der Tragfähigkeit keinen Eintrag thun. Die Mächtigkeit der Ackerkrume variirt zwischen 13 bis 32 cm. Der Untergrund enthält Lehm mit Sand, Lette mit Sand, theils auch bloßen Sand und Kies. Einige Quellen finden sich nur in denjenigen Aeckern, welche zwischen den Hügeln liegen, besonders in der Umgegend der Ziegelei, vor, die jedoch des günstigen Gefälles wegen durch Drainage leicht zu beseitigen und unschädlich zu machen sind.

Das Gutsareal ist in vielen einzelnen Parzellen verpachtet, daher keine eigene Administration vorhanden, und deshalb sind auch Nachweise über die bisherige Bewirthschaftung nicht zu erlangen gewesen, es konnte vielmehr nur nach der Lage, den Bodenbestandtheilen und der Tragfähigkeit des Bodens geschätzt werden. Der Kulturzustand wird als ein guter bezeichnet.

Der Boden eignet sich zum Anbau aller Früchte, auch zu Raps, vorzüglich aber zu Roggen und Hafer, und ist bis auf einen kleinen Theil überall kleefähig und graswüchsig.

Der durchschnittliche Ertrag von Winterroggen beim Ackerlande stellt sich nach ausgeführter Bonitirung auf 16 hl 53 l pro Hektar, wonach das Gut in die mittleren Stufen der II. Klasse eintritt.

Bei Bemessung der Wirthschaftskosten konnten die niedrigeren Sätze angewendet werden, da die günstige und größtentheils durchlässige Bodenbeschaffenheit besondere Arbeiten nicht bedingt, die Absatzorte nicht entfernt sind und die Lohnsätze zu den niedrigeren gehören; nur bei entfernteren Ackerstücken ist hiervon abzuweichen gewesen.

Ueberschwemmungen und Hagelschäden kommen, und zwar erstere gar nicht, letztere fast gar nicht vor.

Der Roggenpreis ist auf 7,40 Mark pro Hektoliter angenommen worden.

Der Durchschnittspreis eines Morgens Acker stellt sich auf 220 Mark.

Die Wiesen liegen in mehreren Parzellen an Aeckern, Gehölzen und Rodeländereien, meist in den Niederungen, und haben deshalb größtentheils eine feuchte Lage. Die Bodenbestandtheile derselben sind Lehm, Sand, Lette, Schlamm, zum Theil auch Moor. Sie tragen meistens gute Gräser und zeigen nur an besonders ungünstig belegenen Stellen schlechtere Gräser. Die zur Grasnutzung qualifizirten Gärten sind mit als Wiese bonitirt, und ergiebt das Wiesenbonitirungsregister einen Durchschnitts-Naturalertrag von 62,92 Ctrn. pro Hektar. Die Werbungskosten sind nach Maßgabe der Bodenbeschaffenheit, Entfernung und Graswüchsigkeit höher oder niedriger angenommen worden.

Als Weideland sind zunächst die Gräben, Raine, Grenzen 2c. geschätzt und ist dabei überall wie bei den Wiesen verfahren worden.

Demnächst sind auch noch fünf Parzellen, in der Rodung begriffenes, Forstland mit als Weideland angesprochen worden, weil sich diese Ländereien, weder zu Acker, noch Wiese, sondern lediglich nur zu Weideland eignen. Dieselben sind ebenfalls bonitirt und die Prozente auf Werbungskosten und Gefahr nach Maßgabe der Bodenbeschaffenheit, Lage und Entfernung angenommen worden.

Das vorhandene Gartenland war als solches nicht besonders zu schätzen, da es theils als Acker, theils als Wiese benutzt wird und die diesfälligen Parzellen schon unter den betreffenden Rubriken mit veranschlagt sind.

Ein im Vermessungsregister aufgeführter Teich von 6 Ar 90 Qu.-Meter war zu einem Nutzungsertrage nicht zu veranschlagen, weil er einen wirklichen besonderen Ertrag nicht liefert. Wilde Fischerei ist nicht vorhanden.[6])

An Forstland sind 5 kleine Parzellen im Flächeninhalte von 4 ha 55 a vorhanden. Davon besteht eine Parzelle von 1 ha 56 a aus Nadelholz, der Rest aus Laubholz. Das Nadelholz ist eine zehnjährige Kiefernplantage von gutem Wuchse und vorzüglichem Schlusse: das Laubholz ist Niederwald-Stockausschlag von 1 bis 10 Jahren, meist Birke. Da das Forstland im Ganzen nicht 50 Hektar enthält und eine selbstständige Forstbewirthschaftung nicht zuläßt, so sind die vorhandenen Parzellen nach § 52 der Abschätzungsgrundsätze nur nach Maßgabe ihrer Bodenbeschaffenheit zu einem Pauschsatze von 14 bis 18 Mark pro Hektar veranschlagt worden, womit auch der Ertrag der etwaigen Waldgräserei mit ausgedrückt ist.

Da die vorhandene Ziegelei, sowie die vorhandene Dampfbrennerei und Preßhefenfabrik, welche sich mit dem Wohnhause unter einem Dache befindet, nicht kreditfähig ist, so sind hiermit die nutzbaren Rubriken für die Kredittaxe geschlossen.

Zu den Ausgaben gehören an öffentlichen gemeinen Lasten und Abgaben:

1. die königl. Grundsteuer,
2. die Provinzial-, Kreis- und Kommunalabgaben und Beiträge,
3. die Abgaben an Kirche, Pfarrei und Schule,

welche von den betreffenden Behörden und Berechtigten besonders nachgewiesen und darnach im Kapitalbetrage zu 5 Prozent in Ansatz gebracht worden sind. Die Naturalien bei der Abgabe ad 3 sind nach den durch das Regierungs-Amtsblatt veröffentlichten vierundzwanzigjährigen Durchschnitts-Marktpreisen zu Gelde berechnet worden.

Abgaben aus privatrechtlichen Titeln oder Servituten sind weder im Grundbuche eingetragen, noch sonst zu ermitteln gewesen; es konnte daher hier nichts weiter in Ansatz kommen, als das Schornsteinfegerlohn mit 12 Mark jährlich.

An Gebäuden sind vorhanden:

1. ein zweistöckiges Herrenhaus, 20 m lang, 12 m breit, 12 m hoch, massiv von Ziegeln erbaut, mit Schieferdach, in ziemlich gutem Bauzustande;

---

[6]) Wie Teiche, Seen und wilde Fischereien in Flüssen und anderen Gewässern zu taxiren sind, schreibt der § 37 der Abschätzungsgrundsätze vor.

2. ein Gesindehaus, einstöckig, 12 m lang, 6 m breit, 8 m hoch, von Lehmfachwerk erbaut, mit Schindeldach, in schlechtem Bauzustande, einer allgemeinen Reparatur zum Kostenbetrage von 188,70 Mark bedürftig;
3. eine Scheuer, 25 m lang, 12 m breit, 5 m hoch, von Kalkpisen erbaut, mit Flachwerk gedeckt, in gutem Bauzustande;
4. eine Scheuer, 40 m lang, 12 m breit, 5 m hoch, von Kalkpisen erbaut, in gutem Bauzustande;
5. eine Scheuer, 26 m lang, 9 m breit, 4 m hoch, von Lehmfachwerk, mit Stroh gedeckt, in schlechtem Bauzustande, nur zum Neubaue zu veranschlagen;
6. ein Schafstall, 29 m lang, 13 m breit, 4 m hoch, von Lehmfachwerk, mit Strohdach, in mittelmäßigem Bauzustande, einer allgemeinen Reparatur bedürftig, zu 176 Mark veranschlagt;
7. ein Schüttboden, 11 m lang, 8 m breit, 5 m hoch, von Lehmfachwerk, mit Stroh gedeckt, in mittelmäßigem Bauzustande, einer allgemeinen Reparatur bedürftig, zu 120 Mark veranschlagt;
8. eine Stallung, 17 m lang, 7 m breit, 3 m hoch, von Lehmfachwerk, mit Stroh gedeckt, in schlechtem Bauzustande, nur zum Neubaue zu veranschlagen;
9. ein Arbeiterhaus, 14 m lang, 6 m breit, 3½ m hoch, massiv von Ziegeln erbaut, mit Flachwerk gedeckt, in ziemlich gutem Bauzustande, erfordert wegen Einrichtung zur Schafferwohnung 55,50 Mk.;
10. ein Backhaus in unvollendetem Bauzustande, mit Flachwerkdach versehen, erfordert zur Vollendung 27,65 Mk.;
11. die Umwährung, ganz schlecht. Zur Herstellung sind erforderlich: 161 m fehlender, ordinärer Lattenzaun, inkl. Material, 2,25 Mk. pro Meter = 362,25 Mk.;
    77 m vorhandener schadhafter Lattenzaun zu repariren, unter Benutzung des alten Materials, 90 Pf. pro Meter gleich 69,30 Mk.

Diese Gebäude sind auf den Fall der Wiederaufhebung der Pachten und der eigenen Bewirthschaftung nicht ausreichend befunden, vielmehr ist die Erbauung einer neuen Scheuer, zu 400 Schock, sowie dreier Ställe für 16 Pferde, 30 Stück Rindvieh und 605 Schafe für nöthig erachtet worden, welche nach dem Gutachten der Bauverständigen einen Kapitalsaufwand von 23580,14 Mk. erfordert, worunter aber schon die Beschaffung der nöthigen Lokalien für das Gesinde und die Herstellung des Zaunes um den Hof mit inbegriffen ist. Außerdem wurden zur Instandsetzung der vorhandenen Gebäude durch den Sachverständigen gemäß der obigen Spezifizirung zu Nr. 2. 6. 7. 9.—11. im Ganzen 999,40 Mk. veranschlagt.

Zur Bewirthschaftung des Guts sind 16 Pferde für erforderlich erachtet worden, wonach auf 40 Hektar Ackerland ein Zug von

4 Pferden entfällt. Denn da ein Theil der Aecker, welcher tief liegt, insbesondere der nordöstliche Theil, sich nicht leicht bearbeitet, da ferner ein anderer Theil Anhöhen, wenn auch nicht gerade steile, enthält, welche ebenfalls viel Zugkraft erfordern, da ferner 23 bis 24 Hektar Rodeland in Kultur zu setzen, auch die Aecker nicht dergestalt in Kultur sind, daß nicht eine stärkere Bearbeitung nöthig würde, so erschien es angemessen, sich dem Höchstsatze von 37,50 ha. in der Art zu nähern, daß auf 40 ha. ein Zug veranschlagt würde. Der Bedarf der Ziegelei ist jedoch dabei nicht mit ins Auge gefaßt, da diese einen ganz selbstständigen, in die Kredittaxe nicht einzumischenden Nutzungszweig bildet.

Demnächst wurden zur Bewirthschaftung des Gutes folgende Viehstücke für nothwendig erachtet:

16 Pferde à 150 Mk.; 30 Stück Rindvieh à 90 Mk.; 1 Stier à 120 Mk.; 605 Schafe à 7,50 Mk.

Diese Ausgabe, sowie die Kosten für nothdürftige Anschaffung des fehlenden todten Inventars mit 1907 Mk. sind ebenfalls in Abzug gebracht worden.

Der Kredit-Taxwerth des Gutes Ginsterheide stellt sich daher nach dem weiter folgenden Taxanschlage (Rechnungstaxe) auf 109 136 Mk. 23 Pf.

Da aber die Taxe zum Behufe der Auseinandersetzung aufgenommen worden ist, so mußten noch folgende Zuschläge ermittelt und beigerechnet werden:

I. Die Jagdnutzung auf dem Gutsareale, welche, da hier weder von hoher Jagd, noch von Rehstand oder Fasanen die Rede ist, auch aller Schutz für das Wild fehlt, nicht über 11 Pf. pro Hektar veranschlagt werden konnte.

II. Die Ziegeleinutzung. Die Ziegelei ist gut eingerichtet, besteht aus zwei gewölbten Oefen, drei großen neuen Trockenschuppen und den nöthigen Parketts. Die Ziegelerde ist anscheinend in unerschöpflicher Masse vorhanden, auch als bekannt anzunehmen, daß das in Kohle, Holz oder Torf bestehende Brennmaterial stets in genügender Menge käuflich zu erlangen ist. Wenn nun auch neunjährige Betriebsrechnungen nicht vorgelegt werden konnten, auch die Ziegelei überhaupt erst seit 5 Jahren im Betriebe ist, so konnte sie doch deshalb von der Veranschlagung nicht ausgeschlossen werden, da die Abschätzungsgrundsätze auch andere Informationsmittel, außer den eigentlichen Rechnungen, sowie die Veranschlagung geringerer als neunjähriger Betriebszeit gestatten. Der Ertrag der Ziegelei ist danach durch Vernehmung des Zieglermeisters ermittelt, von dem Reinertrage aber der höchste Rückschlag mit 75 Prozent abgezogen und nur Ein Viertheil in Ertrag gestellt worden.

III. Die Dampfbrennerei und die Preßhefen-Fabrik. Der Betrieb ist schon über Jahr und Tag eingestellt. Von den Geräthen befindet sich der Dampfkessel in einem so schlechten Zustande, daß ohne eine bedeutende Reparatur desselben an die Wiederaufnahme des

Betriebes nicht gedacht werden kann. Nach Tit. VII. Abth. II. der Abschätzungsgrundsätze ist diese Fabrikanlage nur auf den Materialwerth des Gebäudes, der Maschinen und der Betriebsutensilien zu schätzen. Dies ist von den zugezogenen Sachverständigen geschehen, wie der Werth nachstehend verzeichnet ist:

A. Das Brennereigebäude ist massiv, Erdgeschoß und ein Stockwerk hoch, mit dem Wohnhause verbunden und mit demselben unter einem gemeinschaftlichen Dache von Patentpappe. Es ist im Erdgeschosse um 96 qm größer als im Stockwerke, wo sich über dem Abrechnungsgewölbe ein großes Zimmer befindet. Der Eingang in das Brennereilokal ist vom Hofe. Auf einer hölzernen vorliegenden Treppe von 6 Stufen gelangt man durch eine zweiflügelige Thüre in den Maischraum von $5^1/_2$ m Tiefe und 13 m Breite, mit Rohrdecke, Granitplatten- und Ziegelpflaster und 3 zweiflügeligen Fenstern. In diesem Raume stehen 4 große Maischbottiche von 30—41 Hektoliter Inhalt, 3 kleinere Bottiche von 2,28 Hektoliter Inhalt. Jeder dieser Bottiche ist mit drei starken eisernen Reifen gebunden. Eine zweiflügelige Thüre führt über 3 Stufen abwärts in die s. g. Küche mit Gewölbe und Ziegelpflaster, 3,6 m und 7 m groß, mit 3 zweiflügeligen Fenstern. Im Brennofen, welcher 1,7 m und 3,4 m groß ist, befindet sich der Dampfkessel, daneben steht die Dampfmaschine der Brennerei. Im dritten Raume, Abrechnungsgewölbe 6,6 m und 7,3 m groß, mit Granitplatten gepflastert, und mit 2 vierflügeligen Fenstern, befinden sich 9 Bottiche von 7,63 bis 23,43 Hektoliter Inhalt, und 4 kleinere Bottiche von 1,71 bis 3 Hektoliter Inhalt; jeder ist mit 3 starken eisernen Reifen gebunden. Eine gerade Treppe von 12 Stufen führt in die oberen Räume. Hier steht ein Bottich von 35,63 Hektoliter Inhalt, gleichfalls mit 3 starken eisernen Reifen gebunden. Eine einfache Thüre führt in den Kühlschiffraum, wo das 4 m breite und 10 m lange Kühlschiff, die Kühltonne mit kupferner Schlange, neben der Betriebspumpe, unter einem Patentpappdache sich befindet. — Der Schrotboden hat 3 Fenster, in jedem 5 eiserne Stäbe. Das Dach hat 14 Paar Sparren auf 3 Unterzügen, Bretterverschalung und ist Patentpappbedeckung. Neben dem Eingange zur Brennerei kommt man auf 10 Stufen abwärts in den gewölbten Spirituskeller von 3 Abtheilungen, mit Ziegel gepflastert und einem Fenster.

In dem Gebäude vis à vis der Brennerei, in einem Parterregewölbe befinden sich 2 Quellstöcke; im ersten Stocke ist die Malzdarre, 3,6 m und 4 m groß, mit 3 zweiflügeligen Fenstern, Rohrdecke mit einem Dampfabzuge. Der Baustand des Brennereigebäudes ist gut.

Der Materialwerth ist:

1.	für 109,20 qm zwei Etagen hoch, à qm 40 Mk.	4368 Mk.
2.	für 96,20 qm Parterre-Abrechnungsgewölbe, à 20 Mk.	1924 "
3.	für 50,40 qm Kühlschiffraum mit Bedachung, à 7,50 Mk.	378 "
	zusammen . . .	6670 Mk.

B. Werth der Böttichergefäße in der herrschaftlichen Brennerei:

1.	8 Stück Maischbottiche von 40 Hektoliter Inhalt, jeder mit 3 eisernen Reifen beschlagen, à 47 Mk.	Mk. 376,—
2.	8 Stück Abwässerungsbottiche, jeder mit 3 eisernen Reifen beschlagen, à 21 Mk.	„ 168,—
3.	7 Stück Stallgefäße, jedes mit 3 eisernen Reifen beschlagen, à 18 Mk.	„ 126,—
4.	1 Brennblase von Eichenholz, mit 5 eisernen Reifen beschlagen	„ 85,—
5.	1 Vormaischbottich von Eichenholz, mit 3 eisernen Reifen beschlagen	„ 61,50
6.	1 Kühltonne, mit 6 eisernen Reifen beschlagen .	„ 54,—
7.	1 Kochgefäß, mit 4 eisernen Reifen beschlagen .	„ 21,—
8.	1 Wasserbehälter, mit 4 eisernen Reifen beschlagen	„ 15,—
9.	1 Wasserreservoir, mit 3 eisernen Reifen beschlagen	„ 9,—
10.	2 Spiritusfässer, jedes mit 8 eisernen Reifen beschlagen, von ca. 10 Eimern Inhalt à 15 Mk.	„ 30,—
11.	1 Kühlschiff, von Spundbrettern gefertigt, nicht brauchbar, als Brennmaterial berechnet . . .	„ 9,—
	Summa	Mk. 954,50

C. Kupfer- und Eisengeräthe.

1.	Sämmtliche Kupfergeräthe, incl. Messinghähnen, ca. 24 Ctr., à 120 Mk.	2880 Mk.
2.	Ein eiserner Dampfkessel	360 „
3.	Die Darre	450 „
	Summa	3690 Mk.

Der kapitalisirte Werth dieser drei Nutzungsrubriken ist dem Kreditwerthe zugerechnet, und so der Taxwerth zur Auseinandersetzung wie folgt ermittelt worden.

A. Einnahme.

Tit. I. Ackernutzung.

Der Ertragswerth des Ackerlandes im Flächeninhalte von 168 ha 46,5 a beträgt nach der Zusammenstellung[7]) . 132405 Mk. 55 Pf.

Tit. II. Wiesen.

Dieselben sind nach Ausweis der besonderen Uebersicht bei einem Flächeninhalte von 19 ha 36,6 a auf einen Ertragswerth von . 17012 „ 44 „ geschätzt.

Uebertrag 149417 Mk. 99 Pf.

---

[7]) Die bei I. bis IV. in Bezug genommenen Zusammenstellungen, in tabellarischer, von dem Tax-Regulativ vorgeschriebener Form, sind ihrer Umfänglichkeit und des damit nicht im Verhältniß stehenden, für unseren Zweck geringen Nutzens wegen weggelassen. Die Ausführung der vorgeschriebenen Zusammenstellungen liegt den mitwirkenden Sachverständigen ob, welche dabei das Vermessungs- und das Bonitirungsregister zur Grundlage nehmen. Formulare für die Zusammenstellungen sind den „Abschätzungsgrundsätzen" beigegeben.

Uebertrag	149417 Mk. 99 Pf.
Tit. III. Weideland.	
Dasselbe besteht aus 24 ha 70 a und ist geschätzt auf	4215 „ 58 „
laut besonderer Zusammenstellung.	
Tit. IV. Forstland.	
Dasselbe ist nach Ausweis der besonderen Uebersicht wie folgt angesprochen:	
4 ha 55 a im Kapital à 5 Prozent:	1533 „ 60 „
Andere Schätzungsrubriken fehlen.	
Das Gartenland ist theils als Acker, theils als Wiese angesprochen.[8])	
Summa . .	155167 Mk. 17 Pf.

B. Ausgaben.

An solchen sind abzusetzen:

A. Die öffentlichen und gemeinen Lasten und Abgaben auf Grund besonderer Feststellungen gemäß der angefertigten Zusammenstellung[9]) mit 521 Mk. 22 Pf. Dieselben zum zwanzigfachen Betrage[10]) kapitalisirt ergiebt 10424 Mk. 40 Pf.

B. An Instandsetzungs= resp. Ausrüstungskosten.

Das Gut Ginsterheide ist auf einen Durchschnittskörnerertrag von 16 hl 53 l pro Hektar eingeschätzt, rangirt also in den mittleren Stufen der II. Ackerklasse.

Bei Berechnung der Großviehzahl kommt in Betracht, daß auf $2^1/_2$ Hektar Ackerland ein Stück Großvieh gehalten werden kann.

Dies giebt bei 167 ha 6,5 a	67 Stück.
Auf die bonitirte Heumasse entfallen auf 1608 Ctr. gutes Heu, à 90 Ctr. 1 St.	18 „
Auf $115^1/_2$ Ctr. mittelmäßiges Heu à 110 Ctr. 1 St.	1 „
zusammen	86 Stück.

Vorhanden ist gar kein Vieh, daher ist dasselbe anzukaufen und zwar:

16 Pferde à 150 Mk. . . .	Mk. 2400,—	
30 Stück Rindvieh à 90 Mk. .	„ 2700,—	
390 „ Schafe[11]) à 10 Mk.	„ 3900,—	
1 Stier	„ 120,—	
		Mk. 9120,—

Auf 40 Hektar ist ein Zug angenommen.

---

[8]) Deshalb entsprechen die zu I. II. angesetzten Zahlen den oben (S. 548) für Aecker, Wiesen und Garten zusammen angesetzten Flächen.

[9]) Befinden sich darunter Naturalleistungen, so sind solche nach der letzten im Amtsblatt veröffentlichten Tabelle der 24jährigen Martini=Durchschnittspreise zu berechnen (§ 59 der Abschätzungsgrundsätze).

[10]) § 59 a. a. O. Wenn Privatlasten vorhanden sind, so muß deren Kapitalisirung zum 25fachen Betrage erfolgen. § 60 ebenda.

[11]) 10—15 Schafe sind gleich einem Stück Großvieh zu rechnen. § 61 der Abschätzungsgrundsätze.

Uebertrag			Mk.	9120,—
An todtem Inventarium ist ebenfalls nichts vorhanden, weshalb auch dieses in Ansatz gebracht werden muß, und zwar:				
8 Pflüge mit Zubehör à 15 Mk.	Mk.	120,—		
16 Eggen à 4,50 Mk. . . .	„	72,—		
8 Ruhrhaken à 10,50 Mk. .	„	84,—		
2 Häufelpflüge à 9 Mk. . .	„	18,—		
8 Arbeitswagen mit Brettern und Ernteleitern à 150 Mk. . .	„	1200,—		
16 Pferdegeschirre à 15 Mk. .	„	240,—		
8 Spannketten à 4 Mk. . .	„	32,—		
5 Holzketten à 9 Mk. . . .	„	45,—		
Diverse Stallgeräthe auf 16 Pferde à 6 Mk.	„	96,—		
			Mk.	1907,—
Die Instandsetzungskosten der Wirthschaftsgebäude betragen nach dem Gutachten des Bauverständigen			„	24579,54
Summa der Instandsetzungskosten			Mk.	35606,54
Hierzu der Kapitalwerth der königl. Steuern und andern Abgaben unter A mit			„	10424,40
Summa aller Ausgaben			Mk.	46030,94
Balance:				
Die Einnahme beträgt zu Kapital angeschlagen			Mk.	155167,17
Die Ausgabe „ „ „ „			„	46030,94
Der Kredit-Taxwerth des Gutes Ginsterheide stellt sich daher auf			„	109136,23
Hierzu aus Abtheilung II der Abschätzungsgrundsätze:				
Tit. I. Jagd.				
Von 227 ha 76,2 a Dominialterrain pro Hektar 11 Pf. = 25,06 Mk., kapitalisirt zu 5 Prozent =			„	501,20
Tit. II. Vakat.				
Tit. III. Ziegelei.				
Der Ertrag der hier vorhandenen und seit länger als drei Jahren betriebenen Ziegelei ist im Separatprotokoll und der demselben anliegenden Berechnung [12]) auf Mk. 6619,15 ermittelt worden, wovon taxgrundsätzlich ein Viertel mit Mk. 1654,79 in Ertrag zu stellen war, so daß sich ein Kapitalswerth von . . ergiebt.			„	33095,80
Tit. IV—VI. Vakat.				
Uebertrag			Mk.	142733,23

[12]) Diese beiden Prozeßhandlungen werden als Beispiele hinter dem Tax-Instrumente unter b) mitgetheilt.

Tit. VII.

	Uebertrag	Mk. 142733,23
Der Schätzungswerth des Brennereigebäudes und der Brennereiutensilien und zwar wie derselbe nachstehend verzeichnet ist:		
1. der Werth des Gebäudes . . .	Mk. 6670,—	
2. der Werth der Böttchergeräthe .	„ 954,50	
3. der Werth der Kupfer- u. Eisengeräthe	„ 3690,—	
		„ 11314,50

Andere Nutzungen sind, da die Realabgaben und Dienste, welche dem Gute zustanden, abgelöst sind, nicht zu veranschlagen.

Das Wohnhaus hat nach dem Gutachten des Bauverständigen einen Materialwerth von Mk. 4245, welcher jedoch nur ante lineam zu setzen ist.

Der Materialwerth der Ziegeleigebäude war nicht in Anschlag zu bringen, da der Ertrag in die Taxe genommen ist, und dieser nicht ohne die Gebäude erzielt werden kann.

Orangerie und andere Gegenstände sind nicht vorhanden.

Der Taxwerth des Gutes Ginsterheide zum Behufe der Auseinandersetzung stellt sich demnach auf Mk. 154047,73 schreibe hundertvierundfünfzigtausend und siebenundvierzig Mark, dreiundsiebzig Pfennige.

N., den 17. August 1886.

Siegel. Königliches Amtsgericht.

Gründlich.

b. Taxe der Ziegelei.

aa) Informationsprotokoll (beim Mangel einer 9jährigen Rechnungsvorlage).

Ginsterheide, den 17. August 1886.

(Fortsetzung.)

Hierauf erschien vor dem Richter der hiesige Ziegelmeister Johann Wilhelm Kneter. Derselbe wurde erinnert, daß er seine Aussagen so einzurichten habe, daß er darauf mit gutem Gewissen den ihm vorgehaltenen Zeugeneid schwören könne; er ließ sich auf die ihm vorgelegten Fragen wie folgt vernehmen und zwar unter Aussetzung der Beeidung:

Zur Person:

Ich heiße Wilhelm Kneter, bin 47 Jahre alt, katholischer Konfession, Ziegelmeister, in Ginsterheide wohnhaft und ohne Interesse bei der Sache.

Zur Sache:

Ich habe schon im Jahre 1880 angefangen, die hiesige Ziegelei zu leiten. Dieselbe wurde damals von dem Gutsbesitzer Pfaucher angelegt und so weit fertig hergestellt, daß ein gewölbter Ofen und ein Trockenschuppen vollendet und zum Gebrauche zu verwenden war; es ist auch in jenem Jahre noch gebrannt worden, doch kann ich die Anzahl der Brände nicht mehr angeben, da ich nur die Oberleitung führte, wogegen mein Schwiegersohn Namens Streicher der eigentliche Betriebsmeister war. Im Jahre 1881 wurde der Betrieb fortgesetzt und außerdem noch ein zweiter gewölbter Ofen und mehrere Schuppen gebaut, so daß jetzt zwei gewölbte Oefen, zwei Flachwerkschuppen zu 130,000 Brettchen Belag, nebst den nöthigen Parketts, und ein Haus von Fachwerk für den Ziegelmeister vorhanden sind.

Im Jahre 1881 übernahm ich den Betrieb der Ziegelei, habe ihn jedoch nur bis einige Tage nach Pfingsten fortgeführt, bin aber im Jahre 1882 wiederum in die Dienste des Herrn Pfaucher getreten und habe dieselben Ende 1882 wieder verlassen, da Herr Pfaucher verpachtete. Anfang dieses Jahres bin ich nochmals in den Dienst des hiesigen Dominiums getreten und stehe demselben noch gegenwärtig vor, wenn ich auch, streng genommen, eigentlich in Lohn und Brot des Ziegeleipächters bin.

Meines Wissens ist jedes Jahr seit 1880 die Ziegelei ohne Unterbrechung im Betriebe gewesen.

Das zur Ziegelfabrikation nöthige Bodenmaterial ist meines Erachtens in unschöpflicher Masse vorhanden. Vorläufig haben wir zwei Anhöhen in Angriff genommen, welche einen ausgezeichneten, sowohl zu Mauerziegeln, als auch zu Flachwerk (Dachziegel) und Klinker geeigneten Boden, und zwar sowohl gelben als blauen Lett von verschiedenen Fettigkeitsgraden, dabei mergel- und kiesfrei, und zum Versetzen der Masse auch Schlief und Sand, sowie überall das nöthige Wasser darbieten.

Bei der gegenwärtigen Einrichtung der Ziegelei ist es ein Leichtes, wöchentlich 30,000 Stück Flachwerke und 7—8000 Stück Mauerziegeln oder Klinker zu fertigen. Obwohl ohne Bedenken 24—25 Arbeitswochen angenommen werden können, so ist doch ganz sicher, bei nur 20 Wochen 500—600 Tausend Flachwerke und 150 Tausend Mauerziegeln oder Klinker fertig herzustellen. Die Oefen fassen ein jeder gegen 50,000 Mauerziegeln, oder, wenn zugleich Flachwerke eingesetzt werden, 20,000 Mauerziegeln und 50—60,000 Flachwerke, so daß es ein Leichtes ist, in diesen Oefen das fertige Material abzubrennen. Zum Abbrennen der angenommenen Masse von 150,000 Mauerziegeln, resp. Klinker und 5—600,000 Flachwerken würden hiernach ca. 8—9 Brände gehören, so daß jeder Ofen 4—5 Mal in Verwendung käme.

Zum Abbrennen eines Ofens gebrauche ich 130—150 Kubikmeter kiefern Leibholz, oder 330 Hektoliter Stückkohle. Der Kubikmeter Holz wird einschließlich Fuhrlohn 5 Mark kosten, da es auf 20 Kilometer Entfernung herangeholt werden muß. Die Kohle wird aus Oberschlesien vom Bahnhofe Bösdorf bezogen und kostet incl. Fuhr- und Frachtlohn ca. 1,40 Mk. per Hektoliter. Drainröhren werden zur Zeit hierselbst nicht gemacht, da die vorhandene Maschine unbrauchbar ist und auch Flachwerk und Klinker hinreichenden Absatz haben.

An Arbeitslohn erhalte ich vom Flachwerk 5,80 Mk., von den Klinkern 7,50 Mk. und von Mauerziegeln 4,50 Mk. pro Tausend, wobei jedoch das Schachten noch besonders bezahlt wird und zwar mit 20—25 Pf. vom Kubikmeter, welcher ca. 250 Mauerziegeln und gegen 670 Flachwerke liefert. Außerdem erhalte ich noch von dem verkauften Material und zwar vom Flachwerke 30 Pf. und von den Klinkern 50 Pf. pro Tausend an Tantieme oder sogenanntem Stammgelde.

Die Absatzverhältnisse hierselbst sind höchst günstige, was schon daraus hervorgeht, daß ungeachtet des fortwährenden lebhaften Betriebes doch nur sehr unbedeutende Bestände vorhanden sind. Die Preise betragen excl. Stammgeld, welches der Käufer entrichtet, 22,50 Mk. vom Flachwerke und 30 Mk. pro Tausend Klinker; für gewöhnliche Mauerziegeln dagegen, die übrigens selten gemacht werden, 18 Mark.

Ungeachtet des bisherigen günstigen Absatzes ist mir doch durchaus nicht bekannt, daß besondere oder ungewöhnliche Ereignisse denselben bedingt hätten, es hat sich vielmehr alles nur in dem Gleise der gewöhnlichen Bauten bewegt. Vergessen will ich nicht zu bemerken, daß an Gewerbesteuer meines Wissens jährlich 36 Mk. gezahlt worden und daß die Gebäulichkeiten durchweg neu und in gutem Bauzustande sind, doch werden an den Oefen in Kurzem einige Reparaturen auszuführen sein.

Schließlich muß ich noch bemerken, daß, wenn ich vorstehend die Fabrikation auf 8—9 Brände mit 150,000 Klinkern und 500 bis 600,000 Flachwerken als eine unter allen Umständen leicht mögliche angegeben habe, die wirkliche Fabrikation in den letzten 4—5 Jahren jedenfalls eine ungleich höhere gewesen ist und 12—13 Brände mit ca. 200,000 Klinkern und 800,000 Flachwerken geliefert hat, doch kann ich nicht verschweigen, daß in den ersten Jahren auch verhältnißmäßig mehr Mauerziegeln und weniger Klinker und Flachwerk als jetzt gemacht worden sind, so daß meine erste Aussage den richtigen Durchschnitt darstellt.

Nachtragen muß ich auch, daß zum Brennen nur Kohle verwendet wird, und nur zum Aufzünden etwas Holz gebraucht wird, und zwar sind jährlich 32—34 Kubikmeter verbraucht worden.

Diese meine Aussage enthält meine beste Wissenschaft; ich bin bereit, dieselbe auf Erfordern zu beschwören.

Das Protokoll wurde dem Zeugen vorgelesen und von ihm genehmigt.

Darauf leistete er nach erfolgter Hinweisung auf die Bedeutung des Eides den in der Civilprozeßordnung vorgeschriebenen Zeugeneid, vorschriftsmäßig ab,[13]) und unterschrieb sodann wie folgt:

Johann Wilhelm Kneter.

Geschehen wie oben.

Gründlich.

---

[13]) Die Befugniß des taxirenden Gerichtes zur Zeugenbeeidigung folgt aus § 8. II. 6. A. G. O. Da hier besondere Vorschriften über die Beeidung nicht gegeben sind, so ist jetzt die analoge Anwendung der Vorschriften der C. P. O. gerechtfertigt. Vgl. oben zu Muster 35 Anm. 5 (S. 216).

bb) Ziegeleiberechnung.

Es werden alljährlich im Durchschnitt 9 Oefen mit 150,000 Klinkern und Mauerziegeln, und 500,000 Flachwerken abgebrannt.

Diese liefern Ertrag:

1. von 75,000 Mauerziegeln, à 18 Mk. . . .	Mk.	1350,—
2. „ 75,000 Klinkern, à 30 Mk.	„	2250,—
3. „ 50,000 Flachwerken, à 22,50 Mk. . .	„	11250,—
Summa der Einnahme	Mk.	14850,—

Davon ab:

1. an Brennmaterial für im Durchschnitt $8^1/_2$ Oefen:			
a) 2805 hl Stückkohle, à 1,40 Mk. . .	Mk. 3927,—		
b) 33 cbm Leibholz à 5 Mk. . . .	„ 165,—		
	Mk. 4092,—	Mk. 4092,—	
2. an Arbeitslohn:			
a) für 500,000 Flachwerke, à 5,80 Mk.	Mk. 2900,—		
b) für 75,000 Mauerziegeln, à 4,50 Mk.	„ 337,50		
c) für 75,000 Klinker, à 7,50 Mk. . .	„ 562,50		
	Mk. 3800,—	Mk. 3800,—	
d) Schachtlohn, welcher sich wie folgt berechnet:			
aa. zu 150,000 Mauerziegeln u. Klinkern werden ausgeschachtet à 250 St. per cbm	600 cbm		
bb. zu 500,000 Flachwerke, desgleichen à 670 St. per cbm	746 „		
zusammen	1346 cbm		
Dafür wird an Schachtlohn im Durchschnitt $22^1/_2$ Pf. per cbm bezahlt, mithin im Ganzen . . bezahlt.		Mk. 302,85	
3. Gewerbesteuer		„ 36,—	
Summa der Ausgaben		Mk. 8230,85	Mk. 8230,85
Es bleibt also ein Ertrag von			Mk. 6619,15

Ginsterheide, den 17. August 1886.

Gründlich.

220. Taxe eines auf gewisse Jahre verliehenen Nutzungsrechtes.

A. G. O. Anh., § 438 zu § 14 II. 6.

Der Werth eines auf gewisse Jahre zur Kultur und Benutzung verliehenen Gutes soll, nach § 438 des Anh. zur A. G. O., durch Abrechnung des Interusuriums von dem durch die Revenüensumme gefundenen Kapitalswerthe bestimmt werden. Das Institut der Vergebung von Grundstücken zur Benutzung und Kultur (A. L. R. I. 21 §§ 626 ff.) ist nun allerdings durch § 91 des Gesetzes vom 2. März 1850 (G. S. S. 77) beseitigt. Die praktische Bedeutung der Vorschrift ist indessen dadurch nicht völlig aufgehoben, da sie unter Umständen auch beim Nießbrauch zur Anwendung gelangen muß. Wenn z. B. bei der Auseinandersetzung geschiedener Eheleute im Vermögen des schuldigen Theiles sich ein zeitlich beschränktes Nießbrauchsrecht befindet, so wird man dessen Werth nach denselben Grundsätzen schätzen dürfen (§ 788 II. 1. A. L. R.). Deshalb sind die Vorschriften über die Aufnahme derartiger Taxen auch jetzt nicht ohne Interesse.

Diese Aufnahme erfolgt nun zunächst in gewöhnlicher Art, aber statt die Revenüensumme mit 5 Prozent zu Kapital zu rechnen, muß der Werth des Nutzungsrechts mittelst der sich ergebenden jährlichen Revenüensumme, mit Abrechnung des Interusuriums, auf die noch übrigen Nutzungsjahre herausgebracht werden. Die Frage ist: wie das Interusurium zu berechnen? Die ehemalige westpreußische Regierung zu Marienwerder hat in einem Berichte vom 15. Januar 1802 nebst Beilagen[1]) die verschiedenen Methoden vorgetragen und dargethan, daß das Interusurium nach zusammengesetzten Zinsen (mit Zinsen von Zinsen oder nach der Leibnitz'schen Methode) berechnet werden müsse; und durch das Hofreskript vom 8. September 1840[2]) ist die Anweisung gegeben, nach diesen Grundsätzen zu verfahren, die denn in der Provinz Preußen bei der Abschätzung der dort, besonders in der Weichselniederung, häufig vorkommenden Nutzungsrechte auf Zeit auch wirklich angewendet werden.

Da die Taxe selbst wie gewöhnlich aufgenommen und ausgearbeitet wird, und nur mit einer eigenthümlichen Berechnung der Revenüensumme zu Kapital schließt; so genügt es, das Verfahren bei dieser Berechnung, wie es in jenem Berichte sehr deutlich angegeben wird, hier mitzutheilen. Es heißt:

„In dem anliegenden, mit Nr. I bezeichneten Aufsatze ist ausführlich dargethan und durch die dazu gehörige Nr. II bezeichnete Tabelle anschaulich gemacht worden, daß der Werth eines temporellen Nutzungsrechts aus dem jährlichen Ertrage nur

[1]) Abgedruckt in Grävell's Kommentar zu den Kreditgesetzen, Bd. III, Beilage Nr. 1.

[2]) Mathis Bd. XI., S. 1, und v. Rabe, Samml. Bd. VIII. S. 171.

lediglich durch die Berechnung des Interusurii, mit Rücksicht auf die Zinsen von Zinsen, richtig und der Sache vollkommen angemessen bestimmt werden kann, und daß diese Berechnung, durch welche beide Theile völlig egalisirt werden, eigentlich auf folgenden Grundsätzen beruht, nämlich:

1. Man muß zuvörderst berechnen, wie viel die ganze Revenüensumme des Besitzers für sämmtliche Jahre seines Nutzungsrechts alsdann beträgt, wenn derselbe seinen jährlichen reinen Ertrag des Grundstücks zu fünf Prozent austhut, und die jährlichen Zinsen wieder zu Kapital schlägt.
2. Hiernächst ist zu berechnen, wie groß dasjenige Kapital sei, welches mit seinen Zinsen zu fünf Prozent, wenn man hier die jährlichen Zinsen gleichfalls wieder zum Kapital schlägt, durch sämmtliche Jahre des Nutzungsrechts ebenso viel ausmacht, als die ad 1 gefundene Summe der Revenüen des Besitzers.

Das bei dieser Berechnung ad 2 gefundene Kapital ist das gesuchte Pretium des temporellen Nutzungsrechts.

Wird das Pretium nach den vorstehenden zwei Grundsätzen wirklich berechnet, so ist diese Berechnung, wenn sie nach der gewöhnlichen Methode angelegt wird, freilich ein sehr weitläufiges und mühsames Geschäft; es ist indessen in der Beilage Nr. I angezeigt worden, wie das richtige Pretium durch die höhere Rechenkunst leicht und schnell gefunden werden kann, und wie ferner auch diejenigen, welche von der höheren Rechenkunst keine Kenntniß haben, das Pretium qu. durch die gewöhnliche Regeldetri und mit Hülfe einer gewissen Erleichterungstabelle ebenso leicht und schnell berechnen können."

Aus der Beilage Nr. I.

„Prinzip zur richtigen Berechnung des Werths.

Hiernach beantwortet sich die oben aufgestellte Frage: wie nämlich das Pretium eines temporellen Nutzungsrechts zu bestimmen sei? dahin:

Man muß zuvörderst die Summe der Revenüen des Besitzers in der Art suchen, daß man ihm den jährlichen Ertrag mit zusammengesetzten Zinsen à 5 Prozent (das heißt, mit Zinsen nebst Zinsen von jährlichen Zinsen) von dem Zeitpunkte ab, wo der jedesmalige Ertrag fällig ist, bis zu dem termino ad quem des Nutzungsrechts, veranschlagt; hiernächst muß man berechnen, wie groß dasjenige Kapital ist, welches mit seinen zusammengesetzten Zinsen à 5 Prozent durch die Jahre des Nutzungsrechts ebenso viel ausmacht, als die in der vorgedachten Art gesuchte Revenüensumme des Besitzers beträgt: das Kapital, welches man auf diese Weise findet, ist das gesuchte Pretium des Nutzungsrechts.

Oder aber:

Man berechnet das Interusurium mit zusammengesetzten Zinsen à 5 Prozent von dem Ertrage eines jeden Jahres besonders, und addirt die gefundenen Größen.

Wird die Berechnung nach diesen beiden Regeln ausführlich angelegt, so wird sie bei einem vieljährigen Nutzungsrechte freilich sehr mühsam und weitläuftig, allein die Algebra giebt ein Mittel an die

Hand, das Pretium qu. für den längsten Zeitraum auf eine sehr leichte und schnelle Weise zu finden. Denn wenn man das zu suchende Pretium mit x, den jährlichen Ertrag (z. B. 100 Thlr.) mit a, die Zahl der Nutzungsjahre mit n, den Bruch $^{105}/_{100}$ (welcher Bruch entsteht, wenn man zu einem Kapital einjährige Zinsen addirt, und die Summe durch das Kapital dividirt) mit v bezeichnet, so findet man das Pretium x für jedes nte Jahr des Nutzungsrechts durch folgende Kürzegleichung:

$$x = \left(\frac{a}{v} - \frac{a}{\frac{n+1}{v}}\right)\left(1 - \frac{1}{v}\right)$$

Will man z. B. das Pretium für 19 Jahre suchen, wenn der Ertrag 100 Thlr. beträgt, so ist die Berechnung folgende:

Der Logarithmus von v (welcher auch lv bezeichnet wird) ist nach den logarithmischen Tafeln = 0,0211893.

Nun ist n + 1 = 20, also ist (n + 1) lv = 0,4237860,

folglich $\frac{n+1}{v}$ (nach den Tafeln) = 2,6532,

mithin beträgt $\frac{a}{\frac{n+1}{v}}$ oder $\frac{100}{2,6532} = 37,690.$

Nun ist $\frac{a}{v} = 100 \frac{100}{105} = \frac{10000}{105} = 95,238.$

Hiervon abgezogen $\frac{a}{\frac{n+1}{v}} = 37,690,$

so ist $\frac{a}{v} - \frac{a}{\frac{n+1}{v}} = \;.\;.\;.\;.\; 57,548.$

Wird nun dieses mit $1 - \frac{1}{v}$ das ist

mit $\frac{5}{105} = \frac{1}{21}$ dividirt, folglich mit 21

multiplizirt

	57,548
	1150,96

so erhält man x als das Pretium für
19 Jahre mit . . . . 1208 $\frac{508}{1000}$,
als womit die neunte Kolonne (Beilage II) genau übereinstimmt.

Freilich ists gewiß, daß man unter den gewöhnlichen Kalkulatoren nicht leicht Einen finden wird, der die aufgestellte, auf den Grundsätzen der Algebra beruhende Berechnung versteht oder anwenden kann; und ebenso wenig läßt sich annehmen, daß die Unterrichter, welche keinen Kalkulator haben und mithin die bei ihnen vorkommenden Rechnungen selbst machen müssen, diese Berechnung verstehen werden. Allein hieraus kann unmöglich ein Grund hergenommen werden, um statt einer richtigen Berechnung eine unrichtige als Norm vorzuschreiben, und dadurch den Parteien Unrecht zu thun. Ueberdies kann man dem ganzen Uebel, daß nämlich nicht alle Justizbediente und gewöhnliche Kalkulatoren die höhere Rechenkunst verstehen, dadurch vollkommen abhelfen, daß für eine Erleichterungstabelle gesorgt wird (welche die Stelle eines faulen Knechts vertritt), vermöge deren man in den Stand gesetzt wird, das richtige Pretium eines temporellen Nutzungsrechts für jede Dauer desselben und für jeden Ertrag durch ein einziges Exempel der allgemein bekannten Regeldetri zu finden. Denn das richtige Pretium qu. steht mit der Höhe des jährlichen Ertrages in einem geometrischen Verhältnisse, dergestalt, daß nur zwischen dem Pretium und den verschiedenen Jahren ein anderweitiges Verhältniß obwaltet. Sobald man also weiß, wieviel daß Pretium für einen gewissen Ertrag und für eine gewisse Dauer beträgt, so kann man das Pretium für jeden anderen Ertrag und für dieselbe Dauer durch die gewöhnliche Regeldetri finden.

Folgendes Beispiel wird dieses klar machen.

Es soll der Werth eines vierjährigen Nutzungsrechts gefunden werden, wenn der jährliche Ertrag in 23 Thlr. besteht. Aus der anliegenden Tabelle, Kolonne 9 oder 11, ist ersichtlich, daß das richtige Pretium für 4 Jahre in $354\frac{595}{1000}$ Thlr. besteht, wenn der jährliche Ertrag 100 Thlr. ausmacht; also muß daß Exempel der Regeldetri in folgender Art gestellt werden:

100 Thlr. Ertrag geben ein Pretium von $354\frac{595}{1000}$ Thlrn.,
wie viel ergiebt ein Ertrag von 23 Thlrn.

Facit ein Pretium von $81\frac{55685}{100000}$ Thlr.

Daß dieses Facit wirklich richtig ist, erhellt aus Folgendem:

Man erhält nämlich von dem gefundenen Pretio à .	81,55685	Thlr.
an Zinsen am Ende des ersten Jahres	4,07784	„
und von	85,63469	Thlr.
am Ende des zweiten Jahres	4,28173	„
von	89,91642	Thlr.
am Ende des dritten Jahres	4,49582	„
von	94,41224	Thlr.
am Ende des vierten Jahres	4,72061	Thlr.
also in Summa	99,13285	Thlr.

und ebenso viel beträgt die Revenüensumme des Besitzers. Denn dieser erhebt

am Ende des	ersten	Jahres	an Ertrag		23	Thlr.
„ „ „	zweiten	„	„ Zinsen		1,15	„
			„ Ertrag		23	„
				Summa	47,15	Thlr.
„ „ „	dritten	„	„ Zinsen		2,3575	„
			„ Ertrag		23	„
				Summa	72,5075	Thlr.
„ „ „	vierten	„	„ Zinsen		3,62535	„
			„ Ertrag		23	„
				in Summa, wie oben	99,13285	Thlr.

Durch eben dieses Exempel der Regeldetri findet man auch das Pretium, wenn der Ertrag außer den 23 Thlrn. noch in 23 Gr. bestände. Denn wenn ein Ertrag von 23 Thlr. ein Pretium von 81 $\frac{5}{10}$ Thlr. giebt, so giebt ein Ertrag von 23 Groschen ein Pretium von 81 $\frac{5}{10}$ Groschen. Man darf also nur eine Tabelle für einen Ertrag von 100 Thlr. für alle Jahre von 1 bis 100 Jahre anfertigen (indem ein längeres Nutzungsrecht wohl nicht leicht vorkommen wird) um aus dieser Tabelle das Pretium für jeden anderen Ertrag und für jede Dauer des Nutzungsrechts durch die bloße Regeldetri schnell zu finden. Es versteht sich von selbst, daß eine solche Tabelle genau und richtig berechnet werden muß, wobei also auch nöthig sein würde, daß für diejenigen, welche mit Dezimalbrüchen umzugehen verstehen, die Brüche der leichten Berechnung wegen in Dezimalzahlen ausgedrückt, für diejenigen aber, welche mit Dezimalzahlen nicht umzugehen verstehen, allenfalls auf Groschen und Pfennige reduzirt werden. In der anliegenden Tabelle (II) ist das Pretium bereits für die Jahre 1 bis 21 angegeben und in der 11ten Kolonne mit Dezimalbrüchen von drei Ziffern ausgedrückt worden, man kann daher mit Beihülfe dieser Tabelle das Pretium für die Jahre von 1 bis 21, und zwar für jeden möglichen Ertrag durch die gewöhnliche Regeldetri berechnen.

Aus dem Berichte der Regierung zu Marienwerder, vom 15. Januar 1802 gehört noch hierher:

„In Ansehung der Ausmittelung des jährlichen Ertrages eines solchen Grundstücks ist der Satz aufgestellt worden:

> daß dabei für diejenigen Kosten ein billiges Quantum in Abzug gebracht werden müsse, welche der Besitzer auf die nach der Verleihungsurkunde und nach den gesetzlichen Vorschriften ihm obliegende Melioration und Kultivirung des Grundstücks, während der Dauer des Nutzungsrechts noch verwenden muß, weil er nach dem Expirio dieses Rechts von dem Grundherrn keine Entschädigung erhält.

Allgemein betrachtet ist dieses freilich richtig, allein der Betrag dieser Meliorationskosten würde nicht von dem jährlichen Ertrage des Grundstücks, sondern nur von dem nach dem Ertrage zu berechnenden Pretium in Abzug zu bringen sein, weil der Besitzer die Summe der Meliorationskosten nicht jährlich, sondern nur überhaupt ein einziges Mal ausgiebt, daher auch bei der Abschätzung eines eigenthümlichen Grundstücks, z. B. die zur Reparatur eines beschädigten Gebäudes erforderlichen Kosten nicht von dem jährlichen Ertrage, sondern von dem durch diesen Ertrag sich bestimmenden Kapitalswerthe des Grundstücks abgerechnet werden. Auch würde darauf Rücksicht zu nehmen sein:

> inwiefern durch die noch zu bewerkstelligende Melioration der jährliche Ertrag des Grundstücks erhöht wird?

Ist dieses der Fall, so würde bei der Berechnung des Kapitalswerths der durch die Melioration entstehende höhere Ertrag zum Grunde zu legen und dagegen die Summe der Meliorationskosten vom Kapitalswerthe in Abzug zu bringen sein. Wenn jedoch der durch die Melioration zu gewinnende höhere Ertrag erst nach Verlauf einiger Jahre entsteht, so müßte, um genau zu verfahren, der Kapitalswerth zuvörderst von dem gegenwärtigen Ertrage bestimmt, sodann aber von dem künftig entstehenden höheren Betrage des jährlichen Ertrages für die alsdann noch übrigen Jahre des Nutzungsrechts ein besonderer Kapitalswerth berechnet, und beide Kapitalien nach Abzug der Meliorationskosten zusammen summirt werden. Wenn also z. B. der jetzige Ertrag eines noch 20 Jahre zu benutzenden Grundstücks 100 Thlr. beträgt, durch die mit 400 Thlr. zu verwendenden Meliorationskosten aber binnen 5 Jahren eine solche Verbesserung bewirkt werden kann, daß der jährliche Ertrag nach 5 Jahren sich auf 150 Thlr. beläuft, so würde die Berechnung in folgender Art zu stehen kommen.

Von dem gegenwärtigen Ertrage à 100 Thlr. beträgt der Werth für 20 Jahre (Kolonne 9 der Tabelle)	1246 Thlr.
Von der nach fünf Jahren mit 50 Thlr. entstehenden Erhöhung des Ertrages, für die alsdann noch übrigen 15 Jahre, beträgt der Werth des Nutzungsrechts . .	518½ "
Summa	1764½ Thlr.
Hiervon die Summe der Meliorationskosten mit . .	400 "
so beträgt das eigentliche Pretium	1364½ Thlr.

In verschiedenen emphyteutischen Kontrakten findet sich die Festsetzung:

> daß der Emphyteute[3]) nach Ablauf seines (gewöhnlich auf 40 Jahre bestimmten) Nutzungsrechts den Vorzug vor jedem anderen Acquirenten des anderweitig zu verleihenden Nutzungsrechts haben solle;

und es entsteht die Frage:

> inwiefern ein solches Vorzugsrecht zur Taxe zu bringen sei?

Hierbei würde hauptsächlich auf den Inhalt des Kontrakts oder der sonstigen Verleihungsurkunden zu sehen sein. Ist daraus ersichtlich, unter welchen Bedingungen die anderweitige Verleihung erfolgen soll, und sind diese Bedingungen schon als unwiderruflich festgesetzt, so würde der Werth des künftigen neuen Nutzungsrechts ebenfalls nach den obigen Grundsätzen zu berechnen sein, weil sich der künftige jährliche Ertrag des neuen Nutzungsrechts nach den bereits feststehenden Bedingungen bestimmen läßt; nur würde von diesem Werthe das Interusurium für diejenigen Jahre, nach welchen das neue Nutzungsrecht seinen Anfang nimmt, anzuschlagen sein, weil das künftige neue Nutzungsrecht nicht früher eine wirkliche Einnahme gewährt; wogegen sodann der solchergestalt ausgemittelte Werth des künftigen Nutzungsrechts mit dem Werthe des gegenwärtigen Nutzungsrechts zusammen zu summiren ist, um das Totalpretium zu erhalten, indem das Pretium für beide Nutzungsrechte besonders berechnet werden muß, sobald die Bedingungen der künftigen Verleihung mit den Bedingungen des gegenwärtigen Nutzungsrechts nicht übereinstimmen, folglich auch der von diesen Bedingungen abhängende jährliche Ertrag jetzt und künftig verschieden ist.

---

[3]) Auch nach Beseitigung der Emphyteuse sind analoge Abmachungen in Nießbrauchs- und ähnlichen Verträgen nicht ausgeschlossen.

Sind die gegenwärtigen Bedingungen mit den Bedingungen des künftigen Nutzungsrechts übereinstimmend, und ist z. B. festgesetzt worden,

> daß der gegenwärtige Fruchtnießer nach Ablauf der ersten 40 Jahre das Grundstück unter denselben Bedingungen noch auf anderweitige 40 Jahre zur Benutzung erhalten soll,

so ist bei der Bestimmung des Pretii ebenso zu verfahren, als wenn nur von einem einzigen Nutzungsrechte, welches auf 80 Jahre verliehen worden, die Rede wäre.

Wenn dagegen die Bedingungen der künftigen neuen Verleihung noch nicht als unwiderruflich konstiren, so kann ein diesfälliges Vorzugsrecht gar nicht zur Taxe gebracht werden, weil einestheils der Ertrag der künftigen Verleihung noch nicht zu bestimmen ist, anderentheils es auch von dem Grundherrn abhängt, die Bedingungen der künftigen Verleihung so hoch zu spannen, daß dadurch das Vorzugsrecht des gegenwärtigen Besitzers vereitelt wird, folglich es nur gleichsam Zufall bleibt, wenn aus der künftigen Verleihung dem gegenwärtigen Besitzer ein Nutzen zu Theil wird.

In Westpreußen existiren auch verschiedene ad tempus verliehene Grundstücke, bei deren Verleihung in der diesfälligen Urkunde die Festsetzung getroffen ist:

> daß, wenn der Fruchtnießer bei dem Ablauf der ersten 40 Jahre, auf die ihm das Nutzungsrecht eigentlich verliehen worden, einen doppelten Kanon als Einkaufsgeld erlegt, er alsdann das Grundstück noch auf anderweitige 40 Jahre unter denselben Bedingungen besitzen soll.

Es ist einleuchtend, daß hierdurch eigentlich ein 80 jähriges Nutzungsrecht verliehen wird, dessen Werth gleichfalls nach den obigen Grundsätzen zu berechnen ist, wobei der Umstand, daß nach Verlauf der ersten 40 Jahre ein Einkaufsgeld gezahlt werden muß, nur die Folge nach sich zieht, daß von diesem Einkaufsgelde das Interusurium für den Zeitraum von jetzt bis zu dem Zeitpunkte, wo das Einkaufsgeld gezahlt werden soll, zu berechnen und von dem sonstigen Werthe des Nutzungsrechts zu rabbattiren ist. Wenn z. B. von den ersten 40 Nutzungsjahren jetzt noch 10 Jahre übrig sind, und alsdann ein Einkaufsgeld von 100 Thlr. gezahlt werden muß, um das Nutzungsrecht noch auf die zweiten 40 Jahre zu erhalten, so beträgt der Werth, wenn der jährliche Ertrag in 100 Thlr. besteht, für sämmtliche noch

übrige 50 Jahre	1825 Thlr.
Nach 10 Jahren soll ein Einkaufsgeld von 100 Thlr. verausgabt werden, folglich muß für diese Ausgabe ein Kapital von	$61^{3}/_{10}$ "
in Abzug gebracht werden, weil dieses Kapital binnen 10 Jahren die Summe von 100 Thlr. erreicht (conf. die erste Abtheilung der 11ten Kolonne der Tabelle), wenn die Zinsen davon jährlich zum Kapital geschlagen werden; das ganze Pretium eines solchen Grundstücks beträgt daher	$1763^{7}/_{10}$ Thlr."

Zahl der Nutzungsjahre, für welche sämmtliche Kolonnen berechnet sind.	Revenüen-Summe des Besitzers.					Pretium nach einfachen Zinsen.		
	Kapital für nebenbemerkte Jahre	Einfache Zinsen für dieselben Jahre	Kapital und einfache Zinsen in Summa	Zusammengesetzte Zinsen für dieselben Jahre.	Kapital und zusammengesetzte Zinsen in Summa	Für die erste Kolonne.	Für die zweite Kolonne.	Für die dritte Kolonne.
	Kolonne 1.	Kolonne 2.		Kolonne 3.		Kolonne 4.	Kolonne 5.	Kolonne 6.
1	100	0	100	0	100	$95\frac{5}{21}$	$95\frac{5}{21}$	$95\frac{5}{21}$
2	200	5	205	5	205	$181\frac{9}{11}$	$186\frac{4}{11}$	$186\frac{4}{11}$
3	300	15	315	15,25	315,25	$260\frac{20}{23}$	$273\frac{21}{23}$	$274\frac{3}{23}$
4	400	30	430	31,0125	431,0125	$333\frac{1}{3}$	$358\frac{1}{3}$	359,176
5	500	50	550	52,56312	552,563 125	400	440	442,05
6	600	75	675	80	680	$461\frac{7}{13}$	$519\frac{9}{13}$	523
7	700	105	805	114	814	$518\frac{14}{27}$	$596\frac{8}{27}$	609
8	800	140	940	154	954	$571\frac{3}{7}$	$671\frac{3}{7}$	682
9	900	180	1080	202	1102	$620\frac{20}{29}$	$744\frac{24}{29}$	760
10	1000	225	1225	257	1257	$666\frac{2}{3}$	$816\frac{2}{3}$	838
11	1100	275	1375	320	1420	$709\frac{21}{31}$	$887\frac{3}{81}$	916
12	1200	330	1530	391	1591	750	$956\frac{1}{4}$	994
13	1300	390	1690	471	1771	$787\frac{29}{33}$	$1024\frac{8}{33}$	1073
14	1400	455	1855	559	1959	$823\frac{9}{17}$	$1091\frac{3}{17}$	1152
15	1500	525	2025	657	2157	$857\frac{1}{7}$	$1157\frac{1}{7}$	1233
16	1600	600	2200	765	2365	$888\frac{2}{9}$	$1222\frac{2}{9}$	1314
17	1700	680	2380	884	2584	$918\frac{34}{37}$	$1286\frac{18}{37}$	1396
18	1800	765	2565	1013	2813	$947\frac{7}{19}$	1350	1480
19	1900	855	2755	1153	3053	$974\frac{14}{39}$	$1412\frac{32}{39}$	1566
20	2000	950	2950	1306	3306	1000	1475	1653
21	2100	1050	3150	1471	3571	$1024\frac{16}{41}$	$1536\frac{24}{41}$	1742
30	3000	2175	5175	3643	6643	1200	2070	2657
40	4000	3900	7900	8079	12079	$1333\frac{1}{3}$	$2633\frac{1}{3}$	4026
50	5000	6125	11125	15934	20934	$1428\frac{4}{7}$	$3178\frac{4}{7}$	5981
60	6000	8850	14850	29358	35358	1500	$3712\frac{1}{2}$	8839
70	7000	12075	19075	51852	58852	$1555\frac{5}{9}$	$4238\frac{8}{9}$	13078
80	8000	15800	23800	89122	97122	1600	4760	19429
90	9000	20025	29025	150460	159460	$1636\frac{4}{11}$	$5277\frac{3}{11}$	28992
99	9900	24255	34155	238560	248460	$1663\frac{103}{119}$	$5740\frac{40}{119}$	41757
100	10000	24750	34750	251000	261000	$1666\frac{2}{3}$	$5791\frac{2}{3}$	43500
200	20000	99500	119500	34562000	34582000	$1818\frac{2}{11}$	$10863\frac{7}{11}$	3143818
300	30000	—	—	4547764000	4547794000	1875	$15890\frac{5}{8}$	—
500	50000	—	—	—	—	$1923\frac{1}{13}$	—	—
1000	100000	—	—	—	—	1970	—	—
5000	500000	—	—	—	—	$1992\frac{1}{25}$	—	—

[4]) Vgl. zur Erläuterung die Note auf der folgenden S. 570.

Pretium nach zusammengesetzten Zinsen. Für die erste Kolonne.	Pretium nach zusammengesetzten Zinsen. Für die zweite Kolonne.	Pretium nach zusammengesetzten Zinsen. Für die dritte Kolonne.	100 *M.* entstehen durch einfache Zinsen aus folgenden Kapitalien binnen den vorbemerkten Jahren.	Durch Addition der Kapitalien in der Nebenrubrik entstehen folgende Pretia.	100 *M.* entstehen durch zusammengesetzte Zinsen aus folgenden Kapitalien.	Durch Addition der Kapitalien in der vorhergehenden Nebenrubrik entstehen folgende Pretia.	Pretium, wenn von jedem Jahresertrage die Zinsen bis zu einem jeden Jahre abgezogen, und die Reste summirt, von dem 20sten Jahre ab aber nur einjährige Zinsen addirt werden.
Kolonne 7.	Kolonne 8.	Kolonne 9.	Kolonne 10.		Kolonne 11.		Kolonne 12.
$95\frac{5}{21}$	$95\frac{5}{21}$	$95\frac{5}{21}$	$95\frac{5}{21}$	$95\frac{5}{21}$	95,238	95,238	95
$181\frac{179}{441}$	$185\frac{415}{441}$	$185\frac{425}{441}$	$90\frac{10}{11}$	$186\frac{34}{231}$	90,702	185,940	185
$259\frac{1401}{9261}$	$272\frac{1008}{9261}$	$272\frac{3008}{9261}$	$86\frac{22}{23}$	$273\frac{551}{5313}$	86,385	272,325	270
$329\frac{15751}{194481}$	$354\frac{148207}{194481}$	$354\frac{115726}{194481}$	$83\frac{1}{3}$	$356\frac{774}{1771}$	82,270	354,595	350
$391\frac{3116509}{4084101}$	$430\frac{3836570}{4084101}$	$432\frac{3870368}{4084101}$	80	$436\frac{774}{1771}$	78,357	432,952	425
447	503	507	76	512	74,626	507,578	495
497	564	578	74	586	71,068	578,646	560
541	635	646	71	657	67,686	646,332	620
580	696	710	68	725	64,461	710,793	675
613	752	772	66	791	61,394	772,187	725
643	803	830	64	855	58,469	830,656	770
668	851	886	62	917	55,685	886,341	810
688	896	939	60	977	53,033	939,374	845
707	936	989	58	1035	50,507	989,881	875
721	974	1037	57	1092	48,102	1037,983	900
732	1007	1083	55	1147	45,812	1083,795	920
741	1038	1127	54	1201	43,620	1127,415	935
747	1065	1168	52	1253	41,552	1168,967	945
751	1090	1208	51	1304	39,574	1208,541	950
753	1111	1246	50	1354	37,690	1246,231	955
753	1130	1282	48	1402	35,895	1282,126	960
694	1197	1537	—	1790	—	—	1005
569	1122	1715	—	2148	—	—	1055
436	970	1825	—	—	—	—	1105
321	795	1893	—	—	—	—	1155
230	627	1934	—	—	—	—	1205
161	480	1959	—	—	—	—	1255
111	359	1975	—	—	—	—	1305
79	272	1984	—	—	—	—	1350
76	264	1985	—	—	—	—	1355
$1\frac{3}{20}$	$6\frac{9}{10}$	$1999\frac{1}{2}$	—	—	—	—	1855
—	—	$1999\frac{9}{10}$	—	—	—	—	2355
—	—	dito mit einem stets steigenden Bruch.	—	—	—	—	3355
—	—	—	—	—	—	—	5855
—	—	—	—	—	—	—	—
		Diese Kolonne, welche richtige Resultate enthält, stimmt mit der 11. Kolonne.			Die zweite Abtheilung dieser Kolonne stimmt mit der 9ten Kolonne.		

Nota.

Es ist dieser Tabelle ein jährlicher Ertrag von 100 Mark[5]) zum Grunde gelegt worden.

In den Kolonnen 3, 6, 7, 8, 9, 10 und 11 sind die Brüche von dem 6ten Jahre ab weggelassen worden, um die Uebersicht der ganzen Zahlen zu erleichtern.

Durch die Ziffern in der dritten und elften Kolonne, welche hinter dem Komma abgesondert stehen, ist der vorhandene Dezimalbruch in der gewöhnlichen Art ausgedrückt worden, so daß nur die vor dem Komma stehenden Ziffern die vorhandene ganze Zahl anzeigen.

Die 9te Kolonne und die mit derselben übereinstimmende zweite Abtheilung der 11ten Kolonne enthält das richtige Pretium; alle übrigen Kolonnen enthalten den Betrag des Pretii, wenn dieses nach unrichtigen Grundsätzen berechnet wird, wonach sich also die Differenz der Resultate von den richtigen und von den unrichtigen Grundsätzen übersehen läßt.

Die 10te und 11te Kolonne ist nur bis zum 21sten Jahre ausgefüllt, weil die Tabelle vom 21sten bis zum 30sten, 40sten ꝛc. Jahre mit Weglassung der Zwischenjahre, springt.

221. Taxe einer kleinen Rustikalbesitzung.

A. G. O. II. 6 § 14 und Anh. § 437 zu § 12; Ges. v. 15. Juni 1840 (G. S. S. 131); Ges. v. 4. Mai 1857 (G. S. S. 445).

Dergleichen Taxen können die Gerichte ohne richterliche Mitwirkung durch den Schulzen und[1]) die Gerichtsleute des Ortes oder durch vereidete Taxatoren aufnehmen lassen, doch müssen in letzterem Falle wenigstens zwei vom Richter zu ernennende Taxatoren mitwirken.[2]) Das vereinfachte Verfahren ist davon abhängig, daß der Werth des Grundstücks nach dem Grundbuch, den Erwerbsdokumenten oder sonstigen unverdächtigen Angaben 15000 Mk. nicht übersteigt.[3])

Eine solche Taxe wird nicht als Ertrags-, sondern als bloße Beschreibungstaxe aufgenommen; sind die Taxatoren ein für alle Mal vereidet, so können sie die Taxe mit eidesstattlicher Versicherung schriftlich einreichen; sonst muß dieselbe zu Protokoll erklärt werden.

Muster.

Die im Dorfe Rudelfeld, Kreis N., unter Nummer 6 belegene, zum Nachlasse des Gärtners Graber gehörige, im Grundbuch von Rudelfeld unter Nr. 14 verzeichnete Gärtnerstelle besteht aus

---

[5]) Hier und in der Tabelle ist überall, wo es im Original „Thaler" heißt, gesetzt worden: „Mark".

[1]) Nicht „oder die Gerichtsleute", wie Anh. § 437 besagt; es beruht das Wort „oder" auf einem Druckfehler. Cirk. Reskr. v. 27. Juli 1857 (J. M. Bl. S. 282); s. auch d. Urth. in Anm. 2.

[2]) Urth. d. R. G. v. 8. März 1886 (Entsch. XV. S. 284).

[3]) Erhellt auf diese Art gar nichts über den Werth, so darf das vereinfachte Verfahren nicht angewendet werden. Erk. d. Ob. Tr. v. 6. November 1863 (Strieth. Bd. 52 S. 79). Der durch die Taxatoren ermittelte Werth ist für die Gültigkeit des Verfahrens einflußlos.

einem Hause, einer Scheuer nebst Stalle, 1 Hektar 50 Ar Acker und 50 Ar Wiese, und einem kleinen Garten am Hause.

I. Beschreibung des Guts.

1. Die Gebäude, und zwar:

a) das Haus ist von Holz, in Fachwerk gebaut, mit Lehm ausgestakt, ein Stockwerk hoch, mit Stroh gedeckt. Die Breite ist 9 m, die Tiefe 10 m. Es hat einen mit Feldsteinen gepflasterten Durchgang in den Hof, aus drei Abtheilungen bestehend: dem Vorderflure, der Küche, mit einem kleinen Feuerheerde unter dem Schornsteine, der massiv ist, und dem Hinterflure. Die Hausthüre, die vor der Küche befindliche Thüre und die Hinterthüre sind schlecht beschaffene einflügelige Thüren, die erste mit einem Schlosse, die beiden anderen mit einer bloßen Klinke. Auf dem Vorderflure führt eine gleichbeschaffene Thüre mit einer Klinke in die Wohnung. Diese besteht aus einer Vorderstube mit zwei 4flügeligen Fenstern, vor welchen außerhalb Fensterladen sind, einer kleinen einfensterigen Hinterstube und einer daran stoßenden Kammer mit einem einflügeligen Fenster. Ein Ofen von Backsteinen ohne Anstrich erwärmt beide Stuben. Wände und Decken sind mit Kalk überstrichen, aber sehr unrein. Auf dem Hinterflure führt eine Fallthüre und steinerne Treppe in einen mit Feldsteinen ausgemauerten Keller, welcher 5 m breit, 5 $^1/_2$ m tief und 2 m hoch ist und eine Balkendecke von Lehmanstrich hat. Ueber die Kellerthüre führt eine Leiter auf den Boden, durch eine mit einer Fallthüre belegte Oeffnung. Auf dem Boden ist eine an dem Giebel, rechts vom Aufgange, befindliche Bodenkammer von Brettern mit einem kleinen Glasfenster im Giebel. Das Uebrige ist Bodenraum, welcher durch eine in dem anderen Giebel befindliche Lichtöffnung erhellt wird. Der Baustand ist schlecht. In der Provinzial-Feuerkasse ist es auf 300 Mark versichert.

b) Die Scheuer ist 10,3 m lang und 7 m tief, von Bindwerk, mit Lehm ausgeklebt und mit Strohschoben gedeckt. Das Gebäude hat zwei Abtheilungen. Eingangs rechter Hand ist die Scheuer, mit einer Tenne und einem Bansen. Die linke Abtheilung ist ein Stall mit einer besonderen Thüre. Der Baustand ist mittelmäßig; das Dach ist ganz schlecht. Bei der Feuerversicherungs-Societät ist es auf 150 Mark versichert.

2. Der an die Hinterfront des Hauses anstoßende Hof und Garten ist 4 Ar 20 qm groß. In dem Gärtchen von 3 Ar werden Kartoffeln, Bohnen und Wurzelgewächse gebaut, undes befinden sich darin 15 ausgewachsene Pflaumen- und Kirschbäume.

3. Das Ackerstück stößt nördlich an den Garten, ist eine ebene Fläche und enthält 1 Hektar 50 Ar. Der Boden ist ein guter Korn- und Haferboden, trägt aber, bei guter Düngung, auch

sicher Weizen, Hülsenfrüchte und Klee, und ist in die II. Klasse zu setzen. Der Kultur- und Düngungszustand ist gut, und der Ertrag läßt sich auf 17 bis 18 Hektoliter Winterhalmfrüchte vom Hektar veranschlagen. Die Bestellung geschieht jedoch größtentheils mit der Hand und gewährt dadurch eine größere Nutzung. Meistentheils werden Kartoffeln, Kohl, Rüben und andeie Wurzelgewächse, welche in der nahen Stadt einen vortheilhaften Absatz finden, auch etwas Flachs angebaut. Das Grundstück ist servitutfrei.

4. Das Wiesenstück, eine Fläche von 50 Ar, liegt nahe beim Dorfe am Mühlgraben, hat eine günstige Lage, guten Graswuchs, Gräser von nahrhafter Beschaffenheit und liefert das nöthige Heu für das bei der Stelle gehaltene Rindvieh. Servituten haften nicht darauf.

5. An Inventarienstücken sind vorhanden zwei Kühe und ein Stück Jungvieh. Die Kühe werden zu den Ackerfuhren gebraucht, geben aber dennoch, wegen der Nähe der Stadt, einen auf 36 Mark anzuschlagenden Nutzungsertrag für das Stück. Futterung ist für diesen Viehstand hinlänglich vorhanden.

An todten Inventarienstücken sind vorhanden: ein Wagen mit kleinen und mit Ernteleitern, ein Pflug, eine Mistbürge, ein Schubkarren, zwei Mistgabeln, ein Misthaken, eine Heugabel, eine Sense, zwei Dreschflegel und eine Wurfschippe.

II. Lasten und Pflichten.

Auf der Stelle haften folgende Abgaben und Lasten.

1. Jährlich:

a) Grundzins an die Gutsherrschaft . . .	24	Mk.	—	Pf.
b) Königliche Grundsteuer	7	„	50	„
c) Kreis-Kommunalabgaben	1	„	20	„
d) Offertorium an den Pfarrer	—	„	30	„
e) Schullehrergehalt	1	„	40	„
f) Gemeindeschreibergehalt	1	„	40	„
g) Wächtergeld	1	„	—	„
h) Feuerversicherungsbeitrag auf 450 Mk. .	1	„	50	„
i) Rente für die abgelösten Robotdienste .	11	„	50	„
k) Schornsteinfegergeld	—	„	50	„
Zusammen	50	Mk.	30	Pf.

2. Bei Besitzveränderungen in allen Fällen müssen zehn Prozent Laudemien an den Eigenthümer des Rittergutes Nudelfeld entrichtet werden.

3. Zur Bestreitung der Feldarbeiten und zur Wartung des Viehes muß ein weiblicher Dienstbote gehalten werden.

4. Die persönlichen Gemeindedienste, als namentlich öffentliche Wegebesserungen u. dgl., muß der Besitzer mit den übrigen Grundbesitzern der Gemeinde im Reihedienste thun. Wenn er aber dazu nicht die persönliche Befähigung hat, muß er nach einem obrigkeitlich bestätigten Gemeindeschlusse monatlich 50 Pf. zur Gemeindekasse zahlen.

III. Aus diesen Zuständen, mit Rücksicht auf die am Orte Nudelfeld und in der Gegend zur Zeit gewöhnlichen Kaufpreise der Grundstücke von dieser Art und Beschaffenheit, ist der ungefähre Werth dieser Gärtnerstelle nach dem pflichtmäßigen Ermessen beider Taxatoren auf

eintausend vierhundert und achtzig Mark

bestimmt worden.

Die Richtigkeit versichern wir an Eidesstatt.

N., den u. s. w.

Unterschriften der Taxatoren.

Vorstehende, von den gerichtlich vereideten Taxatoren, nämlich (u. s. w.) im Auftrage des Gerichtes erstattete Taxe wird Seitens des unterzeichneten Gerichtes hiermit asgefertigt.

Datum, Siegel und Unterzeichnung.

222. Taxe eines städtischen Hauses.

A. G. O. II. 6, § 15. — Verf. des Justiministers vom 17. August 1841 und 19. Januar 1842 (J. M. Bl. 1841, S. 256 1842 S. 42).

Das Taxinstrument über ein Haus muß gleichfalls vom Richter auf Grund der gepflogenen Verhandlungen und der Gutachten der Sachverständigen, besonders ausgearbeitet werden.

Wegen Veranschlagung eines Gasthofes s. u. Anm. 1.

Muster.

Tax-Instrument

über das am Ringe (Marktplatze) zu N. unter Nr. 30 belegene, dem N. N. gehörige, im Grundbuche der Stadt N. Band IV, Blatt Nr. 30 verzeichnete Haus.

Die Besitzung grenzt östlich mit dem Ringe und westlich mit der Friedrichsstraße, und wird nördlich und südlich nach der Länge durch nachbarliche Gebäude eingeschlossen, wie dies aus der beigehefteten Situationszeichnung näher zu ersehen ist. Die ganze Seite vom Ringe bis zur Friedrichsstraße beträgt 76 Meter, die Breite wechselt an mehreren Stellen und ist durchschnittlich auf 10 Meter anzunehmen. Die Besitzung besteht aus dem Vorderhause, dem Gange aus demselben in das erste Hofgebäude, diesem Hofgebäude selbst, einem Pferdestalle und dahinter liegenden Gaststalle, alle zur Rechten, bis an die Friedrichsstraße reichend, und einem Holzstalle mit Schuppen und Abtritt zur Linken.

1. Das Vorderhaus ist massiv, drei Stockwerke hoch, das Dach mit Hohlziegeln eingedeckt. Die Breite ist in der Vorderfront $8\frac{1}{2}$ m, in der Hinterfront, incl. der halben Grenzmauerstärke 12 m; die Tiefe ist 24 m.

Die untere Etage hat einen mit Feldsteinen gepflasterten Durchgang in den Hof, mit einem zweiflügeligen Thore, die Decke ist geputzt, der hintere Theil des Flures, 3 m breit, 7 m lang, überwölbt, mit einer schlecht beschaffenen zweiflügeligen Hofthüre versehen; der vordere

Theil des Flures 4 m breit und $9\frac{1}{2}$ m tief. Im Flure rechts führt eine Thüre mit Vorderthüre, bei welcher sich 3 steinerne Stufen befinden, in den Verkaufsladen. Derselbe ist 4,3 m breit und 6,6 m lang, und hat nach dem Ringe zu eine zweiflügelige Glasthüre und Vorthüre. Hinter diesem Raume befindet sich ein 3 m breites, 4 m langes überwölbtes Kabinet, gedielt, mit weißem Ofen versehen, einem Fenster und einflügeliger Glasthüre, die nach dem Verkaufsladen gerichtet sind. Die im Flure geradeausliegende Hinterstube, 9 m lang und 6,7 m breit, hat 2 vierflügelige Fenster, einen gelb glasurten Kachelofel, vor der einflügeligen Thüre befindet sich eine steinerne und hölzerne Stufe. Neben der Stube ist über der Durchfahrt in den Hof ein Kabinet, zu welchem eine Treppe von 8 Stufen führt, dasselbe ist 9,2 m lang, 2,8 m breit, hat eine Balkendecke, weiß glasurten Ofen und ein zweiflügeliges Fenster in den Hof. Die kleine Küche neben der erstgedachten Hinterstube ist gedielt, die Decke geputzt, hat eine Thüre nach dem Flure und einen Heerd mit Backofen. Der äußere, am Ringe vorhandene Eingang in den Keller ist mit einer Fallthüre geschlossen, der innere Eingang mit einer zweiflügeligen Thüre versehen, die Kellertreppe hat 11 untermauerte Stufen, der Vorderkeller, 8,5 m lang, mit einer Lichtöffnnng, ist durch Lattenverschläge in drei Theile abgetheilt. Der Hinterkeller liegt drei Stufen tiefer, ist 9,1 m lang und 6 m breit, mit Bruchsteinen überwölbt und mit Feldsteinen gepflastert, die Lichtöffnungen sind nach dem Hofe zu gerichtet. Der daneben befindliche dritte Keller ist wie der zweite beschaffen. Die erste Etagentreppe ist von Holz, mit Satzstufen und Stabgeländer, hat ein Potest und 27 Stufen.

Der zweite Etagenflur mit Deckenputz ist 7,3 m lang, 5,1 m breit; 6 Thüren und zwar 2 zweiflügelige, mit Ueberlicht versehen, und 4 einflügelige führen zu den Etagenräumen. — An der Vorderseite befinden sich zwei Stuben, die eine mit einem, die andere mit 2 vierflügeligen Fenstern; beide Zimmer haben geputzte Decken, weiß glasurte Kachelöfen, das eine ist 7 m lang und 4,3 m breit, das andere 5,2 m lang und 3,3 m breit, die Thüren haben messingene Drücker. Im kleinen Zimmer befindet sich eine verglaste Lichtöffnung zu einer kleinen gedielten, mit Deckenputz versehenen Küche, 4,3 m lang, 2,7 m breit. Unter dem Rauchmantel derselben steht ein russischer Kachelofen. Das gedielte Entree mit einem zweiflügeligen Lichtfenster, an den Zimmern der Hinterfront, ist 4,3 m lang, 3 m breit. Durch eine einflügelige Glasthüre gelangt man von diesem Entree zu dem einen Zimmer, die einflügelige Zwischenwandthüre führt zu dem anstoßenden anderen. Das erstere hat 2 vierflügelige Fenster, gelb glasurten Kachelofen und geputzte Decke, ist 9,3 m lang, 5 m breit, das andere ist 7,6 m tief und 3,1 m breit, überwölbt. Hinter diesem folgt eine kleine Küche, 3,1 m lang und 2 m breit, gedielt, mit einem Kochheerde versehen, über welchem ein Rauchmantel ist. Die zweite Etagentreppe hat 18 Stufen und ist wie die untere beschaffen.

Der gedielte Flur in der dritten Etaze ist 2 m länger, als der darunter befindliche, die Decke ist geputzt; 6 Thüren, worunter 4 zweiflügelige, führen zu den einzelnen Behältnissen. Das vordere kleine Zimmer ist 5,5 m lang, 3,5 m breit, gedielt, mit Deckenputz, einem vierflügeligen Fenster und weiß glasurtem Ofen; das anstoßende Zimmer in gleicher Art, jedoch mit 2 vierflügeligen Fenstern, 7,2 m tief und 4,6 m breit. Die zweiflügelige Zwischenthüre hat Glasfenster, durch eine dergleichen Thüre gelangt man in einen 4,3 m breiten, 2,9 m tiefen Alkoven welcher, ebenso wie die hierauf folgende kleine Küche von 4,4 m Breite und 3,1 m Tiefe, gedielt ist und eine geputzte Decke hat. Die Thüre zu und aus der Küche in den Flur ist einflügelig, durch ein Lichtfenster vom Flure aus wird dieselbe mehr erhellt. Der Durchgang von der Küche zu der einen Hinterstube ist 4,4 m breit und 1,4 m tief, die Thüre mit Glasfenstern ist einflügelig. Die Hinterstube hat 2 vierflügelige Fenster, Bretterdielung, geputzte Decke und weiß glasurten Kachelofen, ist 7,7 m tief und 6 m breit. Die Thüre zur Nebenstube, letztere von 7,8 m Länge und 4,3 m Breite, ist zweiflügelig. Die Treppe zum Boden hat 17 Stufen.

Das Dachgebälke ist mit einem zum Theile schadhaften Kalkanstriche versehen. Durch Latten und Bretterverschläge ist der Dachraum in 5 Abtheilungen getheilt, an jedem Dachgiebel befinden sich 2 Lichtöffnungen. Zum gedielten Kehlgebälke führt eine Treppe von 17 Stufen, zu deren Seiten, am Austritte, 2 Bretterverschläge mit Thüren vorhanden sind. An den Giebelseiten wird dieser Bodenraum durch 2 Lichtöffnungen erhellt. Das Dachgesperre ist mit Hohlwerk, unterhalb bei den Dachrinnen mit Schindeln eingedeckt. Das Hohlwerk ist namentlich unterhalb der Sparren schadhaft. Die zu jeder Seite des Daches befindlichen hölzernen Rinnen werden mit den nachbarlichen Hausbesitzern gemeinschaftlich unterhalten.

2. Das Seiten- oder Hofgebäude ist 22 m lang, 6,5 m tief, zwei Etagen hoch u. s. w.

I. Berechnung des Grund- und Materialwerths.

A. Grundwerth.

1. Die Grundfläche des Vorderhauses, 24 m tief und 10 m breit = 240 qm, à 9 Mk.	2163 Mk.	—	Pf.
2. Desgleichen des Seitengebäudes, 22 m lang, 6,5 m tief, = 143 qm, à 4,50 Mk. . . .	643 „	50	„
3. Der neue Pferdestall, 8 m lang, 5 m breit, = 40 qm, à 4,50 Mk.	180 „	—	„
4. Der alte Pferdestall, 18 m lang und 5 m tief = 90 qm, à 4,50 Mk.	405 „	—	„
5. Der Hofraum, incl. der kleinen Remisen und der Hoftreppe, 300 qm, à 2,25 Mk. . .	675 „	—	„
Grundwerth	4066 Mk.	50	Pf.

B. Materialwerth.

1. Vom Vorderhause, 24 m tief und 10 m breit, sind die Neubauten pro qm Grundfläche auf 84 Mk. anzunehmen; da jedoch das Gebäude einen geraumen Theil seiner

Dauer hinter sich hat, so kann man nur zwei Drittel der Neubaukosten rechnen, mithin für 240 qm, à 56 Mk.	13440	Mk.	—	Pf.
2. Vom Seitengebäude, 22 m lang, 6,5 m tief, betragen die Neubaukosten pro qm 30 Mk., und da dasselbe sich in schlechtem Zustande befindet, so verliert dasselbe die Hälfte des Werths der Neubaukosten, mithin können pro qm einschließlich der Treppe und Altane nur gerechnet werden 15 Mk., also für 143 qm	2145	„	—	„
3. Der eine Pferdestall, 8 m lang, 5 m breit, befindet sich in mittelmäßigem Zustande. Die Neubaukosten sind pro qm auf 9 Mk. zu rechnen, und der jetzige Werth ein Drittheil weniger, also 6 Mk., für 40 qm	240	„	—	„
4. Das zweite Stallgebäude, 16 m lang, 5 m tief, befindet sich in schlechtem Zustande, weshalb $^2/_3$ des Neubauwerths in Abrechnung kommen. Die Neubaukosten sind pro qm auf 9 Mk. anzunehmen, mithin der jetzige Werth 3 Mk., für 80 qm . . .	240	„	—	„
5. Der offene Schuppen, 9 m lang, 2 m tief, in mittelmäßigem Zustande, ist werth pro qm 1 Mk., mithin für 18 qm	18	„	—	„
6. Der Abtritt, $2^1/_2$ m lang, $1^1/_3$ m tief, in schlechtem Zustande, ist pro qm 1 Mk. zu rechnen, macht auf $3^1/_3$ qm	3	„	33	„
7. Die hölzerne Remise, 4 m lang, $1^1/_2$ m tief, in mittelmäßigem Zustande, ist pro qm 4 Mk. anzuschlagen, mithin auf 6 qm . .	24	„	—	„
8. Das Hofpflaster, 21 qm, ist à 60 Pf., sowie die hintere Hofmauer, 5 m lang nebst dem Thore, pro Fuß auf 16 Mk., zusammen auf . . . . anzuschlagen.	92	„	60	„
9. Das eine Etage hohe Kommunikationsgebäude zwischen der Hinterfront des Vorderhauses und dem ersten Seitengebäude, $4^1/_2$ m breit und 4 m tief, in schlechtem Zustande, ist nur ein Drittheil der Neubaukosten werth, nämlich 5 Mk. pro qm, mithin für 18 qm	90	„	—	„
Materialwerth	16292	Mk.	93	Pf.
Hierzu der Grundwerth	4066	„	50	„
Summa des Material- und Grundwerths	20359	Mk.	43	Pf.

II. Nutzungswerth.[1])

1.	Der Miethsertrag vom Verkaufsladen in der unteren Etage sammt dem daran stoßenden Kabinette und einer Remise im Hofe ist nach einem mehrjährigen Durchschnitte der wirklich eingekommenen Miethe	324 Mk.
2.	Die bisher zusammen vermiethet gewesenen Räume, nämlich: die Hinterstube der unteren Etage und zwei Stuben im zweiten Stockwerke des Vorderhauses, der Verbindungsgang, zwei Räume im Parterre des ersten Seitengebäudes und 2 Stuben in der zweiten Etage desselben, nebst Keller und Bodenraum, sowie der zweite Pferdestall haben früher jährlich 1350 Mk. gebracht, jetzt bringen sie nur 978 Mark, durchschnittlich also	1164 „
3.	Die vorderen Zimmer im zweiten Stockwerke, nebst Küche und Keller, sowie einem Pferdestalle bringen laut Miethsverträgen jährlich	310 „
4.	Im zweiten Stockwerke des Seitengebäudes eine Stube mit einem Pferdestalle und Bodenraum bringt jährlich	215 „
5.	Das ganze dritte Stockwerk des Vorderhauses nebst Keller und Bodenraum bringt jährlich laut Vertrag	390 „
	zusammen jährlich	2403 Mk.

---

[1]) Ist das Haus zur Gastwirthschaft eingerichtet und wird darin Gastwirthschaft betrieben, so muß der Miethsertrag für die Räumlichkeiten, nach den in diesem Gasthofe üblichen Preisen, beachtet werden. Dieses setzt aber auch voraus, daß ein vollständiges Gasthofsinventarium vorhanden sei, welches bei dem Materialwerthe zu veranschlagen ist. Auch muß dann das Dienstpersonal mit seinem Lohne unter den Ausgaben erscheinen, wie das folgende Muster 223 dies alles veranschaulicht.

Viele gerichtliche Taxen sind in dem Titel vom Nutzungswerthe falsch, weil willkürlich, ohne gehörige Ermittelung und Feststellung. Man macht es sich bequem und begnügt sich damit, den Entwurf der Bauverständigen anerkennen zu lassen, welche, um es recht gut zu machen, weiter gehen als sie berufen sind, indem sie, statt sich auf die Beschreibung und die Berechnung des Grund- und Materialwerths zu beschränken, sich auf eine Zusammenstellung des Nutzungswerths einlassen, die keine Grundlage angiebt, in Wahrheit aber keine andere hat, als die Willkür des Besitzers. Es gehört jedoch zum Berufe des die Taxe dirigirenden Richters, die Nutzungen zu ermitteln und glaubwürdig festzustellen.

Die Räume des zu taxirenden Hauses sind entweder vermiethet oder sie sind unvermiethet.

Ist von den vermietheten Räumen der Miethsertrag durch eine hintereinanderfolgende Zahl von Jahren (der § 15, Nr. 6, Th. II., Tit. 6 der A. G. O. verlangt einen „mehrjährigen" Durchschnitt) durch Miethsverträge oder sonst glaubwürdig nachzuweisen, so ist dies zu Protokoll gehörig festzustellen, allenfalls durch Vernehmung der Miether. Der Durchschnitt davon ergiebt den jährlichen Miethsertrag. Räume, welche nur mit langen Unterbrechungen vermiethet gewesen sind,

Da jedoch bei vorkommenden Reparaturen und anderen Veranlassungen die Gelasse nicht immer durchweg vermiethet sein können, so kann der Miethsertrag nur approximativ jährlich auf 2250 Mark angenommen werden, welche, mit 5 Prozent kapitalisirt, 45000 Mark machen.

III. Jährliche Abgaben und Lasten.[2])

1.	Grund- und Gebäudesteuer incl. der Kommunalzuschläge	108	Mk.	— Pf.
2.	Grundzins an die Pfarrkirche jährlich . . .	6	„	— „
3.	dito an das Hospital	3	„	20 „
4.	Altaristenzins	5	„	— „
5.	Feuerversicherungsbeitrag durchschnittlich . .	13	„	— „
6.	Reparaturkosten auf sämmtliche Baulichkeiten mit Rücksicht auf deren zum Theil schlechte Beschaffenheit durchschnittlich	264	„	80 „
	zusammen	400	Mk.	— Pf.

welche, zu 5 Prozent, ein Kapital von 8000 Mark geben.

---

können nach dem Miethsertrage nicht in Ansatz gebracht werden, sondern sind zu behandeln, wie die Räume, welche gar nicht vermiethet werden.

Was diese letzteren betrifft, so ist ein Unterschied zu machen zwischen denjenigen, welche nur deshalb, weil sie von dem Besitzer selbst benutzt werden, nicht vermiethet sind, und denjenigen, welche aus Mangel an Gelegenheit und Nachfrage nicht regelmäßig oder gar nicht vermiethet werden.

Die von dem Besitzer genutzten Räume können nach dem vollen Miethsertrage, welchen Räume von derselben Beschaffenheit und in derselben Gegend einzubringen pflegen, und welchen die Sachverständigen zu würdigen haben, zum Ansatze kommen.

Diejenigen Räume hingegen, welche unregelmäßig vermiethet worden sind, müssen in gleicher Weise, aber mit Berücksichtigung des Mangels an Nachfrage gewürdigt werden, wobei der wirkliche Miethsertrag, soweit er in den letzten sechs oder doch mehreren Jahren nachweisbar ist, zum Anhalte dient, ohne daß dadurch das freie Ermessen beschränkt wird. Je weniger nachzuweisen ist, desto niedriger muß selbstverständlich die Schätzung ausfallen. Wenn z. B. ein Wohngelaß in den letzten sechs Jahren mit Unterbrechungen durch zwei Jahre vermiethet gewesen wäre und zusammen 300 Mk. eingebracht hätte, so würde der Durchschnitt auf das Jahr 50 Mark betragen. Aber so viel kann nicht angesetzt werden, weil es vielleicht ganz ungewiß ist, ob es in den nächsten 6 Jahren so viel einbringen, vielmehr nicht noch länger leer stehen wird.

Räume endlich, welche aus Mangel an Gelegenheit zur Benutzung leer stehen, kommen gar nicht zum Anschlage.

Nach diesen Klassen müssen sämmtliche Räume in der über das Schätzungswerk aufzunehmenden Hauptverhandlung, welcher die verschiedenen Beweisstücke, als: Urkunden, Rechnungen, Gutachten der Sachverständigen, Nachweise und Informationsprotokolle als Beilagen beizufügen sind, abgehandelt werden; in dem Taxinstrumente werden nur die Positionen daraus, unter Angabe der Grundlage (Durchschnitt des wirklichen Ertrages oder Schätzung), ausgeworfen.

[2]) Die Einquartierungslast wird prinzipmäßig nicht in Abzug gebracht werden können, weil dieselbe durch den Staat vergütigt wird.

IV. Zusamenstellung.

Der Material- und Grundwerth beträgt . . .	20359 Mk.	43 Pf.	
Der Kapitalswerth der jährlichen Nutzungen . .	45000 „	— „	
Die Gesammtsumme dieser	65359 „	43 „	
wird prinzipienmäßig halbirt, welches	32679 „	71½ „	
giebt.[3]) Davon kommt der Kapitalswerth der Abgaben, Lasten und Unterhaltungskosten mit .	8000 „		
in Abzug und die verbleibenden	24679 „	71½ „	

schreibe ꝛc. stellen den Schätzungswerth des Hauses dar.

N., den 26. Mai 1884.

(Siegel.)
Königliches Amtsgericht.
Unterschrift.

223. Taxe eines Gasthofs.

(A. G. O. II. 6 § 16.)

Bei Gasthöfen muß der reine Ertrag ermittelt werden, welchen die bloße Gastwirthschaft für sich durch die Benutzung der Räume und Geräthschaften mittelst Aufnahme, Beherbergung und Bedienung der Reisenden und ihres Gespannes abwirft, ohne Berücksichtigung der Schank- und Speisewirthschaft, welche als ein nebenher gehendes Gewerbe, das auch in einem gemietheten Lokale betrieben werden könnte, nicht als eine zum Gasthofe gehörige Wirthschaftsrubrik angeschlagen werden kann. Der ermittelte Ertrag ist dann, wie bei Häusern, nach seinem Kapitalswerthe mit dem Materialienwerthe zusammen zu rechnen und das Ganze zu halbiren.

Zu dem Materialienwerthe müssen die zum Gasthofe als solchem gehörigen beweglichen Pertinenzstücke, namentlich die Geräthschaften und Betten, gerechnet werden (A. L. R. I. 2 § 90), und die Defekte müssen in Abzug kommen, wie bei einer Landwirthschaft die fehlenden Inventarienstücke.

Bei Ermittelung des Ertrages ist Folgendes zu beachten:

1. Es muß aus den Büchern und Rechnungen der jährliche Ertrag der Beherbergung der Reisenden nach einem mehrjährigen Durchschnitte entnommen werden. Wenn es aber an dergleichen glaubwürdigen Schriften fehlt, so ist
   a) die in dem Gasthofe übliche Taxe, oder was gewöhnlich liquidirt wird, festzustellen;
   b) durch Vernehmung ortskundiger, mit dem Verkehre bekannter Sachverständiger und anderer Personen auszu-

[3]) Diese Art der Werthsberechnung ist durch das oben citirte Min.-Reskr. v. 17. August 1841 vorgeschrieben und vom Obertribunal auch für die Werthsberechnung im Falle der Zwangsenteignung gebilligt worden. Erk. v. 7. October 1878 (Strieth. Bd. 100 S. 223).

mitteln, durch wie viel Tage im Jahre der Gasthof als vollständig besetzt anzunehmen sei.

c) Nach diesen thatsächlichen Ermittelungen ist zu berechnen, wie viel die Beherbergung der Fremden eingebracht hat.

2. Von der herausgebrachten Summe sind abzuziehen:

a) die anzuschlagenden Kosten für die Wäsche der Bettüberzüge, Handtücher ꝛc.,

b) die Kosten für die Bedienung. Die Kosten werden zum Theil durch die Trinkgelder gedeckt. Was außerdem an das bloß zur Bedienung der Reisenden nothwendige Dienstpersonal noch an Lohn gezahlt wird, kommt mit der Beköstigung in Abzug, doch muß dabei berücksichtigt werden, daß das Dienstpersonal auch noch bei dem Gewerbe der Schank- und Speisewirthschaft verwendet wird, weshalb die Sachverständigen anzugeben haben, wieviel von dem Dienstlohne, außer dem Trinkgelde, auf die bloße Bedienung der Reisenden zu rechnen sei.

c) Die Gewerbesteuer, und zwar ganz, wenn Reisende ohne Kost beherbergt werden, zur Hälfte, wenn die Gast- und Speisewirthschaft mit einander verbunden sind, da jede von beiden nach gleichen Sätzen versteuert werden muß.

3) Von dem durch Zusammenrechnung und Theilung des Materialien- und Nutzungswerths herausgebrachten Kapitale sind die Anschaffungskosten für defekte Inventarienstücke abzurechnen, weil bei der Veranschlagung das Vorhandensein eines vollständigen Inventariums vorausgesetzt wird. Dagegen muß diese Summe auch bei dem Materialienwerthe mitzählen. Wenn dieses nicht geschieht, so kann nur die Hälfte der Anschaffungskosten am Schlusse abgezogen werden, sonst würde sich ein unrichtiges Resultat herausstellen.

Nach diesen Vorbemerkungen nehmen wir an, daß das unter der vorigen Nummer abgeschätzte Haus ein Gasthof sei und schätzen es als solchen, auf Grund vorausgesetzter Ermittelungen.

Muster.

Taxinstrument

über den am Marktplatze zu N. unter Nr. 30 belegenen, dem N. N. gehörigen, im Grundbuche der Stadt N., Band IV., Blatt Nr. 30 verzeichneten Gasthof zum wilden Manne.

Die Besitzung u. s. w. (folgt die Beschreibung wie oben).

I. Berechnung des Grund- und Materialwerths.

A. Grundwerth.

1. Die Grundfläche des Vorderhauses u. s. w.
2. u. s. w.

Grundwerth 4066 Mk. 50 Pf.

B. Materialwerth.

1. Der Gebäulichkeiten.

1. Vom Vorderhause, 24 m tief und 10 m breit, sind die Neubaukosten pro qm Grundfläche u. s. w.
2. u. s. w.

zusammen 16292 Mk. 93 Pf.

2. Der Inventarienstücke.

1.	Von 20 Betten nebst Bettstellen à 90 Mk.	1800 Mk.
2.	„ 6 Dtz. Handtüchern à 6 Mk.	36 „
3.	„ 20 Spiegeln à 15 Mk.	300 „
4.	„ 20 Kommoden à 12 Mk.	240 „
5.	„ 10 Schreibsekretären à 30 Mk.	300 „
6.	„ 20 Tischen à 9 Mk.	180 „
7.	„ 5 Kleiderspinden à 18 Mk.	90 „
8.	„ 6 Sophas à 30 Mk.	180 „
9.	„ 10 Fenster Gardinen und Rouleaux	150 „
10.	„ u. s. w.	
11.	„ folgenden fehlenden Stücken:	
	a) 10 Sophas à 36 Mk.	360 „
	b) 8 Kleiderschränken à 30 Mk.	240 „
	c) 6 Dtz. Stühlen à 36 Mk.	216 „
	d) u. s. w.	
	zusammen	4092 Mk.

Grund- und Materialwerth ist also:

von dem Grund und Boden	4066 Mk.	50 Pf.
„ den Gebäulichkeiten	16292 „	93 „
„ dem Inventarium	4092 „	— „
zusammen	24451 Mk.	43 Pf.

II. Nutzungswerth.

1. Der Miethsertrag von dem Verkaufsladen in der unteren Etage, sammt dem daran stoßenden Kabinette und einer Remise im Hofe, ist nach einem mehrjährigen Durchschnitte . . 324 Mk.
2. Die Hinterstube der unteren Etage, zwei Räume im Parterre des ersten Seitengebäudes und zwei Stuben in der zweiten Etage desselben, nebst Keller- und Bodenräumen, sowie die Küche im unteren Stockwerke hat der Wirth inne, theils als Wohnung, theils zum Betriebe seiner Schank- und Speisewirthschaft. Den jährlichen Miethswerth veranschlagen die Sachverständigen auf . . . . 1164 „
3. Zur Gastwirthschaft werden gebraucht:
   3 Stuben im zweiten Stocke nach vorne, mit der Taxe von . . 2 Mk. — Pf.
   3 Stuben im dritten Stocke nach vorne, mit der Taxe von . . 1 „ 50 „

Uebertrag 1488 Mk.

		Uebertrag	1488 Mk.
2 Stuben im zweiten Stocke nach hinten, mit der Taxe von . .	1 „ 50 „		
12 Stuben im dritten Stocke, gleichfalls nach hinten und in den Hintergebäuden mit der Taxe von auf die Nacht mit einem Bette.	1 „ — „		
Stallung für 10 Pferde.			

Eine ordentlich geführte Rechnung über den Ertrag der bloßen Gastwirthschaft ist nicht vorgelegt worden, es haben daher Sachverständige über die anzunehmende Besetzung der Zimmer vernommen werden müssen. Nach deren Aussagen ist anzunehmen, daß

a) die 3 Stuben im zweiten Stocke nach dem Markte heraus durchschnittlich 20 Tage durch den Monat besetzt sind, macht		1440 Mk.	
b) die 3 Vorderstuben im dritten Stocke durch 15 Tage macht		810 „	
c) die 2 Hinterstuben im zweiten Stocke durch 10 Tage macht		360 „	
d) die 12 Hinterstuben im dritten Stocke und im Hintergebäude durch 8 Tage macht		900 „	
e) die Stallung durch 8 Tage, macht pro Pferd 10 Pf. = ...		84 „	
und am Pferdefutter ist ein Gewinn von		108 „	
f) monatlich durch 20 Tage noch ein zweites Bette begehrt wird, wofür 50 Pf. auf das Bett, also . . .		120 „	
anzusetzen. Weiter ist anzunehmen, daß			
g) monatlich 10 Mal eine Stube bloß bei Tage besetzt ist, wofür 50 Pf., zusammen		60 „	
anzusetzen, und			
h) durch den Winter 900 Mal geheizt wird, und für jedes Mal 10 Pf. Gewinn ist, ...		90 „	
i) am Beleuchtungsmateriale gewonnen werden		78 „	
In Summa		4050 Mk.	

Davon sind abzuziehen:

1. für Wäsche	600 Mk.		
2. für das Bedienungspersonal. Dazu ist ein männlicher und ein weiblicher Dienstbote noth=			
Uebertrag	600 Mk.	4050 Mk.	1488 Mk.

Uebertrag	600 Mk.	4050 Mk.	1488 Mk.
wendig. Das Lohn wird durch Trinkgelder gedeckt, aber auf den Unterhalt sind zu rechnen	450 „		
3. Gewerbesteuer	72 „		
		1122 „	
Es verbleibt also ein reiner Ueberschuß von . .			2928 „
Der ganze jährliche Ertrag beläuft sich mithin auf .			4416 Mk.

welche zu 5 Prozent ein Kapital von 88320 Mk. darstellen.

III. Jährliche Ausgaben und Lasten.

1.	Grund- und Gebäudesteuer, einschließlich der Kommunalzuschläge	108 Mk.
2.	Grundzins an die Pfarrkirche jährlich	6 „
3.	Grundzins an das Hospital	3 „
4.	Altaristenzins	3 „
5.	Feuerversicherungsbeitrag durchschnittlich	36 „
6.	Reparaturkosten auf sämmtliche Baulichkeiten, mit Rücksicht auf deren zum Theil schlechte Beschaffenheit durchschnittlich	180 „
7.	Zur Instandhaltung der Gasthofsgeräthschaften, Betten und Wäsche	600 „
	zusammen	936 Mk.

welche zu 5 Prozent ein Kapital von 18720 Mk. geben.

IV. Zusammenstellung.

Der Material- und Grundwerth beträgt		24451 Mk.	43 Pf.
Der Kapitalwerth der Nutzungen . .		88320 „	— „
Die Gesammtsumme dieser		112771 Mk.	43 Pf.
wird grundsätzlich halbirt, welches . .		56385 „	76½ „
giebt. Davon kommen in Abzug:			
1. die Lasten und Unterhaltungskosten mit . . .	18720 Mk.		
2. die Anschaffungskosten der fehlenden Inventarienstücke mit	816 „		
zusammen		19536 „	— „
Der Schätzungswerth des Gasthofes ist mithin		36849 Mk.	76½ Pf.

schreibe 2c.

N., den 18. Februar 1884.

(Siegel.)
Königliches Amtsgericht.
Unterschrift.

224. Taxe einer Mühle.

A. G. O. II. 6 § 16.

Mühlen werden nach ihrem Ertrage angeschlagen. Diesen auszumitteln ist eine schwierige Aufgabe, wenn keine vollständigen und richtigen Mahlregister geführt worden sind. Sind solche vorhanden, so giebt ein sechsjähriger Durchschnitt eine ziemlich sichere Grundlage. Fehlt es aber daran, so müssen die Mühlburschen über die Menge des Mahlguts vernommen werden, und die Sachverständigen haben darnach einen ungefähren Betrag, mit Rücksicht auf die Anzahl und die muthmaßliche Konsumtion der Mahlgäste, sowie auf die Mahlkraft der Mühle und die in der Gegend noch vorhandenen Mühlen, gutachtlich abzunehmen. Kommen aber auch nicht einmal Zeugnisse von Mühlknappen zu Hülfe, und sind also die Sachverständigen, von allem geschichtlichen Anhalte verlassen, bloß auf muthmaßliche Annahmen angewiesen: so ist das Resultat sehr unsicher. — Nach den Abschätzungsgrundsätzen der Schlesischen Landschaft von 1883, Abth. II, Tit. VIII, sind Mühlenanlagen auf den Materialwerth der Mühlengebäude und Betriebsutensilien und auf den durch Sachverständige zu ermittelnden Werth der vorhandenen Wasserkraft zu schätzen. Das paßt an sich nicht auf Windmühlen, und auch eine Wasserkraft hat nur in sofern Werth, als sich eben Gelegenheit zur Verwerthung findet, und dieses führt wieder zurück auf die Beschäftigung der Mühle. Die Beschäftigung aber ist bedingt: 1) durch das Bedürfniß des Publikums im Bereiche der Mühle (Konkurrenz, Zufuhr von Mahlgut) und 2) durch die Leistungsfähigkeit des Mühlwerks mit Rücksicht auf die vorhandene Wasserkraft, und so werden die Taxatoren immer auf die bisherige Erfahrung angewiesen sein, welche festzustellen die erste Aufgabe bleibt. — Ist mit der selbstständigen Mühlenanlage zugleich eine Landwirthschaft verbunden, so ist diese eine besondere Nutzungsrubrik.

Muster.

Taxationsinstrument von der dem Mühlenmeister Traugott Großmaß gehörigen, bei Ober-Silberbach belegenen, und im Grundbuche von Silberbach unter Nr. 1 verzeichneten Mühle, die Wolfsmühle genannt.

Die bei Ober-Silberbach belegene, aus dem ehemals zum Rittergute Ober-Silberbach gehörig gewesenen Eisenhammer errichtete dreigängige Mahlmühle, unter Nr. 1 des Grundbuchs von Ober-Silberbach verzeichnet, am rechten Ufer des Silberbachs, besitzt gegenwärtig der Müllermeister Traugott Großmaß, welcher sie im Jahre 1876 aus einer Zwangsversteigerung für 57000 Mark erstanden hat.

A. Beschreibung.

Das Grundstück besteht aus den Wohn-, Mahl- und Wirthschaftsgebäuden; dem Hofraume mit Einschluß der Baustelle nebst Garten, in einem Flächeninhalte von 76 Ar, wovon auf den Garten 50 Ar kommen; dem Mühlwerke mit drei unterschlächtigen Gängen.

Die Besitzung grenzt nördlich an die Landstraße von A. nach B., östlich an das Rittergut Ober-Silberbach, westlich an den Mühlgraben und südlich an den Silberbach-Fluß, der die Mühle speist.

I. Die Gebäude bilden ein ziemlich rechteckiges Gehöft, welches mit einem Thore gegen die gedachte Landstraße geschlossen ist, und südlich und westlich von dem Garten umschlossen ist. Die einzelnen Gebäude sind folgende:

1. Das Wohn- und Mahlgebäude. Es liegt mit der Vorderfront die Straße entlang, ist 20 m lang und 12 m tief, massiv, zwei Stockwerke hoch, mit stehendem Dachstuhle, und mit Schindeln gedeckt, hat einen Eingang mit einer zweiflügeligen starken Hausthüre von der Straße, und einen gleichen von dem Hofe her.

Durch die Vorderthüre gelangt man in das geräumige Mahlhaus, wo sich das Mühlwerk mit den drei Mahlgängen befindet.

Rechter Hand, zu ebener Erde, befindet sich eine Wohnstube mit einem schwarzen Kachelofen, und mit vier vierflügeligen Fenstern, wovon zwei nach der Straße und zwei im Giebel nach dem Hofe sehen. An diese stößt nach hinten ein kleiner Hausflur, wo sich eine Küche mit Backofen und der Schornstein befinden. Von hier gelangt man durch die Hinterthüre in das Gehöft, und durch eine Stubenthüre rechts auch in eine zweite Wohnstube mit zwei Fenstern in der Hinterfront und einem Fenster im Giebel; in dieser Stube ist ein Kochofen von bunten Kacheln mit einem kupfernen Ofentopfe. Von hier gelangt man durch eine gewöhnliche Stubenthüre in die erstgedachte Wohnstube zurück.

Vom Mahlhause ersteigt man durch vier Bohlenstufen den sogenannten Sackboden, welcher geräumig und zur Aufnahme des Mahlguts sehr gut geeignet ist. Rechts desselben ist ein großes vierfenstriges Wohnzimmer mit einem bunten Kachelofen, und daneben, nach hinten zu, ein kleines dreifenstriges Zimmer mit schwarzem Kachelofen. Aus diesem Zimmer gelangt man in ein kleines einfenstriges Vorzimmer ohne Ofen, und von da wieder auf den Sackboden. Sämmtliche Zimmer haben berohrte Decken. Vom Sackboden führt eine Treppe auf den Dachboden, welcher gedielt ist, durch vier Dachfenster erhellt wird, und zur Aufbewahrung von Getreide eingerichtet ist.

2. Ein Stallgebäude. Dieses steht mit dem Wohnhause im rechten Winkel, 22 m davon, den Hof entlang, ist 27 m lang, 8 m tief, massiv, mit Schindeln gedeckt. Am nördlichen Giebel in dem Gebäude sind zwei gewölbte Schwarzviehställe von Holzbohlen. Nebenan ist ein gewölbter Kuhstall, dessen Gewölbe auf vier Granitsäulen ruht. Der Raum ist für zehn Stück Rindvieh ausreichend. Eine besondere Thüre und Treppe führt von außen auf den Boden, wo an dem nördlichen Giebel eine Kammer mit einem kleinen Fenster und der übrige Raum Heuboden ist. Nächst dieser Thüre, nach dem südlichen Giebel zu, ist wieder eine Thüre, welche in einen gewölbten Pferdestall mit Siedekammer führt; dieser Stall kann vier Pferde aufnehmen. Neben dem Stalle, am Giebel, sind zwei Gesindekammern, jede mit einem Fenster im Giebel, und unter demselben ist ein gewölbter Keller.

3. Ein Wagen- und Holzschuppen, welcher mit dem Stallgebäude einen rechten Winkel bildet und die nördliche Seite des Hofes entlang steht. Er ist 10 m lang und 6,5 m tief, von Bindwerk mit Lehm ausgestakt und mit Schindeln gedeckt, hat ein zweiflügeliges Thor und einen Durchgang in den Garten, mit einer verschließbaren Thüre.

4. Eine Scheuer, welche sich in derselben Linie an den Schuppen anschließt. Sie ist 20 m lang und 8 m tief, von Bindwerk mit Brettern verschlagen und mit Schindeln gedeckt, hat zwei Dreschtennen und zwei Bansen.

Der Bauzustand ist von allen Gebäuden gut.

5. Das Mühlwerk selbst. Die Mühle ist ein Staberzeug. Das nie fehlende Wasser wird unmittelbar aus dem Silberbach-Flusse durch das Gerinne auf die Wasserräder geleitet, und bei dem Stillstande der Mühle durch eine Freischleuse abgeleitet. Das Werk hat zwei Mahlgänge und einen Spitzgang. Das Gerinne ist 3,5 m breit und 60 cm tief, und hat ein lebendiges Gefälle von 1,1 m. Alle drei Wasserräder haben 5 m Durchmesser, die Kammräder 72 Kämme und 11 cm Theilung; die Getriebe haben 6 Stäbe und zum Radium 14 cm; der Radius der Steine ist 50 cm. Das äußere Grundwerk, welches gegenwärtig in gutem Stande ist, erfordert alle 40 Jahre einen neuen Grundbau, welcher auf 6500 Mk. anzuschlagen. Die Kosten für Reparaturen am Mühlhause und Gewerke betragen in derselben Zeit etwa 3500 Mk. Vertheilt man beide Summen auf den Zeitraum von 40 Jahren, so kommen auf das Jahr 250 Mk. Bau- und Reparaturkosten. Das innere Grundwerk oder Gebütt ist 12 Fuß lang und 3 m breit. Alle drei Gänge sind in vollkommen gangbarem und tüchtigem Zustande. Die sämmtlichen Gebäulichkeiten sind gegen eine Prämie von zwei vom Tausend auf 15000 Mk. gegen Feuersgefahr versichert.

II. An Vieh sind gegenwärtig 8 Kühe und 4 Stück Jungvieh vorhanden. Es kommt in Betracht, daß eine kräftige Fütterung für die Kühe durch das Staubmehl gewonnen wird; daß ohnehin zur Besorgung der Hauswirthschaft ein weiblicher Dienstbote gehalten werden muß, der die Wartung der Kühe mit versehen kann; daß in der Umgegend Heu stets zu haben ist; daß der Dünger verkauft werden kann, und daß die Nähe der Kreisstadt vortheilhafte Gelegenheit zum Absatze von Milch und Butter giebt. In Berücksichtigung dieser Umstände ist anzunehmen, daß nach Abzug der Milcherei für das Gesinde und für die Haushaltung zwei Kühe und ein Stück Jungvieh mit ihrem Ertrage anzuschlagen sind.

III. Zum Betriebe der Mühle sind zwei Pferde mit Wagen, zwei Mühlknappen und ein Knecht, dieser und das Gespann zur An- und Abfuhr des Mahlguts, und eine Dienstmagd erforderlich. Das Pferdefutter an Körnern wird durch das Staub- und Steinmehl gedeckt; das erforderliche Stroh wird zur Hälfte durch den Dünger ersetzt und zur anderen Hälfte ist darauf schon bei der Rindviehnutzung mitgerechnet worden.

Die Laudemialpflicht, welche früher auf der Mühle gehaftet hat, ist abgelöst; dafür haftet aber noch eine jährliche Rente von 45 Mk. auf derselben. Außerdem ist ein Mühlzins von 60 Mk. jährlich zu entrichten.

B. Ertragsermittelung.

I. Gartennutzung.

Der 50 Ar. große Garten wird zum Theile mit Garten-Gewächsen bebaut, hauptsächlich aber zur Sichelgräserei für die Kühe benutzt, und hat 102, zum Theil noch junge, aber sämmtlich schon tragbare Obstbäume verschiedener Sorten, welche einen gesunden kräftigen Wuchs haben. Die Obst- und Gartennutzung ist jährlich auf 15 Mk. veranschlagt; die Grasnutzung aber dabei nicht berücksichtigt, weil darauf bei der Veranschlagung der Viehnutzung gerechnet ist.

II. Viehnutzung.

Mit Rücksicht auf die günstigen Verhältnisse ist die jährliche Nutzung einer Kuh auf 50 Mk., und die des Stücks Jungvieh auf 10 Mk., für alle drei Häupter also auf 110 Mk. angeschlagen.

III. Mühlennutzung.

Mahlregister sind nicht geführt, und die jetzt vorhandenen beiden Mühlknappen sind erst seit einem Vierteljahre in der Mühle, so daß also sichere historische Nachrichten über die Beschäftigung der Mühle nicht zu erlangen waren. In den letzten drei Monaten sollen, nach Aussage der Mühlburschen, alle drei Gänge täglich vollauf Arbeit gehabt haben, auch ist für alle drei Gänge das ganze Jahr hindurch hinlängliche Wasserkraft vorhanden; doch ist auf die tagtägliche Beschäftigung aller drei Gänge natürlich nicht zu rechnen. Mit Berücksichtigung jedoch der Umgegend und der vortheilhaften Lage der Mühle ist anzunehmen, daß zwei Gänge täglich zu mahlen haben, und daß täglich im Durchschnitte 30 Hektoliter zu Mehl vermahlen werden. Nimmt man in Berücksichtigung der Sonn- und Festtage eine runde Summe von 300 Tagen auf das Jahr an, so ergiebt sich die Summe von 9000 Hektoliter Getreide, welches muthmaßlich jährlich vermahlen wird. Das Mahlgut besteht etwa zu $1/6$ aus Weizen, zu $1/2$ aus Roggen und zu $1/3$ aus Gerste. Der Mahllohn beziffert sich indessen ohne Rücksicht auf die Art des Getreides auf 80 Pfennig per Hektoliter und beträgt danach für 9000 Hektoliter zusammen 7200 Mark.

Stein- und Staubmehl verbleibt der Mühle noch außerdem, doch kommt dafür nichts in Ansatz, weil dasselbe zur Fütterung der Pferde und des Rindviehes aufgeht.

IV. Federviehnutzung.

Diese ist zu rechnen jährlich auf 10 Mark und gründet sich auf die verstreuten Körner, welche vor dem Mühlengebäude zusammengekehrt und von dem Federviehe aufgelesen werden.

Wiederholung.

I. Gartennutzung	15 Mk.	— Pf.
II. Rindviehnutzung	110 „	— „
III. Mühlennutzung	7200 „	— „
IV. Federviehnutzung	10 „	— „
Zusammen	7335 Mk.	— Pf.

Die von der Besitzung zu entrichtenden jährlichen Lasten und Abgaben, und die von dem Ertrage zu bestreitenden Betriebs- und Unterhaltungskosten sind nach den stattgefundenen Ermittelungen folgende:

1.	Grund- und Gewerbesteuer	216	Mk.	—	Pf.
2.	Laudemialrente	45	„	—	„
3.	Mahlzins	60	„	—	„
4.	Schornsteinfegergeld	12	„	—	„
5.	Schulgeld	7	„	50	„
6.	Gemeindelasten	15	„	—	„
7.	Salz für das Rindvieh	5	„	—	„
8.	Zum Ankaufe von Heu und Stroh für Kühe und Pferde	65	„	—	„
9.	Auf Brennholz	75	„	—	„
10.	Auf Schirrholz	60	„	—	„
11.	Auf Schmiedearbeit	90	„	—	„
12.	Auf Sattler- und Riemerarbeit . . .	25	„	—	„
13.	Auf Mühlsteine	65	„	—	„
14.	Auf Beuteltuch	50	„	—	„
15.	Lohn und Unterhalt für den Knecht und die Magd	450	„	—	„
16.	Lohn für die beiden Mühlburschen für jeden 600 Mark	1200	„	—	„
17.	Auf Wagenschmiere und Licht . . .	20	„	—	„
18.	Auf Abgang an Pferden und Wagen .	60	„	—	„
19.	Auf Baureparaturen an den Wirthschaftsgebäuden	100	„	—	„
20.	Auf Unterhaltung (Bau- und Reparaturkosten) des Mühlenwerks	250	„	—	„
21.	Feuerkassengeld 15000 Mk. à 2 pro Mille	30	„	—	„
	Summa aller Ausgaben	2900	Mk.	50	Pf.

Balance.

Die Einnahme beträgt	7335	„	—	„
Die Ausgabe	2900	„	50	„
Der reine Ueberschuß	4435	Mk.	50	Pf.

welcher zu 5 Prozent kapitalisirt ein Kapital von 88690 Mk. giebt.

C. Werth der Gebäude.

Soweit die Gebäulichkeiten zum Mühlenbetriebe und zur Viehnutzung gehören, kann der Werth davon nicht in Anschlag kommen, vielmehr würden, wenn daran Mängel wären, die Anschaffungs- und Herstellungskosten von dem Kapitale in Abzug zu bringen sein, weil ohnedies kein Ertrag zu erzielen wäre. Dagegen kommen die zum Betriebe des Mühlengewerbes und der Wirthschaft nicht erforderlichen Gebäude allerdings in Anschlag, zumal sie sich als Wohnung des Mühlenbesitzers und dessen Familie auch nutzbar machen. Der Werth ist, wie folgt, ermittelt:

Der Materialwerth der Gebäulichkeiten stellt sich mit Rücksicht auf den guten Baustand folgendermaßen:

1. Von dem Mahl- und Wohnhause, und zwar:		
a) von 140 qm Grundfläche, à 45 Mk. auf	6300 Mk.	
b) von 100 qm Grundfläche, à 20 Mk. auf . . .	2000 „	
		8300 Mk. — Pf.
2. Von dem Stallgebäude: auf 216 qm Grundfläche, à 15 Mk., auf		3240 „ — „
3. Von dem Holz- und Wagenschuppen, auf 65 qm Grundfläche, à 3 Mk. auf .		195 „ — „
4. Von der Scheuer auf 160 qm Grundfläche, à 6 Mk., auf		960 „ — „
Zusammen auf		12695 Mk. — Pf.

Das gehende Werk kommt nicht in Anschlag.

Davon sind auf den Mühlenbetrieb und auf die Wirthschaft zu rechnen:

1. von dem Hause die Hälfte mit	4150 Mk.	
2. von dem Stallgebäude $^2/_3$ mit	2160 „	
3. der Holz- und Wagenschuppen mit	195 „	
4. die Scheuer mit	960 „	
Nach Abzug dieses Taxwerths im Betrage von		7465 „ — „
bleiben übrig		5230 Mk. — Pf.

welche als der Werth der als Wohnung zu veranschlagenden Gebäulichkeiten anzusehen sind. In Betracht der angenehmen Lage der Mühle, der Bequemlichkeit und Geräumigkeit der Wohnung, und bei der Nähe der Stadt, hat die Wohnung unbedenklich einen Miethswerth von jährlich 270 bis 300 Mark, daher es unbedenklich ist, dem Ertragswerthe von . . . . 88690 Mk. — Pf.
noch den Materialwerth des Wohngebäudes mit 5230 „ — „
hinzuzurechnen.

Von dem Gesammtbetrage mit 93920 Mk. — Pf.

		Uebertrag	93920 Mk. — Pf.
kommen dagegen auf fehlende Inventarienstücke in Abzug:			
1. für ein unbrauchbar gewordenes Pferd	450 Mk.		
2. für einen Sackwagen . .	120 „		
3. für einen Mühlstein . . .	150 „		
4. für eine neue Mühlwelle .	250 „		
5. für sechs Steinhauen . .	36 „		
Zusammen			1006 „ — „
Der Taxwerth der Mühle stellt sich sonach auf			92914 Mk. — Pf.

sage

Zwei und Neunzig Tausend Neun Hundert und Vierzehn Mark.

N., den 1. April 1886.

(Siegel.)
Königliches Amtsgericht.
Unterschrift.

Anhang.

Stempel- und Kostengesetze.

I. Stempelgesetze.[1])

1. Gesetz wegen der Stempelsteuer. Vom 7. März 1822.

(G.S. S. 57.)

Wir Friedrich Wilhelm ꝛc. ꝛc.

haben durch das Gesetz über die Einrichtung des Abgabenwesens vom 30sten Mai 1820. bereits verfügt, daß zu Aufbringung des Staatsbedarfs auch ferner eine Stempelsteuer bestehen, und dieselbe durch ein besonderes Gesetz bestimmt werden solle. Hiernach verordnen Wir nunmehr, nach vernommenem Gutachten Unsers Staatsraths, wie folget:

Aufhebung bisheriger Gesetze.

§ 1. Alle bisher im ganzen Umfange der Monarchie, mit Ausnahme des Fürstenthums Neufchatel bestandene Stempelgebühren sind hiermit abgeschafft, namentlich auch die Einregistrirungsgebühren in denjenigen Landestheilen, wo die französische Gerichtsverfassung noch bestehet, und diejenigen Abgaben, welche statt der Einregistrirungsgebühren im Bergischen eingeführt worden. Alle Gesetze und Verordnungen, welche sich auf die hiernach abgeschafften Abgaben beziehen, sind aufgehoben, und es soll auch bei Auslegung des gegenwärtigen Gesetzes niemals darauf zurückgegangen werden. Jedoch wird hierdurch in den übrigen Vorschriften wegen des Enregistrements selbst, wo dasselbe noch besteht, nichts geändert.

Steuer-Stempeltarif.

§ 2. Dagegen sind von jetzt an überall diejenigen Stempelabgaben zu erheben, welche der anliegende von Uns vollzogene Tarif[2]) bestimmt.

Die Einziehung und Verwaltung dieser Abgaben geschieht allein nach den Vorschriften des gegenwärtigen Gesetzes.

---

[1]) Es folgen hier nur die landesgesetzlichen Vorschriften über den Urkundenstempel. Die in besonderen Textausgaben vorhandenen Reichsgesetze über Stempelabgaben werden nicht abgedruckt.

[2]) Wegen der späteren Abänderungen des Tarifs s. die Anm. zu den einzelnen Tarifpositionen und die im folgenden unter 2 bis 6 abgedruckten Gesetze.

Befreiungen von dem tarifmäßigen Stempel.

§ 3. Von Entrichtung des tarifmäßigen Stempels finden nur[3]) nachstehende Befreiungen Statt:

a) Verhandlungen und Gesuche, über Gegenstände, deren Werth nach Gelde geschätzt werden kann, sind stempelfrei, wenn dieser Werth Funfzig Thaler Silbergeld nicht erreicht.

b) Gerichtliche Verhandlungen, wofür die Sportelfreiheit armuthshalber bewilligt worden, sind schon deshalb auch stempelfrei.

c) Verhandlungen in Vormundschaftssachen[4]) sind stempelfrei, sofern der Bevormundete aus eigenen Einkünften unterhalten werden muß, und diese nach Abzug der Verpflegungs- und Erziehungskosten keinen Ueberschuß gewähren.

d) Gesuche, welche Gläubiger des Staats öffentlicher Anstalten und Gemeinen an Behörden und Beamte richten, um zu ihrer Befriedigung zu gelangen und die darauf ertheilten Bescheide sind stempelfrei.[5])

e) Alle Verhandlungen und Zeugnisse, welche wegen Bestimmung des Betrages öffentlicher Abgaben und Einziehung derselben, wegen Eintritts in den Kriegsdienst, und überhaupt wegen Leistungen an den Staat in Folge allgemeiner Vorschriften beigebracht werden müssen, sind stempelfrei auszufertigen, sofern sie nur allein zu diesem Zwecke dienen.[6])

f) Gesuche um Ertheilung von Reisepässen bedürfen keines Stempels.[7])

g) Den Verhandlungen wegen Ablösung von Diensten und andern Leistungen, die auf Grundstücken haften, wegen Theilung der Gemeinheiten, und wegen Auseinandersetzung des im Gemenge liegenden Grundeigenthums verbleibt auch ferner diejenige Stempelfreiheit, die ihnen durch das Gesetz über die Ausführung der Gemeinheitstheilungs- und Ablösungsordnungen vom 7ten Juni 1821. §§. 27. und 28., und durch die Verordnung wegen Organisation der Generalkommissionen und Revisionskollegien zu Regulirung der gutsherrlichen und

---

[3]) In Spezialgesetzen sind noch fernere Befreiungen eingeführt; s. namentlich unten die Gesetze zu Nr 4 u. 6. und die Anm. zu den einzelnen Tarifpositionen. Vgl. ferner oben S. 204. 238. 266. 354. 355. und außerdem: G. v. 11./6. 74. (G. S. S. 221) § 43 (Verhandlung bei der Zwangsenteignung). — G. v. 6./7. 75. (G. S. S. 416) § 18 (Waldschutzsachen). — G. v. 1./4. 79. (G. S. S. 297) § 84 (Begründung öffentlicher Wassergenossenschaften). — Landgüterordnungen (s. S. 266) § 21. bez. § 14 bez. § 17. (letztwillige Anordnungen wegen des Anerbenrechts.)

[4]) G. v. 23/12 46. (G. S. 1847. S. 3); G. v. 21/7 75. (G. S. S. 548); A. G. z. G. K. G. § 11.

[5]) G. v. 26/3 73 § 2 Nr. 1 u. 2.

[6]) Der Gebrauch der Zeugnisse zu stempelpflichtigen Zwecken ist Stempelkontravention (H. u. G S. 315. Anm. 20).

[7]) G. v. 26/3 73. § 2. Nr. 1.

bäuerlichen Verhältnisse vom 20sten Juni 1817. §§. 213. und 214. zugestanden worden.[8])

h) Verhandlungen über die Ablösung und einstweilige Verzinsung derjenigen ausschließlichen vererblichen und veräußerlichen Gewerbsberechtigungen, welche nach dem Gesetze über die polizeilichen Verhältnisse der Gewerbe vom 7ten September 1811. §§. 32. 33. abgelöset, und bis dies geschehen kann, verzinset werden sollen, sind ebenfalls stempelfrei.

i) Die bis jetzt gesetzlich bestehenden Befreiungen des Fiskus,[9]) besonderer Anstalten,[10]) Gesellschaften und Personen[11]) von gewissen Stempelabgaben dauern vorerst noch fort, mit Vorbehalt künftiger Untersuchung und Entscheidung darüber.

Doch sind die gedachten Behörden nicht befugt, diese Befreiung den Privatpersonen, mit welchen sie Verträge eingehen, einzuräumen, wenn diese Personen an sich nach gesetzlicher Vorschrift zur Entrichtung des Stempels verbunden sind. Bei allen zweiseitigen Verträgen der Art muß jedesmal die Hälfte des Stempels für den Vertrag und für die ausgefertigten Uebereremplare desselben außerdem noch der gewöhnliche Stempel entrichtet werden.

Regeln, wonach der Werth der Gegenstände zu bestimmen ist, wenn der Stempelsatz darnach berechnet werden soll.

a) Im Allgemeinen.

§ 4. Wenn der Werth eines Gegenstandes ausgemittelt werden soll, um den Betrag der Stempelgebühren zu bestimmen, welche von den Verhandlungen darüber nach anliegendem Tarif zu entrichten sind, so ist dabei im Allgemeinen nach folgenden Regeln zu verfahren:

a) Die Berechnung ist in Preußischem Silbergelde nach dem Gesetze über die Münzverfassung vom 30sten September 1821. anzulegen.[12])

b) Es müssen also alle in Golde, in fremdem Silbergelde oder in andern Währungen angegebenen Werthe nach ihrem Betrage in Preußischem Silbergelde ausgedrückt werden. Hierbei sollen:

aa) zehn Thaler in Golde für eilf Thaler in Silbergelde angenommen;

---

[8]) Allerh. Regulativ v. 25./4. 36 (G. S. S. 181) §§ 9—11. G. v. 24./6. 75. (G. S. S. 395) § 17.

[9]) Wegen des Reichsfiskus; G. v. 25./5. 73 (R. G. Bl. S. 113) § 1. Abs. 2.

[10]) Deklaration v. 27./6. 11. (G. S. S. 313) § 4. Nr. 2; ein Verzeichniß der Anstalten, denen später die Stempelfreiheit bewilligt ist s. b. H. u. G. S. 75. Anm. 52 ff.

[11]) Vgl. wegen Nichtbefreiung: der Standesherrn Erk. d. O. Tr. v. 16./12. 67 Strieth. 69. S. 233); der Stadtkommunen und der städtischen Pfandleihanstalten R. G. U. v. 22./11. 83. (J. M. Bl. 84 S. 51. R. u. K. 28. S. 973) u. v. 6./3. 85. (J. M. Bl. S. 305).

[12]) Reichsmünzgesetz v. 9./7. 73. Art. 1. Art. 14. §§ 2. u. 4.

bb) für Konventionsgeld nach dem Zwanzigguldenfuße keine Aufgelder berechnet;

cc) zwölf Gulden Reichsgeld nach dem Vierundzwanzigguldenfuße sieben Thalern Silbergeld, und

dd) einhundert eilf Mark Hamburger Banco sechs und funfzig Thalern Silbergeld gleichgesetzt werden.

Für andere im Handel gewöhnlich vorkommende Währungen sind von dem Finanzministerium mit Zuziehung der Börsenvorsteher auf den Wechselplätzen Mittelwerthe festzusetzen, wornach die Verwandelung in Preußisches Silbergeld so lange geschieht, bis erhebliche Aenderungen im Kurse dieser Währungen die Bestimmung anderer Mittelwerthe auf gleichem Wege veranlassen.

c) Von immerwährenden Nutzungen wird das Zwanzigfache ihres einjährigen Betrages als Kapitalwerth angenommen, von einer Leibrente oder einem Nießbrauchsrecht auf Lebens- oder andere unbestimmte Zeit dagegen nur das Zwölf- und Einhalbfache der einjährigen Nutzung.

d. Nutzungen eines Kapitals sind zu fünf vom Hundert jährlich zu veranschlagen, sofern ein anderer Prozentsatz für die Nutzung aus den stempelpflichtigen Verhandlungen darüber nicht ausdrücklich hervorgehet.

e) Der Werth von Bergwerksantheilen ist nach dem Gutachten der Oberbergämter anzunehmen.

f) Der Betrag aller übrigen unbeweglichen und beweglichen Gegenstände ist in der Regel von dem Steuerpflichtigen nach dem gegenwärtigen Werthe anzugeben, sofern er aus den stempelpflichtigen Verhandlungen selbst nicht unzweifelhaft hervorgeht.[13]) Trägt die Steuerbehörde Bedenken, diese Angabe für richtig anzunehmen, so kann sie die Aufnahme einer gerichtlichen Taxe veranlassen.[14])

b) Besonders.

aa) Bei Veräußerungen von Grundstücken und Grund-Gerechtigkeiten.

§ 5. Für die Bestimmung desjenigen Werthes, wornach bei Veräußerungen von Grundstücken und Grundgerechtigkeiten der Betrag der Stempelabgabe berechnet wird, sind folgende Vorschriften zu beachten:

a)[15]) Bei Verkäufen ist der bestimmte Kaufpreis, mit Hinzufügung des Werths der vorbehaltenen Nutzungen und ausbedungenen

---

[13]) Wegen der Verpflichtung des Notars zur Werthsregistrirung s. u. zu § 2. des Gebührengesetzes Anm. 1. (S. 626.)

[14]) Das Gleiche soll eintretenden Falles auch der instrumentirende Richter oder Notar veranlassen. Min. Reskr. v. 13/11 78. bei Kühnemann. Die Stempel- und Erbschaftssteuer in Preußen (1885) S. 6.

[15]) Lit. a ist in der Fassung d. K. O. v. 14./4. 32 (G. S. S. 137) abgedruckt; im ursprünglichen Text ist statt: „bei Verkäufen“ gesetzt: „bei reinen Verkäufen“.

Leistungen, diejenige Summe, wornach der Betrag des Stempels zu berechnen ist.

[b) Verkäufliche Gutsüberlassungen an Descendenten sind den Schenkungen unter Lebenden gleich zu achten. Gutsüberlassungen solcher Art an Nichtdescendenten sind dagegen als reine Verkäufe zu besteuern; jedoch kommt dabei nur der Werth des Guts, nach Abzug des etwanigen Altentheils, in Anrechnung.] [16])

c) Werden Grundstücke auf Erbzins oder in Erbpacht [17]) ausgethan, so besteht die Summe, von welcher der Stempel bei dieser Veräußerung zu entrichten ist, aus dem Erbstandsgelde, und aus dem Zwanzigfachen der jährlichen Leistung an Zins, Kanon oder andern beständigen zu Gunsten des Verpächters übernommenen Lasten.

d) Wenn zwar der erbliche Besitz des Nutzungsrechts übertragen, aber vorbehalten wird, daß periodisch nach Ablauf einer gewissen Zeit ein neuer Nutzungsanschlag gemacht, und der Kanon für die nächstfolgende Periode darnach bestimmt werden soll; so wird der Vertrag über ein solches Geschäft nur in Rücksicht des etwanigen Erbstandsgeldes wie eine Veräußerung, in Rücksicht des Kanons aber wie eine Verpachtung auf die Anschlagsperiode besteuert.

e) Bei Tauschverträgen über Grundstücke oder Grundgerechtigkeiten wird der Stempelsatz nur nach dem Werthe des einen der beiden vertauschten Gegenstände, und zwar nach demjenigen, wofür der höchste Werth zu ermitteln ist, berechnet.

f) Werden Gegenstände anderer Art, ohne besondere Angabe ihres Werths, mit Grundstücken oder Grundgerechtigkeiten zusammengenommen in einer Summe veräußert, so wird der Stempelsatz von der gedachten Summe dergestalt berechnet, als ob sie ganz für Grundstücke oder Grundgerechtigkeiten gezahlt worden wäre. [18])

g) Bei Subhastationen wird der Stempel nach dem Gebote, worauf der Zuschlag erfolgt, entrichtet. [19])

bb) Bei Verpachtungen oder Vermiethungen.

§ 6. Bei Verträgen über Pacht und Miethe ist der Werth des stempelpflichtigen Gegenstandes nach folgenden Grundsätzen zu berechnen:

a) Alles was der Pächter vertragsmäßig dem Verpächter selbst oder einem Dritten für Rechnung des Verpächters wegen er-

[16]) Lit. b. war bereits durch die K. O. v. 14./4. 32 (Anm. 15) geändert worden; jetzt gilt statt derselben lediglich das G. v. 22./7. 61. (unten zu 4.) s. § 4.

[17]) Diese Institute sind aufgehoben. G. v. 2./3. 50. (G. S. S. 77) § 91.

[18]) Aber nicht bei getrennter Werthangabe. s. S. 185 Anm. 1; J. u. K. V. 215.

[19]) G. v. 18./7. 83 (G. S. 189) § 3. Abs. 2. u. 3.

haltener Pacht zahlt, liefert oder leistet, muß dem ausbedungenen Pachtgelde zugerechnet werden, und bildet mit demselben zusammengenommen den stempelpflichtigen Betrag der Verpachtung. Naturalien, welche sich hierunter befinden, sind nach den Durchschnitts-Marktpreisen zu Gelde zu berechnen. Naturaldienste sind nach dem gewöhnlichen Lohnsatze, welchen ähnliche Dienste im freien Verding in der Gegend haben, anzuschlagen.

b) Beständige Hebungen, welche der Pächter blos für Rechnung des Verpächters einzieht, gehören dagegen nicht zu der stempelpflichtigen Pachtsumme.

c) Bei Abschluß der Pacht- und Miethsverträge wird der Stempel auf einmal für den Betrag alles dessen erhoben, was während der Dauer des ganzen Vertrags zusammengenommen an Pacht und Miethe zu zahlen ist.

d) Schriftliche Verlängerungen der Pacht- und Miethsverträge sind ohne Unterschied gleich neuen Verträgen stempelpflichtig.

e) Enthalten Pacht- oder Miethsverträge die Bedingung, daß die Pacht oder Miethe stillschweigend für verlängert auf gewisse Zeit angesehen werden solle, sobald und so oft innerhalb eines gewissen Termins nicht gekündigt wird, so sind die Verlängerungen, welche hiernach wirklich eintreten, den schriftlichen auch in Rücksicht der Stempelpflichtigkeit gleich zu achten und ist der Stempel dazu besonders zu lösen.[20])

f) Pacht- und Miethsverträge, welche blos auf Kündigung oder überhaupt auf unbestimmte Zeit[21]) geschlossen worden, sind bei Berechnung des Stempels so anzusehen, als ob sie für ländliche Grundstücke auf drei Jahre, für andere Gegenstände auf ein Jahr geschlossen wären.

cc) Bei Auktionen.

§ 7. Der Stempel zu Auktionsprotokollen[22]) ist nach beendigter Auktion nach dem reinen Ertrage der Lösung zu bestimmen.

Gehört der Gegenstand der Auktion nicht zu einer einzigen Vermögensmasse, sondern mehreren in keiner Gemeinschaft stehenden Theilnehmern; so ist der Stempel nach den besonderen Antheilen eines Jeden derselben am Lösungsertrage zu berechnen.

dd) Bei Quittungen.

§ 8.[23]) — — —

---

[20]) Die Stempelpflicht tritt ein, sobald die zulässige Kündigung unterblieben ist, nicht erst sobald die Verlängerung begonnen hat. (J. u. K. VI. 195). Nur das Haupt- nicht auch das Nebenexemplar unterliegt dem erneuten Stempel. H. u. G. S. 177 Anm. 21.

[21]) Auch auf Lebenszeit. H. u. G. S. 178. Anm. 23.

[22]) S. zu der betr. Tarifposition.

[23]) Fällt weg: der Quittungsstempel ist aufgehoben durch G. v. 26./3. 73. § 2 Nr. 7.

ee) Bei Erbschaften.

§ 9.[24]) — — —

ff) Bei Käufen aus Erbschaften.

§ 10.[25]) — — —

gg) Bei Prozessen.

§ 11.[26]) — — —

Vorschriften um die Lösung der tarifmäßigen Stempel zu sichern.

a) Im Allgemeinen.

aa) Zeit, binnen welcher der Stempel beizubringen ist.

§ 12.[27]) Stempelpflichtige Verhandlungen müssen in der Regel auf das erforderliche Stempelpapier selbst geschrieben werden.

Wo dies nicht hat geschehen können, darf zwar das erforderliche Stempelpapier noch nachgebracht, jedoch nur in ganzen unangeschnittenen Bogen umgeschlagen und kassirt, das ist, durch Bezeichnung seiner Bestimmung zu anderem Gebrauche untüchtig gemacht werden.

Auch muß dies bei Verhandlungen, welche im Lande selbst vorgenommen werden, längstens binnen vierzehn Tagen, vom Tage der Ausfertigung an, geschehen[28]) und der Tag der Kassation deshalb von der Behörde oder dem Stempelvertheiler, wo das Stempelpapier gelöset worden, mit Buchstaben ausgeschrieben, bescheinigt werden. Wenn Inländer außerhalb Landes über einen im Lande befindlichen Gegenstand[29]) stempelpflichtige Verhandlungen gepflogen haben; so ist das dazu erforderliche Stempelpapier binnen vierzehn Tagen nach ihrer Rückkehr beizubringen und zu kassiren, auch der Tag, wo dies geschehen, vorgedachtermaßen zu bescheinigen.

---

[24]) Fällt weg; der Erbschaftsstempel ist anderweit geregelt durch G. v. 30./5. 73. (G. S. S. 320); dasselbe wird hier nicht abgedruckt.

[25]) Fällt weg; die Bestimmung betraf Kauf- und Tauschverhandlungen zwischen Theilnehmern einer Erbschaft über dazu gehörige Gegenstände, und während der Auseinandersetzung darüber; diese sind jetzt stempelfrei. K. O. v. 21./6. 44. (G. S. S. 253) und Deklaration v. 26./9. 44. (J. M. Bl. 45 S. 213) Dazu: J. u. K. II. 185 und R. G. U. v. 10./11. u. 4./12. 79, 5./2. 80, 19./9. 81, 2./10. 82. (R. u. K. Bd. 24. S. 531. 534. 1081. Bd. 26. S. 1062. Bd. 27. S. 993). Wegen der Erbtheilung nach Maßgabe der Landgüterordnungen vgl. die letzteren (s. S. 266) § 24 bez. § 19.

[26]) Die Bestimmungen über den Prozeßstempel sind nur noch von geringem praktischem Interesse (s. G. K. G. § 2) und werden hier nicht abgedruckt.

[27]) Vgl. § 35 mit den Anm. und (insbesondere wegen der Notare) die K. O. v. 19./6. 34 (unten S. 616); s. auch zur Tarifposition: „Verträge."

[28]) Und zwar auch dann, wenn die stempelpflichtige Urkunde abhanden gekommen oder der Vertrag in der Zwischenzeit aufgehoben ist. J. u. K. III. 271. V. 253; vgl. auch K. O. v. 19./6. 34. Nr. 3 mit Anm. (unten S. 617.)

[29]) Begriff: R. G. U. v. 21./2. 84. (E. XI. 255). — falls inländische Ratihabition erforderlich ist: R. G. U. v. 21./9. 82. (R. u. K. 27. S. 848). — Wenn nur einer der Kontrahenten im Auslande ist, greift die Ausnahme nicht Platz. J. u. K. VI. 191.

Nur bei Vollmachten und solchen Verhandlungen, wozu Gerichts- oder andere öffentliche Behörden und Beamte den Stempel beizubringen von Amtswegen verpflichtet sind,[30]) oder in solchen Fällen, wo der Tarif die Nachbringung des Stempels bei veränderter Bestimmung einer Verhandlung ausdrücklich gestattet, bedarf es keiner Bescheinigung des Zeitpunkts, worin dies geschehen.

bb) Zu welchem Exemplare der Verhandlung der tarifmäßige Stempel zu nehmen ist.

§. 13. Werden von einer Verhandlung verschiedene Exemplare ausgefertigt; so wird der tarifmäßige Stempel nur zu einem derselben, und zwar in der Regel zu dem Hauptexemplare angewandt; zu den übrigen Exemplaren aber wird blos dasjenige Stempelpapier gebraucht, das tarifmäßig zu beglaubten Abschriften stempelpflichtiger Verhandlungen erfordert wird.

cc) Auf beglaubten Abschriften ist der Stempel des Originals zu vermerken.

§. 14. Auf allen beglaubigten Abschriften, Duplikaten und Ausfertigungen stempelpflichtiger Verhandlungen muß ausdrücklich der Betrag des Stempels bemerkt werden, welcher zu der Urschrift oder der ausgefertigten Verhandlung gebraucht, oder derselben kassirt beigefügt worden ist.[31])

dd) Förmlichkeiten, wenn mehr als ein Bogen zur Verhandlung, oder zu Erfüllung des Stempelsatzes erforderlich ist.

§. 15. Wenn stempelpflichtige Verhandlungen auch stärker als ein Bogen sind; so wird doch nur zum ersten Bogen der vorgeschriebene Stempel erfordert.

Müssen mehrere Stempelbogen beigebracht werden, um den gesetzlichen Betrag des Stempels für eine Verhandlung zu erfüllen: so muß der höchste beigebrachte Stempelbogen zum ersten Bogen der Verhandlung gebraucht, das übrige Stempelpapier aber zu den folgenden Bogen der Verhandlung genommen, und was auf solche Weise nicht verwendet werden kann, zur Verhandlung kassirt werden.

Wird das Stempelpapier zur Verhandlung blos umgeschlagen; so muß nicht nur der Hauptbogen, sondern auch jeder zur Ergänzung des Stempelbetrages beigefügte Nebenbogen unter Beobachtung der Vorschriften § 12 dazu besonders kassirt werden.

b) Besonders.

aa) Beim Erbschaftsstempel.

§§. 16—18.[32]) — — —

---

[30]) Wegen Prozeßvollmachten s. zum Tarif Anm. 79.

[31]) Vgl. S. 108 zu d) u. G. v. 9./5. 54. (G.S. S. 273) Art. 21. — Die Vorschrift gilt auch für die durch Rechtsanwälte in Prozessen vorzunehmenden Beglaubigungen (J. u. K. VI. 215). — Wegen der Vermerke in Wechselprotesten s. S. 407 Anm. 1.

[32]) Fallen weg; s. Anm. 24.

bb) Beim Prozeßstempel.

§. 19. Abs. 1—3 fallen weg.[33])

Die Entrichtung der Stempelabgaben in gerichtlichen Verhandlungen über Vormundschaftssachen kann so lange ausgesetzt bleiben, als es zweifelhaft ist, ob denselben nicht die Stempelfreiheit nach §. 3. Buchst. c., zustehen würde.

cc) Beim Wechselstempel.

§. 20.[34]) — — —

Strafen, wegen Nichtgebrauch des tarifmäßigen Stempels oder Verabsäumung der vorstehenden Vorschriften.

a) Im Allgemeinen.

§. 21. Ist das tarifmäßige Stempelpapier nach den Vorschriften des gegenwärtigen Gesetzes nicht gebraucht oder beigebracht worden; so ist dasselbe nicht allein sofort nachzubringen, sondern es tritt auch außerdem die ordentliche Stempelstrafe ein, welche in Entrichtung des vierfachen Betrages des nachzubringenden Stempels besteht.

Wo zwar ein Stempel, jedoch nur ein geringerer als der tarifmäßige, gebraucht oder beigebracht worden, da ist der fehlende Stempelbetrag zu ergänzen, und auch nur von diesem die Strafe des Vierfachen zu entrichten.

Beträgt aber das Vierfache des nachzubringenden Stempels weniger als einen Thaler, so wird die ordentliche Stempelstrafe, außer dem § 23 bestimmten Fall, dennoch zu einem Thaler festgesetzt und erhoben.

§. 22. Die Nachbringung des Stempels und Entrichtung der ordentlichen Stempelstrafe kann gegen jeden Inhaber oder Vorzeiger einer Verhandlung oder Urkunde verfolgt werden,[35]) welche mit dem gesetzlich dazu erforderlichen Stempel nicht versehen ist. Es behält derselbe jedoch seinen Regreß deshalb an den eigentlichen Kontravenienten.

Kann der Inhaber oder Vorzeiger jedoch nachweisen, daß er in den Besitz der Verhandlung oder Urkunde erst nach dem Tode des eigentlichen Kontravenienten gekommen; so kann die Stempelstrafe von ihm nicht eingezogen werden.

Der eigentliche Kontravenient ist bei einseitigen Verträgen, Verpflichtungen und Erklärungen, der Aussteller. Bei mehrseitigen Verträgen sind es alle Theilnehmer; und jeder derselben besonders ist in die ganze Stempelstrafe verfallen.

Ist der gesetzliche Stempel zu einer Verhandlung nicht gebraucht, welche vor Gericht oder vor einem Notar aufgenommen worden, so

[33]) s. Anm. 26.

[34]) Fällt weg. Der Wechselstempel ist anderweit geregelt durch die Reichsgesetze v. 10./6. 69. u. 4./6. 79.

[35]) Auch gegen den Rechtsanwalt Betreffs der auf ihn lautenden ungestempelten Vollmacht, nicht aber Betreffs sonstiger von ihm produzirter Schriften seines Mandanten. H. u. G. S. 295. Anm. 1a u. 1b.

trifft die ordentliche Stempelfrage denjenigen Richter oder Notar, welcher die Verhandlung unter seiner Unterschrift ausgefertigt hat.[36])

Das mit dem Stempel vom Werthe eines Kaufs, einer Pacht oder einer Miethe versehene Exemplar des Vertrages muß in den Händen des Käufers, Pächters oder Miethers seyn; um von diesem auf Erfordern, bei Käufen von Grundstücken und Grundgerechtigkeiten innerhalb der ersten drei Jahre, bei Käufen von anderen Gegenständen innerhalb des ersten Jahres, nach vollzogener Uebergabe, bei Pachten und Miethen aber während ihrer Dauer, darüber Auskunft erhalten zu können, ob der tarifmäßige Stempel gebraucht worden.

[Stempelpflichtige Quittungen müssen auf Erfordern innerhalb eines Jahres nach deren Empfang vorgezeigt werden können.][37])

b) Besonders.

aa) Bei Bittschriften.

§. 23.[38]) — — —

bb) Bei beglaubten Abschriften und unterlassener Bescheinigung des nachgebrachten Stempels.

§. 24. Ist, entgegen der Vorschrift §. 15.,[39]) auf beglaubigten Abschriften, Duplikaten und Ausfertigungen der Betrag des Stempels nicht bemerkt, der zu der Urschrift oder der ausgefertigten Verhandlung gebraucht worden; so ist diese Unterlassung mit einer Ordnungsstrafe von einem halben Thaler zu ahnden.[40]) Dieselbe Strafe trifft auch die §. 12. gedachten Behörden, und die Stempelvertheiler, wenn sie die daselbst vorgeschriebene Bescheinigung über die innerhalb der gesetzlichen Frist erfolgte Nachbringung des Stempels unterlassen haben.

cc) Bei Erbschaften.

§. 25.[41]) — — —

dd) Bei Wechseln.

§. 26.[42]) — — —

ee) Bei Spielkarten.

§. 27.[43]) — — —

ff) Bei Kalendern.

§. 28.[44]) — — —

gg) Bei Zeitungen.

§. 29.[44]) — — —

---

36) Vgl. K. O. v. 19./6. 34. Nr. 4 mit Anm. 7 (unten S. 618).

37) s. Anm. 23.

38) Fällt weg; der Stempel für Bittschriften ist beseitigt. G. v. 26./3. 73. § 2. Nr. 1.

39) Soll heißen: § 14.

40) Vgl. Anm. 31.

41) Siehe Anm. 24.

42) Siehe Anm. 34.

43) Fällt weg; der Spielkartenstempel ist anderweit geregelt durch G. v. 3./7. 78. (R. G. Bl. S. 133.)

44) §§ 28. 29 fallen weg. Der Stempel für Kalender und Zeitungen ist aufgehoben durch das Reichspreßgesetz v. 7./5. 74. § 30. Abs. 4.

Aufsicht über die Beobachtung des Stempelgesetzes.

a) Im Allgemeinen.

§. 30. Die Verwaltung des Stempelwesens wird unter Leitung Unsers Finanzministers von den Regierungen[45]) durch die Zoll- und Steuer- oder auch besonders dazu bestimmten Aemter geführt. Außerdem haben alle diejenigen Staats- oder Kommunalbehörden und Beamten, welchen eine richterliche oder Polizeigewalt anvertraut ist,[46]) die besondere Verpflichtung, auf Befolgung der Stempelgesetze zu halten und alle bei ihrer Amtsverwaltung zu ihrer Kenntniß kommende Stempelkontraventionen von Amtswegen zu rügen.

In so weit sie überhaupt befugt sind, Strafen zu erkennen, oder durch Resolute festzusetzen, sind sie auch verpflichtet, in solchen Fällen die vorstehend geordneten Stempelstrafen in Anwendung zu bringen und einzuziehen: sonst aber haben sie ihrer zunächst vorgesetzten, mit jener Befugniß versehenen Behörde von der bemerkten Kontravention ungesäumt Anzeige zu machen.[47])

Stempelstrafen gegen Staats- und Kommunalbehörden, wie auch gegen Beamte, sofern denselben eine Nichtbeachtung der Stempelgesetze bei ihrer Dienstverwaltung zur Last fällt, können jedoch nur von der ihnen vorgesetzten Behörde ausgehen.[48])

[Bei Kontraventionen aber, die den Stempel von Spielkarten oder Zeitungen betreffen, gehört die Untersuchung und Abfassung der Strafdekrete den Regierungen.][49])

b) Besonders.

aa) Wegen Vollziehung der Stempelstrafen.

§. 31. Gegen Stempelstrafresolute steht entweder der Weg des Rekurses[50]) oder [jedoch nur, wenn die gesetzliche Strafe Zehn Thaler

---

[45]) An die Stelle der Regierungen sind jetzt die Provinzial-Steuerdirektoren getreten. K. O. v. 31./12. 25. zu D. II. 4. (G. S. 1826 S. 5); A. E. v. 1./10. 75. (G. S. 1876 S. 167).

[46]) Vgl. S. 96 Anm. 3b. — Doch sollen die Notare Betreffs der ihnen produzirten Urkunden, einschließlich der Vollmachten in Generalversammlungen, vermerken, welcher Stempel verwendet ist. Allg. Verf. v. 20./2. 85 (J. M. Bl. S. 54).

[47]) Wegen der Rügepflicht der Gerichte s. A. G. z. G. V. G. § 106 u. Allg. Verf. v. 11./1. u. 7./4. 69. (J. M. Bl. S. 15. 78) u. v. 24./11. 84. (J. M. Bl. S. 268).

[48]) Innerhalb der Justizverwaltung vom Landgerichts-Präsidenten. G. v. 9./4. 79 (G. S. S. 345) § 28; und zwar auch gegen Notare, vgl. S. 19 zu III. u. S. 22 mit Anm. 39.

[49]) s. Anm. 43 u. 44.

[50]) Ueber den Rekurs gegen den Landgerichts-Präsidenten (Anm. 48) entscheidet der Justizminister. G. v. 9./4. 79. § 28. — Die Rekursfrist beträgt 10 Tage; die Einlegung des Rekurses geschieht beim Landgerichts-Präsidenten. G. v. 23./1. 38. (G. S. S. 78) § 46. K. O. v. 13./4. 33. (G. S. S. 33) zu Nr. 4.

und darüber beträgt],[51]) die Berufung auf richterliches Gehör und Entscheidung in eben der Art offen, wie dies wegen Strafresoluten in Zoll- und Verbrauchs-Steuersachen[52]) vorgeschrieben ist.

§. 32. Die Behörden, welche nach §. 30. Strafen wegen Stempelkontraventionen einzuziehen haben, sind verbunden, eine Stempelstrafliste zu führen, vierteljährig den Auszug aus derselben an die Regierung ihres Bezirks[53]) einzureichen, und auf dessen Grund die Ablieferung der eingegangenen Strafgelder eben dahin zu bewirken.

bb) Wegen Entdeckung der Kontraventionen.

aaa) Theils durch Denunzianten.

[§. 33. Denunzianten erhalten ein Drittheil von den festgesetzten Stempelstrafen.][54])

bbb) Theils durch Stempelfiskäle.

§. 34. Zur nähern Aufsicht über die gehörige Beobachtung des Stempelgesetzes sind Stempelfiskäle angestellt und mit besonderer Anweisung von dem Finanzministerium versehen.

Alle Behörden und Beamte sind gehalten, ihnen die Einsicht ihrer stempelpflichtigen Verhandlungen bei den vorzunehmenden Stempelvisitationen zu gestatten.[55])

Auch Privatpersonen[56]) können von den Stempelfiskälen aufgefordert werden, sich über die gehörige Beobachtung der Stempelgesetze auszuweisen, wenn erhebliche Gründe vorhanden sind, diese Beobachtung zu bezweifeln. Wider diejenigen, welche solcher Aufforderung nicht Folge leisten wollen, müssen die Stempelfiskäle den Beistand der Gerichte nachsuchen, welchen überlassen bleibt, zu prüfen, wie weit die bestehenden Verdachtsgründe die verlangte Nachweisung rechtfertigen, oder eine förmliche Untersuchung begründen.

---

[51]) Jetzt ohne Rücksicht auf die Höhe der Strafe. St. P. O. §§ 459. 460. Die Berufung steht auch dem Beamten im Falle des § 30. Abs. 3 zu. Die Frist beträgt, abweichend von der Rekursfrist (Anm. 50), nur eine Woche.

[52]) G. v. 23./1. 38. (G. S. S. 78) §§ 28 ff. St. P. O. §§ 459—463 mit E. G. § 6. Abs. 2. Nr. 3. — Wegen des Civilrechtsweges Betreffs der Stempelsteuer s. G. v. 24./5. 61. (G. S. S. 241) §§ 11—14.

[53]) s. Anm. 45.

[54]) Aufgehoben durch G. v. 28./12. 68. (G. S. S. 1057)

[55]) Vgl. oben S. 97 zu d). — Wegen des Verfahrens bei Stempelrevisionen von Notariatsakten und wegen Erledigung der Erinnerungen vgl. Allg. Verf. v. 18./5. 32. (J. M. Bl. 1846 S. 104) u. v. 16./9. u. 2./12. 79. (J. M. Bl. S. 366. 367. 464.) — Doch sollen die Notare sich zunächst mit dem Stempelfiskal zu einigen suchen. Min. Reskr. v. 20./11. 79. (H. u. G. S. 379 Anm. 14c) — Postsendungen an den Notar müssen portofrei ergehen (H. u. G. S. 52 Anm. 7c). — Wegen der Stempelrevisionen falls die Notariatsakten vom Gericht aufbewahrt werden s. Müller S. 82 zu 14b.

[56]) Wegen der Stempelrevisionen bei Aktiengesellschaften s. G. v. 25./5. 57. (G. S. S. 517.)

Vorschriften, die äußere Form und den Absatz des käuflichen Stempelpapiers betreffend.

§ 35. Jeder Stempelbogen[57]) trägt auf der ersten Seite oben den schwarz aufgedruckten Stempel, welcher das Adlerzeichen und die Angabe des dafür zu zahlenden Betrages enthält.

Unserm Finanzminister bleibt es überlassen, diesem wesentlichen Stempelzeichen noch besondere Nebenbezeichnungen beizufügen, wo Verwaltungszwecke ihn dazu bestimmen, Stempelpapier, was zu gewissem Gebrauche dient, unterscheidend zu bezeichnen. Kein anderes, als das dergestalt unterscheidend bezeichnete Stempelpapier, darf bei einer Ordnungsstrafe von Funfzehn Silbergroschen zu dem Gebrauche, welchen die Bezeichnung bestimmt, verwendet werden.

Ueberschriebene Pergamente oder gedruckte Formulare zu öffentlichen Verhandlungen oder Urkunden können auch auf Ansuchen von Privatpersonen, bei den zur Fabrikation des Stempelpapiers angeordneten Anstalten gestempelt werden.

Der niedrigste Stempelbogen kostet fünf Silbergroschen.

[Der Betrag der höheren Stempelbogen steigt von fünf zu fünf Silbergroschen bis zum ganzen Thaler; dann Thalerweise in einzelnen Thalern bis zu dem Betrage von zehn Thalern, und sodann von zehn zu zehn Thalern bis zum Betrage von Einhundert Thalern.][58])

§. 36. Der Verkauf dieses Stempelpapiers und der gestempelten Vollmachten, Paßformulare, [Gesinde-Entlassungsscheine und Spielkarten][59]) geschieht ausschließlich durch die Zoll- und Steuerämter und die damit besonders beauftragten Stempelvertheiler.

Etwa noch vorhandene Berechtigungen, in Folge deren Korporationen oder Instituten der Verkauf einiger Stempelgattungen oder der Ertrag davon ganz oder theilweise verliehen worden, sind hiermit aufgehoben.

§ 37. Der unbefugte Handel mit Stempelpapier, gestempelten Vollmachten, Paßformularen, [Gesinde-Entlassungsscheinen und Spielkarten][60]) wird an sich schon mit Konfiskation der Vorräthe und einer Geldstrafe von funfzig Thalern bestraft. Ueberdies bleibt die Untersuchung und Ahndung damit verbundener Verkürzungen des Staats-

[57]) Durch G. v. 2./9. 62. (G. S. S. 295) sind Stempelmarken eingeführt; wegen Verwendung derselben s. Allg. Verf. v. 27./2. 65. mit d. Bestimmungen des Fin. Min. v. 14./2. 65 (J. M. Bl. S. 47). — Danach können zu Gutachten, Inventarien, Mäklerattesten und Vollmachten die Stempelmarken auch durch Privatpersonen kassirt werden. (s. zu A der „Bestimmungen" §§ 2—4.) — Wegen Unzulässigkeit der Verwendung von zu Blanketts abgestempelten Marken für andere Zwecke vgl. J. u. K. II. 224. — Für Inventarien, Taxen, Vollmachten und letztwillige Dispositionen, welche ohne Stempel bei Gericht eingereicht werden, ist der Betrag des Stempels als Gerichtsgebühr zu liquidiren. G. v. 9./5. 54. (G. S. S. 273) Art. 21.

[58]) Der letzte Absatz ist aufgehoben. Die Stempelsorten bestimmt jetzt der Finanzminister. G. v. 28./2. 77. (G. S. S. 11.) Bek. v. 10./3. 77. (Min. Bl. f. d. innere Verwaltung S. 98. 99.)

[59]) Antiquirt, G. v. 26./3. 73. § 2. Nr. 8 u. oben Anm. 43.

[60]) s. Anm. 59.

einkommens und Unterschleife, den Umständen nach besonders vorbehalten.

§. 38. Stempelbogen, deren Betrag Einhundert Thaler[61]) übersteigt, werden blos von den Regierungen[62]) oder dem Haupt-Stempelmagazin zu Berlin ausgegeben. Sie sind unter dem schwarzen Stempel noch mit einem trockenen Stempel versehen, und es ist überdies der Betrag derselben schriftlich unter der Unterschrift der Regierung oder des Haupt-Stempelmagazins oben auf den Bogen anzugeben.

Ersatz. a) Für verdorbene Stempelmaterialien.

§. 39. Stempelmaterialien, welche vor dem Verbrauche durch Zufall oder Versehen verdorben worden sind, können der Regierung des Bezirks[63]) zum Ersatze liquidirt werden. Oeffentlichen Behörden steht dies für jeden Betrag zu; einzelnen Beamten und Privatpersonen aber nur, sofern der klar erwiesene Schaden einen Thaler und darüber beträgt.

b) oder irrthümlich geleistete Zahlungen für Stempelpapier.

§. 40. Bereits geleistete Bezahlung für verbrauchtes Stempelpapier kann nur zurückerstattet werden, in Fällen, wo die Zahlung entweder ohne alle Verpflichtung blos aus einem unvermeidlichen Versehen geschehen ist,[64]) oder wo dieselbe wegen Armuth der Zahlungspflichtigen erlassen werden muß.

Uebergangsverfügungen.

§§. 41—43.[65]) — — —

Urkundlich haben Wir dieses Gesetz Allerhöchsteigenhändig vollzogen und mit Unserm Königlichen Insiegel versehen lassen.

Gegeben Berlin, den 7ten März 1822.

(L. S.) Friedrich Wilhelm.

C. Fürst von Hardenberg. von Altenstein.

Beglaubigt: Friese.

Stempel-Tarif.

Allgemeine Vorschriften bei dem Gebrauche desselben.

1) Enthält eine schriftliche Verhandlung[1]) verschiedene stempel-

---

[61]) Jetzt 1000 Mk.; s. Anm. 58.

[62]) s. Anm. 45.

[63]) s. Anm. 45.

[64]) Wegen des Rechtsweges s. Anm. 52.

[65]) Dieselben sind nicht mehr von Interesse und werden deshalb nicht abgedruckt.

[1]) Die Stempelpflicht wird nur nach dem Inhalt der Urkunde beurtheilt. Die mangelnde Handlungsfähigkeit eines Kontrahenten, die Notwendigkeit der Genehmigung eines Dritten, auch des Vormundschaftsgerichts, befreien nur, wenn der Mangel in der Urkunde ersichtlich gemacht ist. J. u. K. III. 213. R.G.U. 9./2. 81 (Rechtsprechung d. R.G. III. 24). Siehe auch S. 597 Anm. 28. — Wegen bedingter Verträge s. R.G.U. v. 10./11. 84 (E. XII. 301.) Wegen Abrede einer Wandelpön R.G.U. v. 15./11. 80. (J.M.Bl. 81 S. 123).

pflichtige Gegenstände oder Geschäfte;[2]) so ist der Betrag des Stempels für jeden dieser Gegenstände und jedes dieser Geschäfte nach den darauf Anwendung habenden Vorschriften besonders zu berechnen, und die Verhandlung mit der Summe aller dieser Stempelbeträge zusammengenommen zu belegen, in sofern der nachstehende Tarif nicht ausdrücklich Befreiungen für besondere Fälle dieser Art enthält.

2) Wenn der Stempel tarifmäßig in einem Prozentsatze zu entrichten ist: so wird der Betrag desselben blos nach dem Werthe des Gegenstandes, gemäß §§. 4. bis 11. des Gesetzes berechnet. Da indessen nach §. 35. der niedrigste Stempelbogen Fünf Silbergroschen kostet: so muß ein solcher Stempelbogen wenigstens zu jeder stempelpflichtigen Verhandlung genommen werden, wenn auch der vorgedachtermaßen berechnete Betrag des Stempels geringer ausfällt. Desgleichen steigt der Betrag der höheren Stempel von fünf zu fünf Silbergroschen; weil das käufliche Stempelpapier nur nach diesen Abstufungen steigt. Es wird daher,

wenn der berechnete Betrag des Stempels Fünf Silbergroschen übersteigt, aber nicht über Zehn Silbergroschen hinausgeht, ein Stempelbogen von . . . . Zehn Silbergroschen;

wenn der berechnete Betrag des Stempels Zehn Silbergroschen übersteigt, aber nicht über Funfzehn Silbergroschen hinausgeht, ein Stempelbogen von . . . . . . Funfzehn Silbergroschen;

wenn der berechnete Betrag des Stempels Funfzehn Silbergroschen übersteigt, aber nicht über Zwanzig Silbergroschen hinausgeht, ein Stempelbogen von . . . . Zwanzig Silbergroschen

und so weiter, zu jeder Summe aufsteigend, für Alles, was den Satz des käuflichen Stempelpapiers übersteigt, der zunächst um Fünf Silbergroschen höhere Betrag an Stempelpapier genommen.

	Thlr.	Sgr.
Abschiede,[3]) — — —		
Abschriften, beglaubigte[4])	—	15
Ist jedoch zu der stempelpflichtigen Verhandlung selbst nur ein geringerer Stempel nöthig gewesen, so bedarf es dessen auch nur zu der beglaubigten Abschrift.		

[2]) Vgl. zu Muster 89 Anm. 2 (S. 306) u. R. G. U. v. 18./3. 86 (J. M. Bl. S. 285). Auch die Schiedsvertragsabrede (s. Muster 131 § 6 S. 358.) soll besonders stempelpflichtig sein. R. G. U. v. 29./9. 85. (E. XIV. 285.) desgl. die Wiederkaufsabrede. R. G. U. v. 20./4. 80 (E. i. Straff. I. 419).

[3]) Jetzt sämmtlich frei. G. v. 26./3. 73. § 2. Nr. 8.

[4]) Nur wenn das Original stempelpflichtig ist. H. u. G. S. 444. Anm. 2. Wegen der Hypotheken- und Grundschuldbriefe, sowie wegen Beglaubigung mehrerer Abschriften in einem Vermerke s. S. 246 Anm. 4. — Beglaubigte Abschriften als Aktenexemplare sind, wenn von Notaren angefertigt, stempelpflichtig. H. u. G. S. 445 Anm. 4a. — Die Beglaubigung Zwecks Zustellung im

	Thlr.	Sgr.
Adjudicationsbescheide, wie Kaufverträge, s. diese.		
Adoptionsverträge	2	—
Afterpacht- oder Mieths-Verträge, s. **Pachtverträge.**		
Aktien.[5]) — — —		
Antichretische Verträge, wie **Pachtverträge,**[6]) s. diese.		
Appellations-Erkenntniß, s. **Erkenntniß.**		
Assekuranz-Policen. Ein halbes Prozent der gezahlten Prämie. In allen Fällen, wo die gezahlte Prämie Einhundert Thaler nicht übersteigt	—	15
Da hiernach die Prämie bei Assekuranz-Policen als Gegenstand der Verhandlung angesehen wird, so sind diese Policen nach §. 3. Buchst. a. des Gesetzes stempelfrei, wenn der Betrag der Prämie Funfzig Thaler nicht erreicht.		
Assignationen, kaufmännische[7]) — — —		
Atteste, amtliche, in Privatsachen[8])	—	15
„ der Mäkler, s. **Mäkleratteste.**		
Zeugnisse, welche, von wem es auch sey, nur allein zu dem Zwecke ausgestellt werden, um auf den Grund derselben ein amtliches Attest ausfertigen zu lassen, sind keineswegs stempelpflichtig.		
Alle amtliche Atteste, welche nur deshalb ausgefertigt werden, damit der Inhaber seine Berechtigung zum Genusse von Wohlthaten, Stiftungen und andern Dispositionen für Dürftige dadurch nachweisen könne, sind stempelfrei.		
Alle Atteste, welche die Pfarrer von Amtswegen in Bezug auf kirchliche Handlungen ertheilen, [mit alleiniger Ausnahme der Geburts-, oder Tauf-, Trauungs- und Todten-oder Beerdigungs-Scheine][9])bedürfen keines Stempels.		
Diejenigen Atteste, welche bei öffentlichen Kassen als Rechnungsbelag wegen Zahlung der Wartegelder und Pensionen von den Empfängern eingereicht werden müssen, sind stempelfrei.		
Auktionsprotokolle.[10]) Ein Drittheil Prozent des reinen Ertrages der Lösung.		
Der behörige Stempelbogen muß binnen drei Tagen nach dem Schlusse der Auktion dem Protokolle beigefügt, dazu kassirt, und daß solches geschehen, auf dem Protokolle selbst vermerkt werden.		

Prozesse ist stempelfrei. J.-M.-R. v. 19./6. 84. (H. u. G. S. 447. Anm. 10a, Müller S. 88 zu e). — Wegen Vermerks des zum Original verwendeten Stempels s. § 14 des Ges. mit Anm. 31 (S. 598).

[5]) Fällt weg. s. jetzt Reichsstempelgesetze v. 1./7. 81 u. 29./5. 85.

[6]) Geschieht die Antichrese ohne Rechnungslegung, so müssen die landesüblichen Zinsen und, falls auch das Kapital aus den Nutzungen getilgt werden soll, auch dieses zu Grunde gelegt werden.

[7]) Fällt weg; s. jetzt Wechselstempelgesetz v. 10./6. 69. § 24.

[8]) Siehe hierzu G. v. 26/3. 73. § 2. Nr. 12 und ferner die Position: „Rekognitionsprotokolle". — Die Vollstreckungsklauseln der Notare sind stempelfrei. H. u. G. S. 480 Anm. 41.

[9]) Diese Atteste sind jetzt gleichfalls stempelfrei. G. v. 26./3. 73. § 2. Nr. 12. Ein ferneres Verzeichniß der stempelfreien Atteste s. b. H. u. G. S. 480. Anm. 42.

[10]) Nur amtliche Protokolle. nicht Privatauktionen. H. u. G. S. 178. Anm. 2; wegen der Auktionsprotokolle städtischer Pfandleih-Anstalten s. o. S. 593 Anm. 11.

	Thlr.	Sgr.
Ausfertigungen, amtliche, in sofern sie in gegenwärtigem Tarif nicht besonders taxirt worden,[11]) nach dem Ermessen der Behörden	—	15
oder auch nur	—	5
Der Stempel von Funfzehn Silbergroschen ist für Ausfertigungen in der Regel zu gebrauchen. Der niedrigere Stempel findet nur statt, wo die Verhältnisse des Empfängers oder die Geringfügigkeit eines nicht nach Gelde zu schätzenden Gegenstandes die Ausnahme besonders begründen.		
Bloße Benachrichtigungen der Behörden an die Bittsteller, wodurch ihnen nur vorläufig bekannt gemacht wird, daß ihr Gesuch eingegangen sey, und sie darauf Bescheid zu gewärtigen haben, sind ohne Stempel zu erlassen.		
[Bescheide derjenigen Staats- und Kommunal-Behörden und Beamten, welchen eine richterliche oder polizeiliche Gewalt, oder die Verwaltung allgemeiner Abgaben anvertraut ist, auf in ihrer amtlichen Eigenschaft an sie gerichtete Gesuche, Anfragen und Anträge in Privatangelegenheiten, sind dagegen in der Regel für stempelpflichtige Ausfertigungen zu achten, wenn sie eine Entscheidung oder Belehrung in der Sache selbst enthalten, welche dem Bittsteller darauf zugefertigt wird; sie mögen nun in Form eines Antwortschreibens, einer Verfügung, einer Dekretsabschrift, oder eines auf die zurückgehende Bittschrift selbst gesetzten Dekrets, erlassen werden.		
In wie weit besondere Gründe eine Ausnahme von dieser Regel rechtfertigen, und eine stempelfreie Bescheidung auch in den vorgedachten Fällen veranlassen können, bleibt dem billigen Ermessen der Behörden anheimgestellt.][12])		
Ausfuhr-Pässe, s. **Pässe.**		
Auszüge, aus den Akten, öffentlichen Verhandlungen, amtlich geführten Büchern, Registern und Rechnungen, wenn sie für Privatpersonen auf ihr Ansuchen ausgefertigt werden .	—	15
Beilbriefe	—	15
Berichte, welche von gerichtlichen und Verwaltungsbehörden an ihre Vorgesetzte erstattet werden, sind auch dann, wenn sie Privatangelegenheiten betreffen, von Stempelgebühren . .	frei	—
Bescheide, schriftliche, wie **Ausfertigungen,** s. diese.[13])		
Beschwerdeschriften, s. **Gesuche.**		
Bestallungen, besoldeter Beamten	—	15
„ unbesoldeter Beamten[14])	frei	—
Bestätigungen, sofern für besondere Gattungen derselben nicht ein besonderer Tarifsatz stattfindet, wie **Ausfertigungen,** s. diese.[15])		

---

[11]) s. Anm. 8. und die Positionen „Protokolle", „Notariatsinstrumente". — Nach mehreren Ministerialreskripten (s. H. u. G. S. 443 Anm. 74) soll es statthaft sein, Akte, die über mehrere Rechtsgeschäfte lauten, extraktiv für jedes einzelne Geschäft auszufertigen, um, falls das Letztere 150 Mk. nicht erreicht, die Stempelfreiheit der Ausfertigung zu erzielen. Siehe indessen zu § 16 Not.-Ges. Anm. 3 a. E. (S. 91).

[12]) Bescheide sind jetzt durchweg frei. G. v. 26./3. 73. § 2 Nr. 2.

[13]) s. Anm. 12.

[14]) Bestallungen der Notare s. S. 20 Anm. 27.

[15]) Nicht aber Genehmigungen des Vormundschaftsgerichts. Dieselben sind frei. A. G. z. G. K. G. § 11.

	Thlr.	Sgr.
Bittschriften, s. **Gesuche.**		
Bürgerbriefe	—	15
Cautions-Instrumente . . . . Alle andere Verhandlungen über Dienst-Cautionen, wobei ein öffentliches Interesse besteht, sind stempelfrei.	—	15[16])
Cessions-Instrumente [17]) . . . . Die Cessionen öffentlicher Papiere [18]) sind stempelfrei.	—	15
Charte-Partien, wenn sie bei einem Handelsgerichte oder einer andern gerichtlichen, Polizei- oder Kommunal-Behörde ausgefertigt werden,[19]) wie **Ausfertigungen,** s. diese.		
Codicille[19a])	—	15
Concessionen, wie **Ausfertigungen,** s. diese.		
Concurs- und Liquidations-Prozesse. [20]) — — —		
Contrakte, s. Verträge.		
Copulationsscheine,[21]) Trauungsscheine, wie amtliche Atteste, s. Atteste.		
Dechargen [22]) — — —	—	[15]
Dekrete, wenn sie statt Ausfertigungen dienen, wie diese, s. **Ausfertigungen.** [23])		
Deposital-Extrakte oder Depositenscheine, wenn sie die Stelle von Quittungen vertreten, wie diese, s. **Quittungen.**		
sonst	frei	—
Dienst-Entlassungen der Beamten, s. **Abschiede.**		
" des Gesindes, s. **Gesinde-Entlassungsscheine.**		
Dispositionen, von Todeswegen,[23a]) wie **Testamente,** s. diese.		
Donationen oder Schenkungen, wie **Erbschaften,** s. diese. [24])		

[16]) Zum Theil ermäßigt durch G. v. 26./3. 73 § 1 Nr. 2.

[17]) Auch der bloße Antrag auf Umschreibung einer Hypothek, wenn er die alleinige Grundlage der Umschreibung bildet. J. u. K. IV. 232. — Wird zugleich die Valutenzahlung versprochen, so wird nicht noch außerdem der Stempel für Schuldverschreibung erhoben. R. G. U. v. 21./11. 81. (R. u. K. 26. S. 1057). Fernere Urtheile des R. G.: Aktienindossamente: U. v. 2./11. 85, 4./1. 86. (J. M. Bl. 86. S. 106. 253), v. 11./1. 86 (ebda. S. 257. R. u. K. 30 S. 997) u. v. 18./1. 86 (E. XV. 230). — Kauf oder Cession: U. v. 12./11. 84. (E. XII. 268; Uebertragung von Forderungsrechten), v. 19./10. 83. u. 18./1. 86 (J. M. Bl. 84. S. 40; 86. S. 261; Uebertragung der Ansprüche aus Kaufverträgen und des Auflassungsanspruchs) u. v. 11./10. 86 (J. M. Bl. 87. S. 53; Patentübertragung). — Wegen Cession eines bloßen Pfandrechts s. J. u. K. II. 220; wegen Cession des Miethsrechtes ebenda VI. 199. — Die Cession mehrerer Forderungen von demselben Cedenten an denselben Cessionar in einem Akte ist nur einmal zu verstempeln (J. u. K. III. 195).

[18]) Dazu gehören Reichsbankantheilsscheine. R. G. U. v. 18./1. 86 (E. XV. 230) u. v. 29./4. 86 (J. M. Bl. S. 197. R. u. K. 30 S. 1000).

[19]) Private Chartepartien sollen dem allgemeinen Vertragsstempel unterliegen. R. G. U. v. 2./7. 85 (E. XIV. 256).

[19a]) Wegen Liquidirung des Stempels als Gerichtsgebühr s. o. S. 603. Anm. 57. a. E.

[20]) Fällt weg. G. K. G. § 2.

[21]) Jetzt frei. s. Anm. 9.

[22]) Jetzt frei. G. v. 26./3. 73. § 2 Nr. 5.

[23]) Jetzt frei. G. v. 26./3. 73. § 2 Nr. 2.

[23a]) Die privatschriftlichen Anordnungen wegen des Anerbenrechts sind frei; s. die Citate S. 41. Anm. 71.

[24]) Aufgehoben durch das Erbschaftssteuergesetz v. 30./5. 73. (§ 49), welches den Stempel hierfür anderweit regelt.

	Thlr.	Sgr.
Duplikate, von stempelpflichtigen Verhandlungen, wie beglaubigte Abschriften, s. **Abschriften.**		
Ehescheidungs-Erkenntnisse,[25]) — — —		
Eheversprechen, schriftliche	—	15
Eheverträge	[2][26])	—
Eingaben, s. **Gesuche.**		
Emancipations-Urkunden, wie **Ausfertigungen,** s. diese.		
Endossement,[27]) s. **Wechsel.**		
Engagements-Protokolle, wenn sie die Stelle von Verträgen vertreten, wie diese, s. **Verträge.**		
Einfuhr-Pässe, s. **Pässe.**		
Erbfolge-Verträge	[2][28])	—
Erbpachts-Verträge. Eins vom Hundert des Werths des dadurch vererbpachteten Gegenstandes (§. 5. Buchst. c. und d. des Gesetzes).		
Erbrezesse oder **Erbtheilungsrezesse,**		
wenn dadurch die Vertheilung einer stempelfreien Erbschaft ausgesprochen wird:		
falls die dadurch zu vertheilende Masse Eintausend Thaler und darüber beträgt	2	—
falls gedachte Masse den Werth von Eintausend Thalern nicht erreicht, wie **Ausfertigungen,** s. diese;		
wenn dadurch eine stempelpflichtige Erbschaft vertheilt wird	frei	—
Erbschaften,[29]) — — —		
Erbzinsverträge, wie **Erbpachtsverträge,** s. diese.		
Erkenntnisse und **Urtheilssprüche** der Gerichte.[30]) — — —		
Examinations-Protokolle.	frei	—
Exekutions-Gesuche, s. Gesuche.		
Extrakte, s. **Auszüge.**		
Fideikommiß-Anfälle, s. **Erbschaften.**[31])		
Fideikommiß-Stiftungen, Bestätigung derselben.[32])		
Drei vom Hundert des jedesmaligen Werths des Gegenstandes, welcher durch die Stiftung zum Fideikommiß bestimmt worden.		
Freigeleits-Briefe, wie **Ausfertigungen,** s. diese.		
Freipässe, s. **Pässe.**		
Geburtsscheine, wie amtliche Atteste, s. **Atteste.**[33])		
Gesinde-Entlassungsscheine, für alles Gesinde ohne Unterschied[34])	—	[5]
Gesuche, Beschwerdeschriften, Bittschriften, Eingaben[35]), — — —		

[25]) Antiquirt. K.O. v. 16./5. 28. (G.S. S. 71); G.K.G. § 2.

[26]) Jetzt nur 1,50 Mk. G. v. 26./3. 73. § 1 Nr. 1.

[27]) S. Anm. 17 (Aktienindossament).

[28]) Jetzt nur 1,50 Mk. G. v. 26./3. 73. § 1 Nr. 1.

[29]) Aufgehoben; s. Anm. 24.

[30]) s. o. S. 597 Anm. 26. Für das Verfahren vor Schiedsrichtern ist die Position allerdings noch ferner maßgebend.

[31]) Aufgehoben; s. Anm. 24.

[32]) Dazu K.O. v. 18./7. 45 (G.S. S. 506); Erbschaftssteuergesetz v. 30./5. 73. §§ 2. 3. Wegen des Begriffes s. R.G.U. v. 12./1. 80. (R. u. K. 24. S. 1081) wegen Zuschlagung von Zinsen zum Kapital R.G.U. v. 10./10. 81. (J.M.Bl. S. 337).

[33]) Jetzt frei; s. Anm. 9.

[34]) Jetzt frei. G. v. 21./2. 72 (G.S. S. 160) § 3.

[35]) Jetzt frei. G. v. 26./3. 73. § 2 Nr. 1.

	Thlr.	Sgr.
Giro, s. **Wechsel.**		
Gütergemeinschafts-Verträge, unter Eheleuten, s. **Eheverträge.**		
Gutachten der Sachverständigen, wenn sie bei stempelpflichtigen Verhandlungen gebraucht werden[36])	—	15
Handelsbillets, wie gezogene Wechsel, s. **Wechsel.**		
Heiraths-Konsense, für Beamte	frei	—
Hypothekenscheine	—	15
Indossement, s. **Wechsel.**[37])		
Ingrossations-Verfügungen, an die Hypotheken-Buchführer . .	frei	—
Inventarien, welche zum Gebrauche bei stempelpflichtigen Verhandlungen dienen.[38])	—	15
Werden dieselben jedoch blos deshalb aufgenommen, um den Betrag einer Stempelabgabe auszumitteln; so ist die §. 3. Buchst. e. des Gesetzes ausgesprochene Befreiung auf sie anzuwenden.		
Kalender,[39]) — — —		
Kaufverträge[40]) über inländische Grundstücke und Grundgerechtigkeiten,[41]) **Eins vom Hundert** des nach §. 4. und 5. des Gesetzes berechneten Kaufwerths.		
— über außerhalb Landes belegene Grundstücke und Grundgerechtigkeiten	—	15
— über alle andere Gegenstände ohne Unterschied,[42]) sofern über den Kauf derselben ein besonderer schriftlicher Vertrag abgeschlossen wird, **Ein Drittheil Prozent** des vertragsmäßigen Kaufpreises.		
Kriegsrechtliche Erkenntnisse, s. **Erkenntnisse** Buchstabe A. g.		

[36]) s. S. 603 Anm. 57.

[37]) s. auch Anm. 17 (Aktienindossamente).

[38]) s. S. 603. Anm. 57. — Begriff s. R. G. U. v. 20./4. 80. (E. in Strafs. I. 419). — Wegen der zu den Nachlaßakten eingereichten Inventarien s. J. M. R. v. 3./12. 53 u. 8./6. 65. (J. M. Bl. 53. S. 434; 65 S. 131).

[39]) Aufgehoben; s. S. 600. Anm. 44.

[40]) Urtheile d. R. G.: *Qualifizierung nicht baarer Einlagen b. Gesellschaftsverträgen*: U. v. 8./7. 80 (E. II. 303). v. 21./9. 83, 31./1. 84, 19./11. 85. (J. M. Bl. 84 S. 5. 67; 86 S. 59;) v. 18/3 86 (R. u. K. 30 S. 901.) — *Theilung von Societätsvermögen*: U. v. 19./9. 81 (J. M. Bl. S. 109), v. 28./1. 86 (R. u. K. 30 S. 998); v. 26./5. 84 (J. M. Bl. 85 S. 145). — *Ausscheiden und Abfindung e. Socius*: U. v. 31./5. 82 (R. u. K. 27 S. 851). — *Kauf mit Bezahlung durch Aktien*: U. v. 18./10. 80 (R. u. K. 25 S. 1060). — *Bedingter Kauf* s. Anm. 1. — *Kauf oder Cession?* s. Anm. 17. — *Kauf* in der Erbthlg. s. o. S. 597. Anm. 25. — Angaben an Zahlungsstatt unterliegen dem Kaufstempel. K. O. v. 13./11. 28. (G. S. 29. S. 21.)

[41]) Bei Veräußerung des Antheils an einer Handelsgesellschaft ist der Immobiliarstempel nicht zu erheben, auch wenn zur Societät Grundstücke gehören, weil letztere nicht den Gegenstand der Veräußerung bilden. R. G. U. v. 24./9. 83 (R. u. K. 28 S. 249). Dies wird man auch auf Erbschaftskäufe anzuwenden haben gegen die bisherige, entgegengesetzte Annahme. Min. Reskr. v. 22./1. 42 u. 10./9. 66 (J. M. Bl. 42 S. 52; 66. S. 262); Erk. d. Ob. Tr. v. 19./12. 64. (E. 52 S. 379; Strieth. 55 S. 342).

[42]) s. Anm. 41 u. 48 und S. 595 Anm. 18.

	Thlr.	Sgr.
Kundschaften, welche von Zünften und Gewerbs-Korporationen den Gesellen und Gehülfen ertheilt werden[43]	—	[15]
Legalisation von Urkunden, sofern sie nicht auf der Urkunde selbst Statt findet	—	15
sonst	frei	—
Legate, s. **Erbschaften.**[44])		
Legitimationskarten, statt Pässe, wie Reisepässe, s. **Pässe.**		
Lehnsanfälle, s. **Erbschaften.**[45])		
Lehnbriefe, wie **Ausfertigungen**, s. diese.		
Lehrbriefe,[46]) — — —		
Leibrenten-Verträge,[47]) wodurch Leibrenten erkauft, oder sonst gegen Uebernahme von Leistungen oder Verpflichtungen erworben werden, **Eins vom Hundert** des nach §. 4. Buchst. d. zu berechnenden Kapitalwerths der Leibrente.		
Leichenpässe, s. **Pässe**		
Lieferungs-Verträge, wie **Kaufverträge**, s. diese[48])		
Diejenigen, welche Lieferungen von Bedürfnissen der Regierung oder öffentlicher Anstalten übernehmen, sind verpflichtet, den vollen Stempelbetrag ausschließlich zu entrichten.		
Löschungs-Verfügungen an den Hypotheken-Buchführer . . .	frei	—
Losssprechungs-Erkenntnisse, s. **Erkenntnisse.**		
Mäkler-Atteste, welche vereidete Mäkler auf den Grund ihrer Bücher den Interessenten zu ihrer Nachricht ertheilen, bedürfen keines Stempels, sofern davon kein Gebrauch vor einer gerichtlichen oder polizeilichen Behörde gemacht wird. Wo dagegen ein solcher Gebrauch Statt findet, ist dazu ein Stempel von	—	15
anzuwenden.[49])		
Es ist gestattet, diesen auch nachträglich zu dem Mäkler-Atteste beizubringen, wenn dasselbe ursprünglich ohne Rücksicht auf solchen Gebrauch, mithin ohne Stempel, ausgestellt worden.[50])		
Majorennitäts-Erklärungen.[51])	2	—
Miethsverträge, s. **Pachtverträge.**		
Mortifikationsscheine	—	15
Münz- und Probirscheine über Gold- und Silber, welches zur Verarbeitung in der Königlichen Münze von Privatpersonen eingeliefert worden	frei	—
Muthscheine, sowohl wenn dadurch die erfolgte Muthung eines Lehns bekundet wird, als auch, wenn dieselben zum Beweise der eingelegten Muthung auf einen Bergbau dienen	—	15

[43]) Jetzt frei. G. v. 26./3. 73 § 3 Nr. 10.

[44]) s. Anm. 24.

[45]) s. Anm. 24.

[46]) Jetzt frei. G. v. 26./3. 73 § 3 Nr. 11.

[47]) Begriff: J. u. K. III. 215 (B. v. 13/3. 82 u. J. M. R. v. 18/10. 82).

[48]) Siehe hierzu Reichsstempelgesetz §§ 6 ff. u. (Preußisches) Ges. betr. die Stempelsteuer f. Kauf- und Lieferungsverträge im kaufmännischen Verkehr und für Werkverdingungsverträge v. 6./6. 84. (G. S. S. 279); Allg. Verf. v. 1./2. 82, 12./9. und 17./12. 83 und 11./7. 84 (J. M. Bl. 82, S. 22; 83 S. 301. 361; 84 S. 163). — Auch der elektrische Strom kann Gegenstand eines Lieferungsvertrages sein. R. G. U. v. 10./3. 87. (E. XVII. S. 269).

[49]) s. aber G. K. G. § 2 Abs. 2.

[50]) s. S. 603 Anm. 57 und zu Position „Schlußzettel".

[51]) Wegen bevormundeter Minderjährigen s. J. u. K. II. 183.

	Thlr.	Sgr.
Neben-Exemplare von Verträgen, wie beglaubigte Abschriften, s. **Abschriften.**		
Notariats-Atteste, wie amtliche Atteste, s. **Atteste.**		
Notariats-Instrumente, sofern nach deren Inhalt ein höherer Stempel nicht eintritt[52])	—	15
Die denselben nach der Allg. Gerichts-Ordnung Th. III. Tit. 7. §. 56.[53]) unmittelbar beigefügten Registraturen und Atteste sind als ein Theil der Instrumente selbst anzusehen, und bedürfen, daher keines besonderen Stempels.		
Noten der Kaufleute über abgemachte Wechsel- und Geldgeschäfte, welche nur als Belag über die gezahlte Valuta dienen, bedürfen keines Stempels.[54])		
Nutzungsanschläge, s. **Taxen.**		
Obligationen, s. **Schuldverschreibungen.**		
Offizier-Patente, wie **Bestallungen,** s. diese.		
Pacht- und Miethsverträge,[55]) von dem ganzen Betrage der durch dieselben bestimmten Pacht oder Miethe, nach §. 4. und 6. des Gesetzes berechnet, ein **Drittheil Prozent.**		
Wenn dieselben über ein im Auslande belegenes Grundstück geschlossen werden, ist nur ein Stempel von . . . dazu erforderlich.	—	15
Verträge über Afterpacht oder Aftermiethe werden wie Pacht- und Miethsverträge überhaupt besteuert.		
Pässe zu Reisen, in der Regel	—	15
für Handwerksburschen, Dienstboten, Tagelöhner und andere Personen, ähnlich geringen Standes, jedoch nur	—	5
für Staats- und Kommunal-Beamte in Dienstgeschäften .	frei	—
„ **zum Waarentransport,** nämlich Pässe, wodurch bei Waarentransporten die Befreiung von gewissen Abgaben oder Förmlichkeiten gestattet, oder durch welche die Ausfuhr oder Einfuhr gewisser Artikel unter besonderen Verhältnissen kontrollirt wird, in der Regel	—	15
Freipässe auf. Fürstengut, welche auf Ansuchen auswärtiger Regierungen ertheilt werden, sind jedoch	frei	—
„ **zum Transport von Leichen,** wegen deren Beerdigung außer dem Kirchsprengel, worin der Todesfall sich ereignet hat	2	—
Pfandbriefe, s. **Schuldverschreibungen.**		
Policen, s. **Assekuranz-Policen.**		
Prolongationen[55a]) von Pacht- und Miethsverträgen, wie neue Verträge dieser Art für die Dauer der Prolongation (§. 6. des Gesetzes), s. **Pachtverträge.**		

---

[52]) Auch dann, wenn der Inhalt sonst stempelfrei ist, wie Cessionen öffentlicher Papiere und Quittungen oder wenn in einem Spezialgesetz nur die *gerichtliche* Aufnahme für stempelfrei erklärt ist, wie in Sachen des Handelsregisters (§ 8 d. V. v. 27./1 62; G. S. S. 33), oder wenn blos ein früherer Notariatsakt berichtigt wird; nicht aber, wenn für gewisse Gegenstände die Befreiung von jedem Stempel bewilligt ist, vgl. z. B. Stempelgesetz § 3 zu a mit Anm. 3 (oben S. 592). — Siehe im Uebrigen auch „Atteste", "Ausfertigungen", „Proteste", „Protokolle" „Rekognitionsprotokolle".

[53]) Jetzt Not. Ges. § 14; s. auch Anm. 8 (Vollstreckungsklauseln).

[54]) Vgl. Reichsstempelgesetz §§ 10 ff.

[55]) Pacht oder Verwaltung? s. R. G. U. v. 2./12. 80 (J. M. Bl. 81 S. 277). — Einräumung von Straßen zu Pferdebahnen s. R. G. U. v. 7./7. 84 (J. M. Bl. 85 S. 209; R. u. K. 29 S. 689).

[55a]) Vgl. Stempelgesetz § 6 zu d u. e mit Anm. 20 (oben S. 596).

	Thlr.	Sgr.
Proteste	—	15
Protokolle,[56]) welche in Privat=Angelegenheiten vor einem Notario oder einem mit richterlichen oder polizeilichen Verrichtungen, oder mit Verwaltung öffentlicher allgemeiner Abgaben beauftragten Staats= oder Kommunal=Beamten, oder einer dergleichen Behörde aufgenommen werden:		
a) wenn sie die Stelle einer Beschwerdeschrift, Bittschrift, Eingabe oder eines Gesuchs vertreten	—	5
b) wenn diejenigen Personen, mit welchen es aufgenommen wird, auf Erfordern eine Auskunft geben, oder eine Aussage als Zeugen ablegen, oder eine Verbindlichkeit zu einer Leistung oder Unterlassung dadurch übernehmen, in sofern der hiernächst unter c. bezeichnete Fall dabei nicht vorkommt	—	15
c) wenn das Protokoll die Stelle einer im gegenwärtigen Tarife höher besteuerten Verhandlung, z. B. einer Quittung u. s. w. vertritt, wie diese.		
Prozeß.[57]) — — —		
Punktationen sind wie Verträge über denselben Gegenstand zu besteuern, wenn sie deren Stelle vertreten.[58]) S. **Verträge.**		
Purifikations=Resolutionen.[59]) — — —		
Quittungen über geleistete Zahlungen.[60]) — — —		
Rechnungen bedürfen an sich keines Stempels: [wird jedoch zur Decharge ein Stempelbogen erfordert; so muß derselbe zum Titelblatte des Haupt=Exemplars der Rechnung verwendet werden. Quittirte Rechnungen sind in sofern wie Quittungen zu besteuern, als sie die Stelle stempelpflichtiger Quittungen vertreten.][61])		
Recognitionsprotokolle, wenn sie die Stelle der Atteste vertreten[62])	—	15
wenn auf deren Grund Recognitions=Atteste ausgefertigt werden	frei	—
Reisepässe, s. **Pässe.**		
Requisitionen, wie **Ausfertigungen,** s. diese.[63])		
Resolute, (s. Erkenntnisse Buchst. A. f.)		
Resolutionen, schriftliche, wie **Ausfertigungen,** s. diese.		
Salvus Conductus, s. **Freigeleitsbrief.**		
Scheidebriefe der Rabbiner, wie Ehescheidungserkenntnisse, s. **Erkenntnisse,** Buchst. A. b.		

[56]) Vgl. G. v. 26./3. 73 § 2 Nr. 3; s. auch „Ausfertigungen", „Notariatsinstrumente", „Rekognitionsprotokolle".

[57]) s. S. 597 Anm. 26.

[58]) s. K. O. v. 19./6. 34. unten S. 616.

[59]) s. S. 597 Anm. 26.

[60]) Jetzt frei. G. v. 26./3. 73. § 2 Nr. 7.

[61]) Antiquirt wegen Stempelfreiheit der Dechargen und Quittungen. G. v. 26/3. 73 § 2 Nr. 4 u. 5.

[62]) Auch die ohne Protokollaufnahme erfolgenden gerichtlichen und notariellen Unterschriftsbeglaubigungen unterliegen dem Stempel von 1,50 Mk. als „Atteste" bez. „Notariatsinstrumente", sofern ihnen nicht speziell die Stempelfreiheit bewilligt ist. s. G. v. 26./3. 73 § 2 Nr. 6 mit Anm. 1 u. 2; H. O. § 35 Abs. 2.

[63]) Jetzt frei. G. v. 26./3. 73 § 2 Nr. 4.

	Thlr.	Sgr.
Schenkungen, wie **Erbschaften**, s. diese.[64])		
Schlußzettel der Mäkler, wie **Mäkler-Atteste**, s. diese.[65])		
Schuldverschreibungen, hypothekarische, Pfandbriefe, und persönliche jeder Art.[66]) **Ein Zwölftheil Prozent** des Kapitalbetrages, auf welchen die Verschreibung lautet.		
Sequestrationsverhandlungen sind in soweit durchaus stempelfrei, als sie die Bewirthschaftung des sequestrirten Gegenstandes und die Einziehung der davon aufkommenden Einkünfte betreffen.		
Spielkarten.[67]) — — —		
Subhastationsprozesse. In sofern dieselben durch einen Adjudikationsbescheid beendigt werden, vertritt der dazu erforderliche Stempel die Stelle des Erkenntnißstempels, und die Verhandlungen im Laufe des Prozesses sind stempelfrei, wie bei andern Prozessen, die durch ein Erkenntniß beendigt werden.		
[Erfolgt dagegen kein Zuschlag, so sind die einzelnen im Laufe des Prozesses vorgekommenen Verhandlungen stempelpflichtig, wie bei andern Prozessen, die durch Vergleich oder Entsagung beendigt werden.		
Subhastationen, wenn sie auch bei Konkurs- und Liquidationsprozessen vorkommen, werden dennoch als für sich bestehende Prozesse angesehen, und mit ihrem besondern Stempel nach vorstehenden Vorschriften betroffen.][68])		
Taufscheine, wie amtliche **Atteste**, s. **Atteste.**[69])		
Tauschverträge, wie **Kaufverträge**, s. diese.		
Taxen von Grundstücken sind in sofern stempelpflichtig, als sie wegen eines Privat-Interesse unter Aufsicht einer öffentlichen Behörde oder der landschaftlichen Kreditassoziationen aufgenommen werden,[69a]) und erfordern alsdann einen Stempel von	—	15
Aber auch dieser Stempel wird nicht angewandt, wenn		

[64]) s. Anm. 24 u. o. S. 303 Anm. 4. — Ob Schenkung oder lästiger Vertrag s. R. G. U. v. 24./6. 80. (J. M. Bl. 81 S. 15) und J. u. K. III. 219; IV. 240.

[65]) s. jetzt Reichsstempelges. §§ 10 ff. — Unterschied zwischen Quittung u. Schlußnote s. J. u. K. V. 251.

[66]) Wegen der kaufmännischen Dispositionsscheine s. Bek. v. 26./9. 23 (G. S. S. 163). — Urtheile d. R. G.: Kaufmännische Dispositionsscheine: U. v. 2./3. 85 (R. u. K. 29 S. 701) u. v. 15./4. 86 (J. M. Bl. S. 335). — Abrechnungen des Bankiers: U. v. 15./1. 83. (E. VIII. 258). — Pfandempfangsschein: U. v. 9./12. 80. (J. M. Bl. 81 S. 258) u. 6./10. 84 (E. XII. S. 256). — Anerkenntniß kreditirter Beträge: U. v. 26./2. 85 (J. M. Bl. S. 377). — Quittungen der Privatsparkassen: U. v. 13./5. 86. (E. XVI. 209.) — accessorische Verbindlichkeiten: U. v. 7./11. 81 (R. u. K. 26 S. 1059). — Umschreibung v. Hypotheken in Pfandbriefe: U. v. 24./1. 81 (J. M. Bl. S. 262). — pactum de mutuo dando: U. v. 12./5. 84 (J. M. Bl. S. 227).

Wegen Vermeidung der Doppelbesteuerung nach d. Tarif I Nr. 3 zum Reichsstempelgesetz s. Allg. Verf. v. 23./11. 81, 22./12. 86, 1./4., 11./6. u. 23./6. 87 (J. M. Bl. 81 S. 280; 86 S. 343; 87 S. 93. 172. 192).

[67]) s. o. S. 600 Anm. 43.

[68]) G. v. 18./7. 83. (G. S. S. 189.) § 3 Abs. 2—4. — Wegen Stempelfreiheit der Erklärungen in der Kaufgelderbelegung, s. J. u. K. V. 226.

[69]) Jetzt frei s. Anm. 9.

[69a]) s. o. S. 603. Anm. 57 a. E.

	Thlr.	Sgr.
die Taxe zum Gebrauche bei einer Subhastation oder Erbtheilung aufgenommen, und in Folge dessen von dem taxirten Gegenstande ein Kauf- oder Erbschaftsstempel entrichtet wird.		
Testamente, und zwar sowohl solche, die schriftlich eingereicht, als solche, die mündlich zu Protokoll erklärt werden . . .	[2] [70])	—
[Außerdem ist zu dem Berichte oder Ansuchen, womit ein Testament dem aufbewahrenden Gerichte übergeben wird, der gewöhnliche Stempel zu Gesuchen mit	—	[5]
und zu dem Protokolle über die Annahme desselben der Stempel von	—	[15]
zu nehmen.] [71])		
Todeserklärungen, s. **Erkenntnisse** Buchst. A. b.		
Todtenscheine, wie amtliche Atteste, s. **Atteste.** [72])		
Trauscheine, wie amtliche Atteste, s. **Atteste.** [72])		
Urkunden der Gerichtsvollzieher, in denjenigen Landestheilen, wo die französische Gerichtsverfassung noch besteht, Urschriften und Kopien ohne Unterschied. [73])	—	[5]
Urlaubsertheilungen, wie **Ausfertigungen,** s. diese. [74])		
Urtheile, s. **Erkenntnisse.**		
Verfügungen, amtliche, in Angelegenheiten des Empfängers, oder überhaupt an Privat-Personen in Privat-Angelegenheiten, wie Ausfertigungen, s. diese. [75])		
Vergleiche, schriftliche, außergerichtliche, über rechtsanhängige Sachen, wie **Verträge,** s. diese. [76])		
„ gerichtliche, s. **Prozesse.**		
Vermächtnisse, s. **Erbschaft.** [77])		
Verträge, sofern für einzelne Gattungen derselben nicht ein durch diesen Tarif besonders bestimmter Stempel zu entrichten ist [78])	—	15
S. **Adoptions-, Ehe-, Erbfolge-, Erbpachts-, Erbzins-, Kauf-, Leibrenten-, Pacht-** und **Mieths-** auch **Tausch-Verträge.**		
Vokationen der Geistlichen und Schullehrer, wie **Bestallungen.**		

[70]) Jetzt nur 1,50 Mk. G. v. 26./3. 73. § 1 Nr. 1.

[71]) Fällt weg. G. v. 26./3. 73. § 2 Nr. 1 u. 3. — Wegen Liquidirung des Stempels als Gerichtsgebühr s. o. S. 603. Anm. 57 a. E.

[72]) Jetzt frei; s. Anm. 9.

[73]) Antiquirt. Vgl. jetzt A. G. z. G. K. G. § 41 (Stempelfreiheit der Zustellungsurkunden); H. O. § 35 (Stempelpflicht der Urkunden über Aufgabe von Geld zur Post.)

[74]) Jetzt frei. G. v. 26./3. 73. § 2. Nr. 9.

[75]) Vgl. jetzt G. v. 26./3. 73. § 2. Nr. 2.

[76]) Dazu: K. O. v. 16./1. 40. (G. S. S. 18). — Wegen der schiedsmännischen Vergleiche s. Schiedsmanns-Ordng. v. 29./3. 79. § 49 u. Allg. Verf. v. 17/11. 85. (J. M. Bl. S. 368).

[77]) s. Anm. 24.

[78]) Vgl: Lehrverträge: K. O. v. 3./10. 45 (G. S. S. 680) u. J. K. VI. 210. — Unterzeichnung verschiedener Exemplare Seitens der Kontrahenten: J. u. K. I. 196. — Korrespondenz unter Abwesenden: J. u. K. VI. 191 u. R. G. U. v. 1./12. 81 (R. u. K. 26 S. 1056). — Auseinandersetzung unter Socien: R. G. U. v. 20./6. 81 (J. M. Bl. S. 172; R. u. K. 26 S. 1060). — Im Uebrigen s. Anm. 1 u. 2 und Reichsstempelges. § 17.

	Thlr.	Sgr.
Vollmachten[79]. Die Genehmigung der gerichtlichen Verhandlungen eines mit keiner Vollmacht versehenen Anwaltes durch die Parthei ist mit dem zu einer Vollmacht erforderlichen Stempel zu versehen, sofern dieselbe an die Stelle einer Vollmacht tritt. Zu den gerichtlichen oder notariellen Beglaubigungen bei Vollmachten wird ein besonderer Stempel genommen, wie bei **Attesten** und **Rekognitionsprotokollen**,[80]) s. diese.	—	15
Vorstellungen, wie **Gesuche**, s. diese.		
Wanderbücher, wenn sie die Stelle der Kundschaften vertreten.[81])	—	[15]
Wanderpässe, wie Reisepässe, s. **Pässe**.		
Wechsel, gezogne, kaufmännische Assignationen und **Handelsbillets**, — — —[82])		
Wechsel, trockene,[82]) — — —		
Widerklagen s. **Erkenntnisse**. Buchst. A. d.		
Zeitungen,[83]) — — —		
Zeugnisse, s. **Atteste**.		

2. Allerhöchste Kabinetsorder vom 19ten Juni 1834., betreffend Erläuterung der Vorschriften des Tarifs zum Stempelgesetz vom 7ten März 1822. wegen Stempelpflichtigkeit der Punktationen.

(G. S. S. 81.)

Auf den Bericht des Staatsministeriums vom 1ten d. M. setze Ich nach dessen Antrage, zur Erläuterung der Vorschriften des Tarifs zum

---

[79]) Prozeßvollmachten sind auch jetzt noch stempelpflichtig. Allg. Verf. v. 19./4. 80 (J. M. Bl. S. 91), J. u. K. III. 260 u. R. G. U. v. 1./3. 87. (E. XVII. S. 427), wenn sie nicht im Auslande ausgestellt sind. Allg. Verf. v. 10./2 83. (J. M. Bl. S. 33). Wegen eines Objektes unter 150 Mk. sind sie nur frei, wenn das Objekt sich aus der Vollmacht selbst ergiebt. J. u. K IV. 235 (B. v. 3./12. 83. u. J. M. R. v. 21./9. 83.) und R. G. U. v. 2./6. 85. (J. M. Bl. 86. S. 280; wegen des Datums des Urtheils s. J. M. Bl. 87. S. 276). Vgl. aber auch B. d. K. G. v. 18./4. 87. (J. M. Bl. S. 275). Vollmachten in Strafsachen sind ohne Rücksicht auf das Objekt stempelpflichtig (H. u. G. S. 642. Anm. 9b); Gesammtvollmachten für mehrere Bevollmächtigte werden nur einfach verstempelt (ebenda S. 441. Anm. 72; S. 644. Anm. 14; J. u. K. II. S. 175); ebenso die Vollmacht mehrerer Streitgenossen, wenn sie in einem Akte mit der ausgedrückten Absicht nur einen Rechtsstreit zu führen, ertheilt wird (Erk. d. O. Tr. v. 19./9. 77. E. 82. S. 228); bloße Substitutionsvollmachten sind frei. (H. u. G. S. 640 Anm. 8a). — Der Stempel für Prozeßvollmachten kann auch ferner als Gerichtsgebühr liquidirt werden. Allg. Verf. v. 1./2. 80 (J. M. Bl. S. 267). Im Uebrigen s. S. 599. Anm. 35 u. S. 603. Anm. 57; doch haftet beim Armenrecht der Rechtsanwalt für den Vollmachtsstempel nicht (H. u. G. S. 306 Anm. 14m).

Wegen der Zuständigkeit für Beschwerden Betreffs der Vollmachtsstempel in Prozessen s. Beschl. d. R. G. v. 16./4. 83. (E. IX. 256) u. d. K. G. v. 18./4. 87. (J. M. Bl. S. 275).

[80]) Vgl. aber G. v. 26./3. 73. § 2. Nr. 6 mit Anm. 2.

[81]) Jetzt frei. s. Anm. 43.

[82]) Fällt weg; s. o. S. 599 Anm. 34.

[83]) Fällt weg; s. S. 600 Anm. 44.

Stempel-Gesetze vom 7ten März 1822., wegen Stempelpflichtigkeit der Punktationen, so wie zur Ergänzung der §§. 12. 21. und 22. jenes Gesetzes, Folgendes fest:

1) Punktationen und gerichtliche oder Notariatsprotokolle über einen zu errichtenden Vertrag, welche die Kraft eines Vertrages haben, und demnach eine Klage auf Erfüllung begründen, sind dem gesetzlichen Vertragsstempel auch alsdann unterworfen, wenn darin die Ausfertigung einer förmlichen Vertrags-Urkunde vorbehalten ist.[1])

2) Für den zu einem Vertrage oder einer Punktation zu verwendenden Stempel haftet jeder Aussteller oder Theilnehmer unter Vorbehalt seines Regresses gegen die Mitbetheiligten.

3) Bei gerichtlich oder von Notarien aufgenommenen Verträgen und Punktationen muß, wenn deren Ausfertigung nicht früher erfolgt,[2]) der Stempel binnen vierzehn Tagen[3]) nach der Aufnahme[4]) verwendet, und für dessen Einziehung von den Theilnehmern an dem Vertrage oder der Punktation, von Amtswegen gesorgt werden.[5]) Den zu dergleichen Notariatsverhandlungen zu verwendenden Stempel sind die Gerichte, auf den Antrag des Notars, von den Interessenten exekutirisch einzuziehen verpflichtet.[6])

---

[1]) Vgl. S. 604 Anm. 1.

[2]) Bei früherer Ausfertigung eines Notariatsakts muß der Stempel vorher verwendet werden, widrigenfalls der Notar in die Stempelstrafe verfällt. B. d. O. Tr. v. 15./9. 65. (Oppenhoff VI. S. 309); ist dagen die Ausfertigung z. B. wegen der noch vorbehaltenen Genehmigung des Vormundschaftsgerichts mit Recht stempelfrei ertheilt worden (S. 604 Anm. 1), so hat der Notar für die spätere Nachbringung des Stempels nicht mehr zu sorgen. Erk. d. O. Tr. v. 17./4. 77. (Oppenhoff XVIII. S. 274.)

Bei gerichtlichen Akten werden die Stempel jetzt lediglich als Gerichtsgebühren eingezogen. Ges. v. 10./5. 51. § 16. Vgl. übrigens noch oben S. 603. Anm. 57 a. E.

[3]) Bei Auktionen bleibt die kürzere dreitägige Frist (s. die betr. Tarifposition) ungeändert.

[4]) Vgl. hierzu K. O. v. 24./11. 35. (unten S. 618). — Wegen bloßer Unterschriftsbeglaubigung s. zu § 21 Not. Ges. Anm. 7 (oben S. 101) und Allg. Verf. v. 5./3. 74. (J. M. Bl. S. 63).

[5]) Durch Zahlung an den Notar wird die Partei von der Stempelpflicht befreit. Fin. Min. Reskr. v. 5./10. 66. (H. u. G. S. 217 Anm. 23a).

[6]) Jetzt erfolgt die Einziehung durch die Verwaltung der indirekten Steuern und ist der Antrag an das Hauptsteueramt zu richten. Ueber das Nähere s. Allg. Verf. v. 5./11. 46. (J. M. Bl. S. 191), 30./1. u. 31./7 80. (J. M. Bl. S 25. 187.) — Die Schreibgebühren für den Antrag kann der Notar mit zur Einziehung stellen. Reskr. d. Fin.-Min. v. 6./9. 81. (H. u. G. S. 216. Anm. 22f. Müller S. 81 zu 13a). — Der Antrag ist auch nach Ablauf der vierzehntägigen Frist zulässig. Erk. d. O. Tr. v. 23./1. 73. (Strieth. Bd. 87 S. 350). — Der Notar selbst ist zu keinerlei Zwangsanträgen, auch nicht zu Anträgen auf Eintragung in das Grundbuch legitimirt. Beschl. d. K. G. v. 23./3. 85 (J. u. K. V. 153).

4) Der Richter oder Notar, welcher bei der Stempelverwendung seine Pflicht versäumt, verfällt in die gesetzliche Stempelstrafe,[7]) und ist wegen des Stempels zugleich mit den Interessenten, unter Vorbehalt des Regresses an dieselben, persönlich verhaftet.

Das Staatsministerium hat diese Erläuterungen des Stempelgesetzes durch die Gesetz-Sammlung bekannt zu machen.

Berlin, den 19ten Juni 1834.

Friedrich Wilhelm.

An das Staatsministerium.

3. Kabinets-Order vom 24. November 1835.

Bekannt gemacht durch Cirkularreskript des Justizministers v. 25. Januar 1836 (von Kamptz, Jahrb. Bd. 46 S. 560).

Durch diese nur im Auszuge veröffentlichte Kabinetsorder [1]) ist bestimmt:

„daß die Ueberreichung einer weder gerichtlich noch von einem Notar aufgenommenen Punktation an einen Richter oder Notar, wenn sie innerhalb vierzehn Tagen nach Errichtung der Punktation mit dem Antrage auf gerichtliche oder notarielle Vollziehung[2]) geschieht, die Verwirkung einer Stempelstrafe gegen die Aussteller ausschließe, daß aber in diesem Falle der Richter oder Notar verpflichtet sein solle, für die Einziehung des Stempels von Amts Wegen sofort ebenso Sorge zu

---

[7]) Gegen Richter wird jetzt nur eine Ordnungsstrafe festgesetzt; betreffs der Notare ist die Bestimmung indessen ungeändert — K. O. v. 28/10. 36 (G. S. S. 308) und v. 23/12. 42 (G. S. S. 21) — und soll die Strafe selbst bei Gutgläubigkeit des Notars festgesetzt werden. (H. u. G. S 1003 Anm. 59). Wegen der straffestsetzenden Behörde s. zu § 30 des Stempelgesetzes (oben S. 601). Der Notar, welcher spezielle Zweifel hegt, kann sich unter Darlegung derselben — auch geeignetenfalls unter Beifügung eines Entwurfs der aufzunehmenden Verhandlung — an die Provinzialsteuerbehörde wenden, welche ihn bescheiden soll. H. u. G. S. 32 Anm. 32a—32c.

Die Partei verfällt bei gerichtlicher oder notarieller Aufnahme im Falle unrichtiger Stempelliquidirung in keine Stempelstrafe. K. O. v. 28./10. 36 zu Nr. 1. — Durch Vorlegung der Urkunde an die Steuerbehörde Zwecks Verstempelung fällt die Strafbarkeit der Partei dagegen nicht fort. R. G. U. v. 20./1. 80 (E. i. Straff. I. S. 157.)

[1]) Ueber deren Gesetzeskraft s. R. G. U v. 11./6. 80 (E. i. Straff. II. 101. J. M. Bl. 81 S. 23.)

[2]) Die Ueberreichung ohne diesen Antrag genügt nicht. Urth. d. K. G. vom 17/6. 84 (J. u. K. V. 253). Der Notar wird den Tag des Einganges urkundlich vermerken müssen. — Unter der Vollziehung ist die Anerkennung dem Inhalte, nicht bloß der Unterschrift nach verstanden. Wegen letzterer s. S. 617. Anm. 4.

Kommt es hinterher zur Aufnahme nicht, so muß der Notar für Verwendung des Stempels nach Maßgabe der K. O. v. 19./6. 34 sorgen. Erk. d. O. Tr. vom 7./3. 60. (Goltdammer Arch. Bd. 8 S. 399); s. aber dagegen H. u. G. S. 310. Anm. 15 l.

tragen, wie die Allerhöchste Order v. 19. Juni 1834 Nr. 3 und 4 dies bei gerichtlich oder von Notarien selbst aufgenommenen Verträgen und Punktationen vorschreibt." [3])

4. Gesetz, betreffend die Entrichtung des Stempels von Uebertragsverträgen zwischen Aszendenten und Deszendenten. Vom 22. Juli 1861.

(G. S. S. 754.)

Wir Wilhelm, von Gottes Gnaden, König von Preußen rc. verordnen unter Zustimmung beider Häuser des Landtages Unserer Monarchie, für den ganzen Umfang derselben, was folgt:

§. 1. Lästige Verträge, durch welche Immobilien allein oder im Zusammenhange mit anderem Vermögen [1]) von Aszendenten auf Deszendenten [2]) übertragen werden, [3*]) unterliegen dem gesetzlichen Kaufstempel. Es kommen jedoch für die Festsetzung des stempelpflichtigen Erwerbspreises folgende von dem Erwerber übernommene Verpflichtungen und Gegenleistungen nicht in Anrechnung:

1) die von dem Erwerber übernommenen Schulden des Uebertragenden, sowie die auf den übertragenen Vermögensstücken haftenden beständigen Lasten und Abgaben;
2) der zu Gunsten des Uebertragenden und dessen Ehegatten in dem Vertrage festgesetzte Altentheil, die denselben vorbehaltenen Nutzungen, Leibrenten und sonstigen lebenslänglichen Geld- oder Natural-Präftationen, sowie die denselben zugesicherten Alimente;
3) die Abfindungen, Alimente und Erziehungsgelder, welche der Erwerber nach Inhalt des Vertrages an andere Deszendenten [4]) des Uebertragenden zu entrichten hat; endlich
4) derjenige Theil des Erwerbspreises, welcher dem Uebernehmer als sein künftiges Erbtheil angewiesen wird.

§. 2. Wenn die von dem Erwerber übernommenen Gegenleistungen lediglich in den im §. 1. unter Nr. 1—4. einschließlich aufgeführten Verpflichtungen bestehen, so ist der Vertrag einer Schenkung unter Lebenden gleich zu achten und bleibt daher vom Kaufstempel frei.

§. 3. Wenn in einem solchen Vertrage dem Uebernehmer Abfindungen, Alimente oder Erziehungsgelder für andere Deszendenten des Uebertragenden auferlegt sind (§. 1. Nr. 3.), und der Kapitalwerth

---

[3]) Sonst verfällt der Notar auch hier in die ordentliche Stempelstrafe. Siehe das R. G. U. in der vorhergehenden Anm. 1.

[1]) Bei Veräußerung von Grundstücken und Mobilien für getrennte Preise können die Kontrahenten beliebig bestimmen, in welcher Art die Abrechnung der stempelfreien Verpflichtungen und Gegenleistungen von den beiden Kaufpreisen erfolgen soll. Erk. d. O. Tr. v. 22./3. 69. (E. 61. S. 267).

[2]) Nicht aber Adoptivkinder. H. u. G. S. 130. Anm. 38a.

[3*]) Begriff dieses Vertrages: R. G. U. v. 12./1. 85. (R. u. K. 29. S. 708.)

[4]) nicht aber allgemein an „Erben" des Uebertragenden. R. G. U. v. 31./3. 84. (J. M. Bl. S. 223). vgl. zu § 45 Not. Ges. Anm. 3a (oben S. 125).

dieser Zuwendungen zusammengenommen wenigstens funfzig Thaler beträgt, so ist zu dem Vertrage, abgesehen von dem nach §. 1. etwa erforderlichen Kaufstempel, ein Rezeßstempel von funfzehn Silbergroschen resp. zwei Thalern zu verwenden.

§. 4. Die Bestimmung sub b. der Allerh. Kab.-Order vom 14. April 1832 (G. S. S. 137)[5]) wird hierdurch aufgehoben.

Gegenwärtiges Gesetz tritt mit dem 1. Januar 1862. in Kraft.

Urkundlich unter Unserer Höchsteigenhändigen Unterschrift und beigedrucktem Königlichen Insiegel.

Gegeben Baden-Baden, den 22. Juli 1861.

(L. S.) Wilhelm.

Fürst zu Hohenzollern-Sigmaringen. v. Auerswald.
v. d. Heydt. v. Schleinitz. v. Patow. Gr. v. Pückler.
v. Bethmann-Hollweg. Gr. v. Schwerin.
v. Roon. v. Bernuth.

5. Gesetz, betreffend die Stempelabgaben von gewissen, bei dem Grundbuchamte anzubringenden Anträgen. Vom 5. Mai 1872.[1])

(G. S. S. 509.)

Wir Wilhelm, von Gottes Gnaden König von Preußen rc. verordnen für die Landestheile, in welchen das Gesetz über den Eigenthumserwerb und die dingliche Belastung der Grundstücke, Bergwerke und selbstständigen Gerechtigkeiten vom 5. Mai 1872 Geltung hat, unter Zustimmung beider Häuser des Landtages, was folgt:

§. 1. Die im Falle der freiwilligen Veräußerung von inländischen Grundstücken, verliehenen Bergwerken, unbeweglichen Bergwerksantheilen oder selbstständigen Gerechtigkeiten erfolgende Auflassungserklärung unterliegt einer Stempelabgabe von einem Prozent des Werthes des veräußerten Gegenstandes.[2])

§. 2. Die Auflassungserklärung ist jedoch dem Werthstempel (§. 1.) nicht unterworfen, wenn mit derselben oder innerhalb der gleichzeitig nachzusuchenden, von dem Grundbuchamte zu bestimmenden Frist die das Veräußerungsgeschäft enthaltende,[3]) in an sich stempelpflichtiger Form ausgestellte[4]) Urkunde in Urschrift, Ausfertigung oder beglaubigter Abschrift dem Grundbuchamte vorgelegt wird.

---

[5]) s. S. 594. 595. Anm. 15 u. 16.

[1]) Hierzu d. Ausführungs-Anweisung v. 19./9. 72. (Min. Bl. d. i. V. 73. S. 22ff.)

[2]) Die Rückauflassung in Folge der Anfechtung des Veräußerungsgeschäfts unterliegt dem Stempel nicht. J. u. K. II. 187. — Wegen Auflassung zwischen Miterben, Societäten etc. und einzelnen der bisherigen Mitberechtigten s. R. G. U. v. 27./11. 85. (J. M. Bl. 86. S. 88) und J. u. K. II. 192. V. 216. 220.

[3]) Wegen Veräußerung an den Cessionar des Erstehers s. Zw. G. § 83 und J. u. K. I. 198. II. 190 u. V. 221; wegen sonstiger Auflassung an einen anderen als den im Veräußerungsvertrage aufgeführten Erwerber J. u. K. II. 189. 192. III. 223. IV. 239.

[4]) Gleichviel ob der Stempel thatsächlich verwendet ist oder nicht. J. u. K. II. 185.

§. 3. Den Werth, nach welchem die Stempelabgabe von der Auflassungserklärung zu bemessen ist, anzugeben, sind der Veräußerer und der einzutragende Erwerber verbunden.

Wer auf Aufforderung des Grundbuchamtes oder der Steuerbehörde der Verpflichtung zur Angabe des Werthes nicht genügt, hat die durch amtliche Ermittelung desselben entstehenden Kosten zu tragen.

§. 4. In keinem Falle darf ein geringerer Werth angegeben werden, als der nach den Vorschriften des Stempelgesetzes über die Versteuerung der Kaufverträge berechnete Betrag der von dem Erwerber übernommenen Lasten und Leistungen, mit Einschluß des Preises und unter Zurechnung der vorbehaltenen Nutzungen.

Die Angabe eines geringeren Werthes wird als Stempelsteuer-Defraudation nach Maßgabe des hinterzogenen Steuerbetrages geahndet.

§. 5. Liegt gegründete Veranlassung vor, den angegebenen Werth für zu niedrig zu erachten, und findet eine Einigung mit dem Steuerpflichtigen hierüber nicht statt, so wird der zu entrichtende Stempelbetrag von der Steuerbehörde, nöthigenfalls nach dem Gutachten Sachverständiger, festgesetzt und eingezogen. In Betreff der Befugniß des Steuerpflichtigen, seinen Widerspruch gerichtlich geltend zu machen, bewendet es bei den gesetzlichen Bestimmungen über die Zulässigkeit des Rechtsweges in Beziehung auf die Stempelsteuer.

§. 6. Die Beanstandung der Werthangabe des Veräußerers und Erwerbers ist nur binnen einer dreijährigen Frist nach der Eintragung zulässig.

§. 7. Die Werthsermittelung ist in allen Fällen ohne Rücksicht auf die für besondere Zwecke vorgeschriebenen Abschätzungsgrundsätze auf den gemeinen Werth des Gegenstandes zur Zeit des Eigenthumswechsels zu richten.

§. 8. 1) Der Antrag des Eigenthümers auf Eintragung einer Hypothek oder Grundschuld im Grundbuche, ingleichen

2) der auf die Löschungsbewilligung des Gläubigers gegründete Antrag des Eigenthümers auf Löschung einer Post

unterliegt einer Stempelabgabe von $^1/_{12}$ Prozent der einzutragenden, beziehungsweise zu löschenden Summe.

Renten und andere zu gewissen Zeiten wiederkehrende Leistungen werden Behufs Berechnung der Abgabe nach Vorschrift der Stempelgesetze kapitalisirt.[5])

§. 9. Der Antrag auf Eintragung der Verpfändung einer Hypothek oder Grundschuld[6]) durch den eingetragenen Gläubiger ist einer Stempelabgabe von $^1/_{12}$ Prozent der Summe, für welche die Post verpfändet wird, wenn dieselbe geringer ist, als die Summe der verpfändeten Post, sonst von $^1/_{12}$ Prozent der letzteren Summe unterworfen.

---

[5]) Stempelges. v. 7./3. 22. § 4 zu c u. d.

[6]) Der Antrag auf Umschreibung unterliegt dem Cessionsstempel s. oben S. 608. Anm. 17.

§. 10. Betrifft einer der in den §§. 8. und 9. bezeichneten Anträge eine Hypothek oder Grundschuld, für welche mehrere Grundstücke haften, so ist die Abgabe nur einmal und nach Maßgabe der bei einem Grundstücke beantragten Eintragung zu entrichten.

§. 11. Die in den §§. 8. und 9. angeordneten Werthstempelabgaben werden nicht erhoben, wenn bei Anbringung des Antrages oder innerhalb der gleichzeitig nachzusuchenden, von dem Grundbuchamte zu bestimmenden Frist die in an sich stempelpflichtiger Form abgefaßte Urkunde über das dem Antrage zu Grunde liegende Rechtsgeschäft und zwar

in den im §. 8. unter 1. und im §. 9. bezeichneten Fällen die Urkunde über das Geschäft, auf Grund dessen die Bewilligung beziehungsweise die Verpfändung der Hypothek oder Grundschuld stattfindet,

in den im §. 8. unter 2. bezeichneten Fällen die Urkunde über das Geschäft, auf Grund dessen die Löschungsbewilligung ertheilt ist,

in Urschrift, Ausfertigung oder beglaubigter Abschrift dem Grundbuchamte vorgelegt wird.

§. 12. Wird nach Entrichtung der im §. 1. vorgeschriebenen Abgabe die Urkunde über das der Auflassungserklärung zum Grunde liegende Veräußerungsgeschäft gerichtlich [7]) aufgenommen oder der von dem Finanzminister bestimmten Steuerstelle [8]) Behufs Versteuerung binnen 14 Tagen nach der Errichtung der Urkunde vorgelegt, so ist auf den zu dieser Urkunde erforderlichen Werthstempel der für die Auflassungserklärung erlegte Stempelbetrag auf Verlangen anzurechnen. In gleicher Weise kann die Anrechnung des nach §§. 8. und 9. erhobenen Abgabenbetrages auf den Werthstempel zu der Urkunde über das dem Eintragungs- beziehungsweise Löschungsantrage zum Grunde liegende Geschäft (§. 11.) verlangt werden.

Ausgeschlossen von der Anrechnung bleibt derjenige Stempelbetrag, welcher zu dem Eintragungsantrage beziehungsweise dem Löschungsantrage erforderlich gewesen sein würde, wenn dieselben nicht dem Werthstempel unterlegen hätten (Fixstempel).

§. 13. Im Auslande ausgestellte, bei einem inländischen Grundbuchamte angebrachte Anträge sind den in den §§. 8. und 9. bestimmten Werthstempelabgaben ebenfalls nach Vorschrift dieses Gesetzes unterworfen.

§. 14. Die Grundbuchämter sind verpflichtet, auf die Befolgung der Stempelgesetze in Betreff der bei ihnen vorkommenden Urkunden zu halten und alle bei ihrer Amtsverwaltung zu ihrer Kenntniß

---

[7]) nicht notariell! Bei notarieller Aufnahme wird der Notar statt der eigenen Stempelverwendung die Urkunde der Steuerstelle mit einer Bescheinigung über Erlegung des Werthstempels zur Auflassung (s. Nr. 9 der Ausführungs-Anweisung) Behufs Versteuerung vorzulegen haben.

[8]) s. Nr. 9 der Ausführungs-Anweisung (Anm. 1).

kommenden Zuwiderhandlungen gegen die Stempelgesetze von Amtswegen Behufs Einleitung des Strafverfahrens zur Anzeige zu bringen.

In Betreff der nach diesem Gesetze zu versteuernden Gegenstände haben die Grundbuchämter außerdem die Nachbringung, beziehungsweise Einziehung des etwa fehlenden Stempelbetrages zu veranlassen.

§. 15. Wegen der verwirkten Stempelstrafe und in allen übrigen Beziehungen kommen die Bestimmungen der Gesetze über den Urkundenstempel auch bei den nach Vorschrift dieses Gesetzes zu versteuernden Gegenständen zur Anwendung.[9])

§. 16. Dieses Gesetz tritt gleichzeitig mit dem Gesetze über den Eigenthumserwerb und die dingliche Belastung der Grundstücke, Bergwerke und selbstständigen Gerechtigkeiten vom 5. Mai 1872 in Kraft.

Der Finanzminister ist mit der Ausführung dieses Gesetzes beauftragt.

Urkundlich unter Unserer Höchsteigenhändigen Unterschrift und beigedrucktem Königlichen Insiegel.

Gegeben Berlin, den 5. Mai 1872.

(L. S.) Wilhelm.

Fürst v. Bismarck. Gr. v. Roon. Gr. v. Itzenplitz. v. Selchow.
Gr. zu Eulenburg. Leonhardt. Camphausen. Falk.

6. Gesetz, betreffend die Aufhebung beziehungsweise Ermäßigung gewisser Stempelabgaben. Vom 26. März 1873.

(G. S. S. 131.)

Wir Wilhelm, von Gottes Gnaden König von Preußen rc. verordnen, mit Zustimmung beider Häuser des Landtages, für den Umfang der Monarchie, mit Ausschluß der Hohenzollernschen Lande, was folgt:

§. 1. Vom 1. Mai 1873. ab werden ermäßigt die Stempelabgaben:

1) von Eheverträgen, von Erbfolgeverträgen und von Testamenten auf 15 Sgr.;
2) von Kautions-Instrumenten, wenn der Werth der sichergestellten Rechte beträgt:
   50 bis 200 Thlr. auf 5 Sgr.,
   über 200 bis 400 Thlr. auf 10 Sgr.

§. 2. Von demselben Zeitpunkte ab werden aufgehoben die Stempelabgaben von:

1) Gesuchen (Beschwerdeschriften, Bittschriften, Eingaben, Vorstellungen);
2) Bescheiden auf Gesuche, Anfragen und Anträge in Privatangelegenheiten, sie mögen in Form eines Antwortschreibens, einer Verfügung, Dekretsabschrift oder eines an die zurückgehende Bittschrift selbst gesetzten Dekrets erlassen werden;

---

[9]) Der auflassende Bevollmächtigte ist persönlich für den Stempel nicht verhaftet. J. u. K. V. 223.

3) Protokollen mit Ausnahme der Auktions-, Notariats-, Rekognitions- und derjenigen Protokolle, welche die Stelle einer nach anderweiter Bestimmung der Stempeltarife steuerpflichtigen Verhandlung vertreten;

4) Requisitionen;

5) Dechargen;

6) Beglaubigungen nach §. 33. der Grundbuchordnung[1]) vom 5. Mai 1872.;[2])

7) Quittungen, sowie den in §. 8. Nr. 2. des Gesetzes vom 5. Mai 1872., Stempelabgaben betreffend, gedachten Löschungsanträgen;[3])

8) Abschieden (Dienstentlassungen);

9) Urlaubsertheilungen;

10) Kundschaften, welche von Zünften und Gewerkskorporationen den Gesellen und Gehülfen ertheilt werden;

11) Lehrbriefen;

12) Geburts-, Tauf-, Aufgebots-, Ehe-, Trau-, Todten- und Beerdigungsscheinen.

Insoweit jedoch die unter 1 bis 4. bezeichneten Gegenstände:

a) in der Provinz Hannover bei gerichtlichen Behörden in anderen als Justizverwaltungssachen vorkommen, oder der Ver-

---

[1]) Der § 33 findet auch auf die Landgüterrolle Anwendung (s. o. S. 41 Nr. 8 mit Anm. 70).

[2]) Hierzu nach G. v. 21./3. 82. (G. S. S. 129). § 2:

„Die Beglaubigungen der Unterschriften unter den zu Eintragungen oder Löschungen in einem Grund- oder Hypothekenbuche (Stockbuche, Schuld- und Pfandprotokolle) erforderlichen Anträgen und Urkunden sind stempelfrei."

Die Stempelfreiheit betrifft alle Urkunden, aus deren Inhalt sich ergiebt, daß sie zu Eintragungen oder Löschungen dienen sollen (J. M. R. v. 14./10. 76. J. M. Bl. 1877. S. 26), auch Vollmachten (J. u. K. III. 221), sowie Anträge auf Eintragungen in Abth. I. oder in das Titelblatt (J. M. R. v. 7./1. 79; J. M. Bl. S. 14), desgleichen Cessionen von Hypotheken (H. u. G. S. 5 zu g), nicht aber die Beglaubigung von Abschriften (J. M. R. v. 23./11. 76. J. M. Bl. 77. S. 26). Ob die Eintragung auf das Schriftstück hinterher zulässig befunden wird, ist gleichgültig (J. u. K. III. 221).

Die gleiche Stempelfreiheit genießt nach § 35 Abs. 2. 39. H. O. die Beglaubigung der Unterschrift der Auszahlungsgesuche im Falle des § 25 Abs. 2 nicht aber im Falle des § 26 der H. O.

Vom Vorliegen eines Falles der Stempelfreiheit muß sich der Notar durch Einsicht der Urkunde überzeugen; wird ihm letztere verweigert (Not. Ges. § 21), so muß er den Stempel verwenden.

[3]) Die Erhebung des Ausfertigungs- bez. Protokollstempels, falls der Akt gerichtlich oder notariell erklärt wird, ist dadurch nicht beseitigt. s. o. S. 612 Anm. 52.

steuerung nach den Bestimmungen des Stempelgesetzes vom 30. Januar 1859. unterliegen (Gesetz vom 24. Februar 1869., Gesetz-Samml. S. 366.),

b) im Bezirk des Appellationsgerichts zu Cöln bei gerichtlichen Behörden in anderen als Justizverwaltungssachen vorkommen,

bewendet es hinsichtlich der Versteuerung derselben bei den bisherigen Vorschriften.

§. 3. In der Stadt Frankfurt a. M. finden die vorstehend im §. 2 unter Nr. 1. bis 5. und 8. bis 10. enthaltenen Bestimmungen keine Anwendung.

§. 4. Der Finanzminister ist mit der Ausführung dieses Gesetzes beauftragt.

Urkundlich unter Unserer Höchsteigenhändigen Unterschrift und beigedrucktem Königlichen Insiegel.

Gegeben Berlin, den 26. März 1873.

(L. S.) Wilhelm.

Gr. v. Roon. Fürst v. Bismarck. Gr. v. Itzenplitz.
Gr. zu Eulenburg. Leonhardt. Camphausen. Falk.
v. Kameke. Gr. v. Königsmarck.

II. Kostengesetze.[1])

Vorbemerkung. Das Kostenwesen für das Notariat beruht auf dem Gesetze v. 11. Mai 1851 (G. S. S. 651), welches durch einige neuere Bestimmungen, namentlich den § 8 Nr. 3 des Kostentarifs zur G. B. O. v. 5. Mai 1872 und die §§ 9. 10 des Ges. v. 8. März 1880 (s. o. S. 134) geändert ist. Neben dem Gesetz v. 11. Mai 1851 gelangen die in letzterem in Bezug genommenen Theile des Tarifs zum Gerichtskostengesetze vom 10. Mai 1851 (G. S. S. 633) zur Anwendung. Das Gesetz v. 11. Mai 1851 ist nun durch den § 11 des Ges. v. 8. März 1880 auch in Hohenzollern und Frankfurt am Main eingeführt worden. Bei dieser Veranlassung ist es, nebst einem Auszuge aus dem Gerichtskostentarif, in der Gesetzsammlung von 1880 von Neuem abgedruckt worden (s. o. S. 135). Diesem Abdruck wohnt indessen für die älteren Landestheile eine Bedeutung nicht bei; namentlich ist der Umfang der Anwendbarkeit des Gerichtskostentarifs auf das Notariat nicht nach dem erwähnten Abdruck zu beurtheilen. Vgl. hierüber zu § 1 des Tarifs Anm. 4. und zu §. 22 des Tarifs Anm. 2 unten S. 633. 635.

---

[1]) Es gelangen hier nur die Kostengesetze für die Notare zum Abdruck.

1. Gesetz, betreffend den Ansatz und die Erhebung der Gebühren der Notare. Vom 11. Mai 1851.

(G. S. 1851 Nr. 36 S. 651—655.)

[1]) Dazu: Instr. d. Just. Min. v. 11. September 1851 (J. M. Bl. 1852 S. 152); im Folgenden mit „Instr." citirt.

Wir Friedrich Wilhelm, von Gottes Gnaden, König von Preußen 2c.
verordnen, mit Zustimmung der Kammern, was folgt:

§ 1.

Die Gebühren und Auslagen der Notare, mit Ausschluß derjenigen im Bezirk des Appellationsgerichtshofes zu Cöln und der Fürstenthümer Hohenzollern,[1]) sollen künftig lediglich nach den Bestimmungen dieses Gesetzes[2]) erhoben werden.

[1]) Wegen Hohenzollern s. jetzt Ges. v. 8. März 1880 § 11 (oben S. 134).

[2]) Wegen Erhebung höherer oder geringerer Gebühren s. Not. Ges. § 45 Anm. 3e (S. 126).

§ 2.

Der bei Berechnung der Gebühren in Betracht kommende Werth des Objekts ist nach den für die Berechnung der Gerichtskosten gegebenen Vorschriften[1]) zu bestimmen; in den bei den Gerichtsbehörden anhängigen Sachen[2]) ist die von diesen getroffene Werthbestimmung auch für diese Gebühren maaßgebend.

[1]) s. jetzt A. G. z. G. K. G. vom 10. März 1879 (G. S. S. 145) §§ 4, 5. G. K. G. §§ 9—13. C. P. O. §§ 4—9. — Erhellt der Werth danach nicht von selbst, so muß der Notar die Parteien darüber vernehmen und die Angabe im Protokoll vermerken und zwar auch im Stempelinteresse; (Instr. zu § 2. Abs. 4).

[2]) Auch bei Vergleichen über rechtshängige Sachen (Instr. zu § 2 Abs. 3).

§ 3.

Die gerichtliche Festsetzung der Gebühren und Auslagen vor deren Einforderung findet nicht ferner Statt. Es ist aber in jedem Falle mit der Zahlungs-Aufforderung eine besondere Liquidation aufzustellen, welche, außer der Bezeichnung der Parteien und der betriebenen Rechtsangelegenheit, enthalten muß:

1) die bestimmte Angabe des Werths des Objekts;
2) die Angabe des danach zu liquidirenden Gebühren-Betrages unter Allegirung der zur Anwendung kommenden Bestimmung dieses Gesetzes und des Kosten-Tarifs;
3) die spezielle Angabe der etwa außerdem zur Erstattung zu liquidirenden baaren Auslagen;
4) die Angabe des etwa erhaltenen baaren Vorschusses;
5) die Unterschrift des Notars.

Diese Liquidation muß unter dem Protokoll und jeder Ausfertigung[1]) vor deren Abgabe bei Vermeidung einer Ordnungsstrafe von 1 bis 5 Thalern[2]) aufgestellt werden.

[1]) Wird kein Protokoll aufgenommen (z. B. bei Vidimationen und in den Fällen der §§ 11. 12. 15 dieses Gesetzes) so wird die Liquidation besonders aufgestellt. (Instr. zu § 3), ebenso bei der Unterschriftsbeglaubigung ohne Protokoll. Allg. Verf. v. 5. Juni 1886 (J. M. Bl. S. 143). — Das Muster einer Liquidation s. S. 146.

[2]) Dieselbe kann jetzt nur im Disciplinarverfahren durch Urtheil erkannt werden. s. o. S. 24 zu 5; K. u. S. zu § 3 Anm. 2; J. M. R. v. 6. Februar 1882 (Müller S. 51 a. E.)

§§ 4 u. 5.

Aufgehoben durch Ges. vom 8. März 1880 § 10 (s. o. S. 134 mit Anm. 3.)

§ 6.

Die Notare erhalten für die Aufnahme und Ausfertigung der einzelnen Akte der freiwilligen Gerichtsbarkeit die im zweiten Abschnitt des Gerichtskosten-Tarifs [1]) festgesetzten Sätze, soweit nicht unten besondere Bestimmungen getroffen sind, jedoch nicht unter 15 Sgr.[2]).

Wenn ein Dokument in verschiedenen Sprachen aufgenommen werden muß[3]), so wird der gewöhnliche Satz um die Hälfte erhöht.

Dazu: Tabelle I.

[1]) Siehe dessen Abdruck unten S. 634; wegen der Anträge in Grundbuchsachen s. den Kostentarif für Grundbuchsachen (unten S. 636). — Enthält eine Verhandlung mehrere zusammengehörige, auf denselben Hauptgegenstand bezügliche Akte, z. B. Quittungen derselben Person über mehrere auf demselben Grundstück haftende Hypotheken, so ist nur einmal nach dem Gesammtwerthe zu liquidiren. B. d. K. G. v. 6. März 1882 (J. u. K. III. S. 195.)

[2]) Dieser Minimalsatz gilt auch für die bloße Unterschriftsbeglaubigung ohne Protokoll; (s. den Kostentarif für Grundbuchsachen unten S. 636 mit Anm. 2 dazu) nicht aber für die Vidimirung von Abschriften (Ges. v. 8. März 1880 § 10. (oben S. 134.)

[3]) Gleichviel, ob mit oder ohne Dolmetscher.

§ 7.

Wenn die Zustimmung einzelner Theilnehmer zu einer bereits instrumentirten Erklärung in einem besonderen Akte erfolgt, so kann der Notar in allen Fällen nur den Satz für Rekognition und Beglaubigung einer Unterschrift liquidiren.[1])

Dazu: Tabelle II.

[1]) D. i. jetzt nur den Satz des § 8 Nr. 3 des Kostentarifs für Grundbuchsachen (s. u. S 636). Man könnte zwar zweifeln, ob nicht für den Fall des § 7 der frühere Satz für die Unterschriftsrekognition fortbestehen geblieben ist. Indessen ist dies nach der Absicht des Gesetzes zu verneinen. Denn der frühere Satz war im § 18 des Gerichtskostentarifs enthalten; da nun letztere Bestimmung beim Wiederabdruck des Gerichtskostentarifs (s. die Vorbem. S. 625) nicht mit abgedruckt ist, so ist daraus die Meinung des Gesetzes zu entnehmen, daß § 9 des Ges. v. 8. März 1880 auch auf die Fälle des vorliegenden § 7 anzuwenden ist.

§ 8.

Für die an die Hypothekenbehörden einzureichenden Abschriften von Dokumenten und die bei den Gerichts- oder Hypothekenbehörden einzureichenden Anträge und Begleitschreiben, mit welchen Abschriften oder Ausfertigungen, z. B. behufs Eintragung einer bestellten Hypothek, überreicht werden,[1]) können besondere Gebühren nicht liquidirt werden.

Ist es aber nothwendig, mit einem solchen Antrag einen das Sach- und Rechtsverhältniß entwickelnden Vortrag zu verbinden, und wird die Einreichung desselben von der Partei verlangt, so kann der Notar dafür die Hälfte des Satzes I A §. 1. des Gerichtskosten-Tarifs,[2]) jedoch nicht unter 5 Sgr., bis zu einem Maximum von 4 Thalern liquidiren.

Dazu: Tabelle III.

[1]) Vgl. S. 38 Nr. 15.
[2]) s. u. S. 633.

§ 9.

Für die Abhaltung der Lizitation unbeweglicher Sachen,[1]) einschließlich der Feststellung der Verkaufsbedingungen, sowie der Bekanntmachungen, sind die Sätze sub II D des zweiten Abschnitts des Gerichtskosten-Tarifs, bei mehreren Grundstücken, die nicht ungetrennt ausgeboten werden, oder bei besonders ausgesetzten Parzellen für jedes besonders zu liquidiren.[2])

Wird dem Verfahren vor der Lizitation nach erfolgter Bekanntmachung des Termins entsagt, so können nur zwei Drittheile dieses Satzes liquidirt werden, dagegen ist für die auf Grund des Lizitations-Protokolls ertheilten Ausfertigungen oder besonders instrumentirten Kontrakte — einschließlich ihrer Ausfertigung — noch die Hälfte desselben zu liquidiren, und eben so viel für jede fortgesetzte Lizitation.

Dazu: Tabelle I.

[1]) Vgl. S. 37 Nr. 8 wie Anm. 51.
[2]) Für besonders übertragene Nebengeschäfte z. B. Inventarisationen ist besonders zu liquidiren (Instr. zu § 9). Taxen, welche die Instr. hierbei gleichfalls erwähnt, gehören nicht zur Zuständigkeit der Notare; s. o. S. 30 Nr. 3 und S. 546 mit Anm. 1.

§ 10.

Wenn dem Notar, außer den Fällen des §. 14., die Erhebung und Ablieferung von Geldern übertragen ist,[1]) so erhält er dafür außer seinen sonstigen Gebühren:

[a) bei Beträgen bis zu 500 Rthlr. von je 10 Rthlr. 3 Sgr.,
b) von dem Mehrbetrage bis 1000 Rthlr. von je 50 Rthlr. $7^1/_2$ Sgr.,
c) von dem Mehrbetrage von je 100 Rthlr. $7^1/_2$ Sgr.,

die angefangenen Beträge von je 10 Rthlr., 50 Rthlr., 50 Rthlr. und 100 Rthlr. für voll gerechnet.][2])[3])

Die Gebühren werden von jedem besonders erhobenen Betrage besonders berechnet.

Dazu: Tabelle V.

[1]) Vgl. S. 38 Nr. 16.

[2]) An die Stelle dieser Sätze tritt nach § 9 des Ges. vom 8. März 1880 (oben S. 134) jetzt § 87 der Geb. Ordng. für Rechtsanwälte v. 7. Juli 1879 (R. G. Bl. S. 176).

§ 87.

„Für Erhebung und Ablieferung von Geldern erhält der Rechtsanwalt eine Gebühr:

von 1 Mk. für jedes angefangene Hundert des Betrags bis 1000 Mk.
von 50 Pfennig für jedes angefangene Hundert des weiteren Betrags bis 10000 Mark;
von 25 Pfennig für jedes angefangene Hundert des Mehrbetrags.

Für Erhebung und Ablieferung von Werthpapieren erhält der Rechtsanwalt nach Maßgabe des Werthes die Hälfte der vorstehenden Gebühren.

Die Gebühr für Erhebung und Ablieferung von Geldern kann von diesen bei der Ablieferung entnommen werden."

[3]) Unter dem Werth der Werthpapiere (Anm. 2) ist deren Kurs, nicht der Nennbetrag zu verstehen. Sydow, Geb. Ordng. für Rechtsanwälte zu § 87 Anm. 5.

§ 11.

Für erforderte Entwürfe von Verträgen, Dispositionen oder anderen Akten der freiwilligen Gerichtsbarkeit [1]) sind in der Regel dieselben Sätze zu liquidiren, wie für die Aufnahme eines solchen Akts (§ 6),[2]) bei denjenigen Verträgen aber, in welchen zwei oder mehrere Personen gegenseitige Verbindlichkeiten übernehmen, nur zwei Drittheile, insofern nicht alle Kontrahenten den Entwurf erfordert haben.

Dazu: Tabelle I.

[1]) Vgl. S. 38 Nr. 14.

[2]) Wegen der Entwürfe zu letztwilligen Verordnungen s. zu § 22 des Gerichtskostentarifs Anm. 2 (unten S. 635).

§ 12.

In allen Fällen, in welchen die Thätigkeit eines Notars in Anspruch genommen ist und stattgefunden hat, ohne daß ein bezwecktes Geschäft durch ihn vollzogen ist, z. B. wenn er als zweiter Notar zugezogen ist,[1]) oder wenn die Parteien sich nicht haben einigen können,[2]) erhält derselbe für je 100 Rthlr. des Objektwerths, die angefangenen für voll gerechnet, 7½ Sgr, bis zu einem Maximum von 2 Rthlr., mindestens 15 Sgr.[3])

Dazu: Tabelle IV.

[1]) Vgl. unten § 16 Abs. 2 und Not. Ges. § 7 Anm. 2 (oben S. 63).

[2]) Wegen Zurücknahme des Auftrages zum Proteste s. zu § 23 Not. Ges. Anm. 1 a. E. (oben S. 105).

[3]) Auf die Gebühr dieses Paragraphen ist die Vorschrift wegen Abrundung der Pfennige (s. u. zu § 1 des Gerichtskostentarifs Anm. 1) nicht anwendbar. Siméon S. 58.

§ 13.

Wenn der Notar außerhalb seiner Wohnung auf ausdrückliches Verlangen der Partei Geschäfte besorgt, so erhält derselbe außer seinen sonstigen Gebühren:

A. [wenn er über eine Viertelmeile von dem Orte, in welchem er wohnt, reisen muß, 2 Rthlr. 15 Sgr. Diäten, und für jede auch nur angefangene Viertelmeile der Hinreise und der Rückreise 7½ Sgr. Reisekosten;][1])

B.[2]) wenn die Entfernung nicht über eine Viertelmeile[3]) von seiner Wohnung beträgt, bei Objekten bis zu 500 Rthlr. einschließlich 10 Sgr., bei höheren Objekten 20 Sgr. Ist die Entfernung größer, jedoch innerhalb seines Wohnorts, oder wird er an ein Krankenbett, oder in der Zeit von Abends 8 Uhr bis Morgens 8 Uhr gerufen, oder muß er über eine Stunde unthätig warten, so kann er das Doppelte dieser Sätze liquidiren,[4]) ebenso wenn das Geschäft länger als eine Stunde dauert, und wenn darauf, wie z. B. bei Inventarisationen, mehrere Tage verwendet werden müssen, für jeden Tag besonders.

[1]) Jetzt gelten (s. § 9 des Ges. v. 8. März 1880 oben S. 134) statt dessen die folgenden Vorschriften der Gebühren-Ordnung f. Rechtsanwälte v. 7. Juli 1879 (R. G. Bl. S. 176.)

§ 78.

Bei Geschäftsreisen erhält der Rechtsanwalt, vorbehaltlich der Bestimmungen in den §§. 18, 37, 39 Absatz 2 der Rechtsanwaltsordnung:

I.	an Tagegeldern	12	Mark —	Pf.;
II.	für ein Nachtquartier	5	„ —	„
III.	an Fuhrwerken einschließlich der Kosten der Gepäckbeförderung:			
	1. wenn die Reise auf Eisenbahnen oder Dampfschiffen gemacht werden kann, für das Kilometer	—	„ 13	„
	und für jeden Zu- und Abgang	3	„ —	„
	2. anderenfalls für das Kilometer der nächsten fahrbaren Straßenverbindung.	—	„ 60	„

Haben höhere Fuhrkosten aufgewendet werden müssen, so werden diese erstattet.

§ 79.

Die Fuhrkosten werden für die Hin- und Rückreise besonders berechnet.

Hat ein Rechtsanwalt Geschäfte an verschiedenen Orten unmittelbar nach einander ausgerichtet, so ist der von Ort zu Ort zurückgelegte Weg ungetheilt der Berechnung der Fuhrkosten zu Grunde zu legen.

Bei einer Reise zur Ausführung der Aufträge mehrerer Auftraggeber findet die Vorschrift des §. 3 entsprechende Anwendung.

§ 80.

Für Geschäfte am Wohnorte stehen dem Rechtsanwalte weder Tagegelder noch Fuhrkosten zu; dasselbe gilt von Geschäften außerhalb des Wohnortes in geringerer Entfernung als zwei Kilometer von demselben.

War der Rechtsanwalt durch außergewöhnliche Umstände genöthigt, sich eines Fuhrwerks zu bedienen, oder waren sonstige nothwendige Unkosten, wie Brücken- oder Fährgeld, aufzuwenden, so sind die Auslagen zu erstatten.

Für einzelne Ortschaften kann durch die Landesjustizverwaltung bestimmt werden, daß den Rechtsanwälten bei den nicht an der Gerichtsstelle vorzunehmenden Geschäften die verauslagten Fuhrkosten zu erstatten sind.

§. 81.

Bei Berechnung der Entfernungen wird jedes angefangene Kilometer für ein volles Kilometer gerechnet.

§ 82.

Der Rechtsanwalt, welcher seinen Wohnsitz verlegt, kann bei Fortführung eines ihm vorher ertheilten Auftrags Tagegelder und Reisekosten nur insoweit verlangen, als sie ihm auch bei Beibehaltung seines Wohnsitzes zugestanden haben würden.

§ 83.

Hat ein Rechtsanwalt seinen Wohnsitz an einem Orte, an welchem sich kein Gericht befindet, so kann die Landesjustizverwaltung bestimmen, daß ihm Tagegelder und Reisekosten nur insoweit zustehen, als er solche auch verlangen könnte, wenn er seinen Wohnsitz an dem Orte des Amtsgerichts, in dessen Bezirk er wohnt, genommen hätte.

Wegen § 80 vgl. Anm. 2.

Reisekosten und Tagegelder können nicht gefordert werden, wenn der Notar am Aufnahmeorte bereits zufällig anwesend ist. (Instr. zu § 13.)

[2]) Die Vorschriften unter B. sind ungeachtet des § 80 der Geb. O. f. R. A. weiter anzuwenden. (Ges. v. 8. März 1880 § 10 Abs. 2, oben S. 134.) Nur wenn der Notar auf Grund des § 80 Abs. 2 oder 3 verauslagte Fuhrkosten fordert, kann er nicht noch außerdem die Sätze zu B. des Textes fordern; vgl. übrigens noch Anm. 3.

[3]) jetzt: „zwei Kilometer"; Ges. v. 8. März 1880 § 10 Abs. 2; (oben S. 134).

[4]) Die Verdoppelung darf nur einmal berechnet werden, auch wenn mehrere Verdoppelungsgründe vorliegen, z. B. die Thätigkeit am Krankenbett und des Nachts. (Instr. zu § 13)

§ 14.

Für Auktionen[1]) sind in allen Fällen nur die in der Taxe für Auktions-Kommissarien[2]) bestimmten Sätze zu liquidiren.

[1]) Vgl. S. 37 Nr. 8.

[2]) Vom 21. Juni 1845 (J. M. Bl. S. 120). — Dieselbe enthält unter Nr. 8 fortgeltende besondere Bestimmungen wegen der Reisekosten, so daß die Reisekosten des vorliegenden Gebührengesetzes bei Auktionen nicht zur Anwendung gelangen (Instr. zu § 14). Daran ist auch jetzt Nichts geändert. (K. u. S. zu § 14 Anm. 2). Wegen der geringen praktischen Bedeutung für das Notariat wird die Taxe hier nicht abgedruckt.

§ 15.

Wenn dem Notar die Besorgung von anderen Angelegenheiten, als den unter die vorstehenden Bestimmungen fallenden, z. B. die Leitung einer Erbtheilung oder einer anderen Auseinandersetzung aufgetragen ist[1]), so kann er, im Mangel einer ausdrücklichen Verabredung, für jede Stunde der auf die Ausführung des Geschäfts verwendeten Zeit 15 Sgr. liquidiren.[2])

[1]) Vgl. S. 38 Nr. 16.

[2]) Der Notar soll die verwendete Zeit in den Akten genau vermerken und die gesammte Arbeitszeit soll zusammen, nicht jede angefangene Stunde für voll, gerechnet werden. (Instr. zu § 15).

§ 16.

Außer den Gebühren kann der Notar nur den Betrag des erforderlichen Stempelpapiers und die wirklichen baaren Auslagen, soweit sie nothwendig waren, [Schreibgebühren[1]) nur in den im Gerichtskosten-

Tarif (§§ 24. und 63.) bestimmten Fällen und Gränzen,] an Instruments-Zeugengebühren aber für jeden Zeugen 5 Sgr., im Ganzen also 10 Sgr. liquidiren.

Wenn jedoch auf ausdrückliches Verlangen der Partei, oder weil die Gültigkeit des Akts zufolge besonderer Bestimmungen es erfordert, ein zweiter Notar zugezogen werden muß, so sind dessen Gebühren (§. 12.) als baare Auslagen zu berechnen; ebenso die Gebühren eines etwa erforderlichen Dolmetschers.

[1]) Nach § 9 des Gesetzes v. 8. März 1880 (oben S. 134) gelten für die Schreibgebühren jetzt folgende Bestimmungen:

A. Geb. Ordng. f. Rechtsanwälte v. 7. Juli 1879 (R. G. Bl. S. 176):

§ 76.

Für die Höhe der dem Rechtsanwalte zustehenden Schreibgebühren sind die Vorschriften des §. 80 des Gerichtskostengesetzes maßgebend.

§ 77.

Für Verpackung von Briefen und Akten dürfen Auslagen nicht berechnet werden.

B. Gerichtskostengesetz v. 18. Juni 1878 (R. G. Bl. S. 141):

§ 80.

Die Schreibegebühren werden für Ausfertigungen und Abschriften erhoben. Die Schreibgebühr beträgt für die Seite, welche mindestens zwanzig Zeilen von durchschnittlich zwölf Silben enthält, zehn Pfennig, auch wenn die Herstellung auf mechanischem Wege stattgefunden hat.

Jede angefangene Seite wird voll berechnet.

§ 17.

Zur Deckung der baaren Auslagen, namentlich der Reisekosten und Diäten und für Stempelpapier, kann der Notar einen entsprechenden Vorschuß fordern.[1])

[1]) s. zu § 1 des Not. Ges. Anm. 3e (oben S. 47).

§ 18.

Dieses Gesetz tritt mit dem 1. Januar 1852. in Kraft, so daß für alle nicht schon vor diesem Tage beendigten Geschäfte die darin bestimmten Sätze auch rücksichtlich der bereits geleisteten Arbeiten in Anwendung kommen.

§ 19.

Alle diesem Gesetze zuwiderlaufenden Bestimmungen sind aufgehoben.

Der Justizminister ist mit der Ausführung dieses Gesetzes beauftragt.[1])

[1]) s. die bei der Ueberschrift angezogene Minist.-Instr.

Urkundlich unter Unserer Höchsteigenhändigen Unterschrift und beigedrucktem Königlichen Insiegel.

Gegeben Potsdam, den 11. Mai 1851.

(L. S.) Friedrich Wilhelm.

v. Manteuffel. v. d. Heydt. v. Rabe. Simons.
v. Stockhausen. v. Raumer. v. Westphalen.

2. Auszug[1] aus dem Tarif zu dem Gesetze, betreffend den Ansatz und die Erhebung der Gerichtskosten, vom 10. Mai 1851.[2] [3])

(Zu §§ 6, 8 Gesetz vom 11. Mai 1851.)
(G. S. 1851 Nr. 35 S. 633).

[1]) Der Auszug wird hier in der Fassung der Anlage D. zum Gesetz vom 8. März 1880 (s. oben S. 135 u. S. 625) abgedruckt, jedoch mit den zu §§ 1 u. 22 bemerkten Aenderungen.

[2]) Dazu Instr. des Just. Min. v. 10. Septbr. 1851 (J. M. Bl. 1852 S. 126), in Folgendem mit „Instr." citirt.

[3]) Nach dem A. G. z. G. K. G. vom 10. März 1879 (G. S. S. 145) § 4 findet bei der Berechnung der Gerichtskosten der § 7 des Gerichtskostengesetzes v. 18. Juni 1878 (R. G. Bl. S. 141) jetzt allgemein Anwendung. Derselbe bestimmt:

„Der Mindestbetrag einer Gebühr ist zwanzig Pfennig.

Pfennigbeträge, welche ohne Bruch nicht durch zehn theilbar sind, werden auf den nächst höheren durch zehn theilbaren Betrag abgerundet."

Der erste Absatz des § 7 ist auf das Notariat nicht anwendbar, weil für die Notare anderweite Mindestbeträge gelten (Geb. Ges. §§ 6. 8). Der zweite Absatz gilt indessen überall da, wo die Notariatsgebühren nach Maßgabe der Gerichtskosten zu berechnen sind.

Erster Abschnitt.

Kosten für Handlungen der streitigen Gerichtsbarkeit[1])

§ 1. [ersetzt durch Artikel 5 des Gesetzes vom 9. Mai 1854][2])

A. Für[3]) . . . . ist zu erheben:

1) von dem Betrage bis zu 100 Rthlr. von je 10 Rthlr.: $2^1/_2$ Sgr., jedoch nicht unter 5 Sgr.,
2) von dem Mehrbetrage bis zu 200 Rthlr. von je 10 Rthlr.: $1^1/_2$ Sgr.,
3) von dem Mehrbetrage von je 50 Rthlr. 5 Sgr.[4]) bis zu einem höchsten Satz von 4 Rthlr.

Dazu: Tabelle III.

[1]) Die Kosten für die streitige Gerichtsbarkeit haben an sich auf das Notariat keine Beziehung, am wenigsten der vorliegende § 1, welcher den Satz für die Zurückweisung von Klagen u. dgl. enthielt; die Sätze dieses Paragraphen sind nur deshalb für das Notariat von Interesse, weil sie zugleich im Falle des § 8 Abs. 2 des Geb. Ges. für Notare (oben S. 627) zur Anwendung gelangen sollen.

[2]) s. hierzu die folgende Anm. 4.

[3]) Die betreffenden Akte interessiren hier nicht (s. Anm. 1).

[4]) Beim Abdruck in der G. S. v. 1880 (s. o. S. 625) scheint allerdings nur in Folge eines Irrthums; „5 Sgr." gedruckt statt: „$2^1/_2$ Sgr." Gleichwohl ist der Satz von 5 Sgr. für den richtigen zu erachten. Der Tarif zum Gesetze v. 10. Mai 1851 lautete nämlich in der That so (s. G. S. 1851. S. 633). Durch das Ges. v. 9. Mai 1854 ist der erwähnte Tarif in vielen Punkten abgeändert und dabei an der vorliegenden Stelle statt: „5 Sgr." gesetzt worden „$2^1/_2$ Sgr." (G. S. 1854. S. 275). Allein der § 8 Abs. 2 des Geb. Ges. für Notare ist von dieser Aenderung nicht berührt worden, und dies um so weniger als die beiden Vorschriften in keinerlei innerer Beziehung zu einander stehen. Die Notariats-

gebühren im Falle des § 8 Abs. 2 des Notariats-Geb.-Ges. sind deshalb nach wie vor nach dem § 1 des Tarifs in seiner älteren Fassung zu liquidiren. Danach sind vielmehr die Worte des Textes: „ersetzt durch Artikel 5 des Gesetzes vom 9. Mai 1854", in d. G. S. v. 1880 unrichtiger Weise zum Abdruck gelangt. Dieser Umstand ist indessen für die Anwendung des Gesetzes nicht entscheidend (s. die Vorbem. S. 625). A. M. sind K. u. S. zu § 1 Anm. 1, welche die Notariats-Gebühren nach § 1 in der Fassung des Ges. v. 9. Mai 1854 liquidiren wollen.

Zweiter Abschnitt.

Kosten für Geschäfte nicht streitiger Gerichtsbarkeit.

II. Einzelne Akte freiwilliger Gerichtsbarkeit.

§ 16.

A. Für die Aufnahme und Ausfertigung aller einseitigen Erklärungen, aller Akte, in welchen nur von Seiten einer Partei die Uebernahme von Verbindlichkeiten ausgesprochen wird, ohne Unterschied, ob solche Erklärungen nur von einzelnen Personen oder mehreren als Theilnehmern abgegeben werden, und ob die dem anderen Theile gemachten Zugeständnisse in demselben Akte akzeptirt sind oder nicht, sowie überhaupt für alle Akte und die auf Grund derselben zu ertheilenden Ausfertigungen oder Atteste,[1]) insofern nicht für einzelne unten besondere Bestimmungen getroffen sind, ist zu erheben:

1) von dem Betrage bis zu 100 Rthlr. inkl. von je 25 Rthlr.: $7\frac{1}{2}$ Sgr.,[2])
2) von dem Betrage bis 200 Rthlr. von je 50 Rthlr.: 5 Sgr.,
3) von dem Mehrbetrage bis 500 Rthlr. von je 100 Rthlr.: 5 Sgr.,
4) von dem Mehrbetrage bis 1 000 Rthlr.: zusätzlich 15 Sgr.,
5) von dem Mehrbetrage bis 5 000 Rthlr. von je 1 000 Rthlr.: 15 Sgr.,
6) von dem Mehrbetrage bis 10 000 Rthlr.: zusätzlich 1 Rthlr.,
7) von dem Mehrbetrage bis 20 000 Rthlr.: zusätzlich 1 Rthlr.,
8) bei Objekten über 20 000 Rthlr.: zusätzlich noch 2 Rthlr.

Dazu: Tabelle I zu A.

[1]) Demgemäß auch für selbstständige Inventarisationen, Wechselproteste u. s. w. (Instr. zu § 16). — Ueberhaupt gilt der § 16 für alle Akte der nicht streitigen Gerichtsbarkeit, über welche nicht im Folgenden andere Bestimmungen getroffen sind. Beschl. d. K. G. v. 12. Februar 1883 (J. u. K. III. 201). — Für einseitige Erklärungen in Grundbuchsachen existiren besondere Bestimmungen; siehe u. den Kostentarif zu 3 (S. 636); wegen der Gebühr für Vidimationen s. § 10 des Ges. v. 8. März 1880 (oben S. 134).

[2]) Der Notar erhebt mindestens 1,50 Mk.; Geb. Ges. § 6 (oben S. 627); wegen Abrundung s zum ersten Abschn. Anm. 1 (oben S. 633).

§ 17.

B. Diese Sätze werden auch dann erhoben, wenn die Kontrahenten sich zu dem Inhalte eines schriftlich abgefaßten Vertrages bekennen,[1]) ohne Unterschied, ob dieser ein einseitiger oder mehrseitiger und ob die Erklärung nur von dem einen oder von beiden Theilen erfolgt.

[1]) Nicht aber für die bloße Anerkennung der Unterschrift. Für diese galt früher der hier weggelassene § 18; s. jetzt darüber den unten (S. 636) abgedruckten Kostentarif für Grundbuchsachen.

§ 19.[1])

C. Wenn bei einem einseitigen Vertrage zugleich eine akzessorische Verbindlichkeit eines Dritten,[2]) z. B. Bürgschaft, instrumentirt wird, so werden die Sätze sub A. (§. 16.) um die Hälfte erhöhet.

Dazu: Tabelle I zu B.

[1]) Wegen des fehlenden § 18 s. zu § 17 Anm. 1.

[2]) Nicht aber, wenn lediglich mehrere Personen dieselbe Verbindlichkeit übernehmen. (Instr. zu § 19).

§ 20.

D. Für die Aufnahme und Ausfertigung solcher Verträge, in welchen zwei oder mehrere Personen gegenseitige Verbindlichkeiten [1]) übernehmen, wird das Doppelte der Sätze zu A (§ 16) erhoben.

Dazu: Tabelle I. zu C.

[1]) Der Fall liegt auch vor, wenn lediglich die Aufhebung eines früheren Vertrages verabredet wird. Beschl. d. K. G. vom 19. Juni 1882 (J. u. K. III. 197), nicht aber, wenn lediglich die Verbindlichkeit eines Andern acceptirt wird (s. § 16 u. Instr. zu § 20).

§ 22[1. 2])

F. Für die Aufnahme und Aufbewahrung von letztwilligen Verordnungen[3]) und Erbverträgen, für die Errichtung von Familienstiftungen und Familienschlüssen werden die Sätze sub A. doppelt, für die Annahme und Aufbewahrung verschlossen übergebener letztwilliger Dispositionen die Sätze zu A. einfach erhoben. Für die Publikation und Ausfertigung letztwilliger Dispositionen und Erbverträge werden die Sätze zu A. besonders erhoben.

Für die bloße Zurücknahme und Zurückgabe letztwilliger Dispositionen wird die Hälfte dieses Satzes erhoben.

Dazu: Tabelle I zu C.

[1]) Der fehlende § 21 (E) betrifft die Zustimmung einzelner Theilnehmer zu einem Akte; hier gilt für die Notare eine besondere Bestimmung; § 7 des Geb. Ges.

[2]) Der § 22 ist bei der Publikation in der G. S. v. 1880 (s. die Vorbem. S. 625) nicht abgedruckt. Gleichwohl ist er auf Notare anwendbar. Denn einmal giebt es letztwillige Verordnungen sowohl einseitiger als erbvertragsmäßiger Natur, welche notariell errichtet werden können; vgl. Anm. 3 und ferner oben S. 43. Nr. 25. 28. 29. Andererseits ist der Satz auch für Entwürfe anwendbar und zwar ohne die Ermäßigung auf zwei Drittel (§ 11 des Geb. Ges.), da bei diesen Akten die einseitige Errichtung die volle Gebühr begründet. K. u. S. zu § 11 des Geb. Ges. Unrichtig hierüber Siméon S. 45 Anm. 74.

[3]) Dazu gehören auch die Anordnungen wegen des Anerbenrechts und wegen Bevormundung der Kinder (s. S. 41 ff. Nr. 9 u. 27), nicht aber der bloße Widerruf letztwilliger Anordnungen; falls der Widerruf die Aufhebung eines Erbvertrages darstellt, fällt er unter § 20, sonst unter § 16.

§ 24.[1])

H. Uebrigens treten für die Fälle sub A. bis G. noch folgende allgemeine Bestimmungen ein:

1) außer den bestimmten Sätzen wird noch der Betrag der nach den Bestimmungen des Stempelgesetzes zu berechnenden Werth- beziehungsweise Ausfertigungs-Stempel erhoben;

3) auch wenn auf die Ausfertigung einer Verhandlung verzichtet wird, kommen dennoch die vollen Sätze zur Anwendung.

[1]) Der fehlende § 23 (G) enthält den Satz für gerichtliche freiwillige Subhastationen. Auf notarielle Subhastationen ist derselbe nicht anwendbar. § 9 des Geb. Ges.

Die in § 24 weggelassenen Nr. 2 u. 4 betreffen Schreibgebühren und Geschäfte außerhalb der Gerichtsstelle. Die dieserhalb für Notare geltenden Vorschriften s. zu §§ 13. 16 des Geb. Ges.

3. Auszug aus dem Kostentarif für Grundbuchsachen.

Beilage zur Grundbuchordnung v. 5. Mai 1872. (G. S. 1872 S. 506.)

§ 8.

3. Für Aufnahme von mündlichen Anträgen, welche den Eintragungen oder Löschungen im Grundbuche als Grundlage dienen (§ 32 der Grundbuchordnung [1]), oder für die gerichtliche Beglaubigung solcher Anträge sind zu erheben:

bei einem Werthe des Gegenstandes bis 200 Thaler von je 50 Thalern	2 1/2 Sgr.
von dem Mehrbetrage bis 1000 Thaler von je 200 Thalern	2 1/2 "
von dem Mehrbetrage bis 20,000 Thaler von je 1000 Thalern	2 1/2 "
und bei Werthen über 20,000 Thaler zusätzlich noch 1 Thaler.	

Diese Gebühr haben auch die Notare im Geltungsbereiche des Gesetzes vom 11. Mai 1851. nach Maßgabe der Vorschrift in §. 6. des letzteren [2]) für die besondere Aufnahme oder Beglaubigung von Anträgen der oben bezeichneten Art [3]) zu beziehen.

Dazu Tabelle II.

[1]) Hierunter fallen nur die bloßen Anträge auf Eintragung oder Löschung, nicht aber Hypothekenbestellung, Quittung, Löschungsbewilligung, Cession und dgl. — Die Anträge zur Landgüterrolle unterliegen dem § 8 gleichfalls, weil sie dem § 32 der G. B. O. unterstellt sind. Vgl. die S. 266 citirten Landgüterordnungen (§ 6).

[2]) Also auch mit dem dort festgesetzten Mindestbetrage von 1,50 Mk.

[3]) Betreffs der notariellen Unterschriftsbeglaubigung gelten die Sätze jetzt nicht bloß in Grundbuchsachen, sondern allgemein mit alleiniger Ausnahme der Anträge zum Staatsschuldbuch; s. hierüber § 9 des Ges. v. 8. März 1880 mit Anm. 2 dazu (oben S. 134). Der § 35 Abs. 2 der H. O., welcher für die Beglaubigung der Auszahlungsgesuche in Hinterlegungssachen eine besondere Gebühr von 3 Mark festsetzt, ist darnach für das Notariatsverfahren nicht mehr anwendbar.

4. Kostentabellen.

Tabelle I.

A. Einseitige Erklärungen nach § 16 des Tarifs, Entwürfe derselben (Geb. Ges. § 11), Anerkenntniß eines Vertrages dem Inhalte nach (Tarif § 17), Ausfertigungen oder instrumentirte Kontrakte auf Grund eines besonderen Lizitationsprotokolls, fortgesetzte Lizitation (Geb. Ges. § 9).

B. Einseitiger Vertrag mit accessorischer Verbindlichkeit eines Dritten (Tarif § 19) und Entwurf desselben (Geb. Ges. § 11).

C. Verträge mit gegenseitigen Verbindlichkeiten (Tarif § 20), Entwürfe derselben, wenn sie von allen Kontrahenten erfordert sind (Geb. Ges. § 11), letztwillige Verfügungen (Tarif § 22) und deren Entwürfe (Geb. Ges. § 11), Lizitation unbeweglicher Sachen (Geb. Ges. § 9).

D. Entsagung der Lizitation vor derselben aber nach Bekanntmachung des Termins (Geb. Ges. § 9); Entwürfe von Verträgen mit gegenseitiger Verbindlichkeit, wenn nicht alle Kontrahenten den Entwurf erfordert haben (Geb. Ges. § 11).

	Werthstufe	Bei Aufnahme nur in deutscher Sprache. Gebühr in Mark.				Bei Aufnahme eines Dokuments in verschiedenen Sprachen (Geb. Ges. § 6 Abs. 2). Gebühr in Mark.			
		zu A	zu B	zu C	zu D	zu A	zu B	zu C	zu D
1.	bis einschließlich 75 Mk.	1,50	1,50	1,50	1,50	1,50	1,70	2,30	1,50
2.	über 75 Mk. " " 150 "	1,50	2,30	3,00	2,00	2,30	3,40	4,50	3,00
3.	" 150 " " " 225 "	2,30	3,40	4,50	3,00	3,40	5,10	6,80	4,50
4.	" 225 " " " 300 "	3,00	4,50	6,00	4,00	4,50	6,80	9,00	6,00
5.	" 300 " " " 450 "	3,50	5,30	7,00	4,70	5,30	7,90	10,50	7,00
6.	" 450 " " " 600 "	4,00	6,00	8,00	5,40	6,00	9,00	12,00	8,00
7.	" 600 " " " 900 "	4,50	6,80	9,00	6,00	6,80	10,20	13,50	9,00
8.	" 900 " " " 1200 "	5,00	7,50	10,00	6,70	7,50	11,30	15,00	10,00
9.	" 1200 " " " 1500 "	5,50	8,30	11,00	7,40	8,30	12,40	16,50	11,00
10.	" 1500 " " " 3000 "	7,00	10,50	14,00	9,40	10,50	15,80	21,00	14,00
11.	" 3000 " " " 6000 "	8,50	12,80	17,00	11,40	12,80	19,20	25,50	17,00
12.	" 6000 " " " 9000 "	10,00	15,00	20,00	13,40	15,00	22,50	30,00	20,00
13.	" 9000 " " " 12000 "	11,50	17,30	23,00	15,40	17,30	25,90	34,50	23,00
14.	" 12000 " " " 15000 "	13,00	19,50	26,00	17,40	19,50	29,30	39,00	26,00
15.	" 15000 " " " 30000 "	16,00	24,00	32,00	21,40	24,00	36,00	48,00	32,00
16.	" 30000 " " " 60000 "	19,00	28,50	38,00	25,40	28,50	42,80	57,00	38,00
17.	" 60000 " " " — "	25,00	37,50	50,00	33,40	37,50	56,30	75,00	50,00

Tabelle II.

Aufnahme von Anträgen auf Eintragung oder Löschung im Grundbuch und in der Landgüterrolle. (Kostentarif f. Grundbuchsachen § 8 Nr. 3.) — Unterschriftsbeglaubigung jeder Art mit Ausnahme der Anträge zum Staatsschuldbuch (s. S. 134 § 9). — Zustimmung einzelner Theilnehmer zu bereits instrumentirten Erklärungen (Geb. Ges. § 7.)

	Werthstufe.				Gebühr in Mark.		Werthstufe.				Gebühr in Mark.
		Mark		Mark				Mark		Mark	
1			bis einschl.	1800	1,50	13	üb.	30000	bis einschl.	33000	4,50
2	üb.	1800	bis einschl	2400	1,80	14	„	33000	„ „	36000	4,80
3	„	2400	„ „	3000	2,00	15	„	36000	„ „	39000	5,00
4	„	3000	„ „	6000	2,30	16	„	39000	„ „	42000	5,30
5	„	6000	„ „	9000	2,50	17	„	42000	„ „	45000	5,50
6	„	9000	„ „	12000	2,80	18	„	45000	„ „	48000	5,80
7	„	12000	„ „	15000	3,00	19	„	48000	„ „	51000	6,00
8	„	15000	„ „	18000	3,30	20	„	51000	„ „	54000	6,30
9	„	18000	„ „	21000	3,50	21	„	54000	„ „	57000	6,50
10	„	21000	„ „	24000	3,80	22	„	57000	„ „	60000	6,80
11	„	24000	„ „	27000	4,00	23	„	60000			9,80
12	„	27000	„ „	30000	4,30						

Tabelle III.

Für einen das Sach- und Rechtsverhältniß entwickelnden Vertrag im Falle des § 8 Abs. 2 des Geb. Ges.

	Werthstufe.				Gebühr in Mark.		Werthstufe.				Gebühr in Mark.
		Mark		Mark				Mark		Mark	
1.			bis einschl.	120	0,50	13.	über	510	bis einschl.	540	1,90
2.	über	120	„ „	150	0,70	14.	„	540	„ „	600	2,00
3.	„	150	„ „	180	0,80	15.	„	600	„ „	750	2,30
4.	„	180	„ „	210	0,90	16.	„	750	„ „	900	2,50
5.	„	210	„ „	240	1,00	17.	„	900	„ „	1050	2,80
6.	„	240	„ „	270	1,20	18.	„	1050	„ „	1200	3,00
7.	„	270	„ „	300	1,30	19.	„	1200	„ „	1350	3,30
8.	„	300	„ „	360	1,40	20.	„	1350	„ „	1500	3,50
9.	„	360	„ „	390	1,50	21.	„	1500	„ „	1650	3,80
10.	„	390	„ „	420	1,60	22.	„	1650	„ „	1800	4,00
11.	„	420	„ „	480	1,70	23.	„	1800	„ „	1950	4,30
12.	„	480	„ „	510	1,80	24.	„	1950	„ „	2100	4,50

Tabelle III. (Fortsetzung.)

	Werthstufe.	Gebühr in Mark.		Werthstufe.	Gebühr in Mark.
	Mark / Mark			Mark / Mark	
25.	üb. 2100 bis einschl. 2250	4,80	40.	über 4350 bis einschl. 4500	8,50
26.	„ 2250 „ „ 2400	5,00	41.	„ 4500 „ „ 4650	8,80
27.	„ 2400 „ „ 2550	5,30	42.	„ 4650 „ „ 4800	9,00
28.	„ 2550 „ „ 2700	5,50	43.	„ 4800 „ „ 4950	9,30
29.	„ 2700 „ „ 2850	5,80	44.	„ 4950 „ „ 5100	9,50
30.	„ 2850 „ „ 3000	6,00	45.	„ 5100 „ „ 5250	9,80
31.	„ 3000 „ „ 3150	6,30	46.	„ 5250 „ „ 5400	10,00
32.	„ 3150 „ „ 3300	6,50	47.	„ 5400 „ „ 5550	10,30
33.	„ 3300 „ „ 3450	6,80	48.	„ 5550 „ „ 5700	10,50
34.	„ 3450 „ „ 3600	7,00	49.	„ 5700 „ „ 5850	10,80
35.	„ 3600 „ „ 3750	7,30	50.	„ 5850 „ „ 6000	11,00
36.	„ 3750 „ „ 3900	7,50	51.	„ 6000 „ „ 6150	11,30
37.	„ 3900 „ „ 4050	7,80	52.	„ 6150 „ „ 6300	11,50
38.	„ 4050 „ „ 4200	8,00	53.	„ 6300 „ „ 6450	11,80
39.	„ 4200 „ „ 4350	8,30	54.	„ 6450 „ „	12,00

Tabelle IV.

Thätigkeit als zweiter Notar, Zurücktreten der Parteien vom Akte wegen mangelnder Einigung und sonstige Fälle des § 12 des Geb. Ges.

	Werthstufe.	Gebühr in Mark.		Werthstufe.	Gebühr in Mark.
	Mark			Mark / Mark	
1	Mark bis einschl. 600	1,50	5	üb. 1500 bis einschl. 1800	4,50
2	über 600 bis einschl. 900	2,25	6	„ 1800 „ „ 2100	5,25
3	„ 900 „ „ 1200	3,00	7	„ 2100	6,00
4	„ 1200 „ „ 1500	3,75			

Tabelle V.[1])

A. Erhebung und Ablieferung von Geld.
B. Erhebung und Ablieferung von Werthpapieren.

	Werthstufe.	Gebühr, bei welcher das angefangene Hundert voll gerechnet wird. Zu A.	Zu B.
1	Mark bis einschl. 1000 Mark	1 % des Betrages.	½ % des Werthes.
2	üb. 1000 bis einschl. 10000	½ % des Gesammtbetrages und 5 Mk. Zuschlag.	¼ % des Gesammtwerthes und 2,50 Mk. Zuschlag.
3	„ 10000	¼ % des Gesammtbetrages und 30 Mk. Zuschlag.	⅛ % des Gesammtwerthes und 15 Mk. Zuschlag.

---

1) Nach Kühne-Sydow, Tab. V S. 150.

Register.

Die großgedruckten Zahlen geben die Seiten, die daneben gedruckten kleineren Zahlen die Anmerkungen an.

Die Vorschriften über Verstempelung der einzelnen Rechtshandlungen sind auch in dem alphabetischen Stempeltarif S. 605 ff. aufzusuchen.

A.

L.

M.

N.

O.

P.

Q.

R.

S.

V.

Druck von Leonhard Simion, Berlin SW.

FSC
www.fsc.org
MIX
Papier | Fördert gute Waldnutzung
FSC® C083411

Kolibri 360 GmbH
Ferdinand-Jühlke-Straße 7
99095 Erfurt, Deutschland
produktsicherheit@kolibri360.de